Wolfgang Trillhaas

# Dogmatik

Dritte, verbesserte Auflage

Walter de Gruyter · Berlin · New York
1972

Die wissenschaftliche Leitung der theologischen Lehrbücher im Rahmen der „de Gruyter Lehrbuch"-Reihe liegt in den Händen des ord. Prof. der Theologie D. Kurt A l a n d , D. D., D. Litt. Diese Bände sind aus der ehemaligen „Sammlung Töpelmann" hervorgegangen.

ISBN 3 11 004012 3

© 1972 by Walter de Gruyter & Co., Berlin 30

Printed in Germany

Alle Rechte, insbesondere das der Übersetzung in fremde Sprachen, vorbehalten. Ohne ausdrückliche Genehmigung des Verlages ist es nicht gestattet, dieses Buch oder Teile daraus auf photomechanischem Wege (Photokopie, Mikrokopie) zu vervielfältigen.

Satz und Druck: Franz Spiller, Berlin

## VORWORT ZUR DRITTEN AUFLAGE

Abgesehen von den selbstverständlichen laufenden Verbesserungen habe ich für die dritte Auflage auch eine größere Änderung vorgenommen. Die Lehre von der Kirche (Ekklesiologie) hat in den früheren Auflagen vier Kapitel (30 bis 33) umfaßt. Sie ist nunmehr auf ein einziges Kapitel reduziert worden. — Dogmatik hat heute in Kirche und Theologie eine schlechte Zeit. Die Frage nach der Glaubenserkenntnis und nach der „Lehre der Kirche" liegt im Schatten tiefer Skepsis. Existenzfragen, wie die nach der Zukunft des Christentums, und Strukturfragen, wie die nach den Veränderungen, welche der christlichen Gemeinde durch den gesellschaftlichen Wandel aufgenötigt werden, verdecken weithin jene Wahrheitsfragen, wie sie bis zur Dogmatik Karl Barths und seiner Schule noch als entscheidend für den Dienst am Evangelium verstanden wurden. So hat sich die Dogmatik mehr als je zuvor über das, was sie ist und will, einsehbar zu rechtfertigen.

Die Zeit der individuellen Systementwürfe ist längst vorbei. Solche Systeme erscheinen uns heute wie Luxusartikel. Das Interesse an den „Standpunkten", deren Abfolge die Theologiegeschichte durch eineinhalb Jahrhunderte ausmacht, ist heute einer strengen Kritik gewichen, der Glaube an das abgeschlossene System ist tot. Aber in der Skepsis gegen die Dogmatik überhaupt kommen noch andere Dinge zum Ausdruck. Noch vor wenigen Jahren hielt man die Zuwendung zur Exegese für die Lösung aller Schwierigkeiten. Aber das konnte vielerlei bedeuten: ebenso eine Flucht vor der Wahrheitsfrage in die historische Forschung, wie eine „fromme" Zuflucht zum heiligen Text, von dem aus man meinte, unter Ersparung aller mühsamen gedanklichen Reflexionen unmittelbar zur „Verkündigung" übergehen zu können. Diese Naivitäten mußten aber eines Tages als das durchschaut werden, was sie sind.

Seither hat die dogmatische Skepsis noch elementarere Züge angenommen. Man hat die ganze Last der Theologie auf Spitzensätze oder Spitzenbegriffe gestellt. Diese Sätze und Begriffe stammen durchweg aus dem Arsenal der dogmatischen Tradition, aber diese Herkunft wird unkenntlich gemacht, und durch das Pathos, in dem Sätze und Begriffe vorgetragen werden, erscheinen sie notwendig als neuentdeckte Schlüssel zur ganzen Wahrheit. So vermählt sich die Kritik am Theismus und an den Gottesbeweisen, die schon eine lange

Geschichte hinter sich hat, mit dem Bewußtsein einer totalen Weltlichkeit der Welt zur „Theologie nach dem Tode Gottes". Die Eschatologie verbindet sich mit säkularen neuzeitlichen Utopien zur „Theologie der Hoffnung", und aus den Elementen der traditionellen Lehre vom regnum Christi wird eine Theologie der Königsherrschaft Christi abgeleitet, die ebenso als Schlüssel zur Christologie wie als Stichwort zu einer umfassenden Sozialethik verstanden werden kann. Es zeigt sich dann jedes Mal, daß diese Modelle exklusiv gegen alle anderen Themen der dogmatischen Tradition gesetzt werden, die bis zur ausdrücklichen Verneinung in den Schatten des Bewußtseins treten. Die Gewißheit dieser „Theologien" wird in jedem Falle dadurch verstärkt, daß außertheologische Kronzeugen bereitstehen, denen oftmals sogar die Devise des Systems selbst verdankt wird. Begleitende soziologische Analysen unserer rasch sich wandelnden nachindustriellen Gesellschaft und des sich fortschreitend säkularisierenden Bewußtseins verleihen den Theologen aus dem Hintergrund heraus ihre Eindringlichkeit und jene Unwiderstehlichkeit, welche sich dann in der Verunsicherung der traditionellen christlichen Gemeinde bestätigend niederschlägt. Ein seltsamer Widerspruch, wie sich in dem prophetischen Engagement die irrationale Brunst und die unablässigen Bekenntnisse zur aufgeklärten Rationalität mischen, polemisch entladen und oftmals über Nacht jäh erlöschen.

Wie gesagt, alle Elemente dieser heutigen „Theologien" entstammen der dogmatischen Tradition. Welche Stellung haben sie dort eingenommen? Welches ist ihr Ort, und welches Maß von kritischer Reflexion ist nicht im Laufe der Geschichte bereits an jeden einzelnen Topos gewendet worden? Wenn wir aber auf den Themenverlust aufmerksam werden, der sich unter der Emphase der penetranten „Theologien" von heute verbirgt, dann wird man auch auf die Skepsis aufmerksam, die in ihnen am Werke ist.

Nun, die vorliegende Dogmatik beabsichtigt jedenfalls zunächst nur, ein Kommentar zur Lehrtradition der evangelischen Kirche zu sein. Sie will diese Tradition wie einen alten Text interpretieren. Ebenso wenig wie, unerachtet ihres Alters, die biblischen Texte ist ja auch diese alte Lehrtradition nicht erloschen, sondern unter uns lebendig. Aber sie trägt erhebliche Spannungen in sich. Sie spannen sich zwischen den Absichten der Lehrsätze, den mit den Begriffen verbundenen Intentionen und dem uns heute fremd gewordenen Vorstellungs- und Begriffsmaterial. Die Spannungen ergeben sich also zwischen der Überlieferung selbst und unseren heutigen Denkmöglichkeiten. Daraus ergibt sich die hermeneutische Aufgabe dieser Dogmatik: Wir müssen im Buch der dogmatischen Tradition kritisch, unter Einsatz unseres historischen Bewußtseins lesen.

Überall wird sich Anlaß zur Kritik ergeben. Diese Kritik könnte im primitivsten Falle natürlich darin bestehen, daß man es überhaupt ablehnt, diese alte Lehrtradition zur Kenntnis zu nehmen. Wenn man hier aber den Willen zum Verstehen hat, dann ergeben sich auf der Suche nach dem Wahrheitsgehalt bestimmte Fragestellungen, die zu einem großen Teil schon selbst wieder eine Geschichte haben. Man muß sie kennen, bevor man Stellung nimmt. Der Reichtum der dogmatischen Tradition besteht nicht nur in den Themen selbst, sondern unlöslich mit ihnen verbunden in den kritischen Fragestellungen, d. h. in den Elementen der historischen, philosophischen, naturwissenschaftlichen und schlechthin weltanschaulichen Kritik. (Es hat heute oft den Anschein, als gingen im Sog der unartikulierten Skepsis nicht nur die Themen, sondern auch die Fragestellungen zu Verlust, die so oft den Reiz einer subtilen Theologie ausgemacht haben.) Kritik kann zweifellos dazu führen, daß alte Lehren und Lehrtypen neue Aktualität gewinnen. Diese neue Aktualität wird natürlich oft auch mit einer Modifikation, über eine Analogie oder durch eine Spiritualisierung gewonnen. Die Kritik kann freilich auch das Ergebnis haben, daß nicht nur Lehrformen, sondern sogar Problemstellungen überholt und erloschen sind.

Das Verfahren wissenschaftlicher Kritik ist irreversibel, und mit diesem Bekenntnis steht auch diese Dogmatik im Dienste einer theoretischen Begründung des neuzeitlichen Christentums. Das bedeutet zweierlei. Einmal die Abgrenzung gegen die Neuorthodoxie. Diese beteuert zwar ebenfalls, daß sie mit den Problemen der historischen Kritik vertraut und sich dessen bewußt sei, am Erbe der Aufklärung Anteil zu haben. Aber an entscheidender Stelle tritt dann ein autoritäres „Deus dixit" als Argument neben und über andere Argumente; alle Gottesaussagen werden unvermittelt am Trinitätsdogma gemessen, oder ein christologisches Bekenntnis setzt alle Fragen einer philosophischen Religionslehre ins Unrecht. Eine autoritäre Zumutung an die Vernunft, eine Gehorsamsforderung wird zum offenen oder auch versteckten Proprium der Theologie. Demgegenüber ist es eine unverbrüchliche Forderung jeder kritischen Theorie eines neuzeitlichen Christentums, daß auch alle Ansprüche dogmatischer Axiome und alle Berufungen auf oberste Autoritäten auf ihre Verstehbarkeit geprüft und nach ihrer Legitimation vor der Vernunft befragt werden müssen. Und das macht auf·die andere Bedeutung des genannten Grundsatzes aufmerksam. Sie ist unmittelbar christlichpositiv. Diese kritische Theorie, oder sagen wir lieber: Theologie des neuzeitlichen Christentums verhilft zur Freiheit des Verstehens. Sie befreit von jenen autoritären Forderungen des Gehorsams („Glaubensgehorsam"), die so oft in der Geschichte des Christentums die Zugänge zur Freiheit der Kinder Gottes versperrt und den Interpreten dieser „göttlichen" Forderungen eine moralische und politische Macht zugespielt haben, die auch dann ein Skandal ist, wenn sie im Gewande der Profanität und der Solidarität mit der Welt einherschreitet. Es gibt für das neuzeitliche Christentum keinen Glauben mehr, der an der freien Überzeugung vorbei und gegen die Zustimmung des Gewissens gewonnen werden kann.

Möge diese Dogmatik auch in der neuen Ausgabe manchem Leser zu einer eigenen Überzeugung und zu befreiendem Verstehen behilflich sein.

Göttingen, den 31. Oktober 1971

Wolfgang Trillhaas

# INHALTSVERZEICHNIS

Allgemeine Literatur ............................................. XIII–XV
Abkürzungsverzeichnis ........................................ XVI
Einleitung ..................................................... 1–8

## PROLEGOMENA

1. Kapitel: Die Aufgabe der Dogmatik .......................... 9–16
   1. Die dogmatische Verantwortung *9* – 2. Der Name „Dogmatik" und das in ihm beschlossene Problem *15*.
2. Kapitel: Der Glaube ......................................... 16–33
   1. Dogmatik als Glaubenslehre *16* – 2. Der Glaube als Grund unseres Verhältnisses zu Gott *24* – 3. Die Mitteilbarkeit des Glaubens *30*.
3. Kapitel: Dogmatik und Dogma ................................. 33–48
   1. Der Begriff des Dogmas – Wandel und Kritik *33* – 2. Undogmatisches Christentum? *37* – 3. Das Dogma und die Dogmatik *40* – 4. Dogma und Bekenntnis *46*.
4. Kapitel: Dogmatik als Wissenschaft ........................... 48–57
   1. Das Interesse am Wissenschaftscharakter der Dogmatik *48* – 2. Zur Methode der Dogmatik *53*.
5. Kapitel: Die Erschwerung der christlichen Rechenschaft durch das Wahrheitsbewußtsein der Neuzeit ................................. 57–68
   1. Das Wahrheitsbewußtsein der Neuzeit *57* – 2. Folgerungen für die Dogmatik *64*.
6. Kapitel: Wort Gottes, Heilige Schrift, Bibel ................. 68–96
   1. Das Wort Gottes als Ursprung unseres Glaubens *68* – 2. Wort Gottes, Hl. Schrift, Bibel *71* – 3. Die orthodoxe Lehre „de sacra scriptura" *75* – 4. Schriftautorität und Bibelkritik *79* – 5. Das Problem des Alten Testamentes *84*.

## ERSTER HAUPTTEIL
## I. DAS GEHEIMNIS GOTTES
### (Spezielle Theologie)

7. Kapitel: Gottes Verborgenheit und Gottes Erkenntnis ............. 97–119
   1. Das Problem der Gotteserkenntnis *97* – 2. Natürliche Gotteserkenntnis? *102* – 3. Die Trinitätslehre *107*.
8. Kapitel: Die Möglichkeit von Gott zu sprechen (sogenannte Eigenschaftslehre) ................................................. 119–132
   1. Das Problem der Lehre von den göttlichen Eigenschaften *119* – 2. Die orthodoxe Lehre von den Attributen Gottes *122* – 3. Kritische Reduktion des Lehrstücks *125*.

## II. DIE WELT ALS GOTTES SCHÖPFUNG
*(Kosmologie)*

9. Kapitel: Die Schöpfung .................................................. 132–152
   1. Der Sinn des Schöpfungsglaubens *132* – 2. Die Welt als Schöpfung *137* – 3. Die unsichtbare Welt *144*.
10. Kapitel: Die Erhaltung der Welt und die göttliche Vorsehung (De providentia Dei) .......................................................... 152–176
    1. Die traditionelle Lehre „de providentia Dei" *154* – 2. Die Erhaltung der Welt *156* – 3. Das Bittgebet *162* – 4. Das Wunder *166* – 5. Die Theodizee *172*.

## III. DER MENSCH ALS GOTTES GESCHÖPF
*(Anthropologie)*

Vorbemerkung ............................................................. 176–178

11. Kapitel: Der Mensch als Geschöpf Gottes ............................. 178–189
    1. Die traditionelle Lehre: Status integritatis *178* – 2. Die Lehre vom Menschen als Inbegriff der christlichen Kosmologie *181* – 3. Die Frage der sogenannten Schöpfungsordnungen *187*.
12. Kapitel: Die Sünde ................................................... 189–204
    1. Die Erfahrung der Sünde *189* – 2. Die kirchlich-traditionelle (orthodoxe) Lehre von der Sünde *194* – 3. Zur Kritik der traditionellen Lehre von der Sünde *197*.
13. Kapitel: Der Mensch als Ebenbild Gottes ............................. 205–215
    1. Die Bedeutung der Lehre von der Gottebenbildlichkeit und ihr Schriftgrund *205* – 2. Zur Geschichte des Begriffs in der Kirche *208* – 3. Kritische Sichtung des Begriffs *211*.
14. Kapitel: Die Bewahrung des Menschen unter dem Gesetz ............ 215–233
    1. Die Erhaltung des Sünders *215* – 2. Das Ringen in der Kirche um die Entschränkung des Gesetzes *219* – 3. Die Religion *225*.

## ZWEITER HAUPTTEIL

15. Kapitel: Das Evangelium ............................................. 234–246
    1. Die Dominanz des Evangeliums *234* – 2. Die Erwählung *235* – 3. Die Erwählungslehre im geschichtlichen Wandel *237* – 4. Kritische Sichtung der Tradition *241* – 5. Die Erwählung als Evangelium *243*.

## IV. JESUS CHRISTUS, GESCHICHTE UND GEGENWART
*(Christologie)*

16. Kapitel: Von der Erkenntnis Jesu Christi .......................... 247–276
    1. Die Mitte des christlichen Glaubens und die Erschwerung der christologischen Rechenschaft *247* – 2. Die vorkritische kirchliche Christologie – Das orthodoxe Schema *256* – 3. Wahrer Gott und wahrer Mensch *261* – 1. E x k u r s : Das Problem der Jungfrauengeburt *263* – 2. E x k u r s : Das Problem der Präexistenz Christi *266*.

17. Kapitel: Jesus Christus und die Geschichte (Die Frage nach dem historischen Jesus) .......................................... 276–285
18. Kapitel: Das Kreuz Christi ................................. 285–306
    1. Das Wort vom Kreuz als Mitte der christlichen Botschaft *285* – 2. Zur Geschichte der Lehre von der Versöhnung *289* – 3. Das Kreuz Christi als Ende *295* – 4. Das Kreuz als Versöhnung *298*.
19. Kapitel: Der erhöhte Herr (Christus praesens) ............... 306–323
    1. Der Erhöhte *306* – 2. Das Osterproblem *310* – 3. Theologia crucis und Ostern *317* – 4. Die Himmelfahrt Christi *320*.

## V. DAS REICH CHRISTI
### (Soteriologie)

20. Kapitel: Das königliche Amt Christi ........................ 323–338
    Vorbemerkung *323* – 1. Christi geistliche Herrschaft *325* – 2. Die Herrschaft Christi durchs Wort *331* – 3. Einheit und Vielfalt der Gnade *335*.
21. Kapitel: Die Siegel unserer Berufung: Die Taufe ............ 339–360
    1. Die Heilsbedeutung der Taufe *339* – 2. Der Ursprung der Taufe *346* – 3. Dogmatische Fragen der Taufpraxis *349*. Zusatz: Zum Begriff des Sakraments *354*.
22. Kapitel: Die Zusicherung unserer Versöhnung: Das Abendmahl .... 360–385
    1. Das Abendmahl in der gegenwärtigen Gemeinde *360* – 2. Der Ursprung des Abendmahles *364* – 3. Die kirchliche Problematik *371* – 4. Der Sinn des Abendmahles *376* – 5. Dogmatische Fragen der Abendmahlspraxis *379*.
23. Kapitel: Das Leben des Christen in der Welt – Die Rechtfertigung .. 385–404
    1. Der christliche Glaube und die Realität dieser Welt *385* – 2. Die Problematik der Rechtfertigungslehre *393* – 3. Der rechtfertigende Glaube als Freiheit – Zugänge zur Ethik *400*.

# DRITTER HAUPTTEIL

## VI. DER HEILIGE GEIST
### (Pneumatologie)

24. Kapitel: Spiritus Creator ................................... 405–421
    1. Der Weg der Geistlehre durch die Dogmengeschichte *405* – 2. Das biblische Zeugnis vom Heiligen Geist *409* – 3. Neue Schöpfung *415*.
25. Kapitel: Die Gaben des Geistes .............................. 421–431
    1. Die Gabe des Geistes und der Enthusiasmus *421* – 2. Geistesgaben *426* – 3. Der Geist und die Gemeinde *429*.
26. Kapitel: Gottes Geist und menschlicher Geist ................ 431–440
    1. Die anthropologische Frage *431* – 2. Der Geist als menschliche Möglichkeit *433* – 3. Der Geist als göttliche Wirklichkeit *436*.

XII Inhaltsverzeichnis

VII. DIE CHRISTLICHE HOFFNUNG
*(Eschatologie)*

27. Kapitel: Ursprung und Überlieferung der Eschatologie ............ 441–462
   1. Der Ursprung der Eschatologie *441* – 2. Endgeschichte und Apokalyptik *446* – 3. Die kirchliche Überlieferung der Eschatologie *450* – 4. Die vier eschatologischen Häresien *454* – Schlußwort zur Darstellung der eschatologischen Überlieferung *462*.

28. Kapitel: Kritik der eschatologischen Tradition ................... 462–477
   1. Das Bedürfnis nach Kritik *462* – 2. Die Bausteine der Eschatologie *465* – 3. Die Fiktion einer überschaubaren Heilsgeschichte *468* – 4. Die Auflösung der partikularen Eschatologie *469* – 5. Die Erfüllung der Verheißung als Krise der Eschatologie *471* – 6. Die Ausscheidung der kosmologischen Eschatologie *475*.

29. Kapitel: Die christliche Hoffnung ............................. 477–501
   1. Gebrochene Eschatologie und christliche Hoffnung *478* – 2. Der Sinn der Geschichte und die Vollendung des Reiches Gottes *485* – 3. Sterben und ewiges Leben *491* – a) Der Tod *492* – b) Die Auferstehung *494* – c) Das letzte Gericht *499* – d) Das ewige Leben *500*.

EPILEGOMENA

30. Kapitel: Die Lehre von der Kirche (Ekklesiologie) ............... 502–532
   Vorbemerkungen über den Ort der Kirchenlehre in der Dogmatik *502* – 1. Fragen des Ursprunges. Zur Geschichte der Kirchenidee *503* – 2. Das protestantische Problem *511* – 3. Sichtbare und unsichtbare Kirche *520* – 4. Einheit und Zukunft der Kirche *527*.

Register ...................................................... 533–543
   Namenregister ............................................. 535–539
   Sachregister .............................................. 539–543

# ALLGEMEINE LITERATUR

*1. Gesamtdarstellungen der evangelischen Dogmatik im deutschen Sprachgebiet seit 1820 in der Reihenfolge der Erstausgaben*

Ph. K. Marheineke, Die Grundlehren der christlichen Dogmatik, (1819) 1827² - Fr. Schleiermacher, Der christliche Glaube, (1820/21) 1830/31² 1960⁷ - K. Hase, Lehrbuch der evangelischen Dogmatik, (1826) 1870⁶ - A. Twesten, Vorlesungen über die Dogmatik der evangelisch-lutherischen Kirche, 2 Bde, (1826/37) 1838⁴ - C. I. Nitzsch, System der christlichen Lehre, (1829) 1851⁶ - D. Fr. Strauß, Die christliche Glaubenslehre in ihrer geschichtlichen Entwicklung, 2 Bde, 1840/41 - J. T. Beck, Die christliche Lehr-Wissenschaft nach den biblischen Urkunden, 1. Tl., (1841) 1875² - W. M. L. de Wette, Das Wesen des christlichen Glaubens, 1846 - J. P. Lange, Christliche Dogmatik, 3 Tle, 1849–52 - H. L. Martensen, Die christliche Dogmatik, (dt. 1850, mit einem Vorwort v. Martensen 1856) 1897⁴ - G. Thomasius, Christi Person und Werk, Darstellung der evangelisch-lutherischen Dogmatik vom Mittelpunkt der Christologie aus, 3 Tle, (1852–61) hg. v. F. J. Winter 1886–88³ - Fr. Philippi, Kirchliche Glaubenslehre, 6 Bde, (1854–79) 1883–90³ - A. Kahnis, Die lutherische Dogmatik, 3 Bde, (1861–68) 1874–75² - Al. Schweizer, Die christliche Glaubenslehre nach protestantischen Grundsätzen, 2 Bde, (1863/72) 1877² - A. E. Biedermann, Christliche Dogmatik, 2 Bde, (1869) 1884/85² - R. Rothe, Dogmatik, 2 Tle, hg. v. D. Schenkel, 1870 - Fr. H. R. Frank, System der christlichen Gewißheit, 2 Bde, (1870/73) 1881/84² - A. Ritschl, Die christliche Lehre von der Rechtfertigung und Versöhnung, 3 Bde, (1870/74) 1895–1902⁴ - A. F. C. Vilmar, Dogmatik, hg. v. K. W. Piderit, 1874 ND hg. v. H. Sasse, 1938 - R. A. Lipsius, Lehrbuch der evangelisch-protestantischen Dogmatik, (1876) 1893³ - D. Schenkel, Die Grundlehren des Christentums, 1877 - Fr. H. R. Frank, System der christlichen Wahrheit, 2 Bde, (1878/80) 1894³ - I. A. Dorner, System der christlichen Glaubenslehre, 2 Bde, (1879/81) 1886/87² - M. Kähler, Die Wissenschaft der christlichen Lehre, (1883/84) 1905³ - Fr. A. B. Nitzsch, Lehrbuch der evangelischen Dogmatik, 2 Tle, (1889/92) bearb. v. H. Stephan 1911/12³ - Chr. E. Luthardt, Die christliche Glaubenslehre, 1889 - Wilh. Schmidt, Christliche Dogmatik, 2 Tle, (Sammlung theol. Handbücher IV, 1–2, 1895/98) - J. Kaftan, Dogmatik, (1897) 1920⁷⁻⁸ - A. v. Oettingen, Lutherische Dogmatik, 2 Bde, 1897–1902 - Wilh. Rohnert, Die Dogmatik der evangelisch-lutherischen Kirche, 1902 - W. Herrmann, Christlich-protestantische Dogmatik, (Kultur der Gegenwart IV, 1, Bd. 2, 1906) 1909² - Th. Haering, Der christliche Glaube, (1906) 1912² - H. H. Wendt, System der christlichen Lehre, (1906/07) 1920² - A. Schlatter, Das christliche Dogma, (1911) 1923² - G. Wobbermin, Systematische Theologie nach religionspsychologischer Methode, 3 Bde, (1913–25) 1925/26²⁻³ - K. Dunkmann, Systematische Theologie, Bd. 1, 1917 - Fr. Pieper, Christliche Dogmatik, 3 Bde, (1917–24) hg. v. J. T. Müller, 1946² - L. Lemme, Christliche Glaubenslehre, 2 Bde, 1918/19 - H. Stephan, Glaubenslehre, (Sammlung Töpelmann 1, 3, 1920) 1941³ - F. Bauer und J. Deinzer, Christliche Dogmatik auf lutherischer Grundlage, 1921 - R. Seeberg, Christliche Dogmatik, 2 Bde, 1924/25 - H. Lüdemann, Christliche Dogmatik, 2 Bde, 1924/26 -

M. Rade, Glaubenslehre, 2 Bde, 1924/27 – E. Troeltsch, Glaubenslehre, Nach Heidelberger Vorlesungen aus den Jahren 1911 und 1912, mit einem Vorwort von M. Troeltsch, 1925 – W. Herrmann, Dogmatik, (Bücherei d. christl. Welt, hg. v M. Rade) 1925 – C. Stange, Dogmatik, Bd. 1, 1927 – K. Heim, Der evangelische Glaube und das Denken der Gegenwart, 6 Bde, (1931–52) 1953–57[2–5] – K. Barth, Die kirchliche Dogmatik, 4 Bde in 12 Teilen 1932–59 – W. Elert, Der christliche Glaube, (1940) 1956[3] – E. Brunner, Dogmatik, 3 Bde, (1946–60) 1960[2–3] – P. Althaus, Die christliche Wahrheit, (1947/48) 1959[5] – O. A. Dilschneider, Gegenwart Christi. Grundriß einer Dogmatik der Offenbarung. 2 Bde, 1948 –Hch. Vogel, Gott in Christo, (1951) 1952[2] – O. Weber, Grundlagen der Dogmatik, Bd. 1, (1955) 1964[3] Bd. 2, 1962 — P. Tillich, Systematische Theologie, 3 Bde, (1955/58) 1964/68[4] — Fr. Buri, Dogmatik als Selbstverständnis des christlichen Glaubens, Teil 1, 1956; Teil 2, 1961 — R. Prenter, Schöpfung und Erlösung, 2 Bde, dt. Ausgabe 1958/60 — H.-G. Fritzsche, Lehrbuch der Dogmatik, Bd. 1, 1964; Bd. 2 1967 — 4. Thielicke, Der Evang. Glaube. Grundzüge der Dogmatik. 1. Bd., 1968 — W. Kreck, Grundfragen der Dogmatik, 1970.

## 2. Grundrisse und Leitfäden

O. Pfleiderer, Grundriß der christlichen Glaubens- und Sittenlehre, (1880) 1898[6] – H. Schultz, Grundriß der evangelischen Dogmatik, (1890) 1892[2] – M. Reischle, Christliche Glaubenslehre in Leitsätzen für eine akademische Vorlesung, (als Manuskript 1899) 1902[2] – O. Kirn, Grundriß der evangelischen Dogmatik, (1905) nach dem Tode des Verf. hg. v. H. Hofer, 1936[9] – Ph. Bachmann, Grundlinien der systematischen Theologie, 2 Bde, 1908 – K. Heim, Leitfaden der Dogmatik, 2 Tle, (1912) 1935[3] – M. Schulze, Grundriß der evangelischen Dogmatik, 1918 – K. Dunkmann, Der christliche Gottesglaube, Grundriß der Dogmatik, 1918 – K. Girgensohn, Grundriß der Dogmatik, 1924 – W. Elert, Die Lehre des Luthertums im Abriß, (1924) 1926[2] – P. Althaus, Grundriß der Dogmatik, (1929–32) 1960[5] – R. Seeberg, Grundriß der Dogmatik, 1932 – Wilh. Koepp, Einführung in die evangelische Dogmatik, 1934 – E. Hirsch, Leitfaden zur christlichen Lehre, 1938 – K. Barth, Dogmatik im Grundriß, (1947) 1959[2] — G. Ebeling, Das Wesen des christl. Glaubens (1959) 1967 17.–21. Tsd.

## 3. Katholische Dogmatik

J. M. Scheeben (– L. Atzberger), Handbuch der katholischen Dogmatik, 4 Bde, (1873–1903) 1948–57[2–3] – J. Pohle, Lehrbuch der Dogmatik, 3 Bde, (1902–05) neubearb. v. M. Gierens 1931–33[8] – B. Bartmann, Lehrbuch der Dogmatik, 2 Bde, (1905) 1932[8] – F. Diekamp, Katholische Dogmatik nach den Grundsätzen des hl. Thomas, 3 Bde, (1912–14) 1954–59[11–13] – M. Schmaus, Katholische Dogmatik, 5 Bde, (1937–41) 1948–53[3-4] – M. Premm, Katholische Glaubenskunde, 4 Bde, 1951–54 – L. Ott, Grundriß der katholischen Dogmatik, (1952) 1954[2] – J. Feines u. M. Löhner, Mysterium Salutis. Grundriß heilsgeschichtlicher Dogmatik, 4 Bde in 5 Teilen, 1965 ff.

## 4. Lehr- und Hilfsbücher

K. Hase, Hutterus redivivus, Dogmatik der evangelisch-lutherischen Kirche, (1828) 1883[12] – Hch. Schmid, Die Dogmatik der evangelisch-lutherischen Kirche, (1843) 1893[7] – Al. Schweizer, Die Glaubenslehre der evangelisch-reformierten Kirche, 2 Bde, 1844/47 – H. Heppe, Dogmatik des deutschen Protestantismus im 16. Jahrhundert, 2 Bde, 1857 – ders., Die Dogmatik der evangelisch-reformierten

Kirche, (1861) hg. v. E. Bizer 1958³ – Chr. E. Luthardt, Kompendium der Dogmatik, (1865) hg. v. R. Jelke 1948¹⁵ – E. Hirsch, Hilfsbuch zum Studium der Dogmatik, (1937) 1964⁴ – C. H. Ratschow, Lutherische Dogmatik zwischen Reformation und Aufklärung, Teil 1, 1964; Teil 2, 1966.

## 5. Geschichte der Dogmatik

W. Gaß, Geschichte der protestantischen Dogmatik, 4 Bde, 1854–67 – G. Frank, Geschichte der protestantischen Theologie, 4 Bde, 1862–1905 – I. A. Dorner, Geschichte der protestantischen Theologie, 1867 – O. Pfleiderer, Die Entwicklung der protestantischen Theologie in Deutschland seit Kant, 1891 – F. Kattenbusch, Von Schleiermacher zu Ritschl, 1892, in 6. Auflage unter dem Titel: Die deutsche evangelische Theologie seit Schleiermacher, 1934 – Fr. H. R. Frank, Geschichte und Kritik der neueren Theologie, (1894) bearb. v. R. H. Grützmacher 1908⁴ – A. Schlatter, Die philosophische Arbeit seit Cartesius, (1906) hg. v. Th. Schlatter 1959⁴ – O. Ritschl, Dogmengeschichte des Protestantismus, 4 Bde, 1908–27 – W. Elert, Der Kampf um das Christentum, 1921 – H. Stephan, Geschichte der evangelischen Theologie, (Sammlung Töpelmann Bd. 9, 1938) hg. v. M. Schmidt 1960² – K. Barth, Die protestantische Theologie im 19. Jahrhundert, (1946) 1952² – E. Hirsch, Geschichte der neuern evangelischen Theologie, 5 Bde, (1949—54) 1968⁴. — H. Vorgrimler u. R. Vander Gucht (Hrsg.), Bilanz der Theologie im XX. Jahrhundert, Bd. II: Die Theologie im 20. Jahrh., 1969.

# ABKÜRZUNGSVERZEICHNIS

| | |
|---|---|
| Apol | Apologie der Augsburger Confession |
| ASm | Schmalkaldische Artikel |
| ATD | Das Alte Testament Deutsch |
| AThANT | Abhandlungen zur Theologie des Alten und Neuen Testaments |
| Barth, KD | K. Barth, Die Kirchliche Dogmatik, 1932 ff. |
| BFChTh | Beiträge zur Förderung christlicher Theologie |
| BSLK | Die Bekenntnisschriften der lutherischen Kirche, hg. vom Deutschen Evangelischen Kirchenausschuß, 3. Aufl. 1956 |
| BSRK | Die Bekenntnisschriften der reformierten Kirche, hg. von E. F. K. Müller, 1903 |
| BZNW | Beihefte zur Zeitschrift für die neutestamentliche Wissenschaft |
| CA | Confessio Augustana |
| CR | Corpus Reformatorum |
| Denz. | H. Denzinger, Enchiridion symbolorum et definitionum |
| DThC | Dictionnaire de Théologie Catholique |
| EKL | Evangelisches · Kirchenlexikon, hg. von H. Brunotte und O. Weber, 1955 ff. |
| EvTh | Evangelische Theologie |
| FC | Formula Concordiae |
| Hirsch | E. Hirsch, Geschichte der neuern evangelischen Theologie im Zusammenhang mit den allgemeinen Bewegungen des europäischen Denkens, Bd. 1—5 1949 bis 1954 |
| HWPh | Historisches Wörterbuch der Philosophie, hg. v. J. Ritter, 1971 ff. |
| LThK | Lexikon für Theologie und Kirche, hg. v. M. Buchberger, 1. Aufl. 1930 ff.; 2. Aufl. 1957 ff. |
| MG | J. P. Migne, Patrologiae cursus completus, series Graeca |
| ML | J. P. Migne, Patrologiae cursus completus, series Latina |
| RE | Realencyklopädie für protestantische Theologie und Kirche, 3. Aufl. 1896 bis 1913 |
| RGG | Die Religion in Geschichte und Gegenwart, 1. Aufl. 1909 ff., 2. Aufl. 1927 ff., 3. Aufl. (ohne bes. Kennzeichen) 1957 ff. |
| ThEx | Theologische Existenz heute |
| ThLZ | Theologische Literaturzeitung |
| ThSt (B) | Theologische Studien, hg. v. K. Barth |
| ThW | Theologisches Wörterbuch zum Neuen Testament, begr. v. G. Kittel, hg. v. G. Friedrich, 1933 ff. |
| WA | M. Luther, Werke. Kritische Gesamtausgabe (Weimarer Ausgabe), 1883 ff. |
| WB | W. Bauer, Griechisch-Deutsches Wörterbuch zu den Schriften des Neuen Testaments etc., 5. Aufl. 1958 |
| WUNT | Wissenschaftliche Untersuchungen zum Neuen Testament |
| ZThK | Zeitschrift für Theologie und Kirche |
| ZZ | Zwischen den Zeiten |

Im übrigen sind die Abkürzungsregeln von RGG, 3. Aufl. maßgebend

# EINLEITUNG

Dieses Buch muß zugleich zwei Aufgaben gerecht werden, wenn es seinen Sinn erfüllen will. Es ist zunächst ein Lehrbuch der Dogmatik und hat den Zweck, in die Tradition der kirchlichen Lehre einzuführen und den Theologen für die Bewältigung jener Probleme vorzubereiten, die sich durch die Predigt, den Unterricht und die Ordnungen des christlichen Gemeindelebens ergeben. Diese Aufgabe vermittelt jeder christlichen Dogmatik einen konservativen Zug. Sie hat dafür zu sorgen, daß alles bedacht wird, was je des Bedenkens wert gewesen ist, und daß alle Erkenntnisse und Sätze erhalten werden, die der Erhaltung wert sind. Aber was da erhalten werden soll, ist doch nie ein objektiver Bestand. Schon die Aufgabe, die Tradition zu interpretieren, um sie zu verstehen, führt über das bloße Tradieren hinaus. Man kann sich nicht zur Geschichte der christlichen Lehre — und das heißt doch Tradition — bekennen und sich gleichzeitig der Auseinandersetzung mit der Geschichte verschließen. Es gibt aber keine Interpretation ohne das Bewußtsein des eigenen geschichtlichen Ortes und seines Abstandes von der Vergangenheit.

Das führt uns dann vor die zweite Aufgabe einer Dogmatik. Sie ruft uns zur eigenen Stellungnahme auf. In der Dogmatik kommt die Wahrheitsfrage unmittelbar auf uns zu. Hier können wir nicht mehr die Geschichte für uns antworten lassen, sondern wir müssen selbst antworten. Die Dogmatik kann sich niemals damit begnügen, daß sie fachliches Wissen vermittelt. Sie hat denen beizustehen, die auf die offenen Fragen unseres Daseins eine Antwort suchen und sich diese Antwort vom christlichen Glauben erhoffen. Ihre Aufgabe liegt nicht darin, das Bewußtsein der christlichen Kirche, im Besitz der Wahrheit zu sein, zu einer steifen Lehre zu erhärten und mit einem gediegenen Panzer zu versehen. Sie hat vielmehr die Bedenken und Zweifel des Laien, also des Menschen außerhalb der theologischen Lehrtradition, in ihre eigene Argumentation aufzunehmen. Sie hat ein Anwalt der Bedenken des Studenten und der Fürsorger der privatesten Schwierigkeiten der Pfarrer selbst zu sein. Sie muß sich, anders und kurz gesagt, selber unaufhörlich und furchtlos der Wahrheitsfrage aussetzen.

Diese doppelte Aufgabe hat unmittelbare Folgen für die Art der Dogmatik. Hinsichtlich der ersten und vordergründigen Aufgabe, ein Lehrbuch zu sein, kann von den „fachlichen" Erfordernissen nichts nachgelassen werden. Problemgeschichte, Begrifflichkeit und dann auch die Logik des vielberufenen „theologischen Denkens" – wie sollte sich das vermeiden lassen? Es ergibt sich dabei immer wieder, daß die Zwiesprache mit den Alten weit wichtiger und schicksalsträchtiger ist als das aktuelle Fachgespräch, das wohl für den Augenblick die Neugierde des Lesers stärker in Anspruch nehmen mag, das aber rasch veraltet. Es wird im Nachfolgenden nicht vermieden, weil es nicht zu vermeiden ist. Aber die inneren Gewichte – und der verfügbare Raum – setzen doch der Auseinandersetzung mit der Literatur eine Grenze. Ein Buch ist kein überlebensgroßer Zeitschriftenartikel.

Damit bin ich bereits zu Stilfragen allgemeiner Art gekommen. Schon die Tatsache einer einbändigen Dogmatik bedarf eines Wortes. Allenthalben herrscht heute eine Uferlosigkeit des Sagens, bei dem der Leser an allen Seitenblicken, Nebengedanken, Reminiszenzen, Sicherungen und polemischen Absichten teilnehmen soll. Uns ist hier die Selbstbeschränkung und die Prägnanz der Aussage auferlegt. Dennoch ist es ein weiter Weg, der von der Problemanalyse her seinen Anfang nimmt. So schwer und verantwortungsvoll sie ist, so erfüllt sich doch der Weg der Wissenschaft immer erst in der Gestaltung. Was allgemeine Geltung hat, hat es in der modernen deutschen Theologie in potenzierter Weise: Das Positive ist immer das Schwerere. Der Beweis der gedanklichen Kraft kann doch erst durch eine Gesamtauffassung der Dinge erbracht werden.

In anderer Hinsicht reicht die Stilfrage bis in die Fundamente hinunter. Man kann Dogmatik treiben, wie wenn man in seiner Heimatstadt spazieren geht. Man bewegt sich unter Leuten, die man kennt und mit denen man die gleiche Sprache spricht. Diese Vertrautheit kann ebenso das Einverständnis wie die schärfsten Meinungsverschiedenheiten in sich schließen. Man grüßt doch nach allen Seiten und unterhält sich mit Bekannten über Bekanntes. Man muß freilich denselben Kreisen der Stadt angehören. Aber das ist bei Dogmatikern vorauszusetzen. Man erklärt sich unter Kundigen über das Verhältnis, das man Dritten gegenüber einnimmt. Man registriert Beziehungen und pflegt sie. Es ist nicht viel Neues dabei zu erwarten. Diese Verständigungen werden überdies erleichtert, wenn man sie auf bestimmte Stadtviertel einschränkt. Manche Dogmatiker sprechen grundsätzlich mit keinem Philosophen.

Je weiter unsere Wege vor das Tor der Stadt führen, desto interessanter werden sie. Man begegnet Unbekannten. Unsere Sprache wird nicht mehr selbstverständlich verstanden. Nach unseren Beziehungen innerhalb des engeren gesellschaftlichen Kreises fragt uns kein Mensch mehr. Vielleicht tragen uns die bisher für selbstverständlich erachteten Voraussetzungen überhaupt nicht mehr. Die Aufgabe, über den christlichen Glauben Rechenschaft abzulegen, wird vor dem Tor deutlicher, aber schwerer zu erfüllen. Es ist leichter, wenn man sich zurückzieht. Aber vor den Mauern der engeren Fachlichkeit wird die Aufgabe erst lohnend. Wenn die Dogmatik vollends ihrer Beziehung zur christlichen Predigt gedenkt, die ja gar nicht weggedacht werden kann, dann wird dies alles von weittragendster Bedeutung. Die mangelhafte Hilfe, welche die kirchliche Predigt von der Dogmatik erfährt, hängt weitgehend mit der fachlichen Beschränktheit und Insichgekehrtheit der Schuldogmatik zusammen. Die Predigt der Kirche führt immer vor das Tor hinaus, und die Dogmatik soll ihr darin entschlossen folgen, wenn nicht gar vorangehen. Die Dogmatik hat darin wahrscheinlich im Vergleich zu früheren Zeiten heute eine veränderte Aufgabe wahrzunehmen, daß sie das christliche Denken davor bewahrt, bei sich selbst zu bleiben. Zugespitzt ausgedrückt: Es kommt nicht darauf an, „theologisch denken" zu lernen, sondern überhaupt denken zu lernen.

Denn den Glauben denkend auszusprechen, das ist die ursprüngliche Aufgabe aller christlichen Dogmatik. Aber damit ist nicht alles gesagt, was über ihr Ziel und ihr Verfahren gesagt werden kann. Wer sich darüber äußert, befindet sich unvermittelt in der Methodenfrage. Ohne den Erwägungen, welche im Zusammenhang mit den Prolegomena nötig werden, wesentlich vorzugreifen, mag doch einiges dazu gesagt sein. Man darf die Methodenfrage ebensowenig vernachlässigen, wie man sie überschätzen soll. Das methodische Bewußtsein muß immer lebendig sein, aber es ist doch kein langehin lohnendes dogmatisches Thema.

Zunächst wird die Dogmatik durch den geschichtlichen Grund des christlichen Glaubens und der christlichen Lehre selbst auf die Geschichte verwiesen. Die Exegese und die Dogmengeschichte, die Geschichte der Theologie und die Mannigfaltigkeit des zeitgenössischen Denkens sind unvermeidbare Elemente des Historischen in aller Dogmatik. Man kann sagen, daß die Dogmatik „historisch" verfahren muß, weil sie auf den Ursprung des Glaubens Bezug nehmen muß. Wir reden von dem und beginnen mit dem, was wir empfangen haben. Aber das Historische ist doch nicht das Element der Dogmatik. Wenn sie nämlich vor ihren verantwortlichen Entscheidungen in die Historie ausweicht, dann versagt sie vor ihrer Pflicht, vom christlichen Glauben Rechenschaft zu geben, sie biegt vor der Wahrheitsfrage in die historische Fragestellung aus. Das Historische kann freilich auch dann nicht vermieden werden, wenn man der Wahrheitsfrage in ihrer unmittelbaren Gegenwärtigkeit begegnet; denn das Gegenwartsbewußtsein ist auch schon eine Form des geschichtlichen Bewußtseins. Aber diese Art von Geschichtlichkeit hält uns doch unmittelbar bei uns selbst fest und verhindert es, daß die dogmatische Frage und die dogmatische Entscheidung auf das Gleis einer historischen Auskunft abgeleitet werden.

Wenn man es nur richtig verstehen will, dann muß die Dogmatik auch pragmatisch verfahren. Sie muß nämlich alle Sätze auf ihre Folgen hin überlegen. Es gibt Aussagen, die an sich zunächst ganz richtig zu sein scheinen, die sich aber dadurch verbieten, daß sie zu unmöglichen Konsequenzen führen. Ein Satz, der um der Wünschbarkeit seiner Konsequenzen willen aufgestellt und unter Hinweis auf seine Konsequenzen begründet wird, ist ein pragmatischer Satz. Logisch bedeutet das, daß bei einem pragmatischen Satz der Schwerpunkt der Aussage überhaupt in den Folgerungen liegt und nicht in ihm selbst. Aber gerade dieses pragmatische Denken in der Dogmatik ist sehr gefährlich. Man kann es nämlich so verstehen, daß ein Satz seines kirchlichen Nutzens wegen oder um der kirchlichen Wünschbarkeit willen aufgestellt und die strenge Wahrheitsfrage dadurch zum Schweigen gebracht wird. Auch das, was man heute in der durchschnittlichen Theologie gerne hört, das Schiboleth, das man sprechen muß, um lebend den Jordan der theologischen Kritik überschreiten zu können (Ri 12,5 f), kann zur Versuchung werden, seine Aussagen darauf einzurichten. Dennoch bleibt, auch abgesehen von diesem gängigen Mißbrauch, die Pragmatik eine unvermeidliche Figur theologischer Gedankenbildung.

Vor allem muß eine Dogmatik sich zur Systemfrage äußern. Natürlich ist die Zeit der „geschlossenen Systeme" vorbei. Aber die Systematik bleibt eine unabweisbare Frage, weil sie über den Ort entscheidet, an dem ein Thema, ein Problem, ein Begriff zur Sprache kommen. Ich behaupte keineswegs, daß ich in diesem Buche endgültige Entscheidungen darüber getroffen hätte. Aber der Ort, an dem eine Sache zur Sprache kommt, kann schon eine entscheidende Interpretation in sich schließen. Ich darf immerhin auf drei Themen hinweisen, bei denen beispielsweise der Ort des Vorbringens in diesem Buch eine Bedeutung hat. Die Lehre von der Religion ist seit Schleiermacher in den Vordergrund der Dogmatik getreten, d. h sie ist in den ersten Kapiteln abgehandelt worden. Sie hat zeitenweise geradezu die Prolegomena getragen. In der Ablehnung dieses Verfahrens durch die dialektische Theologie ist es dann zu einer kritischen oder überhaupt negativen Religionslehre gekommen, aber es ist dabei geblieben, daß sich die Auseinandersetzung in den Prolegomena vollzog. Ich habe im Nachfolgenden der Lehre von der Religion einen ganz anderen Ort angewiesen und hoffe, damit zugleich zu einer angemesseneren Würdigung des Begriffes einen Fingerzeig gegeben zu haben. Seit Barth hat ferner die Trinitätslehre einen vordergründigen Rang und Platz im dogmatischen System erhalten, jenen Platz, den in der Reformationszeit die Rechtfertigungslehre einzunehmen pflegte. Ich weiche auch hierin vom Stil der neuzeitlichen Dogmatik ab. Daß dies keine Geringschätzung der Sache bedeutet, mag überdies aus der stillschweigenden Disposition der drei Hauptteile abgelesen werden. Und schließlich die Christologie! Sie ist das dritte Thema, das heute womöglich schon in den Anfängen der Dogmatik abgehandelt werden soll. Es ist keine konservative Hartnäckigkeit, die mich daran hindert, auch hier dem Zuge der Zeit zu folgen. Es ist ein gleichsam heilsgeschichtlicher Grund dafür anzugeben. Eine Dogmatik muß das Alte und das Neue unterscheiden können. Welt und Leben – „mein" Leben – gehen nicht mit Christo an, sonst wäre ja Christus das Alte. Christus ist aber das Neue, so wie wir erst geboren und dann getauft werden. Freilich: auch das Alte, also die Schöpfung, die Welt, unser Menschsein ist Gottes! Dadurch gewinnt erst die christliche Theologie Tiefgang, daß das eine wie das andere beachtet wird.

Zur Methodenfrage ist schließlich noch davon zu sprechen, daß nach meiner unverbrüchlichen Überzeugung auch die Dogmatik eine kritische Wissenschaft ist. Sie ist es imgrunde seit Schleiermacher. Aber die weitgehende Trennung unserer dogmatischen Tradition von Schleiermacher hat u.a. bewirkt, daß die Dogmatik wieder unkritischer geworden ist. Darum mag das Postulat eines kritischen Verfahrens für manchen Leser befremdlich wirken. Es bedeutet auch in der Tat mehr als nur dies, daß das Traditionsgut nicht ungeprüft übernommen werden darf. Es bedeutet nicht nur, daß die heute gängigen Begriffe und theologischen Redensarten auf ihre Probehaltigkeit untersucht werden müssen. Kritik bedeutet im Zusammenhang mit der Geschichtlichkeit aller Lehrüberlieferung das methodisch konsequent durchgeführte Bewußtsein von dieser Geschichtlichkeit. Auch das, was unseren Glauben weckt und unsere Überzeugung bezwingt, hebt die Geschichtlichkeit der christlichen Überlieferung nicht auf. Vor allem erweist sich der kritische Charakter einer Dogmatik darin, daß man ein geschärftes Bewußtsein dafür hat, was man fragen kann und was nicht. Das hängt aber schon von der Zuversicht ab, was man wissen kann und was nicht. Die alte Dogmatik war darin von einer großartigen Unbekümmertheit. Ihre Glaubensaussagen wurden konkret in der Gestalt metaphysischer Sätze, sie griffen unbedenklich in den Himmel, in die Engelwelt und ins Totenreich. Die unkritische Dogmatik verriet sich in der Unbedenklichkeit, religiöse Begriffe, die als religiöse einen spezifischen Modus der Aussage bezeichnen, als reale Aussagen zu verstehen und einzusetzen. Die kritische Dogmatik ist also vielfach zu einer begrifflichen Restriktion gezwungen, wie sie sich z.B. auch in dem Tillichschen Symbolbegriff vollzieht. Begriffe, Sätze, Thesen müssen reflexiv nach der in ihnen beschlossenen Intention, vielleicht sogar nach der in ihnen sich aussprechenden Erfahrung befragt werden. Aber nicht nur das historische Wahrheitsbewußtsein zwingt uns einen vorsichtigen Umgang mit Begriffen und Traditionen auf. Unser neuzeitliches Wahrheitsbewußtsein – ich habe mich darüber noch ausführlicher zu verbreiten – ist vor allem auch dadurch gekennzeichnet, daß die Rechenschaft vom christlichen Glauben nicht mehr an Vernunft und Gewissen vorbei geschehen kann. Es gehört zu den tiefreichenden Krankheitssymptomen der Gegenwart in der Kirche, daß man dies sofort so verstehen zu müssen meint, als ob damit die Vernunft und das Gewissen zum Richter über das, was christliche Wahrheit zu sein beansprucht, eingesetzt werden soll. Davon kann keine Rede sein. Aber wir können keine Theologie mehr an Vernunft und Gewissen vorbei betreiben. Wir können uns nicht mit Behauptungsschlägen darüber begnügen, was „Gott gefallen hat", wir können uns nicht mit den Hinweisen auf eschatologische und andere äußerste Erklärungsgründe zufriedengeben, ohne daß man sich darüber Rechenschaft gibt, was das alles eigentlich heißt und ob man das alles auch wirklich glaubt. Man kann nicht mit beschädigtem oder unbefriedigtem Wahrheitsbewußtsein Theologie treiben, man kann nicht mit schlechtem Gewissen orthodox sein, so sehr zu beachten ist, daß unser Wahrheitsbewußtsein im Vollzug der christlichen Rechenschaft auch überzeugt werden kann.

Diese kritische Einstellung trennt die Dogmatik nicht von der Predigt, sondern sie ist einer der entscheidenden Dienste, die sie ihr zu leisten vermag. Wer predigt – ich meine: wirklich predigt und nicht nur christliche Richtigkeiten auf der Kanzel vorbringt –, der ist unablässig gezwungen, die christliche Wahrheit, Texte, traditionelle Glaubensbegriffe in das heute Verstehbare umzusetzen. Darum wird jede Predigt, die den Namen verdient, eine aktuelle Rechtfertigung einer kritisch verfahrenden Dogmatik sein. So möchte ich hoffen, daß gerade eine kritisch verfahrende Dogmatik auch der Predigt, dem Unterricht und ganz allgemein der christlichen Erkenntnis am besten dienen kann.

Seit den Tagen Lessings ist die Wahrheitsfrage noch übermächtiger im Bewußtsein des neuzeitlichen Menschen als die Heilsfrage. Jedenfalls können wir bei der Frage nach unserem Heil die nach der Wahrheit nicht mehr vermeiden. Und eine religiöse Welt, die gegen die Wahrheitsfrage wehrlos ist, ist ein Götze.


Ein Wort zum Verhältnis von Dogmatik und Ethik! Wenn man einmal davon ausgeht, daß es sich in diesen beiden Feldern der systematischen Theologie um die Verständigung, Begegnung und Versöhnung des Christianum und des Humanum handelt, so ist es die Frage der Ethik: Wie komme ich als Christ damit zurecht, daß ich ein Mensch bin wie andere auch? Ich habe in der 1. Auflage meiner Ethik (1959) im Vorwort darauf hingewiesen, daß dieses Menschsein bereits vor der Taufe, nämlich mit der Geburt beginnt. In der Genesis der uns bedrängenden Themen sind — es ist vielleicht häßlich zu sagen — die menschlichen Probleme die älteren und in der Gemeinsamkeit mit den Mitmenschen die vordringlichen. Ich habe damals gesagt: „In aller Ethik ist das Humanum das Erste und das Christianum das Zweite" (Ethik, S.6). Die billigen Mißverständnisse, die ich damit provoziert habe, waren vorauszusehen. In diesem Sachverhalt, den man sich doch eingestehen sollte, auch wenn er unangenehm ist, liegt die Schwierigkeit beschlossen, daß sich im Vollzug des menschlichen Handelns und Verhaltens das Christliche erst erschließt. Und doch ist es eine, für den „profan" lebenden Menschen wahrscheinlich die entscheidende Weise, dem Christlichen überhaupt zu begegnen, seiner als Möglichkeit, Wahrheit und Hilfe ansichtig zu werden. Das Christliche ist kein „Prinzip", es ist nicht der Anfang des menschlichen Verhaltens. In der Dogmatik ist es umgekehrt. Hier ist unverbrüchlich das Christianum das Erste und das Humanum das Zweite. Ich setze dabei voraus, daß im ersten Zusammentreffen des Menschen mit der christlichen Botschaft, mit Gesetz wie Evangelium, keine Übereinstimmung besteht, sondern Fremdheit, ja sogar Feindschaft. Und es ist wahrscheinlich so, daß diese Fremdheit ein entscheidender Maßstab dafür ist, ob man das christliche Wort begriffen hat. Aber man kann das Humanum nicht aus der christlichen Verantwortung entlassen. Die Folge wäre eine inhumane Theologie, in der menschliche Vernunft und Freiheit Gewalt leiden und das Recht der freien Überzeugung geopfert wird. Darum bedarf es der Versöhnung des Christianum und des Humanum. Die Ethik kommt gleichsam von der entgegengesetzten Seite auf dieses Problem zu, nämlich von der Frage des menschlichen Handelns und Verhaltens. Sie ist nicht auf den Durchgang durch die Dogmatik angewiesen, wie umgekehrt die Dogmatik, der die Aufgabe der denkenden Bewältigung des Glaubens gestellt ist, nicht des Durchganges durch die Ethik bedarf. Dogmatik und Ethik, jede eigenen Rechtes, sind sich in der Einheit ihres letzten Zieles zugewendet und haben darin ihre je transzendente Einheit.

Das Christentum ist die durchreflektierteste Religion der Welt. Das bedeutet einen Verlust an Unmittelbarkeit des Glaubens und eine schwere Last für die dogmatische Arbeit. Der wahre Glaube hat immer etwas von der Naivität kindlichen Vertrauens zu Gott, dem Vater in sich. Eine kritische Dogmatik ist nicht naiv, sie prüft die Aussagen des Glaubens auf ihre Verantwortbarkeit. Dogmatik ist nicht das Christentum schlechthin. Sie ist weniger als die Predigt, weniger als Lied und Gebet der Gemeinde, weniger als der Glaube selbst und seine Bewährung. Ihr Dienst geschieht in intellektueller Redlichkeit, im Bemühen um Wahrheit und Wahrhaftigkeit unterhalb der großen Mysterien Gottes, die höher sind als alle Vernunft.

Dennoch hat auch die Dogmatik eine erbauliche Aufgabe. Sie dient der Rechenschaft des Glaubens vor der Welt und vor dem eigenen vernünftigen Denken des Christen. Die Kirche wird auf Erden nicht ohne die Klarheit des Gedankens erbaut. Es gibt auch einen Lobpreis Gottes durch den Gedanken. Aus solchen Erwägungen heraus bemüht sich diese Dogmatik um Nüchternheit. Sie hält sich fern von einem emphatischen Stil. Es ist durchaus möglich, daß ich manchem Leser da und dort in der Zurückhaltung zu viel getan habe. Hier ist die Trinitätslehre kein Prinzip, aus dem die Dogmatik entwickelt wird. Warum ich den Begriff der Offenbarung sparsam gebrauche, habe ich gelegentlich begründet. Man kann den Offenbarungsbegriff nicht in einer theologischen Arbeit domestizieren und ihn sich womöglich zu dem Zweck zur Verfügung halten, um eigene Positionen unter Berufung auf ihn unangreifbar zu machen. Wir dürfen in der Dogmatik nicht über unsere Verhältnisse leben und mehr sagen, als was wir redlicherweise verifizieren können. Wenn ein Prediger dann einsehen sollte, daß auch die Predigt kraftlos und unglaubwürdig wird, wenn sie über ihre Verhältnisse lebt und den

Mund zu voll nimmt, dann ist dieses unser Verfahren wohl zu rechtfertigen. Aus diesem Grunde ist auch die Lehre von der Kirche zur Sache der Epilegomena gemacht. Wenn schon in den Prolegomena wesentliche Entscheidungen fürs Ganze fallen, dann ist auch das sicher keine Herabwürdigung. Aber es sollte auch bezüglich der Kirche nicht mehr gesagt werden, als was man für sie beanspruchen und was sie selbst wirklich bewähren kann. Die hohe Einschätzung der Gemeinde des Herrn, und der Grund dafür, ist schon vor dem Eintritt in die Epilegomena hoffentlich nicht zu übersehen.

Die Sache dieser Gemeinde, so meinen wir, geht die ganze Welt etwas an. Darum vollzieht sich der Dienst einer christlichen Dogmatik zwischen Gemeinde und Welt, zwischen Glaube und Vernunft in der Frage nach der einen Wahrheit.

# PROLEGOMENA

## 1. Kapitel

### DIE AUFGABE DER DOGMATIK

#### 1. *Die dogmatische Verantwortung*

Die Arbeit, die wir nach dem heute – seit dem siebzehnten Jahrhundert-üblichen Sprachgebrauch als Dogmatik bezeichnen, dient der wissenschaftlichen Selbstbesinnung des christlichen Glaubens. Sie hat die Absicht, vom christlichen Glauben eine wissenschaftliche Rechenschaft zu geben. Die Dogmatik hat in selbstverantworteten Sätzen den christlichen Glauben denkend zu bewältigen und verständlich auszusprechen.

Das soll keine Definition bedeuten, sondern nur eine vorläufige Beschreibung dessen, worum es hier geht. Immerhin soll durch diese vorläufigen Sätze eine einseitige Bestimmung der dogmatischen Aufgabe verhindert werden. Eine solche einseitige Festlegung wäre z. B. dann erfolgt, wenn die dogmatische Arbeit ausschließlich auf den kirchlichen Zweck, nämlich auf die Interpretation des kirchlich-konfessionellen Lehrbegriffs und auf den vorbereitenden Dienst an der Verkündigung – diese im weitesten Sinne genommen – bezogen würde. Ebenso wäre es eine Vereinseitigung, wenn die dogmatische Aufgabe unter Absehung von ihrem Bezug zur christlichen Gemeinde ausschließlich auf die denkende Bewältigung der religiösen Frage, also im Sinne der Religionsphilosophie verstanden würde. Solche Erklärungen sind zwar in der Regel sehr einprägsam, aber sie legen die christliche Rechenschaft, zu der die Dogmatik berufen ist, von vornehereinn in einseitiger Weise fest. Diese Rechenschaft ist nämlich vor sehr verschiedenen Foren zu erstatten. Die Instanzen, welche die Dogmatik im Auge haben und behalten muß, sind z. T. so entgegengesetzt, daß die Dogmatik vielseitige Wachsamkeit walten lassen muß, um nicht den verschiedensten Anfechtungen zu erliegen. Wir beschreiben im Folgenden in drei Gruppen diese entgegengesetzten Instanzen und die Art der Verantwortung, welche die Dogmatik in jeder der verschiedenartigen Beziehungen zu übernehmen hat. Es ist einmal die Verantwortung vor dem christlichen Glauben, der eine ungeminderte Verantwortung vor der Vernunft bzw. vor der Wissenschaft gegenübersteht. Es ist zweitens die Verantwortung vor der Geschichte, ohne deren Überlieferung, nämlich die Hl. Schrift, Lehre und Leben unserer Kirche wir keine Christen sein könnten. Dem steht aber wieder die nicht geringere Verantwortung unserer Gegenwart gegenüber: dogmatische Aussagen sind gegenwärtig gültige, auf die gegenwärtige Situation bezogene Aussagen. Und schließlich kehrt die Dialektik der doppelseitigen Verantwortung auch in der Gestalt wieder, daß die Dogmatik eine Verantwortung gegenüber der Kirche hat. Sie ist nicht nur „Funktion" der Kirche, sondern hat innerhalb der Kirche – gewiß! – eben diese Kirche doch auch wieder wie eine fremde Instanz an das zu erinnern, was die Kirche sein und was sie sagen soll. Dieser Verantwortung gegenüber der Kirche entspricht aber in nicht geringerem Maße eine Verantwortung gegenüber der Welt. Nur wenn wir dieser vielfältigen Blickrichtung folgen, in der die Dogmatik zur Rechenschaft über den christlichen Glauben aufgerufen ist, können wir hoffen, ihre Aufgaben einigermaßen vollständig zu verstehen.

1. Die Dogmatik ist an den christlichen Glauben gewiesen. Sie soll ihn beschreiben, soll ihn auf ihre Weise zur Aussage, zur Darstellung bringen und soll sich auch vor diesem Glauben rechtfertigen können. Aber der Glaube an Gott, den Vater, der Glaube an Jesus Christus richtet sich nach keiner Wissenschaft. Er ist mehr als alle Wissenschaft. Es ist der Glaube, der rettet (Mt 9,22), der Berge versetzt (Mt 17,20), er ist der Glaube der Kinder, die Jesus unter seinen Schutz vor allem Ärgernis nimmt (Mt 18,6 f.). Der Glaube ergreift das Außerordentliche, die Gnade. Er ist Umgang mit dem Vater, Rettung, Rechtfertigung. Dogmatik ist weniger als das alles. Der lebendige Glaube wird der Dogmatik gegenüber etwas Überschießendes behalten. Der Glaube wird in seiner Kühnheit des Vertrauens zum Vater sich immer wieder als „höher als alle Vernunft" erweisen. Und doch ist der christliche Glaube von Anfang an dadurch ausgezeichnet, daß er die Klarheit des Gedankens und die begriffliche Deutlichkeit nie vermieden hat. Der christliche Glaube ist nicht begriffsscheu, und es ist kein sinnvolles Argument für den frühen Verfall des Urchristentums, wenn man schon im Neuen Testament Spuren der werdenden Theologie wahrnimmt. Auch die Theologie vermag sich zu einem Lobpreis des Gedankens und des Begriffes zu erheben.

Der Glaube schließt das Denken nicht aus. Die Dogmatik bringt in das Denken des Glaubens wissenschaftliche Methode. Wissenschaft – wir nehmen das dem 4. Kapitel vorweg – bedeutet überindividuelle Organisation von Wissen und bedeutet das Unternehmen, gewonnene Erkenntnis anderen vernünftigen Menschen mitzuteilen und die eigene Erkenntnis zu der fremden Erkenntnis in Beziehung zu setzen. Keine Wissenschaft kann ein isoliertes Dasein führen, sondern sie nimmt teil am Kosmos wissenschaftlicher Erkenntnis überhaupt. In Kontinuität und Diskontinuität, in Bestätigung und Widerspruch steht auch die Theologie, und zwar wesentlich in Gestalt der Dogmatik, in dem Verhältnis einer wechselseitigen Rechenschaftslegung mit den anderen Wissenschaften. Wissenschaft heißt aber auch, ein methodisches Bewußtsein zu haben. Man muß wissen, was man sagen kann und was nicht, mit welchem Sicherheitsgrad Aussagen gemacht werden können und in welchen Kategorien man spricht. Davon soll noch ausführlicher die Rede sein.

2. Eine zweite Spannung ergibt sich für die Dogmatik aus ihrer Bindung an die geschichtliche Überlieferung, der doch zugleich eine Verantwortung aller Aussagen vor der Gegenwart die Waage hält. Es gibt keine christliche Dogmatik ohne Tradition. Dabei mag dieser Traditionsbegriff so weit wie immer gefaßt werden: er begreift die Bibel wie die Schriften der Väter, Lehr- und Glaubensüberlieferungen, Kirchenordnungen und geltende Bekenntnisse der Kirche in sich. Unsere wissenschaftliche Rechtfertigung gilt auch der Frage, ob wir mit den Vätern unserer Kirche im Glauben, in der „alten Wahrheit", in dem einigen Trost und Grund unserer Seligkeit einig sind. Wir treiben ja nicht aus irgend einer Emotion heraus Theologie, sondern wir sind an Themen wie an Texte gebunden, die uns überliefert sind. So erwächst der Dogmatik immer eine unvermeidliche historische Aufgabe, nämlich die der Interpretation. Die Dogmatik hat sich nicht nur über die ihr vorgegebene Tradition und ihr unmittelbares Verhältnis zu ihr auszusprechen, sondern sie hat vor allem auch zu sagen, wie sie diese Tradition versteht. An dieser Interpretationspflicht scheidet sich jede vollverantwortliche Dogmatik von einer nur repristinierenden, welche sich darauf beschränkt, älteres Überlieferungsgut neu zu formulieren und für eine veränderte geistige Situation in Geltung zu setzen. Wir können nicht Dogmatik treiben, als lebten wir in vergangenen Jahrhunderten, aber wir können auch nicht Dogmatik treiben, als hätte es keine Zeit der Väter gegeben, welche selbst schon über die gleichen Geheimnisse und Offenbarungen nachgedacht haben.

So hat eine Dogmatik immer ein bestimmtes Verhältnis zur Geschichte, nämlich ein Verhältnis, das durch die Reflexion hindurchführt und eben nicht nur in einer „Wiederholung" des Vergangenen besteht. Dadurch kommt aber zu der ersten Aufgabe einer Interpretation des Überlieferungsstoffes eine zweite Aufgabe hinzu, die der Sichtung der Thematik. Es wird nicht genügen, mit Tillich (Systematische Theologie I,41) zu erklären, die Dogmatik sei „die Darstellung der Lehrtradition für unsere gegenwärtige Lage", sondern wir kommen um eine Sichtung dieser Lehrtradition selbst nicht herum. Themata und Probleme, Fragen und Antworten, ja schon die Begriffe sind auf ihr Alter und im Zusammenhang damit auf ihre noch fortdauernde Gültigkeit für uns zu prüfen. Sie können alt und überholt sein, sie können zwar alt, aber doch noch durchaus aktuell sein, sie können zwar noch aktuell, aber doch nur noch in einem modifizierten Sinne gültig sein, und sie können schließlich einfach modern und so noch nicht dagewesen sein. Die dogmatische Arbeit vollzieht sich in jeder Phase und bei jedem Thema in einer historischen Dimension. Diese historische Tiefe bedeutet eine Hilfe. Es ist nicht alles so neu, wie wir oft meinen, und wir erfahren Hilfe von denen, die vor uns bereits an unseren Problemen gearbeitet haben. Hier droht aber auch eine Gefahr; denn der Griff in die Geschichte kann bedeuten, daß wir unserer Gegenwart ausweichen und daß die Berufung auf die Väter das eigene Denken und die eigene Verantwortung über den christlichen Glauben ersetzt. Mit der historischen Arbeit ist unlöslich die Notwendigkeit der historischen Kritik verbunden. Wir können kein Erbstück ungeprüft weitergeben. Die historische Aufgabe bzw. die geschichtliche Dimension der Dogmatik bedeutet natürlich nicht die Aufforderung, aus dem Druck der sachlichen Fragestellung in die historische Analyse auszuweichen, vielmehr ist die Wahrnehmung des Geschichtlichen selbst schon eine sachliche Fragestellung. Inwiefern aber die Gegenwart in sich eine Aufforderung zur christlichen Rechenschaft bedeutet, das ergibt sich einfach aus dem modernen Wahrheitsbewußtsein, über dessen Konsequenz auf dogmatischem Gebiet ich im 5. Kapitel handeln werde.

3. Schließlich ist daran zu erinnern, daß die Dogmatik eine normierende Funktion in der christlichen Kirche hat. Aber auch diese Verantwortung ist nicht eindeutig, sondern wird durch die gleichzeitige Verantwortung der Dogmatik vor der „Welt" modifiziert und aufgewogen. Sicherlich kommt in dieser Doppelverantwortung noch einmal in etwas veränderter Gestalt jene Spannung zutage, von der ich anfangs sprach, nämlich die zwischen Glaube und Vernunft. Und doch ist es nicht ganz dasselbe; denn Glaube und Vernunft laufen in mir selbst zusammen, indem ich sagen kann: „ich glaube" und zugleich „ich denke". Die Bindung der Dogmatik weist sie aber – und davon ist hier zu sprechen – an die Kirche. Die Dogmatik ist dafür verantwortlich, daß die „Verkündigung" der Kirche, ihr „Dienst am Wort", mit der Hl. Schrift, mit der „Offenbarung" und mit Lehre und Bekenntnis der Kirche übereinstimmt. Wir berühren und bestätigen damit den Ansatz der Kirchlichen Dogmatik Karl Barths. W. Elert hat imgrunde dasselbe im Auge, wenn er das Dogma, also den Gegenstand der Dogmatik in seinem Sinne, als das Minimum des Sollgehaltes bezeichnet, in dem alle öffentliche Verkündigung übereinzustimmen hat. Er redet dann auch abgekürzt von dem „Sollgehalt des Kerygmas" bzw. der kirchlichen Verkündigung. In alledem ist natürlich der normative Charakter der Dogmatik nicht Ausfluß einer Lehrautorität der Kirche, die an ein hierzu besonders ermächtigtes Amt gebunden wäre. Das Amt der Theologie liegt lediglich darin, daß sie sich dieser steten Prüfung hinzugeben hat und darin legitimiert ist, daß sie die Wahrheit freilegt und von dieser Wahrheit überzeugt. Die Theologie im evangelischen Sinne kann nur durch die Schaffung einer freien Überzeugung mittels guter Gründe wirken und so ihren Hilfsdienst an Predigt, Unterricht, Seelsorge und Kirchenleitung ausüben.

Der Dienst, den die Dogmatik für die Kirche leistet, wird freilich auch noch dadurch begründet, daß die Kirche immerfort durch falsche Lehren angefochten wird. Die Feststellung des ursprünglich und biblisch Richtigen gegenüber dem Irrtum – „Feststellung", weil es ursprünglich nicht ohne scheidende und unterscheidende „Sätze" geschah – ist geradezu eine fortwährend wirksame Quelle und Triebkraft des dogmatischen Fortschrittes.

Selbst wenn man der Meinung sein sollte, daß die Zeit der dogmatischen Sätze vorüber sei, so könnte man nicht umhin, eben diese Einsicht ständig gegen dogmatische Sätze abzusichern und diese Absicherung einsichtig zu begründen. Aber wie sollte denn eine christliche Kirche bestehen können, welche nicht in immer neuer Weise und Wendung sagt, was es bedeutet, daß Gott der Schöpfer und Herr der Welt und unser Vater ist und daß Jesus Christus der Herr sei. Und in die Auslegung dieser Ursätze christlichen Bekennens müßte dann immer auch einfließen, was es nicht bedeuten darf.

Die Dogmatik ist durch die hier erwähnten Zusammenhänge an die Kirche gebunden, d. h. aber immer an die konkrete Kirche, und diese ist ohne konfessionellen Charakter nicht denkbar. Wie steht es aber mit dem konfessionellen Charakter der christlichen Dogmatik?

Sowohl der geschichtliche Ort, an dem die Dogmatik getrieben wird, also etwa eine theologische Fakultät oder ein College, als auch der Dogmatiker sind ohne einen konfessionellen Charakter nicht denkbar. Ferner dient auch die theologische Arbeit, wie das in anderen Wissenschaftszweigen nicht anders ist, den Bedürfnissen eines bestimmten Berufes. Wie die Medizin der Ausbildung von Ärzten, die Rechtswissenschaft der Erziehung von Richtern und Verwaltungsbeamten usw. dienen, so wird Theologie im Blick auf die Heranbildung und die fachlichen Bedürfnisse von Religionslehrern, Pfarrern usw. getrieben. Es gibt keine theologische Wissenschaft ohne diese Bezüge; aber dadurch wird auch ihr konfessioneller Charakter unvermeidlich; denn eben diese Bedürfnisse selbst sind schon konfessionell geprägt. Andererseits duldet auch in der Theologie die Verantwortung vor der Wahrheit keine Einschränkung durch pragmatische Rücksichten. Jeder theologische Satz muß in einem unbedingten Sinne „wahr" sein, er muß aus einer Überzeugung geboren sein, die keinerlei „kirchliche" Rücksichten nimmt. Und nicht nur das moderne Zeitbewußtsein, sondern auch die Überlegenheit des biblischen Zeugnisses machen das Konfessionelle relativ. Was christlich wahr ist, das kann nicht in einem konfessionell eingeschränkten Sinne wahr sein, sondern es muß unbedingt gelten. In diesem Sinne untersteht die Dogmatik auch keiner kirchenamtlichen oder konfessionellen Disziplin, die ihrer Überzeugung eine Hemmung in den Weg legen könnte.

Dieser Satz bedeutet zweifellos eine Gefahr, da er bei zuchtloser Handhabung natürlich eine Aufhebung der kirchlichen Verantwortung des Theologen zur Folge haben könnte. Die Kirche würde sich dann genötigt sehen, sich von dem betreffenden Theologen (das Problem betrifft nicht nur den „Dogmatiker" im engeren Sinne) zu trennen. Freilich ließe sich das nicht nur als eine Maßnahme der äußeren Disziplin machen, sondern auch eine solche Trennung müßte begründet werden. Im Reiche der Wahrheit gibt es nur Gründe und Gegengründe, und auch für das Verhältnis zwischen der Kirche und „ihrer" Theologie gibt es keine zuverlässige Ausschaltung aller Gefahren. — Die römisch-katholische Kirche hat das kirchliche Lehramt in eine Hand, nämlich in die der Bischöfe gelegt, und sie hat sie mit autoritärer Lehrgewalt ausgestattet. Von dieser Position aus wirken die hier vertretenen Sätze erschreckend, und die katholische Sorge gegenüber der Lehrfreiheit wirkt tief in die Reihen des kirchlichen Protestantismus hinein. Demgegenüber mache man sich zweierlei klar. Einmal kommt auch die katholische Kirche bzw. die Kirche des katholischen Typus nie um die Härte der Tatsache herum, daß die Wahrheit allein dadurch siegt, daß sie die stärkeren Gründe auf ihrer Seite hat und durch diese Gründe ihre Diener überzeugt. Eine vermeintliche Disziplin, die gegen die persönliche Überzeugung angestrengt wird, kann nur in die Unwahrheit führen. Und dann muß man sich davon überzeugen, daß in den hier vertretenen Grundsätzen der Grund einer erheblichen kirchlichen Elastizität liegt, welche der Kirche auch Kräfte der Erneuerung zuführt, wenn es den verantwortlichen Theologen nicht an Weisheit und an dem Bewußtsein gemeinsamer Verantwortung gebricht.

Die christliche Dogmatik ist aber nicht nur der Kirche verantwortlich, sondern auch der Welt. „Ich selbst" trage ja als denkender und zweifelnder Mensch diese Welt in mir, wie ich als Glied der Kirche diese Kirche nicht nur außer und über mir, sondern in mir trage. Der Dogmatiker steht immer auch im Gespräch mit anderen Glaubensüberzeugungen und mit dem Unglauben. Er hat den Zweifel ernst zu nehmen. Denn auch dieser Zweifel hat seine Gründe. Die Welt und ihre Zweifel bedeuten Fragen an die Christenheit, welche um der Wahrheit willen ernst genommen werden müssen. Der Gesprächspartner ist dabei ja nie nur „draußen" oder ein „Gegenüber", sondern er hat seinen Anwalt in der eigenen Brust bzw. in der Vernunft des Dogmatikers. Wie aber der Dogmatiker die Reinheit der christlichen Lehraussagen der Kirche und ihrem Dienst gegenüber zu verantworten und zu besorgen hat, so hat er auch dem Wahrheitsbewußtsein der Zeit, also der Welt, bzw. jedem der Rechenschaft fordert, eine „Apologie" zu geben (vgl. 1 Pt 3,15).

Schon dieser Überblick über die Aufgabe der Dogmatik läßt einen Eindruck davon zu, wieviele Fragestellungen bereits zu berücksichtigen sind, bevor die Dogmatik die alten klassischen Themen in Angriff nehmen kann, die ihr aus der Überlieferung als Aufgabe gestellt sind. Dieses ständige Vorverlegen der Fragestellung hat eine unmittelbare Folge für die Gestaltung der modernen Dogmatik: Die Prolegomena wachsen! Weithin sichtbar ist wohl Schleiermachers Glaubenslehre das erste klassische Dokument einer Dogmatik, in der die wichtigsten Entscheidungen bereits im Rahmen der Prolegomena, d. h. in den §§ 1–31 fallen. Formal handeln zwar diese Prolegomena meist ü b e r die im Folgenden auszuführende Dogmatik, ihre Abgrenzung, ihre Methode u. dgl., aber in Wirklichkeit sind doch diese Prolegomena das Feld jener Entscheidungen, welche den Charakter der Dogmatik als Wissenschaft, das Verhältnis von Glaube und Wissen, von Christentum und Religion, und was dergleichen Themata mehr sind, betreffen, kurz alle jene Themen, welche die Christenheit mit der Welt und mit der Vernunft auszumachen hat. Es wird abzuwarten sein, ob sich Karl Barths Versuch, die Prolegomena in diesem Sinne wieder abzubauen, durchsetzen wird.

Das hat dann aber noch eine weitere Folge. Die moderne Dogmatik steht in einem ständigen Wandel des Problemumfanges. Während alte Positionen, ja schon ältere Fragestellungen sich häufig als gegenstandslos erweisen, wachsen ihr auf der anderen Seite neue Fragestellungen zu. Dieser Vorgang, der vor allem das Anwachsen der Prolegomena in der

Dogmatik des 19. Jhs. begünstigt hat, erstreckt sich doch keineswegs nur auf die Prolegomena. Am Wachstum der Dogmengeschichte in der Neuzeit ist, abgesehen von dem grundsätzlichen Auftrieb des historischen Interesses und des in alle systematischen Fächer eindringenden Historismus, nicht zuletzt auch der Umstand beteiligt, daß die Dogmengeschichte als die Instanz geschätzt wird, welcher erledigte Fragestellungen überantwortet werden, Thesen, Lehren und Begriffe, welche vermeintlich ihre Aktualität verloren haben. Hinwiederum ist gerade die Geschichte eine Quelle neuer, auch dogmatisch relevanter Fragestellungen, von der die ältere ahistorisch verfahrende Dogmatik noch keine Ahnung hatte.

## 2. Der Name „Dogmatik" und das in ihm beschlossene Problem

Die Bezeichnung „Dogmatik" für die Wissenschaft von der christlichen Glaubenslehre ist erst im 17. Jahrhundert aufgekommen. Dies gilt auch für die katholische Dogmatik, bei der die im Zuge der Zeit liegende Trennung von der Moraltheologie für die Einführung des neuen Namens ausschlaggebend gewesen zu sein scheint. Im übrigen aber birgt hier der Name kein weiteres Problem in sich, weil die Dogmatik, katholisch verstanden, die Wissenschaft von den Dogmen, von ihrer Begründung, ihrem inneren Zusammenhang, ihrer Autorität und ihrer Wahrheit ist.

Im Bereich des Protestantismus hingegen ist es auffällig, daß der Name in einer Zeit aufkommt, in der man dem Gedanken des „Dogmas" kritisch gegenüberzustehen begann. Tatsächlich ist der Name Dogmatik und das Adjektiv „dogmatisch" relativ unabhängig vom Begriff und der Sache des „Dogmas".

Das ergibt sich schon aus einem Überblick über die älteren Bezeichnungen der Sache. Das Mittelalter gebrauchte den Ausdruck „Summa theologica" (Thomas von Aquin) oder andere (Bonaventura: Breviloquium), sofern die Kirchenlehre nicht in Form eines Kommentars, vorwiegend zu den Sentenzen des Petrus Lombardus, vorgetragen wurde. Die älteste Dogmatik der Reformation sind Ph. Melanchthons „Loci communes rerum theologicarum seu Hypotyposes theologicae" (1521) und J. Calvins „Institutio christianae religionis" (erstmals 1536). Die Namen dieser ersten „Dogmatiken" kehren in der Folgezeit dann immer wieder, häufig in Verbindung mit anderen Begriffen: Compendium — so bei L. Hutter: Compendium locorum theologicorum (1610), Systema — so A. Calov: Systema locorum theologicorum (1655 ff.), A. Polanus nennt seine Lehrdarstellung „Syntagma theologiae christianae" (1610). Wo die Polemik die Feder führt, tritt vielfach der Name „Examen" auf, so schon in M. Chemnitz' „Examen Concilii Tridentini" (1565 ff.). Ähnlich bei Calov (1649) und noch bei D. Hollaz: Examen theologicum acroamaticum (1707). J. A. Quenstedt überschreibt seine Lehrdarstellung „Theologia didactico-polemica sive Systema theologicum" (1685). Es begegnen uns Titel wie „Hodosophia christiana" (J. C. Dannhauer 1649), „Corpus theologiae christianae" (J. H. Heidegger 1700), „Medulla theologica" (W. Amesius 1628) u. a., nur das Wort dogmaticus kommt nicht vor. Im Titel eines Lehrbuches der didaktischen — häufig auch „thetischen" — Theologie begegnet die Bezeichnung dogmatisch wohl zum ersten Mal bei L. Fr. Reinhart 1659: Theologia dogmatica. Aber es geschieht ganz beiläufig und unprinzipiell. Von da aus bürgert sich dann der Begriff sehr langsam ein. Vgl. hierzu O. Ritschl: Das Wort dogmaticus in der Geschichte des Sprachgebrauchs bis zum Aufkommen des Ausdrucks theologia dogmatica, in: Festgabe für Julius Kaftan zu seinem 70. Geburtstag, 1920, S. 260 ff.

Bis zu einem gewissen Grade läßt sich an den Bezeichnungen der Lehrbücher auch schon der Wandel von der sog. Lokalmethode zum Interesse am geschlossenen System ablesen. Mit Schleiermacher verlagert sich dann das Interesse auf den sich hier aussprechenden Glauben, und das kommt sofort auch in der Bezeichnung der Bücher zum Ausdruck. Von Schleiermachers eigener Darstellung „Der christliche Glaube" (1821/22, 2. Aufl. 1830/31) an bürgert sich die Bezeichnung „Glaubenslehre" ein, so Al. Schweizer 1863 ff., bis hin zu W. Elert: Der christliche Glaube, (1940) 1960[5]. Indem seit Schleiermacher sehr konsequent dann die christliche Ethik als „christliche Sitte" oder „christliche Sittenlehre" behandelt wurde wirkt selbst hier noch jene Trennung von Dogmatik und Moraltheologie nach, die offenkundig in genauer Parallele auf katholischem wie auf evangelischem Boden zur Konstituierung der „Dogmatik" im Sinne unseres heutigen Begriffs beigetragen hat.

Über die Bedeutung des Dogmas oder der Dogmen für die evangelische Kirche ist also mit dieser Bezeichnung noch nichts ausgesagt. Gewiß ist das Verhältnis der Dogmatik zur Kirche und zum kirchlichen Predigtdienst insonderheit ein lehrhaftes, normierendes. Aber darüber, welche „Sätze" nun etwa im einzelnen Normcharakter haben könnten, steht noch jede Entscheidung offen. Welche Bedeutung überhaupt dem „Dogma", dieses als Satz über eine heilsbegründende Tatsache verstanden, zukommen kann, seit wann und in welchem Umfange wir mit Dogmen in diesem Sinne rechnen dürfen oder müssen, darüber soll im 3. Kap. gehandelt werden

## 2. Kapitel

### DER GLAUBE

### *1. Dogmatik als Glaubenslehre*

Eine wissenschaftliche Rechenschaft über den christlichen Glauben muß natürlich auch eine Rechenschaft über den Glauben selbst, über sein Wesen und seine eigentümlichen Probleme einschließen. Alle dogmatischen Aussagen sind ja Glaubensaussagen, sie sind nicht unmittelbare Sätze wissenschaftlicher Erkenntnis, die als solche schon jedem vernünftigen Menschen wenigstens potentiell einsichtig sind. Glaubensurteile handeln weitgehend von „Gegenständen", denen abgesehen vom Glauben gar keine Gegebenheit zuzukommen scheint. Was das „Böse" ist, das mag dem sittlich-vernünftigen Urteil wohl einsichtig sein; daß dieses Böse aber „Sünde" ist, ist ein Glaubensurteil. Wer Jesus von Nazareth war, seine Geschichtlichkeit, die historische Deutlichkeit der Umrisse seiner Gestalt und seiner Lehre, das ist ein Gegenstand wissenschaftlicher Erforschung. Daß dieser Jesus aber der Christus, der Heiland der Welt ist, das ist ein Glaubensurteil. Tatsache und Art seines Todes sind historische Probleme, die Heilsbedeutung des Kreuzes Jesu Christi kann allein im Glauben ausgesagt werden. Was ist das aber: ein Glaubensurteil, ein Glaubenssatz?

Diese Frage ist schon deswegen schwer zu beantworten, weil das Wort „Glaube" in sich selbst mehrdeutig ist. Es kann, unter Beiseitelassung aller religiösen Bedeutung, einfach ein unsicheres Wissen bezeichnen („ich glaube, es hat vorhin elf Uhr geschlagen"), es kann eine Vermutung aussagen, ein unsicher begründetes Meinen, aber es kann ebenso Ausdruck für die unerschütterliche Gewißheit sein, wie das eben im religiösen Glauben der Fall ist. Mehrdeutig ist das Wort aber selbst im religiösen Sinne; denn es kann für den Glaubensakt stehen, für die allerpersönlichste Gewißheit, die mich trägt, die mich zu einem neuen Menschen macht und mir in manchen Augenblicken des Lebens überhaupt die Möglichkeit gibt zu leben. Aber ebenso bezeichnen wir mit Glauben den „Inhalt" des Glaubensaktes, seinen Gegenstand, wenn man so sagen kann, das Bekenntnis, ja sogar die „Glaubenslehre", wie wir denn von einem christlichen, einem evangelischen oder katholischen oder auch von einem buddhistischen Glauben zu sprechen pflegen. Man hat diese sprachliche Undeutlichkeit des Begriffes oft bedauert und darauf hingewiesen, daß es sich dabei um eine Eigentümlichkeit der deutschen Sprache handelt, die in anderen Sprachen nicht in gleicher Weise gegeben ist. Aber wie dem auch sei, das Schillernde des Begriffes „Glaube" liegt doch zugleich irgendwie in der Sache selbst, wie denn auch der neutestamentliche Begriff der πίστις keineswegs eindeutig und im neutestamentlichen Schrifttum einhellig ist.

Für den neutestamentlichen Sachverhalt ist auf die noch immer wichtige Monographie von A. Schlatter zu verweisen: Der Glaube im Neuen Testament, (1885), 1963⁵; zur philosophischen Abklärung, was ein Glaubenssatz ist, muß auf H. Card. Newmans „Zustimmungslehre" (grammar of assent), (1870), Neuausgabe dt. 1961, verwiesen werden; ferner auf H. Reiner, Das Phänomen des Glaubens, 1934, und auf meine Religionspsychologie „Die innere Welt" 1953², 36—56. U. Neuenschwander, Glaube, Bern 1957, bietet eine eindringliche und an der Theologiegeschichte orientierte Analyse, wenn er auch den Gegensatz von existentiellem Glauben und Lehrglauben überspitzt und durch die Überzeichnung dieses Gesichtspunktes seine eigene Analyse dogmatisch belastet. P. Tillich, Wesen und Wandel des Glaubens, 1961, bemüht sich wie die vorgenannten Werke um eine Erklärung der Sache auf der breiten Basis aller einschlägigen Erscheinungen. Zum ganzen Kapitel ist zu vergleichen G. Ebeling, Das Wesen des christlichen Glaubens, 1967, 17.-21. Tsd.

Wenn wir nun der Frage näher treten, was denn das sei, „ein Glaubensurteil", dann scheiden natürlich alle die Bedeutungen aus, welche nur mit einem unsicheren Wissen oder Vermuten zu tun haben. Aber die Gewißheit, die im Glauben beschlossen sein mag, ist demgegenüber doch nicht die Gewißheit des Wissens, sondern es ist – um mich der einleuchtenden Formulierungen Tillichs zu bedienen – die Erfahrung, daß mich etwas unbedingt angeht. Wenn ich glaube, bzw. meinen Glauben aussage, dann spreche ich von etwas, was mich ergriffen hat. Ich kann also nicht „objektiv" über das urteilen, woran ich glaube. Ich kann es auch nicht „objektiv" demonstrieren, sondern es ist ein unübersehbares Element der Subjektivität in allem Glauben. Indem ich von einem „Gegenstand" einen, d. h. meinen oder unseren Glauben aussage, sage ich aus, daß dieser „Gegenstand" für mich oder für uns etwas bedeutet. Gewiß ist nicht jedes beliebige oder beiläufige Bedeuten auch schon Sache des Glaubens. Erst dann ist das Bedeuten für mich oder für uns Sache meines Glaubens, wenn es ein Letztes betrifft. Glaube ist immer, wenn er im Vollsinne verstanden wird, ein zentraler Akt der Person, die von der Ergriffenheit durch ihren Gegenstand beseelt und dadurch geradezu gewandelt ist.

Man darf nicht übersehen, daß eine solche Beschreibung des Glaubens sofort zu Spitzensätzen greift. Solche äußersten Möglichkeiten aktueller Glaubensakte durchziehen unser Leben keineswegs. Der Glaubensakt verwandelt sich oft in einen Glaubenszustand, man vollzieht nicht täglich den Glaubensakt in aktueller Neuheit, sondern man macht ihn zu einem inneren Besitz, zu einer Grundstruktur des Bewußtseins; der aktuelle Glaube wird zu einem habituellen.

Diese Beobachtungen stehen an der Grenzscheide zur Religionspsychologie. Sie müssen in der Dogmatik insofern berücksichtigt werden, als eine Beschreibung des Glaubens, die nur am Glaubensakt, also am ausschließlich aktuellen Glauben orientiert ist, der Wirklichkeit nicht entspricht. Die ruhige Überlegung über den Glauben, über seine Voraussetzungen und über Folgerungen aus dem Glauben vollzieht sich in aller Regel im Horizont des habituellen Glaubens. Das unterscheidet den theologischen Satz, der doch immerhin eine Glaubensaussage ist, vom aktuellen Bekenntnis. Aber der habituelle Glaube kann auch in die Unbewußtheit abgleiten, er kann zu einem ausgesprochen unaktuellen Glauben werden, der etwa nur noch eine Erinnerung (z. B. eine Kindheitserinnerung) ist und sich eines Tages als unwahr erweist; er ist unecht geworden, er stimmt nicht mehr mit unserer tatsächlichen inneren Erfahrung überein. Aber auch die Entwicklung des habituellen Glaubens zum Lehrglauben, zum „bloß" dogmatischen Glauben ist eine solche Entleerung die dazu führen kann, daß dieser Glaube eines Tages nicht mehr „stimmt" und daß er sich durch das lehrgesetzliche Gehabe selbst unglaubwürdig macht und in Widersprüche verstrickt.

Wie gesagt, das sind zunächst religionspsychologische Beobachtungen. Ihre dogmatische Relevanz ergibt sich nicht nur dadurch, daß es eben derselbe „Glaube" ist, von dem auch die Dogmatik handelt, sondern auch daraus, daß der aktuelle Glaube, wenn man will: der existentielle Glaube, und der an seinen Lehraussagen sich legitimierende doktrinäre Glaube nicht einfach Gegensätze sind (so Neuenschwander), sondern durch Abstufungen und Übergänge, durch gleitende Entwicklungen miteinander zusammenhängen, was alle Versuche, den Glauben „präzis' zu beschreiben, unendlich erschwert. Zur Konkretion der hier angesprochenen Zusammenhänge vgl. mein Buch „Die innere Welt".

Glaube ist ein zentraler Akt der Person, sagte ich. Er ist auch ein totaler Akt der Person. Er steht nicht neben dem Denken, nicht neben dem vernünftigen Erkennen, als hätte er damit nichts zu tun, sondern er muß das Denken, das Erkennen in sich aufnehmen. Wir haben davon alsbald noch besonders zu sprechen. Ebenso ist es mit dem Gefühl. Es bedarf hier wohl kaum einer besonderen Erklärung darüber, daß der Glaube mit Gefühl nicht identisch ist. (Der Schleiermachersche Gefühlsbegriff kann hier außer Betracht bleiben, da er transzendentalphilosophisch bestimmt ist.) Es gibt sogar mehr als eine Form von ausdrücklicher Diastase von Gefühl und Glaube: Das Gefühl ist immer auch ein Element der Täuschung bzw. der Selbsttäuschung. Der Glaube muß auch gegen alles Fühlen gewagt werden, und er blickt auf Dinge, die in ihrer Größe alles Gefühl weit überragen. Insofern war die Polemik gegen das Gefühl in den ersten Jahren der dialektischen Theologie im Recht. Der paradoxe Charakter des Glaubens betrifft nicht nur seinen möglichen Zwiespalt mit dem Verstand, sondern auch mit dem Gefühl. Aber das ist doch nur die eine Seite der Sache. Der Glaube sucht sich doch immer im Gefühl zu bestätigen, und eine Rede von der eigenen Sünde ebenso wie ein Lobpreis der Gnade Gottes, die nicht im Gefühl gründen würden, wären eben nur leere, wenn auch vielleicht „richtige" Redensarten. Durch nichts wird diese Bedeutung des Gefühls besser bestätigt als durch die Tatsache, daß eben die Anfechtung des Glaubens, ohne die ein echter Glaube gar nicht denkbar ist, darin besteht, daß die unentbehrliche Bestätigung des Glaubens durch das Gefühl, durch die innere Erfahrung ausbleibt und der Glaube in der „Nacht" dieser Anfechtung sich nur aufs Wort allein gründen muß. Hier zeigt sich dann, daß der Glaube sich nicht auf Gefühl und Erfahrung stützen und verlassen kann, ja daß die gegensätzlichen Gefühle, Erfahrungen und Empfindungen die eigentlichen Bedrohungen des Glaubens sind. Und doch drängt der Glaube dahin, sich auch im Gefühl zu bestätigen, wie denn das geistliche Lied, das ohne Gefühl ja wirklich nicht denkbar ist, die eigentliche Sprache des Glaubens ist. – Ebenso schließt der Glaube, als totaler Akt der Person begriffen, auch den Willen, das Ethos mit ein. Hier gilt dasselbe wie eben. Der Glaube ist mit dem Ethos nicht eins. Der ethische Aufschwung, die sittliche Tat, der sittliche Charakter können den Glauben geradezu verdunkeln. Umgekehrt kommen die entscheidenden Proben eben dann auf den Glauben zu, wenn der Mensch keiner Guttat mehr fähig ist, wenn er ganz ins Leiden zurückgeworfen ist und auf das angewiesen, was an ihm geschieht. Dennoch schließt der Glaube das Ethos ein. Die Sündenerkenntnis des Glaubens ist nicht ohne den ethischen Maßstab, der den Willen Gottes interpretiert. Und die Werke, die aus dem Glauben fließen, sind gute Werke, oder der Glaube ist kein wahrer Glaube. Er ist mit dem Ethos nicht identisch, aber er schließt es ein. Er muß sich als Glaube im Leben, in der Liebe, im Werk manifestieren.

Wie ist nun das Verhältnis von Glaubenssätzen zu den Urteilen der Vernunfterkenntnis, also zu „rein wissenschaftlichen" Sätzen? Wissenschaftliche Sätze sind ganz allgemein dadurch charakterisiert, daß sie allgemein einsichtig sind. Natürlich ist auch diese Grundbedingung wissenschaftlicher Sätze zu modifizieren. Sie bedeutet ja keineswegs, daß alle Gegenstände wissenschaftlicher Sätze originär gegeben sein können.

Geschichtliche Vorgänge können nur durch Vermittlung glaubwürdiger Urkunden oder andere Dokumentationen (Funde, Flurnamen u. dgl.) zu einer indirekten Gegebenheit gebracht werden. Die Sternmaterie ist nur durch Spektralanalyse, eine Krankheitsursache nur durch die Deutung der Symptome einsichtig zu machen; und alle derartige Einsicht setzt voraus, daß fachliche Ausbildung, allgemein-logische und wissenschaftliche Fähigkeiten vorhanden sind, daß die Beobachtungen stimmen usw. Aber alle derartige Einschränkungen im Hinblick auf den konkreten Anwendungsfall berühren doch den Grundsatz nicht, daß die wissenschaftliche Erkenntnis, die sich im wissenschaftlichen „Satz" ausspricht, allgemein einsehbar sein muß. Demgegenüber ist der Glaubenssatz in seiner Einsehbarkeit – kurz gesagt – von Glauben abhängig, also nicht allgemein einsehbar. Wissenschaftliche Sätze sind darin „rein", daß kein Glaubensurteil auf ihnen aufgebaut wird, daß also alle Unsicherheiten, Wahrscheinlichkeitsgrade etc., die dem Urteil noch anhaften mögen, selber ins Urteil aufgenommen werden und selber wieder einsehbar sein müssen. Aber ein wissenschaftliches Urteil wird durch eine Herabminderung des Gewißheitsgrades noch lange kein Glaubensurteil.

Wir berühren damit eine wichtige logische Tatsache. Die Unterschiede des Gewißheitsgrades in einem Urteil werden in der Logik durch die Lehre von der Modalität des Urteils erfaßt. Man unterscheidet herkömmlich drei Modalitätsgrade. Das problematische Urteil wird in der traditionellen Logik durch die Formel bezeichnet: „ S ist vielleicht P". Dem entspricht es im wissenschaftlichen Gebrauch, daß ein Tatbestand mit einer gewissen oder auch mit einer hohen Wahrscheinlichkeit als geltend behauptet wird. Das assertorische Urteil wird in der Formel veranschaulicht: „S ist tatsächlich P". Im Vollzug solcher Urteile kommt natürlich das „tatsächlich" gar nicht zur Geltung, weil es sich einfach um schlichte, unbestrittene und selbstverständliche Behauptungen handelt. Das apodiktische Urteil wird in der Formel dargestellt: „S ist unbedingt P". Wenn etwa eine neue, bislang noch unbekannte These vertreten werden soll, die mit Widerspruch rechnen muß, dann werden solche apodiktischen Urteile angebracht sein.

Nun ist es aber nicht so, daß etwa, wie es oft dargestellt wird, geringere Gewißheitsgrade im wissenschaftlichen Urteil dem „Glauben" gleichkommen, so daß das Verhältnis von Glaubens- und Wissenssätzen mit dem problematischen einerseits, des assertorischen oder gar apodiktischen Modus des Urteils andererseits übereinkämen. Vielmehr ist es so, daß auch für Glaubensurteile dieselbe Unterscheidung von doxischen – also nicht nur psychologischen – Modalitäten gilt. Auch in Glaubensurteilen kann der problematische Modus erkennbar sein: „Es gibt vielleicht Engel". Man hält in ungemindertem religiösen Ernst (auch wissenschaftliche Problematik ist keine Minderung des Ernstes) Möglichkeiten offen, die man doch nicht mit voller Sicherheit zu unbezweifelbaren Behauptungen erheben kann. Ebenso gibt es auch assertorische

Glaubenssätze, welche Überzeugungen zum Ausdruck bringen, die nicht bezweifelt werden, die aber doch auch ohne besonderen Nachdruck zu einem ausdrücklichen Bekenntnis erhoben werden. So ist in abertausenden von theologischen Sätzen, aber ebenso in Predigten oder in privatem Gespräch von Gott die Rede, ohne daß doch ein besonderer Behauptungsnachdruck in solche assertorischen Urteile gelegt wäre. Aber wenn diese Rede von Gott dem Zweifel begegnet, wenn sie sich gegen eine ausdrückliche Bestreitung Gottes durchsetzen muß oder wenn sie aufgrund neuer und tiefer, unerwarteter Gotteserfahrung sich zur Höhe des nachdrücklich bekennenden Lobpreises erhebt, dann kann auch von dem Glaubenssatz ausgesagt werden, daß er im Sinne der logischen Modalität apodiktisch ist.

Diese logische Überlegung kann also deutlich machen, daß die Skala der doxischen Modalitäten je in eigentümlicher Weise sowohl für Wissens- als auch für Glaubensurteile Geltung besitzt und daß der Unterschied von Wissen und Glauben nicht der einer unterschiedlichen Gewißheit sein kann. Wie es im Bereich des Wissens mögliche oder nur wahrscheinliche Tatbestände gibt, so ist das auch im Bereich des Glaubens der Fall, und wiederum gibt es für den Glauben Gewißheiten, die durch kein verstandesmäßiges Wissen erreicht werden können.

Wenn nun diese Sachverhalte einleuchten, dann ergibt sich allerdings für die Theologie ein unabweisbares Problem. Der wissenschaftliche Satz, das wissenschaftliche Urteil muß sich über seine Modalität ausweisen können, und selbst seine Problematik, also der Grad seiner bloßen „Wahrscheinlichkeit" ist einer wissenschaftlichen Begründung und Bestimmung fähig. Wenn nun aber Glaubenssätze demgegenüber sui generis sind, dann muß man doch fragen, inwiefern es auch von diesen so ganz andersartigen Sätzen eine Wissenschaft, nämlich eben die Theologie bzw. die Dogmatik geben kann. Welches ist also die wissenschaftliche Funktion der Theologie am Glaubensurteil?

a) Eine erste Antwort auf diese Frage liegt schon im Bisherigen beschlossen. Denn es ist ein wissenschaftlicher Vorgang, wenn wir die Eigentümlichkeit eines Glaubenssatzes und zudem die Eigentümlichkeit seiner Modalitäten gegenüber den „reinen" Erkenntnissätzen ermitteln können. Es ist aber nicht nur für die Abgrenzung der Glaubenssätze vom reinen Erkenntnissatz von großer Bedeutung, sich über das Wesen des Glaubens Klarheit zu verschaffen. Der Glaube muß ja auch gegen andere Verwechselungen und Mißdeutungen in seiner Reinheit geschützt und bewahrt werden. So ist der Glaube nicht einfach mit metaphysischen Urteilen gleichzusetzen. Wenn auch durchaus damit zu rechnen ist, daß der Glaube zu metaphysischen Überzeugungen führt, oder auch, daß bestimmte Glaubensüberzeugungen ebenso bestimmte metaphysische Sätze ausschließen, so ist doch das eine mit dem anderen nicht identisch, sondern vielmehr gewissenhaft zu unterscheiden. Ebenso muß und kann der Glaube vom Aberglauben deutlich unterschieden werden.

Die Frage dieser Abgrenzungen führt alsbald über den Bereich der Dogmatik hinaus. Über Glaube und Aberglaube vgl. „Die innere Welt" 191 ff. Die Kriterien sind hier weitgehend religionspsychologischer bzw. religionsphänomenologischer Art: Der Aberglaube ist vielfach abgesunkenes Überbleibsel, Restbestand („superstitio") von altem Glauben, im Bewußtsein gepflegt, vom „Offiziellen" abzuweichen. Er ist nicht in ein alles umfassendes Verstehen der Welt eingebettet, sondern bruchstückhaft und geheimnisvoll, vom Gesamtverständnis der Welt aus gesehen „sinnlos"; er hat keine Ethik, sondern läuft auf „Praktiken" hinaus, die man probiert. — Demgegenüber ist der Glaube immer ein Verstehensentwurf des Daseins, der das ganze Leben trägt und der seine innere Kraft auch gegen den Augenschein zu bewähren vermag.

b) Die Reinheit des Glaubens muß sich auch darin bewähren, daß sie die Frage nach der Begründung des Glaubens erträgt. Ein bloß rhetorischer Aufwand genügt nicht. Kein Glaube ist ohne tragenden Grund. Im Entstehen des Glaubens mögen sicherlich Traditionen und zum Glauben führende Autoritäten, also Eltern und Lehrer, die Kirche eine wichtige Rolle spielen. Aber diese Autoritäten führen doch nur zu tieferen Gründen des Glaubens, auf denen er ruhen muß, um dann von dem äußeren Haften an Autoritäten nur um der Autorität willen unabhängig zu werden. Es sind, um einen Schlatterschen Begriff zu gebrauchen, die Wahrnehmungen, sowohl das vernommene Wort des Evangeliums als auch die unmittelbare Erfahrung, die zum Glauben führen, indem wir uns überzeugen lassen, daß diese Wahrnehmungen „stimmen". Die hier anhebende Gewißheit ist nicht auf dem Wege der Vernunft demonstrierbar. Sie ist darin schwierig, daß sie im Lebensvorgang weithin den Charakter einer nachträglichen Bestätigung an sich hat, nachdem der Glaube selbst durch einen „Sprung" erreicht worden ist. Insofern hat die Glaubensgewißheit, wenn man will, gleichsam einen pragmatischen Charakter. Es ist ihr auch immer eine innere Unausgeglichenheit zu eigen, insofern, als sich der Glaube zu einem Teil durch die glaubende Erfahrung bestätigt, zu einem Teil noch unbestätigte Hoffnung ist, wie denn im Hebr der Begriff des Glaubens mit dem der Hoffnung fast ganz verfließt (Hebr 11,1). Aber man versteht den Glauben schlecht, wenn man ihm dieses Gefälle zur Erfahrung, zum Schauen hin bestreitet. Insofern gilt auch grundsätzlich, daß die Vermehrung des Wissens keine Verminderung des Glaubens bedeuten muß; anders ausgedrückt, daß die Vermehrung der den Glauben fundierenden Wahrnehmung auch den Glauben bereichert und erleichtert.

Ohne fundierende Wahrnehmung ist kein Glaube möglich. Ich kann nicht an das Evangelium glauben, wenn ich es nicht gehört habe (Röm 10,8 u. 17), ich kann nicht an Jesus Christus glauben, wenn ich nichts von ihm „weiß", ich kann nicht an Gott den Schöpfer glauben, wenn ich keine Erfahrung von „Welt" habe. Insofern ist Melanchthon im Recht, wenn er in seiner bekannten Formel den Glauben mit der notitia beginnen läßt. Nur daß eben diese notitia eigentlich mit dem Glauben als solchem noch nichts gemein hat, sondern ihn fundiert. Damit wird nun aber die wissenschaftliche Aufgabe der Theologie in bezug auf die Glaubenssätze ganz deutlich. Sie geht dahin, zu prüfen, ob der Glaube auch ein begründeter Glaube ist, worauf er sich gründet und ob er mit seinen Grundlagen übereinstimmt. Sind die Grundlagen des Glaubens im Glauben selbst richtig verstanden und gedeutet? Es könnte ja schon hier eine Fehlinterpretation unterlaufen, so daß ein angeblicher Glaube sich als Mißverständnis oder geradezu als im Widerspruch mit der Grundlage des Glaubens befindlich erweist. Insofern steht die Theologie bei der Frage nach der richtigen Begründung des Glaubens immer vor einer umfassenden hermeneutischen Aufgabe. Diese Aufgabe ist deshalb umfassend, weil sie sich nicht nur in der Interpretation von Texten erschöpft, sondern weil sie auch die Phänomene des Daseins interpretieren muß, bezüglich deren ich davon sprach, daß der Glaube (selbst dann, wenn er sich im Widerspruch mit dem Augenschein individueller Lebenserfahrung befinden sollte) „stimmen" muß.

c) Die wissenschaftliche Aufgabe bezüglich der Glaubensurteile besteht aber nicht nur in Ansehung ihrer Begründung in der fundierenden Wahrnehmung, sei es also in dem uns widerfahrenden Wort, sei es in unmittelbarer Daseinserfahrung. Vielmehr ziehen wir ja aus Glaubenssätzen auch wieder Folgerungen. Die ganze Theologie geschieht weitgehend im Medium solcher Folgerungen aus Glaubenssätzen, welche unmittelbare Gewißheit des Glaubenden sind. Wenn ich etwa um eines Glaubenssatzes willen einen anderslautenden Satz nicht annehme, bestreite usw., dann befinde ich mich bereits dabei, Folgerungen zu ziehen. Aber sind denn alle derartigen Folgerungen auch zwingend? Tatsächlich scheint das nicht immer der Fall zu sein, sondern neben unmittelbar zwingenden Folgerungen gibt es doch andere, die nur möglich sind, und neben erträglichen Folgerungen aus Glaubenssätzen gibt es unerträgliche. Wenn unmittelbare Glaubensüberzeugungen wie etwa die, daß es vor Gott ein Zuspät gibt, in objektive Sätze umgewandelt werden, dann scheint das logisch in Ordnung zu sein; tatsächlich aber überschreitet der Glaube seine Kompetenz in solchen Folgerungen. Jedenfalls ist festzuhalten, daß es von den primären Glaubenssätzen aus auch andere Glaubenssätze gibt, die ausgesprochenermaßen sekundären Charakter haben und bei denen die wissenschaftliche Aufgabe der Dogmatik darin besteht, zu prüfen, ob sie zwingende Folgerungen darstellen oder nicht.

Wilh. Herrmann hat darum mit Recht Glaubensgrund und Glaubensgedanken unterschieden, wenn auch dabei immer zu bedenken bleiben mag, daß ja schon der Glaubensgrund selber nur denkend erfaßt und in der Theologie ausgesagt werden kann. Das Phänomen der primären und der sekundären Sätze bleibt wichtig; die Theologie steht immer in der Gefahr des Mißbrauches ihrer selbst. Sie kann im Verfolg ihrer Konsequenzen zu weit gehen; sie steht in der Versuchung, ihre eigenen Möglichkeiten zu überschätzen und muß auch darin immer wissenschaftliche, d. h. kritische Theologie bleiben, daß sie ihren eigenen Konsequenzen kritisch begegnet. Die Alten haben das überall gewußt und die Theologie, die „zu weit geht", als Sophisterei oder Scholastizismus bezeichnet. Die Sehnsucht des sterbenden Melanchthon, von der rabies theologorum erlöst zu werden, bleibt ein unvergeßliches Mahnzeichen für alle besonnene theologische Arbeit.

Diese Rechenschaft über den Glauben selbst, seine Eigenart und seine eigentümliche Beziehung zum vernünftigen Erkennen der „reinen" Wissenschaft ist in einer modernen Dogmatik unverzichtbar. Hinsichtlich des Charakters ihrer Sätze ist jede verantwortliche Dogmatik Glaubenslehre, selbst wenn sie Gründe genug hat, sich nicht so zu nennen. Das heißt nicht, daß sie den Glauben als solchen schon zum zentralen Thema der Dogmatik macht; es heißt nicht, daß der Glaube als solcher schon die christliche Erkenntnis in sich trüge, so daß dann die Glaubenslehre nichts anderes zu tun hätte, als eben diesen Inhalt des Glaubens auszulegen, und schließlich die christliche Wahrheit einfach um den Glauben selbst „rotiere" (K. Barth). Es mag sein, daß hier in der Nachfolge von Schleiermachers Glaubenslehre oft zu viel getan worden ist. Keinesfalls aber können wir uns mehr der Notwendigkeit verschließen, über die Eigenart von Glaubenssätzen Rechenschaft zu geben und die wissenschaftlichen Möglichkeiten und Aufgaben an diesen Sätzen bewußt zu machen. Es ist nicht das Interesse am christlichen Individuum, sondern das Interesse an der christlichen Wahrheit, das freilich auch dazu führen kann, daß der Glaubensbegriff selbst zu einem kritischen Begriff in der Theologie wird, wie wir sahen.

Vgl. dagegen K. Barths Polemik KD IV/1. 827 f. und G. Ebeling, Jesus und Glaube, wiederabgedruckt in „Wort und Glaube", 1962², 203 ff.

## 2. Der Glaube als Grund unseres Verhältnisses zu Gott

Die christliche Berufung auf den Glauben setzt immer die Einzigartigkeit des christlichen Glaubens voraus. Der Glaube ist ein unmittelbares, rettendes Erfassen der Wahrheit und Wirklichkeit Gottes, er ist nach christlichem Verständnis analogielos, einzigartig, so daß es keinen Oberbegriff zu diesem christlichen Glauben gibt, etwa einen „Glauben überhaupt", von dem aus gesehen dann der christliche Glaube ein religionsgeschichtlicher Spezialfall wäre. Dieses eigenartige und befremdliche Selbstverständnis des christlichen Glaubens bedarf natürlich der Begründung.

Schon eine geschichtliche Überlegung bestätigt diese Eigentümlichkeit. Es ist eine schon ältere Beobachtung, daß der Glaube als Inbegriff des Gottesverhältnisses seine Wurzel in der biblischen Tradition hat, also zunächst im Alten Testament, dann im Neuen; jedenfalls fehlen zu diesem Verständnis alle irgendwie charakteristischen außerbiblischen Parallelen. Vgl. A. Schlatter, Der Glaube im N. T. (1885); U. Neuenschwander a.a.O., 3—18; Art. Glaube in RGG II, 1586—1611, bes. III: im N. T. (H. Braun) und V: dogmatisch (H. Graß); G. Ebeling, Wort und Glaube, 208 ff. Im neutestamentlichen Sprachgebrauch fällt neben anderen Stellen immer wieder der absolute Gebrauch des Begriffes pistis auf: so ist Gal 3, 23—25 davon die Rede, daß wir, bevor der Glaube kam, unter dem Gesetz verwahrt wurden; das Kommen „des Glaubens" ist also dem Kommen Christi gleichgestellt. Hebr 12, 2 wird Jesus der Anfänger und Vollender „des Glaubens" genannt — ein anderer als der mit ihm verbundene Glaube kommt also gar nicht in Betracht. Auch die lapidaren Worte Jesu über die Macht des Glaubens (Mt 17, 20 par; Mk 9, 23; Mt 9, 22 u. ö.) sprechen immer nur vom „Glauben" in einem absoluten Sinne. Vgl. Rud. Bultmann, Art. πιστεύω κτλ ThW VI, 174 ff. und Fr. Gogarten, Die Wirklichkeit des Glaubens, 1965².

Aber eine hinreichende Begründung wird sich erst aus einer Beschreibung des Glaubens von innen her ergeben. Der Glaube versteht sich jedenfalls als das entscheidende Gottesverhältnis. Wenn wir sagen, daß Glaube Offensein für Gott bedeutet, dann ist zum näheren Verstehen doch sofort hinzuzufügen, daß Gott selber dieses Aufschließen zu ihm hin bewirkt. Die alte religiöse Sprache hat dafür viele Ausdrucksformen angeboten, die heute einem erbaulichen Stil zugerechnet werden mögen und doch ihre innere Wahrheit behalten haben: Der Glaube ist Wirkung des Geistes Gottes. „Der Heilige Geist hat mich durchs Evangelium berufen, mit seinen Gaben erleuchtet, im rechten Glauben geheiliget und erhalten." Der Glaube ist ein Geschenk. Er ist Gnade und nicht menschliches Werk oder Verdienst. Gott selber führt uns zum Glauben. Glaube ist Antwort auf Gottes Anrede an uns, sei sie in seinem gepredigten Wort oder in seinem Handeln an uns ergangen. Es ist begreiflich, daß angesichts dieser grundlegenden Einsichten und Erfahrungen die Theologie immer Bedenken getragen hat, den Glauben gleichsam von außen zu beschreiben, also ihn religionsphilosophisch, religionspsychologisch zu deuten und ihn anthropologisch zu verstehen. Diese sekundären Betrachtungsweisen sind in dem Maße unzureichend, als der Glaube gar nicht begriffen werden kann, wenn man sein Gegenüber, seinen „Grund" und Ursprung, wenn man so will: seinen Inhalt außer Acht läßt. Freilich ist dann doch auch hinsichtlich seiner phänomenologischen und anthropologischen Problematik einiges zu sagen, was auch theologische Konsequenzen hat; aber von der Entstehung und von der Mitteilbarkeit des Glaubens soll erst nachher, im 3. Absatz des Kapitels, die Rede sein.

Daß der Glaube unsere Existenz betrifft, das kommt schon in dem alttestamentlichen Urwort vom Glauben zum Ausdruck „Glaubet ihr nicht, so bleibt ihr nicht" (Jes 7,9). Im Glauben erfüllt sich die Sendung Christi an mich: Glaube ist Zugang zu Christus und Zugang zu Gott. Der Glaube bedeutet nun, daß ich mich ganz auf Gott verlasse als auf den wahren Grund meiner Existenz. Keine Sichtbarkeit und keine zukünftige Wahrscheinlichkeit ist an Gewißheit der Gewißheit Gottes gleich, auf die ich mich im Glauben verlasse. Das Wort Jesu vom „bergeversetzenden" Glauben (Mt 21, 21 f. par) bringt das in paradoxer Anstößigkeit zum Ausdruck. In diesem Sinne hat die Reformation gelehrt, den Glauben zentral als fiducia zu verstehen. Hierin liegt ein tiefgreifender Existenzwandel, der nach den verschiedensten Seiten hin beschrieben werden kann. Die Beschreibung dieses Existenzwandels hat in der Geschichte der evangelischen Theologie vielfach darunter gelitten, daß man die naheliegenden Begriffe zu systematischen Prinzipien gesteigert hat und ihnen begrifflich mehr abverlangt hat, als sie zu leisten vermochten. Der Pietismus hat den Wandel unserer Existenz durch den Glauben als Bekehrung beschrieben. Darin kommt zum Ausdruck, daß im Glauben ein aktives Element liegt, das den Willen in Anspruch nimmt. Bedenkt man aber, daß nach Phil 2,12 f. Gott selber in uns das Wollen und das Vollbringen schafft, dann liegt es näher, den Wandel unserer Existenz passiv zu beschreiben, wie es in dem (logisch geradezu entgegengesetzten) Begriff der Wiedergeburt geschieht (Joh 3,3; 2 Kor 5,17; Gal 6,15), der alle Ursächlichkeit unseres Glaubens und unseres Heils bei Gott sucht. Alles, was uns in bezug auf Gott widerfährt, verdanken wir dem Erbarmen Gottes (Röm 9,16). Und wenn auch die reformatorische Rechtfertigungslehre, vorwiegend unter dem Einfluß Melanchthons, dazu neigte, diesen Wandel unserer Existenz durch den Glauben „forensisch" zu erklären, nämlich als einen Urteilsspruch Gottes, der die Anklage löscht, so hat doch Luther, ohne die Wahrheit dieser forensischen Auffassung zu bestreiten, die kein menschliches Zutun zur Gnade duldet, zugleich auch eine Neuschöpfung des Sünders durch die Rechtfertigung gelehrt: „nämlich daß wir durch den Glauben (wie S. Petrus sagt) ein ander neu, rein Herz kriegen und Gott umb Christi willen, unsers Mittlers, uns für ganz gerecht und heilig halten will und hält. Obwohl die Sünde im Fleisch noch nicht gar weg oder tot ist, so will er sie doch nicht rechnen noch wissen ..."(Schmalk. Art., BSLK 460,8–12). Hier rechnet Luther dann geradezu „Glauben, Verneuerung und Vergebung" in eins, ohne sich über die Beziehung zwischen Rechtfertigung und Wiedergeburt (justificatio und renovatio) begrifflich genauer auszusprechen, wie das Melanchthon mit Rücksicht auf seine rein forensische Rechtfertigungslehre tun mußte.

Wenn wir von einem Existenzwandel durch den Glauben sprechen, so kann man aber von den erwähnten Begriffen der theologischen Tradition völlig absehen, zumal diese Begriffe leicht eine einseitige Betrachtung zur Folge haben und zu begrifflichen Überspitzungen führen, welche aus psychologischen Behauptungen dogmatische Schlußfolgerungen ziehen. Tatsächlich ist ein Existenzwandel durch den Glauben einfach insofern gegeben, als sich, von allem bisher Erörterten ganz abgesehen, unsere Selbstbeurteilung wandelt. Wir gewahren im Glauben ein Urteil Gottes über uns und geben diesem Urteil recht, nämlich, daß wir Sünder sind, daß unsere Gedanken, Worte und Werke vor Gottes Auge bloß und entdeckt offenliegen und wir nur aus der Gnade Gottes leben können. Die Selbsteinschätzung, die von Selbstgewißheit erfüllt eigene Ansprüche geltend machen möchte, fällt dahin. Wir geben Gott allein die Ehre und seinem Urteil recht. Zugleich aber wandelt sich mit dem Selbstverständnis auch unser Weltverständnis. „Gottes Wesen und Wirken ist reicher und tiefer, erhabener und majestätischer, als daß es sich auf seine sündenvergebende Barmherzigkeit beschränken ließe" (Graß). Der Glaube verändert die Welterfahrung insofern, als er selbst dort, wo kein Sinn erkennbar zu sein scheint, entweder diesen Sinn wahrzunehmen meint oder doch an diesen Sinn glauben darf, der sich auch gegen die widersprechenden Einzelerfahrungen noch durchzusetzen vermag. Allmacht und Geheimnis Gottes, seine Planung und sein „unerforschlicher Ratschluß" führen auch dann zu einem neuen Weltverständnis, wenn wir nicht in der Lage sind, diesen Glauben im einzelnen darzulegen oder gar zu erweisen. In diesem Sinne muß dann die Dogmatik als Rechenschaft vom christlichen Glauben auch eine Kosmologie und eine Anthropologie enthalten. Glaube ist eine neue und dem vorigen Zustand gegenüber andere Weise, sich im Dasein zu orientieren, ja dieses Dasein zu verstehen, nämlich eben so zu verstehen, daß die Dimension „Gott", sein Walten und Wirken, sein Geheimnis und sein Offenbarsein in Christus nicht mehr aus der Welt weggedacht werden können.

Aber diese Gewißheiten des Glaubens lassen sich nicht demonstrieren. Insofern kann man sagen, daß diese Gewißheiten „innerlich" sind, und daß ihr Inhalt „unsichtbar" ist (Hebr. 11,1). Dies gilt ebenso vom Glauben an die Vorsehung Gottes als auch vom Glauben an Wunder, in deren Problematik wir hier im übrigen nicht eintreten können. Und wie ich „nur" im Glauben beten kann, so kann ich auch die Erhörung der Gebete „nur" im Glauben erfahren (Mk 11,24). Und wenn in den Heilungsgeschichten der synoptischen Evangelien immer wieder darauf hingewiesen wird, daß der Glaube geholfen habe (Mt 9,22; Mk 5,34 u. ö. vgl. Mt 9,29; Mk 5,36 par), so wird die Macht des Glaubens geradezu mit der Macht Gottes gleichgesetzt, d. h. im Glauben werden wir der Macht Gottes ansichtig und geradezu teilhaftig. Und doch bleibt es dabei, daß auch diese Macht nicht demonstrierbar ist. Was hier an geschichtlichem bzw. geschehenem Faktum aufweisbar ist, das nimmt an der Zweideutigkeit alles Geschichtlichen teil, es hat die Zeitgenossen Jesu nicht zum Glauben geführt, und es hat schon am nächsten Tag an Evidenz eingebüßt, was ihm je an Evidenz zu eigen gewesen sein mag. Es spricht durch die evangelischen Berichte nur noch als Botschaft, als „Kerygma", eben als Glaubenszeugnis, aber nicht als unbezweifelbares Faktum. M.a.W. dem Glauben geht die Anfechtung zur Seite. Auch im Bereiche des Wissens ist der Zweifel wichtig. Aber dieser auf die Sicherheit unserer Erkenntnisse gerichtete Zweifel ist gradueller Abstufungen fähig. Solange wir noch nicht „volle" Gewißheit erlangt haben, bleiben „noch gewisse Zweifel". Ich erinnere an die Abstufungen historischer Sicherheiten bzw. Wahrscheinlichkeiten, die ja auch im Betrieb der historischen Fächer der Theologie eine beachtliche Rolle spielen. Anders ist es mit dem Zweifel, der den Glauben begleitet. Er stellt uns immer vor eine absolute Entscheidung, vor ein Ja oder Nein ohne vermittelnde Stufen. Freilich bleiben wir selber in der Mitte stehen und bringen dann mitunter das innere Hin und Her in Form eines „vielleicht" zum Ausdruck. Das kann aber nicht darüber hinwegtäuschen, daß in der Anfechtung doch immer „alles oder nichts" in Frage steht: Gott selber, seine Liebe zu mir, mein Heil, meine Errettung.

Bedenkt man das, dann verstehen wir, warum der Glaube als „rettender Glaube" beschrieben werden kann, und warum man von einem „Wagnis" des Glaubens, ja – wie es Kierkegaard tat – von einem „Sprung" in den Glauben spricht. Damit ist nicht gemeint, daß man sich zuletzt doch zu einem sacrificium intellectus „entschließen" muß; es ist nicht gemeint, daß man am Glauben „zuletzt" einen Willensakt als das entscheidende anzusehen hätte. Sondern es ist nur ein Hinweis darauf, daß es der Sache nach (psychologisch mag es anders sein) keine Gradabstufungen zum Glauben hin gibt, so wahr eben dem Glauben wesensmäßig die Anfechtung zur Seite geht, wie die Möglichkeit des Nein das Ja begleitet. Daß man die Anfechtung kennt, ist geradezu ein Ausweis des wahren Glaubens.

Luthers Gedanken über die Anfechtung (tentatio, tribulatio, auch compunctio) sind so ausführlich, daß man geradezu von einer Theologie der Anfechtung bei ihm sprechen kann. Vgl. Theod. Harnack, Luthers Theologie (Neuausg.), 1. Bd. 1927, § 24 „Die Anfechtung der Gläubigen"; ferner K. Holl, Ges. Aufsätze I, Luther, 1923² u.³, 383, 394, 408; W. v. Loewenich, Luthers Theologia crucis, 1929, 182 ff. Indessen zeigt der Vergleich mit Luther auch den unübersehbaren Wandel des Bewußtseins. Luther hat die Anfechtungen, also jene Erfahrungen, welche das Antlitz Gottes verdunkelten und die Gnade Gottes unsichtbar machten, selbst als das verborgene Werk Gottes gedeutet. Wir sind auch dort, wo der Zorn der Liebe Gottes widerspricht, wo nach der Vergebung doch wieder Strafe folgt, in Gottes Hand. In der Anfechtung wird das opus proprium durch das opus alienum verdeckt. Der unsichtbare Gott, der Deus absconditus, der sich mir entzieht und unsichtbar macht, ist doch der Gott, an den ich glaube. Man weiß zwar in den Anfechtungen nicht, ob man es mit Gott oder dem Teufel zu tun hat, und beides findet sich in Luthers Deutungen der Anfechtung. Der Teufel als Urheber der Anfechtung ist Gottes Werkzeug. Aber so sehr gehört die Anfechtung zum Glauben, daß es die schlimmste Anfechtung ist, keine Anfechtung zu haben. — Die Unbedingtheit des Glaubens an Gott bewältigt in dieser Theologie der Anfechtung also selbst die gottwidrigen Erfahrungen und erzeugt eine tiefe Dialektik, welche den Glauben gegenüber allen Erfahrungen in eine souveräne Unabhängigkeit versetzt. Demgegenüber steht die moderne Anfechtung grundsätzlich im Horizont der atheistischen Möglichkeit. Sie verliert dadurch an Tiefsinn und Tiefgang, aber sie verliert in dieser Simplifikation auch ihre Zuflucht und hat es schwerer, sich selbst zurechtzufinden und sich zu bestehen.

Nun ist es in concreto nicht möglich, vom Glauben hinreichend zu sprechen, ohne an seinen Grund, an sein Gegenüber zu erinnern. Wir sahen, daß der Glaube in seinem eminenten Verständnis Vertrauen ist, fiducia. Christlicher Glaube ist selbst die höchste in dieser vergänglichen Welt für uns erreichbare Gottesbeziehung. Er ist personal, er vollzieht sich – bildlich gesprochen – Auge in Auge, so wie ein Mensch dem anderen Menschen unmittelbares und volles Vertrauen schenkt. Wir drücken diese Beziehung auch sprachlich aus, indem wir von einem Glauben „an..." sprechen, den wir von dem „glauben, daß..." unterscheiden. „Ich glaube an Gott, den Vater" – „Credo in unum

Deum...". Eben die altkirchlichen Symbole machen es anschaulich, daß man nicht in unbegrenzter Fülle solche „Inhalte" des Glaubens nennen kann. Wir glauben an Gott, den Vater, den Schöpfer, an Jesus Christus, wir glauben an den Gekreuzigten, an den Auferstandenen, an den wiederkommenden Herren, an den Heiligen Geist, an das Evangelium. Es ist schon fraglich, ob man in demselben Sinne unbedenklich von einem Glauben „an" die Offenbarung sprechen kann (Graß). Denn die Offenbarung des Zornes Gottes wirkt ja nicht Glauben, d. h. Zutrauen, sondern Angst, Schrecken und Verzweiflung. Zugleich aber wird deutlich, daß es – wenn ich so sagen darf – „Gegenstände" des Glaubens gibt, die eben nur im Glauben gleichsam zugänglich sind und von denen man nur im Glauben sinnvoll reden kann. Wie das geschehen kann, mit welcher Begründung und mit welchen Konsequenzen, davon hat dann freilich die ausgeführte Dogmatik zu handeln.

Dem Unterschied von „glauben an..." und dem „glauben, daß..." entspricht genau der Unterschied in der Hoffnung: Wenn ich sage: „Ich hoffe a u f dich", dann spricht sich darin ein unbedingtes Vertrauen aus, das die Erfüllung dieser Hoffnung ganz meinem Gegenüber überläßt. Wenn ich sage „ich hoffe, daß ...", dann sind bestimmte Inhalte und Vorstellungen im Spiel, die sehr leicht enttäuscht werden können. Ich komme darauf in der Eschatologie noch einmal zurück.

Indem sich der Glaube aber aussprechen will und muß, wird er sich zu Sätzen bekennen, die für ihn eine Wahrheit aussagen. Die Wahrheit des Glaubens wird in Sätzen mitgeteilt. Es ist ausgeschlossen, daß die fiducia bei sich selbst bleiben kann, ohne sich in „Glaubenssätzen" mitzuteilen. Um es herkömmlich zu formulieren: Die fides qua creditur (der Glaubensakt) kann nicht ohne die fides quae creditur (die Glaubenswahrheit) sein. Neben meinem, bzw. unserem gemeinsamen Glauben steht „das" Credo, die Lehre, an der schon der Apostel die Rechtmäßigkeit prophetischer Ansprüche zu prüfen empfohlen hat (Röm 12,7). Wir können im Neuen Testament die Entstehung einer christlichen „Lehre" genau beobachten (Eph 4,5; Kol 2,7) bis hin zu den Pastoralbriefen. Diese Lehraussagen zu interpretieren, zu reflektieren und für die Gegenwart neu auszusagen, ja über ihren Bestand Rechenschaft zu geben, ist des näheren die Aufgabe der christlichen Dogmatik.

Von diesen Glaubenssätzen unterscheiden wir dann die Glaubensvorstellungen, die W. Herrmann sr. Zt. mißverständlich als „Glaubensgedanken" bezeichnet hat. Sie sind der eigentliche Gegenstand einer kritischen Überprüfung durch die Dogmatik, die ihre Aufgabe selbst als eine wissenschaftlich-kritische versteht. Freilich kann sich diese Kritik auch auf die Interpretation beziehen, sie kann aus der zeitgeschichtlichen Form älterer Glaubensvorstellungen die Wahrheit herausheben, die auch für uns gilt, ja die vielleicht sogar an Tiefe der Erkenntnis die heute gängige religiöse Einsicht überragt. Es ist aber auch damit zu rechnen, daß ältere Glaubensvorstellungen heute nicht mehr nachvollzogen werden können, wiewohl das in jedem einzelnen Falle genau begründet werden muß. Die kritische Prüfung der Glaubenssätze hinsichtlich ihres Vorstellungsgehaltes darf nicht zu einem Vorwand werden, den Glauben selbst seiner eigentlichen Wahrheit zu berauben.

Es ist unvermeidbar und unverzichtbar, den Inhalt des Glaubens in Sätze zu fassen. Diese Sätze sind nicht der Glaube selbst. Sie sollen zum eigentlichen Glauben hinführen, sie sollen durch die Ermöglichung des Verstehens die Wahrheit des Glaubens einleuchten lassen, so daß diese Sätze schließlich zum „Wort" hinführen, das den Glauben weckt. Aber solche Sätze haben auch den Sinn, den eigentlichen Glauben gegen Mißdeutung, Mißbrauch und Unwahrheit abzuschirmen und seine Reinheit zu bewahren, soweit Menschenkraft dazu überhaupt einen Dienst leisten kann.

Versteht man den Glauben so von seiner Mitte her als Fiduzialglauben, als rettenden Glauben, als Geschenk Gottes, das uns mit Zuversicht zu ihm erfüllt und unsere Existenz wandelt, wie wir es zu beschreiben versuchten, dann werden wir auch einer kritischen Funktion dieses Glaubens inne. Der Glaube als die lebendige, umwandelnde Begegnung mit Gott ist zu einem Urteil befähigt darüber, was dem Glauben gemäß ist, was ihn wecken und tragen kann. Nicht alles, was die religiöse, ja selbst die biblische Tradition anbietet, kann darum schon auch durch den Glauben angeeignet werden. Viele Glaubenssätze entstammen der frommen oder auch der unfrommen Spekulation, der Konsequenzmacherei, der Phantasie und vielleicht sogar der Mythologie. Der ganze Komplex der katholischen Mariologie, aber auch genaue Beschreibungen des „Jenseits", sowohl des ewigen Lebens als auch der ewigen Verdammnis können nicht in den Glauben eingehen. Ja, es ist sogar damit zu rechnen, daß Überlieferungen, welche in früheren Zeiten vom Glauben angeeignet werden konnten, heute nicht mehr vom Glauben angenommen werden können. So befremdlich diese Erkenntnisse sind, so werden sie doch unbewußt selbst von denen geübt, die ihnen im Interesse einer behutsamen Konservierung des Glaubensbestandes widersprechen möchten. Würde man diese kritische Funktion des Glaubens aber verneinen, dann wäre die unausweichliche Folge der Autoritätsglaube, d. h. der blinde Glaube, der eben darum blind ist, weil er sich selbst die Rechenschaft darüber verbietet, was er mit seiner Überzeugung vertreten, was er wirklich glauben kann.

## 3. Die Mitteilbarkeit des Glaubens

Wir müssen den bisherigen Gedankengang noch fortsetzen; denn er verdeckt einen Widerspruch, der sich aus zwei entgegengesetzten Deutungen des Glaubens ergibt.

Auf der einen Seite ist der Glaube in seinem zentralen Sinne als Fiduzialglaube analogielos. Es ist Existenzglaube, von dem Neuenschwander mit Bezug auf S. Kierkegaards „Furcht und Zittern" sagt: „Der Existenzglaube kann sich nicht direkt allgemein verständlich machen, weil sein Prinzip eben nicht das allgemeine, sondern das spezielle Verhältnis zu Gott ist. Dieser ist nur für das Subjekt selbst evident und vorhanden." (a.a.O. 162 f.) Sofern der Glaube nur in unaufhebbarer Subjektivität wahr ist, ist er nicht direkt mitteilbar und kann auch mit keiner direkt mitteilbaren Wahrheit in Konkurrenz treten. Für S. Kierkegaard ruht auf diesen Tatbeständen seine Lehre von der indirekten Mitteilung und sein Bruch mit der offiziellen Kirche, bei der alles Reden vom Glauben im Felde der direkten Mitteilung und somit in der Unwahrheit geschieht.

Gegen diese Deutung des Glaubens sind nun zwei entgegengesetzte Erwägungen zu stellen. Einmal nämlich erscheint der Glaube als ein religiöser Grundbegriff überhaupt. Wenn man auch nicht so weit in die Banalität abgleiten mag, daß man dann den christlichen Glauben geradezu als einen Spezialfall, wenn auch vielleicht als einen Idealfall von Glauben ansieht, so gibt es eben doch faktisch durch alle Religionen hindurch analoge Probleme des Glaubens.

In diesem Sinne hat ein allgemeiner Glaubensbegriff lange Zeit die Einleitungen zur Dogmatik beherrscht. Er gehört dann eng zu dem allgemeinen Religionsbegriff, innerhalb dessen die Eigenart des christlichen Glaubens und der christlichen Religion bestimmt werden soll. Die Religionsphilosophie wie die Religionspsychologie, dann aber vor allem die Religionsgeschichte kommen ohne solche Allgemeinbegriffe von Religion und Glaube gar nicht aus. Daß es sich dabei um einen sekundären Glaubensbegriff handelt, der sich erst durch die Mission bzw. Propaganda treibenden Religionen eingebürgert hat, scheint mir durchaus wahrscheinlich zu sein. Daß dabei doch der jüdische bzw. christliche Sprachgebrauch inspirierend war, also eben der „biblische" Glaubensbegriff einer religionsgeschichtlichen Verallgemeinerung verfiel, das ist ein vielerörtertes Problem, zu dem hier nicht weiter Stellung genommen werden soll. Vgl. Bultmann, Art. πιστεύω in ThW VI, 180 f., ferner G. Ebeling, Wort und Glaube, 219—228. Interessant ist die geringe Nötigung, in der Phänomenologie der Religion den Begriff des Glaubens zu behandeln, vgl. van der Leeuw, § 81. Ich verweise ferner auf mein Buch „Die innere Welt", 3. Kap.

Jedenfalls scheint die Religionswissenschaft den Satz zu erzwingen, daß der christliche Glaube nicht einzigartig ist, sondern daß er kommensurabel, d. h. mit anderen Glaubensphänomenen vergleichbar ist. Nun, das ist gewiß kein theologischer Satz. Er hat aber eine theologische Analogie. Der Glaube muß nämlich als christlicher Glaube auch mitteilbar sein; denn davon lebt die Kirche. Der Glaube ist kommunikabel. Die Predigt ergeht, um den Glauben zu gründen (Röm 10,17), das an uns ergangene Zeugnis vom Glauben muß durch uns aufs neue verständlich gemacht werden, Gottes Wort in Gesetz und Evangelium muß in andere Sprachen übersetzt werden. Alles läuft auf die Notwendigkeit und Möglichkeit einer Mitteilbarkeit des Glaubens hinaus. Wir stehen damit vor einem Widerspruch zweier Deutungen des Glaubens, an deren Auflösung die Dogmatik ein höchstes Interesse hat, weil sie einerseits der Aufgabe zu dienen hat, den Glauben in seinem eminenten Sinne zu begreifen und auf der anderen Seite Glaubenssätze kritisch zu prüfen, sinnvoll zu ordnen, zu interpretieren und im Durchgang durch die eigene Überzeugung verständlich mitzuteilen.

Die erste Auskunft zur Auflösung des Widerspruchs wird auf dem Boden des Glaubens selbst gegeben werden. Es ist in der Tat nicht in Menschenhand und Menschenmöglichkeit gegeben, einen anderen durch Glaubenssätze, durch „Sätze über Gott" zum eigentlichen persönlichen Glauben zu führen. Der Glaube im eminenten Sinne des Heilsglaubens, des rettenden Glaubens, der Grund unseres Gottesverhältnisses ist, der kann nur von Gott selbst gewirkt werden. Er ist, wie wir sahen, das Werk des Heiligen Geistes. Gott bedient sich unseres Wortes und unseres Dienstes, um andere dadurch zum Glauben zu rufen. Im innersten Bezirk ist die Entstehung des Glaubens immer Begegnung mit Gott und darum Gottes eigene Tat. Und doch hat die Entstehung des Glaubens die Theologie immer wieder beschäftigt. Die Reformatoren haben daran festgehalten, daß der Glaube nur durch das Wort gegeben wird (C.A.V; Apologie passim u. ö.), nicht durch unmittelbare Eingebung. Und in der gewiß nicht unproblematischen melanchthonischen Trias zur Erklärung des Glaubens: notitia – assensus – fiducia ist jedenfalls der gründende Gedanke der, daß ich am tatsächlichen Charakter des Wortes, dessen Gehalt ich wissen kann, einen Schutz vor Suggestion und Selbsttäuschung habe.

Es ist aber noch auf etwas anderes hinzuweisen. Der Glaube ist ja, gerade in seinem christlichen Verständnis, keine freischwebende Idee, sondern er ist in doppeltem Sinne, und insofern dialektisch, mit der Erkenntnis verbunden. Einmal gründet er auf dem Erkennen, auf der notitia im Sinne der Melanchthonischen Formel, auf der Wahrnehmung, wie Schlatter gerne sagt. Glaube ist ein spezifisches Deuten und Verstehen der wahrgenommenen Dinge, des gehörten Wortes, erfahrener Wirklichkeit. Auf der anderen Seite drängt jeder Glaube wiederum dazu, sich in der Erkenntnis zu legitimieren, zur Erkenntnis zu werden, und sich als Glaubenserkenntnis auszusprechen und mitzuteilen. Indem er sich aber anderen Menschen mitteilt, sucht er diese anderen Menschen an ihrem Ort, in ihrer Existenz auf, wo sie dem Glauben selbst ähnlich sind und wo der Glaubende hoffen kann, daß sie das Zeugnis des Glaubens „verstehen" können. Daß dieses Verstehen zu einem Entstehen des Glaubens wird, liegt jenseits menschlicher Bemühung. Es ist aber auf diese Beziehung hinzuweisen, um einerseits den Glauben in seiner tiefsten und unangreifbarsten Subjektivität zu bewahren, andererseits aber zu zeigen, wie dieser Glaube nach Mitteilung drängt und sich geradezu in Zeugnis umsetzen und in Erkenntnis vermitteln muß. „Ich glaube, darum rede ich" (Ps 116, 10; vgl. 2 Kor 4,13).

Die Begegnung mit Gott dem Schöpfer setzt sich um in den Schöpfungsglauben. Der Wandel meiner Existenz, der auch, wie wir sahen, mein Selbstverständnis ergreift, setzt sich um in den unausweichlichen Satz: Das „Böse", das ich vielleicht auch vernünftig als Böses einzusehen vermag, ist „Sünde". Ja selbst die Überwältigung durch geschichtliche Fakten, die in der Glaubensbegegnung zu einem Wort an mich werden, setzt sich um in Glaubensurteile; daß Jesus von Nazareth der Christus ist, daß ein geschichtliches Ereignis „Offenbarung" ist – das alles sind Mitteilungen des Glaubens, welche die unaufhebbare Subjektivität des Heilsglaubens nicht aufheben und doch unmittelbar zum anderen Menschen hindrängen, zum Verstehen und darüber hinaus zum Glauben aufrufen und in der Folge die Kirche begründen.

Es ist hier nicht der Ort, noch einmal auf den Unterschied von solchen Glaubenssätzen hinzuweisen, die fundierenden Charakter haben und sich gegen solche Sätze abheben, die Konsequenzen ziehen, interpretierenden Charakter haben oder sich mit der Frage der Vorstellbarkeit beschäftigen. Das alles wird in dem Vollzug der dogmatischen Arbeit jeweils zu überlegen sein. Wenn wir auf die Eigenart von Glaubenssätzen achten, dann mag zum Schluß nur noch vor einem doppelten Mißbrauch gewarnt werden. Dieser Mißbrauch legt sich dadurch nahe, daß der persönliche Glaube in seiner unaufhebbaren Subjektivität in der Satzform immer eine Entfremdung zur Objektivierung hin erleidet. Einmal kann aus dem Glaubenssatz, dem Glaubensurteil kein Rückschluß auf geschichtliche Tatsachen gezogen werden. Geschichtliche Fakten können zwar ein Glaubensurteil tragen und begründen. Sie können zu einer Deutung im Sinne des Glaubens auffordern und insofern dem Glauben einen Grund geben, über dessen Tragfähigkeit und subjektiv zwingende Kraft nur im konkreten Falle entschieden werden kann. Aber es ist nicht möglich, vom Glaubensurteil aus Rückschlüsse auf geschichtliche Tatsachen zu ziehen, was besonders in der Christologie beachtet werden muß. Der andere Mißbrauch von Glaubenssätzen besteht darin, daß man ihnen eine verpflichtende Kraft beilegt, die nicht aus ihnen selbst und ihrer Begründung stammt, sondern die darin gesucht wird, daß man ihnen einen Gesetzescharakter von außen her beilegt. Das hat dann zur Folge, daß man solche Glaubenssätze um einer Autorität willen annimmt, statt ihrer eigenen Überzeugungskraft zu vertrauen.

Glaubenssätze – wir sprachen schon davon – bedürfen wie alle wissenschaftlichen Sätze, ihrer Begründung; ihre Gründe freilich sind sui generis. Ihre Wahrheit für den Glauben enthüllen sie, indem in ihnen die Wahrheit Gottes unserer eigenen Existenz begegnet.

## 3. Kapitel

### DOGMATIK UND DOGMA

#### 1. Der Begriff des Dogmas – Wandel und Kritik

Der Begriff der Dogmatik weist sprachlich auf „Dogma" zurück und stellt uns damit vor ein schweres Problem. Es legt sich die sehr einfache Erklärung nahe, daß Dogmatik die Bemühung um die Gewinnung, Erklärung oder auch Auslegung von Dogmen sei, also von Glaubenssätzen, die in der christlichen Kirche eine autoritäre Gültigkeit in Anspruch nehmen sollen. Aber ist das wirklich das Wesen des Dogmas? Woher nimmt es seine Autorität? Kann man sich angesichts des herrschenden Schriftprinzips in der evangelischen Kirche den Begriff des Dogmas überhaupt zu eigen machen, und wenn das auch bejaht werden sollte: in welchem Sinne kann man es?

Das Problem beginnt eigentlich schon bei der sprachlichen Herkunft des Begriffes. Er entstammt der antiken Profansprache und findet sich in diesem, nicht im späteren kirchlichen Sinne schon im biblischen Schrifttum. Im Judentum gelten die Einzelgesetze der Thora als Dogmata, so auch Kol 2, 14 und Eph 2, 15 von den Einzelsatzungen des mosaischen Gesetzes. In der Rechtssprache ist das Dogma die Verfügung, die obrigkeitliche Verordnung (Lk 2, 1; Apg 17, 7; Hebr 11, 23 nach einigen Lesarten und A); in diesem Sinne wird das sog. Aposteldekret von Jerusalem Apg 16, 4 mit dem Plural Dogmata bezeichnet. Auch bei den Apostol. Vätern sind „dogmata" nur ethische Regeln, und erst sehr spät wird der Terminus auf christliche Lehrsätze angewendet. Dabei wirkt der philosophische Sprachgebrauch ein, nach dem das Dogma Grundsatz der Lehre ist. Basilius unterscheidet Dogma von Kerygma (De spiritu sancto 27, vgl. F. Chr. Baur, Lehrbuch der chr. Dogmengeschichte, 1858², 4). Nun erst bildet sich die Vorstellung von Lehrsätzen heraus, in denen der Inhalt der christlichen Wahrheit in bestimmter Form verbindlich ausgesprochen ist. Vgl. RE IV, 733 ff. — RAC IV, 1 ff. — RGG II, 221 ff. (Lit.).

Im römischen Katholizismus ist der Begriff des Dogmas klar definiert. Das Vaticanum faßt ihn in folgendem Satz: „Porro fide divina et catholica ea omnia credenda sunt, quae in verbo Dei scripto vel tradito continentur et ab Ecclesia sive solemni iudicio sive ordinario et universali magisterio tamquam divinitus revelata credenda proponuntur" (Denz. 1792). An dieser Definition ist dreierlei besonders wichtig. Der Inhalt des Dogmas ist Offenbarungswahrheit, gleich ob sie in der heiligen Schrift oder in der Tradition enthalten ist. Die Kirche spricht ein Urteil darüber aus, was vom Schrift- bzw. Traditionsinhalt als göttlich geoffenbarte Glaubenswahrheit zu gelten hat und legt es durch ihr Lehramt verbindlich zu glauben vor. Und schließlich ist wichtig, daß es sich nach dieser Definition im Dogma nicht nur um ein Lehrgesetz, sondern um ein allgemein verbindliches Glaubensgesetz handelt.

Wenn in der Definition des Vaticanums von fides divina und fides catholica die Rede ist, so verweist das eine auf die Autorität Gottes, das andere auf die Autorität der Kirche. Beides ist nicht identisch, aber es bezeichnet zusammen den höchsten Sicherheitsgrad einer dogmatischen Wahrheit. Daneben gibt es „katholische Wahrheiten", die „fide ecclesiastica" zu glauben sind, aber keine Dogmen im unmittelbaren Sinne darstellen, z. B. Folgerungen aus Dogmen, „dogmatische Tatsachen", womit man solche Tatsachen bezeichnet, mit denen sich die Dogmatik beschäftigt. Auch philosophische Wahrheiten können zu den „fide ecclesiastica" geltenden Wahrheiten gerechnet werden. Geringere Gewißheitsgrade werden in der katholischen Theologie seit alters als „Sentenzen" (Meinungen) bezeichnet, die in sich wieder als „sententia fidei proxima", „fidei certa" oder „ad fidem pertinens", wohl auch in anderer Rangordnung als sententia communis, probata, pia oder nur tolerata abgestuft werden. Es versteht sich, daß sich mit diesen Abstufungen auch eine Ermäßigung, ja sogar eine Verneinung förmlicher Glaubensverpflichtung ergibt.

Der Glaube ist dementsprechend eine übernatürliche Tugend. Er ist die erste unter den drei sog. theologischen Tugenden nach 1 Kor 13, 13: fides, spes, caritas. Das Wesen des Glaubens wird dann so beschrieben, daß wir durch ihn unter Eingebung und Beihilfe der Gnade Gottes für wahr halten, was er geoffenbart hat, nicht wegen der inneren, mit dem natürlichen Lichte der Vernunft durchschauten Wahrheit des Inhaltes, sondern wegen der Autorität des offenbarenden Gottes, der nicht getäuscht werden kann und der nicht täuschen kann. In diesem Zusammenhang finden dann immer Erörterungen über das Verhältnis von Willen und Verstand im Vollzug des Glaubensaktes statt. Hier ist der Primat des Willens dann immer charakteristisch: der Wille beugt den Verstand unter das Geheimnis des Glaubens, so daß man von einem Glaubenswillen und von einer im Glauben geschehenden Gehorsamstat sprechen kann, was eben den Glauben zu einer Tugend macht.

Die Zahl der Dogmen ist im Verständnis des römischen Katholizismus nicht abgeschlossen. Das kirchliche Lehramt kann durch den Mund des Papstes, sofern er ex cathedra spricht, auch neue dogmatische Wahrheiten zu Dogmen erheben, die fide divina et catholica zu glauben sind. Freilich wird es sich dabei nie um eine prinzipielle Neuheit handeln können, sondern immer nur um den Anspruch, das in Schrift und Tradition enthaltene Depositum fidei in einer neuen Definition verbindlich zu einem Gegenstand des Glaubens zu machen.

Die orthodoxe Kirche hat bezüglich der Herkunft, des Ranges und der Heilsnotwendigkeit des Glaubens an die dogmatische Wahrheit die gleiche Überzeugung wie der westliche Katholizismus. Das Nicaeno-Konstantinopolitanum hat freilich unter den Dogmen den Vorrang, wie denn auch die Beschlüsse der sieben alten ökumenischen Synoden (325–787) einen abgeschlossenen festen Dogmenbestand bezeichnen. Es hat demgegenüber nur eine theoretische Bedeutung, wenn die Möglichkeit neuer Formulierung bestehender und gültiger Dogmen durch ökumenische Synoden offen gelassen wird. Im ganzen gilt, daß das Dogma in den orientalischen Kirchen überhaupt weniger intellektuellen Bedürfnissen entgegenkommen will, als ein Glaubensgeheimnis bezeichnen, das sich erst in Liturgie und frommem Leben, in Gebet und Hymnus, im Mysterium der Kirche wie doch auch in tiefer Spekulation genuin ausspricht.

Die Reformation hat sich zu den Grunddogmen der alten Kirche bekannt. Die Bekenntnisschriften der lutherischen Kirche beginnen mit den drei altkirchlichen Symbola. Sie hat aber gegen die eigenmächtige Handhabung und Vermehrung der Dogmen im Papsttum protestiert und ihre kritische Sichtung des dogmatischen Bestandes an dem Maßstab des Wortes Gottes vollzogen. Sie hat ihr eigenes Bekenntnis nicht als neues Dogma verstanden, sondern ihre kritische Auseinandersetzung mit der Tradition aus ihrer Situation heraus in einer gleichsam sekundären Lehrbildung niedergelegt. Aber der prinzipielle Verzicht auf eine den Dogmenbestand bewachende und verwaltende Instanz ist nicht ohne Folge im Protestantismus geblieben. Erst im neuzeitlichen Protestantismus ist das gebrochene Verhältnis zum Begriff des Dogmas deutlich sichtbar geworden, und dies aus verschiedenen Quellen und Gründen.

Das Bestreben, dem Lehr- und vor allem dem Glaubenszwang der Kirche zu entrinnen, ist so alt wie der Protestantismus selbst. Die

Geschichte der Kämpfe um die Freiheit des religiösen Individuums beginnt in den Tagen des Humanismus, der Sozinianer und Spiritualisten und kommt im modernen Liberalismus zu vielfältiger Aussprache. Die hier geübte Abwertung und Ablehnung des Dogmas hat sich mit anderen Motivationen, vor allem mit den aus der historischen Kritik geschöpften, verbunden, aber sie ist doch als grundsätzlicher Liberalismus von eigener Art.

Für die Geschichte desselben verweise ich der Kürze wegen auf W. Nigg, Geschichte des religiösen Liberalismus, Entstehung, Blütezeit, Ausklang, 1937, sowie auf H. Graß, Art. Theolog. u. kirchl. Liberalismus, RGG IV, 351—355 (Lit.)

Die Sorge, Bindung der Kirche an „Dogmen" könne zu einer Erstarrung der christlichen Lehre führen, hat schon den Pietismus bewegt. Im Biblizismus kommt dann die Tendenz noch deutlicher zum Tragen, daß neben der Bibel keine konkurrierende Autorität mehr zugelassen werden kann, daß die Schrift allein Meister aller Lehre und Predigt in der Kirche sein soll. So behält das Dogma auch bei Barth allenfalls die Bedeutung einer Beziehung, bzw. Übereinstimmung zwischen der in der heiligen Schrift bezeugten Offenbarung und der kirchlichen Verkündigung, zwischen dem Gebieten Gottes und dem Gehorchen des Menschen (KD I/1, 280 ff.), aber es rückt damit doch in eine gewisse Ungreifbarkeit, die es dann auch erklärt, daß der Begriff des Dogmas in der dogmatischen Arbeit der Gegenwart weithin überhaupt vermieden wird, selbst wenn er zunächst noch definiert worden sein sollte.

Dieses beredte Verschweigen des Begriffes hat freilich seinen Ursprung in Schleiermacher. Er sagt in der Glaubenslehre § 15 im Leitsatz: „Christliche Glaubenssätze sind Auffassungen der christlich frommen Gemütszustände in der Rede dargestellt." Die beiden folgenden §§ machen dann deutlich, daß der „dogmatische" Satz demgegenüber, was Schleiermacher zunächst als Glaubenssatz bezeichnet hat, nur eine höhere Reflexionsstufe in kirchlichem und wissenschaftlichem Interesse in Anspruch nehmen kann, nämlich höchstmögliche Bestimmtheit und Widerspruchslosigkeit. Der Begriff des Dogmas hat bei ihm keinen Ort mehr, und auch der Name Dogmatik verschwindet nach den einleitenden §§ zugunsten des Begriffs der Glaubenslehre völlig. Diese grundsätzliche Wendung beruht offenkundig auf der Überzeugung, daß die Sache der „Dogmatik" nur noch im Horizont des menschlichen, bzw. des christlichen Bewußtseins wissenschaftlich legitim verhandelt werden könne.

Die historische Kritik in der Theologie hat dann alsbald diese aus wissenschaftlicher Gewissenhaftigkeit erwachsene Skepsis gegen den Begriff des Dogmas radikal vertieft. Das Dogma entsteht und wandelt sich mit dem christlichen Bewußtsein.

Die Bedeutung der neuzeitlichen Dogmengeschichte für die sich durchsetzende Skepsis gegen das Dogma kann kaum überschätzt werden. Für F. Chr. Baur verbindet sich das Verständnis der Dogmen im Sinne Schleiermachers mit dem Hegelschen Entwicklungsgedanken: Sie sind Elemente des sich ständig durch Satz und Gegensatz wandelnden und entwickelnden christlichen Bewußtseins. Es ist nicht

Baurs Meinung, den absoluten Inhalt der christlichen Wahrheit in Frage zu stellen. „Dogmen sind Lehren oder Lehrsätze, in welchen der absolute Inhalt der christlichen Wahrheit in einer bestimmten Form ausgesprochen ist." Aber eben diese bestimmte Form ist ganz dem Fluß der Geschichte anheimgegeben. „Objekt der Dogmengeschichte ist das in seine Unterschiede eingehende, mehr und mehr sich spaltende und theilende, seine Bestimmungen als einzelne Dogmen aus sich herausstellende und in ihnen selbst wieder auf verschiedene Weise sich modifizierende Dogma" (Dogmengeschichte, 1858², 6 ff.).

Von stärkster Wirkung auf das Verständnis des Dogma-Begriffes im neuzeitlichen Protestantismus war die Dogmengeschichte A. v. Harnacks. „Die Behauptung der Kirchen, daß die Dogmen lediglich die Darlegung der christlichen Offenbarung selbst seien, weil aus den heiligen Schriften gefolgert, wird von der geschichtlichen Forschung nicht bestätigt. Vielmehr ergibt diese, daß das dogmatische Christentum (die Dogmen) in seiner Konzeption und in seinem Ausbau ein Werk des griechischen Geistes auf dem Boden des Evangeliums ist." Innerhalb der so gezogenen Grenzen huldigt auch Harnack dem Entwicklungsgedanken. Es ist eine Illusion, die Dogmen seien immer dieselben gewesen. Vielmehr hat die Theologie die Dogmen gebildet, hat die Geschichte diese Dogmen fortgebildet, umgebildet und „das Dogma hat stets im Fortgang der Geschichte seine eigenen Väter verschlungen". Praktisch beginnt die Dogmengeschichte — und d. h. dann doch: das Dogma selbst — mit der Logoschristologie, mit der Ausscheidung des Judenchristentums und in der Auseinandersetzung mit der Gnosis. Sie endet — und damit werden nun unmittelbar „dogmatische" Konsequenzen sichtbar — mit der Entstehung der Reformationskirchen. Für die Orientalen ist die Dogmenbildung bereits mit dem Bilderstreit abgeschlossen. Der Lehrbestand der römisch-katholischen Kirche hat im Tridentinum seine abschließende Fixierung erfahren; er ist zwar prinzipiell noch offen, und die späteren Dogmatisierungen von 1854, 1870 und 1950 weisen auf diese Möglichkeiten der Ergänzung hin, aber sie verändern doch das im Tridentinum entstandene Bild nicht mehr grundsätzlich. Der Protestantismus zeigt nach Harnack eine zwiespältige Haltung: Einerseits übernimmt er im 16. Jh. „die Formulierungen des dogmatischen Christentums", andererseits aber stellt er die Heilige Schrift über die Glaubenslehre, da sie deren Quelle ist, und spricht der Kirche jede Vollmacht zur Dogmatisierung neuer Sätze ab. Daher fehlen hier nun grundsätzlich alle Voraussetzungen zur Fortsetzung und Aufrechterhaltung des „dogmatischen Christentums". Hier werden nun bei Harnack hinter den historischen Urteilen Überzeugungen anderer Herkunft sichtbar. „Dogmen" sind weder ursprüngliche Bildungen des Christentums, noch können sie heute einen wesentlichen Ausdruck des evangelischen Christentums darstellen. Das eigentliche Christentum, und das soll doch im evangelischen Christentum wieder zu Ehren gebracht werden, ist undogmatisch.

## 2. Undogmatisches Christentum?

Es ist das Verdienst Harnacks, in seinem berühmten Buch „Das Wesen des Christentums" (1900, Neuausgabe von R. Bultmann 1950) diesem undogmatischen Christentum gleichsam das Programm geschrieben zu haben. Unabhängig davon, daß sich die Sache in der Moderne als die Grundstimmung ebenso des bürgerlichen Liberalismus wie auch weiter Teile des religiösen Sozialismus erwiesen hat, lassen sich hier die Grundzüge der Idee erkennen. Die Idee des undogmatischen Christentums beruht wesentlich darin, daß die Verkündigung Jesu Ursprung und Urform des Christentums ist, daß sie aber eben als solche nicht den Ursprung des christlichen Dogmas darstellt.

„Überschauen wir aber die Predigt Jesu, so können wir drei Kreise aus ihr gestalten. Jeder Kreis ist so geartet, daß er die ganze Verkündigung enthält; in jedem kann sie daher vollständig zur Darstellung gebracht werden:

Erstlich, das Reich Gottes und sein Kommen,
Zweitens, Gott der Vater und der unendliche Wert der Menschenseele,
Drittens, die bessere Gerechtigkeit und das Gebot der Liebe.

Die Größe und Kraft der Predigt Jesu ist darin beschlossen, daß sie so einfach und wiederum so reich ist — so einfach, daß sie in jedem Hauptgedanken, den er angeschlagen, erschöpft, und so reich, daß jeder dieser Gedanken unerschöpflich erscheint und wir die Sprüche und Gleichnisse niemals auslernen. Aber darüber hinaus — hinter jedem Spruch steht er selbst. Durch die Jahrhunderte hindurch reden sie zu uns mit der Frische der Gegenwart. Hier bewahrheitet sich das tiefe Wort wirklich: „Sprich, daß ich dich sehe" (Ausg. Bultmann, 31).

Die Achse dieser Auffassung, die dann trotz aller reichen Auslegung des Evangeliums und trotz der Würdigung der Person Jesu und seines Geschicks unübersehbar ist, findet sich in dem Satz: „Nicht der Sohn, sondern allein der Vater gehört in das Evangelium, wie es Jesus verkündigt hat, hinein" (86). Damit ist die ganze Christologie, die ja an die Lehre von der einzigartigen Sohnschaft Jesu anknüpft, in die nachträgliche Dogmenbildung verwiesen.

Harnacks Auffassung ist im einzelnen durch starke Modernisierungen und durch eine Interpretation des Evangeliums im Sinne der modernen Religiosität gekennzeichnet. Schon A. Schweitzer, und dann in seinem Gefolge Martin Werner (Die Entstehung des christlichen Dogmas (1941) 1953²) haben das Bild der Verkündigung Jesu erheblich modifiziert, indem sie deren ganz und gar eschatologischen Charakter und ihre Erfülltheit durch die brennende Naherwartung des Weltendes und des Einbruches der Gottesherrschaft hervorgehoben haben. Aber darin sind sie doch Harnack ähnlich geblieben, daß sie einmal die Urform des Evangeliums Jesu selbst undogmatisch im Sinne der kirchlichen Dogmen verstehen und daß sie zum anderen die Dogmenbildung selbst für eine spätere Umformung und Verfremdung des Ursprünglichen halten. Vor allem ist heutiges Christentum auch für diesen Auslegungstyp nur in einem undogmatischen Sinne möglich, indem dann die in ihrem zeitgeschichtlichen Sinne nicht mehr haltbaren Sätze in einem tieferen, menschlich-religiösen Sinne uminterpretiert und neu verstanden werden. Auch im Harnackschen Sinne liegt eine Umformung der Messiasvorstellung, eine Übersetzung ihres ursprünglich politischen in einen religiösen Charakter und eine begriffliche Verarbeitung des nachwirkenden Eindrucks der Persönlichkeit Jesu der Dogmenbildung zugrunde. Der Osterglaube, das Bekenntnis zu Jesus als dem Herrn und die durch Paulus vollzogene Herausführung des Christentums aus dem Judentum, das alles wirkte in geschichtlich verständlicher Form zusammen, daß das Evangelium vom Reich sich in das Evangelium von Jesu Christo verwandelte. Hier konnte dann die griechische Theologie ihr Werk in der Dogmenbildung von der Gottmenschheit des Erlösers anknüpfen.

Demgegenüber ist die Reformation eine kritische Reduktion des Christentums auf den Kern der Sache gewesen, nämlich auf das Wort Gottes und das innere Erlebnis, welches diesem Worte entspricht. Der Glaube wurde zum Anfang, zur Mitte und zum Ende der ganzen Frömmigkeit, und die Heilslehre bekam ihre Mitte in der Rechtfertigung: „Sie bedeutet nichts Geringeres, als durch Christus Frieden und Freiheit in Gott erlangt zu haben, Herrschaft über die Welt und innere Ewigkeit" (161). Die Entwicklung kehrt hier zu ihrem Anfang zurück: „Der Protestantismus rechnet darauf, daß das Evangelium etwas so Einfaches, Göttliches und darum wahrhaft Menschliches ist, daß es am sichersten erkannt wird, wenn man ihm Freiheit läßt, und daß es auch in den einzelnen Seelen wesentlich dieselben Erfahrungen und Überzeugungen schaffen wird" (163).

Es scheint zunächst gar nicht leicht zu sein, dieser Auffassung in Anbetracht ihrer relativen Wahrheit und ihres religiösen Pathos mit einer Kritik entgegenzutreten. Da der Begriff des Dogmas, wie ich schon hervorhob, aus der Profansprache stammt und erst sehr spät den hier zur Verhandlung stehenden theologischen Sinn erhalten hat, kann man dem undogmatischen Christentum nicht so begegnen, daß man ihm einfach den Begriff des Dogmas entgegenhält. Diese Sachlage zwingt uns vielmehr, schon in der Auseinandersetzung mit dem undogmatischen Christentum etwas von der späterhin mit dem Begriff des Dogmas gedeckten Sache sichtbar zu machen.

Das sog. undogmatische Christentum gibt das Christentum einem Verlust seiner Substanz und seiner Konturen preis. Wenn ich das auch zu begründen habe, so wird diese Begründung doch erst in dem nachfolgenden positiven Abschnitt der Sache nach ganz verdeutlicht werden können. Der Verlust der Substanz ergibt sich dadurch, daß hier das Evangelium in allgemeine religiöse Gedanken aufgelöst wird. Damit soll der gedankliche Gehalt und der gedankliche Ertrag des Evangeliums in keiner Weise geringer als in der liberalen Theologie eingeschätzt werden. Aber die Frage ist die, ob dieser gedankliche Gehalt allein das Evangelium ausmacht oder ob er eine Folgerung aus Taten Gottes ist — um die Sache einmal ganz einfach zu bezeichnen. Die Frage kann auch so ausgesprochen werden, daß man die Verkündigung des Evangeliums als einen religiös-sittlichen Aufklärungsprozeß oder als eine, als d i e Rettung der Menschen bezeichnet. In gewissem Sinne wiederholt sich das kritische Problem angesichts der Kirche. Die Wahrheit des undogmatischen Christentums liegt zweifellos darin, daß es die christlichen Ideen — wenn ich mich einmal so ausdrücken darf — in engster Korrelation mit den allgemeinen religiösen Ideen der Menschheit sieht. Wie in der Folge dieser grundsätzlichen Auffassung im Liberalismus immer die Grenzen des biblischen Kanons undeutlich geworden sind, so muß natürlich in diesem Sinne dann auch die Grenze der christlichen Kirche undeutlich werden. Was macht aber die christliche Kirche zur Kirche? Das Urteil läßt sich daher nicht umgehen, daß durch das undogmatische Christentum sowohl der Kern der Sache, die „Substanz" des Evangeliums als auch die Konturen des Christlichen undeutlich werden.

Im Hintergrund wartet dabei natürlich immer auch die historische Frage, ob das durch Harnack, A. Schweitzer, und wer immer zur Fundierung des undogmatischen Christentums beigetragen hat, eingebrachte historische Bild von den Anfängen des Christentums stimmt. Auch zu dieser Frage mag das nun Folgende einige Gesichtspunkte liefern. Schwieriger bleibt immer etwas anderes. Es ist die Frage, die die kirchliche Gemeinschaft oftmals vergiftet hat, ob das der Auseinandersetzung zugrundegelegte Bild des undogmatischen Christentums von seinen Vertretern anerkannt wird. Denn die Schattierungen desselben sind außerordentlich vielgestaltig, von ausgesprochen „kirchlichen" Kreisen bis hin zur erklärten Kirchenentfremdung, und die Entwicklung der Grundgedanken, gerade in der Harnackschen Weise, ist oft ein Akt ausgesprochener Akkomodation an die kirchliche Denkweise. In solchen Fällen werden die Spitzenformulierungen gutstehen müssen, wie die Konzeption des undogmatischen Christentums selbst ja ganz unabhängig von der Interpretation seiner einzelnen und immer verschiedenen Vertreter ihre innere Logik und ihr deutliches sachliches Gefälle hat.

## 3. Das Dogma und die Dogmatik

Harnack hat in gewissem Sinne den entscheidenden Punkt für den Anfang des Dogmas in der christlichen Kirche deutlich erkannt. Man muß nur seine berühmte Formel umkehren: Jesus Christus hat das Evangelium nicht nur gelehrt, sondern er gehört selbst in das Evangelium hinein, wie er es verkündigt hat. Man kann es auch auf andere Formen bringen: Jesus Christus hat nicht nur Liebe geboten und selbst Liebe geübt, sondern er hat in seiner Lehre wie in seinem Leben, in seinem Leben wie in seinem Sterben die Liebe Gottes gegen uns offenbart. Dieser Jesus ist nicht nur in der Folge seiner geschichtlichen Wirkungen zu dem Christus der Gemeinde geworden, sondern er war der Christus. Nun, in allen derartigen Sätzen greifen wir schon in der Dogmatik selbst weit voraus, aber es wird doch in ihnen auch in Umrissen sichtbar gemacht, worum es etwa geht, wenn das Wesen des Dogmas ins Spiel gebracht werden soll. Beginnen wir zunächst mit einigen formalen Gesichtspunkten.

Dogma bedeutet in jedem Falle, also auch in jedem möglichen „evangelischen" Sinne eine Lehraussage, und zwar im Unterschied zu einer bloßen Meinung (communis opinio oder sententia pia) eine für die Kirche verbindliche Lehraussage. Diese Verbindlichkeit muß bei einem Dogma auch dann noch wahrnehmbar sein, wenn die Formulierung des entsprechenden Satzes in ihrer zeitgeschichtlichen Bedingtheit durchaus einsehbar und zugegeben ist.

Diese erste für ein mögliches Dogma gültige Bestimmung ist nicht umkehrbar. Nicht jede für die Kirche verbindliche Lehraussage muß darum auch schon ein Dogma sein. Es kann etwa eine solche Lehraussage auf eine bestimmte zeitbedingte Kontroverse bezogen sein, die nach einiger Zeit bis zur Unsichtbarkeit vergangen ist und deren Umstände gar nicht mehr nachvollzogen werden können. So etwa die Lehraussage über die „wörtliche" Wahrheit einer Schriftstelle gegen ihre gnostische oder spekulative Auflösung.

Dogma hat als solches immer Bekenntnischarakter. Es ist immer Gegenstand des „Credo". Das Wir der glaubenden Kirche und das in die glaubende Kirche einbezogene Ich stehen hinter dem Dogma und machen es sich als Bekenntnis zu eigen. Aber nicht jedes Bekenntnis ist darum auch schon Dogma. Das Bekenntnis des Apostels Röm 1,16 ist kein Dogma, wie auch die Bekenntnisse der Reformation sich zwar zu den alten Dogmen bekennen und sie überdies in einer veränderten kirchlichen Situation neu zum Einsatz bringen, aber darum nicht selbst neue Dogmen setzen. Das Dogma hat als solches immer Bekenntnischarakter, aber es ist nicht mit Bekenntnis gleichzusetzen.

Das hat, wie mir scheint, darin seinen Grund, daß Dogmen nur solche kirchlich verbindlichen Lehrsätze sind, die auf keine anderen Sätze mehr zurückgeführt werden können. Dogmen sind Lehrsätze, die für alle andere und weitere christliche Lehrbildung schlechthin fundierenden Charakter haben. Karl Barth spricht darum mit Recht von „Axiomen" (KD IV/3 a, 47). In der Geschichte der kirchlichen Lehrbildung sind freilich weithin, so vor allem im Katholizismus, auch sekundäre Lehrsätze als Dogmen bezeichnet worden, sofern sie vom kirchlichen Lehramt als solche aufgestellt und verbindlich ausgesprochen wurden. In der evangelischen Kirche und Theologie ist nicht daran zu denken, solche sekundären Sätze als Dogmen im Sinne verbindlicher Lehrentscheidungen auszusprechen. Wer soll denn die Autorität für solche verbindliche Aussprache in Anspruch nehmen? Aber nicht nur das. Es ist darüber hinaus in der evangelischen Kirche und Theologie auch nicht möglich, die Sätze von schlechthin fundierendem Charakter von solchen sekundären Charakters abzugrenzen, sie zuverlässig abzuzählen und womöglich auch noch verbindlich zu formulieren. Eine Bezeichnung eines Satzes als „Dogma" kann, soweit überhaupt möglich, immer nur dem gewissenhaften historischen und — „dogmatischen" Urteil des verantwortlichen Lehrers überlassen bleiben.

Dieser fundierende Charakter dogmatischer Sätze gilt nun auch hinsichtlich der Heiligen Schrift. Wir berühren damit einen wichtigen Sachverhalt, der bereits Lessing fasziniert hat, der aber durch die Wirkung der heutigen sog. kerygmatischen Theologie wie durch gewisse Strömungen eines biblischen Fundamentalismus unklar geworden ist. Die grundlegenden Wahrheiten des Glaubens stammen nicht einfach aus der Bibel und sind nicht um ihrer biblischen Herkunft und Bezeugung willen von dogmatischem Rang. Sie sind vielmehr selbständig und erscheinen auch im Neuen Testament schon als Formeln älteren Ursprungs. Hier ist vor allem an die Formel zu erinnern, die Paulus weiterüberliefert, die er aber selbst empfangen hat: 1 Kor 15,3—8.

Bezüglich solcher älterer dogmatischer Formeln wären auch zu vergleichen Röm 1, 3 f.; 8, 34 u. a. Nebenbiblische Überlieferungen liegen auch vor in den Urformen des liturgischen Einsetzungsberichtes des Abendmahles (Vgl. H. Lietzmann, Messe und Herrenmahl (1926) 1955³) und möglicherweise auch in der siebenteiligen Fassung des Herrengebetes. Zur historischen Frage des Ursprunges der regula fidei bzw. des Taufbekenntnisses verweise ich auf mein kleines Buch: Das apostolische Glaubensbekenntnis. Geschichte-Text-Auslegung, 1953.

Wir verstehen also unter Dogma die relativ selbständige Urform solcher Lehrsätze christlichen Glaubens, die nicht mehr auf andere Sätze zurückgeführt werden können und die für weitere Sätze einer christlichen Glaubenslehre fundierenden Charakter haben. Aber bei einer solchen Urform kann es natürlich nicht bleiben. Das Dogma verlangt nach einer deutlichen und zeitgemäßen Aussage. Es muß im Blick auf die Bedürfnisse der Gemeinde immer neu in seinen theoretischen und praktischen Konsequenzen dargelegt werden. Der Begriff der Entwicklung, freilich ein seit F. Chr. Baur in der modernen Dogmengeschichte belasteter Begriff, gehört unvermeidlich zu dem Begriff des Dogmas hinzu. Es sind vorwiegend drei Formen solcher „entwickelnden" Überschreitung des Urbestandes grundlegender „Dogmen" zu denken. Es ist einmal die Predigt. Predigt ist gegenwärtiges Wort, sie ist Zeugnis im Sinne einer vom Prediger persönlich zu verantwortenden Rede. Sie handelt inhaltlich keineswegs immer nur vom Inhalt des „Dogmas"; aber das Dogma und die heilige Schrift geben ihr wie Korn und Kimme ihre Richtung, ihren Grund und ihr letztes Ziel. Predigt ist die Elongatur des Wortes von Gott und von seinen Taten in die gegenwärtige Stunde hinein. Dogma ist begrenztes Wort, aber die Predigt ist bei aller Bindung an ihren Grund in ihrer Adresse an Gegenwart und Welt kein begrenztes Wort. — Sodann das Bekenntnis. Es ist auch entwickelnde Überschreitung des Urbestandes des Dogmas. Wir haben davon im 4. Absatz noch besonders zu sprechen. Und schließlich die Dogmatik.

In der Dogmatik werden die Ursätze des Dogmas zu einer Vielzahl von Glaubensaussagen entfaltet. Diese Fortbildung hat mehrere Gründe. (Vgl. hierzu auch E. Brunner, Dogmatik I, 11 ff.) Es ist zunächst der Lehrzweck, der in den Anfangszeiten vor allem im Taufunterricht zum Tragen kam. Aber dieser Lehrzweck ist ganz allgemeiner Art. Er muß dem Bedürfnis nach christlicher Erkenntnis entgegenkommen, und dieses Bedürfnis fordert hinsichtlich der Ursätze des Dogmas immer neue Interpretation, was einen steten Wandel der Aussageform — bei der Sprachgestalt anfangend — herausfordert. Auch der Bedarf der lebendigen Predigt ist hier eingeschlossen. Es kommt die Abwehr der Irrlehre, das Bedürfnis nach dem Schutz der christlichen Wahrheit durch klare Gedanken, nach apologetischer und polemischer Abgrenzung hinzu. Selbst die Exegese der Schrift fordert eine Orientierung an den Ursätzen des Glaubens. Hat die heilige Schrift ein sachliches Zentrum und wo liegt es? Kann sich doch der Irrtum in der Kirche auch durch förmliche Berufung auf das Bibelwort festsetzen und verbreiten. Auf die Gefahr hin, daß die Formel „philosophisch" verstanden wird, möchte ich immerhin noch als einen Grund der Überschreitung der Urformen christlicher Glaubenssätze das Bedürfnis nennen, eine Gesamtanschauung der Welt und des Lebens vom Glauben her zu gewinnen. Ist es doch ein unaufgebbares Verlangen des Menschen, auch des christlichen, sich in seiner Welt zu orientieren, und im Grunde laufen alle Nötigungen zu der besagten Überschreitung auf dieses nie abzuschließende Ziel hin.

Die bisherigen Erwägungen mögen alle vorwiegend formaler Natur gewesen sein. Fassen wir daher das Gesagte unter Hervorkehrung des sachlichen Gehaltes noch deutlicher zusammen.

1. Dogmen bezeichnen Glaubenssätze, so sagten wir, die alle christliche Lehre fundieren und auf keine anderen Sätze zurückgeführt werden können. Insoweit sind Dogmen nicht selbst schon einfach „Verkündigung". Aber das Dogma stellt die christliche Verkündigung unter eine einmalige Voraussetzung. So ist die Schöpfung der Welt und des Menschen durch Gott „einmalig", unerachtet immer neuer Schöpfungsakte Gottes. Einmalig bezeichnet eine Kategorie, nicht eine numerische Einmaligkeit. Es ist die Einmaligkeit Gottes. In diesem Sinne ist die Erlösung einmalig: die Inkarnation Gottes in seinem Sohn, Christi Kreuz und Auferstehen sind einmalig unerachtet dessen, daß Jesus Christus unser aller gegenwärtig wirkender Erlöser ist. Die Sendung des Geistes und die Sammlung der Gemeinde Jesu Christi auf Erden sind einmalig, wiewohl immer neue Ausgießungen des Geistes und Gewährung seiner Gaben, immer neue Sammlungen der Gemeinde in der Zeit geschehen. Diese einmaligen Voraussetzungen unseres Glaubens und der Verkündigung sind im Dogma ausgesprochen und begründen den Glauben, die Kirche und auch ihre Theologie. Es ist eine wenig ergiebige Frage, nach einem göttlichen oder menschlichen Ursprung dieses Grundes zu fragen. Denn er weist allemal auf das hin, was Gott getan hat, wiewohl die Sätze, in denen diese Taten ausgesprochen, bekannt und weitervermeldet werden, natürlich ganz und gar menschlich sind und von ihrem ersten Anfang an – immerhin beachte man das erste Osterzeugnis Mk 16,6 in „Engelmund" – ihre Geschichte haben.

2. Dieses Dogma ist aller nachfolgenden Lehre überlegen und begründet das Kerygma. Dies beruht darauf und es bezeugt, daß Gott sich nicht in allgemeinen Erkenntnissen kundgetan hat, sondern in Taten, die konkrete „Anfänge" gesetzt haben. Diese Taten hören

nicht auf, Anfänge für unseren Glauben und unseren Gehorsam zu sein, weil sie es nur für den Glauben sind.

Ich muß hier eine terminologische Bemerkung einfügen. Mit der Beschreibung dessen, was das Dogma ist, versuche ich nicht nur den zu dem abgeleiteten Begriff der „Dogmatik" hinzugehörigen Grundbegriff aufzuklären, sondern zugleich an den Ursprung der hier verhandelten Sache zu erinnern. Nun setzt man in der heutigen Theologie an dieser Stelle mit dem Offenbarungsbegriff ein. Ich bekenne mich zu einer Hemmung, ebenso zu verfahren, und muß nun freilich diese Hemmung kurz begründen. Der Begriff der Offenbarung gehört in der heutigen Theologie zu den abgenützten Begriffen. Er bezeichnet ursprünglich eine Kundgabe Gottes aus seinem Geheimnis heraus, die sich in unaufhebbarer Subjektivität der „Erfahrung" des Glaubens erschließt. Sie kann Dritten gegenüber eigentlich nur unter Geltendmachung eben dieser Subjektivität, nämlich als Bezeugung des „mir" Widerfahrenen, zur Aussprache kommen. In neutraler Betrachtung verwandelt sich das dann zu einer „behaupteten" Offenbarung. Ich stimme mit Tillich (I, 132) darin durchaus überein, daß der Offenbarungsbegriff mit dem unaufhebbaren Geheimnis Gottes zusammenhängt, daß er eine Letztgegebenheit bezeichnet und als Christusoffenbarung normgebende Instanz der Theologie wird. Trotzdem scheint mir der Begriff selbst bei Tillich, der ihn ja zunächst phänomenologisch aufzuhellen sucht, in einer gewissen Breite zu zerfließen. Ausschlaggebend ist für meine Zurückhaltung dem Offenbarungsbegriff gegenüber allerdings etwas anderes. Es ist die Überzeugung, daß in der Art, wie in der Theologie K. Barths (vor allem KD I/1, 2. Kap.) und seither, vor allem bei H. Vogel (Gott in Christo, 157–209), der Begriff der Offenbarung gehandhabt wird, der Theologie kein Dienst geschieht. Bei Barth ist immer noch die Erbschaft des Supranaturalismus lebendig, für den die Offenbarung die Frage nach der theologischen Erkenntnisquelle beantworten mußte, wie denn der Kampf gegen die falschen Offenbarungsquellen (natürliche Theologie, Analogie des Seins, Religion usw.) wie zur Bestätigung dieser Vermutung die ganze theologische Arbeit Barths durchzieht. Es ist immer interessant, welche geringe Rolle der Begriff der revelatio bei Luther gehabt hat: der Gegensatz zum Deus absconditus ist der Deus praedicatus! In den Bekenntnisschriften fehlt der Begriff der revelatio, von ein oder zwei peripheren Stellen abgesehen, völlig. Von dem heutigen, immer noch ungeprüften Gebrauch des Offenbarungsbegriffes her hat sich der evangelischen Populartheologie die Überzeugung eingeprägt, die Wahrheitsfrage in der Theologie sei durch eine Autoritätsentscheidung zu lösen, und als Offenbarungswort sei womöglich in einem fundamentalistischen Sinne die „Bibel" zu nehmen. Bei Vogel wird der Begriff der Offenbarung von vornherein mit dem vom NT her nicht zu bestätigenden Begriff der „Selbstoffenbarung Gottes" so reichlich hin und hergewendet, daß er alle Konturen verliert. Barth hat in seinem Kapitel über die Offenbarung Gottes dann der Sache nach doch den Weg beschritten, eben von – dem Dogma zu sprechen!

3. Das Dogma bezeichnet die von Gott gesetzten Anfänge, seine „großen Taten", die einmaligen Voraussetzungen aller folgenden Glaubensaussagen, Glaubenslehre usw. Dieser Sachverhalt muß gegen zwei naheliegende Mißverständnisse gesichert werden, die sich in der Geschichte der Theologie in verschiedener Weise äußern. Einmal scheint es mir richtig und geboten zu sein, den Ausdruck „Tatsachen" oder auch „Heilstatsachen" zu vermeiden. Denn die Taten Gottes entbehren doch der Objektivierbarkeit, d. h. der Tatsächlichkeit, auf die

man sich auch dem Unglauben gegenüber demonstrierend berufen könnte. Sie sind nur dem Glauben kund, was nicht ausschließt, daß der Glaube sich um einen erkenntnismäßigen Nachweis bemüht, so daß er, was er glaubt, als nicht nur nicht widersinnig, sondern sogar als in einem tiefen Sinne zur Erfahrung stimmend erkennen kann. Doch davon an anderem Ort. Das Zweite, was von vornherein abgewiesen werden muß, so sehr es uns hernach in der Ausführung der Dogmatik immer wieder in concreto beschäftigen muß, ist die Meinung, die „Taten Gottes" verweisen den Glauben in die Vergangenheit. Auch die Bezeichnung der Voraussetzungen als einmalig kann diesem Mißverständnis förderlich sein. Aber Schöpfung, Erlösung und Heiligung haben präsentischen Charakter, sie sind, wenn auch immer perfecta, doch perfecta praesentia. Ich glaube an sie nicht im Sinne einer Wendung ins Vergangene, indem ich etwa — wenn wir an die Geschichte Jesu Christi denken — Ereignissen, von denen ich durch geschichtliche Kunde vernehme, noch eine dogmatische Bedeutung kraft meines Glaubens verleihe. Es gibt keinen historischen Glauben an Gott und Christus, sondern nur einen Glauben im Präsens.

Auch diese Einsichten sollen hier nur grundsätzlich vorgebracht werden. Sie sind auf die Verdeutlichung in den späteren einschlägigen Kapiteln angewiesen. Immerhin darf daran erinnert werden, daß die Reflexion des Paulus über die Erlösung durch Jesus Christus zu dem Ziele geschieht, das Leben, Leiden und Sterben aus seiner historischen Beschränkung zu lösen. In der Adam-Christusspekulation zeigt er die Bedeutung Christi für die ganze Menschheit: er ist der Anfänger einer neuen Menschheit, die darauf angelegt ist, Juden und Heiden, Gläubige und annoch Ungläubige in sich zu vereinigen. In der Präexistenzchristologie sowie in seiner Geist- und Sakramentstheologie sucht er Wege, die uns die ewige Bedeutung Christi anschaulich machen.

4. Dogma ist also Urform der christlichen Lehre. Es ist auf keine anderen fundierenden Sätze mehr zurückzuführen. Es hat durchaus seine „Gründe", und das Dogma interpretieren bedeutet ja, seine Gründe geltend zu machen. Damit ist der Weg eröffnet, auf dem es zur Dogmatik kommt, von der gelten muß, sie ist nicht nur möglich und erlaubt, sondern sie ist unerläßlich. Diese Dogmatik wird immer mehr enthalten als das Dogma. Davon sprachen wir, und ich kann mich auf die Erinnerung an Gesagtes berufen. Diese sekundäre Lehrform der Dogmatik stellt aber damit von vornherein eine andere Kategorie der Aussage dar als das Dogma, das sich auf keine andere Aussage zurückführen läßt. Dogmatik läßt sich auf andere Aussagen zurückführen, und nicht einmal ausschließlich auf das Dogma, zu dessen Interpretation sie bestellt ist, sondern auch auf die Heilige Schrift und auf die uns umgebende Welt, in der die Dogmatik das christliche Bewußtsein zu orientieren hat.

Erkenntnis, Einsicht durch vernehmende Vernunft, kann also dem Dogma immer nur interpretierend folgen. Glaube ersetzt die Erkenntnis nicht, und Glaube soll die Erkenntnis auch nicht verhindern oder verdrängen. Aber die Theologie und die Dogmatik sind die Form, in

rung einer durch Irrlehre bedrohten Kirche und die Erfahrung der
soll. Diese ihm und seinem Gegenstande eigentümliche Erkenntnis soll
dann mit anderer Erkenntnis, sagen wir pauschal dafür einfach
Welterkenntnis, in Relation gesetzt werden. Selbst die Wahrnehmung
des paradoxen Charakters, also des Widerspruches einer christlichen
Erkenntnis zu weltlicher oder auch vernünftiger Erkenntnis bedeutet
die Wahrnehmung einer Relation in dem postulierten Sinne. Es bedeutet nicht die Abweisung dieser Relation überhaupt, sondern nur eine
besondere Relation, die ihrerseits dann zur Interpretation ruft. In alledem nähern wir uns schon dem Thema des folgenden Kapitels, das
durch den Wissenschaftscharakter der Dogmatik bezeichnet ist.

## 4. Dogma und Bekenntnis

Wir sagten, daß „Dogma" immer Bekenntnischarakter hat. Aber
nicht jedes Bekenntnis ist Dogma.

Sehen wir in unserem Zusammenhang von der Bedeutung des je
und je geforderten aktuellen Bekennens ab, so ist immerhin noch kurz
auf das Verhältnis einzugehen, in welchem die in einer Konfessionskirche gültigen „Bekenntnisse" oder auch Bekenntnisschriften zum
Dogma stehen. Denn sie haben ja, von der schon im Namen ausgesprochenen Bekenntniseigenschaft („credimus, docemus et confitemur") abgesehen, auch noch die andere Eigenschaft, daß sie Verbindlichkeit für die in ihnen enthaltene Lehre in Anspruch nehmen. Sie
sind Gegenstand der Lehrverpflichtung der kirchlichen Amtsträger,
und die Lehrverpflichtung auf die fundierenden Ursätze des Glaubens,
nämlich auf das „Dogma", ebenso übrigens wie die Lehrverpflichtung
auf die Heilige Schrift kommt auf die künftigen Prediger und Lehrer
der Kirche nur durch die Vermittlung einer Verpflichtung auf „das Bekenntnis der Kirche" zu. Was hat es also mit diesen Bekenntnissen
der Kirche auf sich?

Man kann eine Antwort auf diese Frage weithin dem Bekenntnis
selbst entnehmen. Das Bekenntnis unternimmt es nicht, neue Dogmen
auszusprechen, sondern ist bezüglich der dogmatischen Tradition rezeptiv, d. h. es rezipiert das alte Dogma und macht es in der veränderten
Situation der Kirche aufs neue verbindlich. Im Vergleich mit dem Bestand des katholischen Dogmas zeigt sich freilich auch sofort, daß der
rezipierte Dogmenbestand auf einen Urbestand beschränkt wird und
daß spätere Dogmatisierungen, wie etwa die Siebenzahl der Sakramente, ausgeklammert werden. Damit wird deutlich, daß sich schon
in der Frage nach dem Wesen des „Bekenntnisses" eine unverwechselbar protestantische Voraussetzung kundgibt. Es ist einmal der unverkennbare Reduktionsprozeß, also die kritische Sichtung des Dogmenbestandes der mittelalterlichen Kirche, wobei das von der Rechtfertigung aus verstandene Evangelium das Kriterium abgibt. Die Erfahrung einer durch Irrlehre bedrohten Kirche und die Erfahrung der

rettenden Macht des Evangeliums, beides wird für die Kirche der Zeit und für die nachfolgenden Geschlechter verbindlich ausgesprochen. Aber das ist das Neue und für die Bekenntnisschriften der Reformation Eigentümliche, daß doch keine neue Dogmatisierung erfolgt. Das hat nicht nur darin seinen Grund, daß sich die Reformation einer Instanz zu solcher Dogmatisierung begeben hat, es hat vielmehr darin seine Wurzel, daß man sich mit der gefällten Entscheidung in der Rückkehr zum Ursprünglichen weiß.

Von der Sache her haben darum die Bekenntnisse der Reformationskirchen zweifellos einen sekundären Charakter. Sie wissen sich inhaltlich unterhalb des alten Dogmas. Im Vollzug des Bekenntnisses ist es umgekehrt; denn „das Bekenntnis ist kircheschaffendes Ereignis" (Brunstäd), es ist insofern primäres Geschehen, das den Grund des Dogmas zur Voraussetzung hat. Das Bekenntnis der Kirche ist nicht zweite Quelle, es ist nichts, was zum Dogma oder zur heiligen Schrift sachlich noch hinzukäme, sondern es will nur das Evangelium neu bezeugen, die doctrina evangelii von ihrer Mitte her verstehen. Nicht in dem Sinne, daß man es auch anders verstehen könnte; sondern in einem anderen Verständnis würde man das Evangelium nicht mehr finden. Verpflichtung auf das Bekenntnis kann also nur heißen, daß sich die Kirche und daß sich die Prediger an diese Mitte der Schrift binden. Sie bedeutet kein neues, drückendes oder gar in seiner Zusätzlichkeit zum Wort der Schrift problematisches Lehrgesetz, sondern ein Eintreten in den consensus der Kirche.

Ich mache hierbei keinen Unterschied zwischen der Einschätzung der Bekenntnisschriften im Luthertum und in den reformierten Kirchen. Die lutherischen Bekenntnisse stellen bekanntlich in ihrer Sechszahl einen festumrissenen Komplex dar, während die reformierten Bekenntnisse kein deutlich abgegrenztes Corpus darstellen, auch in ihrer theologischen Einschätzung vergleichsweise relativer beurteilt werden. Neben der älteren Sammlung von E. F. K. Müller (1903) mehrere Neuausgaben, vor allem von W. Niesel (1938, 1948³); vgl. E. Wolf, Art. Bekenntnisschriften, RGG I, 1012–1017 (Lit.). Zu den luth. Bekenntnisschriften: E. Schlink, Theol. d. luth. Bekenntnisschriften, (1940) 1948³ — Fr. Brunstäd, Theol. d. luth. Bekenntnisschriften, 1951 — H. Fagerberg, Die Theol. d. luth. Bekenntnisschriften 1529/37, 1965.

Der Gedanke der Verbindlichkeit des kirchlichen Bekenntnisses führt zu der praktischen Frage der Lehrverpflichtung der kirchlichen Amtsträger im Zusammenhang mit ihrer Ordination. Diese Frage betrifft sowohl den Umfang wie den Sinn der Lehrverpflichtung. Hier greift die Glaubenswahrheit in das Gebiet der Rechtsordnung über. Welche Konsequenzen ergeben sich im Falle einer sog. Lehrabweichung? Wie soll sich die verfaßte Kirche der Einhaltung ausgesprochener Lehrverpflichtung versichern? Wie ist ein sog. Lehrzuchtverfahren zu gestalten? Diese Fragen gehören nicht in die Dogmatik, sondern in die Pastoraltheologie.

Wie ist aber das Verhältnis der Bekenntnisbindung zur Dogmatik zu beurteilen? Keinesfalls darf diese Bindung anders verstanden werden als so, daß die Bekenntnisse auch für sie ein Medium der Wahrheit sind. Als dieses Medium, das doch nichts anderes vermitteln will als das

Evangelium, dieses freilich in einer historisch und theologisch bestimmten kritischen Funktion begriffen, hat es Anspruch auf die gewissenhafte Interpretation durch die Dogmatik. Die Bekenntnisbindung der Dogmatik ist vielleicht am einfachsten durch einen Vergleich zu erklären. Sie vollzieht sich über die Person des Dogmatikers, wie die Herkunft, die nationale Zugehörigkeit und die Sprache des Historikers über eine nationale Bindung der Geschichtsforschung entscheidet. Dieser Vergleich ermöglicht es uns dann auch, sofort die Gefahren dieser Bindungen zu bezeichnen. Wie nämlich die Zugehörigkeit des Historikers zu seiner Nation zwar eine einzigartige Chance des Verstehens bedeutet, so ist es auch mit dem Dogmatiker: es ist in seine Verantwortung gegeben, die spezielle Tradition seines Bekenntnisses genuin zu interpretieren. Aber wie der Historiker seine Wahrheitspflicht beschädigen würde, wenn er aus seiner Nationalität eine Beschränkung seiner Fragestellungen, eine einseitige Bewertung geschichtlicher Vorgänge zugunsten seiner eigenen Nation und eine Vorwegentscheidung seiner Fragen ableiten würde, so hat auch der Dogmatiker der Gefährdung seiner Aufgabe durch seine Bekenntnisbindung bewußt zu sein.

Die Bekenntnisbindung kann für die dogmatische Arbeit weder eine Einschränkung der Fragestellung bedeuten noch eine einseitige Bewertung theologie- oder philosophiegeschichtlichen Materials zur Folge haben oder gar eine Vorwegnahme der Antworten auf gestellte Fragen. Je unbefangener der Dogmatiker in dieser Hinsicht sich erweist, desto überzeugender wird es sein, wenn er sich in Übereinstimmung mit einem, mit seinem Bekenntnis befindet. Diese Unbefangenheit muß sich aber in kritischer Freiheit bewähren. Sie muß es um so mehr, als in der modernen Welt das konfessionelle Element in immer geringerem Maße ein testimonium veritatis bei der Ablegung der christlichen Rechenschaft darstellt.

## 4. Kapitel

### DOGMATIK ALS WISSENSCHAFT

#### 1. Das Interesse am Wissenschaftscharakter der Dogmatik

Die Dogmatik tritt mit dem Anspruch auf, Wissenschaft zu sein und wissenschaftlich zu verfahren. Dieser Anspruch hängt damit zusammen, daß die Theologie, die Rede von Gott, in ihrem Anspruch auf Wahrheit nicht auf eine Sekte oder Konfession oder auf die gläubigen Christen beschränkt ist, sondern den Menschen überhaupt angeht. Der Wissenschaftscharakter der Dogmatik hängt also mit der Universalität ihrer Sache zusammen. Dieser Anspruch ist sicher nicht selbstverständlich, da ja eine sektenhafte Auffassung vom Christentum denkbar ist, bei der man nur die Gläubigen im Auge hat und auf die Verständigung mit allen Menschen keinen Wert legt. Die „Kirchlichkeit" der Dogmatik ist im Gegensatz zu einer solchen sektenhaften Auffassung also nicht ein Motiv der Beschränkung, sondern ein Ansatz zur Universalität. Zugleich bedeutet Wissenschaft und wissenschaftliches Verfahren für die Dogmatik, daß sie nur kritisch geprüfte Aussagen dulden kann, Aussagen, die jedenfalls in Ansehung ihres Gegenstandes sachgemäß begründet sind und die auch untereinander in einem sachlichen Zusammenhang stehen.

Der Wissenschaftscharakter der Dogmatik ist aber nicht unbestritten. Sehen wir in diesem Zusammenhang von den Bestreitungen ab, die vom christlichen Glauben selbst her erhoben werden könnten, so treten die Bestreitungen im Interesse der Wissenschaft in den Vordergrund. Sie sind von sehr unterschiedlichem Gewicht.

Wenn vorausgesetzt wird, daß Wissenschaft dort betrieben wird, wo nach dem Ideal der Mathematik eine strenge, d. h. exakte Begrifflichkeit gilt und die Aussagen, ohne von sachfremden Voraussetzungen abhängig gemacht zu werden, untereinander in logisch stringentem Zusammenhang stehen, dann kann die Theologie keine Wissenschaft sein. Sie wendet sich bei ihrer Suche nach der Wahrheit an überlieferte Texte, sie hat es mit bildhafter, analoger, „religiös" zu verstehender, vielleicht sogar mythischer Ausdrucksweise zu tun, also mit Aussagekategorien, die vielleicht als prophetisch, pneumatisch, poetisch oder kerygmatisch, aber doch nicht in jenem exakten Sinn als wissenschaftlich gelten können. Dieser Einwand ist jedoch nicht allzu schwerwiegend, weil er im Grunde alle Geisteswissenschaften trifft. Wir werden vielmehr – in dieser Hinsicht jedenfalls – die Theologie einfach den Geisteswissenschaften zurechnen müssen, ohne daß damit schon eine inhaltliche Festlegung ihrer Arbeit vollzogen sein soll. Wenn auch die Theologie sich dem mathematisch-naturwissenschaftlichen Wissenschaftsbegriff aus naheliegenden Gründen nicht fügen kann, so dispensiert das die Theologie doch nicht von der Pflicht höchster begrifflicher Sorgfalt, etwa in der Übernahme alter Begriffe oder bei der Verwendung verschiedener Denkkategorien. Die Theologie ist immer an das Amt der Übersetzung gebunden. Die Aufgabe der Interpretation und hermeneutischen Gewissenhaftigkeit wird ihr nicht erlassen.

Wenn vorausgesetzt wird, daß die Wissenschaft sich nur mit solchen Gegenständen befassen kann, die potentiell jedem vernünftigen Menschen zugänglich sind, dann ist die Dogmatik keine Wissenschaft und zwar aus folgendem Grund: sie setzt nicht nur die Vernunft, sondern den Glauben voraus und sie grenzt damit solche vernünftig und methodisch denkenden und arbeitenden Menschen, welche den Glauben nicht haben, durch eine petitio principii von der Mitarbeit und vom Verständnis ihrer Sache aus und verfährt damit willkürlich und unwissenschaftlich. Dieser Einwand ist bis zu einem gewissen Grade wohl richtig. Versteht man aber den „Glauben" im Sinn dieses Einwandes als eine spezifische Einstellung zum Gegenstand, dann verliert eben dieser Einwand seine spezielle Geltung gegen die Theologie; denn es gibt sehr viele geistige Bereiche – wir denken statt vieler anderer an die Kunst –, bei denen eine besondere Einstellung zum Gegenstandsbereich gefordert werden muß, die nicht ohne weiteres mit der bloßen Vernünftigkeit gegeben ist. Insofern wird auch dieser Einwand bei aller Beachtlichkeit nur eine relative Bedeutung in Anspruch nehmen können. In prinzipielle Tiefe reicht erst die dritte Form der Bestreitung.

Wenn vorausgesetzt wird, daß die Wissenschaft sich nur mit innerweltlichen Gegenständen der Erkenntnis beschäftigen kann, dann ist die Dogmatik keine Wissenschaft, und zwar aus folgendem Grund: alle ihre Aussagen führen auf Axiome zurück, welche alles wissenschaftlich Faßbare, nämlich jede Art von innerweltlicher Gegenständlichkeit überschreiten. Es ist der Glaube an Gott, den Schöpfer und Herrn der Welt und damit der Glaube an die Kreatürlichkeit der Welt und des Menschen; es ist ferner der Glaube daran, daß sich Gott in Christus geoffenbart hat. Diese Axiome können nicht übersehen werden; denn sie sind schlechterdings die Bedingungen dafür, daß alle anderen theologischen Sätze als theologisch noch sinnvoll sind. Damit ist in der Tat die Frage der Wissenschaftlichkeit der Theologie erst in aller Härte gestellt.

Zum Problem der Wissenschaftlichkeit der Theologie äußern sich die Dogmatiker verschieden, z. T. überhaupt nicht. Grundlegend wichtig ist der Aufsatz von Heinrich Scholz: Wie ist eine evangelische Theologie als Wissenschaft möglich? in „Zwischen den Zeiten" 1931, S. 8–53. Hierzu hat Karl Barth KD I/1, S. 7 ff. umfassend Stellung genommen. Vgl. ferner O. Weber: Grundlagen I, 56–64.

Es ist darauf hinzuweisen, daß die Last der Beweisführung hier wesentlich auf die Dogmatik fällt. Nimmt man die Dogmatik von der Theologie weg, dann bedeutet die Frage der Wissenschaftlichkeit kein Problem mehr; denn die exegetischen Fächer lassen sich dann leicht an die Religionswissenschaft, bzw. die griechische oder orientalische Literaturwissenschaft anschließen, wie auch die Kirchengeschichte keiner besonderen Legitimierung bedarf. Die sog. praktischen Fächer können dann keinen Anspruch auf Wissenschaftlichkeit mehr machen, sondern sie werden zu Anwendungen der Pädagogik, der Psychologie usw. für den kirchlichen Bedarf. Indem die Dogmatik die exegetischen und historischen Fächer unter den aktuellen Wahrheitsanspruch der christlichen Lehre stellt, erschwert sie ihnen ihr wissenschaftliches Dasein, aber sie belebt zugleich die Frage, was denn Wissenschaft sei, auch weit über den Umkreis der Theologie hinaus.

Das Problem des Wissenschaftscharakters der Dogmatik kann im Grunde nicht mit einer billigen Apologetik erledigt werden. Die Dogmatik kann sich einem Wissenschaftsbegriff, wie er ihr gelegentlich kategorisch vorgestellt wird, nicht einfach fügen, sondern sie kann nur sagen, in welchem Sinne sie sich als Wissenschaft versteht. Jeder Appell an das Wissenschaftliche ist ein Hinweis auf allgemeingültige Aussagen, und darum wird es nicht ganz überzeugend sein, die Dogmatik etwa als die „Wissenschaft vom schlechthin Besonderen" zu bezeichnen (O. Weber), wiewohl gerade in dieser Formel drastisch zum Ausdruck kommt, daß das Ereignis der Offenbarung Gottes in Christus, daß die Gnade Gottes überhaupt niemals im Allgemeinen aufgehen können. Paul Tillich macht in ähnlicher Weise auf die Spannung aufmerksam, in die die Dogmatik zwischen den Polen „des Universellen und des Konkreten" (Syst. Theol. I, 24) gerät. Das Konkrete ist dabei das Anstößige, was sich dem Formalismus der Wissenschaft nicht fügen will. Andererseits ist das Universelle eine vorzügliche Formel, um das Interesse an der Vermittlung zu echter Allgemeinerkenntnis hin, also eben zur Wissenschaft sichtbar zu machen.

In welchem Sinn kann sich die Dogmatik als Wissenschaft verstehen?

1. Sie hat es mit unabweisbaren Problemen zu tun. Der Kern inmitten ihrer Disziplinen, ihres vielfältigen gelehrten Materials sind „letzte Fragen". Es ist „das, was uns unbedingt angeht, was über unser Sein und Nichtsein entscheidet" (P. Tillich I 19–30, bes. 21). Es sind die konstituierenden Fragen des Menschseins und des menschlichen In-der-Welt-Seins. Man kann diese Fragen natürlich einklammern, d. h. man kann sie als unbeantwortbar oder doch nie mit letzter Sicherheit zu beantworten dahingestellt sein lassen. Das hebt die Fragen selber nicht auf und hebt auch die Tatsache nicht auf, daß diese Fragen dann im Gefüge unseres Selbstverständnisses offene Stellen bedeuten.

2. Für die Beantwortung dieser Fragen folgt die Theologie in der Tat einer Überlieferung, einer Tradition. Soweit sie es mit geschichtlichen Quellen, also mit Texten und Tatbeständen zu tun hat, ist die Theologie an das Gesetz der richtigen Interpretation in Einheit mit jeder interpretierenden Wissenschaft überhaupt gebunden.

3. Was die Theologie an Aussagen bietet, sei es in der Auslegung geschichtlicher Quellen, sei es im Versuch einer Beantwortung der letzten Fragen, bedarf einer einsichtigen Begründung. Dabei wird über das Ausreichende der Gründe immer nur die Einsicht selbst zum Urteil berufen sein, die sich eben dann ergibt, wenn die Gründe hinreichend und das heißt: jeweils für die Einsicht zwingend sind.

4. Der religiöse Glaube, also auch der christliche Glaube ist, wenn wir von dem speziellen Begriff des persönlichen Heilsglaubens einmal absehen, immer ein Verstehensentwurf des Daseins. Dieser Verstehensentwurf aber muß „stimmen". Es sind also Widersprüche in der Erfahrungswelt denkbar, die einen Verstehensentwurf entwerten. Es gibt bestimmte Kriterien für die Stimmigkeit bzw. für die Unstimmigkeit eines Glaubens. Zu diesen Kriterien gehört auch die richtige oder unrichtige Interpretation von Texten und von Gedanken. Das alte Problem der Theodizee, das Glück der Gottlosen und das Unglück der Frommen war immer eine Aufforderung an den Glauben, den Verstehensentwurf des Daseins im Hinblick auf Gottes Willen zu korrigieren. Der Glaube muß sich mit Gottes Willen in Übereinstimmung befinden.

Zu dem Begriff des Verstehensentwurfs verweise ich auf Hans Reiner: Das Phänomen des Glaubens, 1934 und mein Buch: Die innere Welt, 1953, 3. Kapitel.

5. So sehr dieser Verstehensentwurf im letzten auch eine persönliche Sache ist, so hat seine Aussage immer doch allgemeine Form. Und die Allgemeinheit dieser Aussage führt sofort dazu, daß sie mit anderen Aussagen in Übereinstimmung gebracht werden muß. Mit anderen Worten: Auch die Einsichten der Theologie beanspruchen universelle Geltung.

6. Im Gegensatz zu anderen Wissenschaften ist nun aber damit zu rechnen, daß dem „Konkordanz-Postulat" (H. Scholz) nicht in derselben Unmittelbarkeit Genüge getan werden kann, wie das zwischen anderen Wissenschaften möglich ist. Bekanntlich ist es – von der Theologie ganz abgesehen – auch im Verkehr zwischen anderen Wissenschaften eine sehr schwierige Sache, zur Verständigung, zur gegenseitigen Einsicht und nötigenfalls zur vermittelnden Formel zu gelangen. Weithin stehen die wissenschaftlichen Richtigkeiten unvermittelt nebeneinander, und die Frage ihrer geheimen Verbindung wird skeptisch vertagt. Daraus erklärt sich die heutige, in Laienkreisen weitverbreitete Vorstellung vom Auseinanderbrechen der Universität in vielfältiges Spezialistentum. Dennoch wird die Wissenschaft insgesamt durch den Glauben an eine Wahrheit zusammengehalten. Die Theologie nimmt an diesem Glauben teil. Wenn der Ausdruck hier schon gestattet ist, so möchte ich sagen: Im Verständnis der Theologie hat der Glaube an die eine Wahrheit einen theologischen, des näheren einen eschatologischen Sinn. Aber die anderen Wissenschaften sind in diesen Sinn mit aufgenommen. Selbst dort, wo auf absehbare Zeit keine Konkordanz der Erkenntnis erhofft werden kann, muß von dem Postulat einer letztlich einen Wahrheit ausgegangen werden.

7. Es ist damit zu rechnen, daß diese Rechtfertigung über den Wissenschaftsbegriff der Theologie doch einen sehr harmonistischen Eindruck macht. Deswegen ist noch etwas hinzuzufügen. Die Theologie wird um das Wagnis des Paradoxes nicht herumkommen. Mehr als in irgendeiner vergleichbaren Wissenschaft wird sie mit wissenschaftlich nicht zu bewältigenden „Resten" zu tun haben. Sie wird beispielsweise den Offenbarungsbegriff nicht völlig vermeiden können. Sie wird den Begriff des Wunders nicht einfach dem wissenschaftlichen Pathos zum Opfer bringen können, wie sie auch mit Geheimnissen rechnen muß, die unauflösbar sind. Inwiefern kann die Theologie unter diesen Umständen ihren wissenschaftlichen Charakter aufrechterhalten? Man wird nur sagen können, daß sie die Pflicht hat, sich über diesen Rest zu legitimieren und ihn eben genau als das stehen zu lassen, was er ist. Sie wird ihrer Wissenschaftspflicht nicht dadurch genügen, daß sie diese Reste auflöst, harmonisiert, umdeutet, sondern daß sie ihnen genau das Recht läßt, das ihnen aus ihrem eigenen Wesen heraus zukommt.

Die Reihenfolge dieser aufgezählten sieben Gesichtspunkte erklärt sich daraus, daß ich eine Rechenschaft über den Charakter der Dogmatik als Wissenschaft abgeben wollte. Es ist damit zu rechnen, daß sich im Vollzug der dogmatischen Arbeit diese Reihenfolge umkehrt, daß etwa der letztgenannte Gesichtspunkt eine beherrschende Stellung gewinnt.

## 2. Zur Methode der Dogmatik

Aus dem Anspruch der Dogmatik, Wissenschaft zu sein, folgt, daß sie sich um die Methodenfrage kümmern muß. Man kann in einem weitesten Sinn jede wissenschaftliche Methode dadurch charakterisieren, daß man von einem systematischen Verfahren spricht. Was bedeutet diese Forderung? Wissenschaftliches Verfahren fordert die Klarheit und die Konsequenz der verwendeten Begriffe. Aus dem Begriff selbst, mindestens aber aus dem Zusammenhang, in dem der Begriff gebraucht wird, muß sich so unmißverständlich wie nur möglich ergeben, was gemeint ist. Ferner gehört zum wissenschaftlichen Verfahren, daß man sich über die Voraussetzungen, über den Weg der Untersuchung, des Beweises usw. und schließlich über den Ertrag Rechenschaft gibt. Diese Erträge müssen dann mit anderen Einsichten zum Ausgleich gebracht werden, ganz gleich, ob diese Einsichten eigenen oder fremden Ursprungs sind. Es ist wissenschaftlich nicht möglich, offenkundige Widersprüche zu einem gewonnenen Ergebnis stehen zu lassen und sie ohne den Versuch einer Bewältigung hinzunehmen. Schließlich gehört zum wissenschaftlichen Verfahren auch die Sorge um eine geistige Ordnung der Dinge. Es ist nicht gleichgültig, wann und in welchem Zusammenhang, in welcher Reihenfolge wir vorgehen. In alledem kann man jede Wissenschaft im allgemeinsten Sinn als systematisch bezeichnen. Damit ist aber noch nicht gesagt, daß sie auch ein in sich geschlossenes System darstellt.

Über die Methodenfrage hat sich schon Matthias Flacius im Clavis scripturae sacrae seu de sermone sacrarum litterarum (1567) II, tract. 1: Declaratio tabulae trium methodorum theologiae ausgesprochen. Er unterscheidet hier die synthetische, die analytische und die Definitionsmethode. Mit synthetischer Methode meint er die sog. Localmethode, welche in Melanchthons Loci (1521) ihr klassisches Dokument gefunden hat. Hier wird die ganze Dogmatik an Hand der wesentlichen Grundbegriffe (loci), bzw. der begrifflichen Urbilder (hypotyposen, vgl. 1. Tim 1, 16) entwickelt. Dieses Verfahren hält sich dann bis tief in das Zeitalter der Orthodoxie hinein, wo auch die Frage der Reihenfolge und der inhaltlichen Einheit der Aussagen schon frühzeitig einen systematischen Gesichtspunkt in die Methode der Grundbegriffe hineinträgt. Die analytische Methode ist bei Flacius so gedacht, daß der Inhalt der Dogmatik vom Ziel des göttlichen Heilsrates her, nämlich vom ewigen Leben aus gleichsam rückläufig entwickelt wird. Der erste konsequente Systematiker, der reformierte Bartholomäus Keckermann, hat in seinem Systema theologicum (1607), dem ersten auch so bezeichneten „System" in der Geschichte der

Dogmatik dann doch einen subjektiven Ausgangspunkt genommen, nämlich die prudentia religiosa ad salutem perveniendi, und er hat von hier aus das Heilsziel subjektiv formuliert: fruitio Dei. Die objektiven Gehalte des Dogmas werden in dieses Schema eingefügt. Vgl. im übrigen zur Methodenfrage O. Ritschl, System und systematische Methode, 1906, und P. Althaus, Die Prinzipien der deutschen reformierten Dogmatik, 1914. – O. Weber, Grundlagen S. 65 ff.

Hinsichtlich der dogmatischen Systeme unterscheiden sich zunächst zwei Typen. Das ältere Schema zeichnet das Offenbarungs- und Heilsgeschehen in den Rahmen eines objektiv gegebenen Gott-Welt-Verhältnisses hinein. Dieser Typus theologischer Systeme ist bis zur Herrschaft der kritischen Philosophie wohl allgemein verbreitet gewesen, er hat sich aber auch danach noch als bis in unsere Tage hinein wirksam erwiesen, vor allem in Verbindung mit konservativen Richtungen der Theologie. Ohne diesen hier vorausgesetzten festen metaphysischen Rahmen sahen die neuzeitlichen Systeme dann in der Regel so aus, daß sie ihren Ausgangspunkt beim Menschen nehmen und bei dem, was diesem Menschen widerfahren ist. Bei Schleiermacher und in seiner Nachfolge ist es die Religion schlechthin, der Glaube oder das Gottesbewußtsein, bei dem uns bereits Schleiermacher gezeigt hat, wie man es vom Bewußtsein der Sünde bis hin zum Bewußtsein der Gnade dialektisch verstehen kann. In diesem Sinn kann dann das System geradezu zu einer Nachzeichnung eines bestimmten exemplarischen Erfahrungsweges werden, etwa die „lutherische" Theologie zu einer Darlegung der „Erfahrung" Luthers von Sünde, Rechtfertigung, Gnade usw. Dieses ganze anthropologische Schema eines theologischen Systems wird dadurch zu einem echten System, daß ein leitender Begriff an den Anfang gestellt wird, der dann das Folgende derartig beherrscht, daß das System selbst wie eine Analysis des Leitbegriffes erscheint. So stellt F. R. Frank die Wiedergeburt an den Anfang, A. Ritschl macht Rechtfertigung und Versöhnung zu den Leitgedanken des Systems. Ritschl war sich dabei ausgesprochenermaßen einer Ablehnung aller Metaphysik oder was er dafür hielt, bewußt, doch kann auch das System seines großen Widerparts Frank den metaphysik-feindlichen Ansatz im Schleiermacherschen Sinn nicht verleugnen.

Leicht wird bei diesem Verfahren das System zur Fessel, besonders dann, wenn im System das überlieferte dogmatische Begriffsschema seinen Zwang ausübt. Aus der Absicht, sich diesem Zwang zu entwinden, erklärt sich der Versuch, der sich bereits im entstehenden Cocceianismus andeutet, die Dogmatik ganz und gar in die Form eines „biblischen Systems" zu kleiden.

Der Strang dieses Denkens beginnt bei Joh. Cocceius (1603–1669) und zieht sich über Joh. Albr. Bengel (1687–1752) zu Joh. Tob. Beck (1804–1878) und J. Chr. K. von Hofmann (1810–1877). Vgl. hierüber G. Schrenk, Gottesreich und Bund im älteren Protestantismus, vornehmlich bei Johannes Cocceius, 1923; und G. Weth, Heilsgeschichte, 1931. – Karl Barth, KD II/2, 122 f.

Es ist deutlich, welche Vorteile der Biblizismus zu gewinnen hofft: enger Anschluß an die Heilige Schrift als die Grundlage der evangelischen Dogmatik, unmittelbares Verhältnis zur Sache kraft größtmöglicher Biblizität, unabhängig von der Tradition mit all ihren zeitgebundenen Belastungen. Tatsächlich aber sind diese Vorzüge einer biblizistischen Dogmatik nur Schein. Und zwar aus einem dreifachen Grund: Einmal kann auch der Biblizismus nicht davon absehen, daß zwischen der Bibel und uns eine lange Geschichte christlichen Denkens steht. Es gibt keine Unmittelbarkeit zur Bibel, welche sich die Geschichte ersparen kann. Die Aufgabe der Dogmatik besteht aber nicht nur darin, der Arbeit der Vätergenerationen, die seither gewesen sind, Raum und Recht zu geben, sondern durch diese Arbeit hindurch das biblische Wort nur um so ursprünglicher und voller zu erfassen. Aber mehr als das: Mit der Ausschaltung der dogmatischen Überlieferung im Biblizismus werden nicht nur Vorurteile ausgeschaltet, sondern neue Vorurteile geschaffen. Diese Vorurteile sind offenkundig in den Begriffen, deren man sich nunmehr bedient. Sie sind nicht minder offenkundig in den Begriffen und Fragestellungen, die man vermeiden möchte. Meist ist ja ein antiphilosophischer, mehr freilich noch ein antidogmatischer Affekt mit im Spiel, der nicht nur naiv ist, sondern auch unsachlich, und zwar aus folgendem Grunde: Die Dogmatik hat sich auch mit solchen Fragen zu beschäftigen, die nicht unmittelbar am biblischen Text legitimiert werden können. Es besteht zwar die Meinung, man könne von der Tradition gleichsam wie den Schutt der Jahrhunderte Schicht um Schicht abtragen, bis man unmittelbar zu den Aposteln oder gar zu Jesus und seinen ipsissima verba durchdringe. Aber einmal ist diese Meinung falsch; denn eben in der Arbeit des Historikers sind die modernen Gesichtspunkte mit im Spiel. Aber auch in der Tradition selbst stecken theologische Fragen, deren wir uns nicht entschlagen können. Schließlich ist noch zu bedenken, daß auch die biblizistische Dogmatik in der Regel auf ein System abkommt. Dieses System ist in der heilsgeschichtlichen Theologie mit Händen zu greifen; denn die Heilsgeschichte, die anhand der Schrift vom Anfang bis zum Ende der Zeiten wie ein Drama entwickelt wird, ist eben in sich ein System, das durch die Entsprechung von Weissagung und Erfüllung und durch den stufenförmigen Fortschritt von Bundesschluß zu Bundesschluß erst recht wie ein wohlgeordnetes Gebäude verstanden wird. Auch die heilsgeschichtliche Theologie ist in einem hohen Maße ein geschlossenes System.

Ein geschlossenes System, bei dem Ende und Ausgangspunkt von Anfang an festliegen und sich ineinanderfügen und bei dem überdies im rechten Ansatz schon das Ganze enthalten sein muß, kann nicht die Aufgabe unserer Dogmatik sein. Jedes derartige System wird schon dadurch verdächtig, daß es sich gegen jedes andere System unzugänglich verhält und andere Systeme ins Unrecht setzen muß. In dem

Maße, als es sich selbst absolut setzt, macht es auf seine Relativität aufmerksam. Vor allem aber schlägt der Gedanke eines geschlossenen Systems den Theologen in unerträgliche Fesseln, weil er die Freiheit verliert, Dinge zu sehen und Gedanken zu fassen, die sich diesem System nicht einfügen. Tatsächlich weiß kein Theologe von Anfang an alle Themen, denen er sich stellen muß.

Wenn trotzdem für jede Wissenschaft, also auch für die Dogmatik das Gesetz unabdingbar ist, daß sie systematisch verfahren muß, dann kann das nur heißen, daß sie, unter Ablehnung des geschlossenen Systems sich zum offenen System bekennt. Und das stößt uns insofern erneut auf die Frage der Methode, weil nun von Thema zu Thema die Methode von neuem bewährt werden muß, in der sich die Aufgeschlossenheit für die Sache mit dem systematischen Verfahren im geschilderten Sinn verbindet. Ich nenne dafür vier entscheidende Gesichtspunkte:

1. Wir werden auch in der Dogmatik deskriptiv verfahren müssen. Am Anfang jedes Problemkreises müssen wir beschreibend verfahren. Es gilt das Problem selbst zu beschreiben, sei es, daß die Überlieferung richtig verstanden werden, also z. B. eine Textstelle richtig interpretiert werden muß, sei es, daß die in unserem eigenen Dasein liegende Problematik unbefangen dargestellt werden muß. In der Stufe der Deskription heißt die Frage einfach: Worum geht es hier? Worauf haben wir zu achten? Auf dieser deskriptiven Stufe gibt es keine Einschränkung der Probleme, z. B. auf biblische Themen.

2. Die Dogmatik wird im nächsten Schritt kritisch sein müssen. Sie muß unsachgemäße Probleme, falsche Fragestellungen und unhaltbare Antworten als solche erkennen und ausschließen. Sowohl die dogmatische Tradition als die vorausgegebene Wirklichkeit müssen gesichtet und geordnet werden, damit den wichtigen und für unsere Erkenntnis entscheidenden Elementen der gebührende Rang eingeräumt wird.

3. Der Dogmatiker muß sodann reflektieren, d. h. wir müssen unser „Selbst", unser eigenes Denken, unsere eigene Erfahrung in die Suche nach der Wahrheit mit hineingeben. Es gibt keine Erkenntnis der Wahrheit ohne diese eigene Beteiligung des Dogmatikers, ohne die Wahrhaftigkeit, wie es analog keine Predigt gibt, die nur auf die objektive Richtigkeit des Gesagten bedacht sein könnte, ohne zugleich den Prediger selbst als Zeugen in Anspruch zu nehmen.

4. Wie auch immer die kritische Arbeit des Dogmatikers verlaufen sein mag, so wird schließlich auf einen Ertrag in positiven Aussagen gedrungen werden müssen. „Positive Theologie" sollte nicht mehr die Bezeichnung einer Richtung der Theologie, nämlich der kirchlichen und konservativen Theologie bleiben, sondern es sollte deutlich werden, daß alle Theologie ihren Inhalt und ihren Wert nur in begründeten positiven Aussagen darlegen kann. Nur unter diesen Bedingungen kann die Dogmatik ja auch die Lehrfunktion ausüben, die sie dem kirchlichen Dienst wie der Welt schuldig ist.

Dennoch soll in alledem zweierlei nicht vergessen werden. Einmal hat die Methodik keine letzte Wichtigkeit. Über allen methodischen Gesetzen steht als oberstes auf jeden Fall das Gesetz der Sachgemäßheit.

Sodann sollen wir uns durch keine methodische Überlegung daran hindern lassen, auch von der uns methodisch fremden Theologie etwas zu lernen, in der Annahme, daß auch andere, selbst wenn sie unter anderen Methoden und unter anderen Voraussetzungen gearbeitet haben, etwas Richtiges gesehen haben.

## 5. Kapitel

DIE ERSCHWERUNG DER CHRISTLICHEN RECHENSCHAFT
DURCH DAS WAHRHEITSBEWUSSTSEIN DER NEUZEIT

Der christliche Glaube hat es immer schwer gehabt, sich in einer Rechenschaft auszusprechen; denn der Glaube stößt immer auf den Widerstand des Unglaubens. Der Glaube an das Unsichtbare hat wider sich das beredte Zeugnis der Sichtbarkeit, das Kreuz Christi ist für die Weisheit der Welt eine Torheit. Die unerhörte Gnade hat wider sich die Regel des unbarmherzigen Gesetzes, und die christliche Hoffnung hat die irdische Wahrscheinlichkeit gegen sich.

Es ist die Frage, ob die Erschwerung des christlichen Glaubens und der christlichen Rechenschaft, welche durch das moderne Wahrheitsbewußtsein eingetreten ist, nur eine neue Spielart dieser alten Widerstände oder ob sie etwas Neues darstellt. Nur wenn man sie als etwas Neues versteht, ist es möglich, dieser spezifisch modernen Erschwerung richtig zu begegnen, weil man sie dann nicht nur auf den Unglauben zurückführt, der allezeit dem Glauben entgegenstand, und weil sich aus der Neuheit der Erschwerung auch die Neuheit der dogmatischen Aufgabe ergibt.

### 1. *Das Wahrheitsbewußtsein der Neuzeit*

Man kann den Beginn der Neuzeit auch nicht annähernd datieren. Man kann nur ganz allgemein, zur vorläufigen Verständigung über den Begriff, einige Kennzeichen angeben, welche den Eintritt der Neuzeit signalisieren. Es ist einmal die zunehmende und schließlich totale Profanität des Welterkennens. Es gibt für das neuzeitliche Lebens- und Weltbewußtsein nur noch eine Wirklichkeit, nämlich die, welche uns zu Handen ist, die vor unserem Blick liegt, die uns umgibt und in der wir leben. Die Neuzeit ist ferner in jedem Falle das Zeitalter der rückhaltlosen Forschung, mag diese Forschung auch auf noch so viele eingestandene oder uneingestandene Rätsel, auf unlösbar erscheinende Fragen, auf „Abgründe" u. dgl. stoßen. Keinesfalls kann die neuzeitliche Forschung andere Grenzen und Verbote anerkennen als es die sind, die uns die Gegenstände der Erkenntnis selbst entgegensetzen, und sie vermag keine anderen Methoden anzunehmen als die durch die Natur der Forschungsgegenstände selbst gebotenen. Und schließlich kündet sich die Neuzeit überall dort an, wo sich der Mensch der Bevormundung durch andere entzieht. Die Neuzeit ist das Zeitalter der Autonomie des Menschen. Das darf nicht im banalen Sinne einer individuellen Autonomie verstanden werden, als ob es sich dabei nur um die „Liberalität" des Individuums handelte. Vielmehr kann auch die totalitäre Planung der Zukunft der Menschheit im sozialistischen und kommunistischen Sinne eben im Namen der Autonomie des Menschen geschehen: der Mensch nimmt selbst sein Schicksal in die Hand, indem er einzelne Widerstrebende, die ihre Vorrechte und ihren Besitz nicht aus der Hand geben wollen, zwingt, vom Schauplatz der Geschichte abzutreten. An der Entstehung dieses neuen Zeitalters, wie immer sich diese Signaturen im einzelnen auswirken mögen, haben Reformation und Humanismus ebenso wie das Zeitalter der Aufklärung mitgewirkt.

Es war das Lebenswerk von E. Troeltsch, die Neuzeit als ein Problem verstanden zu haben, das der Kirche und der Theologie gestellt ist, ohne daß es auch nur annähernd bewältigt wäre. Es müßte das ganze Werk Troeltschs dafür namhaft gemacht werden, allem voran natürlich: Der Historismus und seine Probleme, 1922 (Ges.Schr. III). Ferner sind die beiden Bücher von Paul Hazard zu nennen: La crise de la Conscience Européenne 1680–1715 (dt. Die Krise des europäischen Geistes, 1939), und La Pensée Européenne au XVIII$^e$ siècle de Montesquieu à Lessing (dt. Die Herrschaft der Vernunft. Das europäische Denken im 18. Jahrhundert, 1949). Diese beiden Bücher sind deswegen von so großem Gewicht, weil hier die in Fülle gebotenen Tatsachen mit einem ausgesprochenen theologischen Bewußtsein, und doch in tendenzloser Freiheit mitgeteilt werden. Dann ist in diesem Zusammenhang immer wieder auf Hirsch hinzuweisen. Fr. Gogarten hat viel zur Einschärfung der Problematik, welche durch die Neuzeit an die Theologie herandrängt, geleistet, wofür hier nur an sein Buch: Verhängnis und Hoffnung der Neuzeit, 1958² verwiesen sei. Besonders verweise ich noch auf W. Kamlah, Der Mensch in der Profanität, 1949, und H.-J. Birkner u. D. Rössler (Hrsg.): Beiträge zur Theologie des neuzeitlichen Christentums, 1968.

Das neuzeitliche Wahrheitsbewußtsein soll hier in vierfacher Hinsicht charakterisiert werden.

a) Zum neuzeitlichen Wahrheitsbewußtsein gehört zunächst die Vergeschichtlichung der menschlichen Existenz. Alle menschlichen Dinge sind dem Werden und Vergehen unterworfen, und sie stehen im unausweichlichen Zusammenhang mit anderen geschichtlichen Vorgängen und Erscheinungen. Es gibt in unserer Welt nichts, was nicht an dieser reinen Geschichtlichkeit Anteil hätte. Sie ist durch drei Umstände des näheren gekennzeichnet.

Einmal durch das Prinzip der Ausnahmslosigkeit. Es gibt keine Dispense von der nur geschichtlichen Betrachtung. Ideale Gestalten, verehrungswürdige Männer, heilige Texte und Überlieferungen können letztlich doch nicht anders als „nur" geschichtlich verstanden werden. Es gibt neben der einen wirklichen Geschichte keine zweite Geschichte, keine „Heilsgeschichte", welche wie eine Insel im Meer der profanen Geschichte läge, ohne an ihren Gesetzen, Bedingtheiten und Analogien vollen Anteil zu haben. Auch die vermeintlich „zeitlosen" Ideen, Ideale und Gedankenreiche, ja selbst die Wissenschaft, ihre Interessenrichtungen und der „Stand der Technik" sind Spiegelbilder des jeweiligen Zeitalters und seiner Menschen.

Darin ist schon das Zweite enthalten: das Prinzip der reinen Profanität. Alles geschichtliche Leben ist „weltlich". Das schließt nicht aus, daß diese Geschichte bunt, reich und schön ist. Geschichte kann leuchten; auch vergangene Geschichte kann nachwirken, kann noch auf lange hinaus Leben wecken, und die in ihr wirksamen Ideen können Schrecken verbreiten oder auch den Menschen zum Höchsten hinreißen. Dennoch ist dieses geschichtliche Leben im Sinne der Vergeschichtlichung unserer menschlichen Existenz profan. Von zwei verschiedenen Erklärungsversuchen für denselben Vorgang hat jeweils der natürlichste den Vorzug vor dem unwahrscheinlicheren. Ein sog. „Wunder" ist dann zwar nicht auszuschließen, es ist nur – das Faktum selbst vorausgesetzt – als Wunder in ebendemselben Maße unwahrscheinlich, als man den betreffenden Vorgang auch „natürlich" erklären kann.

Schließlich ist das geschichtliche Begreifen des Daseins einer Radikalisierung und Verfeinerung fähig. Man kann auch nach den Gesetzen des geschichtlichen Lebens und geschichtlicher Überlieferung fragen, kann Methode in dieses Bewußtsein bringen, kurz, man kann es bis zur historischen Wissenschaft steigern. Vordem es dazu kommt, ist das geschichtliche Bewußtsein des modernen Menschen einfach in der profanen Skepsis beschlossen: man vergleicht die Dinge, sammelt „Lebenserfahrungen", mißtraut den hohen Worten, erkennt, daß „überall nur mit Wasser gekocht wird", kurz, ob vorwissenschaftlich oder wissenschaftlich, nimmt diese Vergeschichtlichung der menschlichen Existenz den Dingen ihre Wunderbarkeit und Einmaligkeit und macht sie relativ.

b) Eine zweite Form des neuzeitlichen Wahrheitsbewußtseins ist in der Naturalisierung der menschlichen Existenz beschlossen. Sie betrifft zunächst die uns umgebende, von uns wahrgenommene Welt, die dann in zunehmendem Maße als ein von Phänomen zu Phänomen in sich zusammenhängendes lückenloses Ganzes erkannt wird. Für diese Naturalisierung der menschlichen Existenz gelten in ähnlicher Weise drei Prinzipien.

Auch hier gilt die Ausnahmslosigkeit. Alles ist Natur und nur Natur. Es lassen sich keine Erscheinungen denken, die nicht jeweils in ihrer Weise nur natürlich wären. Das Unnatürliche, also das, was aus diesem Zusammenhang herausfallen würde oder sich nicht aus ihm und in diesem Zusammenhang erklären ließe, ist das schlechterdings Unmögliche.

Es ist also hier ähnlich wie beim Geschichtlichen: Will man eine Erscheinung erklären, so ist jeweils das Natürlichere, das Einfachere und Naheliegende auch das Wahrscheinliche. Eine andere Erklärung als die „natürliche" hat alles gegen sich. Der Naturalismus ist absolut profan. Ein Vorsehungs- und Wunderglaube, der es unternehmen wollte, bestimmte Ereignisse aus dem Naturzusammenhang herauszulösen, um sie aus anderen als nur natürlichen Ursachen zu erklären, würde sich in einen Widerspruch mit dem modernen Wahrheitsbewußtsein begeben. Ebenso verbietet sich unter diesen Voraussetzungen auch der Versuch, der noch in der Periode der Naturphilosophie häufig unternommen wurde, bestimmte Naturereignisse auf nicht deutlich kontrollierbare Kräfte, etwa die „Lebenskraft", zurückzuführen.

Ich erinnere in diesem Zusammenhang an den berühmten Aufsatz von H. Lotze: Leben, Lebenskraft, 1843 (wiederabgedruckt in Kleinere Schriften, hrsg. von O. Peipers, Bd. 1, 1885, S. 139–220). Ich unterlasse es bewußt, in diesem Zusammenhang auf das Kausalprinzip zu verweisen. Es ist früher die Form gewesen, in der man sich den Zusammenhang der Natur gedacht hat. Man sprach vom „lückenlosen Kausalzusammenhang". Seitdem dieser Begriff vor allem durch die Kernphysik gewisse Erschütterungen erfahren hat, witterten manche Apologeten Morgenluft. Aber selbst wenn die Tragfähigkeit des Kausalprinzips nur noch in einem modifizierten Sinne aufrechterhalten bleiben könnte, so kann doch daran kein Zweifel sein, daß das Bewußtsein von der ausnahmslos gültigen „natürlichen" Welt ein unaufgebbarer Bestandteil unseres neuzeitlichen Wahrheitsbewußtseins geworden ist.

Ebenso wie das Bewußtsein von der Geschichtlichkeit unseres Daseins zur historischen Wissenschaft gesteigert werden kann, so kann auch hier eine Steigerung zur Exaktheit hin stattfinden. Und zwar in doppelter Richtung. Einmal so, daß die Welt aufgrund ihrer Natürlichkeit naturwissenschaftlich durchforscht wird. Dann aber auch so, daß sie aufgrund dieser Erforschung in der Technik berechenbar und dienstbar gemacht wird. Wo keine letzte Exaktheit erreicht werden kann, da kann selbst der Grad der Annäherung an die Exaktheit noch, etwa in Form der Wahrscheinlichkeitsrechnung, angegeben werden.

Der Mensch macht von den Gesetzen der Natur keine Ausnahme. Bestimmt sich die Geschichtlichkeit der Welt vom Menschen her, d. h. von daher, daß jede Art von gesehener und erkannter und gelebter Welt schon die Welt dieses geschichtlichen Menschen ist, so bestimmt sich die Natürlichkeit des Menschen von der Welt her, d. h. dieser Mensch, der so ausnahmslos in dieser Welt lebt, nimmt in allem an ihren Gesetzen teil, ist ihnen unterworfen, er ist selbst „nur Natur". Für seine Abstammung, seine Erbfolge, für Gesundheit und Krankheit, für seine Rassen gelten die Gesetze der Biologie. Es ist als äußerste Möglichkeit ins Auge zu fassen, daß der Mensch, in dem sich doch die Naturalisierung als eine unabdingbare Grundlage unseres modernen Wahrheitsbewußtseins ereignet, selbst in der Konsequenz davon ganz und gar in Natur „aufgelöst" wird, ganz und gar in dem Naturprozeß verschwindet.

c) Das moderne Wahrheitsbewußtsein ist ferner durch das zunehmende Innewerden der Vernunft gekennzeichnet. Wenn wir das zu beschreiben versuchen, dann stehen wir vor der Schwierigkeit, daß die Vernunft nicht eindeutig ist. Das hängt damit zusammen – wenn es sich auch nicht einfach daraus erklärt – daß die Vernunft in der entstehenden Neuzeit eine Geschichte gehabt hat. Der Vernunftbegriff hat sich erheblich differenziert.

Die verdienstvolle Untersuchung von B. Lohse, Ratio und Fides, eine Untersuchung über die Ratio in der Theologie Luthers, 1958 (Forschungen zur Kirchen- und Dogmengeschichte, Bd. 8) hat die Vielschichtigkeit der Bedeutung der Vernunft bis in die Theologie Luthers hinein nachgewiesen. Hegel sprach von objektiver und subjektiver Vernunft und hat damit sicherlich einen Ertrag der Aufklärung bis zu Kant hin zusammengefaßt. Aber seit Kant ist die Skepsis gegenüber der objektiven Vernunft in allen Spielarten Allgemeingut des Bewußtseins geworden. Ist der Kosmos außer uns „vernünftig"? Noch der physiko-theologische Gottesbeweis hat damit naiv gerechnet, d. h. er hat damit gerechnet, daß diese Vernünftigkeit erkennbar ist. Aber selbst wenn die Weltordnung in einem objektiven Sinne „vernünftig" sein sollte, so bleibt die Frage, ob sie es in dem Sinne unserer eigenen Vernunft ist und ob unsere subjektive Vernunft diese objektive Vernünftigkeit erkennen kann; ob also m. a. W. objektive und subjektive Vernunft analog sind.

Aber selbst wenn man nur an die subjektive Vernunft denkt, so bleibt die Tatsache, daß sich im Namen der Vernunft, nämlich der praktischen „Vernünftigkeit" der auf den niederen Vorteil erpichte Egoismus etablieren kann, wie sich der Stolz des Menschen auf sein hohes Vermögen dieser Vernunft unkontrolliert rühmen kann. Es sind zwei landläufige Erscheinungen, die sicher auch ihre geistesgeschichtlichen Wurzeln haben, die jedenfalls bewirkt haben, daß man jeden positiven Hinweis auf die Vernunft – wenigstens im Zusammenhang theologischer Argumentation – gegen Bedenken, Einreden und Mißverständnisse sicherstellen muß. Vgl. hierzu im übrigen Max Horckheimer: Zum Begriff der Vernunft, Frankfurter Rektoratsrede 1952, und meinen Aufsatz: Zur Rehabilitierung der Vernunft, im Eckart 1953, S. 196–203. Ferner W. Kamlah, a. a. O.

Wir reden von Vernunft im Sinne von vernehmender Vernunft, die als kritische Vernunft über den Gefährdungen wacht, die dem Menschen aus ihm selber drohen. Vernehmende Vernunft ist die Vernunft, welche sich selbst begrenzt. Sie bedeutet die spezifisch menschliche Weise, sich zur Welt zu verhalten, für sie offen zu sein. Kraft der Vernunft kommt die geschichtliche ebenso wie die natürliche Welt erst zum Bewußtsein des Menschen. Schon dieses Bewußtsein von Welt ist eine Art des Innehabens, eine Art von „Beherrschung" der Welt, so daß der Schritt von der theoretischen zur „praktischen" Beherrschung für unsere Beschreibung wenig auszutragen scheint. Wohl aber ist dieses Bewußtsein von Welt insofern vernünftig, als es den Menschen immer mit einschließt. Indem der vernünftige Mensch der Welt inne ist, ist er auch dessen inne, daß er selbst in dieser Welt ist. Vergißt er dies, dann ist er, wenn er sich an die Welt hingibt, „außer sich", er ist damit jedenfalls nicht mehr vernünftig. Man ist immer in dem Maße vernünftig, als man sich selbst mitsieht, mitbedenkt, als man von sich weiß und sich irgendwie kontrollierend im Bewußtsein hat. Man ist vernünftig im Innesein seiner Grenzen. Der Mensch weiß kraft der Vernunft, was er kann und was nicht, was er sagen und fragen kann und was nicht. Man ist vernünftig im Innesein von Möglichkeiten und Gefahren. Vernunft ist freilich nicht alles. Das künstlerische Schaffen und die wissenschaftliche Idee – der „Einfall" –, der große Entschluß in der Politik und die Divination des Richtigen im Leben überhaupt – das alles stammt aus anderen Tiefen als aus der Vernunft. Aber in allen diesen Situationen ist die Vernunft mit dabei: sie erinnert den Künstler an das Maß des Möglichen und hält ihn vom Exzeß zurück, sie mahnt den Gelehrten angesichts seines Einfalles zur Sorgfalt, sie ist das Gewissen des Politikers und das sokratische Daimonion an den Wendemarken des Lebens.

Für das neuzeitliche Wahrheitsbewußtsein gilt nun, daß der moderne Mensch sich von keiner Seite mehr einen Verzicht auf die Vernunft aufnötigen lassen will. Es lag aber in der Grundstimmung des christlichen Denkens, mit einem unaufhebbaren Gegensatz von christlichem Glauben und Vernunft zu rechnen. Man konnte sich dafür auf Paulus berufen, der 1 Kor 1 die Weisheit der Griechen der göttlichen Torheit des Kreuzes gegenüberstellt, man konnte sich auf gewisse Äußerungen Luthers berufen, und man konnte darauf verweisen, daß auch in der Neuzeit der Kampf gegen den christlichen Glauben, ja gegen die Religion überhaupt, vielfach im Namen einer zu schrankenlosen Verdikten bevollmächtigten Vernunft geführt wurde. Die Geschichte der Vernunft im Abendland verläuft indessen in der Richtung auf eine Selbstbeschränkung der Vernunft und auf eine eben der Überschätzung der Vernunft geltende Skepsis. Das Abendland hat mit der Vernunft eine wandlungsreiche Geschichte erlebt. Um so weniger aber ist daran zu denken, daß das neuzeitliche Wahrheitsbewußtsein dieser Vernunft den Abschied gibt oder die Vernunft verleugnet, um mit dieser Preisgabe sich den Zugang zum christlichen Glauben zu erkaufen. Es ist für unser neuzeitliches Wahrheitsbewußtsein ein nicht mehr umzustoßender Tatbestand: Der Weg zum christlichen Glauben kann nicht mehr gegen die Vernunft beschritten werden, und die christliche Rechenschaft vor der Welt kann nicht mehr mit einer Erbaulichkeit oder einer geistlichen Phraseologie bestritten werden, die ein sacrificio del intelletto fordert. Es geht um die intellektuelle Rechtschaffenheit, bzw. die Redlichkeit, von welcher Nietzsche sprach und die er als neue bzw. werdende Tugend bezeichnet hat. Es ist hier wenig damit ausgerichtet, wenn man die Vernunft und ihren Anspruch so deutet, daß hier der Mensch aus eigenen Kräften etwas erreichen wollte, was unerreichbar ist, weil es nur Gott geben könne. Glaube ist nur durch die vernehmende Vernunft hindurch, christliche Rechenschaft ist nicht im Affront gegen die vernehmende Vernunft möglich. Es bleibt noch viel zugunsten der Eigenart des Glaubens geltend zu machen, aber sicherlich kann seine Eigenart und sein Kindesrecht in Gottes Reich nicht mit einer Verletzung der intellektuellen Rechtschaffenheit und nicht gegen einen Einspruch der vernehmenden Vernunft beschrieben und durchgehalten werden.

E. Hirsch sagt in seinem „Leitfaden zur christlichen Lehre" S. 64: „Ein Christentum und Kirchentum, welches den Zweifel an seinem eigenen Wahrheitsanspruch von vornherein für Sünde erklärt und der Autonomie der menschlichen Vernunft die Autorität sei es der Kirche sei es der Bibel entgegenstellt, ist mit dem abendländischen Wahrheitsbewußtsein in unversöhnlichem Widerstreit und wird eintrocknen zu Ritus und Satzung ohne sinngebende und lebenbewahrende Macht."

d) Die drei Ideen, unter welche wir das neuzeitliche Wahrheitsbewußtsein gestellt haben, Geschichtlichkeit und Natürlichkeit unserer Existenz und vernehmende Vernunft, sind Ausdruck eines unentrinnbaren Schicksals. Ich bringe mit dem vierten Schritt nicht grundsätzlich Neues hinzu, sondern wende das Gesagte nur um der Deutlichkeit willen noch auf einen anderen ebenfalls viel mißbrauchten und mißdeuteten Begriff hin. Das neuzeitliche Wahrheitsbewußtsein drängt zur Autonomie hin. Der Mensch hat das unabweisbare Bedürfnis, sich über sein Verhältnis zur Welt und zum Dasein, über vorletzte und vor allem über „letzte" Fragen *selbst* Rechenschaft zu geben und sich diese Rechenschaft, auf die Dauer wenigstens, von niemandem, von keiner Autorität, abnehmen zu lassen.

Der Gedanke der Autonomie liegt sachlich schon in dem beschlossen, was ich soeben über die Vernunft und ihre beherrschende Macht im neuzeitlichen Wahrheitsbewußtsein gesagt habe. Trotzdem kann das unter Hinweis auf naheliegende geschichtliche Tatbestände bestritten werden. Zwanzig Jahre nach dem Sieg der französischen Revolution bringt Napoleon I. ein autoritäres System von unvergleichlicher Konsequenz zur Herrschaft, und seitdem haben wir autoritäre Systeme in Fülle kennengelernt. Die autoritäre Stellung des Papsttums hat seit dem Verlust der weltlichen Herrschaft eine fortwährende Steigerung erfahren. Im Zeichen der sog. nationalen Revolutionen und vollends des Kommunismus sind politische Systeme aufgekommen, welche der Autonomie des Menschen weniger Raum als vormals zu lassen scheinen. Wie kann angesichts solcher penetranter Tatsachen der Gedanke der Autonomie des Menschen als ein unübersehbares Faktum des neuzeitlichen Wahrheitsbewußtseins behauptet werden? Darauf ist folgendes zu erwidern.

Einmal ist es einseitig, wenn man die Autonomie individualistisch deutet. Auch sozialistische Systeme, die an sich dem einzelnen Menschen in der Tat wenig Spielraum lassen, verstehen sich doch als im Dienste der Autonomie des Menschen und wehren Bevormundungen ab, z. B. durch die Kirche, durch patriarchalische Mächte der alten Zeit oder durch das Kapital. Es ist die revolutionäre Wurzel in den totalen Systemen, die in solchen Emanzipationstendenzen sichtbar wird, sogar bei Napoleon I. Und es ist der Appell an die Zustimmung der Menge, der Aufruf zu Wahl und Plebiszit, in dem das Bedürfnis zum Ausdruck kommt: der betroffene Mensch soll „selbst" zustimmen.

Sodann ist freilich auch zu erwägen, ob die Straffung der geistigen und politischen Disziplin in den angedeuteten neuzeitlichen Systemen nicht gerade aus der Bedrohung des neuzeitlichen Menschen und der neuzeitlichen Ordnungen durch die Autonomie zu erklären ist.

Und schließlich ist eben in der Kritik dieser Systeme das Verlangen nach der Autonomie der Gedanken und Gesinnungen der eigentlich bewegende Hebel. Wir können uns weder ein politisches System, ob demokratisch oder total, und wir können uns heute kein Erziehungssystem denken, in dem nicht der Appell an Einsicht und Mitverantwortung, an eigenes Urteil und guten Willen die beherrschende Rolle spielen würde.

Zunächst handelt es sich dabei nur um eine Aufgabe der Diagnose unserer modernen Welt, wie sie D. Bonhoeffer in seinem Begriff der „mündig gewordenen Welt" zusammengefaßt hat. Ihre Wahrnehmung ist eine Bedingung, unter der sich unsere theologische Arbeit in der Gegenwart vollzieht. Der Begriff der Autonomie reicht weit in die Geschichte zurück und hat vor allem in der Ethik im Widerspiel zur Heteronomie sich als ein Grundbegriff wahrer Moralität durchgesetzt. Sie ist nach Kant „das alleinige Prinzip der Moral". Man wird bis zu Luthers „Freiheit eines Christenmenschen" zurückgehen müssen; denn was Luther in seinem Sendbrief an Papst Leo X. geltend gemacht hat, daß nämlich die guten Werke aus dem Glauben kommen, daß sie also nicht unter Umgehung des Herzens des Menschen wahrhaft gut sein können, das ist ja schon ein erster Schritt auf diesem Wege. Da aber der Glaube ganz und gar Gottes Werk in uns ist, ist, wenn man es auf die späteren Begriffe bringen darf, diese sittliche Autonomie gleichsam theonomisch umgriffen. So daß man sich vorsehen muß, den Gegensatz der Begriffe nicht zu überanstrengen. Zur Begriffsgeschichte vgl. die Übersicht bei H. Blumenberg, Art. Autonomie und Theonomie, RGG I, 788–792.

Wie die Vernunft, so steht natürlich auch der Gedanke der Autonomie noch jedem Mißbrauch offen. Sie ist jedenfalls eine unübersehbare Komponente des modernen Wahrheitsbewußtseins. Hinter ihr erhebt sich das Problem des Humanum in seiner modernen Gestalt und rückt der christlichen Theologie auf den Leib. Nur was sich bei der christlichen Rechenschaft als eine das ganze menschliche Leben tragende Wirklichkeit und eine die ganze menschliche Existenz erhellende Einsicht bewährt, gewinnt eine Beziehung zum Reiche unserer geistigen und wissenschaftlichen Erkenntnis und kann auf die Dauer hoffen, als Wahrheit unser Bewußtsein zu bestimmen.

## 2. *Folgerungen für die Dogmatik*

Die vierfache Kennzeichnung des neuzeitlichen Wahrheitsbewußtseins ist zunächst nur eine Diagnose. In keiner Weise liegt darin schon eine inhaltliche Vorentscheidung theologischer Sachfragen. Aber die geschilderte geistige Lage erweist sich doch für uns als ein unausweichliches Schicksal. Man entrinnt ihm nicht dadurch, daß man die Augen vor ihm verschließt oder die theologische Relevanz dieser geistigen Lage bestreitet oder gar apologetisch gegen den Historismus, gegen den Naturalismus, gegen die Herrschaft der Vernunft oder doch gegen deren „Überschätzung" und gegen die Autonomie des Menschen zu Felde zieht. Schon in der apologetischen Einstellung selbst waltet ja eine Entstellung der Grundzüge unseres Wahrheitsbewußtseins.

Nun erweist sich die behauptete Erschwerung der christlichen Rechenschaft durch das neuzeitliche Wahrheitsbewußtsein bei näherem Zusehen als eine doppelte. Einmal liegen in der Tat die lückenlose Vergeschichtlichung unseres Daseins und der sachliche Zwang, daß wir alle Erscheinungen unserer Welt „nur natürlich" erklären können und müssen, einfach quer zu bestimmten überlieferten theologischen Sätzen. Zum anderen aber zeigt sich bei genauerem Zusehen, daß das behauptete neuzeitliche Wahrheitsbewußtsein in sich selbst gar keine Einheit darstellt.

Beginnen wir beim zweiten und vergegenwärtigen wir uns zunächst die Uneinheitlichkeit des Wahrheitsbewußtseins unserer Zeit. Ich radikalisiere zu diesem Zweck die in Frage kommenden Grundeinstellungen. Die Vergeschichtlichung unseres Daseins, von der ich sprach, ergibt sich ausgesprochenermaßen vom Menschen her. Die Welt, die Kultur, die Wissenschaften einschließlich der „exakten" Wissenschaften sind geschichtlich, weil der Mensch ein geschichtliches Wesen ist, dessen Welt, Kultur und Wissenschaften eben diese Welt usw. ist. Der Mensch erfährt die Vergeschichtlichung an sich selbst, und darum haben auch alle seine Dinge, darum hat diese seine „Welt" an dieser Vergeschichtlichung Anteil. Das Geschichtliche kennt keine von dieser Geschichtlichkeit ausgenommene, völlig ohne den Menschen denkbare „Natur". (Jede irgendwie „gedachte" Natur ist schon eine vom Menschen gedachte Natur!)

Umgekehrt meint nun die völlige Naturalisierung unseres Bewußtseins eine dem Menschen abgewandte und von ihm fortführende Natur: Der Mensch ist ein Stück Natur, seine Physis nimmt an den Gesetzen aller Physis teil. Die konsequente Naturalisierung nimmt dem Menschen seine Besonderheit weg und macht ihn zu einem Teil der Natur, sie verfremdet diesen Menschen sich selbst ganz und gar. Man kann nun natürlich im Hinblick auf die beiden Argumente sagen, daß es sich um extreme Sätze handelt. Tatsächlich ist es ein wichtiger Gegenstand der Forschung, wieweit auch die Natur – und vor allem in welchem Sinne! – eine Geschichte hat. Und es ist ein weites Feld anthropologischer Forschung, wieweit die Sonderstellung des Menschen auch in einer physiologischen Sonderstellung zum Ausdruck kommt.

Für die eine Fragestellung ist an C. Fr. von Weizsäcker, Die Geschichte der Natur, 1964[6], zu erinnern, für die andere Fragestellung wenigstens an die Forschungen von Ad. Portmann.

Aber man kann auch insofern an die Technik erinnern, als in ihr der Mensch selbst sozusagen aus seiner Anonymität, in die er durch die Naturgesetzlichkeit zu versinken drohte, erwacht und selbst „das Heft in die Hand nimmt", nämlich sich auf die Tatsache besinnt, daß ja er es ist, der das alles weiß, der allein alle diese Naturgesetzlichkeit in seinem Bewußtsein hat und nun infolgedessen sich dieser Gesetze auch bedienen kann. Insofern ist dafür gesorgt, daß die zunächst erwogene reine Konsequenz dann doch nicht „stimmt". Indessen darf man als Tendenzen des neuzeitlichen Bewußtseins jedenfalls festhalten, daß der Mensch sich in der Überdimensionalität – um nicht zu sagen: in der Grenzenlosigkeit – der Naturzusammenhänge zu verlieren droht, daß die ausnahmslose Geschichtlichkeit seines Daseins ihn jedes „dauernden Grundes" beraubt und ihn in seine Hinfälligkeit verstößt; es liegt ferner in der Konsequenz dieses neuzeitlichen Wahrheitsbewußtseins, daß der Mensch sich im Zwange des lückenlosen Weltzusammenhanges (ich spreche nicht vom „Kausalprinzip") in seiner Freiheit bedroht sieht und daß er sich schließlich offenbar auch auf seine Vernünftigkeit nicht sicher verlassen kann. Denn die Vernunft, wie ich sie zu zeigen versuchte, kann ja nicht einfach und eindeutig begriffen werden, sie steht uns nicht wie ein fertiges Instrument zur Verfügung, sondern sie leistet, was sie leisten soll, immer nur in stets neuer Selbstverwirklichung. Der Mensch bleibt ungesichert und unberaten, wenn er von seiner Vernunft, die ja nur „vernehmen" kann, die ihn nur bei seinen Plänen, Einfällen, Entschlüssen bewachen und beraten kann, ich sage – wenn er von dieser Vernunft das verlangt, was sie nicht geben, was sie nicht sein kann, nämlich die Wahrheit selbst.

Diese Feststellungen bedeuten nicht, daß unter diesen Umständen die geforderte Rücksicht auf das neuzeitliche Wahrheitsbewußtsein ad absurdum geführt sei, weil es ja doch so widersprüchlich sei. Vielmehr sind wir nur einer Potenzierung der Schwierigkeit inne geworden. Die Erschwerung der christlichen Rechenschaft gilt also in erhöhtem Maße, sie ist aber auf keinem Wege mehr zu vermeiden.

Trotz dieser Uneinheitlichkeit der vier genannten Leitideen des neuzeitlichen Wahrheitsbewußtseins repräsentieren sie eine Forderung an unsere Wahrhaftigkeit. Darin sind sie völlig eins. Es ist eine Frage der „Gewissenhaftigkeit", kurz, es ist Gewissenssache, diese Leitideen unseres Wahrheitsbewußtseins bei allen Aussagen im Auge zu behalten, die den Anspruch auf Wissenschaftlichkeit erheben. Das Gewissen unterliegt ja nicht nur „religiösen" Bindungen, und die Instanzen, an die uns das Gewissen bindet, kennen keine Hierarchie. Es geht, m. a. W., gegen das Gewissen, bei dogmatischen Aussagen so zu tun, als seien wir dem neuzeitlichen Wahrheitsbewußtsein nicht verpflichtet, sondern könnten hier bei unserer christlichen Rechenschaft eine geringere Anforderung an Wahrheit und Wahrhaftigkeit walten lassen.

Es gibt mannigfache Gründe, an eine Ermäßigung des Wahrheitsanspruches bei Lehraussagen und ihren Begründungen zu denken. Es ist einmal die Rücksicht auf traditionelle Lehrformen und deren (traditionelle) Begründung, die man aufrechterhalten möchte, unerachtet dessen, daß sich ihre Voraussetzungen verändert haben. Neben dieses Motiv des pietätvollen Traditionalismus treten dann andere Motive. Es ist z. B. die Angleichung der Dogmatik an die Erbaulichkeit der Predigt. Es ist das Recht der Predigt, sich einer anderen als der gelehrten Sprache zu bedienen. Zwar ist auch sie gehalten, für die „Wahrheit" ihrer Sätze einzutreten. Aber es ist möglich, in der Argumentation anders zu verfahren, als in der Dogmatik. In der Predigt ist der Appell an das echte Gefühl erlaubt. Hier kann der Hörer auf die Folgen seines Tuns und Lassens hin angeredet werden. Hier können Vorbilder und biblische Analogien aufgeboten werden, und hier ist m. E. auch Allegorie und tropische Redeweise erlaubt. Was aber hier in der lebendigen und vollmächtigen Predigt Tugend sein kann, das wird, wenn man es in die dogmatische Argumentation einführt, zur Unwahrheit. Schließlich ist auch an die in der Theologie immer wieder anzutreffende Stimmung zu denken, die überragende Würde des christlichen Glaubens werde geradezu durch den Gegensatz zu dem neuzeitlichen Wahrheitsbewußtsein, durch die Unmöglichkeit eines geistigen Rapports zwischen beiden, nur um so mehr dargetan.

Man kann die Folgerungen für die Dogmatik auch so bezeichnen: Es wird keine christliche Rechenschaft erträglich sein, die an unserer Menschlichkeit vorbeigeht. Das wäre z. B. dann der Fall, wenn durch autoritäre Forderungen im Namen des christlichen Glaubens unsere Vernunft zum Schweigen gebracht werden sollte und die Würde des Menschen dadurch verletzt würde, daß auf unsere Überzeugung keine Rücksicht mehr genommen würde. Es ist sicherlich in der christlichen Theologie der Gedanke der Autorität nicht vermeidbar. Das Wort Jesu Christi und das Zeugnis der Apostel, aber auch die „Väter" im weitesten Sinne, sie alle bilden in abgestufter Weise und je mit sehr verschiedener Begründung Autorität, und ohne diese Autorität ist christliche Theologie nicht denkbar. Im höheren Sinne sprechen wir daher von Offenbarung, in einer modifizierten Bedeutung dann von Tradition, und weder das eine noch das andere (mögen die Begriffe dann auch in sich wieder ihre eigenen Probleme haben) kann aus der christlichen Theologie eliminiert werden. Wenn sich aber diese Theologie darauf beschränken würde, sich lediglich auf diese oder andere Autoritäten zu berufen, ohne sich zugleich an unser Wahrheitsbewußtsein zu wenden, dann würde sie einfach das Humanum beschädigen, welches dadurch, daß die innere Überzeugung des Menschen geehrt wird, selbst zu Ehren kommt. Das Christianum und das Humanum können schlechterdings im neuzeitlichen Wahrheitsbewußtsein nicht mehr getrennt werden. Erst ein dem Menschlichen geöffnetes Wahrheitsbewußtsein ist wahrhaft christlich, und erst ein dem Christlichen geöffnetes Wahrheitsbewußtsein ist wahrhaft menschlich, so wahr Christus der zweite Adam ist, durch den das Bild Gottes wiedergebracht ist (Kol 3, 10).

Der Ertrag der Analyse des Wahrheitsbewußtseins der Neuzeit kann hier nur in einigen vorläufigen Sätzen zusammengefaßt werden.

Selbstverständlich können weder die Geschichte noch die Natur noch die Vernunft selbst als Grundlagen theologischer Aussagen in Betracht kommen. Insofern ist die 1. These der Barmer Theologischen Erklärung von 1934 in ihrem Recht zu bejahen.

Aber ebensowenig kann die Theologie ihren Ausgang von einer „Offenbarung" nehmen, welche an der Geschichte und an der Natur vorbei begriffen werden soll. Wenn es wahr ist, daß wir es in dieser Welt mit Gott zu tun haben, und wenn es wahr ist, daß Gott in diese Welt eingegangen ist, um uns zu suchen, dann muß alles, was mit dem Anspruch, Offenbarung zu sein, auftritt, in seiner Relation zur Geschichte und zur Natur verständlich gemacht werden. Es ist keine Offenbarung als Ausgangspunkt der Theologie denkbar, die nur aufgrund von Autorität geltend gemacht wird. Und es ist kein Glaube denkbar, der ohne Appell an die Einsicht, d. h. an die Vernunft, nur als blinder Gehorsam gegen ein autoritäres Wort gefordert würde.

Die Erschwerung der christlichen Rechenschaft durch das neuzeitliche Wahrheitsbewußtsein vollendet sich schließlich dadurch, daß weder in der Geschichte noch in der Natur noch in dem System der Vernunft eine offene Stelle, eine Lücke aufgewiesen werden kann, in der eine außerweltliche, objektive, wenigstens in ihren Spuren auch dem Unglauben zugängliche Selbstkundgabe Gottes hervortreten könnte. Gottes Selbstkundgabe kann nur quer durch die Geschichte und durch die Natur hindurch geschehen. Sie ist nur als verhüllte Selbstkundgabe denkbar. Diese Verhüllung ist die Verhüllung durch die Welt, und das schließt ein, daß sie nur subjektiv durch den Glauben und durch das Gewissen hindurch wahrgenommen werden kann.

## 6. Kapitel

### WORT GOTTES, HEILIGE SCHRIFT, BIBEL

#### 1. Das Wort Gottes als Ursprung unseres Glaubens

Das Wort Gottes ist der Anfang christlichen Redens und Denkens und somit auch der christlichen Theologie. Aber was heißt das? Es bedeutet sicherlich nicht, daß erst seit dem Erschallen des christlichen Zeugnisses, seit der Predigt von Jesus Christus Gott mit der Welt am Werke wäre. Es bedeutet auch nicht, daß die aus dem Worte Gottes abfolgende Thematik unseres Redens, Denkens und Glaubens auf den verhältnismäßig schmalen Strang christlicher Lehrtradition bzw. Traditionsgeschichte, der von der Bibel herkommt, begrenzt wäre. Gott, der Vater Jesu Christi, ist ja der Schöpfer und Herr der Welt von Anfang an, und er ist der Herr alles Lebens und aller möglichen Welten. Er ist Schöpfer und Herr dort, wo er bekannt und auch wo er unbekannt ist. Aber christliches Reden und Denken und somit christliche Theologie ist doch nur dort, wo uns Gottes Wort erreicht, wo es uns in Bewegung gesetzt und das Licht unseres Glaubens angezündet hat.

Was wir hier als Wort Gottes bezeichnen, ist durch zweierlei gekennzeichnet. Es ist zunächst der von Jesus Christus und der ersten

Gemeinde her auf uns zukommende Traditionsstrom christlicher Verkündigung, christlichen Zeugnisses. Natürlich meint der hier verwendete Begriff der Tradition nicht jenen Begriff, der sich in der Polemik der Reformatoren herausgebildet hat und der von Tradition im Unterschied oder gar im Gegensatz zur Bibel sprach. Ich spreche hier von Tradition unter Einschluß der Bibel, die gleichsam nur die erste Strecke der christlichen Tradition bezeichnet, aber zugleich eine Strecke höchster Qualifikation, entscheidender Autorität für alles, was fernerhin als Zeugnis, als Wort von Gott, als christliche Verkündigung hervortreten würde. Wenn ich von Tradition spreche, so hat das darin seinen Grund, daß der Begriff die uns umgebende Überlieferung, das Geschichtliche und Faktische, das, was an dieser Kunde von Gott und von dem Ursprung unseres christlichen Glaubens schließlich auch dem Profanhistoriker zugänglich ist, am besten zum Ausdruck bringt. Zugleich macht der Traditionsbegriff deutlich, daß sich Zeugnis, Botschaft, Verkündigung, und wie immer man es beschreiben will, nicht im gesprochenen Wort, also womöglich in der Predigt im engeren Sinne erschöpfen. Auch die Liturgie, auch Lied, Sitte und Brauch, das in der christlichen Gemeinde geltende Recht, Kunst und Symbol, das alles ist einbeschlossen in den großen Komplex der geschichtlichen Überlieferung. Um seinetwillen gibt es in der Kirche Exegese, Kirchen- und Dogmengeschichte als Wissenschaften. Inwieweit ältere Traditionen – es handelt sich dann praktisch um das Alte Testament – ebenfalls zu diesem christlichen Strom der Glaubensüberlieferung gehören, mag zunächst offen bleiben; jedenfalls gehören sie doch zu ihm nur durch die Vermittlung der christlichen Gemeinde.

Aber das alles genügt nicht, um auszusagen, was „Wort Gottes" ist. Wort Gottes wird diese von Jesus Christus her zu uns kommende Kunde, diese Botschaft oder auch Tradition erst dann, wenn sie mich trifft, wenn sie mich zur Stellungnahme zwingt, wenn ich mein eigenes Sein in ihrem Lichte neu erkenne, wenn ich dieses Wort glaube oder im Unglauben ablehne. Das Wort Gottes kann ohne diese subjektive, persönliche Seite nicht begriffen werden. Erst die innere Stellungnahme schließt das Verständnis für das Wort Gottes auf. Nur in diesem Sinne kann auch der Satz gelten, den ich in der Einleitung geschrieben habe, daß in der Dogmatik das Christianum das erste, das Humanum das zweite sei; denn das Christianum ist das persönliche Ereignis, das sich in dem Betroffensein vom Worte Gottes ereignet. Aber die äußere Seite der Sache, also die Tradition der christlichen Botschaft, von der wir zunächst sprachen und ohne die sich das andere gar nicht ereignen kann, die gehört allerdings der geschichtlichen Welt an; sie bildet in sich einen Geschichtszusammenhang und steht in weiteren Geschichtszusammenhängen. Die innere Seite hingegen ist verborgen; sie entscheidet über Gewinn oder Verlust unseres Lebens. Hier werden letzte Fragen (im Sinne P. Tillichs) beantwortet; hier orientieren wir uns im Glauben, erfahren die Tröstung eines neuen, tiefen Sinnzusammenhanges unseres Daseins, hier gewinnen wir im Glauben ein neues Gottesverhältnis: unsere Kindschaft im Vaterhaus. Zugleich entscheidet sich von hier aus auch rückblickend über die christliche Tradition etwas. Wir werden nämlich eines Selektionsprinzips inne. Es hebt sich aus der Kunde, die von Jesus Christus her zu uns kommt, die „Schrift" als Norm und Maßstab, als die Mitte dieser Tradition heraus, an der alles andere gemessen wird. Sie legitimiert, was das „Wort" im Wort Gottes ist, auch dann, wenn das uns erreichende Wort ein heutiges Predigtwort ist.

Mit guten Gründen hat Karl Barth (KD I/1, § 4) von der dreifachen Gestalt des Wortes Gottes gesprochen. Er unterscheidet das verkündigte Wort Gottes, also die Predigt, das geschriebene Wort Gottes, die Hl. Schrift und das geoffenbarte Wort, das als Schöpfungswort am Anfang war und in Jesus Christus Fleisch geworden ist. O. Weber hat diese Lehre in seine Grundlagen der Dogmatik übernommen. Wichtig und richtig ist an dieser Lehre, daß das Wort Gottes, wo immer es dies ist, sei es als Schrift oder als heutige Predigt, immer und ungemindert Wort Gottes ist, und das heißt dann auch immer mehr und anderes als unser menschliches Wort, nämlich Tat Gottes.

Man kann es auch so auslegen: Wort Gottes ist immer zugleich überkommenes Wort und geschehendes Wort. Überkommenes Wort — das erinnert an das, was Gott getan hat und was wir als Kunde gehört, als Botschaft, Trost und Gesetz empfangen haben. Geschehendes Wort – das heißt sowohl, daß es an uns geschehen ist und geschieht, als auch, daß es durch uns geschehen soll, daß es also durch die heutige Gemeinde und ihr Amt weitergetragen werden soll. Das eine wie das andere freilich ist nicht ohne die Schrift.

Das Wort Gottes ist schon vor aller Schrift. Die Hl. Schrift bezeugt es, sie erzählt Gottes Taten, sammelt sie und überliefert uns die Kunde davon. Aber die Hl. Schrift ist, was sie ist, nur in Funktion am göttlichen Wort. Wie sie gleichsam die Strahlen der göttlichen Taten sammelt, um sie zu bewahren und zu überliefern, so strahlt das Wort Gottes auch wieder frei aus; nur in diesem heutigen Ausstrahlen ist das Wort Gottes lebendig, ist es kräftig an uns und an der Welt. Die Hl. Schrift ist wie ein Fokus, durch den die Strahlen des Wortes Gottes hindurchgehen. Aber das Wort Gottes ist mehr als die Hl. Schrift. Es ist schon vor aller Schrift, und es ist allein das, wodurch die Hl. Schrift sich als lebendig erweist.

Damit erschließt sich uns die zentrale Bedeutung der Hl. Schrift, die in der protestantischen Dogmatik seit alters im sog. Schriftprinzip ausgesprochen ist. Dieses Schriftprinzip war einst die Devise, unter der die grandiose Vereinfachung des ganzen dogmatischen Bestandes der mittelalterlichen Kirche unternommen wurde. Es war der lichte Punkt, von dem aus immer wieder die Hoffnung auf den Wiedergewinn der Einheit der Evangelischen gefaßt wurde, ja es war Hinweis auf das, was alle Christen als ursprünglicher Traditionsbestand eint. Das Schriftprinzip gab auch dem ungelehrten Christen, dem doch die Bibel in die Hände und vor die Augen gelegt war, einen Anteil am theologischen Urteil, es gab ihm, da ja das Schriftprinzip das kritische Prinzip aller öffentlichen Lehre in der Kirche war, auch die entscheidende Waffe einer christlichen Kritik in die Hand. Es war in den Anfängen des neuzeitlichen evangelischen Christentums nicht abzusehen, daß gerade hier eine Quelle ungeahnter Schwierigkeiten entstehen sollte. Sie ist hier aus zwei Gründen entstanden. Einmal durch die schon frühzeitig einsetzende Gleichsetzung von Hl. Schrift und Bibel, und zum anderen durch den Siegeszug des historisch-kritischen Denkens.

## 2. *Wort Gottes, Hl. Schrift, Bibel*

Der Begriff des Wortes Gottes übersteigt also den Begriff der Hl. Schrift. Er bezeichnet das von Gott herkommende Wort ohne Rücksicht auf eine schriftliche Bezeugung. Er trifft zu auf das Schöpfungswort Gottes (Hebr 11, 3), wie jedes aus Gottes Mund kommende Wort, das Menschen in Bewegung setzt (Gen 12, 1), den Menschen, dem Volk Gottes das Gesetz gibt (Ex 20, 1; Dtn 5, 19) und durch die Propheten ergeht (Jer 5, 14), unmittelbar sein Wort ist. Wort Gottes ist Jesu Wort (Lk 4,32; 5,1) und das in Gottes Dienst gesprochene Wort (Joh 3, 34; Apg 4, 31; Hebr 13, 7; vgl. auch 1 Kor 1, 17 – alle Belege beliebig vermehrbar). Im NT wird von Schrift und „Schriften" nur im Blick auf das AT gesprochen. Sie ist das prophetische Wort (Mt 21, 42; 22, 29; Lk 4, 21; Joh 2, 22; 10, 35 u. ö.). Die einheitlich und autoritär verstandene Schrift wird „erfüllt" (Joh 13, 18; 17, 12; 19, 24 u. ö.). Die Schrift wird geradezu persönlich gefaßt: sie „sah voraus" (Gal 3, 8), sie „beschloß alles unter die Sünde" (Gal 3, 22), und das „es steht geschrieben" wird im Stil der Gesetzessprache als Zitationsformel für alttestamentliche Zitate sowohl in den Evangelien als auch bei Paulus und sonst gebraucht. Die späte Stelle 2 Petr 3, 16 ist die einzige Stelle, wo neutestamentliche „Schriften", nämlich Paulusbriefe, mit diesem qualifizierenden Begriff ausgezeichnet werden.

Zunächst handelt es sich in allen diesen Berufungen auf das Alte Testament als heilige Schrift um bestätigende Worte für den christlichen Glauben und die Verkündigung, eine Reflexion auf irgendeine Art von Bibel oder Kanon ist noch nicht im Spiel. Erst verhältnismäßig spät bekommt es die junge Christenheit mit dem Problem der Bibel im engeren Sinne, und d.h. dann mit der Frage des biblischen Kanons zu tun. Für die Frage des biblischen Kanons, dessen Gleichsetzung mit „Hl. Schrift" und „Wort Gottes" so viel Verwirrung in Kirche und Theologie hervorgerufen hat, muß folgendes bedacht werden:

1. Die Mannigfaltigkeit und Unterschiedlichkeit der „biblischen" Bücher, ja auch ihre unterschiedliche Bewertung in der Gemeinde stehen immer am Anfang. Die Fixierung eines einheitlichen und in seinen Teilen für gleichwertig erachteten Kanons bezeichnet den Endpunkt einer Entwicklung.

Im AT bezeichnet die Reihenfolge der Schriftkomplexe ursprünglich eine Rangordnung. Die Thora steht über den anderen Schriften. Nebiim, Ketubim und schließlich die Apokryphen sind rangmäßig nach unten abgestuft. Was unser heutiges NT an Schriften vereinigt, hatte im ältesten Christentum noch nicht den Rang einer γραφή. Der liturgische Brauch der alten Kirche gibt bis zum heutigen Tage den Evangelien einen Vorrang vor den Episteln bzw. den „Lektionen". Erst die protestantische Schrifttheologie hat die Unifizierung durchgesetzt. Luther freilich hält in seiner Kritik am Schriftbestand die Uneinheitlichkeit des Bestandes im Bewußtsein. Doch sind seine Kriterien durchweg inhaltlicher Art: was Christum prediget, ist apostolisch, und die Rechtfertigungslehre ist ein Prüfstein dafür. So kommt er zur Kritik an Hebr, Jak, Jud und Apk, sowie im AT zur Abwertung des Judizialgesetzes und des Zeremonialgesetzes als „der Jüden Sachsenspiegel". Eine eigentliche Bibeltheologie hat Luther nicht entwickelt. Die grundlegenden Äußerungen von ihm zur Bibel finden sich in den Vorreden zu den verschiedenen Ausgaben der Postillen und in den Vorreden zur deutschen Bibel (WA 10 I, 1 ff. und 6, 1–11; 7, 1–478).

2. Das Wesen der Kanonbildung besteht in einer autoritativen Umgrenzung des Schriftbestandes und in der dogmatischen Erklärung dieses Bestandes zum tragenden Grund und zur maßgeblichen Glaubensquelle der Kirche. Angesichts der Verschiedenheit und, wenn man so will, des unterschiedlichen Wertes der zum Kanon zusammengestellten Bücher bedeutet die Kanonbildung praktisch zweierlei: Sie bedeutet einmal die Aufwertung sämtlicher in den Kanon aufgenommenen Bücher auf die gleiche Höhe mit den höchstbewerteten, und sie bedeutet zum anderen die Ausscheidung der fragwürdig erscheinenden Bücher. Sie ist also eine dogmatische Redaktion, die an historischen Texten vorgenommen wird und die notwendig kritisch beurteilt werden muß, sobald der historische Gesichtspunkt vorwaltet. Seit S. Semlers Forschungen (Abhandlung von freier Untersuchung des Kanons 1771/75) hat die Kanonforschung daher gleichzeitig eine Krisis der Stellung des Kanons, seiner Umgrenzung ebenso wie seines dogmatischen Ansehens mit sich gebracht.

3. Kanonbildung erklärt sich immer aus dem religiösen Sicherheitsbedürfnis. Daß der alttestamentliche Kanon durch das späte Judentum ca. 90 n. Chr. auf der Synode von Jabne (Jamnia) festgelegt wurde, ist offenkundig ein Reflex auf die vorausgegangene Zerstörung Jerusalems und die Zerstreuung des Judentums nach dem Verlust seines kultischen Mittelpunktes. Die Bildung des neutestamentlichen Kanons, die sich seit 200 erkennen läßt, führt im Abendland über die Synoden zu Rom 382, zu Hippo 393, zu Karthago 397 und 419, wo der heutige Bestand von 27 Schriften festgelegt wurde. Für den Osten war die Entscheidung durch den Osterfestbrief des Atha-

nasius 367 schon gefallen. Wenn auch die Zweifelsfragen um die Antilegomena, bes. um den Hebr, und auch ältere Traditionen noch nachwirkten, so steht doch die grundsätzliche Entscheidung fest, daß nämlich die Kirche auf einen festen geschichtlichen Grund gestellt war, der sie gegen alle einströmende philosophische Wahrheit, gegen alle Verkürzungen, wie sie im Marcionitischen Kanon vorlagen, sowie gegen alle Ausdehnungen auf gnostische und apokryphe Evangelien durch einen rechtlich-dogmatischen Entscheid absicherte. Daß der Kirche damit zugleich ein Äquivalent zum AT gegeben war, trug zur Konsolidierung der Großkirche ebenso bei, wie es das heilsgeschichtliche Selbstverständnis gegenüber dem alten Bunde bestätigte. Das Tridentinum gab unter den Beschuldigungen der Reformation, Rom stünde nicht auf dem Boden der Hl. Schrift, in Sess. IV (1546) eine neue Definition des biblischen Kanons bekannt, nach der Hebr als paulinisch und die atl. Apokryphen dem bisherigen Brauch entsprechend als kanonisch anzusehen sind.

4. Der Wert des Kanons für die Kirche ist kaum zu überschätzen. Er hat die grundlegenden Schriften nicht nur vor Verlust, sondern auch vor einschneidenden textlichen Veränderungen bewahrt. Der Kanon hat sich durch den liturgischen Brauch und durch die Predigt im lebendigen Bewußtsein der Kirche erhalten und hat alle phantastischen Evangelien vor den Toren der Kirche ferngehalten. Aber die Frage kann trotz dieser Einsichten nicht unterdrückt werden, welche dogmatische Dignität der biblische Kanon hat. Während das „Schriftprinzip" als dogmatisches Prinzip auch für den Kanon dogmatischen Rang zu fordern scheint, stellt die kritisch-historische Forschung am Kanon und ebenso an den einzelnen biblischen Büchern immerzu eine Erschütterung dieser Zuversicht zu einer dogmatischen Geltung des Kanons dar. In dieser Fragestellung zeichnen sich zwei einander entgegengesetzte Positionen ab, zwischen denen sich die Lösung des Kanonproblems bewegt. Einerseits wird nämlich für den Kanon in seinem überlieferten Bestand ein unverbrüchliches Ansehen als einzigartige Quelle und Norm aller Lehraussagen der christlichen Kirche gefordert. Es ist die Stellung der fundamentalistischen Kirchengemeinschaften, aber auch gewisser biblizistischer und pietistischer Kreise. Sie führt, mit unterschiedlichen Konsequenzen, zu einem Ausschluß historischer Kritik an der Bibel aus Glaubensgründen. Dem gegenüber steht als anderes Extrem die Preisgabe des Kanonbegriffes, zu der die radikale Einsicht in seine inhaltliche Verschiedenheit und in die dogmatische Zufälligkeit und Unsicherheit seiner Entstehung Anlaß zu geben scheint. Eine Theologie, die weiß, daß die Kirche in ihrem Sein wie in ihrem Auftrag nicht ohne das einmalige Handeln Gottes in Jesus Christus und den apostolischen Grund denkbar ist, kann freilich nicht auf die biblische Quelle verzichten, in der ihr dieser ihr Grund gegeben ist. Andererseits ist freilich die historische Forschung darin im Recht, daß sie uns davor bewahrt, in der

Bibel ein gleichförmiges, gleichwertiges und vor allem ein ungeschichtliches oder – was dasselbe wäre – ein übergeschichtliches Dokument zu sehen. Einerseits ist der Wert des Kanons und die hohe Weisheit seiner Umgrenzung nie zu verkennen oder gar zurückzunehmen, andererseits ist doch dem Versuch zu wehren, aus dem Kanon so etwas wie ein Lehrgesetz zu machen und dann dem ganzen Evangelium den Charakter einer gesetzlichen Bindung und Norm für den Glauben zu geben. Es ist eben so, daß die Umgrenzung der im Kanon zusammengefaßten biblischen Schriften vorzeiten ein wohlbegründetes dogmatisches Urteil war. Heute ist der Begriff des biblischen Kanons ein historisches Urteil, das freilich auf eine alte dogmatische Setzung zurückgreift. Dieses historische Urteil bestätigt diesen uns überlieferten Traditionsbestand. Sofern darin das Urteil mit einbegriffen ist, daß dieser Traditionsbestand unverzichtbar ist, und daß die vor Jahrhunderten vollzogene geschichtliche Weichenstellung im großen und ganzen richtig war, mag darin ein zurückhaltendes dogmatisches Urteil mitschwingen. Mehr jedenfalls nicht. Die lutherischen Bekenntnisschriften haben für die Freiheit und Unbefangenheit gegenüber der Kanonfrage dadurch ein großartiges Zeugnis aufgerichtet, daß sie nirgends eine neue Definition des Kanons vorgenommen haben. Selbst das sog. „Schriftprinzip" – immerhin die Luft, in der die Bekenntnisse der Reformation atmen – ist nur in der Vorrede zur FC angesprochen, wenn auch kaum definiert (BSLK 739).

Man wird zusammenfassend negativ sagen müssen: Es ist eine Gefährdung der evangelischen Grundlagen unseres Glaubens, wenn man Wort Gottes und Hl. Schrift mit „der Bibel" in ihrer Gesamtheit identifiziert. Die evangelische Theologie kann nur bei einer strengen Unterscheidung dieser drei Begriffe ihre religiöse Freiheit und ihr wissenschaftliches Gewissen rein erhalten. Nur diese Unterscheidung schützt Theologie, Kirche und den Glauben des Christen vor dem Buchstabendienst.

Das Wort Gottes ist mehr als die Schrift, aber es ist nicht ohne die Schrift. Hl. Schrift aber ist mehr als Bibel, wiewohl auch sie nicht ohne Bibel ist, sondern eben das aus der Bibel uns dargereichte Wort, das uns anredet und zum Glauben ruft. Eine Theologie, die vorwiegend am biblischen Kanon interessiert ist, ist immer an den Grenzen dieses Schriftkomplexes und an der Einheitlichkeit seiner vielfältigen Teile interessiert. Diese Einheitlichkeit aber ist eine unhistorische Konstruktion. Die Autorität der Bibel ist nicht eine unsere Pietät herausfordernde statische Autorität, sondern sie muß sich ständig darin ereignen und erweisen, daß der Geist zum Worte kommt und wir das lebendige Zeugnis vernehmen, das uns zum Glauben ruft.

Vgl. zum vorstehenden W. G. Kümmel, Notwendigkeit und Grenzen des Neutestamentlichen Kanons. ZThK 1950, 277–313 – Art. Bibel RGG I, I B 1123 bis 26; II B 1131–38; III 1141–47 (Lit.) – Art. Kanon RGG III, 1116–1122 (Lit.).

Ferner *E. Käsemann:* Das Neue Testament als Kanon, 1970; hierzu m. Bespr. Ev. Komm. 1970, 681 f.

## 3. Die orthodoxe Lehre „De sacra scriptura"

Die Lehre von der Hl. Schrift hat in der protestantischen Orthodoxie jene Gestalt gewonnen, die in ihrer klassischen Form und in ihrer Prägnanz die Ausgangslage für die moderne Bibelproblematik kennzeichnet. Lutherische und reformierte Tradition rücken in diesem Lehrstück fast ununterscheidbar eng zusammen. In dem heimlich nachwirkenden Zwang eines gesetzlichen Bibelglaubens hat die orthodoxe Lehre von der Hl. Schrift überdies auch heute noch eine gewisse Aktualität.

Vier charakteristische Merkmale sind gleich zu Beginn der Darstellung hervorzuheben. Zunächst ist die Gleichsetzung der Hl. Schrift mit der „Bibel" in der festen Umgrenzung ihres kanonischen Bestandes undiskutierte Voraussetzung. Sodann ist diese Hl. Schrift, d. h. die Bibel, oberste dogmatische Autorität. Damit tritt die Lehre von der Hl. Schrift an den Anfang der Dogmatik. Die Definition des Begriffs der sacra scriptura und ihres kanonischen Bestandes wird – in unübersehbarem Unterschied zu den Loci Melanchthons (1521) und zu den Bekenntnisschriften – erstes Anliegen der dogmatischen Aussage. Da aber diese hohe dogmatische Dignität der Schrift nicht von anderer Seite her bestätigt werden kann und darf, ist der Nachweis notwendig, daß die Hl. Schrift sich selbst als den tragfähigen Grund für unseren Glauben und als Quelle aller theologischen Lehraussagen zu erweisen vermag. Das ist das dritte Merkmal der orthodoxen Schriftlehre. Diese Fähigkeit der Hl. Schrift, Grund und Quelle des Glaubens zu sein, wird bewiesen durch die Lehre von ihrer Verbalinspiration und von ihren Eigenschaften. Und viertens ist schließlich entscheidend, daß die Hl. Schrift ganz wesentlich Mitteilung des zur christlichen Erkenntnis und zum rechten frommen Leben nötigen Wissens ist. Sie muß also, mindestens in Sachen des Heils, als irrtumslos angesehen werden können. Gerade aus diesem Grund eignet sie sich auch als Quelle der Dogmatik, ja als ein Steinbruch zur Gewinnung unerschöpflicher dogmatischer Argumente und Belege, sog. „dicta probantia".

Beginnen wir, indem wir uns diese Eigentümlichkeiten in kurzen Zügen veranschaulichen, mit der Definition der Hl. Schrift. „Sacra Scriptura est verbum Dei ejusdem voluntate a prophetis, evangelistis et apostolis in litteras redactum, doctrinam de essentia et voluntate Dei perfecte prospicue exponens, ut ex eo homines erudiantur ad vitam aeternam" (J. Gerhard, in Anlehnung an Huttersche Formeln). Derselbe J. Gerhard sagt dann auch ganz kurz: Scriptura Sacra in theologia est unicum principium cognoscendi. In diesem

Sinne wendet sich dann die orthodoxe Lehre von der Schrift des näheren drei Problemkreisen zu: dem Problem des Kanons, der Inspirationslehre und der Lehre von den Eigenschaften der Hl. Schrift.

1. Was den Kanon betrifft, so ist das Wesentlichste, daß er überhaupt Gegenstand der dogmatischen Aussage wird. Das ist gegenüber der Reformation eine erhebliche Veränderung.

Im einzelnen geht es in der Lehre vom biblischen Kanon um die Gründe a priori und a posteriori, mit denen der Beweis für die kanonische Autorität geführt wird. Eine Darstellung lohnt sich für uns ebenso wenig wie hinsichtlich der sog. divisiones, die nicht nur den Unterschied der kanonischen von den apokryphen Büchern betreffen, sondern auch den Unterschied der beiden Testamente und innerhalb derselben wieder sachliche Unterscheidungen, z. B. die Gruppierung in libri legales, prophetales, evangelici oder anders.

2. Die Inspirationslehre, für welche 2Tim 3, 16 und 2Pt 1, 19-21 als dicta probantia aufgeboten werden, hat sowohl in ihren Thesen wie in deren Zusammenbruch ein kirchliches Schicksal bedeutet. Sie ist zwar weder als Motiv noch in Einzelheiten in der Orthodoxie neu gewesen. Neu waren die Lagerung der Betonungen und die Spitzensätze der Lehre. Die Autorität der Hl. Schrift mußte so verstärkt und gestützt werden, daß sie nach dem Wegfall aller anderen Autoritäten und Garanten der Wahrheit die ganze Last aller Beweise tragen, ja die Offenbarung selbst repräsentieren konnte. Da aber die Schrift, vor dem Einsetzen eines „organischen" Verständnisses (wie hernach in der Föderaltheologie) und vollends vor einer eigentlich geschichtlichen Auslegung in allen ihren Teilen gleichmäßig zum Beweis der Wahrheit aufgeboten werden sollte, so mußte auch diese Verbalinspiration in jedem einzelnen dictum gültig sein. Und schließlich konnte es bei dieser Beweisabsicht nicht mehr wie bei den Reformatoren genügen, daß die Bibel, bzw. das Wort der Schrift unter dem Wirken des Geistes auch unserem Geiste Zeugnis gäbe (nach Röm 8, 16), sondern die Inspiration im Sinne der Orthodoxie wird zu einem historischen, zu einem „damaligen" Faktum.

Die Formeln der orthodoxen Lehre klingen durchaus scholastisch. Gott ist causa principalis der Schrift, der Schreiber ist jeweils nur causa instrumentalis. Er empfängt von Gott sowohl den impulsus ad scribendum, als auch die suggestio rerum und die suggestio verborum. Es wird also eine Real- und eine Verbalinspiration gelehrt. In der Hl. Schrift findet sich nichts, was nicht inspiriert wäre, und zwar erstreckt sich die Inspiration auf bekannte und unbekannte Dinge, auf geistliche, aber auch auf Gegenstände nichtgeistlichen Charakters. Calixt, der die Eingebung nur für die Glaubenswahrheiten gelten lassen wollte, für den sonstigen Inhalt der Schrift aber eine directio lehrte, ahnte die Schwierigkeiten, begegnete aber heftigem Widerspruch. Ausführlichste Darlegung des Dogmas bei J. Gerhard, Loci I, cap XV. Vgl. auch Art. Inspiration II, RGG III, 775-779 (O. Weber).

3. In der Lehre von den affectiones oder auch proprietates Scripturae Sacrae geht es um den Nachweis, daß die Hl. Schrift — diese immer als Bibeltext im gesamten Umfange des Kanons verstanden — das auch zu leisten vermag, was sie aufgrund ihrer hohen, übernatür-

lichen Autorität für sich in Anspruch nimmt. Es handelt sich dabei um vier affectiones.

a) Die *auctoritas* ist natürlich in ihrem göttlichen Ursprung begründet. In dieser unmittelbaren Beziehung gilt die auctoritas absolute. Sie gilt relative insofern, als sie sich auch uns als göttlich und kanonisch kundgibt. Hierbei wird von den orthodoxen Vätern nicht versäumt zu betonen, daß die Autorität der Hl. Schrift der Autorität der Kirche überlegen ist; wie denn zuweilen der Gesichtspunkt antirömischer Polemik den Sätzen eine sehr spezifische Spitze verleiht. Diese göttliche Autorität wird dann gestützt durch das testimonium spiritus Sancti internum nach Röm 8, 16; durch interna κριτήρια ipsi Scripturae insita; schließlich auch durch omnis generis testimonia externa.

b) Kraft der *perfectio* enthält die Hl. Schrift alles, was wir erfahren müssen, wenn wir auf den Weg des Heils kommen sollen. Der Begriff hat nicht den Umfang des Kanons im Auge, sondern die innere Vollgenugsamkeit der Schrift, die *sufficientia* (der Begriff tritt in den Systemen vice versa für perspicuitas ein) dogmatum ad salutem scitu necessariorum. Man sieht allein aus solchen Deutungen, wie die Schriftlehre ganz auf das Wissen des Schriftinhaltes gestellt ist.

c) Als dritte proprietas der Schrift wird die *perspicuitas* genannt. Sie fließt begrifflich oft mit der perfectio zusammen. Wenn nämlich die Schrift alles zum Heile Nötige enthält, dann muß sie auch klar und deutlich sein. Hierin liegt offenbar eine Einschränkung: Was zum Heile nötig ist, das muß aus der Schrift klar und deutlich erkannt werden können. Eine Unterscheidung des zum Heile Nötigen von anderen sekundären Gegenständen zeichnet sich ab, und es gibt sich eine Gelegenheit, über die theologische Gelehrsamkeit ebenso wie über hermeneutische Grundsätze Ausführungen anzuschließen. Der sensus literalis verdrängt nun jedenfalls in der hermeneutischen Theorie alle anderen Schriftdeutungen; die Gelehrten dieses Zeitalters sind große Philologen und wohnen Wand an Wand mit der frühen Aufklärung. Da aber die Heranziehung der außerbiblischen Parallelen noch verpönt ist, muß die Schrift aus ihrem eigenen Bestande, das Dunkle aus dem Verständlichen erklärt werden, und es gilt der berühmte Satz: Sacra Scriptura sui ipsius interpres.

d) Als vierte Eigenschaft wird der Hl. Schrift die *efficacia* beigelegt. Wenn die Schrift medium illuminationis, conversionis ac salutis ist, dann muß sie zu diesem Heile auch wirksam sein. Man sieht von hier aus im Rückblick, daß sich die vier proprietates doch nicht so scharf voneinander abheben lassen, wie man es zunächst annehmen möchte. –

In vierfacher Hinsicht ist diese orthodoxe Schriftlehre unwiederbringlich überholt.

Die Bibel ist im Sinne der Orthodoxie ein autoritäres, als wahr vorausgesetztes Wort. Sie ist darum Glaubensgesetz. Ihr Wort ist Gottes Wort, Biblia und Scriptura Sacra sind schlechterdings dasselbe. Ihr Wort steht ohne jede Einschränkung, ohne jeden Vorbehalt geschichtlicher Relativität der Texte im heutigen Sinne an der Stelle von Gottes Wort und Jesu Wort.

Da kein Bewußtsein von historischer Relativität der einzelnen Bücher aufkommen kann, weil durch die Inspiration eigentlich die Persönlichkeit des Schreibers und die Besonderheit seiner Situation ausgelöscht sein muß, verbietet sich jede in die geschichtliche Tiefe reichende Differenzierung biblischer Bücher, ihrer Eigenart, ihres Sonderstils, ihrer Theologie, ihrer literarischen Geschichte. Die Bibel hat im Sinne der Orthodoxie einen einheitlichen Gesamtsinn.

Etwas Drittes kommt hinzu. Das Inspirationsdogma stellt die biblischen Texte unter grundsätzlich andere Bedingungen der Entstehung als andere Literaturdenkmäler. Die in der Bibel erzählte heilige Geschichte ist dementsprechend von aller übrigen Weltgeschichte getrennt und durch eine Sonderstellung ausgezeichnet. Die profanen Methoden der Forschung, der Historie wie der Philologie und Hermeneutik, sind daher auf die Bibel und ihre Geschichte nicht anwendbar. Jede Art von Parallelität biblischer Texte mit außerbiblischen, von einer Parallelität der Inhalte ganz zu schweigen, scheidet im orthodoxen Schriftverständnis radikal aus. Es bedarf keines Hinweises, daß diese Grundauffassungen weit über die Auflösung des Inspirationsdogmas hinaus weitergewirkt haben.

Und schließlich ist im Sinne der efficacia und perspicuitas der Hl. Schrift die Meinung des Schriftwortes eindeutig. Daß sich gerade im Hinblick auf religionsgeschichtliche Voraussetzungen oder Parallelen die größten Schwierigkeiten der Auslegung ergeben, das liegt noch nicht im Gesichtskreis jener klassischen, wenn auch noch ganz unkritischen Theologie.

Diese Kritik an der orthodoxen Schriftlehre ist im wesentlichen sowohl ein Postulat der historischen Forschung, wie sie die Grunderfahrungen des christlichen Glaubens, die er am Wort Gottes gewonnen hat (es sind nicht nur die Grunderfahrungen der Reformation), gegen die Gesetzlichkeit des Buchstabens verteidigt. Sie ist kein Verfallssymptom, wie man in der konservativen Theologie bis in die Neuzeit hinein immer wieder gemeint hat. Sie macht den ursprünglichen Zustand geltend und stellt Tatsachen der Geschichte gegen Wunschgebilde fest. Nur bei geschlossenen Augen könnte die orthodoxe Lehre von der Hl. Schrift durchgehalten werden. Die wissenschaftliche Ehrlichkeit ist auch ein Anliegen des Christentums, der Kirche.

Aber es ist doch nicht nur ein Problem der historischen Kritik, was uns hier beschäftigt, nicht nur eine Bekundung der religiösen Freiheit, welche gegen das orthodoxe Verständnis gesetzt werden muß. Natürlich ist es richtig, daß die Bibel hier ganz gesetzlich verstanden wird. Aber die Kritik läuft unmittelbar auf ein dogmatisches Problem zu. Die orthodoxe Inspirationslehre, welche die sachliche Mitte der orthodoxen Bibellehre ausmacht, versucht eine Auskunft über die Natur der Bibel zu begründen, die es ermöglicht, diese aus dem Vergleich mit aller anderen Literatur herauszunehmen. Sie sucht die Beziehung von Wort und Geist, in der Theologie der Reformationszeit ebenso an der Lehre von der Hl. Schrift wie an der Lehre von der Predigt bewährt, wesentlich auf das Zustandekommen des geschriebenen Wortes einzuschränken. Der Zustand der Inspiriertheit drückt sich darin aus, daß die Schrift als Diktat des Hl. Geistes verstanden wird, ja daß die Inspirationslehre in enge Analogie zur Inkarnationslehre rückt und die Bibel geradezu — A. Calov hat es zu sagen nicht verschmäht — aus der Reihe der Kreaturen heraustritt, „aliquid Dei" wird und nun auch extra usum seine vis salutifera hat. Diese Materialisierung des Hl. Geistes und seiner Wirkungen im geschriebenen Wort führen dann zur Ausschaltung der geschichtlichen Faktoren und der Menschlichkeit der Schreiber. Die Heilsbedeutung einer solchermaßen göttlichen Schrift muß notwendigerweise mit der Heilsbedeutung dessen konkurrieren, was diese Schrift berichtet, und der Zeugnischarakter der Schrift geht verloren; denn nicht die „Zeugen", sondern der diktierende Geist garantiert die Wahrheit des geschriebenen Wortes. Ist aber der Hl. Geist so der eigentliche Autor der Bibel, dann tritt sie als die eigentliche supranaturale Erkenntnisquelle neben die vorbereitende natürliche Offenbarung. Wie diese ist sie eine durchaus einsehbare Mitteilung, und der Glaube, der sich ihr zuwenden soll, der für sie gefordert wird, ist im wesentlichen ein gehorsames Einsehen und Nachsprechen dessen, was uns hier mitgeteilt worden ist.

Zur Dogmengeschichte der Inspirationslehre vgl. K. Barth, KD I/2, 571–585. Er bezeichnet mit Recht, ebenso wie Elert (Chr. Glaube, (1940) 1960[5], § 29, 209) die orthodoxe Inspirationslehre als Irrlehre. Wenn sie auch schon bald ihre Kraft verloren hat, so wirkt sie bis heute in fundamentalistischen Kreisen fort und richtet an den Rändern und vor den Toren als der vermeintliche Sinn des Satzes, daß die Bibel Gottes Wort sei, unermeßlichen Schaden an.

## 4. Schriftautorität und Bibelkritik

Die Zentralstellung der Hl. Schrift für den christlichen Glauben war von den ältesten Zeiten der Kirche an durch eine starke Dialektik im Verhältnis zur Bibel begleitet. Die orthodoxe Lehre von der Hl. Schrift, mit der wir uns ausführlicher beschäftigt haben, stellt in größtmöglicher Reinheit und Konsequenz die eine These dar. Aber dieser unauflöslichen Autorität des geschriebenen Wortes widerspricht die Kritik. Schon die Entgegensetzung des Evangeliums gegen das Gesetz des Moses und dessen Außerkraftsetzung durch Christus ist ein Element der Schriftkritik, das in der Gestalt des Apostels Paulus und des vierten Evangelisten schon innerhalb des neutestamentlichen Kanons wirksam ist. Marcion hat in der Ablehnung des AT und in seinem verkürzten „Kanon" neutestamentlicher Schriften ein Denkmal frühester Bibelkritik gesetzt. Luther hat innere Kriterien, nämlich die Christuspredigt im Sinne der Rechtfertigungslehre, zum Maßstab seiner freien Urteile über einzelne neutestamentliche Schriften gemacht, er hat durch seine Lehre von Gesetz und Evangelium und durch seine Abwertung der veralteten jüdischen Kult- und Rechtsvorschriften der Bibelkritik in großem Stil die Bahn gebrochen. Daß dann die Ausbildung der hermeneutischen Regeln die methodische Kritik geradezu zum exegetischen Prinzip machte, bedarf keiner Ausführung. In dem Maße freilich, in dem die Kritik die Einzigartigkeit der Hl. Schrift bewußt außer Kraft setzt, wird die Kritik zu einer Auflösung der Bibelautorität und damit auch zu einem theologischen Problem.

Diese radikale Zusammenfassung und Vertiefung der historischen Kritik vollzieht sich im Historismus. Er ist zunächst einfach der Vollzug eines unvermeidlichen Schicksals in der Wissenschaft. Er macht Ernst mit dem geschichtlichen Charakter der Bibel; er löst sie in ihre geschichtlichen Teile auf und macht die biblischen Schriften selbst zu sehr differenzierten geschichtlichen Dokumenten. Der Vorgang ist zunächst einfach zwangsläufig. Seine Konsequenz liegt auf der Hand, ebenso seine Vorzüge; denn nichts vermag so sehr wie die geschichtliche Auffassung der Texte ihr genuines Verstehen zu fördern.

Versteht man den Begriff des Historismus als einen rein methodischen, dann bedeutet er im älteren Sinne, etwa Fr. Meineckes, zunächst einfach wissenschaftliche Betrachtung geschichtlicher Vorgänge. Das Ideal der historischen Aufklärung freilich geht weiter; es will alle Probleme in historische verwandeln. Die Konsequenz ist der Relativismus, der dabei doch unvermerkt als eine „dogmatische" Position wirksam ist und auch seine heimlichen dogmatischen Interessen in der Relativierung anderer Positionen besorgt. Erst der volle Historismus, wie er durch W. Dilthey in das wissenschaftliche Bewußtsein der Neuzeit eingetreten ist, zieht dann die entscheidende Konsequenz: er versteht nicht nur das Objekt der geschichtlichen Betrachtung, sondern auch sich selbst als den Betrachtenden in seiner unverwechselbaren und einmaligen Lage „historisch". M. Heidegger hat seine Theorie der Geschichtlichkeit darauf gegründet. Das ist aber nun kein Relativismus mehr, weil aller Relativismus eine dogmatische Position darstellt, die zudem andere Positionen ihres Ernstes berauben möchte. Der radikale Historismus aber ist weder in diesem Sinne dogmatisch, noch entkleidet er die (eigene oder fremde) Geschichtlichkeit ihres Existenzernstes.

Wir haben uns hier nicht mit dem Historismus im engeren Sinne als einer Weltanschauung zu beschäftigen, deren Probleme durch Fr. Nietzsche wohl zuerst radikal ins abendländische Bewußtsein gerückt wurden, dann durch W. Dilthey, Max Weber und E. Troeltsch (Der Historismus und seine Probleme, Ges.Schr. III, 1922) in alle Tiefen ausgebreitet wurden und der samt der unvollendbaren Frage seiner Überwindung uns bis heute beschäftigt. Vgl. die Übersicht bei H.-G. Gadamer, Art. Historismus, RGG III, 369–71 (Lit.). Als geistiges Schicksal ist der Historismus viel älter, er beginnt in der Kirchengeschichte mit der Abwertung der Entwicklung und der Relativierung der geschichtlichen Erscheinungen, an denen das Selbstverständnis der Kirche bislang orientiert war. Es handelt sich praktisch um die typische Auffassung der Geschichte des Christentums, der die Verfallsidee zugrundeliegt.

Diese Geschichtsanschauung ist ein protestantisches Gewächs. Für den Katholizismus ist der Glaube entscheidend, daß von den Anfängen der Kirche an durch die Tradition, deren auch die Bibel ein Teil ist, durch den Episkopat unter der Leitung des Hl. Geistes bis heute eine eben dadurch garantierte bruchlose Einheit besteht. Weder die Auslegung des depositum fidei durch „neue" Dogmen noch Zeiten moralischen Tiefstandes oder geschichtlicher Katastrophen tangieren diesen

Grundbestand der von den Tagen der Apostel bis ans Ende der Tage gültigen Kontinuität.

Für die Verfallstheorien ist immer die Frage wichtig, worin die eigentliche Höhe oder auch Blüte des Christentums oder der göttlichen Offenbarung gesehen wird, welches die Ursachen des Verfalls sind und wo der Verfall eintritt. Die darin beschlossene Normfrage macht die Relativität der späteren geschichtlichen Erscheinungen erst recht deutlich; aber sie ist natürlich, vom Standpunkt des radikalen Historismus aus beurteilt, eine Inkonsequenz, und so muß sie sich dann auch in der Folge als eigentlich kritischer Punkt erweisen.

Schon der Begriff der Reformation setzt per definitionem einen Verfall voraus. Die Kirche ist vom Evangelium abgewichen, ihre Lehre ist durch Philosophie, Aberglaube und willkürliche Zusätze, ihr geistlicher Charakter durch die Macht der Päpste und Bischöfe verunreinigt worden usw. Sie bedarf der Wiederherstellung und der Bewahrung der wiedergewonnenen Wahrheit in der Gemeinde des Evangeliums. Die Verfallsidee war damit erstmals gedacht, wenn sie auch theoretisch nicht ausgeprägt wurde und eben im Gedanken der Wiederherstellung des Ursprünglichen aufgehoben wurde. Erst in der Unparteiischen Kirchen- und Ketzerhistorie von Gottfried Arnold (1699/1700) wird durch das schon bis in den Titel hineinwirkende Prinzip der Unvoreingenommenheit eine Loslösung von den traditionellen standpunktlichen Voraussetzungen zum Programm. Die Geschichte der Kirche ist die Geschichte einer fortwährenden Verdunkelung der christlichen Wahrheit. Arnolds Geschichtsaufriß hält sich noch ganz im Rahmen der eigentlichen Kirchengeschichte. Er bezieht das Neue Testament noch nicht in die Geschichtsbetrachtung ein. Doch ist für ihn die eigentliche Kirche die ecclesia spiritualis, die ihre Wahrheit durch ihre Unsichtbarkeit ausweist. Solange sie noch Märtyrer hervorbringt, ist sie auf gutem Wege. Der Verfall beginnt mit dem konstantinischen Zeitalter. Erstmals werden auch die Reformation und die aus ihr hervorgegangenen Kirchen in die Verfallsgeschichte mit einbezogen. Auch die Reformationskirchen sind von Machtkämpfen durchzogen, eine neue Periode der Dogmenbildung beginnt mit ihnen und weder die dogmatische Kirche noch die eifernden Ketzer können für sich in Anspruch nehmen, die wahre Kirche zu sein.

Die in der protestantischen Dogmengeschichte üblich werdende Datierung des beginnenden Katholizismus, also das Aufkommen der drei apostolischen Normen Glaubensregel, neutestamentlicher Kanon und bischöfliches Amt, schließt ebenfalls eine heimlich oder auch offen ausgesprochene Verfallstheorie in sich. Die Probe auf diese in der Dogmengeschichte mindestens seit A. Harnack bis heute nachwirkende Überzeugung kommt jedesmal in der Beurteilung der Reformation zutage, wobei das prinzipielle Ende der Dogmengeschichte dann mit dem fortwaltenden dogmatischen Interesse der Reformationskirchen nicht recht in Einklang gebracht werden kann und zu unmittelbaren Verdikten führt. Aber auch hier bleibt das Neue Testament selbst noch außerhalb des Geltungsbereiches dieser heimlichen Verfallsidee.

Sobald man die Spuren des beginnenden Frühkatholizismus bis ins Neue Testament selbst hineinverfolgt, ändert sich die Sachlage. Schon die Debatte zwischen R. Sohm und Harnack über die Frage einer im Neuen Testament sich abzeichnenden frühen Rechtsordnung schärfte den Blick der Kritiker. Alfred Loisy, mehr noch die im Banne der Problemstellungen F. Chr. Baurs geschehende Erforschung des Paulinismus und seiner Abschwächungen machten schon in neutestamentlichen Schrifttum selbst eine spätere Schicht sichtbar, welche durch sehr präzise Kennzeichen auf den beginnenden Frühkatholizismus deutete: Die Botschaft des Paulus wird nicht mehr verstanden; „Glaube" ist nun gläubige Annahme der apostolischen Tradition; die Naherwartung erlischt; die werdende „Kirche" richtet sich auf geschichtliche

Dauer ein; Lukas schreibt das erste Geschichtswerk; die Apostel garantieren die richtige Tradition; Rechtsprobleme und moralische Fragen schieben sich in den Vordergrund des Interesses. Das bedeutet aber, daß die zum Verfall führende Wende bereits innerhalb des neutestamentlichen Kanons liegt und daß nun aus der Erschütterung über diese Einsichten das Problem des Kanons selbst aufgeworfen wird. Der Verfall ist in dieser Sicht durch das Mißverstehen des Paulus und durch die Verkirchlichung gekennzeichnet. Man sieht, daß die „Normfrage" damit eindeutig zugunsten des Paulus beantwortet ist und daß auch hier das Urteil über die Reformation so etwas wie eine Probe auf die Theorie bedeuten muß: als Wiederherstellung des Paulinismus ist sie die Rückkehr zum Ursprünglichen, doch ist die Verkirchlichung des Protestantismus ein Rückfall zum Katholizismus hin.

Paul de Lagarde hat, zeitlich früher, eine radikalere Verfallstheorie mit Leidenschaft vorgetragen. Nach ihm ist Paulus nicht die Norm, sondern die Wende zum Verfall; er ist der Verderber des Evangeliums. Das Evangelium ist die reine Botschaft Jesu von der geistigen Verehrung Gottes und vom Vertrauen zum Vater. Paulus hingegen macht den Menschen Jesus selber zu einem Gegenstand des Glaubens, indem er ihn als den Messias des Alten Testamentes erklärt. Er rückt die einmaligen Fakten des Todes Jesu am Kreuz und seine Auferstehung in den Mittelpunkt des Interesses, Tatsachen also, von denen uns doch die fortschreitende Geschichte immer weiter entfernt. Dieser Tatsachenkultus ist jüdisch. Paulus hat nach Lagarde verhindert, daß sich das Evangelium völlig vom Judentum und vom Alten Testament löste. Er ist auch darin Verderber des Evangeliums gewesen, daß er der erste Theologe ist. Er hat das Evangelium zum Christentum umgefälscht.

Diese Entgegensetzung des Evangeliums Jesu gegen alles Spätere kann sich auch in milderen Formen vollziehen, indem wenigstens die Lehre Jesu zum Maßstab und Kriterium anderer, auch im Neuen Testament vertretener Lehrsysteme, etwa des Paulinischen, erklärt wird (E. Stauffer), wie denn auch die Vorrangstellung der „ipsissima verba" des Herrn innerhalb des Kanons, ihre Erhebung gleichsam zu einem Kanon innerhalb des Kanons, von jener Grundstimmung der Verfallstheorien lebt, wenn sie auch unter Vermeidung aller Schärfen im Lagardeschen Stil, konsequent, doch ohne Härten entfaltet zu werden pflegt.

Wenn wir weiter in systematischer, nicht in chronologischer Reihenfolge fortschreiten, dann ist der radikalste unter allen Verfallstheoretikern Franz Overbeck, der Freund Nietzsches (1837–1905). Nachdem er in den Anfangszeiten der dialektischen Theologie kurze Zeit im Lichtkegel des Interesses stand, ist er heute wieder in seine Verborgenheit zurückgekehrt. Für unsere Frage sind die wichtigsten Veröffentlichungen zwei abgelegene kleine Schriften: Über die Christlichkeit unserer heutigen Theologie, (1873) 1903², und Christentum und Kultur, posthum 1919. Über ihn W. Nigg: Fr. O., Versuch einer Würdigung, 1931. Für Overbeck ist die ganze Geschichte des Christentums Verfallsgeschichte. Der Begriff des Verfalls gehört schlechterdings zum Begriff der Geschichte hinzu, ein Gedanke, der erst bei Heidegger („Verfallen zur Geschichte hin"), wenn auch ohne Zusammenhang mit Overbeck, wieder hervorgetreten ist. Es gibt keine Geschichte ohne Verfall. Das heißt, auf das Christentum angewandt, daß es in dem Augenblick verfällt, in dem es in die Geschichte eintritt und seinen Frieden mit ihr macht. Christentum existiert im eigentlichen Sinne nur in einer der geschichtlichen Fixierung kaum noch zugänglichen, keiner Analyse mehr fähigen Form der „Urgeschichte". Auch seine sog. Literatur erfüllt den Begriff einer Literatur, die doch immer an viele gerichtet, Anspruch auf eine gewisse Allgemeingültigkeit und Allgemeinverständlichkeit erheben muß, gerade nicht. Sie ist in diesem aller Geschichte abgewandten Sinne „Urliteratur". Die ersten Christen haben mit Kultur, Wissenschaft und Kunst nichts zu tun. Die Kirche und die Theologie hingegen verleugnen ständig, was sie vertreten, weil sie ja von der Anerkennung der Wissenschaft und der modernen Kultur leben. Gerade das Alter des Christentums, von der Apologetik immer wieder zu seinen Gunsten geltend gemacht, spricht gegen dieses. Das genuine Christentum kann nicht alt werden, ohne aufzuhören, Christentum zu sein. Das ursprüngliche Christentum steht unter der Voraussetzung des nahen Weltendes und der Parusie; aber beides ist eben nicht eingetreten.

Die Einordnung des Neuen Testamentes und seiner literarischen Schichten und Bestandteile in ein Gesamtverständnis der Geschichte des frühen Christentums ist zweifellos ein Bedürfnis der Wissenschaft. Indessen zeigen die hier im Überblick vorgeführten Theorien ein gemeinsames Merkmal, wobei ich die grundsätzliche Vorläufigkeit und Revidierbarkeit jedes Geschichtsentwurfes ganz aus dem Spiel lasse. Alle skizzierten Entwürfe nämlich rechnen mit einer Norm, von der aus die folgende Geschichte als Verfall, Verlust, Abweichung oder Niedergang beurteilt wird. Damit aber wird die Relativität der geschichtlichen Erscheinungen nicht aus einer grundsätzlichen Einsicht in ihre Geschichtlichkeit, sondern aus ihrem Verhältnis zu einem dogmatisch vorausgesetzten Maßstab gewonnen. Und vor die Möglichkeit einer Interpretation der Texte schiebt sich unvermerkt die Tendenz zur Bewertung; denn alle hier für einzelne Texte und Textgruppen und literarische Schichten anzuwendenden Kennzeichnungen („früher" und „später", „frühkatholisch", „verkirchlicht") erweisen sich offen oder verborgen als Wertprädikate. Zu dieser zunächst rein geschichtsmethodischen Überlegung kommt indessen noch eine zweite, die das Problem in das Gebiet der Hermeneutik hinüberträgt. Es kann ja kein Zweifel sein, daß die Frage nach dem jeweiligen geschichtlichen Ort eines Textes zum Verstehen und zur Auslegung eines Textes dazugehört. Aber einmal ist das Bemühen um die historische Einordnung eines Textes, mag sie noch so sehr zu gesicherten Ergebnissen führen, noch nicht selbst schon Verstehen oder gar Auslegung; denn Auslegung bedeutet doch, daß der Sinn des Textes, der „Schrift", im Blick auf die Existenz des fragenden Menschen, also auf mich selbst, zum Verständnis gebracht wird. Und man wird noch weiter gehen und sagen müssen: Ob ein Text „Wort Gottes" ist, bzw. ob er in der Begegnung mit dem hörenden Menschen dazu wird, das ist von den historischen Urteilen weitgehend unabhängig. Historische Urteile müssen nach bestem Wissen, wozu auch das Wissen um ihre Relativität gehört, bei der Auslegung zum Tragen kommen, aber sie sind kein Maßstab dafür, inwieweit die Texte den Glauben wecken werden.

Abschließend und zusammenfassend läßt sich folgendes sagen:

1. Was „Wort Gottes" wird, das ist von dem Alter und von der historischen Situation einer Textgrundlage relativ unabhängig. Der ältere Text hat nicht größere Aussicht als der „jüngere", der „gesi-

cherte" hat nicht größeren Anspruch als der „ungesicherte" Text, mich zur Wahrheit des Glaubens an Christus zu führen. So wichtig, ja unerläßlich die historische Kritik für eine gewissenhafte Auslegung und Aufschließung der Texte ist, so unabhängig ist doch auch der Glaube von der Richtigkeit historisch-kritischer Urteile. Es steht der historischen Kritik im höchsten Maße zu, zu erklären, Verständnis zu erschließen, aber es steht ihr nicht zu, die Bibel als Urkunde des kirchengründenden Glaubens (M. Kähler) in ihrer Einheit dadurch auseinanderzusprengen, daß sie Werturteile über sie nach dem Alter der einzelnen Textgruppen verhängt.

2. Im Worte Gottes ist das Entscheidende, das nämlich, was in ihm wirklich „von Gott kommt" historisch gar nicht mehr auflösbar. Die Wahrheit Gottes ist nicht schlechthin im Zusammenhang mit der historischen Wahrheit; denn die Wahrheit Gottes bezeugt sich uns am Gewissen und im Glauben. Insofern sind Schöpfung, Erlösung, Tod und Auferstehung Jesu jenseits des historischen Urteils. Die Verkündigung des Wortes Gottes ist freilich nicht ohne ihren geschichtlichen Grund, aber es gibt auch in der Bibel historische Wahrheit, auf die sich kein Wort Gottes an uns gründet. Und es gibt historische Tatbestände, Texte, die der Kritik unterliegen und dennoch – nach theologischer Reflexion – sich uns als Wort Gottes zuwenden.

3. Der evangelische Glaube beruht auf der Bibel als Wort Gottes, aber nicht auf der Bibel als System, als Ganzem; denn das ist ein Produkt der Redaktion, das Späteste von allem. Er beruht auch nicht auf der Frühgeschichte des Christentums; denn das ist ein Produkt der wissenschaftlichen Einsicht und von dieser Einsicht auch abhängig. Er beruht auf der aktuellen Begegnung mit dem Wort. Diese Überlegung hat dann aber ein unverkennbares Gefälle zum Predigtvorgang in sich. Denn zu dieser Aktualisierung gehört einerseits der in actu einzelne, den das Wort trifft, und es gehört zu ihr das in actu „einzelne" Wort, der „Text", der uns, gleichsam losgelöst aus allen Zusammenhängen, nun nur noch in dem einzig wichtigen Zusammenhang, nämlich in der Gleichzeitigkeit mit mir selbst, betrifft.

## 5. Das Problem des Alten Testamentes

Das Alte Testament ist nicht für jeden Dogmatiker ein Problem. Wo der Kanon in seiner überlieferten Form selbstverständliche Glaubensautorität ist, wo also in Umkehrung des Schleiermacherschen Satzes (Gl. L. § 128) das Ansehen der Hl. Schriften den Glauben an Christus begründet, da kann auch das Alte Testament im biblischen Kanon kein Problem sein.

In der konfessionellen Definition des alttestamentlichen Kanons zeigen sich insofern gewisse Differenzen, als im Tridentinum die Mehrzahl der sog. Apokryphen als kanonisch erklärt wurden (Sess. IV vom 8. 4. 1546). Luther brachte 14 Apokryphen im Anhang zu seiner Übersetzung des Alten Testamentes als „Bücher, so der Hl. Schrift nicht gleichzuhalten und doch nützlich und gut zu lesen sind". Die reformierte Kirche, welche in einigen ihrer Bekenntnisschriften namentliche Definitionen des Kanons vorgenommen hat, hat die Apokryphen ganz aus dem kirchlichen Gebrauch und auch aus ihren Bibelausgaben ausgeschlossen.

Ebenso ist das Alte Testament kein Problem überall dort, wo bei der Lehre von der Hl. Schrift überhaupt nicht mehr auf die Autorität des Kanons und die Bibel im engeren Sinne Bezug genommen wird.

Beispielsweise beziehe ich mich hierfür auf W. Herrmann, Dogmatik, § 21: „Das evangelische Schriftprinzip kann daher, richtig gefaßt, nur die Bedeutung haben, daß wir in der heiligen Schrift das, was uns Gott durch das in ihr sich offenbarende persönliche Leben, vor allem durch die Macht der Person Jesu sagen will, erfassen sollen als das unentbehrliche Mittel zum Heil. Alles andere in der heiligen Schrift kann für uns die Bedeutung eines Wortes Gottes an uns nur dadurch empfangen, daß wir es entweder als eine Vorstufe dessen verstehen können, was uns in Jesus erscheint, oder als eine Wirkung seiner Kraft. Neben der Person Jesu ist es also das nach Erlösung verlangende persönliche Leben von Menschen und das von dem Bewußtsein der Erlösung durchdrungene persönliche Leben seiner Jünger, was wir in der heiligen Schrift aufsuchen müssen. Diese drei Tatsachen sollen wir als das an uns gerichtete Wort Gottes zu verstehen suchen." Es liegt auf der Hand, daß in dieser Sicht der Dinge kein besonderes Problem des Alten Testamentes im dogmatischen Zusammenhang entstehen kann.

Warum entsteht dann aber überhaupt das Problem des Alten Testamentes und worin besteht es? Es entsteht gewissermaßen als Probefall auf die Lehre von Schrift und Kanon, und zwar immer nur unter der Voraussetzung, daß schon in dieser Lehre Schrift und Kanon nicht identisch gesetzt worden sind. Freilich ist nun gerade eine solche grundsätzliche oder auch nur gläubig-naive Gleichsetzung von Kanon mit Hl. Schrift und mit dem an uns gerichteten Worte Gottes Anlaß zum Widerspruch. Zum Problem wird das Alte Testament, wenn es unmittelbar als Zeugnis Jesu Christi in Anspruch genommen wird. Dies geschieht nicht nur in den verschiedenen Schriften W. Vischers, vor allem in seinem Buche: Das Christuszeugnis des Alten Testaments, 2 Bde. 1935 f., sondern auch bei K. Barth: „Jesus Christus als der Erwartete ist tasächlich auch im Alten Testament offenbar" (KD I/2, 79). Zum Problem wird das Alte Testament angesichts einer Gefahr der Verfremdung des christlichen Glaubens auf seine Vorgeschichte hin. Diese Gefährdung ist nur ein Spezialfall, aber vielleicht der aktuellste: eine Bedrohung des christlichen Glaubens durch eine gesetzliche Auffassung der Hl. Schrift. Im unmittelbaren Anschluß an diese Gefährdungen brennt aber das Problem der Wahrhaftigkeit der Schriftauslegung in der Predigt jedem Prediger unmittelbar auf die Finger. Wie soll er alttestamentliche Texte auslegen, wenn er in seinem Gewissen durch den Literalsinn des Textes gebunden ist? Problematisch ist also das Recht des Alten Testamentes im Kanon der christlichen Bibel, eine Autoritätsfrage, wenn man will, wie denn viele Dogmatiker bis in die Gegenwart hinein (z. B. P. Althaus) unser Problem als ein solches der Schriftautorität verhandeln. Im Anschluß daran ist es dann unvermeidlich, wie schon gezeigt, eine hermeneutische Frage. Es gibt eine jüdische und eine christliche Auslegung des Alten Testamentes; die christliche Auslegung ist also nicht selbstverständlich. Wie ist sie zu rechtfertigen? Wie kann sie geschehen?

Schon hier müssen freilich vordergründige Gesichtspunkte und Argumente beiseitebleiben. Dazu gehören Pietätsgründe, gipfelnd etwa in dem Satz: „Das Alte Testament war die Bibel Jesu." Der wissenschaftlich faßbare Kern dieser These lautet so, daß das Alte Testament die Vorstufe des Neuen ist. Das ist ein in alle zeit- und begriffsgeschichtlichen Konsequenzen hinein (selbst bei Schleiermacher) unbestrittener Satz. Aber genügen solche Argumente, um das aufgeworfene Problem selbst schon zu beantworten?

Ich bin mir bewußt, daß die Verhandlung dieser Frage in einer Dogmatik immer etwas Unbefriedigendes haben muß. Sie reißt Probleme auf, welche mitunter die Arbeit der alttestamentlichen Wissenschaft gar nicht unmittelbar berühren, denen sich aber doch die Vertreter dieser Disziplin stellen sollten, dann jedenfalls, wenn sie ihre exegetischen Einsichten in die christliche Verkündigung einbringen wollen. Leicht gewinnt freilich die Verhandlung dieser Fragen einen unangenehmen Beigeschmack. Die Alttestamentler ziehen sich gerne in ihr Fach zurück und lassen sich diese Fragen nur ungern vortragen. Die „positiven" Dogmatiker verfahren apologetisch, indem sie auf einzelne Texte oder Textgruppen des AT Bezug nehmen, aber dadurch doch eklektisch mit der Schrift umgehen, häufig über ein „einerseits-andererseits" nicht hinauskommen, wie sie nicht insofern eine petitio principii vornehmen, als sie den christlichen Glauben selbst im Blick auf das AT bereits mit alttestamentlichen Grundbegriffen beschreiben, so daß bereits entschieden ist, was zum Problem gemacht wird. Ich denke dabei an Begriffe wie Weissagung und Erfüllung oder an die Anwendung des Bundesgedankens auf die Kirche (vgl. O. Weber, Grundlagen I, 332 ff.).

Die neuere Literatur zum Problem des Alten Testamentes beginnt mit F. D. Schleiermacher, Der christliche Glaube, 1831², § 132. Seine Kritik am AT reicht viel weiter zurück bis zu den Reden, hat aber in der 1. Aufl. der Glaubenslehre noch keinen entsprechenden eigenen §. L. Diestel, Das AT in der christlichen Kirche, 1869, ist als stoffreiche Materialsammlung zum Thema immer noch wichtig. A. v. Harnack, Marcion, (1921) 1924², in der Auseinandersetzung mit dem frühen Barth entstanden, modernisiert bezüglich des AT immerhin marcionitische Thesen. — Für die Einsicht in die heilsgeschichtliche Theologie und ihre weittragenden Probleme sind unentbehrlich G. Schrenk, Gottesreich und Bund im älteren Protestantismus, vornehmlich bei J. Coccejus, 1923, und G. Weth, Die Heilsgeschichte, 1931. Die Bedeutung des AT für die christliche Theologie bedenkt umsichtig W. Eichrodt, Theologie des AT, 3 Bde. (1933 ff.) 1, 1962⁷; 2—3, 1964⁵. Em. Hirsch, Das AT und die Predigt des Evangeliums, 1936, begründet eine Theologie des schärfsten Gegensatzes von AT und Evangelium. – K. Barth, KD I/2, 1938, § 14,2 – P. Althaus, Die christliche Wahrheit I (1947) 1962⁶, § 21 – H. Bornkamm, Luther und das AT, 1948, eine historisch ebenso wie systematisch höchst ergiebige und unentbehrliche Arbeit, auf die nachdrücklich verwiesen werden muß. – R. Bultmann, Die Bedeutung des AT für den christlichen Glauben (Gl. u. Verst. I, 1964⁵, 313 ff.); ders., Weissagung und Erfüllung (Gl. u. Verst. II, 1965⁴, 162 ff.) – L. Goppelt, Christentum und Judentum im ersten und zweiten Jahrhundert, 1954 – H. Gerdes, Luthers Streit mit den Schwärmern, 1955 – O. Weber, Grundlagen der Dogmatik I, 1964³ – W. Zimmerli, Das AT als Anrede, 1956 – W. Trillhaas, Das AT in der Dogmatik, in Gedenkschrift für W. Elert, 1956 – H.-J. Kraus, Geschichte der hist.-krit. Erforschung des AT von der Reformation bis zur Gegenwart, 1969² – M. Noth, Ges. Studien z. AT, 1966³ – G. v. Rad, Ges. Studien z. AT, 1965³; ders., Theologie des AT, I, 1966⁵; II, 1966⁴ – Art. Bibel I, RGG I, 1121–1130 – Fr. Hesse, Das AT als Buch der Kirche, 1966 – H.-J. Kraus, Die biblische Theologie. Ihre Geschichte und Problematik, 1970.

Die Erörterung des Problems des Alten Testamentes kann nur so geschehen, daß wir uns zunächst als Ausgangspunkt die Tatbestände vor Augen führen, die schon vorgegeben sind. Daß das Alte Testament ein Bestandteil des uns überlieferten Kanons ist, das ist eine historische Gegebenheit und kein Dogma. Die Gleichsetzung von Bibel, Hl. Schrift und Wort Gottes käme somit unmittelbar auch dem Alten Testament zugute. Wir haben diese Gleichsetzung aber bestritten. Tatsache ist ferner, daß das Alte Testament der geschichtliche Mutterboden des Neuen ist, und diese Tatsache reicht natürlich tief in exegetische und theologisch-hermeneutische Konsequenzen hinein. Zentrale Begriffe der neutestamentlichen Botschaft, die Struktur der im Neuen Testament zur Aussprache kommenden eschatologischen Erwartung, Name, Würdenamen und Selbstbezeichnungen Jesu, kult- und rechtsgeschichtliche Voraussetzungen und was damit zusammenhängt, das alles kann ohne Bezugnahme auf das Alte Testament nicht erklärt werden. Und es kommt noch etwas dazu. Auf der Korrespondenz der beiden Testamente hat sich seit dem Anfang einer christlichen Theologie eine vielschichtige Spekulation über die Entsprechungen von Weissagung und Erfüllung, über die „Typen des Künftigen" (Röm 5, 14), über Analogien in Hinblick auf das Volk Israel und die neutestamentliche Gemeinde (z. B. 1Kor 10) gestützt. Die ältere und neuere „heilsgeschichtliche Theologie" hat nur aufgenommen, was in dieser Beziehung im Neuen Testament selbst angelegt ist; man halte sich nur die „heilsgeschichtlichen" Predigten der Apostelgeschichte vor Augen! Auch die im Neuen Testament freilich nur spärlich aufgenommene Vorstellung von der Bundesschließung Gottes mit seinem Volk (Lk 1, 72; Apg 3, 25; 7, 8; Röm 9, 4; 1 Petr 3, 21), in der späteren Theologie z. T. zum Motiv einer ausschweifenden Geschichtstheologie geworden, ist ein alttestamentlicher Gedanke. Wahrheit und Tragweite dieser Gedanken können nicht ohne das Alte Testament ermessen werden und setzen die Gegenwart desselben in der christlichen Kirche voraus. Indem ich hier aber an Tatsachen erinnere, die samt und sonders zunächst historischen Charakter haben, schließe ich den Gedanken daran aus, daß diese Tatbestände irgendeinem verändernden Beschluß der Kirche, der doch nur dogmatischen Charakter haben könnte, unterworfen werden könnten. Ebenso freilich steht die unmittelbare religiöse Bedeutung des Alten Testamentes dabei noch völlig offen.

Indessen läßt es sich ja nicht übersehen, daß die Geschichte des Alten Testamentes in der christlichen Kirche auf weite Strecken eine Geschichte des Widerspruches gegen das Alte Testament, jedenfalls aber der kritischen Auseinandersetzung mit ihm gewesen ist. Es ist nicht in dem Sinne der Mutterboden des Neuen Testamentes gewesen, daß dieses bruchlos aus ihm hervorgegangen wäre und es in seiner Kraft und Geltung einfach bestätigt hätte. Zwar läßt sich unser Problem nicht völlig exakt aus dem Neuen Testament herausschälen, weil hier ja noch kein Gegenüber zweier Testamente im Blick ist. Es ist von der Autorität des Gesetzes, von Mose und den Propheten und von den Vätern der Vorzeit, dann aber auch einfach von den Juden und ihren zeitgenössischen Autoritäten die Rede. Die Autorität eines alttestamentlichen Kanons im Sinne unseres Problems steht nicht zur Verhandlung. Es ist nötig, sich die Auseinandersetzung der Gemeinde Jesu mit ihrem alttestamentlichen Mutterboden in aller Schärfe zu verdeutlichen, eine Auseinandersetzung, die ja nicht nur mit dem Judentum und dessen Mißverständnissen, sondern schließlich mit dem „Alten Testament" selbst in genuin jüdischer Auslegung geführt wurde.

a) Die Gemeinde Jesu hält den nach dem alttestamentlichen Gesetz Gekreuzigten für ihren Herrn und für den erwarteten Messias.

b) Sie hält Jesus für das letzte, nämlich das einzig hinreichende Opfer zur Versöhnung für unsere Sünden. Damit ist der Opferkultus abgetan und die Zerstörung des Tempels im Jahre 70 n. Chr. erscheint ihr wie ein Siegel auf das Ende des Tempelkultus.

c) Die Gemeinde Jesu überschreitet noch in apostolischer Zeit die Grenzen des Judentums und nimmt unbeschnittene Griechen in ihre Gemeinschaft auf. Die Aufhebung des Beschneidungszwanges für die Heidenchristen auf dem Apostelkonzil zu Jerusalem (Gal 2, 1–10) bedeutet tatsächlich die Auswanderung zunächst der Heidenchristen, dann aber in der Folge der Gemeinde Jesu, der jungen Kirche aus der Kulttradition Israels.

d) Sie sammelt die ältesten Erinnerungen an Jesus und seine Worte sowie die Zeugnisse der Apostel und sichert eine Überlieferung, kraft deren die wahre Menschheit und Geschichtlichkeit Jesu nicht mehr an die mythische Spekulation preisgegeben werden kann. Es entsteht damit eine Schriftensammlung, welche die alte „Schrift" aus ihrer Monopolstellung verdrängt.

e) Mit dem Wachstum der „Kirche aus den Völkern" aber wächst eine Kirche heran, welche in der Geschichte des Volkes Israel nicht mehr ihre eigene Volksgeschichte erkennen kann. Sie kann nur noch auf dem Umweg über eine neue Auslegung einen auch für sie aktuellen Sinn der alttestamentlichen Geschichte erkennen.

Dennoch bedeutet diese Auseinandersetzung nicht schlechterdings eine Loslösung vom Alten Testament. Vielmehr greift die christliche

Gemeinde selbst nach dem Alten Testament und nimmt es in einem neuen Sinne als ein christliches Buch für sich in Anspruch. Die „Schrift" ist für sie Gottes Zeugnis für Jesus. Der Weissagungsbeweis bringt ans Licht, daß Jesus der verheißene Messias ist, der Sohn Davids, der „Sohn" schlechthin. Das radikal Neue der Christusoffenbarung ist kraft des alttestamentlichen Zeugnisses uralt und steht im sinnvollen Zusammenhang mit einer alten Menschheitsgeschichte (vgl. Dinkler a. a. O. 73 f.; Goppelt passim). Paulus nimmt die Geschichte Abrahams (Röm 4; Gal 3) für seine Lehre von der Gerechtigkeit aus Glauben gegen das Gesetz in Anspruch. Das Gesetz ist dazwischengekommen (Röm 5, 20), es hat bis zum Erscheinen Christi einen Interimscharakter (Gal 3, 19 ff., Gal 4). Paulus setzt die selbsterwählte Gerechtigkeit gegen die Gerechtigkeit, die vor Gott gilt, den Glauben an Christus wider das Gesetz (Röm 10, 3 f.) und sprengt so das Alte Testament. Das Evangelium aber sagt der Gemeinde von Jesus nichts anderes: Jesus bestreitet nicht die Autorität des Alten Testamentes, aber beruft sich kritisch gegen das Gesetz und den Schein seiner Erfüllung auf den ursprünglichen Willen Gottes. Seine Kritik am Fastenbrauch (Mk 2, 18 f.), an der Überordnung der Kultvorschriften über die schlichte Kindespflicht (Mk 7, 9–13), an den Reinheitsvorschriften (Mk 7, 14—23), am Sabbatbrauch (Mk 2, 27; 3, 2 ff.), an der Erlaubnis zur Ehescheidung (Mk 10, 1—9) sprengen die Einheit des Gesetzes mit dem „von Anbeginn der Schöpfung" geltenden Willen Gottes (Mk 10, 6). In dem radikalen Liebesgebot haben alle anderen Gesetze und Forderungen ihr Maß.

Indem aber Jesus Christus, den Israel verworfen hat, der ist, der allein den Schlüssel zum Alten Testament verwaltet, wird dem Judentum das Alte Testament aus der Hand geschlagen. Christus ist des Gesetzes Ende, der Sohn Davids, das Ziel aller Verheißungen, er hat den „Schlüssel Davids" zu allen Geheimnissen Gottes (Apk 3, 7). Die Auslegung des Alten Testamentes wird nun „christlich". Es ist voll von weissagenden Typen auf Christus. Jes 53 redet von seinem Leiden und Sterben zu unserer Versöhnung. Die Ämter des Propheten, des Priesters und des Königs werden (seit Euseb v. Cäsarea) auf ihn gedeutet. Clemens Rom (I, 40 ff.) entnimmt dem Alten Testament liturgische Anweisungen, ja selbst die ältesten erkennbaren liturgischen Formulare (Didache, clem. Liturgie) sind alttestamentlich gesättigt. Sofern das Alte Testament „Anrede" (Zimmerli), Kerygma (v. Rad) ist, so ist es das sicher zunächst nur für Israel. Seine Geltung für die „Völker", für die Kirche kann es nur in einem übertragenen, veränderten Sinne gewinnen, es muß allegorisch oder doch prophetisch gedeutet werden.

Dieser gewandelten Deutung dienen dann entscheidende Identifikationen, die in sich hier nicht erörtert werden sollen, von denen aber gilt, daß sie bis heute die Auslegung des Alten Testamentes in der Kirche regieren: a) Jahwe, der Gott Israels, ist der Vater Jesu Christi.

b) Die Kirche Christi ist das neue Israel, das Israel nach dem Geiste, und in diesem Sinne gelten alle Aussagen vom Volk und alle Hoffnungen des Volkes Israel in einem geistlichen Sinne von der Kirche. c) Das Alte Testament zeigt das wahre Bild des Menschen, und das Neue Testament bestätigt dieses Menschenbild und setzt es voraus. d) Kern und Sinn des Gesetzes Gottes, vorab der Dekalog, ist das Gesetz Gottes für alle Menschen. – Mit diesen Identifikationen gehen unmittelbar und sachgemäß auch präzise Überbietungen und Außerkraftsetzungen Hand in Hand: a) Jesus Christus ist der verheißene und erwartete Messias; seine Erscheinung bestätigt den sensus propheticus der Schrift. b) In Jesu Kreuzestod ist die alte Gerechtigkeit zerbrochen und der alttestamentliche Opferdienst beendet. c) Das jüdische Rechts- und Zeremonialgesetz sind zeitgeschichtlich und außer Kraft gesetzt. d) Die Gottesgemeinde ist nicht mehr an Israel und an die Beschneidung gebunden, sondern sie lebt in einem universalen, auf die ganze Menschheit bezogenen Anspruch.

Trotz dieser Aneignung des Alten Testamentes durch die Kirche bleibt das Problem des Alten Testamentes als ein Problem lebendig. Dieses Problem ist grundsätzlicher Art und erschöpft sich nicht in Einzelfragen der Forschung und der Auslegung. Es hat, wie die Geschichte der Zweifel am Alten Testament und seiner förmlichen Bestreitungen bis in die Gegenwart hinein dartut, sehr verschiedene Wurzeln. Es mag zunächst einfach die Schwierigkeit genannt werden, die darin liegt, daß sowohl die Identifikationen als auch die Überbietungen, von denen wir sprachen, eine geistliche Auslegung voraussetzen. Das mag im Einzelfalle die Wahrnehmung eines „tieferen" oder prophetischen Sinnes sein, es mag eine gläubige Auslegung in dem schlichten Sinne bedeuten, daß sich der christliche Leser oder Hörer selbst als den Empfänger des alttestamentlichen Kerygmas begreift. Es kann aber in der Folge zu einer Methodik der Auslegung nach einem mehrfachen Schriftsinn führen, und es hat dazu geführt; und das bedeutet dann unmittelbar eine stete Bedrohung dieser Auslegung durch den Literalsinn. Es kommt hinzu, daß von der engen Verflechtung der beiden Testamente her eine spezifische Bedrohung des Christentums durch Gesetzlichkeit entsteht. Was dialektisch zusammenhängt, wird additiv verstanden; Moses tritt neben Christus, Christus wird zum neuen Gesetzgeber. Alttestamentliche Weisungen werden unmittelbar wieder als christliche Regeln in Anspruch genommen, weil sie doch „Schrift" oder gar „Wort Gottes" sind. Der heimliche oder auch offene Judaismus, das „judenzen", von dem Luther sprach, begleitet vom Alten Testament her die Christenheit als eine stete Gefahr. Diese Gefahr kann gar nicht unterschätzt werden; denn sie stellt unmittelbar eine Gefährdung der Reinheit des Evangeliums dar. – Wo diese Gefährdung verspürt wird, da erwächst das Bedürfnis, die Neuheit des Evangeliums und die Andersartigkeit des Christentums gegenüber dem Alten Testament hervorzuheben: Wir sind keine Juden; Paulus und die Apostel waren es noch und viele ihrer unmittelbaren Probleme entstammen dieser Tatsache. Aber wir sind in einer anderen Lage. Auch hieraus kann sich insofern eine Gefahr für das Verständnis des Evangeliums ergeben, als die geschichtlichen Hintergründe der Anfänge des Christentums verkannt und womöglich die Geschichtlichkeit des Christusereignisses selbst in einer philosophischen Interpretation desselben verdunkelt wird. Oder aber das Alte Testament wird zu einem religionsgeschichtlichen Dokument, das in strenger Kontinuität und Analogie mit der ganzen Religionsgeschichte erklärt wird. Je enger hingegen das Alte und das Neue Testament zusammengesehen werden, desto kühner sind die Aussagen über seine Einzigartigkeit und Analogielosigkeit in der Welt der Religionen: Wo findet sich in ähnlicher Weise radikaler „Monotheismus", wo solches Eingeständnis der Sünden des Volkes, wo eine Bußbereitschaft, die die natürliche Selbstbehauptung bis in ihr Gegenteil zu verkehren bereit ist, nämlich bis zu dem Gedanken der Vernichtung des auserwählten Volkes durch seinen Gott? – Aber dieser Überblick über die Motive, aus denen unablässig die Problematik des Alten Testamentes erwächst, vermag nur einen flüchtigen Eindruck davon zu vermitteln, wie unstillbar die hier erwachsenden Fragen sein müssen.

Und die Geschichte bestätigt das nur. Marcion, der radikalste Dualist unter den Gnostikern, hat in der Mitte des zweiten Jahrhunderts das Alte Testament aus seinem Kanon ausgeschlossen.

In der dogmatischen Begründung seiner Thesen steht er gewiß einsam in der Kirchengeschichte. Das AT ist das Testament des Demiurgen, aus dessen Macht uns Christus erlöst hat. Marcions Dualismus war doch vorwiegend ethisch betont; das AT war für ihn das Dokument der Gesetzesreligion, die durch das Evangelium abgetan ist. Damit waren immerhin zwei Motive ausgeschlagen, die sich in der Geschichte des AT fortan immer wiederholt haben. Das AT ist das schlechthin Fremde, von dem aus das Evangelium nur verdunkelt und verderbt werden kann. Mit einer unverkennbaren antisemitischen Note ist diese Auffassung bei P. de Lagarde ausgesprochen worden, um nur ihn zu nennen. Das andere Motiv, das von Marcion her in der Geschichte fortwirkt, ist die Identifikation des AT mit dem Gesetz. Sie hat sich z. B. in dem überaus wichtigen Buch von E. Hirsch, Das AT und die Predigt des Evangeliums wiederholt.

Luther, als Exeget überwiegend mit alttestamentlichen Büchern beschäftigt und in Jahrhunderten der größte Ausleger des Alten Testamentes, gehört doch auch in die Problemgeschichte desselben.

Hierzu muß vorab auf H. Bornkamm: Luther und das AT, 1948, hingewiesen werden; hier im Anhang 229–234 Übersicht über Luthers Auslegung des AT. Luthers grundlegende Äußerungen zur Frage des AT sind durch die Gefahr einer Vergesetzlichung des Evangeliums bei den Schwärmern hervorgerufen worden. Sie finden sich vor allem in „Eine Unterrichtung, wie sich die Christen in Mosen schikken sollen" (WA 16, 363 ff.) und „Wider die himmlischen Propheten" (WA 18, 62 ff.), beide von 1525. Soweit sich hier das Entscheidende überhaupt in Kürze sagen läßt, muß folgender Ertrag festgehalten werden. Die ganze Dialektik von Gesetz und Evangelium ist im AT lebendig. Luther deutet das AT christozentrisch, er hebt bei den Psalmen den sensus propheticus heraus. Aber wiewohl er selbst Mose als

Meister aller Propheten und „guten Christen" zu würdigen weiß, so ist er doch in aller Regel für ihn der Inbegriff des Gesetzes im AT. An ihm scheidet Luther, was uns am jüdischen Gesetz nicht mehr angeht, was nicht zu uns gesprochen ist, mag es immer Gottes eigenes Wort sein – und was am Gesetz bis ans Ende der Tage gelten wird; das eine ist „der Jüden Sachsenspiegel" und ist vergangen, das andere aber ist das Gesetz im Sinne des natürlichen Gesetzes für alle Menschen, das uns im Gewissen bindet und das besteht, soweit wir bis an unseren Tod mit der Sünde zu kämpfen haben. Hier entfaltet Luther die ganze paulinische Gesetzeslehre in unmittelbarer exegetischer Anwendung. Freilich, so tief diese Grundsätze Luthers führen und so befreiend sie bis zur Stunde sind, so ist doch seine Exegese selbst nach Form und Inhalt vergangen. Auch die alttestamentliche Forschung wird nicht mehr von der strengen Wahrheitspflicht im Sinne der allgemeinen Grundsätze historischer Kritik entbunden werden können, die bei Luther, von seinem kaum konsequent durchgehaltenen Bekenntnis zum Literalsinn der Schrift abgesehen, noch gar nicht im Gesichtskreis liegen. Luthers kritische Heraushebung dessen, was uns am AT nicht mehr betrifft, wird möglicherweise in einem großen Umfang die Geschichte Israels als Offenbarungsgeschichte überhaupt betreffen. Vgl. Bultmann, Die Bedeutung etc., S. 333.

In der Neuzeit macht sich aus vielen Gründen eine zunehmende Entfernung des christlichen Bewußtseins vom Alten Testament geltend.

Die in der Aufklärung erwachende historische Kritik, das Mißtrauen in die Zuverlässigkeit der Überlieferung (Spinoza), die zweifelnde Untersuchung der Tatbestände (J. Spencer), das alles bildet eine allgemeine Grundlage, auf der sich doch sehr bestimmte Leitideen abzeichnen. Da ist zunächst die philosophische Kritik des Gottesbildes zu nennen, die sich z. T. mit recht gewagten historischen Hypothesen verbindet: Abfall von der reinen Urreligion (Th. Morgan), der „alttestamentliche Gott" als „Willkürgott"; jedenfalls ist man der Überzeugung, daß in jeder Religion eine relative Wahrheit verborgen liegt, die es ermöglicht, die Religion hinsichtlich ihrer „Höhe" zu beurteilen. Noch der junge Hegel hat sich über den ungeistigen jüdischen Glauben und seinen Gegensatz zum „Geiste Jesu" ausgelassen (in „Der Geist des Christentums und sein Schicksal"). – Eine zweite Motivreihe bildet dann einfach die zunehmende profangeschichtliche Betrachtung, die schon bei dem Göttinger J. D. Michaelis aller theologischen Ansprüche und Erwartungen entkleidet wird. L. Schmidt, der Verfasser der Wertheimer Bibel, weiß, daß der Pentateuch keine Weissagungen auf Christus enthält, und bei S. Semler verliert sich der Gedanke einer in sich abgeschlossenen Heilsgeschichte auf den Boden. – Schließlich führt der Entwicklungsgedanke dazu, im neuen Bund einen Fortschritt über den alten zu sehen. Lessings „Erziehung des Menschengeschlechtes" (1780) würdigt das AT als „Elementarbuch". „Aber jedes Elementarbuch ist nur für ein gewisses Alter. Das ihm entwachsene Kind länger, als die Meinung gewesen, dabei zu verweilen, ist schädlich. Denn um dieses auf eine einigermaßen nützliche Art tun zu können, muß man mehr hineinlegen, als darin liegt, mehr hineintragen, als es fassen kann..." (§ 51). „Ein besserer Pädagog muß kommen und dem Kinde das erschöpfte Elementarbuch aus den Händen reißen. – Christus kam" (§ 53). Nicht nur die Aufklärung, auch die großen Pietisten fanden Gründe, zu einer Zurückstellung des AT um seiner Anstößigkeiten und Härten willen zu raten (Ph. J. Spener, A. H. Francke), und schon durch Coccejus ist der Gedanke der fortschreitenden Erziehung, der „Abschaffung" des Alten und der Überwindung früherer Stufen und Bundesschlüsse durch die späteren zu einem tragenden Motiv heilsgeschichtlichen

Denkens geworden. Noch in der Neuzeit spielt bei einem so ausgesprochenen Biblizisten, wie es A. Schlatter war, das AT überhaupt keine Rolle mehr. — Für Einzelheiten dieser erregenden Geschichte muß auf die angegebene Lit. verwiesen werden, bes. auf G. Schrenk, G. Weth, ferner auf E. Hirsch, Geschichte der neuern evang. Theologie und auf meinen Aufsatz: Das AT in der Dogmatik a. a. O.

Schleiermacher hat in seinen kurzen, begründeten Distanzierungen vom AT diese Argumente zusammengefaßt, im Sinne und in den Grenzen seiner Einsichten geklärt und für die folgenden Geschlechter wirksam gemacht. Zu verweisen ist auf die 5. seiner „Reden", dann auf die „Kurze Darstellung des Theol. Studiums" (2. Aufl. 1830, §§ 114 u. 141) sowie auf die Glaubenslehre 1. Aufl. §§ 22 u. 150; 2. Aufl. §§ 14, 3 u. 132. Das AT ist für ihn Dokument der jüdischen Religion, hervorgegangen aus dem Gemeingeist des Volkes, der nicht der christliche war. Die atl. Gesetzlichkeit ist dem Christentum fremd. Nicht nur der Weissagungsbeweis, überhaupt der Schriftbeweis ist unzureichend. Gründliche Verbesserung ist erst zu erwarten, „wenn man die alttestamentlichen Beweise für eigentümlich christliche Lehren ganz aufgibt und was sich vornehmlich auf solche stützt, lieber ganz beiseite stellt". Um des unbestrittenen historischen Interesses willen sollte das AT zu einem Anhang des NT gemacht werden.

Wie tief sich diese Meinungen in das Antlitz der späteren Theologie eingegraben haben, das zeigen dann die Wege der religionsgeschichtlichen Auslegung des AT, auf deren Darstellung durch H.-J. Kraus verwiesen werden muß. A. Harnack hat in seinem „Marcion", 1924², 217 u. 222 die Meinung ausgesprochen: „Das AT im 2. Jahrhundert zu verwerfen war ein Fehler, den die große Kirche mit Recht abgelehnt hat; es im 16. Jahrhundert beizubehalten war ein Schicksal, dem sich die Reformation noch nicht zu entziehen vermochte; es aber seit dem 19. Jahrhundert als kanonische Urkunde im Protestantismus noch zu konservieren, ist die Folge einer religiösen und kirchlichen Lähmung. — Hier reinen Tisch zu machen und der Wahrheit in Bekenntnis und Unterricht die Ehre zu geben, das ist die Großtat, die — heute fast schon zu spät — vom Protestantismus verlangt wird."

**Es wäre nun nicht schwer, im Stil der heutigen Apologetik die Schwächen dieser Positionen durchzurechnen.** Das Anlegen eines philosophischen Maßstabes, vor allem eines vorgefaßten philosophischen Gottesgedankens an die alttestamentlichen Texte muß zu einem tiefen Mißverstehen des ganz und gar in Geschichte eingebetteten Zeugnisses führen. Die rein religionsgeschichtliche Betrachtung der Dinge, so wichtig und unverzichtbar sie schon rein wissenschaftsmethodisch ist, muß ohne Hinzunahme der traditionsgeschichtlichen Gesichtspunkte und ohne Gewahrung des kerygmatischen Sinnes auch der Geschichtsdokumente in einer neutralisierenden Beschreibung der jüdischen „Religion" enden. Die Modernisierungen, welche den älteren Forschergenerationen dabei untergelaufen sind, verraten sich z. T. schon in der Terminologie, etwa in der Rede vom „ethischen Monotheismus" des Judentums. Vor allem war die neutralisierende Religionsgeschichte viel zu leicht der Meinung, es mit einem stabilen Gebilde zu tun zu haben. Das hängt sachlich mit der einseitigen Hervorhebung des Gesetzes zusammen. Das Alte Testament ist doch nicht so einseitig „Gesetzesreligion", wie man behauptet hat, und selbst das Gesetz hat als Ausdruck des erwählenden und das erwählte

Volk bewahrenden Willens Gottes Gnadencharakter. In alledem und in mancher anderen Hinsicht waren die Positionen der modernen Bestreiter der Autorität des Alten Testamentes fraglos unzureichend.

Aber sie haben darin doch Recht, daß sie das Anliegen der intellektuellen Redlichkeit, der historischen Gewissenhaftigkeit (des „Literalsinnes") allen Auslegern ins Gewissen gebrannt haben. Die christliche Theologie lebt bei der Auslegung des Alten Testamentes leicht über ihre Verhältnisse und sagt dem hohen Rang der Hl. Schrift zuliebe mehr, als glaubhaft ist. Vor allem aber sollte man die tiefe christliche Bedeutung der modernen Kritik nicht übersehen, die seit den Tagen der Aufklärung, besonders seit Lessing, mit neuen Argumenten die alte Wahrheit zur Geltung zu bringen bemüht ist: Das Evangelium empfängt nicht vom Alten Testament her den Beweis seiner Wahrheit! Das Gesetz Gottes erhält seine bewahrende, anklagende und richtende Funktion nicht aus dem Umstande, daß es im Alten Testament geoffenbart ist. Gott ist nicht darum der wahre Gott, *weil* er der Gott Israels ist. Jesus nimmt seine Wahrheit nicht von den Fragwürdigkeiten spätjüdischer Apokalyptik zu Lehen; denn das alles ist zeitgeschichtlich und vergangen. Es ist das Uranliegen der Kritik am Alten Testament, die das Problem desselben im Bewußtsein der Kirche wachhält, daß im Umgang mit der Schrift den Christen nicht von neuem die Beschneidung, wenn auch in veränderter, nämlich intellektueller Gestalt aufgezwungen wird.

Die kirchliche Apologetik läßt den Blick für die tieferen Interessen in der uralten Zweifelsfrage an der Autorität des AT weitgehend vermissen und begnügt sich damit, auf die Schwächen in den Positionen jener Kritiker hinzuweisen. Diese Schwächen sind am Tage. Ich habe selbst auf sie hingewiesen. Sie erschöpfen aber das eigentliche Problem keineswegs. Es reicht nicht hin, immer wieder jene Kritiker darauf festzulegen, daß sie Christentum und Judentum als „Religionen" prinzipiell unterschieden und aus Jesus einen Religionsstifter machten (so Pannenberg, Radius 1961, Heft 1, 48). Es reicht nicht aus und entspricht nicht dem Ernst der Sachlage, mit ironischen oder moralisierenden Bemerkungen zu antworten, etwa mit dem Hinweis auf die „eigentümliche Sicherheit" Harnacks u. a. Auch die pragmatische Einwendung, alle derartigen Argumente träfen letztlich ebenso das Neue Testament, bedarf sehr der Überprüfung. Man hat den Eindruck, daß die ganze Verhandlung heute noch von Einsichten, Erinnerungen, aber auch von Ressentiments aus der Zeit des deutschen Kirchenkampfes lebt, von denen sie um der Sachlichkeit willen gelöst werden müßte.

Tatsächlich verläuft die Argumentation der Theologie im Blick auf das Alte Testament umgekehrt. Daß es Mutterboden, unerläßliche interpretative Voraussetzung des Neuen Testamentes ist, bedarf keiner Wiederholung. Dann aber gilt in jedem Falle der vorhin angeführten Sätze der entgegengesetzte Weg: Weil das Evangelium die Wahrheit ist, darum empfängt das Alte Testament von ihm her den Beweis seiner (korrelaten) Wahrheiten. Die bewahrende, anklagende und richtende Funktion des Gesetzes wird uns im Alten Testament deutlich und anschaulich. Der Gott und Vater Jesu Christi ist der wahre Gott, der auch die wahren Züge im Gotteszeugnis des Alten Testamentes zu enthüllen vermag. Nicht die Apokalyptik, vom Alten Testament her gesehen ein spätjüdisches Denksystem, stellt uns vor die Wahrheitsfrage, nicht von ihr her trägt die christliche Gemeinde den Glauben an die Auferstehung Christi und ihre Hoffnung zu Lehen, sondern von der Wahrheit Jesu her wird die Apokalyptik in ihrem Anspruch an uns vor die Wahrheitsfrage gestellt. Und damit treten endlich die Umrisse der eigentlichen Problemlage bezüglich des Alten Testamentes deutlich heraus. Es gilt, unseren Umgang mit der Hl. Schrift zu befreien von einer neuen Knechtschaft, von dem „Zwang der Beschneidung". Es gilt, die Konsequenzen daraus zu ziehen, daß wir selbst dem Paulus und den anderen Aposteln gegenüber in einer anderen Situation sind, weil für uns die Gesetzes- und Kulttradition des Alten Bundes nicht einmal mehr den Charakter einer überwundenen und abgelegten eigenen Geschichte hat, sondern nur noch Gegenstand unseres Wissens ist. Es ist eine tiefe Unwahrhaftigkeit, heutige nichtjüdische Christen auf eine heilige Vorgeschichte hin verpflichtend anzureden und darauf festzulegen, welche nicht die ihre ist. Damit aber ist erst die Auslegung zu jener Freiheit befreit, die allein die Freiheit der Kinder Gottes ist und mit intellektueller Redlichkeit durchgehalten werden kann.

Wenn wir diese Freiheit zur historischen Erforschung des Alten Testamentes gewonnen haben, dann ist damit dessen Bedeutung selber nicht auf die historische Seite beschränkt. Das Alte Testament behält eine theologische Bedeutung, die nun freilich nicht mehr direkt gilt, etwa, weil es „Wort Gottes" sei, sondern nur noch indirekt. Die christliche Gemeinde hat zum Alten Testament nur noch ein gebrochenes, nur noch ein indirektes Verhältnis. Das Alte Testament ist nicht nur „Vorstufe" des Neuen, obwohl auch das gilt: es bringt die Religionsgeschichte in den biblischen Kanon ein. Aber es ist zugleich Widerlager des Neuen Testamentes. Alles, was in diesem „neu" ist, kann in seiner grundsätzlichen Neuheit nur im Hinblick auf das Alte und Erste begriffen werden: die Gerechtigkeit, der Glaube, die Erwählung, Sünde und Gnade und der Begriff des Gesetzes. Alle diese Begriffe haben freilich im Alten Testament ihre Geschichte, ihren Wandel.

Bezüglich des Gesetzes verweise ich auf die wichtige Arbeit von M. Noth, Die Gesetze im Pentateuch, a. a. O. 9—141, wo gezeigt wird, daß die Vorstellung von einem „absoluten" Gesetz ein Produkt der Spätzeit ist. Vgl. ferner G. v. Rad, Theologie des AT, und W. Zimmerli, Das Gesetz im AT, ThLZ 1960, 481—498.

Aber nicht nur diese Begriffe haben ihre Geschichte, sondern es gilt in einem ganz grundsätzlichen Sinne: das Alte Testament bringt die Geschichtlichkeit in das „biblische" Denken ein. Hier ist gegenüber allen Vorstellungen von einer stabilen Natur des Menschen dieser Mensch selbst als ein geschichtliches Wesen verstanden, als ein Wesen mit einem Woher und Wohin, mit einem zerbrechlichen Sein, voll Stolz und Angst, unter Gottes Gesetz und Zorn und Gnade, immer individuell, immer begrenzt in seine ihm zugemessene Zeit. Diese ihm zugemessene Zeit, das „Leben", ist höchste irdische Gnade Gottes für diesen Menschen; alles Leben kommt von dem Herrn und Schöpfer des Lebens. Der Schöpfungsgedanke, besser der Schöpfungsglaube durchzieht das Alte Testament. Und in diesen Grundkategorien, die das spätere christliche Credo in seinem ersten Artikel an- und ausgesprochen hat, hat das Neue Testament das Alte einfach rezipiert. Es hat es derart rezipiert, daß es von diesen Grundeinsichten des Glaubens gar nicht mehr ausführlich spricht, sondern sie schlechterdings voraussetzt. Damit ist nicht die alte Art, die Testamente zusammenzubinden, erneuert. Alle kritischen Erkenntnisse bleiben in Kraft. Es ist uns auch keine Rückkehr zu einem neutestamentlich gereinigten und verklärten Alten Testament verstattet. Und die Bereitstellung dieser unentbehrlichen Denkkategorien, die es uns überhaupt erlauben, von einem „biblischen Denken" zu sprechen, sie ist doch noch nicht selbst schon das Evangelium.

Kann man dann aber über das Alte Testament noch predigen? Man muß jedenfalls wissen, daß in der christlichen Kirche keine andere als nur christliche Predigt sein darf. Ich glaube deutlich gemacht zu haben, daß das Alte Testament durchaus in christlichem Sinne auch bei kritischem Bewußtsein erschlossen werden kann, so wie es die Väter in ihrer Weise und im Horizont ihrer exegetischen Einsichten erschlossen haben. Nur gilt, was man sich überhaupt bei der Predigt zu selten klarmacht, daß nämlich jede Predigt ein Wagnis ist. Sie ist es einmal in dem grundsätzlichen Sinne, daß der Prediger „wagt", diesen Text auf die vor ihm versammelte Gemeinde anzuwenden. Ob ihm das glaubhaft gelingt, das kann nur in actu entschieden werden, das ist letztlich eine Sache des Geistes. Bei alttestamentlichen Texten ist der Wagnischarakter gleichsam um einen Schwierigkeitsgrad gesteigert. Wenn ich an die erwähnten Identifikationen erinnern darf, dann bedeutet jede Identifikation, ohne deren keine gepredigt werden kann, ein Wagnis: etwa das Prophetenwort auf heute zu beziehen, das wandernde oder auch verzagende Volk des alten Bundes auf die Kirche zu beziehen, und das Unerfüllte der alttestamentlichen „Religion" auf Christus zu deuten – alles ist Wagnis. Wo dieses Wagnis der Predigt über alttestamentliche Texte gelingt, da, und da allein in überzeugender Weise, ist das „Problem" des Alten Testamentes „gelöst".

Erster Hauptteil

# I. DAS GEHEIMNIS GOTTES
*(Spezielle Theologie)*

## 7. Kapitel

GOTTES VERBORGENHEIT UND GOTTES ERKENNTNIS

### 1. *Das Problem der Gotteserkenntnis*

Gott ist ein Geheimnis. Mit diesem Satz haben wir von vornherein die reine Skepsis bereits in zwiefacher Hinsicht überschritten. Einmal unterstellen wir mit diesem Satz nämlich, daß wir in einem, wenn auch noch so unklaren und vorläufigen Sinne ein Vorverständnis mitbringen, wenn wir von „Gott" sprechen. Zugleich aber sprechen wir die Überzeugung aus, daß wir niemals ganz und gar auszusagen vermögen, was Gott ist, was er will und tut. Wir bleiben auch mit der vollkommensten Erkenntnis immer vor der Tür seines Geheimnisses. „Gott wohnt in einem Lichte, da niemand zukommen kann" (1 Tim 6, 16). Wir können und wir müssen von ihm reden. Das ist ja das Wesen der Theologie. Aber wir können niemals alles von ihm wissen, können niemals hinreichend von ihm sprechen.

Daß wir von ihm reden (predigen!) können, kann also nicht darauf beruhen, daß er uns „zugänglich" wäre, sondern es beruht immer nur darauf, daß und inwieweit er sich uns kundgetan hat. Wir bezeichnen seine eigene Kundgabe als seine Offenbarung (revelatio, ἀποκάλυψις). Gott zieht gleichsam einen Schleier (velum, κάλυμμα) hinweg, der ein Geheimnis seiner Macht und seines Willens verborgen hat. Die biblische Sprache gibt indessen keinen eindeutigen Begriff und keine einheitliche Lehre von diesem den Glauben begründenden Vorgang her. Sicher ist diese Kundgabe nicht einfach und ausschließlich als Wortoffenbarung zu erwarten. Jede Kundgabe Gottes, alle seine Werke vom Anbeginn der Schöpfung, ja diese selbst sind Offenbarung, d. h. Gott hat sich auch in seiner Schöpfung kundgetan. Aber wir können davon nur mit größter Behutsamkeit sprechen. Wir müssen hier jedenfalls alle Theorien beiseite lassen, mit denen man dieses Ursprünglichste gedeutet und rationalisiert hat, wie etwa den Komplex der „natürlichen Theologie" (theologia rationalis), die Lehre von der Uroffenbarung (P. Althaus) oder auch den Begriff der Schöpfungsoffenbarung. Wir nehmen hier zu diesen Theorien in keiner Weise

Stellung. Es besteht aber von der Sache her eine Problematik, die nicht übersehen werden kann. Sie läßt sich mit der sehr einfachen Frage bezeichnen: Ist diese „Offenbarung" noch deutlich ablesbar? Gewiß wird man sich immer kritisch vergegenwärtigen müssen, daß sich das, was Gott „mir" kundgibt, nicht einfach objektivieren und in einem neutralen Sinne demonstrieren, d. h. einem Dritten „zeigen" läßt. Aber ist denn diese Kundgabe Gottes selbst „mir" eindeutig und „offenbar"? Man kann, um sich die Frage zu verdeutlichen, den paulinischen Bericht vom Sündenfall heranziehen, der ebenso positiv wie negativ ausgelegt werden kann: Röm 1,18 ff. Paulus beschreibt die durch den Sündenfall eingetretene Verkehrung: die Herrlichkeit des unvergänglichen Gottes wurde in ein Bild des Geschaffenen verwandelt, Weisheit wurde zur Narrheit, statt dem Schöpfer zu dienen, dienen die Menschen dem Geschöpf, die Naturgesetze werden verkehrt usw. Was ist uns eigentlich noch deutlich erkennbar? Von Gott her besteht freilich diese ursprüngliche Kundgabe noch immer zu Recht, „auf daß sie unentschuldbar seien" (1,20).

Man wird die alte theologische Formel festhalten müssen: Deus cognoscibilis, sed non comprehensibilis. Gotteserkenntnis ist möglich! Aus dem, was Gott uns zu erkennen gibt in seinen Werken wie in seinem Wort, soll Erkenntnis Gottes kommen. Man wird gut daran tun, auch diese Sätze zunächst gegen alle weiter greifenden Theorien abzusichern. Sie besagen nicht schon, „vernünftige" Gotteserkenntnis oder auch „natürliche" Gotteserkenntnis sei möglich. Sie besagen vor allem in keiner Weise, daß eine völlige Gotteserkenntnis möglich sei. Dieser Satz über die Erkennbarkeit Gottes trifft auch noch keine Entscheidung darüber, ob von einer etwa der späteren völligeren Offenbarung vorlaufenden (vorläufigen) oder nachträglichen Erkenntnis (Ex 33, 23) die Rede ist. Das alles mag völlig dahingestellt bleiben. Wiewohl auch der Glaube immer eine dargereichte Erkenntnis in sich schließt; denn kein Glaube wird ohne Grund geglaubt, und jeder Glaube ist auch aussagbar. Alles, was an — um mich vorsichtig auszudrücken — religiöser Erfahrung ernsthaft ist und Gewicht hat, deutet auf Gotteserkenntnis hin. Jedoch darf diese Gotteserkenntnis, wie immer sie beschaffen sein mag, nie ihren bruchstückhaften und selbst darin noch ganz und gar von Gott abhängigen Charakter vergessen. Sie ist niemals umgreifende Erkenntnis, nie ein völliges Begreifen und Verstehen: Deus non comprehensibilis. Wir erkennen jetzt nur stückweise, „ἐκ μέρους" (1 Kor 13, 9 u. 12).

Die alten Dogmatiker haben diesen Unterschied auch dadurch zum Ausdruck gebracht, daß sie unterschieden haben zwischen Gottes Für-sich-Sein (aseïtas) und Für-uns-Sein, seiner Zugewendetheit zu uns (personalitas). Was Gott an und für sich ist, das hat von Justin bis Hegel die auf dem Boden des Christentums erwachsene philosophische Gotteslehre auszusagen versucht: τὸ ὄν = ens realissimum, ens infinitum, actus purus, summum bonum, oder späterhin der absolute

Geist. Vor allem die Alten wollten offenkundig damit die falsche Gotteslehre der Heiden übertreffen und schlagen. Aber indem sie mit solchen Definitionen ein Äußerstes zu leisten versuchten, überstiegen sie tatsächlich alle gebotenen Grenzen und alles Maß. Nicht das „Philosophische" ist an diesen Formeln das Bedenkliche – wo könnte schon die Theologie je dem Zwang des philosophischen Ausdrucks sicher entrinnen? –, sondern das Unsachgemäße der Aussage, die neutrische Fassung der Begriffe, die Leere der Abstraktion, das versuchte Überbieten der Schriftaussagen, das dann doch praktisch nur dazu führt, daß man weit hinter den Schriftaussagen zurückbleibt. Grundsätzlich gilt eben, daß sich – um es paradox zu formulieren – die Aseität Gottes per definitionem jeder Definition entzieht. Aseität Gottes besagt, daß Gott in seinem Für-sich-Sein und in seinem Geheimnis immer alles übersteigt, was wir je erkennen und aussagen können.

Demgegenüber kommt die Personalität Gottes in zwei biblischen Tatbeständen zum Ausdruck, die zugleich alle Bedenken gegen die Behauptung der Personalität Gottes weit überwiegen. Es ist einmal dies, daß Gott uns anredet, daß er mit seinem Handeln, mit Schöpfung und Gebot, mit Zorn und Gnade, uns meint, daß er uns zugewendet ist, bzw. daß der Glaube ihn nur in seiner Zuwendung zu uns oder auch vielleicht in seiner Abwendung von uns wahrnimmt. Der andere biblische Tatbestand, der den dogmatischen Gedanken der Personalität trägt, ist der, daß Gott uns seinen Namen offenbart. Er sagt dem Mose aus dem feurigen Busch, wie er ihn nennen soll: „Ich bin der Herr, dein Gott" (Ex 20,2). Gott selbst sagt „Ich". Jesus Christus offenbart uns den Vaternamen Gottes. Dies ist eine Gestalt seines Evangeliums. Es ist zugleich eine Anleitung, wie wir ihn im Gebet anzusprechen haben: „Vater unser" (Mt 6, 9; Lk 11, 2).

Der Gedanke des göttlichen „Namens" weist nach zwei Seiten. Einmal ist er ein Gegenstand der Offenbarung Gottes. Gott gibt sich kund, indem er uns seinen Namen kundgibt. Er ermöglicht uns, nach ihm zu rufen. Die andere Seite hängt damit sachlich zusammen: Wir benennen Gott mit einem Namen. Dieser Name in Menschenmund ist der Besitz eines Zuganges zu ihm. (Die religionsgeschichtlichen Zusammenhänge, der Gedanke des cogere deos, der Macht über Gott, muß hier außerhalb der Betrachtung bleiben. Vgl. hierzu G. van der Leeuw, Phänom. § 17 passim.)

Zur Theologie des Namens Gottes vgl. O. Grether, Name und Wort Gottes im AT, 1934; W. Eichrodt, Theol. d. AT I, 1962[7], 110—130; E. Brunner, Dogmatik I, 121 ff. Die Theologie des göttlichen Namens war nicht frei von Entartungserscheinungen, indem sich etwa neuplatonische Gedanken in die Deutung der Namen eingeschlichen haben, z. B. bei Augustin De trinitate VII, 5, 10 u. De civitate Dei VII, 11. Bei Dionysius pseudoareopagita werden hingegen alle auf Gott anzuwendenden „Namen" bzw. Begriffe als unangemessen betrachtet: So wird die einschlägige Schrift De divinis nominibus zur Grundschrift der sog. negativen Theologie. – In der Scholastik wird die Lehre von den göttlichen Namen mit der von den Eigenschaften Gottes kombiniert und die Frage tritt in die Mitte des Interesses, wieweit Prädikate, die wir auf das geschaffene Sein anzuwenden pflegen, in „analoger" Weise auf Gott übertragen werden können. Wir haben von dieser Seite der Sache im nächsten Kapitel ausführlicher zu sprechen.

Die Frage der Angemessenheit der von uns angewendeten und aufgebotenen Namen wiederholt sich in gewissem Sinne in der anderen Frage nach der Angemessenheit unserer Vorstellungen von Gott, die uns durch den Satz von seiner Personalität nahegelegt werden. Es ist das Problem des Anthropomorphismus, die Vorstellung Gottes nach der Weise von Menschen.

Die antike Mythologie hat den Anthropomorphismus bedenkenlos geübt. Die Götter sind entstanden, sind unter sich verwandt, aber auch verfeindet, sie haben menschliche Gestalt, Fähigkeiten und Wirkungskreise. So beschreibt schon Herodot die griechische Götterwelt; ohne diesen Anthropomorphismus ist die „homerische Theologie" und Hesiods Theogonie nicht zu denken. Wichtig ist für uns vor allem die dadurch schon frühzeitig bei den Griechen heraufbeschworene rationalistische Kritik. Klassisch dafür ist Xenophanes: „Alles haben Homer und Hesiod den Göttern angehängt, was nur bei den Menschen Schimpf und Schande ist: Stehlen und Ehebrechen und sich gegenseitig Betrügen" (Fragm. 11, Diels). „Wenn die Ochsen und Rosse und Löwen Hände hätten oder malen könnten mit ihren Händen und Werke bilden wie die Menschen, so würden die Rosse rosseähnliche, die Ochsen ochsenähnliche Göttergestalten malen und solche Körper bilden, wie jede Art gerade selbst das Aussehen hätte" (Fragm. 15. Diels). Diese Götterkritik geht dann auch in die Werke der großen Tragiker über. Im Herakles des Euripides heißt es: „Sind nicht im Himmel Ehen, welche jedes Gesetz verbietet?"

Die Kritik am Anthropomorphismus geht seit der klassischen Periode mit Skepsis und Agnostizismus Hand in Hand. Auf tiefere Möglichkeiten, auf die Angst vor der Menschwerdung der „Macht", weist van der Leeuw (191) hin. – In der Neuzeit ist dann L. Feuerbach mit seinem „Wesen des Christentums" und „Wesen der Religion" der Klassiker dieses kritischen Motivs geworden: „Der Gott des Menschen ist nichts anderes als das vergötterte Wesen des Menschen" (Wesen der Rel., Ausg. Kröner, 1923, 19).

Im biblischen Denken hängt das Problem des Anthropomorphismus offenkundig eng mit dem Gegenproblem, der Lehre von der Gottebenbildlichkeit des Menschen, zusammen. Die primitive Umkehr des Gedankens liegt nur allzunahe: Wenn der Mensch nach dem Bilde Gottes geschaffen ist, dann sieht offenbar auch Gott etwa so aus wie ein Mensch. Er wandelt im Paradies zur Abendzeit, er redet oder schweigt, er zürnt und ist eifersüchtig, er kann Rache üben, aber er läßt sich auch erbitten und umstimmen, er ändert seinen Sinn. Man kann natürlich darauf hinweisen, daß dieser Anthropomorphismus nie, wie im Griechentum, polytheistisch ausartet, niemals ins Unmoralische greift. Aber das Problem läßt sich nicht leugnen, und man kann nicht einfach sagen: Wer den Vorwurf des Anthropomorphismus erhebt, der verwirft die Offenbarung (so E. Brunner). Schon im Alten Testament finden sich nämlich nicht wenige Sicherungen nach dieser Seite: „Gott ist kein Mensch", wir können uns zu ihm einer unendlichen sittlichen Überlegenheit versehen: Num 23, 19; 1 Sam 15, 29. Gott ist „größer als der Mensch", so daß unsere menschlichen Begriffe nicht hinreichen (Hi 33, 12), seine Heiligkeit hebt ihn über alles Menschliche hinaus, er will darum nicht verderben (Hos 11, 9). Unverkennbar ist das Bestreben, den Glauben an Gott aus den Versuchlichkeiten des Anthropomorphismus herauszuheben, was doch erst im Neuen Testament so weit gelingt, daß die mythologischen Elemente des Gedankens ganz zurückbleiben.

Es bleibt in dem Begriff der Persönlichkeit Gottes immer etwas Zwiespältiges. Die Kritik Fichtes hat hervorgehoben, daß er am Menschen selbst gewonnen ist, daß er ein auf Gott nicht anwendbarer Gattungsbegriff ist und nur auf endliche Wesen, die sich selbst gegen gleichartiges anderes ausschließlich abgrenzen, zutreffen kann. Freilich blieb seine spekulative Überbietung des Gedankens durch das Absolute ebenso ungenügend, um der Intention des biblischen Zeugnisses gerecht zu werden.

Einschlägig ist J. G. Fichte, Über den Grund unseres Glaubens an eine göttliche Weltregierung, 1798, abgedr. bei F. Medicus, Die philosophischen Schriften zum Atheismusstreit, 1910. Auf die Diskussion des Problems bei Hegel, der in der Phänomenologie des Geistes den Begriff der Persönlichkeit Gottes wieder zu rechtfertigen versuchte, kann hier nicht eingegangen werden. Vgl. auch D. Fr. Strauß, Die chr. Glaubenslehre I, 1840, § 33, sowie die vorsichtige Erörterung bei P. Tillich, Syst. Theologie I, 283 f.: „der aktive religiöse Verkehr zwischen Gott und Mensch vom Symbol (!) des persönlichen Gottes abhängig..." Man muß sich zur Erklärung der Zurückhaltung vergegenwärtigen, daß der Begriff der Persönlichkeit in der älteren Theologie ein metaphysischer Terminus ist und von dem Begriff der Person, wie er in der alten Trinitätslehre angewandt wurde, eben durch diese ganz anderen Hintergründe sich unterscheidet.

Es ist aber schwer, im Gebet und in der Zuversicht zur Fürsorge Gottes jede menschliche Analogie zu vermeiden. Das Vermeiden der menschlichen Analogie führt sofort zu einem „anonymen" Pantheismus oder zum Abgleiten unserer Vorstellungen ins Untermenschliche, zu kosmischen Urgewalten, zu metaphysischen Begriffen oder zum Schicksal. Die Heilige Schrift hat uns selbst wichtige Sicherungen gegen einen Mißbrauch der menschlichen Vorstellungen von Gott mitgegeben. Gott ist einzig. Der radikale Glaube an den einen Gott entzieht sich, so möchte ich sagen, ebenso der Vermenschlichung wie der philosophischen Verallgemeinerung und Spekulation. Gott ist als die Quelle der Gutheit und des Rechten „unerforschlich", sein Tun ist unberechenbar, und immer aufs neue beweist sich – was das Argument gegen Feuerbach schlechthin ist – das Verhältnis von Schöpfer und Geschöpf als unumkehrbar.

Wenn wir das alles aber bedacht haben und bedenken, dann ist doch der Name Gottes, den uns Jesus geoffenbart hat, in Gleichheit und Ungleichheit mit uns, in seiner Herablassung zu uns und in seiner radikalen Überlegenheit über uns, der Vatername (Lk 11, 2.13). Und man kann wiederum sagen, daß der Name, den Gott uns geoffenbart hat, der ist, von dem geschrieben ist, „daß in dem Namen Jesu sich beuge jedes Knie derer, die im Himmel und auf Erden und unter der Erde sind, und jede Zunge bekenne, daß Jesus Christus der Herr sei, zur Ehre Gottes des Vaters" (Phil 2, 9–11). Es dürfte dem christlichen Glauben nicht möglich sei, hinter den damit bezeichneten „Anthropomorphismus" und hinter eine so verstandene personalitas Gottes zurückzugehen.

## 2. Natürliche Gotteserkenntnis?

Das Problem der natürlichen Gotteserkenntnis kann in der Theologie nicht einfach abgetan werden, so sehr das Bewußtsein von der Einzigartigkeit der Offenbarung in Christus das christliche Denken dazu verführen mag, sich mit der Hoheit und Andersartigkeit des eigenen Glaubensbesitzes zufriedenzugeben und alle Kontinuität zur außerchristlichen Religion und zum vernünftigen Wissen von Gott zu verleugnen. Indessen besteht das Problem in doppelter Form. Es ist einmal in der Frage nach der Gotteserkenntnis der Heiden gegeben, eine Frage, die durch die Mission immer wieder vor die Tür der Kirche getragen wird. Und es ist andererseits durch die philosophische Gotteslehre gestellt, welche radikal abzuweisen doch bedeuten würde, daß das Christentum die Beziehung zum allgemeinen Geistesleben abbrechen müßte.

Bei der „heidnischen" Gotteserkenntnis wird man von einem ursprünglichen Wissen ausgehen müssen, das man sich, wie auch immer, als verschüttete Erinnerung, als irregeleitet oder auch als unmittelbare Erfahrung des Überweltlichen und Heiligen denken mag. Ich komme auf diese Frage im 14. Kapitel noch einmal zurück. Man wird sich freilich die ethnischen Religionen nicht im Sinne der Naturreligionen vorstellen dürfen, in denen etwa nur Naturgewalten eine mythische Deutung erführen. Die Religionsgeschichte kennt rätselhafte Wandlungen im Bilde der vorchristlichen Religionen, die vielleicht im Sinne prophetischer Durchbrüche im Sinne eines religiösen Fortschrittes gedeutet werden müssen. Ich erinnere an den Wechsel in dem Verfahren mit den Toten im Germanentum, an das Aufhören der Menschenfresserei bei den Kate auf Neu-Guinea, von dem Chr. Keyßer berichtet (Ajo, 1926, 133). Hierüber auch Tor Andrae, Die letzten Dinge, deutsch 1940, der auf Beispiele aus Amerika und Melanesien hinweist und daraus den Schluß zieht, daß der Unterschied von Naturreligion und gestifteter bzw. Offenbarungsreligion doch viel problematischer geworden ist, als wir meist anzunehmen gewohnt sind (a. a. O., 210 ff.).

Auch die philosophische Gotteslehre bzw. die Religionsphilosophie hat eine tief in die Theologie hineinreichende Bedeutung. Ich denke dabei nicht nur an das tatsächliche Einwirken der Philosophie auf die Geschichte der Theologie, die auch dort erkennbar ist, wo sich die Theologen diese Einwirkungen nicht eingestehen mögen. Die Philosophie hilft der Theologie vor allem, ihre eigene Fragestellung in Reinheit zu bewahren. Sie bewacht die Grenzen der jeweiligen Aussagemöglichkeiten. Sie bewacht, wie bei allen Wissenschaften so auch bei der Theologie – darin ist die Philosophie eben „Wissenschaftslehre" – die Kategorien. Die ältere Apologetik, die den christlichen Glauben unmittelbar in Weltanschauung übersetzte und Einbrüche in die überlieferte Weltanschauung um des Glaubens willen glaubte abwehren zu müssen, war einfach philosophisch schlecht beraten. Die Philosophie zwingt die Theologie zur Präzision ihrer Fragestellungen wie zur Klarheit ihrer Aussagen. Es geht auch in der Theologie nicht ab ohne eine Rückübersetzung von Aussagen des Glaubens an Gott in philosophische Sätze; denn was in der Sprache der Theologie wahr ist, das kann seine Wahrheit nicht in einer anderen Sprache verlieren, wohl aber kann es in der Sprache etwa der Philosophie nur in anderer Form oder auch in Rücksicht auf andere Bedingungen als wahr ausgesagt werden. Die Philosophie zwingt die Theologie, die Aussagen des Glaubens in die kühleren Wasser der Vernunft einzutauchen. Mit dieser Verhältnisbestimmung wird die Philosophie nicht zur Magd der Theologie erniedrigt, sondern die Theologie tritt nur in genau dieselbe Relation zur Philosophie wie jede andere denkbare Wissenschaft auch. Es wäre eine schlechte Sache für die Theologie, würde sie sich unter Berufung auf die Besonderheit ihres Themas hier aus der Schicksalsgemeinschaft aller Wissenschaft ausschließen.

Aber die Leistungen der Philosophie für die Theologie haben zu verschiedenen Zeiten verschiedene Formen gehabt und auch verschiedenen Gewinn eingebracht. Insofern ist, wenn man diesen Beitrag der Philosophie zur Theologie als natürliche Theologie bezeichnen will, was nur bedingt ausreicht, diese natürliche Theologie alles andere als ein einheitlicher und eindeutiger Begriff. Jedenfalls war der klassische Beitrag der alten Philosophie zur Gotteslehre die Aufstellung der sog. Gottesbeweise.

Diese sog. Gottesbeweise gehören ursprünglich in die Metaphysik, in die „rationale Theologie", welche in der zuletzt von Chr. Wolff repräsentierten abendländischen Tradition (nach Ontologie, Kosmologie und rationaler Psychologie) das vierte Thema der Metaphysik darstellt. In der katholischen Theologie ist dieses Schema, wenn auch zeitgemäß modifiziert, heute noch ein vorzügliches Propädeuticum der Studenten, und speziell diese rationale Theologie liefert die Bausteine zur Fundamentaltheologie oder Apologetik.

In der evangelischen Tradition ist die Behandlung der Gottesbeweise, welche nach älterem Herkommen das klassische Stück der natürlichen Theologie ausmachen, weitgehend erloschen. Sie fehlt ganz bei P. Althaus, K. Barth, R. Prenter u. a., wird bei E. Brunner mit ablehnender Kritik, bei W. Elert kritisch, in dogmengeschichtlicher Auseinandersetzung behandelt. Immerhin ist die Auseinandersetzung mit den Gottesbeweisen nicht ohne kritischen Gewinn. Vgl. den Art. von J. Klein, Gottesbeweise, RGG II, 1745–51 (Lit.), ferner jetzt auch S. Holm, Religionsphilosophie, 1960, VII. Kap.

**Betrachten wir zunächst die drei älteren Beweise.**
**a)** Der sog. kosmologische Beweis geht in seinen Anfängen bis auf

Gregor von Nazianz zurück. Er argumentiert grundsätzlich mit dem Kausalgesetz, doch in verschiedenen Beweisgängen. Die Bedingtheit der Weltdinge setzt eine bedingende Ursache voraus. Alle Ursachen bedingter Art (causae secundae) müssen aber zuletzt auf eine unbedingte Ursache (causa prima) zurückführen. In ähnlicher Weise wird aus der Zufälligkeit der Weltdinge auf eine Grundlage ihrer Existenz geschlossen, die sich zuletzt als eine notwendige Grundlage erweisen muß. Dieses argumentum ex contingentia mundi läuft also auf den Erweis der Notwendigkeit des letzten Weltgrundes hinaus und hat damit unverkennbare Gedankenelemente des sog. ontologischen Beweises in sich. Der kosmologische Beweis kann sich aber auch des argumentum ex motu bedienen: die Veränderlichkeit der Weltdinge setzt eine bewegende Hand und einen bewegenden Geist voraus.

Die Kritik liegt auf der Hand. Schon bei Gregor von Nazianz sehen wir die μετάβασις εἰς ἄλλο, indem die αἰτία als ἀρχηγός interpretiert wird. Schon Kant hat darauf verwiesen, daß man bestenfalls zu einem obersten Glied einer Kette von Ursachen und Wirkungen, aber nicht zu einem persönlichen Urheber gelangen kann. Und warum sollen es nicht viele Ursachen sein? Was nötigt dazu, daß die Wirkungen bei einer Ursache zusammenlaufen müssen? Und was nötigt uns, diese ganz und gar in einer „weltlichen" Kausalreihe verlaufende Argumentation am Ende zu einer überweltlichen Ursache überspringen zu lassen?

b) Der sog. teleologische Beweis, auch als physico-theologischer bezeichnet, blickt ebenfalls auf ein hohes Alter zurück. Er findet sich schon bei Tertullian (adv. Marc. 13 f.). Der Beweis stützt sich auf die Zweckmäßigkeit der Welt. Thomas Aqu. sagt, nachdem er die Finalität der Natur demonstriert hat: „Ergo est *aliquid* intelligens, a quo omnes res naturales ordinantur ad finem; et *hoc* dicimus Deum" (S. Th. I, 2, art. III).

Viele von den kritischen Einwänden gegen den sog. kosmologischen Beweis sind auch hier einschlägig. Man wird aber noch andere, z. T. auch schon von Kant geltend gemachte Gegengründe vorbringen. Wenn die Zweckmäßigkeit auch in der Natur liegt, so muß sie doch nicht über der Natur liegen. Und warum soll der Urheber der Zweckmäßigkeit zugleich auch der Urheber der Welt sein? Und ist die Teleologie in allen Welterscheinungen harmonisch? Widersprechen und widerstreiten sich die Zwecke im einzelnen nicht geradezu? Vor allem ist aber daran zu erinnern, daß der sog. Beweis die Zweckhaftigkeit der Natur unterstellt und damit ein optimistisches Weltbild voraussetzt. Er ist darin dem moralischen Beweis verwandt, mit dem späterhin Kant selbst aufgetreten ist. Aber ist diese Voraussetzung berechtigt?

c) Der sog. ontologische Beweis hat philosophiegeschichtlich die längste Geschichte. Er findet sich bei Anselm (Proslogium 2), dann bei Descartes und bei Leibniz (in Umformung), er verfällt der vernichtenden Kritik Kants, um alsbald in Hegels Vorlesung über die Gottesbeweise (Werke, ed. Glockner, Bd. 16) eine feierliche Erneuerung zu erfahren. Es ist der einzige sog. Gottesbeweis, der nicht a posteriori, sondern a priori geführt wird. Zum allervollkommensten Wesen gehört auch die Existenz! Descartes hat von seinen platonischen Voraussetzungen aus so argumentiert, daß alles, was ich als im Begriff eines Wesens gelegen erkenne, von demselben auch wahr sei. Dabei ist noch einmal die Existenz, wie in früheren Formen des Beweises, als Eigenschaft verstanden worden. Leibniz hat Gott als das nicht ab alio, sondern durch sich selbst existierende Wesen erklärt: Gott existiert kraft seiner Wesenheit; in seinem Wesen ist auch die Möglichkeit mitgesetzt, ist aber das durch sich selbst existierende Wesen möglich, so muß es auch wirklich sein. Alle Formen dieses „Beweises" laufen darauf hinaus, daß der Sprung vom Begriff zur Realität gelingen muß. Kant hat das in diesem Falle mit geradezu rüden Einwänden abgestritten und lächerlich gemacht: Über die Realität entscheidet nur die Erfahrung.

Vgl. hierzu D. Henrich, Der ontologische Gottesbeweis. Sein Problem und seine Geschichte in der Neuzeit 1967[2].

Die anderen Gottesbeweise sind von unterschiedlichem Gewicht und Rang. So greift der Beweis e consensu gentium einfach in die Religionsgeschichte und beutet sie für den Gottesglauben aus. Kant hat auf der von ihm – man kann geradezu sagen: naiv unterstellten Voraussetzung eines optimistisch entworfenen Weltbildes den moralischen Gottesbeweis entwickelt: nicht nur, daß die sittliche Ordnung der Welt auf den Willen eines Gesetzgebers verweist, sondern die Erfahrung der vermeintlichen Ungerechtigkeiten in dieser Welt postulieren einen gerechten Ausgleich in einer anderen, göttlichen Welt. Es gibt auch einen noetischen Beweis, der mit platonischen Denkelementen arbeitet: Aus einem Bestande von Teilwahrheiten muß auf eine wesenhafte Wahrheit zurückgeschlossen werden, wie auch unsere Veranlagung zur Erkenntnis eine prästabilierte Erkennbarkeit der Dinge und damit eine Geborgenheit derselben in einer höheren Vernunft voraussetzt. –

Überblickt man diesen Komplex der sog. Gottesbeweise, so ergibt sich zunächst, daß es sich hier nicht um eine einheitliche Konzeption handelt, sondern daß die einzelnen „Beweise" jeweils ihr eigenes Herkommen und überdies ihre vielfach sehr bewegte Geschichte haben. Daraus erklärt es sich auch, daß sie fluktuieren und gegeneinander nicht streng abgrenzbar sind. Die fünf „viae" der rationalen Gotteserkenntnis bei Thomas Aqu. (S. Th. I, 2 art. III) folgen den hier besprochenen Denkmotiven und mischen sie auch wieder in eigenartiger Weise (primum movens, bezügl. der Bewegung der Dinge – ex ratione causae efficientis, bezügl. des Daseins der Dinge – ex possibili et necessario – ex gradibus, qui in rebus inveniuntur – ex gubernatione rerum „propter finem").

Aber diese sog. Beweise ermangeln doch der zwingenden Kraft.

Als Beweise leisten sie eben nicht, was ein Beweis doch leisten soll. Und wenn man sie als Beweise verstehen mag, so erreichen sie höchstens die Bedeutung eines argumentum zugunsten des „Daseins" Gottes. Das wird so lange nicht als bedenklich empfunden, als man Dasein und Wesen Gottes, dann auch die Lehre von seinen Eigenschaften im Sinne des alten metaphysischen Schemas abhandelt, wie man es ebenso auf Gegenstände der Welterfahrung anwendet. Wenn man das aber in seiner Unmöglichkeit und Unangemessenheit erkennt, dann bricht das ganze Unternehmen zusammen.

Tatsächlich ist aber doch noch etwas zugunsten der Gottesbeweise zu sagen. Sind sie auch keine Beweise im eigentlichen Sinne, so sind sie doch in etwa Nachweise, d. h. sie legen Spuren in die Wirklichkeit, auf denen unser Geist eine Erfahrung dessen sucht, was er im Glauben glaubt. Die sog. Gottesbeweise können nicht beweisen, sie können nicht überzeugen und versagen vor der ihnen unter falschen Voraussetzungen gestellten Aufgabe. Sie bringen aber ein vielleicht unstillbares, jedenfalls auch nicht abzuweisendes Verlangen zum Ausdruck, nämlich das nach einer weltanschaulichen Rechenschaft vom Glauben, nach einem nachgängigen Denken der Glaubenswahrheiten. Es ist das Problem der Zusammenstimmung von Glauben und Denken. So berechtigt die kritischen Bedenken dagegen sind, daß der Glaube zur Weltanschauung wird und sich in „welthafte" Aussagen umsetzt, so wenig kann jedenfalls auf die Dauer der christliche Glaube von der Welterfahrung durch einen theologischen Machtspruch getrennt werden. Eine Artikulierung unserer Welterfahrung auf den Glauben hin, das ist dann immer, wie man das Ergebnis auch kritisch beurteilen mag, wiederum ein unstillbares Thema, das wir in der Religionsphilosophie behandeln und dessen Ort in der älteren Tradition durch die Lehre von den Gottesbeweisen bezeichnet bleiben mag.

Wenn wir freilich heute an dieser Stelle von Religionsphilosophie sprechen, so ist damit auch eine Zurücknahme der Erwartungen bezeichnet. Im Unterschied zur älteren vorkritischen Metaphysik werden wir von ihr keinen Beitrag zur unmittelbaren Gotteserkenntnis erwarten können. So wird auch eine Gotteserkenntnis aus der Natur wie aus der Geschichte kein Thema einer kritisch verfahrenden Religionsphilosophie mehr sein können. Gewiß werden die Formen religiöser Erfahrung, wie sie Rud. Otto in seinem grundlegenden Buch „Das Heilige" (1917) erschlossen hat, bis zu Spuren des Göttlichen, des Numinosum, in der erfahrbaren Welt führen. Das Wesen der Religion kann und muß so verdeutlicht werden, daß auch der christliche Glaube an Gott in einem beschreibbaren allgemeinen Zusammenhang menschlichen Erkennens seinen Ort gewinnt. Was auf dem Felde der Religionsphilosophie im Sinne der älteren Aufgabe der natürlichen Theologie indessen allein noch möglich sein kann, das liegt dann in der Beschreibung der Eigenart religiöser Erfahrung, in der Bezeichnung der Richtung, in der wir nach Gott fragen und ihn suchen, in der Bezeichnung der Kategorien, in denen Aussagen als religiöse Aussagen zu gelten haben. Wenn etwa gewisse Aussagen heute als „metaphysische Sätze" aus der theologischen Argumentation ausgeklammert werden, dann geschieht eine solche Ausklammerung im wesentlichen kraft eines Bewußtseins von hier zutreffenden bzw. hier nicht anwendbaren Kategorien, die der religionsphilosophischen Kritik verdankt werden. Vielleicht kann die Religionsphilosophie auch noch Fragen formulieren, die sich, sei es aus der Erfahrung, sei es im Widerstreit der Erfahrung, als typisch religiöse Fragen ergeben. Aber in all diesen, hier schon sehr weitgegriffenen Möglichkeiten der Religionsphilosophie ist dann doch auch eine unübersehbare Grenze gezogen. Es wiederholt sich in ihr jenes unausweichliche Schicksal, das wir schon bei der älteren natürlichen Theologie wahrgenommen haben. Was diese wie jene zu leisten vermögen, leisten sie rückblickend, nachträglich erkennend und nicht von sich aus in selbständiger Vernunfterkenntnis. „Nur die Religion ist produktiv, die Philosophie ist stets rezeptiv" (S. Holm, 324), das ist ein religionsphilosophischer Satz.

Die scheinbare Überlegenheit der Religionsphilosophie, die sie der Allgemeinheit ihres Religionsbegriffes verdankt, erweist sich der Sache nach als ein Nachteil. Sie leistet nicht so viel, als es zunächst, wenigstens im Blick auf das zentrale Thema, nämlich auf „Gott" zu hoffen scheint. Sie leistet in anderer Hinsicht noch genug. Sie hat den Erweis der Religion in Kunst, Kultur, in der Ethik, sie hat die religiöse Sprache zu untersuchen und im Bunde mit ihren empirischen Schwestern, der Religionswissenschaft, der Religionsphänomenologie und Religionssoziologie deren reiche Ernten begrifflich zu ordnen und zu einer Anthropologie der Religion zusammenzubinden. Das alles ist dann auch theologisch wieder enorm bedeutsam. Freilich muß die Theologie selbst ihr in einer Theologie der Religion entgegenkommen und sich ihr erschließen. Ich verweise in diesem Zusammenhang auf Kap. 14.

## 3. Die Trinitätslehre

Die doppelte Absicht der Lehre von Gott, sein undurchdringliches Geheimnis zu wahren und ihn zugleich als den zu glauben, zu verstehen und zu verkündigen, der uns zugewendet ist, wird seit den Tagen der alten Kirche in der Lehre von der Dreieinigkeit Gottes zu Ehren gebracht. Diese Lehre erweist sich gegenüber allen vereinfachenden Wesensaussagen über Gott als ein Sperriegel, sie hält das Bewußtsein einer in Gott nicht auslotbaren Tiefe lebendig, und sie erweist sich allen philosophischen Spekulationen über Gott überlegen, wiewohl es ebenso am Tage ist, daß sie dann wieder ihrerseits solche Spekulationen in Fülle hervorgerufen und begünstigt hat.

Es sind eigentlich nur vier klare neutestamentliche Stellen, welche als Schriftgrundlage der Trinitätslehre genannt werden können: 1 Kor 12, 3—6; 2 Kor 13, 13; Eph 4, 4—6 und der Taufbefehl Mt 28, 19. Die Stelle Röm 11, 36, die auch eine triadische Formel enthält, kann doch nur sehr bedingt zu dieser Schriftgrundlage gerechnet werden, von alttestamentlichen Belegen wie Gen 18, 2 oder Jes 6,2—3 ganz abgesehen, die nur bei einer gewagten allegorischen Auslegung herangezogen werden können. Diese außerordentlich schmale Schriftgrundlage hätte allein für sich genommen kaum ausgereicht, eine so weittragende dogmatische Lehre zu begründen, wenn nicht von der Exegese her sich noch ein anderer Zwang ergeben hätte. Die Aussagen über Jesus Christus als den Sohn Gottes, das „Gott in Christo" (2 Kor 5,19) wie auch die Übertragung des Kyriosnamens auf den Geist (2 Kor 3,17), vor allem aber die johannischen Formeln, in denen die Einheit Christi mit dem Vater ausgesprochen ist, das alles forderte die alte Theologie zu einem sachlichen Ausgleich heraus. Für die Einheit Christi mit dem Vater ist etwa auf Joh 1,1 vgl. 14; 3, 35; 5, 26; 10, 30.38; 14, 10. 11.20; 14, 9; 17, 11 u. ö. zu verweisen. Schon hier darf bemerkt werden, daß viele rätselhaft erscheinende Formulierungen der klassischen Trinitätslehre sich ohne weiteres erklären lassen, wenn man sie aus ihrer metaphysischen Terminologie gleichsam zurückübersetzt in die zugrundeliegenden Schriftstellen.

Zu diesen Stellen kommen dann diejenigen hinzu, welche ein pneumatologisches Problem aufwerfen: Der Geist „macht lebendig" (2 Kor 3,6), er ist der Herr (2 Kor 3,17), wie die umgekehrte Prädikation „Gott ist Geist" Joh 4,24. Und wenn 2 Kor 3,17 der Geist freimacht, so ist dasselbe Joh 8,36 vom ‚Sohn' ausgesagt. Teils wird Christus als Empfänger des Geistes (Joh 1,32 f.), teils als Spender des Geistes bezeichnet (Joh. 15,26 vgl. Lk 24,49), teils sendet der Vater den Geist (Joh. 14,16.26). Bei wörtlichem Verständnis dieser Stellen, und in dem Verlangen, diese Stellen vorstellungsmäßig zu realisieren und mit dem „Monotheismus" auszugleichen, zugleich in der Nötigung, häretische Deutungen solcher Bibelstellen auszuschließen, ergibt sich der Weg zur Trinitätslehre nahezu zwingend. Es war schließlich die Aufwertung der Lehre vom Hl. Geist durch Basilius, das durch ihn geförderte Bekenntnis der Kirche zur Homousie des Hl. Geistes, wodurch die Erbschaft der alten Dogmengeschichte reif wurde für die abschließenden Festsetzungen der Trinitätslehre, wie sie im wesentlichen durch die Synode von Konstantinopel 381 erfolgten. Im Osten blieben freilich immer gewisse subordinatianische Stimmungen erhalten. Die Reformation und die nachfolgende protestantische Orthodoxie haben am Trinitätsdogma keine Silbe verändert.

Zur Dogmengeschichte ist, abgesehen von den klassischen Lehrbüchern, auf die Monographie von H. Dörries zu verweisen: De Spiritu Sancto. Der Beitrag des Basilius zum Abschluß des trinitarischen Dogmas, 1956.

Wir haben nun zunächst das trinitarische Dogma in seinen Grundzügen und unter Anwendung der wichtigsten Begriffe derselben darzustellen. Man kann von der Grundformel ausgehen: Una divina essentia in tribus personis subsistit, oder auch so: Unus est Deus essentia, trinus in personis. Man sieht hier schon, daß sich das Problem der

Lehre am Unterschied der Begriffe Wesen (essentia) und Person ergibt. Jeder der drei göttlichen Personen kommt dieselbe Wesenheit zu. Das bedeutet jedenfalls, daß man die Trinität nicht als ein compositum, daß man sie nicht in irgendeinem Sinne als Tritheismus verstehen darf. Aber auch der Begriff „Wesen" darf nicht mißverstanden werden. Er bedeutet nicht göttliche „Art", also nicht dasselbe, was wir meinen, wenn wir von „menschlichem Wesen" sprechen; göttliches Wesen kann keine Bezeichnung einer Gattung sein, als ob es mehrere von dieser „Art" gäbe. Vielmehr ist die numerische Einheit Gottes gemeint. Allen drei Personen in Gott kommen dasselbe eine Wesen und demzufolge auch alle „Eigenschaften" Gottes zu. Die pluralitas der drei Personen ist somit keine Mehrzahl des Wesens, keine pluralitas essentialis, auch nicht nur eine solche bloßer Eigentümlichkeiten – keine pluralitas accidentalis –, sondern eine pluralitas personarum sive hypostatica. Hierbei ist in der Dogmengeschichte eine terminologische Unsicherheit wahrzunehmen, die darin besteht, daß in der älteren Christologie, also noch in Nicäa, die Begriffe ὑπόστασις und οὐσία gleichgesetzt werden. Erst später werden sie in verschiedenem Sinne verwendet, besonders durch den Einfluß der Kappadokier. Nun wird ὑπόστασις = persona gebraucht und οὐσία = essentia. Nun gilt die Formel τρεῖς ὑποστάσεις ἐν μίᾳ οὐσίᾳ, d. h. tres personae in una essentia; oder auch tres personae unius substantiae. In der Konsequenz dieser Definition liegt es nun z. B., daß „Person" zwar ein eigenes Subjekt meint, dem aber doch kein jeweils eigenes Wesen zukommt. Diese für heutige Allgemeinbegriffe gar nicht vollziehbaren Vorstellungen verlieren allerdings dann etwas ihre Schwierigkeiten für die Interpretation, wenn man sie im Sinne der alten Christologie „konkret" anwendet: Jesus Christus ist zwar „eines Wesens mit dem Vater", aber er kann doch (kraft der Unterschiedlichkeit der Personen) zu ihm beten. Von dem nomen ὁμοούσιος gilt nach J. Gerhard (Loci III 2, 51): Utrumque complectitur: quod Filius sit distincta a patre persona ac quod sit unius eiusdemque cum patre essentiae.

Die Beziehungen der „Personen" in der Trinität zueinander werden durch zwei charakteristische Begriffe beschrieben.

a) Der Begriff der Perichorese (περιχώρησις) ist schon von Johannes Damascenus verwendet worden und hat bei den Unionsverhandlungen zwischen den Griechen und Lateinern in Ferrara und Florenz eine wichtige Rolle gespielt. Er bezeichnet das Hin- und Her- bzw. Herumschreiten, also die unablässige Bewegung des einen im andern, lat. immeatio, circumcessio bzw. circumincessio. Es gibt auch eine Bezeichnung des Gemeinten ohne die schwierige und eigenartige Vorstellung von einer Bewegung; man spricht dann von einer immanentia, von einer inexistentia mutua et singularissima: eine Person ist um des einen, gleichen und gemeinschaftlichen Wesens willen in der anderen Person. Wiederum löst sich das Befremden über diese uns kaum mehr nachvollziehbare Abstraktion, sobald man sich die Meinung an biblischen Stellen vergegenwärtigt. Joh. 14,11: „Ich im Vater und der Vater in mir"; oder 17, 21: „Du, Vater, in mir und ich in Dir" — diese Stellen legen in ihrer reziproken Aussage natürlich die Vorstellung von einer Bewegtheit des Sachverhaltes nahe.

b) Der Begriff der Aequalitas ist leichter zu fassen. Alle göttlichen Personen in der Trinität sind gleich, „ut nulla persona maior, nulla minor sit, neque Pater commode dici possit κατ' ἐξοχήν aut ratione modi subsistendi maior Filio".

Wenn man indessen diese drei Personen in ihrem Unterschied als für sich subsistierende Subjekte begreifen will, dann müssen ihnen doch auch wieder besondere Eigentümlichkeiten zukommen. Man nennt diese Eigentümlichkeiten verschieden; man bezeichnet sie als character hypostaticus oder proprietas personalis, auch als notio, nota oder relatio. So sagt Thomas Aqu. (S. Th. I, 32, 3): „Notio dicitur id, quod est propria ratio cognoscendi divinam personam."

Diese Unterschiede oder Eigentümlichkeiten können unter zwiefachem Gesichtspunkt betrachtet werden. Einmal werden innergöttliche Handlungen, opera ad intra (notionale Akte), und zwar deren zwei aufgezählt: als opus Patris die generatio, nämlich die Zeugung des Sohnes durch den Vater, und als opus Patris et Filii die spiratio, die „Hauchung" des Geistes durch den Vater und den Sohn. (Hier hat das „Filioque" seinen dogmatischen Ort, welches das Kennzeichen der abendländischen Trinitätslehre darstellt und von der orthodoxen Kirche bestritten wird.) Diese opera ad intra sind, definitorisch genau, solche „Handlungen" innerhalb der Trinität, welche unter Ausschluß jeweils der anderen Person von einer Person allein oder von nur zweien ausgehen, „quae Deus facit extra omnem creaturam intra sese". Von diesen opera ad intra gilt der Satz: Opera Trinitatis ad intra sunt divisa. — Auf diesen innertrinitarischen Akten beruhen dann die besonderen Subsistenzweisen der einzelnen Personen in der Trinität, die freilich nicht anders denn als ihre gegenseitigen Beziehungen (relationes) beschrieben werden können. In der protestantischen Scholastik unterscheidet man fünf notiones personales (τρόποι ὑπάρξεως, propriae subsistendi rationes), nämlich in Patre ἀγεννησία et paternitas, auch generatio activa genannt, in Patre et Filio die spiratio, in Filio die filiatio oder auch generatio passiva, in Spiritu Sancto die processio oder auch spiratio passiva. Diese notae internae geben dann auch Anlaß dazu, von einem ordo subsistendi der drei Personen zu sprechen, daß nämlich der Vater die erste, der Sohn die zweite und der Heilige Geist die dritte Person der Gottheit ist. Zu solchen Lehrfestsetzungen über die Reihenfolge der Personen hat bei den Alten, immer unter Bezugnahme auf trinitarisch auszulegende Schriftstellen, auch die Lehre von den missiones Anlaß gegeben. Sie besagt, daß der Vater den Sohn „sendet" und daß Vater und Sohn den Heiligen Geist „senden". Entsprechend dem Satz von den opera ad intra gilt dann auch von diesen missiones: Keine Person der Trinität vermag sich selbst zu senden. Es kann kaum übersehen werden, daß diese klassischen Sätze, in denen sich der abendländische Katholizismus mit der protestantischen Orthodoxie zusammenfindet, den anderen Lehrsatz von der aequalitas der Personen aufs schwerste gefährden muß, sobald aus der Reihenfolge eine Priorität abgeleitet wird. Auch ist das Gefälle von aktiven zu passiven notiones unübersehbar und einer Kritik förderlich, welche die alte Lehre auf ihre innere Schlüssigkeit prüft.

Von den opera ad intra sind die opera ad extra zu unterscheiden. Sie bezeichnen jene Werke, in denen uns Gott je nach seiner einen oder anderen Person zugewendet ist, „quando Deus extra suam essentiam in creaturis aliquid operatur". Es handelt sich dabei um die „Werke" der Schöpfung (creatio), der Erlösung (redemtio) und der Heiligung (sanctificatio). Diese Werke sind zwar den einzelnen Personen der Trinität zugeordnet, aber in ihnen tritt uns doch jeweils das ganze ungeteilte göttliche Wesen entgegen: Der Schöpfer der Welt ist der Vater Jesu Christi, der Vater, den uns der Sohn offenbart und von dem er gesandt ist, ist der Schöpfer aller Dinge, in der Sendung des Geistes kommt der erhöhte Herr zu uns, usw. Es gilt der Satz: Opera Trinitatis ad extra sunt indivisa. Man kann also im Sinne dieses Prinzips keine „Theologie des ersten Artikels" treiben, in der nicht schon von Christus die Rede sein müßte, und man kann keine Christologie treiben, die den Glauben an Gott, den Schöpfer Himmels und der Erde, verdrängen und in den Schatten stellen dürfte. –

Diese überlieferte Trinitätslehre stellt uns nun freilich vor die Aufgabe der Interpretation, und diese Aufgabe kann nicht erfüllt werden, ohne der in der überlieferten Lehrform beschlossenen Schwierigkeiten zu gedenken. Man kann zunächst nicht umhin, zu beachten, daß es sich um eine nachgängige Lehre handelt, in der mehrere Lehren, vorab die von der Homousie des Sohnes mit dem Vater und die andere von der Homousie des Geistes in einem bestimmten Interesse verknüpft wurden. Das eine wie das andere Thema zwingen zunächst noch nicht dazu, diese „letzten Linien der immanenten Trinität zu ziehen. Das zeigt das Neue Testament, das wohl triadische Formeln, aber noch keine Lehre von der Trinität hat. Der Gedanke der immanenten Trinität ist abschließende Zusammenfassung. Er gehört nicht zum Kerygma, sondern ist ein Letztes theologischer Reflexion über dessen unmittelbaren Gehalt" (P. Althaus, Chr. Wahrheit 689). Die Frühform der Aufklärung hat in Gestalt des auf katholischem Boden erwachsenen Antitrinitarismus (Servet, Blandrata, Sozinianismus) zudem eine tiefe Skepsis in die Geistesgeschichte eingegraben, die sich der Theologiegeschichte mitgeteilt hat und mit der sich die dogmatische Behandlung des Gegenstandes seither auseinanderzusetzen hat. Schleiermachers scharfsinnige Kritik in der Glaubenslehre (§§ 170–172) hat auf dem Boden und in den Grenzen seiner Voraussetzungen diese hemmenden Faktoren bezüglich der Entwicklung und Geltung der Trinitätslehre weitgehend zusammengefaßt.

Es ist zunächst die Problematik des biblischen Grundes. Auf die schmale Schriftgrundlage habe ich schon eingangs verwiesen. Es widerspricht unserem exegetischen Gewissen, Schriftstellen dogmatisch zu überanstrengen und ihnen Aussagen abzuzwingen, die sie nicht hergeben. Man kann nicht die Berichte vom Engel des Herrn (Num 22,22 ff.; Ri 13,3 ff.), die Hypostasierungen der Weisheit (Spr. 8,22 ff.) oder des Wortes Gottes (Weish. 16,12; 18,14 f.) als Belege für eine Selbstunterscheidung im ewigen Wesen Gottes deuten. Lehrt man, sagt Schleiermacher, „daß sowohl die zweite als dritte Person auch schon bei Erschaffung der Welt geschäftig gewesen, wie auch seitdem, daß bei allen alttestamentischen Theophanien die zweite Person das Subjekt gewesen, und die gesamte Prophetie des Alten Bundes ihren Impuls von der dritten bekommen: so sind diese Sätze noch weiter davon entfernt, Aussagen über unser christliches Selbstbewußtsein zu enthalten..." (§ 170, 3). Es sollte deutlich sein, daß das Gewicht solcher Kritik nicht dadurch abgemindert werden kann, daß man sie als Beweis dafür versteht, wie eben das christliche Selbstbewußtsein nicht Maßstab der Dogmatik sein könne. Man kann ganz allgemein sagen, daß keine biblische Aussage von sich aus bis zu der vollen überlieferten Trinitätslehre zu tragen vermag, wenn es auch immer das stärkste Argument zugunsten der Trinitätslehre heißen muß, daß sie es unternimmt, in der Sprache der alten Ontologie die einschlägigen Schriftstellen, wie ich zu zeigen versuchte, zu interpretieren.

Aus der für die orthodoxe Trinitätslehre aufgebotenen Ontologie erwachsen freilich weitere Bedenken. Das Schicksal der Lehre ist damit in verhängnisvoller Weise mit dem Schicksal dieser Ontologie, mindestens aber mit dem der ontologischen Begriffe und der damit gesetzten Konsequenzen verbunden. So ist für die Beschreibung der Einheit des Vaters, des Sohnes und des Geistes der Begriff der einen οὐσία aufgeboten worden. Tertullian hat von der Einheit der substantia gesprochen. Ebenso hat die Ersetzung des Begriffes ὑπόστασις durch das lateinische persona Verwirrungen gestiftet, indem bis in die Neuzeit hinein dann Analogien des menschlichen Personlebens zur Erklärung der Trinität herangezogen wurden. Man kann das an Melanchthon sehen, der hier als gebildeter Humanist sofort den klassischen Begriff des Aristotelismus seiner Zeit substituiert: „Persona, ut Ecclesia in hoc articulo loquitur, est substantia individua, intelligens et incommunicabilis." (Loci 1559, Werke II/1, 181). Aber wir haben diese naheliegenden Bedenken hier nicht weiter auszuführen.

Wichtiger ist es, daß die Trinitätslehre in ihrer überlieferten Form

## Die Trinitätslehre

eigentlich in die Aseität Gottes einzudringen scheint, was doch deren Begriff widerspricht. Sie sagt mehr, als man wissen kann. Das berühmte Wort Melanchthons (Loci 1521, Werke I/1,6) „Mysteria divinitatis rectius adoraverimus quam vestigaverimus" ist auch unter ausdrücklichem Bezug auf die „loci illi supremi de deo, de unitate, de trinitate dei..." geschrieben, und es erklärt gewiß auch die Zurückhaltung der Reformatoren, um nicht zu sagen, auch gewisse (von Holl hervorgehobene) „modalistische" Unbesorgtheiten Luthers. Der in der Neuzeit, besonders seit Schleiermachers Kritik am Trinitätsdogma offenkundige antimetaphysische Affekt hat sich dann in dem Gegensatz von Wesenstrinität und Offenbarungstrinität oder auch von immanenter und ökonomischer Trinität terminologisch festgesetzt, wobei man in einem heilsgeschichtlichen, an der Abfolge der Offenbarungen des Schöpfers, der Erlösung und des Geistes orientierten Verständnis der Trinität dem Zwange zu entrinnen hoffte, Wesensaussagen zu machen, die alle Glaubenserfahrung übersteigen.

Es kommt aber im Bereich dieser Bedenken hinsichtlich der angewandten Begriffe noch ein weiterer Einwand auf. Die Begrifflichkeit der alten Trinitätslehre soll ja ganz wesentlich dem Zwecke dienen, die Aequalitas der drei Personen in Gott darzutun. Das ist nur ein anderer Ausdruck für die Homousie. Tatsächlich aber ist zu fragen, ob diese Terminologie wirklich leistet, was sie leisten soll. Ich habe schon darauf hingewiesen, daß alle notiones bzw. notionellen Akte so formuliert sind, daß subordinatianische Konsequenzen unvermeidlich zu sein scheinen. Schon Schleiermacher hat darauf hingewiesen, daß im dogmatischen Verfahren immer zunächst das göttliche Wesen nur in bezug auf Gott den Vater, besser in bezug auf Gott überhaupt, ohne Rücksicht auf die Dreiheit der Personen dargelegt wird, und dann erst in einem zweiten Schritt die Teilnahme der anderen Personen an diesem Wesen, bzw. die Gleichheit mit ihm zur Rede kommt. Es ist ferner an die dogmatischen Festsetzungen der Reihenfolge der Personen zu erinnern. Vor allem aber setzen die notiones personales doch darin eine Ungleichheit, daß sie dem Vater bzw. dem Vater und dem Sohn aktive notiones, dem Sohn und dem Geist hingegen passive notiones zusprechen. Schleiermacher formuliert es noch härter: „Im ersten Fall hat der Sohn eine zwiefache Unfähigkeit im Vergleich mit dem Vater, wenn ebensowenig als er zeugt auch eine Person von ihm ausgeht. Im letzten Falle hat nur der Geist diese zwiefache Abhängigkeit... die Gleichheit der Personen aber kommt nicht heraus bei dieser Unterscheidung"(§ 171, 2).

Die Gleichheit der Personen in der Trinität, eine neue geistige Durchdringung der Trinitätslehre und ihre Einfügung in das Denken der abendländischen Theologie war das große Anliegen Augustins in seinen Fünfzehn Büchern über die Dreieinigkeit (De Trinitate). Sie enthalten, vom VIII. Buch an, die berühmten Versuche, Analogien des menschlichen Selbstbewußtseins, Wirklichkeiten des menschlichen Geistes aufzubieten, um an ihnen als an Bildern die Einheit der Dreiheit in Gott vorstellbar zu machen.

Es ist die Lehre von den sog. vestigia trinitatis, für die sich Augustin auf memoria, intellectus und voluntas als Stufen des – durch das Wissen, die Bewußtheit und den zu sich selbst zurückbezogenen Willen – gesammelten Selbstbewußtseins berufen hat, aber ebenso auf die drei Seelenvermögen mens, notitia und amor, wobei alle drei einen eigenartig reflexiven Charakter erhalten (IX, 4). Die berühmteste und geschichtlich weittragendste Analogie war aber bei Augustin die Trias der Liebe: der Liebende, das Geliebte als Gegenstand der Liebe und der Liebesakt selbst. Augustin hat als tragenden Grund dieses kühnen Unternehmens den Gedanken der Gottebenbildlichkeit geltend gemacht. Er wollte nur die Denkbarkeit der göttlichen Geheimnisse dartun und war sich über die Schwierigkeiten und über die bedingte Tragweite dieses Erkenntnisweges durchaus im klaren (XV, 5–9). Aber der von ihm beschrittene Weg wurde dann immer wieder und immer zuversichtlicher beschritten. Richard v. St. Victor wollte in den Libri sex de trinitate nicht nur die Einheit der Trinität aus dem Begriffe der Liebe nachweisen und nicht nur die Denkbarkeit des Dogmas an Bildern erleichtern, sondern geradezu die Notwendigkeit der Dreiheit der Personen in Gott beweisen. (Vgl. hierüber und über das Fortwirken seiner Intention R. Seeberg, Dogmengeschichte III, 372 f.) In diesem Sinne hat dann auch Melanchthon von „vestigia" gesprochen und ebenfalls „psychologische" Begriffe – cogitatio und voluntas – in die Trinitätslehre eingebracht (Loci 1559, II/1, 183 f.).

Diese Denkmotive tauchen dann überraschend in Lessings „Erziehung des Menschengeschlechtes" § 73 wieder auf, der ebenfalls unter Bezugnahme auf das Vorstellen Gottes von sich selbst die Trinitätslehre spekulativ verankert. Bei Schelling hat die aus der Lehre von den vestigia erwachsene spekulative Begründung der Trinitätslehre bis in seine letzte Denkphase hinein, bis zur Philosophie der Mythologie und der Offenbarung, die Bedeutung eines tragenden Motives gehabt. Schon in der frühen Schrift über die Methode des akademischen Studiums (1803) erscheint die „Idee der Dreieinigkeit schlechthin notwendig" (V, 316). „Von der Idee der Dreieinigkeit ist es klar, daß sie, nicht spekulativ aufgefaßt, überhaupt ohne Sinn ist" (V, 297). Schon hier werden für die Folgezeit wesentliche Grundgedanken sichtbar. Denn zunächst handelt es sich hier ja um eine spekulative Begründung dessen, was man in der theologischen Tradition als immanente Trinität bezeichnet. Aber „in der idealen Welt, der Geschichte, legt das Göttliche die Hülle ab" (V, 289) und die drei Perioden der Geschichte – das im Idealismus vielfach bewegende joachimitische Motiv – sind notwendiger Ausdruck der Idee Gottes. Noch weniger als bei Schelling läßt sich dann immanente und in der Geschichte sich entfaltende ökonomische Trinität bei Hegel unterscheiden. Seine Idee der Dreieinigkeit (Philosophie der Religion, Werke 16, 227–247) ist überhaupt der tragende Gedanke bei der Darstellung der „absoluten Religion".

Diese Dominanz des Trinitätsdogmas beherrscht dann in der Folge nicht nur das Denken der von Hegel unmittelbar beeinflußten evangelischen Theologie: Daub, Marheineke, Rich. Rothe und I. A. Dorner. Vgl. O. Weber, I, 412–415. Es dringt auch in die Erlanger Theologie ein, hier allerdings vermutlich mehr durch Schelling vermittelt. J. Chr. K. Hofmann setzt an den Anfang seines dem Schriftbeweis vorhergehenden „Lehrganzen" die Lehre von einer in sich bewegten Trinität. Im 2. Lehrstück heißt es: „Die ungleich gewordene Dreieinigkeit ist es, welche mit ihrer ersten Selbstbetätigung den Anfang der geschichtlichen Verwirklichung des ewigen Gotteswillens gesetzt hat." Aus dieser innertrinitarischen Bewegung entspringt dann die „Heilsgeschichte"! (Der Schriftbeweis, I, 1852, 37). Wenn Fr. H. R.

Frank im „System der christlichen Gewißheit" (I [1870], 1884², 343 ff.) davon spricht, daß die immanente Tatsache der Wiedergeburt in ihren drei wesentlichen Elementen das verursachende „transzendente Glaubensobjekt", nämlich den dreieinigen Gott, „verbürgt", so gewinnen hier noch einmal die psychologischen vestigia trinitatis Augustins die Bedeutung einer die christliche Gewißheit tragenden Analogie. Seebergs Begründung der Trinitätslehre mit dem Hinweis auf einen wesensmäßig dreifachen Willen in Gott (Dogmatik I, 1924, 379 ff.) ist dann noch ein schwacher Nachglanz solcher weitgreifenden Unternehmungen.

Ohne Frage lenken diese Ideen von der orthodoxen Lehre ab. Sie weiten, durchweg ohne unmittelbaren Schriftgrund, religiöse Gedanken zum metaphysischen System aus. Das Wort des jungen Schelling, daß „das Geheimnis der Natur und das der Menschwerdung für eines und dasselbe" gelte, gewinnt geradezu einen düster prophetischen Sinn. Aber der Exkurs ist im Rahmen unserer kritischen Überschau sehr lehrreich. Er zeigt nämlich erstens, daß die Trinitätslehre nicht als solche schon eine Gewährleistung der aus der Heiligen Schrift gewonnenen Offenbarungswahrheit ist. Vielmehr können ihre Konsequenzen, fast möchte man sagen: in dem Maße der Zentralstellung des Dogmas so weit führen, daß sie zum Urelement einer natürlichen und vernünftigen Theologie wird. Unser Exkurs zeigt zweitens, daß der oft verhandelte Unterschied von immanenter und ökonomischer Trinitätslehre in der letztlich bis zu Augustin zurückreichenden spekulativen Tradition bedeutungslos wird, wenn er auch bei den Nachfahren Schleiermachers und unter Berufung auf einen popularisierten Kant einer Abwehr der „Metaphysik" in der Theologie dienen soll. Und schließlich mag uns der Überblick über diese Abwege trinitarischen Denkens ganz allgemein dazu mahnen, in dieser Sache nicht zu viel zu tun.

Nach diesem Überblick über die kritischen Erwägungen zur Trinitätslehre mag es schwer sein, zu ihr positiv Stellung zu nehmen. Immerhin schärft dieser Überblick die theologische Gewissenhaftigkeit, die es verbieten muß, sich mit erbaulichen Auskünften oder auch mit ironischen Bemerkungen gegenüber den Zweiflern zu begnügen. Auch sollte darüber Klarheit bestehen, daß hohe christologische Aussagen, über die hier nicht zu sprechen war, wie immer man sie sich zu eigen machen mag, nichts über die ja viel weiter reichende Trinitätslehre entscheiden können. So erweist sich die Forderung K. Barths, die Trinitätslehre gleichsam als Garantie des christlichen Offenbarungsgedankens in die Prinzipienlehre der Dogmatik aufzunehmen, insoweit nicht als völlig schlüssig, als es sich de facto doch nur um einen christologischen Ansatz handelt.

Positiv wird zunächst noch einmal daran zu erinnern sein, daß es sich in der Trinitätslehre um eine Zusammenfassung mehrerer Glaubenssätze zu einer Lehreinheit handelt. Im Wesentlichen sind es, wie ich schon gesagt habe, die Sätze von der Homousie des Sohnes und von der Homousie des Geistes. Drücken wir es, um das elementare Interesse an diesen Sätzen sichtbar zu machen, sehr einfach aus. Es geht im einen Fall darum, daß mir in Christus Gott begegnet, und im anderen Falle, daß im Wirken des Heiligen Geistes Gott selber an mir wirkt. Warum aber nötigen diese Sätze nun das christliche Denken in die Richtung der Trinitätslehre? Sie nötigen deshalb zu diesem Bekenntnis, weil es ein Anliegen des denkenden Glaubens ist, daß die Offenbarung Gottes in Christo und das Wirken Gottes im Geist doch die Einheit Gottes nicht aufheben. Man kann das hier vorliegende Problem auch von der anderen Seite beleuchten. Von Gott ein bekennendes Zeugnis abzulegen, das führt unmittelbar dazu, von seinen Werken und von seinem Wirken zu sprechen. Aber nun ist es eine mit dem Wesen des christlichen Glaubens gegebene Erfahrung, daß ich dieses Zeugnis von Gottes Werk nie in einem Satz allein hinreichend ablegen kann. Wir sprechen von seiner Schöpfung, von der Erlösung in Christus, von der Heiligung (und schon diese Begriffe sind in jedem Betracht nur Abkürzungen), aber niemals ist eine dieser Aussageformen allein für sich hinreichend. Worin haben aber diese Aussagen von Gott, dem Vater, von Jesus Christus, vom Heiligen Geist ihre Einheit? Es ist in der Tat das Problem des christlichen Monotheismus, das die Zusammenfassung der Glaubenssätze erzwungen hat. Natürlich geht es hier niemals um einen „bloßen" Monotheismus, um eine religionsgeschichtliche Kategorie, wiewohl Schleiermachers Verwendung des Begriffs in den Prinzipien der Glaubenslehre (bes. §§ 8,4 u. 11) diese allgemeine Kategorie keineswegs vermeidet. Nicht nur die apologetische Situation des frühen Christentums machte die Frage des Monotheismus zu einem dringenden Anliegen, sondern auch die Konkurrenz mit dem philosophisch reflektierten späten Judentum, die Auseinandersetzung mit dem spätantiken Synkretismus, späterhin die Begegnung mit dem Islam auf spanischem Boden, wo ja bekanntlich sogar der Taufritus im Sinne eines eindeutigen Monotheismus umgestaltet wurde. Die Trinitätslehre mußte, von diesen Bezügen zur Umwelt ganz abgesehen, dann aber einfach eine Antwort für das christliche Denken selbst geben auf die Frage: Was heißt, wenn auch Christus und wenn auch der Heilige Geist wahrer Gott sind, unser Bekenntnis zu dem einen Gott? Oder, wenn man so will: was bedeutet „Monotheismus" unter der Voraussetzung der christlichen Offenbarung?

Zugunsten der überlieferten Trinitätslehre wird man aber noch etwas ganz Formales geltend machen dürfen. Und darin lenkt nun unsere Darlegung wieder zum Thema des Kapitels, nämlich zur Frage der Gotteserkenntnis zurück: Man kann von dem lebendigen Gott, an den wir glauben, nur paradox sprechen. Damit soll nun nicht die Kritik an der überlieferten Lehre zurückgenommen oder nachträglich ins Gegenteil verkehrt werden. Das ist deshalb nicht möglich, weil die alte Ontologie in sich gar nicht paradox interpretiert werden kann, ohne ihren ursprünglichen Sinn einzubüßen, bzw. weil wir die alte Ontologie, indem man sie, wie wir es hier tun, als paradoxe Rede interpretiert, ihrer wörtlichen Geltung berauben. Wir transponieren gleichsam die ins Ontologische verlagerte Redeform christlicher Aussage wieder in die Richtung ihrer ursprünglichen Intentionen zurück, d. h. wir nehmen die Ontologie selbst zurück.

Bei der Erörterung der ontologischen Begriffe, ihres Gewichtes und ihrer Tragweite wird man sich freilich immer auch davor hüten müssen, sie schon hinsichtlich ihres ursprünglichen Wertes zu überschätzen. Man wird schon damit rechnen dürfen, daß mit der überlieferten Rede vom „Wesen" Gottes ja noch nichts darüber ausgesagt ist, welches Wesen das ist und daß man dieses Wesen auch ergründen könne. „Die Homousie des Vaters, des Sohnes und des Heiligen Geistes besagt in keiner Hinsicht, welches Wesen Gott ist, wohl aber, daß Gott nur ‚eines Wesens' ist und sein kann" (Elert 268). Die Trinitätslehre „bildet Begriffe, aber sie begreift nicht" sagt Althaus (a.a.O., 700). Man kann natürlich auch immer die problematischen Begriffe beiseite lassen und sagen: in Jesus Christus und im Wirken des Heiligen Geistes begegnet uns Gott, und zwar immer nur Gott selbst, der eine Gott. Aber dann wird auch deutlich, daß die Trinitätslehre eine Chiffre ist, unter der sich der christliche Glaube an den einen, in Christo geoffenbarten Gott ausspricht.

Man wird die Trinitätslehre nicht überschätzen dürfen. Sie stellt zur Frage der christlichen Gotteserkenntnis einen kritischen Begriff dar, aber doch nicht selbst schon in sich eine Antwort. Melanchthon, der ja trotz seiner durchgehenden Aversion gegen die Überspitzung des spekulativen Elementes in der Theologie in den späteren Loci nicht nur die Trinitätslehre getreu reproduziert, sondern auch in seiner Weise die vestigia der Trinität (Werke II/1, 184, 5.8) zu ergründen suchte, er hat diese Lehre mit einem unüberhörbaren eschatologischen Vorbehalt versehen: „et quamquam haec arcana non penitus perspicimus, tamen in hac vita Deus inchoari vult hanc agnitionem et invocationem nostram a falsa discerni..." (II/1, 183, 19 ff.). Als eine Ermäßigung des Anspruches bzw. der an die Trinitätslehre zu richtenden Erwartung hat man es daher auch zu verstehen, wenn man in neuerer Zeit die Trinitätslehre nur im Sinne der ökonomischen Trinität verstehen wollte. Schon bei Sabellius erschien, wie wir aus dem Bericht des Basilius über ihn (ep. 210, 5) wissen, das göttliche Wesen in drei Rollen oder Gestalten innerhalb der Heilsgeschichte, so daß die Rede von seiner Dreiheit sich als eine Rede von seinem Hervortreten in der göttlichen Ökonomie seines Wirkens erweist. Aber damit tritt nun Gott selbst eben wieder hinter diese seine „Erscheinungsformen" ins Unerkennbare zurück, er selbst in seinem Schweigen hinter allen seinen Offenbarungen wird zum eigentlichen Rätsel. Man hat das natürlich in neuerer Zeit auch kantianisch zu begründen versucht. Aber theologisch wird wohl als ein Anliegen des Glaubens durchgehalten werden müssen, daß Gott nicht anders sein kann als er sich uns offenbart. Gott trügt nicht, wenn er sich uns zuwendet, er ist in Jesus

Christus und im Wirken des Heiligen Geistes vorbehaltlos „er selbst". Gott kann kein anderer sein als der sich uns Offenbarende. Aber das hebt doch nicht auf, daß er unbegreiflich bleibt und daß die Trinitätslehre zwar eine Chiffre des christlichen Glaubens an den einen Gott, daß sie ein relatives Kriterium christlicher Gotteserkenntnis ist, aber daß sie doch nicht in Anspruch nehmen kann, der Inbegriff christlicher Gotteserkenntnis selbst zu sein.

Die Trinitätslehre ist trotz spezifischer, in ihr gelegener Versuchlichkeiten zur spekulativen Ausbeutung doch bei rechtem Gebrauch ein einigermaßen sachgemäßes Korrektiv der christlichen Rede von Gott. Angesichts dieser Einsicht wird es überflüssig erscheinen müssen, sich über die Notwendigkeit und Unentbehrlichkeit der Trinitätslehre Reflexionen hinzugeben, wie das Schleiermacher tat. Die Reformation hat die Trinitätslehre rezipiert, sie hat diese Rezeption als ein Bekenntnis zum gemeinsamen Glauben der einen wahren Kirche betont an den Anfang gestellt (CA I; Apol I; ASm I), sie hat sich der Antitrinitarier entledigt. Luther war in Sachen der Trinität denkbar konservativ, er hat die Lehre in Predigten und in den Katechismen zum Inbegriff des Glaubens an die rechtfertigende Gnade Gottes gemacht. Aber offenbar waren doch darüber hinaus bei den Reformatoren keine treibenden Interessen zu einer Neugestaltung vorhanden, eher zu einer Hemmung der möglichen Spekulationen.

Hierfür ist an die Äußerung Melanchthons in den Loci von 1521 ebenso zu erinnern wie an seine Mahnung, zur einfachen evangelischen Wahrheit sich zu halten. „Sic Christus deducit nos ad patefactum Deum. Cum peteret Philippus monstrari Patrem, graviter obiurgat eum et ab illa speculatione revocat ac inquit: ‚Qui videt me, videt Patrem.' Non vult vagabundis speculationibus quaeri Deum, sed vult oculos nostros defixos esse in hunc exhibitum Filium et invocationem dirigi ad hunc Deum aeternum Patrem qui se patefecit misso hoc Filio et dato Evangelio et qui propter hunc Filium Mediatorem recipit nos et exaudit." (II/1, 174 f.) Auch bei Calvin fehlt es nicht an einer „gewissen Behutsamkeit" auch in der Trinitätslehre, vgl. O. Weber I, 410 u. 412. – Für Luther vgl. R. Prenter, Spiritus Creator. 1957, 177 ff., 238 ff.

Welche Stellung soll die Trinitätslehre im Aufbau der Dogmatik einnehmen? Diese Frage ist dadurch fast zu einem casus confessionis gesteigert worden, daß Schleiermacher die Lehre an den Schluß seiner Glaubenslehre gestellt hat und K. Barth hinwiederum sie als Garantin der rechten Rede von der Offenbarung zum Kern der dogmatischen Prinzipienlehre gemacht hat. Es kann ja das eine wie das andere sehr Entgegengesetztes bedeuten. Die Voranstellung der Trinitätslehre kann ein spekulatives Prinzip meinen, aus dem dann die nachfolgende Dogmatik abgeleitet wird; dieselbe Voranstellung kann auch ein Versprechen bedeuten, das unerfüllt bleibt, die nachfolgende Dogmatik durch die Berufung auf die Offenbarung des dreieinigen Gottes gegen alle Zweifel, Bedenken und Einwände sicherzustellen. Ebenso kann die Stellung der Trinitätslehre am Schluß der Dogmatik verschiedenes besagen. Sie kann eine Verlegenheit zum Ausdruck bringen, wie das bei

Schleiermacher wohl der eigentliche Sinn der Anordnung ist: Die Lehre ist nicht abgeschlossen, zumal bei der Feststellung der evangelischen Lehre eine neue Bearbeitung unterlassen wurde und eine auf die ersten Anfänge zurückgehende Umgestaltung erst noch bevorsteht (§ 172). Indessen hat die Nachstellung des Lehrstücks hinter alle übrigen, wie bei vielen Dogmatikern seither nach Schleiermachers äußerem Vorgange einen anderen Sinn, nämlich den, der Dogmatik einen doxologischen Abschluß zu vermitteln, wie denn auch die wenigen neutestamentlichen Bezeugungen der göttlichen Dreifaltigkeit zu einem Teil selbst doxologische Schlußsätze darstellen. Ich selbst begnüge mich dabei, die Dogmatik selbst aus erwogenen Gründen, wenn auch ohne spekulativen Hintergedanken in Anlehnung an die drei Artikel des Glaubensbekenntnisses in der Reihenfolge der „ungeteilten Werke der Trinität", nämlich der Schöpfung, der Erlösung und Heiligung darzubieten und insofern die Bedeutung der Dreifaltigkeitslehre praktisch zu Ehren zu bringen.

## 8. Kapitel

### DIE MÖGLICHKEIT VON GOTT ZU SPRECHEN
### (sogenannte Eigenschaftslehre)

### 1. *Das Problem der Lehre von den göttlichen Eigenschaften*

Schon in der Trinitätslehre begegnet uns die kritische Frage, wieweit wir über Gottes Wesen selbst Aussagen machen können. Ja schon zuvor führt uns die Frage nach der Erkennbarkeit Gottes auch sofort zu der anderen Frage, wie wir denn eine Erkenntnis Gottes auch aussagen können. Alle Erkenntnis drängt zum „Begriff" hin, aber dies verwickelt uns damit sofort in Widerspruch zu dem Satz von der Unmöglichkeit eines „Begreifens" Gottes. Der Widerspruch liegt darin, daß auf der einen Seite sich Begriffe von Gott als unumgänglich erweisen, daß aber auf der anderen Seite diese Begriffe von vorneherein als unzureichend erkannt werden müssen. Indessen darf uns diese Erkenntnis von dem jeweils nur annähernden oder jedenfalls „uneigentlichen" Charakter unserer Aussagen über Gott nicht dazu führen, hier sorglos und nachlässig zu werden. Die Frage bleibt immer drängend, welche Aussagen wir verantworten können und welche nicht, wieweit sich möglicherweise unsere Begriffe von Gott wirklich an das „annähern", was er uns kundgegeben hat, und in welchem Sinne sie auch bei uneigentlicher Geltung verantwortet werden können und vielleicht sogar notwendig so gefaßt werden müssen und nicht anders.

Wenn nach dem Kapitel über die Erkenntnis Gottes und nach der Darlegung der Dreifaltigkeitslehre die Frage nach den Begriffen, die wir von Gott haben, und nach den Prädikationen, die wir von ihm machen, noch weiterhin festgehalten wird, so muß das begründet werden. Und die Verweisung auf die traditionelle Eigenschaftslehre kann dabei nicht hinreichen. Es ist in der Tat nicht selbstverständlich, wenn nach der Trinitätslehre und neben ihr noch eine andere Reihe von Aussagen über das Wesen Gottes und die möglichen Prädikationen von ihm eröffnet wird. Und man kann außerdem auf den Fortgang der Dogmatik verweisen, also auf die Lehre von der Schöpfung der Welt und des Menschen, auf die Lehre von der Offenbarung Gottes in Christus und von der Erlösung und auf die Lehre vom Heiligen Geist (um nur an die elementarsten Themen christlicher Glaubenslehre zu erinnern). Man könnte noch einmal auf die Namen verweisen, die uns nach dem Zeugnis der Schrift Gott selbst von sich kundgegeben hat. Die Namen sind Gegenstand der Offenbarung durch Gott: Gen 17,1; Ex 3,13 f.; Ex 6,2 f., um nur an die wichtigsten Stellen zu erinnern, wie denn auch die „Offenbarung" des Vaternamens durch Jesus an den wesentlichen Zweck dieser Offenbarungen erinnert: wir sollen wissen, wie wir Gott im Gebet anrufen können (Mt 6, 9; Lk 11, 2). Auch die alttestamentlichen Offenbarungen geschehen zu unmittelbaren Zwecken, zur Legitimierung Gottes bei seinem Bund mit Abraham, zur Legitimierung des Auftrages Moses an Pharao, aber auch zur Verkündigung in allen Landen (Ex 9, 16; vgl. Jer 3, 17). Es ist Ausdruck des speziellen Verhältnisses der Erwählung durch Gott, seinen Namen zu kennen und auch gedeutet zu bekommen (z. B. Apk 19, 13). Neben der Anrufung des Namens im Gebet und neben der Verkündigung des Namens liegt seine Bedeutung besonders auch in der Doxologie (Jes 24, 15; Phil 2, 9 ff.; Apk 15, 3 f. u. ö.), wie denn auch die Lästerung ganz wesentlich dem „Namen" Gottes und Christi gilt (Spr 30, 9; Röm 2, 24; 1 Tim 6, 1; Apk 16, 9). Aber damit ist das Problem der Eigenschaftslehre nicht getroffen, sondern es ergibt sich gerade im Unterschied zur Theologie des göttlichen Namens. Denn in der Lehre von den göttlichen Eigenschaften oder auch Attributen handelt es sich ja um begriffliche Prädikationen, mit denen man sich — Dritten gegenüber — darüber zu verständigen versucht, in welchem Sinne wir von „Gott" reden. Es ist unfraglich eine apologetische Tendenz in der ganzen Problemstellung. Was muß ausgesagt werden, um „Gottes Gottheit" (P. Althaus) unverwechselbar in den Prädikationen von Gott zu Ehren zu bringen? Aber auch die andere Tendenz ist in der Problemstellung des Themas unübersehbar, sich mit anderen Vorverständnissen des Gottesbegriffes durch die Hervorhebung der christlichen Prädikationen klärend, unterscheidend, aber doch auch vermittelnd auseinanderzusetzen.

Nur diese unverkennbare apologetische Grundstimmung erklärt es auch, daß die Eigenschaftslehre immer wieder in den Bahnen einer metaphysischen Gotteslehre abgehandelt wurde. Wie da erst vom Subjekt, dann vom Prädikat, erst von der Substanz, dann von deren Attributen geredet wird, so ist es bis in die Terminologie in der sog. Eigenschaftslehre geschehen.

Es kommt zu den kritischen Bedenken noch hinzu, daß die Tradition bezüglich des Inhaltes der Eigenschaftslehre von einer Unsicherheit ohnegleichen ausgezeichnet ist. Jeder einzelne, vorab neuzeitliche Dogmatiker bestimmt die Eigenschaften anders als der andere, so daß man den Eindruck nicht von der Hand weisen kann, es walte hier eine gewisse aus der Fülle biblischer und zugleich philosophischer Überlieferung sich ernährende willkürliche Spekulation.

Eine umfassende, freilich von schneidender Kritik durchzogene Dogmengeschichte der Lehre von den göttlichen Eigenschaften findet sich bei D. Fr. Strauß, Die christliche Glaubenslehre I, 1840, 525–614. Eine bis zur Stunde wichtige Monographie zum Thema ist H. Cremer, Die christliche Lehre von den Eigenschaften Gottes, (1897) 1917². – Was über die göttlichen Eigenschaften dogmatisch ausgesagt wurde, das stand bis in die protestantische Orthodoxie hinein im Banne der Schrift des Ps. Dionysius Areop., De divinis nominibus. Hier findet sich 7, 3 vor allem jene berühmte und weithin nachwirkende Idee der drei Wege der Gotteserkenntnis „ἐν τῇ πάντων ἀφαιρέσει καὶ ὑπεροχῇ καὶ ἐν τῇ πάντων αἰτίᾳ", in denen sich das Erkenntnisproblem mit der Frage der Attribute unübersehbar verschränkt. Die kritische Auseinandersetzung mit der herkömmlichen Eigenschaftslehre in der neuzeitlichen Philosophie und Theologie hat dann vielfach an die Stelle einer Vielzahl von Attributen große systematische Begriffsidentifikationen gesetzt, worin schon inmitten einer Fortführung der alten Traditionen die Scholastiker vorangegangen waren: Gott ist actus purus. In der von Fichte aufgenommenen und fortgeführten Grundstimmung der Kantischen Gotteslehre findet sich die Identifikation Gottes mit der moralischen Weltordnung, bei Hegel mit dem Prozeß des absoluten Geistes, oder auch des schlechthin Unendlichen. Späterhin wird, bei R. Otto, das Heilige Urattribut Gottes.

I. A. Dorner hat in seinem System der christlichen Glaubenslehre I, 1886, 395 ff. die Eigenschaftslehre ganz mit der Trinitätslehre zusammengenommen und damit den älteren Tendenzen kritische Kraft verliehen; denn man hatte ja schon früher auf Attribute reflektiert, welche den drei göttlichen Personen gemeinsam sind, und davon andere Attribute unterschieden, welche jeder göttlichen Person gemäß dem innertrinitarischen Leben eigentümlich sind. Indessen hat doch die neuere Theologie sich im großen und ganzen in freier Spekulation in den Bahnen der traditionellen Eigenschaftslehre bewegt, d. h. sie hat in immer anderer Gruppierung auch die Aufzählung der Eigenschaften immer wieder verändert. Dabei ist die spekulative Kraft großenteils doch nur eine Kraft der Umformung des Erbes der Orthodoxie. Lediglich Schleiermacher hat die Eigenschaftslehre durch seine entscheidende These im § 50 der Glaubenslehre von allem metaphysischen Verdacht gereinigt: „Alle Eigenschaften, welche wir Gott beilegen, sollen nicht etwas Besonderes in Gott bezeichnen, sondern nur etwas Besonderes in der Art, das schlechthinnige Abhängigkeitsgefühl auf ihn zu beziehen." Diese Ermäßigung des Anspruches hat indessen nicht etwa dazu geführt, die Eigenschaftslehre beiseite zu setzen, sondern sie ermöglichte es vielmehr, im Anschluß bzw. im Zusammenhang mit den großen Teilen seiner Glaubenslehre auf das Thema der göttlichen Eigenschaften zu sprechen zu kommen.

Damit gewinnt die Eigenschaftslehre, wenn man so will, den Charakter einer vollständigen Gotteslehre, und auf diesem Wege – es ist ein Wesensmerkmal der Theologie des Idealismus – wird die Lehre von Gott, wird der Gottesbegriff eine Theologie in nuce.

Immer wieder bricht in der Neuzeit das Mißbehagen in diesem Lehrstück besonders stark aus. Das zeigt sich vor allem darin, daß man den Titel ändert und nicht mehr von „Eigenschaften" spricht. K. Barth verwandelt das Lehrstück in eine Lehre von den göttlichen Vollkommenheiten, darin unbewußt einen orthodoxen Terminus aufnehmend, dessen sich auch Leibniz bedient hat. Tatsächlich trägt er das Lehrstück dann doch, unter vielfältiger Absicherung gegen alle möglichen Mißverständnisse vorab im Sinne einer natürlichen Theologie, erstaunlich traditionell vor und spricht von den Vollkommenheiten des göttlichen Liebens (Gnade und Heiligkeit, Barmherzigkeit und Gerechtigkeit, Geduld und Weisheit) und der göttlichen Freiheit (Einheit und Allgegenwart, Beständigkeit und Allmacht, Ewigkeit und Herrlichkeit). Ähnlich O. Weber, Grundlagen I, 463–509. P. Althaus lehnt die Unterscheidung einer Lehre von Gottes Wesen und von Gottes Eigenschaften grundsätzlich ab und möchte statt dessen zwischen formalen und inhaltlichen Bestimmungen des Wesens unterscheiden. Der eine Gesichtspunkt führt ihn zu den Begriffen der Freiheit und Herrschaft Gottes, der andere zu den Begriffen der Liebe und Gerechtigkeit, beides zusammen dann zu Heiligkeit, Herrlichkeit und Seligkeit. Aber es sind doch immer dieselben Themenkreise, welche hier, in unterschiedlicher Anordnung, abgeschritten werden. Nur P. Tillich hat, ähnlich wie das Dorner in seiner Verschmelzung der Eigenschaftslehre mit der Trinitätslehre tat, den ganzen Themenkreis in sein Lehrstück von „Gott und Welt" aufgehen lassen (Syst. Theol. I, 273), freilich auch hier damit beginnend, daß er ähnlich wie K. Barth, zuerst vom Sein Gottes selbst handelt.

Vgl. ferner W. Philipp, Art. Eigenschaften Gottes, RGG II, 357–362 (Lit.) und die Art. Analogia entis, RGG I, 348—350 (J. Klein) und Analogie, RGG I, 350 bis 353 (Lit.) (W. Pannenberg).

## 2. *Die orthodoxe Lehre von den Attributen Gottes*

Bevor wir unseren Gang fortsetzen, ist es zur Orientierung gut, sich in der orthodoxen Lehre von den göttlichen Attributen umzusehen. In dieser Letztgestalt vorkritischer Theologie hat sich die ältere Tradition gesammelt. Daß hier die eigentlich kritischen Bedenken noch vor der Tür stehen, erkennt man daran, daß die Aufgabe des Lehrstücks unbedenklich darin gesehen wird, Wesensaussagen über Gott zu gewinnen. „Attributa Dei dicuntur perfectiones, quia essentiam Dei perfectissime declarant" (Hollaz). In diesem Sinne gilt von diesen Attributen ausschließend: „nec tamen accidentia sunt nec per modum inhaesionis aut compositionis de Deo praedicantur" (Quenstedt). Es handelt sich hier weitgehend um Einsichten, welche in dem entsprechenden Teil der Dogmatik K. Barths (KD II/1) heute erneut zur Geltung gebracht sind. Man wird überdies den orthodoxen Vätern nicht absprechen können, daß sie in diesem Lehrstück mit äußerster Behutsamkeit vorgegangen sind und sich an Hand der unterschiedlichen Gewinnung der Prädikate jeweils auch über deren Relativität ausgesprochen haben. Schließlich muß vorweg die ganze Eigenschaftslehre im orthodoxen System insofern als ein Ganzes begriffen werden, als durch die Zusammenordnung der Begriffe deren dialektischer Charakter sichtbar gemacht wird.

Die Lehre von der Gewinnung der Attribute verläuft hier freilich noch ganz in den von Ps. Dionysius begründeten „drei Wegen".

1. *Via eminentiae.* Alle Vollkommenheiten, die wir in den Kreaturen finden, sagen wir im höchsten Sinne von Gott aus. Es sind die attributa communicabilia, d. h. solche Attribute, die von Gott und von den Kreaturen ausgesagt werden können. Freilich jeweils in verschiedenem Sinne: von den Kreaturen nur accidentaliter, von Gott hingegen essentialiter. Immer wieder stoßen wir in solchen Zusammenhängen auf den alten Grundsatz: In Deum non cadit accidens. So läßt sich etwa von Gottes Gutheit aussagen: „Bonitas Dei non solum essentialiter Deo competit et est ipsa Dei essentia, sed etiam est causa et regula bonitatis in homine" (J. Gerhard, Loci II, 106). Hier lebt die Orthodoxie einfach vom Erbe der Scholastik, wo bezüglich der „nomina" Gottes unterschieden wurde, ob sie causaliter, nämlich prius de creaturis, oder essentialiter, nämlich prius de Deo ausgesagt würden. Thomas Aqu. hat S. Theol. I, 13 in diesem Sinne bezüglich solcher „nomina", welche von Gott und den Kreaturen ausgesagt werden, ausdrücklich gesagt, daß sie weder univoce noch auch pure aequivoce, sondern nur „secundum analogiam, id est proportionem" ausgesagt würden. (ibid. art. 5 u. 6). Es ist die Grundstelle der heute sog. Analogia entis, dort jedenfalls eine maßvolle logische Erwägung über den möglichen Sinn von Gottesbezeichnungen. Diese Erwägungen sind der Sache nach in die Attributenlehre der protestantischen Orthodoxie eingegangen.

2. *Via negationis.* Hier handelt es sich um die ausdrückliche Negation von Unvollkommenheiten, wie wir sie in den Kreaturen erkennen, im Wesen Gottes. „Quod summe perfectum est, ei nullum inest defectus. Hoc principium naturae subnixi Deum vocamus independentem, infinitum, incorporeum, immensum, immortalem, incomprehensibilem" (Hollaz). Es handelt sich hier um ein altes Motiv von durchaus selbständigem Rang, das am Anfang der „negativen Theologie" steht, das hier aber von seinem Mutterboden der griechischen Mystik gelöst einfach in seinem begrifflichen Sinn zum Einsatz gebracht ist.

3. *Via causalitatis.* Dieses Prinzip ist uns schon aus den Gottesbeweisen bekannt, ein Zeichen dafür, daß auch die Bestandteile der „drei Wege" keine in sich geschlossene Konzeption, sondern schon eine Systematisierung und Zusammenfassung verschiedener Motive darstellen. Es geht hier im Zusammenhang der Attributenlehre freilich nicht um die ursächliche Ableitung der Weltdinge, bzw. um die Gründung des Kontingenten im Notwendigen, sondern um den „Ursprung" der Vollkommenheiten in Gott: „Effectus testatur de causa eiusque perfectione" (Hollaz). In diesem Sinne sagen wir dann: Deus est Vita, Sanctitas usw.

Diese Lehre von den drei Wegen ist nicht zufällig von so nachhaltiger Wirkung gewesen. Das darf nicht über ihre sachlichen Grenzen hinwegtäuschen. Sie ist ganz und gar am Verhältnis Gottes zu den Kreaturen orientiert und vermag demzufolge nur zu Aussagen zu gelangen, die in wechselnden Relationen an den Kreaturen selbst gewonnen worden sind. Es handelt sich dann doch mehr um ein logisches Experiment, dessen Schwäche überdies in der Abstraktheit und Neutralität der gewonnenen Begriffe von Gott erkennbar wird. Man hat daher im Vollzug der Attributenlehre vielfach eine Erweiterung insofern angestrebt, als man die Eigenschaften eingeteilt hat in metaphysische, physische und moralische, je nachdem sie das Verhältnis Gottes in sich selbst, sein Verhältnis zur Welt oder zum Menschen betreffen.

Was nun die „Einteilungen" der Attribute Gottes in den orthodoxen Lehrsystemen betrifft, so begegnen wir in großer Übereinstimmung nicht nur der Lehrer, sondern auch der lutherischen und calvinistischen Orthodoxie bestimmten Schemata, die wir uns kurz vergegenwärtigen wollen.

1. In Anknüpfung an die alte Lehre unterscheidet man solche Attribute, die von Gott und von den Kreaturen ausgesagt werden können (attributa communicabilia) von denen, die nur von Gott gelten (attributa incommunicabilia). Als Beispiel für die ersteren kann man bonus und sapiens, als Beispiele für die letzteren aeternus und infinitus nennen.

Eine gewisse Verwandtschaft mit diesem Einteilungsschema, ohne doch völlig damit übereinzustimmen, zeigt das folgende: Von den attributa interna (z. B. infinitas, aeternitas, spiritualitas) werden attributa externa unterschieden. Diese letzteren teilen sich dann wieder in inimitabilia (z. B. omnipotentia, omniscientia) und imitabilia (z. B. bonitas, iustitia).

2. Auch in anderer Hinsicht spielt das Verhältnis Gottes zu den Kreaturen bei den Einteilungen der Eigenschaften eine Rolle. Man macht nämlich einen Unterschied zwischen solchen Attributen, welche von Gott absolute gelten, „sine ulla relatione ad creaturas" (z. B. aeternus, immensus), und anderen, welche von Gott relative, nämlich eben im Hinblick auf sein Verhältnis zur Schöpfung gelten (z. B. creator, rex, iudex).

3. Die Unterscheidung positiver und negativer Eigenschaften bedarf keiner näheren Ausführung. Sie ist jedenfalls der Ort, an dem alle „via negationis" gewonnenen Prädikate Gottes aufgezählt werden können.

4. Auch die bis heute lebendige Frage hat schon die Alten beschäftigt, ob denn die Attribute Gottes im eigentlichen Sinne von ihm ausgesagt werden können. Dementsprechend unterschied man jedenfalls solche, welche proprie, d. h. im eigentlichen Sinne ausgesagt werden (z. B. bonus, sapiens), von anderen, welche improprie et figurative gelten. Hier ist an alle vielfältigen Anthropomorphismen gedacht, von denen ja in der Bibel selbst, etwa in der Rede von Gottes Angesicht, Händen, Füßen usw. reichlich Gebrauch gemacht ist, „quando per ἀνθρωποπάθειαν membra et affectus humani illi tribuuntur".

5. Einige Attribute gelten in abstracto (z. B. vita, bonitas, veritas), aber sie können auch in concreto ausgesagt werden (vivus, bonus, verax), was das logische neben dem metaphysischen Interesse der Alten in diesem Lehrstück bekundet.

6. Von den ab aeterno gültigen Attributen (z. B. infinitus, immensus) sind die in tempore gültigen zu unterscheiden (z. B. creator, conservator).

7. Schließlich erzwingt auch die Trinitätslehre noch besondere Distinktionen. Wir sahen ja schon zu Beginn dieses Kapitels, daß die Eigenschaftslehre fast so etwas wie eine Konkurrenz zu den in der Trinitätslehre unvermeidlichen Prädikationen bringt. So wird denn in der orthodoxen Attributenlehre nicht unterlassen, zu bemerken, daß einige Attribute der ganzen Trinität gemeinsam sind (attributa essentialia), andere hingegen den einzelnen Personen innerhalb der Trinität zustehen: „quod Pater dicitur ingenitus, Filius genitus a Patre, Spiritus Sanctus procedens ab utroque".

Überblickt man dieses hier kurz dargebotene Schema der Orthodoxie, so läßt sich nicht übersehen, daß diese angeblichen Attribute heterogen sind. Bald handelt es sich um das logische Problem der Anwendbarkeit unserer am Geschöpflichen gewonnenen Begriffe, bald um Wiederholung von Schriftaussagen, bald geradezu um Vorgriffe – oder je nachdem auch Rückgriffe – auf ganze Lehrstücke wie die Schöpfungslehre und die Trinitätslehre. Eine gewisse Abstraktheit und Allgemeingültigkeit, die über diese Schemata hingebreitet ist, verleiht dem Bilde etwas Schattenhaftes. Je mehr das im Ansatz der Problemstellung enthaltene philosophische Interesse durchschlägt, desto mehr lassen sich auch die Attribute biblischen Ursprunges ins Philosophische übersetzen. Die Heiligkeit wird zur aseïtas, Allmacht und Freiheit Gottes werden zur potestas absoluta. Die Einzigkeit Gottes wird zum Deus absolutus, seine Lebendigkeit zum actus purus. Gott der Vater, der Schöpfer Himmels und der Erde erscheint als causa prima, die Liebe als conservatio oder je nachdem als bonitas, und so könnte man fortfahren. Auf diese Weise werden zwar die heterogenen Attribute der Form nach etwas einheitlicher, aber sie verlieren nun vollends den lebendigen Zusammenhang mit ihrem biblischen Grund und ihre Relation zum Glauben. Hier wird das Dilemma des Lehrstücks sichtbar. Einerseits ist es von einem heimlichen ontologischen Zwang beherrscht, der zu Aussagen zu drängen scheint, die Gott als Gegenstand der Metaphysik behandeln. Nur die stillschweigend vorweggenommenen biblisch-christlichen Inhalte des Lehrstücks verdecken in der Regel diese Seite der Sache. Will man sich aber diesem ontologischen Zwang entziehen, wobei ja die strenge Berufung auf die Offenbarung unterstützt wird von einer leicht durchzuführenden Kritik an dieser Art von Ontologie, dann wird die Eigenschaftslehre leicht zu einer Dogmatik in nuce, wobei die Lehre von der Gerechtigkeit Gottes zur Rechtfertigungslehre hindrängt, die Allwissenheit Gottes die Providenzlehre in sich aufnimmt usw. und jedenfalls das dogmatische Bedürfnis bestimmt, welche Attribute hier zu behandeln sind und welche ausgeschlossen werden können. Aber gerade bei einem solchen Verfahren mag sich dann die Frage nach der Zweckmäßigkeit des Lehrstückes erneut stellen.

### 3. Kritische Reduktion des Lehrstücks

Machen wir uns, bevor wir eine positive Stellungnahme zur Lehre von den göttlichen Eigenschaften zu entwickeln versuchen, die kritischen Fragen noch einmal deutlich. Es handelt sich dabei um Fragen, die schon in alter Zeit vorgebracht worden sind, und die, ohne Rücksicht auf ihre philosophische oder theologische Herkunft, einfach als Fragen des Denkens Anspruch auf unsere Aufmerksamkeit haben. Es handelt sich im wesentlichen dabei um drei Fragenkreise.

Der erste Fragenkreis betrifft die Ableitung der sog. Eigenschaften

Gottes. Mit H. Cremer (a. a. O. 23) wird eine Rückkehr zu den drei Wegen des Areopagiten ausgeschlossen werden müssen. Der negative Weg, auf dem Gott das, was ihm nicht zukommt, ausdrücklich abgesprochen wird, führt nicht zu einem Ziel, weil man als Ergebnis dieses Weges wirklich nichts von Gott wissen kann und – wenn das Spiel ernst ist, nichts wissen darf. Wenn ich aber doch mit den negativen Aussagen von Gott, z. B. damit, daß ich von ihm Unkörperlichkeit, Unendlichkeit, Unveränderlichkeit, und ähnliches aussage, bestimmte Begriffe zu verbinden meine, dann habe ich deren Gehalt bereits aus anderen Quellen als aus dem negativen Verfahren. So werden denn in diesem Zusammenhang auch herkömmlich Einheit und Einfachheit und Ewigkeit genannt, Begriffe, die jedenfalls weitab davon sind, nur negative Prädikationen darzustellen. Es ist mit den positiven Prädikationen nicht aussichtsvoller. Ich kann unmöglich alle denkbaren Begriffe auf Gott hin steigern. Spinoza hat in diesem Zusammenhang ironisch auf das Dreieck verwiesen. Und wenn ich im platonischen Sinne auch in Gott Urbilder des Seienden annehme, was mein Erkenntnisvermögen und meine Kompetenz zu wissen bereits übersteigt, so ist damit noch nicht gesagt, daß ich diese bei Gott seienden Urbilder selbst zu einer Wesensaussage von Gott erheben darf. Es ist das hier nie erlöschende Problem der uneigentlichen Aussage, das trotz aller theologischen Beschwichtigungsversuche, Gott sei wirklich so, wie er sich uns zu erkennen gibt, doch nie zur Ruhe kommen kann, da alle unsere Begriffe ja menschlich bedingte Begriffe bleiben. Löst die via eminentiae nicht eben diese unsere Begriffe, dem Begriff dieser via entsprechend auf? Was zur via causalitatis zu sagen ist, das begegnet sich dann genau mit der schon bei den Gottesbeweisen ausgesprochenen Kritik. Ist die Ursache alles Geistes ohne weiteres auch als Geist – und dann eben in dem uns bekannten Sinne – zu denken? Über allem aber bleibt der Kantische Gedanke als nicht zu verscheuchender Wächter, daß unsere Erkenntnis nur bis zu den Erscheinungen hindurchdringen kann, und das heißt in Anwendung auf die Eigenschaftslehre, daß alle „Eigenschaften" Gottes nur seine Beziehungen zur Welt bzw. zu uns aussagen können, was ja auch der Grund für die einschränkende Definition Schleiermachers gewesen ist.

Genau besehen hält sich auch die von H. Cremer gegebene Anweisung einer „Ableitung aus der Offenbarung" in diesen Grenzen. Denn sie bindet die Aussagen über Gottes Eigenschaften an den Glauben und was diesem widerfahren ist. Das ist unbedingt richtig. Wenn in diesem Zusammenhang geltend gemacht wird, daß Gott unser nicht bedarf und daß seine „Freiheit" uns keine Erkenntnis von so etwas wie göttlicher Naturnotwendigkeit verstattet, so ist über den zweiten Fragenkreis, nämlich den der Adäquatheit unserer Begriffe – er ist schon im erstgenannten Fragenkreis mitgesetzt – ein skeptischer Vorbehalt ausgesprochen. Alle Attribute drängen ja auf die Allgemeinheit des Begriffs. Sobald man versucht, einen der offenbarten Namen Gottes in einen Begriff umzusetzen, also von dem pro me aller Offenbarung zu einem „an sich" überzugehen, zeigen sich die Schwierigkeiten. Alle Allgemeinbegriffe weisen auf Subsumptionsverhältnisse, und ihre Verständlichkeit für unser Erkenntnisvermögen ergibt sich daher, daß sie als allgemeine Begriffe auch andere Phänomene unter sich begreifen. Aber gerade darin geht der eigentliche Zweck verloren, den solche Begriffe in der Eigenschaftslehre haben sollen, daß sie nämlich das Einzigartige und Unverwechselbare dessen aussagen sollen, der der Vater Jesu Christi und der Schöpfer und Herr unseres Lebens ist.

Der dritte uralte Fragenkreis hängt damit aufs engste zusammen. Er betrifft die Mehrheit der jeweils aufgezählten Eigenschaften. Sie müssen, wenn sie in der Strenge des Begriffs verstanden werden sollen, einander ausschließen. Und es ist eine immer wiederholte Frage, wie denn dann die Einheit Gottes noch festgehalten werden kann. Sind solche Differenzen, wie etwa die von Gerechtigkeit und Liebe, nur Differenzen der subjektiven Unterscheidung, distinctiones rationis ratiocinantis, oder sind es Differenzen in Gott selbst, distinctiones rationis ratiocinatae? Neben dem kritischen Gedanken der Einheit Gottes wurde auch immer der der Unveränderlichkeit hervorgehoben. Es ist gewiß richtig und wichtig, daß demgegenüber der Satz geltend gemacht wurde, daß „in jeder Eigenschaft die anderen mitgesetzt seien" (H. Cremer 33), aber das bedeutet dann unmittelbar, daß eben diese Aussagen dialektisch, und was die Prägnanz des Begriffes betrifft, uneigentlich aufgefaßt werden müssen. Womit sich dieser Fragenkreis wieder mit den vorigen zusammenschließt.

Diese skeptischen Erwägungen sind nicht überflüssig. Sie bezeichnen unmittelbar das Problem der Möglichkeit, von Gott zu sprechen. Dieses Problem ist näher so zu verstehen, daß es die Möglichkeit betrifft, von Gott, wie wir ihn glauben und kennen, zu anderen Menschen zu sprechen, die doch von uns zunächst nur unsere Prädikationen vernehmen. Die Erwartung, daß sie unsere Sprache von Gott verstehen, ist doch nur dann berechtigt, wenn wir zugleich die hermeneutische Verpflichtung erkennen, die aus der Aporie der bloßen Attribute erwächst. Ein positives Wort, wie etwa das, was mit der alten überlieferten Eigenschaftslehre gemeint ist, zu handhaben ist, kann ohne das kritische Bewußtsein nicht gesagt werden. Darum ist der Einblick in die sachlichen Schwierigkeiten unumgänglich notwendig. Was darüber hinaus zu sagen möglich ist, soll im Folgenden wenigstens in fünf grundsätzlichen Umrissen versucht werden.

1. Bei der sog. Eigenschaftslehre handelt es sich um ein apologetisches Problem. Das hat ohne nähere Deutung zweifellos heute einen mißlichen Klang. Es ist aber ganz sachlich gemeint. Es bedeutet, daß die Eigenart des christlichen Gottesbegriffes im Verhältnis zu anderen Gottesbegriffen, also etwa zum philosophischen oder zu sog. heidni-

schen Gottesbegriffen, sichtbar gemacht werden soll. Auch außerhalb des Bereiches der christlichen Botschaft glaubt man zu wissen, was man meint, wenn man von „Gott" redet. Dieser außerchristliche Gottesbegriff wirkt zudem unmittelbar in die Christenheit hinein, sei es als Bestandteil abendländischen Bildungsgutes, sei es als Ausdruck natürlich-religiösen Denkens oder auch als förmliche und bewußte Auflösungserscheinung. Die christliche Theologie kann daran nicht vorübergehen. Sie wohnt, wenn man so sagen darf, in unserer modernen Welt mit diesen anderen Gottesbegriffen unter einem Dach. Sie wird je und dann auch nicht verkennen können, daß diese außerchristlichen Gottesbegriffe Elemente der Wahrheit in sich tragen. Ich kann hier auf Kap. 14,3 verweisen. Diese apologetische Absicht der Auseinandersetzung, die in keinem Kapitel der Gotteslehre so sehr wie hier legitim ist, darf in dieser Legitimität nicht etwa dadurch bestritten werden, daß hier eine Konkurrenz des wahren Gottes und Vaters Jesu Christi mit anderen Göttern in die Dogmatik aufgenommen wäre. Wie könnte eine solche polytheistische Vorstellung im Ernst vorausgesetzt werden? Wohl aber ist an eine Konkurrenz von Gottesbegriffen zu denken, und diese Konkurrenz, die einfach in unserer Situation beschlossen ist, fordert uns zu einer Verdeutlichung des christlichen Gottesbegriffes auf.

2. Alle Aussagen der sog. Eigenschaftslehre tragen einen paradoxen Charakter. Sie müssen nämlich einerseits in dem Eingeständnis erfolgen, daß alles, was wir von Gottes Wesen prädizieren, unzureichend und „uneigentlich" gesagt sein muß. Das im vorigen Kapitel begründete „non comprehensibilis" bleibt auch in den Zusammenhängen dieses Kapitels ungeschmälert in Kraft. Man kann es auch auf die Kantische Formel bringen, daß wir vollends in der Erkenntnis Gottes nicht zum Wesen Gottes selbst, also gleichsam zum „Ding an sich", sondern nur zu Erscheinungen vordringen können. Dieser auf unser Thema natürlich nur sinngemäß anwendbare Grundsatz hat immerhin in der neueren Theologie zu jenen naheliegenden Abwandlungen geführt, daß wir nur von Gottes Beziehungen zur Welt oder doch zu uns, den Menschen etwas wissen können, aber nicht von ihm selbst und seinem eigentlichen Wesen. In diesem Sinne war es ja auch Schleiermachers Grundsatz, daß alle Bestimmungen der sog. Eigenschaftslehre nur Besonderheiten bezeichnen, das schlechthinnige Abhängigkeitsgefühl auf Gott zu beziehen. Diese Begrenzung der Tragweite aller auf Gott anzuwendenden Attribute steht angesichts der Allgemeinheit und Abstraktheit der üblichen Attribute in vollem Recht. Und doch ist der kritische Satz, daß wir nur von Gottes Beziehungen zur Welt, aber nicht von ihm selbst etwas wissen können, nicht das letzte Wort der Eigenschaftslehre. Er ist es deswegen nicht, weil die rechten Aussagen von Gott gar nicht in allgemeinen Prädikaten erfolgen können, sondern immer nur als Glaubensaussagen wahr sind. Das hat aber zur Voraussetzung, daß das, was uns Gott zu erkennen gibt und was

dann den Anlaß bietet, Attribute von ihm auszusagen, immer er selbst ist und nicht etwas von ihm. Dieser prinzipielle Satz erfährt natürlich seine Begrenzung und Deutung vom ersten. „Gott selbst erkennen", daß heißt niemals, sein Wesen begreifen, ja es umfassend und „objektiv" wahr beschreiben zu können. Umgekehrt begrenzt aber auch der zweite Satz den ersten. Was uns Gott von sich zu erkennen gibt, ist immer er selbst und niemals nur „etwas von ihm". Das heißt aber im Blick auf die Problemstellung des ersten Satzes, daß alle Attribute, die nicht Glaubensaussagen sind und darin ebenso sachlich unbedingt wie in ihrer Konkretheit bedingt, durch ihre Allgemeinheit zur Unwahrheit hin verfallen müssen.

3. Damit hängt unmittelbar ein weiterer Grundsatz unserer positiven Eigenschaftslehre zusammen. Es gibt keinen Begriff von Gott, kein Attribut, das in undialektischer Allgemeingültigkeit ausgesagt werden könnte. Jedes denkbare Attribut kann von Gott selbst aufgehoben oder unerkennbar gemacht werden. Wenn man diesen Grundsatz selbst in der Sprache der herkömmlichen Eigenschaftslehre aussprechen will, dann ist hier von der Freiheit Gottes oder auch von seiner Lebendigkeit zu sprechen. Gott wird aufgrund schlechterdings keiner denkbaren „Eigenschaft" berechenbar. Es gibt keine Möglichkeit, die Eigenschaftslehre als Summe möglicher Aussagen über Gott so zu gestalten, daß eine Notwendigkeit in Gott ermittelt werden könnte. Jedes Attribut Gottes, das in widerspruchsloser Abstraktheit gedacht wird, verliert dadurch seine Wahrheit. Eine abstrakte „Allgegenwart" Gottes ist per definitionem Pantheismus. Gottes freie und lebendige Allgegenwart bezeichnet das Unerwartete, daß Gott auch dort sein kann, wo man es nicht denkt; sie schließt aber ebenso das Gegenteil ein, daß nämlich Gott „nicht dasein kann". Gott kann die Seinen wirklich verlassen, wie er es sogar bei seinem Sohn in dessen Sterben am Kreuz getan hat. Wollte man nun diese Nichtgegenwart Gottes absolut setzen, dann wäre das per definitionem der Atheismus. Was mit der Allgegenwart Gottes gemeint ist, bezeichnet also die Erfahrung des Glaubens, daß Gottes Macht in einen wie im anderen Sinne das Unerwartete kann. Man kann diesen Grundsatz auch an anderen der herkömmlich aufgezählten Eigenschaften durchführen. Gottes unendliche Größe erscheint nicht nur im kleinsten, so wie J. Böhme ihn im Wassertropfen fand, sondern auch darin, daß er sich des kleinsten seiner Geschöpfe annehmen kann. Seine Allwirksamkeit schließt nicht aus, sondern ein, daß er auch, wovon alsbald zu sprechen sein wird, der Kreatur ihre relative Freiheit gewährt. Gott selber kann seine Macht unsichtbar machen. Er hat sie im Leiden und Sterben Jesu Christi bis zur Unkenntlichkeit verborgen. Er kann sich auch im Weltlauf in den Mantel völliger Machtlosigkeit hüllen. Gottes Geduld hat nur zu oft die Erscheinungsform, daß er uns vergessen hat, daß er nicht helfen kann. Man denke an die drei machtlosen Götter in Bert Brechts „Gutem Menschen von Sezuan". Gottes Heilig-

keit hat keine zwingende Gewalt, sie ist der Schändung seines Namens in der Welt, die Boten seines Evangeliums sind dem Leiden ausgesetzt.

Wenn man sich diese dialektische Aufhebung der abstrakten Geltung der Attribute kraft der göttlichen Freiheit vergegenwärtigt, dann verlieren gewisse Problemstellungen älterer Zeit ihre Bedeutung. Ich denke hier vor allem an die Fragestellung der sog. Kenotiker, bzw. an den Streit der Gießener und der Tübinger Orthodoxie darüber, ob Christus im status exinanitionis seine göttlichen Eigenschaften nur verborgen habe oder er sich für die Zeit seines leidensvollen Erdenwirkens dieser Eigenschaften überhaupt begeben habe. In der Christologie von G. Thomasius wurde der Grundgedanke der Kenosislehre geradezu zum Schlüsselproblem. Es genügt, in unserem Zusammenhang darauf hinzuweisen, daß es sich hier gar nicht um ein spezielles Problem der Christologie handelt, sondern daß hier nur deswegen ein Dilemma empfunden wurde, weil man sich die göttlichen Eigenschaften im Horizont der orthodoxen Scholastik nicht anders denn als in abstracto und undialektisch geltende Attribute denken konnte.

4. Wenn aber nun immer deutlicher wird, daß alle Attribute nur auf dem Grunde von Glaubenserfahrung ausgesagt werden können, dann läßt sich die Folgerung nicht aufhalten, daß alle Prädikationen von Gott nur unter der Voraussetzung einer Korrelation zu uns wahr sein können. Nur solche Attribute sind „wahr", die wir beantworten können. Das Evangelium geht uns in diesem zwingenden Satz voraus: „Ihr sollt vollkommen sein, gleichwie auch euer Vater im Himmel vollkommen ist" (Mt 5,48); „Darum seid barmherzig, wie auch euer Vater barmherzig ist" (Lk 6,36). In diesem Sinne kann von Gottes Liebe nur in der Korrespondenz unserer Liebe, d. h. im Verhältnis von Liebe und Gegenliebe gesprochen werden. Wir können von Gottes Macht nur sprechen, wenn wir dieser Macht in actu unser ganzes Vertrauen schenken. Als abstrakter Satz hingegen kann uns die Aussage „Gott ist allmächtig" vor unseren Augen wegdisputiert werden. Daß Gott seinem Wesen nach heilig ist, daß er der Heilige schlechthin ist, das wird als ein echtes Attribut immer anerkannt werden müssen. Wenn man aber das Heilige als das Heilschaffende und als das Unverletzliche beschreibt, dann bedarf es keiner weiteren Ausführung, wie weit eben dieses Attribut Gottes unsere eigene Beantwortung in sich schließt. Auch von der Allwissenheit Gottes kann ich nur sprechen, wenn ich mich selbst einbeziehe, wenn ich mich von Gott in meinem Innersten erkannt weiß und darin wieder von ihm Erkenntnis empfange (Jes 40, 25—31). Nur in der Einsicht in eigene Sünde und Schuld gehen mir die Augen auf für die Gerechtigkeit Gottes. Selbst die Unerforschlichkeit Gottes steht in einer Korrelation zum Glaubenden, weil sie die Anfechtungen zur Voraussetzung hat. Es ist die Nacht der Verborgenheit Gottes und das Entgleiten aller Sinnhaftigkeit unseres

Daseins, durch das wir blind hindurchgreifen, um die Hand des „unerforschlichen" Gottes zu ergreifen. Nimmt man indes diese Korrelation des Attributes zur Glaubenserfahrung hinweg, dann verwandelt sich dieses Attribut in ein bloßes negatives Prädikat, und anstelle der Fülle des Begriffes, der sich aus einer Erfahrung wie der im Ps 73 geschilderten ergibt, tritt die schlechthinnige Leere des Begriffs, der dann über Gott eben nichts aussagt und der lediglich einen Rückzug ins Nichtwissen darstellt. Eine Beobachtung, die übrigens auf alle negativen Prädikationen zutrifft. Nur unter der Voraussetzung unseres Grundsatzes von der Korrelation der Attribute Gottes zur Erfahrung des Glaubens können negative Attribute noch inhaltsvolle Prädikate sein. Auch die Persönlichkeit Gottes wird unter der Ermäßigung des logischen Anspruches durch unseren Grundsatz eine erträgliche Aussage; denn sie steht dann unter dem Verzicht auf den Charakter eines metaphysischen Satzes und beschränkt sich darauf, der Gewißheit Ausdruck zu geben, daß uns Gott sein „Antlitz" zuwendet und daß wir ihn im Gebet ansprechen dürfen.

Freilich kann auch dieser Grundsatz von der korrelativen Geltung aller Attribute Gottes nicht ohne eine dialektische Einschränkung sein. „Gott geht nicht auf in seinem Sichbeziehen und Sichverhalten zur Welt und zu uns" (K. Barth, KD II/1,292). Das ist gewiß richtig, und es trifft im Grunde unsere These gar nicht, weil sie nur etwas aussagt über den Sinn der sog. Eigenschaften Gottes, ohne daß damit schon ausgesagt wäre, daß das nun – gleichsam im objektiven Sinne – erschöpfende Aussagen über Gott seien. Aber, und diese Frage mag noch einen Augenblick festgehalten werden, wie soll denn dann dieses „Mehr" selber ausgesagt werden? Man kann natürlich auf die Vielzahl der möglichen Aussagen über Gott, auf die Vielheit der Attribute hindeuten, die ja alle in Gottes Wesen selbst keinen Widerspruch bedeuten können und als in unserem menschlichen Horizont nicht übereinkommen eben über sich selbst hinausweisen. Deus semper maior! Es ist auch daran zu erinnern, daß alle Attribute in dem Maße, in dem sie ein eigenes Gewicht bekommen, in dieser Eigenbedeutung und dann wieder in ihrer Relation zu anderen Attributen ihre Uneigentlichkeit erkennen lassen. Keines der möglichen Attribute vermag ihn zu fassen. Gott ist immer größer.

5. Schließlich soll nur mit einem Satz ausgesprochen werden, daß es keine abschließende Tafel der Attribute Gottes gibt. Das ist immerhin zu betonen angesichts der merkwürdigen Sicherheit, in der gemeinhin in den dogmatischen Büchern die Eigenschaften Gottes ebenso zwingend wie vollzählig aufgezählt werden. Es kann auch gar keine Rede davon sein, daß etwa nur solche Aussagen über Gott, deren biblische Wurzel nachgewiesen werden kann, Anspruch haben, als gültige Eigenschaften Gottes in der Dogmatik aufgezählt zu werden. Es gibt zentrale Bezeugungen Gottes von sich, die sich nicht oder doch

nur in einer begrifflichen Umformung dazu eignen, zu Attributen in dem hier erörterten Sinne zu werden.

Letztlich kann die Frage, was ich denn als göttliche Eigenschaft aufzählen darf, gar nicht entschieden werden, wenn man nicht den Zweck kennt, dem eine solche Aussage über Gott dienen soll. Es ist bei diesen Zwecken an die Predigt zu denken. Die Predigt darf und soll von Gottes Eigenschaften, und das heißt dann von seiner Macht und Gnade zeugen, wie es keine Dogmatik auszusagen vermag. (Aus diesem Grunde unternehme ich auch hier keine Ausführungen über die hohen Gottesprädikate. Das gehört in die Predigt.) Es ist bei solchen Zwecken aber, wie schon gesagt, auch an die klärende Auseinandersetzung mit anderen Gottesbegriffen zu denken. Es ist nicht zuletzt daran zu denken, daß wir, verborgen unter skeptischen, kritischen und logischen Erwägungen, mit unseren Gedanken selbst Gott preisen. Denn es gibt auch einen denkenden Lobpreis Gottes, wie denn alle Doxologien – und sie sind in der Liturgie das eigentliche Feld der „Eigenschaftslehre" – in Begriffen sich vollziehen, die in ihrer Begrifflichkeit verstanden und ernst genommen werden wollen: „Gott, dem ewigen König, dem Unvergänglichen und Unsichtbaren und allein Weisen, sei Ehre und Preis in Ewigkeit! Amen" (1 Tim 1,17).

## II. DIE WELT ALS GOTTES SCHÖPFUNG
*(Kosmologie)*

### 9. Kapitel

DIE SCHÖPFUNG

*1. Der Sinn des Schöpfungsglaubens*

Das christliche Glaubensbekenntnis spricht von Gott dem Schöpfer und von der Schöpfung in ein und demselben Satz: Credo in unum Deum, omnipotentem, creatorem coeli et terrae. Dieser Satz hat das volle Gewicht eines grundlegenden Dogmas, also eines „Axioms" für die christliche Theologie. Zunächst ist in ihm ausgesprochen, daß wir nicht an die Kreatur, sondern an Gott den Schöpfer glauben. Auch dieser Glaube ist also ein persönlicher Glaube. Wir setzen unsere ganze Zuversicht auf Gott den Vater. Der Schöpfungsglaube ist Glaube und nicht schlechthin Einsicht; denn er enthält als Glaube ein aller Natureinsicht und allem Weltverstehen gegenüber überschießendes Element. Aber dieser Glaube will Erkenntnis werden. Er soll sich in seiner Wahrheit bewähren. Dieser Glaube wird nicht dadurch geehrt, daß er blinder Glaube ist und blind bleibt. Unser persönliches zuversichtliches und dankbares Verhältnis zum Schöpfer muß unser Verhältnis zur Schöpfung und unseren Umgang mit ihr regieren. Unser Schöpfungsglaube ist auch kein unbegründeter Glaube. Kein Glaube ist ohne Grund. Die Berufung auf „Glauben" bedeutet keinen Dispens von der Pflicht zur Rechenschaft über seine Gründe. Doch ist wieder daran zu erinnern, daß diese Gründe anderer Art sind als die Gründe unmittelbarer wissenschaftlicher Erkenntnis (vgl. 3. Kap.).

Der Glaube an Gott den Schöpfer ist vor allem eine gegenwärtige Sache. Selbst wenn wir die Schöpfung als den ersten Akt der Weltsetzung und damit als ein in der „Vergangenheit" liegendes Faktum verstehen – und sie erschöpft sich darin in keinem Falle –, so ist doch Gott der Schöpfer Gegenwart. Glaube an Gott den Schöpfer ist immer gegenwärtiger Bezug und lebendige Zuversicht zu Gott und nicht „fides historica".

Ein Deismus, der Gott aus dieser Nähe und Gegenwart entfernt, ihn gleichsam in die Rolle eines ursprünglichen Gründers, Planers und eines ersten Bewegers zurückschiebt, macht tatsächlich aus dem Schöpfungsglauben so etwas wie eine fides historica. Er entleert unsere lebendige Gegenwart ebenso von der Nähe Gottes des Vaters wie eine Eschatologie, welche Gottes Fürsorge und seine Liebe erst einer zukünftigen Offenbarung vorbehält und für die Gegenwart dunkel macht.

Die Schöpfung ist im Sinne der überlieferten Trinitätslehre das erste opus ad extra, auf das der Satz anzuwenden ist: Opera Trinitatis ad extra sunt indivisa. In doppeltem Sinne ist damit an ein Glaubensgeheimnis gerührt. Einmal hängt der Glaube an Gott den Schöpfer mit unserem Glauben an Jesus Christus zusammen. Er ist, nach M. Doernes kühner Formulierung, „die kosmologische Integration des Gottesglaubens". Die extremen Aussagen in den Deuteropaulinen von der Erschaffung aller Dinge durch Jesus Christus (Eph 3,9; Kol 1,16) sind kaum unmittelbar verifizierbar. Doch wird ohne spekulative Ausschweifung dies gesagt werden können: Unser Glaube an Jesus Christus trennt uns nicht von der Welt. Der Schöpfer dieser unserer Welt ist der Vater Jesu Christi, und Jesus Christus ist mit seinem Sein und Wirken auf die Schöpfung seines Vaters bezogen. Ebenso ist die Schöpfung der Welt nicht ohne den Hl. Geist. Daran erinnern Gen 1,2 und Weish 1,7. Man wird sich aber doch davor hüten müssen, diese trinitarischen Bezüge spekulativ auszubauen und zu überanstrengen.

Noch in einem anderen Sinne ist das Opus Trinitatis ad extra der Schöpfung ein Geheimnis. Es meint ja ursprünglich einen einmaligen Akt Gottes, nämlich die Setzung der Welt. Kraft dessen, daß Gott der Schöpfer ist, ist Welt. Aber der Schöpfungsglaube erschöpft sich nicht in diesem Glauben an die Einmaligkeit der Schöpfung. Was der christliche Glaube glaubt, ist immer Gegenwart. Und diese Gegenwart ist nicht nur die Gegenwart der Welt, die Gegenwart der creatura, sondern es ist die Gegenwart des Schöpfers und seines Schaffens; denn unser Glaube gilt nicht der Schöpfung, sondern dem Schöpfer. Es ist die Gegenwärtigkeit seines Waltens, Wirkens und Hervorbringens in der Welt, in der Schöpfung um uns her. Dieses Walten und Wirken aber hat jedenfalls nichts Einmaliges an sich. Wenn wir von einer Schöpfung Gottes am Anfang der Welt sprechen, dann ist das darum ein Geheimnis, weil dieser Schöpfungsakt an Tiefe das uns ständig umgebende Walten des verborgen schaffenden Gottes noch überbietet. Zwischen Schöpfung und fortwaltender Fürsorge, zwischen ursprünglichem Schaffen und fortdauernder Schöpfung (creatio continua) besteht ein Unterschied und eine Spannung, mit der wir uns noch ausdrücklich zu beschäftigen haben werden. Jedenfalls kann man das Geheimnis der Schöpfung, auf das diese Spannung hinweist, nicht dadurch vereinfachen, daß man das eine in das andere, Schöpfung in Erhaltung und umgekehrt, einfach aufgehen läßt.

Der christliche Schöpfungsglaube meint also mit Schöpfung im radikalen Sinne ursprüngliche Schöpfung, creatio ex nihilo. Es gibt keine diesem Schöpfungsakt vorausgegebene und ihn begründende oder ermöglichende Materie. Die erste Schöpfung geschieht durchs „Wort", d. h. eben allein durch Gott und als Äußerung seines Willens.

Daß es sich dabei um einen grundlegenden Gedanken der Bibel handelt, daran ist kein Zweifel. Der Schriftbeweis stützt sich auf Stellen wie Ps 8, 4; 33, 9; 104; 136; 148, 5; Jes 40, 21 ff.; 44, 24; 45, 12 f., vom Schöpfungsbericht der Priesterschrift Gen 1 ganz abgesehen. Die ausdrückliche Hervorhebung der creatio ex nihilo findet sich für das AT doch nur am Rande einmal 2 Makk 7, 28. Dazu kommen die neutestamentlichen Grundstellen, vor allem Röm 4, 17: „...Gott, ...der das nicht Seiende als Seiendes ruft", dazu dann 2Kor 4, 6 und Hebr 11, 3. Die alten Dogmatiker haben nicht nur diese Stellen, natürlich ohne sie untereinander „historisch" zu differenzieren, im Blick gehabt, sondern sie haben auch allesamt sehr sorgfältige Distinktionen zwischen creare (ex nihilo aliquid facere, diversum a substantia creantis), gignere und facere vorgenommen. Ich verweise wenigstens auf Hutter, Comp. Loc IV und J. Gerhard, Loci V, 1.

Indessen ist es für die Berufung auf das alttestamentliche Zeugnis von größter Wichtigkeit, daß G. v. Rad die selbständige und, wenn man so sagen will, primäre Stellung des Schöpfungsglaubens für das AT bestritten hat. Vgl. „Das theologische Problem des alttestamentlichen Schöpfungsglaubens" in Ges. Studien zum AT 1965³, 136–147, sowie Theol. d. AT I, 1966⁵, 149 ff. „Der Jahweglaube des AT ist Erwählungsglaube, d. h. primär Heilsglaube". Die hymnischen Bezeugungen des Schöpfungsglaubens im Psalter und bei Deuterojesaja verstehen ihn durchweg als eine Unterbauung und Steigerung der Bezeugung des Heilsglaubens. Er bleibt auch in seinen exponierten Aussagen durchweg innerhalb des soteriologischen Gedankenkreises (Jes 44, 24; 54, 5). In diesem Zusammenhang ist dann der Schöpfungsbericht der Priesterschrift keineswegs das erste Wort des AT, sondern ein verhältnismäßig spätes, theologisch durchreflektiertes Werk, das sich gut zum Zeugnis des Psalters fügt (z. B. Ps 89 oder 74). Die „sozusagen unvermittelte, isolierte Bezeugung des Schöpfungsglaubens", z. B. Gen 14, 19 weisen demgegenüber dann allerdings auf nachweisbare außerisraelitische Einflüsse hin. „Tatsächlich hat der Jahweglaube diese Elemente resorbiert."

Diese Hinweise scheinen mir nicht nur als berechtigter Einspruch des Exegeten gegen die unbekümmerte Rede von dem im AT bereits offenbaren „Schöpfergott" wichtig zu sein. Sie schließen sich überdies eng zusammen mit Luthers Einfügung des Glaubens an Gott den Schöpfer in unseren christlichen Glauben an Gott den

Vater, d. h. in seine soteriologische Deutung des Glaubens an Gott, der auch als Schöpfer uns meint. Das kann und muß noch nicht eine „christologische" Deutung sein. Aber es besagt, daß der Schöpfungsglaube nicht *neben* dem Heilsglauben steht, sondern in ihn aufgeht, mindestens in ihn übergeht. Das AT bezeugt, wenn wir dem Hinweis v. Rads folgen dürfen, nichts anderes.

Das schließt dann doch nicht aus, daß wir in einer veränderten Situation den Schöpfungsglauben erneut interpretieren und auch zu unserem veränderten Weltverständnis hin vermitteln müssen.

Nun ist die Rede von einer creatio ex nihilo völlig unanschaulich. Sie kommt auch in der Schöpfungsgeschichte in einer durchaus mythischen Erzählung auf uns zu. Sie übersteigt jede Erfahrbarkeit. „Wissenschaftlich" kann sie nur den Charakter einer Hypothese in Anspruch nehmen, für die dann freilich die Schwierigkeiten einer entgegengesetzten These geltend gemacht werden können. „Wissenschaftlich" kommt ihr zu, einen Grenzbegriff darzustellen, der mit Rücksicht auf seine Abgrenzungen und Konsequenzen der Auslegung bedarf. Dies soll im folgenden in mehreren Schritten geschehen.

1. Creatio ex nihilo sagt zunächst aus, daß die Welt einen Anfang hat. Sie hat erst von diesem Anfang an ein Dasein in der Zeit. Der Begriff des Raumes wie der Begriff der Zeit sind an das Sein der geschaffenen Welt gebunden und verlieren außerhalb der Welt ihren Sinn.

Dieser Satz berührt unmittelbar das alte Problem, ob Raum und Zeit so zur geschaffenen Welt gehören, daß vor der Erschaffung der Welt auch kein Raum und keine Zeit waren, und daß demzufolge auch nach dem Ende der Welt kein Raum und keine Zeit mehr sein werden. Natürlich übersteigen diese Fragen in jeder Weise unser Anschauungsvermögen, das eben an die „Anschauungsformen" von Raum und Zeit gebunden ist. Die großartigste Analyse des Zeitproblems hat für die Alte Kirche Augustin in den Büchern XI bis XIII seiner Confessiones geliefert. Hier wird XI, 13 ausdrücklich die Erschaffung der Zeit durch Gott gelehrt. Vor der Erschaffung der Welt hat es auch keine Zeit gegeben. Augustin zeigt, wie die Zeit gerade darin Zeit ist, daß sie zum Nichtsein hinstrebt, daß sie als vergangene Zeit aufhört, Zeit zu sein (XI, 14). Gott aber ist nicht an die von ihm geschaffene Zeit gebunden: unsere Zeitbegriffe sind nicht seine Maße und sein Heute ist nicht das unsre (Ps 2, 7; Hebr 5, 5).

Rein sprachlich hat es ja offenbar nur dann einen Sinn, von einer Erschaffung von Raum und Zeit zu sprechen, wenn beide so etwas wie Gegenständlichkeit, Objektivität in Anspruch nehmen können. Kant hat in der transzendentalen Ästhetik, dem 1. Teil der Kritik der reinen Vernunft, Raum und Zeit als reine Anschauungsformen a priori, also als transzendentale Bedingungen der sinnlichen Anschauung bezeichnet. Das hat für unser Problem die Folge, daß für Raum und Zeit die „Objektivität" bestritten werden muß. Raum und Zeit sind demnach auch nicht „geschaffen". Zugleich hat Kant mit seiner Lehre die Überzeugung von der Unendlichkeit von Raum und Zeit begründet. Unser anschauliches Denken ist an Raum und Zeit so gebunden, daß jede Anschauung und Vorstellung zugleich an die transzendentalen Formen der Anschauung gebunden ist und niemals über dieselben hinausgehen oder von ihnen absehen kann. Natürlich kann man das auch umkehren, so daß außerhalb der Anschauung auch die Formen der Anschauung, nämlich Raum und Zeit, gleichsam „aufhören".

Insonderheit am Zeitproblem zeigt sich, wie schwer es ist, die These von der creatio ex nihilo für die Vorstellung zu realisieren, und wie doch schon hier die weitreichendsten Konsequenzen herandrängen. Der Satz von der Erschaffung der Welt aus nichts ist die radikalste Form, in der die Endlichkeit der Welt, und damit eben auch des Raumes und der Zeit ausgesagt wird. Jedes Ausweichen vor diesem Satz bedeutet schon eine Annäherung an die entgegengesetzte These, nämlich die von der Ewigkeit der Welt.

Beide Thesen übersteigen, wie schon gesagt, jede Anschauung und jede Erfahrung; sie tragen in sich rein hypothetischen Charakter. Es wäre aber verhängnisvoll, wollte man sie deshalb nur als ein Spiel der Phantasie verstehen.

2. Die These von der creatio ex nihilo bedeutet ferner: Gott, der Schöpfer ist allmächtig. Seine Allmacht ist durch nichts begrenzt. Jede Begrenzung der Allmacht Gottes würde eine noch größere, Gott überlegene Mächtigkeit bedeuten. Sie wäre z. B. dann gegeben, wenn Gott zu seiner Schöpfung einer schon vorgegebenen Materie bedürfte. Denn das würde bedeuten, daß wenigstens diese Materie keinen Anfang hätte und daß Gott diese Materie nicht geschaffen hätte. Gewiß sind das alles Spekulationen ohne eigentlich religiöses Gewicht. Aber sie stellen doch Zwischenglieder dar, die zu wichtigen Gedanken führen. Die Schöpfung der Welt ist ein freier Akt Gottes, da ihr nichts außer Gott selbst vorausgedacht werden kann. Man kann und darf auch nicht denken, daß Gott zur Schöpfung irgendwie gezwungen gewesen wäre. So ist auch der Gedanke abzuweisen, daß Gott einer Schöpfung „bedürfe". Man hat diese ungeheuerliche Konsequenz in der christlichen Spekulation überraschenderweise oft nicht einmal als Blasphemie, sondern als eine besondere Verherrlichung Gottes verstanden, der in seiner unendlichen Lebendigkeit aus sich heraustreten, sich verwirklichen, denken, lieben und erschaffen „muß", der also um seines Wesens willen auch Schöpfer sein „muß".

Die Mystik war hier in der Schöpfungslehre zu allen Zeiten der Häresie besonders offen. Sie hat insbesondere keine Hemmungen empfunden, geradezu von einem Bedürfnis Gottes nach der Kreatur und von einer förmlichen Abhängigkeit Gottes vom geschaffenen Sein zu sprechen. Im Cherubinischen Wandersmann des Angelus Silesius finden sich die bezeichnenden Verse:

> „Gott mag nicht ohne mich ein einzig Würmlein machen.
> Erhalt ichs nicht mit ihm, so muß er straks zukrachen."
>
> „Ich weiß, daß ohne mich Gott nicht ein Nu kann leben.
> Werd ich zunicht, er muß von Not den Geist aufgeben."

3. Das weitere Handeln Gottes mit der Kreatur ist dann nicht in demselben Sinne und ohne weiteres auch noch creatio ex nihilo. Die alten Dogmatiker legten schon Stufen in das Schöpfungswerk ein. Das hatte wohl seinen Grund zunächst darin, daß sie die Schöpfungslehre in der Form einer Nachzeichnung des biblischen Schöpfungsberichtes, also des Sechstagewerkes darbieten wollten. Das wurde immerhin in verschiedener Weise ausgeführt, z. B. so, daß (nach Hafenreffer und Quenstedt) zunächst die rudis materia geschaffen wurde, und dann in zwei Dreitagewerken die Differenzierung der Geschöpfe

von unten nach oben vollzogen wird. Oder in anderer zeitlicher Vorstellung eben bei Quenstedt auch so: Omnia ex nihilo creata sunt, alia tamen immediate scil. opera primi diei, alia mediate scil. mediante illa materia, quam Deus ante ex nihilo pure negativo creaverat, nempe opera sequentium quinque dierum. Sieht man von dem ganzen spekulativ-mythologischen Rahmen dieser Ausführungen einmal ab, so ist die in den Gedanken der creatio ex nihilo hier hineingetragene Brechung nicht zu übersehen. Vor allem der Mensch entstammt nicht schlechthin einer creatio ex nihilo! Die Materie seines Leibes, der „Erdenkloß" (Gen 2,7), war schon, als Gott ihm den lebendigen Odem einblies. Und die Alten legten Wert auf die Unterscheidung, daß dem Menschen die Seele „a Deo", aber nicht „ex Deo" eingeblasen worden ist. Modernisiert man diese Unterscheidungen, so darf wohl darauf hingewiesen werden, daß der Mensch als solcher keine creatio ex nihilo für sich in Anspruch nehmen kann, sondern daß sowohl seine späte wie seine nur mittelbare Erschaffung durchaus eine Tür zur Abstammungslehre offenläßt. So scheint mir der Raum durchaus deutlich abgesteckt zu sein, in dem sich der Ausgleich zwischen der Abstammung des Menschen und seiner Erschaffung durch Gott denkerisch zu vollziehen hat.

## 2. *Die Welt als Schöpfung*

Die Schöpfungslehre drängt natürlich nun zu einer Lehre von der Welt, zu einer christlichen Kosmologie hin. Was ist das für ein mundus, von dem die Lehre de creatione mundi spricht? Die Aufgabe der theologischen Kosmologie kann sicher nicht darin liegen, der Naturwissenschaft Wege oder gar wünschbare Ergebnisse vorzuschreiben. Alle Kosmologie führt oder verführt dazu, weltanschauliche Sätze aufzustellen, und doch hat die theologische Kosmologie hier größte Zurückhaltung zu üben. Es geht nicht an, Sätze zu behaupten, die ausgesprochenermaßen wissenschaftlich nicht verifizierbar sind. Und in allen Aussagen der theologischen Kosmologie müssen der theologische Charakter und das theologische Interesse erkennbar sein. Unter Berücksichtigung dieser beiden Grenzen wird dann gewiß die weltanschauliche Aussage nicht vermieden werden müssen. Schließlich muß ja in einer theologischen Kosmologie herauskommen, was der christliche Schöpfungsglaube für unser Weltverständnis und für unser Weltverhältnis bedeutet.

Es kann z. B. nicht im Sinne der christlichen Kosmologie liegen, Gott als die „Ursache" der Welt und der Weltbegebenheiten zu bezeichnen. Der Begriff der Ursache ist als unsachgemäß aus der christlichen Kosmologie auszuscheiden. Gott ist keine Ur-Sache, weil er keine Sache ist. Gott als Ursache zu bezeichnen, würde bedeuten, daß man ihn selbst in den Zusammenhang der doch von ihm geschaffenen Welt hereinzieht, zur Welt macht und welthaft erklärt. Aber noch aus dem anderen Grunde muß der Begriff der Ursache hier vermieden werden, weil er zu dem primitiven Schluß verführen muß, daß Gott die „Ursache" für alles ist, was überhaupt ist und geschieht. Und es ist in der Tat nicht einzusehen, wie die Folgerung vermieden werden sollte, daß Gott, wenn schon „Ursache", dann auch eine, bzw. die Allursache ist. Es kann dann neben ihm, der „ersten Ursache", keine andere Ursache angenommen werden. Damit wäre Gott aber in primitiver Weise auch zur Ursache des Bösen und des Übels gemacht.

Ferner kann es nicht im Sinne der christlichen Kosmologie liegen, Sätze wie die zu behaupten, unsere Erde sei der Mittelpunkt der Welt und außer unserer Menschheit könne und dürfe es im ganzen weiten Kosmos keine solche Menschheit wieder geben. Der erste Satz ist ohnehin falsch, und der zweite Satz kann jeden Tag durch eine Entdeckung ins Unrecht gesetzt werden. Die Aussagen über die Stellung des Menschen im Kosmos, die bei der Entfaltung der christlichen Anthropologie gemacht werden müssen, können und dürfen also nicht in diesem primitiven Sinne als vermeintlich naturwissenschaftliche Thesen aufgestellt werden, sondern sind als theologische Sätze zu entwickeln, die freilich, und darin liegt das besondere, am natürlich-vernünftigen Verständnis des Menschen realisierbar sein müssen.

Der theologischen Kosmologie sind somit bestimmte Fragen verboten und bestimmte Antworten verschlossen, in denen wir, unter Absehung von Gott dem Schöpfer und unserem Selbstverständnis als seine Geschöpfe, irgendeine kosmologische Neugier befriedigen möchten.

Alle Einzelheiten der theologischen Kosmologie sind darin legitimiert, daß auch in ihnen das Bekenntnis zu Gott, dem Schöpfer, und das Anliegen unseres eigenen Heiles zum Ausdruck kommen. Wir entfalten demnach die Grundzüge der theologischen Kosmologie in fünf Aussagen.

1. Die Welt ist Kreatur Gottes. Sie ist nicht selbst Gott und hat keine göttliche Würde. Sie ist ganz und gar unter Gott und durch Gottes Macht begrenzt. Die Welt hat Anfang und Ende, sie ist nicht ewig. Die Sünde der Menschen wird am Anfang des Römerbriefes unter bezeichnender Absehung vom Gesetz des Mose einfach so beschrieben, daß die Menschen dem Geschöpf jene Ehre und jenen Dienst erwiesen haben, den sie Gott dem Schöpfer schuldig gewesen wären; darin besteht die Verwandlung der Wahrheit Gottes in Lüge (Röm 1,25).

2. Man kann im Verständnis der Welt nicht Natur und Geschichte widereinander setzen. Diese gegenseitige Ausspielung geschieht im Naturalismus auf Kosten der Geschichte so, daß die Geschichte das Zufällige und Vergängliche, das Individuelle und Unsichere ist, während die Natur die Sphäre des in seinen Gesetzen sich gleichbleibenden Seins wäre, das mehr und mehr zu durchschauen dem menschlichen Erkennen verheißen ist. Im Humanismus sieht diese Entgegensetzung dann so aus: Die Geschichte ist die Sphäre des menschlichen Daseins und Zusammenseins, eine Sphäre gewiß der steten Veränderlichkeit, des Werdens und Vergehens auch der geltenden „Gesetze", aber doch die Sphäre der Freiheit. Demgegenüber erscheint dann die Natur als die Sphäre der unser Leben tragenden und bedingenden, ja bedrohenden außermenschlichen Welt. Natur wird zum Inbegriff der Unfreiheit, zu dem, was überwunden werden muß. Die christ-

liche Kosmologie hat weder für diesen Naturalismus noch für den humanistischen Idealismus Stellung zu beziehen. Diese ganze, in der abendländischen Geistesgeschichte freilich tiefbegründete Doppelung von Natur und Geschichte, Natur und Geist beruht auf einer Täuschung. Die Natur ist nicht die ungeschichtliche bzw. geschichtslose Sphäre; denn sie wirkt selbst Geschichte, indem sie auf den geschichtlichen Menschen wirkt und sowohl dem Individuum als auch ganzen Völkern und „Rassen" ihr Schicksal bereitet. Auch die Natur hat ihre Geschichte, in die die Geschichte des Menschen immer deutlicher nur einbezogen ist. Und hinwiederum läßt sich die Geschichte in gewissen Einstellungen unter gleichsam „naturwissenschaftlichen" Gesetzen begreifen. Wenn der Mensch seiner Unfreiheit innewird, dann ist es nicht nur seine Gebundenheit an die Natur, die ihm dieses Schicksal bereitet, sondern nicht minder die Unausweichlichkeit seines geschichtlichen Seins. M. a. W. der Unterschied von Natur und Geschichte wird im christlichen Schöpfungsglauben relativ.

Vgl. hierzu meinen Aufsatz: In welchem Sinne sprechen wir beim Menschen von „Natur"? ZThK 1955, S. 272–296, u C. F. v. Weizsäcker, Die Geschichte der Natur (1948) 1964⁶.

3. Die christliche Kosmologie rechnet mit einer bestimmten Doppelgesichtigkeit der Welt. Diese Doppelgesichtigkeit hängt mit einer Verschiedenheit der Beurteilungsweise dieser Welt zusammen, nämlich mit einem ursprünglichen Urteil über Gottes Schöpfung – nach dem biblischen Schöpfungsbericht ist es Gottes eigenes abschließendes Wort über sein unberührtes Schöpfungswerk. Daneben aber tritt eine andere Beurteilung der Welt. Es ist ihre Beurteilung nach dem Sündenfall bzw. im Lichte oder unter der Nachwirkung des Sündenfalles, eine Beurteilung, in der sich auch ein allgemeines Erfahrungsurteil bestätigt sieht, so daß man hier nicht einfach von Offenbarung sprechen kann.

a) Das erste Urteil Gottes über sein Schöpfungswerk (Gen 1,31) ist, daß die Welt gut ist. „Siehe da, es war sehr gut!" Dieses Urteil kann im Blick auf die Schöpfung nie mehr vergessen werden. Hier wächst das tägliche Brot, mit dem Gott unser Leben versorgt. „Nichts ist verwerflich, das mit Danksagung empfangen wird" (1 Tim 4, 4). Die Welt erinnert an Gott und predigt seine Macht und Herrlichkeit (Jes 40,25–28; Ps 50). In dieser Welt wendet Gott uns seine Güte zu, gibt er uns das Leben und erhält es auch. Diesem Kosmos ist die Liebe Gottes auch in der Erlösung zugewendet: „So nämlich liebte Gott den Kosmos, daß er den eingeborenen Sohn gab, damit jeder, der an ihn glaubt, nicht verloren werde, sondern das ewige Leben habe." (Joh 3,16). Christus ist das Licht der Welt. Die Erlösung hat einen kosmischen Bezug. Es charakterisiert mein geschöpfliches Sein, daß ich ganz und gar in der Welt bin; aber es entwertet dieses Sein nicht. In der von Christus dieser Welt zugewendeten Liebe ist die Entwertung der Welt und ihre Verachtung aufgehoben.

b) Zugleich aber liegt die Welt für die christliche Kosmologie im Schatten eines grundsätzlichen negativen Urteils, das im Neuen Testament vielfach zum Ausdruck kommt. „Habt nicht lieb die Welt, noch was in der Welt ist" (1 Joh 2, 15). „Die Welt kann den Geist der Wahrheit nicht empfangen" (Joh 14,17). Dieses negative Urteil über die Welt bedarf um so mehr einer sorgfältigen theologischen Begründung, als es vielfach falsch verstanden und mißbräuchlich verwendet wird. Das geschieht einmal dadurch, daß man die in ihm wirksamen gnostischen Einflüsse verkennt und es für das einzige christliche Urteil über die Welt hält. Auf diesem Urteil beruhen alle Formen von Weltflucht. Freilich verbinden sich diese weltflüchtigen Ideale immer mit der Meinung, man könne der Welt entrinnen an einen anderen Ort, der weniger „Welt" sei als eben jene Welt, der man entrinnen möchte. Aber alle Weltflucht scheitert an der Tatsache der Unentrinnbarkeit der Welt. Der Raum der Kirche wie die Innerlichkeit des Menschen wie das geistige und selbst das religiöse Leben sind nur „Welt", ja selbst das, was man in irgendeinem Sinne als „Überwindung der Welt" bezeichnen möchte, führt doch nur in neue Formen und Weisen der „Welt" hinein. Das negative Urteil über die Welt ist aber auch noch dort wirksam, wo man meint, erst dann der Reinheit des christlichen Glaubens genuggetan zu haben, wenn man alles „Welthafte" aus der christlichen Sprache und aus den Vorstellungen über Gott ausgeschieden hat. Auch das ist eine hoffnungslose Sache; denn wie die Welt, so ist auch das „Welthafte" unentrinnbar. Es muß genug sein, sich der Relativität dessen, was es uns an Begriffen, Vorstellungen, Bildern etc. an die Hand gibt, bewußt zu sein und sich eben innerhalb der Welthaftigkeit um die richtige und wahre Aussage zu bemühen. Wo aber die Vorstellung obwaltet, die Welt sei an sich böse und nur böse, da ist diese Situation zum Verzweifeln. Da vollzieht sich freilich auch eine Verleugnung des ersten Glaubensartikels und es wird vergessen, daß diese Welt von dem Schöpfer selbst im Ursprung als „sehr gut" anerkannt wurde. – Der andere Mißbrauch des negativen Urteils über die Welt bekundet sich in der völlig unmöglichen und schriftwidrigen Rede von der „gefallenen Schöpfung". Aber die Welt ist nicht gefallen, nicht Sonne und Mond, Berg und Meer, Pferd und Taube haben gesündigt, sondern der Mensch.

Und von hier aus ist der Weg offen zur richtigen Begründung und Begrenzung des negativen Urteils über die Welt. Es ist im wesentlichen ein Dreifaches.

Der Mensch zieht durch die Folgen seiner Sünde auch die Welt in sein eigenes Unheil mit hinein. In nichts zeigt sich die Sonderstellung des Menschen im Kosmos, von der die christliche Anthropologie handelt, so deutlich, wie in der Schicksalsgemeinschaft der Welt mit dem homo peccator.

Aber die Welt leidet nicht nur an den Folgen der Sünde des Menschen, sondern sie wird, und das ist das Zweite, für den Menschen unaufhörlich zu einer Stätte der Versuchung. Man kann von dem Hang zur Sünde, der concupiscentia, nicht sprechen, ohne dessen zu gedenken, daß die Welt selbst ein „Zunder" für das Entbrennen der sündhaften Begehrlichkeit ist. Ihre Schönheit, ein Abglanz der δόξα des Schöpfers, verführt uns, dem Geschöpf statt dem Schöpfer zu dienen und göttliche Ehre zu erweisen (Röm 1,25). Es ist eine Umkehr der ursprünglichen Ordnung eingetreten, indem die Welt, die uns die Macht und Herrlichkeit Gottes zeigen und zur Anbetung seiner väterlichen Macht aufrufen sollte, nun zur Stätte der Verführung geworden ist. Darum gewinnt auch das Ende der Welt, das Ende aller „Dinge", den Charakter des Gerichts, und zwar des Gerichts über den Menschen und um des Menschen willen.

Und schließlich – das ist das Dritte – ist die Welt undeutlich geworden. Wir können Gottes Willen und Gottes Gesetz nicht einfach und unbefangen mehr an ihr ablesen. Daran scheitern sowohl die Versuche, der Welt selbst so etwas wie eine „Offenbarung" zu entnehmen oder aus ihren phänomenalen Ordnungen in unmittelbarer Weise die Grundzüge eines „Naturrechtes" ablesen zu wollen. Undeutlich sind im Weltlauf die großen Kausalzusammenhänge geworden, die darum auch keine sichere Basis mehr für Gottesbeweise abgeben können. Undeutlich sind vor allem alle Finalitäten im Weltlauf geworden. Man kann an sie glauben, aber die Erscheinung der Welt, so wie wir sie vor Augen haben, zwingt uns in keiner Weise mehr dazu. Die pessimistische Leugnung der Zwecke hat im reinen Kalkül der Welterscheinungen genau so viel für oder wider sich wie die optimistische These von einer finalen Ordnung der Welt. Von da aus wird deutlich, daß alle Sinnhaftigkeit im Weltlauf, daß auch der „Sinn des Lebens" selbst nicht aus der Erscheinung der Welt erkennbar, sondern nur Sache des Glaubens sind.

4. Zur christlichen Kosmologie gehört es weiterhin, daß Gott mir auch durch die Welt hindurch seine Güte zuwendet. Das ist ein Glaubensurteil, das sofort im hohen Grade mißverständlich wird, wenn man es „objektiv" formuliert. In objektiver Formulierung lautet das etwa so: Die Welt ist dem Menschen zum Dienst geschaffen; denn er ist die Krone der Schöpfung. In der Tat läuft die ganze Kosmologie auf die Anthropologie hin, alle Sätze der christlichen Kosmologie finden in der Anthropologie ihre Entsprechung und Erfüllung. Aber man muß sich darüber klar sein, daß natürlich in einem objektiv-weltanschaulichen Sinne sich weder eine Mittelpunktstellung der Erde noch gar des auf dieser Erde lebenden Menschen im weiten Kosmos schlüssig behaupten läßt. So wenig wir objektiv behaupten können, die ganze Welt drehe sich um den Menschen, so unabdingbar ist das andere Urteil: Gott, der Schöpfer der Welt, ist auch in dieser Schöpfung, dem ersten opus Trinitatis ad extra, mir gnädig zugewendet. Gott der Schöpfer ist „mein Gott", er ist der Gott für uns, Gott für mich, er ist der Gott für den Menschen.

Luther hat das in der kurzen Form des Glaubens (1520) ausgesprochen: „Ich setz mein trau auf kein creatur, sie sei im himmel oder auf Erden. Ich erwage und setze mein trau allein auf den unsichtlichen und unbegreiflichen einigen Gott, der himmel und erden erschaffen hat und allein über alle creatur ist." „So er denn allmächtig ist, was mag mir gebrechen, das er mir nit geben und tun möchte? So er Schöpfer himmels und Erden ist, und aller Dinge ein Herr, wer will mir etwas nehmen oder schaden? ja wie wollen mir nit alle Dinge zu gut kommen und dienen, wann der mir gut getan, dem sie alle gehorsam und untertan sein?" (WA 7, 215, 30; 216, 1–3. 18–23). Ebenso ist an die Auslegung des ersten Glaubensartikels im Kl. Katechismus zu erinnern: „Ich glaube, daß mich Gott geschaffen hat samt allen Kreaturen, mir Leib und Seele, Augen, Ohren und alle Glieder, Vernunft und alle Sinne gegeben hat und noch erhält; dazu Kleider und Schuh, Essen und Trinken, Haus und Hof, Weib und Kind, Äcker, Vieh und alle Güter, mit aller Notdurft und Nahrung des Leibes und Lebens reichlich und täglich versorget."

In der Theologie Luthers nimmt der Schöpfungsgedanke dann eine beherrschende Stellung ein, kraft deren er an nahezu allen Themen seines theologischen Denkens teilhat. Auch die Anfechtung nimmt kosmische Ausmaße an; auch in der Schöpfung gilt, daß Gott in verborgener Weise, sub contraria specie wirkt; selbst die Rechtfertigung des Sünders kann Luther unter den Schöpfungsglauben begreifen, als eine Neuerschaffung und Einstiftung eines neuen Herzens. Ich verweise hierfür auf H. Bornkamm, Luther und das AT, 1948, bes. 49–54; ferner P. Althaus, Der Schöpfungsgedanke bei Luther (Sitzungsber. d. Bayr. Ak. d. Wiss. Phil.-hist. Kl. 1959, 7). D. Löffgren, Die Theologie der Schöpfung bei Luther, 1960, hat unter diesem Gesichtspunkt eine Gesamtdarstellung der Theologie Luthers unternommen, und G. Wingren hat in seinem Buch „Schöpfung und Gesetz", 1960, an der Schöpfungslehre den universalen Gesichtspunkt gewonnen, der sich dann auch der Christologie und der Lehre von der Kirche mitteilen muß. Die Bedeutung der Theologie der Schöpfung bei Luther liegt nicht, wie man es gelegentlich in verhängnisvoller Weise dargestellt hat, darin, daß sie *neben* die Christologie tritt, sondern daß sie sich mit dieser ganz durchdringt und Christi Werk auf die Schöpfung bezieht, so daß das ganze Heilswerk auch in den Kategorien des Schöpfungsglaubens beschrieben werden kann.

In der Gabe des Lebens selbst, in seinem Schutz und in seiner Bewahrung ist die Welt auf mich hingeordnet. Ich bin durch die Schöpfung gesegnet. „Welt" im Sinne der christlichen Kosmologie ist immer die mir gegebene Welt. Auch in ihr und durch sie, wenn auch oft in verborgener Weise, handelt Gott mit mir. In der christlichen Schöpfungslehre liegt eine perspektivische Hinordnung der Welt zum Menschen hin. Die Kosmologie spitzt sich zur Anthropologie hin zu, und wenn sie sich nicht in der Anthropologie erfüllt, ist sie eine blinde Kosmologie. Die christliche Kosmologie kann also niemals eine unperspektivische, bloße Naturlehre sein. Das ist der eigentliche Sinn dessen, daß dieser Kosmos „Geschichte" hat und daß, wie ich zu zeigen versuchte, die Grenzen zwischen Natur und Geschichte relativ sind. Gewiß kann man fragen, ob es im strengen Sinne möglich ist, außerhalb des menschlichen Bereiches von Geschichte zu sprechen; denn Geschichte im eigentlichen Sinne ist doch nur vom Menschen gewußte Geschichte. Zur Geschichte gehört immer ein menschliches Bewußtsein, in dem sie sich spiegelt und gestaltet. Aber eben darum und um so mehr gilt, daß die

Natur, indem sie Geschichte hat, auf den Menschen hin ist und daß die Kosmologie nach ihrer Vollendung in der Anthropologie verlangt.

5. Schließlich ist die Welt, im Sinne der christlichen Kosmologie verstanden, relativ selbständig. Die Welt ist nicht absolut selbständig; sie ist nicht, nachdem sie geschaffen ist, unabhängig von Gott. Aber der Welt kommt doch eine relative Freiheit zu. Der Kosmos, seinem Ursprung nach Schöpfung (κτίσις, creatura), erscheint in seiner relativen Selbständigkeit als Natur (φύσις, natura) mit „ihren" Gesetzen, die zu erforschen nun fortan nicht Theologie, Schöpfungslehre, sondern schlechthin Naturwissenschaft ist. Unter dem Gesichtspunkt der Geschichte kommt die relative Freiheit der Welt darin zum Ausdruck, daß auch dem Menschen diese relative Freiheit des Wählens, des Könnens und der Verantwortung zukommt. Es ist wahrlich keine absolute Freiheit. Aber der Mensch ist doch zu einer relativen Freiheit geschaffen, die jedenfalls so weit reicht, daß dieser Mensch sündigen und seine Freiheit durch eigene Schuld einbüßen kann. Ja, man muß paradoxerweise sagen, daß die Möglichkeit des Sündigens und die Wirklichkeit der Sünde die große, eindrückliche und bedrückende Demonstration dieser relativen Freiheit des Menschen ist. So groß ist Gottes Schöpferherrlichkeit, daß er freie Geschöpfe geschaffen hat. Dies zu bestreiten ist weder eine Ehrung des Geschöpfes noch eine Ehrung des Schöpfers.

Aber diese Freiheit ist relativ. Sie ist eingegrenzt durch Raum und Zeit, durch die Umstände, durch die Artung der eigenen Natur, durch das Schicksal, lauter weltimmanente Bedingungen, die eben diese welthafte, im Zusammenhang der Schöpfung selbst liegende Relativität der Freiheit fühlbar machen. Diese relative Freiheit der Schöpfung ist, sehr menschlich ausgesprochen, ein Risiko, eine unablässige Gefährdung der Schöpfung, ein Anreiz zum Mißbrauch. Diese relative Freiheit, soweit sie die des Menschen unmittelbar ist, ruft nach der Ethik, nach dem Gebot, sie nötigt zum Nachdenken über das Gute und über den rechten Gebrauch der der Schöpfung, dem Menschen gegebenen, ihm gewährten Freiheit. Die Größe des Schöpfers erstrahlt, indem er mit seiner Schöpfung dieses Risiko der relativen Freiheit eingeht und sein Geschöpf auf die Probe dieser Freiheit stellt. Dabei ist die geheime, oft auch nur um so deutlichere Einschränkung dieser Freiheit dann doch nicht umzufälschen. Der Gedanke ist von der Schwelle zu weisen, als ob diese Einschränkung der Freiheit einer heimlichen Determination der Welt und auch des menschlichen Lebens gleichkäme, so daß diese relative Freiheit nur ein Schein wäre, in dessen Genuß dann die sich frei fühlende Kreatur durch den tatsächlichen Zwang der Determination überlistet würde. Es geht bei diesem Satz von der relativen Freiheit der Welt gar nicht um Gefühle. Es geht um die Wandlung der Schöpfung zur „Natur", um die Möglichkeit, ihre Gesetze wissenschaftlich zu erforschen, es geht um die Tatsache einer menschlichen Geschichte, es geht um das Rätsel, daß der Mensch, um

Mensch zu sein, durch ein Nachdenken über das Gute immer erneut *werden*, daß er sich ständig zum eigenen Menschsein hin vorauswerfen und überwinden muß.

So wahr ist die Schöpfung „Natur", daß wir in der Besinnung auf die „Gesetze" der Schöpfung die Natur befragen müssen. Aber die Natur ist nicht einfach die vor unseren Augen ausgebreitete Schöpfung, sondern nur ihre jetzige Erscheinungsweise, die der Schöpfung nach dem Fall des Menschen erhaltene Gestalt. Diese Natur gibt uns auch, wenn wir sie forschend befragen, nicht die Antworten Gottes, sondern „ihre" Antworten. So sehr ist die Schöpfung in ihrer relativen Selbständigkeit Natur, daß Jesus Christus uns die Geheimnisse des Reiches Gottes im Gleichnis von Naturbildern mitteilen kann. Die „Natur" wird, samt ihren Gesetzen, gewürdigt, per analogiam das Evangelium zu veranschaulichen und zu seiner Botin zu werden. Die im Evangelium angekündigte Krisis der Welt wird auch eine Krisis der Natur sein, und die Zukunft des Reiches Gottes, die ja die ursprüngliche Schöpfung Gottes nicht verleugnet und die in der jetzigen Existenz der Kinder Gottes schon anhebt, wird im Bilde einer erneuerten und freien Schöpfung beschrieben: 2 Kor 5,17 und Jak 1,18.

Wie aber das Mitsein Gottes mit seiner relativ freien Schöpfung gemeint ist, das ist dann der Gegenstand der Lehre von der Erhaltung der Welt.

### 3. Die unsichtbare Welt

Man kann die Schöpfungslehre nicht verlassen, ohne über die Ausdehnung der Schöpfung nachzudenken, d. h. darüber nachzudenken, wie weit eigentlich die Welt reicht und was alles zu ihr gehört. Dabei ist es nicht so sehr die Frage, ob sich die sichtbare Welt nur auf diese unsere Erde beschränkt oder ob nicht auch der „Himmel" im Sinne der Alten, nämlich die Sternenwelt zu unserer sichtbaren Welt gehört und diese unsere reale Welt tatsächlich ins Ungemessene vervielfältigt. Wichtiger ist doch, ob sich die von Gott geschaffene Welt, wie vielfältig sie auch immer gedacht werden mag, nur auf diese sichtbare Welt erstreckt. Nach dem Nicaenum ist aber Gott der „factor coeli et terrae, visibilium omnium et invisibilium". Wie hat eine gewissenhaft verfahrende Dogmatik darüber zu urteilen?

Diese unsichtbare Welt meint natürlich die Welt der Engel und der bösen Geister, die in der Bibel und dann auch in der Theologie alter und neuer Zeit vielfältig erwähnt, aufgezählt, in ihrem Wirken beschrieben und mit größerem oder auch geringerem Nachdruck in ein gläubig entworfenes biblisches Weltbild eingezeichnet worden sind. Die kritisch verfahrende Dogmatik befindet sich diesem Thema gegenüber in einer eigentümlich zwiespältigen Lage. Auf der einen Seite besteht kein Anlaß, dem Realismus und der Einheitlichkeit des Weltverständnisses zuliebe schon diese Welt aller unsichtbaren, spirituellen oder auch dunklen Dimensionen zu entkleiden und sie im Stile eines billigen Rationalismus auf eine vordergründig sichtbare und erfahrbare Welt zu reduzieren. Auf der anderen Seite ist aber gleich zu bedenken, daß die Dogmatik keineswegs die Aufgabe hat, jedwedes religionsgeschichtliche Material nur deswegen ernst zu nehmen und positiv zu interpretieren, weil es einen Bestandteil der biblischen Weltanschauung darstellt. Die Dogmatik ist der Kosmologie der Bibel nicht bloß um des Ansehens der Bibel willen schon Nachfolge schuldig. Aber mag es sich nun damit verhalten, wie auch immer, es türmen sich schon allein durch die Sichtung des biblischen Materials erhebliche Schwierigkeiten vor unserem Blick und unserem Nachdenken auf. Da ist zunächst auf die erstaunlich geringe Konturierung der die unsichtbare Welt erfüllenden Geistwesen hinzuweisen. Im Alten Testament verfließen die Engelerscheinungen oft mit Theophanien (Gen 18,1 f.; 19,1 ff.; 28,12 f.; Ex 3,2 ff. u. ö.). Schon Schleiermacher hat das richtig bemerkt (Gl. § 42,1). Bei Paulus sind die Zwischenwesen, die uns möglicherweise von der Liebe Gottes in Christo Jesu scheiden könnten, hinsichtlich ihres guten oder bösen Charakters überhaupt nicht zu unterscheiden (Röm 8,38 f.). Ebenso sind die „Engelmächte", von denen Eph 1,21 f. und Kol 1,16, aber auch Phil 2,10 f. die Rede ist, keineswegs als an sich gute oder böse Mächte zu unterscheiden, sondern ihr Charakter wechselt anscheinend je nachdem, ob davon die Rede ist, ob sie durch Christus und zu ihm hin geschaffen sind, ob sie uns von Gott trennen oder ob sie überwältigt in das Bekenntnis zur Herrschaft Jesu Christi einstimmen. Zu der geringen Deutlichkeit einer biblischen Lehre von den unsichtbaren Zwischenwesen gehört es auch, daß die Benennungen schwanken und wechseln, daß die Engel bald in der Einzahl, bald in der Mehrzahl, bald als ganze Heere vorkommen, und daß ebenso der Teufel bald im absoluten Singular begegnet (als Diabolos Mt 4,1 ff.; als Satanas Lk 13,16), bald als Herr über eigene Engel (Mt 25, 41) bzw. als Beelzebub oder Satanas über ein „Reich" von Dämonen (Lk 11,14–20), bald aber metaphorisch angewandt auf den Jünger, der wie ein Versucher spricht (Mt 16,23) oder der Versuchung erliegen wird (Joh 6,70), um nur an einigen Stellen die Unsicherheit zu veranschaulichen. Es ist auch kaum zu übersehen, daß zwischen den beiden Testamenten kein Unterschied sichtbar wird und nirgends etwas spezifisch Neutestamentliches an den Aussagen über Engel oder Teufel auffällt.

Die Religionsgeschichte hat die Vorstellungen von den Zwischenwesen, den Mächten, Dämonen und Engeln auf das stärkste beeinflußt. Vgl. H. Bietenhard, Die himmlische Welt im Urchristentum und Spätjudentum (WUNT 2), 1951 – van der Leeuw §§ 15 u. 16 – Art. Dämonen RGG II, 2–5 – Art. Engel, ebda 465 bis 469 – Art. Geister, Dämonen, Engel, ebda 1298–1303. – Das biblische Material verarbeitet unter den älteren Dogmatikern verhältnismäßig vollständig I. A. Dorner I, 534–542 über die Engel, wesentlich umfassender und lebhafter die Lehre vom Teufel II/1, 188-217. D. Fr. Strauß bietet bei leidenschaftlicher Kritik an beiden Seiten des Lehrstückes I, 661-675 u. II, 1-18 eine materialreiche Übersicht.

Die kirchliche Dogmatik hat das biblische Material dann kraftvoll geordnet. Die Engel und der Teufel werden nun klar unterschieden. Das Buch über die himmlische Hierarchie des Ps.-Dionysius Areop. begründet eine klare Tradition von Wesensaussagen über die Natur der Engel und über ihre Einteilung in dreimal drei „Chöre": I. Engel, Erzengel und Fürsten, II. Mächte, Gewalten und Herrschaften, III. Throne, Cherubim und Seraphim. Joh. Damascenus bestätigt die Tradition (Expos. fidei orthod. II, 3 u. 4), Thomas Aqu. befestigt sie im Abendland (S. Th. I, 50-64, 106-114). Die altprotestantische Dogmatik folgt zunächst zögernd und selbständig (Calvin, Institutio I, 14, 3-19); die reformierte Theologie lehnt die Frage nach Rangordnungen der Engel ab, die lutherische bekennt, darüber nichts wissen zu können.

Nach Hutter (Comp. Loc V.) sind die Engel aus nichts geschaffen, doch weiß man nicht, an welchem Schöpfungstage. Sie sind geistige Wesen, zu Gottes Ebenbild geschaffen, es kommt ihnen Vollkommenheit (wenn auch in geringerem Maße als Gott), Weisheit, Gerechtigkeit und Heiligkeit zu. Sie sind ganz gut und mit freiem Willen ausgestattet, doch ist es möglich, daß sie ihren freien Willen auch zum Bösen mißbrauchen. Der Zweck ihrer Erschaffung ist der Dienst Gottes, die Behütung der Auserwählten und der Genuß der ewigen Seligkeit. Nach dem Fall der bösen Engel sind die Angeli boni geblieben, wie sie geschaffen wurden. Doch wurden sie darin „confirmiert". Eine Ordnung der guten Engel ist zu bejahen, doch ist sie unbekannt. Ihr officium ist nunmehr (nach Jes 6) der ununterbrochene Lobpreis Gottes, himmlischer Botendienst, die Bewachung der Frommen, die Heimführung der Seelen nach dem Tode (Luk 16, 22) und der Hilfsdienst im Jüngsten Gericht. – Die Angeli mali sind nach freiem Willen gefallene Engel. Der Anlaß zu ihrem Fall war die Verblendung durch die eigene Würde (superbia peccatum Satanae); sie sind ohne jede Hoffnung zur ewigen Verdammnis verurteilt. Ihre opera ac studia sind die Schmähung Gottes, die Störung der Anordnungen Gottes, die Hemmung des Evangeliums in der Welt, die Verfolgung der Frommen und die Freude über die Sünde der Gottlosen und über ihre Verdammung.

Im einzelnen haben dann nähere Ausführungen über ihren Ort, ihre Körperlosigkeit bzw. ihre Gestalt, ihre Bewegungen und die Fähigkeit, sich kundzutun, nicht zuletzt über ihre in der Schrift nicht bezeugte Entstehung das Bedürfnis nach genauen Angaben in die größten Schwierigkeiten verwickelt. – Diese Schwierigkeiten steigern sich nur noch bei dem Versuch, über den bzw. über die Teufel genaueres auszusagen. Denn der Satan kann ja nicht im streng dualistischen Sinne als Gegengott verstanden werden. Er ist geschaffen, aber nicht als Satan geschaffen. So werden sein Ursprung wie auch sein Ende (Luk 10, 18 ?; Apk 20, 10) und sein zu Gottes Handeln gegenbildliches Wirken zu einem die Spekulation immer aufs neue herausfordernden Rätsel. Die Lehre vom Satan wird geradezu die Einfallspforte für alle möglichen gnostischen Spekulationen. Einzelne Schriftstellen ernähren das spekulative Bedürfnis: Sein Wirken steht in eigentümlicher Relation zu Gott (Hi 1, 6-12; 2, 1-8). Die Versuchungen der Frommen kommen bald von Gott (1Kor 10, 13; 1 Petr 3, 17; 4, 12.17-19), bald vom Satan (Mt 4, 1 ff. par.; 1 Kor 7, 5 1 Thess 3, 5; Apk 2, 10). Der Satan verstellt sich als Engel des Lichtes (2 Kor 11, 14) und ist der Vater der Lüge (Joh 8, 44). Aber nicht alles Leiden, nicht alles Übel ist von ihm; denn auch Gott prüft und straft, und der Satan kann, wo Gott die Dinge zum Guten lenkt, geradezu sein Werkzeug sein, wie in der Hioberzählung und im siegreichen Bestehen der Versuchung (Jak 4, 7).

So hat sich insbesondere der neueren protestantischen Theologie bezüglich der Engel wie des Teufels ein widersprüchlicher Zug eingeprägt. Auf der einen Seite natürlich die vom biblischen Zeugnis her empfundene Nötigung, die Lehre von den Engeln festzuhalten und dem gläubigen Sinn fruchtbar zu machen. „Der Himmel ist uns unerreichbar, aber er ist uns nicht fern. Die Engel Gottes sind im Himmel und zugleich als seine Boten bei uns" (P. Althaus). Engel walten bei der Geburt Christi, sie dienen ihm nach der überwundenen Versuchung, ein Engel stärkt ihn in Gethsemane, Engel sind die Boten der Auferstehung am leeren Grab. Sie wirken mit im Endgericht (Mt 13, 49; 16, 27), die Engel der Kinder sehen allezeit Gottes Angesicht (Mt 18,10) und die Toten sind in der Auferstehung „wie die Engel" (Mk 12,25). Mit fast noch größerer Leidenschaftlichkeit wurde die Rede vom Teufel gegen ihre aufgeklärte Bestreitung verteidigt. „Nullus diabolus, nullus redemptor", sagt Philippi, und solche Stimmen können sich auf 1 Joh 3,8 berufen. Es erscheint geradezu als der Probefall auf die Tiefe der Welterfahrung, ob man „die Tiefen des Satans erkannt" hat (vgl. Apk 2,24). In den dogmatischen Ausführungen über Realität und Personhaftigkeit des Bösen finden sich häufig zeit- und gegenwartskritische Ausführungen und anschließend bewegte Warnungen vor einer Täuschung über die Realität des Satans: „Der Wunsch, daß er nicht existiere, tötet den Teufel nicht" (J. A. Dorner). Die hier sich aussprechende religiöse Überzeugung unterliegt keiner dogmatischen Zensur. Wohl aber muß die Frage erhoben werden, ob diese Stimmen unmittelbar den Anspruch erheben dürfen, selber dogmatische Aussagen zu sein. Das biblische Zeugnis bedarf jedenfalls, wie allemal in der Dogmatik, der Interpretation. Und es ist dabei durchaus erwägenswert, ob zu dieser Interpretation nicht auch auf die Erfahrung Bezug genommen werden kann oder sogar muß. Aber das eine wie das andere verlangt im Zusammenhang nach einer methodischen Besinnung und nach einer allseitigen Abwägung von Gründen und Gegengründen.

Es läßt sich nicht gut übersehen, welche gewichtigen Argumente und theologischen Motive gegen eine ausgebildete Lehre von den guten und bösen Engeln in einer heutigen Dogmatik geltend gemacht werden können. Wir werden gewiß nicht mehr die weltanschaulichen Einwände in einer so vordergründigen Banalität zu Worte kommen lassen, wie das einst D. Fr. Strauß in seiner Glaubenslehre getan hat. Hier wird alles, was nach alter Erklärung Engel und Teufel bewirkt haben sollen, vernünftig und natürlich erklärt, und annoch bestehende Rätsel natürlicher Vorgänge einer künftigen wissenschaftlichen Aufklärung vorbehalten. Man sollte nicht leugnen, daß diese Überzeugung, wenn auch nicht mehr in solcher naiven Ungebrochenheit, tatsächlich das moderne Bewußtsein regiert, so daß z. B. die Überzeugung von einer durchweg „natürlichen" Verursachung von Nervenleiden und seelischen Störungen im weitesten Sinne Allgemeingut geworden ist. Indessen zeigt sich das sich durchsetzende wissenschaftliche Bewußtsein mehr noch auf anderem Wege. Es zeigt sich darin, daß man die überkommenen Bezeugungen von Engeln und bösen Geistern als „Vorstellungen" versteht, die hinsichtlich ihres mythologischen Charakters, besonders aber auch hinsichtlich ihrer religionsgeschichtlichen Herkunft leidenschaftslos analysiert werden können. Und in der Tat lösen, bzw. erledigen sich viele sachliche Probleme auf diesem Wege mühelos, wenn man etwa beachtet, daß aus dem Parsismus zwar die Vorstellung von dem widergöttlichen Geiste übernommen werden konnte, aber nicht das zugrunde liegende dualistische Weltverständnis.

Fallen solche Überlegungen des weiteren in die Zuständigkeit der Religionsgeschichte, so hat die Dogmatik doch noch auf drei Einwände zu verweisen, die auf ihrem eigenen Gebiete liegen. Der oft gemachte Hinweis auf Luthers Pietät gegenüber den „lieben Engeln" kann doch nicht übersehen lassen, daß die Reformation aus einer grundsätzlichen Abneigung gegen jede Lehre von Zwischenwesen und gegen jede Vermittlung des Heils außer durch Jesus Christus erwachsen ist. In dem Maße aber, als den Engeln eine religiöse Bedeutung beigelegt wird, bekommt die ihnen beigelegte Tätigkeit den Charakter einer vermittelnden Funktion. Nimmt man den Gedanken an einen solchen religiösen Charakter ihrer Funktion (z. B. die Bewahrung durch den „Schutzengel") zurück, so wird die Existenz der Engel, soll sie nicht gar geleugnet werden, zu einer Frage der Kosmologie, d. h. geheimer in der „Welt" über die reine Sichtbarkeit hinaus wirkender Kräfte. Aber wie auch immer in der Vorstellung die unsichtbaren Welten bevölkert sein mögen und wie auch immer das dann religiös oder kosmologisch gedacht werden mag, jedenfalls bringen uns zunehmende Verdeutlichungen der Engellehre immer auch in die Nähe einer Erneuerung der Gnosis. Aus diesen Gründen, die in der Auseinandersetzung der Kirche mit der Anthroposophie eine wichtige Rolle spielen, hat sich die neuere Theologie gegen die Engellehre, und dem genau entsprechend auch gegen eine präzise Lehre vom Satan und von satanischen Mächten, zurückgehalten.

Man kann diese Zurückhaltung dann zu dem Satz verdichten, daß weder der Lehre von den Engeln noch der über den Teufel Heilsbedeutung zukommt. Weder das eine noch das andere kann jemals zu einem förmlichen Glaubenssatz werden. Ist dies nicht der Fall, so hat auch eine förmliche „Lehre" über die guten und bösen Engel zu entfallen. In diesem Sinne hat sich Schleiermacher (§§ 42–45) entschieden, und nach ihm sind, erneut durch A. Ritschls Nüchternheit bestärkt, viele Dogmatiker des neuen Protestantismus, z. B. J. Kaftan, Th. Häring, von der Lehre über Engel und Teufel erklärtermaßen zurückgetreten, ganz zu schweigen von W. Herrmann und seinen zahlreichen und einflußreichen Schülern, bei denen von geistigen Zwischenwesen überhaupt nicht mehr die Rede ist.

In einem seltsamen Widerspiel zu dieser Beschränkung der Theologie auf ihr unmittelbarstes Thema stehen die spekulativen Ausschweifungen, zu denen das Thema Engel und Teufel, nicht ohne Ansätze schon in älterer Zeit, vorab bei Schelling und seinen Nachfahren, bei Daub, R. Rothe, aber auch bei Hofmann Anlaß gegeben hat. Wann sind die Engel geschaffen? Wann und warum ist der Teufel abgefallen? Muß man angesichts des Schweigens der Bibel nicht das ganze Geisterdrama in Weltzeiten vor der Erschaffung unserer Welt zurückverlegen (R. Rothe)? Läßt sich denn eine Entwicklung des menschlichen Geistes, ja läßt sich überhaupt eine Geschichte des Menschengeschlechtes auf Erden ohne die Dazwischenkunft des Bösen denken? Und sind wir nicht – über alle Theodizee hinaus – geradezu zu einer Rechtfertigung des dialektischen Wirkens Satans gedanklich gezwungen? So kam es just im 19. Jh. zu einer mitunter phantastischen Überschreitung aller biblisch gebotenen Grenzen und zu einer Entlastung des Sünders. Man versteht aber, wenn angesichts dieser Demonstration der Versuchlichkeit aller Angelologie und Satanologie noch ein Grund mehr gegen jede theologische Lehre von den guten und bösen Engeln bestehen mußte.

Aber was ist an der Rede von Engeln und vom Teufel nun Wahrheit? Die Überzeugung, daß es sich bei der von der Kirche in ihre Weltsicht übernommenen biblischen Bezeugung geistiger Wesen außerhalb unser selbst um religionsgeschichtlich zu erklärende Vorstellungsformen handelt, überhebt uns noch nicht dieser Frage. Offenkundig handelt es sich um Aussagen, die auf der Grenzscheide des religiösen Glaubens zur Kosmologie liegen. Gibt es Erfahrungen, welche eine Interpretation der Rede von den Engeln und der Macht des Bösen ermöglichen? Erfahrungen also, in die die Vorstellungen von guten und bösen Engeln eingezeichnet werden können und an denen sie sich dann „irgendwie" bestätigen mögen. Wir können auf diese Frage hier nur in Umrissen antworten.

Offenbar handelt es sich um die Gewahrung geistiger Welten, die schützend oder bedrohend, helfend oder versuchlich auf den Menschen Einfluß nehmen. Der Mensch ist ja nicht ein Individuum, das vor Gott und der Welt und auch in seinem Verhältnis zu anderen Menschen in dem Sinne allein steht, daß es ständig neu seine Entscheidungen ganz allein für sich selbst treffen muß oder auch nur kann. Ganz abgesehen von der Verflechtung in sein Lebenserbe, in seinen kulturellen und sozialen Zusammenhang erfährt der einzelne Mensch noch Einflüsse, die ihn gleichsam quer durch alle mitmenschlichen Abhängigkeiten ganz persönlich „affizieren". Diese Beeinflussungen – um es vorläufig einfach so zu bezeichnen – tragen nun zwei entscheidende Züge an sich. Einmal werden sie als Wirkungen von Mächten erfahren, die mit moralischen Kategorien nur ganz unzulänglich beschrieben wären. Denn sie setzen sich in uns fest und bemächtigen sich des Willens, und zwar so, daß man sich nicht mehr als eigentlicher Herr seines Willens fühlt. Dieses fremde Element im eigenen Willen nimmt uns mit, trägt uns fort, reißt uns hin, sei es zum Guten, sei es zum Bösen. Die Sexualität wurde immer als ein Urbild dieser Entfremdung des eigenen Willens von uns selbst empfunden. Der Mythus vom Sündenfall hat seine Wahrheit darin, daß die „Idee" zum Fall nicht von dem Menschen stammt, sondern ihm eingegeben ist. Der andere Wesenszug scheint mir dann darin zu liegen, daß man die Einwirkung dieser rätselhaften, uns hinnehmenden Macht nicht nur als „fremd", sondern darüber hinaus wie aus einer anderen Dimension kommend wahrnimmt. Ein Schein des Unbedingten lähmt den Widerspruch und „überzeugt" uns, und zwar ganz insgeheim, ganz persönlich, so daß wir die Einwirkungen zum Guten wie überweltlich erfahren, aber auch den Anreiz zum Bösen quer gegen alles Sittliche, gegen alle uns tragenden Gebote als durchaus einleuchtend hinnehmen: „Warum auch nicht?" Das Reizvolle, die Lust wird einen Augenblick erwogen, um dann als neu, als durchaus möglich, niemandem schädlich über alle Einwendungen zu triumphieren.

Es kommt eine weitere Überlegung hinzu, wenn wir den möglichen Ort für die Rede von den guten und den bösen Engeln aufsuchen. In den guten Mächten wirkt, so meinen wir, Gott unmittelbar. Man könnte sagen: die Engel Gottes sind transparent. Der Einfluß der guten Mächte umgibt uns so unmittelbar, wie es die alte Kirche in der Liturgie wahrnehmen zu können glaubte (vgl. E. Peterson, Von den Engeln, in Theol. Traktate, 1951, 323 ff.). Denn in der Tat ist ja der wahre Gottesdienst mehr als nur eine Belehrung. Wenn aber die geistigen Mächte diese ihre Transparenz verlieren, verbirgt sich Gott und sie werden zu bösen Mächten. Wegen dieser gegenseitigen Nähe der guten und der bösen Mächte haben wir auch in diesem Abschnitt keine thematische Trennung vorgenommen. Das heißt nun, daß die geistigen Mächte gleichsam konvertierbar sind, der Blick auf sie hebt unsere eigene Verantwortung und Entscheidung nicht auf. Wenn wir sie auch als Mächte erfahren mögen, die sich schon vor unserer Entscheidung als Mächte kundgeben, wie es Paulus von der persönlich wirkenden Macht der Sünde aussagt (Röm 6, 16! dann auch v. 22; 7,11.13 f.), so muß man sich doch erst noch in diese Macht „begeben", um dadurch schuldig zu werden. Mit dieser Konvertierbarkeit, wie ich es nennen möchte, hängt dann der eigenartige Umstand zusammen, daß das Böse „materiell" oft gar nicht unmittelbar als böse erscheint. Der Satan verkleidet sich in einen Engel des Lichtes (2 Kor 11,14), er überzeugt uns. Auch das Böse will in einem vordergründigen Sinne etwas Gutes. Es ist wohl so, daß es keinen Satan ohne Relation zu Gott, kein Böses ohne eine Relation zum Guten und ohne einen am Guten gewonnenen Vorwand geben kann. Ein Böses, das jeden inneren Zusammenhang mit dem Ewigen zerschnitten hätte, können wir uns nicht vorstellen.

Wir stehen damit vor der Frage, ob nicht doch von einem absolut Bösen, oder – mit Berufung auf Kant – von einem radikal Bösen gesprochen werden muß. Diese Frage kann aber sicherlich nicht durch eine metaphysische These entschieden, sondern nur so beantwortet werden, daß man jene Erfahrungen aufsucht, welche die Rede vom radikal Bösen auszusprechen unternimmt. Denn das radikal Böse kann sich nur im Haß gegen das Gute äußern, in dem bewußten Nichtwollen dessen, was doch insgeheim als das Gute einleuchtet und schon von ferne erkennbar ist. Dieses Einleuchten des Guten, auch wenn ihm erbitterter Haß entgegengesetzt wird, ist aber ein Einleuchten der Wahrheit. Dann aber ist der Haß gegen das Gute, gegen das Göttliche die Angst vor der Wahrheit, das Böse verbirgt sich vor der Wahrheit und liebt die Finsternis mehr als das Licht (Joh 3,19). Dieses Sich-Verschließen in der Finsternis nimmt dann gewiß pathologische und zerstörerische Züge an, es ist, wie Kant gelegentlich sagt, ohne Kausalität und Finalität und offenbart darin seine Zerstörungsmacht, die das Leben in Zeit und Ewigkeit vernichtet.

Man hat sich in neuerer Zeit für diese Phänomene gerne auf das Dämonische bezogen. Goethes berühmte Reflexion darüber in „Dichtung und Wahrheit" und Kierkegaards Analyse im „Begriff Angst" haben dem Begriff des Dämonischen die Wege geebnet, und seit P. Tillichs Studie „Das Dämonische" (1926) hat man sich vielfach darauf berufen. Freilich ist es auch ein Modewort geworden, und man hat in einem sehr weitgreifenden Sinne alle möglichen unerwünschten Erscheinungen aus Kultur, Wirtschaft und Politik damit bezeichnet, so daß der Begriff seine präzisen Konturen vielfach eingebüßt hat. Aber der Hinweis auf das Dämonische ist sicherlich in hohem Maße geeignet, besonders bezüglich der rätselhaften Mächte des Bösen einen Hinweis zu geben, an welchem Ort wir die Wahrheit „De angelis bonis et malis" in einem veränderten Weltbewußtsein aufzusuchen haben. Wichtig ist bei der Phänomenologie des Dämonischen vor allem, daß man einer Macht gewahr wird, die von dem Menschen Besitz ergreift, so daß sie „aus ihm redet" und ihm seine Eigentlichkeit wegnimmt. Sie kann freilich als gutes „Daimonion" den Menschen auch zu seinem Eigentlichen führen, wie es Sokrates vor seinem Ende von sich bezeugt. Das böse Dämonische – und nur von ihm ist jetzt die Rede – ist durch seinen Zwangscharakter gekennzeichnet. Die Normen werden unter der Hand vertauscht, vordergründige Wahrheiten verdunkeln die großen und „ewigen" Wahrheiten, die Macht selbst erklärt sich zum letzten Zweck, um nur auf einige Züge hinzuweisen, wie sie auch von S. Holm (Religionsphilosophie, 1960, 311) hervorgehoben worden sind. –

Wir haben damit aber nur Phänomene sichtbar gemacht, nicht mehr. Wir können nicht mehr tun, als den Ort in der Erfahrung aufsuchen, wo die Vorstellungen von Engeln, vom Teufel oder von Dämonen möglich sind. Die entsprechenden Erfahrungen können sich wohl immer nur in Vorstellungen aussprechen, die frei bleiben müssen und kein eigentlicher Gegenstand der christlichen Glaubenslehre sein können. Die Glaubenslehre freilich muß ihrerseits einen freien Raum für die Aussage solcher Erfahrungen geistiger Mächte offen lassen. Unter welchen Vorbehalten und in welchen sehr genau zu wahrenden Grenzen dann etwas von diesen göttlichen oder widergöttlichen Mächten, die „zwischen Himmel und Erde" sind, ausgesagt oder gar bezeugt werden könnte, das meine ich erkennbar gemacht zu haben.

## 10. Kapitel

### DIE ERHALTUNG DER WELT UND DIE GÖTTLICHE VORSEHUNG

*(De providentia Dei)*

Was hier vorzutragen ist, schließt sich aufs engste an die Schöpfungslehre an. Und doch ist das Thema durch einen sehr bezeichnenden Unterschied von dem Begriff der Schöpfung abgehoben. Wie wir im vorigen Kapitel die Schöpfung aus dem Nichts (creatio ex nihilo) von der mittelbaren Schöpfung abgehoben haben (creatio mediata), so gilt es nun auf den Unterschied von Schöpfung (creatio) und Erhaltung bzw. Vorsehung (providentia – sachlich am besten wohl mit Fürsorge wiederzugeben) zu achten. Dieser Unterschied wird freilich dort kaum zugestanden, wo man den Gedanken der Erhaltung einfach in den der fortdauernden Schöpfung übergehen läßt und dementsprechend alles weitere Handeln Gottes mit seiner Schöpfung als fortgesetzte Schöpfung, als creatio continua bezeichnet.

Der Begriff der creatio continua ist verständlich zur Abwehr des Deismus. Gott hat sich nach dem „Akt" der ersten Schöpfung nicht von derselben abgewandt, um sie sich selbst zu überlassen. Creatio continuata bringt die ständige weitere Beteiligtheit Gottes am Fortbestand seiner Schöpfung ebenso zum Ausdruck wie die Abhängigkeit der Schöpfung von Gottes Walten in jedem Moment. Luthers Äußerungen zur Sache begünstigen die Vorstellung durchaus. Schleiermacher hat von ganz anderen als ontologischen Gesichtspunkten aus ebenfalls die Begriffe der Erhaltung und der Schöpfung zusammenfließen lassen. Er sagt (Der christliche Glaube², § 38, 1): „Und so finden wir nichts, dessen Entstehen nicht unter den Begriff der Erhaltung zu bringen wäre, so weit nur immer unser Bewußtsein reicht, so daß die Lehre von der Schöpfung ganz in der von der Erhaltung aufgeht." In der Fortsetzung dieses Gedankens beschreibt er freilich dann diese Erhaltung als Wechsel von Veränderungen und Bewegungen, und so wird „mit jedem Anfang einer Reihe von Thätigkeiten oder aus dem Subjekt ausgehenden Wirkungen etwas Neues gesetzt, was vorher in demselben Einzelwesen nicht gesetzt war; dies ist mithin ein neues Entstehen und kann als eine Schöpfung angesehen werden". Das Problem, das eine ontologische Frage inmitten der Schöpfungslehre darstellt, nur von

Schleiermacher nicht als solches behandelt wird, wird in der heutigen Dogmatik kaum erörtert, sondern meist zugunsten einer Deutung der Erhaltung als creatio continua vorweg entschieden. Vgl. hierzu W. Lütgert, Schöpfung und Offenbarung, 1934, S. 147 ff. – E. Schlink, Der Mensch in der Verkündigung der Kirche, 1936, S. 119 ff. – F. K. Schumann, Gegenwartsdämonie und Christusglaube, in: Um Kirche und Lehre, 1936, S. 132 ff. bes. S. 138. – Ders., Vom Geheimnis der Schöpfung (1937), jetzt wieder abgedruckt in: Wort und Gestalt, 1957, S. 226 ff.

Der Gedanke der creatio continuata ist doch kein unbedenklicher. 1. Er verleugnet die Kontinuität, die Gott seinen Geschöpfen durch ihr Dasein gibt. Die creatura endet sozusagen fortwährend, um fortwährend neu „geschaffen" zu werden. 2. Der Gedanke der creatio continua bedroht die nötige Distanz des Geschöpfes zum Schöpfer. Gott gibt gewissermaßen sein Geschöpf, das er immerfort durch sein Neuschaffen trägt, gar nicht aus der Hand und läßt ihm die Freiheit nicht, die doch ebenso dunkel in Schuld und Sünde wie in herrlicher Weise in der „Freiheit der Kinder Gottes" (Röm 8, 21) bestätigt wird. Gott ist nach der Lehre von der creatio continua dem Sein der Dinge so nahe, daß er sie ständig ins Sein hinaus entsendet. Sie „fließen" in ihrem Sein förmlich fortwährend aus ihm heraus. Das Verschwimmen von Sein und Werden der Dinge ist ausgesprochenermaßen ein mystischer Gedanke; der Wesensgrund der Dinge weist hinunter in das Grundwesen aller Dinge, Gott ragt gleichsam selbst schaffend in das Fortbestehen der Kreaturen hinein. Vgl. G. Walther, Phänomenologie der Mystik, 1955², 184. 3. Schließlich aber geht mit dieser Distanz von creator und creatura auch die Überlegenheit Gottes über seine Schöpfung, sein Herr-Sein verloren, was ja das unerläßliche Korrelat zu der „relativen Selbständigkeit" der Schöpfung ist. Ich vermute, daß Luthers Neigung, die Erhaltung der Schöpfung durch Gott im Sinne einer creatio continua zu deuten, darin begründet ist, daß er von der Ontologie der Mystiker beeinflußt war. Freilich passen diese Zusammenhänge nicht in das heute gängige Bild von Luthers Theologie.

In der Lehre von der Erhaltung der Welt und der göttlichen Vorsehung geht es um den Ausgleich der Fürsorge Gottes für seine Schöpfung mit jener relativen Freiheit der Geschöpfe, um das Verhältnis von Freiheit und Abhängigkeit der Kreatur, kurz, um einen Komplex von Problemen, wie diese:

Gott und der „freie" Lauf der Natur,
Göttliches Handeln und Immanenz des geschichtlichen Ablaufs,
Göttliches und menschliches Handeln,
Göttliche Lenkung und menschliche Entscheidungen,
Göttliche und menschliche Zwecke.

E. Brunner hat den thematischen Bereich des Kapitels so bezeichnet: „Gott in seinem Verhältnis zur Welt, wie sie ist" (Dogmatik II, 173). Er spricht von den hier einschlägigen Problemen der „Jedermannstheologie", also von Theodizee, Wunderfrage, Determinismus. Diese Bezeichnung kann natürlich eine Abwertung der Fragestellungen bedeuten, wie denn die Theologie sich mitunter den Anfragen der Welt bzw. der religiösen Vernunft gegenüber in ihre Esoterik zurückzieht. Hier aber kann sie nicht schweigen.

Wir verfahren in unserer Erörterung wieder so, daß wir von der Tradition der Problemstellung ausgehen.

## 1. Die traditionelle Lehre „de providentia Dei"

Wie übt Gott seine Fürsorge für seine Schöpfung aus? Lutherische und reformierte Kirchenlehre nennen übereinstimmend drei Tätigkeiten Gottes: Conservatio, concursus bzw. cooperatio cum causis secundis, gubernatio.

a) Die *conservatio mundi* wird z. T. so beschrieben, daß sie mit der creatio continua übereinkommt. Cocceius (Summa th. XXVIII) sagt: „Conservatio est ratione earum rerum, quae esse inceperunt, quasi continuata creatio." „Quotquot res incipiunt esse, quomodocunque creantur." Aber ein latentes Eingeständnis der Mißverständlichkeit dieser Redeweise kommt dann doch in abgrenzenden dogmatischen Erklärungen wie dieser zum Ausdruck: „Non existimandum est, semper emanare novas existentias a Deo, sicuti a sole lux perpetua emanat: sed eadem essentia manet et conservatur a Deo" (Walaeus, Loci communes 1640). – Aber es finden sich auch Definitionen der conservatio, die von diesem Begriff der fortwährenden Schöpfung absehen: „Conservatio est actus providentiae divinae, quo Deus res omnes a se creatas sustentat, ut in natura sua proprietatibus insitis et viribus in creatione acceptis persistere possint" (Hollaz).

b) Der Begriff des *concursus* besagt, daß Gott bei allem, was in der Welt geschieht, mittätig ist. Alle Bewegungen und Veränderungen in der Welt werden dabei im Schema causa secunda-effectus vorgestellt. Gott hat die lebenden Wesen mit einem zielbewußten Willen ausgestattet, die unbelebten Dinge mit zielgerichteten Kräften, die also beide in ihrer Weise zu „causae" werden können. Gott ist nicht gewillt, diese seine Schöpfungsabsicht wieder aufzugeben. Aber er schaltet sich gleichsam von der Seite her als Mitursache dazwischen. Er ist bei jeder Veränderung, Wirkung oder Handlung Mitwirkender, im Schema des scholastischen Kausalbegriffs also Mitursache. In diesem Sinne erklärt Hollaz: Concursus sive cooperatio Dei est actus providentiae Divinae, quo Deus cum causis secundis in ipsorum actiones et effectus influxu generali et immediato juxta cuiuslibet creaturae exigentiam et indolem suaviter coinfluit". Die Begrenzung der Ausdrucksmöglichkeiten, welche das aristotelisch-scholastische Begriffsinstrumentarium gewährt, liegt auf der Hand. Um so eindrucksvoller ist es, zu sehen, wie der Gedanke einer mechanischen Gleichheit dieser cooperatio durchbrochen wird und wie die Lebendigkeit, Unterschiedlichkeit und Individualisierung der Mitwirkung Gottes mit den causae secundae begründet wird. Sie ist nämlich ganz verschieden nach folgenden Gesichtspunkten:

nach der Beschaffenheit der causae secundae,
nach dem jeweiligen Bedürfnis,
je nachdem, ob menschliche Handlungen guten oder bösen Zwecken dienen sollen. Bei guten Handlungen geschieht nämlich ein physischer und außerdem ein moralischer concursus.

Schließlich ist der concursus nie so völlig bestimmend, daß die Wirkung schon zum voraus bestimmbar und den causae secundae ihre eigene Bedeutung bestritten wäre. Dies muß schon deshalb festgehalten werden, weil Gott sonst ja auch für alle bösen Effekte verantwortlich gemacht werden müßte.

c) Bei der *gubernatio* ist schließlich an den finalen Gesichtspunkt zu denken. Calov sagt: „Actus divinae providentiae, quo Deus optime res et actiones creaturarum ordinat, moderatur et ad fines suos dirigit secundum sapientiam, iustitiam et bonitatem suam ad nominis sui gloriam et hominis salutem." Auch bei der Beschreibung der gubernatio kam es den orthodoxen Vätern darauf an, die Sache so zu beschreiben, daß die Freiheit des Menschen nicht beeinträchtigt wird. Aber Gott, der diese Freiheit nicht aufhebt, hat doch die Macht, alle Dinge zu lenken und alle Bestrebungen und Bewegungen letztlich zu einem guten Ende zu führen. Zur Beschreibung dieser Geheimnisse der göttlichen „Lenkung" werden übereinstimmend in der lutherischen und reformierten Orthodoxie vier Begriffe zum Einsatz gebracht.

Die *permissio* Gottes, seine „Zulassung" besagt, daß Gott der Wirkung der causae secundae nicht in den Weg tritt. Er gewährt Freiheit und erreicht eben dadurch – oder vielleicht auf ganz anderen Wegen – seine eigenen Ziele. Er gibt sogar der Sünde Raum, doch darf diese non-impeditio peccati natürlich nicht als moralische Billigung oder Genehmigung der Sünde verstanden werden.

Nicht alle freien actiones der Kreaturen werden von Gott in diesem Sinne „zugelassen". Gott kann sie auch verhindern. Dies meint der Begriff der *impeditio*. Gott verhindert, oder er „kann" doch jedenfalls verhindern, was seinen Zwecken zuwider ist.

Wenn Gott die Taten der Menschen, gleich ob gut oder böse, so „lenkt", daß sie seinen Zwecken dienstbar sein müssen, selbst wenn das gar nicht in der ursprünglichen Absicht lag, dann geschieht die *directio*. Das bekannte Wort Josephs zu seinen Brüdern Gen 50,20 ist für alle Zeit der kürzeste Ausdruck dafür.

Schließlich bezeichnet die *determinatio* die „Begrenzung" der wirkenden Kräfte durch Gott. Gott verhindert in dieser Begrenzung, daß die wirkenden causae secundae übermächtig werden: Hi 38,4 bis 11.

Man wird bei der Würdigung dieser Lehre de providentia nicht nur zugeben dürfen, sondern sogar hervorheben müssen, welche ontologischen Inkonsequenzen hier gewagt worden sind. Folgende abschließenden Sätze der orthodoxen Lehrer machen das nur noch mehr eindrücklich. Sie erklären, daß diese providentia Dei sich zwar auf alles erstreckt, was geschieht, doch nicht auf alles in gleicher Weise. Insbesondere sind nämlich die Menschen Gegenstand der göttlichen Vorsehung und Fürsorge, und unter den Menschen wiederum besonders die „frommen". Ferner ist die ganze Lehre de providentia auf den regelhaften Kosmos der causae secundae bezogen, in dem alles seine Ordnung hat und Wirkung auf Ursache folgt. In diesem Rahmen ist nun auch Gottes Vorsehung eine providentia ordinaria. Aber diese – wie wir sahen, in sich schon kaum mehr als konsequent zu bezeichnende – providentia ordinaria ist kein Gesetz für Gott und bindet ihn nicht; denn der Glaube kennt daneben die providentia extraordinaria, die das Wunder wirkt. Auch ist schließlich davon zu reden, daß die göttliche Vorsehung nicht nur den Frommen in besonderer Weise zugewendet ist, sondern daß sie sich an den Frommen und an den Gottlosen überhaupt anders auswirkt.

Es ist natürlich ein Leichtes, diese Form der Lehre zu kritisieren. Sie ist ganz an den Begriffsapparat der aristotelisch-scholastischen Ontologie gebunden und strotzt von Inkonsequenzen. Sie wirkt stellenweise wie eine schiedlich-friedliche Abgrenzung der Zuständigkeiten zwischen göttlicher und menschlicher Freiheit. Sie rechnet ganz naiv mit einer Bevorzugung der „Frommen".

Andrerseits ist nicht zu leugnen, daß hier so etwas wie echte Dialektik im Wagnis widersprüchlicher Aussagen zu finden ist. Es muß ferner zugegeben werden, daß die Orthodoxie hier mit den Formulierungen ihrer Ontologie biblische Aussagen zu interpretieren versucht und daß es ihr um eine begriffliche Beschreibung der Lebendigkeit und Unberechenbarkeit des göttlichen Waltens in seiner Schöpfung und mit ihr geht. Und schließlich muß zugestanden werden, daß in der vorliegenden vergangenen Lehrgestalt doch schon eine Fülle von unmittelbar in der Sache liegenden Problemen aufgegriffen und daß die Gefahr einseitiger philosophischer „Lösung" allenthalben erkannt ist. Trotzdem kann unsere eigene Besinnung nicht einfach in Berufung auf die Väter geschehen.

## 2. Die Erhaltung der Welt

Es gilt nun, den Glaubensgedanken, daß Gott die Welt erhält, in Bezug zu setzen zu unserer eigenen Welterfahrung. Aus der Tradition heraus, der älteren ebenso wie der neueren, werden zwei Versuchungen unseres Denkens deutlich, die jedenfalls vermieden werden müssen. Die ältere Versuchung wird durch die Orthodoxie veranschaulicht. Es ist die Versuchung, die Lehre von der Erhaltung der Welt in metaphysische Begriffe zu fassen. Die Orthodoxie bediente sich der aristotelisch-scholastischen Begriffe und war dabei schon genötigt, das ontologische Schema dialektisch zu sprengen, um die Lehre lebendig zu halten. Die Metaphysik der Aufklärung hat sich zwar von dem scholastischen Schema gelöst, aber für das christliche Denken keinen Fortschritt gebracht. Denn der Deismus hat, nachdem Gott die Welt geschaffen hat, überhaupt nichts Weiteres über Gottes Walten in der

Welt zu sagen: die Welt bewegt sich fortan nach den ihr eingeschaffenen Gesetzen, ohne daß dazu ein weiteres Eingreifen Gottes erforderlich wäre. Die andere Denkmöglichkeit bietet der Pantheismus an. Sie ist gerade entgegengesetzt. Gott ist bis zur Identität in seiner Schöpfung drin, er selbst ist es, der sie in allen Regungen der Natur bewegt.

Wir sind hier bei Spinoza, dessen Satz, daß alles, was über die Natur sei, gegen die Natur sei (Tract. theol. polit. 6), nicht nur die Ablehnung des Wunders erzwingen will, sondern zugleich zeigt, daß auch der Pantheismus schließlich zu einem Naturverständnis führen kann, das der fortwährenden Berufung auf Gott nicht mehr bedarf, da ja Gott neben dem Leben und Wirken der Natur kein eigenes und anderes Leben und Wirken mehr haben kann, sondern mit diesem ganz eins ist.

Der Fortschritt über die scholastische Ontologie der orthodoxen Lehrer vollzieht sich als Vereinfachung, aber auch diese Vereinfachungen helfen nicht und führen überdies nicht aus der Metaphysik heraus. Eben eine solche Vereinfachung stellt nun, wie wir schon sahen, die andere Versuchung dar, die sich bei der Erhaltungslehre herandrängt. Es ist die schon erörterte Ineinssetzung von Schöpfung und Erhaltung, bzw. die Erklärung, die Erhaltung der Welt durch Gott würde so am einfachsten verstanden, daß man sie eben auch als Schöpfung deutete.

Schlatter sagt hierzu: „Wir haben daher das göttliche Wirken verschieden zu benennen, je nachdem es schafft oder erhält. Die Schöpfung des Lebens und seine Erhaltung unterscheiden sich. Die Formel, das Bestehen der Welt komme durch ihre beständige Erschaffung zustand, ist zu beseitigen, weil sie das Entstehen und das Bestehen der Welt zweifelhaft macht. Was immer wieder geschaffen werden muß, ist nie geschaffen" (Das christliche Dogma², S. 37).

Die Erhaltung der Welt durch Gott kann nur dann richtig verstanden werden, wenn zugleich die relative Freiheit der Schöpfung wie auch das stete lebendige, nie mechanisch zu deutende Mit-Sein Gottes mit seiner Schöpfung richtig verstanden wird, wenn aber zugleich dieses Verständnis sich unserer Welterfahrung einfügt. Wir werden auf eine doppelte Aussage abkommen müssen.

a) Gott hat seiner Schöpfung Leben gegeben, d. h. er hat ihr sowohl Kräfte als auch Gesetze gegeben, nach denen sich dieses „Leben" vollzieht. Wir können diese Gesetze fortschreitend erkennen und können uns auf den Naturlauf verlassen. Wir leben von der Fortgeltung des noachitischen Bundes: „Solange die Erde steht, soll nicht aufhören Saat und Ernte, Frost und Hitze, Sommer und Winter, Tag und Nacht" (Gen 8, 21–22). Die Erhaltung der Welt wirkt durch die Naturgesetze hindurch und wird durch sie phänomenal realisiert. Sie ist der Erweis der Treue Gottes seiner Schöpfung gegenüber. Die nie auszuschließende Möglichkeit der Katastrophe, des Unerwarteten und Unberechenbaren macht die Erhaltung der Welt durch die Naturgesetze zum täglichen „Wunder". Gott gibt uns das tägliche Brot und trägt unser Leben mit seiner unverdienten Gnade. Die scheinbar so selbständige und eigengesetzliche Schöpfung ist eine Botin der uns erhaltenden Macht und Gnade Gottes.

Man wird die Berechenbarkeit und Zuverlässigkeit dieser Gesetze auch darin nicht unterschätzen dürfen, daß Gott uns in ihnen auch Grenzen gezogen hat. Die Geschichte vom Turmbau zu Babel (Gen 11) wird immer als der Typus eines göttlichen Gerichtes verstanden werden dürfen, in dem die menschliche Vermessenheit an die natürlichen Grenzen anstößt und darin unmittelbar das lebendige Gericht Gottes erfährt. Wenn man sagt, es sei dafür gesorgt, daß die Bäume nicht in den Himmel wachsen, so können doch die „Bäume" mitunter sehr groß werden, und die Regulierung durch die „Gesetze" der Natur und der Geschichte nimmt dann die Gestalt der unmittelbaren Strafgerichte Gottes an.

So kann sich inmitten der „Naturgesetze" und durch sie hindurch eine Anrede Gottes vollziehen. So wird auch in Jesu Mund das Walten der Naturgesetze in seiner Ausnahmslosigkeit, nämlich der Umlauf der Sonne und der Regen zu einem „Wort" an uns, das uns die eigene Kindschaft unter Gott verdeutlicht (Mt 5, 45).

b) Gott ist mit seiner Schöpfung. Aber dieses Mitsein ist ein Geheimnis. Nimmt man das Geheimnis weg, so kommen wir, etwa im Sinne einer philosophisch formulierten Eigenschaftslehre, zur Berufung auf Gottes Allgegenwart und Allwirksamkeit. Eine solche Auskunft ist durch eine gewisse gedankliche Simplizität charakterisiert, denn sie scheint das Verhältnis Gottes zur Welt zu stabilisieren. Sie ist aber auch dadurch schwierig, daß sie alsbald mit unserer Welterfahrung in Streit kommt. Denn das Beieinander von Gnade und Ungnade, Heil und Unheil, ja auch nur von Glück und Unglück widerspricht der planen begrifflichen Deutung der göttlichen Fürsorge. Tatsächlich schließt eben die Allgegenwart Gottes Nicht-Dasein nicht aus (vgl. S. 129). Gott kann zwar „dasein", aber er kann auch nicht „dasein". Seine Allwirksamkeit bedeutet nicht, daß „Gott an allem Schuld hat", was ist und geschieht, sondern sie schließt ein, daß Gott auch zusehen und gewähren lassen kann. Das alles sind natürlich ebenfalls reichlich menschliche Redeformen. Sie sollen lediglich zum Ausdruck bringen, daß Gott zu seiner Schöpfung Distanz hält. Er schaut auf sie herunter, er kann über sie zürnen, sie gewähren lassen, er kann über seine Verächter lachen (Ps 2, 4; 37, 13). Diese Distanz ist die Voraussetzung dafür, daß er uns lieben kann und wir ihn lieben können, daß wir seiner gedenken und daß wir ihn auch vergessen können (Jer 2, 32; 13, 25 u. ö.). Gott kann heben, tragen und erretten (Jes 46, 4) und er kann fallen lassen (Mt 10,29). Gott kann nahe sein und er kann fern sein (Jer 23,23), ja er kann sogar seinen eingeborenen Sohn am Kreuze verlassen (Mk 15,34). Gottes lebendiges Mitsein mit seiner Schöpfung kommt auch darin zum Ausdruck, daß alles, was er seiner Schöpfung als solcher gewährt, nicht eindeutig und einsinnig ist.

Die Freiheit der Schöpfung, von der wir sprachen, ist gewährte und begrenzte Freiheit. Sie kann in ihrer Begrenztheit auch zur Determination werden, und sie kann, indem sie als volle, weite Freiheit, als unbegrenzte Freiheit erfahren wird, zur Versuchung und zum Gericht werden.

Ohne Gott, ohne sein Mitsein mit der Schöpfung, ist diese vom Verderben bedroht. Das ist nicht nur eine Denkmöglichkeit, eine Grenze des Begriffs, sondern eine reale Möglichkeit. Wer auf das Fleisch sät, wer sich also auf die eingeschaffenen eigenen Kräfte verläßt und darauf seine Zuversicht setzt, der wird aus dem Fleisch Verderbnis ernten (Gal 6, 8). Was man heute populartheologisch als „Dämonien" bezeichnet, ein vielmißbrauchter und unpräziser Begriff, das bedeutet dann etwa: Verselbständigung der vitalen Kräfte, einschließlich der seelischen und geistigen Eigenkräfte, gegenüber Gott, Emanzipation der geschöpflichen Wesen aus der göttlichen Ordnung, Verabsolutierung der kreatürlichen Lebenskräfte, Absehen vom Mitsein Gottes mit seiner Schöpfung.

Die lebendige, bewußte Erfahrung des Mitseins Gottes mit seiner Schöpfung geschieht im Geist. Bezüglich der Schöpfung ist das Pneuma ganz wesentlich die Weise des Mitseins Gottes mit seinem Geschöpf.

Der Satz von der Erhaltung der Schöpfung durch Gott und von seiner Fürsorge für die Welt gipfelt in der Überzeugung, daß Gott das Sein liebt. Gott will und Gott liebt das Sein, und darum *ist* alles, was ist. Gott liebt das Leben und erhält es darum. So hat das Sein einen unendlichen Wert vor allem Nicht-Sein, und das Leben hat einen unendlichen Wert vor dem Tod. Das sind Glaubenssätze, die aber immerhin die ontologische Bedeutung haben, daß hiermit in einem letzten Grunde verankert wird, warum denn etwas sei und nicht vielmehr nichts sei. Immerhin reicht dieser Glaubenssatz unmittelbar in die Ontologie, und er reicht nicht minder unmittelbar in die Ethik hinein; denn weil Gott das Sein liebt, haben auch wir das Sein zu lieben, und weil Gott das Leben liebt, darum haben auch wir das Leben zu lieben, es ehrfürchtig, wo es in unsere Hand gegeben ist, zu bewahren und zu schützen und gesund zu erhalten.

Noch in einer anderen Hinsicht schließt der Glaube an die göttliche Erhaltung und Fürsorge für die Welt eine bis in ontologische Konsequenzen reichende Überzeugung ein. Es ist die Teleologie des Seins, seine Sinn- und Zweckhaftigkeit. Es kann gar nicht bestritten werden, daß eine solche Sinn- und Zweckhaftigkeit in einzelnen Erscheinungen des Lebens durchaus erkennbar ist. Nicht nur die im Bereich der höheren Lebewesen immer zu erkennende oder doch zu vermutende Zielstrebigkeit der Aktionen, sondern auch die Gezieltheit des unbewußten Strebens, der Habe- und Abwehrtriebe, des Geschlechtstriebes lassen keinen Zweifel an der Teleologie bestimmter

Phänomene im Umkreis unserer Erfahrung zu. Aber im großen kosmologischen Zusammenhang, ja schon im Blick auf ganze Lebensläufe kann keine Teleologie mehr zwingend nachgewiesen werden. Das Kalkül, das seit alters zwischen Optimismus und Pessimismus aufgemacht worden ist und immer wieder veranstaltet werden kann, wird nie zu Ende gebracht werden können. Das hindert aber nicht, die Sinnhaftigkeit des Lebens und der Welt als einen Glaubenssatz im Zusammenhang mit der Erhaltung der Welt durch Gott und mit seiner Fürsorge auszusprechen. Daß es sich hier, aufs Ganze, nicht auf einzelne Phänomene gesehen, tatsächlich nur um einen Glaubenssatz handelt, das geht schlicht aus der Tatsache hervor, daß man am Sinn des Lebens und vor allem am Sinn des Leidens und des Leides oft zu zweifeln Anlaß findet und eben einen Sinn in alledem nicht sehen, sondern nur noch glauben kann.

Über den Kalkül, die Sinnhaftigkeit des Lebens betreffend, vgl. Gg. Simmel, Schopenhauer und Nietzsche, 1907. Die ethischen Konsequenzen aus dem Vorzug des Seins vor dem Nichtsein und des Lebens vor der Vernichtung des Lebens habe ich in meiner Ethik, 1970³, 198 ff. behandelt.

Die Teleologie gibt auch dem Gedanken einer Entwicklung den tragenden Grund. Der Gedanke der Entwicklung besagt eine Veränderung in der Natur, die dadurch charakterisiert ist, daß die Endphase einen Überschuß gegenüber dem Anfangsstadium zeigt, also etwa eine quantitative Vergrößerung eines Lebewesens oder Früchte, wo vorher keine waren. Zugleich aber muß, was sich da entwickelt hat, keimhaft in den Ursprüngen der Entwicklung schon vorhanden gewesen sein. Über das Vorliegen von echten Entwicklungen und auch über die Anwendung des Begriffes auf die Entstehung der Arten entscheidet allein die wissenschaftliche Beobachtung. In dem Begriff der Entwicklung liegt zunächst kein Urteil über „Höheres" und „Niederes", sondern nur über ein Mehr oder Weniger, über Reif oder Unreif, Same oder Frucht. Immer aber liegt dem Entwicklungsgedanken eine teleologische Voraussetzung zugrunde, nämlich die Behauptung einer in ihr liegenden Zielstrebigkeit und einer Zweckhaftigkeit der einzelnen Entwicklungsphasen. Diese Teleologie kann man anerkennen, ohne daß man sie gleichzeitig philosophisch oder theologisch „deutet". Das wird anders, sobald die Idee der Entwicklung mehr als das Beschriebene leisten soll, nämlich eine „Entwicklung" des Niederen zum Höheren. Nun kann der Entwicklungsgedanke tatsächlich zu einer ernsthaften Bedrohung des Glaubens an die göttliche Providenz werden; denn einmal gibt der Gedanke der Entwicklung den Aufstieg zum Höheren eigentlich nicht her, und so muß dann das vermeintlich Höhere aus dem Niederen erklärt und auf dasselbe zurückgeführt werden. Die andere Möglichkeit der Auslegung des Entwicklungsgedankens, durch den der Glaube an Gottes Schöpfung und Erhaltung wirklich bedroht wird, ist die, daß ein echter Übergang zum Höheren, wie er doch das Problem der Abstammung des Menschen darstellt, eben aus reiner Entwicklung erklärt werden soll. Aber der Entwicklungsgedanke besagt per definitionem doch immer nur, daß das „Mehr" der Endphase jeder Entwicklung keine qualitative und generelle Überschreitung dessen bringen kann, was in der Ausgangsphase schon „unentwickelt" enthalten ist.

„Der Kampf um den Zweckbegriff hat theologische Wichtigkeit", sagt A. Schlatter. In ihm entscheidet es sich ja, ob wir glauben, daß über unserem Leben und über unserer Welt ein Auge wacht und ein väterliches Herz waltet. Der Glaube an die Zweckhaftigkeit reicht, wie wir sahen, in die Erfahrung hinein. Er trägt Möglichkeit und Sinnhaftigkeit unseres menschlichen Handelns, das sinnlos wird, wenn es sich nicht mehr einer irgendwie sinnhaft gefügten Welt eingefügt weiß. Der Glaube an die Zweckhaftigkeit der Welt trägt auch die Wissenschaft; denn das auf Ergebnisse hin tendierende Forschen ist sinnlos, wenn es keinem Ordnungsgefüge mehr auf die Spur kommen kann. Doch liegen diese Argumente mehr am Rande der theologischen Überlegungen. Es übersteigt aber in jedem Falle alle Möglichkeiten, die Zwecke in der Natur und vollends im Weltgefüge deutlich, geschweige denn lückenlos aufzuzeigen. Die Teleologie der Natur, des Lebens und der Welt, die so oft eine Basis rationaler Theologie gewesen ist, ist gerade nicht rationalisierbar. Alles Wahrnehmen von Zwecken ist immer nur ein vermeintliches Wahrnehmen und kann gar nicht mehr sein. Wir meinen Zwecke doch immer nur insoweit wahrnehmen zu können, als sie irgendwie uns selbst gemäß oder doch in Analogie zu menschlicher Zwecksetzung gedacht sind. Jede allzudeutliche Teleologie der Theologen macht aus Gott einen anthropomorph gedachten Weltenlenker und Weltenregierer. Aber es bleibt ein nicht rationalisierbarer, weder errechenbarer noch unmittelbar einsehbarer Satz, daß in Gottes Rat und „Plan" nichts ohne „letzten" Sinn und Zweck sei. Daher kann auch unsere Vorstellung von Zweckwidrigkeit und Zwecklosigkeit nur eine an den Phänomenen gewonnene und darum subjektiv bedingte und begrenzte Vorstellung sein. Auch die Übel, also der Inbegriff des Zweckwidrigen, können in einem höheren und weiteren Sinne genommen, einen Sinn in sich tragen, den wir nicht kennen. In diesem Sinne ist auch der Begriff des „Zufalls" zu verstehen: ein nicht vorhersehbares, schlechterdings unerwartetes Ereignis, das wir nicht in unsere Vorstellung eines geordneten und zweckbezogenen Zusammenhanges einzureihen vermögen. Vom „Zufall" zu sprechen, muß nicht gleich als Widerspruch zum Vorsehungsglauben verstanden werden, sondern es ist eben der zutreffende Begriff für eine Erfahrung, und es ist gar nicht bestritten, daß eben dieser uns so nur als Zufall erscheinende Zufall einem uns unbekannten Zweck dient. Ähnlich ist es mit dem Begriff des Schicksals. Es bezeichnet wörtlich genommen ein Widerfahrnis, das uns ohne unser Zutun zugeschickt ist. Freilich meinen wir damit, über den bestimmten Gehalt des deutschen Wortes hinaus, noch mehr: wir meinen ein Widerfahrnis, das uns zwar „notwendig" vorkommt, unabwendbar, ja das als solches geradezu unvermeidlich auf uns zukommt, das wir aber doch in keiner Weise einordnen können. Wir wissen nicht, wie wir dieses Widerfahrnis „verdient" haben, wir wissen nicht, was an seinem Eintritt Schuld trägt, wir wissen auch nicht, wozu es dient. Auch für diesen Schicksalsbegriff, der heute im säkularen Bewußtsein weithin den Rang eines obersten Dogmas einzunehmen scheint, gilt Ähnliches wie für den Begriff des Zufalls: Der Zweck, die begleitende geheime Absicht ist uns bei dem Ereignis völlig verborgen. Wir wissen jetzt gar nichts damit anzufangen, aber wir dürfen den Glauben nicht lassen, daß auch diese rätselvollen Widerfahrnisse einen Sinn haben, daß sie „für etwas gut sind". Vgl. Hi 18,11; Spr 23,18; Joh 13,7.

Gewiß ist es ein wichtiger Schritt im Glauben, wenn man lernt, sich der göttlichen Vorsehung ganz und gar anzuvertrauen. Er bedeutet und begründet die Gewißheit der göttlichen Nähe im Alltag. Dadurch, daß er sich gegen schwere Führungen, ja gegen das Leid selbst durchsetzen muß, unterscheidet er sich von dem Optimismus, der sich darauf beschränkt, alles, was uns widerfährt, möglichst schnell zum besten zu kehren. Der Glaube an Gottes Fürsorge und Führung im Alltag ist vielmehr ein oft schwer durchzuhaltender Glaube, der in seiner Tiefe nur im Aufsehen zu Christus bestanden werden kann. Zugleich muß aber auch dies hervorgehoben werden, daß der Providenzglaube ja der Kern der aufklärerischen Frömmigkeit war. Eine über die ganze Welt- und Lebenserfahrung ausgegossene milde Zuversichtlichkeit und die Überzeugung von der Harmonie des Weltlaufes in Ansehung aller Endzwecke war der Inbegriff der aufgeklärten Christlichkeit. Es ist bekannt, wie das Erdbeben zu Lissabon 1755 als große Störung dieser Weltansicht geradezu eine geistes- und kirchengeschichtliche Bedeutung gewonnen hat. Es ist daher abschließend zu sagen, daß der Providenzglaube allein nicht genügt, um das Verhältnis des Menschen zu Gott zu bestimmen. Denn ein isolierter Glaube an die Vorsehung Gottes in der Welt entartet leicht zu einem dumpfen Schicksalsglauben oder er verflacht zu einer milden und harmonischen Naturansicht. Die Einung des Glaubens mit dem, was uns im Alltag widerfährt, kann nur in einer Beugung des Willens unter Gottes Willen geschehen und mißrät, solange wir im Widerspruch zu Gott verharren.

Ich verweise in Zusammenhang mit diesem Abschnitt besonders auf die Absätze 11 und 13 in der Dogmatik von A. Schlatter.

### 3. Das Bittgebet

Der persönliche Appell an die Fürsorge Gottes ist das Gebet. Es ist „der Prüfstein für die Echtheit des Vorsehungsglaubens" (W. Elert,

D. chr. Gl. § 50). Denn der Glaube an Gottes Vorsehung ist der Glaube an Gottes absolute Freiheit und der Glaube an Gottes Vaterherz. Nur in diesem Bezug auf den Vorsehungsglauben soll hier vom Gebet die Rede sein.

Zur Lit. Fr. Heiler, Das Gebet (1918) 1923[5] – W. Trillhaas, Die innere Welt, Religionspsychologie, 1953, S. 57 ff. (Lit.) – Art. Gebet in RGG II, 1209–1234 (Lit.). In unserem Zusammenhang handelt es sich wesentlich um die Frage des Bitt- bzw. des Fürbittgebetes. Wir übersehen nicht, daß schon die Anrede an Gott bzw. an Jesus eine weite Thematik darstellt und daß das Gebet vor allem auch Lob und Dank darbringen darf, ja daß die Anbetung mitunter keiner Worte bedarf. Auch diese Gedanken gehören insofern in unseren Zusammenhang, als in ihnen das Bekenntnis zur erfahrenen Fürsorge und Führung, zur Erfahrung der Väterlichkeit des Vaters zum Ausdruck kommt.

Zum Problem wird das Gebet in unserem Zusammenhang als Bittgebet. Hat es einen Sinn, Gott um Lenkung und Führung unseres Lebens, um Behütung und Bewahrung, um allerlei Güter, ja um Lenkung des Laufes der Natur und der Geschichte ausdrücklich zu bitten? Besonders in der Neuzeit ist das Bittgebet Gegenstand einer Kritik geworden, die sich selbst als eine christliche Kritik verstanden hat. Wenn das fromme Selbstbewußtsein im Gefühl der schlechthinnigen Abhängigkeit besteht, dann muß die Vorstellung, Gott um eine Abänderung des einmal geordneten Naturlaufes zu bitten, als unwürdig ebenso abgelehnt werden, wie der Gedanke, daß Gott den in seiner Allmacht und Weisheit geordneten Lauf der Dinge um unseres Gebetes willen ändert, geradezu unvollziehbar erscheint. Es ist der Kern der Kritik Schleiermachers an der Vorstellung vom Bittgebet und von der Gebetserhörung. In diesem Sinne wird seither das Problem des Bittgebetes mit der Wunderfrage zusammengefaßt, von der im nächsten Absatz besonders gehandelt werden soll. Schleiermacher faßt denn auch beide Fragen (Glaubenslehre § 47, 1) zusammen, „weil nämlich diese (die Gebetserhörung) nur wirklich etwas zu sein scheint, wenn um des Gebets willen ein anderer Ausgang entsteht, als sonst entstanden sein würde, worin also eine Aufhebung des Ergebnisses, welches nach dem Naturzusammenhang erfolgt sein würde, zu liegen scheint". Schleiermacher hebt die Frage an Hand des Unterschiedes zwischen Möglichkeit und Wirklichkeit aus den Angeln: „Auch das Gebet selbst steht unter der göttlichen Erhaltung, so daß das Gebet und die Erfüllung oder Nichterfüllung nur Teile derselben ursprünglichen göttlichen Ordnung sind, mithin das sonst anders geworden sein nur ein leerer Gedanke ist." A. Ritschl ist hierin Schleiermacher gefolgt und hat über die dankbare Ergebung in Gottes Willen hinaus dem Gedanken des Bittgebetes keinen Raum verstatten wollen, vgl. Rechtfertigung und Versöhnung[3], III, 608. Überblickt man im ganzen die gegen das Bittgebet vorgebrachten Gründe, so sind sie gewiß teilweise auch aus der Erfahrung einer Versagung der Erhörung des Gebets, bzw. aus der unmittelbaren Skepsis gegen seinen Nutzen geboren. Im überwiegenden Maße aber sind sie rationaler Art. Es sind folgende:

a) Muß man Gott sein Bedürfnis erst ausdrücklich im Gebet mitteilen? Beschädigt das Bittgebet nicht den Glauben an Gottes Allwissenheit?

b) Läßt sich Gott durch unser Gebet zwingen? Ist der Wille Gottes nicht gerade darin göttlich, daß er unwandelbar ist? — Dieser Zweifel verbindet sich mit einem sozusagen quantitativen Bedenken: Die Kleinheit des Beters und die Geringfügigkeit seiner, wenn auch noch so „groß" erscheinenden Bitten in der Weite der Schöpfung verbietet alle Ansprüche auf Berücksichtigung.

c) Gottes Ordnung bedarf keiner nachträglichen Korrektur.

d) Aus dem Gefühl unserer Abhängigkeit von Gott heraus kann doch nur der religiöse Verzicht auf allen eigenen Willen und alles eigene Begehren abgeleitet werden.

Man sieht, daß es sich bei diesen Argumenten nicht um atheistische, sondern um „religiöse" Motive handelt. Und doch sind sie alle aus der Reflexion erwachsene Motive, die den Satz Schlatters rechtfertigen, daß das Gebet durch die Aufklärung geschädigt worden sei.

Vor allem entsteht nun das unüberwindliche Rätsel, daß das Gebet, das Jesus die Seinen gelehrt hat, nämlich das Vaterunser, ein reines Bittgebet ist und daß das Neue Testament im Zusammenhang mit dem Gebet immer vom Bitten spricht (z. B. Lk 11, 1—13). Grundsätzlich kann alles, Irdisches und Geistliches, zum Gegenstand unseres Bittens werden: Eph 6, 18; Phil 4, 6; 1Tim 2, 1 f. Es ist, im strengen Gegensatz zu den erwähnten Argumenten gegen das Bittgebet, das schlechterdings Unverrechenbare am christlichen Gebet, daß wir „kindlich" bitten dürfen: Röm 8, 15 f.; Gal 4, 6. Auch die Erfahrung der Versagung einer Bitte kann diese Gewißheit nicht aufheben: 2Kor 12, 7—10. Es ist nicht wider die christliche Gebetserfahrung, daß das Gebet eine Kraft in sich hat: Mt 18, 19 f.; Apg 4, 31; denn es geschieht in der Macht und Gewißheit des Geistes.

Das schließt nicht aus, daß im Vollzug des Gebetes auch eine Reinigung des Gebetes geschieht, daß sich Wünsche wandeln und im Angesicht Gottes ihren Wert und ihr Gesicht verändern.

Die eigenen Sorgen treten zurück, und die großen, aufs Reich Gottes zielenden Anliegen treten hervor. Insofern ist es kein Widerspruch, wenn uns verstattet ist, um alles zu bitten, und Jesus in seinem paradigmatischen Gebet doch Anliegen nahelegt, die mit Ausnahme der Bitte ums tägliche Brot unsere kleinen Alltagsbedürfnisse weit überragen. Das Vaterunser mindert unser Kindesrecht nicht, alle Anliegen vor Gott zu bringen, aber es stellt unsere persönlichen Anliegen in den weiten und maßgebenden Horizont unseres christlichen Glaubens.

Das Gebet macht das Unverrechenbare am Glauben an Gottes Vorsehung und Fürsorge deutlich. Was es heißt, kindlich bitten, das läßt sich ohne eigene Erfahrung des Gebets schlechterdings nicht demonstrieren. Und doch besteht natürlich das Bedürfnis, diese Erfahrung auch gedanklich zu stützen. Es ist klar, daß solche gedanklichen Ermöglichungen gegenüber der unmittelbaren Gebetserfahrung, gegenüber dem persönlichen Gebrauch der Kindesrechte vor Gott nur einen sekundären Charakter haben können. Wenn ich recht sehe, sind es zwei Wege, auf denen das Bittgebet auch gedanklich erklärt werden kann.

P. Althaus sagt (Chr. Wahrheit[6]; 275): „Gott auch als den Herrn aller Möglichkeiten zu sehen — das ist der Sinn des Bittgebets." Diese Deutung beruft sich also darauf, daß — unter Beiseitesetzung der Schleiermacherschen Einwände — Gott in seiner Freiheit und weltüberlegenen Macht auf unser Gebet hin zwar nicht „das Unmögliche möglich macht", wohl aber die eine Möglichkeit realisiert, die andere nicht. Das würde also bedeuten, daß Gott tatsächlich, wenn auch heimlich, auf unser Gebet hin verursachend in den Weltlauf greift. Entscheidend ist dabei wohl nicht zuletzt dies, daß ein solches Eingreifen nie und nimmer objektiv nachgewiesen werden kann, sondern daß auch diese Denkmöglichkeit an den Glauben appelliert.

Eine andere Denkmöglichkeit scheint mir in einem Satz P. Tillichs (Systematische Theologie I[2], 307) angedeutet. „Keines dieser Gebete (gemeint sind Bitt- und Fürbittgebet) kann bedeuten, daß man von Gott erwartet, er solle bereit sein, in existenzielle Gegebenheiten einzugreifen. Beide bedeuten, daß man Gott bittet, die gegebene Situation in Richtung ihrer Erfüllung zu lenken." Wir sehen hier von der kritischen Frage ab, ob nicht die im zweiten Satz gegebene Erklärung auch ein „Eingreifen" Gottes darstelle, wie es im ersten Satz abgelehnt worden ist. Die Meinung Tillichs scheint doch die zu sein, daß jedes Bitt- und Fürbittgebet — um es in der Sprache der Orthodoxie auszudrücken — an die directio Gottes appelliert. Man kann das sicherlich verschieden deuten: Gott möge gegebenen Situationen ihr Telos, ihren Zweck geben, oder er möge sie nicht aus dem Gefüge seiner gesetzten Zwecke entlassen, möge sie unerachtet des gegenteiligen Scheins oder auch widriger menschlicher Bestrebungen zu einer guten Erfüllung lenken.

All diesen Deutungen, die ja nur gedankliche Möglichkeiten und nicht mehr darstellen, ist doch, wenn auch in unübersehbarer Vorsicht des Ausdrucks, der Gedanke gemeinsam, daß Gott, sei es „ermöglichend", sei es zwecksetzend oder „dirigierend", in den Weltlauf eingreift. Der Unterschied zu den älteren Deutungen des Bittgebets besteht lediglich darin, daß hier nicht mehr von einem „unmittelbaren", d. h. die gegebenen Ursachen oder auch Möglichkeiten überspringenden Eingreifen Gottes gesprochen wird. Es wird nicht mehr auf die „Wider-" oder doch „Übernatürlichkeit" des göttlichen Eingreifens getrotzt. Es läßt sich aber nicht leugnen, daß auch diese zur

Hilfe für die Denkbarkeit aufgebotenen Glaubensgedanken im Grunde darauf hindrängen, daß sich das Bittgebet im „Wunder" erfüllt. Und so haben wir uns in der Fortsetzung unserer Erörterung der Vorsehungslehre der Frage des Wunders zuzuwenden.

### 4. Das Wunder

In der traditionellen, also vor allem in der orthodoxen Dogmatik gehört das Wunder schon darum in den Zusammenhang der Providenzlehre, weil es den Begriff der providentia extraordinaria präzis erfüllt. Es ist daher nicht überraschend, daß, jedenfalls seit Spinoza (Tractatus theol.-polit. X), das Wunderproblem zum eigentlichen Kampffeld zwischen dem an den Gedanken strenger Kausalität gebundenen naturwissenschaftlichen Denken und dem christlichen oder doch biblischen Vorsehungsglauben geworden ist. Ja, hier setzte ein wesentlicher Stoßkeil der Aufklärung und des rationalen Denkens seither gegen die Glaubwürdigkeit der Bibel an. Die hier zur geballten Ladung gesammelten Fragen und Zweifel an der Glaubwürdigkeit der Bibel und des Christentums haben hinwiederum die Apologetik zur Verteidigung auf die Schanze gerufen.

Zur Kritik am Wunderbegriff und Wunderglauben außer Spinoza David Hume Enquiry concerning human understanding (1748), X. – I. Kant, Die Religion innerhalb der Grenzen der bloßen Vernunft (1793) – Schleiermacher, D. chr. Glaub. § 47 – D. Fr. Strauß, Die christliche Glaubenslehre I (1840), § 17 – RGG[2] V 2037–2048 – J. Rupprecht, Das Wunder in der Bibel, 1936 – H. Thielicke, Das Wunder, 1939 – Von den heutigen dogmatischen Lehrbüchern sei besonders erwähnt E. Brunner, Dogmatik II, (1950) 1960[3], 195–209. Die in ihrer Präzision hervorragende Bezeichnung von Problem und Begriff des Wunders bei Schlatter (Chr. Dogma[2], 58) sei hier wörtlich angeführt: „Wir überschreiten darum mit jeder Erinnerung an Gott, mit jedem Gebet und jedem Kultakt den gesamten Bereich der Natur; denn wir wenden uns an den, der denkt und will. Daher haben alle kreatorischen Akte, die zwar an der Natur, aber nicht durch die Natur entstehen, einen besonderen Offenbarungswert; denn sie heben die Beschränkung unseres Blickes auf den Naturprozeß auf, wodurch uns die Natur zur Verhüllung Gottes würde, und zeigen uns Gottes Überlegenheit über die Natur an sein schöpferischer Kraft."

Die moderne protestantische Theologie ist seit Schleiermacher zwischen konservativ-apologetische Tendenzen und eine zur Kritik verpflichtende Bindung an die moderne Naturauffassung gestellt. Die Akkommodation nach diesen beiden Seiten kommt in Schleiermachers klugem Leitsatz (§ 47) deutlich heraus: „Aus dem Interesse der Frömmigkeit kann nie ein Bedürfnis entstehen, eine Tatsache so aufzufassen, daß durch ihre Abhängigkeit von Gott ihr Bedingtsein durch den Naturzusammenhang schlechthin aufgehoben werde." Schleiermacher stellt die Frage: Wodurch wird Gott mehr geehrt in seiner Allmacht durch die Annahme einer Unterbrechung des Naturzusammenhanges also durch ein Ändernkönnen, wenn es ein Ändernmüssen gibt, oder durch die Annahme des unabänderlichen Verlaufs gemäß der ursprünglichen Anordnung Gottes? „Wunder" im Sinne einer Änderung des vorgesehenen Naturlaufes sind für Schleiermacher Eingeständnisse der Unvollkommenheit der Welt. „Die vollständigste Darlegung der göttlichen Allmacht wäre in einer solchen Auffassung der Welt, welche von jener Vorstellung keinen Gebrauch machte." Schleiermacher kommt also gleichsam der in der Konsequenz des neuzeitlichen Wahrheitsbewußtseins liegenden Kritik durch eine theologische Kritik zuvor. Das Interesse der Frömmigkeit und das der Wissenschaft treffen hier zusammen: „daß wir nämlich die Vorstellung des schlechthin Übernatürlichen, weil es uns doch in keinem einzelnen Falle als solches erkennbar wäre, und auch nirgend eine solche Anerkennung von uns gefordert wird, fahren lassen..." Nun sind alle unmittelbar aus unserer Naturerfahrung stammenden Einwände gegen den naiven Wunderbegriff im Sinne einer Durchbrechung des Naturzusammenhanges unter den Mantel der theologischen Interessen genommen. Es bedarf dessen nicht mehr, daß wir diese naturwissenschaftlichen Bedenken im einzelnen würdigen:

Es gibt keine Lücken im Naturzusammenhang, und es ist auch gar nicht nötig, solche Lücken anzunehmen.

Der Zusammenhang der Natur ist Gottes eigenes Schöpfungswerk, und es wäre ein Selbstwiderspruch in Gott, würde er wieder aufheben, was er geschaffen hat.

Müßte der Welt, um für unsere Zwecke und Begriffe vollkommen zu sein, erst durch Wunder aufgeholfen werden, dann wäre das auch ein Eingeständnis der Unvollkommenheit der Welt und Gottes unwürdig.

Zu diesen Argumenten, in denen sich die aus unserer Naturerfahrung stammenden Gründe im theologischen Gewand zeigen, kommen dann noch andere hinzu:

In unserer eigenen Erfahrungswelt kommen tatsächlich keine Wunder mehr vor.

Das, was wir als Wunder bezeichnen, entstammt der Vorstellungswelt einer Zeit, welche die Lücken ihrer unvollständigen Naturerkenntnis magisch oder auch mythisch zu füllen gewohnt war.

Gegenüber der naiven biblizistischen Neigung, Wunder als „Beweise" sei es des Daseins Gottes oder der übernatürlichen Welt oder der Gottessohnschaft Jesu anzuführen, wäre schließlich noch das theologische Argument zu nennen, daß Wunder in diesem Sinne die wesentliche Verborgenheit Gottes aufheben und eine theologia gloriae, d. h. eine Sichtbarmachung der Kraft und Herrlichkeit in dieser Welt postulieren würden.

Überblickt man diesen Katalog der Gründe gegen den Glauben an Wunder, so kann man, bei aller wahrzunehmenden Uneinheitlichkeit, nicht leugnen, daß die erste Reihe allein von prinzipiellem Gewicht ist, weil sie allein die Frage der faktischen Möglichkeit des „Wunders" erörtern.

Wenn trotzdem diese Argumente bislang nicht hingereicht haben, das Wunderproblem aus der Theologie zu beseitigen, so hat das seinen Grund einfach in der Tatsache, daß die unmittelbaren christlichen Überzeugungen und die sie interpretierende theologische Arbeit, daß aber vor allem die biblischen Berichte und Zeugnisse von „Wundern" sich als stärker erwiesen haben als der Intellekt ihrer Kritiker. Wie die Hl. Schrift von „Wundern" ganz unkritisch berichtet, so sieht und erlebt der Glaube „Wunder", und es bleibt die Aufgabe der theologischen Arbeit, diese Erfahrungen zu deuten.

Die ältere Apologetik hat die gedankliche Ermöglichung des „Wunders" vor allem dadurch versucht, daß sie die Vorstellung von einem „lückenlosen Kausalzusammenhang" im Naturablauf angriff und die Natur nach Einbruchstellen und „Lücken" absuchte, in denen sich das „unmittelbare" Eingreifen Gottes vollziehen könnte. Zu diesem Zwecke begaben sich die theologischen Apologeten auf das Feld der Biologie und der Physik. W. Elert hat in seinem Buch „Der Kampf um das Christentum" die Geschichte der modernen Apologetik eindrucksvoll beschrieben. Heute hat die Kernphysik manche Hoffnungen im Sinne der älteren Apologetik insofern belebt, als sie die Vorstellung von einem „lückenlosen", im Sinne eines berechenbaren Kausalzusammenhanges durch die Außerkraftsetzung der Gesetze der klassischen Physik im Bereich des unendlich Kleinen ihrer naiven Geltung entkleidet hat. Die Apologetik ist bei ihrer Bemühung um Sichtbarmachung von „Lücken" im geschlossenen Zusammenhang der Physis von dem theologischen Grundsatz bewegt, daß Gott der Souverän der von ihm selbst geschaffenen Welt bleiben muß. Gottes Schöpfermacht kann auch in der geschaffenen Schöpfung neue Anfänge setzen, und er setzt sie auch. Jesu Sendung in die Welt ist ebenso ein absoluter Neuanfang, wie es die Vergebung der Sünden im Einzelleben ist, durch die Gott die Gnade eines Neubeginns gewährt. Darum ist die Sendung Jesu in die Welt das Wunder schlechthin, und die Vergebung der Sünden ist ebenfalls schlechterdings ein Wunder. Aber kann man diese Wahrheiten nun auf das physikalische und biologische Gebiet übertragen?

Tatsächlich gibt es in der als Naturzusammenhang aufgefaßten Welt keine Möglichkeit, dem sog. Wunder einen objektiven Platz zuzuweisen. Ein objektiver Platz, das bedeutet eine auch für den neutralen, also den nichtgläubigen Beurteiler nachweisbare und ihn überzeugende Möglichkeit des Wunders. Gäbe es das „objektive Wunder", dann wäre schlechterdings nicht einzusehen, warum die Wunder Jesu nicht alle Zeitgenossen überzeugt und zum Glauben geführt haben.

Tatsächlich ist vielmehr der Begriff des Wunders ein subjektiver.

Er bezeichnet eine bestimmte unmittelbare Erfahrung des Glaubens, nämlich die Erfahrung der persönlichen Fürsorge Gottes und der Erhörung des Gebets. Diese Erfahrung kann zwar anderen Menschen mitgeteilt, d. h. sie kann bezeugt werden, aber es ist nicht möglich, diese Erfahrung zu objektivieren und sie so mitzuteilen, daß sie den Ungläubigen überzeugt.

Dennoch hat auch das Wunder im Sinne eines subjektiven Begriffs eine Erfahrungsgrundlage, die jedem Menschen zugänglich ist. Es ist die Erfahrung des Unverrechenbaren und des Unberechenbaren im Lebensablauf. Wir sprechen alle ungenau und ungeschützt von solchen Erfahrungen als von „Zufall", „Schicksal", Glück und Unglück. Die Erfahrung läßt sich aber doch deutlicher bezeichnen. Es ist die unmittelbare Vermutung der anderen Möglichkeit bei eintretenden Ereignissen. Stehen uns für die Zukunft, ja sogar im Rückblick auf geschehene Ereignisse zwei oder mehrere Möglichkeiten vor Augen, so veranstalten wir sofort ein Kalkül, welche dieser vermeintlichen Möglichkeiten die wahrscheinlichere ist. Bis zu dieser Mutmaßung hin läßt sich das Ganze natürlich ebensowenig beweisen, wie sich andererseits diese Erfahrungen auch nicht zurückdämmen lassen.

Es kommt aber noch eine zweite Erfahrung hinzu. Es gibt Widerfahrnisse, die sich ausgesprochenermaßen nur an mich richten. Sie sind mir widerfahren, sind mir gemeint. Der danebenstehende andere empfindet sie möglicherweise ganz anders, oder er nimmt überhaupt nichts wahr. Er kann zwar Zeuge des mir Widerfahrenen sein, aber er kann auch alles abstreiten; es ist möglich, daß er gar nichts gesehen hat.

Damit sind nun für das Verständnis des „Wunders" entscheidende Einsichten gewonnen. Das Wunder ist ein subjektiver Begriff. Es hat seinen „Sitz" in der unverrechenbaren Seite des Lebens, es bezeichnet die Erfahrung einer unverdienten und unvermuteten Möglichkeit, die wider Erwarten realisiert worden ist. Das Wunder ist aber zugleich ein persönliches Widerfahrnis, und darum im historischen Sinne nur sehr schwer objektivierbar, wenn auch diese Möglichkeit nicht ganz ausgeschlossen werden kann.

Wie der Glaube dem Wunder zuneigt, so ist die Historie der Ort der Skepsis. Die Historie drängt auf Gewißheit der Tatsachen, und solche sind hier nicht immer zu gewinnen. Der Glaube hingegen verlangt danach, daß ihm persönliche Gewißheit zuteil wird und daß ihm, unauswechselbar ihm etwas von Gott widerfährt. Eine Theologie, die für die historische Skepsis keinen Sinn hat, ist dem Verdacht ausgesetzt, daß sie auch das Wunder nicht durchdacht und begriffen hat. Eine kritische Theologie, die wunderfeindlich ist und die historische Skepsis zu ihrem eigenen und letzten Wort in dieser Sache macht, wird sich zu prüfen haben, ob sie nicht in der Ausschaltung des persönlichen Vertrauens zu Gott und in der Eliminierung der persönlichen Erfahrung aus der Theologie begriffen ist.

Wir wenden uns zuletzt noch zu den „Wundern" der Bibel. Was ist von ihnen zu halten und welcher Ertrag ist aus der Beobachtung ihrer Schilderungen zu gewinnen?

1. Ganz allgemein gilt, daß der Glaube immer Wunder sieht. Überall begegnen ihm Beweise der Kraft und Herrlichkeit Gottes. „Herr, mein Gott, wie groß sind Deine Wunder!" (Ps 40, 6) „Ihr sollt dem Herrn danken für seine Güte und für seine Wunder, die er unter den Menschenkindern tut" (Ps 107, 8).

2. In den sog. Wundern kommt zum Ausdruck, daß Gott nicht nur Wort oder gar Worte für uns hat, sondern daß er durchs Wort Taten wirkt, daß sein Wort zugleich Werk ist und daß seine Taten Wort an uns sind.

3. Daß im übrigen das deutsche Wort „Wunder" im Lichte der Bibel kein eindeutiger Begriff ist, zeigt sich darin, daß das Neue Testament selbst verschiedene Begriffe gebraucht.

Das bloße Schauwunder heißt τέρας (portentum, miraculum). Die falschen Christi und falschen Propheten geben große Zeichen und Schauwunder, um zu verwirren (Mk 13, 22 par.). Das ungläubige Volk verlangt nach Zeichen und Schauwundern (Joh 4, 48). Der Satan verübt Zeichen und betrügerische Schauwunder (2Thess 2, 9). Doch wird der Begriff gelegentlich auch unkritisch verwandt, z. B. 2Kor, 12, 12, bes. aber in der Apg, z. B. 2, 19; 5, 12 u. ö.

Der auf Jesu „Wunder" überwiegend angewendete Begriff ist δύναμις, Krafttat (virtus vulg.), z. B. Mt 7, 22; 11, 20 f.; 13, 54; 14, 2 u. ö. Das Wort σημεῖον (signum) wird häufig zusammen mit dem „Schauwunder" und somit ambivalent gebraucht, Joh 2, 11; Apg 2, 19.22.43 u. ö., aber auch 1 Kor 1, 22; 2 Thess 2, 9!

Im Überblick über diese Stellen wird deutlich, wie wenig das „Wunder", mag das sprachliche Äquivalent sein, welches auch immer, eine spezifische Beglaubigung der göttlichen Kraft und der Würde Jesu darstellt. Das hat in früherer Zeit der dogmatischen Erklärung die schwierige Frage aufgegeben, welche Kennzeichen dem „Wunder" denn eigen sein müssen, um seinerseits ein Kennzeichen für die in ihm sich erweisende göttliche Kraft zu sein. Dieses Problem besteht indes nur so lange, als man das Wunder als Objekt versteht und davon absieht, daß es sich ja immer nur als eine persönliche Kundgabe legitimiert, daß aber jeder Appell an unsere staunende Bewunderung die teuflische Versuchung in sich schließt.

4. Die Relativität des Wunderproblems wird durch eine sehr naheliegende Erwägung verdeutlicht. Wunderberichte sind kein Spezifikum der Geschichte Jesu, da uns nicht nur die Apostelgeschichte von „Wundern" der Boten Jesu berichtet, sondern Jesus selbst im Evangelium damit rechnet (Mt 10, 1; Mk 9, 38). Aber er warnt die Jünger auch davor, diese Macht zu überschätzen (Lk 10, 19 f.). Das Alte Testament ist, besonders in den Geschichten des Mose, des Elia und

Elisa voll von Wundererzählungen, ja selbst die außerbiblische Welt kennt Wundermänner, wie Apollonius von Tyana, die in einer halbwegs historischen Deutlichkeit vor uns stehen, so daß jedenfalls das Wunder aus allen christologischen Beweisen auszuscheiden hat.

5. Überdies ist die Wundererzählung eine in der Religionsgeschichte allgemein bekannte Legendenform. Da auch die biblischen Texte an den Gesetzen der Religionsgeschichte Anteil haben, ist es nicht verwunderlich, daß viele Perikopen einen gewissen Hang zur wunderhaften Ausstattung der Berichte zeigen. Wir können literarische Nachbildungen im Evangelium kritisch ermitteln (Mt 4,1 f., vgl. 1 Kön 19, 8), wir können auch Wundergeschichten ermitteln, die offenbar um ein Wort Jesu herum nachträglich gebildet worden sind, wozu etwa die sog. Naturwunder gehören: Luk 5,6–7; Mt 8,26; 17,27; Mt 21,19–20, charakteristische Legendenbildungen, bei denen doch nicht geleugnet werden muß, daß sie einen quasi historischen Kern haben, nämlich etwa ein Apophthegma Jesu, und die auch in ihrer legendären Gestalt eine Botschaft enthalten, d. h. eine kerygmatische Idee haben.

6. Trotz dieser religionsgeschichtlichen Einbettung und Relativierung des Wunderproblems ist es außer Zweifel, daß Jesus außerordentliche Macht über die Geister gehabt hat, daß er Dämonen austreiben und Menschen gesund machen konnte. Mt 7, 22; 9, 33 f.; Lk 11, 14 ff.; Mk 1, 21–28; 6, 14 ff.; 7, 24 ff. usw. Jesus hat diese Macht ganz und gar seiner Sendung dienstbar gemacht und hat sie nicht als solche irgendeiner Demonstration für wert gehalten, was in der Versuchungsgeschichte doch richtig zum Ausdruck kommt (Mt 4,1–11). Die Berufung auf „übernatürliche" Wirkungen trägt nicht viel aus, da ja auch das Übernatürliche nur eine Weise des Natürlichen ist. Daß diese „Natürlichkeit" keine allgemein zugängliche ist, bedarf keiner besonderen Erörterung und hebt das Gesagte nicht auf. Vielmehr macht das Evangelium eben im Sinne dieser Natürlichkeit auf gewisse Grenzen des Vermögens Jesu zu solchen Machttaten aufmerksam, die dann allerdings theologisch wichtig werden können. Nicht nur, daß Jesus Schauwunder ablehnt (Mt 4,5–7), er lehnt es ab, der bösen und ehebrecherischen Art „Zeichen" zu geben: nur das „Zeichen des Propheten Jona" soll ihr zuteil werden (Mt 12,38 ff.). Er ist bei seinen Taten sogar in geheimnisvoller Weise von dem Glauben der Leute abhängig (Mk 6,1–6 par), und schließlich wird in der Passion dieses Unvermögen, im eigenen Interesse ein Wunder zu tun, geradezu zum Gegenstand der Verhöhnung (Mt 27, 42).

7. Wir haben in diesem Zusammenhang nur von jenen „Wundern" gesprochen, die als außerordentliche „Durchbrechungen des Naturzusammenhanges" je und je das Interesse und die Neugier, freilich auch die Kritik erregt haben. Diese „Wunder" sind kein Gegenstand unseres Glaubens, sondern sie sind höchstens Illustrationen und Kommentare für das Wort. In diesem Sinne sind sie unverzichtbar, so

verzichtbar, d. h. im literarkritischen Sinne preiszugeben sie im einzelnen sein mögen. Die Sendung Jesu selbst und schließlich seine Auferstehung gehören freilich nicht in diesen Problemkreis, d. h. in diesen durch die Frage nach der providentia extraordinaria ursprünglich angeregten Fragenkreis. In gewissem Sinne kann man natürlich die Sendung Jesu selbst und was sie in sich schließt, als das Wunder schlechthin bezeichnen, das uns, indem es uns begegnet und widerfährt, zum Glauben ruft. Aber dann sind doch die Zeichen, die von ihm ausgegangen sind, eben nur Zeichen und verlieren ihren selbständigen Charakter, den sie so oft für eine periphere Betrachtung gewonnen haben.

### 5. Die Theodizee

Mit dem Begriff der Theodizee bezeichnen wir die Frage nach der „Rechtfertigung Gottes" angesichts der offenkundigen Übel in der Welt, welche die Weisheit, Güte und Allmacht des Schöpfers und seiner Vorsehung in Frage zu stellen scheinen. Das Problem ist wohl auch der Bibel nicht fremd; es ist das eigentliche Thema des Buches Hiob (vgl. Hi 9, 2; 13, 3.19; 40, 2; ferner Jes 58, 2; Jer 12, 1 f., u. ö.). Trotzdem kann man sagen, daß es in starken religiösen Epochen kaum empfunden worden ist und ein spezifisches Kennzeichen später Reflexionsstufen des religiösen Lebens darstellt.

Die Theodizee war das Problem, dem wie keinem sonst das Interesse der Aufklärung gegolten hat. Leibniz hat seine religiöse Metaphysik geradezu als „Théodicée" (1710) herausgegeben. I. Kant hat auch hier einen kritischen Schlußstrich gezogen: Über das Mißlingen aller philosophischen Versuche in der Theodizee (1791). Trotzdem hat die Theodizee auch weiterhin das Interesse in Anspruch genommen. Hegels Geschichtsphilosophie läuft mehrfach darauf zu. Vgl. ferner H. C. W. Sigwart, Das Problem des Bösen oder die Theodizee, 1840 – O. Lempp, Das Problem der Theodizee in der Philosophie und Literatur des 18. Jhs., 1910 – In RGG² V hat E. Troeltsch den systematischen Art. zur Theodizee geschrieben. Außerdem E. Brunner, Dogmatik II, 201–221 – F. Billicsich, Das Problem des Übels in der Philosophie des Abendlandes, 3 Bde., 1955² – 1959 (Lit.) – M. Keller-Hüschemenger, Die Kirche und das Leiden, 1954 – EKL III, 1346 ff. (Lit.). RGG VI, 739 ff. (Lit.).

Das Problem zeigt jedenfalls, daß sich der Glaube von metaphysischen Reflexionen nur schwer zu lösen vermag. Die Gottesfrage wird auch hier unmittelbar zu einer Weltfrage, und umgekehrt: Wie kann man angesichts der Übel in der Welt, angesichts vorzeitigen Todes, unaufhebbarer sozialer Misere, unheilbarer körperlicher und geistiger Entartungen und ungehemmter Bosheit noch von göttlicher Allmacht und Weisheit sprechen? Wie läßt sich mit diesen Erfahrungen der Glaube an die Güte der Schöpfung und des Schöpfers festhalten und gar eine moralische Weltordnung behaupten? Es ist eine Zweifelsfrage, die nach dem Ausgleich von Gottesglaube und Welterfahrung begehrt. Das sittliche Bewußtsein möchte sich in einer zweckmäßigen Bestimmtheit der Welt und des Einzellebens bestätigt sehen, aber die Erfahrung scheinbar „sinnloser" Schicksale, unbegründbaren Leidens widerspricht dieser Überzeugung.

In der Theodizee begegnen uns die Fragen des Glaubens in weltanschaulicher Gestalt. Die Voraussetzung des Problems ist jedenfalls der Glaube an die Persönlichkeit Gottes, an seine Einheit und Einzigartigkeit und das ungebrochen „weltanschauliche" Verständnis Gottes als des Inbegriffes alles Guten und Vollkommenen. Ebenso ist freilich vorausgesetzt die Einheit der Welt und ihre teleologische Ordnung, was doch immerhin den Horizont menschlicher Erfahrung überschreitet. Es sind wohl christliche, biblische Voraussetzungen, aber doch in der Form ausgesprochener metaphysischer Thesen. Die Anfechtung des Glaubens kleidet sich in die Gewänder der Metaphysik. So liegt die Versuchung nahe, die Beantwortung der Fragen von anderen metaphysischen Voraussetzungen her zu beschaffen. Die Theodizee verführt immer zum Spiel mit außerchristlichen Fassungen des Problems und mit plausibleren Lösungen, die sich von dorther ergeben.

Eine solche Lösung ergibt sich z. B. verhältnismäßig leicht unter der Voraussetzung einer dualistischen Weltansicht, die ein gutes und ein böses Prinzip annimmt. Dabei ist es nicht so wichtig, ob man sich am Ende des Kampfes der beiden Prinzipien einen Sieg über das böse Prinzip vorstellt. Entscheidend ist vielmehr, daß im Sinne eines solchen Dualismus Gott das Böse und das Übel in der Welt nicht zu verantworten hat. Solche Erklärungen, in denen die Gnosis zu allen Zeiten Großes geleistet hat, kehren noch in den Weltspekulationen der Neuzeit wieder, etwa im Weltpessimismus A. Schopenhauers. Nach ihm gehört das Übel schlechthin zum Wesen der Welt. Es bringt Leiden, wenn man am Wesen der Welt Anteil hat und durch seinen Willen diese Welt tätig bejaht. Wir sollen aber nach Schopenhauer von der Welt, von dem Übel ihrer Materialität und ihren Leidenschaften durch Erkennen, durch „Vorstellung" freiwerden. Das Problem der Theodizee wird natürlich auf diese Weise wesentlich erleichtert, wenn nicht gar gelöst. Auch der deutsche Idealismus hat in seiner Weise in seinen großen Systemen das Gewicht des Problems metaphysisch zu ermäßigen versucht. Wie bei Hegel die Bedenklichkeiten der Individualethik in dem Notwendigkeitsanspruch der Rechtsphilosophie aufgehoben werden, so macht bei ihm der notwendige Gang der Weltgeschichte auch die individuellen Leiden relativ. Der Vollzug des göttlichen Ratschlusses in der Geschichte nimmt auf das Glück des einzelnen wenig Rücksicht. Nur aus dem Gesamtverlauf und Gesamtergebnis der Weltgeschichte läßt sich deren Vernünftigkeit gerecht beurteilen. Darum ist die Philosophie der Geschichte, ja die Weltgeschichte selbst für Hegel die Theodizee. „Daß die Weltgeschichte dieser Entwicklungsgang und das wirkliche Werden des Geistes ist, unter dem wechselnden Schauspiele ihrer Geschichten, – dies ist die wahrhafte Theodizee, die Rechtfertigung Gottes in der Geschichte" (Ausg. Glockner 11, 569). In ähnlicher Weise, doch mit anderer Begründung relativierte auch Schelling das Böse, ohne dessen Vermittlung für ihn kein Werdeprozeß der Welt und des selbständigen Geistes möglich schien. So wird im einen Falle dem Leiden ein vermittelnder Charakter im Gange der Geschichte, im anderen Falle dem Bösen eine vermittelnde Rolle im Werdeprozeß der Menschheit, ja der Welt überhaupt angewiesen und so das eine wie das andere, und damit auch Gott selbst „gerechtfertigt".

Aber Jahre zuvor hatte schon Kant in seiner Schrift „Über das Mißlingen aller philosophischen Versuche in der Theodizee" (1791) das Problem selbst gleichsam stillgelegt. Wenn man die Welt als eine göttliche Bekanntmachung der Absichten des Willens Gottes betrachten wolle, so erweist sie sich immer als ein verschlossenes Buch, „wenn es darauf abgesehen ist, sogar die Endabsicht Gottes (welche jederzeit moralisch ist), aus ihr, obgleich einem Gegenstande der Erfahrung, abzunehmen". Was E. Troeltsch in seinem Beitrag zu RGG² (V, 1102 ff.) zum Thema ausführt, das demonstriert in unvergleichlicher Weise die hier lauernden spekulativen Versuchungen, die auch Kant nicht zum Erliegen gebracht hat. Troeltsch fragt nämlich, ob denn die ganze Weltwirklichkeit unter einem einzigen Weltzweck und Weltsinn begriffen werden müsse, ob nicht etwa ein Teil der Schöpfung von der Teilnahme an der Verwirklichung der höchsten geistigen und ethischen Ziele ausgenommen sei, ein Gedanke, der dann auch noch auf die unterschiedlichen Schicksale der menschlichen Individuen Anwendung findet: Sind wirklich alle zum Höchsten bestimmt? Und lassen sich viele dunkle und zweckwidrige Schicksale nicht doch unter Zuhilfenahme von solchen Möglichkeiten, die jenseits unseres Erfahrungskreises liegen, bis hin zur Seelenwanderung, als letztlich zweckhaft vorstellen? Selbst der Leibnizsche Gedanke einer Pluralität der Welten, dort nur im Modus der Möglichkeiten erwogen, wird von Troeltsch herangezogen, um den Spielraum der Phantasie für ihre Deutungsmöglichkeiten auszudehnen.

Alle derartigen „Lösungen" des Theodizeeproblems sind Spekulationen; es sind unmittelbare Weltdeutungen, welche den Horizont menschlicher Erfahrung überschreiten und mittels dualistischer, pluralistischer oder auch pantheistischer Auskünfte das Problem selbst schon korrigieren, um so eine Lösung zu erleichtern. Es hat etwas Fiktives, wenn „die wissenschaftliche Phantasie auf die Wege ausgeschickt wird, wo wir annähernde Lösungen solcher Rätsel ahnen können" (Troeltsch). Zugleich aber stellen diese Entwürfe einer Theodizee die christlichen Voraussetzungen des Problems selbst, die Einheit, Güte und Allmacht des Schöpfers, die Einheit der Welt und die Einmaligkeit und Unausweichlichkeit des menschlichen Daseins in Frage. Auch die christliche Theologie ist mitunter diesen Versuchungen erlegen, wie wir denn schon Origenes auf ähnlichen Wegen finden.

Die klassische christliche Theologie hat indessen aus der Theodizee nie ein eigenes Lehrstück gemacht. Die vielfältige Weise des göttlichen Handelns mit der Welt, die bis zum Risiko des inneren Widerspruches gehende Lehre von der Erhaltung der Schöpfung trotz der Sünde, trotz des Bösen und des Todesleides, das ist im 1. Absatz dieses Kapitels aus der Tradition beschrieben und hat gerade darin seine Stärke, daß es keine glatte Lösung darstellt. Es sind vorläufige dogmatische Sätze, welche die Eschatologie nicht vorwegnehmen können und wollen: erst die Erlösung durch Christus ist die Vergebung der Sünde und die Überwindung des Todes; erst in der Vollendung, am Ende der Zeit und im ewigen Leben wird alles Leid vergangen sein und werden alle Rätsel gelöst werden. Aber man kann natürlich angesichts der concursus-Lehre, der Soteriologie und Eschatologie, auf die hier anstelle einer förmlichen Theodizee verwiesen werden muß, fragen, ob diese Lehrtradition dem Problem der Theodizee wirklich entspricht. Bei der Theodizee handelt es sich ja um eine Zweifelsfrage, die eine allgemein verstandene und nicht eine heilsgeschichtlich gebrochene und gar verborgene Güte Gottes bestätigt sehen möchte. Es handelt sich um eine moderne Frage, um eine Gegenwartsfrage, die sich an der Massenhaftigkeit scheinbar sinnloser Schicksale, an der Naturhaftigkeit und Zwangsläufigkeit des Übels und an dem Untergang unschuldigen Lebens unter den Zerstörungskräften der Geschichte entzündet. Schon diese Fragestellung aber unterliegt der Kritik des christlichen Glaubens. Schon der Gedanke einer „Rechtfertigung Gottes", also eine gleichsam an Gott gerichtete moralische Frage, übersteigt alle menschlichen Kompetenzen. Die Frage der Theodizee verlangt nach einer überschaubaren Welt; sie will eine religiöse, nur in der Subjektivität des Glaubens zu überwindende Not in eine weltanschaulich lösbare Fragestellung verwandeln. Man wird vielleicht zugeben können, daß die Theodizee zu den unstillbaren Fragen des denkenden Zweifels gehört; denn alle Glaubensfragen tragen die Tendenz in sich, sich weltanschaulich zu objektivieren. Aber zugleich ist die Theodizee ihrer Natur nach eine unlösbare Frage.

Das schließt nicht aus, daß manche vordergründigen Klärungen möglich sind. Wie immer man die Theodizee beurteilen mag, so ist jedenfalls das selbstverschuldete Übel hier nicht zu verhandeln. Auch kann sie nicht hinsichtlich der Natur überhaupt, sondern nur im Blick auf den Menschen, und d. h. als unsere eigene Frage zum Problem werden. Das eigentliche Feld des Widerspruches, des Zweifels, der Anfechtungen durch das Übel ist der Mensch, der leidet, es ist die geistige, bewußte Individualität, die hier ihre Not in Gestalt einer kosmologischen Frage ausspricht. Diese Frage wird aber nur dann zu einer echten Frage, wenn es die Frage des Menschen in seiner Subjektivität bleibt, wenn also ihr unmittelbar existenzieller, d. h. religiöser Charakter zurückgewonnen wird. Religiöse Fragen aber werden nicht „gelöst", sondern überwunden. Die Theodizee entspringt einer unbescheidenen Fragestellung. Diese Fragestellung muß aus sachlichen Einsichten zurückgenommen werden, indem die Erwartung umfassender metaphysischer Erklärungen preisgegeben wird. Zu dieser Bescheidung gehört die Ergebung des Willens in den fremden und unerforschlichen Willen des Deus absconditus. Der Glaube wird also in doppeltem Sinne auf sein Eigenstes verwiesen.

Zum einen muß der Glaube erkennen, daß das Heil mit dem Kreuz nicht im Widerspruch steht. Das Kreuz Christi ist unerachtet des bösen Willens der Menschen und unerachtet der falschen Gerechtigkeit, die hier triumphieren, unser Heil. Das tiefste Dunkel des Leidens und Sterbens Jesu öffnet uns die Tür zu Gottes Reich. Im Blick auf das Kreuz Christi verbietet sich die Rede von einem ungerechten, sinnlosen Leiden, und auch unser eigenes Leiden kann nun einen – weltanschaulich freilich nicht mehr verrechenbaren – Sinn empfangen (Röm 8, 28). Es bedarf indessen einer gläubigen Annahme dessen, was uns auferlegt worden ist, es bedarf der Überwindung unseres Selbst, damit der Glaube sein eigenes Leiden, Übel, Krankheit, unverschuldetes Leid und Trennung menschlicher Bande durch den Tod als Weg zu Gott, als „Kreuz" annehmen und damit in Christi Kreuz aufgehoben wissen kann.

Zum anderen sind wir auf die Hoffnung verwiesen. Das in der Theodizee gemeinte Problem erwächst zwar aus der Erfahrung unseres gegenwärtigen Seins in der Welt, aber es weist über diese Gegenwärtigkeit hinaus. Das wird in vielen vermeintlichen „Lösungen" des Problems auch insofern zugegeben, als sie die Überschaubarkeit der Welt spekulativ zu überschreiten versuchen. Schon in den nach „schließlichem", „endgültigem" Ausgleich verlangenden Fragen kündigt sich die Unvermeidbarkeit der eschatologischen Auskunft an. Die Theodizee kann nicht auf dem Felde der Kosmologie entschieden werden. Sie ist keine legitime und keine mögliche, d. h. beantwortbare Frage der „moralischen Weltordnung". Sie weist, wenn man sie auf ihre Mitte reduziert, nämlich auf die aus der persönlichen Anfechtung geborene Glaubensfrage, in die Eschatologie. Wenn man sie in diesem gewandelten Sinne gelten lassen will, dann gibt es keine Theodizee ohne Eschatologie. Aber auch das enthält ein Überwindungsmotiv insofern, als die Hoffnung die Gegenwart überwindet. In der Hoffnung wirft sich der Glaube voraus in das Neue, das Gott ihm zugesagt hat. Wenn man die Theodizee so verstehen will, dann verweist sie den christlichen Glauben nicht auf eine Lösung, sondern auf die Erlösung.

## III. DER MENSCH ALS GOTTES GESCHÖPF
### (Anthropologie)

#### Vorbemerkung

In der christlichen Anthropologie schlägt die christliche Kosmologie gleichsam die Augen auf und kommt zu sich selbst. Die Kosmologie verläuft auf den Menschen hin; er ist das geheime Thema, wenn von der Schöpfung überhaupt die Rede ist. „Die kreatürliche Existenz, von der die Theologie redet, ist *meine* kreatürliche Existenz und nur auf dieser Basis ist die Erörterung der Kreatürlichkeit überhaupt sinnvoll" (Tillich, Syst. Th I, 310). Ich kann von der Schöpfung nicht sprechen, ohne dessen zu gedenken, daß ich dabei und darinnen bin, daß die mich umgebende Welt mir meinen Glauben an Gottes Macht und Gnade bestätigt, ja, daß die Welt eine Gestalt der mir zugewendeten Gnade Gottes ist. Dies ist auch der entscheidende Grund dafür, daß wir in der Theologie keine Kosmologie überhaupt, also ohne uns, im Sinne einer „objektiven" Betrachtung treiben können. So sehr der Glaube zur Beobachtung aufgefordert und gehalten ist, die sachliche Beobachtung zu ehren, so wenig kann doch eine wissenschaftliche Kosmologie, die vom Glauben absieht, zur Aufgabe der Theologie gemacht werden.

Umgekehrt ist es nicht möglich, die Kosmologie in der Anthropologie aufgehen zu lassen. Auch in der Lehre vom Menschen bleibt die Schöpfung Gottes und die Erhaltung unser Thema. Entscheidende Einsichten der Kosmologie werden hier gleichsam nur noch einmal unter speziellem Hinblick auf unsere eigene Existenz durchdekliniert. Nie aber sollen und dürfen wir vergessen, daß wir auch als bevorzugte und geliebte Geschöpfe Gottes in der Welt sind und an ihr teilhaben, von ihr leben, in ihr unser Geschick empfangen, daß Welt für uns Einsamkeit und Gemeinschaft bedeuten kann und daß wir an der Welt schuldig werden. Welt, das bedeutet, daß auch wir Welt sind, daß wir Natur sind, daß wir ein geschichtliches Dasein haben. Darum ist es im Sinne systematischer Nützlichkeit sicher richtig, wenn wir, wie es hier geschehen ist und geschieht, uns zuerst in der Welt orientieren, uns über die Schöpfung im grundsätzlichen Sinne verständigen, bevor wir vom Menschen reden.

Das ist dann freilich ein end- und grenzenloses Thema! Es scheint sich nach allen Seiten zu verlaufen, und wir selbst können uns in seinen Irrgängen verlaufen. Wir können ja in der Anthropologie nicht die Augen schließen und blind auf das hören, was uns „das Wort" über den Menschen sagt, zumal „das Wort" überhaupt nicht den Sinn einer objektiven Mitteilung, womöglich gegen den Augenschein, haben kann. Vielmehr sind bei diesem Thema Augen und alle Sinne offen. Wir finden uns im Leben der Gemeinschaften, in unserer Geschichte verhaftet, wir sind Natur, ihre Gesetze gehen und gelten mitten durch uns hindurch. Wir sind handelnde Wesen und stehen vor der Frage: was sollen wir tun? Die Ethik ist vom ersten bis zum letzten Satz eine Ausführung der Anthropologie. Nach allen Seiten reicht die Problematik der christlichen Anthropologie über die Grenzen der Dogmatik hinaus. Es kann sich hier nur um die Grundlagen handeln: um den Menschen als Gottes Geschöpf, als Geschöpf und Sünder, um den Menschen, wie er war, ist und sein wird, um den Menschen, der kann und der versagt. Freilich lassen sich die Grenzen der als dogmatische Aufgabe begriffenen Anthropologie nicht von vornherein abstecken.

Jede Dogmatik enthält auch in größerem oder geringerem Umfang eine Anthropologie. Ich nenne hier nur K. Barth, KD III/2 und Otto Weber, Grundlagen I, 582–695. Unter den Einzelarbeiten ragt hervor das Buch von E. Brunner, Der Mensch im Widerspruch (1937) 1965[4]. Es ist durch den Reichtum an Gesichtspunkten und Stoff auch dem von Nutzen, der im einzelnen von Brunners Behauptungen abweicht. G. van der Leeuw, Der Mensch und die Religion, 1941, ist von unbefangener Offenheit und fruchtbarer Unabgeschlossenheit. Ferner seien genannt Reinhold Niebuhr, The nature and destiny of man, 1951, Gustaf Wingren, Schöpfung und Gesetz, 1960, und W. Pannenberg, Was ist der Mensch? Die Anthropologie der Gegenwart im Lichte der Theologie, 1968³.

Auf keinem thematischen Felde fordert die entsprechende philosophische Arbeit in solcher Dringlichkeit Beachtung wie auf dem der Anthropologie. M. Landmann, Philosophische Anthropologie (SG 156/156 a), 1955, verbindet aufs glücklichste den Zweck einer Einführung in die philosophische Anthropologie mit eigener Stellungnahme, in welcher den religiösen und theologischen Bedenken ein starkes Gewicht zukommt. H.-J. Schoeps, Was ist der Mensch? Philosophische Anthropologie als Geistesgeschichte der neuesten Zeit, 1960, erweist sich als instruktive und kritische Überschau, Th. Litt, Mensch und Welt, 1961², als eine umfassende Konzeption von hohem Rang. Die in der Arbeit von F. J. J. Buytendijk und A. Portmann leitenden Gesichtspunkte sammeln sich in der geistvollen Studie, welche H. Plessner unter dem Titel „Conditio humana" der Neuausgabe der Propyläenweltgeschichte vorausgeschickt hat. Statt einer weiter detaillierten Angabe der einschlägigen Lit. beziehe ich mich auf den Sammelartikel Anthropologie, RGG I, 401–424.

## 11. Kapitel

### DER MENSCH ALS GESCHÖPF GOTTES

#### *1. Die traditionelle Lehre: Status integritatis*

Angesichts des gelebten Lebens, ja in unserer eigenen Erfahrung fließen Geschöpflichkeit und Sünde immer in eins zusammen, und unser christliches Urteil begegnet den größten Schwierigkeiten, wenn es sagen soll, was denn Sünde im Unterschied von der Geschöpflichkeit des Menschen sei. Diese Schwierigkeit besteht zunächst in concreto, aber sie erweitert sich zu einer generellen Schwierigkeit. Es ist mindestens verständlich, wenn eine durch den deutschen Idealismus genährte Tradition das aus dem Sündenfall entsprungene geschichtliche Leben als den eigentlichen Ort der Schöpfermacht Gottes erklärt und so Schöpfung und Sünde in der natürlich-geschichtlichen Wirklichkeit des Menschen zusammenfließen läßt.

Vgl. hierzu die alte, aber klassische Monographie von Julius Müller: Die christl. Lehre von der Sünde, 2 Bände (I 1839; 1844) 1877⁶; über J. Müller K. Barth: Die prot. Theol. im 19. Jahrh., 1960³, 535.

Wenn man sich das vergegenwärtigt, dann versteht man den Versuch der Alten, vom Urzustand des geschaffenen Menschen so zu sprechen, daß vom Sündenfall noch ganz abgesehen wird. Dies geschieht in der Lehre vom sog. Urstande des Menschen, dem status integritatis. Kühnheit und Gefahr des Unternehmens einer solchen Lehre liegen wahrscheinlich für unser Urteil heute deutlicher zutage, als es für die Väter selbst der Fall war. Hier wird in Räume gegriffen, die jenseits aller Erfahrung liegen. Zum Anfang der Menschheit führt keine unmittelbare Wahrnehmung. Eine lehrhafte Absehung von der Sünde führt, angesichts des uns bekannten menschlichen Befundes, zu einer echten „Abstraktion", die natürlich viel gegen sich hat. Will man ferner die uns für die Anfänge des menschlichen Geschlechtes fehlende Anschaulichkeit doch beschaffen, dann liegt für die Väter der Anschluß an den Schöpfungsbericht der Genesis nahe. Nach dieser Vorlage läßt sich am ehesten veranschaulichen, was die Urstandslehre meint: den Menschen so zu zeigen, wie er, noch unberührt von dem Sündenfall, aus Gottes Hand hervorgegangen war. Die Gefahr dieses unmittelbaren Anschlusses an den Paradiesesbericht liegt auf der Hand. Die alte biblische Überlieferung wird wörtlich genommen; sie wird dort, wo sie dann doch nicht ausreicht, durch reichliches Aufgebot von Phantasie ergänzt, und schließlich wird das schlechterdings nicht Vorstellbare vorstellbar gemacht.

Durch die Lehre vom status integritatis soll ausgedrückt werden: Gott hat den Menschen nicht so geschaffen, wie er jetzt ist. Der Mensch ist „eigentlich" anders. Die Urstandslehre ist, anders ausgedrückt, eine in ihrer Weise großartige Erinnerung an den „Ursprung" des Menschen. Im wesentlichen dreht sich die Lehre theologisch um zwei Begriffe: um die imago Dei und die iustitia originalis. Was zunächst die imago Dei betrifft, auf die wir noch ausführlich zurückkommen müssen, wenn die Folgen des Sündenfalles zu erörtern sind, so kann zunächst einfach auf Quenstedt verwiesen werden: „Imago Dei est perfectio naturalis, in excellente conformitate cum Dei sapientia, iustitia, immortalitate et maiestate consistens, concreata homini primo divinitus ad creatorem perfecte agnoscendum, diligendum et glorificandum." Die Ähnlichkeit mit Gott besteht also darin, daß der Mensch in seinem ursprünglichen Zustand eine besondere geistige und sittliche Vollkommenheit besaß. Sie wird mannigfaltig beschrieben. Körperliche und geistige Vorzüge aller Art werden genannt, wobei die auf die Erkenntnis Gottes und auf die Reinheit des Willens zur Erfüllung des göttlichen Willens bezogenen Eigenschaften besonders hervorragen. Es sind namentlich volle Gotteserkenntnis, liberum arbitrium bzw. libertas voluntatis, sanctitas. Diese bunte Ausmalung, in der die orthodoxen Väter sich doch auch als Kinder des Barocks erwiesen haben, mag phantastisch und erbaulich zugleich wirken; sie folgt doch in allem einer bestimmten theologischen Absicht. Zunächst kommt als wichtiges Motiv dieses zum Vorschein: Die Schöpfung an sich bedeutet keinen Defekt. Weder die Endlichkeit noch die Zeitlichkeit, noch auch die Diesseitigkeit der Kreatur trennt diese von Gott! Damit ist eine erhebliche Einbruchstelle philosophischer Verfälschung der Schöpfungslehre abgeriegelt. Auch von der Schöpfung des Menschen gilt das abschließende Urteil Gottes: Viditque Deus cuncta, quae fecerat, et erant valde bona (Gen 1,31). Nicht in der Schöpfung selbst liegt schon ein Mangel, der dann mit den durch den Sündenfall hinzugekommenen Mängeln so in eins flösse, daß man um der Mängel willen Schöpfung und Sünde nicht mehr trennen kann.

Zum Verständnis der Urstandslehre ist aber noch ein zweiter Gesichtspunkt zu beachten. Die Lehre — ihrer Form nach ja einfach eine etwas ausgeschmückte, kommentierende Nacherzählung des Paradiesesberichtes — ist so gestaltet, daß sie eine Voraussetzung zu der dann sich anschließenden Theologie des Sündenfalles darstellt. Sie ist ein Widerlager, das die Aufzählung der Verluste ermöglicht, von denen anschließend in der Lehre vom status corruptionis die Rede sein soll. Dies gilt nun besonders hinsichtlich der sittlichen Vorzüge, die, zusammengefaßt, im Hinblick auf die später in Sicht kommende Rechtfertigungslehre als iustitia originalis bezeichnet und beschrieben werden. Dem aus Gottes Hand kommenden Menschen muß die iustitia nicht erst beigelegt werden; denn er hat sie schon. Dieser erste Mensch tut das Rechte und steht daher unter dem Wohlgefallen Gottes. Gleichsam zum äußeren Beweis dieser sittlichen Integrität nennen die Alten auch körperliche Vorzüge, welche die sittlichen eindrucksvoll ergänzen: corporis impassibilitas, immortalitas, externum in cetera animantia dominium, amoenissima habitatio in paradiso (Gen 1, 26 ff.). Diese Vorzüge, so wußten die Alten zu berichten, sollten übrigens auf dem Wege der naturalis propagatio auf die Nachkommen vererbt werden, wäre der Fall nicht eingetreten.

Diese Urstandslehre, und damit in ihrem Kern die ganze Anthropologie der Orthodoxen steht und fällt mit der Ineinssetzung von imago Dei und iustitia originalis. Die protestantischen Orthodoxen haben nicht, wie es bis dahin der katholischen Tradition entsprochen hatte, am Menschen in seiner ursprünglichen Gestalt natürliche und übernatürliche Ausstattung unterschieden. Auch die iustitia originalis wurde von ihnen als eine natürliche Ausstattung verstanden. Dadurch kamen sie aber nun in die größte Verlegenheit, wenn der Fall des Menschen zu dem Urteil zwang, daß die iustitia originalis verloren sei. Denn nun mußten sie sich ja auch das weitere Urteil abringen, daß die imago Dei ebenfalls verloren sei. Wir werden davon noch zu sprechen haben. Vorerst mag es in diesem Zusammenhang genügen, auf zwei Konsequenzen einzugehen, welche im Vorblick auf die weitere Entwicklung dieser Gedanken in der Urstandslehre selbst gezogen wurden.

Die imago Dei, so urteilte die Orthodoxie, ist nur bei Jesus Christus Substanz, beim ersten Menschen war sie Akzidenz. Imago Dei non fuit totus homo, sie war auch nicht ipsa hominis anima. Diese Aussagen sind nur zu verstehen, wenn man sich vor Augen hält, daß die Formel des Flacius Illyricus, anstelle der imago Dei sei nach dem Fall das peccatum selbst zur Substanz des Menschen geworden, wie ein Schreckbild vor den rechtgläubigen Vätern stand. In der Tat muß ja, wenn mit der Gottebenbildlichkeit die Substanz des Menschen eingebüßt worden sein soll, nun eine Antwort auf die Frage gegeben werden, was denn dann noch als Substanz des Menschen anzusprechen sei. Die Erklärung, daß die Gottebenbildlichkeit nicht als Substanz des Menschen beurteilt werden dürfe, überhob die Orthodoxen dieser peinlichen Konsequenz.

Im Gegensatz zur katholischen Lehre sollte nun freilich die imago Dei auch nicht als übernatürliche Gabe (donum supernaturale externum) betrachtet werden. Vielmehr blieb in der Betrachtung des Menschen wie bei Luther so in der nachfolgenden Orthodoxie der Mensch eine ungeschiedene Einheit. Die Gottebenbildlichkeit konnte also nur etwas an der Natur selbst, nämlich eine perfectio naturalis sein. Wiederum hatten diese Entscheidungen die weitesttragenden Folgen für die Anthropologie. Für das katholische Urteil fiel infolge des Falles die übernatürliche Ausstattung des ersten Menschen allerdings auch dahin, jene Ausstattung, für die man sehr vorsichtig auch nicht als von der imago Dei, sondern von der similitudo, der Gottähnlichkeit gesprochen hatte. Wesentlich war, daß die Natur des Menschen davon unberührt bleiben konnte. Für die Altprotestanten freilich ergab sich nun die Folgerung, daß im Fall des Menschen seine Natur selbst beschädigt worden sei. Wie man sich damit auseinandersetzte, und wie wir selbst diese schwerwiegenden Folgerungen beurteilen müssen, davon soll im 14. Kapitel die Rede sein.

Übrigens zeigt sich bei näherem Zusehen auch in der Orthodoxie manche geheime Unsicherheit. So neigten doch manche Lehrer dazu, auch dem ersten Menschen übernatürliche Gaben zuzubilligen, wenn damit auch keine weiteren dogmatischen Konsequenzen verbunden waren. Man sprach in diesem Zusammenhang, sehr hoch greifend, von einer gloriosa Trinitatis inhabitatio, von einem favor Dei supernaturalis und von einer revelatio imprimis extraordinaria, durch welche die lex positiva kund wurde und mit der auch die vires supernaturales ad legem positivam implendam verbunden waren.

## 2. Die Lehre vom Menschen als Inbegriff der christlichen Kosmologie

Die grundlegende Absicht der alten Lehre vom Urstand, nämlich die Unterscheidung von Schöpfung und Sünde, bzw. von Geschöpflichkeit und Sündhaftigkeit, muß auch in unseren eigenen Überzeugungen festgehalten werden. Wenn freilich diese Unterscheidung von den Vätern in ihrer Urstandslehre in die Urgeschichte des menschlichen Geschlechtes verlegt worden ist und der Reinheit der Schöpfung nur eine gleichsam paradiesische Realität zugebilligt wird, so muß uns in der Tat diese Einschränkung zu einer Neubesinnung aufrufen. Diese Neubesinnung ist um so mehr gefordert, als wir unsere Aussagen weder im Schema des orthodoxen Aristotelismus noch in der Form eines lehrhaft ausgeschmückten naiven Biblizismus machen können.

Das Thema der christlichen Anthropologie ist und bleibt der Mensch als Geschöpf Gottes. Aber wir haben von der Schöpfung Gottes schon in der Kosmologie gehandelt. So ist es hier also die besondere Aufgabe, alles, was von der Schöpfung Gottes überhaupt auszusagen ist, ganz wesentlich und in kritischer Zuspitzung nun auf den Menschen zu beziehen.

a) Das Dasein des Menschen ist kontingent und es ist endlich. Beides hängt sachlich zusammen, aber es ist nicht dasselbe. „Kontingenz", also „Zufälligkeit" im ontologischen Sinne, bedeutet, daß für das Dasein des Menschen als Art wie als Einzelwesen keinerlei „Notwendigkeit" geltend gemacht werden kann. Es ist nicht logisch notwendig, daß es Menschen überhaupt und daß es „mich" gibt. Es ist auch nicht sachlich notwendig. Es wäre unter logischem wie unter sachlichem Gesichtspunkt ebensogut möglich, daß Menschen nicht da sind. Daß Menschen da sind, kann also nicht logisch oder metaphysisch abgeleitet werden. Wir verdanken unser Dasein nicht uns selbst. Wir sind nicht Herren unseres Lebensanfanges. Unser Lebensanfang, also Ort und Zeit unserer Geburt, Volks- und Familienzugehörigkeit, Begabung und Geschichtsepoche, alle diese Komponenten unseres „Schicksals", haben wir uns nicht selbst herausgesucht. Sie sind uns in die Wiege gelegt, sie sind an sich noch nicht Gegenstand unserer Wahl, und bestimmen doch schon in unerhörter Weise unser Leben und grenzen es ein. Wir sind auch nicht Herren unseres Lebensendes. Die Hoffnung, unser Leben zu verlängern, stößt an die uns Mt 6,25–34 gezogene Schranke. Die Meinung, es willkürlich, aus angeblich freier Machtvollkommenheit verkürzen zu können, ist ein Irrtum; denn der Selbstmörder handelt, abgesehen von aller pathologischen Beurteilung des Selbstmordes, doch deswegen, weil er keine gangbaren Wege für ein weiteres Leben mehr vor sich sieht. Das ist aber alles andere als ein Kennzeichen menschlicher Freiheit.

b) Auch in der Anthropologie gilt, daß das Verhältnis von Schöpfer und Geschöpf nicht umgekehrt werden darf. Der Mensch ist also unverwechselbar creatura. Im außermenschlichen Bereich führt die Verwechslung von Schöpfer und Geschöpf dazu, daß dem Geschöpf, also z. B. der Natur als solcher oder einem Tier, göttliche Ehren zuteil werden. Beim Menschen ist die Gefahr noch größer. Nicht nur die göttliche Verehrung eines anderen Menschen, sei es im erotischen Aufschwung oder in der Übersteigerung politischer Autorität zu göttlicher oder gottähnlicher Würde ist eine immer naheliegende Möglichkeit. Der Mensch kann sich selbst als Schöpfer fühlen. Diese Möglichkeit hat sehr wichtige anthropologische Gründe; denn dem Menschen sind ja abglanzartige Fähigkeiten zu eigen, in denen sich die Kraft des Schöpfers selbst spiegelt: Der Mensch kann zwar nicht creator sein, wohl aber autor; ihm eignet Autorität. Er kann Staaten schaffen und regieren, Menschen lenken, das Angesicht der Erde verändern. Er ist Techniker. Er kann als Künstler schaffen. Er kann die Erde forschend bis tief ins Innere ihrer Kräfte und Schichten durchdringen und beherrschen und er kann schließlich denkend noch weit über alles, was er im praktischen Sinne kann, hinaussteigen. Der homo faber ist artifex autor, aber er ist nicht creator. Was er macht, kann auch mißlingen es kann zu seiner eigenen Perversion werden und vor allem: auch dieser homo faber hat sich selbst nicht in der Hand.

c) Was die Stellung des Menschen im Kosmos betrifft, so gilt nach dem hierin jedenfalls übereinstimmenden Zeugnis der biblischen Schöpfungsgeschichte wie der wissenschaftlichen Forschung der Mensch als Spätkömmling in der Schöpfung. Seine Erschaffung ist die späteste Phase der Schöpfung. Der Mensch entstammt keiner creatio ex nihilo bzw. keiner creatio immediata. Seiner Erschaffung geht die Entwicklung der anderen lebenden Kreaturen voraus. In der Sprache unserer heutigen Naturerkenntnis ist der Mensch ganz und gar kraft seiner Abstammung in die Naturgeschichte hineingebunden. Das hat eine unausweichliche Schicksalsgemeinschaft des Menschen mit der Natur zur Folge. Er ist im System des Carl von Linné (1766) dem Bereich der Säugetiere als homo sapiens eingeordnet. Seit Jean Baptiste Lamarck (1744—1829) in seiner Philosophie zoologique (1809) die noch von Linné angenommene Unveränderlichkeiten der Arten bestritten hat, und vollends seit Charles Darwins Buch „Über die Abstammung des Menschen" (1870) ist die Überzeugung von der Verflochtenheit der Herkunft des menschlichen Geschlechtes mit tierischen Arten zu einem widerstrebend aufgenommenen Bestandteil unseres modernen Selbstbewußtseins geworden. Die Theologie wird sie, unerachtet aller notwendig gewordenen Korrekturen der älteren Abstammungslehre, als eine Erinnerung an unsere unaufhebbare Kreatürlichkeit verstehen müssen, zugleich aber als eine Aufforderung, den Schöpfungsglauben inmitten dieser Situation festzuhalten und neu zu deuten. Der Begriff der Entwicklung, mit dem in wie auch immer modifizierter Weise die Abstammungslehre arbeiten muß, steht zum Schöpfungsglauben in einem inkommensurablen Verhältnis. Der Schöpfungsglaube bedeutet, daß innerhalb der biologischen Entwicklung ein absolut Neues mit dem Werden des Menschen eingetreten ist, das schlechthin ein Geheimnis ist. Die Entwicklung der biologischen Struktur des Menschen schließt aber das absolut Neue dessen, was den Menschen zum Menschen macht, also den Sprung in ein ganz neues, geistiges Sein, nicht aus. In der Beschreibung der Besonderheit des Menschlichen sowohl nach seiner leiblichen wie nach seiner seelisch-geistigen Struktur begegnen sich fortan die Interessen der theologischen wie der biologischen Anthropologie.

d) Schon in der allgemeinen Kosmologie haben wir die prinzipielle Gutheit der Schöpfung hervorgehoben. Diese Gutheit gilt, trotzdem die Welt durch den Sündenfall des Menschen in die große Störung des Ursprünglichen hineingezogen worden ist, trotzdem sie nun für den Menschen ein Schauplatz der Verführung und Versuchung im moralischen und weit über diesen engen Begriff hinaus auch im technischen Verstande geworden ist. Diese prinzipielle Gutheit gilt aber auch vom Menschen. Darum sind Schöpfung und Sünde bzw. Sündenfolgen zu unterscheiden. Freilich ist hier zwischen der Kosmologie und der Anthropologie eine Gleichheit und eine Ungleichheit zu beobachten. Die Gleichheit besteht darin, daß sowohl die Welt als auch der Mensch in der Absicht Gottes ursprünglich gut und als seine Geschöpfe vollkommen gedacht werden müssen. Das göttliche Schlußwort „es war sehr gut" (Gen 1, 31) ist über Welt und Mensch gesprochen. Die Ungleichheit besteht darin, daß die folgende Verderbnis beim Menschen eine primäre, selbstverschuldete war und ist, hingegen bei der Schöpfung um den Menschen her eine sekundäre, unverschuldete Verderbnis ist. Man kann und soll daher nicht, worauf ich schon hingewiesen habe, von einer gefallenen Schöpfung reden. Ja, die Trennung von Kosmologie und Anthropologie in der Dogmatik, der Widerstand gegen die naheliegende Einbeziehung der Kosmologie in die Lehre vom Menschen kann gerade damit begründet werden, daß die Kosmologie in ihrer relativen Selbständigkeit immer an die ursprüngliche Gutheit der Schöpfung erinnern kann, deutlicher, als das die Anthropologie angesichts der menschlichen Sünde vermag. —

Soviel darüber, wie der Mensch ganz und gar Geschöpf ist und wie die theologischen Sätze über die Schöpfung auch für das Bild des Menschen grundlegende Bedeutung haben. Aber nun geht ja die Anthropologie noch über das hinaus, was von allen Geschöpfen zu sagen ist und was sich dann eben für den Menschen nur spezifisch modifiziert. Dem Menschen kommt, schon nach dem Zeugnis der biblischen Schöpfungsberichte, eine Sonderstellung im Kosmos zu, und diese gilt es nunmehr zu beschreiben. Diese Beschreibung kann nicht ausschließlich nur in rein theologischen Sätzen erfolgen. Sie kann nur so geschehen, daß die theologischen Aussagen jeweils empirisch erprobt werden und daß hinwiederum empirische Einsichten über das Wesen des Menschen einer theologischen Interpretation fähig sein müssen. In Umrissen beschrieben, handelt es sich um folgende menschliche Wesenszüge:

a) Der Mensch soll die Welt beherrschen (Gen 1,28). Er soll durch die ordnende Benennung der Lebewesen (Gen 2,19) seine Herrschaft antreten. Daß dies keine unbegrenzte Willkür über die Welt bedeuten kann, das soll und kann in diesem Zusammenhang unerörtert bleiben. Wichtiger ist, daß dies keine physische Überlegenheit über die Geschöpfe der Welt bedeutet. In jedem Betracht gibt es Geschöpfe, die dem Menschen überlegen sind, sowohl an Kraft, an Lebensdauer, an Schnelligkeit, als auch an Sinnesschärfe, Instinktsicherheit, an Widerstandskraft gegen Hitze, Kälte, Hunger und Durst. Der Mensch kann nicht von Natur fliegen, er kann nicht schwimmen, wenn er es nicht „lernt". Überhaupt muß der Mensch viel mehr, als jedes vergleichbare Lebewesen, erst „lernen". Er kommt in jedem Betracht viel hilfloser auf die Welt, und seine Organe sind viel unspezialisierter als die Organe der vergleichbaren Tiere. Er hat einen unverhältnismäßig langen Entwicklungsweg zurückzulegen, bis er zum vollen Gebrauch seiner körperlichen und geistigen Kräfte gelangt ist. Der Mensch ist zur

Erfüllung seiner Sonderstellung im Kosmos auf eine unvergleichlich lange Entwicklung, einen unverhältnismäßig langen Reifeprozeß in leiblicher und geistiger Hinsicht angewiesen. Es ist ihm nicht leicht gemacht, die Welt zu beherrschen.

b) Der Mensch muß also in anderer Weise diesen biologischen Nachteil ausgleichen. Können und Wissen, die frühere Generationen sich erworben haben, werden gleichsam aufgespeichert, um dann den nachfolgenden Generationen als Ergebnisse überliefert zu werden. Wissen wird in schulgerechter Weise geordnet und thesauriert, das Können wird in handwerklichen und technischen Traditionen gefaßt und weitergegeben, kurz, die Kultur sorgt dafür, daß nicht jede Generation von vorne anfangen muß. Die Berufsgründungen, von denen die Genesis im unmittelbaren Anschluß an die Geschichte von Schöpfung, Sündenfall und Austreibung aus dem Paradies berichtet, bestätigt im biblischen Bericht die Bedeutung der Kultur. Auch die theologische Anthropologie muß die Kultur in ihr Menschenbild aufnehmen.

c) Es ist ferner der Sprache zu gedenken. Der Mensch ist das Wesen, das sprechen kann. Auch das Tier, wenigstens das höhere Tier kann Laut geben; es kann aus Lust oder aus Angst, in der Gier, zum Kampf wie in Todesfurcht sich emotional äußern; auch das Tier kann seinen Art- und Stammesgenossen Signale geben. Herden folgen dem Warnungsruf, und die Bienenschwärme kennen komplizierte Meldesysteme über Futterplätze. Aber sprechen kann nur der Mensch. Im Sprechen konstituiert sich sein Ich. Sein Denken ist ein inneres Sprechen, und die ihm anvertraute Herrschaft über die lebenden Geschöpfe beginnt nach dem Schöpfungsbericht damit, daß der Mensch diesen Geschöpfen unterscheidende Namen gibt. Er ordnet die Welt, indem er sie anspricht. Er kommt zu sich selbst, indem er sich ausspricht, indem er „zu sich selbst" oder mit sich selbst spricht. Im Sprechen gewinnt der Mensch freilich auch sein Du. Gewiß ist die Sprache nicht die einzige Form der Beziehungen von Ich und Du. Liebe und Haß, Fürsorge und Angriff, gleichgerichtetes Handeln zweier oder mehrerer Menschen bedarf nicht unbedingt der Worte, ja es kann stärker „sprechen", als es bloße Worte vermögen. Dennoch läßt sich der Sinn aller zwischenmenschlichen Beziehungen nicht anders als durch die Sprache kundgeben. In der Sprache wird der Sinn des Du demselben Gegenstande zugewendet, den man selbst meint. So wird die Sprache die Brücke des Geistes. Es gibt keinen Geist ohne Sprache, und es gibt keine Sprache ohne ihren Geist. Dank der Sprache kann der Mensch auch zu Gott beten. Die biblischen Berichte bieten keinerlei Anhaltspunkt dafür, daß sich hierin durch den Sündenfall auch nur das Geringste geändert hätte. Diejenigen Theologen, welche die Sprache zum ausschlaggebenden Kennzeichen unserer Gottebenbildlichkeit machen (z. B. Elert), können nicht umhin, die auch nach dem Fall fortdauernde Bedeutung der Sprache für das Menschsein des Menschen in allen theologischen Folgen zu bedenken. Was sich durch den Fall hinsichtlich der Sprache geändert hat, läßt sich wohl sagen. Der Mensch steht, indem er spricht, in der Entscheidung zwischen Wahrheit und Lüge, und er kann sich auf den göttlichen Anruf nicht mehr geradsinnig und in Wahrheit verantworten (Gen 3,8–13). Aber die Sprache selbst ist dem Menschen geblieben. Wie anders sollte er sonst noch vernehmen und verstehen können, rufen, beten und mit seinesgleichen sprechen?

d) Der Mensch hat ferner die Gabe der Erkenntnis. Er kann nicht nur verstehen, was man ihm sagt, sondern er kann Neues erkennen, kann über die Grenzen seines vorgegebenen Wissens hinausgreifen und mehr erkennen, als er vordem gewußt hat. Er kann auch sich selbst zum Gegenstand der Erkenntnis machen. Er kann die Folgen des Sündenfalles an sich selbst erkennen und einsehen, er kann Wahr und Falsch, Gut und Böse unterscheiden. Er liebt vielleicht die Lüge mehr als die Wahrheit, das Böse mehr als das Gute, aber beides zu unterscheiden ist in die Macht seiner Erkenntnis gegeben.

e) Was wir von der relativen Freiheit der Schöpfung gesagt haben, hat natürlich besondere Bedeutung im Zusammenhang mit der Anthropologie. Man sollte sich eigentlich dabei gar nicht so lange aufhalten. Daß es sich hierbei um eine relative Freiheit handelt, also eine Freiheit in Grenzen, eine „gewährte" und nicht unbeschränkte Freiheit, bedarf keiner erneuten Hervorhebung. Andererseits ist dieser Satz von der relativen Freiheit die schlechthinnige Voraussetzung zur Lehre vom Sündenfall. Die Sünde ist die mißbrauchte relative Freiheit des Menschen! Und nur unter der Voraussetzung jener relativen Freiheit gibt es christliche Ethik.

f) Mit dieser relativen Freiheit des Menschen hängt seine eigenartige Bedrohtheit zusammen. Diese Bedrohung besteht nicht nur, wie schließlich bei jedem kreatürlichen Wesen, in einer äußeren Gefährdung seines Daseins durch widrige Umstände, sondern in einer inneren Gefährdung. Der Mensch kann freilich auch steigen, und so wird man vielleicht besser von einer spezifischen Labilität des Menschen sprechen können. Der Mensch ist in der Tat ein Übergang, wie das Nietzsche formuliert, ja er ist für ihn „das noch nicht festgestellte Tier" (Werke 13,276). Es kommt alles darauf an, was dieser Mensch aus seinem Menschsein macht. Eine Ahnung von dem, was er werden kann, hat lange vor Nietzsches Verkündigung des Übermenschen jene Augustinische Bereicherung der Urstandslehre zum Ausdruck gebracht, nach der es dem Menschen im Falle des Bestehens der Versuchung bestimmt gewesen wäre, daß das posse non mori zu einem non posse mori befestigt werden sollte. In allen Träumen und Heroisierungen, die vom Aufstieg zu Heldentum und Heiligkeit sprechen, ist dieses Hinauswachsen des Menschen über sein jetziges Sein angesprochen. Aktueller vielleicht ist doch das Gegenteilige, die stete Gefahr des

Zurücksinkens des Menschen auf die Stufe des Tieres, sein Aufgehen in niederen Trieben, in Gemeinheit in jeder Hinsicht. Dieser Hang nach unten, der dann in der Lehre von der Sünde seinen besonderen Ausdruck im Begriff der concupiscentia findet, hindert uns, den Vorrang des Menschen in der Schöpfung und seine Spitzenstellung im Kosmos allzu stabil zu denken; denn eben diese Stellung macht die Sünde des Menschen um so verhängnisvoller für die ihm anvertraute Welt.

### 3. Die Frage der sogenannten Schöpfungsordnungen

Mit der Frage nach der ursprünglichen Struktur des Menschen ist auch die Frage nach seinen ursprünglichen Gemeinschaftsbezügen verbunden. Man bezeichnet sie in der neueren evangelischen Ethik (bes. bei P. Althaus und E. Brunner) vielfach als Ordnungen. Der biblische Schöpfungsbericht zeigt uns schon die ersten Menschen als Mann und Frau, dann, nach der Austreibung aus dem Paradies als „Familie". Aber nicht nur Ehe und Familie, sondern auch die von Anfang an als soziale Probleme empfundenen Fragen des Eigentums, des Schutzes von Leib und Leben gehören hierher. In der abendländischen Theologie hat sich dieser Fragenkreis vor allem dadurch gestaltet, daß er mit der Frage des Naturrechtes zusammengeflossen ist, ja daß er von dorther erst recht ins Bewußtsein der mittelalterlichen Kirche getreten ist. Da der Staat sich als die geprägteste Sozialordnung bewiesen hat, kam auch dieses Problem noch hinzu.

Geht man aber diesen Fragenkreis von der Urstandslehre her an, dann liegt die Schwierigkeit auf der Hand. Man neigt ja dann immer dazu, im Blick auf den biblischen Schöpfungsbericht zu argumentieren. Dabei läßt sich aber nicht so viel gewinnen, wie man erhofft. Die ersten Menschen des Paradieses bildeten sicherlich keinen Staat, Eigentum steht bei ihnen nicht in Frage, ja, man kann füglich fragen, ob man am Bilde Adams und Evas einfach eine Ehelehre erheben kann.

Es kommt für die Neuzeit hinzu, daß man in Fortführung romantischer Ideen nicht selten staats- und kulturpolitische Wünsche mit der Berufung auf sog. Schöpfungsordnungen zur Geltung zu bringen versuchte: bestimmte Rassenideen, Volkstumsgedanken und eine bestimmte Staatstheologie. Diese, etwa bei dem Dänen Grundtvig schon auftauchende und dann in der „Theologie" der sog. Deutschen Christen verhängnisvoll vorgetragenen Versuche haben in unserer Generation eine starke Abneigung gegen das Thema überhaupt ausgelöst.

Und doch kann die Frage nicht übergangen werden, wenn man sich nur ihre eigentliche Tiefe verdeutlicht. Diese Tiefe gewinnt das Problem der Schöpfungsordnungen eben aus der Erkenntnis, daß die Geschöpflichkeit und die Sünde unterschieden werden müssen. Die Frage lautet hier also so: Welche Ordnungen kommen dem Menschen als Geschöpf und welche kommen ihm erst als Sünder zu? In dieser Fassung löst sich wenigstens die Fragestellung von ihrer naiv-biblizistischen Gestalt, und es ist auch nicht zu befürchten, daß sie einfach ins naturrechtliche Gleis einmündet.

Zur Lit. E. Brunner, Das Gebot und die Ordnungen, (1932) 1939[4]; P. Althaus, Theologie der Ordungen, (1934) 1935[2]; ferner meine Ethik, 6, 262, 280 ff., hier weitere Lit.

Es können hier wahrscheinlich überhaupt keine ganz zwingenden Auskünfte gegeben werden, und man wird sich bei einigen tastenden Überlegungen begnügen müssen. Zunächst muß man aber der Frage selbst ihr eigenes Gewicht zugestehen. Wenn Jesus Mt 19,8 in seiner Stellungnahme zur mosaischen Scheidungsordnung darauf hinweist, wie es „seit Anbeginn" gewesen ist, so kann man wohl sagen, daß ihm eine „ursprüngliche" Ordnung im ehelichen Verhältnis vor Augen steht, das an der „Thora" von Adam und Eva orientiert ist. Diese Ordnung ist kein Gesetz, sondern sie greift „vor" alle gegebenen Gesetze zurück. Hier wird sichtbar, was es um die Zusammenordnung von Mann und Frau ihrem Wesen nach ist. Ebenso scheint mir der Schutz von Leib und Leben (Gen 4), ja noch „vor" aller tausendfach variablen Sozialordnung die Tatsache des Eigentums und der Ehre zu diesen ursprünglichen Ordnungen zu gehören. Sie gehören, wenn ich so sagen darf, zum Menschen als solchen, nicht erst zum Sünder. Es ist vielleicht erlaubt, den Dekalog, (wesentlich in seiner sog. Zweiten Tafel) so zu verstehen, daß hier diese ursprünglichen „Ordnungen" des Menschen unter Gottes Schutz genommen sind.

Wenn auch das keine weitreichenden Widersprüche hervorrufen muß, so kann doch nicht übersehen werden, daß bezüglich der Einschätzung des Staates die Differenz groß wird. Wenn nämlich auch die staatliche Ordnung zu den Ursprungsordnungen gehört, dann ist auch eine – ja nur gedachte – sündlose Gesellschaft doch immer noch eine staatenbildende Gesellschaft. In der an Röm 13 orientierten Auffassung der Reformation liegt hingegen der Gegensatz: Die staatliche Ordnung, schon in der Formulierung als potestas gladii oder potestas terrena polemisch definiert, ist dazu da, um der offenkundigen Sünde zu wehren und die Guten zu schützen. Sie kann zwar nicht die Sünde im Inneren wehren, aber sie kann in der Öffentlichkeit für die iustitia civilis sorgen. Wiederum: Wäre eine sündlose Gesellschaft denkbar, so würde sich nach dieser ganz anderen Staatstheologie die staatliche Ordnung erübrigen. Hier jedenfalls liegt das Gewicht der Frage nach den Schöpfungsordnungen unübersehbar zutage. Dennoch kann man sich auch hier nicht einfach beruhigen. Denn eine Staatsauffassung, die den Staat in genauer Konsequenz dessen, daß er keine Schöpfungsordnung ist, sondern um der Sünde willen da ist, zum Polizeistaat macht, reicht nicht aus, um die staatliche Wirklichkeit in unserer Gegenwart zu deuten. Hinwiederum ist die thomistische Deutung des Staates als eine societas perfecta gewiß nicht einer Erklärung des Staates zur Schöpfungsordnung gleichzusetzen; denn es handelt sich im

Thomismus nicht um eine biblische, sondern um eine aristotelische Interpretation. Dennoch ist er als „vollkommene Gesellschaft" begriffen eher ein Alpdruck denn ein befriedigender Gedanke, es sei denn, daß man diese in sich, d. h. in ihrer Art vollkommene Ordnung durch zusätzliche Aussagen zugunsten von Individuum, Familie, Kirche usw. soweit wieder liberalisiert, daß sie nicht zur Inkarnation der volonté général entartet.

Aber, so gewichtig die Fragestellung ist, man kommt hier nicht zu einem befriedigenden Ende und wird damit zu rechnen haben, daß die Frage selbst als solche stehen bleibt.

## 12. Kapitel

### DIE SÜNDE

#### 1. *Die Erfahrung der Sünde*

In der kirchlichen Lehrbildung über die Sünde hat sich die Frage nach dem Ursprung des Bösen in den Vordergrund gedrängt, worauf A. Schlatter (Chr. Dogma 256) schon kritisch aufmerksam gemacht hat. Damit sind aber erhebliche Schwierigkeiten für die Lehre von der Sünde entstanden. Der Blick gleitet in eine unanschauliche, nur noch mythologisch zu beschreibende „Vorgeschichte" unseres Geschlechts, von der wir doch keine sichere Wahrnehmung besitzen. Die kirchliche Lehre ist gehalten, zu erklären, wieso die Folgen einer in unanschaulicher Ferne geschehenen prinzipiellen Versündigung uns selbst noch als Schuld und Sünde aufgelastet werden. Und es wird nicht mehr deutlich, wieso das prophetische Zeugnis und das Zeugnis Jesu gegen die Sünde ohne Bezugnahme auf den Sündenfall im Paradies erfolgen konnte. Daraus ergeben sich Bedürfnis und Notwendigkeit, vor einer Erörterung der kirchlich-traditionellen Lehre von der Sünde in unmittelbarer Gegenwärtigkeit zu beschreiben, was wir mit diesem Begriff meinen, welche Erfahrungen und Einsichten es sind, welche den Gegenstand unseres Nachdenkens hier ausmachen und die dann durch die kirchlich-traditionelle Lehre nur gedeutet werden.

Wir gehen davon aus, daß unsere Geschöpflichkeit nicht selbst schon Sünde ist. Das ist begründet worden und wir beziehen uns auf bekannte Gedanken. Die Sünde wird also nicht damit begriffen, daß man bestimmte Wesenszüge der Geschöpflichkeit beschreibt, z. B. die Endlichkeit alles Geschaffenen, die Diesseitigkeit im Gegensatz zur Jenseitigkeit Gottes oder die Grenzen unserer Kraft. Der Satz, daß

Gott im Himmel und wir auf der Erde sind, beschreibt in hinlänglich banaler Form die Differenz zwischen Schöpfer und Geschöpf, aber nicht das Wesen der Sünde. Sünde setzt aber die Geschöpflichkeit voraus. Sie ist auf diese Geschöpflichkeit bezogen. Sünde ist Mißbrauch der Schöpfung, sie ist Verwechslung von Schöpfer und Geschöpf, sie ist sogar mitunter förmlich Zerstörung der Schöpfung. Immer ist die Schöpfung selbst die Voraussetzung dazu. In der heilsgeschichtlichen Darstellung der Glaubenslehre, in der alle Sachverhältnisse in eine quasi geschichtliche Ordnung gebracht werden, nimmt das dann die Gestalt an, daß zuerst die Geschichte der Schöpfung und dann die Geschichte des Sündenfalls erzählt werden. Das ist ganz abgesehen von der quasi zeitlichen Reihenfolge prinzipiell richtig, weil die Sünde die Schöpfung voraussetzt. Sünde ist Abfall vom Schöpfer.

Sünde ist insofern etwas Zweites. Ihre prinzipielle Tiefe kommt darin zum Ausdruck, daß sie nicht mehr rückgängig gemacht werden kann. Ich kann zwar einen Schaden beseitigen und einen Irrtum richtigstellen, ich kann aber die Sünde nicht richtigstellen. Der Satz des Paulus, daß der Tod der Lohn für die Sünde sei (Röm 5, 12—21; 6, 23), weist auf die Endgültigkeit der Sünde hin. Sünde ist also nichts Vorläufiges, etwa ein zu überwindendes Stadium der Schwäche und der Unbeherrschtheit. Es liegt nicht in ihrem Wesen, daß sie etwa moralisch durch ein fortschreitendes Zusichselbstkommen des Menschen überwunden werden kann. Es ist nicht daran zu denken, daß sie biologisch durch eine nach oben führende Entwicklung oder gar Züchtung im Sinne einer Rassenlehre oder des Sozialdarwinismus, durch eine Entwicklung zum Übermenschen oder zur Herrenrasse antiquiert werden könnte. Sünde ist eine Usurpation der uns nicht zugestandenen und uns nicht zustehenden Herrenrechte, Verkehrung der ursprünglichen Ordnung und Verlust des Zusammenhanges mit dem Ursprung.

Es ist interessant, die sehr verschiedenen Beschreibungen der Sünde im Neuen Testament zu beobachten. Sie verwehren in ihrer Mannigfaltigkeit die Aufstellung einer biblischen Definition, wozu natürlich die „systematischen" Theologen gerne Neigung verspüren. So spricht Paulus Röm 1,19 ff. von der Verkehrung der zwischen Schöpfer und Geschöpf bestehenden Ordnung; Lk 15 beschreibt die Sünde als Verlorensein und Mt 21, 33 ff. als das verblendete Abweisen des Gnadenangebotes bis hin zur Tötung des Sohnes.

Sünde ist immer personal zu verstehen: Ich bin gemeint, wenn das Urteil „Sünde" über einen mit mir zusammenhängenden Sachverhalt ausgeprochen wird. Ich bin dabei. Ich kann dafür. Die Bußpsalmen kreisen alle in quälender Deutlichkeit um das „Ich" herum: „Denn ich erkenne meine Missetat und meine Sünde ist immer vor mir" (Ps 51,5). Sünde ist die Geschichte meiner mißbrauchten, zu Ende gehenden und zu Ende gegangenen Freiheit. Lk 15, 11 ff. beschreibt den Sünder als den Sohn, der sich seine Freiheit verschafft, indem er sich sein Vermögen auszahlen läßt, um dann dieses „Vermögen", die Garantie seiner Freiheit, zu verausgaben, bis er sie endgültig verloren hat.

Habe ich mich als Sünder erkannt, so bin ich es ganz und gar. Solange ich die Sünde nur als eine Einzelabweichung bei sonstiger moralischer Intaktheit verstehe, erscheint sie mir immer als ein Vorgang, von dem ich mich distanzieren kann. Solange ich sagen kann: „Das da war schlecht" oder „das habe ich leider falsch gemacht", habe ich keine Sündenerkenntnis, weil ich mich selbst nicht als Sünder erkannt habe. Erst wo ich mich selbst als Sünder erkenne, wo ich sagen muß: „Ich habe gesündigt", da ist auch Sündenerkenntnis. Aber damit werden Abgrenzungen einzelner Sündenvorgänge unmöglich, es wird unmöglich, sich von seiner eigenen Sünde zu distanzieren, und es wird unwichtig, ob ich meine Sünde als groß oder klein, schwer oder leicht beurteile. Es gibt nun keinen Gradmesser mehr, an dem man ablesen könnte, wo die schwere Sünde beginnt und der uns womöglich gar eine Grenze zeigen könnte, unterhalb deren der Begriff der Sünde nicht mehr gilt. Sünde hat immer mein ganzes Sein erfaßt, und die Folgen jeder Sünde sind ein für allemal, daß „ich ein Sünder bin". Das kommt übrigens in mannigfacher Weise darin zum Ausdruck, daß die radikale Sündenerkenntnis gerade an vermeintlich kleinen Anlässen entsteht: vom Apfelbiß Adams im Paradies angefangen, der gerade wegen seiner scheinbaren Geringfügigkeit so oft zur Heiterkeit Anlaß gibt, bis hin zu den „Puppensünden" Luthers, die ihm sein Beichtvater als zu gering ausreden wollte.

Auf diese Seite der Sache wirft eine theologische und phänomenologische Analyse des Gewissens ein besonderes Licht, vgl. meine Ethik, 1970³, 8. Kap.

Nicht nur ich selbst bin ein Sünder. Die Sünde, die mich angeht, ist zwar meine Sünde, aber ich habe auch in anderen Menschen Sünder zu erblicken. In dieser Erkenntnis liegt eine schwere Versuchung. Sie besteht darin, daß ich meine eigene Sünde nicht mehr so ernst nehme wie zuvor, nachdem ich erkannt habe, daß es ja gar nichts Besonderes ist, ein Sünder zu sein. Daß wir „allzumal Sünder sind" (Röm 3, 23), wird daher meist als Entschuldigung und Verharmlosung unserer eigenen Sünde zitiert. Wie uns das Menschsein gemeinsam ist, so ist uns auch die Beeinträchtigung unseres Menschseins gemeinsam und zwar so, daß jeder unmittelbar selber daran schuldhaften Anteil hat.

Und doch hat diese Allgemeinheit des Sündigens unter den Menschen, ganz abgesehen von dem Mißbrauch dieser Erkenntnis zur Entschuldigung unserer Sünde, noch eine andere, wichtige Seite. Der Mensch ist nämlich bei seinem Sündigen nicht so originell, wie er sich gerne einbildet. Man könnte sich sogar auf die biblische Geschichte vom Sündenfall beziehen: Selbst die Idee zur ersten Sünde stammte nicht vom Sünder selbst, sondern vom Versucher. Zum Bilde der Sünde gehört seitdem immerfort Verlockung, Verführung, Versuchung, Ansteckung u. dgl., kurz, einer macht es dem anderen nach, und das Erscheinungsbild der Sünde ist im Grunde immer das gleiche. Darum sprechen wir auch nicht zufällig von dem „Gemeinen", nämlich davon, daß hier das immer Gleiche, das Allgemeine, das, was schon die anderen ebenso gemacht haben, das Ideenlose und Phantasielose waltet.

Vielleicht ist dort, wo selbst in der Sünde das Außerordentliche sich meldet, das Individuelle und „Ungemeine", auch die Gnade nicht fern, Röm 5, 20 vgl. Gal 1, 13 ff. und 1 Tim 1, 15.

Unsere Erfahrung mit der Sünde kann, wenn sie unmittelbar gewonnen ist, auch ganz untheologsich ausgesagt werden. Dazu gehört es, daß die Sünde wie ein Schicksal über uns kommen kann. Sie scheint, trotzdem wir selbst sie begangen haben und begehen, unausweichlich zu sein. Wir möchten ihr wohl entrinnen, aber wir können es offenbar nicht. Wir vermeiden wohl eine Sünde, um dann um so unausweichlicher in die nächste zu stürzen. Wir können uns, anders ausgedrückt, keine sündlose Existenz vorstellen. Dieser Tatbestand hat schon Paulus tief bewegt, wie Röm 7 ausweist. In der Geschichte der reformatorischen Theologie hat diese Erfahrung zur Lehre Luthers vom servum arbitrium geführt, also zu Aussagen, die zu deterministischen Konsequenzen führen müssen, wenn man sie von dem Boden der hier ins Auge gefaßten Erfahrung löst, wenn man sie also „abstrahiert". Wegen dieses Mißverstandes ist darum auch dem ganzen Komplex in der lutherischen Lehrtradition ein geringerer Einfluß verstattet worden, als es der Einschätzung jener Schrift Luthers durch ihn selbst entsprochen hätte. Die quasi schicksalhafte Bedeutung der Sünde für unseren jetzigen Zustand kommt aber auch, abgesehen von dieser harten Formulierung Luthers, sonst zur Sprache. Melanchthon hat gleich zu Beginn der Loci theologici von 1521, die ja ganz anthropologisch einsetzen, diese „nativa propensio et quidam genialis impetus et energia qua ad peccandum trahimur" eindrücklich beschrieben. Diese eingeborene Neigung zum Bösen, die concupiscentia wird von den Reformatoren daher selbst als Sünde beurteilt. Sie ist ja nicht etwa eine Lähmung des Willens, sie bedeutet nicht etwa eine Verleugnung der Willensfreiheit, sondern bezeichnet die Hinnahme des Willens, also unser selbst, zur Sünde. Ohne diese concupiscentia käme es gar nicht zur Sünde selbst, sie bezeichnet sozusagen unser Interesse daran, daß Sünde geschieht.

Schließlich aber hat alle Sünde ein Forum. Sie wäre nicht als Sünde verstanden, würden wir von dem unsichtbaren Richterstuhl absehen, den wir doch in allem Sündigen mitgewahren. Der Gedanke an die Sünde schließt den Gedanken an Gott mit ein, vor dem wir uns verantworten müssen. Sündenerkenntnis ist zugleich Erkenntni des Richters der Sünde, also Gotteserkenntnis. In diesem Sinne gibt es keine Erkenntnis der Sünde, und das heißt immer der eigenen Sünde, ohne Anklage. Aber es ist dabei nicht an eine nur „dogmatisch" gedachte Anklage, etwa an die Anklage Satans oder des Mose oder der von uns verletzten Menschen im Endgericht gedacht, sondern an eine unmittelbar selbst erfahrene Anklage, die uns im Spruch des Gewissens widerfährt. Die morsus conscientiae sind unabhängig von unserem Wollen und unabhängig von unserem eigenen ethischen Urteil, sie treten in geheimnisvoller Selbständigkeit auf, und was uns von daher widerfährt, kommt überein mit der Anklage des Gesetzes, d. h. damit, daß das Gesetz erst mir – anklagend – die Sünde zeigt (Röm 7,7), was Melanchthon in dem in der Apologie immer wiederholten Satz ausdrückt: Lex semper accusat.

Die alten Dogmatiker haben darum die Sünde in dieser „forensischen" Beziehung als reatus bezeichnet. Reatus ist die gerichtliche Beschuldigung, die Bezichtigung oder Haftbarmachung. Man unterscheidet den reatus culpae, also die Bezichtigung einer Schuld vom reatus poenae, der Anklage auf eine bestimmte verdiente Strafe.

Diese „Beschreibung" der Sünde soll uns vor allem daran erinnern, daß es sich bei der Sünde um ein unmittelbar in dem Umkreis unserer Erfahrung liegendes Faktum handelt. Zugleich aber dient diese Beschreibung der Sünde – und das muß im Vorgriff auf das Folgende schon hier angedeutet werden – noch einer Verdeutlichung, und zwar in dreifacher Hinsicht. Einmal nämlich wird unsere Rede von der Sünde dogmatisch schief und kann dem neuzeitlichen Menschen überhaupt nicht mehr vermittelt werden, wenn das eigentliche Problem der Sünde an den Anfang der Geschichte des menschlichen Geschlechtes verlegt wird, wie das in der alten Dogmatik geschah. Wir greifen dann nämlich in völlig ungegebene und unanschauliche Räume und entkleiden zugleich den Begriff seiner aktuellen Dringlichkeit. Vor allem aber müssen wir dann die verlorene Aktualität auf dem Umweg wiederzugewinnen versuchen, daß wir einen in „mythischer" Ferne geschehenen Fall für uns heute Lebende als verbindlich nachweisen. Zweitens haben wir hier von der Sünde geredet, ohne auf die Unterscheidung von Erbsünde und Tatsünde, von Ursünde und Einzelsünde, oder wie man den Unterschied sonst benennen mag, Bezug zu nehmen. Und drittens haben wir den Begriff der Sünde zu gewinnen versucht, ohne uns auf eine „Gesetzesübertretung" zu beziehen. Nur im letzten Abschnitt wurde des Gesetzes einen Augenblick Erwähnung getan, und zwar im Zusammenhang mit der Sündenerkenntnis. Aber selbst diese Sündenerkenntnis kann schließlich ohne die Zuhilfenahme eines wie immer gearteten Gesetzes geschehen. Die Souveränität des Gewissens erweist sich gerade auch darin, daß das Gewissen nicht einmal dieser Stütze und Hilfe bedarf, um uns unter die Majestät seines doch ganz subjektiven Urteils zu beugen. Das alles ändert sich nun im Schema der orthodoxen Lehre von der Sünde.

## 2. *Die kirchlich-traditionelle (orthodoxe) Lehre von der Sünde*

Lutherische und reformierte Orthodoxie zeigen in der Beschreibung der Sünde eine große Übereinstimmung. Es sind im wesentlichen vier Themenkreise, die hier behandelt werden: die Definition der Sünde, jeweils zu Beginn oder am Schluß der einschlägigen Loci deutlich hervorgehoben, dann die Lehre vom Sündenfall, ferner von den Sündenfolgen und ihrer Vererbung und schließlich das aktuelle Erscheinungsbild der Sünde, also die Lehre von den peccata actualia.

a) Die Definition der Sünde nimmt im allgemeinen auf den Sündenfall selbst Bezug und beschreibt ihn als Übertretung des göttlichen Gesetzes. Peccatum hominum primum est transgressio legis paradisiacae, qua homines protoplasti interdictum divinum de non comedendo fructu arboris scientiae boni et mali a diabolo persuasi et libertate abusi, violarunt inque se et posteros suos, ordine naturae ex se propagandos, amissa imagine divina grandem culpam et reatum poenae temporalis et aeternae derivarunt (Hollaz). Ähnlich sagt der Reformierte Polan: Peccatum est malum, quod legi Dei repugnat, a voluntate creaturae rationalis ortum. Infolge dieser Definitionen wird dann die griechische Bezeichnung der Sünde als ἀνομία statt ἁμαρτία bevorzugt. Doch vermeidet J. Gerhard den Begriff der lex und spricht am Anfang des Loc. IX De peccato originali nur von einem praeceptum und mandatum Dei.

b) Das Nähere wird dann in der Lehre vom Sündenfall ausgeführt, die sich eng an den biblischen Bericht anschließt, jedoch so, daß alles in ontologische Begriffe übersetzt wird, sowohl hinsichtlich der causae des Falles als auch hinsichtlich der eingetretenen Veränderungen der menschlichen Natur.

Schon Melanchthon wehrte den Gedanken einer Verursachung der Sünde durch Gott selbst ab: Non igitur Deus causa est peccati, nec peccatum est res condita aut ordinata a Deo, sed est horribilis destructio operis et ordinis divini (Loci 1559, ed. Engelland 225). Gelegentlich wird bei näherer Beschreibung der Ursache des Sündenfalles der Satan mit der Schlange identifiziert. Quenstedt unterscheidet hingegen die causa huius peccati externa, prima et principalis, nämlich den Satan, von der causa instrumentalis, der Schlange. Causa interna et directa efficiens est hominis primi intellectus et voluntas, non ex defectu aliquo interno..., sed per accidens. Es folgen genaue Darlegungen über den ordo et modus seductionis: innerlich durch den Satan, äußerlich durch die Schlange; zuerst fiel Eva, dann erst Adam der Versuchung zum Opfer usw. Es fehlt auch nicht an einer fast kasuistisch sorgfältigen Auseinanderfaltung der einzelnen actus peccaminosi: Unglaube, Selbstliebe, Stolz, Begehrlichkeit.

Indem nun die Folgen des Sündenfalles in den Mittelpunkt des Interesses treten, entsteht das theologische Gegenbild zum status integritatis. Es wird der *status corruptionis* beschrieben. Dabei eilt die

Beschreibung der alten Dogmatiker in der Regel sehr schnell über die äußeren Folgen hinweg, welche der biblische Bericht erzählt, also über die Entdeckung der eigenen Nacktheit, die Austreibung aus dem Paradies und das nun folgende Leben in Arbeit und Mühsal. Vielmehr treten theologische Aussagen in den Vordergrund, die den Menschen als Gegenstand des göttlichen Zornes beschreiben: Der gefallene Mensch verliert die Gottebenbildlichkeit – divinae imaginis amissio –, und es tritt eine profundissima totius naturae depravatio ein (König). Andere Dogmatiker lassen das Todesschicksal unter eingehender Erörterung seiner Dreigestalt (mors spiritualis, corporalis, aeterna) in den Vordergrund der Betrachtung treten. Auf die These vom Verlust der Gottebenbildlichkeit werden wir im nächsten Kapitel noch zurückkommen. Da diese Gottebenbildlichkeit in der Urstandslehre mit dem Besitz der iustitia originalis gleichgesetzt war, ist auch der Verlust derselben zunächst auf das Gottesverhältnis bezogen. Doch tritt anstelle der Urstandsgerechtigkeit in der Schilderung der Alten die sittliche Verderbnis, und nicht nur das: Per hominem victum tota natura corrupta est et quasi fermentata peccato (J. Gerhard, Loci IX, 51). Bei Luther ist in der Genesisvorlesung diese natura noch ganz auf den Zustand vor Gott bezogen. Die späteren Dogmatiker beziehen die depravatio dann immer mehr auf die Physis; aber wieweit diese Zerstörung der Natur reicht und worin sie besteht, darüber läßt sich bei den Alten schwerlich Klarheit gewinnen.

c) Zur Beschreibung dieser Sündenfolgen gehört es nun ganz wesentlich, daß sie nicht nur bei den ersten Menschen, den „Protoplasten" eingetreten sind, sondern die Nachkommen derselben unmittelbar in Mitleidenschaft ziehen. Das ganze menschliche Geschlecht, die ganze menschliche Natur ist von den Folgen dieses Falles betroffen. In diesem Sinne findet sich bei J. Gerhard eine peccati originalis definitio (Loci IX, 131): Peccatum originis est intima et profundissima totius naturae humanae originali iustitia destitutae corruptio, orta ex primorum parentum lapsu et ab eis in omnes posteros per carnalem generationem propagata, irae Dei, temporalibus et aeternis poenis obnoxios eos reddens, qui non ex aqua et Spriritu ad vitam aeternam renascuntur. Unüberhörbar ist dabei die traduzianische Wendung; der im Luthertum vorwaltende Traduzianismus bietet dem Gedanken einer förmlichen Vererbung des Schadens viel mehr Möglichkeiten als der Kreatianismus.

Hier mag auf die Terminologie aufmerksam gemacht werden. Offenbar entspricht der traduzianischen Grundstimmung die in Augustana, Apologie und FC verwendete Formel „peccatum originis", also „Sünde des Ursprunges": Unsere Verhaftung in der Sünde wurzelt in unserem Ursprung und ist durch unseren Ursprung auf uns gekommen, nämlich auf alle „propagati secundum carnalem naturam" (BSLK 146, 3). Das peccatum originale, sachlich identisch mit dem peccatum originis, ist die Ursünde, aus der alle anderen Sünden hervorgehen. Die Sünde der ersten Menschen, die den ganzen Erbgang ausgelöst hat, ist peccatum originans, eine scholastische Terminologie, welche sich die protestantischen Orthodoxen (Quenstedt) zu eigen gemacht haben. Man war sich übrigens darüber im klaren, daß diese Redeweise biblisch keine hinreichende Deckung findet: sie ist phrasis ecclesiastica, non biblice (Hollaz).

Bezüglich der Übertragung der Schuld finden sich z. T. weit auseinanderliegende Theorien. (a) Man denkt an einen förmlichen Erbgang und spricht daher von einem peccatum haereditarium, so FC SD I passim: haereditarius morbus oder haereditarium malum. Die Übertragung geschieht durch die Vererbung der sündigen Natur, an der die Sünde in Gestalt der concupiscentia hängt, eine Verderbtheit, aus der dann die aktuelle Schuld der Nachkommen immer aufs neue hervorgeht. (b) Späterhin hat sich in der Orthodoxie eine andere Theorie in den Vordergrund geschoben. Es ist der Gedanke einer „Zurechnung" der Sünde Adams an die Nachkommen. Diese z. B. bei Quenstedt und Hollaz bevorzugte spätorthodoxe Theorie vermeidet die Schwierigkeiten, welche eine gleichsam physische Übertragung der Sünde von Geschlecht zu Geschlecht hinsichtlich der menschlichen Natur Christi bereitet. Der Verderbnis unserer Natur, welche durch Fortpflanzung auf uns kommt, entspricht noch bei J. Gerhard die Befreiung vom peccatum originale durch die Taufe als lavacrum regenerationis et renovationis (Loc. IX, 128), also eine gleichsam substantielle Heilung des Schadens. Die Imputationstheorie hingegen, die offenbar eine Parallele zur „Zurechnung" der Gerechtigkeit Christi an den Sünder (im Sinne von Röm 4, 24 f.) im Auge hat, vermeidet die Schwierigkeiten einer buchstäblich verstandenen Vererbung, um neue Schwierigkeiten dafür einzutauschen. Darum kann sie auch auf den physischen Zusammenhang der nachgeborenen Geschlechter mit den ursprünglich sündigen Voreltern nicht verzichten.

Der durch die Erbsünde erreichte Zustand der Menschen wird nun doppelt beschrieben: einmal als Verlust der ursprünglichen Gerechtigkeit, als privatio iustitiae originalis, homini inesse debitae; sodann als carnalis concupiscentia sive inclinatio ad malum. Diese Verderbnis ist ursprünglich als eine Verderbnis unserer Geschöpflichkeit im Blick auf unser Verhältnis zu Gott gedacht. Wir haben das Böse in unseren Willen aufgenommen, haben die ursprüngliche Reinheit und Heiligkeit verloren und stehen unter Gottes Zorn. Insoweit ist die Folge der Ursünde – wenn man so will – eine rein religiöse. Aber ganz offenkundig haben die Alten die Verderbnis infolge der Erbsünde als eine intima corruptio naturae humanae verstanden, wie denn die natura die Trägerin des Erbganges selbst ist. Auf die physischen Folgen der Sünde deuten dann die weiteren Beschreibungen der Erbsünde hin. Diese Folgen werden dreifach beschrieben: dem peccatum originale eignet nämlich: naturalis inhaerentia (unter Hinweis auf Röm 7,21 und Hebr 12, 1), naturalis propagabilitas (Ps 51, 7; Joh 3, 6; Eph 2, 3), duratio, d. h. tenacitas seu pertinax inhaesio per omnem vitam (Röm 7,17).

Man sieht wohl, wie bis in solche Einzelaussagen hinein die orthodoxen Formeln als Ausdruck exegetischer Erkenntnisse verstanden werden wollen. Trotzdem läßt sich die Schwierigkeit nicht übersehen, die sich ergibt, wenn nun die Zerstörung der Natur des Menschen durch die Erbsünde nachgewiesen werden soll. Es fehlt ja der Maßstab einer unverdorbenen Natur, und doch kann die These im Grunde nur aufrechterhalten werden, wenn sie empirisch bewährt wird. Wie sehr die „Natur" hierbei wirklich natürlich verstanden werden muß, sieht man an der Tauflehre: Baptismus tollit reatum peccati originalis, etiamsi materiale, ut isti vocant, peccati maneat, videlicet concupiscentia. Wenn auch die Schuld der Erbsünde getilgt wird, so wird doch die Natur, der Sitz des bösen Begehrens, nicht verändert. Was nicht ausschließt, daß der in der Taufe verliehene Hl. Geist dieses böse Begehren im Menschen tötet und neue Triebe in ihm zu erwecken vermag.

d) Die traditionelle Lehre von der Sünde wird ergänzt durch eine ausführliche Lehre vom peccatum actuale, von den Tatsünden. Hutter definiert sie schlicht: Peccatum actuale est omnis actio sive interior sive exterior pugnans cum lege Dei. J. Gerhard genauer: Peccata actualia sunt omnia vel facta vel dicta vel cogitata contra normam legis divinae, quibus malum committitur vel bonum omittitur, promerentia iram Dei, temporales et aeternas poenas, eisdemque hominem obnoxium reddentia, nisi facta fuerit remissio propter Christum mediatorem.

Es folgen nun regelmäßig umfassende Schematismen, in denen teilweise mittelalterliche Traditionen fortleben, teilweise auch Schriftaussagen festgehalten sind. Das peccatum ist voluntarium oder involuntarium, nostrum oder alienum. Nach 1 Joh 5, 16 findet sich auch in der evangelischen Orthodoxie die Unterscheidung von peccatum veniale und mortale. Die peccata sind interna und externa, bzw. cordis, oris, operis; sie sind peccata commissionis und omissionis (Jak 4, 17), clamantia und non clamantia (Gen 4, 10; 18, 20; Ex 3, 9; Jak 5, 4); graviora und leviora, mortua und viventia (Röm 7, 8 f.). Aus Joh 20, 23 folgt die Unterscheidung von peccata manentia und remissa, wie denn im Blick auf Mt 12, 31 f. der Unterschied von peccata remissibilia und irremissibilia die Alten besonders beschäftigt hat. In die Psychologie führt der Unterschied von peccata cum induratione et excoecatione coniuncta et ab ea seiuncta, oder auch der von peccata deliberata und fortuita. Die Dekalogtafeln veranlassen die Einteilung von Sünden in Deum und in proximum, auch findet sich der Unterschied von peccata per se und per accidens.

Das Bestreben ist deutlich: Die Lehre von der Sünde soll nicht in neutraler Ferne von uns selbst enden, sie soll unter allen möglichen Gesichtspunkten konkretisiert werden und eine dogmatische Hilfe zur Aufstellung eines Beichtspiegels bieten.

### 3. Zur Kritik der traditionellen Lehre von der Sünde

Die Kritik der alten Lehrtradition über die Sünde soll uns Gelegenheit bieten, tiefer in die Sache selbst einzudringen. Wir setzen dabei an drei Punkten ein, welche auch in der praktischen Vermittlung der Sündenlehre Schwierigkeiten hervorrufen und eine gedankliche Klärung fordern. Es sind dies die Unterscheidung von peccatum originale und actuale, der Begriff der Erbsünde und schließlich die Definition der Sünde vom Gesetzesbegriff her.

a) Die Unterscheidung von ursprünglicher, vererbter Sünde und Tatsünde, also von peccatum originale und actuale, befriedigt deswegen nicht, weil diese Unterscheidung trennt, was in unserer Erfahrung eins ist. Wie die alte Lehre das peccatum originale im Anschluß an die Geschichte und Lehre vom Sündenfall abhandelt und von da aus die Lehre vom status corruptionis entwickelt, also von einer allgemeinen und grundsätzlichen Sündhaftigkeit unserer Natur, so verlegt die Rede vom peccatum actuale die Betrachtung ganz in die gegenwärtige Phänomenalität und Aktualität des Sündigens. Wie die alte Lehrunterscheidung von status integritatis und status corruptionis leicht die – heilsgeschichtliche – Vorstellung von einem womöglich zeitlichen Nacheinander der beiden Stände hervorruft, so liegt auch in der Unterscheidung, von der jetzt die Rede ist, allzuleicht die Vorstellung beschlossen, es handele sich um ein Verhältnis des Nacheinander oder doch von Ursache und Wirkung oder von Wesen und Erscheinung. Die Bedenklichkeit der Unterscheidung von Ursünde und Tatsünde wird aber noch deutlicher, wenn wir die Sündenlehre jeweils von dem einen und vom anderen Begriff her betrachten.

Der Begriff der Ursünde will uns die Unentrinnbarkeit der Sünde einschärfen, da diese Sünde ja mit unserem Ursprung, mit der unserer Natur eingestifteten concupiscentia zu unserem Schicksal geworden ist. Unsere Sünde ist tief, prinzipiell und total. Je mehr das Wesen unserer Sünde eben in unserer Natur selbst gefunden wird, desto belangloser erscheint es uns, noch auf einzelne Tatsünden zum Erweis der menschlichen Sündhaftigkeit Bezug zu nehmen. Die Ursünde ist der dunkle Hinter- und Untergrund alles menschlichen Wesens, seines Denkens, seines Handelns und Wollens. Es ist von da aus schlechterdings nicht mehr einsichtig, welche Handlungen insonderheit Sünde genannt zu werden verdienen. „Alles" kann Gefäß und Schlupfwinkel der Sünde sein, vermutlich in dem Maße besonders, in dem wir mit Lust und Liebe an einer Sache beteiligt sind. Auch die äußere Befolgung der Gebote schützt uns nicht davor, daß unser im Grunde widerstrebender Wille oder etwa auch ein gewisser Stolz auf die Erfüllung selbst als Sünde beurteilt werden müssen. Wird aber solchermaßen unser äußeres und inneres Tun relativiert und seiner Zuversicht zum Guten beraubt, dann wird es gleichgültig, ob wir bewußt sündigen oder nicht. Und damit ist die Tür zum Libertinismus offen.

Die Vernachlässigung der Unterschiede, welche im Blick auf die Tatsünden unter den Menschen wahrgenommen werden können, die Leugnung der Bedeutung von Zahl, Ausmaß und Größe der Tatsünden „vor Gott" bringt dann alle menschlichen Differenzen, bringt alle sittlichen Begriffe und Werte zum Erliegen und muß zu einem Zusammenbruch der iustitia civilis führen, auf der alle sittlichen Unterschiede der Menschen in der äußeren Welt und die bürgerliche Ordnung unter den Menschen beruht.

Ebenso unmögliche Folgerungen ergeben sich aber dann, wenn man von den Tatsünden aus argumentiert. Durch diese Tatsünden, ihre Zahl, ihre Schwere, ihre Öffentlichkeit oder auch Heimlichkeit sind die Menschen verschieden. Die Beachtung dieser Verschiedenheit und das darauf gegründete Urteil über die Menschen führt zum Moralismus. Man sucht die Sünde zu mindern und zu bekämpfen, und die Ethik, welche sich dieser Aufgabe annimmt, wird zu einer Ethik der Heiligung. Aber die Ethik, welche den Menschen nur noch von seinem Kampf mit der Sünde her versteht, welche ihn warnt oder auch für diesen Kampf rüstet, verengt die Sicht auf die Aufgaben des Menschen, macht ihn ängstlich, lähmt ihn in den positiven Zielsetzungen, raubt ihm den Blick und die Zuversicht zum Gebrauch der ihm gewährten Freiheit und legt einen düsteren Schleier über die von Gott uns freigegebene Welt.

So entsteht zwischen den beiden Begriffen, sobald wir sie nicht in ein Nacheinander ordnen, eine dialektisch kaum mehr auszugleichende Spannung. Es handelt sich offenbar bei den beiden Grundbegriffen der traditionellen Sündenlehre um eine Differenz, die sich dann ergibt, wenn man die Sünde von innen und wenn man sie von außen betrachtet. Von innen her rücken nämlich Ursünde und Tatsünde unscheidbar zusammen. Wer sich als Sünder erfährt, der vermag nicht mehr, auf die Größe und das Gewicht der Sünde zu reflektieren, es ist ihm genug, sich als Sünder zu wissen, und er verlangt nach Lösung von ihr und nach Weg und Kraft zu einem neuen Leben. Und doch erfährt sich kein Mensch im allgemeinen oder gar nur in abstracto als Sünder, sondern am gegebenen Anlaß, in der entstandenen Schuld, unter der konkreten Anklage des Gewissens. Der Spiegel der Sündenerkenntnis weist nicht ins Ungefähre. Tritt hier schon das peccatum actuale in seiner Bedeutung hervor, so ist es vollends dann unübersehbar, wenn die Tatsächlichkeit der Sünde von außen her gesehen wird. Hier können die Unterschiede von Groß und Klein, Schwer und Leicht, Freiwillig und Unfreiwillig nicht übersehen oder beiseite gesetzt werden. Ich selbst kann mich in meiner eigenen Sündenerfahrung zwar damit nicht trösten, aber ich kann den anderen nach solchen Maßstäben beurteilen oder auch entschuldigen. Es liegt im Wesen der äußeren Ordnung der Welt, der iustitia civilis, daß sie auf solche äußeren Gesichtspunkte nicht verzichten kann, sondern ihre Gerechtigkeit darnach bemißt.

In jedem Betracht muß freilich dem gewehrt werden, daß wir das Bild des Menschen nur noch in die Sünde getaucht sehen. Es gibt gewiß eine moralisierende Art, von der Sünde zu sprechen, und die detaillierte Lehre von den peccata actualia ist ein Ansatz dazu. Dieser Moralismus hat aber zuweilen, so ausgebreitet er auch über der ganzen Anthropologie lag, doch nur zu einer Rechtfertigung oder doch Entschuldigung des Sünders dienen müssen, jedenfalls aber ein ganzes System diese Sünden ausradierender Buß- und Heiligungspraxis getragen. Gegen diese die spätmittelalterliche Kirche tragende Theologie hat die Reformation ihre Lehre von der Sünde mit ganzem Gewicht in die Wagschale geworfen. Die Steigerung, die Luther in seine Übersetzung des alten „Media vita" hineingelegt hat: „Mitten in dem Tod anficht uns der Höllen Rachen" — dann aber: „Mitten in der Höllen Angst unser Sünd uns treiben. Wo sollen wir denn fliehen hin, da wir mögen bleiben?" – diese Steigerung sagt genug. Dennoch darf die Rede von der Sünde nicht so geführt werden, daß sie zu Aussagen über die Zerstörung der menschlichen Natur führt, die einfach angesichts der nüchternen Erfahrung so nicht verifizierbar sind. Sie darf nicht so weit getrieben werden, daß es zu einer Verleumdung dessen kommt, was Gott uns gegeben, was er uns mindestens in Gnaden gelassen hat. Die Rede über die Sünde darf nicht so weit übertrieben werden, daß unser Wissen um das Gute, daß unsere Möglichkeiten der Wahrheitsforschung und Wahrheitsfindung geleugnet werden, daß alle Wege zur schlichten Interpretation unserer Natürlichkeit verschlossen werden und die auch in diese unserer Natürlichkeit hineinleuchtende Gnade verneint wird. Eine Rede von der Sünde, die unserer menschlichen Natur eigentlich keinen Raum zur Sprache, zum Gebet, zur Erkenntnis unserer Schuld, zum Verlangen nach dem Heil und zur theologischen Arbeit mehr lassen dürfte, wenn man sie beim Wort nähme, die ist zwar vielleicht ein Dokument des Eifers, aber nicht aus dem Geiste der Wahrheit geboren.

b) Auch der Begriff der Erbsünde ruft unsere Kritik heraus. Er besagt ja nicht nur, daß wir unsere sündige Veranlagung (die Konkupiszenz) durch einen immerhin physischen Erbgang überkommen haben, sondern er besagt sogar, daß etwas, was wir selbst gar nicht aktuell begangen haben, uns von Gott als Sünde angerechnet wird. Der Einwand liegt auf der Hand: Eine Schuld, welche andere Menschen, vollends solche „Voreltern", deren Existenz jenseits aller geschichtlichen Greifbarkeit liegt, begangen haben, kann uns nicht als Schuld zugerechnet werden. Dieser Gedanke ist eine Verhöhnung der Gerechtigkeit Gottes. Will man diese ethische Rechnung vermeiden, dann kann man natürlich zu einer quasi biologischen Erklärung übergehen: Wie andere Veranlagungen vererbt werden, so ist auch unsere Sünde eine vererbliche Anlage, und das bedeutet dann ein bis ins Biologische hinein nachzuweisender Defekt. Diese Folgerung ist bis zu einem gewissen Grade durch den Traduzianismus nahegelegt, der ja in der Tat einen seelischen Erbgang von Generation zu Generation, ein Entstehen der neuen Seelen per traducem im Auge hat.

Der Begriff des peccatum originale bzw. haereditarium ist uralt. Die Gnostiker hatten das Böse in der Materie gefunden, Clemens und Origenes aber wissen, daß die Sünde im Menschen selbst ist, dessen Seele doch als gut aus Gottes Hand hervorgegangen ist. Aber die Sünde ist für sie doch nur ein Mangel, etwas Vorübergehendes, die Sinnenwelt ist eine Stätte der Läuterung, nach der die Seele rein zu Gott zurückkehren soll. Der Gedanke der Erbsünde beginnt erst mit Tertullian Boden zu fassen, der die Sünde als Zustand der Nachkommen Adams begriff und sie auf das vitium originis zurückführte, also auf eine physische Vererbung. Im eigentlichen Sinne freilich tritt die Lehre erst bei Augustin, veranlaßt durch seinen Kampf mit Pelagius ans Licht. Bei der inhaltlichen Beschreibung der Sünde (z. B. Enchiridion III–VIII) verfährt er zwar in herkömmlichen Bahnen: Das Übel, auch das sittliche Übel setzt das Gute voraus, ist eigentlich nur eine privatio boni, und der Schuldcharakter der Sünde setzt die Willensfreiheit voraus. Aber geschichtswirksam ist bei Augustin doch ein ganz anderer Strang des Denkens geworden: Das Böse ist durch die Schuld der Stammeltern des menschlichen Geschlechtes nicht nur zu einem entscheidenden Merkmal unserer Natur geworden, sondern auch, infolge dieser Verderbnis unserer Natur, zur Ursache von Übel, Tod und Verdammnis. Wir hangen mit unserer ganzen Existenz nicht nur an der Sünde Adams, sondern wir hangen hinsichtlich dieses Verderbens in der Menschheit unlöslich als eine massa damnata zusammen. Die Notwendigkeit der Kindertaufe bekommt durch diese Lehre von der Erbsünde ein entscheidendes Fundament; denn die Taufe befreit von der Erbsünde (z. B. De civ. Dei XXI, 12 u. 14). Sofort wurde auch in Auseinandersetzung mit den Pelagianern und zur Stützung der Kindertaufe das peccatum originale dogmatisiert, und zwar schon 418 in Can. 1–8 des Conc. Carthaginiense (Denz. 101–108), dann erneut im Arausicanum II 529 (Denz. 174–181). Dabei gehen in der Tradition die beiden Formen der Begründung des Gedankens der Erbsünde von früh an nebeneinander her: Die Tradition zugunsten einer förmlichen Vererbung beginnt bei Tertullian, die andere Deutungsform, daß in Adam das ganze Menschengeschlecht gesündigt hat und Adam unser Repräsentant ist, beginnt schon mit Irenaeus (adv. Haer. V, 16, 3 u. ö.). Vgl. hierüber schon die umfassende Verarbeitung der Tradition bei G. Thomasius, Christi Person und Werk I, 1853, 262–302. Die Confessio Augustana hat im Art. II sich ausdrücklich auf die natürliche Fortpflanzung bezogen und die Ursünde, die ja in aller wünschenswerten Prägnanz definiert ist – „sine metu Dei, sine fiducia erga Deum et cum concupiscentia" – doch als „morbus seu vitium originis" bezeichnet, also als einen gleichsam physischen Schaden, dessen Sündencharakter erst ausdrücklich bekannt werden muß.

An diesem Lehrstück ist immer ein Unbehagen fühlbar gewesen. Die lutherische Orthodoxie mußte die Erbsündenlehre gegen die Totalurteile des Flacius Illyricus, den „Error Flacii" sichern, wonach die Sünde schlechthin zur Substanz des Menschen geworden ist. Aber die Frage kam nie zu einer überzeugenden Lösung, was denn nach dem Einbruch des Sündenschadens noch an ungebrochener Geschöpflichkeit im Menschen sei. Stoßweise trug dann der abendländische Rationalismus seine Kritik gegen die Erbsündenlehre vor. Zunächst waren es die Sozinianer, die, noch von einem prinzipiellen Biblizismus gehemmt, immerhin den freien Willen des Menschen aufrechterhalten sehen wollten, die Verderbnis der menschlichen Natur durch den Fall Adams bestritten und infolge der Sünde Adams nur eine Schwächung der moralischen Natur des Menschen zugestanden. Die eigentliche Aufklärung hat die Erbsündenlehre völlig abgelehnt. Die optimistische Ansicht vom Menschen, der Glaube an seine Willensfreiheit und eine abmildernde Moralisierung des Sündenbegriffs überhaupt ließen keinen Raum mehr dafür. So stark wirkte diese Kritik, daß selbst Schleiermacher die in der Erbsündenlehre enthaltenen metaphysischen Thesen als abgetan beiseite legen mußte, unerachtet seiner Bemühung um ein vertieftes Verständnis der Sache. Er versteht die Erbsünde „als die Gesamttat und Gesamtschuld des menschlichen Geschlechtes" und will das erste Bewußtsein der Sünde mit der ersten Ahndung der Erlösung verknüpfen. Er lehnt aber ebenso den Gedanken einer durch den ersten Fall eingetretenen Veränderung der menschlichen Natur ab, wie auch den einer Strafwürdigkeit der Erbsünde, wie denn die

Natur überhaupt ganz aus dem Spiele zu bleiben hat. Er lehnt es ab, bestimmte Theorien über den Ursprung der einzelnen Seelen in der Erbsündenlehre geltend zu machen und überhaupt das Verhältnis des Menschen zu Gott unter den Begriff äußerer Rechtsverhältnisse – gemeint ist die göttliche „Zurechnung" – zu bringen. So bleibt in der Schleiermacherschen Erbsündenlehre die Annahme, daß der jetzige Zustand des Menschen auch der ursprüngliche sei und daß sich alle Sünde – diese immer als eine menschheitliche Gesamtschuld verstanden – in eine verursachende und eine verursachte teile. (Glaubenslehre §§ 70–72.)

Schleiermachers Auffassung der Sache ist ausgezeichnet durch ein deutliches Gefühl für die Grenze, welche unseren Aussagen über eine Veränderung der ursprünglichen menschlichen Natur durch die Sünde gezogen ist. Wir kennen schlechterdings keine andere Natur als die wir an uns selbst wahrnehmen. Aber die Schleiermachersche Auffassung zeigt auch, wie der Blick auf eine ursprüngliche Schöpfung, die von der Sünde verschieden sein muß, unklar wird und die „Natur" gleichsam zu einem mittleren Begriff zwischen Schöpfung und Sünde wird.

In eindrucksvollster Weise hat Hegel das Verhältnis von Schöpfung und Sünde zum Ausgleich zu bringen versucht. Seine Versöhnung beider Begriffe hat klassische Bedeutung für den Idealismus gewonnen. Immer wieder unternimmt er es, den „Mythus vom Sündenfall" philosophisch zu interpretieren. Er vollzieht sich, indem der Mensch vom Baum der Erkenntnis des Guten und Bösen ißt. Die Bibel spricht hier aus, „daß das Erkennen des Wahren erst durch das Zerreißen jener ursprünglichen paradiesischen Einheit des Menschen mit der Natur diesem zuteil geworden sei" (Enzyklopädie, S. W. 10, 163). Der Mensch konnte im ursprünglichen Zustand nicht verharren, insofern war der Sündenfall notwendig. Der Mensch tritt aus der ursprünglichen Einheit heraus in einen Zustand der Entzweiung, er verläßt die ursprüngliche Unschuld. Es beginnen hier Denken und Unterscheidung des Sittlichen, ja die Reflexion des erwachenden Bewußtseins, und sowohl das Schlangenwort von der Ähnlichkeit des sündigen Menschen mit Gott als auch Gottes eigene Bestätigung (Gen 3, 22 a) deuten sowohl auf die Notwendigkeit als auf die künftige Heilung und Versöhnung des Falles. „Die äußere Vorstellung ist aufzugeben, daß die Erbsünde nur in einem zufälligen Tun der ersten Menschen ihren Grund habe. In der Tat liegt es im Begriff des Geistes, daß der Mensch von Natur böse ist und man hat sich nicht vorzustellen, daß dies auch anders sein könnte" (Enzyklopädie, S. W. 8, 92–97). – Diese Hegelsche These rührt in der Tat an eine von der traditionellen Theologie der Kirche nicht bewältigte Frage. Wie Schleiermacher reflektiert auch Hegel nicht auf eine andere, nur gedachte Möglichkeit einer integren Natur. Aber daß er diese Aufgabe nun seinerseits nur in spekulativer Form, unter Absehung von meiner eigenen Sünde, also von der existentiellen Seite des Begriffes, zu bewältigen vermag und daß er die Sünde nicht als Zerstörung, sondern als Übergang zur Erkenntnis und zum Heil verstehen möchte, das raubt doch diesem großartigen Entwurf seine Glaubwürdigkeit, von allen „moralischen" Einwänden einmal ganz abgesehen.

Zum Problem der Erbsünde vgl. RGG² V, 888–895; LThk² III, 965–972.

Man wird durch diese Überlegung zu dem Ergebnis kommen, daß der Begriff der Erbsünde in seinem wörtlichen Verstande von so vielen Schwierigkeiten gedrückt ist, daß er füglich so nicht aufrecht erhalten werden sollte. Indessen muß, etwa in dem Begriff der Ursünde oder Grundsünde, doch das Geheimnis zum Ausdruck kommen, daß wir mit einer Trübung und Verderbnis der reinen Geschöpflichkeit unserer menschlichen Natur zu rechnen haben, die quantitativ nicht meßbar ist und an der jeder einzelne Mensch schuldhaft mitbeteiligt ist.

c) Unsere Kritik wird schließlich auch durch alle jene Formulierungen herausgefordert, in denen die Sünde als Übertretung des Gesetzes bezeichnet wird (Hollaz: Peccatum est aberratio a lege divina). Aber das Gesetz ist sowohl im Sinne des Paulus als auch des 4. Evangeliums (Joh 1, 17; 7, 19; Röm 5, 20) durch Mose gegeben und zwischeneingekommen. Zwar verwenden die alten Dogmatiker gelegentlich in nicht zu übersehender Vorsicht den Ausdruck „lex paradisiaca" oder mandatum, auch praeceptum (Gerhard). Aber es ist selbst in dieser, der präzisen Gesetzestheologie ausweichenden Formulierung fraglich, ob man die Sünde grundsätzlich an dem Maßstab eines Gesetzes muß erkennen können. Kann man am Anbeginn der Schöpfung, selbst im Sinne einer entschlossen heilsgeschichtlichen Theologie, überhaupt von einem „Gesetz" sprechen? Und ist, wenn man einmal so argumentieren darf, ein sündenfreier Wandel nur als Wandel nach einem Gesetz vorstellbar? Bedarf der amor sui, bedarf der Widerspruch des Geschöpfes gegen den Schöpfer – und das alles ist doch zweifellos als Sünde erkennbar – des Gesetzesbegriffes, um als Sünde definiert zu werden?

Man sollte in der Theologie keinen Versuch unternehmen, die Sünde zu definieren, bevor man sich nicht der Fülle der biblischen Beschreibungen der Sache aufgeschlossen hat. Nach Paulus (Röm 1, 18—32) ist die Sünde die Verkehrung des ursprünglichen Verhältnisses des Menschen zur Schöpfung: die Verehrung nämlich der Geschöpfe statt des Schöpfers, die Verkehrung der Wahrheit in Lüge (1,25) und in der weiteren Folge auch eine Verkehrung der ursprünglichen Ordnungen der Natur. Schleiermacher hat sich im Blick auf die Sünde immer gerne der Formel Gal 5,17 bedient: positiver Widerstreit des Fleisches wider den Geist. Zu Recht gehört die Lehre von der Sünde daher in den größeren Zusammenhang der Schöpfungslehre; denn sie beginnt dort, wo das unumkehrbare Verhältnis des Schöpfers und des Geschöpfes verkehrt wird, das Geschöpf als göttlich, als schöpferisch angesehen und verehrt wird und wo diese uns anvertraute geschöpfliche Ordnung durch diese Umkehr der Bewertungen tatsächlich zerstört wird.

So wird die Sünde zu einer Scheidung von Gott dem Schöpfer und zu einem tödlichen Angriff des Menschen auf die Schöpfung. Der Satan erweist sich als Feind der Schöpfung; das Übel, als Sündenfolge und nicht als Prüfung verstanden, ist eine Beschädigung der Schöpfung, und der Tod ist das Ende der Schöpfung (Röm 6,23). Man kann diese drei Sätze unmittelbar auf den Menschen beziehen. Dann zeigt sich die Sündenwirklichkeit in folgenden Umrissen:

Der Mensch möchte, statt imago Dei zu sein, „sicut Deus" sein.

Der Mensch mißbraucht die Schöpfung, statt sie zu beherrschen und sich ihrer im Dank gegen Gott zu bedienen.

Der Mensch sucht in der Schöpfung nicht die Spur des Schöpfers, sondern sich selbst.

Der Mensch verliert sich selbst im Kosmos, indem er diesen Kosmos entdeckt, und der Tod nimmt ihm die Hoffnung.

Eine derartige Lehre von der Sünde verführt schließlich auch den Theologen dazu, die Sünde übermächtig werden zu lassen und Gott selbst aus diesem Bilde zu entfernen. Die Wirklichkeit der Sünde, daß nämlich der Mensch Gottes vergißt, droht so auch die Theorie der Sünde zu beherrschen. Wahre Erkenntnis der Sünde im Sinne der Buße ist aber immer eine neue, lebendige, ebenso beschämende wie hoffnungsvolle Erkenntnis Gottes. Gottes zu vergessen aber ist ein Irrtum. „Gott läßt sich nicht spotten" (Gal 6,7).

Im Zusammenhang der Lehre von der Schöpfung und vom vornehmsten Geschöpf Gottes, dem Menschen, heißt das, daß Gott seine Schöpfung nicht läßt, und daß er auch in und trotz aller Verderbnis der Sünde sich als Schöpfer und Erhalter zu seiner Schöpfung bekennt. Gott ist nicht nur der Rächer der Sünde und der Richter der Sünder. Daß er Schöpfer und Erhalter ist, das ist auch durch die Sünde nicht überholt, wie denn kein Glaubensartikel je überholt werden und zu einem Präteritum veralten kann. Gott erhält uns nicht nur die Ordnung seiner Schöpfung in der Gestalt der Natur. Immer aufs neue setzt sich überhaupt das Urgute der Schöpfung gegen alle Verderbnis durch. Gott ignoriert die Entstellung seiner Schöpfung durch die Sünde. Gott setzt inmitten unserer alten und altgewordenen Welt neue Anfänge. Christus ist der Anfänger einer neuen Schöpfung. Aber diese Spur des immer anfangenden Gottes, des Schöpfers, ist auch in den kleinen Dingen, im Alltag. Kinder werden geboren. Gras wächst aus den Ruinen. Der Gesang der Vögel dringt hinter Kerkermauern. Die schwersten Wunden der geschichtlichen Vergangenheit vernarben, und es beginnen neue Epochen. Die Natur drängt fortwährend wieder ins Gleichgewicht, und der noachitische Bund bleibt in Kraft (Gen 8, 21 f.) Die Schöpfung Gottes, das ist das Geheimnis jener Macht, die gegen alle Verderbnis und Entstellung zur Wiederherstellung des Ursprünglichen drängt.

Auch diese Durchsetzung der Schöpfung gegen die Sünde und ihre Zerstörungsmacht ist, wo sie sich uns erschließt, d. h. wo wir sie wahrnehmen, ein Wort an uns, das uns im Sinne von Röm 2,4 zur Buße leitet. Es ist ein Angebot Gottes an uns, das uns Raum zu einem Neuanfang geben will. Man kann dieses Angebot auch übersehen, ausschlagen oder vergessen. Dieses Urgute der Schöpfung gibt uns Hoffnung, zu der wir uns bekennen dürfen (Gen 3,20), es ist sicher nicht selbst das Heil, aber es ist ein Vorläufer und ein Frührot des Heiles. Mag die Deutung von Gen 3,15 als „Protevangelium" im Sinne der alten Exegeten auch falsch sein, daß die Schöpfung selbst durch die Sünde nicht überwältigt werden soll, das ist sicherlich ein „erstes Evangelium".

## 13. Kapitel

### DER MENSCH ALS EBENBILD GOTTES

Das Problem der christlichen Anthropologie sammelt sich gleichsam in den beiden Begriffen: Sünde und Ebenbild Gottes. Dennoch sprechen die Lehrbücher der Dogmatik in unterschiedlicher Weise auf diesen Begriff der Gottebenbildlichkeit an. Die Dogmatik von A. Schlatter (1911, 1923²) berücksichtigt ihn überhaupt nicht, in der gegenwärtigen Literatur nimmt er in den „Grundlagen der Dogmatik I" von O. Weber S. 615–639 eine bevorzugte Stellung ein. Vgl. auch Karl Barth, KD II/1, 205 ff. u. ö.

RE³ 5, 113–118: Ebenbild Gottes (H. Cremer; hier ältere Lit.) – RGG I, 414 bis 424: Anthropologie III, IV (Lit.) – Luther geht auf den Begriff im Rahmen eines Genesiskommentars ein: WA 42, 46 ff., Calvin im Genesiskommentar und Institutio I, 15, 1–6; II, 2 u. 3 – J. Gerhard: Loci Th. VIII. – Fr. K. Schumann, Imago Dei (1932), jetzt in: Um Kirche und Lehre, 1936, 116 ff.; Ders., Vom Geheimnis der Schöpfung, Creator Spiritus und Imago Dei (1937), jetzt in: Wort und Gestalt, 1956, 37 ff. – E. Schlink, Der Mensch in der Verkündigung der Kirche, 1936, 182 ff. – E. Brunner, Der Mensch im Widerspruch, (1937), 1965⁴, 81 ff. und Exkurs 519–531 – W. Bachmann, Gottes Ebenbild, 1938 – Der alte und der neue Mensch. Aufsätze von G. von Rad, H. Schlier, E. Schlink, E. Wolf, 1942 – Rud. Bultmann, Adam, wo bist du? Über das Menschenbild der Bibel (1945), jetzt in: Bultm II, 105 ff. – W. Pannenberg: Was ist der Mensch? 1968³.

Zum biblischen Befund G. von Rad, Das erste Buch Mose, ATD 2, 1949, 46 ff. und ders., Theologie des AT I, 1966⁵, 158 ff. – J. J. Stamm, Die Gottebenbildlichkeit des Menschen im Alten Testament. ThSt (B) 54, 1959.

### 1. Die Bedeutung der Lehre von der Gottebenbildlichkeit und ihr Schriftgrund

Daß der Mensch Gottes Ebenbild sei, ist das Höchste, was von ihm ausgesagt werden kann, seine eigentliche Würdebezeichnung. Aber es gibt doch hierüber keine eindeutige „Lehre". Vielmehr erweist sich die Rede von der Gottebenbildlichkeit des Menschen als ein Spielraum für erheblich weit auseinanderliegende Aussagen. Noch einmal mehr findet die Theologie hier einen Anlaß, sich über die humanitas auszusprechen. Die Dogmatiker haben aus Anlaß dieses Begriffs vielfach ihre Ansichten über die Persönlichkeit des Menschen dargelegt.

Das Thema ist inhaltlich mit dem anderen Thema von der Sünde eng verflochten. Wer den Mut hat, anläßlich dieses Begriffes der imago Dei ungebrochene Aussagen über den Menschen zu machen, der behandelt ihn dort, wo er nach dem Genesisbericht seinen Platz hat, nämlich bei der Lehre vom Urstand. Nach der Verhandlung der Lehre von der Sünde erscheint die imago Dei dann wie der Inbegriff des verlorenen Urstandes, und es ergibt sich die schwer lösbare Frage, inwieweit und worin etwa diese hohe Würdebezeichnung noch geeignet

sein könne, etwas über die humanitas des Sünders auszusagen. Wir stehen damit vor zwei uralten dogmatischen Fragen im Zusammenhang mit diesem Begriff:
1. Worin besteht eigentlich die Gottebenbildlichkeit des Menschen? Was besagt dieser Begriff?
2. Gilt die Gottebenbildlichkeit des Menschen auch noch nach dem Fall? Ist der Sünder noch imago Dei?

Bekanntlich hat der Begriff des Bildes Gottes biblische Wurzeln. Es zeigt sich aber, daß schon in der alten Kirche die Transskriptionen der Grundworte eine eigene Dynamik entfaltet haben und vom Grundsinn der Stellen, wie wir heute urteilen müssen, weit abgeführt haben. Trotzdem lassen sich die seither entstandenen Fragen nicht mehr einfach kassieren, so daß der paradoxe Zustand gegeben zu sein scheint, daß eine am biblischen Text erwachsene Fragestellung allein durch Exegese nicht auflösbar ist. Gehen wir trotzdem die einschlägigen Bibelstellen durch.

Die alttestamentliche Basis des Begriffes imago Dei ist außerordentlich schmal. Es kommen eigentlich nur drei Stellen der Priesterschrift in Betracht. Gen 1,26 f.: „Und Gott sprach: lasset uns Menschen machen nach unserem Bilde, uns ähnlich, die sollen herrschen über die Fische im Meer usw. Und Gott schuf den Menschen nach seinem Bilde, nach dem Bilde Gottes schuf er ihn, als Mann und Weib schuf er sie..." Ferner Gen 5,1: „Dies ist das Verzeichnis der Nachkommen Adams: Als Gott den Adam erschuf, machte er ihn Gott ähnlich; als Mann und Weib erschuf er sie." Der Begriff kehrt schließlich im Wortlaut des Noahbundes als Wiederholung des Paradiesessegens wieder: „Wer Menschenblut vergießt, des Blut soll auch durch Menschen vergossen werden; denn Gott hat den Menschen nach seinem Bilde gemacht. Ihr nun, seid fruchtbar und mehret euch, breitet euch aus auf der Erde und herrschet über sie." – Nimmt man noch 2 apokryphe Stellen hinzu, nämlich Weish 2,23 und Sir 17,3, so sind alle Belege des Alten Testamentes genannt.

Wie gesagt, die Schriftgrundlage ist denkbar schmal. Die wenigen Stellen verlieren überdies insofern an selbständigem Gewicht, als die späteren nur die ersten, ja vielleicht überhaupt nur Gen 1,26 f. zitieren. Der Sachverhalt ist in zwei Begriffen ausgedrückt: zelem, also Bild, εἰκών, imago, und damuth, Ähnlichkeit, ὁμοίωσις, similitudo. Es erscheint aber schlechterdings abwegig, diese beiden Worte nun auch begrifflich verschieden zu verstehen und diese Verschiedenheit dann, wie es in der späteren kirchlichen Tradition geschah, spekulativ zu befrachten. Vor allem aber ist von größtem Gewicht, daß sich im ganzen Alten Testament an keiner Stelle auch nur eine Andeutung darüber findet, diese Gottebenbildlichkeit könne durch den Fall Adams verloren worden sein.

Die neutestamentlichen Belege für die imago Dei teilen sich in zwei

Gruppen. Einmal nämlich wird der Begriff ohne kritische Reflexion und auch außerhalb des christologischen Zusammenhanges im alttestamentlichen Sinne wieder aufgenommen. 1 Kor 11,7 heißt es vom Manne, daß er „Abbild und Abglanz Gottes (εἰκὼν καὶ δόξα θεοῦ ὑπάρχων) sei. Jak 3,9: Der Mensch darf nicht verflucht werden, weil er „nach Ähnlichkeit Gottes geschaffen" ist (καθ' ὁμοίωσιν θεοῦ γεγονώς).

Daß Apg 17, 28 die Heiden als Zeugen zugunsten der Gottverwandtschaft bemüht werden, gehört nicht hierher. Vermutlich handelt es sich hier um ein Zitat des Aretus von Cilicien, das die Abstammung aller Menschen von Zeus meint.

Die anderen Stellen des Neuen Testamentes freilich übertragen den Begriff εἰκὼν τοῦ θεοῦ auf Christus. Röm 8,29 heißt es: „Denn die er zuvor ersehen hat, die hat er auch vorherbestimmt, um gleichgestaltet mit dem Bilde seines Sohnes zu sein, auf daß dieser sei Erstgeborener unter vielen Brüdern." So wie Adam also, der erste Mensch, zum Bilde Gottes geschaffen wurde, so ist nun auch der Anfänger der neuen Menschheit, der zweite Adam, Gottes Ebenbild, und wir können an dieser Gottebenbildlichkeit nur noch durch die Ähnlichkeit mit diesem erstgeborenen Bruder teilhaben. Diese Vermittlung des „Bildes" durch Christus bezeugt auch 2 Kor 3,18: „Wir alle aber spiegeln mit aufgedecktem Angesicht die Herrlichkeit des Herrn wider und werden (dadurch) in dasselbe Bild verwandelt von Herrlichkeit zu Herrlichkeit, wie (es) von dem Herrn des Geistes (gewirkt wird)." Die Vorstellung von einer Wiederbringung der imago Dei wird im Eph durch das Bild der Ausziehung des alten und des Anziehens des neuen Menschen vermittelt; die neue imago Dei gilt uns dann, wenn wir Christum angezogen haben, Eph 4, 21; „ihr müßt den alten Menschen, wie er eurem früheren Wandel entsprach, ausziehen, der verderbt ist nach den verführerischen Begierden, und müßt erneuert werden durch den Geist eueres inneren Sinnes und müßt den neuen Menschen anziehen, der nach Gott geschaffen ist in Gerechtigkeit und Heiligkeit der Wahrheit." Kol. 3,10 ist nur eine Parallele dazu: „Ziehet den neuen Menschen an, der erneuert ist zur Erkenntnis nach dem Bilde dessen, der ihn geschaffen hat."

Ist es richtig, daß der Gedanke des „Anziehens" des Herrn Christus (Röm 13, 14) mit der Erneuerung der imago Dei zusammenhängt, und nimmt man hinzu, daß Christus als Anfänger einer neuen Menschheit ein „Bild" ist, dem wir gleichgestaltet werden sollen, so wird ersichtlich, daß die Vorstellung von Christus als der neuen imago Dei noch viel weiter reicht. 1 Joh 3,2 heißt es: „Geliebte, jetzt sind wir Gottes Kinder, und es ist noch nicht erschienen, was wir sein werden. Wir wissen aber, daß, wenn er erscheinen wird, wir ihm gleich sein werden, denn wir werden ihn sehen wie er ist." Vgl. auch Kol 3, 4; Röm 8, 29; Phil 3, 21. Im 1 Joh geht offenbar der Urbildcharakter Christi in den des Vorbildes über: 3,16.

An keiner dieser neutestamentlichen Stellen wird förmlich von einem Verlust der Gottebenbildlichkeit gesprochen. Aber das alte Bild ist hinfällig geworden und überholt. Christus bringt eine Erneuerung des Bildes Gottes. In ihm wird der Gedanke der imago Dei erneuert und überboten. Das Bild Christi ist nun die Sichtbarmachung des Bildes Gottes, und es ist nun an uns, dieses Bild anzuziehen, uns nach diesem Bilde zu erneuern und ihm gleichgestaltet zu werden.

## 2. Zur Geschichte des Begriffs in der Kirche

Die kirchlichen Aussagen über den Menschen als Gottes Bild knüpfen zunächst an die Genesisstellen an und nicht so sehr an die mehr verschlüsselten neutestamentlichen Aussagen. Daß die Gottesbildlichkeit des Menschen auf dem Hintergrund der Vorstellung von Jahwe Menschengestalt steht (v. Rad ATD 2,46) und daß keine auch nur entfernt modernen Deutungen zulässig sind, darf vorausgesetzt werden. Dennoch hat diese Bezeichnung des Menschen schon früh die Neugier und die Spekulation herausgefordert.

Irenaeus (adv. haer. I, 5, 5) macht wahrscheinlich, daß die Valentinianer diese Spekulation gepflegt und in bestimmter Richtung beeinflußt haben. Hier findet sich jedenfalls schon die Unterscheidung von leiblichem und seelischem Wesen des Menschen, und zwar so, daß der „materielle Teil" des Menschen nach Gottes Bild der seelische Teil aber nach seinem „Gleichnis" (secundum imaginem quidem hylicum..., secundum similitudinem vero psychicum; MPG 7, 500 f.) gestaltet wurde der Leib also damit nur ähnlich mit Gott, die Seele aber in einer aus ihrer Herkunft sich erklärenden Gleichheit. Irenaeus hat diese Ansicht selbst aufgenommen: V, 6, 1 und V, 16, 2. Das Bild Gottes trägt der Mensch in seinem Körper aber die „Ähnlichkeit" als eigentliche Auszeichnung ist bei Irenaeus eine Ähnlichkeit mit dem Sohne, die freilich vor der Menschwerdung des Sohnes Gottes noch verborgen war. Diese Ähnlichkeit ist verlorengegangen und erst im Sohn wieder sichergestellt worden. Auch Origenes hat (c. Cels. IV, 30) Bild und Gleichnis im geschaffenen Menschen unterschieden und das Bild Gottes zwar in der Erschaffung des Menschen schon für verwirklicht erklärt, aber das Gleichnis-sein erst der Zukunft vorbehalten. In der Lehrbildung der alten Kirche stammt von daher die Unterscheidung von imago und similitudo. Imago bedeutet nunmehr die „natürliche Ausstattung des Menschen, seine vernünftige Veranlagung bis hin zur Willensfreiheit, während die similitudo die übernatürlichen Gnadengaben in sich begreift, welche im Falle Adams verlorengegangen sind.

Sehen wir von den Differenzen bezüglich der similitudo einmal ab, so hebt sich eine Auffassung als Gemeinbesitz der Väter deutlich heraus: dem Menschen ist die Gottebenbildlichkeit nicht verlorengegangen. Auch als „Urheber aller Schandtaten" ist er noch Gottes Ebenbild (Tertullian de spect. 2). Indessen wendet sich diese Auslegung der imago Dei sehr bald dahin, daß der Mensch nicht wegen seiner leiblichen Gestalt, sondern wegen seiner geistigen Beschaffenheit als Bild Gottes bezeichnet wird. Er ist nicht im Leibe, sondern im Geist nach dem Bilde Gottes geschaffen (Augustin, Joh. Kommentar 23, 10). Der Mensch ist Bild und Gleichnis „kraft seiner Vernunft und seines Verstandes" (Augustin Conf. XIII, 32). Die Berufung auf die Vernunft findet sich in der alten Kirche immer wieder: bei Athenagoras (Auferst. d. Toten 12) ebenso wie bei Laktanz: „Der Mensch in seiner aurechten Stellung, mit dem emporgerichteten Antlitz ist er zur Betrachtung des Weltalls geschaffen und tauscht mit Gott den Blick, und Vernunft erkennt die Vernunft" (De ira Dei 7); „Der Mensch allein ist es, der mit Sinn und Vernunft begabt ist und der darum Gott zu erkennen vermag" (ibid. 14; u. ö.). Die Zuspitzung der Vernunft auf die Erkenntnis Gottes ist dann ein sich seither durchziehendes Motiv geblieben; sehr ausführlich Athanasius contra gentes 34, wo ebenso die Erkenntnis des Logos, des Bildes des Vaters, als auch die Erkenntnis Gottes durch die Erscheinungswelt hindurch als eine Folge dessen geschildert ist, daß der Mensch nach Gottes Bild und Gleichnis geschaffen wurde. Was Melanchthon (Loci 1559, ed. Engelland, 315) hierüber sagt, ist fast dasselbe: Ideo enim dicitur homo ad imaginem Dei conditus esse, quia in eo lucebat imago, hoc est, notitia Dei et similitudo (sic!) quaedam mentis divinae, id est, discrimen honestorum et turpium, et cum his notitiis congruebant vires hominis ... Das Problem der Erhaltung der imago Dei taucht dann in der Fortsetzung auf, um die zitierte Aussage doch nicht mehr entscheidend zu stören: Quamquam autem in hac naturae corruptione deformata imagine Dei non ita fulgent notitiae, manent tamen, sed cor repugnat et incurrunt dubitationes propter quaedam, quae pugnare videntur cum illis notitiis ... Nec tamen extincta est penitus notitia naturalis de Deo". – Vgl. hierüber A. Struker, Die Gottebenbildlichkeit des Menschen in der christlichen Literatur der ersten zwei Jahrhunderte, 1913 – H. Karpp, Probleme altchristlicher Anthropologie, 1950. Ferner M. Schmaus, Kath. Dogmatik II, 1949²⁻⁴, 292 f. und O. Weber, Grundlagen I, 615 ff.

Mit Luther gerät die Frage nach der Bedeutung der imago Dei unter völlig neue Gesichtspunkte. Aus exegetischer Überzeugung und aus sachlichen Motiven tritt die Debatte in der Theologie Luthers und seiner Nachfolger in den Schatten folgender Entscheidungen:

a) Zu einer Unterscheidung von imago und similitudo liegt kein Grund vor.

b) Ebenso ist es nicht erlaubt, in der Erschaffung des Menschen eine natürliche und eine übernatürliche Veranlagung zu unterscheiden.

c) Die Gottebenbildlichkeit des Menschen, also das, was den Menschen innerhalb der übrigen Schöpfung auszeichnet und von ihr unterscheidet, wird von Luther und den ihm folgenden Theologen nicht mehr als eine Struktur des Menschen im natürlichen Sinne, sondern religiös beschrieben; es ist die Rechtbeschaffenheit des Menschen vor Gott, die iustitia originalis. Diese iustitia originalis umfaßt also beides: die Stellung des Menschen im Urteil Gottes und seine „Natur". Iustitia originalis und imago Dei bedeuten dasselbe. Diese Gleichsetzung wirkt noch bis in die protestantische Orthodoxie hinein.

d) Da aber im Sündenfall fraglos diese iustitia originalis zu Verlust gegangen ist, darum muß auch die imago Dei als verloren bezeichnet werden. Die Lehre von der Gottebenbildlichkeit des Menschen ist also nur noch im Zusammenhang mit dem Urstand und der Urstandsgerechtigkeit sinnvoll.

Belege hierzu bei Fr. K. Schumann l. c. und bei P. Althaus, Die christliche Wahrheit, § 32. Joh. Gerhard sagt ausdrücklich: Imago Dei non est definienda illis rebus, quae animae hominis etiam nunc renati sunt essentiales, und er beschließt seine Definition der imago divina: Haec de imagine Dei in primo homine dicta sunt de qua ita disserimus, quemadmodum illi, qui in obscuro carcere detenti lucis praestantiam inquirunt. (Loc. VIII, 140). Es zeigt sich alsbald, daß die alten Orthodoxen in den negativen Aussagen stärker waren als in den positiven. Joh. Gerhard wendet das ganze 3. Kapitel seines Loc. VIII daran, um zu sagen, was die imago Dei alles nicht ist: non totus homo, non ipsa hominis anima, non substantia ab hominis substantia diversa. So bleibt für die imago Dei nur das Besondere, was Gott dem Menschen im Urstand verliehen hat, die iustitia originalis, doch ausdrücklich in dem Sinne, daß diese nicht als übernatürlich, sondern als (ursprünglich) natürlich zu verstehen sei. Praktisch wird sie aber dann doch wie ein donum superadditum beschrieben. Und das unsichere Gefühl der altprotestantischen Lehrer in dieser Sache kommt in dem Satz des J. Gerhard, der bis Hollaz seine Parallelen bei den anderen Orthodoxen hat, zum Ausdruck: In illis ipsis, in quibus ad imaginem Dei conditi sumus, eandem per peccatum amisimus, ita quidem, ut vix tenues quaedam illius supersint reliquiae, immo vix magni nominis umbra (VIII, 13). Da die Unsterblichkeit der Seele von keinem der orthodoxen Lehrer preisgegeben werden wollte, auch die in gewissen Grenzen gültige natürliche Gotteserkenntnis ja nicht in den Verlust eingerechnet werden durfte, war die Schwierigkeit groß, und die „Reste" der Gottebenbildlichkeit, auf die man hinwies, mußten nun erneut beschrieben, gerechtfertigt und begründet werden.

Diese Unsicherheit war der Preis dafür, daß man sich durch die Gleichsetzung von Gottebenbildlichkeit und Urstandsgerechtigkeit dazu hinreißen ließ, gegen allen Schriftgrund die Gottebenbildlichkeit nur für den Urstand gelten zu lassen. Das Ergebnis ließ sich also weder aus der Hl. Schrift belegen noch vollends empirisch veranschaulichen. Die These vom radikalen Verlust der Gottebenbildlichkeit brachte zwar die Tiefe des Sündenschadens zu einem radikalen Ausdruck, aber die Kontinuität des Menschen in den beiden status ging nun verloren, und dieser Verlust bedrohte die ganze Anthropologie. Mehr als das: Die Bedeutung der Natur des Menschen war nicht mehr erklärbar, es war nicht mehr deutlich, was denn nun noch den – wenn auch gefallenen – Menschen in der Schöpfung auszeichnete, wieso er von seiner Erlösungsbedürftigkeit wissen, nach Gott verlangen und zu ihm beten, ja ihn erkennen und sein Wort verstehen könne.

Die neuere Theologie war aber von dem Verlust der Gottebenbildlichkeit überhaupt nicht mehr überzeugt. In dem Maße, als man in den Spuren des Idealismus ging, war es dann auch gar nicht schwer, zu sagen, worin die Ebenbildlichkeit wohl bestünde.

So redet Martensen (Chr. Dogmatik, dt. Ausg., 1858[4], 121) von der geistigen Seele des Menschen, von seiner Humanität und Individualität. Pfleiderer (Grundriß der chr. Glaubens- u. Sittenlehre, 1893[5], 113) erklärt das göttliche Ebenbild als „Anlage zur wirklichen Gottähnlichkeit" und selbst W. Elert, dessen Theologie kaum idealistische Wurzeln hat, sagt (Das chr. Ethos, 1961[2], 47): „Darin ist der Mensch Imago Dei, daß er reden kann, und das ist es, was ihn vor allen anderen Kreaturen auszeichnet ... Der Mensch ist dadurch ... als Subjekt geschaffen." P. Tillich reflektiert bei der Deutung der Gottebenbildlichkeit nicht minder auf die vernünftige oder geistige „Struktur" des Menschen (Syst. Theol. I[2], 93; ausführlicher 297 ff.). Der Mensch ist Gottes Ebenbild, „weil sein Logos analog dem göttlichen Logos ist, so daß der göttliche Logos als Mensch erscheinen kann, ohne daß die Menschlichkeit des Menschen zerstört wird." Man kann sich, stellt man diese und andere Erklärungen nebeneinander, des Eindrucks nicht ganz erwehren, daß die Bezeichnung des Menschen als imago Dei eine erhebliche Versuchung in sich schließt, die spekulative Phantasie walten zu lassen. – Die genuine idealistische Tradition wies freilich in eine ganz bestimmte Richtung. Sie verstand den Begriff als eine Erinnerung an die Bestimmung des Menschen. Das bedeutet insofern einen Ausweg aus der Klemme, in die das Bestreben, das Sein oder die Struktur des Menschen zu beschreiben, geführt hatte, als hier gar nicht auf das reflektiert wird, was der Mensch strukturell vorstellt, sondern was er soll. Immerhin entbehrt die auf diesem Grunde gewachsene Auskunft Albrecht Ritschls, wie immer, jeglichen Überschwanges. Für ihn fließt der Begriff mit dem der Gotteskindschaft zusammen. „Die christliche Vollkommenheit, welche dem persönlichen Vorbilde Christi selbst entspricht, gliedert sich in die religiösen Funktionen der Gotteskindschaft und Herrschaft über die Welt" (Unterricht in der chr. Religion³ § 50). Ähnlich, aber gedämpfter Wilhelm Herrmann (Dogmatik § 33), der ebenfalls die imago Dei – hier ausdrücklich und wörtlich, Ritschl nur faktisch – auf die Gotteskindschaft reduziert: sie ist „nicht eine Kraft, sondern eine Aufgabe, die ihm gestellt ist."

Man kann bei dieser Sachlage den Spürsinn Schleiermachers verstehen und nahezu bewundern, der sich von solchen Spekulationen zurückgehalten hat. Er wendet (Glaubenslehre § 61,4) gegen ein präzises Verständnis der Gottebenbildlichkeit ein, daß die Analogie nicht durchführbar sei: entweder müßten Gott Eigenschaften beigelegt werden, „bei denen als göttlichen sich nichts denken läßt, oder auch dem Menschen solche, die als menschliche nicht gedacht werden können". „Auch dies ist daher ein Beispiel, wie wenig biblische Ausdrücke, zumal wenn sie nicht in einem rein didaktischen Zusammenhang vorkommen, ohne weiteres in die dogmatische Sprache aufzunehmen sind." Das ist sicherlich weder das letzte noch das tiefste Wort zur Sache, aber es sollte eine unüberhörbare Randbemerkung sein. Die Theologie hat sich hier vorzusehen, daß sie nicht Aussagen macht, welche sich von der schmalen Schriftgrundlage lösen und überdies den Prinzipien solche Tribute zahlen, daß die Aussagen ehrlicherweise nicht mehr vertreten werden können.

### 3. *Kritische Sichtung des Begriffs*

In der theologischen Anthropologie liegen die Schwerpunkte seit alters bei der Lehre von der Sünde und von der imago Dei. Das ist begreiflich, weil diese beiden Begriffe in jeweils verschiedener und darum untereinander in Spannung befindlicher Weise den Menschen vor Gott beschreiben. Beide Begriffe sind auch darin unverwechselbar als theologische gekennzeichnet, daß sie über alle Empirie hinausreichen und jedenfalls eine Bestätigung durch Erfahrung nur unvollkommen und annäherungsweise erwarten können. Aber diese beiden Begriffe sind doch nicht die ausschließlichen Träger der christlichen Anthropologie; denn es wachsen der christlichen Anthropologie vom natürlichen Bewußtsein und von der Erfahrung her noch weitere

Probleme zu, auf die wir im Kap. 11,3 nur annähernd eingehen konnten und die z. T. noch viel weiter reichen. Und dann darf auch die Tragweite der Sündenlehre und des Begriffs der Gottebenbildlichkeit nicht überschätzt werden. Eine „hamartiozentrische" Anthropologie, d. h. eine Lehre vom Menschen, die ganz und gar von der Sündenlehre her entworfen wäre, würde sicherlich den Schöpfungsglauben zuschütten und zu schweren Verzerrungen des Glaubens führen. Aber auch die Aussagen über die Gottebenbildlichkeit dürfen nicht überfordert werden. Mit einer Erwägung darüber ist zu beginnen.

Daß der Mensch als Gottes Ebenbild oder besser zu Gottes Ebenbild geschaffen wurde, das bezeichnet den höchsten Würdenamen des Menschen. Dieser Würdename ist unverzichtbar. Er ist aber, und das sollte unser kurzer Gang durch die Geschichte dartun, schwer belastet. Diese Belastung beginnt, wir sahen es, mit dem Zweifel, ob denn dieser Würdename noch auf den gefallenen Menschen angewendet werden könne. Wenn man das verneint, dann steht natürlich nichts im Wege, den Begriff nach allen Möglichkeiten der Phantasie zu füllen und zu befrachten; denn der Mensch vor unseren Augen, d. h. wir selbst haben ja nicht mehr für eine so gefüllte Bedeutung einzustehen. Das alles gilt ja nur noch von dem Menschen im Urstand. Dort aber wird der Mensch als imago Dei entweder zu einer mythischen Figur oder man verweist uns an die Eschatologie. Der Mensch darf sich keinesfalls jetzt und er darf sich keinesfalls selbst als imago Dei ansprechen lassen. Will man diese Konsequenz vermeiden, weil sie überdies auch exegetisch im Blick auf die alttestamentlichen Grundstellen kaum zu rechtfertigen ist, dann kann der Begriff zwar auf uns in unserer gegenwärtigen Menschlichkeit angewandt werden, aber es erwächst nun die Aufgabe zu sagen, was der Begriff meint. Wir müssen uns dabei den Genuß versagen, unsere Phantasie schweifen zu lassen, und müssen dem Anreiz widerstehen, eine moderne Persönlichkeitslehre oder dgl. in den Begriff der imago Dei hineinzugeheimnissen. Wir müssen uns an das halten, was wir verantworten können, und diese Verantwortung ist sowohl eine exegetische – da es sich um einen biblischen Begriff handelt – als auch eine Verantwortung vor unserer vernünftigen Überzeugung.

Offenkundig sind im priesterschriftlichen Bericht von der Erschaffung des Menschen das Leibliche und das Geistige nicht zu trennen. Die Gottebenbildlichkeit gilt dem ganzen Menschen. Es entspricht der naiv-mythologischen Aussage, daß im Hintergrund der Erzählung die Vorstellung von Jahwes Menschengestalt steht. Daß der Mensch „elohimartig" gebildet wird, hebt vor Gott nicht auf, daß er Geschöpf, daß er nur Geschöpf ist. Aber Gott gibt diesem Geschöpf etwas mit: Würde, auch Schutz (Gen 9,6), vor allem aber in der Folge seiner hohen Würde auch einen Auftrag.

G. von Rad, dem ich hier in allen wesentlichen Zügen folge, deutet die Sache ATD 2, 46 so: „daß der Text doch weniger davon redet, worin die Gottesbildlichkeit besteht, als wozu sie gegeben ist. Von der Gabe ist weniger die Rede als von der Aufgabe. Die ist nun aufs klarste umrissen: Herrschaft in der Welt, insbesondere über die Tierwelt. Es ist nicht so, daß diese Herrschaftsbeauftragung noch zur Definition der Gottesbildlichkeit gehöre; sie ist vielmehr die Folge, d. h. das, wozu er durch sie befähigt ist. Die enge Verbindung des Begriffs der Gottesbildlichkeit mit dem der Beauftragung zur Ausübung einer Herrschaft ergibt sich für uns, die wir zelem als plastisches Abbild gefaßt haben, ganz von selber: So, wie auch irdische Großkönige in Provinzen ihres Reiches, in denen sie nicht persönlich aus- und eingehen, ein Bildnis aufstellen, – so ist der Mensch in seiner Gottesbildlichkeit auf die Erde gestellt, als das Hoheitszeichen Gottes. Er ist recht eigentlich der Mandatar Gottes, dazu aufgerufen, Gottes Herrschaftsanspruch auf Erden zu wahren und durchzusetzen". Vgl. hierzu auch G. von Rad, Theologie des AT I, 1966⁵, 157 ff.

Es geht also bei dem Würdenamen des Menschen um eine Heraushebung des Menschen aus den übrigen Kreaturen. Diese Hervorhebung betrifft die Stellung des Menschen im Kosmos. Dem Menschen ist die Repräsentanz Gottes zugedacht. Diese Repräsentanz hat die Herrschaft über die Kreatur und die Nutznießung der Kreatur zur Folge. In diesen Sätzen überkreuzen sich, wie in der ganzen Schöpfungslehre, Glaube und Erfahrung, ohne ineinander aufzugehen. Es ist eine Sache des Glaubens, daß der Mensch so herrschen „darf" und daß Gott diese Schöpfung ihm anvertraut hat, ja daß diese Schöpfung ein stetes Dokument seiner Güte für den Menschen ist. Es ist auch eine Sache der Erfahrung, daß der Mensch herrscht, aber mit dieser Erfahrung ist noch nicht gesetzt, daß der Mensch darf, was er tut, und daß diese Herrschaft nur eine stellvertretende ist.

Wenn es richtig ist, die Gottesbildlichkeit des Menschen auf seine Stellung im Kosmos zu beziehen, dann ist die Aufgabe ganz wesentlich die, eben diese Stellung zu beschreiben. Es ist eine Stellung zwischen Gott und Welt. Der Mensch steht also auch der Welt, trotzdem er ihr ganz und gar zugehört, gegenüber. Er darf und soll sie ordnen und beherrschen, er soll sie auch geistig bewältigen. Diese Welt ist dem Menschen anvertraut. Der Mensch soll ursprünglich auch von gar keiner anderen Möglichkeit wissen als von der einen, zu deren Verwirklichung er bestimmt und bestellt ist: in der Schöpfung auf Gottes Seite, an Gottes Statt und Gottes Repräsentant zu sein. Daß er in diesem ursprünglichsten Stande, dem der Unschuld, nach dem biblischen Bericht noch nicht weiß, was Gut und Böse ist, das übersteigt für die Deutung alle Möglichkeiten. Wir können uns nur einen in der Unterscheidung und Entscheidung der sittlichen Alternative die Welt beherrschenden Menschen denken. Für uns ist die andere Möglichkeit in der Tat nur noch als tierische denkbar und gegeben.

Insofern spricht Hegel nur aus, was in den Grenzen menschlicher Vernunft erreichbar ist: „Das Erkennen als Aufhebung der natürlichen Einheit ist der Sündenfall, der keine zufällige, sondern die ewige Geschichte des Geistes ist. Denn der Zustand der Unschuld, dieser paradiesische Zustand ist der thierische. ... Der Sündenfall ist daher der ewige Mythos des Menschen, wodurch er eben Mensch wird." (Philos. d. Gesch. Sämtl. Werke 11, 431) Der Mensch, der nicht wissen soll, was Gut und Böse ist, das ist dann, wenn überhaupt „denkbar", der Mensch, der neben der Repräsentanz Gottes in der Schöpfung von keiner anderen Möglichkeit weiß.

Die hier vorgetragene Auffassung der imago Dei hat in systematischer Hinsicht erhebliche Folgen. Einmal befreien wir uns mit dieser Deutung von allen Versuchen, die Gottesbildlichkeit auf die Struktur des Menschen, also etwa auf sein „geistiges Wesen" oder seine Personhaftigkeit zu beziehen. Auch von allen diesen Dingen muß eine christliche Anthropologie handeln. Aber es scheint nun doch deutlich geworden zu sein, daß davon nicht im Sinne einer Auslegung des Begriffes der Gottesbildlichkeit gehandelt werden darf. Zum anderen aber hebt uns die hier vorgetragene Deutung über die Frage hinweg, ob denn diese imago Dei noch nach dem Sündenfall vom Menschen ausgesagt werden kann. Und schließlich scheint sie allein auch eine Möglichkeit zu bieten, die am Anfang unseres Kapitels wahrgenommenen beiden Gruppen von Schriftaussagen, die einfach auf Adam bezogenen und daran anknüpfenden und die christologischen, miteinander zu vereinbaren. Wir haben nun diesen Hinweisen noch zu folgen.

Die Sünde ändert nichts an der dem Menschen zugewiesenen Stellung im Kosmos. Aber sie modifiziert doch diese Stellung in sehr bezeichnender Weise:

a) Der Mensch hat durch die Sünde seine Unbefangenheit verloren und weiß nun, was Gut und Böse ist.

b) Der Mensch steht nicht mehr schlicht zwischen Gott und Welt. Der Versucher steht neben ihm und der Mensch hört die Stimme des Versuchers deutlich. Die Zweifel an der Wahrheit der göttlichen Stimme begleiten den Menschen unablässig.

c) Die Gottesbildlichkeit des Menschen meint einen zu Gott hin offenen Menschen. Aber durch die Sünde ist der Mensch zu Gott hin verschlossen. Die Analogie, die Ähnlichkeit, die similitudo des Menschen mit Gott ist nicht mehr klar. Der Mensch kann Gottes vergessen. Er soll sich vor Gott verantworten und kann es nicht.

d) Der Mensch ist auch nach dem Fall imago Dei. Aber er ist e in dem Sinne, daß diese Gottesbildlichkeit nun ein besonderes Element seiner Verschuldung vor Gott ist. Gottes Repräsentant zu sein, das ist nun für den Menschen ein versäumter Auftrag. Gott muß ihn immer wieder daran erinnern und ihm dazu verhelfen, sein Bild zu sein.

Der Mensch ist noch immer Gottes Eigentum. Er ist noch immer sein bevorzugtes Geschöpf, Gegenstand seiner Bewahrung, seiner Liebesgedanken und seiner Zwecke. Der Mensch ist noch immer in jener bevorzugten Zwischenstellung zwischen Gott und der Welt, ob er es weiß oder nicht. Auch als dumpf in sich verschlossener Mensch kann er noch viel auf und in der Welt ausrichten. Aber dieser Mensch ist angesichts seiner Stellung im Kosmos nicht mehr der Abglanz Gottes, er ist nicht mehr nach oben geöffnet und so die große Hoffnung für die Welt sondern er ist zugleich die andere Möglichkeit: das Verhängnis für die Welt.

Darum erneuert Gott in Jesus Christus die imago Dei für die Welt. Das heißt nicht, daß der alte Mensch als imago Dei einfach abgesetzt wäre, aber er ist als Bild Gottes kraftlos und verheißungslos geworden. Er verkörpert eine veraltete, eine erschöpfte Möglichkeit. Es muß ein neues Bild Gottes gezeigt werden, das das verlorene wiederbringt und das kraftlos gewordene erneuert. Christus als das Bild Gottes restituiert das Bild des Menschen.

Christus als imago Dei bedeutet zugleich, daß Christus der zweite Adam und der Anfänger einer neuen Menschheit ist: Hebr 12,2. Diese Bezeichnung (vgl. Eph 4,24; Kol 2,9 u. 3,10) bedeutet einen Menschheitsbezug, ja einen kosmischen Bezug: In Jesus Christus erscheint nun endgültig, was imago Dei bedeutet, und auch die „Zwischenstellung zwischen Gott und Welt" bekommt einen neuen und zusätzlichen Sinn. Auch der Begriff der Repräsentanz Gottes reicht nicht mehr völlig hin um das zu beschreiben, was hier nun zu beschreiben ist. Noch immer ist der Begriff der Repräsentanz freilich insofern gültig, als sich am Geschick des Menschen das Geschick der Welt entscheidet. Nur hat Gott in seinem Sohn Jesus Christus dadurch in das Geschick des Menschen eingegriffen, daß er vor und für diesen Menschen die imago Dei erneuert hat. Er hat Jesus Christus dadurch zum Retter (1 Joh 4,14) des Menschen gemacht.

## 14. Kapitel

### DIE BEWAHRUNG DES MENSCHEN UNTER DEM GESETZ

#### 1. *Die Erhaltung des Sünders*

Unter den drei großen Themen Schöpfung — Sünde — Gottebenbildlichkeit haben wir die christliche Anthropologie in ihren Grundzügen entwickelt. Die Ausführung dieser Grundzüge würde sowohl an unmittelbar „praktische" Fragen heranführen, nicht minder aber auch zu einer Auseinandersetzung bzw. zu einem Ausgleich mit anderen Anthropologien einladen. Wie gelingt dem Menschen eigentlich sein Menschsein? Inwieweit sind Ehe, Familie, Volk, Staat, Eigentum und vieles andere für sein Wesen konstitutiv? Was muß der Mensch aufbieten, um den Bedrohungen, Hemmungen und Zerstörungen seines Menschseins zu wehren? Inwieweit bleibt der Mensch angesichts des unerhörten Wandels seiner Lebensformen, seines geschichtlichen Bewußtseins und der Sozialstrukturen doch der von der „Schöpfung" her gleiche Mensch? Und wieweit hat die kosmologische Sonderstellung des Menschen bis in die Physiologie hinein Spuren hinterlassen? Alle diese Fragen führen über den unmittelbaren Verantwortungsbereich der Dogmatik hinaus. Zu einem Teil habe ich mich ihrer in meiner Ethik angenommen.

Hingegen ergibt sich doch noch ein Problemkreis, der in unmittelbarer Weise der Dogmatik zugehört. Er ergibt sich aus der Tatsache, daß Gott, wie die Schöpfung nach ihrer Erschaffung, so auch den Menschen selbst *erhält*. Diese Erhaltung des Menschen ist mehr als nur die der ganzen Schöpfung überhaupt zugewendete göttliche Fürsorge. Sie ist deswegen etwas Besonderes, weil der Mensch als Sünder ja ein Umkehrer der geschaffenen Ordnungen ist, ein Zerstörer, Widersprecher und Grenzüberschreiter. Er macht es also, naiv gesagt, Gott außerordentlich schwer, ihn zu erhalten, ja er macht diese Erhaltung von sich aus sehr unwahrscheinlich.

Vergegenwärtigen wir uns das Problem in heilsgeschichtlicher Form. Der Sündenfall läßt zwei Möglichkeiten vor unseren Blick treten, die beide nur gedachte, also nicht realisierte Möglichkeiten darstellen. Einmal wäre denkbar, daß Gott nach dem Sündenfall die Menschen sofort vernichtet hätte. Diese Folge war jedenfalls wörtlich angedroht: Gen 2,17. Indessen hat Gott die Menschen nicht vernichtet, sondern erhalten und ihnen sogar mit der auferlegten Strafe Weisungen und Zusagen gewährt. Zum anderen – wiederum ein Spiel mit Möglichkeiten – wäre denkbar, daß Gott nach dem Fall sofort das Heil gesandt und die Protoplasten aus dem Paradies unmittelbar in den neuen Bund hätte herübertreten lassen. Beide Erwägungen sind utopisch, sind ein bloßes Spiel und verraten schon durch ihren mythologischen Charakter, daß es sich nur um Denkbarkeiten handelt. Sie machen aber – und darum sind wir einen Augenblick in dieses Spiel eingetreten – deutlich, daß das, was tatsächlich eingetreten ist, dazwischen liegt, und zwar zwischen Vernichtung und Anteil am zukünftigen Heil, zwischen Sündenfall und Neuem Bunde. Im heilsgeschichtlichen Schema bezeichnen wir daher diesen Zwischenraum, oder besser Zwischenzustand, als „Alten Bund". Und eben dieser Zwischenzustand ist das hier zu verhandelnde Problem. Es ist die Frage, wie Gott den Menschen zwischen dem Fall und dem Neuen Bunde, der Erlösung, oder wie immer wir diese Versöhnung und Wiederannahme bezeichnen wollen, erhält.

Indem ich das Problem zunächst im Schema der Heilsgeschichte entwickelt habe, habe ich es anschaulich zu machen versucht. Aber das heilsgeschichtliche Schema bedeutet zugleich eine Verengung der Fragestellung. Und zwar aus mehrfachem Grunde. Das heilsgeschichtliche Schema neutralisiert und objektiviert das Problem zu einem Akt im Heilsdrama, den wir gleichsam selbst schon überwunden haben, wenn er uns überhaupt jemals unmittelbar berührt hat. Die Kennzeichnung des Zwischenzustandes als „Alter Bund" beschränkt das Problem auf Israel. Der Alte Bund ist, in biblischem Wortverstande, eine Kette von interimistischen Zuwendungen Gottes an Israel, von geschichtlichen Führungen und Bundesschlüssen, die speziell Israel betreffen. Ziel, Ende und Gegenbild des Alten Bundes im Sinne des heilsgeschichtlichen Dramas, nämlich der Neue Bund, sind uns bei der Rede vom Alten Bunde bekannt und vor Augen. Der Alte Bund wird wie eine vergangene Sache gedeutet und es wird der eigentlich bedrängende Tatbestand verdunkelt, daß auch wir noch im Interim leben und die Erfüllung des Neuen Bundes auch für die jetzt lebenden Christen zukünftig ist.

Der Zwischenzustand zwischen dem Fall und unserer Versöhnung ist nicht auf Israel beschränkt. Das Problem der Erhaltung des der Sünde verhafteten Menschen ist vielmehr von Anbeginn an ein alle Völker, alles, was Menschenantlitz trägt, betreffendes Problem, es betrifft auch die „Heiden". Theologische Sätze, welche diese Universalität des Problems außer acht lassen und welche von dem von Anfang an bedrängenden Problem der Völkerwelt keine Notiz nehmen, sind illusionär und machen aus der Theologie ein Phantom. Die Erhaltung des Menschen gilt von Anfang an allen Menschen, allen Völkern, was auch der biblische Bericht bestätigt. Das Problem der Erhaltung des Menschen nach dem Fall, d. h. des Menschen trotz seiner Sünde, ist mit der Erscheinung Jesu Christi auf Erden nicht erloschen. Es muß auch im verantwortlichen Blick auf jene Menschen durchdacht werden, die vor Christus außerhalb Israels waren und die noch heute vor Christus und ohne Christus leben.

Mit diesen Sätzen löse ich nicht die theologische Aufgabe von der Bibel, sondern versuche nur die kritische Grenze zu bezeichnen, an der es sich entscheidet, ob eine biblische Theologie den Realitäten standzuhalten vermag und innerlich wahr bleibt.

Gott hat nach der biblischen Erzählung dem gefallenen Menschen das Leben zugedacht. Er verstößt ihn aus dem Garten Eden und gibt ihm doch eine Möglichkeit des Weiterlebens. Adam heißt sein Weib Mutter aller Lebendigen. Daß Gott den Menschen überhaupt bewahren will, ist noch nicht das Evangelium. Man kann auch noch nicht von „Gesetz" im eigentlichen Sinne sprechen, wenn er ihn im Paradies ganz und gar für sich in Anspruch nimmt. Wenn wir aber deutend dem biblischen Bericht von der anhebenden Erhaltung und Bewahrung des sündig gewordenen Menschen folgen, so schält sich die Forderung Gottes an ihn deutlich aus den Widerfahrnissen, Strafen und Urteilen über den Menschen heraus. Der Mensch steht unter göttlichen Forderungen, unter Verpflichtungen, die ein noch unausgesprochenes Gesetz erkennen lassen. Man kann daher auch vor der Kundgabe des Gesetzes im Sinne eines worthaft „gegebenen" Gesetzes in einem ursprünglichsten Sinne sagen: Der Mensch wird unter dem „Gesetz" für seine eigene und für Gottes Zukunft bewahrt.

Wir suchen damit das Gesetz in seiner elementarsten Schicht auf. Es geht uns also hier noch nicht um die Komplikationen der Theologie des Gesetzes, die sich späterhin ergeben werden: Es geht hier noch nicht um die Frage der Dialektik von Gesetz und Evangelium oder um die Frage der Reihenfolge, wiewohl der Ort, an dem wir vom Gesetz reden, hierin schon eine Entscheidung bedeutet; denn wir werden den nächsten Hauptteil mit der Lehre vom Evangelium beginnen. Es geht uns hier auch noch nicht um die Frage, inwieweit das Gesetz heilig und unauflöslich ist und inwieweit es durch Christus außer Kraft gesetzt, abrogiert ist. Es geht uns hier nicht um die Frage, inwieweit sich dieses Gesetz in seinem elementarsten Sinne mit „Moses" deckt und inwieweit es vom Aufhören des Mosesgesetzes unberührt bleibt. Auch die Frage, was die Erfüllung des Gesetzes durch Christus bedeuten kann, soll hier noch ganz aus dem Spiel bleiben. Es geht uns hier um eine ursprünglichste Aussage, daß Gott den Sünder unter dem Gesetz bewahrt. Das Gesetz ist „zum Leben" gegeben (Lev 18, 5; Röm 7, 10) – das gilt im ursprünglichsten Sinne.

Das *Gesetz* in diesem ursprünglichsten Sinne ist nicht Evangelium, aber es ist Gnade, und zwar die Gnade der Bewahrung. Es stellt den Menschen unter Forderungen, in denen er in näherem oder auch fernerem Sinne dem Guten begegnet und des Guten inne wird. Dieses Innewerden des Guten führt den Menschen immer aufs neue zur Erfahrung seines Scheiterns. Die Bewahrung durch Gott hat in vielfältiger Weise etwas Unerfülltes an sich. Das Innesein des Guten ist nach dem Wort des Paulus Röm 2,14 f. etwas durchaus Unartikuliertes: Die „Völker" tun zwar des Gesetzes Werk, aber sie „haben" es nicht, sondern sind sich selbst ein Gesetz. Was als Gesetz „in ihrem Herzen geschrieben" ist, ist jedenfalls nicht einfach als ein klares Wissen des Willens Gottes zu interpretieren.

Das Gesetz in seinem elementarsten Sinne kann, unerachtet seines bewahrenden Charakters, zu einem Gefäß der Sünde werden. Es zwingt und „richtet Zorn an" (Röm 4,15), und es verleitet auch unter den Völkern dazu, sich in der Erfüllung des wirklich oder doch vermeintlich Guten selbst zu rechtfertigen. In einem allgemeinsten Sinne kann man den Satz von K. Barth auch für unsere Überlegung in Anspruch nehmen: „Die Sünde ist das Tun des Menschen im Mißverstehen und Mißbrauch des Gesetzes." (KD II/2, 655).

Im Blick auf die Mannigfaltigkeit der „Völker", der sog. „Heiden", und vollends in Erwägung der Stellung Israels unter den Völkern kann nicht davon die Rede sein, daß das Innesein des Guten einfach gleichwertig und gleichbedeutend sei. Vor allem ist zu bedenken, daß das Problem des Gesetzes als Problem dem christlichen Bewußtsein an der Auseinandersetzung der ersten Christenheit mit dem mosaischen Gesetz erwachsen ist, hier und nirgends sonst. An Israel ist das Wesen des Gesetzes in denkbarer Klarheit vor unseren Blick getreten: als anredendes und vernommenes Wort, als gehörtes und in seinem Geltungsbereich auch begrenztes, nämlich auf Israel begrenztes Gesetz, als ein Gesetz ferner, das seine Autorität in aller nur wünschbaren Konkretion von Gott selbst herleitet, das in seiner Entfaltung ein Volksleben ordnet bis in die judiziale Sphäre hinein, ja schließlich auch – aber das ist der zum ganzen Bild hinzutretende neutestamentliche Gesichtspunkt – ein in seiner Geltung begrenztes, nämlich in Christus „aufgehobenes" Gesetz. Man kann also hinsichtlich dieses mosaischen Gesetzes urteilen, daß hier wirklich das von Gott zur Erhaltung und Bewahrung seiner Schöpfung gegebene Gesetz offenbart worden ist. Was demgegenüber vom Gesetz der Völker gesagt werden kann, das ist allemal nur ein Schatten, nur eine unreine und undeutliche Gestalt des Gesetzes. Und doch soll im Gedanken an die Bewahrung des Menschen überhaupt der Gesetzesgedanke hier im allgemeinsten Sinne einen Augenblick erwogen werden.

Trotz der Verschiebung der Gesichtspunkte sei nachdrücklich auf F. K. Schumann, Bemerkungen zur Lehre vom Gesetz in: Wort und Gestalt 1956, 141–165 hingewiesen.

## 2. Das Ringen in der Kirche um die Entschränkung des Gesetzes

Es geht uns im Zusammenhang dieses Kapitels darum, das Gesetz in einer elementarsten Sphäre zu begreifen. Dem steht aber im Wege, daß die christliche Kirche in ihren Anfängen der Gesetzesproblematik in der Gestalt begegnet ist, daß das Gesetz das alttestamentliche Gesetz war. Für das Judentum gab es im Grunde außer den Fragen der Auslegung des Gesetzes keine theologische Problematik desselben. „Denn einen Juden, der das Gesetz entrechtete, kann es nicht geben" (A. Schlatter, Gottes Gerechtigkeit, 1935, 156). Die Befolgung des Gesetzes ist für den Juden der Weg zur Gerechtigkeit. Das Gesetz in der durch den Namen des Mose autorisierten Gestalt und Umgrenzung ist für ihn absolut heilig, es repräsentiert die gemeinsame Bindung des Volkes an Jahwe, es scheidet die durch die gemeinsam gepflegte Landnahmetradition verbundene Stämmegemeinschaft, also Israel, von allen anderen Völkern, zunächst von den Kanaanäern, aber dann auch von allen anderen.

M. Noth hat in seiner Schrift: Das Gesetz im Pentateuch, jetzt wieder abgedruckt in Gesammelte Studien zum Alten Testament, 1966³, 9–141, darauf hingewiesen, daß dieses Gesetz zunächst auch in Israel ein vielgestaltiges und institutionsbedingtes Gewächs ist, das sich zu dem, als was es schließlich vom späteren Judentum her der ersten Christenheit darbot, erst durch perspektivische Verkürzungen, durch Steigerung und Verabsolutierung entwickelt hat. Vgl. hierzu auch E. Lohse in RGG II, 1515–1517. Die Erfahrung des alttestamentlichen Volkes mit seinem Gesetz ist insofern faszinierend, als ihm eben in seinem Gesetz die bewahrende und erhaltende Gnade Jahwes begegnet, was in der Exilszeit besonders deutlich wird. Das ist aber auch die Zeit, in der sich der Sinn des Gesetzes von den ursprünglichen Institutionen, von dem begründenden Sitz im Leben löst und zu dem Gehäuse der Gesetzlichkeit wird, wo das Gesetz als Heilsweg studiert und befolgt wird. M. Noth sagt abschließend zur Beurteilung: „Dieser Vorgang muß gewiß als typisch angesehen werden, und auch in diesem Punkte zeigt es sich, daß die alttestamentliche Geschichte – über das Einmalige und Besondere ihres eigentlichen Inhaltes hinaus – zugleich als Paradigma für bezeichnende und immer wiederkehrende Verläufe in der menschlichen Geschichte dienen kann" (a. a. O. 140). Genau damit aber bezeichnet M. Noth unser Problem: Inwiefern hat die der frühen Christenheit am Mosesgesetz zum Bewußtsein gekommene Bedeutung des „Gesetzes" einen Sinn, der auch ohne diese Beziehung auf Moses gilt?

Jesu Stellung zum Gesetz ist nur für den ersten Eindruck doppelsinnig, nämlich konservativ und revolutionär zugleich. Das Gesetz wird nicht zergehen, bis Himmel und Erde zergehen, und er selbst, Jesus, ist nicht gekommen, es aufzulösen, sondern um es zu erfüllen (Mt 5,17–20). Und doch steht Jesus in einem tiefgreifenden Kampf mit den Pharisäern. Ihnen gegenüber beruft sich Jesus auf den Grundsinn, der alle Buchstaben des Gesetzes überbietet (betreffs der Sabbatheiligung Mk 2, 23–3, 6). Gott will das Herz und nicht ein äußeres, den Buchstaben erfüllendes Werk (Mk 7,1–13), das eigentliche Gebot Gottes (ἐντολή) wird durch Zutaten (Luther: Aufsätze, παράδοσις) geradezu zugeschüttet (Mk 7, 5.8.9.13: „rabbinische Traditionen", vgl. Gal 1, 14). Er kritisiert den Tempelkult als Verderbnis (Mk 11, 15 bis 17 par) und weist in der Frage der Ehescheidung auf das zurück, was vor Moses und „ursprünglich" war (ἀπ' ἀρχῆς Mt 19, 8). Darin geschieht zweierlei: Jesus erweist sich als der Herr des Gesetzes, der die Vollmacht hat, zu sagen: Ich aber sage euch (Mt 5,22.28 u. ö.) und „Amen, ich sage euch" (Mt 5,18.26 u.ö.; Mk 3,28; 8,12 u. ö. Lk 4,24 u.ö.), und das Gesetz von seiner vergessenen Mitte (Mk 12,28–31 par) und seinem Ursprung her zu deuten und zu erfüllen. Zum anderen aber geschieht hier eine Entschränkung des Gesetzes in dem Sinne, daß seine ursprünglichen und universellen Züge hervortreten und die exklusive Beschränkung auf Israel hinfällt.

In gewissem Sinne hat Luther, der das Gesetz in seinem Kampf gegen die Antinomer ohnehin christlich und d. h. universell begriffen hat, diese Tatsache dadurch zum Ausdruck gebracht, daß er in seiner ersten Disputation wider die Antinomer in den Thesen 29, 30 und 32 den herkömmlichen typologischen Gegensatz von Moses und Christus durch den von Adam-Christus überboten hat (W 39 I, 347, 3–6. 9–10).

Die paulinischen Aussagen über das Gesetz sind darin eindeutig, daß es als Weg zum Heil nicht mehr in Betracht kommt. Es führt vielmehr zur Selbstverblendung (Röm 2,17–24), und die Unmöglichkeit, es äußerlich je ganz zu erfüllen, verstrickt den Gesetzesanhänger in unlösliche Widersprüche (Röm 2,25–29). Trotzdem sind die Aussagen des Paulus über das Gesetz widersprüchlich. Einerseits ist das Gesetz Vergangenheit, Christus ist das Ende des Gesetzes (Röm 10,4). Es ist nebeneingekommen (Röm 5,20) und durch Engel gegeben (Gal 3,19), die dem Abraham gegebene Verheißung hat Vorrang vor dem dem Moses gegebenen Gesetz (Röm 4; Gal 3), und darum vermag auch die Erfüllung der dem Glauben gegebenen Verheißung das zwischen hineingekommene Gesetz zu überbieten und außer Kraft zu setzen. Aber auf der anderen Seite finden sich bei Paulus dann Beteuerungen zugunsten des Gesetzes: Es wird durch den Glauben nicht aufgehoben, sondern geradezu aufgerichtet (Röm 3,31), und das Gesetz ist heilig (Röm 7,12), es ist gut (Röm 7,16). Diese Widersprüchlichkeit der Aussagen des Paulus über das Gesetz wird begünstigt durch eine merkwürdige Abstraktheit, die aller inhaltlichen Konkretion ermangelt und sich auf Aussagen über die Würde und die Funktionen des Gesetzes beschränkt. In der hier aufbrechenden Dialektik aber wird das nur den Juden gehörende Gesetz zerrieben und das Gesetz in einem tieferen und universaleren Sinne sichtbar, das uns zur inneren Hingabe an Gott aufruft, aber dadurch doch erst recht die Sünde in uns wachruft und offenbar macht (Röm 7,7–13). Das neue an dem so verstandenen Gesetz ist nun zweierlei: Einmal ist es entschränkt; dieses Gesetz ist kein exklusiver Besitz Israels mehr. Und dann ist es von Christus her verstanden. Erst von Christus her kann man es als einen Pädagogen zu ihm hin begreifen (Gal 3,24 f.) und als einen Spiegel, in dem ich meine Sünde erkenne (Röm 7,7).

Die Dogmengeschichte des Gesetzesverständnisses in der Kirche hat E. Wolf (RGG II, 1519–1526) in meisterlicher Präzision dargestellt. Ich muß hierauf verweisen.

Luther, der die Grundintentionen des Paulus wie kein anderer in der Kirchengeschichte erneuert hat, hat die Lehre vom Gesetz in zwei große theologische Zusammenhänge hineingestellt: in den der Rechtfertigungslehre und, gewiß damit eng verbunden, in die Lehre vom Worte Gottes, die nur in der Unterscheidung von Gesetz und Evangelium begriffen werden kann. Er hat in seinem Kampf wider die Antinomer die Notwendigkeit einer fortdauernden Gesetzespredigt in der Kirche ebenso verteidigt, wie er einer Verfälschung des Evangeliums zu einem spiritualisierten Gesetz leidenschaftlich entgegengetreten ist. Niemals ist ihm dabei der enge Zusammenhang des Gesetzes mit dem es übergreifenden Evangelium entglitten – schon sein grundlegendes Verständnis des ersten Gebotes als Evangelium sichert ihn gegen eine Isolierung des Gesetzes, und das Verständnis der Gebote im Katechismus als Schutzgebote für Gottes Gnadengaben verhindert eine ausschließliche Deutung des Gesetzes auf die Sündenerkenntnis hin. Aber es ist kein Zweifel, daß die Lehre Luthers vom Gesetz auf seine Bußlehre hinläuft: das Gesetz ist immer unerfülltes Gesetz für ihn, Gesetz, das uns anklagt, wie es Melanchthon in der Apologie immer wieder sagt: Lex semper accusat. Aber es kann doch in diesem Verständnis nur vom Evangelium her gepredigt werden.

Luther hat sich zwar, veranlaßt durch den Bibelgebrauch der Schwärmer, gegen eine judaistische Auslegung des Alten Testaments wenden müssen, aber im Grunde kannte er doch nur noch ein christlich verstandenes Gesetz. Die Frage des Gesetzes war für ihn schon entschränkt, d. h. sie ging nicht mehr von einem Gesetz aus, das den Juden gehörte. Schon bei Luther findet sich jene Dreiteilung des alttestamentlichen Gesetzes, die dann bei Melanchthon fixiert wird: Lex ceremonialis, iudicialis und moralis. Als Zeremonialgesetz und als weltliches Rechtsbuch ist das alttestamentliche Gesetz der Jüden Sachsenspiegel und abgetan. Als Moralgesetz kommt es im wesentlichen mit dem natürlichen Gesetz überein, ohne daß doch damit eine explizite Naturrechtslehre von Luther etabliert werden wollte. Hier kommt aber nun etwas sehr Wichtiges zum Vorschein: Im Zuge dieser scheinbaren Aufteilung des Gesetzes vollzieht sich ein Bedeutungswandel. Das „Gesetz", das auch Luther in einer denkbar weitgehenden Abstraktheit erörtert, ursprünglich das Gesetz der Juden, dann das in der Hand der Christen befindliche alttestamentliche Gesetz, wird als Lex moralis überhaupt nicht mehr als nur den Gläubigen bzw. den Christen gesagtes Gesetz behandelt. Freilich hat es den Christen etwas Besonderes zu sagen: es treibt sie in die Buße, und es ist kein Weg zu Christus denkbar, ohne daß uns das Gesetz zu ihm hingetrieben hätte; ja, dieses Wirken der Buße wird im Heilsweg der entscheidende Dienst des Gesetzes: „Poenitentiae prior pars, scilicet dolor, est ex lege tantum. Altera pars, scilicet propositum bonum, non potest ex lege esse. (These 4 der 1. Antinomerdisp. W 39 I, 345,22 f.). Das Gesetz hat aber ganz abgesehen davon auch einen schlichten Dienst zur Erhaltung der Welt zu leisten, und in diesem Sinne ist ihm schlechterdings jedermann Gehorsam schuldig, auch der Böswillige, der nur auf Zwang hin reagiert. Diese zweite Bedeutung des Gesetzes hat Luther als usus politicus, als usus crassus oder auch civilis bezeichnet. Der geistliche Sinn des Gesetzes, kraft dessen uns das Gesetz unsere Sünde vorhält und uns zur Buße treibt, ist der usus theologicus oder elenchticus legis. Das zivile Leben der Christen regelt sich materiell natürlich ganz im Sinne des usus politicus legis, aber da die Christen zum rechten äußeren Handeln keines Zwanges mehr bedürfen, kann man fragen, ob sie überhaupt eines (zwingenden) Gesetzes bedürfen. Melanchthon hat, der Sache nach seit 1535, formell jedenfalls seit der catechesis puerilis von 1540 die Ususlehre zu einem dreiteiligen Schema entwickelt und neben dem usus politicus und elenchticus sive spiritualis noch einen usus paedagogicus sive didacticus unterschieden.

Man wird diese Dreiteilung zunächst einfach psychologisch verstehen dürfen: das Gesetz im Sinne des usus primus ist erzwingbar, während die renati das Gesetz nicht um des Zwanges willen, sondern aus Einsicht und freiwillig erfüllen. Immerhin hat Melanchthon damit einen Weg zu weiteren Deutungen über Luther hinaus eröffnet. In Christus wird ja das Gesetz selbst ein anderes. Freilich bedarf auch der Christ der Erinnerung daran, daß er immer wieder peccator ist; auch der Christ bedarf zum rechten Leben einer „Information"; auch er ist in eine neue Einheit des Gesetzes in und mit Christus versetzt. Aber ebenso liegt in der Melanchthonischen Erweiterung die Gefahr einer Rückkehr zur katholischen Synthese von Glaube und Werken. Zur Entstehung der Trias G. Ebeling, Zur Lehre vom triplex usus legis in der reformatorischen Theologie, ThLZ 1950, 235–246. W. Elert steigert seine Ablehnung des tertius usus (Zwischen Gnade und Ungnade, 1948, 132 bis 169; Das christl. Ethos, 1961², § 46) bis zur ausschließlichen Geltung des Satzes der Apologie: Lex semper accusat, und vertritt damit eigentlich praktisch eine Lehre vom usus simplex. Hingegen zugunsten der triplex-usus-Lehre W. Joest, Gesetz und Freiheit. Das Problem des tertius usus legis bei Luther und die neutestamentliche Parainese (1951), 1961³. In die ganze Auseinandersetzung und die geschichtlichen Voraussetzungen führt vorzüglich ein der umfassende Art. zur Sache RGG II, 1511–1533, auf den auch hinsichtlich der anderen Fragen verwiesen wird.

Mein Versuch eines Verständnisses des Gesetzes als Form der Gnade nähert sich in gewisser Weise, doch hier ohne den ausdrücklichen christologischen Bezug, an die Auffassung der Sache bei K. Barth an, KD II/2, §§ 36–39 und IV/3, 437 f. u. ö.

vgl. ferner G. Heintze, Luthers Predigt von Gesetz und Evangelium (FGLP 10/XI) 1958 (Lit.), R. Hermann, Die Bedeutung der Lex ... (1958), in gesammelte Studien zur Theologie Luthers, 1960, 473 ff.

Joh. Meyer hat in seinem Historischen Kommentar zu Luthers Kleinem Katechismus, 1929, 151–169, von dem Standpunkt der Katechismusarbeit Luthers und ihrem Ertrag wichtige Gesichtspunkte zu einer maßvollen Einschätzung von Luthers eigener Stellung beigesteuert. Die FC freilich hat dann in einer versteiften Systematisierung der Formel Melanchthons die Trias anders gedeutet. Sie legt nicht mehr den Unterschied erzwingbar-ungezwungen zugrunde, wenn die Notwendigkeit eines tertius usus (Art. VI) dargelegt werden soll, sondern sie erklärt, der usus primus sei überhaupt nur für die mali, der usus tertius hingegen sei für die renati. In dieser Form lebt dann die Ususlehre bei den Orthodoxen fort und findet bei ihnen sogar noch weitere schematische Ausdehnung, etwa in der Art, daß ein vierfacher Usus gelehrt wird: 1) usus politicus, 2) usus elenchticus (das Gesetz als speculum peccati), 3) usus paedagogicus (compulsus ad Christum), 4) usus didacticus (informatio omnium actuum, lex perpetuo vivendi regula). Gewiß lebt auch in diesen orthodoxen Spätformeln noch die Erkenntnis Luthers fort, daß das Gesetz ein fortdauerndes officium auch bei den iusti hat, aber das vermag doch über die Bedenklichkeit dieser ganzen Entwicklung nicht hinwegzutäuschen. Diese Bedenklichkeit liegt nicht zuletzt in einer immer tiefer greifenden Komplikation der Begriffe, die ohne eine heimliche Unsicherheit in der Sache nicht wohl erklärbar ist. Jedenfalls hat die Gesetzeslehre der späteren lutherischen Theologie bis heute ein Stadium erreicht, auf das das alte „Simplex sigillum veri" nicht mehr angewendet werden kann.

Wenden wir uns von hier aus noch einmal zu der Elementarschicht zurück, in der das Gesetz im weitesten Sinne verstanden eine Erhaltungsmacht in der Welt darstellt. Das so verstandene Gesetz ist nicht erst am Sinai, und es ist nicht nur einem Volke allein als besonderes Zeichen seiner Auswahl gegeben. Es betrifft vielmehr alles, was Menschenantlitz trägt, daß es unter Forderungen steht, wobei sich der Unterschied von unausgesprochenen und ausgesprochenen Forderungen als verhältnismäßig unwichtig erweisen mag. Das Phänomen der unausgesprochenen Forderung (Løgstrup) macht uns ja gerade darauf aufmerksam, daß es nicht erst einer Zusage bestimmter Forderungen bedarf, um unter einer Forderung zu stehen. Man gibt sich ständig in die Hand des anderen Menschen, und man hat dementsprechend ständig fremdes Schicksal in der Hand und soll dem damit uns entgegengebrachten Vertrauen, jedenfalls doch der darin beschlossenen Verantwortung gerecht werden. Wir sind nur soweit Menschen, als wir unter dem Gesetz, freilich in einem ganz entschränkten, elementaren Sinne stehen. Zweifellos wird von da aus auch der Schuldbegriff in einem ganz elementaren Sinne wachgehalten: es läßt sich keine Situation des Menschen denken, in dem er nicht etwas Bestimmtes „schuldig ist" und, sofern er dieser Schuldigkeit nicht nachkommt, auch „schuldig wird". Immerfort steht der Mensch unter konkreten Erwartungen, eben auch unausgesprochenen positiven und negativen, und wäre es nur die „unausgesprochene Forderung" an den Verbrecher in der Situation der Versuchung, der Versuchung zu widerstehen. Wir selbst machen uns ja zum Anwalt höherer an uns selbst gerichteter Forderungen und richten über uns selbst ein Gesetz auf. Dahinter steht dann immer das Problem unserer Rechtfertigung vor dieser Forderung und die Frage, ob wir dazu imstande sind.

Der menschlichen Welt ist es eigentümlich, zur Unordnung hin zu verfallen. Diese Unordnung, das Böse, etwa der andere Mensch, dem es plötzlich einfallen kann, ganz unmotiviert (oder auch motiviert) mich anzugreifen, bedroht uns, so daß die Furcht voreinander eine mehr oder weniger bewußte Komponente unseres Daseins ist. Daß gegen diese Gefährdung in Form des alles Menschliche durchwaltenden Gesetzes ein Schutzwall aufgerichtet ist, das ist von Gott. Gott erhält darin die Welt und die Menschen. In der Theologie Luthers sind es die Fürsten und ihr Amt, denen Gott den Schutz des Lebens und der Ordnung anbefohlen hat. Es ist ein leichtes, dieser Konzeption des 16. Jahrhunderts den veralteten Patriarchalismus nachzuweisen. Das Entscheidende bleibt dennoch: Alle Ämter, denen der Schutz des Lebens anbefohlen ist, sind Gottes Schöpfung. Sie dienen auch dann, wenn sie Recht und Gerechtigkeit in Härte verwalten, dem Nächsten und stehen so in einer oftmals freilich unanschaulichen Weise im Dienste der Liebe. Man kann darum in der Tiefe die von Mensch zu Mensch geübte unmittelbare Nächstenpflicht von der Bewahrung der Ordnung durch Ämter und Institutionen nicht trennen: es sind „Werke des Gesetzes", die der Erhaltung der Welt, der menschlichen „Welt" dienen und insofern – wer könnte das übersehen oder gar bestreiten? – ein unmittelbarer Erweis der Gnade Gottes sind. In der Dialektik von Gesetz und Evangelium, wovon freilich hier nicht die Rede ist, zeigt sich das Gesetz als Ankläger, es bringt unsere Schuld ans Licht, es überführt uns der Sünde und Ungerechtigkeit. Hier aber, in der elementaren Schicht, nämlich im Zusammenhang mit der Erhaltungslehre, ist das Gesetz eine Gnadengabe Gottes, das Werk des Gesetzes ein gnädiges Werk zur Erhaltung unseres Lebens.

Alle haltenden Mächte haben in diesem Sinne, legitimiert durch das entschränkte Gesetz, eine unmittelbar heilsame Funktion. Aber damit ist doch nicht das letzte Wort in dieser Sache gesagt. Man kann nicht vom Gesetz reden, ohne seiner Grenzen eindringlich zu gedenken. Diese Grenze des Gesetzes liegt in unserem Zusammenhang eben in seiner Bedeutung für die Erhaltung der menschlichen „Welt". Es kann nur „erhalten", aber nicht mehr. Es kann nicht erneuern. Seine Heilsamkeit gilt immer nur für den Augenblick, sie ist Schutz und Abwehr, gewiß auch Hilfe. Aber alles irdisch geltende Gesetz ist in zeitliche Grenzen gewiesen; seine Voraussetzungen, seine Formen werden von der Geschichte überholt, die wahrenden und bewachenden Autoritäten, angefangen bei den Eltern und „Obrigkeiten" haben ihre Zeit, ihre Kompetenz erlischt, sie sterben, neue Autoritäten treten an ihre Stelle. Das Gesetz kann mißbraucht werden, wie auch die mit aller Gesetzlichkeit verbundene Macht mißbraucht werden kann, ja zum Mißbrauch geradezu verführt. Mit dem Gesetz kann das Leben auch vergewaltigt werden. Das Gesetz kann, inmitten seiner „heilsamen" Funktion, gefälscht werden. Eben die Entschränkung des Gesetzes, von der wir ausgingen, ist auch die eigentliche Verführung des Gesetzes, das immer aufs neue an seinen ursprünglichen Sinn erinnert werden muß. Das ebenso unstillbare wie unlösbare Problem des Naturrechtes ist, als rechtsphilosophisches Problem, dazu gesetzt, an das „Recht im Recht", an das „eigentliche" Gesetz im tatsächlich geltenden und geübten Gesetz wenigstens zu erinnern. Darum ist es nicht so, als ob das von Gott kundgegebene Gesetz, bei aller Entschränkung zu dem in der Erhaltung der Welt wirksamen Gesetz, über dieser Entschränkung vergessen werden könnte. Die „Predigt des Gesetzes" erinnert das in der Welt geltende und gehandhabte Gesetz an seine Mitte, aber sie kann nicht an die Stelle des gehandhabten Gesetzes treten. Hier ist eine nie aufzulösende Spannung zu sehen und zu ertragen, die auf etwas anderes, Neues hinweist, wie auch alle Erhaltung auf ein Ziel hinweist, mag es im Vollzug der Erhaltung noch so verborgen sein. Es wäre aber ein Verhängnis, würde die christliche Lehre vom Gesetz so eingeschränkt, daß das, was Gott mit der Welt schlechthin tut, indem er sie erhält, die gläubige Welt ebenso wie die ungläubige und „heidnische", vom christlichen Glauben aus keinen Sinn und in der Theologie keinen Ort mehr hätte.

Hierzu bes. G. Wingren, Schöpfung und Gesetz, 1960, 149 ff. u. 163 ff.

## 3. Die Religion

Wir sagten, daß Gott dem gefallenen Menschen als entscheidende Macht zur Erhaltung seines Lebens und seiner „Welt" das Gesetz mitgegeben hat. Die von der christlichen Heilsgeschichte bestätigte Heilsgeschichte Israels beschreibt diese Wahrheit als einen geschichtlichen Vorgang in naiver Deutlichkeit. Aber erst die Herausnahme der Lehre vom Gesetz aus ihrer heilsgeschichtlichen Beschränkung auf Israel macht sie zu einem anthropologischen Satz, d. h. zu einer Aussage darüber, daß der Mensch als Mensch, um zu sein, des Gesetzes bedarf. Denn er kann sein Wesen nicht aus sich selbst gewinnen und haben.

Aber dieses Gesetz hat über das hinaus, was uns im 2. Absatz beschäftigt hat, noch eine andere Seite. Es betrifft nicht nur das menschliche Zusammensein und das Bei-sich-selbst-Sein des Menschen. Das Gesetz meint nicht nur das „Bonum esse faciendum" der zweiten Tafel des Dekalogs. Das Gesetz enthält auch die Pflichten der ersten Tafel, das „Deum esse colendum", und zwar auch dieses in einem entschränkten Sinne, der für die ganze Menschheit zutrifft, wie denn auch die heilsgeschichtliche Aussage der Bibel über den Anfang der „Religion" auf einen grundsätzlichen, alle Lebenden betreffenden Anfang zu deuten scheint: Gen 4,26. Anders ausgedrückt: die theologische Lehre vom Gesetz muß auch auf eine Lehre von der Religion ausgedehnt werden, und wiederum: eine theologische Lehre von der Religion, die freilich kaum je innerhalb der protestantischen Dogmatik versucht worden ist, kann nur von einer Lehre vom Gesetz aus entworfen werden. Inhaltlich aber gilt auch hier, daß die Religion ebenso wie das Gesetz dem gefallenen Menschen zur Erhaltung seines Lebens und seiner „Welt" und zur Erinnerung an seinen Ursprung von Gott mitgegeben worden sind. Entkleiden wir diese Aussage ihrer quasi heilsgeschichtlich naiven Deutlichkeit, so ist die Meinung diese: Die Lehre von der Religion ist ein Bestandteil der theologischen Anthropologie. In diesem Sinne haben wir uns nun im nachfolgenden mit der Religion zu beschäftigen.

Es leuchtet ein, daß wir uns damit von zwei markanten Arten abheben, in denen man sich herkömmlich in der protestantischen Theologie mit der Religion beschäftigt hat. Wir unterscheiden uns hiermit zunächst von dem breiten Strom der neueren Theologie, welche ihre Dogmatik bzw. Glaubenslehre mit einer allgemeinen Religionslehre beginnt und von da aus den speziellen Gegenstand der Theologie, nämlich erst die christliche Religion, dann überdies noch das evangelische Christentum in fortschreitender Eingrenzung, in einem Fortschreiten vom genus zur species hervortreten läßt. Schleiermacher steht hier am Anfang der Entwicklung, der sich kaum ein Dogmatiker vor Barth entziehen können. Wilh. Herrmann hat in seiner ganzen theologischen Arbeit gezeigt, daß dabei die „Anstrengung des Begriffs" der Religion unmittelbar in die Sache des Evangeliums hineinzuführen vermag. E. Troeltsch freilich hat auf demselben Wege die Theologie in Religionswissenschaft aufgelöst. Dieser Weg ist nicht der unsre. Um so unbefangener können wir daher auch die relativen Vorzüge dieses Verfahrens würdigen, das der protestantischen Theologie, zugleich mit den offenkundigen Gefahren – sie ans Licht gebracht zu haben, bleibt das Verdienst K. Barths – eine großartige Unbefangenheit gegenüber der religiösen und säkularen Welt im weitesten Sinne gebracht hat, eine Unbefangenheit, in der Religionsgeschichte, Religionspsychologie und Religionsphilosophie wachsen konnten, ohne in Konflikt mit der christlichen Gemeinde und ihrem Glauben zu kommen. Wir müssen uns diese Unbefangenheit und Offenheit zwischen „Religion" und christlichem Glauben nach vierzig Jahren herrschender „dialektischer Theologie" erst wieder mühsam zurückgewinnen. Aber es ist nicht die Absicht, in unserem Zusammenhang den Begriff der Religion nachträglich wie einen Oberbegriff einzuführen, der den Gegenstand der christlichen Dogmatik einschlösse. Wir befinden uns hier nicht am Anfang der dogmatischen Prinzipienlehre, sondern am Ende der theologischen Anthropologie. Die Theologie ist nicht Religionswissenschaft, wohl aber ist sie im Zuge der Rechenschaft vom christlichen Glauben auch eine Theologie der Religion schuldig, und diese Lehre von der Religion meinen wir im sachlichen Zusammenhang der theologischen Anthropologie geben zu müssen. Nicht das Zurückdrehen der christlichen Wahrheit zu einem allgemeinen Religionsbegriff steht hier zur Debatte, wohl aber eine Lehre von der Religion, die um so dringender ist, als ja inmitten der Welt der Religionen auch das Christentum, bzw. die Christentümer sich nüchtern und schlechterdings als „Religionen" wahrnehmen müssen. Es ist eine drängende theologische Aufgabe, zu erfahren, was das Christentum, bzw. die Christentümer von diesen Religionen trennt, worin sie eins sind, und es ist eine ebenso drängende Pflicht, die dabei von der Theologie wahrgenommen werden muß, auch in ihren Aussagen über die „Religion" die Wahrheit und Wahrhaftigkeit nicht zu verletzen.

Nehme ich mit dieser Unterscheidung vom älteren dogmatischen Verfahren wichtige Intentionen von K. Barth auf, so kann ich es nicht vermeiden, mich in entscheidenden Zügen von seiner Religionslehre (vgl. vor allem KD I/2, § 17) zu trennen. Für ihn liegt die ganze „Welt menschlicher Religion" von vornherein von der Offenbarung aus unter dem Verdikt, sie sei der „Bereich der Versuche des Menschen, sich vor einem eigensinnig und eigenmächtig entworfenen Bilde Gottes selber zu rechtfertigen und zu heiligen" (a. a. O. 304). Man kann Barth sicher nicht widersprechen, wenn er hinsichtlich der neueren Theologie seit Schleiermacher sagt, daß sie „nicht die Religion von der Offenbarung, sondern die Offenbarung von der Religion her gesehen und erklärt hat" (309). Es ist nur die Frage, ob das Bild der „Religion", wenn man es „von der Offenbarung her" (um mit Barth zu reden) sehen will, wirklich so aussehen muß und gerechterweise und in wahrer Beurteilung der konkreten Phänomene so beurteilt und gedeutet werden darf, wie Barth selbst es tut: als Unglaube, ja als *die* Angelegenheit des gottlosen Menschen (327). Religion ist Bilderdienst. In der Religion redet der Mensch, statt zu hören (330). „Gerade das charakteristisch Fromme der frommen Bemühung, ihn (Gott) mit uns zu versöhnen... muß Gott ein Greuel sein". Gewiß erinnert Barth daran, daß das Christentum die wahre Religion ist, in welcher diese selbst im Namen Jesu Christi ihre Schöpfung (379 ff.), ihre Erwählung (382 ff.), ihre Rechtfertigung (387 ff.) und ihre Heiligung (393 ff.) erfährt. Diese Erinnerung bringt eine gewisse Milde ins Urteil. Aber auf der anderen Seite läßt sich nicht verbergen, daß seine Ausführungen über die in der Mystik und im Atheismus zutage getretene Krise der Religion ein sehr wesentliches, und wie mir scheint, bei Barth oft nur schwer zu verhehlendes grundsätzliches Interesse erkennen lassen: Skeptizismus, Agnostizismus, ja vielleicht sogar den Atheismus selbst zum Vorspann des Evangeliums zu machen. Hier zeigt sich schon vorgreifend auf das Folgende die Wurzel unseres Widerspruches. Wir sind mit Barth darin gewiß einig, daß vom Evangelium kein Weg zurück zur alten Religion führt, wie auch der, welcher die Freiheit des Evangeliums geschmeckt hat, nicht mehr unter das knechtische Joch des Gesetzes zurückkehren kann (Gal 5, 1). Dennoch gilt und bleibt das Gesetz als Weisung unseres sittlichen Lebens, ob es schon als Heilsweg absolut zu Ende ist. Ebenso steht es mit der alten „Religion". Es gibt keinen Weg zu ihr zurück in dem Sinne, daß sie ein Weg des Heiles sein könnte. Aber sie ist, wie das Gesetz und, anthropologisch gesehen, ein Teil bzw. eine Erscheinungsform des Gesetzes, ein Pädagoge auf Christus. Gott bewahrt uns durch sie, bis Christus kommt. Und die Tafeln des Dekalogs verlieren zwar ihren Glanz, wenn Christus erscheint, aber sie werden nicht zerbrochen. Anders ausgedrückt: Auch das „Christentum" wird eine Religion sein und in eine gewisse Solidarität mit den „anderen" Religionen treten. Dieser Tatbestand läßt sich nur ertragen und bewältigen, wenn man von den Religionen noch etwas anderes und Besseres als ein strafendes Urteil auszusagen hat.

Eine theologische Deutung der Religion im Sinne der Barthschen Lehre bietet Hendrik Kraemer, Religion und christlicher Glaube, dt. 1959. Wichtige Gedanken ferner bei C. H. Ratschow, Der angefochtene Glaube, 1960², bes. 260 ff., wo das Problem des homo religiosus in die Bezüge der reformatorischen Lehre von Gesetz und Anfechtung eingezeichnet ist.

Es soll hier versucht werden, eine unvoreingenommene Wesensbeschreibung dessen zu geben, was mit Religion gemeint ist. Also keine Definition. Die Beschreibung muß um so behutsamer unternommen werden, als die Mannigfaltigkeit religiöser Phänomene nur zu leicht Stoff für eine Dementierung allgemeiner Aussagen liefert. Ich versuche diese Beschreibung in sieben Sätzen.

1. Jede Religion entspringt einem Welterlebnis in dem Sinne, daß die erlebte Welt einen geheimnisvollen Hintergrund hat. Es sind die unstillbaren Fragen nach dem Woher und Wohin, zunächst einfach unseres Lebens, aber bei einem gewissen rudimentären geschichtlichen Bewußtsein auch die Frage nach dem Woher gewisser Bräuche und Riten, und in einem späteren Stadium nach dem Woher und Wohin unserer Welt, was dann mit dem metaphysischen Bedürfnis übereinkommt. Der geheimnisvolle Hintergrund der Welt wird im Sinne einer waltenden Macht verstanden. Ob man dabei ursprünglich mehr an waltende Mächte in der Vielzahl zu denken hat, mag in unserem Zusammenhang offenbleiben. Man wird nicht notwendig von Hause aus an *einen* Gott denken dürfen. Van der Leeuws Satz „Gott ist ein Spätling in der Religionsgeschichte" (Phänomenologie d. Rel.², 103) hat alle Wahrscheinlichkeit für sich und gibt der Offenbarung religionsgeschichtlichen Raum. Hinwiederum ist es sicher das Kennzeichen eines religionsgeschichtlichen Spätstadiums, wenn die im Hintergrund der Welt geglaubte waltende Macht zurückgeschoben wird, wenn ihre Allmacht gedanklich oder gefühlsmäßig eine Einschränkung erfährt oder gar bestritten wird, wie das z. B. in der Überzeugung zum Ausdruck kommt, daß Gott über das kleine Einzelgeschehen erhaben sei. Vgl. Art. Deismus, RGG II, 57–69.

2. In jeder Religion sucht sich der Mensch zu der hinter und über der Welt waltenden geheimnisvollen Macht in Beziehung zu setzen. Das Urverhältnis zu den göttlichen Mächten ist ja immer zwiespältig. Einerseits fürchtet sich der Mensch vor der Gottheit, verbirgt sich vor ihr und weicht ihrem Anblick aus. Ihre Berührung wirkt tödlich. Und doch wird er zugleich von ihr in ihren Bann gezogen. Die Religion ordnet und überbietet dieses zwiespältige elementare Urverhältnis zur Gottheit. Aus dem Sich-hingezogen-Fühlen zur Gottheit erwächst das Bemühen um Kontakt, um Zwiesprache mit der Gottheit. Man möchte zu ihr beten, aber nicht minder etwas von ihr vernehmen, ein Wort, ein Orakel, eine Weisung oder eine Offenbarung. Furcht und Scheu halten uns dabei in der Entfernung von der Gottheit, wie denn die Verehrung nicht ohne das Bewußtsein der Distanz zu denken ist. Dieses eigentümlich zwiespältige Verhältnis der Menschen zu der Welt des Heiligen, das R. Otto in seinem klassischen Buch so umsichtig beschrieben hat, die Erfahrung des Numinosum und des Tremendum, Annäherung und Fernung, Einung und Abstand, das wird in der Religion zu einem bestimmten Verhältnisbild zusammengefügt.

3. Nimmt man, was wir zunächst über den geheimnisvollen Hintergrund der Welt sagten, mit dem zweiten zusammen, daß sich aus der Gewahrung des Heiligen eine bestimmte Relation des Menschen zu den göttlichen Mächten ergibt, so wird verständlich, was es heißt: jede

Religion, mag sie noch so primitiv sein, stellt ein geistiges Sinngefüge dar. Sie ordnet die Welt zu einem Gesamtbild, in dem auch fremdartige und exorbitante Erfahrungen, in dem sogar Wunder und Offenbarungen ihren Sinn und ihren Ort finden. In diesem Sinngefüge gibt es, jedenfalls auf der Höhe des religiösen Lebens, keinen Bruch zwischen Glauben und Wissen, denn die erweisbaren Tatsachen schließen sich mit den in die Tiefe und ins Unsichtbare reichenden Überzeugungen fugengerecht zusammen. Im Umschluß der Religion ist immer mit einer Auffassung der Welt und des Lebens zu rechnen, die über alle Härten und Unabgeschlossenheit der konkreten Erfahrungen hinweg von dem Axiom einer letzten Bruchlosigkeit lebt. Die Überzeugung von der Einheit des Sinngefüges überwiegt alle Unzulänglichkeit der individuellen Erfahrungen. Es ist ein Zeichen des Verfalls oder jedenfalls eines Spätstadiums, wenn die Überzeugung von einer letzten Sinnhaftigkeit der Welt auseinanderbricht. Nun treten Glaube und Wissen auseinander, nun tritt neben die Religion eine diese Religion prüfende, sichtende und vielleicht sogar verneinende Philosophie. Für den Menschen der Spätzeit läuft neben dem religiösen Sinngefüge die wissenschaftliche Logik einher, und es ist dann jeweils eine Frage des geistigen Schicksals, ob es ihm gelingt, die beiden Weltsichten wieder zu verbinden, etwa das eine nach dem anderen zu interpretieren, oder ob die beiden Erfahrungsweisen der Welt sich hoffnungslos trennen.

4. Die religiöse Erfahrung oder doch der Glaube, daß die uns umgebende Welt ein, wenn auch verborgenes Sinngefüge darstellt, vermittelt das Gefühl der Geborgenheit. Das stete Innesein von Angst und Sorge und die Nähe zum Tode müssen immerfort zu diesem Glauben an Geborgenheit hin überwunden werden. Die Religion bietet dem Menschen Rettung und Hilfe an. Sie lehrt ihn in der primitivsten Form Riten, in denen die entscheidenden Übergänge des Lebens, Geburt, Mannbarkeit, Eheschließung, Tod, heil oder glückhaft durchgestanden werden können (rites de passage), sie deutet den Kreislauf des Lebens in mythischen Auskünften und hat in späteren Phasen des individuellen Gefühlslebens wie des intellektuellen Bedürfnisses Trost und Antwort, ja vielleicht sogar eine Theologie bereit, die dem verschreckten, sorgenvollen und ängstlichen Herzen Halt gewähren. Wo aber der Mensch vor der Heiligkeit Gottes seine Schuld erfährt, bietet ihm die Religion Wege zur Erlösung an, wobei ebenso an die Gnadenreligionen Indiens wie an die Leistungen gedacht werden mag, durch die sich der Mensch in den Besitz und in die Gewißheit des Heils versetzen kann.

5. In der Religion überschreitet der Mensch die Grenzen seines unmittelbaren Seins. Seine Welt dehnt sich nach allen Seiten aus. Er hat in seiner Religion Gemeinschaft mit den Vorfahren, er reflektiert über die Grenzen des Todes hinaus. Die bekannte Welt der Dinge hat eine unbekannte, geheimnisvolle Seite. Die Gemeinde, das Dorf,

die Sippe, der Stamm gewinnen durch die Religion noch eine andere als nur soziale Dimension, besser: das soziale Gefüge wird religiös deutbar. Hinter dem Reich der Natur ist ein unsichtbares, drohendes und wirkendes Reich der Geister. Angst, Liebe und Erwartung, ja sogar die Erfahrung selbst transzendieren über das Sichtbare hinaus. Das Leben, das er kennt und führt, erschöpft sich nicht in den Grenzen des physischen Lebens.

6. Diese Religion wirkt nun unmittelbar auf das Verhalten des Menschen zurück. Der Mensch der Religion muß aufpassen, daß er es recht macht. Er muß im primitiven Falle Tabus beachten, Vorschriften und Riten einhalten. Er lebt nicht unbekümmert. In Riten, Sitten und Bräuchen muß er sich in die ihn umschließende Welt sinnvoll einfügen. Die Religion nimmt den Menschen in Zucht. In einem späteren, reiferen Stadium wird sicherlich von einer „Ethik" gesprochen werden müssen, die zur Religion hinzugehört. Die göttliche Welt verpflichtet zum Guten. Und wenn auch, von unserer modernen Erfahrung her geurteilt, eine Emanzipation der Ethik von der Religion denkbar und wirklich ist, die sie ganz aus ihren religiösen Fundamenten löst, so ist jedenfalls das Umgekehrte nicht denkbar, daß eine Religion ohne Ethik, also ohne den Reflex eines Verhaltens denkbar ist, das nicht auf das uns umschließende Sinngefüge der Welt bezogen wäre.

7. Schließlich aber gehört es zu diesem Bilde der Religion, daß sie sich objektiviert, daß sie sich in Glaubenssätzen, in Traditionen, Bräuchen, in Geboten und Ordnungen niederschlägt. Man kann die Jungen in sie einweihen. Man kann sie lehren. Die Religion drängt zu einem mitteilbaren Glauben hin. Eben in diesem Sinne ist sie ja Gegenstand der Religionsgeschichte. Sie wird zu einem objektiven Gebilde, das dem einzelnen Anhänger gegenüber Autorität in Anspruch nimmt, ihn fordert und auch seinem Verhalten einen Maßstab setzt. Weltreligionen leben von dieser Objektivität und Mitteilbarkeit ihrer Lehren; sie treiben Mission, sie predigen, sie treiben Propaganda, wie der Islam, die ostasiatischen Religionen und nicht nur das Christentum. Das Nachdenken über die Lehre führt zu einer Theologie. Der einzelne gewinnt dann dieser „objektivierten" Religion gegenüber ebenfalls Selbständigkeit. Er kann die Ansprüche seiner Religion erfüllen, er kann sie übersteigern oder darunter bleiben, daneben stehen, sich abwenden. Es gehört in das Erscheinungsbild der geschichtlichen Religionen, daß die Individuen, die sich zu ihnen bekennen, in ihrem subjektiven Religionsstand absinken oder steigen, auf dem rechten Wege sind oder abirren. Das Individuum steht unter dem Anspruch seiner Religion und hat sich mit ihm auseinanderzusetzen. Nicht nur Auflehnungen dagegen, auch Abweichungen, vor allem aber in der Spätform dann Vergeistigung, Spiritualisierung, Entmythisierung ihrer groben Bestandteile und die Möglichkeit religiöser Reformen im

Sinne einer Rückkehr zum ursprünglichen Sinn der Lehre, das alles rundet das Bild der Religionen ab. –

Zur Ausfüllung dieser kurzen Phänomenologie der Religion verweise ich auf die einschlägige Literatur zur Religionsgeschichte und Religionssoziologie, sowie auf G. van der Leeuw, Phänomenologie der Religion, 1956², und meine Religionsphilosophie.

Gewiß liegen diese Umrisse einer Wesensaussage über die „Religion" nicht unmittelbar auf der Linie dogmatischer Aussagen. Sie scheinen mir aber unvermeidbar zu sein, wenn man von Religion hier in einem allgemeineren Sinne sprechen will; denn der Dogmatiker neigt landauf, landab dazu, hier einfach einen dogmatisch passenden Religionsbegriff zu unterstellen und schon in seinen Definitionen den definierten Gegenstand mit der Elle seiner theologischen Vorurteile zu messen. Jedenfalls mag die hier gegebene Beschreibung als ein Bekenntnis zur unvoreingenommenen Wahrnehmung der Tatbestände verstanden werden. Es ist nämlich meine Meinung, daß die „Religion" nicht erst in einer bestimmten Sicht – etwa von der „Offenbarung" her, oder was der Dogmatiker für Offenbarung nimmt – zu beurteilen sei, sondern daß sie eben in ihrem unmittelbaren Befund eine anthropologische Bedeutung hat. Die Wesensbeschreibung der Religion führt zu einer Anthropologie der Religion, was natürlich nicht mit einer religiösen Anthropologie verwechselt werden darf. Und sofern, was ja gar nicht bestritten werden kann, auch das Christentum in seinen geschichtlichen Ausformungen „Religion" ist, trifft diese Anthropologie der Religion auch auf das Christentum zu. Eben in dieser unbefangenen Betrachtung der Religion ist sie nun von höchstem dogmatischen Interesse.

Die Religion weist nämlich in unvergleichlicher Weise den Menschen auf sein Menschsein hin. Sie macht ihn zum Grenzüberschreiter, sie nimmt ihn in Zucht, sie gibt ihm Mut zum Sein. Sie zeigt ihm eine Norm, vor der er sich selbst prüfen muß und an der er gemessen wird, und in allem beweist die Religion ihre bewahrende Kraft. Sie hat in der christlichen Dogmatik ihren Ort in der Lehre von der Erhaltung des gefallenen Menschen. Nicht minder bedeutsam ist es freilich, daß der homo religiosus im Blick auf das Evangelium schon beim Thema ist, er ist in eine bestimmte Richtung des Fragens und der Erwartung gedreht, er hat von seiner „Religion" her ein wenn auch noch so irriges *Vorverständnis* dessen, wovon dann hernach die Rede sein wird.

Wir sind damit aber noch nicht am Ende. Der Oberbegriff, wenn man so will, unter den wir die Lehre von der Religion als Erhaltungsmacht des gefallenen Menschen stellten, war das Gesetz. Darum muß, was wir dort von den Grenzen des Gesetzes und seiner Kraft gesagt haben, auch hier entsprechend gelten. Wie das Gesetz, so kann auch die Religion mißbraucht werden: sie steht z. B. dem politischen Mißbrauch zur Verfügung, sie kann durch Fanatismus und Intoleranz Leid und

Unheil über die Menschen bringen. Ihre Institutionen in aller Welt verführen zur Heuchelei. Selbst wenn man den Religionen, wie es im Sinne meiner Ausführungen liegt, ein relatives Verhältnis zur Wahrheit zubilligt, so kann ebensowenig übersehen werden, daß dieses Verhältnis zur Wahrheit außerordentlich gebrochen und bis zur Unkenntlichkeit entstellt sein kann. Religion kann auch zum Gefäß der Sünde und der Ausschweifung werden. Die Möglichkeit der Reform und Reformation liegt um dieser grundsätzlichen Möglichkeiten der Entartung ebenso im Wesen der Religion beschlossen. Dementsprechend, daß die Religion ein spezifisches Verhältnis zu Gott und Welt bezeichnet, hebt sie sich in charakteristischer Weise von anderen denkbaren Beschreibungen dieses Verhältnisses ab, z. B. von einer nur moralischen (Moralisierung der Religion) oder juridischen (Verrechtlichung der Religion).

Treffen so die Grenzen des Gesetzes, seiner Fähigkeit und Tragweite, mutatis mutandis auch auf die „Religion" zu, so gewinnt alles, was hier auszusagen ist, darum unversehens eine drängende Aktualität, weil auch das *Christentum* Religion ist. Es ist keine Rede davon, daß das Evangelium das Ende der Religion ist, wiewohl dieser Satz in neuerer Zeit immerfort kolportiert wird. Tatsächlich gibt es unter uns seit 2000 Jahren christlichen Glauben und christliches Leben, und das ist eben auch Religion. Es ist es um so mehr, als dieses Christentum mit anderen Religionen nachbarlich zusammenlebt bzw. in Gestalt seiner Mission konkurriert. Wie blind müßte eine Theologie sein, die das nicht zu sehen vermag. Daher gilt alles, was wir über die Religion als gnädige Erhaltungsmacht gesagt haben, ebenso für die christliche wie für andere Religionen, und auch was von Grenzen, Gefahren, Irrtumsmöglichkeiten der Religionen gesagt ist, gilt hier wie dort. Man müßte denn die Kirchengeschichte ausstreichen. Indessen ist das Christentum doch zugleich ein Sonderfall, weil in der Tat das Evangelium, wie es das Gesetz wandelt, so auch die Religion wandelt. Das Gesetz hört nicht auf, wenn das Evangelium erschallt; und auch die Religion hört nicht auf. Aber das Gesetz wird dem Evangelium dienstbar. Auch die christliche Religion ist dem Evangelium dienstbar durch die Predigt und die Unterweisung der Kirche, durch Seelsorge und Liebesdienst, die allesamt, wenn sie recht geschehen, über das bloß Religionshafte hinausweisen. Das Christentum, selbst „Religion", ist darin zugleich ein Sonderfall, ja *der* Sonderfall der „wahren Religion", daß es die anderen Religionen und sich selbst in der von Gott gesetzten Relativität zu erkennen vermag, ohne daß es doch darum sein eigentlichstes, das Evangelium, der Relativität preisgeben könnte und dürfte. Das Christentum ist die Religion, die in der Tat die Religionen zu Ende führt. Es gibt „nach" dem Christentum schlechterdings keine Religion mehr. Diese Religion müßte dann sicherlich wieder in irgendeinem Sinne „Heidentum" sein, aber es gibt kein Heidentum post Christum. Es gibt nur Religion auf Christum hin, wie das

Gesetz auf Christus hin ist. Ich bin daher in gewissem Sinne geneigt, dem Satz Schellings aus der „Philosophie der Mythologie und der Offenbarung" zuzustimmen, daß das Christentum die Wahrheit des Heidentums ist. Wie soll sonst „Mission" möglich sein?

Eine Analyse des Religionsbegriffes erbringt aber noch einen anderen Ertrag, der dem landläufigen theologischen Denken außerordentlich unbequem ist und der dennoch erwogen werden muß. Der Religionsbegriff erweist sich nämlich als ein kritischer Begriff für religiöse Ansprüche und sogar für theologische Sätze. Er hat in einer kritisch geläuterten Gestalt Normcharakter. Es ist gewiß ein zunächst nicht theologischer, sondern religionsphilosophischer Satz: „Die Religionsphilosophie kann auch eine Art Kriterium der Wahrheit und der Echtheit einer positiven Religionsform sein" (S. Holm, Religionsphilosophie, 1960, 325). Übertragen wir diese These in unseren Zusammenhang, so heißt das: Religionswidrige Tatbestände werden auch durch die Berufung auf „Offenbarung" nicht akzeptabel gemacht. Als Beispiele nenne ich ein evidentes Verstoßen gegen die Gebote der Sittlichkeit, z. B. ein Mordgebot unter Berufung auf Offenbarung. Offenkundige Pietätlosigkeiten, Verletzung des Heiligen, bloßer Dogmatismus, intellektuelle „Rechtgläubigkeit", bloße „Richtigkeiten" in der Predigt, überwiegende Freude an der Zunichtmachung des Menschen und seines „Vermögens", aber auch Leugnung der letzten Sinnhaftigkeit des über uns waltenden göttlichen Ratschlusses verstoßen gegen den Sinn und den Wahrheitsgehalt der Religion überhaupt. Auch hier ist die Parallele zum Gesetz nicht wohl zu übersehen. Denn die Berufung auf Offenbarung gibt noch kein Recht dazu, aus den Grenzen des elementaren Rechtes auszubrechen. Aber auch Vereinseitigungen, wie die Verrechtlichung der Religion, Verengungen wie ihre Moralisierung werden allein schon durch den Hinweis und Hinblick auf den Religionsbegriff ans Licht gezogen. Diese Seite der Sache mag in unserem Zusammenhang sekundär sein, sie mag eben zur Erwägung anheim gegeben werden. Sie ist aber geeignet, auf die möglichen Konsequenzen einer Theologie der Religion hinzuweisen, Konsequenzen, denen auszuweichen jedenfalls auch der Begründung bedürfte.

## Zweiter Hauptteil

### 15. Kapitel

### DAS EVANGELIUM

#### 1. *Die Dominanz des Evangeliums*

Den 1. Hauptteil der Dogmatik, die Lehre von der Schöpfung, haben wir mit der Lehre vom Gesetz abgeschlossen. Das Gesetz verstanden wir als die Macht, unter der und durch die Gott seine Schöpfung, vorweg den Menschen, zugleich gnädig und streng bewahrt. Gott verpflichtet den Menschen, das Gute zu suchen, zu erkennen und zu tun. Gott bindet darüber hinaus den Menschen auch in verborgener Weise an sich selbst. In aller Welt ist der Mensch in dunkler oder klarer Form, irrend oder auch im Lichte der Wahrheit von den beiden Gestalten des Gesetzes gehalten und getragen: Bonum esse faciendum – Deum esse colendum. Ethik und Religion – um es modern auszudrücken – sind die beiden Erweisungen dessen, daß der Mensch unter dem Gesetz lebt, ja daß er es im Herzen trägt oder auch nur, daß er darnach trachtet, die Werke des Gesetzes zu tun. Was nun im folgenden abzuhandeln ist, das steht nicht mehr unter diesem Zeichen des Gesetzes. Es ist etwas Neues. Es steht unter dem Vorzeichen des Evangeliums, ja es soll ganz als Evangelium verstanden werden.

Es liegt auf der Hand, daß wir uns damit von der weithin üblichen Lehre von Gesetz und Evangelium entfernen. Gesetz und Evangelium sind uns, indem wir diesen Ansatz wählen, mehr als die Träger einer Dialektik im Worte Gottes, mehr als ein Predigtproblem. Es wird jedenfalls nicht mehr übersehen werden können, inwiefern auch das Gesetz ein Bote des gnädigen Willens Gottes ist, was er geschaffen hat, auch zu erhalten. Das Gesetz ist eine Ordnungsmacht, die den Menschen vor dem Fall in das Bodenlose bewahrt. Es ist eine bewahrende Macht, nicht mehr. Ethik und Religion, als Gesetz verstanden, umgeben den Menschen in seinem alten Sein und in seiner Hinfälligkeit. Sie erinnern ihn an sein Menschsein, sie zeigen ihm seine Schranken und sie klagen ihn an.

Zugleich kommen bei unserer Fassung des Verhältnisses von Gesetz und Evangelium vier Grundanliegen der lutherischen Theologie zum Tragen, von denen man annehmen möchte, daß sie in dieser Fassung nicht als „konfessionelle" Thesen, sondern als eine mindestens diskutable Wahrheit anerkannt werden müßten.

1. Das Gesetz wird vor dem Evangelium zur Sprache gebracht. Die von Luther – in ganz anderem sachlichem Zusammenhang – in den Antinomerthesen betonte Reihenfolge Gesetz – Evangelium ist gewahrt.

2. Gesetz und Evangelium sind streng zu unterscheiden. Das Neue, von dem nun im folgenden die Rede sein soll, darf nicht wieder als Gesetz ausgegeben werden. Dies geschieht dann, wenn aus dem, was uns Gott gegeben, was Gott für uns ge-

tan hat, wiederum eine Forderung gemacht wird, z. B. eine Forderung nach „demütiger Haltung" oder eine Forderung, sich „zu entscheiden". Jede Vermengung und Verwischung des Unterschiedes von Gesetz und Evangelium erweist sich als ein Betrug, indem das Evangelium verfälscht und seiner Größe und seiner göttlichen Kraft beraubt wird.

3. Auch für die Christen, die das Evangelium angenommen haben und die unter dem Evangelium leben, dauert das Gesetz in seiner Bedeutung fort; denn auch die Christen bedürfen der erhaltenden Gnade Gottes für ihr zeitliches Leben.

4. Es besteht keine Parallele zwischen Gesetz und Evangelium. Vielmehr überwiegt das Evangelium das Gesetz weit. Es überwiegt das Gesetz so weit, daß sogar das Gesetz im Lichte des Evangeliums verstanden werden kann. Auch Gottes erhaltende Macht ist ja Gnade und Wohltat. Von dem, was Gott an uns getan hat, spricht alle christliche Predigt im Indikativ, nicht im Imperativ. Eine Gesetzespredigt, welche die großen Wohltaten Gottes in seiner Schöpfung, Erhaltung und Ordnung der Welt – z. B. in der Ehe, in den sozialen Bezügen – indikativisch preist und „zeigt", ist schon eine evangelische Weise zu predigen, wenn auch inhaltlich eine Gesetzespredigt. Sie muß sich dann um den Imperativ nicht mehr viele Mühe machen.

Evangelium, frohe Botschaft, ist die einfachste Formel für die Kundmachung von Gottes Heilstat. Ihre verhängnisvollste Mißdeutung wäre es, wenn man die Verkündigung der Heilstaten Gottes in ein Gesetz umfälschen wollte. Davon sprachen wir schon. Es wäre auch eine Verfälschung, wollte man das, was in den nachfolgenden Kapiteln über Jesu Leben, über seine Lehre, seine Taten, seinen Tod und sein Auferstehen zu verhandeln sein wird, nur als Tatsachen verhandeln, die ohne Bezug auf unser Heil für uns theologisch relevant wären, und das heißt doch: ohne daß sie als Evangelium verstanden würden. Durch die Dominanz des Evangeliums kommt ein tröstlicher, wenn man will: seelsorgerlicher Zug aller christlichen Theologie ans Licht; denn alles Evangelium ist consolatio. Gewiß erschrecken wir, wenn uns aufgeht, daß sich Gott unser annimmt. „Herr, gehe von mir hinaus; denn ich bin ein sündiger Mensch!" (Lk 5,8) Aber daß sich Gott meiner angenommen hat, das ist Evangelium.

## 2. Die Erwählung

K. Barth sagt: „Die Erwählungslehre ist die Summe des Evangeliums, weil dies das beste ist, was je gesagt und gehört werden kann: daß Gott den Menschen wählt und also auch für ihn der in Freiheit Liebende ist". Wenn wir die Lehre von der Erwählung, von Gottes Gnadenwahl am Anfang der Christologie behandeln, dann kann das nur heißen, daß wir uns der Heilsabsicht Gottes so prinzipiell wie nur möglich versichern. Das kann freilich nicht ohne einen kritischen Gang erfolgen. Wir haben zu prüfen, ob die Erwählungslehre in der überlieferten Form wirklich die Sache des Evangeliums zum Ausdruck bringt.

Wie so oft in der Dogmatik, ist auch hier der Ort entscheidend, an dem wir eine Lehre behandeln. Die lutherische Orthodoxie hat die Erwählungslehre vielfach zurückgestellt und erst im Zusammenhang mit der späten Lehre vom Ordo salutis verhandelt. Mit einer solchen Vertagung ist aber immer schon ein sachlicher Entscheid getroffen, wie auch eine Vorverlegung des Themas bis zur Schöpfungslehre einen Sachentscheid bedeutet, ohne daß dieser mit viel Worten zum Ausdruck gebracht werden müßte. K. Barth widmet der Erwählungslehre KD II/2, 1948, 1–561. Vgl. Art. Erwählung RGG II,610–621 (Lit.).

Sachlich fließt die Erwählungslehre mit der Prädestinationslehre zusammen. Und doch besagen beide Begriffe nicht ganz dasselbe. Rein systematisch stellt die Erwählung (electio) nur die eine, nämlich die positive Seite der Prädestination dar, zu der man aber auch die negative Seite der Sache, nämlich die Verwerfung (reprobatio), hinzunehmen muß. Der dominierende Begriff der Erwählung versteht also den ganzen, nicht unbelasteten Komplex der Prädestinationslehre von vornherein unter einem „evangelischen" Vorzeichen. Es kommt aber noch ein sachlicher Unterschied zu dem rein begrifflichen hinzu. Der Begriff der Prädestination meint die „ewige" Erwählung, die Erwählung vor aller Zeit, während in der Fülle des biblischen Zeugnisses bei dem unbefangenen Gebrauch des Begriffes der Erwählung durchaus auch auf eine zeitliche Wahl gezielt sein kann, ohne daß der Gedanke an einen vor aller Zeit und vor aller Geschichte vollzogenen Akt Gottes dabei einfließen muß.

Welche Interessen kommen nun in der Erwählungslehre zum Ausdruck? Es scheinen mir vorwiegend drei zu sein.

1. Zunächst ist es das Schriftzeugnis selbst, das uns den Begriff der Wahl Gottes in seiner weittragenden Bedeutung zeigt. Israel ist das „erwählte" Volk, trotzdem es ein denkbar geringes und keineswegs sittlich hervorragendes Volk ist (Dt 7,6 f.; 14,2 u. ö.). Gott leitet die Geschicke seines Volkes, indem er seine Führer (1 Sam 10,24), seine Priester (Dt 21,5), Orte und Zeiten „wählt", wie denn auch das Volk beim Landtag zu Sichem den Herrn „wählt" (Jos 24,15.22), so daß der Begriff unentbehrlich erscheint zur Beschreibung des Bundes Gottes mit seinem Volk. Das Thema der Erwählung und Verwerfung Israels zieht sich durch die alttestamentliche Prophetie (z. B. Jer 7), wie es Röm 9–11 beherrschendes Thema auch bei Paulus ist. In der Grundstelle der Erwählungslehre Röm 8,28–30 greift Paulus zur Begründung unseres Heiles in die unanschauliche Tiefe des vorzeitlichen göttlichen Rates. Die Christen sind die „erwählten" Fremdlinge in der Zerstreuung „nach der Vorsehung Gottes des Vaters" (1 Petr 1,1 f.). Die Zurückführung unseres Heiles auf das unmittelbare Wirken und Wählen Gottes des Vaters spielt im Joh eine ebenso große Rolle wie bei Paulus, wenn auch in anderen Begriffen (z. B. 6,44.65; 17,6.9.11 f. 24 u. ö.). Auch die Synoptiker kennen den Gedanken der Erwählung und verschärfen das Geheimnisvolle bis an die Grenze göttlicher Willkür: Mt 22,14; 24,37–41 par.

2. Die unübersehbare Härte dieser Schriftstellen begegnet sich mit der Erfahrung, daß das Evangelium nicht alle Menschen erreicht, und daß es überdies von denen, die es erreicht, nicht durchweg auch angenommen wird; vielmehr führt es einen Teil der Menschen zum Glauben,

einen anderen Teil jedoch aus unerkennbaren Gründen nicht. Dieses empirische Argument ist nicht von allen Theologen beachtet worden. Schleiermacher hat die Beobachtung der „Ungleichheit" bzw. des Unterschiedes zwischen Berufung und Erwählung (§ 117,1) zum Ausgangspunkt seiner Erwählungslehre gemacht.

3. Die Erwählungslehre ist ein besonders geeigneter Ausdruck dafür, unser Heil und unsere Seligkeit ganz und gar auf Gott zurückzuführen. Es gibt keine radikalere Form, alles menschliche Mitwirken zum eigenen Heil, ja alle menschlichen Voraussetzungen zu demselben auszuschließen als die Lehre von Gottes Gnadenwahl und Vorherbestimmung. Zugleich aber liegt darin auch ein Trost, daß nichts mehr im Himmel und auf Erden uns von Gottes Liebe und unserem Ziel trennen kann, wenn Gott uns zum Heil erwählt hat: Röm 8,38 f.; 1,33–36.

## 3. Die Erwählungslehre im geschichtlichen Wandel

Die Äußerungen der frühen Kirchenväter bewegen sich ganz auf der Linie dessen, was man unter Voraussetzung der strengen Prädestinationslehre als Kompromißformeln bezeichnet hat. Ihr Interesse gilt durchweg der Willensfreiheit und dem Einklang, in dem sich diese Willensfreiheit mit dem Vorherwissen Gottes befindet. In diesem Sinne interpretiert Irenäus (adv. haer. IV,29,2) bereits das klassische Beispiel der Verstockung Pharaos. Origenes (Vom Gebet I,V,3–5; VI,3–5) wendet sich gegen eine vom unvermittelten Prädestinationsglauben her befürchteten Lähmung des kindlichen Gebetsgeistes der Christen. Der schwierige Gedanke, daß Gott wirkt, was er als frei geschehend voraussieht, der dann eine bis zur scientia media des Molinismus reichende lange Tradition hat, findet sich schon hier bei Origenes (vgl. auch c. Cels. VII, 44). Cyrill von Jerusalem vermag 2 Kor 4,4 (Katech. VI,28) nicht anders auszulegen als so, daß die Gnade dort entzogen wird, wo man sich für die Bosheit entscheidet. Wie es keinen Zwang zur Seligkeit gibt, sondern nur der freie Wille entscheidet, so gibt es auch keinen Zwang zum Verderben (Cyrill, Katech. VII,13). Chrysostomus führt in der großen Auslegung von Röm 9,11–24 die Erwählung Gottes ganz und gar auf sein Vorherwissen zurück (Röm-Kommentar 17,5–9).

Man muß sich das vor Augen halten, wenn man sich die Erwählungslehre bei Augustin verdeutlicht. Sie durchzieht sein ganzes Werk, z. B. De civ. Dei XIV,27; XV.1.21; XXI,12; XXII,2; u. ö. Joh-Kommentar 45,12–13; 47,4; 48,6; 53,5 bis 11; 54,1 u. ö. Enchiridion 24–27, und die Lehrbriefe, vor allem De praedestinatione sanctorum und De dono perseverantiae, an Prosper und Hilarius (428/29). Die Voraussetzung der augustinischen Prädestinationslehre ist die Verdammung aller Menschen um der Sünde Adams willen; sie sind insgesamt eine massa perdita. Aus dieser hat Gott um seiner Barmherzigkeit willen eine Reihe von Menschen ausgewählt, die selig werden sollen (vasa misericordiae). Diese Auserwählten (electi) werden ohne Rücksicht auf ihre Verdienste selig; denn auch die Verdienste sind nur Gnadengaben Gottes. Die unwiderstehliche Gnade bringt die Erwählten ans Ziel und stattet sie auch mit dem donum perseverantiae aus. Auf diese Gnadenwahl hat kein Mensch Anspruch; darum geschieht denen, die nicht erwählt werden, nichts Unverdientes, wenn sie als „Gefäße des Zornes" (vasa irae) verlorengehen. Die

Prädestination zum Verderben erklärt Augustin im Sinne des Unterlassens der Gnadenwahl, also im Sinne der praeteritio, wenn er auch von reprobatio spricht. Auch ihn bewegt das Problem des Verhältnisses der Gnadenwahl zur menschlichen Freiheit, die auch er nicht preisgeben will. Aber er löst das Problem ebenso unzureichend, wie er denn auch seine Prädestinationslehre nicht hinreichend gegen kirchliche Mißdeutungen und noch mehr gegen Mißbrauch, etwa in Richtung auf einen totalen Determinismus (Gottschalk) sicherzustellen vermochte. Vgl. B. Altaner, Patrologie (1938) 1958⁵, 404—407 (Lit.) – Art. Augustin RGG I, 738-748 (Lit.) – Art. Augustin LThK I, 1094-1101 (Lit).

Durch Augustin sind in der Erwählungslehre für die abendländische Tradition grundlegende Linien gezogen worden. Die Prädestination ist durch vier Aussagen charakterisiert.

1. Sie ist gemina, d. h. doppelsinnig, sie ist Erwählung und Verwerfung, electio und reprobatio oder doch praeteritio; beide göttlichen Akte sind gegeneinander selbständig und erschließen sich keiner verstandesmäßigen Begründung. Wird die Verwerfung als reprobatio, also als ausdrückliche Zurückweisung vom Heil gedeutet, dann können die beiden Akte Gottes sogar in einer gewissen Parallelität verstanden werden. Wenn die Verwerfung aber nur als praeteritio, als „Übergehung" verstanden wird, dann ist von einer Parallelität nicht die Rede.

2. Die Prädestination ist ferner aeterna, d. h. sie ist von Ewigkeit her, sie gilt vom Anbeginn der Welt. Die Dekrete Gottes folgen unmittelbar der Schöpfung. Hierbei ist vielleicht weniger die Frage entscheidend, ob die Prädestination von Gott vor oder nach dem Fall vollzogen wird, sondern daß das ganze Problem aus der „Zeitlichkeit", also aus dem Raum unserer eigenen christlichen Erfahrung herausverlegt wird und in die „Ewigkeit", also jedenfalls vor den Beginn aller Menschheitsgeschichte zurückverlagert wird. Mit dieser Trennung von „ewiger" und zeitlicher Erwählung ist dann die Prädestinationslehre in allen ihren späteren Spielarten sehr belastet worden.

3. Die Prädestination ist ferner unwiderruflich. Die unwiderstehliche Gnade kommt zu ihrem Ziel, mag geschehen, was will. Man kann das auch so formulieren: Die göttliche Prädestination ist „ewig" auch bezüglich ihres Zieles. Daß auch die Prädestinierten, bzw. die Erwählten in ihrem religiösen Habitus unbeständig sind, die ganze Fülle von Glaube und Anfechtung, von Treue und Abfall, das Auf und Ab der tatsächlichen Erfahrung wird aus der Prädestinationslehre ausgeklammert. Die Erwählungslehre blickt auf das Ziel, nicht auf Wege und Umwege des Menschen.

4. Schließlich sind die beiden Akte der gemina praedestinatio Ausdruck göttlicher Eigenschaften; in der electio wirkt die Barmherzigkeit Gottes, in der reprobatio seine Gerechtigkeit. Die späterhin auch häufige Reflexion auf die „Ehre" Gottes bestätigt nur diese Wahrnehmung. Noch die FC XI bleibt diesem Gesetz der Prädestinationslehre treu, wenn sie hervorhebt, daß im Preis der göttlichen Barmherzigkeit der Ehre Gottes Genüge geschieht, und Schleiermachers Kritik an der Lehrtradition über die Erwählung hat sich eben dieses Argumentes bedient, daß man Gottes Eigenschaften nicht gegeneinander ausspielen dürfe.

Luther hat sich zum Thema sowohl in der Vorrede zum Römerbrief wie in der Römerbriefvorlesung, vor allem aber dann in De servo arbitrio geäußert. Sein Anliegen fügt sich nicht einfach in das von Augustin her überkommene und im Calvinismus weitergepflegte Schema der prädestinatianischen Lehrüberlieferung. Schon sein Vorwurf gegen Erasmus macht das deutlich. Die Diatribe des Erasmus „nihil distinguit inter Deum praedicatum et absconditum, hoc est, inter verbum

Dei et Deum ipsum. Multa facit Deus, quae verbo suo non ostendit nobis, multa quoque vult, quae verbo suo non ostendit sese velle..." (WA 18,685,25–28). Die ganze Reflexion auf einen Rat Gottes vor aller Geschichte tritt zurück hinter dem Unterschied zwischen dem offenbaren Willen Gottes (praedicatus, ostensus, nicht „revelatus"!) und seinem heimlichen Willen (absconditus). Er spricht von der „occulta et metuenda voluntas Dei, ordinantis suo consilio, quos et quales praedicatae et oblatae misericordiae capaces et participes esse velit" (WA 18,684,35–37).

Wie der Katholizismus sich die Prädestinationslehre Augustins nicht zu eigen gemacht hat, so sind auch Luthers entsprechende Gedanken nicht in die Bekenntnisbildung und die theologische Tradition des Luthertums eingegangen. Die Augsburger Confession hat in Art. XVIII bei der Lehre von dem Unvermögen des Menschen, seine Gerechtigkeit aus eigenen Kräften zu bewirken, doch alle deterministischen Konsequenzen abgewehrt. Es fehlt hier auch alle Spekulation über einen Akt Gottes vor aller Zeit. Und in Art. XIX wird die Schuld an der Sünde dem verkehrten Willen des Sünders ausschließlich zugemessen. Die Concordienformel (Art. XI) verfolgt, bei deutlicherer Beziehung auf Luther, die gleiche Linie. Sie nimmt zwar mit Rücksicht auf die ältere Lehrbildung auf die göttliche Voraussicht (praescientia) Bezug, die allen Menschen, guten wie bösen, gilt. Aber die Prädestination gilt doch nur von den Frommen. Sie ist fester Grund unserer Seligkeit und Ursache unseres Heils. Weder Vernunft noch göttliches Gesetz geben uns über Erwählung und Verwerfung Aufschluß, nur das Evangelium selbst; hier, im Worte Gottes, haben wir zu forschen, nicht in arcano Dei consilio. So ist, wenn überhaupt von einer Kompromißformel bei der FC die Rede sein soll, doch die Tendenz klar, nämlich die Erwählungslehre als Ausdruck des Evangeliums, und das heißt als Trost der geängsteten Gewissen gegen alle spekulativen Mißverständnisse zu sichern.

Man wird grundsätzlich auch im Blick auf Calvin seine „evangelische" Absicht nicht leugnen dürfen. Und doch kommt durch ihn eine doppelte Verschärfung in die Verhandlungen. Einmal tritt der Gesichtspunkt wieder in den Vordergrund, daß der erwählende oder verwerfende Beschluß Gottes vor dem Beginn der menschlichen Geschichte gefaßt worden ist. Und außerdem werden diese Beschlüsse (Decrete) Gottes in einer Weise beschrieben, die einer erweiternden philosophischen Ausdeutung die Türe öffnet. Calvin hat seine Prädestinationslehre entwickelt in der Institutio Lib. III, Cap. XXI–XXIV und in der speziellen Schrift De aeterna Dei praedestinatione (1552, CR VIII,249–366). Die klassische Definition findet sich Inst. III, XXI,5: „Praedestinationem vocamus aeternum Dei decretum, quo apud se constitutum habuit, quid de unoquoque homine fieri vellet. Non enim pari conditione creantur omnes: sed aliis vita aeterna, aliis damnatio aeterna praeordinatur. Itaque prout in alterutrum finem quisque conditus est, ita vel ad vitam vel ad mortem praedestinatum dicimus". Die Rationalität dieser Definition – K. Barth spricht in diesem Zusammenhang gelegentlich geradezu von einem Abgleiten vom biblischen Zeugnis – fordert die Zweifel und die Kritik des Rationalismus unmißverständlich heraus.

Die radikalsten Bestreitungen der Prädestinationslehre kommen denn auch aus der reformierten Theologie selbst. Die schon früh einsetzende Affinität der reformierten Theologie zur Philosophie ihrer Zeit und der im Bunde mit der humanistischen Kritik sich regende Biblizismus tragen in eigenartiger Verschränkung diesen Einspruch gegen die strenge Prädestinationslehre. J. Arminius aus Amsterdam (1560–1609), Professor in Leiden, beeinflußt durch die Dissenters seiner Heimat, Mennoniten u. a., bestreitet in leidenschaftlichen Auseinandersetzungen mit Gomarus den absoluten göttlichen Beschluß zur Verdammung als unbiblisch. In der Akkomodation entgegenstehender Bibelstellen an diese mildere Auffassung wirken bereits die Anfänge des kritischen Rationalismus; denn die Hl. Schrift soll nun in dieser Hinsicht nach dem Maße des eigenen Verstehens geklärt werden. Erst nach dem Tode des Arminius kam der „Arminianismus" zur Geltung, aber demgemäß auch zu öffentlicher Bestreitung. 1610 „remonstrierten" zunächst 44 Prediger der reformierten Kirche der Niederlande in 5 Artikeln gegen die schroffe Prädestinationslehre: 1. Gott hat diejenigen, welche glauben, zur Seligkeit bestimmt. 2. Christus ist für alle gestorben. 3. Der seligmachende Glaube stammt nicht aus dem freien Willen, sondern aus Gott. 4. Diese Gnade aber ist nicht unwiderstehlich. 5. Die Frage, ob die Gläubigen wieder abfallen können, bleibt offen. Gegen diese „Remonstranten", die heute noch in den Niederlanden eine kleine Kirchengemeinschaft bilden, fand vom November 1618 bis Mai 1619 die Dortrechter Synode statt. 200 arminianische Prediger wurden abgesetzt, ihr Führer Oldenbarneveldt hingerichtet. Die Beschlüsse der Synode (Dordracenum, Text bei E. F. K. Müller, BSRK 843–861) lehren: 1. Gott erwählt nicht ex praevisa fide, sondern aus ewigem Beschluß. 2. Christus ist nur für die Auserwählten gestorben. 3. u. 4. Die Gnade wirkt unwiderstehlich. 5. Die Heiligen empfangen das donum perseverantiae.

Auch das Dordracenum stellt insofern eine Erweichung der alten Position dar, als der göttliche Ratschluß nicht mehr vor dem Fall Adams (supralapsarisch), sondern nach dem Fall (infralapsarisch) gelehrt wird. Auch konnte die Synode ihre Gegner nicht unterdrücken. Der Arminianismus wirkte fort. 1630 bereits werden die Remonstranten öffentlich toleriert, und ihr Anliegen fand in der Schule von Saumur (Academia Salmurensis) eine theologische Pflege. Dort bildet sich eine mittlere Linie heraus, die insofern ältere Intentionen wieder aufnimmt, als der particularismus specialis nicht verleugnet wird, die aber doch insofern durchaus „modern" ist, als der universalismus gratiae hypotheticus, der Glaube an ein ernsthaftes allgemeines Gnadenangebot Gottes den unübersehbaren Hintergrund bildet.

Der Streit, selbst ein Stück Vorgeschichte der Aufklärung, wird bald ganz von dieser Bewegung überlagert. Neue Gedanken kommen nicht mehr zum Vorschein. Erst Schleiermacher stellt die ganze Verhandlung auf einen neuen Boden, indem er eine radikale Kritik der Lehrüberlieferung mit positiver Aussage verbindet. Seine Prädestinationslehre findet sich in der Glaubenslehre, 2. Aufl. im Zusammenhang mit der Lehre von der Kirche § 116, dann als geschlossenes Lehrstück §§ 117–120; vgl. ferner seine Abhandlung: Über die Lehre von der Erwählung (Sämtl. W. II/1836, 395–484). Schleiermacher geht von der Tatsache aus, daß die Menschen in die Gemeinschaft des Reiches Gottes und der Erlösung immer nur ungleichmäßig aufgenommen werden. Die Urform dieser Aufnahme ist die Zugehörigkeit zur Kirche, die sich im Unterschied zu ihrer Umwelt als eine Gemeinschaft der Erwählten und damit von Bevorzugten darstellt. Doch handelt es sich bei diesen Unterschieden um relative; denn ein endgültiger Ausschluß eines Teiles der Menschen von der Seligkeit wäre für die Seligen selbst ein unauflöslicher Mißklang. Auch verbietet das Gattungsbewußtsein der Menschheit die Vorstellung der absolut verschiedenen Bestimmung partikularer Schicksale. So kann auch der Gegensatz zur Erwählung nur als Übergehung, nicht als endgültige Verwerfung verstanden werden, und auch diese Übergehung läßt sich nur als vorläufige denken, wie denn auch die zur Kirche gehörenden Menschen vormals nicht zu ihr gehört haben. Man kann nicht den einen Teil der Menschheit als Gefäße des göttlichen Erbarmens, andere als solche des Zornes oder der Gerechtigkeit verstehen; denn es gibt keine geteilte Offenbarung göttlicher Eigenschaften. Alle Ungleichheit ist immer nur eine vorübergehende, die durch mannigfache Entwicklungen aufgehoben werden kann: durch Mission, durch persönliche Entwicklung, ja Schleiermacher denkt möglicherweise sogar an eine Entwicklung nach dem Tode. Daß dabei Schleiermachers Überzeugung von der Wiederbringung aller (Apokatastasislehre) im Hintergrund steht, kann nicht übersehen werden.

Die Wirkung Schleiermachers in dieser Sache ist kaum zu überschätzen. Er hat erstens jeder Theologie, die nicht nur repristinieren will, den Rückweg zur alten Dekretenlehre verbaut, und er hat ferner den Gedanken einer Erwählung der Gemeinde so eindrucksvoll in den Vordergrund gestellt, daß er bei A. Ritschl geradezu den Mittelpunkt der Erwählungslehre (Rechtf. u. Versöhnung III,1888[3] 120 ff., 285, 303) und auch bei K. Barth (KD II/2, § 34) einen Zentralgedanken der Erwählungslehre ausmacht. Wenn Barth im übrigen die Erwählungslehre ganz christologisch zentriert, so hat er auch darin große Vorgänger; denn die Erwählung in Christus ist schon von Arminius und vorher gelehrt worden. Barth freilich breitet hier das christologische Prinzip nach allen Seiten aus. Vollzieht sich unsere Erwählung in dem präexistenten Christus, dann kann sie demzufolge supralapsarisch interpretiert werden. Jesus Christus ist aber nach Barth zugleich der erwählende Gott wie der erwählte Mensch. Durch den ersten Satz wird er zum Subjekt der Erwählung erklärt, eine Lehre, die E. Brunner wohl mit Recht im Hinblick auf das neutestamentliche Zeugnis angefochten hat (Dogmatik I,336 f., 357 ff.). Durch den zweiten Satz wird ausgesagt, daß alle Erwählung nur in Christo gilt. Hier kommt der evangelische Kern der Erwählungslehre klar zur Entfaltung. Aber doch auch wieder nicht, wenn man bedenkt, daß diese Erwählung eine immer in sich selbst doppelte sein soll, Erwählung und Verwerfung zugleich. So daß Sätze wie diese möglich werden: Gott habe dem Menschen die Erwählung, sich selbst aber die Verwerfung, ja die Verdammnis und den Tod zugedacht (II/2,177). Hier kommt das mit der Erwählungslehre ursprünglich Gemeinte an seine Grenze, wo die christologischen Möglichkeiten schlechthin überspitzt werden. Christus, der einzig erwählte, aber auch der einzige verworfene Mensch. Die so in Jesus Christus sich ereignende doppelte Erwählung wird, indem gleichzeitig ein Tausch zwischen Gott und Mensch sich vollzieht, im Sinne der stellvertretenden Genugtuung gedeutet. Aber nicht nur dies; es kommen auch Konsequenzen in Sicht, die ähnlich wie bei Schleiermacher, wenn auch aus ganz anderen Voraussetzungen, die Apokatastasis, die endliche Wiederbringung aller Verlorenen nahelegen. E. Brunner hat (Dogmatik I,336 ff. und 375 ff.) mit Recht auf die Abweichungen dieses Barthschen Entwurfes vom biblischen Zeugnis aufmerksam gemacht. Christus ist nicht der Urheber, nicht das Subjekt der Erwählung, sondern der Mittler; und daß Jesus Christus der einzige Verworfene ist, das ist einerseits eine fast verwegene Überspitzung der Deutung seines Sterbens, es ist andererseits eine radikale Entschärfung der Lehre vom göttlichen Zorn und vom Gericht über die Sünde der Sünder.

## 4. Kritische Sichtung der Tradition

Die Erwählungslehre erweist sich, überblickt man ihre Geschichte, als eine immer erneute Versuchung des theologischen Denkens, seine Grenzen zu überschreiten. Sie verführt uns in vielfacher Form, Aussagen zu machen, die uns unmöglich sind, und Spekulationen nachzuhängen, die den Ratschluß Gottes ergründen wollen.

Auf der „niederen Ebene" des Gemeindeglaubens werden solche Spekulationen dann entweder durch ein Erschlaffen des eigenen Glaubenskampfes oder durch die Neugier der diagnostischen Frage: „bin ich erwählt?", „wodurch kann ich mir Gewißheit über meine Erwählung verschaffen?" bestätigt. Die Antwort des sog.

Syllogismus practicus, daß wir nämlich der Erwählung aus deren Früchten gewiß werden sollen, ist zwar immer wieder theologisch desavouiert worden, aber sie ist doch nur eine Konsequenz, welche das natürliche Heilsverlangen des Menschen aus den spekulativen Sätzen der alten Prädestinationslehre gezogen hat. Frage 86 des Heidelberger Katechismus ist ihre bekannteste Gestalt: „Daß wir bei uns selbst unseres Glaubens aus seinen Früchten gewiß seien und mit unserem gottseligen Wandel unseren Nächsten auch Christo gewinnen", wozu Mt 5,16 und 1 Joh 3,14 als dicta probantia angeführt werden.

Die spekulative Fassung der Erwählungslehre nährt sich herkömmlich aus zwei verhängnisvollen Ansätzen. Einmal wird eine „ewige" und eine „zeitliche" Erwählung unterschieden, wobei das Interesse ganz der ersteren gilt. Diese ewige Erwählung wird als vor aller Zeit geschehen dargestellt, woraus sich das doch ganz im zeitlichen Schema entworfene Problem des Infralapsarismus oder des Supralapsarismus ergibt. Führt schon diese Annahme einer Geschichte vor aller Geschichte zur Aufstellung unvollziehbarer Sätze, so ergibt sich aus ihnen notgedrungen eine schwer zu verhehlende Abwertung des zeitlichen Lebens und seiner Glaubensentscheidungen. Wie soll man aber auf die Dauer der Logik verbieten, Folgerungen aus klaren Voraussetzungen zu ziehen? Und wie soll man, haben die Erwählungsdekrete Gottes den Charakter vorgeschichtlicher Beschlüsse erhalten, nun noch verhindern, daß sie nur auf das letzte Endziel des Heiles, nicht aber auch auf das geschichtliche Leben selbst bezogen werden? Solche deterministischen Konsequenzen legen sich aber um so näher, als sich ein zweiter Ansatz als verhängnisvoll erweist. Der Deus absconditus verwandelt sich als Deus absolutus in einen philosophischen Begriff. Sein decretum absolutum ist unbekannt, und es ist doch zugleich recht eigentlich der Gegenstand der spekulativen Aussagen.

Hängt unser Heil letztlich an dem, was wir doch nicht wissen können, dann wird folgerichtig die Erlösung durch Jesus Christus zu einem vordergründigen Spiel. Christus als Executor decreti wird der Spekulation dienstbar gemacht, und es bleibt die Frage, was unsere Entscheidungen dann noch zu bedeuten haben. Man kann natürlich fragen, ob demgegenüber die Bewahrung der „relativen Freiheit" des Menschen ein legitimes Anliegen darstellt, obwohl ich mich dazu bekennen muß. Ein dringenderes und jedenfalls einleuchtendes Anliegen muß es aber bleiben, wie denn der Trostcharakter des Evangeliums noch gewahrt werden kann, wenn ich in allem, im Hören des Evangeliums wie im Empfang der Sakramente dem Zweifel ausgesetzt bleibe, ob nicht der Vorbehalt, daß ich doch nicht zu den Erwählten gehöre, mir gilt und darum alle vermeintlichen Wohltaten des Evangeliums an mir vorbeigehen.

Wir sind damit den Konsequenzen aus der harten Fassung der Prädestinationslehre nachgegangen. Die Einwendungen dagegen liegen nahe. Man kann nämlich mit Recht darauf hinweisen, daß seit den Tagen Calvins eben diese Konsequenzen um des Evangeliums willen immer wieder abgewiesen worden sind. Man kann ferner darauf verweisen, daß die Kritik K. Barths auch den harten, spekulativen und in ihrer zeitgenössisch philosophischen Fassung vom Schriftzeugnis abführenden Voraussetzungen den Boden entzogen hat. Es ist aber andererseits daran zu erinnern, daß dieser radikale Kritiker selbst so etwas wie einen spekulativen Entwurf der Erwählungslehre geboten hat. So bleibt die Frage offen, wie die Erwählungslehre verstanden und gefaßt werden muß, wenn sie ein Gefäß des Evangeliums bleiben soll und wenn sie in den Grenzen dessen ausgesagt wird, was wir vor unserem Wahrheitsbewußtsein verantworten können.

## 5. Die Erwählung als Evangelium

Der Gedanke der Erwählung muß als ein zentraler Gedanke der Schrift in beiden Testamenten festgehalten werden. Er sagt in der Tat das Evangelium aus, daß Gott mir liebend zugewendet ist und daß er mich als sein Eigentum haben und halten will. Im Alten Testament ist vor allem das erwählte Volk gemeint, wiewohl individuelle Fassungen des Erwählungsglaubens nicht fehlen (z. B. Ps 139,16). Im Neuen Testament ist es der einzelne, doch auch er im Sinne der Bausteine, aus denen das neue Haus Gottes, die Gemeinde des neuen Bundes, die Gemeinde der Heiligen erbaut wird: Röm 8,30. Die erwählten Fremdlinge der Diaspora (1 Petr 1,1) sind es „gemäß der Zuvorersehung Gottes des Vaters". Auch der Apostel ist sich seiner speziellen Erwählung zu seinem Amt bewußt: Röm 1,1. Aber wir müssen die Geschichte der Erwählungslehre als eine Aufforderung verstehen, den reinen biblischen Gedanken von allen spekulativen Elementen zu entschlacken.

Zweierlei will die Erwählungslehre zum Ausdruck bringen:

1. Sie will unser Leben mit der Ewigkeit in einem doppelten Sinne verklammern. Daß wir von Gott angenommen sind, das ist von Ewigkeit her. Und zugleich gilt, daß wir von Gott angenommen sind, in Ewigkeit. Aber die Ewigkeit darf nicht verstanden werden als eine quantitative Steigerung der Zeit, gleichsam als eine Ausdehnung des Horizontes vor aller Geschichte und hinter alle Geschichte, wobei dann doch alles in geschichtlichen Kategorien verstanden wäre. Die Spekulationen darüber, ob die Erwählung „vor" oder „nach dem Fall Adams" geschah, ist die unmittelbare Folge dieses Verharrens in quasi geschichtlichen Vorstellungen, wie auch der Streit über das Beharren, das donum perseverantiae ebenso an diese massiven Voraussetzungen gebunden ist. Vielmehr meint das Wort Ewigkeit hier eine andere als die geschichtlich-zeitliche Dimension. Sie meint, unsere Erwählung ist von Gott her nie zufällig, und sie gilt auch über alle geschichtlich-zeitlichen Schranken hinaus. Unsere christliche Existenz ist durch die Erwählung

Gottes ihrer geschichtlichen Kontingenz entkleidet und unser Leben kann, weil Gott sich unser angenommen hat, nicht ins Nichts zurücksinken.

2. Zugleich aber ist unsere Erwählung ein individueller Gnadenakt Gottes. Man sollte dagegen nicht gleich den Gedanken der Gemeinde oder der Kirche polemisch ins Spiel bringen. Daß wir als Erwählte nicht allein sind, daß wir als solche vielmehr der dem Volke Gottes zugewendeten Güte mit teilhaftig werden und daß sich Gott auch dieser seiner Gemeinde als eines Mittels der Erwählung bedient, das ist unbestritten. Aber diese Gemeinde besteht aus lauter einzelnen. Die Gnade Gottes ist mir, dem einzelnen zugewandt, und ich kann mich in meinem Glauben nicht auf die Gemeinde berufen, kann mich nicht hinter der Kirche verstecken, sondern muß für mich selbst einstehen. Die Erwählung ist mir persönlich vermeint; ich gehöre nicht pauschal zu einem erwählten Volk, gehöre nicht durch meine Geburt etwa schon zur Kirche, sondern ich bin auf meinen Kopf getauft und bin bei meinem eigenen Namen gerufen. Diese Gnade, die mir da widerfährt, ist aber immer eine Ausnahme. Es ist nicht selbstverständlich, erwählt zu sein, als ob Gott, der ja seinem Wesen nach „Liebe sei", ohnehin nicht anders könnte als mir gut zu sein.

Diese in der Erwählung sich ereignende Ausnahme, die man auch als Herausnahme verstehen kann, darf nicht mißverstanden werden. Dieses Mißverständnis hat sich häufig in der Form vollzogen, daß man an eine Herausnahme aus dem Schicksal vieler anderer Menschen gedacht hat, die ein anderes Schicksal haben. Während man selbst erwählt wird, werden andere verworfen. Man faßt also auch dieses Widerfahrnis der Gnade quantitativ, und man tritt gleichsam aus seiner eigenen unaufhebbaren Subjektivität heraus, tritt neben sich selbst, „objektiviert" sich und seinen eigenen Gnadenstand und „vergleicht" ihn mit dem Heils- bzw. Unheilsstand anderer Menschen neben uns. Wiederum sind die Folgen verhängnisvoll; denn es ergibt sich nun das Bild einer unterschiedlichen Behandlung der Menschen durch Gott, unverdient und darum nur um so unbegreiflicher, und es ist nicht einzusehen, wie der aus Angst und Unsicherheit geborenen diagnostischen Frage gewehrt werden soll, ob man selbst, oder ob der oder jener zu den Erwählten oder zu den Verworfenen gehört.

Tatsächlich handelt es sich aber nicht um eine Herausnahme aus dem Los vieler anderer Menschen, als ob wir irgend etwas über die innersten und letzten Geheimnisse dieser anderen Menschen wissen könnten und dürften. Es handelt sich vielmehr um eine Heraushebung unseres eigenen Lebens über die in ihm selbst liegenden anderen Möglichkeiten. Diese anderen Möglichkeiten, also Verwerfung, Verlorenheit und Tod, stehen mir, indem ich erwählt werde, als meine eigenen anderen Möglichkeiten vor Augen. Und nicht nur beiläufig, sondern in dem

Sinne, daß ich diese anderen Möglichkeiten verdient habe, während das, was mir in der Erwählung widerfährt, das Unverdiente ist.

An sich könnte ich mit dieser positiven Darlegung zur Erwählungslehre abschließen. Aus der Tradition ergeben sich aber immerhin noch vier Fragen, welche das sachliche und begriffliche Verhältnis des Erwählungsgedankens zu angrenzenden dogmatischen Gedanken betreffen. Es handelt sich um das Verhältnis der Erwählung zur Schöpfung, zum Fall des Menschen, zur Erlösung durch Christus und zur Willensfreiheit.

a) Schon eine Reihe von Schriftaussagen stellen ein enges Verhältnis unserer Erwählung zur Schöpfung der Welt fest: Mt 25,34: „Gehet hin, ihr Gesegneten meines Vaters, ererbet das Reich, das euch von Grundlegung der Welt an bereitet ist." Vgl. auch Eph 1,4; Joh 17,24; 1 Petr 1,20 (Apk 13,8; 17,8?). Man wird dennoch hier nicht auf eine Formel abkommen können, die eine Priorität im einen oder anderen Sinne festlegt. Für eine sehr äußerliche Betrachtung scheint ja die Schöpfung eine Voraussetzung dafür zu sein, daß Gott Menschen erwählen kann. Andererseits ist aber mein Schöpfungsglaube in meinen Erwählungsglauben mit aufgenommen. Auch die Schöpfung hat den Charakter einer meiner ganzen Existenz vorlaufenden und zuvorkommenden Gnade, und was es bedeutet, Gottes Kreatur zu sein, das vollendet sich erst in meinem Erwählungsglauben. Es übersteigt aber alle menschliche Möglichkeit weit, wollte man über diese Reihenfolge, womöglich gar eine quasi geschichtliche Reihenfolge, von Schöpfung und Erwählung Aussagen machen.

b) Bezüglich des Verhältnisses von Erwählung und Fall kann man nur ähnlich urteilen: Die Erwählung überwiegt den Fall und alles, was mit ihm zusammenhängt. Gottes Gnadenwahl übergeht unsere Unwürdigkeit, die mit dem Fall zusammenhängt. Christus „hat die in Satzungen bestehende Handschrift, die uns feindlich war, ausgetilgt und hat sie aus der Mitte genommen und hat sie an das Kreuz genagelt" (Kol 2,14). Er hat also der Anklage der Sünde durchs Gesetz gegenüber einen „ursprünglichen" Zustand wiederhergestellt. Man muß aber, um dieses Überwiegen der Gnadenwahl über die Sünde recht zu verstehen, alle Vorstellungen von einer quasi „geschichtlichen" Priorität des göttlichen Beschlusses vor dem Sündenfall ausschließen; denn diese Vorstellungen würden uns nur in den widersinnigen Streit um den Supralapsarismus verwickeln.

c) Erwählung und Erlösung kann man nicht trennen, aber sie beschreiben als Begriffe jeweils etwas Verschiedenes. Daß ich der Erlösung durch Jesus Christus teilhaftig werde, daß sie auch mir zugute kommt, das wird durch die Lehre von der Erwählung seiner Zufälligkeit entkleidet. Mein Christenstand, d. h. dies, daß ich von den Wirkungen Christi erreicht worden bin, unterliegt im konkreten geschicht-

lichen Verlauf meines Lebens unübersehbar vielen „Zufälligkeiten".
Die Lehre von unserer Erwählung aber gibt meinem Christenstande,
kraft dessen ich zu den Erlösten gehöre, eine über das Geschichtlich-
kontingente hinausreichende Tiefe. Die Erlösung ist der Vollzug der
Erwählung. Jesus Christus aber ist der Mittler der Erlösung und der
Erwählung.

d) Eines der verhängnisvollsten Probleme, die im Zusammenhang mit der Prädestinationslehre aufgetaucht sind, ist das des Verhältnisses von Erwählung und Freiheit. Es ist in Wahrheit ein Schein-
problem, das nur dadurch entstehen konnte, daß man die Prädestination deterministisch mißverstanden hat. Es wird durch diese Deutung aber der Erwählung eben das genommen, was ihre eigentliche
Gabe ist: Die Versetzung in die Gotteskindschaft. Kindschaft aber bedeutet Freiheit und Verantwortlichkeit. Freiheit ist natürlich auch hier
nicht unbeschränkte, grenzenlose und normenlose Entscheidungsmög-
lichkeit, sondern sie ist – im Sinne der hier (Kap. 9,2; 11,2) vorgetragenen Schöpfungslehre, – „relative" Freiheit. Sie besteht darin,
daß uns ein „Raum" angewiesen, eine Aufgabe gesetzt wird und daß
unser Wille befreit wird, um uns der Erfüllung unserer Aufgaben und
unserer Bestimmung in Liebe hinzugeben.

Vgl. hierzu *H.-J. Iwand*, Die Freiheit des Christen und die Unfreiheit des Willens,
in „Um den rechten Glauben. Ges. Aufsätze",1965², 247 ff.

J. Kaftan (Dogmatik, 1920[7 u. 8], § 58) hat als den eigentlichen Mittelpunkt der Erwählungslehre die Heilsgewißheit des Christen hervorgehoben. Daran ist insofern etwas Richtiges, als in der Tat durch
den Erwählungsglauben Gewißheit begründet wird. Und zwar ist
unsere Gewißheit bezogen auf Gottes Liebe und Treue gegen uns, auf
welche wir uns unbedingt verlassen können. Es muß aber bezweifelt
werden, ob man in unserem Zusammenhang über die Gewißheit mehr
sagen kann als dies. Der Glaube an unsere Erwählung ist geschichtlich
gewonnen. Unser Erwählungsglaube und damit unser Christenstand
hat eine geschichtliche Seite, die uns an der Möglichkeit des steten Rück-
falles und der Verwerfung entlangführt. Die eindrucksvolle Erörterung einer „Erneuerung zur Buße" nach dem Abfall vom Christentum, m. a. W. die Frage eines zweimaligen Christwerdens, die im
Hebr (6,4–6; 10,26 f.; 12,17) verneint wird, widerlegt jedenfalls, wie
immer man zu der Entscheidung des Hebr stehen mag, die Meinung,
es könne keinen Rückfall geben. Wir können uns auch unter Voraussetzung der klarsten Erwählungslehre nicht auf unsere Treue, auf
unsere Beständigkeit verlassen. Insofern ist keine Sicherheit durch
eine Lehre vom donum perseverantiae zu gewinnen, es ist keine in
uns selbst beruhende Heilsgewißheit zu lehren. Gottes Treue ist hier
alles (1 Kor 1,9; 10,13!), und ich meine, das sei genug.

# IV. JESUS CHRISTUS, GESCHICHTE UNG GEGENWART

## 16. Kapitel

### VON DER ERKENNTNIS JESU CHRISTI

#### 1. *Die Mitte des christlichen Glaubens und die Erschwerung der christologischen Rechenschaft*

Die Mitte und der Grund des christlichen Glaubens ist das Ereignis Jesus Christus. In dem Ausdruck „Ereignis" ist alles einbegriffen, was Jesus in seinen Erdentagen war und wirkte, aber auch seine Spiegelungen in der Geschichte bis hin zu der Antwort des Glaubens der Seinen in Vergangenheit und Gegenwart. Dieses Ereignis Jesus Christus gibt sich im Schriftzeugnis kund. Das Schriftzeugnis ist der Grund unseres Glaubens an Jesus Christus, und zwar schon in dem Sinne, daß die Schrift selber die Bedeutung des Ereignisses Jesus Christus zeigt, daß sie Grund des Glaubens sein und Glauben wecken will. Wer und was Jesus Christus war, ist schon im Blick auf das ursprüngliche Schriftzeugnis nicht in der Gestalt eines „objektiven" und neutralen Berichtes wiedergegeben, sondern als Glaubensgrund. Wir sind angesprochen, zu einer Stellungnahme veranlaßt und vor eine Aufgabe der Erkenntnis gestellt. Die aus dem Glauben erwachsende, den Glauben aussagende und interpretierende Erkenntnis Jesu Christi nennen wir die Christologie.

In der Aufnahme des Wortes „Ereignis" schließe ich mich an P. Tillich an. „The biblical picture of Jesus in that of a unique event", Systematic Theology II, 151. Zur Fragestellung Art. Christologie, RGG I, 1745 ff. (Sevenster u. a.); Art. Jesus Christus, RGG III, 619 ff. (H. Conzelmann) u. die Darstellungen der Theol. d. NT von R. Bultmann (1953) 1968[6]; H. Conzelmann (1967) 1968[2]; J. Jeremias 1970 ff.

Das Ereignis Jesus Christus schließt eine doppelte, geradezu ungeheuerliche Spannung ein, und es kann nur im Glauben begriffen werden. Diese doppelte Spannung ist in folgenden Sätzen beschrieben:

Jesus war ein geschichtlicher Mensch; aber in diesem Menschen hat sich Gott selbst erschlossen. Jesus war ein geschichtlicher Mensch; aber in diesem Menschen hat sich unsere Welt, hat sich das Sein des Menschen verändert.

Diese beiden Sätze sind unverbrüchliche Grundlage aller Christologie. Sie sind natürlich der Interpretation ebenso fähig wie bedürftig. Sie können in der verschiedensten Weise ausgelegt werden, und über solchen verschiedenen Auslegungen haben sich die Christen mannigfach getrennt. Aber diese Sätze selbst gehen allen strittigen Interpretationen voraus.

Zu ihrem Verständnis mag immerhin schon hier zweierlei angefügt sein. Indem wir Jesus als geschichtlichen Menschen ansehen, steht er für uns nicht schlechthin am Anfang. Er steht weder am Anfang unserer Welterfahrung, noch wird die Erkenntnis Jesu Christi mit uns geboren. Vielmehr beginnt unsere Welterfahrung zunächst ohne ihn, und auch unser Glaubensverhältnis zu ihm beginnt erst während unseres Lebens, nachdem wir bereits anderes erlebt, wahrgenommen und als Grund unserer Existenz erfahren haben. Jesus Christus ist das „Neue" gegenüber einem „Alten", wie immer dieses Alte auch im Einzelfalle verstanden werden mag. Jesus Christus ist nicht selbst das „Alte" und Ursprüngliche. Dies kommt in der Ordnung der christlichen Dogmatik darin zum Ausdruck, daß von Jesus Christus nicht gleich im Anfang gehandelt werden kann, sondern daß die Theologie der Schöpfung, die Theologie von Mensch und Sünde und von der Erhaltung der Welt vorausgehen muß. Jedes andere Verfahren, das etwa die Rede von Jesus Christus schon an den Anfang der christlichen Dogmatik setzt, widerstreitet nicht nur dem Gange des biblischen Zeugnisses, sondern auch dem in unserer unmittelbaren Erfahrung wurzelnden Wahrheitsbewußtsein.

Andererseits darf aber das „Neue", das das Ereignis Jesus Christus bedeutet, nicht nur in der Wiederherstellung des Alten und Ursprünglichen gesucht werden. Geht man nämlich davon aus, daß durch die Sünde die Urstandsgerechtigkeit verloren gegangen ist, ja daß die Ordnung der Welt durch den sündigen Menschen und seine Bosheit zerrüttet worden ist, dann wird die Wiederherstellung des Schadens eben darin zu sehen sein, daß durch Jesus Christus unsere Sünde vergeben und zwischen Gott und Mensch Rechtfertigung und Versöhnung eingetreten sind. Oder aber es würde die Wiederherstellung des Schadens dadurch eingeleitet sein, daß durch Jesus Christus, sein neues Gesetz und durch die Erweckung der Christen die Welt wieder zur Ordnung gerufen wird und auch praktisch – etwa durch ein soziales Evangelium – in Ordnung kommt. Die zuerst genannte Wiederherstellungstheorie findet sich vielfach im neueren Luthertum, besonders in dessen bürgerlicher Ausprägung etwa durch die Ritschlsche Theologie. Die andere Form der Restitutionschristologie ist in der angelsächsischen Welt weit verbreitet und verbindet sich leicht mit einem pädagogischen Moralismus. Beide Formen einer Restitutionschristologie sollen durch unsere grundlegenden Sätze verhindert werden. Das will nicht heißen, Rechtfertigung und Versöhnung seien aus dem Kreis der Themen auszuschließen, welche in der Folge der Christologie zu behandeln sind. Und es soll ebensowenig gesagt werden, aus der grundlegenden Veränderung unseres Seins ergäben sich etwa keine Folgerungen für die Ordnung der Welt. Vielmehr ist es so, daß das Ereignis Jesus Christus, eben weil es ein Neues bedeutet, weit über alles hinausgeht, was doch nur eine Restitution und gleichsam Reparatur der alten Welt, der beschädigten Schöpfung wäre.

Christologie ist also die theologische Deutung des Ereignisses Jesus Christus. Aber die theologische Aufgabe führt uns vor spezifische Schwierigkeiten, welche teils in der Sache selbst, teils aber auch in der Situation unseres modernen Bewußtseins liegen. Es wird gut sein, diese Schwierigkeiten zu überblicken, ohne daß gleich vorweg auch schon der Versuch unternommen werden müßte, die in ihnen enthaltenen Probleme zu lösen.

1. Am Anfang mag die unausrottbare moderne Zweifelsfrage des Relativismus stehen: Ist das Christentum wirklich die absolute Religion und ist die in Christus geschehene Offenbarung endgültig?

Das Problem ist sr. Zeit von E. Troeltsch, Die Absolutheit des Christentums und die Religionsgeschichte, (1902) 1929³, umrissen und formuliert worden. Zur Diskussion vgl. W. Elert, Der Kampf um das Christentum, 1921 und RGG I,76–78 (J. Klein); hier Lit. Ferner Art. Absolutheit d. Chr. HWPh I, 31, (R. Schäfer).

Die Frage der Absolutheit des Christentums zielt auf seine Überlegenheit gegenüber den anderen Weltreligionen. Das Recht der christlichen Mission scheint von der positiven Beantwortung der Frage abzuhängen. Indessen ist diese Frage im objektiven Sinne nicht zu beantworten. Man kann keine neutralen Gründe nennen, welche eine Überlegenheit des Christentums gegenüber konkurrierenden Religionen beweisen. Man kann nur seine eigenen Gründe nennen, welche eine Entscheidung zugunsten des Evangeliums von Jesus Christus in uns erzwungen haben.

Die Frage nach der Endgültigkeit der Offenbarung Gottes in Jesus Christus ist nicht dieselbe wie die nach der Absolutheit des Christentums. Sie will Klarheit darüber gewinnen, ob die christliche Offenbarung, also das Ereignis Jesus Christus, wenn auch nicht jetzt, so doch in Zukunft etwa von einer anderen Offenbarung überboten werden könne. Man hat dabei an den Fall zu denken, daß die rein historische Kontinuität der christlichen Überlieferung abrisse und daß, vielleicht infolge einer atomaren Katastrophe, eine menschliche Generation aufwüchse, die von Christus nichts mehr weiß. Ist es denkbar, daß dann die Menschheit sich neuen, von keinen Überlieferungsbeständen verdunkelten Gotteserkenntnissen zuwendet, also einer Religion, die „besser" und vielleicht auch der dann bestehenden Welteinsicht angemessener ist? Wenn man aber vollends bedenkt, daß sich ja das Ereignis Jesus Christus auf dieser winzigen Erde abgespielt hat und auch auf diese in seinen Wirkungen beschränkt zu sein scheint, dann erhebt sich die Frage nach der Endgültigkeit dieser Offenbarung auch insofern, als sich ja auf anderen Sternen und anderen Welten andere Offenbarungen zugetragen haben können, von denen wir nichts wissen. Können wir sie kraft einer Ausschließlichkeitsthese einfach für unmöglich erklären?

Es läßt sich nicht leugnen, daß diese Problemstellung von der kosmologischen Seite her betrachtet nicht schlechterdings abgewiesen werden kann. Es läßt sich ferner ebensowenig leugnen, daß die Problemstellung durch die Konsequenzen eines formalen Offenbarungsbegriffes, durch den Anspruch auf Ausschließlichkeit und Endgültigkeit geradezu herausgefordert wird. Aber wir können immer nur in dem uns erschlossenen Raum der Welt, in „unserer" Welt argumentieren. Auch hier gilt, daß wir alle Offenbarung, die ja an unseren Glauben appelliert und nur im Glauben sich erschließt, nicht mit Kriterien ausstatten können, welche gleichsam objektive Garantien einer fortdauernden Absolutheit für alle denkbare Zukunft bedeuten könnten. Jedes Ereignis, das Offenbarungsanspruch erhebt, stellt uns vor eine Glaubensentscheidung. Aber wir können eine solche Entscheidung immer nur in actu treffen, nicht im Eventualis einer zukünftigen Situation, die, gleichviel ob sie je eintreten wird, jedenfalls nicht die unsere ist.

2. Eine zweite Schwierigkeit der Christologie ist dadurch gegeben, daß uns das geschichtliche Bild von Jesus Christus in einer ungewöhnlich komplexen Weise überliefert ist. Es faßt untrennbar in sich zusammen, wer Jesus war, welche Bedeutung er für die Seinen hatte und welcher Anspruch an die Menschheit und an die ganze Welt von seiner Erscheinung ausgeht. M. a. W.: Wir besitzen das Bild von Jesus Christus nur als Zeugnis des Glaubens an ihn. In demselben Maße, als wir auf den geschichtlichen Grund des Ereignisses nicht verzichten können, ist uns doch dieser Grund nicht „objektiv", sondern nur in der Gestalt eines Zeugnisses zugänglich. Diese Tatsache muß voll gewürdigt werden; denn ohne den Glauben an Jesus Christus hätten wir heute überhaupt keine Zeugnisse von Jesus mehr, weil ja dann nichts zu melden wäre, was noch nach zwei Jahrtausenden das Interesse für diesen „Rabbi" rechtfertigen könnte. Weil er aber für die Seinen mehr war und ist als nur das, darum haben wir überhaupt Berichte über ihn. Das ist aber auch eine Erschwerung; denn der Glaube trägt dieses Zeugnis ja nicht nur in der Weise, wie wir heutigen Menschen christlichen Glauben zu haben und zu äußern pflegen, sondern diese Glaubenszeugnisse sind zugleich Zeugnisse antiker, orientalischer oder hellenistischer Menschen, und indem sie ihren Glauben in ihre Berichte mit einfließen lassen, sind sie nicht in unserem Sinne objektiv, sondern sie verändern, akzentuieren und verklären, was sie gesehen und gehört haben. Und das führt uns unmittelbar zur dritten Schwierigkeit heutiger Christologie.

3. In den Berichten von Jesus Christus ist das, was wir nach heutigen Vorstellungen vom historischen Bericht über Jesus und über die Anfänge des Christentums wissen möchten, teils nach den Gesetzen der Überlieferungsgeschichte (Formgeschichte) verändert, teils auch übermalt oder mit fremden (legendären oder novellistischen) Zügen durchsetzt. Die zentralen Begriffe, mit denen das Geschehen gedeutet wird, die Bekenntnisformeln wie die Selbstbezeichnungen Jesu, stellen uns von Fall zu Fall vor die Frage ihrer wirklichen Herkunft. Hat

sich Jesus selbst als „des Menschen Sohn" bezeichnet, und wie ist diese Selbstbezeichnung gemeint? Handelt es sich hier um eine glatte Übernahme des Titels aus Dan 7 oder um eine Umdeutung? Ist der Christusname eine Umdeutung des Messiastitels des Alten Bundes, und in welchem Sinne kann er dies sein? Ist die ganze eschatologische und christologische Begriffswelt – etwa in der synoptischen Apokalypse Mk 13 par – von Jesus selbst für sich in Anspruch genommen oder eine nachträgliche Eintragung von „Gemeindetheologie"? Jedenfalls stellen uns die Quellen christologischer Aussagen vor erhebliche kritische Fragen. Selbst wenn es sich um Veränderungen und Übermalungen ursprünglicher Berichte handeln sollte, bleibt immer noch die Frage, ob hier lediglich abgetragen werden muß, was „aufgetragen" ist, oder ob sich auch in der Veränderung des Ursprünglichen eine richtige Aussage verbirgt, in der das Neue in Christus beschrieben wird.

4. Die größte Schwierigkeit bereitet einer heute zu verantwortenden Christologie aber doch die Verschiedenheit der überlieferten Lehrtypen. Es ist ebenso ein Gewinn wie eine Last, die uns durch die historische Forschung zugewachsen sind, daß wir uns dieser so weit auseinanderliegenden Lehrtypen überhaupt bewußt geworden sind. Wir können uns heute nicht mehr unbekümmert in einem dieser Lehrtypen ansiedeln und den anderen als falsch oder irrig abwehren. Wir können auch nicht mehr unter Beschwichtigung unseres kritischen Gewissens das Verschiedene in eins mengen. Wenn wir uns dann im folgenden an eine möglichst deutlich akzentuierte Beschreibung dieser christologischen Lehrtypen machen, bleibt zu beachten, daß in den neutestamentlichen Texten diese Typen durchaus auch ineinander übergehen, daß sich die verschiedenen Lehrformen nicht gegenseitig einfach ausschließen, sondern einander aufnehmen können.

So ist die Frage, wieweit Paulus mit dem „historischen Jesus" rechnet, sicherlich nicht dadurch entschieden, daß die wenigen Stellen, wo er sich auf ihn, auf die Überlieferung seiner Worte und etwa auf seine Charaktereigenschaften bezieht, eine persönliche Kenntnis Jesu beim Apostel voraussetzen oder auch nicht voraussetzen. Sie ist auch nicht durch die These zu erledigen, daß sich Paulus als Beauftragter des Auferstandenen und nicht als Schüler des historischen Jesus versteht (Kümmel), sondern es ist eben so, daß das „geschichtliche" Verständnis Jesu in die Präexistenzchristologie des Paulus durchaus mit einbezogen sein kann. Vgl. R. Bultmann, Theologie des NT (1953) 1958³, 185 f.; H.-J. Schoeps, Paulus, 1959, 46 ff.; J. B. Soucek, Wir kennen Christus nicht mehr nach dem Fleisch, EvTh 1959, 300–314.

Wir vergegenwärtigen uns im Folgenden diese Lehrtypen in drei Gestalten, wobei es uns auf den Typus selbst ankommt und nicht auf Detailfragen bezüglich einzelner Texte. Es kommt uns hier auch nicht darauf an zu sehen, wie sich diese Typen in einzelnen Schriften des Neuen Testamentes mischen können, und es kommt uns schließlich nicht darauf an, Probleme, die mit diesen Typen unfraglich gesetzt sind, hier zu lösen.

a) Die Präexistenzchristologie geht davon aus, daß Jesus Christus vor seinem Erdenwirken ein himmlisches Dasein bei Gott gehabt hat, daß er also bei seiner Menschwerdung eine himmlische Präexistenz mit einer irdischen Existenz vertauscht. Diese Präexistenzchristologie kann sich ebenso auf Paulus wie auf das 4. Evangelium berufen. Der Präexistente war schon Mittler bei der Schöpfung der Welt: 1 Kor 8,6; Joh 1,3; Hebr 1,10; Kol 1,16. Die klassische Stelle ist aber Phil 2, 5–11. Jesus Christus kommt aus dem Himmel und kehrt nach seinem Heilswirken auf Erden in der Erhöhung wieder in die himmlische Herrlichkeit zurück. Kreuz und Auferstehen sind der Mittelpunkt seines Erdenwirkens. Um die Heilsbedeutung des Kreuzes zu beschreiben, werden kultische Begriffe aufgeboten: Opfer, Blut, Loskauf. Indem Jesus in der Menschwerdung und dann wieder in der Erhöhung die Zwischenwelten durchbricht, hat er die „Mächte" und Gewalten besiegt: Röm 8,38; Phil 2,10; Eph 1,20 f.; 4,8 ff. Im 4. Evangelium ist diese Grundanschauung insofern etwas modifiziert, als Jesus in seiner ganzen irdischen Existenz auch in der Passion noch die Herrlichkeit seiner Sohnschaft erkennen läßt. Sein Hingang zum Vater ist eine Erhöhung, in die auch die Erhöhung zum Kreuz schon einbezogen wird, und nachdem der Sohn Gottes zum Vater erhöht ist, sendet er den Seinen als Unterpfand der erfüllten Eschatologie den Geist vom Vater als Beistand.

Im Sinne einer reinen Typik muß als Gegenbild zur Präexistenzchristologie hier sofort die adoptianische Christologie genannt werden, die freilich immer als häretisch erklärt wurde und nie zu einer kirchlichen Anerkennung gelangte. Nach ihr wurde der Mensch Jesus von Gott zu seinem Sohn und zum messianischen Werke adoptiert. Die Taufe ist die Messiasweihe, die Versuchungsgeschichte gleichsam die Erprobung und Befestigung des Erwählten. Während des irdischen Lebens ist es ein Geheimnis, daß Jesus der Christus, der Sohn Gottes ist. Aber der Hingang zum Vater in der Himmelfahrt ist eine Bestätigung vor den Seinen, wie denn die Himmelfahrtsgeschichte schon ganz als Vorbild der 2. Parusie (Apg 1,11!) gestaltet ist. Die Inkarnationstheologie ist die stärkste Gegenthese gegen den reinen Adoptianismus, der als Schema natürlich noch heute in manchen neutestamentlichen Vorstellungen und Sätzen zugrunde liegen mag (Apg 2,36; 5,30 f.?). Die spätere Theologie des Weihnachtsfestes und das Bekenntnis zur „Gottesgebärerin" Maria ist der stärkste Riegel gegen diese Deutung.

b) Die metaphysische Christologie ist, um mit Harnacks Formel für das dogmatische Christentum (die Dogmen) zu sprechen (Dogmengeschichte in allen Ausgaben), „ein Werk des griechischen Geistes auf dem Boden des Evangeliums". Die altkirchliche Christologie von Nicäa (325), von Konstantinopel (381) und Chalkedon (451), die diesen Lehrtypus einfach weitertradierende Scholastik und die Orthodoxie des Protestantismus vertreten diesen christologischen Typus.

er nimmt, da er die Lehre von Christus genau in das Trinitätsdogma einbaut, zwangsläufig die Voraussetzungen der Präexistenzchristologie in sich auf. Die metaphysische Christologie fragt nach dem Wesen Jesu Christi bzw. nach seiner Person und bemüht sich um die deutliche Bestimmung des Verhältnisses der göttlichen und menschlichen Naturen in ihm. Die Heilsbedeutung und die Wirkungen des Gottmenschen werden in einer Lehre von seinem Werk bzw. von seinen Ämtern beschrieben, welche der Lehre von seiner „Person" zur Seite tritt. In einer Spätform der Ausbildung der metaphysischen Christologie kommt dann auch noch das geschichtliche Moment seines Wirkens insofern zur Geltung, als eine Lehre von seiner Erniedrigung und von seiner Erhöhung ausgebildet wird. Hierbei tritt nun freilich ein sehr bezeichnender Unterschied zu der Präexistenzchristologie älteren Stiles, bzw. zu deren biblischer Urform zutage. Die ursprüngliche Präexistenzchristologie verfährt nämlich in vergleichsweise mythischen Begriffen, indem ein Himmelswesen auf die Erde kommt und wieder, unter Eintritt eines geradezu kosmischen Dramas, dorthin zurückkehrt. Die metaphysische Christologie verfährt demgegenüber undramatisch; die mythologischen Begriffe werden durch genau umrissene und für ihre Zeit auch philosophisch legitimierte Begriffe ersetzt. Und die Dramatik wird insofern ausgeschaltet, als alle dogmatischen Aussagen nunmehr, unerachtet ihrer gewiß nicht aufzuhebenden „geschichtlichen" Bedeutung, eine primäre Geltung für die Gegenwart haben. Das hängt zum Teil an der hier sich durch die ganze Christologie hindurchziehenden Ontologie. Es hängt aber auch an der unmittelbar christlichen Wahrheit, die jetzt ganz deutlich ins Licht tritt, daß alle Glaubensaussagen einen „gegenwärtigen" Bezug haben müssen, wenn sie nicht, sei es in die Vergangenheit oder ins Irreale, abgleiten sollen. So ist jede Aussage etwa über Jesus als menschgewordener Gott, oder als Hoherpriester, „jetzt" aktuell wahr. Man wird ferner zur gerechten Beurteilung dieser metaphysischen Lehre von Christus auch noch darauf hinweisen müssen, daß viele uns heute unverständlich erscheinende ontologische Sätze sich spielend deuten lassen, sobald man beachtet, wie hier lediglich biblische Sätze, z. B. johanneische Christusgleichungen, in die Sprache der griechischen Metaphysik übersetzt sind. Daher manche bis zur Paradoxie gesteigerten Negationen, Inkonsequenzen etc. in diesem Schema.

c) Mehr noch als die metaphysische Christologie kann sich freilich die geschichtliche Christologie auf die Schrift berufen. Ganz allgemein fordert die Bibel, wie sie uns vorliegt, in der Abfolge ihrer Erzählung durch die beiden Testamente hindurch zum Entwurf eines Gesamtbildes der Geschichte auf, und insonderheit kann man zur Legitimierung dieses Entwurfes auf das Geschichtswerk des Lukas verweisen (vgl. H. Conzelmann: Die Mitte der Zeit [1954] 1959³). Für diese Form von Christologie ergibt sich, was Christus ist, aus seiner Stellung in der Heilsgeschichte. Er ist der Erfüller der Verheißungen, der Anfänger einer neuen Menschheit, der zweite Adam, der Stifter des neuen Bundes (Gegenbild zu Moses), der Geber eines neuen Gesetzes, das Urbild aller alttestamentlichen Typen, der Stifter der Kirche, der Anfänger des Israel nach dem Geist. Zu aller Zeit hat sich in der christlichen Lehrbildung dieses heilsgeschichtliche Interesse geregt. Im Cocceianismus und dann im nachfolgenden Biblizismus freilich gewinnt diese heilsgeschichtliche Theologie einen deutlichen Akzent gegen die metaphysisch denkende und sprechende Orthodoxie: Man versucht, sich unter Berufung auf das biblische Geschichtsbild von der späten Scholastik der Kirche zu emanzipieren.

Dieser Emanzipationscharakter ist immer wieder eine heimliche oder auch offene Triebfeder der Berufung auf die Geschichte gewesen. Im 19. Jahrhundert hat zwar die heilsgeschichtliche Theologie in Hofmann und J. T. Beck noch einmal eine späte Blüte erlebt, aber bald ist die Zuversicht zur Gewinnung einer aus der profanen Geschichte sich heraushebenden Heilsgeschichte erloschen. Jedoch nur, um nun dieser profan verstandenen Geschichte um so vertrauensvoller die Schlüssel zum Geheimnis der Person und der Bedeutung Jesu Christi zu übergeben. Es beginnt die Leben-Jesu-Forschung, die auf die Suche nach dem wahren und „historischen" Bilde Jesu geht. Das Ideal ist zunächst die Biographie. Aber das Scheitern dieser Unternehmungen, zu dem M. Kähler und A. Schweitzer entscheidend mitgewirkt haben, hat doch nicht eigentlich diese Forschung selber eingedämmt, sondern sie hat sie nur bescheidener gemacht und auf ein eingegrenztes Ziel hingewiesen, nämlich auf die Suche nach der authentischen Lehre Jesu, zuzüglich einiger Rahmendaten, wie sich versteht. Nun wird Christologie in diesem modernen „historischen" Sinne die Frage nach dem Inhalt der Lehre Jesu, ja, hier meint man dem eigentlichen Grund und Urgestein aller christologisch allenfalls möglichen Aussagen begegnen zu können. So entgegengesetzt die dabei beteiligten Forscher auch sein mögen, sie unterscheiden sich doch, abgesehen von ihren kirchlichen Interessen und Erwartungen, im Grund nur in der kritischen Temperatur, mit der sie zu Werke gehen. Die Ergebnisse führen freilich doch weit auseinander.

Für die konservative Erforschung des historischen Jesus ist die Zuversicht charakteristisch, viele echte Worte Jesu in und außerhalb des Kanons ermitteln zu können. Sie sind wichtig, weil sie für die Frage nach dem ursprünglichsten Kern der evangelischen Überlieferung das „Urgestein" darstellen. Jesus wußte sich als der Messias, sein messianisches Bewußtsein ist keine nachträgliche Eintragung von Gemeindetheologie. Im Zusammenhang mit den Selbstaussagen seines messianischen Bewußtseins sind auch die Erwartung seines Todes und seiner Auferstehung Bestandteile der Lehre Jesu und insofern in das Bild des historischen Jesus einbezogen.

Für die radikal-kritische Erforschung des historischen Jesus heben sich, auf dem Hintergrund einer weitgehenden Skepsis bezüglich der Echtheitsfrage, nur verhältnismäßig wenig Worte Jesu als unbezweifelbar echt heraus. Gilt bei den konservativen Forschern der Grundsatz „in dubio pro tradito" (E. Stauffer), so könnte man hier sagen „in dubio non liquet". Vieles in den Berichten über Jesus erweist sich als Gemeindetheologie, also als nachträgliche Deutung der Erinnerung im Sinne des Glaubens der ältesten Gemeinde. Jesu Voraussagen über sein Ende und seine Auferstehung nach drei Tagen sind vaticinia ex eventu, an denen die alttestamentliche Weissagung und der Gemeindeglaube mitgestaltet haben. Der Tod Jesu ist für diese historische Betrachtung eine Katastrophe, und für die Auferstehung gilt: „Nach kurzer Zeit sehen wir die galiläischen Anhänger Jesu wieder in Jerusalem; sie verkündigen, Jesus sei auferstanden. Doch gehört das nicht mehr in die Geschichte des ‚historischen Jesus', sondern der urchristlichen Gemeinde." (W. Heitmüller, Jesus, 1913, S. 104).

Die Variationsbreite der Erforschung des „historischen Jesus" erweist sich als sehr groß. Aber sie täuscht darüber hinweg, daß es sich dabei doch nur um – methodisch geurteilt – relative Differenzen einer im Grunde einheitlichen Forschungsrichtung handelt.

Die hier unternommene Übersicht über die großen Typen der Christologie ist selbst nur eine Frucht kritischer Theologie. Es ist daher noch ein Wort über diese kritische Einstellung und ihren Sinn zu sagen. „Kritisch" bedeutet zunächst eine gewisse Distanzierung zu der kirchlichen Tradition, in der man steht. Es bedeutet nicht, diese Tradition zu verlassen, sondern nur jene innere Freiheit, welche es einem ermöglicht, über die eigene Tradition unbefangene geschichtliche Urteile abzugeben. Kritisch bedeutet, sich zu den möglichen Lehrtypen reflektierend zu verhalten und sie aus ihrem jeweiligen Begründungszusammenhang heraus zu verstehen, ohne sie sofort als fremdartig zu verurteilen. Die Kritik schließt darum auch die Fähigkeit in sich, die relative Wahrheit verschiedener gedanklicher Möglichkeiten zu erkennen. Kritik setzt aber dabei immer voraus, daß man über ein „Kriterium" verfügt, nach dem man Ineinanderliegendes als jeweils Besonderes erkennen kann und darum aus seiner geschichtlichen Verflochtenheit herauszulösen vermag. Am Ende einer solchen geschichtlichen Betrachtung – und nichts anderes bedeutet ja Kritik in dem geschilderten Sinne – steht die Fähigkeit und Willigkeit, überlieferte Lehrbestände zu reduzieren, umzuformen oder auch neu zu formulieren, ohne daß dabei die ursprüngliche Intention aufgegeben werden müßte. Im Gegenteil kann durch den Dienst der kritischen Theologie die ursprüngliche Lehrintention erst wieder zum Leuchten gebracht werden.

Es ist eine Folge kritischer Betrachtung, wenn wir in diesem Abschnitt die Schwierigkeiten der heutigen christologischen Rechenschaft und insbesondere die Verschiedenheit verhältnismäßig weit auseinanderführender Lehrtypen uns vergegenwärtigt haben. Ein Weg aus diesem zunächst verwirrenden Bilde führt aber nicht in ein vorkritisches Verhalten zurück, sondern er kann nur durch eine besonnene Handhabung des kritischen Verfahrens gewonnen werden. Eine besonnene Kritik wird durch alle Sichtung des Bestandes sich erst in ihrer aufbauenden Funktion als solche erweisen.

Der nächste Schritt soll uns nun im Überblick einen Eindruck von der christologischen Überlieferung vermitteln, wie sie sich in ihrer reifsten Form vor dem Einsatz der modernen kritischen Periode darstellt. Es ist die Christologie der Orthodoxie. Dadurch nimmt die Periode der Orthodoxie zweifellos in der Geschichte der Theologie eine Sonderstellung ein, daß sie den Ertrag der Dogmengeschichte in sich sammelt und systematisch zusammenfaßt. Sie ist, geschichtlich betrachtet, bereits heimlich und offen von den Gegenbewegungen durchsetzt und unterwandert, welche das großartige System auflösen werden: von der Aufklärung, vom Pietismus und dem im Cocceianismus anhebenden Biblizismus. Die Berufung auf die Vernunft, auf die Erfahrung des Herzens und auf die „Bibel", sie bedeuten jeweils in einem verschiedenen Geiste und in verschiedener Absicht ein „Kriterium", von dem aus die Spätform der protestantischen Scholastik erschüttert und schließlich aus den Angeln gehoben werden soll. Aber es ist nötig, jenes in seiner Letztform „klassische" Lehrsystem zu kennen, wenn man überhaupt den Gedanken einer kritischen Theologie erwägt. Denn darin ist die Orthodoxie auch über ihre eigene Zeit hinaus klassisch gewesen und geblieben, daß sie das Ur- und Gegenbild zu allen späteren kritischen Gedanken der neuzeitlichen Christologie, ja mitunter geradezu die heimlich wirkenden Motive derselben geliefert hat.

## 2. *Die vorkritische kirchliche Christologie*
### *Das orthodoxe Schema*

Das christologische Dogma war die eigentliche Mitte der dogmatischen Arbeit der frühen Kirche. Im orthodoxen Lehrsystem liegt die Quintessenz einer Jahrhunderte währenden Arbeit vor. Es ist ein Sammelergebnis, in dem mitunter das ursprünglich Verschiedene nebeneinander geordnet ist. Es bewahrt noch die machtvollen Paradoxien der griechischen Theologie, wie es im Sinne der Scholastik auf stabile Begriffe drängt. Die Eschatologie ist ganz in den Hintergrund getreten. Und doch darf die ausgewogene Objektivität der Sätze nicht darüber hinwegtäuschen, daß auch hier ein starker Glaube zur Aussprache kommt, für den das Einssein mit dem Glauben der Väter ein unübersehbares Bedürfnis darstellt. Auch muß in den Einzelaussagen immer wieder beachtet werden, wie sich hinter den in der schweren Rüstung der ontologischen Begriffe einherschreitenden Sätzen die Absicht verbirgt, einfach Exegese zu treiben.

Ich kann hier natürlich nur einen Überblick geben, und das muß heißen: einen Durchschnitt durch die orthodoxe Christologie, ohne die auch hier vorhandenen Differenzen zu beachten. Man kann aber sagen, daß diese Differenzen in der Orthodoxie, verglichen mit anderen Epochen der Theologiegeschichte, unverhältnismäßig gering sind, so gering, daß im Grunde selbst die konfessionellen Unterschiede kaum zu Buch schlagen. Gerade die Christologie der protestantischen Orthodoxie kann uns einen starken Eindruck davon vermitteln, daß einmal – selbst noch nach der Reformation – so etwas wie eine theologia perennis möglich war. Für die Darstellung der Orthodoxie verweise ich auf das Verzeichnis der allgemeinen Literatur. G. Thomasius, Christi Person und Werk, ist bis heute als Dokument einer repristinierenden Dogmatik und durch die Darbietung des dogmen- und theologiegeschichtlichen Materials von hervorragender Bedeutung. Vgl. aber auch W. Pannenberg im Art. Christologie II: dogmengeschichtlich, RGG I,1762–77.

Die orthodoxe Christologie umfaßt ursprünglich zwei Themenkreise, die Lehre von der Person (de persona Christi) und von dem Werk (de officio Christi) oder auch von Christi Ämtern. Später gliederte sich ein dritter Themenkreis an, der ursprünglich der Lehre von der Person zugehörte, nämlich die Lehre von den Ständen Christi (de statibus Christi), der sich dann alsbald als ein Feld erheblicher innerprotestantischer Lehrstreitigkeiten erwies.

a) De persona Christi

Jesus Christus ist eine Person, die zweite Person der Trinität, aber in zwei Naturen. Wie kann das Verhältnis der einen Person und der beiden Naturen in ihr richtig ausgesagt werden? Der Sohn Gottes hat die menschliche Natur in der Menschwerdung freiwillig angenommen, und zwar die echte und ganze menschliche Natur. Dies geschah allerdings unter zwei Modifikationen. Er war Mensch ohne Sünde (ἀναμαρτησία nach 2 Kor 5,21; Hebr 7,26; Lk 1,35; 1 Petr 1,19; 2,22). Die Jungfrauengeburt schließt die (traduzianisch bedingte) Vererbung der Sünde aus. Christus ist trotzdem wahrer Mensch, weil die Sünde kein Wesensmerkmal der menschlichen Natur ist, wie denn auch Adam vor dem Fall wahrer Mensch war. Die andere Modifikation ist darin zu sehen, daß der Menschheit Christi keine eigene Persönlichkeit (Hypostase) zugrunde liegt. Von ihr gilt die Anhypostasie. Sofern die göttliche Person auch die der menschlichen Natur ist, gilt von dieser die Enhypostasie.

Bezüglich der Vereinigung der beiden Naturen, der eigentlichen Inkarnation, sind begrifflich der actus der Vereinigung, die unitio personalis, vom Zustand der Vereinigung, der unio personalis, zu unterscheiden. Die göttliche Person (Hypostase) trägt auch die menschliche Natur. So deutlich die beiden Naturen unterschieden sind und unterscheidbar bleiben, so bilden sie doch erst zusammen die eine Person des redemptor noster Jesus Christus. Die unio personalis ist 1. vera et realis, 2. personalis, d. h. Vereinigung zu einer Person, nicht „personarum", weil keine zweite „Person" in Betracht kommt, und sie ist perichoristica, d. h., sie ist eine lebendige und bewegte, wechselseitige Einheit. 3. Die Vereinigung der beiden Naturen ist schließlich perpetuo durans, sie wird weder durch den Tod Christi noch durch seine Himmelfahrt wieder rückgängig gemacht, was hernach zu den größten Konsequenzen in der orthodoxen Abendmahlslehre geführt hat. Im übrigen gilt von der unio personalis auch in der Orthodoxie unvermindert die Formel von Chalkedon (451): Die Naturen hören nicht auf, verschiedene Naturen zu sein, sie sind ungeteilt (ἀδιαιρέτως), ungetrennt (ἀχωρίστως), unverwandelt (ἀτρέπτως), unvermischt (ἀσυγχύτως).

Der Erlösungsgedanke, nämlich die Überlegung was die menschliche Natur durch die Menschwerdung Christi gewinnt, führt zu einer eingehenden Beschreibung der communio naturarum und ihrer Folgen. Es sind zwei dieser Folgen besonders zu betrachten.

Die erste Folge der Gemeinschaft der Naturen in Christo besteht darin, daß sie voneinander ausgesagt werden können. Gott ist Mensch, und der Mensch ist Gott. Man nennt in der Sprache der Orthodoxie diese wechselseitigen Aussagen die propositiones personales. Man muß freilich zu ihrem Verständnis beachten, daß sie nicht allgemein, „abstrakt" gelten, sondern, wie schon die Alten sagten, „konkret", d. h. nur in Anwendung auf die Naturen, wie sie in der Person Christi geeint sind. Sie gelten nur „ad exprimendum unionem personalem". Dann aber ist festzuhalten, daß sie reales, wahr und wirklich, nicht nur rhetorisch ausgesagt sind, daß sie inusitatae, sonst ungebräuchlich, und singulares sind, d. h. ohne Gültigkeit für andere Personen. Sobald man die Weihnachtslieder aufschlägt, findet man viele Beispiele für das, was mit der Lehre von den propositiones personales gemeint ist: „Gott ist im Fleische. Wer kann dies Geheimnis verstehen?" (Tersteegen) oder „Gott wird Mensch, dir Mensch zugute" (P. Gerhardt), aber auch an biblische Sätze ist zu denken wie an den: „Davids Sohn ist Davids Herr" (Mt 22,41–46).

Die andere Folge der Gemeinschaft der Naturen in Christo ist die communicatio idiomatum, d. h. die tatsächliche Wechselbeziehung einerseits zwischen den Naturen und andererseits zwischen den Naturen und der Person. Es kann von keiner der beiden Naturen eine Eigenschaft ausgesagt werden, welche nicht auch Eigenschaft der ganzen Person wäre. Und es kann von keiner der beiden Naturen eine Wirkung oder Handlung ausgesagt werden, welche nicht auch Wirkung oder Handlung der anderen Natur wäre.

Die Lehre von der communicatio idiomatum ist altkirchlich. Sie findet sich schon bei Kyrill von Alexandrien in seiner Schrift „De incarnatione unigeniti" (MG 75, 1369–1412) im Zusammenhang mit seiner Bestreitung des Nestorianismus; ferner bei Leo d. Gr. in der Epistola (28) dogmatica ad Flavianum (ML 54,763 A ff. vgl. Denz. 143 f.) und bei Johannes Damascenus in der Expositio fidei orthodoxae (MG 94,790–1223, bes. III,3 f. 7.26). Calvin hat sie in der Institutio Religionis christianae II,14,1 im Sinne der alten Kirche auf das Verhältnis der Naturen zur Person des Mittlers bzw. zu seinem Amt beschränkt. Auch bei Luther (WA 39 II, 121,1 f.; WA 43,580,2 ff. u. ö.) findet sich ein freier und unmittelbarer Gebrauch des Gedankens im Dienste seiner Christologie; er wie Brenz sind, gemessen an dem Interesse der Orthodoxen, wesentlich an einer noch nicht differenzierten communicatio idiomatum interessiert, die real und nicht nur begrifflich verstanden werden soll. Die Lehre von drei genera communicationis idiomatum findet sich erst seit Martin Chemnitz: De duabus naturis in Christo, 1570. Sie hat vollends die Sache kompliziert, nachdem schon die communicatio idiomatum in bezug auf das Verhältnis der Naturen untereinander eine Verschärfung der alten Thesen und eine Erschwerung der theologischen Verständigung gebracht hatte.

In dem Sinne der nachreformatorischen Orthodoxie sind drei genera der communicatio idiomatum zu unterscheiden.

1. Genus idiomaticum. Der Person des Erlösers sind die Idiomata der beiden Na-

uren zu eigen. Die Person Christi besitzt die Idiome der göttlichen Natur: durch ihn sind alle Dinge geschaffen. Ihr sind auch die Idiome der menschlichen Natur zu eigen: Christus ist geboren, er hat gelitten. Dabei ist im Sinne dieser Lehre hervorzuheben, daß die Idiome nicht auf das Concretum der beiden Naturen beschränkt sind, sondern auch wechselseitig gebraucht werden können. Es gilt also ebenso: Gott hat gelitten, wie das andere: Der Mensch Jesus hat an der Allmacht teil.

2. Genus maiestaticum. Die menschliche Natur hat die Eigenschaften der göttlichen Natur in sich aufgenommen. Da aber in der Inkarnation nur die menschliche Natur, nicht auch die göttliche einen Zuwachs erfährt, kann hierbei keine Wechselwirkung stattfinden. Diese sehr allgemeinen Sätze gewinnen Inhalt, wenn man die beabsichtigte dogmatische Konsequenz ins Auge faßt. Es soll nämlich hier christologisch begründet werden, daß auch die menschliche Natur – natürlich nur in Christo – an der sessio Christi ad dexteram patris teilhat, also damit an der omnipotentia, an der omniscientia, omnipraesentia, an der virtus vivificandi und an der potestas iudicii. Es liegt auf der Hand, in welche Schwierigkeiten eine solche übersteigerte Aussage die Deutung der Evangelien, also des Lebens Jesu in seiner Niedrigkeit, bringen und welches Bedürfnis nun entstehen mußte, für die Erdentage diese überspitzte Lehre vom genus maiestaticum gleichsam außer Kraft zu setzen. Es kann nicht wundernehmen, wenn nun die spätere Lehre vom Stande der Erniedrigung Christi und die Deutung dieser Niedrigkeit die Orthodoxie in die heftigsten Streitigkeiten und Widersprüche verwickelte.

3. Genus apotelesmaticum (von ἀποτελέω = ich vollbringe). Christus „vollbringt", vereint mit der menschlichen Natur, das Werk der Erlösung. Keine der erlösenden Wirkungen Christi kommt einer der beiden Naturen allein für sich zu, sondern die Naturen bedürfen einander zum Erlösungswerk. Die Orthodoxen haben dabei für die menschliche Natur auf das Blut Christi, auf sein Leiden und Sterben, für die göttliche Natur auf seine Wundertaten (1 Joh 3,8) hingewiesen. Exegetische Beweisgänge, die uns kaum mehr einleuchten werden.

b) De officio Christi – Die Lehre vom munus triplex

Schon im Mittelalter wird spürbar, daß die Formeln der alten Christologie keine Genüge mehr bieten, um die Heilsbedeutung Jesu Christi verständlich zu machen. So kommt es zur Lehre vom Werk Christi. In der Reformation ist die Bezeichnung Amt bzw. die Lehre von den „Ämtern" Christi bevorzugt worden. Grundlegend dafür ist Calvin, Institutio II,15, doch ist der Ursprung der Ämterlehre, was E. Brunner entgangen ist (vgl. Dogmatik II,369), schon bei Euseb, Hist. eccl. I,3 zu finden. Die Lehre vom dreifachen Amt empfahl sich aus verschiedenen Gründen. Einmal bot sie Gelegenheit, die biblischen Tatbestände umfassender zur Geltung zu bringen, als das vordem in der Christologie möglich war. Ferner konnte der alte Lehrbestand mühelos in das neue Schema übertragen werden. Schließlich konnte die heilsgeschichtliche Theologie hier anknüpfen, und dies um so mehr, als das Schema selbst schon ein heilsgeschichtliches Prinzip darstellt. Werden hier doch alttestamentliche „Typen" aufgeboten, um zu beschreiben, wer Christus war und was er für uns bedeutet.

1. Das officium (munus) propheticum besagt, daß Christus in seinen Erdentagen uns den Heilsratschluß Gottes kundgetan hat. Er hat das Gesetz vom pharisäischen Sauerteig befreit, das Evangelium verkündigt und die Jünger auf ihr künftiges Amt zugerüstet. Aber das prophetische Amt ist nicht (immediate) auf die Erdentage beschränkt, sondern er übt es (mediate) durch die Hirten und Lehrer der Kirche noch heute aus.

2. Im Zusammenhang mit der Lehre vom officium (munus) sacerdotale wird die Satisfaktionslehre vorgetragen, welche ganz im Schema der Anselmischen Versöhnungslehre abgehandelt wird. Davon soll im 18. Kapitel ausführlicher die Rede sein. Christus hat für die Sünder genug getan. Die Satisfaktion geschieht in der oboedientia activa, indem Christus das Gesetz für uns vollkommen erfüllt. „Du hast das Gesetz erfüllet, des Gesetzes Fluch gestillet" (J. J. Rambach in dem Lied „Heiland, deine Menschenliebe"). Die FC hat in der SD III, 55—58 gegen Osiander festgehalten, daß der Gehorsam Christi ein völliger war, den er nach seinen beiden Naturen und sein ganzes Leben hindurch von der Geburt an geleistet hat (BSELK 933 ff.). In der oboedientia passiva hat er das Strafleiden für die Sünder in seinem Tode auf sich genommen. Der leidende Gehorsam ist die sufficientissima poenarum, quae nos manebant, persolutio. Er hat, was wir erleiden sollten, vollkommen, ausreichend und für alle Zeiten gültig erlitten. Aber nicht nur darin liegt die alles Geschichtliche überschreitende Gegenwartsbedeutung des priesterlichen Amtes Jesu Christi. Im Wesen allen Priestertums liegt ja immer ein Doppeltes: er hat das Opfer darzubringen und die Gemeinde im Gebet zu vertreten. Dementsprechend ist auch im hohepriesterlichen Amte Jesu die Fürbitte für die Seinen vor Gott miteinbegriffen, und dieses fürbittende Eintreten übt der erhöhte Herr fortwährend. Als Schriftbeweis werden dafür vor allem Röm 8,34; 1 Joh 2,1; Hebr 7,25; 9,24 herangezogen.

3. Im officium (munus) regium nimmt Jesus Christus an der königlichen Würde Gottes teil, kraft der unio personalis der menschlichen und der göttlichen Natur. Es ist die sessio Christi ad dexteram Dei, die wir im Credo bekennen. Noch bei L. Hutterus war dieses königliche Amt einfach oder allenfalls zwiefach gedacht, als ein regnum spirituale et aeternum. Bei Johann Gerhard (Loci IV, 15) wird das regnum Christi betrachtet „vel in hac vel in futura vita" und zwar ist es in hac vita ein regnum potentiae vel gratiae, in futura vita ist es ein regnum gloriae. Daraus ist dann die Lehre von den drei Reichen entstanden, die in dem Lied J. J. Rambachs „König, dem kein König gleichet" eine so korrekt orthodoxe Wiedergabe gefunden hat: „O Monarch in dreien Reichen, dem kein anderer ist zu gleichen."

c) Die Lehre von den Ständen Christi (de statibus Christi)

Dieser dritte Kreis der Christologie ist erst in der Orthodoxie hinzugekommen, vor allem durch die Schule von M. Chemnitz, dessen Schrift „De duabus naturis in Christo" (1570) die Anstöße gab. Wie verhält es sich mit dem Gebrauch der beiden, speziell aber der göttlichen Natur durch Christus während seines Erdenwandels? In der Frage kündigt sich schon die quasi historische Gewissensfrage an, wie denn die hohen Aussagen über die Person angesichts der Niedrigkeit Christi „stimmen" können? Man beginnt, das Kenosisproblem von Phil 2, 5-11 in die Gestalt der orthodoxen Schulbegriffe zu zwängen. Die Frage gilt nicht der Inkarnation des Logos, sondern der Verborgenheit der göttlichen Natur Christi während seiner Erdentage. Beruhte diese Verborgenheit auf einer bloßen Verhüllung (κρύψις) oder auf einer förmlichen Entäußerung (κένωσις), und betraf dieser Verzicht nur den Gebrauch (χρῆσις) oder den Besitz (κτῆσις) der göttlichen Majestät und ihrer Vollmachten? Dabei war man sich über die christologischen Grundsätze ebenso einig wie über die Abgrenzung des Standes der Erniedrigung (status exinanitionis) vom Stande der Erhöhung (status exaltationis), welch letzteren man mit der Hadesfahrt, dem descensus ad inferos, beginnen ließ, während die reformierte Tradition diese als bestätigende Vollendung der Niedrigkeit Christi auffaßte. Schon vor Chemnitz hatte es eine Kenosislehre gegeben (Brenz), aber nun entbrannte der Streit zwischen den Tübinger Theologen, welche nur eine Verbergung zugeben wollten, und den Gießener Theologen (Balthasar Mentzer I.), die schließlich mit ihrer radikaleren Kenosislehre durchdrangen. Der Streit ist doch schließlich eher versickert, als daß er seiner Natur nach hätte gelöst werden können; denn hier traten die Aporien dessen, was sich in scholastischen Begriffen aussagen läßt, allzudeutlich heraus. Die Frage, ob Christus in den drei Tagen zwischen seinem Kreuzestod und der Auferstehung wahrer Mensch gewesen sei, weil doch der Tod die Trennung von Leib und Seele ist, hat schließlich in der Orthodoxie als Problem selbst schon Widerspruch gefunden. Daß Christus auch als sterbender und gestorbener sein hohepriesterliches Amt ausübt, war eine deutliche Grenze dessen, was hier noch definierbar sein kann und darf.

Trotzdem bleibt die Orthodoxie immer wichtig als Erinnerung an die zentralen Themen, als Frage nach der Realität des Ereignisses Jesus Christus, und sie bleibt klassisch als eine Mahnung zur begrifflichen Prägnanz und exegetischen Gewissenhaftigkeit.

### 3. Wahrer Gott und wahrer Mensch

Unter den Lehrbüchern der Dogmatik nenne ich hier nur K. Barth, KD I/2, 1938, § 15 und P. Tillich, Systematische Theologie II, (1958) 1964³ – Donal M. Baillie, Gott war in Christus. Eine Studie über Inkarnation und Versöhnung, 1959 – W. Pannenberg, Grundzüge der Christologie, 1969³ (vgl. meine Bespr. in ThLZ 966, 207–211) – H. Dembowski, Grundfragen der Christologie, 1969 – R. Schäfer, Jesus und der Gottesglaube, 1970.

Die äußerste christologische Aussage ist es, daß Jesus Christus wahrer Gott und wahrer Mensch ist: filius Dei unigenitus incarnatus est – homo factus est. Wie kommen wir zu solchen hohen Aussagen und was meinen wir mit ihnen? Zwei ganz verschiedene Wege führen uns zu diesem einen Punkt der Inkarnationslehre.

Der eine Weg dahin ist unser Glaube, wenn man will: unsere Erfahrung. Jesus gehört ganz auf Gottes Seite. In ihm begegnet uns

Gott. In Jesus Christus erkennen wir Gott erst wahrhaftig. Wir können also das Geheimnis der Gottmenschheit nur im Glauben aussagen, d. h. in der subjektiven Betroffenheit von Jesus Christus. Das darf mit Subjektivismus nicht verwechselt werden; denn es handelt sich nicht um einen Ausdruck bloßen Gefühls oder um ein Urteil, dem nicht eine Orientierung an einer bestimmten Erfahrung zugrunde läge. Man wird auch diese Erfahrung des Glaubens nicht so deuten dürfen, daß wir vor der Erkenntnis Gottes in Christo überhaupt noch nichts von Gott gewußt hätten und hier zum erstenmal etwa von ihm erführen. Aber alle bisherige Gotteserkenntnis hat, gemessen an dieser Erfahrung, nur die Bedeutung einer Erinnerung an unseren Ursprung, ein Bewußtsein von den tiefen Gründen unseres Seins, es hat die Bedeutung einer demütigen Ahnung oder auch einer Erwartung, kurz: es ist Religion in ursprünglichem, anthropologischem Sinne. Was uns in Christus widerfährt, ist demgegenüber etwas völlig Neues.

Der andere Weg zu dem Geheimnis der Gottmenschheit in Christus ist das Zeugnis der Schrift. 2 Kor 5, 18 f.: Gott war in Christo und versöhnte die Welt mit ihm selber. Gott handelt zu unserer Versöhnung „in Christo": Röm 3, 24 f.; 5, 9 f. Christus, der nach dem Fleische aus Israel stammt, ist Gott über allem, hochgelobet in Ewigkeit (Röm 9, 5). Ferner etwa Hebr 1, 8 und das Zeugnis des vierten Evangeliums in seiner ganzen Breite: 1, 1.18; 20, 28, und die nur hier sich findende, dann aber in die Bekenntnisse aufgenommene Bezeichnung Jesu Christi als des „eingeborenen" Sohnes; Joh 1,14.18; 3,16.18. 1 Joh 4,9; 5,20 findet sich die förmliche Gleichung: Jesus Christus ist wahrer Gott und ewiges Leben.

Aber nun ist es die theologische Aufgabe, zu sagen, was das bedeutet. Wir müssen also von der unaufhebbaren Subjektivität der reinen Glaubensaussage zum „objektiven" Modus einer theologischen Aussage übergehen. Das führt uns in die Schwierigkeit, etwas durch die Form der Aussage zu objektivieren, was doch nicht objektiviert werden kann. Daß „Gott in Christo war", läßt sich nicht demonstrieren und demzufolge auch nicht objektiv aussagen, und doch ist es ein der ganzen christlichen Theologie zugrunde liegender Satz. Der Widerspruch läßt sich nur so auflösen, daß wir ein Paradox aussprechen, bzw. eine paradoxe Aussageform anwenden. Wir müssen aussagen, was wir mit unserem Glauben an „Gott in Christo" meinen, müssen aber zugleich dem naheliegenden Bedürfnis nach Vorstellbarkeit und Anschaulichkeit widerstehen, das am Anfang aller Häresie steht. Die Abwehr solcher Verkürzungen, Vereinfachungen und unsachgemäßer Veranschaulichungen versetzt uns in die Gemeinschaft der alten Väter der Christologie; denn auch sie haben das Geheimnis der Inkarnation durch eine geniale Anwendung der paradoxen Aussageform geschützt. Das bedeutete in der Dogmengeschichte, daß sie das Geheimnis der Inkarnation mit einem Kranz von Negationen umgeben haben. Dennoch nötigt uns der historische und sachliche Unterschied einen Abstand zu den Vätern auf. Er betrifft vor allem ihre Ontologie. So haben wir im Verhältnis zu den Vätern zugleich die Einheit des Glaubens zu bezeugen und in unserer neuzeitlichen Verantwortung die eigenen Aussagen auf einen anderen Boden zu stellen.

Bevor wir aber zu unseren eigenen Aussagen kommen, müssen wir uns mit zwei uralten, im biblischen Textbestand selbst vertretenen Lehren auseinandersetzen. Diese Lehren sind deshalb so wichtig, weil sie den Inkarnationsglauben historisch bestätigen und metaphysisch befestigen sollen. Es handelt sich um die Lehre von der Jungfrauengeburt Jesu Christi und um die Lehre von seiner Präexistenz.

### 1. Exkurs: *Das Problem der Jungfrauengeburt*

Die in der Problematik enthaltene Spannung wird repräsentiert einerseits durch E. Brunner, Der Mittler, (1927) 1947⁴, 288 ff. (Ablehnung des Dogmas), andererseits durch K. Barth, KD I/2, 189–221 (leidenschaftliche Vertretung der Lehre). W. Elert, Der christliche Glaube, (1940) 1960⁵, § 54 (dogmengeschichtliches Material) – Art. Jungfrauengeburt RGG III, 1068–1069 (K. Goldammer, W. Marxsen, P. Althaus) (Lit.).

Das „natus ex Maria virgine" ist Bestandteil aller Bekenntnisse des Morgen- und Abendlandes. Es kann der Sache nach nur verstanden werden, wenn man das Glaubensanliegen versteht, welches hier zum Ausdruck kommt. Dieses Glaubensanliegen ist folgendes.

Jesus ist nach der Schrift „Gottes Sohn". Während die orientalischen Bekenntnisse dabei vorwiegend an die ewige Geburt Christi aus dem Vater vor aller Zeit denken, steht im Abendlande die zeitliche Geburt des Erlösers aus der Jungfrau Maria im Vordergrund des Interesses. Der Gedanke der Gottessohnschaft weist also in doppelte Richtung.

1. Jesus Christus ist Gottes Sohn von Anfang an; er ist es nicht erst später geworden. Der Satz von der Jungfrauengeburt ist die schärfste Spitze gegen die adoptianische Christologie, welche in adoptianischer Auslegung von Ps 110, 1 eine Einsetzung des Menschen Jesus in die Christus-Messias-Würde lehrte. Dabei ist es dann von sekundärer Bedeutung, ob die Taufe Jesu im Jordan als Messiasweihe zu verstehen sei oder ob die Transfiguratio oder die Auferweckung Jesu die göttliche Erhebung zum Christus darstellen sollte.

2. Mit Jesus, dem zweiten Adam, hebt auf Erden etwas schlechterdings Neues an. Dieser Neubeginn in der Geschichte der Menschheit setzt vor allem aber voraus, daß Jesus Christus aus dem erbsündlichen Zusammenhang des menschlichen Geschlechtes ausgenommen ist. „Er ist versucht allenthalben, gleich wie wir, (doch) ohne, bzw.

außerhalb der Sünde" (χωρὶς ἁμαρτίας, Hebr 4,15). Setzt man für die Entstehung der menschlichen Individuen den Traduzianismus voraus (vgl. Joh 3, 6: Was vom Fleisch geboren ist, das ist Fleisch), dann kann ein Freibleiben von der vererbten Sündhaftigkeit nur so gedacht werden, daß die fleischliche Vaterschaft von der Geburt Jesu Christi ausgeschlossen wird. Durch die Lehre von der Jungfrauengeburt soll also die „Erb-"Sünde gleichsam abgeriegelt werden. Die wahrhaftige, irdische, ja fleischliche Geburt Jesu Christi, seine nativitas, muß so verstanden werden, daß sie zwar kein Teilhaben an der gemeinsamen Schuld des Menschengeschlechtes in sich schließt, wohl aber die volle Gemeinschaft der Niedrigkeit mit uns im Sinne von Gal 4,4: Vom Weibe geboren (scil. wie wir alle!) und unter das Gesetz getan.

Diesem doppelten Glaubensinteresse stehen nun aber erhebliche sachliche Bedenken gegenüber. Wir sehen bei der Erörterung dieser Bedenken hier von der Frage der biologischen Möglichkeit oder Unmöglichkeit, also von der Glaubhaftigkeit der Lehre von der Jungfrauengeburt im rein rationalen Sinne, völlig ab. Schwerer wiegen in unserem Zusammenhange die exegetischen Tatbestände. Das natus ex Maria virgine ist ausdrücklich nur in den beiden Geburtsgeschichten Mt 1,18 ff. und Lk 1,34 ff., also überdies nur in der sekundären Textschicht der Synoptiker, überliefert. Johannes und vor allem Mk wissen nichts davon. Eine erst bei den Kirchenvätern bezeugte Variante zu Joh 1,13 (qui non... natus est), welche den johanneischen Gedanken der Geistgeburt der Gläubigen zur Lehre von der Jungfrauengeburt hin umbiegt, trägt den Charakter der späten Eintragung an der Stirn. Auch Paulus bezeugt die Lehre von der Jungfrauengeburt nicht; denn die paulinische Lehre von der Präexistenz Christi meint etwas anderes, und jedenfalls hat Paulus aus ihr diese Konsequenz nicht gezogen.

Hingegen weisen die Stammbäume Jesu, so weit sie auch sonst gegeneinander abweichen, auf Joseph, nicht auf Maria (Mt 1,1–17; Lk 3,23–38), wofür die Apologetik die rechtliche Gleichwertigkeit der physischen Vaterschaft mit der Adoptivvaterschaft geltend macht. Mehrfach wird Joseph als „Vater Jesu" bezeichnet: Mt 13,55; Lk 2,33.48; Joh 1,45; 6,42. Von den „Eltern Jesu" ist Lk 2,27.41.43 die Rede. Ferner ist auf evangelische Berichte hinzuweisen, die widersinnig erscheinen, wenn der Familie, insbesondere der Mutter Jesu seine übernatürliche Herkunft vor Augen stünde, z. B. Mk 3,21 („er ist von Sinnen"), Mk 3,31–35 und Mk 6,1–6 par. Die Weissagung Jes 7,14, die nur in der griechischen Version der LXX herangezogen werden kann, erscheint eher als eine nachgängige Rechtfertigung des Satzes von der Jungfrauengeburt, als daß sie einen Schriftbeweis abgeben dürfte. Die paulinische Aussage Gal 4,4 „geboren von einem Weibe" meint einfach die unbezweifelbare Menschlichkeit und Niedrigkeit Christi, die er mit allen vom Weibe Geborenen gemeinsam hat. Die weite Verbreitung des Gedankens der Jungfrauengeburt in der antiken Religionsgeschichte (vgl. Goldammer, RGG III,1068) macht uns überdies auf die allgemeine Neigung aufmerksam, mythologische Geburtsgeschichten für Heroen in Anspruch zu nehmen, wenn auch beachtet werden muß, daß uns die Evangelien keinen „ἱερὸς γάμος" im eigentlichen Sinne berichten.

Überblickt man diese sich aus den Texten ergebende Sachlage, so muß das Urteil lauten, daß sich „historisch" nichts ausmachen läßt. S. Kierkegaard hat in den Philosophischen Brocken hintersinnig bemerkt: „Wollen wir die absolute Genauigkeit des historischen Wissens urgieren, so dürfte ja nur ein Mensch hierüber ganz unterrichtet gewesen sein, das Weib, von dem er sich gebären ließ" (Philosophiske Smuler, bei Schrempf [1910] S. 55; ed. E. Hirsch [1952] S. 56).

Ein abschließendes Wort kann bei aller Vorsicht keine Lösung der bestehenden Schwierigkeiten bieten.

1. Für den wunderbaren Ursprung Jesu fehlt ein eindeutiger und breiter Schriftbeweis. Die beiden eindeutigen Stellen entstammen der sekundären Textschicht und haben andere Stellen gegen sich. Man kann also weder von einer „historischen Tatsache" noch von einer „Heilstatsache" unbedenklich sprechen.

2. Was der Satz von der Jungfrauengeburt meint, das ist allerdings ein unverzichtbares Anliegen des christlichen Glaubens an Jesus Christus. Jesus ist ein geborener, kein gewordener Heiland. Jesus steht nicht im alten Zusammenhang mit menschlicher Sünde und Schuld, sondern er ist ein neuer Mensch, ein Neubeginn. Das Ereignis Jesus Christus ist nicht von Menschen, sondern es ist aus Gott.

3. Der in der katholischen Dogmatik gern beschrittene Weg, den Satz gleichsam logisch zu erzwingen, ist uns verschlossen. Er verläuft so, daß eine conclusio theologica vollzogen wird: Gott konnte es tun, es ziemte ihm, es zu tun, also tat er es (potuit, decuit, ergo fecit). Gottes Freiheit erträgt keinen derartigen theologischen Zwang.

4. So wenig in der Frage der Jungfrauengeburt etwas bewiesen werden kann, so wenig darf und kann es eine kirchentrennende Folge haben, ob man den Satz im real-biologischen Sinne oder symbolisch versteht. Der Rang des Artikels ist dem von Jesu Kreuzestod und von seiner Auferstehung nicht gleich.

5. Das Wunder der Menschwerdung Jesu Christi ist nicht an die physische Virginität der Jungfrau Maria gebunden. Gott ist nicht an die Einhaltung bestimmter außer- und übernatürlicher Wege seines neuschöpferischen Handelns gebunden. Er kann seine Wunder auch in der Verborgenheit des natürlichen Zusammenhanges vollbringen; denn er ist auch in seinen „Wundern" absolut frei.

## 2. Exkurs: *Das Problem der Präexistenz Christi*

Die Lehre von der Präexistenz Christi vor seiner Menschwerdung hängt aufs engste mit der Trinitätslehre zusammen. In ihr wird die ewige Zeugung, der Hervorgang des Sohnes aus dem Vater gelehrt (Credo) in unum Dominum Jesum Christum, filium Dei unigenitum et ex patre natum ante omnia saecula, Deum de Deo, lumen de lumine, Deum verum de Deo vero, genitum, non factum, consubstantialem patri, per quem omnia facta sunt, qui propter nos homines et propter nostram salutem descendit de coelis, et incarnatus est de spiritu sancto.

In seiner biblischen Urform ist der Präexistenzgedanke aber noch ohne den trinitarischen Zusammenhang. Er tritt bei Paulus vor allem in der grundlegenden Stelle Phil 2,5–11 auf. Ferner 1 Kor 8,6: Wir haben (nur) einen Gott, den Vater, aus welchem alles (ist) und wir zu ihm, und einen Herrn, Jesus Christus, durch welchen alle (Dinge sind) und wir durch ihn. Kol 1,15 f. wird von Jesus Christus, dem Bilde des unsichtbaren Gottes und Erstgeborenen aller Schöpfung ausgesagt, daß „in ihm geschaffen wurde alles im Himmel und auf Erden". Hebr 1,2.10–12 wird der Schöpfungspsalm 102,26–28 auf Christus angewandt. Hinzu kommt das Zeugnis des Joh 1,1: Am Anfang war das Wort, und das Wort war bei Gott, und Gott war das Wort. Er kam bei seiner Menschwerdung „in sein Eigenes" (Joh 1,11). Die ewige Teilhabe an Gottes Herrlichkeit wird durch den johanneischen Christus wiederholt bezeugt: 3,13; 6,38; 8,58; 17,5.23. Vgl. 1 Joh 1,1.

Diese frühesten Präexistenzaussagen sind ohne den Zusammenhang einer Trinitätstheologie ein reiner Ausdruck dafür, daß das, was Jesu Christi Leben ausmacht, was sein Ich trägt, über aller Zeit und vor aller Zeit ist. Die auf den paulinischen und johanneischen Sätzen ruhende Präexistenzchristologie bringt den Glauben zum Ausdruck, daß Gott in Jesus Christus zu uns gekommen ist.

Die frühkirchliche Präexistenzlehre knüpft im wesentlichen aber an die johanneischen Sätze an, so Justin in der 2. Apol. 6 und Dial. 61; Athenagoras, Presbeia 10. Theophil von Antiochien, der erste Theologe, der das Wort Trias (trinitas) von Gott gebraucht, sagt, daß der Logos mit Adam im Paradies gesprochen habe. In der Schulsprache der späteren griechischen Theologie gewinnt das dann die Form, daß der λόγος ἄσαρκος zum λόγος ἔνσαρκος geworden ist.

Die Präexistenzlehre ist nicht unmittelbarer Gegenstand der christlichen Heilsbotschaft, sondern sie gibt dem Ereignis Jesus Christus Hintergrund und Tiefe. Sie ist nicht wie das Wort vom Kreuz oder von der Auferstehung selbst Evangelium, sondern sie ist ein am Schriftzeugnis allerdings hinreichend ausgewiesenes Kriterium dafür, daß im Zeugnis von Jesus Christus wirklich „Gott in Christus" bezeugt wird. Die biblischen Präexistenzaussagen bezeichnen das Geheimnis der Person Christi als Geheimnis, sie lösen aber dieses Geheimnis nicht auf. Daran entscheidet es sich aber, ob die Präexistenzlehre richtig gebraucht oder mißbraucht wird. Will man sich die Absicht der Präexistenzaussagen in diesem Sinne vergegenwärtigen, so wird es gut sein, die Rücksicht auf ihre Nachwirkung in der Dogmengeschichte zurückzustellen. Es kommt dann auf folgendes an:

1. Wenn Jesus Christus als „eingeborener Sohn" (υἱὸς μονογενής) (Joh 3,16.18; 1 Joh 4,9; — Joh 1,14.18) Gott von Art ist, dann hat er auch an der Ewigkeit Gottes teil. Wenn Gott in Christo war, dann kommt auch Jesus Christus die Ewigkeit Gottes zu.

2. Wenn Jesus Christus von Ewigkeit her zu uns kommt, dann kommt er nicht zufällig. Er kommt nach Gottes Rat und Vorherbestimmung, „als die Zeit erfüllt war" (Gal 4,4). Es liegt darin eine gewisse Entsprechung zur Erwählungslehre, da ja auch unsere Erwählung „von Ewigkeit her", d. h. der Zufälligkeit entnommen ist.

3. Bei dem Gedanken der Präexistenz Jesu Christi handelt es sich überdies gar nicht nur um die speziellen Aussagen, die ihn als dicta probantia unmittelbar belegen, sondern es sind noch andere biblische Redeformen, welche den Präexistenzgedanken voraussetzen. Es ist einmal das „Kommen" Jesu in die Welt (Joh 1,11; 3,31; 6,14; 11,27 u. ö.), und es ist ferner der Gedanke der Sendung des Sohnes. Gott „gibt" ihn (Joh 3,16), sendet ihn (Joh 8,29; vgl. Mk 9,37 par; 1 Joh 4,9). Der Ewige hört, indem er Mensch wird und zu uns ins Fleisch kommt und sich erniedrigt, nicht auf, der Ewige zu sein.

Mit diesen Beobachtungen befinden wir uns noch nicht auf dem Boden der eigentlichen Präexistenzchristologie. Deren dogmatische Ausgestaltung ist, natürlich im Anschluß an die biblischen Sätze, auf zwei Gründe zurückzuführen. Einmal mußten die Aussagen über die Ewigkeit Jesu Christi „vor aller Zeit" in den verschiedensten Richtungen gegen Verdeutlichungen und Veranschaulichungen geschützt werden. Insofern ist es eine richtige Feststellung K. Adams, daß sich „das kirchliche Lehramt in allen aufstehenden Fragen rein defensiv" verhielt. Es ging um Bewahrung und Abwehr. (Der Christus des Glaubens, 1954, 55 f.). Die christologische Lehrbildung lief in den ersten sieben Jahrhunderten, also bis zum Abschluß der Kämpfe 681 im (6. ökum.) Konzil von Konstantinopel, im wesentlichen auf Abgrenzungen hinaus. Man hat das Geheimnis der gottmenschlichen Person Jesu Christi mit einem Kranz von Negationen umgeben. Die Entstehung dieser Negationen war die klassische Diskussion der Präexistenzlehre. Es kam aber in der Dogmengeschichte ein zweites hinzu. Trotz der abwehrenden, negativen Formeln der nun entstehenden Christologie kann nicht übersehen werden, daß man jetzt, im Anschluß an die neutestamentlichen Präexistenzaussagen, vor allem durch den Begriff des Logos zu ausschweifenden Spekulationen angeregt, dazu überging, das Wesen Jesu Christi zu beschreiben. Man versuchte, die Einung Gottes mit der menschlichen Natur verständlich zu machen. Es kam zu einer „Verkehrung der Erkenntnis Jesu in eine Analyse seines Wesens, die seine göttlichen und menschlichen Beziehungen definiert" (A. Schlatter, Das christl. Dogma, 335).

Das Problem der Präexistenz ist also nicht in sich abzuschließen. Es führt vielmehr unmittelbar zur dogmengeschichtlichen Entfaltung der kirchlichen Christologie hinüber.

Die alte Kirche steht angesichts der Frage, wie denn das „Gott in Christo" richtig zu bezeugen und als Geheimnis gedanklich abzusichern ist, vor zwei Problemkreisen. Der eine Problemkreis betrifft das Verhältnis Jesu Christi zu Gott. Ist auch Jesus Christus ewig wie Gott, oder ist er zeitlich, sind beide identisch oder verschieden? Der andere Problemkreis betrifft die menschliche Natur Jesu Christi. Sind Christus, der Logos, und der Mensch zweierlei, oder sind beide eins, nämlich eben ein „Jesus Christus"? Dementsprechend haben wir nun auch die dogmengeschichtliche Entwicklung in zwei Strängen vor uns.

Das Verhältnis Jesu zur wahren Gottheit des Vaters ist zuerst durch die Monarchianer zum Problem gemacht worden. In ihnen wirkten judenchristliche Tendenzen, wie denn auch die Ebioniten die Lehre von der Jungfrauengeburt abgelehnt haben. Der Grundsatz der Monarchianer: „monarchiam tenemus" stellte ein Bekenntnis zur Alleinherrschaft, Einheit und Einzigkeit Gottes des Vaters dar. Die Thesen der Monarchianer sind deshalb so interessant, weil sie – unerachtet ihrer mitunter dürftigen Überlieferung – klar, plausibel und bis heute nachvollziehbar sind und auch tatsächlich in überraschender Weise nachwirken.

Der *dynamistische oder adoptianische Monarchianismus* hat in der Mitte des zweiten Jahrhunderts ein Vorspiel in Kleinasien. Die sog. „Aloger" vertreten hier die Auffassung, daß die Logoslehre die Einheit Gottes und die Gottheit des Erlösers bedrohe. Man könnte sagen, die Aloger hätten einen sicheren Instinkt dafür bewiesen, daß die Logosspekulation der kirchlichen Theologie kein Glück bringen sollte. Das monarchianische Interesse wirkt dann ganz allgemein auf eine Minderung der göttlichen Würde Christi hin, wenn auch die uns überlieferten einprägsamen Formeln wechseln. Theodot der Gerber (195 exkommuniziert) betrachtet Christus als ψιλὸς ἄνθρωπος, Theodot der Wechsler spricht von dem über Christus waltenden Hl. Geist; Jesus selbst ist für ihn nur ein adoptierter „Gott". Der bedeutendste Vertreter dieser Gruppe ist Paul von Samosata (Metropolit in Antiochia, bis ca. 272), der übrigens die Jungfrauengeburt gelehrt hat. Jesus ist aber nicht οὐσιωδῶς Wohnung des Logos, der der eigentliche „Sohn" Gottes ist, sondern er ist es „von oben herab", κατὰ ποιότητα. So steht Jesus mit Gott in einer Einheit des Willens und der Gesinnung, aber nicht der Natur. – Es handelt sich im Adoptianismus nicht um eine religiöse Bewegung, wie er auch zu keiner Gemeindebildung geführt hat. Vielmehr ist es eine „theologische Richtung", die sich des Schriftbeweises bedient und ein wissenschaftliches Interesse hervorkehrt; sie ist gegen Ende des 3. Jhs. erloschen, hat aber doch durch die antiochenische Schule (Lukian) auf Arius und noch bis zu den Nestorianern hin gewirkt.

Auch in dem sog. *modalistischen Monarchianismus* ist das Grundanliegen lebendig: Gott ist ἓν πρόσωπον. Aber diese Abwehr des „Ditheismus" wirkt sich in christologischer Hinsicht fast entgegengesetzt aus. Zwischen Gott und Jesus Christus findet keine Trennung statt. Der Kleinasiate *Noet* (ca. 180/90), der übrigens ebenfalls folgerichtig die Logoschristologie abgelehnt hat, identifiziert Jesus mit dem

Vater, sonst wäre er nicht Gott. Vater und Sohn sind nur nominell unterschieden; darum hat auch „der Vater gelitten" („Patripassianer"), aber nur der Sohn, der litt, ist mit dem Vater identisch. *Praxeas*, ein Kleinasiate, der Ende des 2. Jhs. in Rom und Carthago aufgetreten ist und dessen Lehre uns durch Tertullians Schrift „adversus Praxean" bekannt ist, scheint deutlicher getrennt zu haben: Durch die Annahme des Fleisches hat sich der Vater zum Sohne gemacht. Nur der Geborene ist der Sohn. Werden caro (filius) und spiritus (pater) streng geschieden, dann führt das auch bei Praxeas zu adoptianischen Formeln. Am nachhaltigsten hat unter allen Modalisten merkwürdigerweise *Sabellius* von Rom gewirkt, obwohl uns von ihm doch nur sehr weniges bekannt ist. Er hat schließlich dem Modalismus geradezu seinen Namen, nämlich die Bezeichnung als Sabellianismus verschafft. Ihm gehört die Formel für Gott: υἱοπάτωρ; aber Gott ist υἱοπάτωρ nicht „gleichzeitig", sondern sukzessive in drei Prosopen. Dahinter steht die eine μονάς, die doch nur aus ihren Wirkungen erkannt wird. Die Wirkung des Sabellianismus war unabsehbar. Er hat die erklärte Sympathie Schleiermachers genossen und in der Folge Schleiermachers das Motiv der auch von Hofmann und A. Ritschl vertretenen „ökonomischen" Trinitätslehre abgegeben. Selbst bei K. Barth ist ein Schuß des Sabellianismus spürbar, wenn er von den drei Seinsweisen Gottes spricht (KD II/1,334, 376).

Die alte Kirche lehnte die zuweilen an Pantheismus grenzende Spekulation ab, wehrte sich aber besonders dagegen, daß die Wirklichkeit und wahre Menschheit des geschichtlichen Jesus hier verlorenging. Daß dieser Verlust gerade durch die radikale Vertretung eines echten Anliegens der christlichen Theologie entstehen sollte, nämlich durch die Wahrung der Einzigkeit Gottes und dann wieder der Gottheit Jesu Christi, das machte die Größe der hier gestellten Denkaufgaben für die Theologie klar. Die schwerste Krise brachte dann *Arius* (gest. nach 335). Seine Vorstellung von dem Verhältnis Gottes zur Welt war platonisch. Gott ist weltfern, unerreichbar, jenseitig. Die Christologie des Arius nahm vom Logosbegriff ihren Ausgangspunkt; der Logos ist wesensverschieden vom Vater: Ὁ λόγος ἀλλότριος καὶ ἀνόμοιος κατὰ πάντα τῆς τοῦ πατρὸς οὐσίας. Der Sohn ist erschaffen, freilich erschaffen vor allen Dingen; er ist ein Mittelwesen ganz im Sinne der antiken Halbgötter. (Auch Arius glaubte an die Jungfrauengeburt Christi!) Der Sohn ist nicht ursprunglos wie Gott. Von ihm gelten die Sätze: Ἀρχὴν ἔχει ὁ υἱός, ὁ δὲ θεὸς ἄναρχός ἐστιν. – Ἦν ποτε, ὅτε οὐκ ἦν, καὶ οὐκ ἦν, πρὶν γέννηται. Christus ist also dem Vater subordiniert. Diese klassische Inferioritätschristologie bringt überdies ein biblisches Motiv zur Geltung, auf das sie sich berufen kann: Joh 14, 28; Mt 19, 17 und den zum Vater betenden Christus! So eignet dem Sohn nach Arius eine Göttlichkeit, welche doch nicht die Göttlichkeit Gottes ist. Die kirchliche Abwehr dieser Lehren, von Athanasius (ca. 295–373) getragen und in Nicäa 325 besiegelt, bekämpfte den Arianismus nicht nur wegen der verletzten Ehre Christi, sondern auch aus soteriologischen Gründen, die freilich noch ganz in die ontologischen Aussagen eingebettet sind. Wenn Jesus Christus nicht mehr als Gott den Kreaturen gegenübersteht, sondern nur als Erstling aus den Geschöpfen Gottes herausgehoben ist, dann ist die Versöhnung der sündigen Menschheit durch Gott selbst nicht mehr sinnvoll. Wir können dann auch nicht mehr zu Jesus beten. Das „Gott in Christo" ist in seinem Kern zerbrochen, wenn der Gottesbegriff selbst in eine metaphysische, ungeschichtliche Tiefe zurückverlegt ist.

Die Dogmatisierung der Wesensgleichheit der göttlichen Natur Christi mit Gott ist der Ertrag von Nicäa. Damit ist der eine Strang der Klärung des christologischen Problems in der alten Kirche zum

Abschluß gekommen. Der andere Strang der dogmengeschichtlichen Lehrentwicklung bezieht sich auf die Erkenntnis der wahren Menschheit in Jesu Christo.

Schon bei Johannes sind die Spuren der frühesten Auseinandersetzung mit dem *Doketismus* erkennbar. Es handelt sich um die Anzweiflung der wahren Menschheit Jesu und um den gläubigen Verdacht einer nur scheinhaften Leiblichkeit. Möglicherweise ist schon der Satz „Das Wort ward Fleisch" (Joh 1,14) von daher zu verstehen, sicherlich aber 1 Joh 1,1 ff.; 4,1–3 und 2 Joh 7. *Marcion* lehrte, darin unverkennbarer Gnostiker, daß Christus nur einen Scheinleib hatte; denn das Leibliche in Christus wäre Gottes unwürdig. Auch *Arius* muß in diesem Zusammenhang noch einmal genannt werden. Nach ihm nimmt der Logos bei Jesus die Stelle der Seele ein. Auch darum bedeutet die Annahme des Fleisches nicht die Annahme der ganzen menschlichen Natur. Die Inkarnation ist vielmehr die Belebung des Fleisches durch den geschaffenen Logos. Dadurch wird aber Christus nun noch einmal mehr zu einem wahren Zwischenwesen. Er ist nicht nur ein halber Gott, sondern auch nur ein halber Mensch.

Dieses Motiv wirkte dann fort. *Apollinaris von Laodicea* (ca. 310 – ca. 390) baute es systematisch aus. Gottheit und Menschheit verbinden sich in Christus zu einem Wesen und zu einer Natur. Auch bei Apollinaris steht ein metaphysischer Leitsatz am Anfang: δύο τέλεια ἓν γενέσθαι οὐ δύναται. Zwei in sich vollkommene Wesenheiten können nicht eins werden. Apollinaris bestreitet darum der menschlichen Natur in Christus, ein τέλειον zu sein. Er bricht ihr sozusagen die Spitze ab. Mit Hilfe der trichotomischen Psychologie gibt er folgende Erklärung: σάρξ und ψυχή Christi sind menschlich. Aber die Stelle des νοῦς ( = πνεῦμα = anima intellectualis) wird durch den λόγος ersetzt. Erst so wird Christus μία φύσις, μία οὐσία, ἓν πρόσωπον. Das war nun eine starke Bedrohung der Menschheit Christi. Nach vorausgegangenen Verurteilungen auf Synoden zu Alexandrien und Rom geschah die endgültige Verwerfung des Apollinarismus auf dem 1. Konzil (dem 2. ökum.) zu Konstantinopel 381. Die damit geschehene Anerkennung der vollen menschlichen Natur Jesu Christi war ein Sieg der antiochenischen Schule und vorwiegend das Verdienst des Eustathius von Antiochien und des Theodor von Mopsueste. Aber die negative Entscheidung ließ noch immer das Problem offen, wie denn nun die beiden Naturen in Christo eigentlich geeint seien. Für die Antiochener lag es nahe, die Verbindung nur äußerlich, akzidentiell, und nicht innerlich, substantiell zu verstehen. Christus erschien dann fast wie ein Doppelwesen, und *Nestorius*, Patriarch von Konstantinopel (gest. ca. 451) sprach das insofern auch aus, als er Maria nur als Χριστοτόκος, nicht als Θεοτόκος bezeichnet wissen wollte. Das bedeutete nicht nur eine neue Aktualisierung des dynamistischen Monarchianismus, es brachte überdies eine liturgische Revolution. Nun waren die besonderen Interessen der Alexandriner berührt, deren Wortführer *Kyrill von Alexandrien* (gest. 444) wurde, der größte Theologe des Ostens neben Athanasius. Die Inkarnation ist das Werk Gottes. Der Logos ist Mensch geworden und ist das Subjekt der Einigung der beiden Naturen. Es gibt nur ein Ich in Christo, und die Einung ist ganz eng, seinshaft. Es ist, wie die kyrillische Formel lautete, eine ἕνωσις κατὰ φύσιν, οὐσίαν, ὑπόστασιν, wodurch die Formel des Nestorius ἕνωσις κατὰ χάριν, ἐνέργειαν, θέλησιν nun sinnenfällig überboten wurde. Diese ἕνωσις φυσική sollte aber nicht in dem Sinne verstanden werden, daß das Logos-Ich das Ergebnis der Vereinigung wäre, sondern es ist ihr dauerndes tragendes Prinzip, d. h. die menschliche Natur bleibt menschliche Natur. Es besteht eine Idiomenkommunikation in der Weise, daß die menschlichen Akte von der nach der göttlichen

Natur bezeichneten Person Christi und die göttlichen Akte von der nach der menschlichen Natur bezeichneten Person ausgesagt werden können. Im (3. ökum.) Konzil von Ephesus kam der Sieg der kyrillischen Theologie zum Durchbruch und im Symbolum Ephesinum von 431 zur bleibenden gültigen Aussage: Maria ist Theotokos, und in Christus sind Gottheit und Menschheit ungemischt vereinigt.

Der Versuch, sich das vorzustellen, machte immer wieder Schwierigkeiten und führte zu neuen Verwicklungen. *Eutyches*, Archimandrit bei Konstantinopel (geb. ca. 378), selbst ein leidenschaftlicher Gegner des Nestorianismus, verfiel als radikaler Alexandriner in das andere Extrem. Er erklärte die Inkarnation aus einer „Mischung" (κρᾶσις, σύγκρασις) der Naturen in Christus; die menschliche Natur wird von der göttlichen Natur ganz verschlungen. Damit war das Stichwort für den Monophysitismus gegeben, der die Kirche in der Folge den schwersten Erschütterungen aussetzen sollte. Es liegt auf der Hand, wie sich hier eine neue Bedrohung des Glaubens an die wahre Menschheit des Erlösers anmeldete. Die offizielle Verurteilung geschah auf dem (4. ökum.) Konzil von Chalkedon 451. Hier wurde die entscheidende Feststellung getroffen: Christus ist *uns* wesensgleich, ὁμοούσιος ἡμῖν. Der Menschgewordene ist der eine Herr, er ist es hinsichtlich seiner Naturen unteilt (ἀδιαιρέτως) und ungetrennt (ἀχωρίστως) – dies gegen Nestorius gültig –, und er ist es ungewandelt (ἀτρέπτως) und unvermischt (ἀσυγχύτως), was gegen Eutyches gerichtet war.

Da uns bei diesem dogmengeschichtlichen Überblick nicht eigentlich historische Interessen leiten, können wir nun schnell zum Abschluß kommen. Das (5. ökum.) Konzil von Konstantinopel 553, das neben der Verurteilung des Monophysitismus auch den prägnanten Origenismus aus der kirchlichen Geltung ausschied, brachte nun im Zuge einer Bemühung um positive Aussagen jene Lehre über die Person Jesu Christi ans Licht, die bis in die protestantische Orthodoxie hinein in Kraft geblieben ist: es ist die Lehre von der Anhypostasie. Während die beiden Naturen in Christo, die göttliche und die menschliche, ungekürzt und unvermischt geglaubt werden müssen, ist doch nur die die göttliche Natur tragende zweite Person der Trinität das personale Ich des Gottmenschen. Negativ ausgedrückt bedeutet das, daß der menschlichen Natur keine eigene – keine menschliche – „Person" zukommt. Die weitere dogmengeschichtliche Entwicklung verstrickt uns dann in aller Form in die antike Psychologie. Es wurde nämlich eben aus diesen zuletzt genannten dogmatischen Festsetzungen der Schluß gezogen, daß der Gottmensch nur einen Willen gehabt habe (Monotheletismus) und daß auch sein Wirken eines gewesen sei (Monergismus). Aber auch diese Folgerungen, in denen man vermutlich die Wiederkehr des verurteilten Monophysitismus argwöhnte, verfielen der kirchlichen Verwerfung, schon 649 auf einer Lateransynode, dann 681 auf dem (6. ökum.) Konzil zu Konstantinopel für die Kirche des Ostens und des Westens. Offenbar rechnete diese kirchenamtliche Psychologie den „Willen" (θέλημα) und die Wirkung (ἐνέργεια) der Natur zu und nicht der Person, wie ja auch noch in der Reformationstheologie die concupiscentia im Fleische, also in der „Natur" steckt und sich erst von daher auch der Person mitteilt. Doch haben die Konzilsväter dann nur vorsichtig die Konformität des menschlichen Willens in Christo mit dem göttlichen hervorgehoben. – *Johannes von Damaskus* (gest. 749) hat übrigens im Zusammenhang mit diesen Auseinandersetzungen an der Lehre von der Anhypostasie sofern eine Korrektur vorgenommen, als er sie durch eine Lehre von der Enhypostasie ergänzte: Die göttliche Person Christi ist zugleich die die menschliche Natur tragende Person.

Überblickt man diese Entwicklung der kirchlichen Christologie, s[o]
bestätigt sich, daß sie ein gigantisches Defensivunternehmen zugun[-]
sten des Geheimnisses der Gottmenschheit des Erlösers darstellt. Si[e]
umgibt das Mysterium des Ereignisses Jesus Christus mit einem Wa[ll]
von Negationen. Christus war nicht ein Zwischenwesen, sonst wär[e]
er weder Gott noch Mensch. Christus war nicht ein Modus Gotte[s]
des Vaters, eine in die Geschichte eingegangene Seinsweise des Schöp[-]
fers, sonst wäre er kein wahrer Mensch. Christus war nicht ein Schein[-]
mensch, sondern ein wahrer Mensch wie wir. Er war nicht teilweis[e]
Gott, teilweise Mensch. Er war nicht „ein Gott", als ob wir von meh[-]
reren Göttern wüßten. Und wir können im Blick auf moderne Deu[-]
tungen diese Reihe andeutungsweise noch fortsetzen: Christus wa[r]
nicht „wie Gott", er ist auch nicht als der Bringer der reinsten Gotte[s-]
lehre unser Heil. Christus war auch nicht darin Christus, daß er allei[n]
und vor allen anderen den Glauben bewährte, der Berge versetzt[,]
daß er der erste und exemplarische Christ war.

Hinsichtlich dieser Negationen bekennen wir uns zur Dogmenge[-]
schichte. Aber auch in anderem Sinne holt uns das Gesetz der Dog[-]
mengeschichte ein. Die Negationen genügen nämlich nicht. Wir müs[-]
sen nun auch unsererseits versuchen, zu positiven Aussagen zu kom[-]
men. Die alte, bis zur Orthodoxie hinreichende klassische Christolo[-]
gie hat ihre positiven Aussagen über Jesus Christus so gemacht, da[ß]
sie sein Wesen in allerdings dialektisch gebrochenen ontologische[n]
Aussagen beschrieben hat. Hier können wir der alten Christologi[e]
nicht mehr folgen, d. h. wir können ihre Sätze über Person und Na[-]
turen Christi, über die Eigenschaften der Naturen usw. nicht einfac[h]
wiederholen. Die Nötigung, daß wir uns von den alten Formeln u[n]abhängig machen, entstammt nicht dem Bedürfnis nach Neuheit de[r]
eigenen Formulierungen um jeden Preis, sondern sie erklärt sich da[r-]
aus, daß unsere Aussagemöglichkeiten, gemessen an der alten Chr[i-]
stologie, an drei sachliche Grenzen stoßen.

1. Wir sahen, daß die Präexistenzchristologie zum Ausdruck bring[t,]
daß Jesus Christus, indem er von Gott kommt, ja, indem Gott i[n]
Christo ist, an der Ewigkeit Gottes Anteil haben muß. Wir habe[n]
uns zu diesem Gedanken bekannt. Die Präexistenzchristologie leg[t]
es aber nahe, daß wir uns diese Ewigkeit als eine Ausdehnung d[er]
Zeit vorstellen. So wird hier die Ewigkeit verstanden als Vorzei[t-]
lichkeit. Wir können aber keine zeitlichen Kategorien aufbieten, u[m]
uns die Ewigkeit dogmatisch zu veranschaulichen. Daraus ergibt si[ch]
die dogmatische Aufgabe, die Dimension Gottes, aus der Jesus Chr[i-]
stus kommt, nach Möglichkeit unter Absehung von allen Zeitbegri[f-]
fen zum Ausdruck zu bringen.

2. Wenn die Alten das Geheimnis „Gott in Christo" mit Hilfe d[es]
Physisbegriffes abzusichern versuchten, dann ist das nicht abzulehn[en]
und zu desavouieren, wenn man es aus ihrer eigenen Zeitlage hera[us]
versteht. Wir können es nicht mehr, weil sich für uns die Begriffsla[ge]

völlig verschoben hat. Zwar finden sich im Nicänum (und ähnlich CA III) Aussageformen, die auf den Physisbegriff verzichten: Deus verus de Deo vero, aber die alte Christologie kann ohne den Physisbegriff nicht gedacht werden. In welchem hohen Maße dieser Begriff tatsächlich das Rückgrat des alten christologischen Schemas bildet, zeigt sich an der Lehre von den Eigenschaften, der Idiomenlehre, welche ja den Physisbegriff voraussetzt. Schon die Verrechnung der jeweils der göttlichen und der menschlichen Natur zustehenden Eigenschaften führt in schwere Aporien. Aber auch der in der protestantischen Orthodoxie entbrannte Streit über die Gültigkeit und Vertretbarkeit dieser Eigenschaftslehre im Blick auf die Niedrigkeit des Erdenwandels Jesu, also das Problem der Kenosis, zeigt an, in welche Widersprüche sich die Theologie mit diesem alten Schema begibt. Steht doch hinter dem Streit der Tübinger und Gießener Theologen über die Kenosis im Grunde ein modernes Problem, nämlich die Frage der Aufrechterhaltung der alten Physis- und Idiomenlehre angesichts des historischen Jesus. Zwar ist den streitenden Theologen damals kaum die Hintergründigkeit ihrer Situation so zum Bewußtsein gekommen. Vollends muß nun in unserer eigenen dogmatischen Arbeit der bewußte Verzicht auf die alte Personmetaphysik geübt werden. Er wird mehr bedeuten müssen als nur eine terminologische Enthaltung. Aber wenn wir auch nicht mehr so argumentieren können wie die Väter, so heißt das nicht, daß sie zu ihrer Zeit auf falschen Wegen waren. Wir werden uns vielmehr an ihnen orientieren müssen, um den eigenen Bestand an Lehraussagen zu prüfen, um sachliche Verluste zu vermeiden und um die Gemeinschaft des Glaubens mit den Vätern zu bewähren.

Vom Standpunkt der Väter aus beurteilt stellt sich freilich der Abschied von der alten Personmetaphysik als ein sachlicher Verlust dar. Darum wird das Urteil einer traditionalistischen und repristinierenden Theologie hier anders lauten. Man wird die Gemeinschaft des Glaubens mit den Vätern einer bewußt kritischen Theologie bestreiten. Die Verteidigung eines alten dogmatischen Bestandes hinsichtlich Terminologie und metaphysischen Voraussetzungen wird also unweigerlich in eine tragische Situation hineinführen, aus der nur sachliche Unbefangenheit und die Zuversicht zum Rechte wissenschaftlichen Denkens befreien kann.

3. Die Veränderung, bzw. der Wegfall entscheidender metaphysischer Voraussetzungen der alten Christologie betrifft aber nicht nur die Ontologie, also die Begriffe der Hypostase, der Physis und der Idiomata, sondern sie betrifft auch die Psychologie, die ja als rationale Psychologie in alter Zeit ein Teil der Metaphysik war. Auf dieser veralteten und von uns schlechterdings nicht mehr zu vertretenden Psychologie beruhen die Lehren von der Anhypostasie, von der Enhypostasie und das seltsame Interesse am Dyothelitismus. Man kann unmöglich hier um der Orthodoxie willen auf dem Boden einer alten Psychologie verharren und gleichzeitig der Leben-Jesu-Forschung des 19. Jahrhunderts ihren Psychologismus zum Vorwurf machen. Man kann nicht hier betonen, daß man doch „psychologisch" über Je-

sus nichts wissen könne, um dann dort eine Kenntnis im Sinne der alten rationalen Psychologie zu entfalten, die nicht weniger ins Innerste zu greifen unternimmt.

Es geht auch uns in der Lehre von der Person Christi darum, das Geheimnis „Gott in Christo" festzuhalten, es sichernd zu umschreiben, ohne es doch erklären und beschreiben zu können. Die erste Frage ist es, wie wir die wahre und reine Menschheit Christi in allen Aussagen festhalten. Wahre und reine Menschheit Christi bedeutet: Christus steht als Mensch Gott gegenüber (was im Modalismus nicht mehr zum Ausdruck kommt). Worin zeigt sich die Menschheit Christi?

Jesus Christus hat als Mensch seinen historischen Ort, seine historische Zeit. Er ist – wie jeder Mensch – vom Weibe geboren und unter das Gesetz getan. Er ist dem „Gesetz" seines Volkes, also seiner Religion und seiner Sittlichkeit unterworfen, er ist dem Recht seines Volkes so sehr unterworfen, daß er daran sterben wird. Jesus Christus ist als Mensch dem Gesetz der Natur unterworfen. Er nimmt an der Zwielichtigkeit der Geschichte teil. Die Verborgenheit Gottes in ihm erklärt sich nicht nur aus dem „Inkognito Gottes" (S. Kierkegaard), sie erkärt sich auch daraus, daß er an der Mehrdeutigkeit des Historischen teilhat. Als Mensch ist Jesus Christus auch leidensfähig. Wirklichkeit, Echtheit und Tiefe seines Leidens hängen daran, daß er wahrer Mensch geworden ist. Als Mensch kann und muß er zu Gott seinem Vater beten, ihn anrufen. Zu seiner reinen Menschheit gehört es aber auch, daß er ein unverdorbenes Bild des Menschen zeigt, ein Bild des Menschen, das weder ins Übermenschliche, Heroische, noch ins Untermenschliche ausgreift, was in der geschichtlichen Wirklichkeit sich sonst immer wieder paradox verbindet.

Die andere Frage ist die, wie wir die wahre Gottheit an ihm und in ihm erkennen und aussagen, ohne daß seine reine Menschheit vergessen wird. Seine Gottheit kündigt sich darin an, daß er uns gegenübersteht und ganz und gar auf Gottes Seite gehört. Er hat nicht nur einen Auftrag Gottes an uns, er bringt nicht nur ein Wort, eine Lehre von Gott zu uns, sondern er ist überdies selbst dieses Wort. In ihm kommt Gottes Reich. In ihm begegnet uns die Wahrheit. In ihm begegnet uns das reine Bild Gottes, nämlich der Mensch, dessen ursprüngliches Bild die Menschheit gleichsam aus dem Auge verloren hat. In ihm erscheint, richtend und beseligend, was Gott ursprünglich mit dem Menschen gemeint hat, zugleich aber weist sein Bild als ein erneuertes Bild Gottes in die Zukunft. Ursprünglich, als eine Rückerinnerung an den Anfang, ist Christus „Bild Gottes" (Kol 1,15 ff.; 3,10). Daher steht er über dem Gesetz, das um der Sünde des Volkes willen durch Mose gegeben und „nebeneingekommen" ist (Röm 5,20). Wie er als geborener Mensch dem Gesetz unterworfen ist, so ist er als ursprünglicher Mensch über dem Gesetz. Er erinnert an das, was

„eigentlich" sein sollte und was ursprünglich Gottes Wille ist (Mt 19,8). Er ist der Herr, der dem Gesetz gegenüber den ursprünglichen Willen Gottes in der Vollmacht des „Ich aber sage euch" offenbart (Mt 5,22.28.32.34.39.44; Mk 2,23—28 u. ö.) und der diese Vollmacht in dem in den Augen der Synagoge schwersten Eingriff in Gottes Rechte beweist, indem er Sünde vergibt. Aber Jesus Christus ist nicht nur ein Wiederhersteller des Ursprünglichen. Zugleich tut er die Tür zu einer neuen Welt Gottes, zur Zukunft auf. Er beruft seine erlöste Gemeinde in die Freiheit einer neuen Welt. Das ist das eschatologische Element in dem Geheimnis „Gott in Christo". Auch in dieser Hinsicht bleibt es freilich ein Geheimnis; denn fortan steht das Neue und Zukünftige neben dem Alten und im Grunde schon Vergangenen. Das Alte der Welt verbirgt und verschüttet fortwährend das Neue, und das Neue, das in Christus begonnen hat, ruft das Alte der alten Welt zur Buße und zum Gericht.

In den Bekenntnissen der Kirche des Ostens und des Westens hat das Geheimnis „Gott in Christo" die johanneische Form gefunden: Gottes eingeborener Sohn. Das besagt natürlich zunächst einfach: er ist Gott von Art, er ist kein Geschöpf wie andere Geschöpfe, in ihm ist Gottes Wesen. Die Formel bedeutet aber doch auch dies: Jesus ist nicht der Vater. Jesus kommt vom Vater, er geht zum Vater, er zeigt uns den Vater und er führt uns zum Vater, aber er ist nicht der Vater. Gottes Wesen ist in ihm offenbart, aber Gott ist in ihm doch nicht voll und ganz offenbar. Gott bleibt in der Tiefe seiner Verborgenheit. Der Deus absconditus, den Luther in de servo arbitrio bezeugt, ist durch die Selbstkundgabe Gottes in Christo nicht aufgehoben. (Das sog. Extra Calvinisticum meint etwas anderes. Es behauptet, daß auch der Logos nicht völlig in Jesus Christus eingegangen ist.) In Jesus Christus sind nicht alle Geheimnisse Gottes aufgelöst. Wer Jesum Christum kennt und an ihn glaubt, für den sind doch nicht auch schon alle Geheimnisse Gottes entschleiert. Christus selbst hat von der Verborgenheit seines Vaters gewußt und sie bezeugt (Mk 13,32 par.; Lk 13,1—5). Man kann an ihm nicht, womöglich an seinem „Antlitz" (W. Herrmann) „ablesen": Gott ist Liebe. Jesus Christus erlaubt uns nicht, die widersprüchliche Tiefe der „Eigenschaften Gottes" zu vereinfachen, wie es A. Ritschl gemeint hat. Solche Thesen sind schuld daran, daß viele moderne Menschen in den Katastrophen unseres Jahrhunderts mit dem Geheimnis des verborgen waltenden Gottes, mit seinem Zorn und seinen Strafgerichten, nicht mehr zurechtgekommen sind. Jesus Christus ist Gott nicht in dem Sinne, daß damit ein Verzicht auf die dunklen, „metaphysischen" Tiefen in Gott ausgesprochen wäre. Das Gebet Jesu, seine Verlassenheit am Kreuz und seine Auferweckung aus dem Grabe — das zeigt uns den Vater, seinen Vater und unseren Vater. Wenn wir es uns schon versagt haben, auf die „Eigenschaften" der göttlichen und hinwiederum der menschlichen Natur in Jesus Christus zu reflektieren, so haben wir es uns noch vielmehr zu versagen, über die vollständige oder unvollständige Erkenntnis der Eigenschaften des Vaters im Anblick des Sohnes nachzudenken. Auch wir können und dürfen sprechen: Herr, zeige uns den Vater, so genügt uns (Joh 14,8).

## 17. Kapitel

### JESUS CHRISTUS UND DIE GESCHICHTE
*(Die Frage nach dem historischen Jesus)*

Jesus Christus ist eine geschichtliche Gestalt. Seine Geschichtlichkeit ist ein Fundament des Glaubens. Wenn wir von dem Ereignis Jesus Christus sprechen, so bedeutet das in diesem Zusammenhang nur dies, daß Jesus Christus keine isolierte geschichtliche Gestalt ist, also eine Gestalt, die ohne Beziehung zu uns in der jüdischen Geschichte des ersten Jahrhunderts unserer Zeitrechnung steht, sondern eine Gestalt bis heute wirkender Geschichte, in deren Wirkungen wir einbezogen sind. Jedenfalls besteht ein theologisches Interesse daran, daß die geschichtliche Frage gestellt wird. Wir müssen wissen, wer Jesus wirklich war, um von da aus auch ermessen zu können, was er für die Geschichte bedeutet, wie immer man dann diese Geschichte verstehen will, also für die jüdische Geschichte, für die Religionsgeschichte, für die Weltgeschichte und für die Heilsgeschichte.

Nun kommt aber diese geschichtliche Frage in einer ausgesprochen modernen Form auf uns zu, und zwar in der Form einer Frage nach dem „historischen Jesus". So gefaßt, modifiziert sich also die allgemeingültige Frage nach der Geschichte Jesu durch zwei besondere, unübersehbare Akzente. Einmal nämlich verbindet sich nun die geschichtliche Frage mit der historischen Kritik am biblischen Text, d. h. an seinem Quellenwert und an der Zuverlässigkeit seines Berichtes. Vor dem Aufkommen der historischen Kritik konnte dieser Akzent noch nicht fühlbar werden; darum ist die Fragestellung modern. Sie ist es aber auch in einer anderen Hinsicht. Die Frage nach dem historischen Jesus wird nämlich schon im 18. Jahrhundert in der Erwartung gestellt, man könne endlich dahinterkommen, wie Jesus „eigentlich und wirklich" gewesen ist, nämlich ohne die entstellende Übermalung seines Bildes durch das kirchliche Dogma. Begleitet also das Mißtrauen die Frage nach dem historischen Jesus auf jeden Fall, so doch das eine Mal mehr im Sinne eines methodischen Mißtrauens, wie es die historische Kritik allemal begleitet, das andere Mal jedoch im Sinne eines unmittelbar religiösen Mißtrauens, im Sinne eines antikirchlichen Affektes. Beide Tendenzen sind nicht in eines zu setzen, sie lassen sich auch nicht voneinander ableiten. Im Sinne der einen

Tendenz sollen die biblischen Quellen auf Wert und Tragweite geprüft, Unwahrscheinliches und Unhistorisches ausgeschieden werden und eventuell auch außerbiblische Quellen zur Ergänzung und Überprüfung ihrer Zuverlässigkeit herangezogen werden. Im anderen Sinne soll, unter bewußter Absehung von der gläubigen und überlieferten Christologie, eine Vermenschlichung des Bildes Jesu erreicht werden. Es soll das Bild des wirklichen Jesus, wie es sich hinter den Quellen verbirgt, ausgegraben werden, und in diesem Geiste und dieser hohen Erwartung ein neues Gesamtbild von der Geschichte Jesu gewonnen werden, ganz gleich, ob man nun ein „Leben Jesu" im Sinne einer Biographie zu gewinnen hofft oder nicht.

Die Geschichte der Erforschung des historischen Jesus bis zum Anfang unseres Jahrhunderts ist zusammengefaßt in A. Schweitzer, Geschichte der Leben-Jesu-Forschung („Von Reimarus bis Wrede" 1906) 1951[6]. Den Wandel der Problemlage veranschaulichen dann die Wandlungen des Art. Jesus in den verschiedenen Auflagen der RGG. Der Art. Jesus in RGG[1] (1911) liegt in modifizierter Wiedergabe als gesondertes Buch: W. Heitmüller, Jesus, 1913, vor. Sodann Art. Jesus Christus (K. L. Schmidt) RGG[2] II (1929) 110–151; in der 3. Aufl. RGG III, 619–653 (H. Conzelmann); hier jeweils Lit. – Im übrigen sei nur, ohne Anspruch auf Vollständigkeit, hingewiesen auf M. Kähler, Der sogenannte historische Jesus und der geschichtliche biblische Christus (1892) Neudruck 1961[3] – Fr. Barth, Hauptprobleme des Lebens Jesu, (1899) 1911[4] – A. v. Harnack, Das Wesen des Christentums (1900) Neudruck 1950 – E. Troeltsch, Die Bedeutung der Geschichtlichkeit Jesu für den Glauben, 1911 – R. Bultmann, Jesus (1926), 25.–27. Tsd. 1964 – Ders., Theologie des NT (1953) 1965[5] – Fr. Gogarten, Die Verkündigung Jesu Christi, 1948 – E. Käsemann, Das Problem des historischen Jesus, ZThK 1954, 125–153 – Nils A. Dahl, Der historische Jesus als geschichtswissenschaftliches und theologisches Problem, KuD 1955, 104–132 – E. Fuchs, Die Frage nach dem historischen Jesus, ZThK 1956, 210–229 – Die Frage nach dem historischen Jesus. Beiheft 1 zu ZThK 1959 (Conzelmann, Ebeling, Fuchs). – G. Bornkamm, Jesus von Nazareth, 1968[8] – J. Jeremias, Das Problem des histor. Jesus, 1969[6] – Die Geschichte des Problems und seiner Erforschung hat zusammenfassend dargestellt und gewürdigt G. M. Robinson, Kerygma und historischer Jesus, 1966[3].

In der Frage nach dem historischen Jesus geht es um eine Anwendung der konsequenten historisch-kritischen Methode auf eine geschichtliche Überlieferung. Das Problem ist darin beschlossen, daß eine profanwissenschaftliche, d. h. „unvoreingenommene" Betrachtung auf einen Gegenstand des Glaubens gerichtet wird. Das unbestreitbare theologische Interesse an der Geschichtlichkeit Jesu sieht sich also hier einer grundsätzlich nichttheologischen, profanwissenschaftlichen Probe ausgesetzt, und es ist die Frage, wie die Theologie angesichts dieses Härtefalles historischer Kritik mit ihrem Interesse an der Geschichtlichkeit Jesu bestehen kann. Wir müssen, um die Problematik in aller Schärfe zu erfassen, uns die meist unausgesprochenen Voraussetzungen der historischen Kritik vergegenwärtigen.

1. Alle geschichtlichen Vorgänge können nur auf gleichgeartete, d. h. ebenfalls nur geschichtliche Ursachen zurückgeführt werden. Alles Geschichtliche ist „nur geschichtlich". Jeder Griff über das Geschichtliche hinaus, also etwa jede vom Historiker vollzogene Berufung auf übernatürliche Verursachung ist unzulässig. Eine Berufung auf solche wunderbaren Verursachungen, die uns aus der Geschichte heraus entgegentritt, ist selbst ein „nur-geschichtlicher" Tatbestand.

2. Wenn für eine geschichtliche Erscheinung zwei Erklärungsmöglichkeiten bestehen, dann ist jeweils die natürlichere auch die wahrscheinlichere und ist der unwahrscheinlicheren vorzuziehen.

3. Alle geschichtlichen Erscheinungen unterliegen den Gesetzen der geschichtlichen Welt. Und diese geschichtliche Welt ist nur eine, ihre Möglichkeiten sind nicht unendlich. Die Wahrscheinlichkeit, daß sich etwas prinzipiell Neues, Einmaliges und Unwiederholbares in ihr ereignet, ist denkbar gering. Daraus erklärt sich der in der Logik des Geschichtlichen liegende Zwang, für religiöse Phänomene, die mit dem Anspruch der Einmaligkeit auftreten, eine religionsgeschichtliche Analogie, ein Simile zu suchen, durch das dieses Phänomen eben dieser Einmaligkeit und Unwiederholbarkeit entkleidet wird. Die historische Kritik drängt, m. a. W., auf eine Nivellierung des geschichtlichen Lebens. Freilich muß hier zugleich angemerkt werden, daß sich dieser Grundsatz dann mit dem individuellen Charakter der einzelnen Erscheinung stößt, wie auch die Situation immer etwas Unwiederholbares in sich hat. Die wirkliche Geschichte lebt von der gleichsam unwiederholbaren Individualität, sie lebt vom Detail. Aber „das Geschichtliche" ist etwas Allgemeines, und es ist in seinem Drang, Gesetzmäßigkeiten der geschichtlichen Welt zu erkennen, erst dann befriedigt, wenn es auch das Individuelle dem Allgemeinen unterworfen hat.

4. Durch die Prärogative der jeweils natürlichen Erklärungsweise tritt eine Depravierung des Geschichtlichen ein, d. h. eine Neigung zur „geringeren", zur banalen Deutung geschichtlicher Vorgänge. Wiederum geht auch diese Tendenz nie ganz auf; denn in dem Maße als das Einmalige und unverkennbar Individuelle hervortritt, zeigt sich sofort die Neigung zur Idealisierung der Motive, zur Steigerung des Werturteils, zur Sublimierung des Geschichtlichen. Beide Tendenzen liegen immer im Streit; denn jedes Näher-Hinsehen nimmt un Illusionen, jeder Realismus der Betrachtung mindert, so scheint es, die historische „Größe", und auf keinen Fall werden im Rahmen einer kritisch verantworteten Historie die Bäume in den Himmel wachsen können und die Individualitäten über das in den Grenzen der einen geschichtlichen Welt eben Mögliche hinausreichen dürfen.

Unter diesen methodischen Gesichtspunkten kann man sagen, daß sich die Erforschung des historischen Jesus von den Tagen des Reimarus (1694–1768) an radikalisiert, und d. h. an methodischer Bewußtheit und Konsequenz zugenommen hat. Man kann diese sich übe zwei Jahrhunderte hinziehende Verschärfung der Situation nach drei Seiten charakterisieren, ohne daß man nun fest abgegrenzte Stufen einer historischen Entwicklung bezeichnen kann. Einmal ist die Hoffnung, ein „Leben Jesu" im Sinne einer Biographie gewinnen zu können, immer mehr zerronnen. A. Schweitzer hat die Geschichte der Leben-Jesu-Forschung beschrieben und diese Geschichte zugleich zu Ende gebracht. Es bleibt nur noch ein Rahmen übrig, in den das Bild des Wirkens Jesu, seine Lehre, eingefügt ist. Man kann also die Erforschung des historischen Jesus, grob gesagt, in zwei Phasen zerlegen, in deren erster die Beschreibung des Lebens Jesu noch möglich erscheint, in deren zweiter jedoch dieses Unternehmen aufgegeben wird. Das tangiert indessen die radikale Tendenz der Forschung nicht eigentlich, sondern beleuchtet sie nur. Zum anderen wird immer deutlicher, daß sich das Bild des historischen Jesus immer mehr von dem Christus entfernt, an den die Kirche glaubt. Und wenn die liberale Theologie gehofft hatte, das historische Jesusbild zur Grundlage heutiger Religion machen zu können, so scheitert auch diese Erwartung in dem Maße, als der historische Jesus fremdartige Züge annimmt, insonderheit als der Bringer einer radikalen Eschatologie beschrieben wird.

Es ergibt sich dann, ohne daß wir uns hier auf Einzelfragen der Forschung einlassen können, etwa folgendes Bild. Jesus hat am Anfang unserer Zeitrechnung in Galiläa als Rabbi gewirkt, als Prediger einer neuen Sittlichkeit, wohl auch als Exorzist, da von ihm Heilungen berichtet werden, und als Prophet des anbrechenden Reiches Gottes. Diese Figur ist an sich ohne Besonderheiten. Das Wesentliche an ihm ist seine Verkündigung: Die Gottesherrschaft ist im Anbruch, sie kommt jetzt, bzw. sie ist in Kürze zu erwarten. Im Unterschied von anderen „messianischen" Propheten jener Zeit fehlen aber der Prophetie Jesu die politischen Tendenzen. Vielmehr gilt sie dem Anbruch des neuen Äons, d. h. der neuen Weltzeit, nachdem der alte Äon sein Ende erreicht hat. Gott ist nicht mehr fern, sondern er ist der „nahe Gott" geworden, der als fordernder Gott die Menschen zur Entscheidung, zur Buße ruft. Die Gottesherrschaft kommt ohne unser Zutun, und kein Mensch hat Ansprüche zu stellen. Mit ganzer Leidenschaft wird die Gottesverehrung bekämpft, welche meint, die Gerechtigkeit, welche Gott anerkennen kann, und die geforderte Reinheit rituell garantieren zu können. Darum führt die hier verkündigte Eschatologie zu einer neuen, radikalen Ethik, die in der Forschung freilich verschieden gedeutet werden kann: als Radikalisierung des Gesetzes oder auch als Bruch des Gesetzes, oder, wie A. Schweitzer meinte, als Interimsethik, d. h. als eine nur noch bis zum nahen Ende der Welt gültige Ausnahmeethik. Das Ende Jesu am Kreuz ist das Ende der Wirksamkeit dieses Rabbi von Nazareth, ein Ende, das vollends im Blick auf die ausgebliebene, als nahe bevorstehend verkündigte Parusie als Scheitern beurteilt werden muß.

E. Hirsch, Jesus Christus der Herr, (1926) 1929² hat das Wirken des historischen Jesus nach der historischen Seite ganz in diesem Rahmen beschrieben, nur dem „Mißerfolg der Sendung" Jesu (S. 87) bis hin zum Ende im Sinne der Theologie des Kreuzes eine tiefe theologische Deutung gegeben. „Bis dann am Ende der Schandtod Wirklichkeit wird und er den Kelch aus des Vaters Hand nimmt. Gott drückt das Siegel auf sein Leben, und er hält still. Nun ist er ganz, bis ins Letzte, in Gottes Willen eingekehrt. Nun wird er in Wahrheit zum Ebenbilde des Vaters gemacht, den er verkündigt hat." (S. 88).

In dem Bilde, das sich so von dem „historischen Jesus" ergibt, sind freilich erhebliche Varianten möglich. Das Urteil über das, was als ursprüngliche und was als spätere Überlieferung anzusehen ist, geht weit auseinander. Auch der Charakter der Verkündigung Jesu wird in der gegensätzlichsten Weise beschrieben: Harnack hat ihn als die frohe Botschaft vom Vater, als Evangelium begriffen, Bultmann hat die Forderung Jesu hervorgehoben und der Verkündigung einen gesetzlichen Zug verliehen. Die liberale Deutung hat die Eschatologie in der Verkündigung Jesu übersehen oder doch an den Rand geschoben, A. Schweitzer und W. Wrede haben sie in die Mitte der Botschaft Jesu gerückt. Hat Jesus sich selbst verkündigt oder gehört, nach Harnacks berühmt gewordenem Satz, nur der Vater in das Evangelium, wie es Jesus verkündigt hat? Hat Jesus sich selbst für den Messias gehalten, oder hat er den eigentlichen Messias, nämlich einen anderen als sich selbst, erst erwartet?

Diese, immerhin das Fundament berührenden Streitfragen scheinen aber von fast vorläufiger Bedeutung zu werden, wenn man sich vergegenwärtigt, wie sich nun der Glaube der Urgemeinde gegen dieses Bild des historischen Jesus abheben muß. Er wirkt notwendig wie eine Verfremdung des Ursprünglichen. Die Gemeinde verkündigt den Gekreuzigten als den Auferstandenen. Sie hält Jesus für den Messias, der in Kürze wiederkommen wird. Sie überträgt den „Mythos" (Bultmann, Theol. d. NT, 34) vom Menschensohn auf die konkrete historische Gestalt. Sie bezeichnet sich selbst als die eschatologische Heilsgemeinde. Der Verkündiger wird zum Verkündigten. Sie antizipiert die künftige Freude der Gemeinschaft mit dem gegenwärtigen Herrn in ihrer Mahlfeier. Der christliche Glaube wird zum Glauben an Jesus Christus. Die messianischen Titel werden auf Jesus übertragen: er ist der Messias = Christus, er ist der Menschensohn, der Davidssohn, der Gottesknecht, der Kyrios. Die Botschaft vom Kreuz und von der Auferstehung tritt in die Mitte; sie verschlingt alles, vor allem die „Lehre Jesu" (1 Kor 2,2; Röm 8,34). Die Eschatologie wird mehr und mehr zur erfüllten Eschatologie. Jesus Christus ist der Verheißene und Erwartete. Er tritt an die Stelle des Gesetzes. Was an Erfüllung noch aussteht, wird zu einer Rest-Eschatologie, die sich am Ende der Welt erfüllen wird. Allenthalben hat an dieser „Gemeindetheologie" die Weissagung des nunmehr christlich verstandenen Alten Testamentes mitgestaltet. Das eschatologische Schema, ja im Grunde die

Christologie, die hier auf Jesus hin bezeugt wird, das alles war schon fertig und wirkt sich nun im Glauben der Gemeinde aus.

Blicken wir aber noch einmal auf den historischen Jesus zurück, so zeigt sich nun, unter Einrechnung dieses historischen Gesamtentwurfes, Folgendes — und wir greifen zur Verdeutlichung zu den härtesten Formeln:

Der sog. historische Jesus und der Christus, an den die Gemeinde glaubt, sind nicht identisch.

Ob Jesus sich selbst verkündigt hat, ist zum mindesten sehr fraglich. Die christologischen Würdenamen sind ihm von der Gemeinde beigelegt worden.

Jesus ist im wesentlichen eschatologischer Prophet gewesen.

Jesu Wirken ist mit seinem Tode zu Ende. Hat Jesus die nahe Parusie verkündigt und sie zur Basis seiner Forderung nach Umkehr und seiner rigorosen Ethik gemacht, so gilt, daß diese Voraussetzung nicht eingetreten ist, daß er also gescheitert ist.

In der Geschichte dieses historischen Jesus kommt Ostern nicht vor.

Man muß sich diese Konsequenzen in aller Härte vor Augen stellen und sie in ihrer Konsequenz begreifen, um zu ermessen, wie weit wir damit vom neutestamentlichen Zeugnis abgekommen sind. Bevor wir uns mit diesem Ergebnis der radikalen Kritik beschäftigen, müssen wir freilich noch eine zweite Form der Erforschung des historischen Jesus betrachten. Es ist die Arbeit der konservativen bzw. apologetischen Exegese. Sie teilt mit der radikalen historischen Kritik das Interesse, zu erforschen, wie es wirklich gewesen ist. Sie unterscheidet sich von der schon bei Reimarus, bei D. Fr. Strauß und im weiten Felde der liberalen Theologie vorhandenen Tendenz, das christologische Dogma der christlichen Gemeinde zu dementieren, indem sie vielmehr hofft, in der Erforschung des historischen Jesus eine Bestätigung für den Glauben der Gemeinde zu gewinnen. Auch diese Forschungsrichtung hat eine alte Tradition, die von A. Schweitzers Darstellung miterfaßt ist, die sich aber in vielen biblizistischen, archäologischen, patristischen und orthodoxen Einzelforschungen und Gesamtdarstellungen niedergeschlagen hat. Ihr Wert und ihre Bedeutung liegt in der Gewinnung umsichtiger Ergebnisse, die vielfach den Ertrag der radikalen Kritik korrigieren. Ich habe mich hier nur mit der systematischen Seite der Sache zu befassen. Vier Auffassungen scheinen mir hier bezeichnend zu sein.

Auch hier wird der historische Jesus zum Schlüssel des ganzen Christentums gemacht. Alles andere in dem Bestand des Neuen Testaments, also vor allem der Glaube der Gemeinde, bildet eine spätere, sekundäre Schicht.

In dieser Hinsicht ist kein Gegensatz zur radikalen Kritik vorhanden. Die elementaren Erkenntnisse der Formgeschichte haben sich allgemein durchgesetzt. Die veränderte Situation der Urkirche fordert die Beachtung des Historikers. Die Parole lautet: „Von der Urkirche zu Jesus zurück!" (J. Jeremias, Die Gleichnisse Jesu, [1947] 1965[7].)

Das Kernproblem des „historischen Jesus" ist seine Lehre. Wer sie erkennt, steht auf festem historischem Grund, auf dem „Urgestein der Überlieferung". Die Lehre Jesu ist der unmittelbar autoritäre Grundbestand des Evangeliums.

Tod und Auferstehung werden hier zentral gewürdigt. Ihre zentrale theologische und christologische Deutung geschieht durch die Lehre Jesu selbst.

Die Lehre Jesu ist die Lehre des vorösterlichen, des „historischen Jesus". Wie umgekehrt nun von Tod und Auferstehung unter bewußter Ausklammerung des Kerygmas, des „Glaubens" und der apostolischen Verkündigung geredet werden kann, gleichsam als sei das alles sekundär und nicht ursprünglich und sachgemäß, das ist aus E. Stauffers, Jesus, Gestalt und Geschichte, 1957, zu entnehmen.

Der Kern der Christologie wird das Selbstzeugnis Jesu, das auf seinem Selbstbewußtsein beruht. Die von ihm selbst gebrauchten Würdenamen, vor allem die Umprägung des Messiasgedankens zum Leitbild des leidenden Messias (nach Jes 53) und die Verschmelzung von Messias, Menschensohn und Gottesknecht sind der Mittelpunkt der von seinem Selbstbewußtsein autorisierten Christologie.

Der Bewußtseinsbegriff ist in der neueren positiven Theologie zu einem christologischen Zentralbegriff geworden. Th. Haering, Der christliche Glaube, 1906, reflektiert auf das Sohnesbewußtsein, auf das Heilandsbewußtsein, auf das Berufsbewußtsein Jesu, ja, er weiß sogar von der Entwicklung des messianischen Bewußtseins etwas zu sagen. Aber auch J. Weiß, Die Predigt Jesu vom Reiche Gottes, (1892) 1964[3], 53—57, 172—178 reflektiert auf das Bewußtsein Jesu als letzte Tatsache.

Aber auch auf dieser nach der Bestätigung für den Glauben fragenden Erforschung des historischen Jesus liegen schwere Hypotheken.

Hier wird vorausgesetzt, daß keiner der verschiedenen Bewußtseinsinhalte als Gemeindetheologie erwiesen werden kann. Denn das würde ja bedeuten, daß diese christologischen Begriffe erst nachträglich auf Jesus übertragen wurden. Die Christologie steht also auf einer historischen These, die als solche jedenfalls nicht unbestritten ist. Setzt die Beweiskraft dieser These aus, dann wird auch die Christologie erschüttert.

Die Reflexion über das Selbstbewußtsein Jesu öffnet der psychologischen Vermutung Tür und Tor. Mit ihr betreten wir ein ungewisses, wenn nicht gar ein verbotenes Feld theologischer Aussagen.

Der schwerste Einwand liegt aber in etwas anderem. Auch hinter der apologetischen Erforschung des historischen Jesus steht nämlich das Mißtrauen gegen die Christologie der Gemeinde. Man erwartet von der Erkenntnis des historischen Jesus ein Zeugnis über die ursprüngliche Tatsächlichkeit, das uns von dem apostolischen Zeugnis unabhängig macht. Man fragt nach dem Urgestein und wertet das apostolische Zeugnis, vollends das Zeugnis der Gemeinde als sekundär ab. Dahinter steht aber noch mehr: Es waltet hier die Vorstellung von abgestuften Autoritäten schon innerhalb des Neuen Testamentes. Die oberste Autorität kommt den „ipsissima verba" zu, und was die Gemeinde in ihrer dem Ursprünglichen gegenüber bereits veränderten Situation bezeugte, ist doch nur eine Überlieferung von sekundärem Range. Zugleich aber meint man, der Anspruch des messianischen Selbstbewußtseins Jesu, wenn er erst einmal aus dem Selbstzeugnis des historischen Jesus erhoben sei, könne unbesehen als Beweis für seine Gültigkeit angesehen werden. Der Glaube verwandelt sich in die Anerkennung dieses Anspruches, für den womöglich noch der Exeget eine vermittelnde Autorität in Anspruch nimmt.

Erst wenn wir beide Stränge der Erforschung des historischen Jesus bis dorthin verfolgt haben, wo die theologische Verlegenheit sichtbar wird, die sie uns bereiten müssen, erst dann können wir ein abschließendes Urteil zu gewinnen versuchen.

1. Zunächst muß noch einmal ausgesprochen werden, daß das Interesse der christlichen Theologie an der Geschichtlichkeit des Ereignisses Jesus Christus unaufgebbar ist. Jesus Christus ist kein Schein gewesen, keine bloße Idee, kein Mythos (A. Drews), sondern ein geschichtlicher Mensch, freilich insofern ein Ereignis, als auch wir in seine Wirkungen mit einbezogen sind.

2. Was wir von ihm erfahren, was wir in dem Neuen Testament von ihm lesen und hören, ist bereits eine Botschaft von ihm, ein Kerygma. Dieser Begriff geht auf die grundlegende Einsicht M. Kählers zurück (D. sog. histor. Jesus, Neudruck, 71) die Bibel „ist Urkunde für den Vollzug der kirchengründenden Predigt". „Die Urchristenheit gibt die Historie einzig im Kerygma weiter" (E. Käsemann). Die Botschaft hat einen Bezug auf den Hörer, sie will ihn treffen und zum Glauben rufen. Damit ist in jedem Falle gegenüber der neutralen historischen Fragestellung „eine höhere Stufe der Reflexion" erreicht (Conzelmann).

Allerdings darf diese Entdeckung des kerygmatischen Sinnes der Berichte nicht mißverstanden und mißbraucht werden. a) Sie bedeutet nicht, daß nun die historische Frage illegitim wäre und womöglich gar nicht mehr gestellt werden dürfte. Das Kerygmatische ist die Form, in der uns die Geschichte begegnet und in der wir das „Historische" aufzugreifen haben. Die Frage nach der tragfähigen Grundlage unseres Glaubens ist uns unverzichtbar aufgegeben und muß von uns immer neu beantwortet werden. Auch wenn die Evangelien nicht als historisches Referat verstanden werden dürfen, so sind sie doch immer auch Geschichtsquellen. Sie sind es teils in direkter Weise, sie sind es in Ansehung ihrer Formgeschichte, der in ihnen waltenden „Tendenzen" überdies in indirekter Weise. Dies zu erkennen, ist die Aufgabe der Exegese. Die „naive" Exegese wird in den Berichten der Evangelien nur direkte Geschichtsberichte sehen und jede Reflexion auf die Formgeschichte, auf Tendenzen der Erzählung, jede Wahrnehmung von „Gemeindetheologie" als einen Angriff auf die geschichtliche Glaubwürdigkeit mißdeuten. Umgekehrt wird die ausschließliche Berücksichtigung der Überlieferungsgeschichte zu einer Verflüchtigung des Faktischen verleiten. Aber das behutsame Auswägen und die Verrechnung des

einen mit dem anderen kann nur in der aktuellen Exegese vollzogen werden. Die naive Exegese, welche die evangelischen Berichte als Berichte von Fakten versteht und die deren kerygmatischen Sinn geflissentlich übersieht, verfährt ebenso ungeschichtlich, wie es eine das Faktische verflüchtigende Exegese tut, die den kerygmatischen Charakter der Texte als einen Dispens von der historischen Frage deutet. Das führt uns aber zu einem zweiten sehr grundsätzlichen Mißverständnis des Kerygmatischen:
b) Die Erkenntnis des kerygmatischen Charakters der evangelischen Perikopen hat einen ganz präzisen Bezug auf die Exegese; sie ist eine hermeneutische Erkenntnis. Sie involviert jedoch keine „kerygmatische Theologie" überhaupt. Als kerygmatische Theologie bezeichnen wir eine Theologie, in der alle Aussagen auf Kerygma zurückgeführt oder in Kerygma umgewandelt werden. Schon bezüglich der Schriftaussagen selbst ist das, wie wir soeben zu begründen versuchten, nicht möglich. Die Theologie hat sich überdies mit Tatsachen aller Art, mit Methodenfragen, mit Ordnungen, mit der Leiblichkeit der Gemeinde, mit den Elementen in der Sakramentslehre, mit der Erschaffung und Erhaltung des Seins zu befassen. Sie fällt mit diesen Themen nicht aus ihrer Aufgabe heraus, Theologie des Wortes zu sein, hat aber zu bedenken, daß Gottes Wort Sein schafft und Leben ordnet und daß Gottes Wort im eminenten Sinne Fleisch wurde. Eine kerygmatische Theologie, welche alles in „Verkündigung" auflöst, rechtfertigt nur zu sehr die Bemerkung von Hch. Schlier, man habe bei der evangelischen Theologie unserer Tage manchmal den Eindruck, es hieße bei Joh „Das Fleisch wurde Wort". Aber eine solche totale kerygmatische Theologie erreicht nicht einmal die Höhen des alten Doketismus.

3. Jesus ist von Anfang an der Jesus des Glaubens. Er kann nicht ohne die existenzielle Begegnung mit ihm verstanden werden, er sucht Glauben, fragt nach dem Glauben der Menschen und ist, menschlich gesprochen, darauf angewiesen, daß er auf Erden Glauben findet (Mk 4,40; Mt 13,58), und er kann nur denen helfen, bei denen er Glauben findet (Mk 5,36 par; 9,22 ff. par; 10,52 par u. ö.). Was Jesus Christus sagt, lehrt und tut, das ganze Ereignis Jesus Christus setzt bereits diesen Glauben voraus, die Berichte der Evangelien sind von diesem Glauben getragen. Dieser Glaube aber ist als Glaube an Christus ein christologischer Glaube; anders ausgedrückt: auch die Berichte von dem „vorösterlichen" Jesus setzen faktisch bereits eine Christologie voraus. Dies will nicht als eine dogmatische petitio principii, sondern als ein historischer Satz verstanden werden. Die Frage Harnacks, ob Jesus selbst Inhalt seiner eigenen Verkündigung gewesen ist oder nur der Vater, ist eine überholte Frage. Denn unser Satz von der in den Berichten, kraft ihres kerygmatischen Charakters, zugrunde liegenden Christologie gilt auch von solchen Perikopen, in denen Jesus in keiner Weise von sich selbst spricht. Die Christologie wurde also nicht von dem Glauben der Urgemeinde oder von Paulus als „dem ersten Theologen" oder vom Frühkatholizismus nachgeliefert, sondern sie ist bereits in jedem Bericht vom „vorösterlichen" Jesus enthalten. Was Jesus sagt und wie er sich verhält, ist für alle ausgesagte Christologie, für alle christologischen Sätze Voraussetzung. Damit ist nicht einfach die kirchlich überlieferte Christologie bestätigt. Sie ist vielmehr nach wie vor der Kritik ausgeliefert, und Kritik im Sinne der Wissenschaft heißt immer historische Kritik. Aber

die Voraussetzungen dieser Kritik sind gegenüber der älteren Form der Frage nach dem historischen Jesus grundlegend verändert, und zwar so, daß vergleichsweise die kirchlich überlieferte Christologie ein genuineres Verständnis des „historischen Jesus" bedeutet als die ältere Leben-Jesu-Forschung.

4. Für die so verstandene Geschichte Jesu ist Ostern von zentraler Bedeutung. Ostern gehört in die Geschichte Jesu Christi. Wir sahen, wie die ältere Leben-Jesu-Forschung demgegenüber vor Ostern halt macht und es ausdrücklich aus der historischen Verantwortung ausnimmt. Das kann einen bestimmten Sinn haben, auf den wir bei der Ostertheologie zu sprechen kommen werden. Es ist aber dann eine Verletzung historischer Verantwortung, wenn sich diese Ausklammerung mit einem geschichtlichen Werturteil verbindet, wie etwa mit dem: der Rabbi von Nazareth sei gescheitert. Tatsächlich steht, wie Conzelmann formuliert hat, die Auferstehung zwischen Jesus und dem Kerygma. Ostern ist der Anfang des Christentums, ohne Ostern gäbe es keinen Bericht von Jesus mehr, und alle nachösterlich verfaßten Berichte über den vorösterlichen Jesus rechnen Ostern ein. Die rein historische Aufgabe, welche der sog. historische Jesus stellt, ist dadurch charakteristisch erschwert, daß schlechterdings alle „historische Erinnerung", die wir überhaupt besitzen, eine durch Kreuz und Auferstehung gewandelte Erinnerung ist. Was von dem vorösterlichen Jesus an Worten, Gesprächen mit seinen Schülern, was an Taten von ihm überliefert war, das ist wiedergewonnene, durch eine hinzugekommene Entdeckung ($\dot{\alpha}\pi o \varkappa \dot{\alpha} \lambda \upsilon \psi \iota \varsigma$) gewandelte Erinnerung, es ist qualifizierte und durch Ostern interpretierte Erinnerung. Dadurch wird sicherlich der immer noch wahrnehmbare historische Unterschied zwischen dem „ursprünglichen Faktum", etwa der (vermutlich!) ursprünglichen Fassung eines Logion, und der Gemeindetheologie nicht aufgehoben. Die Aufgabe der historischen Kritik besteht fort. Aber dieser Unterschied wird doch relativiert.

Wie diese Gesamtauffassung der Frage nach dem historischen Jesus nun auf Einzelfragen einwirkt, auf Fragen seines „ursprünglichen" Evangeliums, auf die Frage der Eschatologie, auf die Versöhnungslehre, auf die Ostertheologie, das zu erörtern muß den einschlägigen späteren Kapiteln vorbehalten werden.

## 18. Kapitel

### DAS KREUZ CHRISTI

#### 1. Das Wort vom Kreuz als Mitte der christlichen Botschaft

„Gott in Christo", das ist das durchgängige Thema der Christologie. Aus mehr als einem Grunde läßt sich aber die Lehre von der Person und dem Werk Christi nicht trennen. Wer Christus war und ist, das zeigt sich an seinem Werk, das Gott durch ihn an uns tut. Das bedeutet freilich eine Abweichung und eine gewisse Verkürzung gegenüber der älteren Tradition. Es entspricht an sich dem orthodoxen Schema, zuerst von der Person, dann vom Werk (de officio) Christi zu handeln. E. Brunner hat unter Aufrechterhaltung der thematischen Trennung in seiner Dogmatik die Reihenfolge umgekehrt. Mit der Ineinssetzung der beiden herkömmlichen Fragenkreise stimmen wir mit Barths Konzeption überein.

Drei Gesichtspunkte müssen an den Anfang unserer Überlegung gesetzt werden.

Das Faktum, von dem die sog. Versöhnungslehre handelt, ist das Kreuz Christi. In diesem Begriff des Kreuzes fassen wir den Leidensweg Christi, seine Verwerfung durch die Menschen, seine Verurteilung nach dem Gesetz und seinen am Kreuz erlittenen Tod zusammen.

Das Ziel der Versöhnung ist unser durch Jesu Leiden und Sterben erworbener Friede mit Gott. Dieses Ziel wird schon im Neuen Testament und dann in der christlichen Theologie durch verschiedene Begriffe beschrieben, die jeweils nicht nur unterschiedliche Vorstellungen bezeichnen, sondern auch verschiedene Voraussetzungen haben und bestimmte Glaubenserkenntnisse aussprechen. Der Begriff der Versöhnung bezeichnet die Aufhebung eines zwischen Gott und uns durch die Sünde gesetzten Widerspruches. Wenn wir das Ziel als Frieden bezeichnen, wird dieser Widerspruch als eine zwischen Gott und den Menschen bestehende Feindschaft gedeutet. Der Begriff der Erlösung meint die Befreiung von einer auf uns liegenden Last. Zwischen diesen Vorstellungen besteht kein Gegensatz; sie bedürfen aber alle einer theologischen Interpretation.

Schließlich muß noch daran erinnert werden, daß diese Versöhnungslehre doch nicht den Sinn haben kann, daß sie nur eine „Restitutionstheologie" wird, d. h. eine Lehre von der Wiederherstellung eines ursprünglichen „Normalzustandes". Denn einmal steht sie unter einem eschatologischen Vorbehalt. Versöhnung, Erlösung und Friede bezeichnen etwas, was uns hier geschenkt wird und was doch zugleich erst in Ewigkeit vollendet wird. Zum anderen aber ist die Versöhnung nicht mehr das Alte, sondern etwas Neues, Größeres, es ist eine Neuschöpfung (2 Kor 5,17), ein neuer Äon. Die alte griechische Theologie hat, freilich nicht in ausschließlicher Beziehung zum Kreuzestod Christi, sondern im Zusammenhang mit der Menschwerdung des Sohnes Gottes (ἐνανθρώπησις) von einer Vergottung (θεοποίησις) des Menschen gesprochen. Das mag hier nur zur Stützung unseres Hinweises dienen und im übrigen dahingestellt bleiben.

Das Schriftzeugnis hebt, bei aller Vielfalt des Ausdruckes einheitlich und unmißverständlich folgende Gedanken hervor: Der Tod Jesu ist nicht zufällig, sondern er ist das notwendige Ende seiner Erdentage und seines Erdenwirkens. Die Leidensweissagungen (Mk. 8,31 bis

9,1 par u. ö.; vgl. Lk 24,26 f.) bezeugen die Notwendigkeit seines Kreuzes. Gott hat Jesum in den Tod dahingegeben (Röm 4,25; 8,32; Joh 3,16; 1 Joh 4,9 f.). Die alttestamentliche Opfertheologie wird zur Deutung des Leidens und Sterbens Jesu aufgeboten. Jesu Tod ist ein Sühnemittel für unsere Sünden (Mk 10,45 par; 1 Kor 15,3). Der Tod Jesu ist ein Opfer (Eph 5,2; Hebr 9,26; 10,10 ff.; 1 Joh 2,2; 4,10), Jesus ist (nach Jes 53,7) das Opferlamm (Joh 1,29.36 vgl. das Lamm in der Johannesapokalypse), aber er ist zugleich der vollkommene Priester (Hebr 7,23 ff.; 8,1; 9,14 ff.), der sich selbst geopfert und dadurch alle bisherigen Opfer überboten und den Opferdienst ein für allemal zu Ende gebracht hat. Die Frucht dieses Sterbens ist die Versöhnung, wofür die paulinischen Sätze Röm 5,10 f. und 2 Kor 5,18 f., aber auch 1 Joh 2,2; 4,10 immer die Beweislast getragen haben; Frucht des Todes ist der Friede mit Gott (Röm 5,1 f.; Eph 2,14; Kol 1,20). Auf dieser zentralen Bezeugung der Heilsbedeutung des Todes Jesu gründet sich dann auch die Bluttheologie, die in verschiedenen Zusammenhängen das Paradox ausspricht, daß wir durch dieses Blut rein werden oder schon geworden sind (1 Joh 1,7; Hebr 9,14; Apk 1,5; 7,14).

Wenn wir das Kreuz Christi als die Mitte der christlichen Botschaft bezeichnen, so erschöpft sich das natürlich nicht in einzelnen Belegen, sondern es besagt, daß sich am Kreuze Jesu das Verständnis Jesu Christi für den Glauben entscheidet. Gewiß nicht so, daß nun die ganze Theologie nur noch Kreuzestheologie im engen thematischen Sinne sein könnte und dürfte. Aber das Kreuz ist ein unübersehbares Kriterium dafür, was Jesus Christus für den Glauben bedeutet. Das läßt sich im Raume des Neuen Testamentes am sinnenfälligsten an Paulus zeigen. Vor seiner Bekehrung nimmt der Pharisäer Saulus einen doppelten Anstoß an dem, was er von Jesus weiß. Einmal nämlich hat Jesus mit der Predigt von der Sünderliebe Gottes das Gesetz aufgehoben; denn wie soll Gott diejenigen lieben, welche sein Gesetz, also seine heiligste und unverletzliche Offenbarung verletzt haben? Damit hat sich Jesus für Saulus mit Gott selbst in Widerspruch gesetzt. Daraus folgt das zweite: Jesus ist also für den Pharisäer Saulus zu Recht verurteilt worden. Ein Gekreuzigter aber kann unmöglich der Messias, der Gesandte und Gesalbte Gottes sein. Durch die Erscheinung des Auferstandenen wird Paulus bekehrt. Seine Bekehrung erfolgt über der ihn überwältigenden Einsicht, daß Jesus lebt. Gott hat sich damit vor seinen Augen zu dem bekannt, den Israel aufgrund seiner Gesetzesgerechtigkeit verworfen hat; denn der Auferstandene ist ja der zuvor Gekreuzigte. Damit aber bricht, und das ist das andere, auch die Gerechtigkeit und der Gesetzeseifer des bisherigen Pharisäers zusammen. Er erkennt, daß er gerade darin, worin seine Gerechtigkeit vor Gott bestehen sollte, vor Gott zum Sünder geworden ist. Im einen wie im anderen Sinne zeigt dieser Umbruch, daß das Kreuz Christi die Achse für das Verständnis und den

Glauben an Jesus Christus ist. Darum ist die Bekehrung des Paulus weit über die anderen Berufungsgeschichten der Apostel, soweit wir diese überhaupt kennen, von prinzipieller Bedeutung. Das Kreuz Jesu ist entweder das Ende seines Wirkens, sein Scheitern, ein tragischer Ausgang, eine Katastrophe, im Verständnis des Spätjudentums die Bestätigung des göttlichen Gerichtes über einen Lästerer, oder aber es ist Friede, Gerechtigkeit, Versöhnung.

Davon also handelt das Lehrstück von der Versöhnung. Die Frage der Theologie bzw. der Christologie ist nun die, ob man das verstehen und ob man es begründen kann. Die Dogmen- und Theologiegeschichte ist ein fortgesetztes, in immer neuen Anläufen begonnenes Unterfangen, die Torheit des Wortes vom Kreuz (1 Kor 1,18 ff.) in menschliche Weisheit zu wandeln und an der geheimen Weisheit Gottes Anteil zu gewinnen. Christologie bedeutet freilich immer, daß vom Verhältnis Gottes zum Menschen anthropomorph gesprochen wird. In Christo tritt ja Gott, wenn ich so sagen darf, aus der spekulativen Zone des menschlichen Denkens oder doch der menschlichen Denkversuche in unsere menschliche, nämlich eben in unsere geschichtliche Existenz ein. Jesus Christus ist Person und er ist „Ereignis". Aber die Versuchung der Christologie und insbesondere der Theologie des Kreuzes ist es immer gewesen, das Nachdenken über unsere Erlösung und Versöhnung wieder in die spekulative Zone zurückzuverlegen. Diese Versuchung ist zweifellos schon durch die Schriftaussagen nahegelegt, denen zu folgen alsbald in spekulative Konsequenzen zu führen scheint. Bedeutet das Kreuz wirklich die Übernahme einer Strafe durch Jesus, wie es Jes 53,5 nahezulegen scheint, oder ist es ein vollkommenes Liebeszeichen? Schon in der Deutung des Begriffes der Versöhnung gehen die theologischen Theorien auseinander. Wer ist überhaupt der Versöhner? Ist es Jesus oder ist es Gott, wofür sich M. Kähler lebhaft eingesetzt hat? Und wer soll denn eigentlich versöhnt werden? Gilt die Versöhnung dem Menschen oder gilt sie Gott? Wenn sie aber Gott gilt, wie verträgt sich das dann mit der Unveränderlichkeit Gottes? Und wie ist die Aufnahme des Menschen in die Versöhnung vorzustellen? Ist es der einzelne Mensch, ist es die „Welt" oder die Kirche? Wie verhalten sich Versöhnung und Erlösung zueinander? Man sieht: Fragen über Fragen, mit denen sich nicht etwa nur eine spekulative Theologie abgequält hat, sondern die gerade vom Biblizismus mit peinlicher Gründlichkeit abgehandelt wurden, wofür die große Monographie M. Kählers über die Lehre von der Versöhnung einen eindrucksvollen Beleg darstellt.

Die alte und mittelalterliche Theologie hat noch ungebrochener spekulative Fragen aufgeworfen, die wir heute nur noch registrieren können, um sie als in sich unbeantwortbar zu bezeichnen. Dazu gehört das Problem, das beispielsweise Duns Scotus aufs tiefste beschäftigt hat: Ist die Inkarnation des Sohnes Gottes nur durch den Sündenfall des Menschen veranlaßt? Duns hat diese Frage verneint; aber ohne den Eintritt des Sündenfalles wäre der Sohn Gottes nicht als redemptor gkommen. Kam Christus nur, um am Kreuze zu sterben? Und war die Erlösung nur auf dem Wege über den Tod am Kreuze möglich? Ich übergehe die Theorien älterer Zeit, in denen mit dem Loskauf aus der Macht des Teufels und mit dessen Überlistung argumentiert wurde. Das Gesagte mag genügen, um uns einen Eindruck davon zu vermitteln, welches Spiel mit gedachten und ungegebenen Möglichkeiten oft in der Theologie gerade im Zusammenhang mit der Versöhnungslehre getrieben wurde. Man kann sagen, daß die Aufgabe einer kritischen Theologie schon damit beginnt, sich auf die „Gegebenheiten" des Glaubens und der Geschichte zu beschränken und sich jedes spekulative Zurückrechnen zu versagen, das dann überdies doch nicht ohne die Anstrengung theologischer Postulate zu den gewünschten Ergebnissen führt.

Dennoch bleibt es auch dann die eigentliche Aufgabe, darüber nachzudenken und Rechenschaft zu geben, welche Bedeutung das Kreuz für unsere Erlösung und Versöhnung tatsächlich hat.

## 2. Zur Geschichte der Lehre von der Versöhnung

Die Geschichte des Lehrstücks von der Versöhnung hat, abgesehen von den großen Lehrbüchern der Dogmengeschichte von Harnack, Seeberg und Loofs, zwei monographische Darstellungen erfahren: F. Chr. Baur, Die christliche Lehre von der Versöhnung in ihrer geschichtlichen Entwicklung, 1838, und A. Ritschl, Rechtfertigung und Versöhnung, Bd. I: Die Geschichte der Lehre, (1870) 1889³. Auch auf D. Fr. Strauß, Die christliche Glaubenslehre in ihrer geschichtlichen Entwicklung, Bd. II, 1841 ist hinzuweisen. Eine biblisch-systematische Verhandlung der Lehre bei M. Kähler, Zur Lehre von der Versöhnung (Dogm. Zeitfragen, 2) 1898. Gustav Aulén, Die drei Haupttypen des christlichen Versöhnungsgedankens (ZsystTh VIII, 1931, 501—538). K. Barth hat in KD IV (in vier Bänden) 1953/59 in Gestalt einer Versöhnungslehre eine ganze christliche Dogmatik vorgelegt.

Unter Übergehung älterer Lehrtypen beginnen wir unseren Gang durch die Geschichte der Lehre von der Versöhnung sogleich bei Anselm von Canterbury, dem Vater der Scholastik (1033—1109). Seine Lehre ist nach kurzem Zögern alsbald die Lehrnorm des Abendlandes geworden und bis heute im Katholizismus wie im Protestantismus orthodoxer Lehrtypus. Sie findet sich in der kleinen Schrift „Cur Deus homo?" und erweist sich als eine Deduktion aus den Begriffen der Schuld und der göttlichen Eigenschaften ohne eigentliche Schriftgrundlage.

Anselm setzt bei der Tiefe der Sündenschuld ein. Gott ist durch die Sünde die schuldige Ehre entzogen. Zur Lösung der Schuld müßte der Mensch nicht nur das Entzogene erstatten, sondern auch für die Schmach, die er Gott angetan hat, noch Buße leisten. Was soll nun Gott tun, dessen Ehre und dessen Gerechtigkeit eine Wiederherstellung verlangen? Gott läßt nichts inordinatum. „Sola misericordia" zu verfahren würde Gott nicht ziemen, weil er ja dadurch Recht- und Unrechttun beim Menschen gleich behandeln und so seine eigene Gerechtigkeit aufheben würde. „Necesse est, ut omne peccatum satisfactio aut poena sequatur." Damit ist das Problem der Versöhnungslehre Anselms gestellt. Die Strafe würde Gottes Werk, die Schöpfung vernichten und seinen Ratschluß über den Menschen zurücknehmen. Die Genugtuung aber vermag der Mensch in seiner Endlichkeit wegen der unendlichen Schwere der Sünde nicht zu leisten. „Nondum considerasti, quanti ponderis sit peccatum!" Gottes bonitas „mußte" also hinausführen, was er mit der Menschheit begonnen hatte. Und da der Mensch die satisfactio nicht zu leisten vermag, muß Gott selber Mensch werden. „Non potest hanc satisfactionem facere nisi Deus, nec facere illam debet nisi homo; ergo necesse est, ut eam faciat Deus homo."

Nun war zwar Christus als Mensch Gott Gehorsam schuldig, aber doch auch nicht mehr; er war jedenfalls keinen Tod schuldig. Er hat den Tod freiwillig auf sich genommen. „Ipse sponte sustinuit mortem ... sponte patri obtulit, quod nulla necessitate amissurus est ... tam pretiosam vitam, tantam scilicet personam tanta voluntate dedit." Darum hat diese Gabe seines Lebens zur Satisfaktion einen unendlichen Wert und vermag gerade in ihrer Unvergleichlichkeit im Blick auf menschliche Fähigkeiten und Möglichkeiten „pro omnibus omnium hominum debitis" angerechnet zu werden.

Gott läßt ein solches freiwilliges Geschenk nicht unvergolten. Es „ziemt" ihm, es zu vergelten. Und da Christus es für sich selbst nicht benötigt, läßt er seine imitatores „meriti eius participes" werden. Jetzt ist die Barmherzigkeit Gottes seiner Gerechtigkeit ebenbürtig geworden.

Diese Versöhnungslehre des Anselm fordert zu einer Würdigung und Auseinandersetzung heraus.

1. Anselms Lehre ist durch eine radikale Einsicht in das Wesen der Sünde gekennzeichnet. Er begnügt sich nicht mit den bis dahin gültigen und gängigen Theorien von einer Loskaufung der verlorenen Seele aus der Macht des Teufels durch das Blut Christi. Der Teufel kommt in der Versöhnungslehre Anselms gar nicht mehr vor.

2. Trotz der Betonung des freiwilligen Opfers wird das Kreuz Christi als „notwendig" erwiesen. Es gab keinen anderen Weg als diesen zu unserer Erlösung. „Nihil rationabilius, nihil dulcius, nihil desiderabilius mundus audire potest."

3. Das Kreuz ist für Anselm der Schlüssel zur Inkarnationslehre. Auf die Frage, warum Gott Mensch geworden sei, gibt es nur eine Antwort unter Hinweis auf die stellvertretende Genugtuung im Tod am Kreuz.

4. Der Begriff der Versöhnung wird hier eindeutig in dem Sinn geklärt, daß es sich um die Versöhnung des in seiner Ehre verletzten Gottes handelt. Das greift nun tief in das theologische Gottesbild insofern ein, als Gott „umgestimmt" werden kann. Es kommt hinzu, daß die Versöhnung hier ganz in Rechtsbegriffen beschrieben wird. Die Schuld ist ein debitum, das die Rechtsfrage aufwirft: satisfactio aut poena? Diese Rechtsfrage wird in Anselms Theorie zugunsten der

satisfactio entschieden, und das hat die dogmengeschichtliche Folge gehabt, deren Bedeutung kaum überschätzt werden kann; seit Anselm ist die Versöhnungslehre Satisfaktionslehre.

5. Das „für uns" (nach Röm 5,6 ff.; 1 Kor 15,3) wird nun zur Ersatzleistung, die wegen der Unmöglichkeit einer menschlichen Erfüllung notwendig zum Kreuzestod Christi führt und auf ihren Wert hin, daß er nämlich „unendlich" ist, bemessen wird. Die Satisfaktion ist ohne den Begriff des meritum, eines verdienstlichen Charakters des Kreuzestodes, gar nicht denkbar.

6. Die kritischen Bedenken häufen sich, wenn man einmal den Beweisgang betrachtet, der es nicht verschmäht, über das nachzudenken und Aussagen zu machen, was Gott „geziemt". Dieses Motiv der „Convenienztheologie" hat in der Folge bis zum heutigen Tage in der römisch-katholischen Theologie eine verhängnisvolle Rolle gespielt. Wichtiger ist für unsere Betrachtung etwas anderes. Wie nämlich dieses Verdienst Christi, also die von ihm erworbene Versöhnung den Gläubigen zukommt, ist eine ganz offene Stelle der Lehre. Nach Anselm kommt sie den imitatores zugute, denen Christus „moriendo exemplum moriendi propter iustitiam dedit". Die imitatores sind diejenigen, welche Christo gleichförmig werden. Wie das im einzelnen zu denken ist, bleibt in Anselms Gedanken völlig offen. Möglicherweise ist es so zu denken, daß uns Gott, indem er anschaubar vor unseren Augen sich veränderlich macht, uns an den unveränderlichen Gütern Anteil gibt. Möglich, daß auch Anselm daran denkt, daß Gottes Liebe uns zur Gegenliebe aufruft. Jedenfalls stehen solche Vorstellungen, wenn sie überhaupt mit im Spiel sind, so am Rande, daß unerachtet der Geltung seiner Lehre in der abendländischen Theologie, eben hier die gegensätzlichsten Folgerungen gezogen werden. Die einen denken an die Zuwendung der Versöhnung durch die Nachahmung Christi, durch conformitas und imitatio; die anderen lehren eine sakramentale Zuwendung; die Reformatoren bieten den Gedanken einer imputativen Zurechnung der Verdienste Christi auf, deren der Sünder im Glauben teilhaftig wird. Immer bleibt dabei Anselms Lehre Voraussetzung. —

Die Versöhnungslehre, welche ein halbes Jahrhundert später Peter Abälard (1079–1142) entwirft, ist in ihrer schlichten Gegenbildlichkeit zwar nie kirchliche Lehre geworden, aber sie hat in ihrer vorweggenommenen Modernität über die Generationen hinweg wie ein Modell anderer Möglichkeiten gewirkt. Charakteristisch, was der Abälardschen Theorie fehlt: die juridischen Kategorien überhaupt; dann die Beschreibung des Leidens Christi als eines Strafleidens, überhaupt der Gedanke der „Satisfaktion". Was Christus für uns tut, steht nicht im Unterschied oder gar im Gegensatz zur Gnade Gottes, sondern ist ganz und gar Ausdruck der Gnade. Auch zielt die Versöhnung nicht auf einen Wechsel der Gesinnung Gottes, sondern sie setzt die immer gleichbleibende Gesinnung Gottes voraus. Positiv aber handelt es sich um einen sehr schlichten Gedanken. Durch den Tod Christi wird die Liebe Gottes gegen uns offenbar. Er will uns durch seine Hingabe zur Gegenliebe gegen Gott entzünden. Er will uns im übrigen durch seine sicher wirkende Fürbitte bei Gott vertreten und durch seine Gerechtigkeit ergänzen, was unserer Gerechtigkeit bei Gott mangelt.

Abälard hat seine Lehre ganz auf exegetischer Grundlage entwikkelt. Warum Gott Mensch wurde, bleibt unerörtert und ungeklärt. Ungeklärt bleibt, warum das Leiden und der Kreuzestod Christi nötig waren. Alle Verrechnungen über das „quantum" sowohl der Sünde wie auch des Verdienstes Christi unterbleiben ebenfalls im Gegensatz zu Anselm. Alle diese Mängel haben sich aber in der Folge immer wieder als eine große Überlegenheit Abälards über Anselm erwiesen. Im übrigen gilt diese Versöhnung den „Erwählten", d. h. denen, die sich angesichts der Liebe Gottes in Christo zur Gegenliebe frei entscheiden. Ein biblisches Motiv, wenn man so will, kommt darin zum Ausdruck, daß Christus nur die Erwählten, nicht alle Menschen befreit hat.

Die weitere Verfolgung dieses Problems durch die Dogmengeschichte, vor allem die Verbindung der Anselmschen Lehre mit der Sünden- und Gnadenlehre der Hochscholastik durch Thomas kann und soll uns nicht weiter beschäftigen. Was an kritischen Einwänden gegen das fortwirkende anselmische Schema an der Schwelle der Neuzeit zur Aussprache drängte, das findet sich wie in einem Vorgriff auf die Aufklärung bei den Sozinianern. Hier wurde der anselmischen Versöhnungslehre ihr rechnerischer Rationalismus Zug um Zug zurückgegeben. Hatte das Mittelalter und noch die Reformation die Versöhnungslehre in den Rahmen eines gesetzmäßigen Verhältnisses zwischen Gott und den Menschen eingezeichnet, so dominiert bei Fausto Sozini der Gottesbegriff des Duns Scotus, nach dem Gott absoluter Wille ist und die Freiheit hat, Sünden zu bestrafen oder zu vergeben. Gott ist darin an keinerlei Bedingungen gebunden, so daß jedenfalls von einer Notwendigkeit der stellvertretenden Genugtuung gar keine Rede sein kann. Der Satisfaktionsgedanke leidet aber auch an inneren Unmöglichkeiten. Er schließt nämlich die Vergebung der Schuld tatsächlich aus. Vergebung bedeutet ja den Verzicht auf Genugtuung; statt dessen lehrt die kirchliche Versöhnungslehre nur eine Vertauschung des Schuldners. Eine solche Stellvertretung ist nun allenfalls bei einer Geldstrafe denkbar, da eben Geld übertragbar ist. Aber körperliche Strafen können nicht auf einen völlig Unschuldigen übertragen werden. Insbesondere eignet sich der Begriff des aktiven Gehorsams (oboedientia activa) nicht zur Beschreibung der Versöhnungstat; denn ein solcher Gehorsam war ja auch für Christus Pflicht und kann nicht von seiner Person abgelöst, also auch nicht auf andere übertragen werden. Vor allem gibt es nur die Alternative, daß entweder gehorsame Gesetzeserfüllung oder Strafe, aber nicht beides zusammen Christo auferlegt werden. Aber wie soll denn die „Stellvertretung" überhaupt sinnvoll gedacht werden? Müßte nicht jeder Schuldner einen eigenen Stellvertreter haben? Und warum müßte denn der Stellvertreter den ewigen Tod verdient haben? Überdies aber hat ja Christus, da er auferstanden ist, den ewigen Tod gar nicht erlitten. Ein unendliches Leiden wäre eine ungerechte Strafe, ganz abgesehen von dem Problem, daß doch die Gottheit Christi, die dem Leiden Christi den höheren Wert verleihen sollte, gar nicht des Leidens fähig ist. Und wenn die Genugtuung schon tatsächlich erfolgt ist, warum soll dann noch eine ausdrückliche „Anrechnung" erfolgen, und warum kann diese Anrechnung nur unter der Voraussetzung des Glaubens erfolgen? Ist die satisfactio also doch noch nicht in sich selbst vollkommen? Schließlich hatten die Sozinianer auch noch Bedenken wegen entsittlichender Wirkungen dieser Lehre, nach der ein anderer die Strafen für unsere Sünden erduldet.

Man sieht, hier werden alle Bedenken der Vernunft ausgeschüttet. Der gebündelte Einwand ist nicht eigentlich selbst religiös, und man kann fragen, ob die religiösen Glaubensgehalte der Versöhnungslehre überhaupt noch gespürt werden. Aber hier wird der Glaube zweifellos zu einer Rechenschaft gezwungen, bei der von vornherein alle verrechenbaren Stützen weggezogen werden. Die rationalistische Kritik – und das gilt dann ebenso für ihre späteren Formen – hat die rationale Erklärung der Versöhnungslehre für immer gelähmt. Im 19. Jahrhundert finden wir in jedem selbständigen Versuch einer Bewältigung des Problems daher ebenso eine spürbare Nachwirkung der rationalistischen Kritik, aber auch den bewußten oder minder bewußten Versuch, beim Abälardschen Lehrtypus Zuflucht zu suchen.

Dies trifft zuvörderst auf Schleiermachers „johanneisches" Verständnis der Versöhnungslehre zu. Der Gedanke der Aufnahme der Gläubigen in die Lebensgemeinschaft mit Christus ist auch hier leitend, wenn er (§ 101) als die versöhnende Tätigkeit des Erlösers dies beschreibt, daß er die Gläubigen in die Gemeinschaft seiner ungetrübten Seligkeit aufnimmt. Immer erscheint für Schleiermacher Christi Wirkung in den Wiedergeborenen. Gott sieht uns in Christo (§ 104,3). Versöhnung und Erlösung werden hier aufs engste verknüpft, und die kritischen Erwägungen fließen mit der positiven Entfaltung des Lehrstücks zusammen. Der Gedanke des stellvertretenden Strafleidens wird abgelehnt, Christi leidender Gehorsam ist das Mitgefühl mit menschlicher Schuld und Strafwürdigkeit, wie denn für den Gläubigen in der Gemeinschaft seines seligen Lebens das uns widerfahrende Übel nicht mehr als Sündenstrafe empfunden wird. Christus hat genug für uns getan, aber die Erfüllung des Willens Gottes durch ihn hat doch keinen stellvertretenden Charakter. Vielmehr liegt in dem tätigen Gehorsam Christi ein prophetisches Element, wie denn die Abgrenzung der Ämter, auf die Schleiermacher seine Lehre von dem Geschäft Christi baut, etwas Fließendes hat. Bei aller scharfsinnigen Dialektik in der Erörterung der Grundbegriffe der Versöhnungslehre kommt Schleiermacher zuletzt doch auf allgemeinere Gedanken hinaus, von denen aus sich der Eindruck der Unschärfe auch bezüglich seiner kritischen Überlegungen ergeben muß. Christus hat ja allerdings für uns genug getan, indem er durch seine Gesamttat und damit lenkt Schleiermacher von der speziellen Reflexion auf das Kreuz ab) nicht nur den zeitlichen Anfang der Erlösung, sondern auch die ewig unerschöpfliche und für jede weitere Entwicklung hinreichende Quelle eines geistigen und seligen Lebens geworden ist" (§ 104,4). Der Gedanke der Vertretung wird dann von ihm unter Bezug auf die „hohepriesterliche Verrichtung" erklärt als das „Vor-Gott-für-uns-Erscheinen": „So wird die Vertretung vorzüglich in zweierlei bestehen; zuerst erscheint Christus für uns vor dem Vater, um unsere Gemeinschaft mit diesem anzuknüpfen, dann aber auch, um unser Gebet beim Vater zu unterstützen" (§ 104,5). So wird schließlich die Versöhnungslehre in Schleiermachers Ekklesiologie aufgehoben.

Auch in der heilsgeschichtlichen Theologie des Erlangers Hofmann fehlen die Kategorien, in denen der Strafcharakter des Todes Jesu und der stellvertretende Charakter desselben im Sinne einer außerhalb des geschichtlichen Menschheitszusammenhanges geleisteten Gehorsamstat noch Raum hätte. Die Versöhnung wird zu einem heilsgeschichtlichen Begriff. Hofmanns erklärte Absicht, alle fremden Begriffe aus seiner Theologie fernzuhalten, ist biblizistisch gemeint und gilt ganz wesentlich dem rechtlichen Begriffsapparat der orthodoxen Lehre. Christus ist darin Mittler, daß er der Anfänger einer neuen Menschheit ist und in seiner Sündlosigkeit dem Verderbensstand der Menschheit einen neuen Lebensstand entgegensetzt. In seinem Gehorsam und in seiner bis zum Tode bewährten Liebe ersetzt und überbietet er die bisherige Ungerechtigkeit durch eine neue Gerechtigkeit. Zur Geschichte des darüber geführten Streites vgl. Ph. Bachmann, J. Chr. K. v. Hofmanns Versöhnungslehre und der über sie geführte Streit (BFChTh 14,6), 1910.

Schließlich soll noch auf A. Ritschl hingewiesen werden, der trotz seiner schneidenden Kritik sowohl an Schleiermacher als auch an Hofmann mit diesen viel gemeinsam hat, wenn er auch an Deutlichkeit seiner Lehrmeinungen alle Zeitgenossen übertrifft. Die juristische Deutung der Versöhnung verstößt für Ritschl klar gegen das religiöse Interesse. Die Versöhnung ist für ihn eindeutig die Versöhnung des Menschen, d. h. die Aufhebung seiner Feinschaft gegen Gott (Rechtf. u. Vers. III, 76). Es besteht kein Gegensatz zwischen Gottes Gnade oder Liebe und seine Gerechtigkeit. Die Versöhnung hat den Sinn, so muß man in Ritschls Sinne sagen, das zu enthüllen. Der tätige Gehorsam Christi ist kein Geschäft zugunsten anderer. Der Gedanke der Strafgenugtuung wie des Strafleidens werden hier klar abgelehnt; denn das Leiden Christi ist die Bewährung seiner Berufstreue und nichts anderes. Jeder Akt seines Handelns und Redens in seinem Beruf ist aus seinem religiösen Verhältnis zu Gott entsprungen, und von diesem Gedanken aus kommt Ritschl dann überraschend schnell und direkt zu dem Ziel einer Vereinigung der Menschen durch das Motiv der Liebe zum Reiche Gottes. Zu diesem Ziele die Herrschaft Gottes auszuüben, war sich Christus bewußt. (Rechtf. u. Vers. III, 453).

Mit diesen kurzen Hinweisen sollte nur sichtbar gemacht werden, wie durch die rationale Kritik am anselmischen Schema die Zuversicht erschüttert ist, die Versöhnungslehre noch heute in ungebrochener Fortsetzung der orthodoxen Tradition überzeugend zu entwickeln. Das schließt nicht aus, daß diese Tradition bis heute ihre Vertretung findet, bis hin zu H. Vogels Dogmatik „Gott in Christo", 1951. Das Problem der gedanklichen Bewältigung kann auch, unerachtet der fortdauernden Dringlichkeit der kritischen Einwände, deswegen nicht erlöschen, weil das Kreuz Christi als Mitte der christlichen Botschaft das Kennzeichen der christlichen Dogmatik bleibt, stärker und eindeutiger, als das jedenfalls Schleiermacher und Ritschl gesehen haben.

Aber auch deswegen, weil die gedanklichen Elemente der christlichen Lehre von der im Kreuz geschehenen Versöhnung in sich unverzichtbare Gewichte besitzen. Die Treue gegenüber der uns anvertrauten Botschaft wie die Überzeugung von der inneren Wahrheit der hier zu verhandelnden Sache setzt aller Kritik das Maß, aber zugleich ruft die Verantwortung für die intellektuelle Redlichkeit unserer Rechenschaft vom Glauben die Theologie zur Freiheit ihrer Arbeit.

### 3. Das Kreuz Christi als Ende

Anders als das bei Ostern der Fall ist, ist das Kreuz Christi ein auch dem ungläubigen Urteil über Jesu Erdenwirken zugänglicher Tatbestand. Diese Faktizität des Kreuzestodes Jesu ist von Anfang an, d. h. seit dem Karfreitag, eine Herausforderung an das Denken der Christen gewesen, und die Theologie hat die Aufgabe, diese Herausforderung aufzunehmen und ihr standzuhalten.

Das Kreuz ist das Ende des irdischen oder, wie wir auch sagen können, des „vorösterlichen" Wirkens Jesu. Wenn es eine nur-historische Betrachtung der Wirksamkeit Jesu gibt, dann vermag sie diese Wirksamkeit nur bis zum Tode Jesu am Kreuze zu verfolgen. Aber selbst eine rein historische Betrachtung wird dann zu einem Urteil über die Bedeutung dieses Todes genötigt sein; entweder wird sie das gewaltsame Ende Jesu am Kreuz als einen tragischen Ausgang oder als einen konsequenten Abschluß, als Symptom des Scheiterns oder als sittlichen Triumph verstehen. Wir können hier von einer Stellungnahme absehen. Die Erdentage Jesu haben auf jeden Fall ein doppeltes Gesicht, je nachdem, ob man von Ostern weiß oder nicht. Aber auch wenn man von Ostern weiß und wie immer man den Osterglauben in eigenen Vorstellungen auslegt, so gibt es noch eine vorösterliche Zeit seines Wirkens, es gibt die Zeit des sog. historischen Jesus, und diese Zeit ist mit dem Kreuzestod Jesu zu Ende.

Das Kreuz ist die radikalste Form, in der das menschliche Wesen, die menschliche Natur Jesu bestätigt wird. Die Evangelien, bes. Mk, bieten in ihrer Passionsschilderung ein Widerspiel der rein menschlichen Todesverlassenheit Jesu (Mk 15,34 = Ps 22,2; Lk 23,46 = Ps 31,6). Die durchreflektierte Stilistik des Hebr läßt erkennen, daß an dieser menschlichen Wahrheit des Sterbens schon frühzeitig ein theologisches Interesse bestand (Hebr 5,7; 10,10; 12,2). Aus dem neutestamentlichen Zeugnis läßt sich auch der Zug nicht wegnehmen, der die Freiwilligkeit des Todesweges Jesu hervorhebt: Phil 2,8. In diesem Sinne ist das Kreuz Ende, nämlich Ziel und Höhepunkt der Liebe und hingebenden Willigkeit Jesu. So hat es die abälardsche Versöhnungslehre immer verstanden.

Aber noch in einem viel tieferen Verständnis ist das Kreuz Christi ein Ende. Es bedeutet nämlich das Ende des Gesetzes (Röm 10,4).

Aber was heißt das? Offenbar laufen im Neuen Testament bezüglich des Verhältnisses Jesu zum Gesetz zwei Aussagereihen nebeneinander her. Nach der einen hat Jesus das Gesetz erfüllt, nach der anderen aber hat er das Gesetz gebrochen oder doch aufgehoben, und das wäre noch mehr. Aber wie steht es nun mit diesen Behauptungen, und wie verhalten sie sich zueinander?

Daß Christus das Gesetz vollgenugsam erfüllt hat und daß er nicht gekommen sei, das Gesetz aufzulösen (Mt 5,17), das ist in der dogmatischen Tradition der tragende Gedanke der Lehre von der oboedientia activa, die man dann von der Taufgeschichte an (Mt 3,15) mannigfach bestätigt sehen möchte. Insofern ist in der Tat Jesus zunächst eins mit der tragenden Überlieferung seines Volkes, daß das Gesetz, wie man es in der Schrift besitzt, Gültigkeit hat. Aber dazu sind dann doch sofort zwei Vorbehalte zu machen. Nirgends ist nämlich dieses Gesetz als der Weg zum Heil bezeichnet. Und das hat seinen Grund darin, daß für das Judentum dieses Gesetz nur durch seine Auslegungen (παραδόσεις τῶν ἀνθρώπων, Mk 7,3–13 bzw. 23 par) hindurch zugänglich ist, daß also die Kasuistik der Pharisäer und Schriftgelehrten dieses Gesetz mit ihren eigenen Zutaten geradezu verstellt. Jesus geht in seinem Verständnis des Gesetzes gerade den entgegengesetzten Weg: Er verwirft nicht nur die „Auslegungen" und fügt auch von sich aus dem Gesetz keine eigenen Auslegungen hinzu, durch die dann doch nur die Mittelinstanz, welche die Thora für den Juden in seinem Gesetzesverständnis darstellte, verstärkt wird, sondern er konzentriert sich auf ein „punktuelles Gesamtverständnis" (Conzelmann). Er fragt zurück nach dem Willen Gottes (θέλημα τοῦ πατρός Mt 21,31 oder ganz persönlich Mt 7,21 θέλημα τοῦ πατρός μου vgl. Joh 4,34). Es zeigt sich aber, daß dieser ursprüngliche Wille Gottes dem Wortlaut des Gesetzes und der tatsächlichen Gesetzespraxis vollkommen entgegengesetzt sein kann. In dieser wird das Äußerliche und das Innerliche getrennt, das Gesetz äußerlich erfüllt, aber innerlich gebrochen (Mk 7,1–23 par, Mt 23,2 ff. 23), die Bewilligung der Ehescheidung steht im Widerspruch zu dem, was von Anfang an war (Mt 19,8), und selbst die gewissenhafteste äußere Erfüllung aller Gebote ist noch nicht die Vollkommenheit des Herzens (Mt 19,16 bis 22). Durch diese äußere Geltung und Erfüllung des Gesetzes wird der Kern desselben, das δικαίωμα τοῦ νόμου (Röm 8,4) geradezu verhüllt und verdunkelt, denn dieses Innerste kann nur im Herzen, im Geist erfüllt werden. Es kommt nicht darauf an, den Buchstaben des Gesetzes zu erfüllen (Röm 2,28 f.; 7,6; 2 Kor 3,6), sondern den Willen Gottes zu tun. Dieser Wille Gottes ist der Kern des Gesetzes und liegt (nach Gal 5,14) in einem Worte beschlossen, (nach Mt 22,35 bis 40 par) im Doppelgebot der Liebe. Das gesetzesfeindliche vierte Evangelium, das die Erfüllung des Willens Gottes geradezu als eine christologische Formel gebraucht, reflektiert überhaupt nicht mehr darauf, daß dieser Wille Gottes am alttestamentlichen Gesetz legitimiert werden müßte (4,34; 5,30; 6,38 f.), und auch unser Tun des göttlichen Willens ist hier nur noch auf das Wort Jesu gegründet (Joh 7,17).

Alle diese Beobachtungen führen dann aber unmittelbar zum zweiten Satz hinüber, daß nämlich Jesus das „Gesetz des Mose" von seinem Kern her kritisiert und in messianischer Vollmacht als Heilsweg zerbrochen hat. Indem er eins ist mit dem ursprünglichen Willen Gottes, kommt Jesus fortwährend in Konflikt mit dem geltenden mosaischen Gesetz (Mk 2,23–28; 3,1–6; 7,1–23 par; 10,1–12 par). Was „eigentlich" Gottes Wille ist, das ist ganz und gar Christus anvertraut, der darum sein „Ich aber sage euch" sprechen kann (Mt 5,22.28.32.39.44) und der mit seinem „Amen, ich sage euch" (bei Mt 31mal, bei Mk 13mal, bei Lk 6mal und bei Joh 25mal) den Willen seines Vaters unmittelbar verkündigt. Für die Gegner Jesu vollendet sich freilich der Bruch des Gesetzes zugleich mit dem in ihren Augen geradezu gotteslästerlichen Vorgang, daß Jesus Sünden vergibt. Das Gesetz kennt als Antwort auf die Sünde nur die Strafe. Wer die Sünde vergibt, hebt das Gesetz auf. Das ist für die pharisäische Betrachtung der eigentliche Einbruch in die Souveränität Gottes. Wenn Jesus aber das Gesetz dadurch aus den Angeln hebt, daß er es von seinem Kern her (Röm 8,4) bzw. vom ursprünglichen Willen Gottes her (Mt 19,8) kritisiert und wenn er den Sündern das Reich Gottes aufschließt (Lk 15,2), dann ist Christus des Gesetzes Ende. Paulus bringt das in seiner Weise dadurch zum Ausdruck, daß er mit dem Gesetz gegen das Gesetz argumentiert und dadurch das Gesetz auseinandersprengt.

Das Kreuz Christi ist die Besiegelung dieser Tatsache. Denn wie zur Antwort erfüllt nun auch das Gesetz sein Ziel an Jesus: Wer das Gesetz bricht, muß sterben. Christus wurde, indem er für uns nach dem Gesetz (Dtn 21,22 f.) gekreuzigt wurde, ein Fluch für uns und hat uns dadurch von dem Fluch des Gesetzes erlöst (Gal 3,13). Wenn das Heil durch den Glauben an einen Gekreuzigten kommt (Apg 13,39), dann ist die Heilskraft des Gesetzes erloschen. Wenn Jesus durch das Gesetz zum Sünder erklärt wird und als Sünder verurteilt wird, dann stirbt nicht nur Jesus am Gesetz, sondern das Gesetz geht in ihm zu Ende (2 Kor 5,21). Er ist unter die Übeltäter gerechnet (Jes 53,12 zit. Mk 15,28). Aber indem er nach dem Gesetz zum Sünder erklärt wird und für die Sünde mit dem Tode bezahlt (Röm 5,10; Jes 53,5), macht er das Gesetz als Heilsweg und als Heilsvermittlung zunichte. Indem der Unschuldige, Christus, im Kreuzestode für uns zum Fluch wird, ist das Kreuz zum Ende des Gesetzes geworden.

Da Paulus diese Zusammenhänge aus einer Theologie des Gesetzes heraus dialektisch entwickelt hat, ist dieses Ende des Gesetzes in der Geschichte der Christenheit oft mißverstanden oder doch nicht in seiner Radikalität begriffen worden. Eine ähnliche Erscheinung liegt darin, daß das Kreuz Jesu Christi auch unter Zuhilfenahme kultischer Begriffe gedeutet worden ist. Daß Jesus das „Lamm Gottes" ist (Joh 1,29, in der Apk vielfach), das bezeichnet bereits einen kultischen Begriff. Er ist das Osterlamm, für uns geopfert (1 Kor 5,7), er ist der Hohepriester (Hebr 2,17; 3,1; 4,14 u. ö. mit detaillierter Anwendung des Gedankens), doch steht sein Opfer als „einmalig" (Röm 6,10; Hebr 7,27; 9,12; 10,10) eben darin in gegensätzlicher Beziehung zum alttestamentlichen Tempelopfer. Und auch diese kultische Deutung des Kreuzestodes Jesu hat nur den Sinn, zu zeigen, daß das Kreuz Jesu auch das Ende des Opferkultus als eines Heilsweges darstellt.

Es ist vor allem die Botschaft des Hebr, daß das Kreuz Christi dem bis dahin heilsnotwendigen Opferritus ein Ende gesetzt hat. Hier werden die bisherigen Opfer als unzureichend entlarvt. Sie sind selber durch das Ungenügen der darbringenden Priester belastet und daher immerfort erneuerungs- und wiederholungsbedürftig. Christi Opfer aber ist ein für allemal geschehen und erübrigt alle weiteren Opferleistungen. Vor allem ist Christi Opfer darin dem bisherigen Ritus überlegen, daß in ihm Priester und Opfer eins geworden sind. Er hat sich selber dargegeben und er hat sich freiwillig hingegeben (Hebr 10,1–10). Die vergebende Sünderliebe überbietet die alte Gerechtigkeit und alle kultischen Opfer: 10,18.

### 4. Das Kreuz als Versöhnung

Schon unsere kritischen Gedankengänge haben uns gezeigt, welche Behutsamkeit in den dogmatischen Aussagen wir unserem Thema schuldig sind. Wir haben den kritischen Ertrag festzuhalten: Wenn auch Jesus selbst nach dem Zeugnis des Evangeliums von der Notwendigkeit seines Leidens und Sterbens gesprochen hat, so ist es uns doch versagt, von uns aus einzusehen, inwiefern Jesu Kreuzestod gewissermaßen a priori, das will sagen von Gott aus gesehen, der „notwendige" Weg zu unserer Erlösung gewesen ist. Ferner müssen alle juristischen Denkkategorien beiseite bleiben, nach denen wir etwas über ein Verdienst Christi zu wissen meinen, das mit unseren fehlenden Verdiensten verrechnet werden könnte. Auch seine Stellvertretung an unserer Statt ist nicht rational verrechenbar. Auch daß das Leiden Christi eine von Gott über ihn verhängte Strafe gewesen wäre, erweist sich als eine unvollziehbare Vorstellung. Christi Kreuz hat, wenn es schon eine Offenbarung ist, doch eine nur uns allein zugewendete Seite; über das Verhältnis Gottes des Vaters zu Jesu Tod können wir keine Aussagen machen. So enthält die Versöhnungslehre, wie sie im Evangelium vom Kreuz begründet ist, unverzichtbare Wahrheit, die sich uns in der Wahrheit ihrer gedanklichen Elemente im einzelnen kundgibt, aber es muß uns versagt bleiben, eine Doktrin aufzustellen und zu behaupten, welche die uns gezogenen Grenzen überschreitet und einen Überblick über Gottes Heilsratschluß in Anspruch nimmt, der nur eine Vermessenheit darstellen kann.

Wenn wir nun, über das Bisherige hinaus, uns den Gedanken der Versöhnung vergegenwärtigen wollen, so müssen wir uns zwei grundsätzliche theologische Tatbestände vor Augen stellen.

Einmal: Die ganze Versöhnungslehre ist zweifellos beschlossen in der Botschaft vom Kreuz als der Mitte des Glaubens. Aber es ist das Kreuz und der Tod des auferstandenen Herrn. Für die Richter Jesu und für den gesetzestreuen Juden war der Tod dessen, der sich als den Sohn Gottes erklärte und der wie Gott selber die Sünden der Sünder vergab, ein verdientes Gottesgericht. Mit dem vollzogenen Todesurteil war dieser Tod und der Verurteilte, der ihn sterben mußte, Vergangenheit geworden. Aber die Auferweckung des Gekreuzigten wurde zum Gottesgericht an den Hütern des Rechtes und mehr noch an dem Recht selbst, nach dem der Gekreuzigte gekreuzigt worden war. Ohne Ostern ist auch der Tod Jesu ohne Versöhnungskraft. Ohne Ostern ist der Tod Jesu ein Scheitern, ein Tod, wie er millionen- und milliardenfach in der Schöpfung gestorben wird, nämlich ein Eingehen in die rätselhafte Vergänglichkeit, ist er unaufhebbare Vergangenheit, die auch durch die geschichtliche Erinnerung nicht zur Gegenwart erweckt wird. Indem wir in der Versöhnungslehre die Heilsbedeutung des Todes Jesu ergründen, bekennen wir uns zur Gegenwart des Gekreuzigten, wie ja auch im biblischen Bericht der Auferstandene die Nägelmale des Gekreuzigten trägt.

Zum anderen: In dreifacher Hinsicht habe ich von der Bedeutung des Kreuzes Christi als einem Ende gesprochen. Aber das Kreuz Christi ist doch kein Ende der Schöpfung. Die Schöpfung ist die Voraussetzung des göttlichen Handelns vor und nach dem Kreuzestod Jesu, vor und nach dem Versöhnungsopfer von Golgatha. Die Schöpfung übergreift und überdauert die Versöhnung. Die Versöhnung vollzieht sich innerhalb der Schöpfung. Sie kommt dem Ende der Schöpfung zuvor, sie eilt dem ἔσχατον voraus, sie ist eine Neusetzung inmitten der alten Welt, der alten Schöpfung. Das ist von großer Bedeutung deshalb, weil nun in der Schöpfung eine „versöhnte Welt" ist, wie denn einige neutestamentliche Aussagen über die Versöhnung ausdrücklich auf die „Welt" Bezug nehmen (2 Kor 5,18 f.; 1 Joh 2,2). Neben der versöhnten Welt gibt es also eine unversöhnte, und die apostolische Einladung zur Versöhnung (2 Kor 5,20) bestätigt diesen Dualismus. Die Versöhnung wirkt nicht magisch oder automatisch, sie ist nicht in dem Sinne „objektiv", daß der Predigt bloß noch der „Hinweis" darauf verbliebe. Hieraus ergeben sich schwierige gedankliche Fragen, wie denn an diesem Sachverhalt sichtbar wird, daß auch die Versöhnungslehre zur Eschatologie hindrängt.

Wenn ich soeben darauf hinwies, daß uns kein „Überblick" über die Zusammenhänge der Versöhnung möglich ist, so hat das allerdings noch einen tieferen Grund. Daß Christus gekreuzigt wurde, daß wir einen gekreuzigten Christus haben, trägt eine tiefe Paradoxie in das natürliche Gottesbild ein und korrigiert es zu einer „Theologie des Kreuzes". Das Leiden des Sohnes Gottes hebt nicht auf, daß „Gott in Christo" war und ist. Jede Reflexion, die etwa nur von einem Leiden der menschlichen, nicht aber der göttlichen Natur in Christo etwas wissen will, schwächt eben diese unaufhebbare Paradoxie wieder ab, daß Gott sich offenbart, indem er sich im Leiden seines Sohnes verbirgt, daß in der Schwachheit und im Sterben Jesu sich Gottes Kraft, daß sich in der Verlassenheit seine Liebe und im Leiden und Tod sein Sieg ankündigt.

Ich habe hier nur daran zu erinnern, welche Bedeutung die theologia crucis im Denken Luthers gehabt hat und wie er den Gedanken in der Heidelberger Disputation zum Inbegriff des christlichen Glaubens erhoben hat. W. v. Loewenichs „Luthers Theologia crucis", (1929) 1954[4], hat bleibenden Anspruch auf Beachtung.

Der Begriff der Satisfaktion wird darin unabhängig von allen theologischen Doktrinen in Geltung bleiben müssen, daß Christus genug für uns getan hat. Er hat uranfänglich das getan, was wir nicht vermochten und was bis ans Ende aller Tage den Beginn eines Neuen bedeutet. Was mit dem Kreuzestod in die Welt eingetreten ist, das ist vorher nicht gewesen und die Wirkung davon ist unverminderte Gegenwart. Der Begriff des ἐφάπαξ, das „Ein-für-Allemal" (Röm 6, 10; Hebr 7,27; 9,12; 10,10) bezeichnet die Radikalität des Neuen. Und es ist ein Charakteristikum des christlichen Geschichtsdenkens, daß es nicht nur mit dem prinzipiellen „Anfang" und ebenso mit dem prinzipiellen „Ende" alles zeitlichen Geschehens, sondern auch kraft des Christusereignisses und im Aufblick zum Kreuz Christi mit prinzipieller Neuheit in der Geschichte rechnet.

Wie ist nun aber dieses Neue sachgemäß zu beschreiben? Wir beziehen uns nicht auf eine geschlossene Theorie, sondern versuchen die Antwort in der Auslegung einiger entscheidender Begriffe.

1. Wir sprechen von Erlösung (ἀπολύτρωσις, redemptio). Die Vorstellung vom Lösegeld (λύτρον ἀντὶ πολλῶν Mk 10,45 par) ist insofern schwierig und verführerisch, als sie die Frage nahelegt, wovon diese Erlösung befreit. Die herkömmlichen Antworten sind bekannt: sie verweisen auf die Macht des Teufels, auf die Sünde, das Übel und den Tod. In der kirchlichen Erlösungslehre hat sich dieser Hinweis oftmals verhängnisvoll erwiesen; denn er hat zu Ausmalungen im einzelnen Anlaß gegeben, die wir heute nur noch als mythologisch empfinden können. So wenn der vom Tode verschlungene Christus dem Teufel und der Hölle zum Gift wird, so daß sich Teufel und Hölle erbrechen und Christus wieder freigeben müssen. Auch bei Luther finden sich solche Gedanken. Keine Pietätspflicht darf aber die Dogmatik veranlassen, Vorstellungen zu repristinieren, die im Widerstreit mit unserer Überzeugung stehen. Ganz abgesehen von den ausmalenden Vorstellungen ist aber dieser Widerstreit auch darin begründet, daß wir die Mächte, von denen wir erlöst sein sollen, noch

tatsächlich unter uns wirksam wissen. So kann der Begriff der Erlösung doch nur so gedeutet werden, daß er als Befreiung von alledem verstanden wird, was uns von Gott trennt.

Mit dieser Antwort ist jedenfalls nicht behauptet, daß die Sünde, der Tod, das Übel aus der Welt und aus unserem Leben verschwunden seien. Aber es ist ausgesagt, daß sie durch die Versöhnung ihre Macht verloren haben, uns von Gott und seiner Liebe zu trennen. In diesem Sinne sagt auch Paulus vom Ertrag der Versöhnung: „Nichts kann uns scheiden von der Liebe Gottes, die in Christo Jesu ist, unserem Herren" (Röm 8,38 f.). Es muß aber für die Dogmatik auch beachtet werden, daß durch diese Antwort die Frage danach, wovon wir nun tatsächlich erlöst seien, zu einer zweitrangigen Frage gemacht wird. Was man nämlich darauf antworten kann, das hängt zu einem Teil von dem weltanschaulichen Horizont des betreffenden theologischen Zeitalters oder doch von dem des einzelnen Theologen ab. Wie weit man darin gehen will, die uns von Gott trennenden Mächte zu personifizieren, wie es Luther nicht nur bezüglich des Teufels, sondern doch auch der Hölle und des Todes getan hat, das ist für das theologische Urteil eigentlich ohne große Bedeutung. Auch mag es eine Sache des unmittelbar persönlichen Schicksals, der Konstitution ebenso wie der Lebensführung sein, ob man es vorzieht, hier auch subjektive Faktoren ins Spiel zu bringen wie Schwermut, Verbitterung und weltanschauliche Zweifel. Es hat also keinen Sinn, sich darüber zu streiten, ob man die Erlösung mehr substanziiert, unter genauer Angabe personifizierbarer Mächte, oder mehr subjektiv beschreiben will. Es ist in jedem Falle aber wichtig, daß die Erlösung existentiell gemeint und subjektiv wahr bezeugt wird. Dann nämlich wird auch der Ertrag der Erlösung deutlich bezeichnet werden können. Der Ertrag der uns widerfahrenen Erlösung ist die Freiheit. Die Erlösten Gottes sind freie Menschen. Wir sollen kraft des Kreuzes Christi, und d. h. kraft des Endes der alten Gerechtigkeit und des alten Opferkultus freie Menschen werden. Nur wenn wir in die von Christus uns erworbene Gotteskindschaft und ihre Freiheit eingetreten sind, können wir sagen, daß wir der Erlösung teilhaftig geworden sind. Der Sinn dieser Freiheit besteht aber nicht darin, daß wir anstelle der alten Knechtschaft eine neue, wenn auch christlich firmierte Knechtschaft eintauschen, sei es unter einem angeblich christlichen Fanatismus, einer kirchlichen Disziplin wider unsere Überzeugung, unter einem wenn auch noch so biblischen Buchstabendienst oder auch unter dem Denkzwang einer theologischen Richtung.

Zur Geschichte des Erlösungsbegriffs sei bezüglich Luthers auf R. Seeberg, Dogmengeschichte IV/1,193 und auf J. Meyer, Histor. Kommentar zu Luthers Kl. Katechismus, 1929, 304 ff. hingewiesen. Daß der Begriff der Erlösung im übrigen alles andere als spezifisch christlich, vielmehr ein allgemein „religiöser" Begriff ist, sollte auch in der christlichen Theologie nie übersehen werden, vgl. Art. Erlösung RGG II,584–599.

2. Der andere aufschlußreiche Begriff zur Erklärung der Versöhnung ist der Friede. „Gerechtfertigt nun aus Glauben haben wir Frieden mit Gott durch unseren Herrn Jesus Christus" (Röm 5,1). Der Begriff des Friedens enthebt uns einer Schwierigkeit, die durch den Begriff der Versöhnung sich für die dogmatische Versöhnungslehre immer wieder ergeben hat. Noch bei M. Kähler finden sich weitgreifende Erörterungen darüber, wer eigentlich der Versöhner ist, und er entscheidet sich in der Alternative zwischen Gott und Jesus Christus für Gott. Das ist auch in bezug auf die Grundstelle 2 Kor 5,18 f. unabstreitbar und wird in der Exegese der Stelle nicht unbedacht bleiben können. Es ist aber eine Frage, ob die Alternative selbst nicht das exegetisch an sich Mögliche spekulativ überschreitet. Ähnlich verhält es sich mit der anderen Frage, bei der es zu tiefgreifenden Antithesen kommen kann, wer eigentlich versöhnt wird, Gott oder der Mensch. In der Tat hängt die Entscheidung dieser Alternative mit der Gotteslehre eng zusammen. Luthers Lehre vom Zorn Gottes und seiner Versöhnung im Kreuz rechnet mit einem Wandel der „Gesinnung" Gottes gegen die Menschen, während Ritschl, der immerhin auf Luthers Spur zu gehen meinte, eben diese Lehre vom Zorn Gottes (in Übereinstimmung mit Schleiermacher) verwarf, da er ungeachtet aller Metaphysikfeindlichkeit an dem metaphysischen Satz von der Unveränderlichkeit Gottes und unerachtet der Theologie Luthers den Satz, daß Gott Liebe sei, als einzige Wesensaussage über Gott festhalten wollte. Demgegenüber verwehrt der Begriff des Friedens solche spekulativen Überlegungen. Die zwischen Gott und uns bestehende Feindschaft ist durch Christi Kreuzestod aufgehoben. Zweifellos liegt in dieser Feindschaft viel: Ablehnung, Unwissenheit, Angst vor Gott, „Hader" mit Gott. Dieses sehr deutlich zu bezeichnende Gottesverhältnis ist durch ein neues, eben durch den „Frieden" mit Gott ersetzt. Das eine wie das andere ist in seiner Realität nicht zu bestreiten. Die Feindschaft ist nicht nur eine Täuschung, die beseitigt, ein Mangel unseres Gottesbewußtseins, der behoben werden müßte. Und Friede mit Gott bedeutet, zu Gott Zugang und Vertrauen haben, bedeutet aber auch, daß dieser Friede die Gemeinde eint, wie das Eph 2,11–22 bezüglich des Friedens zwischen der Kirche aus Israel und aus den „Völkern" beschrieben ist. Es ist ein Friede gleichsam in der Horizontalen, der wie der Friede, den wir mit Gott haben, im Kreuzestod Jesu Christi begründet ist.

Eine offene Frage bleibt freilich noch übrig. Man kann nämlich sagen, daß die Versöhnung zwar universal angelegt ist (vgl. 2 Kor 5, 18 f.; 1 Joh 2,2), daß sie aber doch nicht einfach universal wirkt. Der Kosmos ist durch den Kreuzestod Jesu nicht umgestaltet worden, und der theologische Hinweis auf den neuen Äon, in den wir seit Christus eingetreten sind, kann nur einen verborgenen Anbruch dieses neuen Äons meinen, aber keine sichtbare Veränderung der uns umgebenden Wirklichkeit. Es ist vielmehr so – wir wiesen darauf grundsätzlich hin –, daß neben der versöhnten eine unversöhnte Welt steht (vgl. 2 Kor 5,19 f.). Wie ist der Übertritt von der unversöhnten zur versöhnten Menschheit möglich? Anders ausgedrückt: Wir stehen vor der Frage der Aneignung der Versöhnung.

Gegen diese Problematik erhebt sich freilich alsbald ein Einwand. Kann die Lehre über die Versöhnung von der Lehre über ihre Aneignung unterschieden werden? Eine Versöhnung, die nicht auch eine angeeignete Versöhnung ist, ist doch gar keine! Dennoch müssen wir uns hier einer Inkonsequenz schuldig machen. Die in der Dogmengeschichte vorgefallenen Verhandlungen über diese Frage der Aneignung sind von so tiefgreifenden Konsequenzen gewesen, daß wir nicht daran vorbeigehen können. Die dogmatischen Differenzen sind uns schon bei der Darstellung der Anselmischen Lehre sichtbar geworden, als wir davon sprachen, daß am Schluß das Problem der Aneignung noch offensteht. Diese dort offengebliebene Frage ist in der Geschichte der Kirche wesentlich in dreifacher Weise beantwortet worden.

a) Der pelagianische Typus der Antwort bezieht sich darauf, daß die Passion Christi auch einen exemplarischen Charakter hat. Indem wir dem Vorbild des verdienstlichen Lebens und Sterbens Jesu Christi an unserem Teil und in unseren Grenzen folgen, schließen wir uns dem Vorbilde seines Gehorsams an und werden durch die Förderung eigener Verdienste der Versöhnung teilhaftig.

b) Für die römisch-katholische Lehre ist entscheidend, daß die Segnungen des vollgenugsamen und überschießenden, weil unendlichen Verdienstes Christi durch die vermittelnde Tätigkeit der Kirche dem Gläubigen dargereicht werden. Der Gläubige wird der Versöhnung Christi ganz wesentlich auf dem Wege der sakramentalen Gnadenvermittlung „ex opere operato" teilhaftig.

Da die Formel „ex opere operato" in der protestantischen Polemik eine weitreichende und nicht immer glückliche Rolle spielt, sei kurz darauf eingegangen. Die Formel begegnet erstmals bei Pierre de Poitiers, einem Schüler des Petrus Lombardus. Ihr Sitz ist die Tauflehre, des weiteren die Sakramentslehre überhaupt. Sie besagt, daß das Sakrament wirksam ist, unabhängig von den Verdiensten und dem habitus des Zelebranten, und ebenso unabhängig von den Verdiensten des Empfängers. Es kann zwar eine Sünde sein, wenn ein unwürdiger Priester das Sakrament spendet. Diese Sünde liegt aber im „opus operantis", während das Sakrament unabhängig davon in sich selbst heilskräftig ist. In diesem Zusammenhang findet sich dann auch die berühmte Exemplifikation auf die Rolle der Juden bei der Kreuzigung Christi. Sie haben Jesum gekreuzigt. Dieses ihr Werk, also das „opus operantium Judaeorum" hat Gott nicht approbiert, sondern verworfen. Aber das „opus operatum", nämlich Jesu Kreuzestod ist unser Heil. Die Werke des Teufels sind böse. Aber sie können als opus operatum zur Ehre Gottes konkurrieren. Diese dogmatische Terminologie wurde von Bonaventura und Thomas approbiert. Sie ging dann auch in die Sakramentslehre des Tridentinums ein, insofern jedoch in etwas modifiziertem Sinne, als die Formel nun eine antireformatorische Spitze bekam. Sie wird gegen die bei den Gegnern vermutete Auffassung aufgeboten, daß die Wirkung der Sakramente gering zu achten und ihr Gebrauch im Grunde unnötig sei, da ja der Glaube allein das Heil empfange. Demgegenüber haben die Reformatoren und die nachfolgende dogmatische Polemik der Protestanten die Formel so ausgelegt, als verzichte sie auf den Glauben und als schlösse sie die subjektiven Bedingungen einer Gnadenwirkung des Sakramentsempfanges geradezu aus. Diese Interpretation der Formel durch die protestantische Polemik wurde von der katholischen Theologie begreiflicherweise als falsch und ungerecht empfunden. Vgl. hierzu auch DThC 11/1, 1084–1087 (Lit.).

c) Die evangelische Lehre von der Vermittlung der Versöhnung an die Gläubigen schiebt die Bedeutung der Kirche demgegenüber ganz in den Hintergrund. Die Kirche ruft, verkündigt und dient zwar, aber sie ist nicht eigentlich ein dogmatisch wesentliches Medium des Heilsvorganges. Doch steht auch die Theologie der Reformation vor dem Problem der Vermittlung. Der Kreuzestod Jesu ist ja, um die entscheidenden Formeln zu gebrauchen, „extra nos" und doch ebenso „pro nobis" geschehen. Wir sind nicht einfach in einer Analogie zur „passio magna" des Herrn, so daß wir ihr gleichförmig werden könnten; denn der Tod Jesu ist bei dem Fehlen aller eigenen Verdienste außer allem Vergleich zu uns. So kommt es zu der Lehre, daß uns die im Kreuz erworbene Versöhnung um Christi willen im Glauben zugerechnet wird. Die Aneignung der Versöhnung erfolgt „imputativ", „propter Christum per fidem".

Die imputatio ist ein von Melanchthon aus der mittelalterlichen Tradition geschöpfter Begriff. Nach seiner ursprünglichen Verwendung in den Bekenntnisschriften (CA IV, BSLK 56,8 f.; Apol IV, BSLK 178,27 ff. u. ö.) ist zunächst einfach an eine Anrechnung des Glaubens zur Gerechtigkeit gedacht. In der späteren Entwicklung zur Orthodoxie hin verbindet sich die imputatio immer mehr mit der Satisfaktionslehre im vollen Umfang des Anselmischen Lehrbegriffs: „Ideo Christus utrumque in se suscepit et non tantum passus est pro nobis, sed et legi in omnibus satisfecit, ut haec ipsius impletio et obedientia in iustitiam nobis imputaretur" (Quenstedt). – In der reformierten Orthodoxie gelten die merita Christi ebenso den credentes in ipsum. Doch ist die Neigung unverkennbar, den Kreis derselben noch einmal prädestinatianisch zu umschreiben und gleichsam abzusichern: „Per satisfactionem facta est reconciliatio eorum, qui dati sunt Christo" (Cocceius Summa th. LXI,19–25).

Durch diese Verbindung der Anselmischen Versöhnungslehre mit der Lehre von der Zurechnung an die Glaubenden entstehen nun freilich verschiedene Schwierigkeiten. Eine inhaltliche Schwierigkeit ist darin zu sehen, daß auch hier auf ein meritum Christi reflektiert wird, das durch das Urteil Gottes uns zugerechnet werden soll, obwohl wir es nicht selbst vollbracht haben. Die oboedientia activa und passiva, die Erfüllung des Gesetzes und die Erduldung der schuldigen Strafe durch Christus werden uns durch den Glauben zur Gerechtigkeit gerechnet. Mehr und mehr wird das in der altprotestantischen Orthodoxie dann überdies so verstanden, und das ist die andere Schwierigkeit, daß die Zurechnung in dem Sinne an den Glauben gebunden ist, daß er ein Glaube an diese bestimmte Versöhnungslehre ist, daß also der Glaube durch seinen dogmatisch richtigen Inhalt als rechter Glaube ausgewiesen sein muß. Damit aber kommt in den Glauben ein ihm fremdes, materiales Element, er wird unversehens zu einem Lehrglauben.

Diese Schwierigkeiten müssen behoben werden. Das kann nur so geschehen, daß dem Glauben keine theoretischen Umwege vorgeschrieben werden, sondern daß es bei dem ursprünglich Gesagten bleiben muß: Der Glaube empfängt, was ihm in der Versöhnung am Kreuz Christi erworben wurde. Er empfängt unmittelbar Friede, Freiheit, neue Gerechtigkeit und Zugang zum Vater.

Wenn nach einer Qualifikation des Glaubens gefragt werden darf, dann eben nicht nach einem dogmatisch richtigen Inhalt, sondern nach seiner Offenheit für Gottes Gabe. Das heißt aber dann, daß der Ernst der Versöhnung sich darin bewährt, daß wir in die Gemeinschaft mit Christus, dem Anfänger und Vollender des Glaubens (Hebr 12,2), eintreten. Das pro nobis geht zwar nicht in ein in nobis über; denn hier gibt es keine graduellen Vermittlungen. Wohl aber muß dem Glauben eine Hereinnahme der Versöhnung in unser Leben folgen. Die Tauflehre des Paulus Röm 6,1–10 erklärt das so, daß wir mit Christus getauft, d. h. auf seinen Tod getauft und mit ihm begraben werden, um mit ihm aufzuerstehen. Wie schon die Evangelien davon sprechen, daß die Nachfolger Christi ihr Kreuz dem Herrn nachtragen sollen, um seiner wert zu sein (Mt 10,38 par; 16,24 par), so ist auch die paulinische Ermahnung davon durchzogen, daß die Christen Sterben und Leben ihres Herrn in ihrem Wandel abbilden (2 Kor 4,11; Gal 5,24; Kol 3,3 ff.; 2 Tim 2,11).

Der Gedanke, daß die Versöhnung „in nobis" ihre Spur hat, hat auch die Umkehrung, daß wir im Reiche der Versöhnung, in der „versöhnten Welt" wiederum „in ihm" leben dürfen und daß das hohepriesterliche Amt Christi, unter dem die Kirche das Wort vom Kreuz theologisch zu begreifen versuchte, an uns fort und fort geschieht. Es ist die Lehre von der fortwährenden intercessio Christi nach Röm 8,34 b; 1 Joh 2,1 f.; Hebr 7,25; 9,24. Christus trägt unser Gebet, das wir in seinem Namen beten, und in ihm haben wir Zugang zu Gott (Röm 5,2; Eph 2,18; vgl. Joh 14,6) und Freudigkeit zum Eingang in das Heilige (Eph 3,12; 6,19; Hebr 4,16; 10,19). Dieser Gedanke der intercessio Christi, seines steten Eintretens vor Gott für uns, ist deshalb so schwer zu verstehen, weil er in der Tat eine Paradoxie in sich schließt. Er scheint nämlich unsere Unmittelbarkeit zu Gott aufzuheben, und es ist die naheliegende Frage gerade des modernen Menschen, wieso wir eines Mittlers bedürfen. Tatsächlich aber ist es der eigentliche Gegenstand dieser Paradoxie, daß wir nur kraft dieser Mittlerschaft Christi nicht mehr Knechte, sondern Kinder im Hause des Vaters sind, daß wir durch ihn im Reiche der Versöhnung leben dürfen. Paulus hat das Gal 4 in der heute so schwer ver-

Trillhaas, Dogmatik

ständlichen Allegorie von den unfreien Kindern der Hagar und den freien Kindern der freien Sara zum Ausdruck gebracht. „Wir sind nicht der Magd Kinder, sondern der Freien" (Gal 4,31).

Ich habe im 3. Absatz vom Kreuz als einem heilsgeschichtlich zu verstehenden Ende gesprochen. Abschließend gilt nun in diesem Zusammenhang: Das Kreuz ist nicht nur Ende, es ist als das Zeichen unserer Versöhnung Gegenwart. Der Friede mit Gott, den wir durch das Kreuz im Glauben haben, ist eine Gabe, die nicht endet, hier nicht und dort nicht. Und doch ist in diesem Reiche der Versöhnung unter dem Kreuz auch ein eschatologisches Moment. Es liegt in einem doppelten. Es ist noch kein Ausgleich vorhanden zwischen der „versöhnten Welt" und der uns allenthalben umgebenden unversöhnten Welt. Dieser Ausgleich ist nicht abzusehen, er liegt in Gottes Hand, so sehr die christliche Predigt, im weitesten Sinne verstanden, eine Aufgabe ist, die um dieses Ausgleiches willen als ein Dienst an der Welt schlechthin in die Verantwortung der Christenheit gelegt ist. Die Christenheit hat keine irdische Verheißung eines billigen Sieges ihrer Sache in der Geschichte. Und dazu kommt das andere. Das Kreuz bleibt auch in dem Sinne Gegenwart, daß es das Zeichen der Verbergung Gottes in der Welt bleibt. Gott kommt verborgen, er wirkt verborgen und verbirgt oft seine Siege unter dem Schatten des Kreuzes, d. h. unter Niederlagen – sub contraria specie, wie Luther sagt. Es steht alles, was dieses Reich der Versöhnung betrifft, unter dem eschatologischen Vorbehalt künftigen Offenbarwerdens. Darum ist und bleibt die Gemeinde unter dem Kreuz eine wartende Gemeinde.

## 19. Kapitel

### DER ERHÖHTE HERR
*(Christus praesens)*

#### 1. Der Erhöhte

Der in der Niedrigkeit seines Lebens, Leidens und Sterbens ein unscheinbarer Mensch, ein „Knecht" war (Phil 2,7), ist nun unser Herr, der Heiland der Welt. In seiner Auferstehung wird Jesus Christus vom Glauben als der Herr erkannt und in seiner Hoheit offenbart. Bevor wir uns mit den einzelnen Problemen der Ostertheologie befassen, müssen wir uns vorweg darüber verständigen, worum es sich hier handelt und worum es sich nicht handeln kann. So seien drei grundlegende Gesichtspunkte an den Anfang gestellt.

1. Wir können von der Herrschaft Christi, von seiner Hoheit nicht sprechen, ohne an das Ereignis seiner Erhöhung, seiner Auferstehung, zu rühren. Wie das Kreuz Christi etwas Neues war, eine Ver-

änderung, also eine echte Geschichte bedeutete, so ist auch die Auferstehung etwas Neues, eine Veränderung, die Geschichte gemacht hat. Geschichte – das heißt in diesem Zusammenhang ganz primitiv dies, daß es hernach anders ist als es zuvor war. Und doch handelt es sich hier um eine Geschichte eigener Art, was uns noch ausführlich beschäftigen wird. Es ist eine Geschichte, die an die Grenze der Geschichte führt, d. h. an die Grenze der sichtbaren und erfahrbaren Welt, an die Grenze unserer eigenen menschlichen Möglichkeiten. Wir treten hier an die Grenze sowohl unserer Möglichkeiten, im profanen Sinne von Geschichte etwas zu erkennen, Fakten „festzustellen", wie wir auch an die Grenze dessen kommen, wo wir verstehend nachvollziehen können, was da geschah. So kann man von dem Osterereignis vielleicht, wenn man es als geschichtlich bezeichnen will, vorsichtigerweise eher sagen, daß es Geschichte bewirkt hat, als daß es greifbare Geschichte in unmittelbarem und einsehbarem Verständnis war.

2. Wenn wir nun dies einmal gelten lassen, dann ergibt sich aus der Neuheit des Ostergeschehens, daß die Auferstehung Jesu keinen Rückschritt in etwas bedeutet, was zuvor gewesen ist. Sie ist auch über den Tod Jesu hinaus etwas Neues, und somit keine „Rückgängigmachung" des Todes Jesu. Das Leben, in dem Jesus in seiner Auferstehung erkannt und das in den Erscheinungen des Auferstandenen bestätigt wird, ist nicht mehr das alte, sondern es ist ein neues und anderes Leben. Er hat das alte nicht abgestreift; denn er trägt die Nägelmale, aber er hat das alte Leben überwunden, indem er sich als der Herr erweist. Es ist also von vornherein daran festzuhalten, daß jedes Osterverständnis, das von einer Rückgängigmachung des Todes Jesu ausgeht und bei materialen Fragen verweilt, die sich daraus ergeben, in eine falsche Richtung greift.

3. Schließlich aber ist auch daran gleich eingangs zu erinnern, daß die Auferstehung Christi (ἀνάστασις, resurrectio) von den ältesten Zeugnissen als eine Tat Gottes bezeichnet wird. Das Neue Testament kennt nur die verbale Form des Vorganges: Gott hat ihn auferweckt (ἐγείρειν, ἐξεγείρειν = suscitare). Diese Tat Gottes bedeutet zugleich, was schon im vorigen Kapitel hervorgehoben wurde, ein Urteil Gottes: Der am Kreuz Hingerichtete ist nicht verworfen, sondern ist sein geliebter Sohn. Der, der am Schandholz uns zugute zum Fluch wurde (Gal 3,13), hat uns damit vom Fluch des Gesetzes gelöst. Er ist Herr und Sieger. Und dieses Urteil Gottes wirft nun das in der Hinrichtung vollzogene Urteil der Menschen und das Gesetz, nach dem es gefällt wurde, selbst unter sein Gericht.

Diese grundsätzlichen Vorbemerkungen mögen in gewisser Weise den Weg freilegen, bevor wir in die einzelnen Probleme eintreten. Aber sie machen uns andererseits vorweg auf eine Schwierigkeit aufmerksam, die wir hier nur hervorheben, ohne sie einfach auflösen zu können. Der Osterglaube weist uns, da er ja ins Zentrum der neutestamentlichen Berichte führt, an die Geschichte. Man muß fragen, was hier eigentlich geschehen ist und was wir über das Geschehene aussagen können. Daß hier, wie ich sagte, auch ein Urteil Gottes, also doch ein Wort Gottes an die Menschen, ein Ruf zum Glauben ergangen ist, also eine Botschaft an uns vorliegt, das kann angesichts der drängenden und unabweisbaren Frage nach der Geschichte nicht genügen. Der Rückzug auf das Nur-Kerygmatische des Osterglaubens, der die Frage nach der Geschichte schlechthin preisgeben würde, wäre nicht nur eine mißliche Auskunft, er würde das Kerygma selbst seines Grundes berauben und seinen Inhalt zu einer Abstraktion verflüchtigen.

Aber auf der anderen Seite wird doch das Nur-Geschichtliche überschritten. Das liegt in gewissem Sinne schon in dem bisher Ausgeführten, weil von einer Tat Gottes gesprochen wurde. Und was bleibt hier übrig, wenn wir bei einer Erklärung dieses Ereignisses, das der christliche Osterglaube meint, nicht mehr von Gott sprechen? Das Dilemma zeigt sich aber auch darin, daß uns die historische Untersuchung nach profanen Forschungsregeln nicht ans Ziel bringt. Wir werden davon gleich noch zu sprechen haben, daß das, was hier „geschah", auf dem Wege der historischen Forschung nicht verifizierbar ist. Der Ertrag von Ostern geht über das Historische hinaus. Das darf uns gewiß nicht dazu verleiten, zu Kategorien unsere Zuflucht zu nehmen, die dann auch wieder allgemeiner Art sind, und im Grunde nichts aussagen, wie das „Übergeschichtliche", ein Ausdruck, den vor allem auch M. Kähler gerne verwendet hat. Man wird sich besser auf negative Aussagen beschränken und sagen, daß Jesus Christus mit der Erhöhung in einen Zustand eingetreten ist, in dem er von irdischem Werden und Vergehen nicht mehr berührt wird. Dieser „Eintritt" ist das „Geschichtliche" an Ostern. Nur kraft der Erhöhung rechtfertigt sich jenes Praesens, das alle christologischen Aussagen vor historischen Sätzen unterscheidet.

Während wir auf die geschichtlichen Probleme noch zurückkommen werden, wird es für diese vorbereitenden Überlegungen von Nutzen sein, noch eingehender zu beschreiben, was eigentlich mit dem „Neuen" gemeint ist, das durch die Erhöhung Christi eingetreten ist. Es läßt sich in dreifacher Hinsicht bezeichnen: hinsichtlich des Verhältnisses des Erhöhten zu Gott, zur Gemeinde und zu den einzelnen Gläubigen.

1. Bezüglich des Verhältnisses des erhöhten Christus zum Vater kann es sich natürlich nicht darum handeln, Spekulationen vorzutragen, die jenseits der Reichweite unseres Urteilsvermögens liegen. Wir können uns hier nur auf Schriftaussagen gründen und versuchen zu verstehen, was sie aussagen wollen. Jesus legt die „sündige Fleischesgestalt" (ὁμοίωμα σαρκὸς ἁμαρτίας Röm 8,3), in der er zu uns gesandt worden war, wieder ab. Zugleich aber gilt doch, daß er de Incarnatus und der Crucifixus bleibt. Fleischwerdung und Kreuzigung werden nicht rückgängig gemacht. Daß der Erhöhte bei seiner

Erscheinungen (nach Joh 20,25 ff.) seine Wunden erkennen läßt, mag an der Belegstelle wohl motivgeschichtlich und apologetisch gemeint sein; es ist aber überdies der Sache nach richtig. Der Erhöhte ist der erhöhte Gottmensch.

Ohne Zweifel wird mit diesen Aussagen nicht nur ein sachlicher Widerspruch riskiert, sondern auch ein Widerspruch von unserem Naturverständnis her herausgefordert. Der sachliche Widerspruch liegt darin, daß der Erhöhte seine Fleischesgestalt ablegt und daß doch seine Inkarnation und seine Kreuzigung nicht rückgängig gemacht werden. Unsere Welterfahrung aber wird dadurch herausgefordert, daß von einer fortdauernden Geltung der Inkarnation des zur himmlischen Welt Erhöhten die Rede ist. Tatsächlich sind auch im theologischen Interesse alle materiellen Vorstellungen von der Schwelle zu verweisen. Das Neue Testament hat an den entscheidenden Stellen daher auch Begriffe verwendet, die gerade den Vorgang einer Überschreitung der leiblichen Materialität zum Ausdruck bringen: Es ist der Begriff der Verklärung (μεταμορφοῦσθαι, Mk 9, 2 par; 2 Kor 3, 18) bzw. der Verwandlung (μετασχηματίζειν, Phil 3, 21). Vor allem ist der johanneische Begriff der Verherrlichung bzw. des Verherrlichtwerdens zu nennen (δοξάζεσθαι, Joh 7,39; 12,16.23.28; 13,31 f.; 16,14; 17,1.4.10). Es ist die Versetzung Jesu in eine von der irdischen völlig verschiedenen Seinsweise gemeint. Dieser Vorgang ist bei Joh in dem doppelsinnigen Wort der Erhöhung beschlossen, das sowohl die Kreuzigung als auch die Erhöhung von der Erde in sich schließt (ὑψοῦν – nur verbal: Joh 3,14; 8,28; 12,32.34).

Kraft der Erhöhung nimmt Christus an Gottes Allgegenwart teil. Er kann – um es mit der Naivität des Glaubens auszudrücken – sein, wo er will (multivolipraesentia). Er bleibt den Seinen personhaft gegenwärtig und die Mitte ihres Gottesverhältnisses. Von dem Erhöhten gilt: „Er ist Bild des unsichtbaren Gottes, Erstgeborener aller Kreatur, denn in ihm ist alles geschaffen im Himmel und auf Erden, das Sichtbare und das Unsichtbare, es seien Throne oder Herrschaften oder Mächte oder Gewalten, alles ist durch ihn und zu ihm geschaffen" (Kol 1,15), ein Satz, in dem der eschatologische Sachverhalt im Gewande einer protologischen These ausgesagt wird. Der Erhöhte ist der Anfang und das Ende, das A und O (Apk 1,8), wir können nun Gott nicht mehr ohne ihn verstehen und glauben.

2. Der Stand der Erhöhung ist auch hinsichtlich des Verhältnisses Jesu zur Gemeinde zu beschreiben. In der Ostererfahrung sammelt sich die Gemeinde. Die Apostel sind die beauftragten Zeugen des Auferstandenen. Jesus hat der Gemeinde seine fortdauernde Gegenwart verheißen (Mt 18,20; 28,20). Er ist in der Ewigkeit das Haupt der Gemeinde (Eph 1,22; 4,15; 5,23 und Kol 1,18; 2,10.19). Die Vorstellung, unter der dieser Sachverhalt bezeugt wird, schwankt von sollen „idealen" Aussagen bis zu ganz konkreten Berichten über seine Taten, die er durch Vermittlung der Apostel in der Gemeinde tut (Apg 1,1; 14,3). Aber auch bei Paulus ist es so: Die Autorisierung zur Exkommunikation stammt vom Erhöhten (1 Kor 5,4), und an den Taten Jesu in seiner Gemeinde wird der Apostel als Apostel erkannt.

3. Was schließlich das Verhältnis des Erhöhten zu dem einzelnen

Gläubigen betrifft, so ist es so, daß eben dieser Gläubige kraft der Taufe in eine Gleichförmigkeit mit Christus versetzt werden soll: Er soll mit Christus sterben und begraben werden und mit ihm auferstehen, Röm 6,3 ff. Diese Gleichförmigkeit mit dem Erhöhten ist freilich bis zu dessen endgültiger Erscheinung noch verborgen (1 Joh 3,2). Neben solchen Aussagen finden sich aber andere: Wir wohnen während unserer leiblichen Existenz ferne vom Herrn (2 Kor 5,6; vgl. Phil 1,21 ff.). Der Erhöhte ist vorangegangen und will uns nach sich ziehen. Darum ist die Auferstehung die Grundlage unseres Glaubens (1 Kor 15,14.17) und unserer Hoffnung (V. 19 f.). Der Auferstandene ist der Erstling unter den Schlafenden und zieht uns nach sich in sein Leben und in seinen Auferstehungssieg mit hinein, ein Gedanke, der auch im vierten Evangelium ausgesprochen ist: „Und ich, wenn ich erhöht werde von der Erde, werde ich sie alle zu mir ziehen" (Joh 12,32).

Mit diesen ganz wesentlich auf das Schriftzeugnis gestützten Aussagen soll nun hier weder vorweg so etwas wie ein Beweis für die Wahrheit des Osterglaubens geführt, noch vor gedanklichen und geschichtlichen Schwierigkeiten in den Biblizismus ausgewichen werden. Es handelt sich vielmehr einfach darum, den Glaubensgedanken der Erhöhung Christi zu verstehen: es ist der Glaube an die Gegenwart Jesu Christi in göttlichem Geheimnis und in göttlicher Vollmacht bei seiner Gemeinde. Daß dieser Glaubensgedanke nun nicht unbelastet ist von historischen und damit von gedanklichen Schwierigkeiten, das soll uns im Folgenden besonders beschäftigen.

## 2. Das Osterproblem

Die Erhöhung Jesu Christi ist unabtrennbar von den Osterereignissen, also von der Auferstehung Jesu von den Toten und von den sich daran anschließenden Erscheinungen des Auferstandenen. Wir haben im Neuen Testament hierüber fünf bzw. sechs Berichte. Die älteste Bezeugung ist die kerygmatische Formel in dem paulinischen Auferstehungskapitel 1 Kor 15,3–11: Jesus Christus ist gestorben für unsere Sünden nach der Schrift, er ist begraben und auferweckt am dritten Tage nach der Schrift, und er ist gesehen worden... Die vier Evangelien berichten des näheren und in sehr verschiedener Weise davon: Mk in einem eigenartigen Fragment 16,1–8, Mt 28, Lk 24, wozu dann Apg 1,1–12 zu vergleichen ist, und schließlich Joh 20 und 21. Auch der unbefangene Laie vermag durch den Vergleich der einzelnen Berichte die schweren Unstimmigkeiten und Widersprüche zwischen ihnen zu erkennen. Sie haben in der neutestamentlichen Forschung eine ausgebreitete Literatur hervorgerufen.

Hierzu gehören ebenso die einschlägigen Kommentare wie die Monographien über Paulus und über die früheste Geschichte des Christentums überhaupt. Ich nenne hier nur die Auslegung des 1 Kor, insbesondere seines 15. Kap. durch K. Barth, Die Auferstehung der Toten, (1924) 1953⁴, Lyder Brun, Die Auferstehung Christi, 1925. E. Hirsch, Die Auferstehungsgeschichten und der christliche Glaube, 1940; als Erwiderung auf dieses Dokument kritischer Skepsis P. Althaus, Die Wahrheit des christlichen Osterglaubens, 1940. In konservativer Auffassung der Tradition und mit ausgleichender Tendenz verfahren W. Künneth, Theologie der Auferstehung, (1933) 1951⁴ (Lit.) und K. H. Rengstorf, Die Auferstehung Jesu, (1952) 1954². W. Künneth ist jetzt in seinem Buch „Glauben an Jesus?", 1962 auf diese Fragen noch einmal im Zusammenhang einer auf lehrhafte Klarheit dringenden Auseinandersetzung mit der modernen Christologie eingegangen, bes. 149–240. H. Frhr. von Campenhausen, Der Ablauf der Osterereignisse und das leere Grab, 1966³. Besonders wichtig und umfassend H. Graß, Ostergeschehen und Osterberichte, (1956) 1964³ (Lit.). W. Marxen, Die Auferstehung Jesu als hist. u. als theol. Problem, 1969⁷ — U. Wilckens, Auferstehung, 1970.

Unter der Voraussetzung der historisch-kritischen Analysen will ich nun im Folgenden eine Übersicht über die historischen Probleme geben, wobei freilich die Frage nach dem theologischen Ertrag nicht vergessen werden soll. Zunächst ist allerdings eine Reihe negativer Beobachtungen an den Osterberichten, so bestürzend sie sein mögen, unbefangen zu registrieren.

1. Der Auferstehungsvorgang selbst hat überhaupt keine Zeugen, weder gläubige noch ungläubige. Die Grabeswächter, die nur im Mt-Bericht erscheinen (27,64–66; 28,4.11.12–15), haben jedenfalls nichts gesehen, denn sie fallen um, als wären sie tot. So wichtig die Frauen für den Mt-Bericht als die wesentlichen Jerusalemer Zeugen der Auferstehung sind, so haben sie doch vom Vorgang nichts gesehen. Die Engel sagen bei ihrer Ankunft am Grabe zu ihnen: „Er ist nicht hier" (28,6), und nach Lk ist ebenfalls bei ihrer Ankunft alles schon geschehen: 24,2 f.

2. So bleiben nur die Begegnungen mit dem schon Auferstandenen. Diese sind nach allen Berichten nur Gläubigen widerfahren, allenfalls auch solchen, die im Akt der Begegnung zu Gläubigen und damit berufen werden, wie das im Damaskuserlebnis des Saulus der Fall ist. So muß man urteilen, daß die Erscheinungen des Auferstandenen keine ungläubigen Zeugen haben. Diese Einschränkung drückt nun ohne Frage schwer auf den Satz, Ostern sei ein historisches Faktum. Es ist es jedenfalls nicht im Sinne einer objektiven, unvoreingenommenen Bezeugung durch „neutrale" Beobachter.

3. Eben das Bedürfnis nach einem „objektiven" Beweis ist der Grund für die in den Osterberichten sich steigernde Hervorhebung des leeren Grabes. Sicherlich trägt zu dieser Hervorhebung bei, daß schon in den ältesten kerygmatischen Formeln (1 Kor 15,4) wie dann auch in der Glaubensregel und im Taufbekenntnis die Tatsache des Begräbnisses ausdrücklich erwähnt ist. Offenbar bestand auch ein starkes Bedürfnis danach, sich die Jünger als eng mit dem leeren Grabe verbunden vorzustellen. Wenn sie sich nämlich dort finden, tritt der Gedanke an ihre Flucht nach Galiläa zurück (mit Graß). An der Beto-

nung des leeren Grabes hängen aber noch andere Interessen apologetischer Art, vor allem der Erweis der Leiblichkeit der Auferstehung und die sich hier anschließende Zurückweisung der gegnerischen Verdächtigung, die Jünger hätten den Leib des Herrn entführt. Beim ältesten Osterzeugen des Neuen Testamentes, bei Paulus, spielt indessen das Argument der Auffindung des leeren Grabes keine Rolle, zumal nach 1 Kor 15,35 ff. die im Grabe liegende Leiblichkeit nicht zur Bildung der neuen Leiblichkeit dient. Wie auch immer es sich bei Paulus mit der Vorstellung von einer Leerung der Gräber verhalten mag (Röm 8,11?), so ist jedenfalls bei ihm weder ein historisches noch ein apologetisches Interesse am leeren Grabe Jesu zu entdecken. Ja, der ganzen apologetischen Bemühung gegenüber gilt unvermindert das Argument Lessings aus dem „Beweis des Geistes und der Kraft": „Ein anderes sind Wunder, die ich mit meinen Augen sehe und selbst zu prüfen Gelegenheit habe, ein anderes sind Wunder, von denen ich nur historisch weiß, daß andere sie wollen gesehen und geprüft haben." Mag es dem Glauben eine gewisse Hilfe sein, wenn er sich der historisch-kritischen Skepsis nicht anschließen kann, seine Vorstellungen vom Ablauf der Ereignisse im Sinne der Überlieferung zu ergänzen, so wird doch niemals die Kunde davon, daß damals ein Grab leer gefunden worden ist, heute jemanden zum Glauben an den Auferstandenen erwecken und seinen Glauben tragen.

4. Es ist in diesem Zusammenhange unmöglich, die Probleme, die angesichts der vorliegenden Osterberichte für die historisch-kritische Forschung auftreten, im einzelnen zu erörtern. Es kann sich nur um eine Bezeichnung der Probleme selbst handeln, ohne Anspruch auf Vollständigkeit der Aufzählung oder gar auf eine Beantwortung dieser unbeantwortbaren Fragen.

Wir übergehen dabei die Terminfrage, wiewohl der Gedanke, daß das „am dritten Tage" ein „dogmatisches" Datum ist (Graß), hohe Wahrscheinlichkeit für sich in Anspruch nehmen kann. Wichtiger und auffälliger ist die Frage, in welcher Reihenfolge der Auferstandene den einzelnen Zeugen erschienen ist. Jedenfalls sind die Erscheinungen, von denen Paulus (1 Kor 15,5-8) berichtet, im Schema der Ostergeschichten der Evangelien nicht unterzubringen. Und wie lange hat man sich überhaupt die österlichen Erscheinungen zu denken? Nach dem Lk-Bericht (Apg 1,3) sind die Erscheinungen auf 40 Tage beschränkt. Nach Paulus jedoch ist die ihm widerfahrene Erscheinung die letzte (1 Kor 15,8). Das läßt sich nicht vereinigen.

Eine besonders schwierige Frage ist die nach der Art der Erscheinungen. Sind es jeweils neue Erscheinungen sozusagen „vom Himmel her", wie das durch die Erzählung des Paulus von seiner Berufung wahrscheinlich gemacht wird, oder war der Erhöhte und Verklärte auf Erden? Aber selbst die stärksten Berichte, z. B. Apg 1,3, können nicht so verstanden werden, als solle ein ununterbrochenes und alltägliches Zusammenleben des Auferstandenen mit seinen Jüngern beschrieben werden. Gewiß haben die Osterberichte eine unverkennbare antidoketische Tendenz. Sie wollen vor allem andeuten, daß der Auferstandene keinen Scheinleib hatte, sondern mit den Jüngern gegessen hat: Lk 24,30 f., deutlicher indessen: Lk 24,41-43. An der ersten Stelle ist ebenso wie Joh 21,5.12 f. doch der eucharistische Stil der Erzählung so überwiegend, daß schon von da aus fraglich ist, ob an ein gemeinsames Essen mit den Jüngern gedacht werden darf. Andere Berichte machen die Trennung des Auferstandenen von seinen Jüngern unübersehbar. Joh 20,17 läßt diese Tendenz erkennen, wie immer man auch das Wort Jesu übersetzen mag. Das Erscheinen Jesu bei verschlossener Tür (Joh 20,19) und das plötzliche „überirdische" Verschwinden (Lk 24,31) ist unverkennbar. Es macht verständlich, daß es weder bei Mk noch bei Joh, (dem Wortlaut nach immerhin auch bei Mt nicht) einer ausdrücklich berichteten Himmelfahrt des Erhöhten bedarf; denn die Ostererzählungen selbst deuten auf eine bereits eingetretene himmlische Existenz und widersprechen insofern jedem Auferstehungsmaterialismus. Dieses sofortige Eintreten des Erhöhten ins himmlische Sein würde dann mit dem Gedanken sich wohl erklären lassen, daß Auferstehung und Himmelfahrt in eins zusammenfallen und Jesus unmittelbar vom Grabe aus seine Himmelfahrt gehalten hat.

5. Eines der schwierigsten, zugleich auch dem schlichten Bibelleser deutlichsten Probleme der Ostergeschichte stellt die Frage der Lokalisierung der Erscheinungen dar. Nach Mk 16,7 bekommen die Frauen vom Engel den Auftrag, die Jünger nach Galiläa zu beordern; dort sollen sie den Auferstandenen sehen. Ebenso Mt 28,7, doch erfährt der Befehl V.10 dadurch eine Verstärkung, daß der Herr selbst es den Frauen sagt. Von V.16 an wird dann diese Erscheinung auf einem Berg in Galiläa berichtet. Hingegen vollziehen sich nach dem Lk-Bericht alle Erscheinungen in Jerusalem, die Himmelfahrt in Bethanien, und von Galiläa ist überhaupt nicht die Rede. Nach Joh 20 sind die Erscheinungen in Jerusalem, nach Kap. 21 hingegen in Galiläa, aber nicht auf einem Berg, sondern am See. Handelt es sich nun hier um das Zusammentreffen zweier ursprünglich getrennter Ostertraditionen, oder um den Versuch, diese zu harmonisieren? Joh 21 macht indessen den Eindruck, daß es sich hier um Ersterscheinungen des Auferstandenen handelt, zumal der Bericht auf Joh 20 gar keine Rücksicht nimmt. Die am See ihrem vormaligen Geschäft nachgehenden Jünger tun, als wenn nichts geschehen wäre. Überblickt man diese Sachlage, so muß man urteilen, daß die Berichte von den Erscheinungen in Jerusalem und von denen in Galiläa sich gegenseitig ausschließen. Gerade die Galiläatradition hat infolge der größeren Schwierigkeit, die sie schafft, das Gewicht der größeren Wahrscheinlichkeit für sich. Zu diesen Schwierigkeiten gehört aber auch dies, daß das Argument mit dem leeren Grab an Bedeutung verliert; denn wenn die Jünger voll Entsetzen nach Galiläa fliehen, dann halten sie sich nicht mehr lange in Jerusalem auf, um den Gang der Dinge abzuwarten. Noch weniger dann, wenn sie nach Galiläa beordert sind. Trotzdem ist die Jerusalemtradition unverzichtbar. Die immer hervorgehobene Rolle der Frauen soll offenbar diese Überlieferung stützen, zumal alles dafür spricht, daß die Jünger – nach Lk 24,49 sollen sie ausdrücklich in Jerusalem bleiben – dort mit ihrem Osterzeugnis dann hervorgetreten sind. –

Diesen kritischen Erwägungen stehen nun ebenso eindrückliche positive Wahrnehmungen gegenüber.

1. Alle Evangelien haben die Ostergeschichte zum Ziel. Während vergleichsweise zwei Evangelien durchaus ohne Weihnachtsgeschichte auskommen (Mk und Joh), ist Ostern der perspektivische Fluchtpunkt aller evangelischen Berichte.

2. Wer den Auferstandenen gesehen hat, ist zum Glauben gekommen. Nicht der Anblick des Kreuzes, sondern die Begegnung mit dem Auferstandenen ruft die ersten Zeugen in Dienst. Während für Saulus das Kreuz nur die Bestätigung seines pharisäischen Glaubens bedeutet und das Blut der Märtyrer ihm keineswegs zu einem Samen der Kirche wird, wird er durch die Begegnung mit dem Auferstandenen überwunden.

3. Ostern kann allerdings nicht ohne Hervorhebung des kerygmatischen Charakters der Osterbotschaft begriffen werden. Die „Kunde" von der Auferstehung ist früher als die Erscheinung des Auferstandenen, und es gereicht dem Thomas zum Vorwurf, daß er nicht der Botschaft geglaubt hat, sondern „sehen" wollte (Joh 20,24–29). Die Auferstehung ist gewiß nicht einfach ins Kerygma hinein aufzulösen, aber die „Geschichtlichkeit" der Auferstehung existiert nicht ohne den kerygmatischen Bezug. Die Geschichtlichkeit ist hier insofern sui generis, als sie nicht einfach erkannt werden kann, sondern nach dem Glauben verlangt.

4. Die Auferstehung Christi ist ein „Mysterium", d. h. ein göttliches Geheimnis, das sich in seinem Vollzug der kritischen Beobachtung entzieht und keine rationale Vorstellbarkeit zuläßt. Das kommt auch darin zum Ausdruck, daß die Kirche in ihrer Liturgie das große Geheimnis der resurrectio in der Nacht begeht. Die Terminangaben für die Osterereignisse deuten auf den ersten Tag der Woche (Joh 20, 1.19), und sofort füllt sich für die Gemeinde dieser Tag mit der Osterbeziehung. Der werdende „Sonntag" ist im Neuen Testament deutlich erkennbar (1 Kor 16,2 vgl Mt 28,1; dann Apg 20,7 und Apk 1,10). Ostern ist von Anfang an der Angelpunkt der liturgischen Woche und dann alsbald auch des liturgischen Jahres.

Daß der Begriff des Mysteriums heute an die Religionsgeschichte abgegeben worden ist, ist ein Verlust für die Theologie. Zum Problem und zur Praxis des „Mysteriums" vgl. H. Rahner, Griechische Mythen in christlicher Deutung. Ges. Aufsätze, Zürich 1945; hier: Das christliche Mysterium und die heidnischen Mysterien 21–72.

5. Die Kunde von der Auferstehung geht der gläubigen Wahrnehmung derselben noch voraus. Diese Kunde ist aber sofort festformulierte Mitteilung: „Der Herr ist wahrhaftig auferstanden." Das älteste Zeugnis erscheint bereits eingefügt in ein formuliertes Bekenntnis: 1 Kor 15,3–5. Es ist das Bekenntnis zu dem für uns gestorbenen, begrabenen und auferweckten Herrn. Dieses Bekenntnis ist als solches eine dogmatische Formel. Mit Ostern beginnt das christliche Dogma.

6. Mit Ostern beginnt aber auch die christliche Gemeinde. Wie immer man die Pfingstgeschichte historisch-kritisch beurteilen mag, so handelt es sich, von allen ekstatischen Phänomenen einmal abgesehen, hier doch um den Bericht von einem ersten öffentlichen Hervortreten der Kirche, von erster öffentlicher „Predigt", wenn man will, auch von Mission. Der Anfang der christlichen Gemeinde aber geschieht in dem Augenblick, als sich die unter dem Eindruck des Kreuzestodes Jesu voll Entsetzen, Furcht und Enttäuschung zerstreuten Jünger in der Ostergewißheit wieder zusammenfinden. Nun empfangen sie den Auftrag, seine Boten, seine Zeugen zu sein.

Die Ostererscheinungen des Auferstandenen, die Christophanien, sind nicht mehr unsere Erfahrungen. Sie sind schon nicht mehr die Erfahrungen der zweiten Generation gewesen, wenn auch die erste Gemeinde noch unter dem unmittelbaren Eindruck der Urzeugen stand, die sie persönlich gekannt hat. Jedenfalls befinden wir uns gegenüber den Osterberichten und dem Osterkerygma in einer prinzipiell anderen Lage als die ersten Christen.

Schon für die erste Gemeinde gilt, daß die Christophanien ohne neutrale, ungläubige Zeugen waren. Diese Ostererfahrungen sind von Anfang an nicht ohne das Kerygma, das zum Glauben ruft, wenn auch dieser Glaube durch einzigartige Erfahrungen des Auferstandenen bestätigt und befestigt wird. Für die, welchen sie zuteil wurden, waren es Taten Gottes, die in ihrer prinzipiellen Einmaligkeit eine Bedeutung über den Augenblick hinaus hatten und behielten. Es waren fundierende Erfahrungen. Auf ihnen gründet sich die apostolische Autorität, Leben und Glaube der Kirche. Die Ostererfahrungen waren ferner exzeptionelle Erfahrungen; denn sie waren beschränkt auf den Kreis der Urzeugen und auf die erste Zeit. Sie waren exzeptionell auch bezüglich ihres Inhaltes, d. h. sie waren von allen anderen wunderbaren Ekstasen (2 Kor 12,1—10), Offenbarungen oder Visionen kategorial verschieden. Sie sind die Form, in der der Erhöhte sich sehen ließ. In alten Formeln tritt das unverkennbar zutage, daß Gott selber den Gekreuzigten „zum Herrn und Christus gemacht hat" (Apg 2,36 f.), daß er ihn „zum Fürsten und Heiland erhöht hat" (Apg 5,30 f.). Die Achsenstellung der Ostertatsache kann nicht zweifelhaft sein, so unausgeglichen die Traditionen (ursprüngliche Einzelgeschichten?) auch nebeneinander in den Osterberichten stehen mögen.

Aber wie verhält es sich nun mit unserem Osterglauben? Es handelt sich dabei um ein Wesensproblem, wenn auch in der neueren Theologie diese Frage meist als das Problem der Entstehung unseres Osterglaubens behandelt worden ist.

Diese Frage der Entstehung des Glaubens ist das durchgehende Problem der Theologie W. Herrmanns. Sie bewegt die ganze damalige Theologengeneration, M.

Kähler ebenso wie Th. Haering und Max Reischle. Vgl. von dem Letzteren: Der Streit über die Begründung des Glaubens auf den geschichtlichen Jesus, ZThK 1897, 171–264. Hier wurde die Frage der Entstehung des christlichen Glaubens und speziell des Osterglaubens scharfsinnig erwogen und kritisch geprüft. Ich beziehe mich in Folgendem z. T. auf Reischles Argumente.

Jedenfalls fehlen uns die originären Erfahrungen, wie sie in den Osterberichten bezeugt sind. Es wäre aber nicht evangelischer Glaube, wenn wir einfach auf fremde Autorität hin, sei es auf die Zeugnisse der Apostel oder auf die Lehre der Kirche hin glauben würden. Wir können unseren Glauben auch nicht darauf stützen, daß etwa eine wissenschaftliche Untersuchung es wahrscheinlich macht, daß sich am Ostermorgen wunderbare Vorgänge abgespielt haben, die eine leibliche Auferstehung Jesu voraussetzen. Dann würde ja unser Glaube von den Ergebnissen der Geschichtswissenschaft abhängen, die doch nie über eine Annäherung an das wirklich Geschehene hinauskommen kann und überdies nie zu endgültig gesicherten Ergebnissen gelangt. Auch Bedürfnisse des Herzens können keinen Glauben begründen. Ja nicht einmal die Annahme, daß ohne die Auferstehung das Erlösungswerk vergeblich wäre, schafft eine Gewißheit über die Ostertatsache. Entweder führt dieser Weg eben zu einem Postulat, in dem der Grund, den man sucht, bereits vorausgesetzt wird, oder es handelt sich um einen Rückschluß von der Erlösung zurück auf deren Bedingungen. Aber ganz abgesehen davon, daß man der Erlösung doch nicht in dem Sinne als einer Gegebenheit sicher ist, daß man aus ihr förmliche Rückschlüsse ziehen könnte, – Rückschlüsse haben noch niemals einen persönlichen Glauben begründet.

Unser Osterglaube wird vielmehr auf dem Kerygma beruhen. Ich habe darauf hingewiesen, daß im Osterereignis die Osterkunde nichts Nachträgliches ist, sondern seltsamerweise, aber ganz unübersehbar den Erscheinungen des Auferstandenen schon vorauseilt. Die Christophanien bestätigen und stützen das Evangelium „Christus ist wahrhaftig auferstanden". Schon in den Osterberichten des Evangeliums hat das Wort den Vorrang vor den Begegnungen mit dem erhöhten Herrn. „Selig sind, die nicht sehen und doch glauben" (Joh 20,29).

Das Verhältnis von Begegnung mit dem Auferstandenen und Auferstehungsbotschaft ist durch die Modernität unserer Begriffe dem Verständnis nicht näher, sondern ferner gerückt worden. Man muß sich zweierlei klarmachen. Einmal ist das Vernehmen der Kunde von der Auferstehung des Herrn nicht nur ein noetischer Akt, der sich an unseren Verstand wendet, sondern er ist ein Ruf aus der Verzweiflung zur Hoffnung und zum Glauben. Diese Kunde ist selber schon eine Rettungsaktion, vergleichbar dem Ruf, mit dem ein am Abgrund Wandelnder von diesem Abgrund zurückgerufen wird. Wenn dieser Angerufene dann den Abgrund auch noch sieht, dann ist es nur eine Stütze und Bestätigung dessen, was er vernommen hat, aber es ist an sich nichts Neues mehr. Insofern ist in der Tat das Wort der Osterbotschaft ein Ereignis, das uns trifft und rettet. Zum anderen müssen die Erscheinungen richtig verstanden werden. Ich habe schon mehrfach daran erinnert, daß sie nicht im Sinne einer reinen Faktizität objektivierbar und verifizierbar sind.

Die Auferstehung hat keine ungläubigen Zeugen. D. h. die Tat Gottes, um die es sich hier handelt, ist ohne die Subjektivität des Gläubigen gar nicht verständlich. Nur unsere moderne Psychologie bereitet uns Hemmungen, hier von Visionen und Auditionen zu sprechen. Auch der heutige Stil einer theologischen Berufung auf die „Offenbarung" schließt ein Mißtrauen gegen die Subjektivität ein. Indessen hat Paulus Gal, 1,16 die ihm widerfahrene Begegnung mit Christus ausdrücklich so beschrieben: Da es aber (Gott) gefiel „zu offenbaren seinen Sohn *in* mir..." Gott kann auch in und durch die Subjektivität das Subjekt unserer Erfahrungen und „Begegnungen" sein.

Dieses Kerygma, das unseren Osterglauben begründet, steht also nicht im Gegensatz zu den Taten Gottes. Es darf auch nicht in anderem Sinne mißverstanden werden. Es ist nicht einfach mit dem Bibelwort identisch. Es wird auch nicht als ein „Gebot" zu glauben, als eine Frage des Gehorsams zu verstehen sein, ob wir das Kerygma annehmen wollen oder nicht, wie es oft in der kirchlichen Rede, ja sogar bei R. Bultmann erscheinen kann (Kerygma und Mythos I, 1948, 50). Das Kerygma ist kein Glaubensgesetz, der Glaube ist keine Leistung, er ist auch keine Gehorsamstat. Der Glaube ergreift in dem Kerygma die Wohltaten Christi. Seine richtende und rettende Macht rührt uns an, sie ergreift unser Herz. Nicht nur das Wort der Verkündigung, sondern, davon unzertrennlich, auch das Leben seiner Gemeinde bezeugt uns die Gegenwart Christi. Die Gemeinde Christi lebt davon, daß ihr Herr, Jesus Christus, lebt. Dieser Herr, den das Neue Testament in seinem Leiden und in seiner Auferstehung, in Niedrigkeit und Erhöhung bezeugt, wird so auch in der Gemeinde erfahren. Graß sagt mit Recht (a. a. O. 279): „Der zentrale Gegenstand des Glaubens ist der auferstandene Lebendige, nicht der Auferstehungsvorgang als solcher." Gewiß, ohne die Erscheinungen des Auferstandenen vor den Jüngern gäbe es kein Christuszeugnis. Die Christophanien des Erhöhten sind eigene und ursprüngliche Kundgaben Christi an die ersten Zeugen. Unser Osterglaube aber gilt nicht diesen Erscheinungen, die uns ja, da sie nur Erfahrungen der Jünger waren, nicht originär gegeben sind. Unser Osterglaube gilt auch nicht den Texten, d. h. den literarischen Zeugnissen von diesen Erfahrungen der Jünger. Diese literarischen Quellen sind, wie wir sahen, in vielen Einzelzügen widersprüchlich und bieten uns Geschichten, denen man gelegentlich sogar einen legendären Charakter nicht absprechen kann. Alle diese Vermittlungen sind wichtig, weil wir ohne sie nicht das Kerygma, die Kunde von Ostern empfangen hätten. Aber sie sind nicht selber Gegenstand unseres Osterglaubens. Unser Osterglaube gilt vielmehr dem auferstandenen, unter uns lebendig gegenwärtigen Herrn.

## 3. Theologia crucis und Ostern

In diesem Absatz soll davon die Rede sein, daß sich theologia crucis und theologia resurrectionis nicht ausschließen. Theologia resurrectionis ist nicht einfach als eine theologia gloriae zu verstehen und macht die theologia crucis nicht rückgängig.

Die These dieses Abschnittes nimmt also die Unterscheidung von theologia crucis und theologia gloriae auf, welche Luther in der Heidelberger Disputation vom Frühjahr 1518 und daran anschließend in den Resolutiones Disputationum de indulgentiarum virtute" von 1518 zu dem entscheidenden Kriterium rechter Theologie erklärt hat. Für den Nachweis, daß es sich dabei um ein fortdauerndes Motiv der Theologie Luthers handelt, vgl. W. v. Loewenich, Luthers Theologia crucis, (1929) 1954[4]; dazu von demselben: Luther als Ausleger der Synoptiker, 1954.

Wir beziehen uns im Zusammenhang dieses Kapitels nur deshalb auf die theologia crucis, weil wir so am besten die Lehre von der Erhöhung Christi nach einer bestimmten Seite hin verdeutlichen und hinwiederum naheliegende Mißverständnisse dieser Lehre abwenden können. Aber zunächst ist es natürlich die Frage, was mit dem Begriff der theologia crucis in unserem Zusammenhang gemeint ist. Die theologia crucis ist Offenbarungstheologie, die sich im strengen Gegensatz zu der Meinung befindet, daß wir Gott unmittelbar auf dem Wege der vernünftig-spekulativen Erkenntnis begreifen könnten. Alle Offenbarung Gottes ist insofern paradox, als sie indirekte, verhüllte Offenbarung ist. Auch die Offenbarung Gottes löst sein Geheimnis, in dem er sich verbirgt, nicht völlig auf. Man könnte sagen: Gott offenbart sich zwar, aber doch nur indirekt, oder wie Kierkegaard sagt: in unaufhebbarer Subjektivität. Gott publiziert sich nicht. Die theologia crucis verneint die Möglichkeit, Gott einfach und ungebrochen aus seinen Werken zu erkennen, so daß wir dieser Offenbarung dann auch unsererseits in guten Werken zu entsprechen hätten. Vielmehr gibt sich Gott in dem Leiden und im Kreuz Jesu Christi, also sub contraria specie kund, und dem werden die Leiden der Christen entsprechen, wozu alles mögliche gehört: Anfechtungen, Niedrigkeit, Schwachheit, Torheit vor der Welt. Darum lehrt die theologia crucis in rechter Weise den Glauben als den einzigen Weg zur Erkenntnis des in seiner Offenbarung verhüllten Gottes.

Die Absicht des Gedankens ist deutlich: Das Kreuz wird hier zum Kriterium dafür, daß der christliche Glaube seine unverwechselbare Eigenart behält. Dieses Kriterium der theologia crucis gilt auch für den Osterglauben. Der Osterglaube bedeutet keine theologia gloriae.

Wir sprachen schon davon, daß Ostern das Kreuz nicht rückgängig macht. Der Osterglaube führt vielmehr in neues Kreuz hinein. Im Befehl an Ananias (Apg 9,16) heißt es in bezug auf den soeben durch den Auferstandenen berufenen Paulus: „Ich will ihm zeigen, wie viel er leiden muß um meines Namens willen." Die Gemeinschaft mit dem Auferstandenen ist Leidens- und Kreuzesgemeinschaft; denn der Erhöhte ist ja der Gekreuzigte, und umgekehrt: der Gekreuzigte ist nun erhöht, lebendig und gegenwärtig. Das Motiv der mortificatio der Christen wird durch Ostern nicht aufgehoben: „Nos oportet destrui et difformari, ut Christus formetur et solus sit in nobis" (WA II, 548,28).

Auch durch Ostern wird der Gedanke der Offenbarung in der Verhüllung nicht durchbrochen. Christus geht aus der Verborgenheit des Leidens und des Todes ein in die Verborgenheit der Herrlichkeit und des Lebens mit dem Vater. Sein Erscheinen vor den Jüngern hebt sein Geheimnis nicht auf, die revelatio seines Sichtbarwerdens vor den ersten Zeugen geschieht aus der Unkenntlichkeit heraus und wird alsbald durch das Verschwinden, durch die velatio zugedeckt. Auch der Osterglaube ist Glaube. Die Ostererfahrungen der Jünger stellen keinen Ersatz für den Glauben dar, sondern sie fordern ihn, sie stärken ihn, sie berufen zum Glauben. Auch der Jünger, der den Herrn gesehen hat, wird Gott hernach trotz aller Verhüllung durch die visibilia glauben und eben nur glauben können. Der Weg der Erkenntnis Gottes ist auch für ihn kein Weg des unmittelbaren Schauens.

Durch die Auferstehung wird Jesus Christus der Herr; er tritt die Herrschaft in seinem Reiche an. Davon haben wir alsbald noch ausführlicher zu sprechen. Aber auch diese Herrschaft steht unter dem Vorbehalt der theologia crucis. Das heißt: die Herrschaft Christi in seinem Reiche ist verborgen, wie das Reich Christi selbst nicht sichtbar ist, es ist nur im Glauben zu fassen, und die Spur des Leidens ist zur Herrschaft Christi nicht im Gegensatz. Melanchthon hat das in der Apologie so formuliert, daß zugleich mit der Theologie des Kreuzes auch deren eschatologischer Sinn sichtbar gemacht wird: „in hac vita .. nondum revelatum est regnum Christi.. Semper enim hoc est regnum Christi, quod spiritu suo vivificat, sive sit revelatum, sive sit tectum cruce" (BSLK 237,45–52).

Nun muß freilich dieses kritische Motiv der theologia crucis doch auch gegen Mißverständnisse und gegen Mißbrauch abgesichert werden. Unter existenzialphilosophischen Einflüssen hat die Berufung auf die theologia crucis mitunter insofern einen falschen Klang bekommen, als sei es der theologischen Weisheit letzter Schluß, den Glauben aller „Sicherungen" zu berauben und ihn darin erst als wahr zu erweisen, daß er „ins Nichts gestellt" ist, daß er zu hoffen habe, wo doch nichts zu hoffen sei. Aber auch das kann nicht die Meinung sein, daß es sich um eine Bestätigung für die Gottlosigkeit der Welt handelt, in der wir von einem Gewahrwerden der Gnade Gottes abgeschlossen wären. Es geht nicht um eine theologische Verbrämung eines Weltpessimismus. Das würde doch nur, mit einer gelegentlichen Wendung bei Hegel zu sprechen, Oberflächlichkeit im Gewande des Tiefsinnes bedeuten. .

Anstelle einer begrifflichen Auseinandersetzung mag es genügen, zu zeigen, daß auch die theologia crucis keine Rückgängigmachung des Evangeliums bedeuten kann. Sie soll uns nur dazu verhelfen, das Evangelium erst recht zu einer göttlichen Botschaft, und d. h. zu einer Freudenbotschaft zu machen. Auch inmitten der Anfechtungen, im Streit der Welt und im Leiden haben wir Frieden. Die Freude der Christen gilt nicht nur in re, sondern auch vor allem in spe. Die Erfahrung der Gnade Gottes auch im zeitlichen und im leiblichen Leben wird auf dem Hintergrund, den die theologia crucis darstellt, erst recht zur Erfahrung der Gnade, nämlich zur Erfahrung einer Ausnahme.

Die Osteraussagen Luthers zeigen vollends, daß nicht nur die theologia crucis ein Korrektiv gegen Mißdeutungen des Osterglaubens darstellt, sondern daß ebenso die Zuversicht auch in der Erfahrung des Kreuzes von Ostern lebt. „Nisi redisset mors eius non iuvisset" (WA 17 I,187,7). Ostern ist der Sieg über Tod und Teufel, der Sieg über die Tyrannei, unter der die Menschen verknechtet sind. Der Hinweis auf Luthers Lied „Christ lag in Todesbanden" mag genügen. Eine große Verwandlung des Gläubigen selbst ist freilich in den Osterglauben miteinbegriffen. Um den Auferstandenen zu erkennen, muß man andere Augen haben (WA 32,49,30). „Idec hoc die ist ein neues angefangen, quod Christus per resurrectionem suam alles geneuet, gescheuert Sonn, Mond et nos, alles rein und hell gemacht aufs best" (WA 49, 353, 12). Christus ist nun – man muß sagen: nochmals, nämlich auch als Auferstandener – unser Bruder. Es kommt darauf an, „ut tu in ea resurrectione sis et illa in te" WA 17 I, 184,1). Der Ostertag ist mein. Der selige Tausch, von dem so viele Weihnachtslieder sprechen, gilt auch an Ostern: „Dein Sünd sein in seinem Leib, dein Leben in seiner Auferstehung. Glaubst du das, so hast du, was er hat und was er ist, das bist auch du" (WA 9, 659, 14).

Die theologia crucis ist in der Tat keine ganze Theologie, aber sie ist ein entscheidendes Kriterium dafür, daß die Osterverkündigung nicht zu einer theologia gloriae wird und daß die Auferstehung nicht als eine Aufhebung und als ein Vergessen des Kreuzes verstanden wird. Man könnte aber umgekehrt wohl sagen, daß die theologia resurrectionis auch ein Korrektiv gegen den Mißbrauch der theologia crucis darstellt. Die Ostertheologie muß dafür sorgen, daß die Dominanz des Evangeliums in der Lehre vom Werk Christi erhalten bleibt und daß alle Aussagen von Christus überhaupt die Gegenwart des Erhöhten nicht aus dem Auge verlieren.

## 4. Die Himmelfahrt Christi

Die Lehre von der Erhöhung Christi bringt zum Ausdruck, daß unser Verhältnis zu Jesus Christus aus den im Kerygma beschlossenen historischen Bezügen heraus nicht hinreichend erklärt werden kann. Ja man kann geradezu sagen: Das Verhältnis des Glaubens zu Jesus Christus ist kein historisches Verhältnis, sondern es ist der Glaube an seine Gegenwart bei den Seinen. Dieser Glaube übersteigt alle welthaften Vorstellungen. Die christliche Tradition hat freilich dieses Geheimnis der Gegenwart Christi über Ostern hinaus noch in zwei weiteren Sätzen ausgesprochen, die in alle Glaubensbekenntnisse eingegangen sind und von denen wir noch zu sprechen haben. Es sind die beiden Bekenntnissätze von der Himmelfahrt und von dem Sitzen zu

Rechten Gottes, des allmächtigen Vaters. Natürlich ist es richtig, was Paul Althaus sagt (Chr. Wahrh. II, 274): „Der Gehalt von Ostern und ‚Himmelfahrt' ist der eine und selbe: Gott hat Jesus erhöht." Ebenso steht es mit dem Satz vom Sitzen Christi auf Gottes Thron. Es handelt sich also in beiden Fällen um verschiedene Vorstellungskreise, die immerhin daraufhin geprüft werden müssen, ob ihnen eigentümliche Gedanken zugrunde liegen. Das soll im Augenblick nur für die Himmelfahrt geschehen. Das Bekenntnis zur gegenwärtigen Hoheit Christi, zu seinem Sitzen an Gottes Seite wird uns dann im Zusammenhang mit dem Gedanken der Herrschaft Christi noch ausführlicher zu beschäftigen haben. Dies aber erst im nächsten Kapitel.

Die zur Osterfrage genannte Literatur ist durchweg auch für das Problem der Himmelfahrt Christi einschlägig. Außerdem verweise ich noch auf H. Bietenhard, Die himmlische Welt im Urchristentum und Spätjudentum, (WUNT 2) 1951; E. Haenchen, Die Apg, (MeyerK III[14]) 1965, 119 ff., O. Cullmann, Die Christologie des N. T., (1957) 1963[3], 229 ff.; ferner die Art. Himmel und Himmelfahrt Christi RGG III, 328–335, hier weitere Lit.

Was die Himmelfahrtsberichte angeht, so ist zunächst auffällig, daß Mt und Joh die Himmelfahrt Christi nicht erwähnen und daß Mk nur 16,19, also innerhalb des „unechten Mk-Schlusses" eine Kurzformel bringt, die wie eine Übernahme aus einem ältesten Glaubensbekenntnis wirkt und jeder Anschaulichkeit entbehrt. Wir sind also auf Lk angewiesen. Im Evang. Lk 24,50 f. ist doch nicht in allen Handschriften der Satzteil enthalten, der zu dem „Jesus entfernte sich von ihnen" noch ausdrücklich die Aufnahme in den Himmel erwähnt. Hieran knüpft Apg 1,2 an. Aber der Bericht der Apg gestaltet die Erzählung noch durch Hinzufügung mehrerer Einzelzüge aus: die Wolke, welche Jesum vor den Augen der versammelten Jünger auf- und hinwegnimmt; die beiden Engel, welche, ähnlich den Engeln in den Osterberichten, den ratlosen Aposteln eine wichtige Erklärung machen. Vor allem aber fügt die Apg dem Ereignis eine Zeitangabe hinzu. Vierzig Tage lang hat sich der Herr nach seiner Auferstehung sehen lassen und die Jünger in dieser Zeit über das Reich Gottes belehrt.

Die einschlägigen Verse der Apg sind offenkundig verstümmelt. Der Satzbau ist unklar. Bis zu einem gewissen Grade fallen die Unebenheiten des Stiles dahin, wenn man die Verse 3–5 einklammert. Der Widerspruch entfällt, der darin besteht, daß die Jünger zwar vierzig Tage lang über das Reich Gottes belehrt worden sind (V. 3), daß das aber nach V. 6 diese Jünger nicht vor grober Unwissenheit bewahrt hat. Vor allem entfällt unter Voraussetzung dieser Korrektur die auffällige Zeitangabe. Es stünde dann zwar nichts im Wege, die Himmelfahrt noch am Abend des Auferstehungstages zu denken und sie schlösse sich dem Osterereignis unmittelbar an. Indessen ist diese Operation am Text ungewiß, sie läßt die Schilderung der übrigen näheren Umstände der Himmelfahrt (Wolken und Engel) doch unangetastet und vor allem, Ostern und Himmelfahrt bleiben doch zwei unterschiedliche Ereignisse, auch wenn sie dann näher zusammengerückt wären.

Man wird nicht umhinkönnen, die Himmelfahrtsgeschichte in Form der lukanischen Erzählung als eine Legende zu bezeichnen, die „der

Mythenkritik unterworfen werden muß" (Kümmel). Sie steht vor allem in einem unlösbaren sachlichen Gegensatz zu dem Osterzeugnis des Neuen Testamentes, weil sie die Rückkehr des Auferstandenen in ein irdisches Dasein annimmt und weil die hier angenommene Begrenzung der Erscheinungen auf die „heilige Zahl" der vierzig Tage kaum mit den paulinischen Aussagen in Einklang gebracht werden kann. Immerhin liegt doch dem lukanischen Bericht die Vorstellung zugrunde, daß die Himmelfahrt das Gegenbild der Wiederkunft sein soll: Apg 1,11. „Wie er zum Himmel aufgestiegen ist, so wird er wiederkommen".

Es gibt aber in der Schrift einen Vorstellungskreis, in dem der Gedanke des Hinauffahrens Christi geradezu umgekehrt, nämlich in der Entsprechung von „herabgestiegen" und „hinaufgefahren" beschrieben wird. Ich verweise auf Röm 10,6 ff.; Eph 4,9 f.; Phil 2,9 ff.; 1 Petr 3,19–22 und Joh 3,13. Hier ist, wenn man überhaupt die „Himmelfahrt" im lukanischen Sinne zum Vergleich heranziehen will, diese Auffahrt als etwas Endgültiges gedacht. Auch ihr Inhalt und Ziel ist das Königtum Christi, der im Himmel die Huldigungen seines Reiches entgegennimmt, so daß der eschatologische Sieg, unter Berufung auf Ps 110,1, dem im Himmel thronenden Sohn vom Vater bereitet wird (Apg 2,34 f.).

Eine völlig andere Vorstellung liegt im Hebr vor, der zu dem Gedanken der Erhöhung Christi ein besonderes und eigenartiges Verhältnis hat. Hier ist nur an einer einzigen Stelle, 13,20, von der Auferstehung die Rede. Dafür finden sich zahlreiche Bezugnahmen auf die Erhöhung Christi über die Himmel: 4,14; 7,26 und 8,1, wo fast mit einer Vorwegnahme der Aussagen des Credo davon die Rede ist, daß sich Christus „zur Rechten des Thrones der Majestät in den Himmeln gesetzt hat". 9,11 f. wird beschrieben, wie Jesus Christus als Hohepriester den Himmel durchschreitet wie ein Vorzelt, das allerdings nicht mit Händen gemacht ist und nicht dieser Schöpfung angehört. Dieser überirdische Himmel ist das Heilige, während Gottes Thron im Allerheiligsten steht, wo Gottes Wohnen und Ruhen (Schekina) ja auch von Israel geglaubt wurde. Hebr. 9,24 dann dasselbe Bild, erweitert durch den Gedanken, daß Christus zu unseren Gunsten vor dem Angesichte Gottes erscheint. Hier ist also das Ziel der Erhöhung nicht das Königtum Christi, sondern sein Hohepriestertum in Ewigkeit. Und der Gegensatz, in dem die Auffahrt hier gedacht ist, ist kein zeitlicher wie vorhin, wo von Auffahrt und Wiederkunft bzw. von Herabsteigen und Hinauffahren die Rede war, sondern dieses Hohepriestertum in Ewigkeit ist Gegensatz und Überbietung des alttestamentlichen Priesterdienstes, welcher aufhört. Auch darin weicht die Vorstellung des Hebr von der lukanischen Himmelfahrtserzählung ab, daß Jesus nicht zum Himmel, sondern durch die Himmel hindurch zum Heiligtum aufgestiegen ist.

Der Vergleich dieser unterschiedlichen Vorstellungskreise macht nu um so deutlicher, wie zeitgebunden und sekundär die Vorstellungsformen sind, in die sich der Glaube an die Erhöhung Christi eingehüllt hat. Die Analogien zu antiken Entrückungsvorstellungen, zu dem mannigfach begegnenden Mythus von der Himmelreise, liegen auf der Hand. Um so mehr ist einer Rationalisierung zu widerstehen, vor allem bezüglich der Frage nach dem menschlichen Leibe des zum Himmel gefahrenen Herrn, was die spätere theologische Spekulation so nachhaltig beschäftigt hat. Wir kommen darauf bei der Abendmahlslehre noch einmal zurück. Gewiß, der Reichtum der Auslegungsmöglichkeiten und der Veranschaulichungen ist in einer Art eindrucksvoll. Aber die kritische Aufgabe der Dogmatik, die aller Materialisierung entgegenzutreten hat, ist vordringlicher und steht gerade hier im Dienste eines unmittelbaren Glaubensinteresses.

Dennoch eröffnet sich von hier aus ein weites Feld zu neuen dogmatischen Überlegungen. Was bedeutet es für unseren Glauben, daß nun der erhöhte Jesus Christus zur Rechten Gottes sitzt, daß er Herr ist und daß wir in seinem Reiche leben? Davon hat nun, in Fortsetzung der Christologie im engeren Sinne, die Soteriologie zu handeln.

## V. DAS REICH CHRISTI
*(Soteriologie)*

### 20. Kapitel

#### DAS KÖNIGLICHE AMT CHRISTI

### Vorbemerkung

Nicht nur dieses Kapitel, sondern der ganze nun folgende Teil soll sich unmittelbar an das Vorausgegangene anschließen, an die Lehre von der Erhöhung Christi. Wie das Credo der Kirche, nachdem es von Ostern und Himmelfahrt gesprochen hat, bei diesem Gedanken der Erhöhung noch verweilt, „sitzend zur Rechten Gottes", so soll auch hier der Gedanke der Erhöhung noch weiterhin festgehalten werden. Zu seiner Veranschaulichung bietet sich der Vorstellungskreis vom Königtum Christi bzw. dementsprechend von seinem Reiche an. Dieser Königstitel legt sich schon insofern unmittelbar nahe, als „Christus", der „Gesalbte", selbst ein Königstitel ist, und „Kyrios", „Herr" als qualifizierte Benennung Jesu in den Evangelien schon rein zahlenmäßig ohne Entsprechung ist und ebenso auf Jesus in seinen Erdentagen wie auf den Erhöhten, also auf den „nachösterlichen" Christus angewendet wird. Demgegenüber findet sich indessen δεσπότης in Anwendung auf Christus nur zweimal (2 Petr 2,1 und Jud 4), ebenso βασιλεύς zweimal (Apk 17,14; 19,16), sonst nur zitatim und im Zusammenhang mit dem Prozeß Jesu.

Im Zuge der dogmatischen Tradition liegt es natürlich nahe, das nur allzu bequeme Schema der Dreiämterlehre, das munus triplex, zum Schlüssel dieses Vorstellungskreises zu machen. Calvin hat dem Schema Inst. II, 15 einen Eingang in die Lehrtradition des Protestantismus verschafft, und es ist bis heute wirksam und fruchtbar. Allein es kann kein Zweifel darüber sein, daß die drei Ämter nicht von gleichem gedanklichen Gewicht sind. Gewiß hat das hohepriesterliche Amt von der Kreuzestheologie wie von der Priesterchristologie des Hebr her seinen eigenen Inhalt und seine eigenen Gewichte. Indessen ist das sog. prophetische Amt, wenn man will, nur ein vollziehender Gedanke für Christi Königtum. Calvin hat a. a. O. die Gewichte seiner Ausführungen zu den drei Ämtern sehr ungleich verteilt. Interessanter noch ist es, bei einem Frühorthodoxen wie bei L. Hutter (Comp. loc. III, 35) zu beobachten, daß er überhaupt nur von einem officium geminum weiß: regium videlicet et sacerdotale. Auch die späterhin übliche und überdies mißliche Dreiteilung des regnum Christi als regnum potentiae, gratiae und gloriae ist Hutterus noch fremd. Er weiß nur von einem regnum spirituale et aeternum. Wir können und wollen also vom Reiche Christi und von seinem königlichen Amt handeln ohne uns vom traditionellen Schema der Ämterlehre verführen zu lassen und ohne zu vergessen, daß es sich hier um einen Vorstellungskreis handelt, der auf seinen gedanklichen Gehalt hin befragt werden muß.

In den Lehrbüchern der Dogmatik ist in den auf die Christologie folgenden Kapiteln häufig eine thematische Ungleichheit, wenn nicht gar Unsicherheit zu bemerken. In der katholischen Dogmatik folgt hier nun in aller Regel die Gnadenlehre und daran anschließend die Lehre von den Sakramenten. In der protestantischen Lehrtradition drängt es nun offenbar sehr rasch zur Lehre von der Kirche hin, z. B. bei Hch. Vogel. Je schneller man bei diesem Thema anlangt, desto höher greifen die Aussagen von der Kirche, und der Gedanke eines Unterschiedes von Kirche und Reich Christi oder Reich Gottes kommt gar nicht mehr ernsthaft in Erwägung. Oder aber es wird von der gratia Spiritus Sancti applicatrix gehandelt, wozu die spätorthodoxe Lehre vom ordo salutis Material genug anbietet und worin sich die Lehre von der Kirche wohl unterbringen läßt; denn die „media salutis" stellen, in welcher Reihenfolge auch immer, ihr geistiges Band dar. W. Elert hat seltsamerweise nur die Abendmahlslehre isoliert zwischen die Christologie und die Lehre von der Kirche eingeschoben. Schleiermacher läßt, bevor er von der Kirche handelt, die „subjektiven" Themen der Wiedergeburt und der Heiligung zur Verhandlung kommen. M. Kähler hat in seiner „Wissenschaft der christlichen Lehre" in außerordentlich kluger Weise die Lehre vom Geiste Christi, also die Pneumatologie, mit der Soteriologie verbunden. Er teilt das Hauptstück „Die Versöhnung der Sünder mit Gott durch den Geist Christi. Soteriologie, gratia applicatrix" in zwei Stücke: einmal in die geschichtliche Mittel des Geistes, Wort Gottes und Kirche und dann in das zueignende Wirken des Geistes auf die Erwählten, Rechtfertigung des Sünders und Leben des Gotteskindes.

Meine Absicht bei der hier vertretenen thematischen Ordnung ist wie gesagt, zunächst die, den Gedanken an das Königtum Christi noch festzuhalten, dabei aber den Gedanken an die Kirche selbst noch zurückzustellen. Reich Gottes und Reich Christi – das ist eben nicht ohne weiteres in das Kirchenthema einzuschließen. Das Reich Gottes kommt nicht mit äußeren Gebärden, bzw. so, daß man es beobachten kann (Lk 17,20), was doch, wenn auch zunächst bar aller Eschatologie, von der Kirche gesagt werden muß. Überdies trägt das an sich friedliche Thema des Reiches Christi heute infolge der auch die ökumenische Theologie durchdringenden politischen Theologie eine besondere Last. Wie steht es mit Gottes Reich und den weltlichen Ordnungen? Seltsamerweise war schon A. Ritschl, wenn auch noch ganz im Horizont einer „bürgerlichen" Theologie, von dieser Frage bewegt. Und dann meine ich, im Festhalten des Gedankens an das regnum Christi auch einer häufig zu beobachtenden Individualisierung der Heilsthematik wehren zu müssen. Der ordo salutis, Pietismus inmitten der Spätorthodoxie, war ganz und gar am Individuum interessiert und orientiert. Gewiß wird man sagen können: Das Heil ist *mein* Heil, oder es ist nicht „Heil". Aber ebenso gilt doch das andere: Wenn das Heil nicht das Heil der Welt ist, kann es auch nicht mein Heil sein. Die Formel ist nicht unverfänglich, wie ich wohl weiß. Aber sie dürfte deutlich machen, daß ich mich in der Frage nach meinem Heil über mich selbst hinaus orientieren muß, ohne mich doch bei der Gliedschaft in meiner Kirche beruhigen zu können. Eben darum soll das Thema: Reich Christi und königliches Amt Christi noch festgehalten werden.

## 1. *Christi geistliche Herrschaft*

Zunächst muß darüber Klarheit bestehen, daß wir hier keine Aussagen über Christi jetzigen „Zustand" zu machen haben. Daß es sich beim „Sitzen zur Rechten des Vaters" um eine bildhafte Rede handelt, wird ohnehin deutlich sein. Es soll zum Ausdruck kommen, daß Christus, der mit uns und unter uns arm war, der Menschgewordene, an Gottes Gottheit teilnimmt. Daß über eine Lokalisierung dieses Sitzens nichts auszusagen ist, weil sich das mit Gottes und Christi Gottheit stößt, bedarf seit den Tagen Zwinglis keines Wortes mehr. Und auch über die Leiblichkeit des Erhöhten verbietet sich jede Antwort, weil sich die Frage verbietet.

Wir haben von Christi Amt zu sprechen, also von dem, was er als der gegenwärtige Herr für seine Gemeinde tut. Gewiß haben alle christologischen Aussagen des Glaubensbekenntnisses einen gegenwärtigen Sinn, auch wenn sie, wie die Sätze von Christi Menschwerdung, von seinem Leiden, Sterben und Begrabenwerden eine historische, also eine perfektische Form haben. Sie sind doch perfectum praesens; denn sie bedeuten heute und gegenwärtig für uns das Heil. Die Rede von Christi Zukunft ist futurisch. Auch sie hat eine praesentische Bedeutung und ist als Gegenstand des Glaubens der Gemeinde futurum praesens. Nur das Sitzen zur Rechten des Vaters ist in jedem Sinne praesens. Es kann in dieser Weltzeit von der christlichen Gemeinde nur in einem absolut praesentischen Sinne bekannt werden. Der Satz ist praesentissimum praesens. Das bedeutet aber, daß alle christologischen Sätze, welche in diesem potenzierten Praesens gelten, zugleich Sätze über das munus regium sind. Also z. B. auch solche Sätze, die – um das Schema der Dreiämterlehre noch einmal ins Spiel zu bringen – von einem „gegenwärtigen" munus propheticum Christi sprechen, sind in ihrem Gehalt Aussagen über Christi königliches Amt. Christus übt, indem er uns „heute" sein Wort sagt, gewiß durch Vermittlung von Predigt, gewiß durch die Kraft des Geistes, der ihn vertritt, doch darin selber sein königliches Amt aus. – Diese Überlegungen haben natürlich nicht den Sinn, das Schema der Ämterlehre erneut zu befestigen und zu bestätigen, sondern es soll nur umgekehrt in der Sprache der dogmatischen Tradition ausgedrückt werden, was das Thema meint.

Als Jesus in Anknüpfung an die Predigt des Täufers die „Königsherrschaft der Himmel" ausrief, verkündigte er etwas Neues, den neuen Äon im Gegensatz zum alten Äon, die kommende Gottesherrschaft, die alle kultischen und politischen Ordnungen überbieten und außer Kraft setzen soll. Diese Verkündigung der Herrschaft Gottes war Evangelium in doppeltem Sinne. Sie bedeutete kein Gesetz, keine Forderung, sondern eine Gabe, und sie war, unerachtet der Vollendung des Reiches Gottes am Ende der Geschichte, in Jesu Kommen selbst angebrochen. Dies muß bei allem, was über die Herrschaft des erhöhten Herrn ausgesagt werden soll, festgehalten werden.

Nun ist mit dem Versuch einer Definition des Reiches Christi nicht viel gewonnen. Christi Reich ist die eschatologische Sammlung der Seinen in der Welt und die Teilnahme an seinem Heil. Diese Erklärung wird nicht unrichtig sein. Sie ist indessen kaum vollständig und angesichts der üblichen Belastung theologischer Begriffe durchaus selbst der Erklärung bedürftig. So möchte ich es vorziehen, in drei entscheidenden Zügen das Wesen des Reiches Christi zu beschreiben und anschließend einige umlaufende Mißdeutungen richtig zu stellen.

1. Das Reich Christi ist zunächst und vor allem ein geistliches Reich. Schon Calvin hat hervorgehoben, daß alle Worte darüber vergeblich seien, wenn man nicht bedenkt: „spiritualem esse eius naturam" (Inst. II, XV, 3). Die Machtergreifung Christi in seinem Reiche vollzog sich über die tiefste nur denkbare Machtlosigkeit Jesu am Kreuz „Er hat anderen geholfen und kann sich selbst nicht helfen" (Mk 15,31). Ferner gilt von der Macht Christi in seinem Reiche, daß sie verborgen ist, d. h. sie wird nur über die Herzen und Gewissen ausgeübt. Das bezieht sich wesentlich auf das Reich Christi in dieser Weltzeit, aber Melanchthon hat in der Apologie diese Verborgenheit ausdrücklich hervorgehoben: „nondum revelatum est regnum Christi"

Er hat es auch begründet, indem er auf die Tatsache hingewiesen hat, daß inmitten der Kirche, die er mit dem Reich Christi identifiziert, sich impii befinden, welche dem regnum diaboli angehören. Er überbietet dann freilich diese ekklesiologische Erklärung, indem er fortfährt: „Semper enim hoc est regnum Christi, quod spiritu suo vivificat, sive sit revelatum, sive sit tectum cruce" (Apol. VII, BSLK 237,41–52). Schließlich drückt sich der geistliche Charakter des Reiches Christi darin aus, daß das Mittel, mit dem Christus in seinem Reiche regiert, ausschließlich das Wort ist. Man kann überspitzt sagen, es ist „nur" das Wort, mit dem Christus die Seinen in dieser Welt regiert, und es ist hinwiederum „nur" der Glaube, mit dem sich die Glieder des Reiches Christi seiner Herrschaft unterwerfen. Was das bedeutet, davon habe ich im 2. Absatz ausführlicher zu sprechen. Indem das regnum Christi ein geistliches Reich ist, ist es auch nicht welthaft definierbar. Man kann es nicht abgrenzen. Man kann es auch nicht sichtbar machen, durch kirchliche Aktionen herstellen und ökumenisch organisieren. Dieses Reich Christi kommt jedenfalls in dieser Weltzeit mit der Kirche nicht zur Deckung und die Lehre von ihm kann aus Gründen der Wesenseinsicht nicht mit der Lehre von der Kirche, mit der Ekklesiologie zusammenfallen.

2. Das Reich Christi ist ferner gekennzeichnet durch seine sittliche Richtigkeit. Der Ausdruck stammt von A. Schlatter. Der Glaube, in dem sich die Glieder des Reiches Christi dem Walten Christi unterwerfen, setzt sich in Gehorsam um, in ein sittliches Verhalten, in dem sie den Willen Gottes zu erfüllen trachten. Der Glaube hat den Gehorsam gegen Gottes Willen zum Gefolge. Die Sittlichkeit des christlichen Glaubens hat elementare Züge. Sie ist darauf gegründet, daß sich der Blick für den Nächsten öffnet und das Handeln seine Regel von dem Gebot der Liebe empfängt. Damit trennt sich aber das Reich Christi nicht von der Welt, es bekennt sich zu keinem anderen Guten, als es auch in der weltlichen Ethik als letztes Ziel des sittlichen Erkennens und Handelns vorschwebt. Die heutige Theologie liebt es zwar nicht, sich der zwingenden Kraft dieses Gedankens aufzuschließen; denn sie läßt es häufig dabei bewenden, daß das Reich Christi von der Welt unterschieden ist. Das ist richtig, und ich habe auch begründet, worin dieser Unterschied liegt. Aber zugleich ist das Reich Christi zur Welt hin offen. Das ist nicht nur eine teleologische Offenheit, die so zu erklären wäre, daß das Reich Christi dazu bestimmt ist, dermaleinst den ganzen geschaffenen Kosmos zu umfassen, auch wenn er sich jetzt noch weithin gegen das Reich Christi verschließt. Es muß vielmehr ein Bezugspunkt aufgezeigt werden, an dem sichtbar wird, wie die universale Absicht Gottes mit seinem Reiche sich schon jetzt an der Welt erweist, und wie hinwiederum die letzte, auf das Gute gerichtete Absicht der Welt schon jetzt im Reiche Gottes und seines Christus aufgehoben ist. Darum ist die Hervorhebung des sittlichen Elementes im Reiche Christi unverzichtbar.

3. Schließlich ist das Reich Christi nicht ohne seinen zeitlichen Bezug zu beschreiben. Es ist noch nicht offenbar, es ist ein Reich der Hoffnung und als offenbartes, erfülltes Reich geradezu ein Gegenstand der Hoffnung. Es ist ein „kommendes" Reich, und die Gemeinde Jesu betet täglich um sein Kommen: Adveniat regnum tuum! Es drängt, so sehr es schon Gegenwart ist, doch aus der Verborgenheit zur Sichtbarkeit hin, und die alte Dogmatik hat nie vergessen, in den Bezeichnungen des Reiches Christi als regnum gloriae und als regnum aeternum diese eschatologische Natur des Reiches anzuzeigen. Das Reich Christi, in seiner Geistlichkeit unterschieden von der Welt, in seinem sittlichen Charakter offen zur Welt, ist als eschatologisches Reich die Hoffnung der Welt.

Wenn ich von einem zeitlichen Bezug spreche, so ist das gewiß nicht erschöpfend; denn die eschatologische Deutung des Reichsgedankens übersteigt alle Zeitlichkeit. Aber sie weist auf Spannungen hin, welche unmittelbar mit der Zeitlichkeit christlichen Existierens in der Welt zu tun haben. Mit der Erhöhung Christi beginnt die Zeit der Kirche auf Erden. Die Kirche ist die Existenzform der Gemeinde Jesu in der geschichtlichen Zeit. Wir haben darüber in der eigentlichen Ekklesiologie noch nachzudenken. Die in der Zeit existierende, auf das Wort angewiesene Kirche ist eben um dieser Zeitlichkeit und Geschichtlichkeit willen nur in sehr schattenhafter Weise Reich Christi. Diese Kirche kann nur im Glauben, im Geiste, im Warten, im Gehorsam, im Leiden, und gewiß nie ohne innere Bewegung, in Fortschritt und Erstarrung, in Niederlagen und heimlichen Siegen, in Verkümmerung und Wachstum mit ihrem Herrn verbunden sein. Sie ein Abbild und Gefäß, sicher auch ein Schauplatz der Gnade Gottes gegenüber der Welt. Christus ist über ihr und verborgen bei ihr, wo immer auf der weiten Welt und in dieser Zeitlichkeit Menschen sich zu dieser Kirche versammeln. Diese Kirche hat ihre zugemessene Zeit. Ja die Kirche kann gar nicht ohne diese ihre Zeit, ohne ihre Kirchengeschichte und Dogmengeschichte gedacht werden. Der Kirche wird die Zeit zur Mission gegeben und oft auch wieder genommen. Ebenso ist diese Kirche nicht ohne Raumprobleme gegenüber der Welt. Es ist in ihr „Raum" für die Welt, und die Kirche hinwiederum ist darauf angewiesen, daß auch sie in der Welt einen Raum hat, Raum zum Wirken nach außen und innen, sicherlich auch Raum zur Buße, zur Läuterung und zur Sammlung aus der Zertrennung. Die Zeit, ohne die die Kirche nicht gedacht werden kann, ist die Zeit ihres Gebetes, ihres Wartens, die Zeit ihrer großen Gelegenheiten und ihrer Versäumnisse. Und insofern gehört die Kirche durchaus in die Beschreibung des Reiches Christi hinein. Aber das Reich Christi erschöpft sich nicht darin, daß es in der Geschichtlichkeit der Kirche ein unverzichtbares irdisches Abbild hat.

Nach drei Richtungen haben wir beschrieben, was Christi geistliche Herrschaft, was das Reich Christi bedeutet. Zur Verdeutlichung mag es dienen, wenn wir doch noch einige Abgrenzungen gegen umlaufende Mißverständnisse des regnum Christi vollziehen.

1. Das erste Mißverständnis erwächst aus einer systematischen Überspitzung des Unterschiedes von Reich Christi und Reich Gottes. Ich beziehe mich für diese Auffassung auf O. Cullmann, Die Christologie des Neuen Testamentes, (1952) 1963³, 200 ff., insbes. 231 ff. Nach dieser Auffassung wird das Reich Gottes erst am Ende der Zeiten kommen, die Herrschaft Christi dagegen ebenso wie die Kirche gehören der Zeit zwischen Himmelfahrt und Wiederkunft Christi an. Die Zeit der Kirche fällt also vollkommen mit dieser Zeit der Herrschaft Christi zusammen, doch ist der Bereich der Herrschaft Christi viel weiter als der Bereich der Kirche. Die Herrschaft Christi muß sich über alle Gebiete der Schöpfung erstrecken: Mt 28,19 vgl. Kol 1,14 ff. Es ist mir doch sehr zweifelhaft, ob sich solche Unterscheidungen rein terminologisch am Befund des Neuen Testamentes bewähren lassen. Abgesehen von den zahllosen Stellen, an denen überhaupt ohne nähere zusätzliche Bezeichnung schlechthin vom „Reich" die Rede ist, ist doch das Reich Gottes mit der Person Jesu gekommen, bzw. nahe herbeigekommen, und die Gleichnisreden vom Reich rücken es nicht in eine ferne Zukunft. Man kann ebenso Aussagen über die Gegenwart des Reiches Gottes nennen (Mt 12,28; Lk 17,21; Röm 14,17; Kol 4,11), wie man Aussagen von der Zukünftigkeit des Reiches Christi beibringen kann (Mt 16, 28; Lk 22,29 f.; 2 Tim 4,1.18 u. a.). Hier liegt gar nicht das Problem. Die Verkündigung des Reiches Gottes wie des Reiches Christi ist vielmehr die präsentische Form der Eschatologie, und es geht nicht an, dieses Ineinander von Gegenwärtigkeit und Zukünftigkeit heilsgeschichtlich aufzulösen und zu verflachen. Der eigentliche Gegensatz ist doch vielmehr die Verborgenheit des Reiches und seine Anerkennung, die sich im Glauben der Gemeinde an Jesus Christus vollzieht. Christi Herrschaft setzt den Glauben voraus, d. h. sie besteht darin, daß diejenigen, welche ihr schon angehören, in Freiheit überwunden sind und aufgrund innerer Überzeugung und Hingabe ihre Knie beugen, ihr Bekenntnis sprechen und den Dienst der Liebe üben. Es ist keine Herrschaft des Zwanges wider den Willen der Betroffenen. Die eschatologische Hoffnung besteht darin, daß dermaleinst alle in dieser Weise ihre Knie beugen werden (Phil 2,9–11). Die Stellen von einer totalen Herrschaft des Erhöhten bezeichnen einen Anspruch und eine Hoffnung, aber noch keinen Zustand der Welt. Christus übt keine welthafte Macht über den Kosmos aus. Sein Reich ist jetzt und in alle Zukunft regnum gratiae und regnum spirituale. Regnum Christi non mundanum (WA 41,231,14). Es ist das Reich der Vergebung, Christus rex peccatorum.

2. Damit habe ich schon den Punkt erreicht, in dem sich die Cullmannsche Auffassung eng mit der von K. Barth mannigfach vertretenen berührt. Für sie muß auch auf W. A. Visser't Hooft, The Kingship of Christ, London 1948, hingewiesen werden. Christus ist nicht nur der Herr seiner Gemeinde, sondern auch der heimliche, wenn nicht gar der offenkundige Herr des Staates, ja der Welt. Nicht nur die Kirche, sondern auch die weltlichen Mächte stehen im Dienste dieses Herren. Hier erweitert sich also die Lehre vom Reiche Christi zu einer politischen Theologie, wenn man auch diese Charakterisierung gerne vermeidet. Die weltlichen Ordnungen weisen theologisch nicht nur in die Schöpfungslehre, sondern unmittelbar in die Lehre von der Herrschaft Christi. Die spätorthodoxe Lehre vom regnum potentiae trägt hier eine Frucht, welche ihre Väter nicht abzusehen vermochten. Wenn man – auf die in Kauf zu nehmende Gefahr einer systematischen Überspitzung – die Sachlage deutlich bezeichnen will, dann gibt es nur eine Herrschaft Gottes, nämlich die Herrschaft Christi. Das Evangelium ist die Reichsordnung, das

Gesetz des Reiches Christi. Der Glaube wird zur Entscheidung für diese Herrschaft Christi, das Gottesverhältnis ist wesentlich der Gehorsam, wie die Sünde wesentlich Ungehorsam gegen Gottes Herrschaft ist. Sie ist ein Weltphänomen, wenn man sie geradezu als Unordnung bezeichnet, wie es in der Devise der Weltkirchenversammlung von Amsterdam geschehen ist: „Die Unordnung der Welt und Gottes Heilsplan." Das Reich Christi wird dann zu einer theokratischen Ordnung, und der κύριος Χριστός wird zum βασιλεύς bzw. zum δεσπότης, eine terminologische Verschiebung, die schon im 2. Jahrhundert anhebt. Zur Terminologie W. Bauer WB, K. H. Rengstorf ThW II,43–48, hier weitere Lit. Die Predigt wird zu einem Ruf an die Öffentlichkeit, zur Ordnung Christi zu kommen.

Ich bin mir der Überspitzung der These wohl bewußt. Sie soll das Problem unverwechselbar sichtbar machen, das sich häufig unter einer Polemik gegen mißbräuchliche Berufung auf die sog. Zweireichelehre des Luthertums verbirgt. Ich habe hier nicht die Absicht, diese sog. Zweireichelehre zu diskutieren und berufe mich hierfür auf meine Ethik³ 426 ff., 526 ff. In der Lehre vom Reich Christi muß aber allen theokratischen Versuchungen zum Trotz zunächst auf die elementaren Einsichten verwiesen werden: „At vero qui inter corpus et animam, inter praesentem hanc fluxamque vitam et futuram illam aeternamque discernere noverit, neque difficile intelliget, spirituale Christi regnum et civilem ordinationem res esse plurimum sepositas" (J. Calvin, Inst. IV, XX,1). Insonderheit gilt vom Staat, daß er in seiner Verwirklichung ganz gegenwärtig ist. Sein Zweck ist die Ordnung, das Recht und vielleicht auch die Wohlfahrt der Menschen jetzt und hier auf Erden. Sein Element ist das erzwingbare Recht und die Gerechtigkeit auch für die, welche sich dem Recht und der Gerechtigkeit widersetzen. Es gibt zweifellos auch für diese Ordnungen eine Theologie, es gibt für sie eine Berufung auf Gottes Willen, es gibt für sie angesichts ihrer konkreten Ausübung auch eine göttliche Norm und darum auch eine Predigt, nämlich die Predigt des Gesetzes, und es gibt für diese Predigt des Gesetzes auch einen eschatologischen Horizont. Aber das Reich Christi ist damit nicht identisch. Es gehört zu den Geheimnissen Gottes, daß er in der weltlichen Ordnungen in dieser Weltzeit noch verborgen waltet und daß die Wesenszüge des Reiches Christi, die ich ausführlich dargelegt habe, auf diese weltliche Ordnung und auch auf das Walten Gottes in diesen weltlichen Ordnungen in der Vordergründigkeit unseres konkreten Daseins in der Welt noch nicht zutreffen. Eine „politische" Theologie, die sich in der Deutung der Weltordnung übernimmt und christologisch die Dunkelheiten des geschichtlichen Lebens zu entschleiern sucht, verletzt nicht nur das Arcanum Gottes, sondern ist auch, angesichts der politischen Systeme im einzelnen, in der Lage, sich auf die Wahrhaftigkeit ihrer Thesen befragen zu lassen zu müssen.

3. Eine außerordentlich eindrucksvolle Auffassung des Reiches Gottes findet sich schließlich in der Theologie A. Ritschls, bei dem der Begriff eine Zentralstellung einnimmt. Er steht in der Erbfolge Kants und Fichtes, die Ritschl schon darin vorangegangen sind, daß das Reich Gottes als das Reich der sittlichen Zwecke gedeutet wurde. Für Ritschl, der gewiß hier nicht speziell auf das Reich Christi abhebt, ist das Reich Gottes das Korrelat des Gedankens, daß Gott Liebe ist. Er ist der „überweltliche Endzweck Gottes", der in die partikularen sittlichen Zwecksetzungen aufgenommen werden und unsere Handlungen durchdringen soll. Dieser „Endzweck" verleiht uns die Freiheit über die Welt, nämlich die Überweltlichkeit des Motivs der allgemeinen Liebe. Dieses Handeln auf den Zweck des Reiches Gottes hin vermittelt uns (unter Berufung auf Joh 7, 17!) die Erfahrung der Seligkeit und ordnet unser Handeln ein in das System der sittlichen Zwecke. Der Berufsgedanke bewirkt, daß wir an unserer Stelle als Glieder des Reiches

Gottes wirken. – Es wird deutlich sein, daß hier der sittliche Charakter, den ich als unverzichtbar an der Beschreibung des Reiches Christi hervorgehoben habe, eine eigenartige Veränderung insofern erfahren hat, als er für sich allein die Definition des Reiches Gottes tragen muß: das Reich Gottes ist das Reich der sittlichen Zwecke! So eindrucksvoll auch gedankliche Deutlichkeit und begriffliche Klarheit sind, so entschlossen hier auch der theologische Begriff zum außerchristlichen Denken hin vermittelt wird, so unübersehbar sind doch auch die Verluste, die, verglichen mit dem ursprünglichen Inhalt des Begriffes, hier eingetreten sind: die notwendige Abgrenzung des „Reiches Gottes" zur Welt hin; der Mangel jedes Empfindens für die Verborgenheit Gottes in der Welt; der Verlust der eschatologischen Dimension. Denn der Trost, den dieses Reich Gottes in Ritschls Konzeption gewährt, ist doch wesentlich der Trost der Berufserfüllung, und keine „Hoffnung" im ursprünglichen Sinne. Vergessen ist hier die Spannung, in der das Reich Gottes bzw. das Reich Christi mit dem Wesen der Welt steht. So unverzichtbar das ethische Element im Reichsgottesbegriff ist – es würde doch durch jene zusätzlichen Bezüge, die bei Ritschl verlorengegangen sind, nicht geschmälert, sondern erst recht fruchtbar gemacht.

## 2. Die Herrschaft Christi durchs Wort

Indem man von Christi Herrschaft spricht, muß man auch von seinem Reiche sprechen. Aber wie waltet Christus in seinem Reiche? Die Antwort kann nur lauten: Er waltet in seinem Reiche durch sein Wort. Diese prinzipielle Auskunft muß freilich interpretiert werden. Zunächst heißt es, daß das Wort die eigentliche Form der Heilsmitteilung ist. Durch das Wort wendet sich Christus den Menschen zu, macht sie zu seinem Eigentum, nimmt sie in seinen Dienst, gründet ihren Glauben, weckt ihre Liebe und gibt ihnen Hoffnung. Die verschiedene Art, wie die Menschen das Wort vom Reich aufnehmen, entscheidet darüber, in welchem Tiefgang und in welcher Dauerhaftigkeit sie selbst an diesem Reiche Anteil haben werden (Mt 13,3 bis 9, vgl. 18–23). Das Wort Gottes ist „Same" (Lk 8,11). Das Wort Jesu führt zum Glauben an den, der Jesum gesandt hat, und damit zum ewigen Leben (Joh 5,24). Das Wort ist das Element der Wiedergeburt (1 Petr 1,23). Die Stellen lassen sich ins ungemessene vermehren, und sie bezeugen in immer neuen Wendungen, daß das „Wort" das eigentliche und entscheidende Mittel ist, durch das wir am Leben teilhaben dürfen, das uns Christus gebracht hat.

Nun wird es theologisch doch nicht ausreichen, zu sagen, daß es eben „Gott gefallen hat", daß es so sei. Man hat sich darauf berufen, daß es, „entsprechend dem geistigen Charakter unserer Religion", der geistige Weg ist, auf dem allein geistige Güter vermittelt werden können (z. B. J. Kaftan, Dogmatik, 630). Man kann diese Begründung noch dadurch ergänzen, daß durch das Wort auch der sittliche Charakter des Christentums zu Ehren kommt. Dies führt immerhin zu der tieferen Einsicht, daß jedes Wort Anrede an mich, d. h. Ruf zur

Ant-wort, nämlich zur Verantwortung ist. Diese Begründung erst hebt den personalen Bezug deutlich heraus, der durch das Wort gesetzt wird. An sich, so könnte man gerade im prüfenden Blick auf die Religionsgeschichte fragen, muß ja nicht das Wort diesen innigsten Bezug zwischen Gott und Mensch begründen. Es könnte daran erinnert werden, daß die mystische Versenkung uns unmittelbar mit dem göttlichen Wesensgrunde eint. Es könnte daran erinnert werden, daß Orgiasmus und Rausch Formen überschwenglicher Vereinigung mit der Gottheit darstellen. Aber mag es sich damit wie immer verhalten, jedenfalls sind diese Formen der Einung mit dem Göttlichen solche Formen, in denen das Personale untergeht. Das Wort als Wort bedeutet, daß der Sprechende als der sich im Inhalt seines Sprechens Mitteilende ebenso unverkennbar er selbst bleibt wie der Hörende, der im Hören als Person, als er selbst in Anspruch genommen wird.

Freilich stehen wir hier an einem Punkt, an dem uns noch einmal die Modernität unserer Begriffe eher eine Verhinderung als eine Beförderung unseres Verstehens ist. Es ist nicht nur der Intellektualismus, für den die Sprache zu einem Medium verständlicher Mitteilung, zum Medium der „Information" wird. In der Tat hat sich die informierende Sprache in ihrer Bedeutung darin hinreichend erschöpft, daß eine Mitteilung weitergegeben worden ist, die der Empfänger „zur Kenntnis nimmt". Weder in der Mitteilung noch in dem Empfangen der Mitteilung wird in irgendeinem Sinne die Person des Sprechenden bzw. des Hörenden ins Spiel gebracht. So ist denn auch der Begriff der Information in der Kybernetik neuzeitlicher Technik von allen menschlichen Bezügen gelöst. Informationen können von Apparaten ausgehen und von Apparaten (Robotern) empfangen und befolgt werden. Ganz abgesehen von diesen exakten Phänomenen gilt es, auf die schwerer zu umschreibenden Erscheinungen zu achten, in denen die „Sprache" doch nur ins Ungefähre, Emotionale, ins „Gerede" verläuft. Und schließlich ist bis in die wissenschaftliche (auch theologische) Mitteilung hinein zu beobachten, daß man häufig — etwa im kritischen Gedankengang oder in der Interpretation fremder Gedanken — es geflissentlich vermeidet, sich selber dem anderen unmittelbar zu entdecken. Man verbirgt sich durch die Sprache im allgemeinen Umgang mehr, als daß man sich durch die Sprache „selbst mitteilt".

Wir müssen also auf eine viel wesentlichere Schicht zurückgreifen, um überhaupt zu verstehen, was das „Wort" bedeutet, in dem sich Jesus Christus mitteilt und vermittels dessen er herrscht. Es geht nicht ohne eine kleine Sprachtheologie ab. Diese aber ist nicht etwa dadurch schon gegeben, daß man gleich auf die Predigt der Kirche hinweist. Es ist vielmehr leider nicht zu übersehen, daß die Entartung des Sprechens als ein modernes Phänomen auch von der heutigen kirchlichen Predigt gilt. Es ist nicht an dem, daß die christliche Predigt, wie sie in der Kirche gehalten wird, schon durch ihren Anspruch,

Wort Gottes zu sein, qualifiziert wäre, diesen Anspruch auch zu erfüllen. Die Theorien der Predigt greifen in der Regel viel zu hoch und befördern die Illusion, als sei die kirchliche Predigt schon als solche, kraft ihres Auftrags, des zugrunde liegenden Textes und kraft ihres Anspruchs Wort Gottes in Vollmacht oder gar eine Kampfhandlung zwischen dem Reiche Christi und dem Satan (Wingren). Tatsächlich leidet die Predigt, insonderheit im Protestantismus, unter der Inflation des Redens, der Wörter; es wird zu oft gepredigt, meistens auch zu lang und zu konventionell. Der Prediger spricht, wie „man" eben auf der Kanzel spricht oder wie es die theologische Schule und der augenblickliche Stil in der Kirche gebieten.

Christus regiert in seinem Reiche aber nicht durch Worte, nicht durch noch so kirchliche „Reden", nicht durch Gerede oder Geschwätz, sondern durch „Wort". Um das richtig zu verstehen, müssen wir eine ursprünglichere Schicht aufsuchen, was ebenso einen anthropologischen wie einen theologischen Sinn hat. M. E. sind diese beiden Bezüge nicht so weit voneinander unterschieden. Das Wort in seinem religiösen Grundsinn ist Machtwort, wie es am Wort aus Prophetenmund erkennbar wird. Der Spruch ist ins Leben eingreifende Entscheidung. Die „Verkündigung" des Heils ist selbst Heil. Das Wort macht die Dinge zu dem, was sie fortan sind, indem es sie benennt. Aus der Mächtigkeit des Wortes erklärt sich die religionsgeschichtliche Tatsache, daß man dieses Wort in seiner ursprünglichen Gestalt, als „Text", als „Formel" bewahrt und ja nicht verändern darf.

Reiches religionsgeschichtliches Material bei van der Leeuw, §§ 27, 2; 54, 1; 60; 61; 62; 63; 86, 2 u. ö. Entscheidend an dieser Tatsachensphäre scheint mir doch dies zu sein, daß es sich hier um anthropologische Grundtatsachen handelt. In dem, was E. Fuchs das „Sprachereignis" nennt, ist wichtig, daß man überhaupt über das Wesen der Sprache nachzudenken hat, bevor man versteht, was es um das Wort ist, von dem die Theologie redet und auf dem sie sich gründet. Und was die Theologie hierüber erfährt und mitzuteilen hat, das kann und wird dann wieder unmittelbar anthropologische Folgen haben.

Was es heißt, daß Christus in seinem Reiche durch das Wort regiert, das läßt sich immerhin in dreifacher Hinsicht gegen Mißverständnisse absichern und inhaltlich füllen.

Einmal fallen im Wort Christi Wort und Tat zusammen. Christi Wort ist Tat. Er zeigt nicht nur, sondern er eröffnet den Weg zur neuen Gerechtigkeit „als einer, der Vollmacht hat" (Mt 7,29). Durch sein Wort öffnet er die Augen der Blinden und die Ohren der Tauben, durch sein Wort stellt er den Lahmen auf seine Füße. Durch sein Wort vergibt der Herr Sünden und macht die Ungerechten zu Gerechten und zu Kindern Gottes. Das Wort ist Schöpferwort. Es schafft aus dem verkehrten Alten ein Neues, indem es tut, was nur Gott allein kann. Aber es gilt auch umgekehrt: Christi Tat ist Wort. Alles, was das Evangelium von ihm an Taten berichtet, ist ein Wort an die Seinen. Seine wunderbaren Hilfserweisungen, die sog. „Wunder", haben nicht ihren Sinn in einer bloßen Demonstration; denn von solchen Demonstrationen hätten wir ja nur noch Berichte, ohne daß der Effekt solcher Taten uns unmittelbar zunutze wäre. Da sie aber Wort sind, gehen sie uns an. Jesus sagt uns etwas, indem er etwas tut, und nur deshalb kann über solche Taten auch gepredigt werden. Alle Taten, so kann und muß man sagen, haben einen kerygmatischen Sinn, sie sind die Sprache des Herrn, die auch jetzt zu uns spricht und uns erreicht. Eben in diesem „Sprachereignis" der Taten Jesu erweist sich Jesus Christus als der Erhöhte und Gegenwärtige, wenn schon das „historische" Verständnis der Berichte in den Taten Jesu nur die Taten des „historischen Jesus" sucht.

Daß das Wort des Erhöhten Wort im eminenten Sinne ist, kann man sich auch dadurch klarmachen, daß er selbst das Wort Gottes ist (Joh 1). Er selber in seinem Wesen, in seinem Wirken, Leiden und Sterben ist das Wort. Er ist Wort in Person. Das gilt zunächst zwar im Blick auf sein irdisches Wirken. Aber er sendet nach seiner Erhöhung den Parakleten, er läßt die Seinen nicht als Waisen zurück (Joh 14,18) und kommt selber wieder zu ihnen. Die Gabe des Geistes (2 Kor 1,21) und die Salbung, die die Gemeinde vom Geiste empfangen hat, gewährleisten der Gemeinde, daß sie sich der Gegenwart des Erhöhten getrösten darf (1 Joh 2,20.27). Der Geist und die Gabe des Geistes bedeutet, daß das Prinzip des „Wort in Person" auch in der Zeit der Kirche unvermindert in Geltung bleiben wird.

Schließlich aber ist auch daran zu erinnern, daß das Wort, in dem der Erhöhte in seinem Reiche waltet, gegen alles „verbale" und intellektuelle Mißverständnis dadurch geschützt ist, daß es von den Sakramenten begleitet wird. Sie sind die fixierenden Zeichen, kraft deren die Berufenen versiegelt werden und in denen die Gemeinde des Neuen Bundes das Freudenmahl der versöhnten Gemeinde feiern darf. Von diesen Sakramenten soll in den beiden folgenden Kapiteln ausführlich die Rede sein. Hier mag es genügen, wenn daran erinnert wird, wie sie den Sinn des Wortes verdeutlichen können, indem sie befestigen und veranschaulichen, was der Welt widerfährt, indem sich der Erhöhte ihrer annimmt.

Wenn wir uns einen Augenblick an die alte Lehre vom munus triplex Christi zurückerinnern, so kann man hier allerdings sagen, daß das munus regium ganz mit dem munus propheticum verschmilzt. Christus regiert, indem sein Wort durch Menschen verkündigt wird und sich an Menschen richtet, um sie zu ihrem eigentlichen Menschsein zu rufen und zu neuen Menschen, zu Kindern Gottes zu machen. Indem dieses Geschehen im Geist geschieht, vom Geist regiert wird, ist „er selbst" am Werk. Darum auch die enge Verklammerung von Wort und Geist, von Bote und Autorität des Sendenden schon im Evangelium selbst. „Wer euch aufnimmt, nimmt mich auf, und wer mich aufnimmt, der nimmt den auf, der mich gesandt hat" (Mt 10,40), und dazu die in den Bekenntnisschriften häufig zitierte Stelle „Wer euch hört, hört mich" (Lk 10,16). Christus kommt im Wort seiner Boten Joh 13,20; vgl. Gal 4,14). Er selbst vergibt im Vergebungswort seines Apostels (2 Kor 2,10).

Ohne Frage ist durch die Lehre von der Herrschaft Christi im Wort ein schmaler und steiler Grat bezeichnet, der seine Gefahren in sich schließt. Denn auf der einen Seite liegt in dieser Vollmacht, die der Gemeinde und ihren Ämtern gegeben ist, eine schwere, man kann sagen, die eigentliche „kirchliche" Versuchung, sich selbst über die dienende, sekundäre Rolle zu erheben und als eine Autorität im Wort der Welt gegenüber zu verstehen. Die Kirche ist die Gemeinde Jesu in der Existenzform der geschichtlichen Zeit und insofern in der Tat die Stätte, wo sich dieses Wirken des Erhöhten ereignen will. Aber das hat doch nicht den Sinn, daß es sich nur hier und nur in dem Maße jeweils kirchlicher Vorstellungen, Begriffe und Grenzen ereignen kann. Vielmehr ist es umgekehrt: Wo sich dieses Walten Christi im Wort ereignet, da ist Kirche. Ecclesia „non facit verbum, sed fit verbo". (De abroganda missa privata Martini Lutheri sententia, 1521; WA 8,419, 34—35.)

Auf der anderen Seite freilich droht die Gefahr, daß die verhüllende, schwache und alles Ursprüngliche immer wieder zum Zeitbedingten hin modifizierende Darbietung des Wortes Gottes im Menschenmund uns täuscht. Wir erkennen ihn dann nicht und bleiben an der äußeren Schwachheit und Unscheinbarkeit hängen, in der der Erhöhte auch heute noch in seiner Niedrigkeit zu uns kommt. Es bleibt ein Gegenstand des Glaubens und wird nicht zu einer Tatsache, die wir anschauen könnten, daß Christus in seinem Wort auch heute sein Reich regiert.

### 3. *Einheit und Vielfalt der Gnade*

Christus waltet in seinem Reiche durch sein Wort, indem er den Geist gibt und lebendig macht. Sein Walten und Regieren ist das Walten und Regieren des Geistes, indem er die Menschen zum Glauben ruft, zu seinem Eigentum macht, indem er die Gewissen trifft und die Herzen tröstet, die Liebe erweckt und den Willen der Gläubigen zum Gehorsam gegen Gottes Willen bereit macht. Das Walten und Wirken Christi in seinem Reiche ist vielfacher Beschreibung fähig. Diese Beschreibung zeigt, daß das Reich Christi auf Erden ein Reich der Gnade ist, regnum gratiae.

In diesem Sinne hat die Gnade eine zentrale Bedeutung für das christliche Leben, sie ist der tragende Grund des christlichen Glaubens. Sie gehört zu den elementaren christlichen Begriffen, die erst durch ihre Dogmengeschichte und durch die konfessionelle Polemik in eine dialektische Bewegung geraten. Nun kann es nicht der Sinn einer dogmatischen Gesamtdarstellung sein, das Geschäft der Dogmengeschichte zu betreiben oder die konfessionelle Polemik zu erneuern. Doch ist es nicht zufällig, daß der Gnadenbegriff eine Geschichte seiner Deutungen aufzuweisen hat; denn diese Deutungen erfordern auch gegenwärtig Abgrenzungen des Begriffes, die ihn in seiner ursprünglichen Reinheit sichern und seine tragende Bedeutung für den Glauben erhalten sollen.

1. Die Gnade ist vor allem nicht von Gott abtrennbar. Sie ist die Gnade Gottes, sie ist auch als die Gnade Jesu Christi und die Gnade des Heiligen Geistes die Gnade Gottes und kann nicht, wie das doch in älteren Zeiten zuweilen geschah, hypostatisch verselbständigt werden, wenn es sich dabei auch zunächst mehr um eine terminologische Frage gehandelt haben mag (Tertullian). Späterhin spielte doch die Gnade als ein dem Menschen mitgeteiltes Gut (gratia creata, infusa) eine wichtige Rolle in der Gnadenlehre, begreiflich angesichts der „Gnadengaben" (Charismata) und doch unangemessen, sofern sich damit die Vorstellung von einer dem Begnadeten inhärierenden Gnade verband. Diese Gnade, die von Gott gar nicht getrennt werden kann, fand in der reformatorischen Auslegung als favor Dei eine ebenso schlichte wie eindrucksvolle Auslegung. Die Gnade ist „favor, misericordia, gratuita benevolentia Dei erga nos", sagt Melanchthon in den Loci von 1521 im Abschnitt De gratia (Werke in Ausw. I/1,87).

2. Gnade Gottes ist ferner nur dann ganz als Gnade verstanden, wenn wir sie ohne alle menschlichen Voraussetzungen, ohne alles menschliche Zutun verstehen. Sie fließt ganz und allein aus Gottes Freiheit. Wenn man zur Erprobung dieses Gedankens die ältere Terminologie der Gnadenlehre heranzieht, so kann man sagen, daß die Gnade immer gratia praeveniens ist, d. h. allem unserem Tun, Sein und Wollen noch vorherlaufende Gnade. Und wenn man selbst von einer gratia subsequens, einer unserem Tun und Bitten „nachfolgenden" Gnade sprechen wollte, so ist es doch keine verdiente, sondern frei von Gott gewährte Gnade. Etwas, worauf wir Anspruch hätten, wäre schon nicht mehr Gnade.

3. Das mag dann in der Form noch weitergedacht werden, daß die Gnade immer unverdient ist. Sie steht im Gegensatz zu dem, was wir verdient haben, also zum „Zorn" Gottes, zu seiner „Gerechtigkeit" und zu dem, was uns nach dem „Gesetz" zukommt. Die Gnade hebt Gesetz und Gerechtigkeit nicht auf, sondern sie bestätigt sie geradezu, indem sie sich als die Ausnahme von ihnen abhebt. Gnade ist, so könnte man abgekürzt sagen, immer Ausnahme. Sie ist immer das Unverdiente. Sie ist immer Begnadigung von dem, was uns an sich von Rechts wegen zustünde, bzw. eine Zuwendung an uns, die uns von Rechts wegen nicht zusteht. So betrachtet ist das rechte Verständnis der Gnade Gottes einfach mit der Rechtfertigungslehre identisch.

4. Gnade ist auch insofern nur im personalen Bezug zu verstehen, als sie die Zuwendung Gottes an den Menschen, an uns meint. Was Gott an seiner außermenschlichen Schöpfung tut, können wir nicht unmittelbar als Gnade begreifen, es sei denn, daß es auch auf diesem Wege uns zugute kommt. Darum gilt, daß die Gnade im Glauben be-

griffen und beantwortet werden soll. Sie wendet sich an uns, fordert unseren Glauben und bestätigt ihn auch, sofern wir die Gnade erfahren können.

5. Diese Gnade ist überdies, indem sie sich uns zuwendet, immer auf das Förderliche gerichtet. Die Gnade Gottes ist uns zum Heil. Es ist auch dann zu unserem Heil, wenn der Augenschein dagegen spricht. „Wir wissen, daß denen, die Gott lieben, alles zum Guten dient, denen, die nach dem Vorsatz berufen sind" (Röm 8,28). Eben dieses Hindurchgreifen durch den Augenschein ist der Glaube, der der Gnade Gottes und ihres zuletzt heilsamen Zieles auch im Leid und in der Trübsal (Apg 14,22) gewiß bleibt.

6. Schließlich wird man doch auch vermeiden müssen, die Gnade definitorisch einzuschränken. So kann man in der Tat fragen, ob ihre Beschreibung als favor Dei, also, wie man auch gesagt hat, als „Gesinnung" Gottes, nicht schon eine sachliche Einschränkung darstellt. Wenn Melanchthon a. a. O. sagt: „In summa, non aliud est gratia nisi condonatio seu remissio peccati", so wird man in der Tat fragen müssen, ob die gnädige Herablassung Gottes zu uns nicht doch viel mehr einschließt, z. B. schon die Gabe und die Erhaltung des Lebens, entsprechend dem Satz J. G. Hamanns: „Ursprüngliches Sein ist Wahrheit, mitgeteiltes Sein ist Gnade."

Es bedeutet keine definitorische Einschränkung, wenn man als den Gewinn, als die grundlegende Einsicht der Reformation hinsichtlich des Gnadenbegriffes die Einheit der Gnade im Unterschied zu der Pluralität des Gnadenbegriffes in der katholischen Theologie seit den Tagen Augustins bezeichnet. Das schließt die sich jeder Definition entziehende Vielfältigkeit des Gnadenwirkens nicht aus, sondern ehrt nur die Freiheit der Gnade Gottes. Freilich wird in diesem Verständnis der Gnade der personale Bezug nie aufgegeben, und zwar in dem doppelten Sinne, daß sie nie von Gottes Gesinnung und gnädiger Herablassung losgelöst gedacht werden kann und daß sie nie ohne ihre gläubige Hinnahme gilt. Nur empfangene Gnade ist wirklich Gnade.

Die Frage, was geschieht, wenn die Gnade an uns wirkt, hat die Dogmatik der Väter vielfach bewegt und sie veranlaßt, über die an uns handelnde Gnade des Heiligen Geistes ein eigenes Lehrstück auszubilden. Es ist die Lehre von der gratia Spiritus S. applicatrix. Die Orthodoxie hat in zunehmendem Maße dieses Interesse mit der Frage nach einer Ordnung verknüpft, welche bei der Zuwendung des Heils an uns zu beobachten ist. Es ist die Lehre vom Ordo salutis, die eigentlich erst von A. Calov an ausgebildet worden ist. Sie repräsentiert inmitten der protestantischen Scholastik ein sich ankündigendes modernes Anliegen oder, wenn man will, eine erste Aufnahme pietistischer und biblizistischer Interessen: Wie vollzieht sich das Heilsgeschehen unter dem Gesichtspunkt unserer christlichen Subjektivität?

In gewissem Sinne findet sich schon bei Paulus Röm 10, 13 ff. ein Zurückfragen nach göttlich-menschlichen Akten zum Zustandekommen unseres Glaubens: Glauben, Hören, Verkündigen, Senden. In Luthers Auslegung zum dritten Artikel ist es ähnlich: „Gleich wie er die ganze Christenheit auf Erden berufet, sammelt, erleuchtet, heiliget und bei Jesu Christo erhält im rechten einigen Glauben". Die Lehre vom Ordo salutis nimmt das Anliegen wahr, die Fülle der Schriftaussagen, die hier einschlägig sind, zu entfalten, im Stil der Zeit zu definieren und systematisch zu ordnen.

Bei Quenstedt kommt es zu folgender Reihe: vocatio, regeneratio, conversio, iustificatio, poenitentia, unio mystica, renovatio sive sanctificatio (Theologia didactico-polemica, 1685). Vergleicht man freilich andere Entwürfe des gleichen Lehrstücks, so zeigt sich, daß dort etwa regeneratio und renovatio identisch gesetzt werden, daß die poenitentia fehlt, daß illuminatio, bona opera und vor allem die fides als eigene „Stufen" in diesem Ordo aufgeführt werden. Dies erregt unmittelbar das kritische Bedenken, daß es sich hier doch nicht um eine zwingend einsichtige Reihenfolge handeln kann.

Aber diese Bedenken vermehren sich bei näherem Zusehen noch erheblich. 1. Einesteils handelt es sich hier um Begriffe, die gegen benachbarte Begriffe kaum noch genau abgegrenzt werden können, die jeweils doch das Ganze des göttlichen Heilswirkens bezeichnen, wenn auch unter verschiedenem Gesichtspunkt. Sie können unmöglich gegeneinander begrifflich abgegrenzt werden. 2. Andernteils finden sich in dieser Reihe Begriffe, die biblisch kaum noch weiteres zu legitimieren sind, wie die unio mystica. 3. Vor allem ist es eine Fiktion, diese Begriffe als aufeinanderfolgende Akte auseinanderzulegen und diese Reihenfolge überdies wie eine Norm des göttlichen Handelns zu statuieren. 4. Der schwerwiegendste Einwand wird freilich der sein, daß hier die zentralen Gedanken des Glaubens und der Rechtfertigung, welche doch die ganze Theologie durchziehen und tragen müssen, zu unterscheidbaren Stufen in einer Reihe von Akten oder Vorgängen gemacht werden, was sie dann geradezu ihrer einzigartigen Bedeutung in einer evangelischen Theologie beraubt.

Mag auch das seelsorgerliche Interesse, das hier inmitten der alten scholastischen Theologie durchgebrochen ist, und das Bedürfnis, die Subjektivität des Gläubigen zu Ehren zu bringen, voll gewürdigt werden, so bieten doch die großen Themen der Dogmatik immer Raum auch für dieses Anliegen. Die Zeit ist über dieses Lehrstück vom Ordo salutis hinweggegangen. Wir können es nicht erneuern. Es hat freilich in der Folgezeit noch stark nachgewirkt, indem eben einzelne dieser subjektiven Themen sich in späteren Gesamtdarstellungen der Dogmatik, vor allem im 19. Jahrhundert, bisweilen zur entscheidenden Zentralstellung im System vorgedrängt haben, sei es die Wiedergeburt bei Frank, sei es die Beschreibung des rechtfertigenden Glaubens, nach Voraussetzung, Inhalt und Betätigung, bei M. Kähler u. ä. Die Idee des Ordo salutis, eine von der Subjektivität des Christen her entworfene Parallele zur heilsgeschichtlichen Konzeption des Coccejus, scheint in geschichtlicher Perspektive eine besondere Mächtigkeit in sich getragen zu haben, die Dogmatik als ein geschlossenes System zu entwickeln. Insofern führt die Skepsis gegen den Ordo salutis weiter, nämlich zur Skepsis gegen das „geschlossene System" im dogmatischen Denken überhaupt.

## 21. Kapitel

### DAS SIEGEL UNSERER BERUFUNG: DIE TAUFE

#### 1. Die Heilsbedeutung der Taufe

Daß das Wort verbindlich nach uns greift und uns in den Herrschaftsbereich Christi einbezieht, das kommt zunächst in der Taufe zum Ausdruck. Man wird gerade bei diesem Thema in der Dogmatik – ebenso wie bei den Darlegungen über das Abendmahl – sich die Relativität der Theologie vor Augen stellen müssen. Was die Taufe ist, das wird dem einzelnen Christen wie dem Bewußtsein der Gemeinde nicht durch die historische Forschung und auch nicht durch die theologische Reflexion vermittelt. Das eine wie das andere hat durchaus nachgängige, sekundäre Bedeutung, was nicht ausschließt, daß diese Bedeutung groß, einschneidend, aufbauend oder auch zerstörend sein kann, d. h. daß die historische Forschung wie die theologische Reflexion den christlichen Glauben hinsichtlich der Taufe und den Taufbrauch bedrohen können oder zu bestätigen vermögen.

Im christlich-kirchlichen Bewußtsein ist die Taufe die Einverleibung eines Neulings in den „Leib Christi", also in die christliche Gemeinde, in die Kirche. Sie ist der Initiationsakt am Anfang des Christenstandes. In ihr wird einer, der bisher noch nicht förmlich „Christ" gewesen ist, leiblich, nämlich in einer äußeren Handlung, für Christus als dessen Eigentum in Beschlag genommen und Christo zugeeignet. Umgekehrt wird auch ihm die Gliedschaft am Leibe Christi „leiblich", also unverwechselbar ihm selber, zugeeignet, so daß er sich darauf berufen und sich ihrer fortan getrösten kann. Diese Taufe geschieht nach dem Willen Christi durch Wasser und Wort. Dieses Wasser bestätigt das Wort der Gnade, die am Täufling geschieht, macht dieses Wort „fest" und versiegelt es; und das Wort hinwiederum legitimiert dieses Handeln durch den in der Schrift bezeugten Willen Christi und begleitet das Taufen durch das Evangelium, in dem zum Ausdruck kommt, was das an sich stumme Wassergießen eigentlich bedeutet. Die Taufe ist das Wasser, in Gottes Gebot gefaßt und mit Gottes Wort verbunden."

Diese erste Beschreibung des Wesens der Taufe hält sich ganz und gar in den Grenzen des schlichten Taufunterrichtes. Die Tauftheologie leidet, beginnend mit den Schriftaussagen, die Lehre von der Taufe in mehrere Bildkreise. Sie stellen uns vor die Frage, ob es sich bei diesen Lehrformen nur um bildhafte oder um essentielle Aussagen handelt. Diese Frage läßt sich nicht von vornherein und auch nicht einheitlich beantworten. In der Tatsache, daß solche Bildkreise vorliegen, ist aber eine gewisse Mehrdeutigkeit der Tauflehre begründet, die dazu verführt, den einen oder anderen Zug an der Tauflehre zu übersteigern, was dann sofort polemische Abwehr hervorruft. Je mehr sich das mit anderen dogmatischen Gedanken verschränkt, desto stärker wird die Taufe zu einem Gegenstand dogmatischer Reflexion und kirchlicher Auseinandersetzungen.

Von den Lehrbüchern der Dogmatik abgesehen, handelt es sich in der heutigen Lit. vorwiegend um historische Auseinandersetzungen in dogmatischem Interesse. Ich nenne K. Barth, Die kirchliche Lehre von der Taufe (1943) 1953⁴; von den Erwiderungen und fortführenden Beiträgen seien nur genannt Hch. Schlier, Zur kirchl. Lehre von der Taufe, ThLZ 1947, 321 ff.; O. Cullmann, Die Tauflehre des N. T., Erwachsenen- u. Kindertaufe, (AThANT 12) (1948) 1958²; J. Jeremias, Die Kindertaufe in den ersten vier Jahrhunderten, 1958 (Lit.); hierzu kritisch K. Aland, Die Säuglingstaufe im N. T. u. in der Alten Kirche, (ThEx 86) 1960. Außerhalb dieser Debatte R. Bultmann, Theologie des N. T. (1953), 1965⁵, 136 ff Abschließend Karl Barths Lehre von der Verantwortungstaufe. KD IV/4.

Die Zueignung an Christus wird Röm 6,5 als eine Einpflanzung zur Gleichförmigkeit mit dem Tode Christi beschrieben, was in dem späteren, besonders in der reformierten Tauftheologie verwendeten Begriff der insitio in Christum wieder aufgenommen worden ist. Die Ähnlichkeit mit dem Begrabenwerden und Auferstehen Christi knüpft hier (und Kol 2,12) offenkundig an den Brauch der Immersionstaufe, d. h. an die Taufe durch völliges Untertauchen des Täufling an. Auch das „Anziehen" Christi (Gal 3,27, vgl. Röm 13,14; Eph 4,24) ist ein Bild für die Taufe, das sich alsbald mit dem liturgischer Brauch der alba vestis neophytorum, dem weißen Taufkleid der Neugetauften, verbindet. Vor allem ist es der Vorgang der Waschung des Bades, der die Interpretation des Taufaktes erleichtert und geradezu den Begriff der Taufe deckt und ersetzt: „ihr seid abgewaschen" (1 Kor 6,11). Die Taufe ist das „Bad der Wiedergeburt" (Tit 3,3–7) das „Wasserbad im Wort" (Eph 5,26). Diese Waschung mit Wasser am Leibe (Hebr 10,22) wird Apk 1,5 (?) und 7,14 zwar zu einer Waschung mit dem Blute Christi, aber die an der letztgenannten Stelle erwähnten Kleider machen doch wahrscheinlich, daß es sich auch hier um die Taufe handelt. Wichtig ist dabei in jedem Falle das Abtun der alten Sünden, die grundsätzliche Wende zu einem neuen Leben und der leibliche Bezug des Vorganges selbst. Luther hat im Taufhauptstück des Kl. Katechismus eben diese Beziehung zu den Sünden in der Mittelpunkt gestellt: „Sie wirket Vergebung der Sünden, erlöset von Tod und Teufel und gibt die ewige Seligkeit allen, die es glauben, wie die Worte und Verheißungen Gottes lauten." Diese knappe Erklärung ist nicht ohne Mißverständlichkeit; denn selbst die Einschaltung des Glaubens, dem erst die Frucht dieser Taufhandlung zuteil wird, bedeutet ja noch kein effektives Versetztwerden in ein sündloses Leben von einer magischen Wirkung der Taufe schon ganz zu schweigen. Vielmehr darf auf die behutsame und doch umfassende Erklärung von CA IX verwiesen werden, welche die Taufe als ein „recipi in gratiam Dei" beschreibt.

Der wichtigste biblische Gedanke zur Begründung der Tauftheologie ist doch der der Wiedergeburt, anknüpfend an Tit 3,3–7. Er verbindet sich unmittelbar mit dem Gedanken der Ähnlichkeit mit Christi Auferstehung und dem Anziehen eines neuen Menschen (Kol 3,10). Das neue Leben des Christgewordenen ist eine neue Schöpfung (2 Kor 5,17; Gal 6,15), die den Menschen in einen neuen Anfang, in eine erneute Kindheit zurückversetzt. In johanneischer Doppelsinnigkeit ist diese neue Geburt, ohne die wir das Reich Gottes nicht sehen können, ein „von neuem" und zugleich „von oben" geboren werden (Joh 3,3.5). Sie umgreift das Äußere und das Innere, sie geschieht „durch Wasser und Geist". Sie setzt eine „Umkehr" zum Kindsein voraus (Mt 18,3); das Bad der Wiedergeburt muß mit der Erneuerung durch den Heiligen Geist Hand in Hand gehen (Tit 3,5). Die Kindschaft gründet sich in einer Geburt (1 Joh 3,9), und die apostolischen Väter haben den Zusammenhang von Taufe und Wiedergeburt festgehalten: Hermas Sim 9,14,3; 16,3; Justin Apol I, 61,3; 66,1.

Man wird sagen müssen, daß die Lehre von der Wiedergeburt ein wesentlicher Bestandteil der Tauflehre ist. Gewiß ist die Taufe als sakramentaler Akt nicht einfach selbst schon die Wiedergeburt, aber sie ist das Sakrament der Wiedergeburt. Sie ist die Versiegelung, die Bezeugung und Bestätigung derselben. Wie die leibliche, die „erste" Geburt, so kann auch der in der Taufe gesetzte neue Lebensanfang nur einmal gesetzt werden. Die Unwiederholbarkeit der Taufe ist eine unmittelbare Folge davon, daß sie das Sakrament der Wiedergeburt ist. Sie setzt ebensowenig wie die leibliche Geburt eine neue und fortdauernde, etwa eine moralische Qualität. Man kann die Taufe auch verleugnen, man kann sich gegen sie wenden und ihr in der Apostasie absagen, ohne sie doch darum ungeschehen machen zu können. Aber man kann sie nicht wiederholen, wie auch der verlorene Sohn nicht durch eine neue leibliche Geburt, sondern nur durch die Heimkehr zu einem Vater, d. h. durch ein reumütiges Bekenntnis zu seiner ersten Geburt gerettet wird. Taufe ist, wie die leibliche Geburt, ein Widerfahrnis. Sie wird zwar nicht ohne ein Begehren nach der Taufe erteilt, nicht ohne die in Unterweisung, Glaube und Bekenntnis eingebrachte Subjektivität, aber diese Subjektivität macht nicht die Taufe aus und ersetzt sie nicht. Die Taufe widerfährt uns in jedem Falle und ist immer ein Zeichen der uns überlegenen, der „vorlaufenden" Gnade (gratia praeveniens). Sobald man freilich die regeneratio nur als innere Umwandlung versteht, sei es als eine moralische, als eine Umwandlung des Willens oder des Gefühlslebens, dann entbrennt alsbald ein lebhafter Widerspruch gegen die Hochschätzung der Taufhandlung. Der Gegensatz von äußerlich und innerlich, im Sinne modernen Denkens verstanden, wird gegen die „äußerliche" Taufhandlung geltend gemacht, und es ist in der Tat unschwer zu zeigen, wie wenig die Handlung selbst, als äußerliche Zeremonie begriffen, den Menschen „wirklich" verwandelt.

Das Motiv der Verzichtbarkeit der Taufe ist in der Kirchengeschichte uralt. Tertullian hatte (De baptismo, 13) die Cajaner zu widerlegen, eine gnostische Sekte, welche den Glauben ohne Taufzeremonie für hinreichend zur Seligkeit erklärten. Ebenso hielten die Pelagianer das Taufbad als solches für überflüssig (Augustin c. duas epistolas Pelagianorum II, 2). Schon hier und bei späteren mittelalterlichen Sekten heftete sich die Kritik an der äußeren Taufzeremonie besonders an die Kindertaufe, worin ihnen die Wiedertäufer der Reformationszeit folgten, bei denen die Wiederholung der Taufe an den als Kindern und somit ordnungswidrig getauften Erwachsenen in sich schon eine Abwertung der Handlung war. Die Quäker verwarfen die Taufe als äußere Handlung überhaupt, und zwar zugunsten der Wiedergeburt, die sie als die inwendige Geistes- und Feuertaufe verstanden. Die Taufkritik der Sozinianer ist exegetisch begründet und umfassend; über sie D. Fr. Strauß, Glaubensl. II 552 ff.; doch lag die Abschaffung der Taufe keineswegs in der Absicht der Sozinianer, sondern sie stuften die sogar als Kindertaufe durchaus geduldete Handlung lediglich zu einem Adiaphoron herab.

Die Orthodoxen, für welche die regeneratio in enger Zusammenfassung mit der renovatio eine Stufe im ordo salutis war, beförderten die Trennung des Begriff der Wiedergeburt von der Tauflehre. Eine aus der Tauflehre herausgelöste Wiedergeburtslehre ist aber zwangsläufig vor die Frage gestellt, welches denn die Kriterien der erfolgten Wiedergeburt sein sollen. Da es nun die äußere sakramentale Handlung nicht mehr sein darf, müssen es moralische oder innere Kriterien sein, was dann im Methodismus zum Mittelpunkt des Interesses wurde. Eine von der Tauflehre getrennte Wiedergeburtslehre ist bedroht vom Naturalismus, der nun die Wirkungen der Wiedergeburt im Leben beschreiben muß. Aber es ergibt sich bei dieser Sachlage auch die Notwendigkeit, diesen von innen her gedeuteten Begriff der Wiedergeburt gegen den Begriff der Bekehrung einerseits, gegen den Glauben und die Rechtfertigung andererseits unterscheidend abzugrenzen. Das führt nicht nur in eine schwimmende theologische Psychologie hinein, die zur Selbstbeobachtung aufruft und deren Begriffe nur noch schwer abgrenzbar sind, es bedroht auch die Fundamente der reformatorischen Theologie, weit über den Bereich der Tauflehre hinaus. In dem Maße, als man dann die nur „äußerlich" vollzogen Taufe – durchaus mit Recht für ergänzungsbedürftig erklärte, nämlich bedürftig einer nachfolgenden Unterweisung, kam es zu einer förmlichen Ergänzung durch eine Lehre von der Konfirmation. Solange diese Konfirmation im Sinne des Satzes „catechesis est confirmatio" nüchtern verstanden wurde, war hier kein Einwand möglich. Im Pietismus aber ging die Interpretation der Konfirmation weit darüber hinaus, man erwartete von ihr eine Bekehrung, eine „Durchstechung des Herzens". Es gilt ebenso für den Pietismus wie für den Rationalismus, daß die zunehmende Wertschätzung der Konfirmation umgekehrt proportional war zur sinkenden Wertschätzung der Taufe. Für diese Entwicklung sei auf die bis heute unüberholt klassische Darstellung von W. Caspari verwiesen: Die evangelische Konfirmation vornämlich in der lutherischen Kirche, 1890.

Auf reformiertem Boden setzte die Zurückhaltung gegenüber der Taufe mit Zwingli ein, für den die Taufe ein bloßes Zeichen bedeutete, aber nicht die Mitteilung der Gnade. Auch bei ihm findet sich schon der Gegensatz von „äußerer" Wassertaufe und „innerer" Geistestaufe. Über andere Gründe einer theologischen Zurückhaltung in der Einschätzung der Taufe im Calvinismus soll im 3. Absatz berichtet werden.

**Neigten die Erlanger Theologen dazu, die Wiedergeburt gleichsam zu einer durch die Taufe selbst eingeleiteten und sich daraus entwickelnden Erneuerung durch den Heiligen Geist zu erklären, so wa**

dadurch in der Tat der enge Zusammenhang beider Begriffe sichergestellt, aber der Entwicklung zum Subjektivismus und zu einer naturalistischen Deutung der Wiedergeburt die Tür geöffnet. Es handelt sich dabei vor allem um Fr. R. (v.) Frank und um G. Thomasius. Hier wurde die Taufe zur Einsenkung eines neuen Lebenskeimes, aus dem sich der neue Mensch wachstümlich entfalten sollte. Sie wird zum naturhaften Prinzip eines neuen Lebens. Diese Auffassung fordert, von ihrer fragwürdigen neutestamentlichen Begründung abgesehen, die alte Kritik von neuem heraus, wie denn ein äußerer Akt unmittelbar solche geistlichen Effekte hervorbringen könne. Aber bei aller Berücksichtigung der persönlichen Voraussetzungen beim Taufbewerber, also seines Glaubens und Bekennens, seines Begehrens der Taufe, bleibt das Wesentliche an der Taufe doch übersubjektiv: die Taufe ist Gabe, sie ist Anfang, und was sie uns gibt, unterliegt nicht den Schwankungen unseres inneren Lebens, in dem natürlicherweise Glaube und Anfechtung, Zuversicht und Hoffnungslosigkeit, Freudigkeit und gewohnheitsmäßiges Versinken in die Alltagsgeschäfte miteinander abwechseln. Eben diese übersubjektive Gabe der Taufe, die Einmaligkeit der Setzung eines neuen Lebensanfangs wird in dem Begriff der Wiedergeburt ausgesprochen. Die Taufe als Wiedergeburt zu verstehen, das gilt so prinzipiell, daß es keinen Unterschied macht, ob man dabei die Missionstaufe oder die Kindertaufe im Auge hat (gegen Althaus).

Freilich ist diese „Wiedergeburt", wenn man sie im Sinne der Erneuerung versteht, im Taufakt allein noch nicht vollzogen. Darum spricht auch die Titusstelle noch zusätzlich von der Erneuerung durch den Heiligen Geist. Man wird die Taufhandlung genauer auch als Versiegelung der Wiedergeburt, dieses Anfanges des Christenstandes bezeichnen. Immer ist die äußere Handlung mit der inneren Umwandlung verbunden. Das Christwerden, der Übertritt auf den Grund des in Christus angebotenen Heils vollzieht sich in der dreifachen Form: „Tut Buße, lasset euch taufen, empfanget die Gabe des Heiligen Geistes" (Apg 2,38).

Der Begriff der Versiegelung ist 2 Kor 1,21 f. und Eph 1,13; 4,30 jeweils in verschiedener Weise mit dem Heiligen Geist in Verbindung gesetzt; einmal so, daß Gott es ist, „der uns befestigt hat samt euch in Christum und uns gesalbt und versiegelt und in unsere Herzen das Pfand, den Geist gegeben hat." An den beiden anderen Stellen geschah die Versiegelung im bzw. durch den Heiligen Geist. Daß die „Versiegelten" Apk 7,3 ff. bzw. 9,4 die Getauften sind, dürfte zweifellos sein. Die förmliche Gleichsetzung von Taufe und σφραγίς wird dann bei den Vätern immer häufiger: 2 Clem 7,6; 8,6; Herm sim 8,6,3; 9,16,3 ff. u. ö., ferner bei Tertullian, Cyprian, Basilius, Cyrill v. Jerus., Ambrosius, Epiphanius.

Die verschiedenen hier angesprochenen Bildkreise, an welche die Tauftheologie anknüpft, stellen nicht verschiedene, womöglich entgegengesetzte Tauftheologien dar. Es ist vielmehr überraschend, wie sie sich quer durch die verschiedenen literarischen Gruppen des Neuen Testamentes hinziehen. Doch stellen diese Bildkreise, also die Vorstellung vom „Einpflanzen", von der Ankleidung, vor allem der Begriff der Wiedergeburt, dann aber auch Waschung und Versiegelung, keine fest abgegrenzten Vorstellungskreise dar. Sie weisen jeweils über sich hinaus und greifen vielfach speziell in die Eschatologie über. Sie haben in der Kirche eine unterschiedliche Nachwirkung gehabt und sich großenteils auch in den liturgischen Brauch umgesetzt. Die Waschung bzw. das Bad ist ohnehin die Substanz der äußeren Taufhandlung, aber auch das Anziehen eines neuen weißen Kleides, die obsignatio crucis als Versiegelung auf der Stirn und an der Brust sind in den Ritus übergegangen, ja der Ritus der Taufe hat in früherer Zeit noch viel mehr biblische Bildhaftigkeit in sich aufgenommen, wie z. B. die datio salis (vgl. Mk 9,50).

Wenn ich von Bildhaftigkeit spreche, so heißt das nicht, daß die Taufe in sich „nur bildhaft" gemeint, also nur ein Sinnbild bedeuten kann. Sie ist, in Zusammenfassung des äußeren Ritus und ihrer Innenseite, also des Unterwiesenseins, des Glaubens, des Taufbegehrens und der Erneuerung des Heiligen Geistes, effektiv zu verstehen. Es ereignet sich in der Taufe etwas, und wenn man auf den Begriff der Bildhaftigkeit oder Zeichenhaftigkeit Bezug nehmen will, dann muß man sagen, daß es sich in der Taufe jedenfalls um verbindliche Zeichen, um eine uns in Anspruch nehmende Symbolik handelt. Bei Rechtsgeschäften haben wir auch heute noch die Verbindlichkeit des „Zeichens" vor Augen, wenn eine Urkunde erst durch das beigedrückte Amtssiegel zur Urkunde wird, oder wenn der Eid erst durch die aufgehobene Schwurhand zum gültigen Eid wird. Diese Analogie einer Rechtshandlung ist zwar bei der Taufe nicht hinreichend, aber daß sie in gewisser Betrachtung tatsächlich auch Rechtscharakter hat, indem sie uns zu Gliedern am Leibe Christi und damit der Kirche macht, das sollte doch nicht übersehen werden.

Im Zusammenhang mit der Heilsbedeutung der Taufe muß doch noch ein Wort über die Ethik der Taufe gesagt werden. Die Taufe ist ein Motiv des christlichen Lebens. Es kommen hierfür im Zusammenhang einer dogmatischen Darstellung wesentlich drei Gesichtspunkte in Betracht, was nicht ausschließen kann, daß umgekehrt eine Darlegung der christlichen Ethik denkbar ist, die geradezu als eine Ethik des getauften Christen entwickelt wird. Eine solche Ethik der Taufe würde natürlich dann eine nur Christen selbst ansprechende Ethik sein, wenn auch in diesem Falle die materiale Problematik sich nicht allein, ja kaum zum überwiegenden Teil aus der Taufe selbst ergeben würde. Aber die Taufe ist jedenfalls als ein hinreichendes und umfassendes Motiv für eine Ethik des neuen Lebens der Christen denkbar.

In dogmatischem Betracht hat die Taufe darin eine Bedeutung für das fernere Leben des getauften Christen, daß er sich seiner Taufe getrösten kann. Die Erinnerung an die Taufe dient unserer Vergewisserung über unsere Aufnahme in den Gnadenbund Gottes. Die Taufe ist consolatio; die Dominanz des Evangeliums bewährt sich auch hier, indem das uns zuteilgewordene Gnadenwort unserer Berufung überdies durch das „unauslöschliche Siegel" der Taufhandlung so festgemacht worden ist, daß wir uns daran als an einem „Faktum" anhalten können. Ich halte es jedenfalls für erwägenswert, daß der Trostcharakter der Taufe auch zugunsten der sog. Nottaufe geltend gemacht werden kann. Selbstverständlich nicht in Hinblick auf das Kind, das im Tode gewiß keines Trostes solcher Art mehr bedarf; wohl aber kann der Trost der geschehenen Taufe an den trauernden Gemütern der Eltern eine heilsame Kraft beweisen, die darin beruht, daß das Evangelium durch ein verordnetes Zeichen sichtbar bekräftigt ist.

Die Taufe hat auch darin eine fortwirkende Bedeutung für das christliche Leben, daß sie in der Bildhaftigkeit des Untertauchens und Herausgehobenwerdens aus dem Taufbad Urbild der Buße ist. Luther hat in der letzten seiner Tauffragen im Kl. Katechismus die Symbolik der Taufe gedeutet: der alte Adam muß täglich sterben, und täglich muß ein neuer Mensch herauskommen. Gewiß: die sakramentale Taufe, die Setzung eines neuen Lebensanfanges ist einmalig und unwiederholbar. Aber dieselbe Handlung hat zugleich eine symbolische, also nun wirklich „bildhafte" Bedeutung, und in dieser Hinsicht ist sie täglich von neuem vollziehbar. „Also ist das äußerliche Zeichen gestellet nicht allein, daß es solle kräftiglich wirken, sondern auch etwas deuten... Und hie siehest Du, daß die Taufe beide mit ihrer Kraft und Deutunge begreift auch das dritte Sakrament, welchs man genennet hat die Buße, als die eigentlich nicht anders ist denn die Taufe. Denn was heißet Buße anders, denn den alten Menschen mit Ernst angreifen und in ein neues Leben treten? Darümb wenn Du in der Buße lebst, so gehest Du in der Taufe, welche solch neues Leben nicht allein deutet, sondern auch wirkt, anhebt und treibt..." (Luther im Gr. Kat., BSLK 705,33–706,9). Es ist die im Glauben immer neu mögliche Rückkehr zur Taufe, der reditus ad baptismum.

Nicht nur als die tägliche Buße hat der Gedanke einer Rückkehr zur Taufe Bedeutung. Auch für den Abgefallenen, den Untreuen, für den, der in Hoffnungslosigkeit und Unglauben verfallen war, gibt es auf diesem Wege eine Hoffnung, die natürlich der Sache nach nichts anderes ist als die Buße, die reumütige Rückkehr zu der uns angebotenen Gnade. Ich übergehe hier pastoraltheologische Erwägungen über die Möglichkeit solcher Buße, über Fragen einer eventuellen Kirchenzucht und beschränke mich darauf, daß auch die Wiederannahme eines untreu Gewordenen, praktisch also etwa auch die Wiederaufnahme eines aus der Kirche Ausgetretenen nur als reditus ad baptismum verstanden werden kann und daß daher auch in diesem Falle, was wir ja schon grundsätzlich ausgesprochen haben, von einer erneuten Taufe keine Rede sein kann.

Allenthalben greifen diese Probleme einer Ethik der Taufe schon in die dogmatischen Fragen der Taufpraxis über, von denen noch die

Rede sein muß. Zuvor aber haben wir uns den bisher zurückgestellten historischen Fragen zuzuwenden.

## 2. Der Ursprung der Taufe

Im Unterschied zu anderen dogmatischen Behandlungen der Lehre von der Taufe habe ich die historische Frage bisher zurückgestellt. Wenn die christliche Gemeinde Taufen vollzieht, so handelt sie ja nicht aus einem historischen Bewußtsein heraus, das dann auch konsequenterweise von der historischen Forschung abhängig wäre. Sie handelt nicht unter der Kompetenz der historischen Wissenschaft, sondern sie handelt in „unmittelbarer" Verantwortung vor ihrem Herrn. Wenn schon die theologische Reflexion über die Taufe dem praktischen Taufglauben der Gemeinde gegenüber nicht ursprünglich, sondern durchaus sekundär ist, so ist erst recht die historische Fragestellung der kirchlich-christlichen Taufpraxis gegenüber zweiten Ranges.

Diese Bemerkung soll aber zunächst nur die Reihenfolge der Absätze des Kapitels begründen. Tatsächlich werden schon die theologischen Überlegungen über die Taufe von kritischen Bedenken durchzogen, und die Ursprungsfrage, als historische Frage davon zunächst unterschieden, verbindet sich doch alsbald mit den kritischen Erwägungen systematischer Art.

Die christliche Gemeinde muß sich bei der Übung der Taufe mit Wasser auf den Namen Jesu bewußt gewesen sein, der Spur und dem Willen ihres Herrn zu folgen. Unerachtet aller am Wege liegenden Probleme, die vor allem die Frage des Ursprunges der Kindertaufe betreffen, ist es offenbar urchristliche Überzeugung, daß die Taufe eine von Jesus herstammende Handlung sei. Die Frage nach der „Einsetzung" der Taufe als Frage nach ihrem „historischen" Ursprung ist allerdings eine ausgesprochen moderne Frage, und sie ist, um dies vorweg zu sagen, nicht zu beantworten. Nur an zwei Stellen der synoptischen Evangelien ist ein ausdrücklicher Taufbefehl überliefert. Die eine Stelle, die Taufverheißung Mk 16,16, steht im unechten Mk-Schluß, und der sog. Taufbefehl Mt 28,18—20 erregt durch die trinitarische Taufformel kritische Bedenken, da offenkundig die älteste Tauformel nur den Namen Jesu Christi enthielt (Röm 6,3; 1 Kor 1,13; Gal 3,27; Apg 2,38; 8,16; 10,48 19,5). Überdies handelt es sich an beiden Stellen um Anweisungen des Auferstandenen, und gerade da setzt der historischen Verifizierung eine deutliche Grenze. Jesu eigenes Verhältnis zur Wassertaufe, nur von Joh an zwei Stellen beiläufig und widersprüchlich erwähnt (3,22; 4,1 f.), stellt diese Taufe, soweit überhaupt erkennbar, in nächste Nähe zur Johannestaufe.

Viel schwieriger ist etwas anderes. Die von der christlichen Gemeinde geübte Taufe ist nicht konkurrenzlos. Die Johannestaufe geht ihr voraus, und die christliche Taufe wirkt wie eine Fortsetzung dieser

Taufritus. Vor allem aber hat sie in der spätjüdischen Proselytentaufe ein analoges Vorbild. Wenn diese Proselytentaufe im Neuen Testament auch nicht erwähnt ist, so sind, wie J. Jeremias nachgewiesen hat, die Analogien unübersehbar. Sie betreffen sowohl den Taufunterricht wie den äußeren Vollzug der Taufe, vor allem aber die Taufdeutung und das die Tauftheologie tragende Bildmaterial.
Ich verweise auf J. Jeremias, a. a. O., S. 34–44, besonders auf die S. 43 zusammengestellten gedanklichen und terminologischen Parallelen.

Hinzu kommen die religionsgeschichtlichen Analogien zur christlichen Taufe. Diese Analogien nehmen der christlichen Taufe in der Welt der Religion nicht nur ihre Einzigartigkeit, sondern sie haben zweifellos stellenweise die Geschichte der christlichen Taufe ebenso unmittelbar wie unbewußt beeinflußt, sie repräsentieren überdies allgemeine religionsphänomenologische Tendenzen, denen die christliche Gemeinde, umschlossen von „heidnischer" Kultur, sich um so weniger entziehen konnte, als sie an solche vorhandenen Taufriten geradezu anknüpfen konnte, um sie zur christlichen Wahrheit hin zu überbieten. Die Heilskraft des Wassers (van der Leeuw § 6,1), das „Wasser des Lebens" (Joh 4,13 f.), Quelle der Fruchtbarkeit und Bad der Reinigung – das alles wird in den altkirchlichen Gebeten bei der Weihe des Taufwassers zu einer ganzen Theologie des Wassers aufgeboten, was in dem bekannten Paradigmengebet, dem sog. Sintflutgebet, bis heute in den Taufformularen der Agenden seinen drastischen Niederschlag gefunden hat. Die Geburt, die in der Wiedergeburt vollendet wird, aber auch die Wiederholung der Wiedergeburten und der Durchgang durch den Tod zum Leben stellen eindrückliche und eindringliche religionsgeschichtliche Analogien zum Taufritus und zur Tauftheologie dar. „Jeder rite de passage ist ein Geburts-, aber auch ein Sterberitus" (van der Leuw, § 22,3 ff.). Hinzu kommen die Reinigungs-, Waschungs- und Läuterungsbräuche, die sakramentale Verwandlung aller Lebensübergänge, die Angleichung des Lebens des Initianten an das Leben der Gottheit, worauf van der Leeuw aufmerksam gemacht hat (§§ 49,2.3; 52,1; 73,1). Die Dinge sind oft dargestellt worden. Sie sind so einsichtig, daß man versucht ist, die christliche Tauftheologie ganz und gar aus ethnischen Bestandteilen zu rekonstruieren. Es reicht gewiß nicht aus, wenn die christliche Theologie von den Tatbeständen lediglich fortblickt und die Einzigartigkeit ihres Themas dogmatisch behauptet.

Immerhin finden sich in den Ursprüngen der christlichen Taufe wichtige Zeugnisse, die Beachtung verdienen. Nach Mk 1,7 f. par verweist der Täufer Johannes auf die bevorstehende Überbietung der von ihm geübten Wassertaufe durch den, der nach ihm kommt: der wird nämlich mit dem Heiligen Geiste (und mit Feuer) taufen. Diese Verheißung, die auf die ezechielische Weissagung (36,24–30) zurückgreift, ist an Pfingsten erfüllt. Man könnte sagen: Die Wassertaufe genügt nicht; und wie zur Bestätigung finden wir in der Apg 8,14–17 die Erzählung von der förmlichen Geistmitteilung an jene Samaritaner, die bislang „nur" auf den Namen Jesu Christi getauft waren. Dem stehen freilich die anderen Beispiele aus der Apg zur Seite, in denen die nachfolgende Taufe den vorausgegangenen Geistempfang bestätigt (2; 10,44–48). Neben der Überbietung der Wassertaufe durch die Geisttaufe (Apg 1,5) spielt das Überbietungsmotiv eine noch eindrücklichere Rolle im Gedanken der Leidenstaufe, Mk 10,38 f. par, Lk 12,50. Hier wird der Taufritus überhaupt nur noch als Bild und Gleichnis für eine weit darüber hinausreichende Notwendigkeit erwähnt. Offenbar knüpfen diese Erwähnungen der Taufe an der Johannestaufe an, aber sie lassen sich ebenso auf eine unter den Christen bereits in Übung befindliche besondere Taufe beziehen. Nur Vermutungen sind möglich über das geschichtliche Verhältnis von Johannestaufe und christlicher Taufe. Mit aller Wahrscheinlichkeit wird man an eine Kontinuität beider denken müssen, wie ja auch zwischen der im Evangelium überlieferten Predigt des Täufers und der frühesten Verkündigung Jesu Kontinuität besteht. Aber Kontinuität heißt nicht Identität. Und so wird auch hier an eine Überbietung zu denken sein, so daß nach dem Aufkommen der christlichen Taufe auf den Namen Jesu Christi, des Gekommenen, die alte Taufe nicht mehr genügt. Apg 19, 1–7 gibt uns heute noch ein, wenn auch vielleicht etwas schematisiertes Beispiel für das Ungenügen der Johannestaufe in christlicher Zeit und die nunmehr notwendig gewordene Ersetzung durch die „richtige" christliche Taufe. Wie früh diese christliche Taufe fertig ist, ermißt man an der Tatsache, daß Paulus bereits eine ausgeprägte Tauftheologie hat, welche die Übung der Taufe, von der diese Theologie handelt, voraussetzt.

Die historische Frage war den früheren Geschlechtern in der Schärfe, die sie für uns haben muß, noch gar nicht bewußt. Der Horizont des religionsgeschichtlichen Vergleiches bestand für sie noch nicht. Es wird aber deutlich geworden sein, daß sich hinter der historischen Frage, die eine moderne Frage ist, eine systematische, oder soll man besser sagen: eine Glaubensfrage verbirgt. Wie steht es mit der Einzigartigkeit und Eigenart der christlichen Taufe, wie wir sie kennen und üben? Ist sie nicht nur eine christliche Spielart eines allgemeinen Phänomens des religiösen Lebens, die christliche Form eines Initiationsaktes, ein rite de passage? Die Antwort ist schwierig, wenn man es nicht vorzieht, die Frage selbst in dogmatischer Emphase zu ersticken. Eine „Einsetzung" der Taufe im exakt historischen Sinne ist nicht auszumachen. Ebenso dürfte freilich gelten, daß die christliche Gemeinde die Taufe von ihren Anfängen an geübt hat im Bewußtsein, auf der Spur ihres Herrn zu gehen und seinem Willen zu folgen. Mehr wird sich „historisch" schwer aussagen lassen. Die religionsgeschichtlichen Analogien und zweifellos auch Zusammenhänge sind rundweg zu bejahen. Es bleibt nur die Frage ihrer theologischen Deutung. Dabei sollen alle Spekulationen beiseite bleiben, die sich auf eine „Erfüllung" aller Religion und ihrer Lebensformen im „Christentum" richten. Hier mag es genügen, zu sagen, daß es eine äußere Betrachtung der christlichen Taufe im religionsgeschichtlichen und religionsphänomenologischen Sinne gibt und eine Auffassung der Taufe von innen her, wie sie in der Ausübung der Taufe in der Christenheit von jeher lebendig war. Ihr Verständnis setzt eine Teilnahme an der Absicht der Taufe, eine intentionale Einung mit der christlichen Taufsitte voraus. Das bedeutet dann hinsichtlich der hier verhandelten Fragen zweierlei. Es bedeutet einmal, daß wir teilnehmen an dem ursprünglichen Bewußtsein der Gemeinde, mit der Übung der Taufe dem Willen des erhöhten Herrn zu folgen. Es bedeutet zum anderen, daß die christliche Taufe alles, was ihr vergleichbar sein mag, überbietet und darin ihr Wesen hat. Sie bestätigt diese Überbietung auch noch selber, indem ihre Tauflehre über eine Deutung des einmaligen, verbindlichen Aktes der Zueignung des Täuflings an Christus hinausweist. Sie ist Urbild und Motiv der Buße, und sie läßt uns jene unverfügbaren Überbietungen nicht vergessen, auf welche Jesus selbst hingewiesen hat, als er von seiner Leidenstaufe sprach, und auf die der Täufer hinwies, als er die Geistestaufe durch den Herrn selbst der Gemeinde in Aussicht stellte.

## 3. Dogmatische Fragen der Taufpraxis

Trotz der bekannten engen Verflechtung von Liturgie und Dogmatik, entsprechend dem bekannten Satz „lex orandi lex credendi", soll hier nicht von der Liturgiegeschichte der Taufe, auch nicht im allgemeinen von Fragen ihres liturgischen Vollzuges die Rede sein. Doch wirft die Taufpraxis im weitesten Sinne zu allen Zeiten Fragen auf, welche unmittelbar dogmatischer Art sind. Diese Fragen sind im Laufe der Zeiten von wechselnder Dringlichkeit. Bald stehen liturgische Probleme im Vordergrund, bald ist es die Frage des Rechtes der Kindertaufe oder die Zulässigkeit der Nottaufe. Je nach Lage der Diskussion tritt dann eine solche Frage für eine Zeit geradezu in die Mitte der ganzen Tauftheologie. Eine besonnene Dogmatik wird sich von solchen perspektivischen Verzeichnungen zurückhalten, aber das bedeutet nicht, daß sie ihre Aufmerksamkeit den aus der Praxis ihr zuwachsenden Sonderproblemen nicht zuwendet. Und das soll hier geschehen.

Zwei alte Fragen der liturgischen Ordnung der Taufe mögen immerhin an den Anfang treten. Sie betreffen den Brauch des Exorzismus und der abrenuntiatio diaboli im Taufritus. Das eine ist die liturgische Beschwörung des Teufels, der sich der Heilswirkung der Taufe entgegenstellen könnte. Sie geschieht durch Gebet, Drohung, Handauflegung, Kreuzeszeichen sowie durch An- und Aushauchen. Die Abrenuntiation ist die Absage an den Teufel, welche der Täufling selbst auf Befragen durch den Täufer ausspricht. Diese Bestandteile des alten Taufritus hat Luther in sein „Taufbüchlein, verdeutscht und aufs neue zugerichtet" (1526) aufgenommen, das er 1529 seinem Kl. Katechismus als Anhang beigegeben hat. Es hat in der Auseinandersetzung des Gnesioluthertums mit dem Philippismus eine große Rolle gespielt, ob man sich zu Exorzismus und Abrenuntiation bekannte; beides war geradezu das liturgische Kennzeichen der Gnesiolutheraner. Für die dogmatische Beurteilung wird wichtig sein, daß beide Bräuche, vor allem aber der Exorzismus dem magischen Denken Vorschub leisten, daß sie eine Missionssituation voraussetzen, in der der Täufling aus dem Machtbereich fremder Götter oder Dämonen in den Machtbereich Christi eintritt, und daß beide, vorab die Abrenuntiation, im Falle der Kindertaufe gegenstandslos werden. Auch sind sie vom Ursprung (der „Stiftung") der Taufe her gesehen spätere Zutaten zur Taufhandlung. So wird mit guten Gründen das dogmatische Urteil negativ lauten müssen.

Viel weittragender ist die Frage der Heilsnotwendigkeit der Taufe, praktisch also ihrer Unerläßlichkeit. Je nachdem man die Heilsnotwendigkeit beurteilt oder begründet, kann das auch Folgen für ihren Vollzug haben, vor allem für die Frage der Kindertaufe. Die Heilsnotwendigkeit der Taufe beruht, biblisch gesehen, auf Mk 16,16, der Taufverheißung des unechten Mk-Schlusses, aber auch auf Joh 3,5. Sie ist ebenso katholische wie evangelische Lehrtradition: CA IX, vgl. Apol. IX, 1: „necessarius et efficax ad salutem". Dementsprechend das Tridentinum Sessio VII, 5. Die Lehre von der Heilsnotwendigkeit der Taufe wird indessen in verschiedenem Sinne entfaltet. Während die katholische Tradition die ungetauft verstorbenen Kinder vom vollen Genuß des Heils, des „Himmels" ausschließt und sie samt den Vätern des Alten Testamentes in einen limbus infantium bzw. patrum verweist, kann die Notwendigkeit nach unserem Verständnis keinesfalls ein Gesetz bedeuten, das Gottes eigenes Gnadenhandeln binden könnte (necessitas medii). Doch bindet diese Heilsnotwendigkeit die Gemeinde, um des Heiles der Getauften willen den Katechumenen die Taufe zu spenden. Die Taufe ist unentbehrliches und notwendiges Katechumenatsziel, Siegel der Berufung, Anker des Trostes in der Anfechtung, und im Falle der Kindertaufe der Ausgangspunkt des Katechumenats.

Innerhalb dieser Grundsätze ergeben sich aber doch erhebliche Modifikationen. Schon bei den Kirchenvätern findet sich die Lehre, daß anstelle der Wassertaufe (baptismus fluminis) auch die Bluttaufe im Martyrium als Taufe gültig sei (baptismus sanguinis). Der erste Zeuge dieser Ansicht ist Tertullian (de baptismo 16), ferner Cyprian (Ep. 73, 22), Augustin (de civ. Dei 13, 7), Cyrill v. Jerus. (Kat. 3,10), Chrysostomus (Hom. Panegyrica, DG 50,522 ff.). Ferner kennt die röm.-kathol. Tradition auch den Ersatz der Wassertaufe durch die sog. Begierdetaufe, d. h. die Begierde nach der Taufe, verbunden mit vollkommener Reue (baptismus flaminis). Das aus vollkommener Liebe und Reue hervorgehende Verlangen nach der Taufe kann statt der physisch oder moralisch unmöglichen Taufe an deren Stelle gerechnet werden; anstelle des lavacrum kann das votum lavacri zur Gerechtigkeit gerechnet werden (Tridentinum, Sessio VI, 4. Denz 796).

Den effektiven Charakter der Taufe hat schon Zwingli abgelehnt. Während er war grundsätzlich an der Kindertaufe festhielt, war sie für ihn doch im wesentlichen ein pflichtmäßig übernommenes Kennzeichen des Christenstandes. Auch für Calvin trägt die Taufe vorwiegend Zeichencharakter, aber doch nicht nur für unsere Aufnahme in die Kirche, sondern zugleich für die Sündenvergebung, für die Wiedergeburt und unsere insitio in Christum. Sie ist auch ein öffentliches Bekenntnis unserer Zugehörigkeit zu Gottes Volke. Aber die Unterordnung der Tauflehre unter die Erwählungslehre läßt natürlich nicht mehr zu, als daß die Taufe für den Erwählten ein Siegel dieser Erwählung ist, vgl. Inst. IV, cap. 15 (bes. 20 ff.) und 16. Aufschlußreich ist die Zusammenfassung der Lehre der reformierten Orthodoxie zum Thema: „Da die Taufe nicht ein Mittel und Quell des Heils, sondern nur eine Besiegelung desselben und ein Mittel zur Befestigung im Heilsbesitze ist, so kann von einer absoluten Notwendigkeit derselben nicht die Rede sein. Notwendig ist sie für den Gläubigen nur insofern, als derselbe zur Befolgung der Befehle des Herrn verpflichtet ist, und daher auch die Taufe, die der Herr geordnet hat, empfangen oder wenigstens wenn er dieselbe wegen eines äußeren Notstandes, in welchem er sich befindet, nicht empfangen kann, ernstlich begehren muß" (Hch. Heppe, Dogmatik, 1861, 445). Die Taufe ist damit hinsichtlich ihrer Notwendigkeit ganz auf die necessitas praecepti gestellt. Aber die übrigen Vorbehalte reichen doch hin, um jedenfalls die Ablehnung der Nottaufe zu begründen. Denn die Nottaufe ist ja nur so zu rechtfertigen, daß die Kindertaufe in periculo mortis um der absoluten Heilsnotwendigkeit der Taufe willen gespendet werden muß und dann auch von jedem getauften Christen, sei es Mann oder Frau, gespendet werden kann. Mit der Bestreitung der absoluten Notwendigkeit der Taufe fällt auch die Nottaufe bei der reformierten Kirche hin. Und dies um so mehr, als wenigstens im Altcalvinismus zugleich eine tiefe Aversion gegen die Ausübung geistlicher Funktionen durch Frauen (Hebammen!) lebendig war (so schon Calvin, Inst. IV, 15,20 f.). (Welche Rücksichten zur Rechtfertigung der Nottaufe außer dem Gedanken ihrer absoluten Notwendigkeit der Taufe noch aufgeboten werden können, das habe ich im vorigen Abschnitt sichtbar gemacht.)

Wir stehen damit unmittelbar beim Problem der Kindertaufe. Es war zu Zeiten das die Tauflehre in der Kirche bis in die Grundlagen erschütternde Problem der Taufpraxis.

Ich muß es mir im Rahmen dieser Dogmatik versagen, die Geschichte der Kindertaufe auch nur anzudeuten. Ob sie früher oder später zur allgemeinen Einführung in der Kirche gelangte, ist an sich selbst noch kein unmittelbares Argument für unsere eigene Stellungnahme. Vgl. hierzu jetzt J. Jeremias, Die Kindertaufe in den ersten vier Jahrhunderten, 1958, und neuerdings die Erwiderung K. Alands, Die Säuglingstaufe im Neuen Testament und in der alten Kirche. Eine Antwort an J. Jeremias (ThEx NF 86), 1960. Auch die von K. Barth, Die kirchliche Lehre von der Taufe, (1943) 1953[4] in Gang gesetzte Debatte, die ja auch der erneuerten geschichtlichen Fragestellung zugrunde liegt, soll nicht von neuem aufgerührt werden. Hierzu die eingangs des Kap. genannte Literatur, außerdem P. Althaus, Was ist die Taufe? ThLZ 1949, 705–714.

Sicherlich reichen die geschichtlichen Ursachen, die zur Taufe kleiner Kinder geführt haben, weiter zurück als die dogmatische Begründung der Kindertaufe. Wie immer es sich mit der οἶκος-Formel („mit ihrem – bzw. seinem – Hause"; z. B. Apg 16,15.31.34) verhalten mag, jedenfalls ist sie kein dogmatisches Argument. Dogmatische Gründe zeichnen sich gegen Ende des 4. nachchristlichen Jahrhunderts deutlich ab: Hinweis auf die absolute Heilsnotwendigkeit der Taufe und die Erbsündenlehre, die nach alsbaldiger Abwaschung der angeerbten Sünde durch die frühe Taufe verlangt. Es kommt hinzu, daß die Missionssituation der frühen Kirche langsam anderen Verhältnissen Platz macht, in denen die Kinder christlicher Häuser der Gemeinde zugeführt werden. Mit der fortschreitenden Annäherung des Tauftermins an die Geburt treten zwei institutionelle Wandlungen ein, die dann doch des weiteren auch für die dogmatische Erwägung zu Buch schlagen. Die Taufe wird „Kasualie", d. h. sie wird nicht mehr zu bestimmten Zeiten im Kirchenjahr an einer Schar vorbereiteter Katechumenen, sondern gelegentlich der Geburt am einzelnen Täufling fallweise vollzogen. Die Taufe wird individualisiert. Die Verantwortung für die getauften Kinder fällt auf Paten und Eltern. Und vor allem, die Reihenfolge der Akte wird umgekehrt. Der Katechumenat folgt nunmehr, evtl. sogar reichlich spät und wenig geordnet, der Taufe, statt diese durch Unterweisung des Taufbewerbers bis hin zu dessen eigenem Bekenntnis vorzubereiten.

Diese Entwicklung hat mit Grund und Recht Bedenken und Zweifel hervorgerufen. Sie galten im alten Baptismus, bei den sog. Wiedertäufern nicht nur der biblischen Berechtigung der Sitte, sondern auch ihrer inneren Leere, weil ja doch der Säugling der Taufhandlung keinen Glauben, kein Begehren, keine Erkenntnis entgegenbringen könne. Die Sitte der Kindertaufe war dann in der Fortsetzung für die rationalistische Kritik Anlaß genug, den Wert einer bloß äußerlichen Handlung zu bezweifeln. Heute kommt hinzu, daß die Einlösung der bei der Taufe übernommenen Verpflichtung, für die christliche Erziehung und Unterweisung des Täuflings zu sorgen, immer problematischer wird, sei es angesichts der Willigkeit der Eltern, sei es infolge der fortschreitenden Säkularisierung der Erziehungsmächte.

Merkwürdigerweise sind nun aber zur Verteidigung der Kindertaufe gegen die wiedertäuferische Kritik – gegen sie haben sich die Argumente Luthers vor allem gerichtet – dogmatische Gedanken geltend gemacht worden, welche sich mit denen nicht decken, die einst, etwa auf der 16. Synode von Karthago (418), für die Kindertaufe ins Feld geführt wurden. Es sind jetzt vor allem zwei grundlegende dogmatische und zugleich seelsorgerliche Gedanken gewesen. Einmal: Die in der Taufe uns widerfahrende Gnade ist nicht abhängig von dem ihr entgegengebrachten Glauben. Die Kindertaufe ist nun gleichsam zum Grenzfall geworden, an dem die Entscheidung über die Gnadenlehre ausgetragen werden soll: die Gnade ist ohne Bedingungen, sie ist allem Glauben weit überlegen. Die Taufgnade ist, kraft der mitfolgenden Verheißung, gültig auch ohne den empfangenden Glauben. Aber freilich empfängt nur der Glaube auch die Frucht und den Segen der Taufe. Der andere dogmatisch wichtige, zugleich unmittelbar praktische Gedanke war der, daß der Kinderglaube der Prototyp des Glaubens ist. In der Behauptung eines Kinderglaubens ist Luther sicher zu weit gegangen, wiewohl er den Gedanken im Gr. Kat. vorgetragen hat, um ihn alsbald zugunsten der Überlegenheit der Taufeinsetzung selbst wieder beiseitezusetzen (BSLK 700,36 ff.; 702,44 ff.). Aber das ist doch in den damaligen Kämpfen deutlich geworden, daß der Glaube nicht mit intellektuellen Fähigkeiten oder mit menschlicher Reife verwechselt werden darf, daß er in unanschauliche Tiefen hinunterreicht. Gleichzeitig ist freilich dann auch die Relativität und Brüchigkeit unseres Glaubens geltend gemacht worden. Dieser Glaube ist kein tragendes Fundament für das, was Gott an uns tut. Der Glaube ist hinsichtlich der Gabe des Sakraments, der Gnade nicht produktiv, sondern nur rezeptiv. Damit ist nun eine außerordentlich schwierige Situation entstanden; denn unter dem Gesichtspunkt dieser hier geltend gemachten Gnadenlehre ist in der Tat die Gegenposition schwer zu verteidigen, ohne daß das Bild des Glaubens entstellt und zugleich eine gewisse Relativierung der Taufe in Kauf genommen wird.

Dennoch können wir nicht übersehen, daß das Risiko, das die Kindertaufe tatsächlich immer bedeutet hat, in unserer mobilen Welt, in dem veränderten Sozialgefüge sich so vergrößert hat, daß die Frage erneuert werden muß, ob wir die Bedingung einer sicher nachfolgenden christlichen Unterweisung noch garantieren können, unter der wir zu allen Zeiten allein die Kindertaufe kirchlich haben verantworten können. Mindestens, und das ist sehr vorsichtig formuliert, vergrößert sich das Risiko von Jahr zu Jahr. So sollte die Gesundheit der kirchlichen Taufpraxis und das wache Verantwortungsbewußtsein sich darin dokumentieren, daß die Erwachsenentaufen immer häufiger werden. Nichts von den Gründen, die einst zur Beibehaltung der Kindertaufe vorgebracht wurden, darf abgewertet werden. Aber die Kraft der Argumente muß heute wohl zunehmend in veränderten Verhältnissen zum Leuchten gebracht werden. Eine Taufe, zu der der Taufbewerber sich selbst entschließt oder über die man doch mit den heranwachsenden Katechumenen eingehend sprechen muß, bevor man sie erteilt, kann keine Abwürdigung des Taufsakramentes bedeuten. –

Zum Schluß sei noch eine Seite der Tauflehre hervorgehoben, die im allerfrühesten Zeugnis über die kirchliche Taufe noch nicht in Erscheinung treten konnte. Aber schon die frühe Dogmengeschichte hat sie sichtbar gemacht. Es ist das konfessionelle Problem, das in der Dogmengeschichte seiner Natur nach als das Problem der Ketzertaufe sichtbar wurde. Cyprian von Karthago wollte die zur Kirche zurückkehrenden Häretiker nochmals getauft wissen. Gegen ihn entschied aber Papst Stephanus I. (254–257), daß der „gültig" getaufte Häretiker nicht mehr getauft, sondern nur noch durch eine Handauflegung „zur Buße" in die Gemeinschaft der Kirche aufgenommen werden sollte.

Der Entscheid Stephanus I. (Denz. 46) wurde durch den Can. 8 des Concilium Arelatense von 314 unter Silvester I. (314–335) noch wesentlich verdeutlicht: „De Afris, quod propria lege sua utuntur, ut rebaptizent, placuit, ut si ad Ecclesiam aliquis de haeresi venerit, interrogent eum symbolum, et si perviderint eum in Patre et Filio et Spiritu Sancto esse baptizatum, manus ei tantum imponatur, ut accipiat Spiritum Sanctum. Quodsi interrogatus non responderit hanc Trinitatem, baptizetur".

Diese Entscheidung ist bis heute in der ganzen Kirche gültig. Sie hat dadurch, daß sie unmittelbar auf die konfessionell gespaltene Kirche Anwendung findet, sogar heute eine viel universalere Bedeutung als in den Tagen ihres Ursprunges. Die Taufe ist die Eingliederung in den Leib Christi und insofern gewiß die Aufnahme in die Kirche, aber sie ist keine Aufnahme in die Sonderkirche, so daß sie beim Übertritt in eine andere Sonderkirche wiederholt werden dürfte. Die im Namen bzw. auf den Namen der Trinität vollzogene Wassertaufe ist gültig und hat keine konfessionelle Signatur, während die Aufnahme in die konkrete Gemeinde, sei es eine Aufnahme durch Buße, sei es eine Firmung oder Konfirmation diese konfessionelle Note durchaus besitzt. Um die Voraussetzung einer „gültig" vorgenommenen Taufe festzustellen, können natürlich nur die gewöhnlichen Wege einer Versicherung durch das Zeugnis der Beteiligten beschritten werden. Wenn die Gewißheit über die gültig vollzogene Taufe nicht erreicht wird, übt die katholische Kirche die auch im Arelatense Can. 8 schon vorgesehene sog. Conditionaltaufe.

Diese Taufe „unter Vorbehalt" einer schon vollzogenen gültigen Taufe, also etwa an einem Findelkind oder bei der Ungewißheit, ob nicht unter vielen gegenwärtigen Täuflingen einer versehentlich übergangen worden sei, mag unverfänglich sein. Wo indes die Conditionaltaufe im Sinn einer prinzipiellen Verdächtigung der Taufen und der Taufpraxis einer ganzen Kirchengemeinschaft üblich wird, da stellt sie in der Tat eine verwerfliche wiedertäuferische Praxis dar, durch welche die Kirche ihre eigenen Sakramente verunehrt.

Die gesamtkirchliche Bedeutung der Taufe ist von höchster Bedeutung. Durch sie unterscheidet sich die Taufe in ihrer konkret kirchlichen Funktion erheblich vom Abendmahl. Die Taufe ist wesentlich das ökumenische Sakrament schlechthin. Wenn es eine „ökumenische Theologie" geben soll, dann muß es eine Theologie sein, die vom Fundament der Taufe aus entworfen ist. Umgekehrt wird jede ökumenische Bemühung verdächtig, welche an der Taufe vorbeigeht.

### Zusatz: *Zum Begriff des Sakramentes*

Die Taufe gilt im Protestantismus ebenso wie im Katholizismus als Sakrament. Ich habe von dem Sakramentsbegriff bei der Darlegung der Lehre von der Taufe nach Möglichkeit abgesehen, um das Kapitel nicht unnötig zu belasten. Aber wir können am Sakramentsbegriff nicht vorbeigehen. Taufe und Abendmahl sind die beiden Sakramente, „Wort und Sakrament" sind die „Gnadenmittel", die media salutis schlechthin. So stellt sich die Aufgabe, über den Begriff des Sakramentes grundsätzlich zu sprechen.

Allerdings sind die einzelnen Dogmatiker diesem Thema nicht alle gleichermaßen geneigt. Warum soll man zu den beiden Handlungen der Gemeinde des neuen Bundes, also zu Taufe und Abendmahl, noch einen Oberbegriff bilden? Gewiß, je einheitlicher die Lehre von Taufe und Abendmahl ist, desto aussichtsvoller ist eine allgemeine Sakramentslehre. Dies trifft offenkundig auf die reformierte Dogmatik zu, wie das großartige Cap. XIV in Calvins Institutio IV beweist. Die Tendenz der lutherischen Dogmatik ist demgegenüber sehr zurückhaltend. C. A. XIII behandelt den Sakramentsbegriff als Nachtrag zu Taufe, Abendmahl, Beichte bzw. Buße, und in der Apologie wird auch ein Grund dafür sichtbar: man ist sich nämlich über die Zählung der Sakramente noch nicht abschließend im klaren. Während Luther in „De captivitate Babylonica" 1520 (WA 6,572) mit klarer Begründung von den beiden Sakramenten, „baptismus et panis" spricht, zählt Melanchthon in der C. A. drei Sakramente, wie aus der Stellung des zusammenfassenden Artikels XIII hervorgeht; in der Apologie zieht er auch das ministerium verbi in Angleichung an das sacramentum ordinis als Sakrament in Erwägung (Apol. XIII, BSLK 293,42 ff.), so daß man sogar auf vier Sakramente käme. Der entscheidende Grund für die Zurückhaltung der lutherischen Dogmatik gegen eine allgemeine Sakramentslehre, also ein Kapitel „De sacramentis in genere", liegt indessen an einer anderen Stelle. Die Theologie der Sakramente – ich denke hierbei nur an Taufe und Abendmahl, da die von Melanchthon erwogene Ausdehnung des Begriffs nicht durchgedrungen ist – wird tatsächlich nicht so selbstverständlich parallel entwickelt, wie das in der reformierten Sakramentslehre der Fall ist. Viele Fragen erhalten, wollte man schematisch vergleichen, hier und dort eine gesonderte Behandlung.

Aus der Sicht der nachreformatorischen Entwicklung der Theologie kommt noch ein weiterer Grund der Zurückhaltung hinzu. Es ist die dogmengeschichtliche, um nicht zu sagen die religionsgeschichtliche Einsicht in die schwere Belastung des Sakramentsbegriffes überhaupt. Gibt der Sakramentsbegriff wirklich eine Garantie dafür, daß die Besonderheit der beiden Handlungen für unseren Christenstand unmißverständlich erkennbar wird? Die Dogmengeschichte des Sakramentsbegriffes, seine Entstehung aus dem antiken Mysterienbegriff und die jahrhundertelange Unsicherheit seiner Anwendung, bald auf Glaubensgeheimnisse, bald auf heilige Handlungen und dann wieder auf Sachen, das Schwanken zwischen symbolischem und realistischem Verständnis, das alles befördert die Zuversicht nicht, daß im Sakramentsbegriff ein entscheidendes christliches Anliegen dargetan werden könnte. Selbst im Katholizismus hat die dogmatische Lehre von den sieben Sakramenten in ihrer heutigen Fassung denkbar spät Gestalt gewonnen: sie tritt erst bei P. Lombardus ans Licht, bei

Thomas gelten dann bereits alle sieben Sakramente als von Christus eingesetzt, doch ist auch bei ihm das Sakrament noch signum und, wenn schon die Rede sein soll von „causae, sine quibus non", so sind sie bei Thomas doch nur causae instrumentales, nicht efficientes. Die förmliche Dogmatisierung erfolgt erst 1439 unter Eugen IV., knapp achtzig Jahre vor Luthers Thesenanschlag.

In der Tat knüpft sich seit den Tagen der Reformation an den Sakramentsbegriff im Protestantismus eine eigenartige Unsicherheit an, wobei ich nicht etwa an die Streitigkeiten über den Inhalt der Sakramentslehre denke, sondern viel elementarer an die Einschätzung der Sakramente überhaupt. Man kann ganz allgemein sagen, daß im Spiritualismus wie im Pietismus die Einschätzung der Sakramente gegenüber dem Interesse an den inneren Vorgängen der Erleuchtung, der Bekehrung und Wiedergeburt zurücktritt. Und dann kommt dieses Verschwinden des Sakramentes noch von einer ganz anderen Seite. Es ist der Idealismus und die ihm folgende Theologie. So spielt bei Albrecht Ritschl das Sakrament überhaupt keine Rolle mehr und K Holl hat, unerachtet der Schriften Luthers zum Abendmahl, uns ein Bild der Theologie Luthers ohne Sakramente gezeichnet. Auf der anderen Seite findet sich im Neuluthertum eine Überschätzung des Abendmahls, und ganz allgemein ist das „sakramentale Denken" das Kennzeichen einer hochkirchlichen Stimmung, die die Grenzen der protestantischen Konfessionen einschließlich der reformierten Kirche längst überflutet hat. Aber mit diesen allgemeinen Reflexionen über die Zweckmäßigkeit eines Abschnittes über die Sakramente sind wir schon unversehens in die Thematik selbst eingetreten.

Außer den Lehrbüchern der Dogmatik und Dogmengeschichte sind heranzuziehen F. Kattenbusch, Art. Sakrament, RE 17,349–381, ferner die Lit. bei W. Elert Chr. Glaube zu § 62 – E. Roth, Sakrament nach Luther, 1952 – G. van de Leeuw, Sakramentales Denken, Erscheinungsformen und Wesen der außerchristlichen und christlichen Sakramente, (dt.) 1959 – E. Kinder, Zur Sakramentslehre NZsystTh 1961, 141–174.

Der Sache nach kann es sich bei einer Überlegung über den Sakramentsbegriff, d. h. über die Bedeutung der Sakramente, abgesehen von den speziellen Lehren über Taufe und Abendmahl, doch nur darum handeln, den Zusammenhang von Wort und Sakrament klarzustellen. Was gibt das Wort den Sakramenten oder, anders gesagt, inwiefern bleibt die Kirche auch im Vollzug ihres Sakramentshandelns eine „Kirche des Wortes"? Aber diese Frage wird sofort durch die umgekehrte ergänzt: Warum noch „Sakramente" neben dem gepredigten oder gelehrten „Wort"? Man kann diese Frage noch angriffiger formulieren: Was ist im Sakrament dem mündlichen Wort gegenüber das Überschießende, so daß auf die Sakramente nicht verzichtet werden kann?

Hält man vor der Beantwortung dieser Fragen einmal einen Augenblick inne, so mögen die aufgeworfenen Fragen selbst in ihrer laten kritischen Funktion gewürdigt werden. Sie sind nämlich „Wesensfragen". Sie werden darum aufgeworfen, weil in der einen wie in der anderen Richtung des Fragens etwas über das Wesen des gepredigten Wortes bzw. über das Wesen des Sakramentes ermittelt werden soll. Was bedeutet das aber? Es bedeutet, daß der in der Theologie so oft beliebte Hinweis auf die necessitas praecepti nicht genügt. Es genügt nicht, daß man sich darauf beruft: so ist es eben angeordnet oder eingesetzt worden, sondern man unterstellt, daß das Beieinander von Wort und Sakrament auch einen – gewiß: im Glauben – einsichtigen Sinn hat. Was ist das für ein Sinn?

Wenden wir uns zunächst zu der Frage, was das Wort dem Sakrament gibt, inwiefern das Sakrament nicht ohne Wort sein kann und geradezu in der Reformation mit der herkömmlichen Augustinischen Formel des verbum visibile bezeichnet wird. Ohne das Wort fehlt der Handlung der Ausweis. Das Wort sagt, was in der Handlung da gehandelt wird und woher den Handelnden das Recht zukommt, so zu handeln. Darum ist es alte liturgische Regel, daß die verba institutionis Bestandteil der Handlung sind, mit Schleiermachers klassischem Satz: „Das Wort ist in der Handlung." Das Sakrament kann nichts geben, was man nicht im Wort sagen kann. Der Satz ist durchaus umkehrbar: Was das Wort sagt, das kann das Sakrament geben. Aber ohne das Wort ist das Sakrament stumm, und das heißt, es ist gar kein Sakrament.

Viel weiter reicht die zweite Frage, was durch das Sakrament zum Wort noch hinzukommt. Denn wenn zwar das Sakrament nichts geben kann, was das Wort nicht sagen könnte, so muß doch ein Überschießendes in der Handlung sein. Zunächst ist darauf zu antworten, daß in der Tat das Sakrament das gelehrte und gepredigte Wort in einer unvergleichlichen Weise sachlich bindet. Das Wort muß zu den Sakramenten „stimmen". Eine Unterweisung, die nicht entweder auf der Taufe gründet (im Falle der Kindertaufe) oder (im Falle der Erwachsenentaufe) zur Taufe hinführt oder doch jedenfalls hinführen kann, ist keine richtige christliche Unterweisung. Und eine Predigt, auf die hin das Abendmahl nicht wenigstens gefeiert werden könnte, ist keine Predigt, sondern vielleicht ein Religionsvortrag oder sonst etwas. Darum gilt, daß wir „zwischen Taufe und Abendmahl" predigen. Das heißt nicht, daß wir ständig von Taufe und Abendmahl reden müßten, sondern daß die Angeredeten als von Gott in das Reich Christi Berufene angeredet werden sollen und daß die Gabe des Christus niemals in einer bloßen humanen Lehre sich erschöpfen kann, sondern daß es, wie immer, die Gabe des Herrn ist, der sich für die Seinen, für das Leben der Welt geopfert hat. Die Sakramente, welche das eine wie das andere repräsentieren, binden somit das Wort fest an seine Herkunft und an sein Ziel.

An den Sakramenten wird sichtbar, daß die Kirche eine leibliche Kirche ist, keine durch „bloßes" Wort im modernen Sinne zusammengehaltene Gemeinschaft, so wie eben menschliche Sozietäten und Parteien durch Ideen, Gedanken, Bestrebungen u. dgl. verbunden sind. Sakramente sind Empfangshandlungen. Wenn die alten Dogmatiker etwas technisch von „media salutis" sprachen, so muß das in einem sehr tiefen und grundsätzlichen Verständnis genommen werden: Wort und Sakrament vermitteln nicht nur, jeweils in ihrer Weise, die Gnade, sondern es ist auch eine Gnade Gottes, daß sie die Gnade so vermitteln, und das heißt bezüglich der Sakramente: so sichtbar. Gott läßt uns vermittels der irdischen Zeichen nicht ohne Gewißheit. Nicht der Inhalt der Sakramente macht das Überschießende gegenüber dem Wort aus, sondern es ist die Art der Vergewisserung. Das Wort kann an mir vorbeigehen, es kann über mich hinweggesprochen werden und mich in der Verzweiflung lassen, ob ich denn gemeint sei. Wer das Sakrament empfangen hat, weiß in jedem Falle, daß er gemeint war. Freilich ist auch diese Gewißheit nur eine Glaubensgewißheit, so daß es sich bestätigt, daß auch das Sakrament bei aller Leiblichkeit des Vollzugs nur im Glauben zu unserem Heil empfangen werden kann. Zum Sakrament gehört die Sichtbarkeit und Leiblichkeit hinzu. Es ist der ganze Mensch, der empfängt, Leib und Seele, alle Sinne sind Empfänger. Und schließlich muß davon geredet werden, daß die Sakramente, ohne daß sich ihr theologischer Gehalt darin erschöpfen würde, auch Zeichen sind, daß sie, wie immer man ihre effektive Bedeutung für unser Heil theologisch ausdrücken mag, jedenfalls auch einen Symbolgehalt haben. Sie sprechen auch durch das, was wir in ihrem Vollzuge wahrnehmen; daß wir nämlich in der Taufe untergetaucht oder doch „gewaschen" werden, daß wir im Abendmahl (gebrochenes) Brot empfangen, Brot, das jedenfalls aus dem Sterben des Weizenkornes (Joh 12,24) entstanden ist, und einen Kelch, der den Trank der gekelterten Trauben enthält. Schon die Didache hat (9,4) an die Symbolik der Eucharistie lehrhaft angeknüpft. Hier stehen wir an der Grenze dessen, was lehrhaft möglich ist, und wir werden durchaus damit zu rechnen haben, daß die Gnade des Sakramentes auch über die Symbolik und die in ihrem Vollzug gestiftete Gemeinschaft wirksam ist, ohne daß sich diese Bezüge, auf die oft hingewiesen worden ist, unbedingt als ein Gegenstand der kirchlichen Lehre bzw. der dogmatischen Aussage anbieten.

Es ist nicht nötig, hier noch ausführlich davon zu sprechen, inwieweit diese Bestimmungen über das Verhältnis von Wort und Sakrament Sicherungen der christlichen Gemeinde gegen Spiritualismus, gegen Intellektualismus u. dgl. darstellen. Wichtiger ist es doch, die Sakramentslehre gegen ihren Mißbrauch durch einen hochkirchlichen Sakramentalismus abzusichern. Dabei liegt es natürlich nicht im Umkreis unserer Aufgabe, in liturgische Fragen einzutreten. Die Ehrung und würdige Begehung der Sakramente soll ungeschmälert bleiben. Es geht vielmehr um den dogmatischen Versuch, bezüglich der Sakramente zuviel zu tun. Dies ist dort der Fall, wo man sie zum eigentlichen und alleinigen Träger der uns zugewendeten Gnade Gottes macht und das Wort nur als Belehrung, Zurüstung und Vorbereitung versteht. Damit aber wird, und das trifft auf die katholische Sakramentslehre zu, das Wort als die eigentliche Weise, in der Christus in seinem Reiche regiert, außer Kraft gesetzt. Wenn ich gesagt habe, daß das Gnadengut des Sakramentes auch im Wort ausgesagt und zwar effektiv ausgesagt werden kann, dann ist eben diese Dominanz des Wortes durch eine überhöhte Sakramentslehre verletzt. Man kann geradezu sagen, daß die rechte dogmatische Auffassung vom Wort in sich die der Sakramentslehre gezogene Grenze enthält und jede Sakramentslehre grundsätzliches Mißtrauen verdient, die mit einer Abwertung des Wortes Gottes, der Predigt erkauft worden ist.

Innerhalb des Protestantismus trifft das nun auf die schon seit der Orthodoxie und dann wieder im Neuluthertum umlaufende Lehre von der materia coelestis zu. Diese Lehre meint kurz gesagt dies: Im Sakrament werden uns himmlische Gnadengaben vermittelt und zugeeignet, welche das Wort seiner Natur nach nicht vermitteln kann, weil es nur Wort ist. Dabei handelt es sich zunächst um die Abendmahlslehre. Es liegt nahe, daß in diesem Falle die materia coelestis des Abendmahls die himmlische Leiblichkeit des Herrn ist, also im Unterschied und Gegensatz zu Luthers klarer Katechismuslehre nicht nur „Vergebung der Sünden" und damit Erlösung von Tod und Teufel, Leben und Seligkeit, sondern eine „Materie", eine Sache, ein Was, das als solches gar nicht ins Wort eingehen kann. Das Neuluthertum, das diese Lehre vielfach weitergepflegt hat, hat sie auch modifiziert, indem es, unter Anknüpfung ebenso an die altgriechische Lehre vom Arzneimittel der Unsterblichkeit wie an naturphilosophische Vorstellungen und eschatologische Spekulationen (Hofmann, Thomasius, Frank, Martensen u. a.) von einer Ernährung des Auferstehungsleibes sprach. Die Lehre von der materia coelestis, welche die alle Wortwirkung übersteigende Heilsgabe des Sakramentes darstellt, brachte freilich bezüglich der Taufe erhebliche Schwierigkeiten. Neben der materia terrestris, dem Wasser, bot sich ja auch durch keinerlei ältere Tradition etwas auch nur entfernt auf dem Wege Liegendes an. So sprach man, unter Berufung auf Mt 28,18–20; Joh 3,3; 1 Joh 5,6 von tota trinitas, Spiritus Sanctus, sanguis Christi als den himmlischen Gaben des Taufsakramentes (so J. Gerhard, A. Calov). Man sieht wieder einmal mehr, wie die Theologie immer dann, wenn sie um begründete Auskünfte verlegen ist, sich in den Auskünften übernimmt und mehr tut, als sie bei ruhiger Besinnung verantworten kann.

Alle diese Lehren sind Spekulationen, die des biblischen Grundes und des realen Maßes entbehren. Sie verraten sich durchweg, wie schon gesagt, dadurch, daß sie nur auf Kosten des Ansehens des Wortes als eines Gnadenmittels (um es schulgerecht auszudrücken) vorgetragen werden können. Wenn daran gedacht worden ist, auch die unbewußten oder unterbewußten Wirkungen des Sakramentsempfanges in die Sakramentslehre selbst einzutragen, so kann dem ebenfalls nur entschiedener Widerstand entgegengesetzt werden. Das besagt nicht, daß von solchen Wirkungen möglicherweise nicht die Rede sein könnte. Wie denn auch Gott viele Wege seines Wirkens auch durch die Vermittlung seiner Gnadengaben haben mag, die wir nicht kennen können. Aber wir können keine Theologie auf Vermutungen aufbauen und müssen auch im Glauben in den uns gewiesenen Grenzen bleiben. Es sind unsere Grenzen und nicht die Grenzen Gottes.

## 22. Kapitel

### DIE ZUSICHERUNG UNSERER VERSÖHNUNG: DAS ABENDMAHL

### *1. Das Abendmahl in der gegenwärtigen Gemeinde*

Wenn die Dogmatik, wovon wir immer ausgegangen sind, eine Rechenschaft vom christlichen Glauben ist, so ist der gegenwärtige Glaube gemeint. Dementsprechend handelt die Dogmatik auch beim Abendmahl von dem Abendmahlsglauben und der Abendmahlspraxis der gegenwärtigen Gemeinde und nicht von der Sakramentstheologie oder der eucharistischen Praxis vergangener Geschlechter. Die historische Frage steht allenthalben im Hintergrund, sei es hilfreich, sei es drohend. Die Ursprungsfrage, die frühe Geschichte des Abendmahles, die reiche Liturgiegeschichte der Messe, die Abendmahlsstreitigkeiten der Reformationszeit – das alles kann nicht übersehen werden. Aber es ist doch erst eine sekundäre Thematik. Gewiß kann die Wesensfrage bei einer Handlung, die so sehr an ihren Ursprung, nämlich an die „Stiftung" Christi gebunden ist, die so sehr traditionsbelastet ist, nicht ohne die geschichtliche Frage nach dem Ursprung beantwortet werden. Aber ist es denkbar, daß die historische Forschung zur Richterin in einer unmittelbaren Glaubensfrage der gegenwärtigen Gemeinde eingesetzt werden kann? Ganz abgesehen davon, daß es kaum einen Punkt in der Abendmahlslehre gibt, der im Laufe der Zeit durch historische Kontroversen nicht ebenso geklärt wie auch verwirrt worden wäre. Viel wesentlicher ist es ja, daß das Älteste nie unbesehen die Norm ist, daß auch in der Theologie nicht Glaubensfragen durch eine Aufklärung ihrer Genesis entschieden werden können. Selbst in der Abendmahlsfrage binden wir uns nicht einfach an den „Ritus" der ersten Mahlfeier, soweit er uns durch die Forschung überhaupt erkennbar gemacht werden kann. Es ist immer, sowohl in der Liturgie wie in der Lehre, in der Ethik wie im einzelnen Glaubenssatz möglich, daß das Spätere das Richtige ist. Wir können niemals die Rechenschaft über den christlichen Glauben in die stellvertretende Verwaltung durch die Geschichtswissenschaft überführen.

Gewiß: ohne Tradition gibt es in der Kirche kein Sakrament. Und es bezeichnet ein Dilemma, das sich immer wieder bis in die Fundamente hinein auswirkt, daß die Erforschung von Geschichte und Tradition für das Verstehen des Abendmahls und für den Abendmahlsglauben, wenn schon eine kritische, so doch nur eine sekundäre Bedeutung besitzt.

Es gilt sicherlich ganz allgemein, daß das Christentum die durchreflektierteste Religion der Welt ist. Das bedeutet ebenso Stärke wie Schwäche, nämlich intellektuelle Durchformung des Glaubens wie Verlust der Glaubensunmittelbarkeit. Es gibt aber wiederum in der Theologie kein Thema, in dem sie selbst die nötige Unbefangenheit in so hohem Maße verloren hat wie die Sakramentslehre, besonders die Abendmahlslehre. Das Liebesmahl ist, nach K. von Hases Wort, zum Erisapfel geworden, und auf Schritt und Tritt begegnet der kritische Gang durch diese Lehre den aufgehäuften Schwierigkeiten. Bleiben wir nur beim Abendmahl, so ist die Belastung dieses Themas mit benachbarten oder auch entfernten dogmatischen „Konsequenzen" am Tage: mit der Christologie im allgemeinen, mit der Theologie der Himmelfahrt und der Frage nach der Substanz des erhöhten Leibes Christi, mit Raumproblemen, also mit Fragen, welche zum großen Teil in unserem Weltbild gar nicht mehr verifizierbar sind, ebenso wie die exegetischen Argumente vergangener Geschlechter heute kaum noch nachvollziehbar sind. Aber alles ruht bis heute noch wie eine Last auf dem Thema. Der Verlust der theologischen Unbefangenheit liegt allenthalben zutage. Er hat sich der Gemeinde mitgeteilt, so daß nur noch ein geringer Bruchteil der Gemeindeglieder am Abendmahl teilnimmt. Er hat sich der Theologie mitgeteilt, die die Abendmahlslehre selbst in Darstellungen von Luthers Theologie völlig übergehen zu können meint (K. Holl). Oder aber das Abendmahl wird inmitten einer sonst durchaus „offenen" Theologie zum erratischen Block, d. h. zu einem Theologumenon, das gleichsam in archaischer Form hartnäckig aufbewahrt werden soll, ohne Rücksicht auf den Zusammenschluß mit der gesamten Theologie, ohne Rücksicht darauf, ob man die hier vertretenen Thesen in Einklang mit den historischen Überzeugungen und mit den unumstößlichen Grundsätzen der Glaubenslehre selbst setzen kann. Das alles sind Balancestörungen, die bei kaum einem Lehrstück durch viele Generationen hindurch in solcher Häufung auftreten wie hier.

Zu den historischen und spekulativen Belastungen kommen auch hier, wie bei der Taufe, noch die religionsgeschichtlichen Analogien hinzu, die Parallele der antiken Kultmahlzeiten. Hierüber F. Bammel, Das heil. Mahl im Glauben der Völker, 1950.

Diese Betrachtung ist nicht überflüssig. Die dogmatische Aufgabe, die sich aus diesen Erscheinungen ergibt, muß deutlich erfaßt werden. Es gilt, für die Abendmahlslehre eine möglichst einfache Form zu gewinnen. Luther hat jedenfalls in den Katechismen und den Abendmahlsliedern („Jesus Christus, unser Heiland...", und „Gott sei gelobet und gebenedeiet...") noch vermocht, das Zentrale auch einfach zu sagen. Das Einfache ist immer das Schwerere, aber wenn das nicht der Ertrag der theologischen Arbeit sein kann, dann leistet die Theologie den Dienst nicht, den sie der Gemeinde schuldig ist. In jeder Abendmahlsfeier mutet die verantwortliche Leitung der Gemeinde es eben dieser Gemeinde zu, das Abendmahl nicht nur zu begehren und zu empfangen, sondern auch zu verstehen. Es ist unerträglich, wenn die Theologie keine Abendmahlslehre zu entfalten vermag, welche der Gemeinde mitteilbar ist. Aber diese Lehre darf kein isolierter Bestand, kein sakramentaler „Rest" in einer im übrigen fortgeschrittenen Lehre sein, welche zu diesem Lehrstück nicht mehr stimmt.

Natürlich sind diese drei Forderungen, Einfachheit, Mitteilbarkeit an die Gemeinde und Wahrung des Lehrzusammenhanges keine nur auf dieses Lehrstück bezüglichen Forderungen. Sie gelten immer. Sie dürfen auch nicht als eine Zurücknahme des Wissenschaftscharakters der Dogmatik verstanden werden; denn es handelt sich nicht darum, daß jeder methodische Schritt auch dem „Laien" einsichtig sein könnte und müßte, und es handelt sich nicht darum, daß die Mitteilbarkeit gleichsam auf die intellektuelle Zurüstung keine Rücksicht mehr nehmen müßte. Es handelt sich nur darum, daß die Rücksicht auf die Gemeinde die Probe des Ertrages ist, die eventuell auch negativ ausfallen könnte, und daß die dogmatische Arbeit zur Gemeinde hin unbedingt offen sein muß.

Bevor wir uns den unumgänglichen historischen Fragen zuwenden, soweit sie hier zu kritischen Sachfragen werden, sei zum Vorverständnis vom Abendmahl der Gemeinde gesprochen, wie es sich uns phänomenal darstellt. Es handelt sich um eine unkritische und durchaus ungeschützte vorläufige Wahrnehmung der Sache.

1. Im heiligen Abendmahl versammelt sich die Gemeinde Jesu Christi zu ihrer innigsten Gemeinschaft, nämlich als Tischgemeinschaft. Sie folgt in diesem Mahl einer Stiftung, einem Testament ihres zum Himmel erhöhten Herrn und stellt sich im Empfang des Leibes ihres Erlösers selbst als ein Leib dar.

2. Jesus Christus, der dieses Mahl gestiftet hat, ist hier auch nach seiner Verheißung gegenwärtig und gibt sich selbst in diesem Mahl unter dem Brot und Wein, er gibt seinen Leib und sein Blut zur Vergebung für unsere Sünden.

3. Das heilige Abendmahl, das wir auf Erden feiern und hier auch wiederholen, ist ein Vorschmack des zukünftigen Freudenmahls. Die Gemeinde blickt in der Feier dieses Mahles über die Gegenwart hinaus auf den Tag, an dem sie sich ewig an Jesu Tisch sättigen darf.

4. Das heilige Abendmahl ist nichts ohne das Wort der Einsetzung, dessen Lautwerden zum Bestande der Begehung des Abendmahles unverbrüchlich gehört. Zugleich ist das heilige Abendmahl nichts ohne das Wort der Verkündigung. Christus bekennt sich zu seinem Wort. Was er uns verheißen hat, das wird uns in den irdischen Gaben verbindlich zugeeignet, den Gläubigen zum Trost.

Wenn ich so ein Vorverständnis entwickelt habe, dann habe ich auf innerprotestantische Konfessionsunterschiede keine Rücksicht genommen. Was ich hier entfaltet habe, das ist vielleicht mehr, als was bei den heute vielfach üblichen wahllosen Austeilungen an eine unbelehrte, ungesichtete und womöglich auch noch von der Austeilung überraschte, also unvorbereitete Gemeinde im Bewußtsein lebendig ist. Es ist vielleicht weniger, als der eine oder andere schon bei der Entwicklung eines Vorverständnisses dargelegt haben möchte. Denn wir haben ja die Unbefangenheit in der Sache weithin verloren. Immerhin meine ich, sei ein evangelisches Vorverständnis der Sache möglich. Diese Zuversicht nährt sich auch aus dem Umstand, daß die Reformatoren in einem großartigen regressus ad institutionem oftmals die ganze Beweislast der Sache auf den Ritus übertragen haben. Wenn nur das Abendmahl „richtig" bzw. „einsetzungsgemäß" gehandelt wird! Daher auch das immer wieder vordringliche Interesse am Wortlaut des Einsetzungsberichtes und an den exegetischen Fragen. Dürfen wir in diesem unverfänglichen Punkte Luther folgen – kaum werden da schon speziell konfessionelle Interessen verletzt – so handelt es sich um folgende fünf Grundzüge einer evangelischen Abendmahlshandlung.

1. Der Einsetzung entsprechend ist das Sakrament in beiderlei Gestalt zu reichen, sub utraque forma. Der Kelchentzug der römisch-katholischen Kirche wird verpönt.

2. Die Gegenwart Christi im Sakrament beruht allein auf seiner Zusage. Deshalb werden die Einsetzungsworte laut, nämlich als Evangelium, als promissio gesprochen oder gar gesungen. Die Gegenwart des Herrn im Sakrament beruht nicht auf der priesterlichen Vollmacht des Celebrans oder auf der Rechtmäßigkeit des Ritus.

3. Dementsprechend ist die sakramentale Gegenwart Christi auch an den Zweck gebunden, nämlich an das Essen und Trinken. Das Sakrament hat keine anderen Zwecke, wie z. B. die Anbetung. „Extra usum" ist keine sakramentale Gegenwart.

4. Auch die Frucht des Sakraments ist nach der Einsetzung zu bestimmen: das Gedächtnis des Herrn, Anamnese nach dem lukanischen Langtext und nach Paulus, Sündenvergebung nach dem Mt-Text, Ausblick auf das Mahl in der Ewigkeit.

5. Dabei ist das lebendige Wort nicht zu verdunkeln und nicht zu verschweigen. Das Abendmahl darf die Predigt nicht verdrängen.

So setzt der Abendmahlsbrauch dem Abendmahlsglauben einen deutlichen Rahmen. Es sind zwei Formen des Vorverständnisses, die ich hier umrissen habe. Ist dieses Vorverständnis nun vom Ursprung des Abendmahles her begründet oder bedarf es der Korrektur? Kann die christliche Gemeinde der Gegenwart bei ihrem Abendmahl die Zuversicht haben, auf dem rechten Wege zu sein? Und wie hat die dogmatische Rechenschaft vom Herrenmahl auszusehen, wenn sie die historische und konfessionelle Belastung durchstoßen will, welche in so hohem Maße den Zugang zum Abendmahl verstellt?

## 2. *Der Ursprung des Abendmahles*

Das zunächst relativ einfache, vom Ritus her gesehen auch verhältnismäßig einheitliche Bild des Abendmahles der heutigen evangelischen Gemeinde ist von einer doppelten Schicht verwirrender Problematik überlagert. Es ist einmal die Frage des geschichtlichen Ursprunges. Ist das Gründonnerstagsmahl eine auf Wiederholung durch die spätere Gemeinde angelegte Handlung gewesen? M. a. W.: Hat Jesus durch einen Wiederholungsbefehl unser heutiges Abendmahl „eingesetzt"? War das erste Abendmahl ein Passamahl oder nicht? Wie sind die Elemente nach den biblischen Texten einzuschätzen und zu deuten? Diese Fragen wiederholen sich z. T. in der kirchlichen Debatte, welche den zweiten Problemkreis darstellt. Durch die Abgrenzung der reformatorischen gegen die römisch-katholische Sakramentslehre, und dann natürlich durch die innerprotestantische Auseinandersetzung sind Kategorien und Fragestellungen in die Abendmahlslehre eingeführt worden, ohne die man sich seither eine Abendmahlstheologie gar nicht mehr vorstellen kann. Gleichzeitig sind durch die einseitige Bindung des Interesses in den Abendmahlsstreitigkeiten Verengungen des Blickes und Verluste ursprünglicher Gedanken eingetreten. Sind wir an diese begrifflichen und gesamttheologischen Voraussetzungen der vorangegangenen Generationen unweigerlich gebunden? Ist es möglich, das eigentliche und berechtigte Anliegen der Väter von der Belastung überlieferter Formeln und vielleicht sogar Fragestellungen zu befreien und in neuer Gestalt sichtbar zu machen? Diese Frage, welche sich zunächst nur in bezug auf die konfessionelle Debatte ergibt, hat ihre unverkennbare Bedeutung auch für die erstgenannte Schicht exegetischer Probleme; denn es verbergen sich ja in dem Mantel „rein" historischer Fragen und Antworten in aller Regel dogmatische Vorurteile. Welche Kompetenz hat aber die Dogmatik gegenüber der historischen Fragestellung? Sie jedenfalls nur als kritische Dogmatik auch eine kritische Kompetenz.

Die historische Frage ist wichtig und unumgänglich, weil das Ursprüngliche das Gegenwärtige deuten soll. Das setzt voraus, daß das Ursprüngliche als solches klar erkennbar ist, daß vor allem die historische Forschung keine Modernisierung vollzieht. Es setzt aber ebenso voraus, daß das Ursprüngliche im Gegenwärtigen erkennbar ist. Gewiß ist das Gegenwärtige dem Ursprung gegenüber das Spätere. Begründet und trägt aber das, was wir im historischen Sinne vom Ursprung zu wissen meinen, vollgenugsam unseren heutigen Abendmahlsbrauch? Ich darf etwa daran erinnern, daß die historisch viel erörterte Frage, ob das Gründonnerstagsmahl Jesu mit seinen

Jüngern ein Passamahl gewesen ist, für die Abendmahlsfeier der heutigen christlichen Gemeinde nahezu nichts beiträgt. Und doch ist es eine Frage des historischen Ursprunges. Ebenso vermag die Frage nach der Heilsbedeutung des Abendmahles durch die Prädestinationslehre stärkstens berührt zu werden, obwohl sie in der historischen Fragestellung – wenn überhaupt der Begriff des Historischen noch einen Sinn haben soll – nicht enthalten ist.

Wir wenden uns damit der eigentlichen Ursprungsfrage zu, also der historischen Frage nach dem Anfang des Abendmahles im Neuen Testament. Diese historische Frage ist eine Frage an die Texte. Und diese Texte bieten keinen einheitlichen Ausgangspunkt für unsere geschichtliche Betrachtung. Denn neben und noch vor den eigentlichen Einsetzungsberichten sind die neutestamentlichen Speisungsgeschichten heranzuziehen, ohne daß wir uns in diesem Zusammenhang auf bestimmte Thesen über die Genealogie dieses Abendmahlstypus festlegen, ob es sich also hier um einen „jerusalemischen" im Unterschied von einem „paulinischen" Typus (Lietzmann) oder um einen „galiläischen" gegenüber einem „palästinischen" Typus (Lohmeyer) handelt. Eine zweite Erschwerung liegt freilich abgesehen von der Uneinheitlichkeit des Ausgangspunktes darin, daß die Texte des Neuen Testamentes ja das Abendmahl des Neuen Testamentes gar nicht begründen, sondern daß sie sich auf etwas beziehen, was längst in Übung war. Auch die Einsetzungsberichte berichten, nicht ohne theologische Reflexion, über etwas, was man allenthalben feiert, und sie sind der tatsächlichen eucharistischen Praxis gegenüber durchaus sekundär. Daher erklärt sich der unübersehbare Einfluß der Liturgie auf die Gestaltung der Texte. Dieser Einfluß zeigt sich in einer Rückprojektion des eucharistischen Ritus in die evangelischen Berichte: Jesus erscheint als der Celebrans, was von ihm berichtet wird, entspricht sogar in den Evangelien von der Brotvermehrung (Mk 6,32—44 par; Mk 8,1—10 par) genau dem priesterlichen Handeln am Altar, bzw. dem Wortlaut der ältesten bekannten Einsetzungserzählungen der Liturgie: er nahm das Brot, sah auf zum Himmel, dankte, brach ... und gab ... Mk 8,9 ist sogar eine „liturgische Entlassung" erwähnt.

In diesem Zusammenhang ist zunächst auf die synoptischen Speisungsgeschichten hinzuweisen. Die Speisung der Fünftausend ebenso wie die Speisung der Viertausend werden in allen Evangelien so erzählt, daß in der Mitte des Berichtes die eucharistische Formel steht (Mk 6, 41 = Mt 14, 19 = Lk 9, 16; Joh 6, 11; Mk 8, 6 = Mt 15, 36). Es ist ferner zu erinnern an die Brotworte, die einen eucharistischen Bezug erkennen lassen, sei es zum messianischen Mahl im Reiche Gottes (Lk 14, 15), sei es zu Jesus selbst (Mk 8, 14 par; vgl. 8, 5). In anderer Weise dürfte auch an die Schilderungen des messianischen Mahles erinnert werden, die in der Ausmalung der eschatologischen Freude in der Gegenwart des Herrn eucharistische Züge tragen: Mt 22, 2–10 (hier sind im Unterschied zu den einladenden „Knechten" bei der Mahlfeier selbst „Diakone" tätig) und Lk 14, 16–24, sowie Mt 25, 1 bis 13, wo wenigstens die „verschlossene Tür" (V. 10, vgl. Joh 20,19 u. 26!) einen liturgischen Anklang enthält. Lk 24, 30 f. wird die Mahlszene in Aufbietung der eucharistischen Formel zum Erkennungszeichen des Auferstandenen für die Jünger; Joh 21, 13 f. ebenso.

Diese urchristliche Mahlfeier ist die sinnbildliche Vorwegnahme des messianischen Mahles; denn die eucharistischen Bezüge können aus den Texten nicht weggedacht werden, ohne diese zu entstellen. Die Gemeinde versammelt sich zur Tischgemeinschaft in der Gewißheit, daß der Auferstandene die Verheißung seiner Gegenwart bei den in seinem Namen Versammelten (Mt 18,20) erfüllen und in der Tischgemeinschaft den Seinen Anteil an seinem Reiche gewährt (Lk 5,30; 15,2). Will man diese urchristliche Mahlfeier im Blick auf die spätere Abendmahlsproblematik kennzeichnen, so ergeben sich folgende Beobachtungen:

Die urchristliche Mahlfeier ist ohne Passabeziehung;
sie ist ohne Bezug auf irgendeine „Einsetzung";
sie erwähnt zwar — in den Speisungsgeschichten neben den Fischen — das „Brot", läßt aber keinerlei Betonung der „Elemente" erkennen.

Der Grundcharakter ist eschatologisch: er ist es sowohl im Gleichnis wie auch im Vollzug des messianischen Freudenmahles in der Gemeinschaft mit dem erhöhten Herrn.

Es scheint doch so, als ob in dem „Brotbrechen", von dem die Apg (2,42.46; 20,7.11; 27,35), aber auch Paulus 1 Kor 10,16 sprechen, eben diese älteste Mahlfeier bezeichnet ist (welche Paulus als bekannt voraussetzt und dann im Sinne seines Abendmahlsverständnisses deutet).

Ich übergehe in diesem Zusammenhang Einzelheiten wie die Frage nach der Lokalisierung dieses Typus, ob er jerusalemisch (Lietzmann) oder galiläisch (Lohmeyer) ist, und die Frage einer möglicherweise kelchlosen Mahlfeier. Vor allem mag in unserem Gang der Überlegungen das Problem auf sich beruhen, ob man sich diese urchristliche Mahlfeier in der frühen Kirche neben der Wiederholung des Gründonnerstagsmahles oder im Übergang dazu vorstellen muß, ob also das eine in den „Agapen", das andere in der frühchristlichen Eucharistiefeier sich fortsetzt. Es kommt mir hier nur darauf an, daß wir eine ältere Schicht einer eucharistischen Überlieferung wahrnehmen, so daß wir grundsätzlich mit unserer historischen Frage nach dem Ursprung des Abendmahles nicht erst und nicht unreflektiert bei den Einsetzungsberichten beginnen können.

Zur historischen Frage: W. Heitmüller, Taufe und Abendmahl im Urchristentum, 1911 – H. Lietzmann, Messe und Herrenmahl, (1926) 1955³ – A. Arnold, Der Ursprung des christlichen Abendmahls im Lichte der neuesten liturgiegeschichtlichen Forschung, 1937 – E. Käsemann, Das Abendmahl im Neuen Testament, im Sammelband „Abendmahlsgemeinschaft", 1937, 60 ff. sowie: Anliegen und Eigenart der paulinischen Abendmahlslehre (1948), in „Exeget. Versuche etc." 11–34 – W. v. Loewenich, Vom Abendmahl Christi, 1938 – H. Sasse, Das Abendmahl im Neuen Testament, im Sammelband „Vom Sakrament des Altars", 1941, 26 ff. – J. Jeremias, Die Abendmahlsworte Jesu, (1935), 1965⁴ (Lit.) — Zusammenfassend Art. Abendmahl, RGG I, 10–51 (Lit.).

Bei den eigentlichen Einsetzungsberichten handelt es sich um vier Texte: Mk 14,22–25; Mt 26,26–29; Lk 22,15–20 (hier bietet allerdings Kodex D, und ihm folgend die altlat. Bibel in vielen Handchriften einen Kurztext 15–19 a) und 1 Kor 11,23–25. Diese Texte haben zunächst, von allen Differenzen untereinander abgesehen, einen gemeinsamen Sinn. Sie begründen das Abendmahl der Gemeinde Jesu in dem letzten Mahl, das Jesus vor seinem Tode am Gründonnerstag mit seinen Jüngern gehalten hat. Dadurch erhält die Mahlfeier der Gemeinde, die Vorwegnahme des messianischen Mahles, eine unlösliche Beziehung zum Tode Jesu. Der Tod Jesu ist für die Teilnehmer an diesem Mahle geschehen, und die Frucht seines Sterbens wird ihnen im Essen des Brotes und im Trinken aus dem Kelche zugeeignet. In dieser Tischgemeinschaft mit Jesus erfährt die Gemeinde die Bestätigung des neuen Bundes Gottes mit seiner Gemeinde. Was sich hier ereignet, endet nicht mit dem Sterben Jesu am anderen Tage, sondern greift in die Zukunft und gilt von der Gemeinschaft mit dem Erhöhten, wie denn auch die Gabe des Abendmahles, nämlich die Frucht des Sterbens Jesu die gleiche bleibt wie beim ersten Mahle.

Dieses einheitliche Bild des gemeinsamen Sinnes der Texte muß festgehalten werden angesichts der vielen Probleme, welche die historische Forschung aufgeworfen hat. Diese Probleme sind durch die Differenzen begründet, welche sich beim eingehenden Vergleich der Texte ergeben. Wie schon erwähnt, mag das liturgische Handeln rückwirkend auf die Textgestalt eingewirkt haben, etwa in der zunehmenden Parallelisierung der Behandlung und Deutung von Brot und Kelch (Mt und Lk-Langtext). Möglicherweise spielt die Arkandisziplin eine Rolle (so nach J. Jeremias bei der Verkürzung des Lk-Textes und bei dem Verschweigen der Abendmahlsworte im 4. Evangelium). Daß das Selbstverständliche nicht allenthalben erwähnt wird, mag das Fehlen des Wiederholungsbefehles bei Mk und Mt erklären. Wie weit reicht der Einfluß hellenistischen Denkens bei der Einschätzung der Abendmahlselemente durch Paulus? Das Gewicht dieser Fragen verstärkt sich durch die Eintragung späterer kirchlicher Lehrdifferenzen in die Auslegung des Textes, es verstärkt sich durch die Überschätzung der theologischen Folgen religionsgeschichtlicher Beobachtungen. Das hebt das Gewicht der Probleme nicht auf. Sie gründen in der Tatsache, daß das Abendmahl in seinen Ursprüngen an der Zwielichtigkeit des Historischen teilhat. Die Berichte kommen dem naiven Bedürfnis nach einer eindeutigen und durchsichtigen Erzählung, wie es gewesen ist, nicht entgegen.

Abgesehen von den schon hervorgehobenen Gesichtspunkten ist es zunächst die Frage der „Einsetzung". Daß Jesus die Feier der Eucharistie eingesetzt habe, war der Urkirche nicht zweifelhaft. Allein dadurch wird die Frage des Wiederholungsbefehles relativ. Er findet sich nur bei Paulus (beim Brot- und Kelchwort) und im Langtext des Lk (von Paulus übernommen?). Er fehlt bei Mk und Mt sowie im lukanischen Kurztext. Er ist wohl sekundär, zumal er auch als „Rubrik", d. h. als liturgische Anweisung nicht Bestandteil des liturgischen Textes selbst war (Jeremias). Er ist aber ein sachgemäßer Kommentar zur Einsetzungserzählung.

Wenn Paulus 1 Kor 11, 23 ff. sich für seinen Bericht über die Einsetzung auf die Tatsache beruft, daß er ihn „von dem Herrn empfangen" habe, so ergibt sich die Frage, ob er hiermit für seinen Bericht einschließlich der zweimaligen Wiederholungsformel sich auf eine bis auf den Herrn selbst zurückreichende Tradition berufen will (Jeremias) oder ob er eine ihm persönlich widerfahrene Offenbarung geltend macht. Dies die These Lietzmanns, Messe und Herrenmahl 255, ermäßigt vertreten durch Käsemann, Abendmahlsgemeinschaft? 81 ff. Im Sinne des letzteren bedeutet das dann, daß für die an sich schon in Kraft befindliche Abendmahlstradition zusätzlich noch unmittelbare Offenbarungsautorität beansprucht werden kann, daß also der Erhöhte insofern das Abendmahl „eingesetzt" hat. Die Frage nach der „Einsetzung" ist nach dieser Auffassung dann kaum anders zu beurteilen als es bei der Taufe der Fall ist.

Mit der Wiederholungsformel verbindet sich bei Paulus und im lukanischen Langtext der Zusatz: „ihr tut dies zu meinem Gedächtnis". Paulus selbst fügt der Einsetzungserzählung noch den Satz hinzu, der in ähnlicher Weise vom Indikativ zum Imperativ hinüberspielt: „Denn sooft ihr dieses Brot esset und diesen Kelch trinket, verkündigt ihr den Tod des Herrn, bis er kommt" (V. 26). Es ist die Proklamation der in Jesu Tod zum Heil der Gemeinde sichtbar werdenden „neuen eschatologischen Heilsordnung" (Käsemann), die schon in den ältesten liturgischen Texten in unmittelbarem Anschluß an das eucharistische Hochgebet, bzw. in dessen Vollzug am Ende in einer Credo-artigen Aufzählung der Heilstatsachen laut wird. Die feiernde Gemeinde erinnert sich selbst in der „Anamnese" an die Fülle des Heiles, das sie von ihrem Herrn erfahren hat und dessen Früchte sie hier empfängt.

Die vielerörterte Frage, ob das letzte Mahl Jesu mit seinen Jüngern ein Passamahl war oder nicht, wird unentschieden bleiben müssen. Die synoptische Tradition spricht sich in den (sekundären) Zurüstungsberichten (Mk 14,12–16 par) im Sinne eines Passamahles aus. Die johanneische Tradition läßt nichts davon erkennen. Das kann freilich indirekt insofern einen Passabezug in sich schließen, als Jesu Tod nach der, möglicherweise theologisch begründeten Chronologie auf die Stunde verlegt wird, in der die Passalämmer geschlachtet werden. Die Gründe, die für und gegen den Passacharakter des letzten Mahles Jesu sprechen, halten sich die Waage und lassen sich nicht entscheiden. Wichtiger ist, daß das völlig Neue des Abendmahles sich vom Passa her gar nicht erklärt und die Deutung des Abendmahles auf den Bezug zum Passamahl gar nicht angewiesen ist. Selbst wenn man den Bezug festhält, läßt er sich kaum zu einem wesentlichen Gedanken der Abendmahlstheologie machen. Jesu vereinzelte Bezeichnung als „Osterlamm" (Passa, für uns geschlachtet 1 Kor 5,7) ist ohne Abendmahlsbezug, wie auch die Opfertheologie (bes. Hebr 9,23.26; 10) keinen Bezug auf das Abendmahl erkennen läßt. Selbst das „neue Testament" (die neue Diatheke, 1 Kor 11,25 vgl. Mk 14, 24 par), die (mit Käsemann) kaum als „Bund" interpretiert werden darf, hat ja, selbst wenn sie als Bund richtig interpretiert wäre, dann nicht das Passa, sondern den Sinaibund zur Entsprechung, was hier keinen Sinn ergibt. Die Frage ist somit historisch schwer lösbar, sie ist dogmatisch ohne Bedeutung.

Von unverhältnismäßig größerem Gewicht ist hingegen die Frage der Elemente. Schon innerhalb des Neuen Testamentes zeigt sich, vom „urchristlichen Abendmahl" hin zu Paulus eine Entwicklung, die sich in der Dogmengeschichte fortsetzt: Die Elemente werden wichtig. „Nicht einer Feier, die entbehrt, sondern einer, die gewährt, gehört die Zukunft der Kirche" (Graß). Das Abendmahl wird zur Gabe an die Gemeinde. Das tritt in den Einsetzungsberichten dadurch hervor, daß Jesus offenbar nicht selbst ißt und trinkt, sondern nur gibt. Für Paulus ist das Abendmahl das Sakrament der realen Gegenwart des erhöhten Herrn. Was Jesus einst gab, gibt er noch heute in nicht geringerem Maße. Das führt zur Frage nach den Deuteworten und ihrem Sinn. Sie begleiten, in liturgischer Parallelität, die Darreichung des Brotes und des Bechers. Mindestens für Paulus bilden Brot und Kelch eine sakramentale Einheit. Dennoch ergeben sich bei genauerem Zusehen Differenzen und daraus abfolgend historische Probleme; denn das Brotwort ist wohl für sich allein zu interpretieren, während der Kelch in andere Begriffszusammenhänge verweist. Das Lamm wird überhaupt nicht erwähnt. Bei der Erklärung des Brotwortes ist im Gegensatz zu der späteren Sakramentstheologie davon auszugehen, daß Symbolik und Realität keinen Widerspruch in sich schließen, sondern eine Einheit bilden können, daß also mit den überlieferten Unterscheidungen von „ist" und „bedeutet" die Deuteworte nicht hinreichend ausgelegt werden können. Der Satz „Das ist mein Leib" meint ursprünglich „Das bin ich selbst". Jesus macht das gebrochene Brot zum Gleichnis seines Leibes, den er für die Seinen in den Tod geben wird. Indem er dieses Brot darreicht, bringt er zum Ausdruck, daß die, die es empfangen, von seinem dahingegebenen Leibe, d. h. von seinem in den Tod gegebenen Leben ihr Leben haben. Offenbar steht im Gedanken des Herrenmahles das Brot im Vordergrund. Darum schließt sich 1 Kor 10,16 f. auch die Begründung der Einheit des Leibes Christi, nämlich der Gemeinde, an den Hinweis auf die Gemeinschaft des Leibes Christi in der Eucharistie an, in auffälliger Umkehr der sonst üblichen Reihenfolge von Brot und Kelch. Auch der Ausdruck Brotbrechen für das Herrenmahl wie die Brotrede Joh 6, die ja keine Weinrede als Parallele hat, deutet darauf hin. Dem steht gegenüber, daß das Kelchwort, das im lukanischen Kurztext überhaupt fehlt, bei Paulus und im Lk-Langtext vom eigentlichen Mahlbericht auffällig abgerückt erscheint („nach dem Mahl"), ja daß es bei Mk sogar als ein nachträgliches Wort erscheint, nachdem die Jünger bereits aus dem Becher getrunken haben. Der eschatologische Ausblick, bei Lk der Einsetzungserzählung voraufgehend, bei Mk und Mt ihr folgend, findet sich nur in Zusammenhang mit dem „Trinken vom Gewächs des Weinstocks", so daß sich der Gedanke nahelegt, daß mit dem „Becher" ursprünglich eigene Deutungen verbunden sind. Die förmliche Identifikation des Kelches mit dem Leiden (Mt 20,22 par; 26,39; Joh 18,11) mag in entfernterem Bezug zu unserem Problem stehen Wenn aber die Bundestheologie zur Deutung des Abendmahles aufgeboten werden soll, dann kann sie schwerlich daran vorübergehen, daß dieser neue Bund wie einst der alte und erste in dem vergossenen Blut des Bundesopfers besiegelt wird.

Als endlicher Sinn ist aber doch festzuhalten, daß die beiden Gaben des Herrenmahles in zunehmender Weise, bei Paulus an beiden Stellen 1 Kor 10,16 und 11,23—25, in eine reine Parallele treten. Sie bezeichnen dasselbe. Sie sind weder unter sich in ihrem Sinn verschieden, noch ist es ein zulässiger Gedanke, daß sie als verschiedene „Sachen" von dem verschieden und unterschieden sind, der sie gibt. Sie „bedeuten", d. h. sie „sind" die Zueignung des Opfers Christi an die Seinen, wer sie empfängt, empfängt die Teilhabe an dem für uns in den Tod gegebenen Leben des Herrn.

So ist gewiß der Opfergedanke der tragende Grund des Herrenmahles. Er wird unterstützt durch die unübersehbare Symbolik. Das Brot wird gebrochen, wie der Leib gebrochen wird, den Jesus in den Tod gibt. Und die rote Farbe des Weines („für das Passamahl war Rotwein Vorschrift", Jeremias 29) versinnbildlicht das Blut. Die spätere Opfertheologie in der Sakramentslehre hat diese Symbolik überschritten, indem sie lehrte, daß in jeder Eucharistiefeier ein Opfer vollzogen wird. Von den „dargebrachten" Gebeten und den „dargebrachten" Gaben für die Eucharistiefeier war es nur ein Schritt bis zur förmlichen Lehre vom „Priester", der das Opfer Christi in unblutiger Weise wiederholt. Demgegenüber – und auch manche evangelischen Theologen spielen mit dem Gedanken eines Opfermahles (z. B. R. Prenter) – haben die Reformatoren einhellig hervorgehoben und festgehalten, daß das Opfer, das uns im Herrenmahl zugeeignet wird, die Hingabe des Lebens Christi am Kreuz ist, und daß uns dieses Opfer im Abendmahl nur zugeeignet wird. Daß die reformatorische Ablehnung einer vermessenen Opfertheorie freilich dann zu einem Verlust der Symbolik geführt hat, so daß auch das Brechen des Brotes in der Darreichung unterlassen wird, stellt eine Verarmung der Abendmahlshandlung im heutigen Protestantismus dar.

Zusammenfassend ist im Rückblick auf die Probleme des Ursprunges des Abendmahles Folgendes zu sagen. Die Kirche hat von Anfang an weder die Varianten der Einsetzungsberichte noch die sich darin abzeichnenden besonderen Deutungsmöglichkeiten als miteinander unvereinbar empfunden. Der Reichsgedanke, die Stiftung eines neuen Bundes, die „Synaxis" (Vereinigung) der Gemeinde im Herrenmahl, der Bekenntnischarakter der Teilnahme, vor allem auch das bei Paulus hervortretende Anliegen der persönlichen Heilszueignung an den einzelnen, das alles verbindet sich zu einer Abendmahlstheologie und begründet den Brauch des Abendmahles in der Kirche.

## 3. Die kirchliche Problematik

Die kritische Forschung kann den Blick auf das Abendmahl ebenso erhellen wie verstellen, wenn der Anschein erweckt wird, daß der Grundsinn des Herrenmahles nur noch der gelehrten Forschung zugänglich ist. Mehr noch gilt das von der Dogmen- und Theologiegeschichte, vor allem der Reformationszeit, wo die anfängliche Unbekümmertheit in Sachen der beiden Sakramente einer besorgten Gründlichkeit in begrifflichen Abgrenzungen gewichen ist und die Lehraussagen durch polemische Formulierungen und Sicherungen nur noch dem Kundigen zugänglich werden. Die dogmatische Rechenschaft sieht sich hier vor besondere kritische Aufgaben gestellt. Es sind vorweg zwei Gründe zu nennen, durch welche sich diese schwere Belastung der Abendmahlslehre ergeben hat. Es ist einmal die Verengung des Interesses auf die Fragen des individuellen Heiles, d. h. des richtigen Abendmahlsempfanges und des richtigen Abendmahlsglaubens. Daß es sich dabei tatsächlich um eine Verengung handelt, geht daraus hervor, daß sich die Frage nach dem rechten Abendmahlsglauben der Sache nach als eine Frage nach der Beurteilung der Elemente darstellt. Wie ist der modus praesentiae von Leib und Blut Christi in den Elementen richtig zu bezeichnen, d. h. zu denken und dementsprechend zu glauben? Schon die mittelalterlichen Auseinandersetzungen über das Abendmahl führen zu begrifflichen Definitionen des modus praesentiae und zu genauen Abgrenzungen gegen irrige Lehren. Das führt aber sofort zu dem zweiten Grunde einer Belastung des Abendmahlsverständnisses durch die kirchliche Problematik. Die Antworten erscheinen im Gewande der zeitgenössischen Philosophie. Das gilt nicht nur von den ontologischen Kategorien von Substanz und Akzidenzien, ohne die die römisch-katholische Transsubstantiationslehre nicht verständlich ist. Es gilt auch von den Formeln der Reformationstheologie, es gilt mehr noch von den damals modernen Begriffen der Spiritualisten, von „geistlich", „tropisch", von „Symbol" und „Zeichen" usw. Ja, man kann fragen, ob nicht der Grund der Überlegenheit Luthers über seine Gegner, die an der Lokalisierung des himmlischen Leibes Christi interessiert waren und daran festhielten, ganz wesentlich in seiner weltanschaulichen Einsicht lag, daß auf göttliche Dinge die physikalischen Raumvorstellungen nicht angewendet werden können. Freilich hat auch er diese grundlegenden Einsichten in seiner Weise mit göttlicher „Physik" merkwürdig verwoben. – Diese metaphysischen, oder sollen wir sagen: weltanschaulichen Kategorien können keine dauernden Stützen des Abendmahlsverständnisses sein. Sie müssen, sie mußten veralten; aber sie haben gerade in dieser Zwangsläufigkeit ihres Hinfallens die Kirche in eine große Verlegenheit versetzt. Diese Verlegenheit wächst nicht nur angesichts des neuzeitlichen Weltverständnisses von Tag zu Tag, es vervielfacht sich noch angesichts der jungen Kirchen, bei denen die alte abendländische Metaphysik ja nicht einmal ein Kapitel der eigenen, wenn auch vergangenen Geistesgeschichte mehr darstellt, sondern wo hier nur noch Fremdheit empfunden werden kann.

Über die Abendmahlslehre der Reformationszeit unterrichten die Lehrbücher der Dogmatik in unterschiedlicher Ausführlichkeit. An Spezialuntersuchungen und Gesamtdarstellungen nenne ich hier nur folgende: W. Niesel, Calvins Lehre vom Abendmahl, 1930 – ders., Die Theologie Calvins, 1957² – E. Wolf (Hrsg.), Abendmahlsgemeinschaft?, 1937 – H. Sasse (Hrsg.), Vom Sakrament des Altars. Lutherische Beiträge zur Frage des heiligen Abendmahls, 1941 – H. Graß, Die Abendmahlslehre bei Luther und Calvin. Eine kritische Untersuchung, 2., neubearb. Aufl. 1954 (Lit.). Die Frühphase der innerprotestantischen Streitigkeiten über das Abendmahl behandelt umfassend H. Gollwitzer, Coena Domini, die altlutherische Abendmahlslehre in ihrer Auseinandersetzung mit dem Calvinismus dargestellt an der luth. Frühorthodoxie, 1937 (Lit.). In den Quellen zur Konfessionskunde, Reihe B, Heft 5 hat H. Graß (Die evangelische Lehre vom Abendmahl, 1961) eine umsichtige und leicht zugängliche Dokumentation mit Kommentar vorgelegt. Zusammenfassend Art. Abendmahl II u. III, RGG I, 21–40 (Lit.).

Will man die Abendmahlslehre der Reformation, vorab Luthers, in ihren Intentionen recht verstehen, so ist es ratsam, von zwei Voraussetzungen auszugehen. Zunächst gilt für Luther: Das Abendmahl ist wichtig. Die Leidenschaft seines Kampfes für das Sakrament und die lange Reihe seiner Abendmahlsschriften von 1519 bis 1545 sprechen eine eindeutige Sprache. Und das andere: Das Abendmahl ist einfach. Es ist nämlich – das ist Luthers Grundintention – genauso zu verstehen und zu halten, wie es uns in den Einsetzungsberichten bezeugt ist. Beginnen wir beim letzteren, nämlich beim Ritus, wie ja auch die Augustana (VII) nur das „recte administrari" der Sakramente hervorkehrt. Wir erinnern an Bekanntes: Entscheidend sind die Einsetzungsworte in dem doppelten Sinne: sie allein gewährleisten, was das Abendmahl gibt; sie allein sind, laut und vernehmlich rezitiert, die gültige und mögliche Konsekration. Und sie allein bestimmen darüber, wie das Abendmahl zu vollziehen ist. Es ist nämlich auf jeden Fall in beiderlei Gestalt zu reichen, und es ist nichts, wenn es nicht gereicht und genossen wird. So schlicht, ja so äußerlich dieser Ansatz erscheinen mag, er ist von weittragenden Folgen. Er setzt nämlich implicite die priesterliche Vollmacht außer Kraft, die bis dahin die Gegenwart des Leibes Christi und seines Blutes in den Elementen gewährleistet hatte. Christus, der in den Einsetzungsworten als der Stifter des Sakramentes spricht, verbürgt sich selbst für seine Gegenwart. Darum auch in der Folgezeit das hartnäckige Bestehen Luthers auf dem wörtlichen Verstehen der Worte. Zunächst aber schließen nun diese Grundlagen des Abendmahlsverständnisses ebenso das Priestertum wie das Meßopfer in dem bisherigen Sinne aus. Indem ferner der Stiftungsbericht zur Norm ebenso der Handlung wie der Abendmahlstheologie erhoben wird, fällt die bisher geübte communio sub una, der Kelchentzug bei den Laien, unter die biblische Kritik. Aber nicht nur das. Wenn nun das ausgeteilte und empfangene Abendmahl das der Einsetzung entsprechende ist, dann verbieten sich auch die „Winkelmessen" von selbst, d. h. die privaten Messen, bei denen keine Gemeinde zugegen ist, um das Sakrament zu empfangen. Und wenn im Empfangen der Gabe des Abendmahles sein eigentliches Ziel liegt, dann können keine anderen Zwecke des Sakraments mehr gelten, wie etwa die Anbetung des eucharistischen Christus. Der Hostienkultus stürzt zusammen. Es stürzt aber auch alles zusammen, was mit dem Abendmahl noch den Gedanken einer eigenen Leistung verbindet und die Messe und ihre Feier zu einem Verdienst macht, das für irgendwelche Anliegen oder für Verstorbene dargebracht werden könnte (Votivmessen). Und das alles sind doch nur unmittelbare Konsequenzen aus der Voraussetzung, daß das Abendmahl einfach, nämlich von den Worten seiner Einsetzung her zu verstehen ist.

Aber es bleibt nicht bei diesen negativen Konsequenzen. Das Abendmahl ist Gabe. Diese Gabe ist zunächst schlicht die Sündenvergebung. Damit ist die Summe des Evangeliums verstanden. Darum ist die Gabe des Sakramentes nicht ohne das Wort denkbar, das den Glauben anredet und aufruft. Der Empfang ist nicht dinghaft, so sehr nun auch Luther die reale Gegenwart des Leibes und Blutes in den Elementen zum eigentlichen Mittelpunkt seiner Abendmahlstheologie gemacht hat. Die Realpräsenz rückt ins Zentrum und wird zunächst zum Gegenstand der heftigsten Auseinandersetzungen, in der Folge dann umgeben von einem Kranz von Theorien, von denen sich Luther und die alte lutherische Theologie zum Verständnis hilfreiche Argumente erhofft haben. Sie haben dann die Abendmahlslehre erst recht dem Verständnis der späteren Zeiten verstellt und das erste Anliegen Luthers, nämlich seinen einfachen Ansatz, nicht mehr erkennen lassen.

Die Abgrenzung des lutherischen Grundanliegens gegen die römische Theologie verlief im wesentlichen in der Weise, die ich beschrieben habe. Der wahre Leib Christi ist im Sakrament des Altars nicht kraft einer Verwandlung der Substanzen (Transsubstantiation) gegenwärtig, auch gilt seine Gegenwart nicht abgesehen von der Nießung, sie gilt nicht „extra usum". Eine solche Auslegung würde ja schon einen Verstoß gegen die Einsetzung bedeuten. Aber wie ist das nun genau zu denken und auszudrücken, daß wir im Abendmahl das corpus Christi verum empfangen? Die doppelte Front, in welche sich Luther hineingestellt sah, nötigte ihm und auch noch der späteren lutherischen Lehrbildung immer neue Formeln zur Verdeutlichung des richtigen Lehrbegriffes ab. Christi Leib und Blut sind ja nicht von den „Zeichen" getrennt, sondern mit ihnen verbunden, so daß von ihrer Gegenwart gilt, sie sei realiter, nicht spiritualiter („quod Dominus Iesus Christus vere, substantialiter, vivus in sacra sua coena praesens sit", SD VII, 6) und zwar hinsichtlich beider Naturen, der göttlichen und der menschlichen. Würde man das letztere leugnen, so könnte von einem Leib und vom Blut im Sakrament nur „figurate" die Rede sein. So hat das betonte »substantialiter« zugleich einen christologischen Sinn: es schließt auch für den erhöhten Christus, der im Abendmahl gegenwärtig ist, die Zweinaturenlehre ein. Und die communicatio idiomatum, kraft deren die menschliche Natur an den Idiomen der göttlichen teilhat (genus maiestaticum), trägt nun die Lehre von der Realpräsenz im Sinne der lutherischen Abendmahlslehre.

Ein förmlicher Schirm dogmatischer Negationen deckt sie ab gegen Mißverständnisse und Erweichungen. Die „unio sacramentalis", d. h. die Vereinigung von Christi Leib und Blut mit den irdischen Zeichen bzw. „Elementen" ist natürlich nicht als eine Wiederholung der uns aus der Christologie bekannten unio personalis zu verstehen, sondern sie ist eigener Art. Sie ist keine coniunctio durabilis extra usum, wie wir schon sahen. Sie ist auch nicht als eine Vereinigung zu einem dritten aufzufassen, das dann weder das eine noch das andere wäre (Consubstantiation).

Freilich hat der Begriff der Consubstantiation insofern keine Eindeutigkeit für sich, als sich Luther von 1520 an zur Konsubstantiationslehre bekannt hat (vgl. Graß, a. a. O. 58). Doch ist damit zunächst eine polemische Formel gegen die Transsubstantiation gemeint. Die Elemente werden nicht in die himmlischen „Substanzen" verwandelt, sondern sie bleiben erhalten, unerachtet dessen, daß Leib und Blut in ihnen gegenwärtig sind. Die später, auch noch in der FC verwendete klassische Formel des „in, mit und unter" den Elementen entspricht diesem ursprünglichen Ansatz.

Im Zuge der schützenden Negationen wird auch abgelehnt, daß Leib und Blut Christi in Brot und Wein eingeschlossen sind (impanatio). Dies ist um so weniger anzunehmen, als Luther ja, um den Gedanken der Realpräsenz zu ermöglichen, geradezu so etwas wie eine metaphysische Gotteslehre aufgeboten hat, nämlich die Lehre von der Allenthalbenheit der Rechten Gottes. Sie war ihm gewiß nicht ausschließlich zu eigen, aber er hat sie, in Verbindung mit der Lehre von der communicatio idiomatum, auch zugunsten der Allenthalbenheit (Ubiquität) der erhöhten menschlichen Natur aufgeboten. Vielleicht nicht zu allen Zeiten seines Lebens in der gleichen Emphase; und es hat einige Wahrscheinlichkeit für sich, daß dieses spekulative Argument dann von den schwäbischen Lutheranern noch vor die exegetischen Gründe zugunsten der Lehre von der Realpräsenz geschoben worden ist (so mit Gollwitzer, Graß, 60).

Die Negationen, mit welchen das corpus verum und das realiter adesse erhärtet wurden, gelten dann doch vorwiegend in exegetischem Zusammenhang: Das „est" in den Einsetzungsworten ist nicht figurate, metaphorice oder tropice aufzufassen. Damit soll die „Objektivität" der sakramentalen Gabe gesichert werden, die somit weder einer spiritualisierenden Deutung noch dem Subjektivismus anheimgegeben werden darf, als ob erst unser Glaube, unsere Zurüstung, unsere Würdigkeit das Sakrament konstituiere. Das hat dann dazu geführt, daß die Probe auf den Sakramentsrealismus an den harten Grenzfällen der manducatio oralis, dem mündlichen und eben nicht nur „geistlichen"

Essen, und an der manducatio impiorum durchgeführt werden sollte. Auch hier hat sich immer erneuter Widerspruch entzündet.

Überblickt man diese hier nur in den wichtigsten Umrissen abgezeichnete Abendmahlslehre Luthers und des alten Luthertums, so können aus den zu Eingang dieses Abschnittes angegebenen Gründen die kritischen Bedenken nicht zum Schweigen gebracht werden. Dabei können zwei Lehrgedanken aus unserer Betrachtung ausscheiden, die allerdings zuweilen die spätlutherische Abendmahlslehre stark belastet haben. Das eine ist die in der Orthodoxie aufgekommene, terminologisch wohl erklärbare Rede von der unio sacramentalis einer „res terrena" und „res coelestis". In dieser auch heute noch vereinzelt (E. Sommerlath) vertretenen Lehre von einer materia coelestis werden Leib und Blut Christi von Christus selbst unterschieden, als ob eine solche Unterscheidung den Rang der sakramentlichen Gabe womöglich noch erhöhen würde. Aber diese Lehre ist ohne Grund in Schrift und Bekenntnis, von anderen Argumenten abgesehen. In einem entfernteren Zusammenhang damit steht die Erneuerung der Lehre des Irenäus, daß der leiblich genossene Leib Christi auch für unseren Leib ein Nährmittel der Unsterblichkeit sei. Luther hat sich vereinzelt in diesem Sinne ausgesprochen (Graß, a. a. O. 106 ff.), ohne daß das lehrhafte Folgen gehabt hätte. Ebenso hat das Neuluthertum (vgl. Althaus, Chr. Wahrh. § 59, auch R. Prenter, Schöpfung und Erlösung, 472 f.) dieser Lehre zugeneigt. Es läßt sich aber nicht leugnen, daß wir mit derartigen Lehrmeinungen nicht nur an den Rand eines magischen Sakramentsverständnisses geraten, sondern daß derartige übersteigerte Deutungen auch die Grenzen überschreiten, die durch den Schriftgrund der Abendmahlslehre gezogen sind.

Nicht hier hat unsere Kritik ihre eigentliche Aufgabe. Vielmehr ist zunächst noch einmal an die anfangs schon erwähnte Einengung der Sakramentstheologie überhaupt zu erinnern. Diese Begrenzung auf die Fragen der persönlichen Heilszueignung und im engen Zusammenhang damit auf die immer weitläufiger werdenden Probleme der modus praesentiae entsprechen nicht dem ursprünglichen Gehalt der Überlieferung von der Schrift her. Aber auch innerhalb dieser Begrenzung ergeben sich Aporien. Dem „exegetischen" Streit über die Frage, ob das „est" als „significat" gedeutet werden darf, ist der historische Boden entzogen. Natürlich sind die Gaben des Sakraments nur „signa", und doch ist der Empfang dieser „Zeichen" zugleich unverbrüchlich der Empfang der damit bezeichneten „Sache". Von immer größerem Gewicht werden dann die kritischen Bedenken, wenn wir vor die Frage gestellt werden, wie es mit der Fortgeltung der ontologischen Argumente bestellt ist. Hier wird das religiöse Interesse auf die Schlüssigkeit einer für uns vergangenen Metaphysik gestützt. Ohne Frage waren diese Argumente für Luther mehr als für seine Gegner nur Hilfslinien, um sein eigentliches Anliegen, Christi wahrhafte und leibliche Gegenwart im Abendmahl, sicherzustellen. Aber das „finitum capax infiniti" der Lutheraner ebenso wie das gegenteilige „finitum non capax infiniti" stellen allgemeine metaphysische Prinzipien dar, die doch nicht in ihrer Allgemeinheit, sondern nur in ihrer einmaligen konkreten Anwendung Beweiskraft haben sollen. Die Ubiquitätslehre Luthers bringt ihn an den Rand pantheistischer Aussagen, und nur sehr subtile Unterscheidungen lassen ihn diese Konsequenz vermeiden. Sowohl die exegetischen als auch die ontologischen Argumente, die schon damals die Kritik herausgefordert haben, können heute nur noch den überzeugen, der keiner Überredung in dieser Sache mehr bedarf.

So ergibt sich die Frage, ob das eigentliche Anliegen Luthers mit seinen zeitgebundenen Argumenten dahingegangen ist. Sein Anliegen war es, daß wir im Sakrament des Altars unausweichlich von der Gabe Christi, nämlich von seinem für uns in den Tod gegebenen Leib und Blut, von seinem Opfer für uns erreicht werden. Sein Kampf galt allen Theorien, welche die Gegenwart des erhöhten Gottmenschen anderswohin verlegen als in den Akt, in die Handlung, wo wir ihn nach seinem Wort empfangen, weil er sich uns gibt. Darum hat er alle Spekulationen über eine andersartige Lokalisierung bestritten. Sein Kampf galt allen Spekulationen, die das Eigentliche dieser Begegnung in eine uneigentliche auflösen wollten, sei es eine „nur" geistliche oder eine Begegnung, die „eigentlich" gar nicht hier, sondern im Himmel stattfindet. Darum kam es auch zu den harten Formeln, die alle Vorbehalte beseitigen wollten, als ob doch der Glaube oder gar unsere Zugehörigkeit zu den Erwählten, von der wir nichts Sicheres wissen können, erst darüber entscheiden müssen, ob im Austeilen und Empfangen des Leibes und Blutes wirklich etwas geschieht. Denn wenn die Ungläubigen und Gottlosen „nichts" empfangen, dann ist das Sakrament und damit auch die Verheißung der Gegenwart in den Worten der Einsetzung nicht mehr gewiß. Darum die Lehre vom mündlichen Empfang, von der manducatio oralis, darum die Behauptung der manducatio impiorum. Sie kann den nicht verwirren, der das Sakrament in dem Verlangen nach Vergebung seiner Sünden empfängt, aber sie soll alle die trösten, welche noch zweifeln könnten, ob hier wirklich etwas geschieht, und soll zum Ausdruck bringen, daß in jedem Falle etwas geschieht, wo das Abendmahl nach dem Testament Christi ausgeteilt und gereicht wird.

Damit ist aber das Grundanliegen Luthers auf seinen religiösen Kern, auf das Interesse des Glaubens zurückgeführt und von den zeitbedingten Hilfslinien gelöst. Wie stellt sich nun nach dieser kritischen Besinnung für uns der Sinn des Abendmahles dar?

### 4. Der Sinn des Abendmahles

Wir stehen nun vor der Aufgabe einer positiven Darlegung. Es geht um den Ertrag der kritischen Überlegungen, ohne noch einmal zur Kritik zurückzukehren oder auf polemische Erwägungen einzugehen. Auch das konfessionelle Ressentiment ist kein guter Berater; denn kein konfessionelles Anliegen kann, weder hier noch in einem anderen Zusammenhang, beanspruchen, in einem höheren Maße geltend gemacht zu werden, als es uns unmittelbar zu überzeugen vermag. Freilich gibt es für das Abendmahl nun keine einzige und ausschließliche Formel. Es ist unsere Aufgabe, vom Sinn des Abendmahles einfach und zugänglich zu sprechen, aber das kann doch nur in mehreren Sätzen geschehen. Keiner dieser Sätze darf isoliert werden. Aber die Mehrheit solcher möglicher und notwendiger Sätze erklärt zugleich, daß es in der Kirche, sowohl in der Geschichte der Lehrbildung als auch in dem Verständnis und in dem gottesdienstlichen Brauch der Gemeinde immer verschiedene Akzentsetzungen im Verständnis des Abendmahles gegeben hat. Die Christenheit wird insgesamt lernen müssen, diese subjektiven Unterschiede innerhalb des großen Umschlusses der christlichen Wahrheit in der Liebe zu ertragen.

1. Das Abendmahl ist Kommunion. Das gilt im doppelten Sinne: es versetzt uns in die Gemeinschaft mit unserem Herrn Jesus Christus, und es stiftet Gemeinschaft unter den Christen. Die Einheit des Blutes und des Brotes begründet die Einheit der Gemeinde, die Einheit des Leibes Christi im Sakrament begründet die Einheit des Leibes der „vielen", die ihn empfangen (1 Kor 10,16 f.). Indem Jesus das Abendmahl „stiftet", stiftet er die Gemeinde des Neuen Testamentes. Die Gemeinde an Jesu Tisch ist Gemeinde schlechthin. „Union am Altar ist Union über alle Unionen" (Löhe). Durch die Einladung zu Jesu Tisch sind wir aufgerufen und in Anspruch genommen, und darum ist die Frage unserer Würdigkeit wohl begründet. Freilich ist die Beantwortung der Frage nach unserer Würdigkeit paradox, denn die Einladung schließt die nicht aus, die von den Hecken und Zäunen herbeigeholt werden, und Jesus macht sich zum Tischgenossen der Zöllner und Sünder. Die Teilnahme am Abendmahl ist auch Bekenntnis unseres Glaubens zum Herrn, der sich seiner Gemeinde dargibt und sie zu seinem Eigentume macht. Auch die Beschreibung des Abendmahles als „Synaxis", als Zusammentreten der Christen, als die Selbstdarstellung der Gemeinde, kann nicht an dem Glauben vorbeigehen und macht die Bekenntnisfrage, nicht im rechtlichen, sondern im unmittelbar persönlichen Sinne unausweichlich.

Luther hat im Abendmahlssermon von 1519 den Gemeindegedanken in die Mitte gerückt, und Calvin hat im Eingang seines Abendmahlskapitels in der Institutio (IV, 17) davon geradezu seinen Ausgang genommen.

2. Das Abendmahl ist Wort. Die augustinische Formel „verbum visibile" ist gemeinreformatorischer Besitz. Das Abendmahl sagt uns etwas. Es spricht uns die Vergebung der Sünden zu, und damit ist die Summe des Evangeliums gemeint. Es wendet sich als Wort an den

Glauben, und nur der Glaube empfängt die Frucht des sichtbaren Wortes im Sakrament. Es verkündet den Tod Jesu als Grund unseres Heiles und als Quelle des Lebens. Wir sind bei diesem Empfang ganz passiv. Wenn wir das Abendmahl als Wort verstehen, dann heißt das auch, daß es uns nichts sagen kann, was wir nicht auch durch das mündliche Wort gesagt bekommen können. Eine Theologie des Wortes ist niemals ein Widerspruch gegen den Brauch des Abendmahles und gegen das Verlangen nach dem Sakrament. Aber die Tatsache, daß dieses Wort in einer Handlung zu uns kommt, kann doch verhindern, daß wir die Berufung auf das Wort nur intellektuell verstehen. Das sichtbare Wort des Abendmahles ist zudem ja kein beliebiges Wort, sondern es ist inhaltlich bestimmt, es zieht einen Bogen von der Menschwerdung bis zur Wiederkunft, es erinnert an die Fleischwerdung des Wortes, an Jesu Sterben und an seine Gegenwart bei den Seinen. Es bindet auch die vergleichsweise freie, zur jeweiligen Aktualität und Weltlichkeit nicht nur berechtigte, sondern geradezu verpflichtete Predigt zuletzt immer wieder an einen Skopus, so daß wir sagen können, daß die Predigt der Kirche zwischen Taufe und Abendmahl geschieht.

Wenn nun diese Bezeichnung des Sakramentes als sichtbares Wort es mit der Predigt aufs engste zusammenschließt, dann ergibt sich doch die immer wieder gestellte Frage, was denn der Sinn dieser Sichtbarkeit eigentlich sei. Was enthält dann die sakramentliche Gabe als ein „Mehr", was ist das Überschießende, das die Gemeinde zum Sakrament führt und an ihm festhalten läßt? (Vgl. 21. Kap., Zusatz.) Hierauf sind, von allem naheliegenden Hinweis auf Befehl und Stiftung selbst – auf die sog. „necessitas praecepti" – abgesehen, zwei Antworten zu geben.

3. Das Abendmahl ist Zeichen. Es ist immer, nicht nur im Sprachgebrauch Melanchthons, in der Geschichte des Abendmahles üblich und richtig gewesen, auch vom signum zu sprechen. Das Abendmahl spricht unmittelbar zu uns durch seine Bildhaftigkeit, sagen wir unbekümmert: durch seine Sinnbildlichkeit. Denn in diesem Sprechen ist es eben „Wort". Der Symbolbegriff, vor allem in seiner modernen Einschränkung, trägt gewiß die Sakramentstheologie nicht. Aber er widerspricht ihr auch nicht. Er widerspricht ihr so wenig, daß sein Verschweigen das Sakrament geradezu verkürzt. Daß das Brot gebrochen wird, daß der das Blut sinnlich repräsentierende Wein uns gereicht und daß beides wie irdische Nahrung verzehrt wird, das spricht unmittelbar zu dem, der die Gabe empfängt. Das Abendmahl ist wesentlich Handlung, und alles, was diese Handlung würdig und deutlich macht, gehört sachgemäß zur Sprache des „sichtbaren Wortes".

4. Dann aber gilt, daß das Abendmahl wie die Taufe in ihrer Weise das mündliche Wort darin überbietet, daß es seinen Inhalt durch das leibliche Empfangen verbindlich macht und versiegelt. Hier war Luthers Interesse lebendig, und ich erinnere nur noch einmal an das

vorhin Gesagte. Ich kann, wenn ich empfangen habe, nicht mehr zweifeln, daß ich gemeint bin. Die Gabe kommt darin dem Glauben zuvor, stärkt und stützt ihn, wie es kein mündliches Wort vermag. Aber der Glaube ergreift und genießt, was ihm dargereicht wird. Es ist das Bedürfnis nach der Gewißheit des Heils, das sich mit dem Bekenntnis zur Gemeinschaft des Glaubens verbindet. Die Vergewisserung begründet auch das Besondere dieser Handlung. Und weil wir nach diesem Besonderen verlangen, darum werden auch die dargebrachten Gaben ausgesondert und über ihnen die Worte der Einsetzung gesprochen. Darum ist auch die Selbstprüfung geboten (1 Kor 11,27–31), ohne die wir die empfangene Gabe verunehren.

5. Zuletzt ist auch davon noch zu sprechen, daß die Gemeinde in der Handlung des Abendmahles den eschatologischen Ausblick nicht unterlassen kann. Sie überschreitet betend und lobsingend ihre Grenzen, die ihr durch die jeweilige Zusammensetzung, durch ihre augenblickliche Situation und durch die Bedingtheit ihres geschichtlich gewordenen Brauches gezogen sind. Sie streckt sich in die Zukunft aus. Ihr Glaube wandelt sich durch diesen Ausblick in die Hoffnung auf den Tag der Vereinigung mit ihrem Herrn. Die Abendmahlsliturgie, die besonders im Präfationsgebet wie in der Postcommunio das eschatologische Bekenntnis lautwerden läßt, gehört auch nach dem dogmatischen Urteil zum Vollgehalt der Abendmahlsfeier.

## 5. Dogmatische Fragen der Abendmahlspraxis

Das Abendmahl ist kein Theologumenon. Es ist lebendiger Gottesdienst der Gemeinde und gegenwärtige Handlung. Darum empfangen die dogmatischen Probleme des Abendmahles von der Praxis her ihre besondere Aktualität, die Praxis aber von der dogmatischen Überlegung her ihre Kritik oder auch ihr gutes Gewissen. Eine Theologie des Abendmahles, die vom lebendigen Brauch absieht, wird zur theologischen Spekulation; und eine nur im historischen Interesse befangene Abendmahlsfrage bleibt ohne Frucht für die Gemeinde. Aber eine besinnungslose Abendmahlspraxis gefährdet den Glauben und den würdigen Empfang des Sakramentes, wie auch das liturgische Bemühen um die Gestaltung der Abendmahlshandlung ohne dogmatische Kontrolle in der Gefahr ist, dogmatische Entscheidungen vorwegzunehmen, welche doch tiefer bedacht sein müssen.

Die aktuellen Fragen der Abendmahlspraxis sind nicht zu allen Zeiten die gleichen. Wenn die dogmatische Theologie sich auch gewiß nicht darin erschöpft, der Kirche in ihren aktuellen Lebensfragen zu dienen, so hat sie diese doch immer in ihre volle Verantwortung zu nehmen. Damit ist sie aber nicht auf die jeweils aktuellen Probleme beschränkt, sondern sie muß versuchen, diese Fragen in einem weiteren Umfang wahrzunehmen. Doch werden wir uns in unserem Zusammenhang nicht mit den historisch-liturgischen Fragen beschäftigen können, welche zeitenweise auch unter uns zu neuer Aktualität kommen mögen.

Ohne eigentliches dogmatisches Gewicht sind die Fragen der Kommunionsformen. Ob die Gemeinde das Abendmahl wandelnd oder sitzend empfängt, ob sie am Abendmahlstisch kniet oder steht, sind Fragen des Herkommens oder auch des Empfindens. Ob die Austeilung sich unmittelbar an die Rezitation der verba testamenti anschließen soll, etwa gar entsprechend Luthers Deutscher Messe so, daß unmittelbar an das Brotwort die Austeilung des Brotes, unmittelbar an das dann folgende Kelchwort die Darreichung des Kelches erfolgt, mag näher an die dogmatischen Fragen heranreichen. Die verba testamenti werden unmittelbar zur Spendeformel, und der Gedanke an eine zwischen der Konsekration und der Austeilung gültige Verwandlung der Elemente wird zurückgedrängt. Andererseits aber haben der Gesang des Agnus Dei und das Vaterunser – im Hinblick auf dessen vierte Bitte das sakramentale Tischgebet – nach den Einsetzungsworten ihren uralten Platz und schließen sich mit den auch als Gebet zu deutenden Einsetzungsworten – darum zum Altar hin gesprochen oder gesungen – zu einem einheitlichen eucharistischen Gebet am Tisch des Herrn zusammen. Hier ist kaum eine dogmatische Entscheidung zu erzwingen.

Die Epiklese, d. h. die Anrufung des Heiligen Geistes über den Gaben auf dem Altartisch, ist uralter Bestandteil der eucharistischen Gebete. Sie spielt in der liturgischen Theologie deswegen eine wichtige Rolle, weil die Orientalen ihr den eigentlichen Wandlungscharakter in der Messe beilegen. Auch in den Kanongebeten der römischen Messe finden sich Epiklesen oder doch Restformen derselben, aber sie sind ohne dogmatisches Gewicht, weil der Akt der Wandlung in der Mitte des Kanons, im Sprechen des „Qui pridie" des Priesters festgelegt ist. Eine Einführung der Epiklese in die evangelische Abendmahlsordnung, wie sie in neuerer Zeit gelegentlich in der liturgischen Bewegung in Vorschlag gebracht worden ist, muß aber immer auf das Bedenken stoßen, daß die Epiklese bei den Orientalen ihren hohen Rang vom Dogma der Transsubstantiation (μετουσίωσις) empfängt und auf Umwegen die evangelische Abendmahlsfeier eben zu diesem Dogma zurückführen würde.

Auch das Brot des Abendmahles hat zeitenweise zu Auseinandersetzungen Anlaß gegeben. Die Orientalen lehnen seit alter Zeit die Verwendung des ungesäuerten Brotes (ἄζυμον) als judaistisch ab und verwerfen den römischen Brauch der Hostien (F. Kattenbusch, Die orthodox-anatolische Kirche, 1892, 419). Die reformierte Kirche hat von Anfang an gesäuertes Brot verwendet, und die Lutheraner, welche dem römischen Brauch der Hostien gefolgt waren, haben in der Folgezeit die Einführung des gesäuerten Brotes als kryptocalvinistisch verdächtigt. Damit verband sich eine Erörterung über das „Brechen" des Brotes, die fractio panis, welche die Reformierten unter Berufung auf die Einsetzung übten und üben, die Lutheraner aber in Erinnerung an das priesterliche Opferhandeln in der Messe unterließen. Es sind Adiaphora. Und so betrachtet sollten hier keine Ressentiments gepflegt werden, sondern man sollte Wege finden, in Annäherung an die Einsetzungsberichte dem Sakrament auch den Vollgehalt seiner Gleichnissprache zurückzugeben.

Zur liturgiegeschichtlichen Seite des Problems: P. Graff, Geschichte der Auflösung der alten gottesdienstlichen Formen in der evangelischen Kirche Deutschlands I², 1937 – Leiturgia I, 220 ff.; II, 454 ff. Zur Frage der Abendmahlspraxis P.

Philippi, Abendmahlsfeier u. Wirklichkeit der Gemeinde, 1960, und die gelegentlich der Arnoldshainer Abendmahlsthesen erwachsene Literatur. Ferner Kirche und Abendmahl, Bd. 2, 1969, und Art. Abendmahlsgemeinschaft, RGG I, 51—53 (Lit.).

Was ich im 4. Abs. des Kapitels über den Sinn des Abendmahles ausgeführt habe, handelt vom Vollmaß des Abendmahles. Es wird kaum angenommen werden können, daß es im Bewußtsein und im Vollzug der Gemeinde häufig erreicht wird. Man kann auch nicht sagen, daß das Abendmahl im Vollmaß seines Begriffes den christlichen Gottesdienst beschreibt, wenigstens nicht im Protestantismus. Das Abendmahl ist, wenn ich es einmal so ausdrücken darf, die Innenseite des christlichen Gottesdienstes, an dem ja seit alters auch nicht einmal die ganze Gemeinde teilnimmt; z. B. sind die Kinder, obschon getauft, noch nicht zugelassen. Der Predigtgottesdienst ist die „öffentliche", der Welt zugewendete Seite des christlichen Gottesdienstes. Das Abendmahl ist im christlichen Bewußtsein von einer Zone der Scheu umgeben, und die Geschichte der Abendmahlsfrömmigkeit muß auch von dieser Scheu und ihren Auswirkungen handeln. Die Minimalforderung der wenigstens österlichen Kommunion, welche das IV. Laterankonzil 1215 aufgestellt hat (Denz. 437), zeugt ebenso von einem Abendmahlsproblem im Mittelalter, wie es ein bis tief in den Protestantismus fortwirkendes Motiv gesetzt hat, nämlich einmal im Jahr zu kommunizieren. Im Luthertum kam insofern ein neues Motiv der Scheu vor zu häufigem Genuß des Sakraments hinzu, als die Einschärfung der Würdigkeit, die Forderung der Selbstprüfung und das Gewissensproblem des rechten Abendmahlsglaubens eine innere Hemmung verursachte, die sich in der Modernität, seit den Tagen der Aufklärung und des Rationalismus, noch mit anderen Gründen anreicherte. Auch die Ordnungen des Calvinismus zielten ursprünglich auf einen sparsamen Brauch: bei Zwingli nur einmal, in den Ordonnances ecclésiastiques (1561, Art. 73) nur viermal im Jahr vorgesehen, und vom eigentlichen Predigtgottesdienst getrennt. Es gibt keinen Satz von einer „Heilsnotwendigkeit" des Abendmahles, wie er von der Taufe aufgestellt wurde. Die lutherische Konzeption des Vollgottesdienstes, der „Deutschen Messe", in der Wort- und Sakramentsgottesdienst verbunden sind, ist nur beim Vorhandensein einer ausreichenden Kommunikantenzahl durchführbar. Aber wie sollte man ohne innere Beschädigungen eine unbereitete Gemeinde zur häufigen oder gar regelmäßigen Teilnahme veranlassen? Das Ungenügen am Allzumenschlichen der tatsächlichen Abendmahlspraxis kommt als kaum noch deutlich zu erfassender Faktor der Erschwerung hinzu. So wird man, gerade im neuzeitlichen Protestantismus, mit einer dem Abendmahlsgebrauch entfremdeten Gemeinde neben der eigentlichen Abendmahlsgemeinde rechnen müssen.

In diesen Feststellungen liegen die praktischen Probleme gebündelt beisammen. Sie dürfen weder dazu verführen, die Abendmahlsproblematik zu vernachlässigen, noch auch dazu, mit einer Popularisierung und wahllosen „Ausstreuung" des Abendmahls in der Gemeinde die Zögernden zu überrennen und die Scheuen gegen ihre Überzeugung an den Abendmahlstisch heranzuführen. Vielmehr muß die Abendmahlspraxis sorgfältig immer von neuem an dem Maß des Richtigen überprüft werden. Die Unterrichtung der Gemeinde, vor allem der Jugend, in den „Geheimnissen" des Vermächtnisses Jesu muß in steter Sorgfalt geübt werden. Und schließlich muß die Abendmahlsgemeinde das ihr anvertraute Testament stellvertretend für ihre Brüder bewahren und empfangen, ohne scheel zu sehen oder die vor dem Sakrament Scheuen aus ihrer Gemeinschaft zu entlassen. Die Scheu der Weltkinder muß ihr eine Erinnerung an den Wert der Gabe sein, welche ihr Leben und das der ganzen Gemeinde trägt.

Was die hier erwachsenden praktischen Fragen dogmatischer Observanz betrifft, so mag die der Gleichniskraft der Handlung nur noch einmal erwähnt sein, ohne uns länger aufzuhalten. Die Sinnenfälligkeit der Handlung sollte von allen konfessionellen Ressentiments befreit und voll ausgeschöpft werden. Das Offertorium, das der Einsetzung entsprechende Brechen des Brotes, vielleicht sogar die Mischung von Wein und Wasser im Kelch, die den Alten um ihrer Tiefsinnigkeit willen so wichtig war, sollten unbefangen zu Ehren kommen. Man sollte die liturgische Bewegung zur Erneuerung der Sakramentshandlung aus ihren Ursprüngen heraus williger, als es meist geschieht, zu Wort und Gehör kommen lassen.

Zu den offenen Fragen der Praxis gehört seit langem die Frage der rechten Behandlung der Elemente. Sie wird praktisch bei der sog. Frage der „Nachkonsekration", d. h. bei der Frage, ob solche Gaben, die nach dem Lautwerden der Einsetzungsworte auf den Abendmahlstisch gebracht werden, noch einmal mit den Einsetzungsworten eingesegnet werden sollen. Es spricht viel dafür und viel dagegen. Geht man davon aus, daß die verba testamenti sich auf die ganze Handlung beziehen (so z. B. Althaus, Chr. Wahrh. 593 f.), dann verfällt die sog. Nachkonsekration dem Verdacht eines sakrifiziellen Handelns mit den Elementen. Sie ist dann konsequenterweise abzulehnen. Geht man aber davon aus, daß nicht nur die Handlung als auf Jesu Stiftung gegründet verkündigt werden soll, sondern demzufolge auch die Gaben durch die „Deuteworte" der Stiftung ausgesondert werden, dann sind auch später herzugebrachte Gaben auszusondern, von der Vermeidung unwürdiger Situationen und von der Bedenklichkeit der „Schwachen" unter den Abendmahlsgästen zu schweigen. Die Gründe gruppieren sich auch hier letztlich um ein Adiaphoron. Sie erinnern an die Pflicht des würdigen Gebrauches, die ebenso die Vorbereitung als auch die würdige Verwahrung der Reste umschließt. Über die Fülle möglicher Antworten in vergangener Zeit vgl. Graff, a. a. O., 194 ff.

Ähnlich verhält es sich mit der Frage der Selbstkommunion des Pfarrers. Luther hat sie in den Schmalkald. Art. (BSLK 419,1 ff.) entschieden verworfen, und daraus hat sich eine allgemeine Überzeugung entwickelt. Doch ist nicht zu übersehen, daß er wohl die Privatmessen im Auge hatte, in denen der Priester der einzige Kommunikant ist. Auch spricht für die Selbstkommunion die Situation der vereinzelten Gemeindepfarrer, die das Sakrament nur unter erschwerten Bedingungen empfangen können, und die Ausschließung des Celebrans aus der von ihm bedienten Abendmahlsgemeinde. Und doch spricht auch manches für die Ablehnung. Wer das Abendmahl empfängt, soll es wirklich passiv aus anderer Hand empfangen, und es soll auch der Pfarrer, selbst der alleinstehende, einen Konfessionarius haben und nicht ungebeichtet kommunizieren. Man wird auch hier von einem Adiaphoron sprechen müssen, dessen Erörterung doch an die Pflicht zu gewissenhafter Sorgfalt in den innersten Bezirken des pastoralen Lebens erinnert.

Gegenüber diesen Problemen, die letztlich auf „Mitteldinge" führen, stehen dann doch zwei größere, den ganzen Gemeindebestand berührende praktische Fragen. Die eine betrifft die Prüfung der Abendmahlsgemeinde. Hier hat CA XXIV eine klare, aber vielfach vergessene Entscheidung getroffen: „Nulli enim admittuntur nisi antea explorati et auditi". Es ist die Anmeldung des Kommunikanten zur Kommunion, ein Akt, der von Anfang an im Zwielicht zwischen Kirchenzucht und Privatbeichte stand. Wir haben die weitläufigen Probleme der verworrenen geschichtlichen Entwicklung hier unerörtert zu lassen. Sie interessieren uns höchstens insofern, als wir in der gleichsam obligatorisch dem Abendmahl vorgeschalteten allgemeinen Beichte keine hinreichende, ja vielmehr eine verhängnisvolle Lösung sehen müssen. Hier werden neue Wege gesucht und gefunden werden müssen. Ich kann nur die Richtung solcher Wege andeuten. Wo immer es möglich ist, sollte die Abendmahlsgemeinde dem austeilenden Seelsorger bekannt sein, sich ihm in einer Anmeldung vorstellen. Es müßte dann der Situation und dem Takt in einer solchen Begegnung überlassen bleiben, was an Möglichkeiten zu seelsorgerlichem Gespräch, vielleicht zur Beichte sich ergibt. Das Problem der Kirchenzucht ist heute überhaupt nicht mehr nach den früher geltenden Grundsätzen zu bewältigen. Aber die ungeprüften Abendmahlsgemeinden, in denen auch jeder Versuch unterbleibt, die Anonymität des einzelnen aufzuheben, sind eine schwere Last der heutigen Gemeinden, und der durch die Öffentlichkeit und Häufigkeit der Abendmahlsfeiern vermeintlich eingebrachte Gewinn ist zunächst noch ein Scheinerfolg.

Das andere, durch die wachsende ökumenische Bewegung immer dringlicher werdende Problem ist die Abendmahlsgemeinschaft. Das Abendmahl ist, wie wir sahen, seinem Wesen nach „Kommunion" und es ist darauf angelegt, die lebendigen, mit ihrem Herrn verbundenen Christen auch am Tisch des Herrn zu vereinen. Dabei ist es nicht das eigentliche Problem, ob dem Glied einer anderen Kirche die „communio in extremis" zugestanden wird, was wohl im allgemeinen zugestanden ist. Es ist vielmehr die Frage, wie sich die Gemeinschaft am Altar grundsätzlich, also wenn man will: dogmatisch mit der konfessionellen Trennung der Christenheit vereinbaren läßt. Es handelt sich hier deswegen um ein gewichtiges Problem, weil der Sache nach die Kommunion der Inbegriff der konfessionellen Zusammengehörigkeit ist.

Über die Formen der Abendmahlsgemeinschaft und die vereinbarten Möglichkeiten derselben unterrichtet Gollwitzer, RGG I, 52 f. sowie H. Graß in der zit. Quellensammlung, 76 ff., bes. 81. Für die röm.-kath. und die orthodoxe Kirche ist Abendmahlsgemeinschaft mit den Gliedern anderer Konfessionskirchen ausgeschlossen, andere Kirchen, wie die Anglikaner und einige lutherische Kirchen, verhalten sich weitgehend exklusiv.

Hier ist nun die Orientierung am stiftungsgemäßen Brauch für unser Urteil von schlechthin ausschlaggebender Bedeutung. Und unser Urteil betrifft im Sinne einer dogmatischen Besinnung einfach das, was wir verantworten können, in welcher Stellung und Lage auch immer diese Verantwortung uns erwachsen mag. Dann wird zweifellos unser Urteil nicht einfach in jedem Falle zustimmend sein können, sondern eben dies zur Voraussetzung machen müssen, daß das Abendmahl der Einsetzung entsprechend, wie wir es nach bestem Wissen zu beurteilen vermögen, gehalten wird. Es ist nicht zu verweigern, wo es in diesem Sinne begehrt wird, und es ist nicht zurückzuweisen, wo es in diesem Sinne angeboten wird. Denn dann ist es ja nach CA VII ein Kennzeichen der wahren Kirche.

Es ist aber nicht ehrlich und nicht wohlgetan, wenn man sich grundsätzlich den Bedenken verschließt, welche gegen eine Abendmahlsgemeinschaft sprechen können. Da ist zunächst einfach das mögliche Bedenken zu nennen, daß das fremde Abendmahl nicht der Einsetzung entspricht. Das kann z. B. dann der Fall sein, wenn es nur in einerlei Gestalt ausgeteilt wird. Es kann aber auch dann gelten, wenn seine Rechtmäßigkeit von der gültigen Weihe des zelebrierenden Pastors durch einen legitimen Bischof abhängig gemacht wird oder wenn es erst durch priesterliche Vollmacht zustande kommt. Und da die Verkündigung zum Ritus gehört, kann auch eine schriftwidrige Predigt, ja gegebenenfalls eine offenkundig anstößige Lehre das Abendmahl selbst zweifelhaft, die Beteiligung an ihm bedenklich für das Gewissen machen. Die Verkündigung darf nicht leugnen, was das Sakrament in sichtbarer Gestalt gibt. Auch wenn das „gemeinsame" Abendmahl einer kirchlich-politischen Demonstration dienen soll, wird es seinem eigentlichen Heilszweck entfremdet. Freilich sind diese Bedenken, hier nur allgemein zur Sprache gebracht, in jedem Fall zu prüfen und von Fall zu Fall gewissenhaft zu realisieren.

Gegenüber den in manchen „lutherischen" Bedenken vorgebrachten Gründen, daß erst eine Einheit in Lehre und Bekenntnis hergestellt werden muß, bevor eine institutionell verstandene Abendmahlsgemeinschaft proklamiert werden kann, muß freilich Folgendes immer eingewendet werden. Ein institutionell festgelegter „Bekenntnisstand", auch wenn er „lutherisch" heißt, ist keine Garantie rechter Predigt, und die Einheit des Bekenntnisstandes im organisatorischen Sinne überschritten, zur nota ecclesiae erklärt, das lutherische Bekenntnis selbst und verletzt es. Es verletzt vor allem die Sakramentslehre der Kirche selbst, nach der es nimmermehr zugelassen werden kann, daß der sog. „Bekenntnisstand" gleichsam zu einer Voraussetzung für die Heilswahrheit und die Gültigkeit des Sakramentes Christi gemacht wird. Dieser bekenntniswidrige Synergismus ist zu verwerfen, und zwar nicht wegen seiner kirchlichen Folgen, sondern aus Gründen der Wahrheit.

Wir meinen allerdings, daß uns die Wege zur Vereinigung an Jesu Tisch nicht in billiger Weise offenstehen. Und jeder Leichtsinn, der frühe kirchliche Erfolge sehen will, ist vor der Gabe des Abendmahles vor der Furcht des Todes, der unser Leben ist, unangebracht. Aber wenn wir eine Gemeinschaft am Tische des Herrn suchen, dann zeigt uns die evangelische Abendmahlslehre Wege, die wir gehen können und die uns in die Zukunft führen.

## 23. Kapitel

DAS LEBEN DES CHRISTEN IN DER WELT — DIE RECHTFERTIGUNG

### 1. *Der christliche Glaube und die Realität dieser Welt*

Überblickt man die beiden letzten Kapitel aus der Distanz der Alltagserfahrung, dann erscheinen sie uns wie die Kunde aus einem anderen Dasein. Die Versiegelung durch unsere Taufe liegt lange zurück, sie ist in mehr als nur im gewöhnlichen Sinne unsichtbar geworden. Und wir sitzen nicht ständig an Jesu Tisch, wenn wir unseren Alltagsgeschäften nachgehen. Die Welt, die uns sichtbar umgibt und die unser Handeln herausfordert, die Welt, welche als Natur wie als Geschichte der Gegenstand unseres Erkennens ist, sie ist offenkundig nicht das Reich Christi, dem wir durch die Taufe angehören. Dieser Eindruck ist, wenn wir ihn so unmittelbar aufgreifen und aussprechen, sicher nur vorläufig und ungeordnet, aber er begründet das Problem, von welchem in diesem Kapitel die Rede sein soll.

Bezeichnen wir das Problem genauer. Es ist, vom Standpunkt des Glaubens aus gesehen (wenn man es einmal abgekürzt so formulieren darf) das folgende: Wie kann der versöhnte Christ in dieser Welt der Sünde leben? Hingegen lautet das Problem, gleichsam vom Standpunkt der Welterfahrung her formuliert, genau umgekehrt: Wie kann der Mensch dieser Welt, der an ihrem Leben teilhat und ihren Gesetzen folgt, also kurz gesagt der Sünder, – wie können „wir" dennoch behaupten, im Reiche Christi zu leben? Wenn man diese beiden Formulierungen zusammenhält, dann sind sie denkbar gegensätzlich. Und doch bezeichnen sie in dieser paradoxen Gegensätzlichkeit dasselbe Problem. Sie reden von derselben Sache. Sie bezeichnen die Zwiespältigkeit der christlichen Existenz in der Welt und die Schwierigkeit, mit dieser Zwiespältigkeit zurechtzukommen. Man kann diese Zwiespältigkeit im Hinblick auf die Person des Christen bezeichnen, der zugleich „Christ" ist und an der Sünde teilhat. Er folgt faktisch dem Gesetz der Welt, fügt sich in sie ein, empfängt von ihr seine Anweisungen, so daß selbst dann, wenn er ihr an der einen oder der anderen Stelle den Gehorsam aufkündigen sollte, von einer „Sündlosigkeit" des Christen gar keine Rede sein kann. Man kann diese Zwiespältigkeit aber auch im Hinblick auf die uns umgebende Welt bezeichnen. Sie ist einmal eben die Welt, die wir kennen, und es ist zum anderen das Reich

Christi, das doch „eigentlich" für die christliche Existenz bestimmend ist oder doch sein sollte. Wie sind diese beiden Wirklichkeiten zu vereinbaren?

So naheliegend es zu sein scheint, so kann es sich doch nicht darum handeln, noch einmal in diesem Zusammenhang die sog. Zweireichelehre zu repetieren. Vielmehr handelt es sich darum, daß wir die christliche Existenz insofern als paradox erkennen, als sich in ihr zwei Existenzformen überlagern. Besser gesagt: sie stoßen zusammen, und es handelt sich nun darum, diese Paradoxie gedanklich zu verstehen und auszugleichen. Wir können sie jedoch nicht sachlich aufheben. Die sachliche Aufhebung könnte ja nur so vor sich gehen, daß entweder die weltliche Existenz, unser Sein in dieser Welt, vor unserem Sein im Reiche Christi in Nichts zergeht. Aber das ist eine schlechthin eschatologische und keine menschliche Möglichkeit. Oder aber unser Sein in der Welt würde die Andersartigkeit der christlichen Existenz in sich zurücknehmen und verschlingen; das würde dann entweder eine christlich gewordene Welt bedeuten, ebenfalls ein eschatologischer, ja ein apokalyptischer Aspekt, oder es würde die Herrschaft des Satans bezeichnen. Diese beiden äußersten, aber im Horizont unserer Möglichkeiten nur noch im Spiel der Gedanken erscheinenden Grenzen zeigen immerhin, daß es sich, was die weiten Aspekte betrifft, um ein Problem handelt, das eschatologische Dimensionen in sich hat. Es handelt sich aber in nicht geringerem Grade zugleich um die Grundlagen der christlichen Ethik, um die Fragen des Handelns und des Sichverhaltens des Christen in dieser Welt.

Damit sprechen wir bereits von den Konsequenzen. Wie ist die Zwiespältigkeit der christlichen Existenz überhaupt gedanklich zu bewältigen? Wir stehen mit dieser Frage vor der Rechtfertigungslehre.

Der Begriff der Rechtfertigung und die Tradition der Rechtfertigungslehre entstammen der theologischen Reflexion. Die klassische Ausprägung der Rechtfertigungslehre ist von Paulus im Röm und Gal vollzogen worden, und zwar in Anknüpfung an einen schon vorgeprägten theologischen Begriff und in spezieller Auseinandersetzung mit dem ihn umgebenden Judentum, d. h. mit der rabbinischen Gesetzestheologie. Diese paulinische Rechtfertigungslehre ist nicht die ganze paulinische Theologie, und sie ist in Ansehung ihrer Denkmittel nicht damit bewältigt und angeeignet, daß man sie begrifflich reproduziert. Ihre Verbindlichkeit für uns kann auf jeden Fall nur die Verbindlichkeit der Sache sein. Diese beruht in der Tatsache, daß die Rechtfertigungslehre das Gefäß war, in das sich für Paulus wie für Luther die Erfahrung des Evangeliums als Durchbruch durch die bisherige Gesetzesreligion ergossen hat. Aber die Lehre von der Rechtfertigung hat bei Luther trotz seines gewaltigen, das ganze Gottesbild miteinbeziehenden Zeugnisses von der Sache noch keine präzise und auch kirchlich tradierbare Form gefunden. Die Rechtfertigungslehre als Lehre ist doch immer „theologische Kunstformel"

(E. Hirsch), und ihre Unterscheidung von der Urerfahrung der Rechtfertigung selbst eine für die Kirche lebenswichtige Aufgabe der Theologie.

Luther selbst konnte unterscheiden. Er hat in den beiden Katechismen den Begriff der Rechtfertigung nicht gebraucht und von der Vergebung der Sünden ohne die Formeln der Rechtfertigungslehre gesprochen. Selbst an der vielzitierten Stelle der Schmalk. Artikel verhält es sich so. Hier werden sechs allerdings zentrale christologische Schriftstellen zitiert, und dann fährt Luther folgendermaßen fort: „Dieweil nu solchs muß gegläubt werden und sonst mit keinem Werk, Gesetze noch Verdienst mag erlanget oder gefasset werden, so ist es klar und gewiß, daß allein solcher Glaube uns gerecht mache." Es folgen Röm 3,28.26, und dann heißt es: „Von diesem Artikel kann man nichts weichen oder nachgeben, es falle Himmel und Erden oder was nicht bleiben will; denn es „ist kein ander Name, dadurch wir können selig werden", spricht S. Petrus Act. 4. „Und durch seine Wunden sind wir geheilet" (BSLK 415, 7 – 416, 6).

Zum Lehrstück von der Rechtfertigung sind die Lehrbücher der Dogmatik, die Darstellungen der Theologie der Bekenntnisschriften sowie der Theologiegeschichte heranzuziehen. Ferner A. Ritschl, Rechtfertigung und Versöhnung III, 1888³ – K. Holl, Die Rechtfertigungslehre im Licht der Geschichte des Protestantismus (1922), Ges. Aufs. III, 1928, 525–558 – W. Elert, Morphologie I, (1931) 1958² – H. J. Iwand, Glaubensgerechtigkeit nach Luthers Lehre, (1941) 1964⁴; ders., Rechtfertigung und Christusglaube, 1966³; V. Vajta, Gelebte Rechtfertigung, 1963 – W. Dantine, Die Gerechtmachung des Gottlosen, 1959 (Lit.) – R. Hermann, Ges. Studien zur Theologie Luthers und der Reformation, 1960. Zum biblischen Begriff ist zu verweisen auf Art. δικαιοσύνη in Bauer WB (Lit.), sowie auf Art. δίκη, δίκαιος κτλ. im ThW II, 179–229 (Lit.) – R. Bultmann NT. Zusammenfassend: Art. Rechtfertigung, RGG V, 825–846 (Lit.). Der Verweis auf diese Lit., sowie auf P. Althaus, Die Theologie Martin Luthers, 1962, geschieht um so nachdrücklicher, als es im Rahmen dieses Kapitels der Dogmatik unmöglich ist, eine hinreichend belegte Darstellung von Luthers Äußerungen zur Sache zu bieten.

Die mittelalterliche Terminologie Luthers und seine Verwurzelung in älteren Fragestellungen der abendländischen Theologie können über die Tragweite seiner Rechtfertigungslehre nicht hinwegtäuschen. Im neuen Verständnis der Rechtfertigung hat sich für ihn das Evangelium überhaupt erst in seiner ganzen Tiefe aufgeschlossen. Auch der Gegensatz Luthers zur mittelalterlichen Kirche tritt hier erst in sein entscheidendes Stadium. Wir sind das ganze Gesetz Gottes schuldig geblieben, aber Christus hat es erfüllt. Er ist allein gerecht, und wer an ihn glaubt, dem werden die Sünden vergeben und Christi Gerechtigkeit wird ihm zugerechnet. Die juridische Seite des Paulinismus Luthers ist unübersehbar und unverzichtbar, und doch erschöpft sich seine Rechtfertigungslehre nicht in ihr. Rechtfertigung ist Gnadenwirkung des alleinwirksamen Gottes. Weder der nach seiner Gnade verlangende noch der erneuerte Mensch hat je irgendein verdienstliches Werk aufzuweisen. Bis in das Gottesbild selbst reicht die Rechtfertigungslehre Luthers hinein. Ist doch die entscheidende Erfahrung für ihn die Erkenntnis, daß sich die iustitia Dei erst dann ganz entschleiert, wenn wir ihrem Urteil über uns Recht geben. Dann erkennen wir sie als Barmherzigkeit, und der Glaube empfängt unverdient die Gnade und das Leben. Wie den Glauben nur Gott selber wirken kann, so bleibt auch die Gnade bei Gott und wird nicht zu einer Qualität der Seele und des Herzens. Auch die Gerechtigkeit bleibt immer bei Gott, und doch erfährt, ja empfängt sie der, welcher sich ganz dem Gericht Gottes ausgeliefert hat. Unter diesem Gericht Gottes wird das Ich zum punctum mathematicum. Das Gesetz wird ganz und gar Anklage gegen uns. Lex semper accusat. Aber im Augenblick unserer Rechtfertigung verliert es seine Macht völlig. Der Empfang der Vergebung der Sünde macht uns frei. Diese Vergebung der Sünde widerfährt dem Glauben an Jesus Christus, an seine Person und an sein Werk, und im Wort können wir ihn ergreifen.

Die Rechtfertigung ist nach Luther durchaus ein „forensischer" Akt. Das Gesetz klagt uns an, und die Erfahrung des Gesetzes führt zur Selbstanklage, zur accusatio sui. Die Rechtfertigung selbst aber ist ein Freispruch, also ein Gerichtsakt, in dem die Anklage aufgehoben und uns die Gerechtigkeit Christi zugesprochen wird. Und doch reicht diese forensische Auffassung nicht hin, um Luthers Rechtfertigungslehre zu verstehen. Rechtfertigung ist für ihn auch Schöpfungsakt, Begründung eines neuen Daseins. Die forensische Auffassung steht, begrifflich unausgeglichen, aber lebensvoll verbunden, neben einer effektiven. „Was ich davon bisher und stetiglich gelehret hab, das weiß ich garnicht zu ändern, nämlich, daß wir „durch den Glauben" (wie S. Petrus sagt) ein ander neu, rein Herz kriegen und Gott umb Christi willen, unsers Mittlers, uns für ganz gerecht und heilig halten will und hält. Obwohl die Sunde im Fleisch noch nicht gar weg oder tot ist, so will er sie doch nicht rechnen noch wissen" (BSLK 460, 7–12). Auf dieser Gewißheit ruht der Glaube, ob er schon von der Anfechtung umgeben ist; hier empfängt er die Mitte des Evangeliums, ein neues Leben und die Zuversicht zu einem freien Handeln in der Welt.

Die Rechtfertigungslehre ist ein zentraler Gedanke der Reformation und der Kirche, die sich auf die Reformation beruft. In ihr fließen mehrere Grundeinsichten und Gedanken zu einer festgefügten Einheit zusammen, welche wir uns unter Absehung von den besonderen Akzenten, die in den verschiedenen Vertretungen der Lehre sichtbar werden, nun zu vergegenwärtigen haben.

1. Schon der Begriff ist unausweichlich juridisch. Er geht davon aus, daß der Mensch sich vor Gott zu rechtfertigen hat. Er steht unter dem Gesetz. Dessen Forderung gilt total und leidet keine Ausnahme. Eine solche Ausnahme wäre es, wenn das Gesetz nur auf die lex scripta des Alten Testamentes beschränkt wäre. Sie gilt aber allen Menschen von Adam her und gibt sich auch im Inneren, im Gewissen kund. Man kann sich auch nicht darauf berufen, daß die Forderung Gottes doch unerfüllbar sei. Wenn nämlich die Forderung unerfüllbar wäre, und diese Unerfüllbarkeit überdies selbstverständlich, dann wäre ja diese Forderung eine Illusion und die vermeintliche Schuld, daß wir das Gesetz nicht erfüllt haben, wäre gar keine echte Schuld. Die Forderung wird auch nicht durch das Evangelium aufgehoben in dem Sinne, daß das Evangelium uns darüber aufklären wollte, daß es Gott mit uns nicht so streng meint und das Gesetz dem Wiedergeborenen nichts mehr zu sagen habe. Alle diese Umdeutungen haben in der nachfolgenden Geschichte der Lehre des Protestantismus eine Rolle gespielt, aber sie sollen uns hier nicht historisch beschäftigen. Bei der Rechenschaft, zu der wir gefordert sind, geht es um das Ganze, um Leben und Tod; denn nicht Ausreden, Entschuldigungen und Beschönigungen können der Sinn der „Rechtfertigung" sein, sondern nur Bestehen oder Vergehen, weil die Wahrheit ans Licht drängt.

W. Elert hat in seiner Dogmatik (§§ 82 f.) auf den zeitgenössischen Sprachgebrauch hingewiesen, der den Begriff in der Verwendung durch Luther auf den Hintergrund der peinlichen Gerichtsordnung, bzw. geradezu des peinlichen Strafvollzuges stellt und diese „forensische" Bedeutung bis in die letzten Konsequenzen unterstreicht.

2. Es erweist sich aber als unmöglich, daß wir uns vor Gott rechtfertigen können. Wo immer wir mit dem Gesetz zu tun haben, gilt: Lex semper accusat. Wir sind vollen Gehorsam schuldig, und darum wird auch schon die geringfügige Verletzung des Gesetzes zum Bruch des ganzen Gesetzes (Röm 2,17 ff. vgl. Mt 15,1–20). Insbesondere liegt die Radikalisierung dieses Gedankens bei Paulus darin, daß die Frage der Übertretung unabhängig wird vom Quantum der Übertretungen und daß Heiden und Juden zusammengefaßt werden unter die Verknechtung durch die Sünde. Der Rückbezug auf Adam (Röm 5,12 ff.) entschränkt das Problem zu einem menschheitsgeschichtlichen, und demzufolge ist auch die Funktion des Gesetzes keine heilsgeschichtlich beschränkte, sondern sie gilt in radikaler Tiefe und Allgemeinheit. Das Gesetz ist nicht nur ein Spiegel, in dem wir unsere Sünde erkennen (Röm 3,20), es ist nicht nur der Ankläger, der uns unserer Übertretungen bezichtigt (Röm 2,12), sondern es ist zugleich die Macht, welche zur Sünde reizt und die Sünde mehrt (Röm 7,5.8 f.), die Macht der Sünde nimmt durch das nebeneingekommene Gesetz zu (Röm 5,20). Und so hat das Gesetz eine Todeswirkung, obwohl es doch zum Leben gegeben war (Röm 7,5.10 f.). Die Rechtfertigungslehre wird dabei nicht nur darauf bestehen können, daß das Unvermögen zur eigenen Rechtfertigung schon ein Urteil Gottes ist – was im Sinne der Lehre sicher richtig ist – sondern es ist zugleich eine eigene Erkenntnis. Es ist Schuldbewußtsein, verschärft durch die Einsicht, daß sich Schuldbewußtsein und Verkehr mit Gott gegenseitig schlechthin ausschließen. Die Rechtfertigungslehre wird unverständlich, wenn man nicht erkennt, daß sie die Aufnahme des Urteils Gottes über uns in das eigene Urteil voraussetzt. Das hat bei Luther in dem Gedanken Gestalt gewonnen, daß er sagt: man gibt dem Urteil Gottes über sich Recht. Das aber ist bereits ein Glaubensurteil und führt in der Rechtfertigungslehre zum entscheidenden Punkt.

Was wir hier beschreiben, ist der Ausdruck des erschrockenen Gewissens. Das Urteil über das Unvermögen zum Guten greift tief in die Anthropologie hinein; denn es läßt durchaus die Möglichkeit offen, daß ein Mensch im äußeren Sinne gute Werke tut, also (im Sinne der Apologie) die iustitia rationis erfüllt und die Werke der zweiten Tafel des Dekalogs vollbringt. Aber das geht nicht nach innen. Denn was die erste Tafel des Dekalogs verlangt, Liebe Gottes, Gottesfurcht und herzliche Zuversicht zu ihm, das gelingt dem natürlichen Herzen nicht, weil es ohne den Geist Gottes ist und entweder in falscher Sicherheit befangen ist oder auf der Flucht vor Gottes Strafen und vor seinem Urteil. Das Erschrecken des Gewissens über den eigenen Zustand ist deswegen so verzweiflungsvoll, weil es nicht zur Gottesliebe, sondern nur zur schrecklichen Furcht vor Gott hinreicht. Denn Gottesliebe ist erst möglich, wenn Gott uns die Sünden vergeben hat.

3. Erst in dieser Vergebung der Sünden vollzieht sich unsere Rechtfertigung. In der reifsten Ausprägung der Rechtfertigungslehre als Lehre, im IV. Art. der Apologie, ist beides schlechthin gleichgesetzt: Die Vergebung der Sünden ist der Inbegriff des Evangeliums. Unsere Gerechtigkeit, welche meinte, Gott eigene Werke darbringen zu können, ist dahingefallen. An ihre Stelle tritt die Gerechtigkeit Gottes und der Glaube, welcher empfängt, was Gott uns verheißt und gibt. Bei der näheren Beschreibung der eigentlichen Rechtfertigung treten nun einige Gesichtspunkte so deutlich hervor, daß sie sich geradezu formelhaft der kirchlichen Lehrbildung eingeprägt haben.

Einmal: Die Rechtfertigung ist Rechtfertigung „propter Christum". Christus ist der Mittler (mediator) unserer Versöhnung, seine Verdienste sind „der Schatz und edles Pfand, dadurch die Sünde aller Welt bezahlt sein" (BSLK 171, 55). Die Vergebung der Sünden haben wir durch ihn, d. h. umsonst, ohne daß wir dafür Werke leisten oder darbringen könnten. Es ist in immer neuen Wendungen die Wiederholung des paulinischen Zeugnisses Röm 3,21–28. In der durch Melanchthon verantworteten Lehrbildung bleibt es im wesentlichen bei diesem allgemeinen Hinweis auf Christus, der bei der Rechtfertigungslehre hier gleichsam pauschal in Rechnung gesetzt wird. Seine Gerechtigkeit wird uns zugerechnet und durch den Glauben mitgeteilt. Daß hier nähere Begründungen unterblieben sind, mag ebenso eine tiefe Weisheit Melanchthons bedeuten, wie auch einen Grund dafür, daß hier in unmittelbarer Folge dann erhebliche theologische Verdeutlichungen für notwendig gehalten worden sind. Wir haben davon alsbald zu sprechen.

Die Rechtfertigung geschieht, und damit kommen wir zur zweiten unerläßlichen Formel, durch den Glauben, per fidem, oder, wie es zur Ausschließung aller Verdienstgedanken noch deutlicher heißt: sola fide und sola gratia. Die Rechtfertigung ist gratia gratis data. Die Mitteilung dessen, was uns Gott bereit hat, ist nun dadurch genau bezeichnet: „Deus non potest apprehendi nisi per verbum" (Apologie IV, 68). Christus begegnet uns in seinen Verheißungen; Gott gibt uns sein klares Wort, und dies dürfen wir im Glauben empfangen.

Und schließlich ist diese Rechtfertigung, wir sprachen schon davon, ein forensischer Akt. Die stärkste Stelle in der Apologie ist auch die deutlichste: Iustificare vero hoc loco forensi consuetudine significat reum absolvere et pronuntiare iustum, sed propter alienam iustitiam, videlicet Christi, quae aliena iustitia communicatur nobis per fidem (Apol. IV, 305; BSLK 219, 43 ff.). Schon CA IV, 3 ist auch das charakterisierende Stichwort gefallen: Die Rechtfertigung vollzieht sich imputativ, durch „Anrechnung", bzw. doch zunächst durch die Nichtanrechnung unserer Sünden (2 Kor 5,19). Sehr bald haben die Dogmatiker begonnen, diese Imputation in zwei gedanklich zu trennende Akte auseinanderzulegen, in die Nichtanrechnung der Sünden und in die Zurechnung der Gerechtigkeit Christi. Da aber diese Zurechnung der Gerechtigkeit Christi nicht nur im Glauben empfangen, sondern aufgrund des Glaubens an Christus angenommen werden muß, so begegnet uns auch die Formel, daß uns der Glaube – nämlich an Christus – angerechnet wird, wobei die Anrechnung des Glaubens Abrahams zu dessen Gerechtigkeit (Röm 4) das Urbild abgibt.

Eine Frage kann dabei eigentlich gar nicht aufkommen, obwohl sie immer wieder aufgeworfen wird: ob nämlich im Zusammenhang dieser Rechtfertigungslehre eine Unterscheidung der Gerechten und Ungerechten eine Rolle spielt. Sie spielt keine, kann sie gar nicht spielen (Röm 2,11 ff.; 3,23 ff.); diese Rechtfertigungslehre ist grundsätzlich nur als Lehre von der iustificatio impiorum gedacht, und das „Urteil" Gottes, das in diesem „forum" ergeht, ist keine Feststellung einer vorhandenen, sondern die Beilegung einer nichtvorhandenen Gerechtigkeit, oder, wie A. Ritschl es ausgedrückt hat, ein synthetisches und kein analytisches Urteil. Aber das ist nicht eigentlich problematisch. Wohl aber die Frage, ob dieses forensische Urteil genügt. Zweifellos hat Luther schon in der oben zitierten Stelle in den Schmalk. Art., ohne den forensischen Charakter der Rechtfertigungslehre aufzuheben, noch mehr zum Ausdruck bringen wollen, nämlich dies, daß das Rechtfertigen Gottes zugleich ein Akt der Neuschöpfung ist. Melanchthon, der dazu neigte, den forensischen Charakter zu überspitzen, hat sich genötigt gesehen, dieser gleichsam forensisch beschränkten Rechtfertigungslehre noch eine Lehre von der renovatio ergänzend zur Seite zu stellen. Doch finden sich auch bei ihm Stellen, in denen der Begriff weit und im Sinne eines schöpferischen Handelns Gottes verstanden ist: „Et quia iustificari significat ex iniustis iustos effici seu regenerari, significat et iustos pronuntiari seu reputari. Utroque enim modo loquitur scriptura" (Apol IV, 72 BSLK 174, 37). Damit sind bereits die Fragen angeklungen, welche sich aus dem Begriff der Wiedergeburt ergeben, nämlich die der neuen Sittlichkeit.

4. Wie ist das nun mit der effektiven Rechtfertigung zu denken? Widerspricht das nicht ihrem forensischen Begriff, oder stellt sie nicht wenigstens daneben etwas Zweites und sehr Verschiedenes dar? Diese berechtigte Frage kann nur dadurch beantwortet werden, daß wir noch kurz auf zwei Zusammenhänge eingehen, die schon in der Theologie der Reformatoren wichtig waren.

Einmal der unlösliche Zusammenhang von Glaube und Buße, von Rechtfertigung und Buße. Wir sahen schon, daß es die eigentliche Tiefe der Sündenerkenntnis ausmacht, daß wir selber dem Verwerfungsurteil Gottes über unsere Sünden Recht geben. Es ist das Werk des Gesetzes, daß mit der Sünde zugleich der Sünder verurteilt wird und daß wir nichts zu unserer Rechtfertigung vorzubringen haben. Das ist noch nicht die Rechtfertigung. Die Rechtfertigung ergibt sich nicht etwa implizit daraus, daß wir diese demütige Haltung einnehmen, daß wir Gott die Ehre geben; die Rechtfertigung besteht auch nicht darin, daß sich gleichsam unter der Hand die tiefste Verzweiflung in die höchste Begnadigung verwandelt. Aber eben diese Verzweiflung bedeutet doch unser eigenes Nein zu uns selbst und zu unseren Sünden. Und das ist die Buße, die nicht zu denken ist ohne mortificatio, d. h. ohne das Absterben des alten Menschen. Es ist noch nicht die ganze, noch nicht die rechte Buße, die im evangelischen Sinne erst möglich ist, wenn wir das Evangelium vernommen und im Glauben ins Herz gefaßt haben. Dann erst erwacht der Trost eines neuen Lebens. Evangelische Buße ist zugleich mortificatio und vivificatio. Und dieses neue Leben muß notwendig Früchte bringen. Denn wer mit Gott in der Gemeinschaft eines neuen Leben steht, muß mit Gott und in seinem Sinne wirken. Die Liebe wird sich als die sittliche Kraft des Glaubens und der neuen Gerechtigkeit erweisen, oder wie es in der CA VI heißt: im neuen Gehorsam bringen wir gute Werke als Früchte des Glaubens dar.

So kann eigentlich aus der Sache heraus die Frage gar nicht aufkommen, wie denn vom Standpunkt der reformatorischen Rechtfertigungslehre aus die sittliche Ordnung gewahrt bleibt, bzw. wie sie hier zu begründen sei. In der Geschichte der altprotestantischen Lehrbildung kam das auf die Frage hinaus, welche Bedeutung das *Gesetz* für den Gerechtfertigten und Wiedergeborenen habe.

Daß die neue Gerechtigkeit nicht mehr die des Gesetzes sein könne, war in der Reformation Luthers Allgemeinbesitz. Aber die radikalen Thesen der sog. Antinomer, insbes. des Joh. Agricola, verursachten eine in den Grundzügen wohl einhellige, im einzelnen indes äußerst komplizierte und nie, auch nicht im Art. VI der FC zu einem befriedigenden Ende geführte Diskussion. Die Antinomer verwarfen, kurz gesagt, die weiterdauernde Bedeutung des Gesetzes für den Wiedergeborenen, lehnten die Predigt des Gesetzes ab und verwiesen das Gesetz aufs „Rathaus". Die Gegenthese von der bleibenden Bedeutung des Gesetzes war wohl klar, aber schon in der näheren Ausführung über den Brauch des Gesetzes schied sich die Terminologie Melanchthons und seiner Schule von den ursprünglichen Ansätzen Luthers. Bei letzterem blieb es bei einem doppelten Brauch des Gesetzes, dem usus legis crassus oder auch civilis einerseits, dem usus spiritualis oder theologicus (im Dienste der Sündenerkenntnis) andererseits. Die melanchthonische Fassung der Lehre vom Brauch des Gesetzes zielte auf den dreifachen des usus politicus, elenchticus – diese beiden wesentlich im Sinne der beiden usus Luthers –, dazu aber noch des usus normativus sive didacticus, der eine nun nicht mehr zwingende, sondern „belehrende" Rolle des Gesetzes für die Wiedergeborenen bezeichnen sollte.

Komplikationen ergaben sich u. a. auch dadurch, daß alsbald die melanchthonische Terminologie in Luthertexte eingetragen wurde; ferner aber auch sachlich dadurch, daß die Konzeption Luthers, hierin uneinhellig mit seiner Erklärung des ersten Gebotes, mehr und mehr dazu neigte, den Gnadencharakter des Gesetzes unsichtbar zu machen und es hart gegen das Evangelium abzugrenzen. Leicht erreichbare

Texte bei Hirsch, Hilfsbuch 80–83; ferner ist zu verweisen auf W. Joest, Gesetz und Freiheit, 1961³ und R. Hermann, Zur Bedeutung der lex, ihres Unvermögens und dennoch Bleibens, nach Luthers Antinomerthesen, Ges. Studien 473 ff.

Im Horizont der Rechtfertigungslehre läßt sich immerhin soviel zur Frage des Gesetzes sagen: das Gesetz ist nicht mehr die Quelle unserer Gerechtigkeit; denn unsere Gerechtigkeit vor Gott ist Christus und der Glaube an ihn. Das Gesetz, als Zwang, Befehl und Forderung eines Gehorsams auch ohne Einsicht, ist auch nicht mehr das Motiv des Handelns der Wiedergeborenen, sondern ihnen zeigt der Glaube durch die Liebe den Weg zu guten Werken. Das Gesetz kann auch die nicht mehr schrecken und verklagen, die um Christi willen gerechtfertigt sind und freigesprochen von ihren Sünden. Dennoch ist das Gesetz nicht damit abgetan. Es ist in den äußeren Bereichen des Lebens Regel für die gute Ordnung in der Welt und insofern schon nicht ohne theologische Bedeutung. Gott erhält seine Schöpfung durch das Gesetz auch dort, wo der Unverstand herrscht und kein guter Wille regiert, sondern wo nur Zwang und Strafe helfen können. Das Gesetz ist auch für den Wiedergeborenen der Spiegel der Sünde, sooft er in Sünde fällt. Und da auch der Wiedergeborene nicht in einer anderen Welt und Ordnung lebt als jeder Mensch überhaupt, so ist es ein Modell unserer Pflichten selbst dann, wenn wir unsere Taten im Rahmen der uns gewiesenen Pflicht aus Liebe oder auch aus Vernunft tun. Damit ist aber der Anschluß der evangelischen Rechtfertigungslehre an die Fragen unseres Handelns gewonnen und die neue Sittlichkeit geradezu in ihr begründet.

## 2. *Die Problematik der Rechtfertigungslehre*

Diese Darstellung der Rechtfertigungslehre in vier Gedankenkreisen nimmt weder auf die Geschichte der Lehre noch auf die aus ihr sich ergebenden Probleme Rücksicht, sondern versucht den Durchschnitt des Lehrgehaltes sichtbar zu machen. Die protestantische Theologie befindet sich in ihrem Bekenntnis zur Rechtfertigungslehre meist in großer Sicherheit und erhebt für sie die höchsten Ansprüche. Tatsächlich ist aber diese Position nicht unbestritten, und wir haben uns mit der Problematik nunmehr auseinanderzusetzen.

Der Anspruch, der für die Rechtfertigungslehre erhoben wird, ist außer Frage. Sie ist „praecipuus locus doctrinae christianae" (Apol. IV, 2; BSLK 159), auf ihm steht nach den zit. Äußerungen Luthers in den Schmalk. Art. die ganze evangelische Lehre. Tatsächlich aber haben die frühen Formeln der Lehre bereits außerordentliche, bis in die christologische Spekulation reichende Streitigkeiten hervorgerufen, wie Art. III der FC zeigt. Das Tridentinum hat in Sess. VI. die reformatorischen Formeln weithin in überraschender Weise rezipiert, aber pädagogisch eingebettet, durch eine Differenzierung der Gnadenlehre angereichert und durch die Verbindung der Lehre vom Glauben mit der von den guten Werken tatsächlich ins Gegenteil verkehrt. In der Orthodoxie verliert der Artikel von der Rechtfertigung, trotz Aufrechterhaltung aller richtigen Formeln, seine ursprüngliche Zentralstellung derart, daß die iustificatio nur noch als eine Stufe unter anderen im ordo salutis erscheint. Selbst in den konservativen Dogmatiken der neueren Zeit, mit der einzigen Ausnahme M. Kählers, findet sich keine Spur davon, daß dieser Artikel etwa die Bedeutung eines konstruktiven Prinzips in der Lehrdarstellung hätte. Bei Fichte, bes. in den Grundzügen des gegenwärtigen Zeitalters, bei Hegel, der doch die lutherische Dogmatik sonst zu seinem spekulativen System als Steinbruch benutzt hat, findet sich keine Spur der Lehre und Schleiermacher hat die Rechtfertigung in seiner Glaubenslehre (§ 107) ganz in die Lehre von der Wiedergeburt aufgehen lassen: „Das Aufgenommenwerden in die Lebensgemeinschaft mit Christo ist als verändertes Verhältnis des Menschen zu Gott seine Rechtfertigung, als veränderte Lebensform betrachtet seine Bekehrung". Und in der 4. Augustanapredigt „von der Gerechtigkeit aus dem Glauben" (Predigten II, 653 ff.) hat Schleiermacher die forensische Rechtfertigungslehre förmlich aufgelöst dadurch, daß er die Nichtigkeit jedes Gesetzes vor Gott dargetan hat.

Wenn Dilthey in seiner Analyse der Reformation (Ges. Schr. II, 211) ausdrücklich bestritten hat, daß die Erneuerung der paulinischen Lehre von der Rechtfertigung durch den Glauben den Kern der reformatorischen Religiosität bilde, so hat das, von Diltheys eigenen Gründen zu solchem Urteil abgesehen, auch im Erscheinungsbild der protestantischen Dogmatik einigen Grund. Dantine beklagt in dem Vorwort zu seiner zit. Schrift „so etwas wie eine Müdigkeit dem Hauptartikel unseres Glaubens gegenüber". Aber liegen die Gründe nur dort, wo P. de Lagarde sie gesucht hat, im „jüdischen Fündlein" des Paulus, oder in der durch die Orthodoxie heraufgeführten Verbindung der Rechtfertigungslehre mit der Christologie (Dilthey), oder mit der altkirchlichen Trinitätslehre, wie Lagarde in seiner Schrift „Über einige Berliner Theologen" (Ausg. 1897, 100) behauptet? Fehlt es der neueren evangelischen Theologie an Entschlossenheit und Einsicht? Genügt ein Aufruf zu neuem Pathos in diesem Artikel?

Der Artikel von der Rechtfertigung steht jedenfalls erst seit der Reformation im Vordergrund des Interesses und der Auseinandersetzung, und die hier lautwerdende Kritik ist Kritik an der evangelischen Theologie. Von Anfang an ist die Lehre von einem Zaun von Negationen und polemischen Formeln umgeben: Die Rechtfertigung ist nicht unser Verdienst, geschieht nicht durch Werke, nicht durch unser Bekenntnis, nicht durch Liebe; sie wird auch nicht durch Erkenntnis oder Werke der Liebe ergänzt oder vervollständigt. Die Gnade wird nicht eingegossen, Rechtfertigung ist kein actus medicinalis, keine infusio gratiae. Diese Beobachtung erweckt, auf den Verlauf der Geschichte der evangelischen Theologie gesehen, die bedrückende Frage, ob die Bedeutung der Rechtfertigungslehre jemals über diese Rolle als gewiß notwendiger polemischer Formel hinausgereicht hat. Kann sich diese durch Negationen belastete Formel als Inbegriff der Sache der Reformation dem gemeinchristlichen Bewußtsein einprägen? Schon die Geschichte der Orthodoxie scheint die Frage in ihrem ganzen Gewicht nur zu unterstreichen. Die Rechtfertigungslehre fällt in der Darstellung des Dogmas immer weiter zurück. Sie ist in der Frühorthodoxie etwa in L. Hutters Compendium schon auf den 12. Platz unter den Loci gerückt. Sie wird in der Spätorthodoxie im Lehrstück „De gratia Spiritus Sancti applicatrice" versteckt, so in Quenstedts Theologia didactico-polemica (1685) als viertes von sieben Gliedern der Heilsordnung. Bis in die Gegenwart hinein bestätigt sich dieses Bild von dem geringen Einfluß des Lehrstückes auf Gestaltung und Gang der Dogmatik, unerachtet der gleichzeitigen pathetischen Hervorhebung seiner Bedeutung.

Es kommen die Probleme hinzu, die K. Holl in seinem Aufsatz über die Rechtfertigungslehre im Licht der Geschichte des Protestantismus mehr gezeigt als gelöst hat, und deren Schwergewicht besteht, unberührt vom Psychologismus der Terminologie Holls. Die Rechtfertigungslehre bei Luther ist der Ort, wo er seinen Durchbruch zur Erkenntnis des Evangeliums erfährt und in den sich für ihn sein neugewonnenes Gottesbild wie die tiefsten Gründe seines Bruches mit Rom zusammenballen. Aber wie kann dieses Zeugnis, das seine Wahrheit eben in höchster Subjektivität besitzt, sich nun in kirchliche Lehre umsetzen? Kann kirchliche Lehre in der Beschreibung einer normativen Erfahrungsreihe bestehen, ohne in Anweisungen zu solchen Erfahrungen überzugehen? Gibt es eine Methodik, die terrores conscientiae zu erwecken und ebenso den daraufolgenden Trost, ja die Gewißheit des rechtfertigenden Urteils zu erfahren? Es liegt ohne Zweifel auf der Linie des Pietismus und Methodismus, diese Frage zu bejahen. Sie setzt voraus, daß die Rechtfertigungslehre jedenfalls mit zwei Phasen unseres Gottesverhältnisses rechnet. Aber selbst wenn man die Lehre von der Rechtfertigung ganz wesentlich nur als die Lehre vom neuen Gottesverhältnis des Gerechtfertigten versteht, so sind die negativen Voraussetzungen doch immer im Hintergrund. Historisch ist der Anfang der Rechtfertigungslehre bei Luther in jedem Falle von äußerster Subjektivität, und es ist das Ziel der Lutherforschung, diese Subjektivität Luthers im Blick auf seine gültigen Erkenntnisse, nicht minder aber diese auf dem Untergrund seiner Subjektivität auszuforschen. Am Falle der Rechtfertigungslehre wird dabei die grundsätzliche Frage ganz unvermeidlich (wenn schon faktisch fast immer vermieden), inwiefern die besondere Erlebnisreihe eines einzelnen für die Kirche Normcharakter in Anspruch nehmen kann, bzw. wie sich die subjektive Erfahrung Luthers, überdies noch angesichts ihrer Zeitgebundenheit, in eine in der Kirche öffentlich gültige Lehre umzusetzen vermag.

Die beiden bisher erörterten Problemkreise mögen immerhin vorwiegend methodischer Natur sein. Wir haben nun die gedanklichen Schwierigkeiten ins Auge zu fassen, welche sich daraus ergeben, daß die Rechtfertigungslehre eine dogmatische Theorie geworden ist. Dabei sehe ich ab von der philosophischen Kritik, die sich etwa mit der Übertragbarkeit fremder Verdienste wie fremder Schuld auseinandersetzt oder, wie im Idealismus, das Verhältnis Gottes zu den Menschen in einer so völlig anderen Weise begreift, daß, wie etwa bei Hegel, für die alte Rechtfertigungslehre gar kein Ansatzpunkt mehr bleibt. Vielmehr wende ich mich solchen Schwierigkeiten zu, die in der Lehre selbst liegen und die zum einen Teil als Konflikte in der Geschichte des Lehrbegriffes sichtbar geworden sind, zum anderen Teil jedem untergründige Schwierigkeiten bereiten, welcher die Rechtfertigungslehre in ihrer klassischen Gestalt verstehen und vertreten will.

Die forensische Fassung der Lehre reflektiert auf einen Urteilsspruch Gottes. Dieser Urteilsspruch ist das Widerfahrnis der Gnade, d. h. er ist keine Selbstverständlichkeit, sondern wie jeder Freispruch das Unverdiente, also die Ausnahme von der Regel. Die Regel wäre die Verurteilung des Sünders nach dem Gesetz, dessen Erfüllung er schuldig geblieben ist. Dieser Spruch setzt ein neues Gottesverhältnis, das auf dem Glauben ruht. Hieraus ergeben sich nun insofern gedankliche Schwierigkeiten, als dieser Urteilsspruch, der den Beginn des neuen Gottesverhältnisses darstellt, offenbar nicht wohl datiert werden kann. Wollte man die Datierung überhaupt ablehnen, dann müßte man das so verstehen, als sei die Erfahrung der Rechtfertigung etwas, was im Grunde immer gilt und was wir in der Erfahrung der Rechtfertigung nur entdecken. Es wäre dann nicht so, daß wir erst einen zornigen, dann nach dem rechtfertigenden Spruch einen gnädigen Gott hätten, sondern wir machten an einem im Grunde unwandelbaren Gottesbild nur eine Entdeckung, indem wir tiefer in dieses Gottesbild eindringen. Wollte man aber sagen, daß die Gerechtigkeit nur dem Gläubigen zugerechnet werde, dann ließe sich wohl denken, daß sich im Glauben, wenn auch nicht der Vollzug, so doch die Kundgabe des rechtfertigenden Spruches ereignet, so daß der Moment des Gläubigwerdens von schicksalhafter Bedeutung ist, wie die Theologie der Bekehrung in ihren verschiedenen Formen immer behauptet. Heißt das aber, daß der Glaube geradezu Bedingung der Rechtfertigung ist, dann ist hinwiederum diese Rechtfertigung nicht mehr ohne Voraussetzung. Nun haben die Bekenntnisse die Mitteilung und den Empfang des Glaubens durch das Wort geschehen lassen. Das mündliche Wort und seine Predigt, das Amt der Verkündigung und seine Hochschätzung hängen in den Bekenntnissen eng mit der Rechtfertigungslehre zusammen. Der Art. vom Predigtamt CA V schließt sich schon im Satzbau an den von der Rechtfertigung CA IV an. Im Luthertum hängen, worauf auch Holl aufmerksam gemacht hat, die Bedeutung der Kindertaufe und des Abendmahles, aber auch der Privatbeichte unmittelbar damit zusammen, daß der Glaube an die rechtfertigende Gnade Gottes einen gewissen Grund sucht. Hat doch gerade das ständige Verharren im Ungewissen Luther in den Anfängen seines Suchens in die Verzweiflung getrieben, und hat doch die gegnerische Lehre auch hernach immer eine letzte Gewißheit über den Gnadenstand zu geben abgelehnt. Hier also lag ein tiefstes Interesse der Reformation. Ist aber diese Hochschätzung der Sakramente und des Predigtamtes im Luthertum als Folge der Gewißheitsfrage „ohne Zweifel ein

Heruntersinken unter Luther, ein Rückfall in katholische Anschauungen", wie Holl und in seinem Gefolge Hirsch geurteilt haben? Die Frage bleibt dann jedenfalls offen, wie das Ergreifen der Gnade geschehen soll und wie ich Gewißheit erlange.

Die andere kritische Frage hängt mit der Deutung der Formel „propter Christum" zusammen. Melanchthon ist in der Apologie nirgends über diese knappe Formel hinausgegangen, es sei denn, daß er von der Gerechtigkeit Christi oder von seinen Verdiensten gesprochen hat, die uns in der Rechtfertigung „imputiert" werden. Schon bald hat sich die christologische Zurückhaltung Melanchthons an dieser Stelle als ein Vakuum erwiesen, in das reichere Vorstellungen einströmten. Osiander, in seinem Widerspruch gegen die rein forensische Fassung der Lehre, hat das „propter Christum" im Sinne einer Einwohnung in den Gläubigen erklärt. Er hat dabei allerdings nur eine Einwohnung nach seiner göttlichen Natur anzunehmen vermocht und dadurch seine Gegner zu der radikalen Gegenthese gereizt, daß Jesus Christus nur nach seiner menschlichen Natur unsere Gerechtigkeit sei, nämlich insofern, als er in seiner irdischen Gestalt für uns den vollkommenen Gehorsam geleistet hat. Die christologische Konsequenz hinsichtlich der Zweinaturenlehre hat in der FC III zur Verwerfung beider Positionen geführt. Aber es steht mehr dahinter. Es stehen im Grunde weitreichende Motive vor uns, die bis in unsere Zeit hinein wirksam sind. Sie beziehen sich alle auf die Auslegung des „propter Christum" der Lehrformel. Die eine Auslegung bezieht sich auf die Leistung des vollkommenen Gehorsams durch Christus an unserer Statt. Der Gedanke ist der, daß das Gesetz Gehorsam fordert und nur im vollkommenen Gehorsam auch erfüllt werden kann. Wir bleiben diesen Gehorsam schuldig, aber Christus erbringt ihn. Hier schließen sich im orthodoxen Lehrschema die näheren Bestimmungen an, welche die oboedientia activa und passiva Christi beschreiben.

Ob das Verdienst Christi wesentlich im Sinne der oboedientia activa, also als Leistung, oder als oboedientia passiva, als Erdulden der Strafe verstanden wird, macht einen geringen Unterschied in der hier verhandelten Frage aus. Auf diesen Unterschied meint Holl (a. a. O., 531, Anm. 1) und in seinem Gefolge Hirsch (Leitfaden 55) hinweisen zu müssen. Nicht worin die satisfactio Christi besteht, involviert bei den Reformatoren das Neue gegenüber der anselmischen Versöhnungslehre, sondern die Entscheidung darüber, wie sich die Aneignung der Versöhnung vollzieht.

Es ist durchaus richtig, daß sich der dabei angesprochene Gedanke der Stellvertretung nur unter der Voraussetzung der Trinitätslehre denken läßt, worauf die Kritiker der Rechtfertigungslehre hingewiesen haben, und daß jedenfalls in diesem Typus des Verständnisses das propter Christum so auszulegen ist, daß der Gehorsam Christi, sei er nun wesentlich ein uns fehlendes und für uns erbrachtes Verdienst, sei er eine für uns erlittene Strafe, uns zugerechnet wird.

Im Osianderschen Gedanken lag die unmittelbare Gestaltwerdung der Gerechtigkeit Christi in uns. Weil Gott sie ansieht, darum spricht er in seinem rechtfertigenden Urteil aus, was ist. Und noch Schleiermacher, der die Rechtfertigung als Lebensgemeinschaft mit Christo deutete, bedurfte keiner Zuerkennung der Gerechtigkeit, keiner imputatio mehr. „Denn ein neues Verhältnis kann nur entstehen durch das Einswerden mit Christo, wodurch auch die Bekehrung entsteht... jede ist das untrügliche Kennzeichen der anderen" (Glaubensl. § 107,1). Sobald man aber diese Lebensgemeinschaft mit Christo als Glauben versteht, gewinnt das „sola fide" einen ganz schlichten und elementaren Sinn; denn der Glaube bedarf keiner dogmatischen Legitimierung durch seinen christologischen Inhalt mehr. Gewiß ist das nicht der ursprüngliche Gedanke der Reformatoren gewesen. Für sie fließen das sola fide und das propter Christum sachlich zusammen. Aber die Folgezeit vermag nicht mehr die Freiheit aufzubringen, dieses propter Christum ohne nähere dogmatische Sicherung zu lassen, und das setzt dann die widersprüchlichen Beschreibungen in Gang, die auf der einen Seite bis zu einem modifizierten Anselmismus, auf der anderen Seite bis zu einem Glaubensbegriff reichen, der die Lebensgemeinschaft mit Christus in sich selbst repräsentieren soll. –

Der kritische Überblick hatte den Sinn, die dogmatische Formel auf ihre innere Schlüssigkeit zu prüfen. Aus ihm ergibt sich unmittelbar die Aufgabe, zu einer positiven Aussage zu gelangen, welche die sichtbar gewordenen Klippen vermeidet, die in der Formel verborgen liegen. Sie erklären sich zu einem Teil aus der gedanklichen Spannung, die zwischen der forensischen und der effektiven Auffassung der Rechtfertigung, wenn ich recht sehe, im Luthertum stärker als im Calvinismus fühlbar wurden.

Calvin hatte bei der Darlegung seiner Rechtfertigungslehre Inst. (1559) III, 11–16 den Osiandrischen Streit ebenso wie die ausgedehnte Polemik der römischen Theologie gegen die evangelische Rechtfertigungslehre vor Augen. Seine breite und besonnene Darlegung steht zur lutherischen Lehre nicht im Gegensatz und faßt die forensische Auffassung mit der effektiven überlegen zusammen, was in der nachfolgenden ref. Orthodoxie in der Lehre von der iustificatio activa und passiva festgehalten und ausgebaut wurde. So kann er, unbeschadet der forensischen Rechtfertigung, doch von einem Anfang und einem Fortschritt in der Rechtfertigung sprechen, also die Lehre von der Heiligung an- und einschließen. Vgl. auch Heppe, Dogmatik der ev.-ref. Kirche, Loc. XXI.

Historisch gesehen, hatte die Rechtfertigungslehre die Bedeutung einer polemischen Formel, und in dieser Hinsicht ist sie unaufgebbar in Kraft. Aber sie ist als polemische Formel nicht das Ganze der Sache; denn eben so ist sie immer nur ein regulatives Prinzip, das seiner Natur nach nicht konstruktive Bedeutung für die Entwicklung der christlichen Lehre gewinnen kann. Es gilt jedenfalls, die Rechtfertigungslehre ihrer rein polemischen Gestalt zu entkleiden und ihren positiven Kern hervortreten zu lassen.

Dazu ist auch nötig, sie von allen belastenden Zusätzen und Verklammerungen zu lösen. Sie ist auf jeden Fall unabhängig vom Schema der anselmischen Versöhnungslehre ans Licht getreten und sollte demzufolge nicht nach dieser oder in ähnlicher Richtung spekulativ belastet werden. Es ist auch ein Irrweg, sie neben die Begriffe der Wiedergeburt, der Erneuerung, der Heiligung, der Erlösung und Versöhnung zu stellen, als sei es die Aufgabe der Theologie, den Begriff der Rechtfertigung gegen diese Begriffe abzugrenzen oder sie untereinander in eine richtige Reihenfolge zu bringen, wie das in der Lehre vom ordo salutis geschah, eine Unternehmung, die noch bis in die biblizistische Dogmatik der Neuzeit herein die Dogmatik beherrscht hat. Diese Begriffe sind alle auf dieselbe Sache bezogen, beschreiben sie in verschiedener Rücksicht und haben je an ihrem Ort ihren eigenen Sinn.

Positiv wird man vielmehr einsehen müssen, daß, unerachtet aller theoretischen Schwierigkeiten ihrer geschichtlichen Ausprägung, die Rechtfertigungslehre die evangelische Form der Gnadenlehre ist. Das nämlich, und das allein, erklärt auch ihre polemische Zuspitzung und die in ihr gebündelten negativen Aussagen. Denn ihr eigentliches und entscheidendes Widerspiel in der römisch-katholischen Theologie ist eben auch eine Gnadenlehre, aber eine Gnadenlehre völlig anderer Art. Ihr gegenüber ist die evangelische Rechtfertigungslehre die Lehre von der unverdienten Gnade schlechthin. Sie ist eine Sammelformel für das Evangelium, und insofern allerdings gilt, daß sie konstitutiv für die gesamte evangelische Lehre, für die evangelische Dogmatik sein muß. Sie soll das Evangelium als den tragenden Grund aller Lehraussagen sicherstellen. So verstanden sagt uns die Rechtfertigungslehre: Wir haben die uns widerfahrene Gnade nicht verdient und können sie nicht verdienen. Die Gnade läßt uns Christum erkennen, und in Christus ist die Gnade Gottes erschienen. Die Gnade ist immer bei Gott, sie ist favor Dei und darum nie und nimmer etwas an oder in uns. Die Gnade können wir nur im Glauben begreifen. Die Gnade macht uns zu freien Menschen. Sie macht uns frei vom Zwang des Gesetzes. Sie macht uns frei von der Knechtschaft. Sie öffnet uns den Weg des Lebens. Der Gerechte wird aus Glauben leben (Röm 1,17; Gal 3,11; Hebr 10,38).

Die Rechtfertigungslehre besagt, daß ich durch Gott trotz meines sündigen und verlorenen Lebens in seine Gemeinschaft wieder aufgenommen bin. Ich bin frei geworden von der Anklage des Gesetzes und des Gewissens, das dem Gesetz recht gibt. Rechtfertigung bedeutet, daß das Evangelium von der Sünderliebe Gottes in Christus Jesus für mich steht wider das Gesetz, die Gnade wider die Sünde, der Glaube wider die Werke. Rechtfertigung bedeutet, daß Gott mit mir „eine Ausnahme gemacht hat" von der Regel, die durch das Gesetz repräsentiert ist. Diese Gnadentat Gottes macht aus dem Gerechtfertigten einen neuen Menschen, der aufrecht stehen und gehen darf vor seinem Angesicht, ein freies Gotteskind in der Gewißheit seiner Liebe.

### 3. Der rechtfertigende Glaube als Freiheit – Zugänge zur Ethik

Fassen wir den Ertrag unserer bisherigen Überlegungen noch einmal zusammen, so schält sich eine dreifache Bedeutung der Rechtfertigungslehre heraus. Diese verschiedenen Bedeutungen dürfen nicht miteinander verwechselt oder vermengt werden. Aus ihrer Vermengung erklären sich die Unausgeglichenheiten zwischen dem theologischen Anspruch und der tatsächlichen Geltung der Lehre und die beklagte Müdigkeit der modernen Theologie in diesem Artikel.

1. Die Rechtfertigungslehre ist zunächst eine polemische Formel und gehört als solche in die Konfessionskunde bzw. in die Symbolik. Als polemischer Formel eignen ihr jene Absicherungen durch Negationen, welche ihrer unmittelbar religiösen Wirkung im Wege stehen und im Grunde nur dem Theologen zugänglich sind. Als polemische Formel kann die Rechtfertigungslehre auch dem Anspruch nicht gerecht werden, der doch ständig für sie erhoben wird, daß sie nämlich die Zentrallehre der evangelischen Kirche und Theologie sei. Als polemische Formel ist die Rechtfertigungslehre jedenfalls kein konstruktives, sondern nur ein regulatives Prinzip der Dogmatik.

2. Davon ist zu unterscheiden, daß die Rechtfertigungslehre die Gestalt der Gnadenlehre nach evangelischem Verständnis ist. Hierüber sprach ich am Ende des vorigen Absatzes. Damit hängt zwar sachlich ihre polemische Bedeutung zusammen, aber als die evangelische Gestalt der Gnadenlehre ist die Rechtfertigungslehre positiv, die sog. particulae exclusivae treten in den Hintergrund, und sie kann ihren Formelcharakter völlig verlieren. In veränderter und oft verdeckter Form macht sie sich möglicherweise in jedem dogmatischen Lehrstück geltend und erweist sich dann in der Tat als der Sauerteig, als der sie in FC III, 7 (BSLK 916,36) bezeichnet wird. Sie kann auch die schlichte Form annehmen, wie sie in jedem Evangelium von der unverdienten Gnade das Herz des unbelehrten Menschen, das Herz des Sünders (Luk 15,2) erreichen kann.

3. Die Rechtfertigungslehre ist aber auch Lehrstück, das in der Soteriologie seinen besonderen und wohlbegründeten Ort hat. Es ist kein Zufall, daß dieser Artikel in der Spätorthodoxie in dem Lehrstück De gratia Spiritus Sancti applicatrice angesiedelt worden ist. Denn er hat dort eine spezielle Funktion, die nur nicht mit den anderen Bedeutungen, also der engeren in der Polemik und der viel weiteren als evangelische Gestalt der Gnadenlehre verwechselt werden darf. In diesem besonderen Sinne nun gibt die Rechtfertigungslehre eine Antwort auf die Fragen, die zu Anfang des Kapitels aufgeworfen worden sind: Wie kann der versöhnte Christ in der Welt der Sünde leben? Diese Frage kann auch in der dialektischen Umkehrung erscheinen: Wie kann der Mensch dieser Welt dennoch im Reiche Christi leben? Die bedrückende Doppelsinnigkeit der christlichen Existenz ist es, die

nach einem Ausgleich, nach Deutung, nach Lösung und – Erlösung ruft.

Der Sache nach handelt es sich hier um ein Problem, das in dieser Weltzeit gar nicht zum Ausgleich kommen kann. Die Doppelsinnigkeit unserer Existenz bedeutet, daß der Christ als berufen und getauft zum Reiche Christi gehört und „nicht mehr" zu dieser alten Welt. Er gehört „jetzt schon" in eine neue und andere Ordnung hinein. Zugleich aber ist diese neue Ordnung „jetzt noch nicht" realisiert, sichtbar und ein Gegenstand unserer natürlichen Erfahrung. M. a. W. die Doppelsinnigkeit unserer christlichen Existenz weist uns auf die Hoffnung hin, sie verweist nicht nur auf die Eschatologie, sondern sie ist selber eschatologischen Charakters. Was das im einzelnen bedeutet und in welche Zusammenhänge das führt, das kann und soll nicht hier erörtert werden, weil davon in der Folge dieser Dogmatik noch die Rede sein wird.

Die Eschatologie ist aber in unserem Zusammenhang gar nicht das letzte Wort; denn sie läßt den handelnden Menschen für die drängenden Fragen seiner gegenwärtigen Existenz unberaten. Man könnte es so sagen: Die Eschatologie sagt ihm, er solle „warten". Aber er kann tatsächlich nicht warten, sondern soll jetzt und hier handeln. Kann er das in dieser alten und argen Welt, kann er das in einer Welt, die ihm ihre eigenen Gesetze auferlegt, mit gutem Gewissen?

Hierauf gibt die Rechtfertigungslehre eine unmittelbare Antwort: Die Rechtfertigung Gottes ermöglicht uns, überhaupt zu leben. Dieser Satz reflektiert nicht darauf, daß das Wort „leben" möglicherweise einen Doppelsinn haben könnte, nämlich ein Leben vor Gott, ein „geistliches" Leben meinen könnte und außerdem ein irdisches Existieren. Dann könnte man in der Tat die von Paulus zitierte Habakukstelle (Hab 2,4) hier nicht heranziehen, daß der Gerechte aus Glauben leben wird (Röm 1,17; Gal 3,11; Hebr 10,38). Man kann es aber tatsächlich, denn die Einheit unserer Existenz ist nicht zu spalten. Wenn ich nicht mit gutem Gewissen auf dieser Erde leben kann, dann kann ich auch nicht „vor Gott" leben. Wenn mir Gott in der Rechtfertigung ermöglicht, als Gerechter „vor ihm" zu leben, dann ermöglicht er mir, überhaupt zu „leben". Die Rechtfertigung macht mich „recht-fährtig", sie gibt mir freie Fahrt. Ich bin insofern frei, als ich „darf". Ich darf mit Gott reden (1 Joh 3,21 f.), ich darf auch so handeln, wie ich in meinem Amt und Beruf handeln muß. Mein Tun ist nun nicht mehr von der Anklage des Gesetzes beschattet, und die Begleitung des schlechten Gewissens ist von uns genommen. Die Rechtfertigung bedeutet nicht Willkür, aber sie bedeutet unsere Freiheit im Handeln. Ja, sie enthüllt uns auch am physischen Leben das Unverdiente. Das Leben ist uns geschenkt und „gehört uns", solange Gott will.

Wir sind damit an der Schwelle der Ethik. Die Rechtfertigungslehre ist der Zugang zur Ethik. In ihr ist davon die Rede, daß der Gerechtfertigte in der Rechtfertigung durch Gott seine Freiheit zum Handeln in der Welt gewinnt. Die Modifikation dieser Freiheit – daß sie nämlich nicht bloße Willkür ist –, die Frage, was „Handeln" eigentlich heißt, und die Bedingtheit der Welt, inwieweit uns etwa in ihren Forderungen in verborgener Weise der Wille Gottes anspricht, das alles ist Gegenstand der Ethik. Und es stünde an sich nichts im Wege, an dieser Stelle tatsächlich die Ethik in die Dogmatik einzuschalten, sie ihr dem ganzen Bestande nach zu inkorporieren.

K. Barth hat in der Theologie der Neuzeit wohl als einziger die Ethik in die Dogmatik völlig aufgenommen, und zwar innerhalb seiner Kirchlichen Dogmatik in den Bänden I/2 (2. Kap. § 18), II/2 (Kap. 8) und III/4. Zum Problem des Verhältnisses von Dogmatik und Ethik vgl. KD I/2, § 22, 3. Für die seit Jahrhunderten üblich gewordene Trennung der beiden systematischen Disziplinen lassen sich äußere Gründe von erheblichem Gewicht nennen. Es wäre auf das Anwachsen des ethischen Stoffes hinzuweisen, dann darauf, daß in ihm mit einer stärkeren Wandelbarkeit und Zeitgebundenheit der Thematik gerechnet werden muß. Man kann auch sagen: der Wandel der Thematik in der Ethik folgt in der Neuzeit in zunehmendem Maße anderen Gesetzen, als das in der Dogmatik der Fall ist. Aber es sind nicht nur äußere Gründe für die gegenseitige Verselbständigung der beiden systematischen Disziplinen. Schleiermacher hat sich in den Prinzipien zur Glaubenslehre darüber ausgesprochen, indem er zunächst (§ 3) von der Frömmigkeit wohl sagt, daß sie „rein für sich betrachtet" weder ein Wissen noch ein Tun sei, dann aber doch dem Gedanken nachgeht, daß sie von Wissen und Tun nicht schlechthin geschieden werden kann. Das christlich-fromme Selbstbewußtsein geht in Gedanke und Tat über. Es kommt zum einen in einem fixierenden Denken zur Ruhe, zum anderen ergießt es sich in ein es aussprechendes Handeln (Glaubensl. § 3, 4). Dies schließt ebenso Gleichheit wie eine gewisse Ungleichheit in der Konzeption der Glaubens- und Sittenlehre in sich, und vor allem bedeutet dieser Ansatz, daß für die christliche Sittenlehre kein unmittelbarer Bezug zur christlichen Glaubenslehre gegeben ist. Schleiermacher hat sich über diese Thematik auch in der Einleitung zur christl. Sitte (hg. L. Jonas, [1843] 1884²) ausgesprochen. Vgl. auch H.-J. Birkner, Schleiermachers christliche Sittenlehre im Zusammenhang seiner philosophisch-theologischen Systems, 1964.

Geht man diesen Erwägungen im einzelnen nach, so kann man sich schwer dem Eindruck von den zwingenden Gründen entziehen, die für die Selbständigkeit der Ethik sprechen. Ihre ganze Fragestellung ist von einer unmittelbaren Dringlichkeit, sowohl was ihren Ansatzpunkt als auch was die ganze Breite ihrer Thematik betrifft. Es ist eine unrealistische Vorstellung, wollte man meinen, das alles würde uns erst durch die Vermittlung der Dogmatik dargereicht oder wir könnten erst dann diese Fragen legitim in Angriff nehmen, wenn wir uns über die dogmatischen Voraussetzungen zu ihrer Beantwortung klar geworden wären. Doch soll uns in unserem Zusammenhang die Frage des Verhältnisses von Dogmatik und Ethik nicht weiter beschäftigen.

Wir sagten: Mag die Eschatologie uns noch so sehr auf das Warten verweisen, uns in das „noch nicht" stellen, so kann doch der Mensch, der sich als Christ versteht und den christlichen Glauben bekennt, nicht warten, sondern er muß immerfort unaufschiebbar handeln. Kann er das eigentlich mit gutem Gewissen?

Die Vorstellung von der Besonderheit des christlichen Handelns in der Welt, von einem Handeln, das sich von dem aller übrigen Menschen grundlegend unterscheidet, hat zweifellos zunächst etwas Bestechendes. Denn „der Christ" empfängt ja das Gesetz seines Handelns nicht von der Welt, sondern von daher, daß er unter der Königsherrschaft Jesu Christi lebt. Das Liebesgebot fordert von ihm offenkundig ein ganz anderes Handeln als es das Handeln nach dem Gesetz der Welt ist. „Dem Christen" ist Sonderliches geboten, z. B. seinen Feind zu lieben, und es sind ihm auch bestimmte Dinge verwehrt, einfach darum, weil er ein Christ ist. Es scheint einleuchtend zu sein, daß es die Aufgabe der Ethik, oder soll ich sagen: der Dogmatik ist, dieses Besondere am christlichen Handeln und Unterlassen zu beschreiben und zu bestimmen. Dieses Besondere bringt das christliche Handeln zweifellos in Gegensatz zur Welt, aber es ist auch der Grund eines schlechten Gewissens, wenn wir es nicht durchführen können.

Tatsächlich ist diese Durchführung immer auf das stärkste bedroht, und zwar aus Gründen, die in ihrer Bedeutung gar nicht übersehen werden können. Einmal: Die Thematik des Handelns wird dem Christen, auch wenn er sich zur Königsherrschaft Christi bekennt, von der gleichen Welt her gestellt, von der sie auch jeder andere verantwortliche Mensch empfängt. Geld, Ehe, Staat und Gesellschaft, Wirtschaft und Arbeitsprobleme, Politik und Kultur – das alles repräsentiert die für alle handelnden Menschen einheitliche und selbe Welt. Als Zweites erhebt sich die Frage, wann der Christ eigentlich fertig ist und wie sich der Übergang zu einem zweiten und anderen Stil des Handelns vollziehen soll. Macht nicht auch diesem „Christen", wie es immer nach seinem eigenen Urteil mit seiner „Fertigkeit" bestellt sein mag, einfach die Tatsache zu schaffen, daß auch er aus keinem anderen Holze geschnitzt ist als andere Menschen auch? Auch ihm werden die Probleme des Menschseins nicht aus Bibel oder Dogmatik oder woher sonst auch immer, sondern nur unmittelbar von daher bekannt, daß er ein Mensch ist. Und schließlich kann auch er sein Nachdenken über das, was er soll, nicht an dem vorbei führen, was andere, also die sog. „Nichtchristen", Andersgläubige und Weltkinder vom Guten halten. Gewiß, er wird mit ihnen nicht einfach einer Meinung in Fragen des praktischen Handelns sein. Das wird niemand erwarten. Aber er muß sich, wenn das Sittliche sittlich sein soll, mit jedermann über das Gute und ethisch Notwendige zu verständigen versuchen. Die Ethik, auch die christliche Ethik, kann nicht daran vorbeigehen, daß wir zusammenleben und daß wir einen verantwortbaren modus vivendi finden müssen. Wir müssen mindestens im öffentlichen Leben auf gemeinsame Regeln des Handelns abkommen, und mehr als das: die christliche Ethik selbst muß immer aller Ethik überhaupt kommensurabel bleiben. Nur insofern ist sie Ethik und kann auf wissenschaftlichen Wert Anspruch machen.

Aber das alles versetzt natürlich nicht nur die christliche Ethik als eine theologische Disziplin, sondern vor allem den Christen selbst ganz unmittelbar in eine Spannung. Liebesgebot und Anspruch der Welt, unbedingter Anspruch Gottes und Bereitschaft zum Kompromiß mit der Welt, ja geradezu die Forderung eines solchen Kompromisses — das repräsentiert die Spannung, die nicht übersehen werden kann. Luthers bekannte Formel „simul iustus et peccator" muß als ihr kürzester Ausdruck verstanden werden.

Die Rechtfertigungslehre bedeutet in dieser Spannung das lösende Wort. Der Glaube an die Rechtfertigung versetzt uns in die Freiheit des Handelns in der Welt. Das Wort von der Rechtfertigung, als das Wort von der unverdienten Gnade, sagt uns, daß wir als gerechtfertigte Kinder Gottes Menschen unter Menschen sein dürfen. Das bedeutet in sittlicher Hinsicht, also in näherer Auslegung auf das gelebte Leben, ein Dreifaches.

Wir handeln auf der Bahn unserer irdischen Pflicht, im Vollzug unserer Verantwortungen, in der Vielfältigkeit unseres gewiesenen Berufes nicht mehr im Schatten der Anklage durch das Gesetz und demzufolge unter einer Lähmung durch ein schlechtes Gewissen. Was wir in unmittelbarer Wahrnehmung unserer Pflicht „sollen", das „dürfen" wir auch tun.

Zweitens: Wir dürfen nicht nur, sondern wir „sollen" auch. Gott erwartet von seinen Kindern, daß sie ihren Dienst an der Welt tun und ihr nichts schuldig bleiben.

Und drittens: Diese Gotteskindschaft macht natürlich unser Handeln nicht zu einer gleichgültigen Sache. Was hier an Pflichten erwächst, das ist nicht nur nach Zweckmäßigkeit, Nützlichkeit und Herkommen der Welt zu regeln. Daß diese Welt die Welt Gottes ist, daß der Mitmensch auch von Gott stammt und uns durch die dunkle Führung des unsichtbaren Gottes zugesellt worden ist, das alles setzt unserem Handeln ein inneres Maß, gibt ihm einen eigenen Ernst und nimmt es in Zucht. Wie und nach welchen Gesichtspunkten in jedem einzelnen Falle, das ist dann in der Ethik und nicht hier zu verhandeln.

Die Welt ist darum nicht weniger Welt, daß sie unter Gottes Anspruch und Verheißung steht. Und der Mensch unter der Gnade Gottes ist um dieser Gnade willen nicht weniger Mensch. Dies zu erkennen und die Freiheit, daraus alle Folgerungen zu ziehen, ist Gewinn und Ertrag der Rechtfertigungslehre.

Dritter Hauptteil

## VI. DER HEILIGE GEIST
*(Pneumatologie)*

Zu den drei nachfolgenden Kapiteln sind an neuerer Literatur außer den einschlägigen dogmatischen Lehrbüchern zu nennen: K. Barth u. H. Barth, Zur Lehre vom heiligen Geist, 1930 (ZZ, Beiheft 1) – E. Brunner, Vom Werk des heiligen Geistes, 1935 – Ders., Die Lehre vom Heiligen Geiste, 1945 (Kirchliche Zeitfragen 15) – Eranos-Jahrbuch XIII 1945, 1946 – Th. Preiss, Das innere Zeugnis des Heiligen Geistes, 1947 (ThSt [B] 21) – F. K. Schumann, Vom Geheimnis der Schöpfung (1937), in: Wort und Gestalt, Ges. Aufsätze, 1956, 226–258 – P. Tillich, System. Theol. III – O. Dilschneider, Ich glaube an den Hl. Geist, 1969.

Neuere Speziallit. zur Dogmengeschichte des Lehrstücks: Th. Ruesch, Die Entstehung der Lehre vom Heiligen Geist bei Ignatius von Antiochia, Theophilus von Antiochia und Irenäus von Lyon, 1952 (Studien z. Dogmengesch. u. syst. Theol. 2) – R. Prenter, Spiritus creator, 1954 (FGLP 10, 6) – H. Dörries, De Spiritu sancto. Der Beitrag des Basilius zum Abschluß des trinitar. Dogmas, 1956 (AAG, Phil.-hist. Kl. 3,39) – W. Krusche, Das Wirken des Heiligen Geistes nach Calvin, 1957.

Zusammenfassend mit Lit.-Übersicht der Sammelart. Geist in RGG II, 1268–90 (S. Morenz, G. Gerlemann, E. Käsemann, M. A. Schmidt, R. Prenter, W. Wieland).

### 24. Kapitel

#### SPIRITUS CREATOR

*1. Der Weg der Geistlehre durch die Dogmengeschichte*

Die Lehre vom Heiligen Geist hat die Eigentümlichkeit, daß sie in der Geschichte der kirchlichen Lehrbildung eigentlich nur in bestimmten Kombinationen erscheint.

a) In der alten Kirche entwickelt sich die Lehre vom Heiligen Geist im Rahmen des trinitarischen Dogmas. Die Unsicherheit in der Beurteilung des Hl. Geistes, die bis zum Konzil von Nicäa 325 besteht, wird nur langsam behoben. Diese Unsicherheit hat verschiedene Gründe. Das Interesse ist zunächst noch ganz von den Fragen der Christologie, insonderheit von der Bedeutung des Logosbegriffes für diese, in Anspruch genommen. Eine frühe „ökonomische" Betrachtungsweise des Hl. Geistes bedenkt seine Bedeutung für die Prophetie des Alten und Neuen Bundes, aber die frühen trinitarischen Begriffe sind noch ganz subordinatianisch. Nicht nur die Pneumatomachen, eine arianische Sekte des 4. Jahrhunderts, bezeichnen den Hl. Geist als Geschöpf (κτίσμα), sondern die Neigung dazu liegt von Origenes bis Arius in der Stimmung der Zeit. Es hatte aber auch nicht an Lehraussagen gefehlt, welche bezüglich des Hl. Geistes alles Maß überschritten. Für die Montanisten des 2. Jahrhunderts überbietet der Paraklet noch die apostolische Autorität, eine Lehrtendenz, die auch späterhin immer wieder hochkam: Auch das von Joachim von Fiore (1131–1202) für das Jahr 1260 geweissagte „Zeitalter des Hl. Geistes" sollte eine neue und nun erst vollkommene Offenbarung bringen. Die theologische Wirksamkeit des Basilius zwischen den Konzilien von Nicäa und Konstantinopel, insonderheit seine Schrift „De Spiritu Sancto" und viele seiner Briefe vermitteln einen Eindruck von der relativen Unsicherheit der Lehre vom Hl. Geist, die dann erst im Zusammenhang mit dem Abschluß der trinitarischen Lehrbildung 381 im Sinne der Homousie des Hl. Geistes entschieden wurde: er ist heilig, ungeschaffen, also kein κτίσμα, und anbetungswürdig.

Erst unter der Voraussetzung dieses Glaubens tritt das zweite pneumatische Problem der alten Kirche hervor, übrigens relativ spät formuliert: Wie steht es mit dem „Hervorgehen" (processio, ἐκπόρευσις) des Hl. Geistes innerhalb der Gottheit? Die verschiedenen dogmatischen Entscheidungen dieser Frage haben sich bekanntlich als Trennungsgrund zwischen die Kirche des Westens und die Kirche des Ostens gestellt.

Der Westen drängte seit Karl dem Gr. auf die Einführung des „filioque", d. h. der Lehrformel, nach welcher der Hl. Geist aus dem Vater „und dem Sohne" hervorgeht. Die Päpste zögern bis ins 11. Jahrhundert (1014) hinein, diese auch von ihnen geteilte dogmatische Überzeugung lehrhaft zu definieren. Sie ist schon seit 867 (Photius) ein Motiv der Trennung des Ostens vom Westen. Im Abendland wird das „filioque" ausdrücklich seit dem II. Konzil von Lyon 1274 gelehrt und in Florenz 1438 noch einmal förmlich bestätigt.

b) Im Mittelalter geht die Lehre vom Hl. Geist, bzw. von seinen Gaben und Wirkungen mehr und mehr in die Gnadenlehre über und versickert in ihr. Die joachimitische Erwartung eines Zeitalters des Hl. Geistes bezeichnet keine kirchliche Lehrstufe, sondern erweist sich als eine von der Kirche verurteilte häretische Spekulation. Aber die Lehre von der einfließenden Gnade, der gratia infusa, kommt dem am nächsten, was man zu anderen Zeiten als die Wirkungen des Hl. Geistes bezeichnet hat.

c) In der Reformationszeit entsteht für die Geistlehre dadurch eine schwere und weitreichende Belastung, daß der Enthusiasmus seine Emanzipation von Bibel, Kirche und weltlicher Ordnung unter Berufung auf den Hl. Geist und die innere Erleuchtung vollzieht. Dadurch wird mit einem Male die Berufung auf den Geist suspekt, und es entsteht das Bedürfnis nach einer Legitimation dieser Berufung auf den Geist durch das geschriebene und gepredigte Wort. Die grundlegende These, daß der Geist nicht ohne das Wort sei, kombiniert die Lehre vom Geist mit der Lehre vom Wort. Die Berufung auf den

Geist wird erst durch das Wort legitimiert, und das Wort wiederum empfängt durch den Geist sein Zeugnis, sein testimonium Spiritus Sancti internum (nach Röm 8,16). Diese Verbindung des Geistproblems mit der Worttheologie nimmt freilich für die Folgezeit dem Geistproblem seine theologische Selbständigkeit und versetzt die evangelische Theologie bis zum heutigen Tage mit einem tiefsitzenden Mißtrauen gegen jede Berufung auf den Hl. Geist.

d) Im Zeitalter der protestantischen Orthodoxie wird diese Kombination des Geistproblems mit der Worttheologie ebenso bestätigt wie verengt und verhärtet. Die (schon in Kap. 4) erörterte Inspirationslehre besagt, daß das Wort der Schrift, also der biblische Text, Diktat des Hl. Geistes und somit die Schrift durch den Geist inspiriert sei.

e) Dennoch fügt der Pietismus dem Geistproblem eine neue Note hinzu, und die späte Orthodoxie, deren heimliche Beeinflussung durch die pietistische Zeitstimmung nicht übersehen werden kann, folgt dem Pietismus auch hier: Man fragt nach den Wirkungen des Geistes, nach seinen Früchten, und bedenkt nicht ohne ein gewisses psychologisches Interesse solche biblischen Begriffe, die als Früchte des Geistes betrachtet werden können: die Berufung, die Erleuchtung, die Heiligung, die Wiedergeburt und die guten Werke. Es entsteht, womöglich im Blick auf Luthers Auslegung des dritten Glaubensartikels, die Frage, ob hier nicht eine bestimmte Ordnung und Reihenfolge der Wirkungen des Geistes anzunehmen sei. Das solchermaßen entstehende Lehrstück gilt der gratia Spiritus Sancti applicatrix. Aber ein Vergleich der verschiedenen Formen, in denen die orthodoxen Väter das Problem des ordo salutis lösen wollen, zeigt, wie wenig zwingend und oft geradezu spielerisch hier vorgegangen wird, wie hier auch plötzlich Achsenbegriffe, wie der der Rechtfertigung, auftauchen, die nun in die Reihe einer fiktiven „Stufenordnung" eingefügt werden und so ihre spezifische Bedeutung verlieren. In der Aufklärung wird Umriß und Begriff des Hl. Geistes vollends undeutlich und mit dem Vernunftlicht identifiziert, wenn die Geistlehre nicht überhaupt als Problem erlischt.

f) Im Idealismus wird der Geistbegriff dann plötzlich zu einem Zentralbegriff der Philosophie und Anthropologie. Ein Urerlebnis des Geistes trennt den Idealismus ebenso von der Aufklärung wie von der Romantik, und in einer spekulativen Anstrengung gewinnt schon in Hegels „Phänomenologie des Geistes" das Geistproblem eine Weite und Selbständigkeit, die ebenso den Geist Gottes wie den geschichtlichen Geist der Völker wie auch den Geist des Individuums zu umspannen und in ihrem Verhältnis zu begreifen versucht. Auch Schleiermachers Lehre vom Hl. Geist (Glaubenslehre, §§ 121–125) lebt von diesen neuen Anstößen des Denkens. Aber kann man diese Stufe der Geistproblematik in der Neuzeit überhaupt in die Dogmen- bzw. in die Theologiegeschichte einbeziehen? Diese Frage ist eine mehr als nur historische, sie greift nach unserer eigenen Überzeugung. Sie ist nicht nur eine an uns gerichtete Frage, sondern sie stand schon am Anfang des modernen theologischen Denkens als Entscheidungsfrage vor der Theologie. Im 19. Jahrhundert haben tatsächlich, von den ausgesprochenen Hegelianern abgesehen, die Dogmatiker den spekulativen Weg zu vermeiden versucht. Die Aussagen sind gerade bei den kirchlich-positiven Dogmatikern auffallend karg, sobald sie in der Lehre vom Hl. Geist den Rahmen der Trinitätslehre überschreiten oder die Repristination früherer Kombinationen des Geistproblems vermeiden wollen. Was helfen alle trinitätstheologischen Beteuerungen, wenn man von der „dritten Person der Trinität" eigentlich überhaupt nichts auszusagen weiß, es sei denn, man macht aus der Lehre vom Hl. Geist ein Einleitungsstück zur Lehre von der Kirche? Die Folge ist eine unübersehbare Verlegenheit der Kirche angesichts des Pfingstfestes und der Pfingstpredigt. Hinter dieser Verlegenheit verbirgt sich ein dogmatisches Dilemma, das einer Aufklärung bedarf, zu welcher allerdings die dogmengeschichtliche Überlegung schon einiges beigetragen hat. Das Dilemma bezüglich der Lehre vom Hl. Geist scheint mir für den modernen Protestantismus in folgenden Umständen zu liegen:

1. Eine nur in der Trinitätslehre wurzelnde und nur um der Trinitätslehre willen vorgetragene Lehre vom Hl. Geist reicht nicht aus. Sie führt entweder zu einer spekulativen Theologie oder endet bald in erbaulichen Sätzen, indem die Rede vom Hl. Geist in andere theologische Lehrstücke eingeflochten wird, etwa in die Lehre von der Kirche, um in solche Lehrstücke dann ein Element des „Unverfügbaren" einzubauen.

2. Die Abwehr des Enthusiasmus hat die Kirchen der Reformation wohl am nachhaltigsten beeinflußt, ja es hat sie in ihrer Zuversicht, über den Hl. Geist zu klaren und im Leben der Kirche förderlichen Lehraussagen zu kommen, gelähmt. Die Angst vor einer mißbräuchlichen Berufung auf den Hl. Geist ist zu einer dogmatischen Angst vor dem Hl. Geist geworden.

3. Diese Zurückhaltung vor der Lehre vom Hl. Geist findet eine gewisse Bestätigung an der Tatsache, daß der Geistbegriff selbst schillert. Es gibt viele „Geister" und es gibt viele Kategorien, unter denen wir den Geistbegriff fassen können. Die kritische Theologie, die durch sie gewonnene Unbefangenheit im Verständnis der Texte und die Breite des religionsgeschichtlichen Vergleichs hat uns die Zuversicht zu der Gewinnung eines von vorneherein eindeutigen Geistbegriffes genommen.

4. Die Neuentdeckung des Geistbegriffes nach der Aufklärung im Idealismus und die kühne Einbeziehung sowohl des theologischen Problems als auch des geschichtlichen und des anthropologischen Geistbegriffes in einen geschlossenen Systementwurf hat die schriftgebundene Theologie vollends mißtrauisch gemacht. Für die philosophieab-

gewandte Theologie ist es nun ein Grundaxiom geworden, daß der vom Idealismus gemeinte Geist ein unserem menschlichen Wesen immanentes Phänomen meint, während der göttliche Geist transzendent und etwas völlig anderes ist. Im Zuge dieses aus dem Gegensatz von Gott und Mensch heraus verstandenen Geistbegriffes wird nun das Geistverständnis überhaupt zum eigentlichen Stolperdraht, in dem sich jede moderne Pneumatologie verfängt und um des Gegensatzes willen zu allem anthropologischen Geistverständnis sich selbst zur Unanschaulichkeit verurteilt.

Man kann das Letztgesagte an der Auseinandersetzung mit Schleiermachers Lehre vom Geist studieren. Der Leitsatz zu § 121 der Glaubenslehre lautet: „Alle im Stande der Heiligung Lebenden sind sich eines innern Antriebes im gemeinsamen Mit- und gegenseitigen Aufeinanderwirken immer mehr Eines zu werden als des Gemeingeistes des von Christo gestifteten neuen Gesamtlebens bewußt!" So knapp und sicherlich in gewisser Hinsicht auch anfechtbar das formuliert ist, so hat jedenfalls Schleiermacher hier ein Problem bezeichnet, dem die Kritik der frühen dialektischen Theologie, vor allem in der Schrift von Karl und Heinrich Barth: Zur Lehre vom heiligen Geist, 1930, einfach nicht gerecht geworden ist. Vernimmt man vollends den von Schleiermacher dort hinzugefügten Kommentar, so wird deutlich: Der Heilige Geist wird als das Element des Neuen im Christenleben verstanden. Das Problem der Individuation in ihrem Verhältnis zum Gemeingeist wird gesehen, aufgeworfen und auch beantwortet. In den Mittelpunkt der Geistproblematik rückt die Relation des göttlichen Geistes zum menschlichen Geist und zur menschlichen Natur. Man kann dieses Problem nicht dadurch lösen, daß man es a limine abweist. Ferner zeichnet sich die Geistlehre Schleiermachers dadurch aus, daß sie nicht aus der Tradition und auch nicht aus der Spekulation heraus entworfen wird, wie denn die Trinitätslehre, die einen solchen Ansatz in jeder Weise begünstigen würde, erst am Schlusse der Glaubenslehre zur Sprache kommt. Statt dessen wird hier die Geistlehre an die Erfahrung angeschlossen. Der Vorwurf des Immanenzdenkens, mit dem immer wieder die Polemik gegen Schleiermacher bestritten wird, ist vollends unwahr, weil die Darlegungen § 123,2 klar dagegen sprechen. Der Geist wirkt nach den dortigen Ausführungen nämlich so sehr „von außen", daß Schleiermacher betonen muß, daß er darum die Einheit unseres Selbstbewußtseins und unserer Selbstbestimmung nicht hindert. Er wirkt zwar zuerst von außen, dann aber in uns. Schließlich ist in dieser Geistlehre auch die Frage des Gemeingeistes und die Relation des christlichen Geistes zum allgemein-menschlichen Geist aufgeworfen. Man wird jedenfalls zugeben müssen, daß damit der Umkreis der hier zu verhandelnden Fragen so weit abgesteckt ist, daß man die Fragestellung nicht mehr auf einen geringeren Umfang zurücknehmen kann.

## 2. *Das biblische Zeugnis vom Heiligen Geist*

Wir können bei unserer Frage nach dem Heiligen Geist nicht von einem feststehenden Begriff ausgehen, und wir können auch nicht hoffen, eine Definition zu gewinnen, die uns aller Schwierigkeiten überhöbe. Man kann ferner nicht einfach den „Heiligen Geist" im Sinne des christlichen Glaubens gegen den „Geist" im Sinne religionsgeschichtlicher Phänomene abgrenzen, sowenig man natürlich auch den

„Geist" im Sinne der religionsgeschichtlichen Geistphänomene und des Alten Testamentes mit dem Heiligen Geist identifizieren kann.

Ohne die Vielfalt religionsgeschichtlicher Geistphänomene vereinfachen zu wollen, kann man doch sagen, sie deuten auf ein Lebensprinzip, suchen ihn im Atem oder in den Atemkräften. Es wird schwer halten, „Geist" in diesem Sinne begrifflich deutlich von der „Seele" abzuheben. Diese Kräfte können auch feinmateriell und der Versichtbarung fähig vorgestellt werden. Es wäre müßig, hier bereits Unterschiede zum biblischen Zeugnis behaupten zu wollen. Im Alten Testament „fällt" der Geist auf die Propheten, „kommt" er auf Bileam (Num 24,2), „geriet" er über Saul (1 Sam 10,10) und weicht wieder von ihm (16,14). Der Geist ist Gottes Eigentum, die Geschöpfe leben von ihm und sterben, wenn Gott den Geist entzieht (Ps 104,29 f.; Hi 34,14 f.; Kraftwirkung Gottes: Ez 37,5.6.9; Gen 6,17; 7,15.22). Jedenfalls ist der Geist nichts dem Menschen an sich Immanentes, er ist kein höheres, zeitloses Prinzip. Das Alte Testament kennt ebenso charismatische und ekstatische Phänomene. Das Richterbuch stellt uns charismatische Führer vor Augen, Saul ist vom Geist getrieben (1 Sam 10,6; 11,6), ebenso wie David (1 Sam 16,13). Die Propheten wirken in der Kraft des Geistes, der sie überfällt und erfüllt. Der messianische König wird als Geistträger angekündigt (Jes 11,1 ff.). Der Gottesknecht hat am Geiste Jahwes Anteil (Jes 42,1 ff.). Auf das Motiv der charismatischen Inspiration des Volkes, des Leviten, des Weisen soll hier nicht weiter eingegangen werden. Eine besondere Bedeutung hat im Neuen Testament Joel 3, ein Kapitel, das Apg 2,16–21 vollständig zitiert ist, dann aber im einzelnen auch Tit 3,6 (= Joel 3,1); Apk 6,12 (= Joel 3,4); Röm 10,13 (= Joel 3,5), in Anklängen sonst noch an verschiedenen Stellen. Diese Stelle spricht von der Ausgießung des Heiligen Geistes als dem Zeichen der eschatologischen Heilszeit („ἐν ταῖς ἐσχάταις ἡμέραις" Apg 2,17). Der Geist äußert sich nach Joel 3 in Gnadengaben, also charismatisch, die Charismata werden auch genannt: Prophetie, Träume, Visionen. Und schließlich wird hier die Endzeit in apokalyptischen Bildern beschrieben: Sonne und Mond sollen zum Vorzeichen des großen und schrecklichen Tages des Herrn verwandelt werden, wer aber den Namen des Herrn anrufen wird, der soll errettet werden.

Daß also der Geist der Spiritus creator ist, daß er der Spiritus vivificans ist, daß seine Ausgießung das Zeichen der messianischen Heilszeit ist und daß er das Volk Gottes mit charismatischen Gaben erfüllt, das alles ist nicht neu. Es sind keine spezifisch neutestamentlichen Gedanken.

So ist auch im Neuen Testament der Hl. Geist das sich in Wundern manifestierende Zeichen der Heilszeit. Er ist die Macht Gottes, die Jesu wunderhaften Eintritt in die irdische Existenz bewirkt (Mt 1,18.20; Lk 1,35) und in der Taufe über ihn kommt (Mt 3,16). Jesus vollbringt seine Wundertaten im Geist (Mt 12,28). Der Geist ist eine Kraft, die auf die Zuhörer der Predigt des Petrus herabfällt (Apg 10,44), die ausgegossen werden kann (Apg 2,17 f.), die den Philippus hinwegrafft (Apg 8,39) und die man in ihren Wirkungen mitunter sogar sehen (Mt 3,16; Apg 2,3) und hören (Apg 2,2) kann. Das Letztere mag zwar nicht als der Höhepunkt des neutestamentlichen Zeugnisses anzusehen sein, immerhin sind diese Berichte wesentlich, weil sie die neutestamentliche Geistlehre zunächst in eine deutliche Übereinstimmung mit dem bringen, was uns schon aus dem Alten Testament, ja was uns aus der Religionsgeschichte an Geistphänomenen bekannt ist. Der Geist im Neuen Testament ist insbesondere die Gabe der messianischen Heilszeit. Auch die sog. Wunder müssen als charismatische Wirkungen des Geistes begriffen werden. Die Gemeinde besitzt den Geist; die Taufe ist mit dem Empfang des Geistes verbunden, und einzelne besitzen überdies die Gaben des Geistes in individuell bevorzugter Weise.

Auf dieser Stufe unserer Einsicht in das neutestamentliche Zeugnis vom πνεῦμα ἅγιον entstehen freilich auch einige schwer lösbare Probleme, die auch in die Geistlehre der christlichen und besonders der biblizistischen Dogmatik eindringen und die sämtlich um die Neuheit sowie um die spezifische Besonderheit des Hl. Geistes im Sinne des Neuen Testamentes kreisen. Im wesentlichen treten dann immer wieder folgende vier im Grunde unlösbaren Probleme hervor:

1. Was bedeutet das Zeugnis vom Geist, das Wirken im Geist und die Gabe des Geistes in den Tagen des Erdenwirkens Jesu, wenn doch erst an Pfingsten der Geist ausgegossen wird?

2. Seit wann hat Jesus selbst den Geist besessen? War erst die Taufe im Jordan die mit der Geistausgießung verbundene Messiasweihe, oder war der Geist schon von der Geburt an mit ihm (Lk 1,35!)?

3. Die Machttaten, die „Wunder" als Bezeugungen des Geistes treten in Konkurrenz zu den ganz ähnlichen Beweisen der Dämonen und des widerchristlichen Geistes. Die Versuchlichkeit des „Zeichens", seine Mißverständlichkeit in mehr als einem Sinne (Mt 12,38–45), seine Problematik als messianischer Ausweis (Joh 3,2), seine Relativität zum Glauben (Mt 13,58) wie auch die Bedrohung der Reinheit des Glaubens durch das Verlangen nach Wundern (Joh 4,48) – das alles wirft die Frage auf, wie diese charismatischen Zeichen der Heilszeit zu beurteilen sind.

4. Schließlich muß sich auch die Frage erheben, ob der Geistbesitz sich nur oder doch im wesentlichen in charismatischen und enthusiastischen Phänomenen äußert. Das aus den evangelischen Berichten erkennbare Wirken des Geistes ist unverkennbar charismatisch; die Geistmitteilungen, von denen die Apg. berichtet, tragen ebenso unverkennbar enthusiastische Züge. Wie verhält es sich aber mit dem Geistbesitz der Gemeinde nach dem Erlöschen dieser Phänomene? Kann auch von einem sakramentalen Geistbesitz neben dem charismatischen gesprochen werden?

Das Zeugnis des Paulus bedeutet demgegenüber eine neue Stufe. Es steht, wie Käsemann (RGG II, 1274) richtig zeigt, „im Zeichen der entschlossenen christologischen Orientierung der Geistlehre". Aber was heißt das? Das Geistproblem wird der entscheidende Schlüssel zur Deutung unserer christlichen Existenz nach der Erhöhung Christi. Im Geiste ist Christus bei den Seinen. Die Gabe des Geistes ist keine vom Geber ablösbare Kraft, sondern in ihr gibt der Herr sich selbst: „Der Herr ist der Geist; wo aber der Geist des Herrn (ist, da ist) Freiheit" (2 Kor 3,17). Der Geist Christi (Röm 8,9), der Geist des Sohnes (Gal 4,6), der Geist des Herrn (2 Kor 3,18), der Sinn Christi (νοῦς κυρίου 1 Kor 2,16), das alles meint dasselbe: die uns mitgeteilte Kraft des Geistes aus der Höhe. Die Christen sind πνευματικοί (1 Kor 2,10 bis 16), die alles beurteilen können, weil ihnen der Geist die Einblicke in die Tiefen der Gottheit vermittelt. Die Kindschaft, die Jesus durch seine Verkündigung den Seinen im Reiche seines Vaters erschlossen hat, wird im Empfang des Geistes realisiert. Die den Geist Gottes haben, bzw. die der Geist Gottes treibt, die sind Gottes Kinder (Röm 8,14–16). Das πνεῦμα ἅγιον ist der Geist der Kindschaft schlechthin: Gal 4,6; Röm 8,15. Der Geist wird daher auch das Prinzip und die Kraft des christlichen Wandels: Wandelt im Geiste (Gal 5,16) – das ist die kürzeste Formel paulinischer Ethik. Fleisch und Geist (σάρξ und πνεῦμα) sind die Gegensätze des christlichen Wandels schlechthin. Der Christ ist „im Geiste", und das ist soviel wie „in Christo", frei vom Gesetz und von der Sünde (Gal 5,17 ff.). Das christliche Leben besteht nach Gal 5,22 ff. aus der Frucht des Geistes, welche in vielfältiger Gestalt aufgezählt wird und nicht unter die Verurteilung des Gesetzes fällt. Nicht Macht und Mirakel, sondern das sittliche Ziel eines neuen Wandels ist daher das Kennzeichen des Geistes (Schlatter). Der Geist zielt auf die Heiligung und ist eine die Christen beseelende göttliche Vollmacht.

Ist also der Geist der Schlüssel zur christlichen Existenz nach Christi Erhöhung, ist er die Realisierung unserer Kindschaft, so kommt bei Paulus noch etwas Drittes hinzu. So ausschließlich sich Fleisch und Geist entgegenstehen, so wenig schließt doch der Geist den Leibgedanken aus. Ja, der Geist hat geradezu ein Gefälle zur Leiblichkeit hin. Das Wirken des Geistes fordert und bewirkt leibliche Realität. Unser Leib wie der Leib Christi sind „Tempel des Geistes" (1 Kor 3,16; 6,19). Das hat seine Konsequenz in der Lehre von der Gemeinde und in der Lehre von der Eucharistie. Der Geist bewirkt die Einheit der Gemeinde. Sie wird ein Leib, weil er sie erfüllt und mit seinen mannigfachen Gaben begabt: 1 Kor 12. Die Taufe, die uns den Geist verleiht, gliedert uns in den Leib Christi, die Gemeinde ein. Die Einverleibung in den Leib Christi durch die „geistliche Speise" und den „geistlichen Trank" geschieht zugleich kraft des Geistes und in leiblicher Realität.

Das führt uns schließlich zu der eigenartigen Verflechtung von präsentischer und futurischer Eschatologie. In der Gabe des Geistes gibt uns der κύριος seine Gegenwart. Er gibt sie aber doch nicht endgültig, konservierbar, sondern so, daß wir auf die Gabe und auf den Geber angewiesen bleiben. Der Geist ist Angeld (ἀπαρχή Röm 8,23) und Unterpfand ἀῤῥαβών 2 Kor 1,22) des Künftigen. Der Geist ist darüber hinaus aber die Gestalt des Künftigen selbst: „Es wird gesät in Unehre und wird auferstanden in Herrlichkeit; es wird gesät in Schwachheit und wird auferweckt in Kraft; es wird gesät ein „natürlicher" Leib (σῶμα ψυχικόν) und steht auf ein „Geistleib" (σῶμα πνευματικόν 1 Kor 15,42–44). Wie schon die irdischen Substanzen der uns hier bekannten Leiber verschieden sind, ja auch die Lichtsubstanz der Gestirne, die sich Paulus als lebende, mit Lichtsubstanz bekleidete Wesen denkt, je verschieden ist, so ist der künftige Leib, nachdem der aus „Fleisch" gemachte irdische Leib vergangen ist, in der Auferstehung aus jenem „Geist" gemacht, den der Christ schon in der Taufe empfangen hat und der den fleischlichen Leib ganz und gar ersetzen wird. Der Gedanke, daß der Geist die Gestalt des Künftigen ist, findet seinen theologischen Unterbau in der Entsprechung von Adam und Christus: Adam, der erste Mensch, ist von der Erde her (χοικός 1 Kor 15,47), der „zweite Mensch" stammt aus dem Himmel. Der erste Mensch, Adam, ist zu einem natürlichen Wesen geschaffen, zu einer ψυχὴ ζῶσα, der letzte Adam zum lebendigmachenden Geist (1 Kor 15,45; vgl. Röm 5,12 ff.).

Im 4. Evangelium, und dementsprechend im 1 Joh, sind manche Akzente anders gesetzt. Viele Züge der Geistlehre des Paulus finden sich hier nicht. Beginnen wir mit der Bezeichnung der Verschiedenheit. Bei Joh findet sich kein Interesse an der Verleiblichung des Geistes und der Geistesgaben. Die Verschiedenheit der Geistesgaben, die Individualisierung der Charismata und der Ausgleich von Verschiedenheit der Gaben und der Einheit der Gemeinde, worüber sich Paulus 1 Kor 12 ausführlich verbreitet, das alles ist bei Joh ohne Interesse. Und wie bei Joh überhaupt die futurische Eschatologie völlig zurücktritt, so weist auch der Geist und der Geistbesitz nicht auf eine zukünftige Erfüllung und Vollendung hin. Andererseits kommt aber im Joh noch eindeutiger zum Ausdruck, daß der Geist die Gabe des Erhöhten an seine verlassene Gemeinde ist. „Die Situation des Glaubens ist die Anfechtung, zurückgelassen zu werden" (Käsemann). Der Geist ist nach dem Hingang Jesu zum Vater der andersartige Beistand, der ἄλλος παράκλητος (14,16). Im Geist kommt Jesus wieder zu den Seinen. Die Verheißungen des Wiederkommens Christi und der Sendung des Parakleten sind parallel (14, 16 f.; 14,18–21; 16,12–15.16–24). Der Paraklet wird Zeugnis geben und auch die Jünger zu diesem Zeugnis befähigen (15,26 f.). Der Geist begründet die christliche Existenz, freilich nun weniger im Blick auf das Künftige, weniger im Sinne des „Wohin" als im Sinne des „Woher": der Christ ist aus dem Geist geboren. Die Geburt von oben geschieht durch Wasser und Geist, also durch die Taufe, die doch zugleich spirituell überhöht ist: Was aus dem Pneuma geboren ist, das ist Pneuma (3,3–6). Wir „erkennen" am Besitz des Geistes, daß Jesus Christus in uns bleibt (1 Joh 3,24; 4,13). Aber dieses Pneuma wird nicht durch wunderhafte Vorgänge ausgewiesen, sondern durch Lehre und Erkenntnis, was inhaltlich besagt, daß der Geist der Geist der Wahrheit ist (πνεῦμα τῆς ἀληθείας, 14,17; 16,13; vgl. 4,23 und 24). Der Geist ist insofern der ganzen Gemeinde zugewendet (6,45: alle!), er lehrt sie (14,26), führt sie in die Wahrheit (16,13), so daß die Christen nun alle die Wahrheit kennen (1 Joh 2,20 f.) und nicht nötig haben, daß sie jemand belehrt (1 Joh 2,27, vgl. Joh 6,45). Der Geist „erinnert" sie an alles, was ihnen Jesus gesagt hat. Zwar hat ihnen Jesus „alles" mitgeteilt, was er von seinem Vater gehört hat (15,15), aber der Geist „erinnert" sie, deutet und vertieft das Verständnis ins Wesenhafte (13,7; 16,12; 17,26). Der Geist steigert durch sein Wirken das Erkennen der Gemeinde. Das „Nichtabgeschlossene der Offenbarung" bezieht sich nicht eigentlich auf den Inhalt und die Breite dessen, was der Gemeinde kundgegeben worden ist, sondern auf die Tiefe des Verstehens. So wird im Geist der Erhöhte ewig bei den Seinen bleiben (14,16.18).

Wenn schließlich noch ein Wort zum Geistverständnis der ältesten Gemeinde gesagt werden soll, dann lohnt es sich kaum, eine „frühkatholische" Phase des Geistverständnisses herauszuarbeiten, sei es als Widerlager zu dem, was Paulus und Johannes bezeugen, sei es als Abfall von deren Erkenntnishöhe. Das ist schon deswegen nicht tunlich, weil es sich um bestimmte allgemeine Züge des urchristlichen Geistverständnisses handelt, die auch bei Paulus belegt werden können, ohne daß sie doch geradezu ein Anliegen des Paulus ausmachen. Nur zwei Gesichtspunkte seien in diesem Betracht noch genannt.

Einmal: Der Geist setzt Recht. Das Recht steht nicht im Widerspruch zum Geist. Der Geist begründet Autorität. 1 Kor 7,40 gibt Paulus seinen Anweisungen über die Ehe dadurch Gewicht, daß er hervorhebt: „ich meine aber auch den Geist Gottes zu haben". Bei der Empfehlung der Zurückhaltung der Frau im Gottesdienst appelliert er an das Urteil der Geistträger in der Gemeinde: Wenn jemand Prophet oder Pneumatiker sein will, der wird erkennen, daß das, was ich euch schreibe, Herrengebot ist (1 Kor 14,37). Kraft des Geistbesitzes vermag die Gemeinde ihrerseits Charismatiker (1 Thess 5,21; 1 Kor 12,10; 14,29 u. ö.) und Delegierte (1 Kor 16,3; 2 Kor 8,19) zu prüfen und kompetent zu beurteilen. Es steht ihr aus demselben Grunde auch zu, Rechtsentscheide und Urteile zu fällen (1 Kor 5,3–5; 6,1–7).

Wenn wir uns hier auch noch in einer vorkirchlichen Phase der Problemstellung befinden, muß doch an die gerade unter Berufung auf das Neue Testament vorgetragene These Rudolph Sohms erinnert werden, das Wesen der Kirche stünde zum Wesen des Rechtes im Widerspruch (Kirchenrecht I [1892] Neudr. 1923, S. 1). Dagegen Ad. Harnack mehrfach, zuletzt in Entstehung und Entwicklung der Kirchenverfassung und des Kirchenrechts in den ersten zwei Jahrhunderten, 1910, und

K. Holl, Der Kirchenbegriff des Paulus im Verhältnis zu dem der Urgemeinde, (1921) Ges. Schriften II, 1928. Sohm hatte insofern Recht, als für die Urgemeinde das Recht kein Gegenstand des eigentlichen Interesses war und der Geist das förmliche Recht geradezu entbehrlich machen sollte. Aber seine Neigung, den Zwangscharakter für das Recht als konstitutiv anzusehen, und seine Deutung der Wirkungen des Geistes im Sinne aktueller Weisungen und enthusiastischer Phänomene störte doch sein Urteil. Schon mit der Anerkennung apostolischer Autorität, mit Grundsatzentscheidungen des Apostelkonzils, mit Wahlen, Delegierungen, mit Legitimitäten und wiederum deren Prüfung beginnt Rechtsleben in der Gemeinde. R. Bultmann hat in Th. d. NT 1965⁵, 446–452, eine sehr maßvolle Begründung des Rechtscharakters der hier angesprochenen Vorgänge in der frühen Gemeinde gegeben.

Zum andern muß hier noch einmal an den Realismus erinnert werden, auf den wir schon hingewiesen haben. Die Apostelgeschichte ist voll von Beispielen dafür. Durch die Ausgießung des Geistes wird die Gemeinde aus Juden und Heiden gegründet (2,1–21, vgl. 10,44–48). Der Geist kann, wenn auch vergeblich, angelogen werden (5,1–11); er beflügelt den Stephanus zu seinem Dienst (6,10). Er muß den Getauften noch gesondert mitgeteilt werden (8,15 ff), man kann ihn aber nicht kaufen (8,18 ff.). Er treibt die Boten und zeigt ihnen Wege und Ziele (8,29–39), er lenkt die Reiserichtung (16,6; 19,21; 20,22). Der Geist inspiriert die Weissagung (11,28; 21,11) und inspiriert die Gemeinde zur Übertragung von Ämtern und Aussendungen (13,2), er wird in der Beschlußformel des Apostelkonzils als Subjekt der Entscheidung genannt (15,28).

Er erscheint also in dem lukanischen Geschichtswerk als die die Kirche lenkende und vorwärtstreibende Macht.

## 3. Neue Schöpfung

Die dogmatische Aufgabe, eine wissenschaftliche Rechenschaft vom christlichen Glauben zu geben, kann nicht einfach darin bestehen, sich mit der Ermittlung eines Ertrages neutestamentlicher Beobachtungen zu begnügen. Sie kann natürlich ebensowenig sich von diesem Ergebnis loslösen. Sie hat vielmehr diesen Ertrag im Blick auf unsere Existenz zu reflektieren.

Da ist zunächst noch einmal daran zu erinnern, daß von einer Phänomenologie des Geistes her keine spezifische Lehre vom Heiligen Geist entwickelt werden kann. Man kann z. B. nicht sagen, daß die außerbiblischen oder außerchristlichen Vorstellungen von Geist den Geist als eine natürliche Ausstattung des Menschen intendierten, während im christlichen Sinne der Geist transzendent und „unverfügbar" sei. Auch außerhalb des christlichen Glaubens und Lebens sind vielmehr ekstatische und charismatische Phänomene bekannt, die den Geist durchaus als eine transzendente Macht erkennen lassen. Wiederum läßt sich auch auf das Walten des Geistes, wie wir es etwa in den paulinischen Schriften beschrieben finden, eine solche Phänomenologie anwenden, und zwar in einer sehr bedeutungsvollen Weise.

Die Vieldeutigkeit der Geistphänomene ist ja auch im Neuen Testament nicht wohl zu übersehen. Die „unreinen Geister" (Mk 1,27) sind schon insofern echte Geistphänomene, als sie dem Befehl Jesu gehorchen. Besessenheit und echte Inspiration sind sich zum Verwechseln ähnlich, und weit über den unmittelbaren Bereich göttlicher Geistwirkung hinaus finden sich im Neuen Testament Andeutungen eines „Geisterreiches": Lk 10,20; Mk 1,23 f.; Mt 10,1. Ich argumentiere hier bewußt nur biblisch, da sich die übliche These von der grundsätzlichen Andersartigkeit der christlichen Dinge gerne unter Berufung auf das Schriftprinzip der Nötigung durch den religionsgeschichtlichen Vergleich entzieht. Nur diese Ähnlichkeit der Geistphänomene erklärt ja auch die Forderung, die Geister zu unterscheiden, „zu prüfen, ob sie von Gott seien" (1 Joh 4,1), und den Hinweis auf die Notwendigkeit einer Gabe, die Geister zu unterscheiden (1 Kor 12,10). Damit ist aber die dogmatische Aufgabe von der Sache her bezeichnet. Man kann zugleich vorweg einen wichtigen Schluß ziehen. Wenn sich vom bloßen Phänomen her nichts unmittelbar Spezifisches über den Heiligen Geist aussagen läßt, dann kann das nur vom Inhaltlichen her erwartet werden. Und diesen Weg haben wir nun im Anschluß an das zuvor Erarbeitete zu gehen.

1. Es ist der bleibende Ertrag der Pneumatologie des Paulus und des Johannes, daß sie die Geistlehre christologisch orientiert haben. Das bedeutet zunächst nur eine Kennzeichnung, einen Schutz gegen Mißverständnisse und eine Klarstellung der Heilsbedeutung der Lehre vom Heiligen Geist. Es bezeichnet ferner eine entscheidende Richtung unserer Fragestellung: Wie ist das Verhältnis des der Gemeinde verheißenen und gegebenen Geistes zu dem, was sie an und in Jesus Christus hat? „Christologische Orientierung" darf indessen keine Einengung der Lehre vom Heiligen Geist bedeuten.

Um dieses Letztgesagte deutlich zu machen, sei daran erinnert, daß „Geist" das höchste Prädikat Gottes ist, z. B. Joh 4,24. Gerade an dieser Johannesstelle wird das Prädikat zum Einsatz gebracht, um den Gedanken an Gott jeder geschichtlichen und kultischen Beschränkung zu entziehen. Zugleich gilt aber, daß „Geist" auch der höchste Besitz des Menschen ist. Mag man einen solchen Satz christlich oder idealistisch verstehen, er bezeichnet in jedem Verständnis eine Wahrheit, hinter die unsere Pneumatologie nicht wieder zurückgehen darf. In diesem Sinne sagen wir: christologische Orientierung unserer Aussagen vom Hl. Geist darf keine Einschränkung bedeuten. Man kann das kaum deutlicher aussagen, als es A. Schlatter gesagt hat: „Der Geist ist die stete Vergegenwärtigung Gottes im Verlauf der Geschichte, während die Sendung des Christus einen Moment aus ihr als den Offenbarungsakt auszeichnet". Wir werden damit wieder auf jene Grundfrage des dogmatischen Denkens aufmerksam gemacht, an der sich jeweils auch die

Aktualität der Dogmatik für die christliche Gemeinde entscheidet, die Frage nämlich, ob, inwiefern und worin unser Glaube seine *Gegenwart* habe. „Dadurch, daß Gott der Geber des Geistes ist, erfüllt er unsere eigene Zeit und Geschichte mit seiner Gabe. Darum ist die Bezeugung des Geistes für die Bezeugung des Christus unentbehrlich; denn der Geist ist der stets gegenwärtige Beweis für den Christus" (A. Schlatter, chr. Dogma, 343). Der Geist versetzt uns auch nach den Erdentagen des historischen Jesus, er versetzt die von Christus in seiner Erhöhung „verlassene" Gemeinde in die Gegenwart des Erhöhten. Der Geist hebt die Verlassenheit der irdischen Gemeinde auf und wandelt sie um in die Gegenwart des Erhöhten bei den Seinen. Man kann natürlich fragen, ob diese Vergegenwärtigung des Erhöhten nicht im Wort geschieht. Das ist an sich zuzugeben und bildet keinen Gegensatz dazu, daß der Geist den Erhöhten vergegenwärtigt. Wenn nämlich der Geist das Wort trägt, erfüllt und zu einem Spender des inneren Lebens, zur Begründung des Glaubens macht, dann vergegenwärtigt in der Tat das Wort den Erhöhten und vermittelt seine fortdauernde Wirksamkeit. Freilich ist auch darauf hinzuweisen, daß das bloße Wort, eine fortdauernde Funktion des kirchlichen Predigtdienstes sich auch als ein geistentleertes Tradieren von Erinnerungen, Lehrformeln und Imperativen erweisen kann. Eine geistentleerte Predigt wird keine Vergegenwärtigung des Erhöhten wirken. So liegt es doch wesentlich in der Gabe des Geistes, daß die Bezeugung des Christus geschieht. Der Geist ist die Gabe des gegenwärtigen Christus, und das Wort hat eben diesem Geiste zu dienen (vgl. 2 Kor 3,6.8: ἡ διακονία τοῦ πνεύματος).

Inwiefern kann man nun sagen, daß die christologische Orientierung der Geistlehre doch keine Einschränkung bedeutet? Man kann das eben in dem Gedanken der Vergegenwärtigung begründet sehen. Er hebt die Schranken auf, die uns dann von Christus trennen, wenn wir ihn nur in seiner historischen Faktizität finden, d. h. in seiner puren Damaligkeit. Auch die Erhöhung kann, wie das in der lukanischen Himmelfahrtsgeschichte geschieht, als ein historisches Faktum verstanden werden, das die Verlassenheit der Gemeinde in der Welt post Christum begründet. Diese Schranken der puren Faktizität hebt die Lehre vom Geiste auf, und insofern ist die christologische Orientierung der Geistlehre tatsächlich keine Einschränkung der Geistlehre, sondern eine Entschränkung der Christologie.

2. Blicken wir auf die in der frühen Dogmengeschichte entstandene Lehrtradition zurück, so kann man die Lehrentscheidung bezüglich der Homousie des Heiligen Geistes nur bestätigen. Man muß sie freilich richtig verstehen, d. h. man muß diese Entscheidung in ihrer Bedeutung für die heutige Situation christlicher Erkenntnis würdigen. Sie besagt einerseits: Der Heilige Geist ist nicht mehr als die Christusoffenbarung, er überbietet sie nicht inhaltlich. Andererseits aber besagt doch die Lehre vom Heiligen Geist auch nicht weniger, als daß Gott in Christus sich uns zugewendet, daß er sich in Christus uns

kundgegeben und hingegeben hat. Durch die Lehre vom Heiligen Geist kommt nichts Neues in die Gotteslehre hinein. Gott ist auch als Geist Schöpfer, der Deus creator wird als Spiritus creator erkannt und erfahren. Gott ist auch als der gegenwärtige Geist Erlöser und Herr. Er ist auch hier noch einmal der sich uns mitteilende Gott. Was bedeutet dann überhaupt das Zeugnis vom Geist noch für die Gotteslehre?

Als Geist ist Gott *der nahe Gott*. Als sich mitteilender Herr ist er hier der sich unserer *Subjektivität* mitteilende Herr, der Gott, der uns erleuchtet und tröstet, der uns Rat gibt, der uns fröhlich und mutig macht, der uns auch gute Werke eingibt. Gott bemächtigt sich unseres inwendigen Lebens.

„Diese Vergegenwärtigung Gottes erfolgt in unserem inwendigen Leben. Im Geist geschieht Gottes Wirken inwendig in uns. Sein Ort ist nicht die Natur oder das Geschick, sondern unser personhafter Lebensakt" (A. Schlatter, a. a. O.) – Man kann zur Deutung der Sachlage einen Augenblick auf die Sakramentslehre verweisen. Auch das Sakrament „sagt" nicht etwas anderes als „das Wort", und man kann es insofern selbst als „Wort" bezeichnen. Aber es sagt dieses Wort anders, nämlich zeichenhaft, sichtbar, unverwechselbar diesem Empfänger vermeint, daher leiblich, aber auch als signum und nicht ohne Symbolgehalt. Man kann das auf die Geistlehre übertragen: Auch der Geist meint nichts Neues und anderes, als was wir von Gott her durch Christus wissen und haben. Aber der Geist vermittelt und „offenbart" uns dieses Göttliche anders. Eben diese Andersartigkeit zu beschreiben ist der Sinn der Lehre vom Heiligen Geist.

Wegen dieses Bezuges zur Subjektivität ist in der Lehre vom Heiligen Geist die Erfahrung nicht zu verschweigen. Es mag offen bleiben, ob alle Wirkungen des Geistes erfahrbar sind oder nicht. Nicht alle Wirkungen des Geistes werden im Lichte des hellen Bewußtseins liegen. Vielfach werden Wirkungen des Geistes in heimlich fortwirkenden Erinnerungen geschehen, wie man denn in der christlichen Unterweisung sich oft damit trösten muß, daß sie „Saat auf Hoffnung" sei. Viele Wirkungen des Geistes werden sub contraria specie geradezu gegensätzlich bewußt sein: man lehnt leidenschaftlich ab, was doch schon heimlich in uns wirksam ist.

Das sind im Grunde psychologische Fragen, die zwar nicht das Wesen der christlichen Dogmatik ausmachen, die aber doch von der Dogmatik nicht vermieden werden müssen. In der vorliegenden Frage gab es eine Kontroverse im 19. Jh. zwischen I. A. Dorner (System d. chr. Glaubenslehre II/2, 1887², 711 f.) und Fr. H. R. Frank (Theol. d. Concordienformel I,138 f.; System d. chr. Wahrheit II, 1886, 310 ff.). Frank sprach von einer Berufung, ja von einem Wiedergeborenund Bekehrtwerden des Menschen ohne sein Wissen und Wollen. Sein Interesse galt dem Ausschluß des Synergismus, aber es gibt wohl auch in Ansehung der menschlichen Möglichkeiten einen besseren Sinn, als es die Gegner Franks wahrhaben wollten.

Ebenso mag es offen bleiben, ob alles, was Inhalt unserer christlichen Erfahrung ist, schlechthin zu den Wirkungen des Heiligen Geistes zu zählen sei. Zu solchen Erfahrungen des Christenstandes gehören ja auch die Anfechtungen und die unerhörten Gebete. So sehr es berechtigt sein wird, zu sagen, daß wir die Anfechtungen nur in der Kraft des Geistes bestehen können, so mag doch auch der Zweifel daran begründet sein, diese Anfechtungen, Enttäuschungen, Leid und Tod – alles nicht wegzudenkende Erfahrungen des Christen – einfach als Wirkungen des Geistes zu bezeichnen. Es sind also unübersehbare Grenzen gezogen, die wir bei unserer Berufung auf die Erfahrung nicht überschreiten können. Wenn wir sagen, man könne bei der Lehre vom Heiligen Geist nicht an der Erfahrung vorübergehen, so kann das aus allen diesen Gründen und Einschränkungen heraus kein Plaidoyer zugunsten einer Erfahrungstheologie überhaupt sein. Erfahrungstheologie ist eine Theologie, die sich grundsätzlich auf Erfahrungstatsachen, versteht sich: auf Tatsachen einer christlichen oder doch jedenfalls religiösen Erfahrung aufbauen will. Unter Berufung auf einen einseitig psychologisch verstandenen Schleiermacher hat es in der Neuzeit mehrere solche Versuche gegeben, besonders durch W. James und G. Wobbermin. Mit solchen Unternehmungen hat das hier Vorgetragene nichts zu tun. Aber die dreifache Limitierung schließt doch nicht die Erfahrung selbst aus der Theologie und insbesondere aus der Geistlehre aus. Das Wirken des Geistes, so wahr es gegenwärtig ist, ist auch erfahrbar, es reicht in die Erfahrung hinein. Freude und Trost, der „Beistand des Heiligen Geistes", Erweckung und innere Erneuerung sind Beschreibungen zentraler christlicher Erfahrung, die in der dogmatischen Lehre vom Heiligen Geist nicht weggeleugnet oder verschwiegen werden können.

3. Verlassen wir die psychologische Sicht und bedenken das hier Erfahrbare in prinzipieller Tiefe, so gilt Folgendes: Der Geist ist der Schöpfer eines neuen Lebens. Der Spiritus creator ist der Spiritus vivificans. Darin ist die Lehre vom Geist gleichermaßen von der Schöpfungslehre des 1. Glaubensartikels unterschieden, wie sie auf sie bezogen ist. Wo der Geist wirkt und „weht", da ist und geschieht „noch einmal" Schöpfung, nämlich Erneuerung, renovatio. Die Erweckung der Totengebeine Ez 37 ist als symbolischer Ausdruck für diese Neuschöpfung verstanden worden: die Gebeine sind schon da, aber sie sind tot und müssen erweckt werden. „Ich will Wasser gießen auf das Durstige und Ströme auf das Dürre" (Jes 44,3). Wo der Geist weht, erneuert sich die Schöpfung. Die Geistlehre bringt also eine nicht unwesentliche Modifikation zur Schöpfungslehre hinzu. Sie knüpft an die erste Schöpfung an, angesichts deren ja die Priesterschrift (Gen 1,2) bereits des Geistes Gottes gedenkt. Aber diese erste Schöpfung ist in der Sicht der Geistlehre doch eine verfallende, absterbende, veräußerlichte Schöpfung. Das darf nicht mißverstanden werden. Es ist nicht eine „an sich" und aus sich heraus verfallende Schöpfung, sondern eine unter den Sündenfolgen leidende und um ihretwillen veraltende und verfallende Schöpfung. Es ist also ein Schicksal der Schöpfung angesprochen, das nicht ohne den Menschen ist (wie ja auch der Geist

nicht ohne den Menschen ist!). Diese veraltende, verfallende Schöpfung ist eine im Rückblick verstandene Schöpfung.

Die Schöpfung, von der wir in der Schöpfungslehre sprachen, ist das Werk des Vaters. Sie ist die erste Schöpfung. Sie wird zugleich im Sinne der Geistlehre zur „alten" Schöpfung. Es ist die von der Sünde des Menschen angeschlagene, vom Verderb bedrohte Schöpfung. Auch gegenwärtig glauben, daß Gott mit seiner Schöpfung ist, das können wir nur im Geist. Die Gabe des Geistes und das Werk des Geistes lösen uns aus der Magie, aus dem Bann des Rückblicks auf die alte Schöpfung und wenden unseren Blick zur Zukunft hin.

Der Geist weist auf eine neue Schöpfung, er weist darauf hin, daß die Schöpfung nicht nur eine lastende Vergangenheit hat, sondern eine Zukunft. So wird die Lehre vom Heiligen Geist nicht zu einer Verneinung des Schöpfungsglaubens, sondern zu seiner Potenzierung. Man kann die in dieser Potenzierung ausgesagte Neuheit begrifflich am besten fassen, wenn man jeweils einen Gegenbegriff im Sinne der ersten Schöpfung zur Beschreibung des Neuen hinzufügt: Das Tote wird lebendig; das Verzweifelte wird getröstet, unsere Knechtschaft wird in Kindschaft verwandelt (Gal 4); aus der alten Menschheit wird der Keim einer erneuerten Menschheit, nämlich die Gemeinde Gottes, die Kirche gesammelt; der verschlossene Geist der Welt wird im Heiligen Geist aufgeschlossen und zu sich selbst befreit. Auch die damit bezeichneten Ziele der Umwandlung durch den Geist bezeichnen vorerst noch nichts Endgültiges. Das getröstete Herz kann wiederum in Trostlosigkeit fallen. Auch das neugeschenkte Leben kann wieder entfliehen; auch die Kindschaft ist vorläufig und angefochten; auch die christliche Gemeinde und der ihr verliehene Geist können sich wieder verschließen und „christlich" verhärten. Dann ist der Geist wieder entflohen. Er bleibt nur so lange bei uns und bei der Gemeinde, als er der Spiritus creator und der Spiritus vivificans bleibt und unseren Geist offen hält. Die „neue Schöpfung" ist nichts Geringeres und Beschränkteres als die alte und erste Schöpfung. Die ganze Kreatur sehnt sich nach der Erneuerung der Schöpfung, die erst dann vollendet sein wird, wenn unsere Kindschaft durch die Gabe der Freiheit und durch die Erlösung des Leibes realisiert ist. Das Angeld des Geistes hält uns zu dieser Zukunft hin offen (Röm 8,19–23). Für das Verhältnis dieser neuen Schöpfung zur ersten Schöpfung ist es von Bedeutung, daß nicht von einer „Vernichtung" der alten Schöpfung die Rede ist, sondern von einer Erneuerung. Was am Vergehen der alten Schöpfung Sterben heißt, das ist doch keine annihilatio, der dann eine absolut neue Schöpfung folgen würde, sondern die zweite Schöpfung ist zugleich eine Reinigung, Erneuerung und Bestätigung der ersten Schöpfung und der göttlichen Schöpfungsgedanken. Nur daß eben die erneuerte Schöpfung nicht mehr nur die wiederhergestellte alte Schöpfung sein kann. Die zweite Schöpfung ist eine Potenzierung der ersten, sie ist mehr, sie führt über das erste hinaus. Sie ist etwas Neues. Sie ist wirklich eine neue Schöpfung.

Nur anmerkungsweise sei noch auf die biblische Vorstellung der Ausgießung des Heiligen Geistes eingegangen, welche die Grundlage des 50 Tage nach Ostern in der Kirche fälligen Pfingstfestes ist. Im Joh wird vielfältig die Sendung des Geistes, des Parakleten verheißen (14,16 ff.; 14,26; 15,26 f.; 16,7 ff.) und die Apostelgeschichte berichtet das Ereignis dieser Sendung 2,1–41. Freilich steht dieser Bericht in einem Konkurrenzverhältnis zu 10,44–48, einer möglicherweise älteren Fassung des Pfingstberichtes. Auch die Tatsache der stets erneuten Bitte um den Geist und seine Gaben stellt die Einmaligkeit der Aussendung des Geistes in Frage. Es muß daher ausdrücklich gesagt werden, daß das in der Sendung des Geistes sich ereignende prinzipiell Neue nicht numerisch verstanden werden darf, wenn auch der neutestamentliche Bericht die prinzipielle Neuheit in der Form einer numerischen Einmaligkeit zum Ausdruck bringt.

## 25. Kapitel

### DIE GABEN DES GEISTES

#### 1. *Die Gabe des Geistes und der Enthusiasmus*

In den Aussagen über den Heiligen Geist kommt immer wieder ein schwer vermeidbarer begrifflicher Widerspruch zutage, sei es in der dogmatischen Aussage, sei es in der Verkündigung. Einerseits erscheint der Geist nämlich als Subjekt. Der Heilige Geist ist der Geber der göttlichen Gaben. Er kommt, er hindert und treibt, er lenkt und gibt. Diese Aussagen, welche den Geist als Subjekt beschreiben, personifizieren den Geist und fügen sich insofern gut in den Rahmen der Trinitätslehre ein, welche den Heiligen Geist als die „dritte göttliche Person" bezeichnet. Zum andern aber erscheint der Geist schon in der Sprache der neutestamentlichen Zeugen als Objekt. Der Geist wird gesendet, er wird gegeben, ausgegossen, er ist selbst Gabe. Wenn wir gelegentlich schon auf das Oszillieren des Geistbegriffes, auf die Schwierigkeit, ihn „festzustellen" hingewiesen haben, so scheint sich jedenfalls an diesem uns kaum noch zum Bewußtsein kommenden Widerspruch der Tatbestand nur zu bestätigen. Der personifizierte „Heilige Geist" als dritte Person der Gottheit erfährt, indem man ihn als im christlichen Leben zu realisierende Gabe versteht, eine stufenweise sich vollziehende Annäherung an die charismatischen Phänomene und dann an die Geistphänomene überhaupt. Die Pneumatologie kann dieser Schwierigkeit nicht ausweichen, sie kann sie nicht durch einen begrifflichen Gewaltakt bereinigen. Vielmehr liegt in dieser gelinden begrifflichen Widersprüchlichkeit einerseits ein Hinweis auf die relative Unangemessenheit der überkommenen theologischen Begriffe und eine Andeutung der uns hier gestellten Erkenntnisaufgabe.

Die Reformation hat unerachtet ihrer Gründung im trinitarischen Dogma Anlaß gehabt, über den Heiligen Geist als Gabe nachzudenken und ihre spezifische pneumatologische These auf die Mitteilung der Gabe des Geistes zu beziehen. Diese These lautet: Der Geist wird nur durch die Vermittlung von Wort und Sakrament gegeben. Die hohe Auszeichnung von Wort und Sakrament in der Lehre und im Glauben der Reformation rührt ganz wesentlich daher, daß sie Träger und Vermittler des Heiligen Geistes sind, in der Sprache des altprotestantischen Dogmas media salutis. Diese Lehrposition richtet sich gegen den Enthusiasmus. Die Auseinandersetzung mit dieser Bewegung hat tiefe Spuren im Antlitz der reformatorischen Theologie und insonderheit in ihrer Lehre vom Heiligen Geist zurückgelassen. Wir haben uns daher auch hier mit dieser über die Generationen hinaus fortwirkenden Auseinandersetzung zu befassen.

Von der Abwehr des Enthusiasmus ist die Grundstelle CA V im Artikel über das Predigtamt geprägt: „Nam per verbum et sacramenta tamquam per instrumenta donatur spiritus sanctus, qui fidem efficit, ubi et quando visum est Deo." Die Apologie (XIII,13) warnt vor den fanatici homines, „qui somniant spiritum sanctum dari non per verbum, sed propter suas quasdam praeparationes". Luther hat sich oft über die Enthusiasten geäußert; besonders nachdrücklich in den Schmalkaldischen Artikeln, „Von der Beicht" (BSLK 453 ff.): Die Enthusiasten „das sind Geister, so sich rühmen, ohn und vor dem Wort den Geist zu haben und darnach die Schrift oder mündlich Wort richten, deuten und dehnen ihres Gefallens, wie der Münzer tät ... Summa: der Enthusiasmus sticket in Adam und seinen Kindern von Anfang bis zu Ende der Welt, von dem alten Trachen ist gestiftet und gegiftet und ist aller Ketzerei, auch des Bapstums und Mahomets Ursprung, Kraft und Macht. Darumb sollen und müssen wir darauf beharren, daß Gott nicht will mit uns Menschen handeln denn durch sein äußerlich Wort und Sakrament. Alles aber, was ohne solch Wort und Sakrament vom Geist gerühmet wird, das ist der Teufel." Vgl. ferner FC Epit. II, Negativa 6 (BSLK 779,13), SD II (872,4 und 905,80).

Die reformierte Theologie urteilt im Prinzip genauso, aber doch ohne die Leidenschaft der Lutheraner (Vgl. W. Niesel: Die Theologie Calvins (1938) 1957² Bei Hch. Heppe, Die Dogmatik der evang.-ref. Kirche, (1861) 1958², spielt de ganze Komplex des Verhältnisses von Wort und Geist infolgedessen gar keine Rolle.

Zum Begriff des Enthusiasmus vgl. meinen Art. Enthusiasmus, RGG II,495 f (Lit.).

Eine Verständigung über den Enthusiasmus ist um so nötiger, als es sich hier nicht nur um eine historische Frage handelt. Er stellt eine auch heute noch lebendige Macht in der Christenheit dar. Vor allem aber sind auch die in seiner Ablehnung wirksamen Tendenzen selbst zu einer Macht in der Kirche geworden. Die Verständigung über ihr betreffen drei Fragen. Was ist der Enthusiasmus? Welche Argumente wurden und werden gegen ihn aufgeboten? Wie ist die Ablehnung des Enthusiasmus in Ansehung ihrer Gründe und auch ihrer Folgen zu beurteilen?

a) Der Enthusiasmus (von ἔνθεος = gotterfüllt, gottbegeistert) ist eine allgemeine Erscheinung der Religionsgeschichte und keineswegs auf das Christentum beschränkt. Man bezeichnet mit dem Begriff die Zustände vermeintlich unmittelbarer Gotterfülltheit und rauschartigen Getriebenseins. Man wird daher die Mystik vom Enthusiasmus deutlich unterscheiden müssen. Der Mystik fehlt das Kennzeichen des Getriebenseins. Der Mystiker setzt sich in der Ek-stasis aus sich heraus, er „sinkt" in den Grund aller Gründe, oder er „steigt" über sich selbst hinaus und erfährt in seinen Visionen und Auditionen, was seiner natürlichen Sinneswahrnehmung versagt ist. Weniger die völlige Passivität dieser mystischen Entrückung ist für die Unterscheidung der Mystik vom Enthusiasmus ausschlaggebend als die Tatsache, daß alle Mystik eine Ontologie voraussetzt, d. h. eine Seinsordung, in der der Mystiker ebenso seine Seinsweise wie auch seinen „Standort" verändert und innerhalb deren er zur Erfahrung anderer Seinsregionen geführt wird, die der gewöhnlichen Erfahrung nicht zugänglich sind.

Ich verweise für diese in der protestantischen Theologie oft verkannte und mißdeutete Eigenart der Mystik auf Erik Peterson, Der Lobgesang der Engel und der mystische Lobpreis, ZZ 1925, 141–153, ferner auf G. Walther, Phänomenologie der Mystik (1923) 1955[2] sowie auf den Sammelartikel Mystik, RGG IV, 1237 bis 1262 (Lit.).

Ebenso muß der Enthusiasmus vom Spiritualismus unterschieden werden. Dieser muß nämlich keineswegs als ein unmittelbares Gottesverhältnis gedeutet werden. Spiritualismus und Spiritualisierung haben es vielmehr mit „Vergeistigung" zu tun, sie setzen also etwas voraus, was dieser Vergeistigung fähig oder vielleicht auch bedürftig zu sein scheint. Das kann ein Wort, ein Text, ein Bericht, z. B. über ein „Wunder" sein, es kann ein Buch, ja ein ganzes Religionssystem sein, das in diesem Sinne auf eine neue, „geistige" Höhe gehoben wird. Der Spiritualismus fügt zu einer zunächst nur grob verstandenen Sache – oder zu dem vermeintlich groben Verständnis einer Sache – einen neuen, zweiten, „höheren" und nunmehr geistigen Sinn hinzu. Demgegenüber ist der Enthusiasmus gerade ohne eine solche Voraussetzung, z. B. eines Textes und wenn sie ihm vorgehalten wird, dann neigt er viel mehr dazu, sie zu übersehen, zu verwerfen, um aller Mittel ledig die reine Unmittelbarkeit zu gewinnen.

Der Enthusiasmus ist auf dem Boden des Christentums dadurch charakterisiert, daß der innere Antrieb als Werk des Heiligen Geistes verstanden und gedeutet wird. Wir sprechen von Enthusiasmus, wo unmittelbare Geistwirkungen, also Eingebungen, innere Erleuchtungen u. dgl. in Anspruch genommen werden. Für die kirchliche und theologische Beurteilung ist begreiflicherweise die negative Seite der Sache ausschlaggebend. Es ist die Ablehnung aller Vermittlung des Heils durch Schrift, Geschichte und geschichtliche Offenbarung. In der Konsequenz verfällt damit auch die Kirche selbst, kirchliche Ordnung und kirchliches Amt der Abwertung, weil das alles der Vermittlung des Heils dienen soll. Der Enthusiasmus ist immer eine Emanzipationsbewegung, die von der Kirche wegführen will; er bedeutet, so könnte man sagen, per definitionem eine Krise jeder Kirche.

Über die Geschichte des Enthusiasmus im Christentum vor allem K. Holl, E. und Bußgewalt im griech. Mönchtum, 1898; ders., Luther und die Schwärmer (Ges. Schr. I,420–467); E. Troeltsch, Die Soziallehren der christlichen Kirchen und Gruppen (Ges. Schr. I), (1912) 1923³. Heutiger Stand: K. Hutten, Seher, Grübler, Enthusiasten, Sekten und religiöse Sondergemeinschaften der Gegenwart, (1950) 1966¹⁰ – RE XX,586 ff.; ERE V,316 ff.

b) Jeder Enthusiasmus trägt die Kritik an der Kirche in sich und steht aus seinem Wesen heraus im Widerspruch zu allen kirchlichen Ansprüchen, durch den kirchlichen Dienst das Heil zu vermitteln. Dennoch durchzieht die evangelische Theologie und Kirche seit den Tagen der Reformation ein Mißtrauen gegen den Enthusiasmus, das sich noch auf andere Gründe stützt, und zwar Gründe, die in dieser Form zu einem Teil sogar in die protestantische Kritik der römisch-katholischen Theologie eingeflossen sind.

Der Enthusiasmus entwertet nicht nur die Kirche, sondern auch die Hl. Schrift, Wort und Sakrament, ja die einmaligen Heilstaten Gottes zugunsten neuer Kundgaben und neuer Offenbarungen des Hl. Geistes.

Diese neuen Offenbarungen, welche der Enthusiasmus für sich in Anspruch nimmt, erweisen sich dann in vielen Fällen als eine inhaltliche Veränderung des Evangeliums. Als Beispiel dafür kann der Montanismus dienen, in dem der verheißene Paraklet des Joh. evangeliums auf die Person des Montanus gedeutet wurde.

Die Mitteilungen des Geistes, auf die sich die Enthusiasten berufen, autorisieren und legitimieren sich selbst. Sie leiden keine außer ihnen liegende Kontrolle und Prüfung, etwa und vor allem durch das verbum externum der Schrift. Es ist daher immer damit zu rechnen, daß sich der individuelle menschliche Geist, seine Wünsche und Triebe, der Zeitgeist und auch geradezu „unreine Geister" als Heiliger Geist ausgeben. Deshalb bedürfen alle derartigen Ansprüche einer Prüfung, wie sie Paulus für alle prophetischen Ansprüche gefordert hat: Prophetie soll in der ἀναλογία τῆς πίστεως (Röm 12,6) sein, und das läßt sich in der Tat nachprüfen. Solche Ansprüche subjektiv wirksamer Geistesantriebe müssen in Übereinstimmung mit dem „Glauben" der Gemeinde sein, und das bezieht sich in erster Linie auf den Inhalt, dann aber auch auf die Herkunft und damit auf die Legitimität solcher unmittelbarer Geistzeugnisse.

c) Daß die Christenheit das Recht und die Pflicht hat, „die Geister zu prüfen, ob sie von Gott seien" (1 Joh 4,1; Eph 5,10), das ist außer allem Zweifel. Die Christenheit wird zu dieser Prüfung durch den Enthusiasmus zu allen Zeiten herausgefordert, und sie ist ohne die Gabe der Geisterunterscheidung (1 Kor 12,10) wehrlos allen möglichen Täuschungen und eitlen Ansprüchen ausgeliefert. Im übrigen wird sich diese Unterscheidung der Geister, so sehr sie mit Recht den Charismen zugerechnet werden muß, in keiner Weise geheimnisvoll betätigen, sondern sie vollzieht sich in souveräner Nüchternheit des Urteils. Der Geist, der aus dem Wort und durch das Wort gegeben wird, hat in diesem Wort auch sein Kriterium bei sich und er läßt uns daher auch nie im Unklaren über seine Rechtmäßigkeit und Wahrheit. Man wird freilich bei aller Prophetie annehmen müssen, daß sie über das verbum scriptum hinausgreift. Sie wird etwa das geschriebene Wort aktualisieren, indem sie das „heute! jetzt! Du! hier!" behauptet. Das wird nicht unbestritten bleiben, und darum liegt in aller Prophetie letztlich auch etwas Unbeweisbares, ein Risiko. Alle Prophetie muß gegebenenfalls den Alleingang wagen und sie kann nie damit rechnen, daß sich etwa die offizielle Kirche vom ersten Augenblick der prophetischen Kundgabe für diese stark macht. Und doch muß die Prophetie in der Analogie des Glaubens bleiben. Sie darf sich nach Röm 12,6 nie zum Glauben der Gemeinde in Widerspruch setzen. Es ist möglich, daß die echte Prophetie den falschen Frieden in der Gemeinde angreift, daß sie die Einheit der Gemeinde auf die Probe stellt, aber eine das Liebesband der Kirche prinzipiell leugnende und sprengende Emanzipation religiöser Unmittelbarkeit wird immer den Verdacht der Unwahrheit erwecken und zur Vorsicht mahnen.

Indessen macht schon der Hinweis auf die Prophetie deutlich, wie schwierig die Sache doch ist. Alle Prophetie ist nämlich enthusiastisch. Sie ist entweder überhaupt ein erstes, d. h. noch nie bisher geschriebenes Wort, oder sie ist doch als Deutewort ein alles Geschriebene überschreitendes und insofern erstmaliges Wort. Dann aber darf auch nie vergessen werden, daß die Urgemeinde voll von ethusiastischen Erscheinungen ist. Man kann nicht den neuen Enthusiasmus bekämpfen, und in Gestalt der Pfingstberichte für die Urzeit der Kirche den Enthusiasmus dann doch hinnehmen. Und schließlich kann nicht übersehen werden, daß alles Walten des Geistes Unmittelbarkeit bewirkt. Diese Unmittelbarkeit hat sicherlich viele Formen und Intensitätsgrade, angefangen damit, daß schon jede eigene Überzeugung, die sich auch in Ergriffenheit und Begeisterung zeigen kann, eine Form der Unmittelbarkeit ist. Alle Freiheit bedeutet Unabhängigkeit von einem lenkenden und beeinflussenden Wort, und alles Walten des Geistes, mag der Geist auch ursprünglich durch das Wort vermittelt sein, bedeutet zuletzt doch Unmittelbarkeit, und d. h. Freiheit vom „medium".

Alle Zustimmung zu den berechtigten Argumenten der Reformation kann daher zwei Einwände nie ganz zum Schweigen bringen. Der eine Einwand betrifft die Konsequenzen der Position. Alle Prophetie bedeutet Unmittelbarkeit, und Pfingsten ist das Fest des Geistes vor aller Schrift. Kann man eine Geistlehre vertreten, in der das prophetische Amt und in der das Pfingstfest keinen Raum mehr haben? Auch die zwar kritische, aber doch nicht nur negative Bewältigung des Enthusiasmus in der korinthischen Gemeinde durch Paulus macht erkennbar, daß die negative Antwort der Reformation auf das Problem weder historisch noch sachlich ganz befriedigen kann. Der Geist ist eben nicht einfach an den „Buchstaben" gebunden (1 Kor 3, 6 f.), und das Wort der Predigt, in dem er sich kundgibt, setzt ihn ja schon voraus. Jedenfalls ist es von der Schrift her gar nicht anders denkbar, als daß die Lehre vom Geist Gottes für die Tatsache der Geistesgaben, für das Charismatische offen bleiben muß.

Die Abwehr des Enthusiasmus hat, bei allem konkreten Recht, das dieser Abwehr damals zukam, die Kirchen der Reformation mit einer Lähmung geschlagen. Und das führt zu dem zweiten Einwand. Aus der Zaghaftigkeit, die dem Heiligen Geist nicht voll vertraut und sich lieber in jedem Falle auf die media verläßt, ist den Reformationskirchen, bes. dem Luthertum, eine bevorzugte Achtung vor allem Amtlichen, eine gewisse Überschätzung des Institutionellen zurückgeblieben. Und doch bleibt die Souveränität des Geistes in Geltung. Bei aller Zuversicht dazu, daß Gott seinen Geist zum Worte geben wird, ist doch die Wirkung des Geistes – ob es nun Glaube oder Unglaube oder gar Verstockung sein wird – ganz in das Geheimnis dieses Geistes und seiner verborgenen Macht getaucht. Denn dieser Geist wirkt Glauben, „ubi et quando visum est Deo" (CA V).

## 2. Geistesgaben

Zunächst und in erster Linie ist der Geist selbst die Gabe, die durch die Taufe und die Handauflegung, bes. nach der Apg, stets unter der Voraussetzung des Glaubens empfangen wird. Die „Geistesgaben" konkretisieren die Gabe des Geistes. Diese Geistesgaben oder Charismen werden an einzelne verliehen, doch so, daß sie der Gemeinde insgesamt zur Förderung gereichen sollen. Auf diese Begabung durch den Geist ist die Kirche angewiesen. Mögen sich auch die Gaben in ihrer Verteilung auf die Gemeinde wandeln, so bleibt doch in ihnen und durch sie der Geist bei der Gemeinde. Gerade hierin zeigt sich eine eigenartige Dialektik der Sache. Der Geist ist eine Macht, welche die Glieder der Gemeinde sprunghaft überfällt und auch wieder verläßt. Zugleich gilt aber auch, daß der Geist bei der Gemeinde bleibt und sie erfüllt.

Schon in den alttestamentlichen Verheißungen (Num 11,29; Jes 44,3; Ez 39,29; Joel 3,1 ff.) sind diese Gaben als Zeichen der Heilszeit genannt. Sie erhalten die Gemeinde in der Nähe des göttlichen Ursprungs. 1 Kor 12 stellt Paulus eine Regel für den Gebrauch der Charismen in der Gemeinde auf. Sie hat an der Regel für die Behandlung zugewanderter Lehrer Did 11 eine Parallele. Diese Anweisungen zeigen einerseits die Gefahren der Geistesgaben, die Emanzipation der Geistesträger aus dem Gemeindeleben. Die Charismatiker lassen es leicht an der Rücksicht auf die anderen Glieder der Gemeinde, auf den Zusammenhalt der Gemeinde und an der Liebe fehlen. Diese Regeln geben aber andererseits auch einen Eindruck davon, wie die

Charismatiker der apostolischen Autorität unterstehen. Ihre Unmittelbarkeit, bzw. die Unmittelbarkeit der den Charismatikern verliehenen Gaben zu dem Geist, der die Gaben gibt, hebt doch nicht die Ordnung der Gemeinde auf oder nimmt es gar in Anspruch, diese Ordnung zu ersetzen. Anders ausgedrückt: Der Geist hebt das in der Gemeinde waltende Recht nicht auf.

Um welche Charismata in der Gemeinde handelt es sich nun praktisch? Ihre Aufzählung ist im Neuen Testament immer kasuell bedingt und niemals vollständig und abschließend. An vielen Stellen ist aus den beigefügten Mahnungen und Warnungen deutlich zu erkennen, daß mit den Charismen auch mehr oder weniger schwere Gefährdungen verbunden waren. Einen Einblick in die ursprüngliche Erfahrung, welche die erste Christenheit mit den Geistesgaben gemacht hat, vermitteln uns jedenfalls die sogenannten Charismentafeln. 1 Kor 12,6–10 heißt es: „Jedem wird die Kundgabe des Geistes zum (allgemeinen) Nutzen gegeben. Dem einen wird durch den Geist Weisheitsrede gegeben, einem anderen Erkenntnisrede gemäß demselben Geist." Es folgen dann in der Aufzählung: Glaube, Gnadengaben zu Heilungen, Gewalt über Mächte, Prophetie, Unterscheidung der Geister, verschiedene Arten von Zungenreden, Auslegung der Zungenreden. Die andere Stelle Röm 12,6–8 nennt Prophetie, Dienstleistung (Diakonie), Lehrgabe, Ermahnung sowie – in partizipialer Form – Freigebigkeit, Gabe der Leitung, Barmherzigkeit. Schon aus dem Vergleich dieser Aufzählungen geht hervor, daß es keine abgeschlossene Liste solcher Geistesgaben gibt. Am Schluß von 1 Kor 12 findet sich noch einmal eine derartige Aufzählung, in der zunächst, und zwar förmlich numeriert, die Ämter der Apostel, Propheten und Lehrer genannt werden, dann aber „Kräfte", Gaben der Heilung (wie V. 9), Hilfeleistungen, Leitungen, Arten von Zungenreden (wie V. 10). Manche Gaben sind inhaltlich schwer zu deuten. Neben außerordentlichen, wenn man will: wunderhaften oder gleichsam übernatürlichen Gaben stehen solche, die jedem Christen zuzukommen scheinen wie der ausdrücklich als Gabe bezeichnete Glaube. Die Überleitung zu dem hohen Lied der Liebe wird mit der Ermahnung eingeleitet, nach den größeren Gaben zu trachten, was sich doch offenbar an die ganze Gemeinde richtet. Es steht eigentlich nichts im Wege, sich noch andere Geistesgaben vorzustellen, wie denn, gemessen an der späteren Geschichte, mit dem Verschwinden einzelner Geistesgaben ebenso gerechnet werden kann wie mit dem Offenbarwerden neuer Gaben.

Alle diese Gaben haben ihre Einheit im Geber und sie sind in ihrem Dienstcharakter nicht zu verkennen. Zur Einheit der Gaben in dem, der sie der Gemeinde gibt, kommt ihre Einheit in der Liebe hinzu. Die Gaben können und dürfen sich nicht widersprechen; denn sie dürfen und können die Gemeinde nicht auseinanderreißen. Mit dem Besitz der Gaben muß eine Heiligung des Wesens der Begabten, eine Heiligung der Herzen verbunden sein.

Die Gaben bedeuten eine Steigerung der Spontaneität der Glieder der Gemeinde und eine Individualisierung ihrer Dienste. Das führt uns aber über die Konstatierung des Ertrages der neutestamentlichen Beobachtungen hinaus. Wir werden hier nämlich auf das Problem ihrer naturhaften Seite gestoßen, d. h. auf die Frage ihrer naturhaften Voraussetzungen ebenso wie auf ihre naturhaften Auswirkungen, m. a. W. auf die Analogie zwischen geistlichen Gaben und natürlichen „Begabungen". Die Frage liegt nur allzusehr auf der Hand.

Lehrhaftigkeit ist eine natürliche Begabung, die Gabe der Geisterunterscheidung liegt nahe bei der Menschenkenntnis, und die Fähigkeit der Leitung findet sich wahrlich nicht nur unter der Wirkung des Hl. Geistes. Inwiefern handelt es sich hier um ein theologisches Problem? Ganz offenkundig deutet, was wir hier verhandeln, auf das Verhältnis von Natur und Gnade hin. Man kann zunächst wohl kaum mehr sagen, als daß in den Charismen diagnostisch oft nicht unterschieden werden kann, was auf „natürlicher" Begabung beruht und was der Wirkung der Gnade bzw. des Geistes in unmittelbarer Weise zugeschrieben werden muß. Dennoch mag – wir kommen im nächsten Kapitel noch einmal auf das Problem zurück – in vorsichtiger Abwägung vorerst dreierlei gesagt werden.

Einmal: Sowenig man geistliche Gaben und natürliche Begabungen einfach identifizieren kann, sowenig kann man sie trennen. Die Situation könnte bei einzelnen Charismen verschieden sein dergestalt, daß die einen als natürliche Begabungen in charismatischer Steigerung beurteilt werden müssen, wie die in der Predigt hervortretende Lehrgabe, daß hingegen andere Charismen ohne erkennbare natürliche Voraussetzungen der Gemeinde verliehen werden. Jedenfalls ist, bei aller Unmöglichkeit einer diagnostischen Festlegung, die Sache doch nicht so, daß die Geistesgaben schlechthin „wider die Natur" sind und wider alle natürlichen Voraussetzungen gegeben werden.

Ein Zweites legt abgesehen von speziellen „natürlichen" Begabungen eine natürliche Fundierung besonders nahe. Wenn nämlich die Charismen in Reinheit und unter Ausschließung aller natürlichen Faktoren Wirkungen des Hl. Geistes sind, dann ist schlechterdings nicht einzusehen, wieso diese Charismen die Einheit der Gemeinde gefährden können und wieso die Charismatiker an ihre Liebespflicht und an den Nutzen der ihnen verliehenen Geistesgaben erinnert werden müssen, wie das die durchgehende paränetische Tendenz von 1 Kor 12 ist. Es bricht eben durch die Gaben und ihren Gebrauch immer zugleich die in ihnen geweckte und gesteigerte Natürlichkeit hervor. Mit den Geistesgaben gehen nur allzuleicht natürliche Schwächen, Eitelkeit, Selbstsucht u. dgl. Hand in Hand. Darum muß zu den Geistesgaben die Heilung der Herzen hinzukommen.

Schließlich stellen die Geistesgaben nirgends eine Zerstörung der natürlichen Voraussetzungen in der Gemeinde dar. Es ist nicht erkennbar, daß sie nach der Meinung des Neuen Testamentes die natürliche Ausstattung der Gemeinde außer Kraft setzen, aufheben oder verneinen. Sie sind immer so etwas wie eine höhere Ausrüstung der Gemeinde durch den Hl. Geist. Und doch gelten für diese Ausrüstung besondere Bedingungen. Man ist nämlich dieser Ausrüstung nie sicher. Gott behält diese Gaben in seiner Hand. Sie weisen in eine absolut jenseitige, zukünftige Ordnung hinein. Sie haben, unerachtet ihrer Korrelation zur Natürlichkeit, etwas Unirdisches an sich. Sie entziehen sich dem von uns aus ermeßbaren und verfügbaren Zusammenhang von Ursache und Wirkung. Wir können sie nicht bewirken, sondern nur erbitten. Wir können sie nicht verdienen, können ihrer aber unwürdig werden. Wir können sie zwar hüten, pflegen und ehrerbietig bewahren, wir können sie aber nicht behalten, wenn Gott sie wegnimmt. Im Blick auf die Urchristenheit muß uns das Schwinden der Geistesgaben beschäftigen. Zwar hat es der Christenheit nie völlig an Geistesgaben gefehlt. Die urchristlichen und frühkirchlichen Ämter sind zunächst Autorisierungen derer, die durch Gaben des Geistes ausgewiesen waren. Amtsgnade und Geistesgaben sind in ihren Ursprüngen eng verbunden. Aber es gibt dann schon sehr bald ein vom Geist verlassenes Amt, es gibt eine Kirche, welche die Sicherheit ihrer Institutionen mit einer charismatischen Ausrüstung peinlich verwechselt und der Gott die innere Überzeugungskraft nimmt, während sie sich in der Gewißheit ihrer Siege und ihrer öffentlichen Anerkennung sonnt. Keine orthodoxe Korrektheit, keine „Richtigkeit" ihrer Predigt, keine Stabilität ihrer Kirchenordnung hilft der Kirche, wenn Gottes Geist von ihr gewichen ist (1 Kön 22,24).

Wo die Christenheit des Absinkens und des Verlustes der Geistesgaben innewird, da erwacht dann die Sehnsucht nach der Wiederkehr charismatischer Zeiten und die Bitte um den Geist und seine Gaben. Es ist aber ein Verhängnis für die Kirche, wenn diese Bitte um den Geist und um die Erfüllung der Gemeinde mit seinen Gaben im Gegensatz zum Leben der Kirche entsteht und abseits von ihr zu enthusiastischen Bewegungen führt.

Im 19. Jahrhundert waren die durch Edward Irving (1792–1834) und Blumhardt Vater (Johann Christoph 1805–1880) und Sohn (Christoph 1842–1919) geweckten Bewegungen wesentliche Erscheinungen am Rande der Kirche, welche auf tiefe Mängel dieser Kirche hinwiesen, wie sie die Kirche auch in Bewegung setzten. Über E. Irving Th. Kolde in RE 9,424 ff.

## 3. Der Geist und die Gemeinde

Die Lehre vom Hl. Geist und unsere Erwägungen über die Gaben des Geistes führen uns in zunehmendem Maße zum Gedanken und zu der Tatsache der christlichen Gemeinde. Alle Geistesgaben, alle Charismen sind Gaben an die Gemeinde und Gaben in der Gemeinde. Man kann in allen Aussagen über die Charismen nicht von der Gemeinde absehen. Umgekehrt kann man theologisch nicht über die Gemeinde reden, ohne an die in ihr lebendigen Dienste und die ihr zuerteilten Gaben zu erinnern und an die Quelle, aus der diese Gaben fließen. *Geist und Gemeinde sind korrelate Begriffe.* Die Gemeinde ist die Schar derer, denen der Geist im Sinne von Gal 4,6 und Röm 8,15 die Kindschaft erschlossen hat. Alle ihr verliehenen Gaben sind Wirkungen des in ihr waltenden Hl. Geistes. Sie hat im Hl. Geist ihre Einheit. „Seid fleißig, die Einheit des Geistes durch das Band des Friedens zu bewahren. Ein Leib und ein Geist, wie ihr auch berufen seid zu einer Hoffnung eurer Berufung usw." (Eph 4,3 ff.). Der Geist trägt und ermöglicht die Existenz der Gemeinde Jesu Christi nach den Erdentagen Jesu; kraft des Hl. Geistes ist die Gemeinde existent auch ohne die leiblich-historische Gegenwart Jesu. Im Hl. Geist, seiner Sendung, seinem Wirken erfüllt sich die Zusage Jesu, daß er selbst bei den Seinen sein wird (Mt 18,19 f.).

Wir gehen indessen an dieser Stelle nicht, was vielleicht als naheliegend empfunden wird, in die Kirchenlehre über. Gewiß hat der Begriff der Kirche den Begriff der Gemeinde zur Voraussetzung. Wahre Kirche Jesu Christi ist Gemeinde Jesu Christi. Aber Kirche und Gemeinde sind doch nicht dasselbe. Es sind nicht zwei Begriffe für dieselbe Sache. Die Aussagen über die Gemeinde sind vielmehr eine Vorform der Kirchenlehre. Im Vergleich zur Lehre von der Kirche stellt die Lehre von der Gemeinde die elementare Schicht dar, innerhalb deren bestimmte und spezifische „Kirchen"-probleme noch gar nicht in Sicht kommen.

Als solche spezifischen Kirchenprobleme nenne ich etwa die Frage der Stiftung der Kirche, bzw. die Frage nach ihrem Anstalts- oder Institutionscharakter. Zu den Kirchenproblemen gehören dann vor allem die ihre Grundlagen betreffenden Probleme: Schrift und Tradition. Als „Kirche" ist jeder Gemeinde auch eine Bekenntnisbindung zu eigen, mag dieselbe wie auch immer eingeschätzt oder in die Verfassung der Kirche eingebaut sein. Jede Kirche hat als solche ein Amt oder mehrere Ämter und muß die Frage ihrer Leitung regeln. Kirchenordnung und Kirchenrecht machen die Kirche in der Welt und vor den Augen der Welt in ihrer Eigenart auch äußerlich sichtbar. Und wenn wir die von Karl Barth (KD IV/2,754 ff.) aufgenommenen Vogelschen Begriffe ins Spiel bringen wollen, so steht jede Kirche als Kirche auch in der Versuchung der Fremdhörigkeit gegenüber den Mächten der Welt (Säkularismus), bzw. umgekehrt in der Versuchung zur Sakralisierung, zur Selbstverherrlichung, als ob sie ihrer Weltüberlegenheit aus eigenen Gesetzen heraus gewiß sein könnte. Das alles sind ausgesprochen „kirchliche" Probleme.

Wir können von der Gemeinde Jesu Christi sprechen, ohne daß diese Kirchlichkeit in Sicht kommen müßte. Die Aussagen über die christliche Gemeinde bezeichnen demgegenüber, wie gesagt, eine elementare Schicht. Das mag schon daraus hervorgehen, daß es überhaupt sehr schwer erscheint, eine förmliche „Lehre" von der Gemeinde aufzustellen. An der Gemeinde erweist der Geist seine schöpferische Macht und Kraft. Es sind jene Urfunktionen des Geistes, die Luther in der Erklärung zum 3. Glaubensartikel des Kl. Katechismus zusammengestellt hat: Berufung, Sammlung, Erleuchtung, Heiligung und in Wiederaufnahme des Schöpfungsgedankens mit allen seinen Konsequenzen die Erhaltung. Bei keinem dieser Begriffe muß auf die „Kirche" reflektiert werden, wie es ja auch Luther in den Katechismen nicht getan hat. Hingegen ist es ein leichtes, die genannten Begriffe noch zu überschreiten, anzureichern, um das Elementare der Gemeinderealität noch fülliger zu beschreiben. Man könnte von Erweckung und Erbauung sprechen. In allen diesen Tätigkeiten wird anschaulich, wie der Geist die Gemeinde schafft, wie er den einzelnen bei der Gemeinde erhält, zum Dienst in ihr erweckt und wie er dem einzelnen in der Gemeinde seinen Christenstand gibt. Die Geistigkeit des Geistes und die Leibhaftigkeit seiner Wirkungen schließen sich nicht aus, sondern betätigen sich gegenseitig und legitimieren einander. Der Geist setzt die Gemeinde nach innen und nach außen in Bewegung. Die innere, bzw. nach innen gerichtete Bewegung besteht in den von Glied zu Glied geübten Diensten der Liebe (Diakonie). Nach außen erfährt die Gemeinde den Antrieb des Geistes als „Sendung" (Mission) zur Welt hin, wie denn kraft des Geistes die Gemeinde zur Welt hin offensteht.

Das alles ist in den vorangegangenen Abschnitten schon sichtbar geworden. Indem hier aber die Korrelation von Geist und Gemeinde von der eigentlichen Kirchenproblematik abgehoben wird, soll die kritische Aufgabe unserer Dogmatik eingehalten werden. Das Elementare hat den Vorrang vor dem Späteren. Und es ist zu hoffen, daß sich auf Grund dieser Abhebung die Relativität der „Kirchen"-Thematik deutlicher einsehen läßt.

## 26. Kapitel

### GOTTES GEIST UND MENSCHLICHER GEIST

#### 1. Die anthropologische Frage

Gewiß ist die Frage des Verhältnisses von göttlichem und menschlichem Geist nicht einfach der Inhalt der Pneumatologie. Aber ebensowenig läßt sich diese Frage vermeiden oder als theologisches Anliegen leugnen. Es ist die Frage des Idealismus, aber diese historische Erinnerung ist noch kein Werturteil. Sie gibt wohl dem Problem seinen eigenen theologiegeschichtlichen Ort, und dieser Ort erklärt auch zu einem guten Teil, warum die neuere evangelische Theologie, blind gegen sachliche Anliegen des Idealismus, sich dieser Frage weithin verschlossen hat. Aber die Vernachlässigung eines dringenden und unbewältigten Problems im theologischen Herkommen kann nur als Anreiz verstanden werden, sich diesem Problem zuzuwenden.

In immer neuen Wendungen bewegt G. W. Fr. Hegel durch die verschiedenen Fassungen seines Systems die Frage des Geistes. Seine Geistlehre ist immer dadurch charakterisiert, daß sie den „absoluten Geist" Gottes dem subjektiven Geist der Menschen, der Einzelnen, des Ich wie dem objektiven Geist der geschichtlichen sozialen Gebilde dialektisch gegenüberstellt, aber doch nie kategorial von diesem trennt. Neben Hegel hat keiner unser Problem dann so intensiv empfunden und durchdacht wie Fr. D. Schleiermacher, bes. in der Christlichen Sitte (hg. v. L. Jonas (1843) 1884², 42 ff., 60 ff., 113 ff.). Auch ihm schließen sich göttlicher und menschlicher Geist zu einer Sinneinheit zusammen, indem der Geist die Natur beherrschen und der allgemeine dem individuellen Geist das sittliche Maß und die sittliche Kraft mitteilen soll. In der Folgezeit ist das Problem des Verhältnisses von göttlichem und menschlichem Geist nur selten aufgegriffen worden, wenn wir von den Behauptungen eines einfachen und allgemeinen Gegensatzes absehen. Theodor Haering, D. christl. Glaube 1906, 501 ff. zählt zu den Ausnahmen. Vor allem ist auf A. Schlatter, D. christl. Dogma (1911) 1923², §§ 83–85, sowie auf Paul Tillichs Theologie hinzuweisen. K. Barths KD ist ohne Interesse an dem vorliegenden Problem.

Es sind im wesentlichen zwei Ausgangspunkte für unsere Fragestellung wahrzunehmen. Der eine liegt im Neuen Testament, der andere gleichsam in der Sache selbst.

Im Neuen Testament wird wiederholt πνεῦμα ohne zusätzliche Kennzeichnung auch als anthropologischer Begriff gebraucht. Dies ist oft in ganz unauffälligen Zusammenhängen zu beobachten. Mt 26,41 Lk 1,47 und Apg 7,59 könnte man jedesmal den Begriff πνεῦμα mit „ich" übersetzen. Bei Paulus findet sich die Rede vom menschlichen πνεῦμα immer in beziehungsvollen Gegenüberstellungen: Röm 8,16 „Der Geist selbst gibt Zeugnis unserem Geist ..."; 1 Kor 6,17: „Wer dem Herrn anhangt, ist ein Geist mit ihm". In der Kombination „Leib und Geist" wird der anthropologische Sinn unübersehbar: 1 Kor 2,11 6,20 (nach geringer bezeugter Lesart), 1 Kor 7,34; 2 Kor 7,1, vgl. auch Jak 2,26. Die verschiedenen verwandten Begriffsverbindungen „Leib und Seele" (z. B. Apk 18,13) und „Seele und Geist" (z. B. Hebr 4,12) bis zur späteren trichotomischen Formel (1 Thess 5,23) sollen hier unerörtert bleiben. Man hat schon hier den Eindruck, daß die Theologie in der Geistlehre der Anthropologie nicht ausweichen kann, ohne das Thema zu verlieren oder doch unsachgemäß einzuschränken.

Zu den neutestamentlichen Beobachtungen kommen dann Überlegungen hinzu, die unmittelbar in der Sache liegen. Wir wissen von keinem Geist, der sich nicht am Menschen erweist. Er erweist sich am oder im einzelnen Menschen oder doch in menschlicher Gemeinschaft. Abgesehen von solchen Erweisen können wir weder vom Geist Gottes noch sonst von einem Geist sprechen. Über „Geist" bei den Engeln oder in der Natur, abgesehen von solchem Erweis am Menschen selbst, haben wir schlechterdings nichts auszusagen. Alle Rede vom „Geist" einer Kultur, der Kunst, eines Gebäudes, eines Romans, einer Landschaft, eines Staates ist im Grunde nur ein Umweg, auf dem wir eben

Aussagen über den Geist des Menschen machen. Diese Umwege sind weder zufällig noch überflüssig, sondern sie vermitteln einen Eindruck von dem problematischen Reichtum des Geistes, der „ausstrahlen", sich in Dingen gleichsam objektivieren kann und von da auf den Menschen zurückwirkt. Aber was immer in dieser Hinsicht zur Anthropologie oder Phänomenologie des Geistes beigebracht werden mag, es ändert nichts an dem eingangs aufgestellten Grundsatz, sondern es bestätigt ihn nur: Wir wissen von keinem Geist, der sich nicht am Menschen erweist.

Aber wie ist das Verhältnis des menschlichen Geistes zum Geiste Gottes zu denken? Es bieten sich viele Möglichkeiten an. Hegel hat es dialektisch bestimmt, indem er vom subjektiven, vom objektiven und absoluten Geist sprach. Die Schleiermachersche Glaubenslehre legte insofern ein Analogieverhältnis zugrunde, als sie den Gemeingeist der christlichen Gemeinde dem Gemeingeist der Menschheit gegenüberstellte. Der Gegensatz von menschlichem und göttlichem Geist hinwiederum kann mannigfach begründet werden. Man kann ganz allgemein auf die Qualitäten der Sündhaftigkeit und Heiligkeit Bezug nehmen, man kann dasselbe aber auch gleichsam heilsgeschichtlich begründen, und dann ist es nicht mehr ganz dasselbe, indem man den göttlichen Geist als den ursprünglichen, den menschlichen Geist als den abgefallenen, oder doch von Gott weggewendeten bezeichnet. Man kann aber auch einfach in den Kategorien einer ganz primitiv verstandenen Schöpfungslehre den Geist Gottes als den Schöpfer Geist, den menschlichen Geist hingegen als den geschaffenen, kreatürlichen Geist unterscheiden. Nun ist natürlich in all diesen Bestimmungen sicherlich etwas Richtiges gesehen. Das vermag aber doch nicht darüber hinwegzutäuschen, daß es sich in allen Fällen um spekulative, d. h. von einer bestimmten Idee aus entworfene Verhältnisbestimmungen handelt, in denen jeweils doch immer nur eine Seite der Sache in den Mittelpunkt der ganzen Deutung gestellt wird, so daß theoretische Einseitigkeiten entstehen, über deren Halbheiten und unglaubwürdige Folgerungen man sich dann gerne mit einer Berufung auf die Offenbarung oder dgl. hinweghilft.

## 2. Der Geist als menschliche Möglichkeit

Tatsächlich leidet der Geistbegriff keine einseitige theoretische Bestimmung. Wir können weder in der philosophischen Anthropologie noch auch in der Theologie von einem festen Begriff des Geistes ausgehen. Besonders die Theologie neigt dazu, sich zur Erleichterung ihrer Aussagen über den göttlichen Geist bezüglich des menschlichen Geistes einer möglichst einfachen und handfesten Aussage zu bedienen. Darnach ist etwa der Geist eine „natürliche Ausstattung des Menschen" (G. Ebeling, Wesen d. christl. Glaubens, 1963, 17.-21. Tsd., 125). Wir müssen uns solche Erleicherungen aus dem einfachen Grunde versagen, weil der Geist in mannigfacher Weise oszilliert.

Der Begriff des Geistes oszilliert zunächst insofern, als er die Art beschreibt, in der der Mensch sich selbst überschreitet. Immer ist im Geist etwas Transzendierendes, kraft dessen der Mensch nicht nur in seine eigenen und ursprünglichen Grenzen eingeschlossen ist. Dieses Transzendieren findet statt, wenn einer an seiner Vergangenheit leidet, während er doch in seiner puren Gegenwart zufrieden sein könnte. Gleichermaßen überschreitet der Mensch seine Gegenwart zur Zukunft hin und begibt sich, schon im Kindesalter, in zukünftige Möglichkeiten hinein. Aber nicht nur nach vorwärts und rückwärts, sondern auch gleichsam seitlich überschreitet der Mensch die Grenzen seines ihm gewiesenen Daseins, indem er spielt, indem er sich verkleidet, indem er im Witz, im Lachen die in keiner logischen Notwendigkeit und Konsequenz beschlossenen Möglichkeiten wahrnimmt und auskostet. Und dies geschieht bei jedem Menschen anders, so daß eben kraft des Geistes im Bereich des Menschlichen eine Individualisierung stattfindet, welche, soweit wir es zu erkennen vermögen, im Reich der Natur ihresgleichen nicht hat.

Der Geist oszilliert auch in anderer Hinsicht. Wenn wir von Geist sprechen, dann denken wir bald an den Individualgeist, d. h. an den Geist des einzelnen Menschen, bald an den Gemeingeist, in den wir eingebettet sind und der unser Schicksal ist. Kurz gesagt, ist es die von Hegel wahrgenommene und formulierte Unterscheidung von subjektivem und objektivem Geist, welcher wir jene Zwielichtigkeit des Begriffes verdanken. Diese Unbestimmtheit steigert sich aber noch, wenn wir bedenken, daß wir ja nicht nur in eindeutigem Sinne Teilhabende des objektiven Geistes, etwa unseres Volkes, sind, sondern in durchaus vielschichtiger Weise. Das Zeitalter hat seinen eigenen „Geist" und teilt ihn in spezifischer Weise „seinen Kindern" mit, dergestalt, daß die gleichzeitig lebenden Kinder verschiedener Zeitalter, also die „Generationen", im Verkehr miteinander jeweils einen verschiedenen „Geist" repräsentieren. Auch die Sozialstruktur ist objektiver Geist, was sich handgreiflich darin auswirken kann, daß wir entsprechend der uns jeweils betreffenden Schichtung des Volkes verschiedene Sprachen sprechen, Dialekt oder die Hochsprache oder die Sprache einer Berufsgruppe, der Wissenschaft usw. Nun sind wir selber aber doch nicht nur in unserem Individualgeist drin, sondern auch der objektive Geist – das sind jeweils wir selbst. Nur ist es eben immer wieder ein anderes Gesicht unser selbst, in das wir blicken, indem wir unser individuelles Schicksal im Horizont unseres Volkes, unseres Stammes, dann wieder unserer Berufsgruppe, in der Begegnung mit der anderen, jüngeren oder älteren Generation oder einer anderen Sozialgruppe leben. Der Geist ist, anders ausgedrückt, eine nicht abzumessende immerfort neue Möglichkeit menschlichen Seins.

Das Nichtfeststellbare des Geistes kommt noch in anderen Tiefen zum Ausdruck. Beziehen wir uns, um dessen innezuwerden, zunächst auf das eben Gesagte. Der „geistige Mensch" kann sich zu den eben beschriebenen Formen einer „geistigen" Existenz bekennen. Er kann das alles, also sowohl das sich nach vorne Transzendieren oder das bewußte Sein im objektiven Geist, wollen. Er kann sich also – auch das ist eine menschliche Möglichkeit! – zum Geist hin aufschließen. Er kann offen sein für die geistige Welt. Man sehe, wenn man das „Offensein" des Menschen für die Welt als seine „geistige" Möglichkeit sich zu vergegenwärtigen versucht, hier einmal von allen theologischen Gesichtspunkten völlig ab. Dann ergibt sich nämlich die ganz andere Möglichkeit, daß sich der Mensch gegen die Welt auch geistig verschließt. Damit ist nicht nur eine bewußte Orientierung zur Sinnlichkeit hin gemeint. Es ist überhaupt eine Perversion des Geistes als quasi geistige Möglichkeit gemeint. Der Geist des Menschen *kann* dem Geiste absagen. Er kann sich gewisse Horizonte verschließen, in der Meinung, dann andere Möglichkeiten mit gesammelter Kraft ausschöpfen zu können. So ist die Eitelkeit eine ungeistige Möglichkeit des Geistes, und so wird die Selbstverherrlichung mit Verzerrung der wahren Maße der Dinge erkauft. Aber auch das sind geistige Möglichkeiten. Die im Wesen des Geistes beschlossene Möglichkeit reicht so weit, daß sie sich gegen den Geist selbst, daß sie sich ebenso gegen die menschlichen Möglichkeiten wenden kann wie „gegen Gott", so wie ja auch die relative Freiheit des Menschen, von der wir in der Schöpfungslehre sprachen, bis zur Möglichkeit und Wirklichkeit der Sünde reicht. Auch die negativen Möglichkeiten des Menschen bestehen nur vom Geist her.

Vergegenwärtigt man sich diese Zusammenhänge, dann wird deutlich, warum wir uns einer theoretischen Fixierung des Geistbegriffes um erhoffter theologischer Effekte willen widersetzen. Der Geist des Menschen ist, wie wir ihn kennen, in keiner Weise „festgestellt". Es kann alles Mögliche mit ihm geschehen. Man kann natürlich fragen, warum diese anthropologischen Betrachtungen überhaupt in einer christlichen Dogmatik angestellt worden sind. Dies geschah aus einem formalen und aus einem inhaltlichen Grunde. Der formale Grund wurde deutlich bezeichnet. Es soll auch in der Theologie vom Menschengeist nach aller Möglichkeit nichts ausgesagt werden, was unserer aus der Selbsterfahrung geflossenen Überzeugung widerspricht. Auch die Theologie darf nicht das Gesetz der subjektiven Wahrhaftigkeit verletzen. Der inhaltliche Grund für die hier gegebene Analyse des Geistbegriffes ist der, daß sich alles Wirken des göttlichen Geistes auf eben diesen menschlichen Geist bezieht. Der Geist Gottes nimmt sich, indem er waltet, dieses Menschengeistes an. Er erneuert diesen Menschengeist (Ps 51,12), aber er zerreißt unsere Psyche nicht. Der Hl. Geist setzt nicht neben unser erstes und natürliches Ich ein zweites Ich. Was der Geist Gottes in unserem Geiste wirkt, das vollzieht sich ganz und gar in den Bahnen des Lebens dieses Geistes. Der Geist Gottes lähmt unsere Individualität nicht, sondern er erneuert und reinigt sie dergestalt, daß er in verschiedenen Individualitäten verschieden wirkt. Er wirkt als Geist dadurch, daß er dem Menschen zu seinen geistigen Möglichkeiten verhilft, indem er den Menschen aufschließt, indem er ihn öffnet. Der Geist Gottes bestätigt also die geistigen Möglichkeiten des Menschen und hebt den Menschen über den Mißbrauch seiner Möglichkeiten hinweg, nämlich über die unheimliche Möglichkeit, sich selbst gegen die Welt, gegen den anderen Menschen und gegen das Wort zu verschließen. Denn das Wort ist der Inbegriff der Offenheit. Der verschlossene Mensch ist stumm. Der verschlossene Mensch ist auch unfähig und unwillig zu hören. Umgekehrt ist das Wort darauf angewiesen, daß sich der Mensch ihm hörend öffnet. Das Wort schließt in der Anrede den hörenden Menschen auf. Das alles sind unmittelbar geistige Realitäten. Das Begriffspaar der Reformationstheologie „Wort und Geist" hat im Offensein des Geistes fürs Wort seine sachliche Wurzel und sein Recht.

Freilich wird man fragen, ob diese Aussagen nicht, trotz ihres Anklanges an theologische Formeln, zunächst nur allgemeine und eben einfach anthropologisch sinnvolle Sätze seien. Was führt von da aus zur Lehre vom Hl. Geist?

### 3. Der Geist als göttliche Wirklichkeit

Bevor wir in diesem Absatz erneut auf die Frage zugehen, in welchem Verhältnis göttlicher und menschlicher Geist zueinander stehen, bringen wir uns zwei Einsichten noch einmal zum Bewußtsein, die bereits zum Ertrag der vorausgegangenen Kapitel der Pneumatologie gehören. Das eine war die Erkenntnis, daß das Wesen des Hl. Geistes nicht phänomenologisch ermittelt werden kann. Soweit es unter dem Walten des göttlichen Geistes zu erfahrbaren Geistphänomenen kommt, unterscheiden sich diese Geistphänomene phänomenologisch nicht von anderen Geistphänomenen. Das erschwert die theologische Lehre vom Geist einerseits ungemein, es ist andererseits aber ein starker Antrieb, dem Problem nachzugehen, das uns in diesem Kapitel aufgegeben ist. Die Eigenart dessen, was im Neuen Testament und in der geistlichen Erfahrung der Christenheit „göttlicher Geist" heißt, läßt sich schlechterdings nicht formal, sondern nur inhaltlich ermitteln.

Aber damit stoßen wir auf eine zweite Erkenntnis, die wir in etwas anderem Zusammenhang gewonnen haben und die sich uns nun förmlich wieder querlegt. Es ist nämlich die Einsicht, daß die Lehre vom Hl. Geist gegenüber dem Glauben an Gott, den Schöpfer, und gegenüber dem Glauben an Jesus Christus und gegenüber dem durch ihn gewiesenen Weg zum Heil nichts sachlich Neues besagt. Es kommt durch die Wirklichkeit des göttlichen Geistes zum christlichen Glauben nichts anderes, es kommt kein neuer Heilsweg hinzu. Vielmehr macht der Hl. Geist das Wort von Gott und Christus aktuell wahr, in ihm wird die Erinnerung zur Gegenwart, ja, der Hl. Geist ist die Gegenwart des Erhöhten bei uns.

Diese beiden Erkenntnisse müssen unbedingt festgehalten werden. Sie verhindern ein Ausgleiten unserer theologischen Aussagen in Mythologie, so sehr sie gewiß auch unsere theologischen Sätze mit einer gewissen Leere bedrohen.

Das Problem dieses Abschnittes heißt nun also: Wie verhält sich der Geist Gottes zum menschlichen Geist? Was bedeutet unsere menschliche Geistigkeit noch, wenn doch alles, was zu unserem Heile geschieht und notwendig ist, vom göttlichen und nicht von unserem Geiste abhängt? Hat unser eigener Geist, der doch immerhin mit dem göttlichen Geist den Begriff und vielleicht sogar die Weise seiner Erfahrbarkeit, wenn man will: seiner Erscheinung gemeinsam hat, – hat dieser unser eigener Geist eine theologische Dignität?

Wir sprachen von der im Geist sich vollziehenden Vergegenwärtigung des Erhöhten, von dem sich unserer Subjektivität mitteilenden Herrn. Damit ist ein bestimmter Erfahrungskreis angesprochen, in dem sich der erhöhte Herr unserer Natürlichkeit mitteilt. Dies gilt ebenso im Hinblick auf das individuelle Leben, wie es im Blick auf die gesamte Gemeinde gilt; denn in ihr bewirken die individuellen „Gaben des Geistes" auch eine Individualisierung des geistigen Lebens. Es entsteht eine neue Natürlichkeit.

*Der göttliche Geist ist die Erneuerung und Belebung des gefallenen Menschen.* A. Schlatter sagt mit Recht: „Seine Gabe ersetzt die psychischen Vorgänge nicht, sondern bringt sie hervor" (a. a. O. 348). Freilich kann die Besonderheit des göttlichen Geistes, wie wir sahen, nicht phänomenologisch (formal), sondern nur inhaltlich (material) beschrieben werden. Dieses Inhaltliche ist eben schlechterdings Gott, von dem dieses Wirken herkommt und zu dem es führt. Der göttliche Geist öffnet die Geistigkeit des Menschen für Gott. Er erweist sich also nicht abseits vom menschlichen Geist, sondern ganz und gar an ihm und in ihm. Der Satz bleibt wahr und muß wahr bleiben, daß wir von keinem Geiste wissen können, der sich nicht am Menschen erweist. Wohl aber gilt nun: *Der göttliche Geist bringt eine Potenzierung des Geistes im Menschen zustande.* Diese Potenzierung darf nach dem Gesagten nicht quantitativ verstanden werden. Sie bedeutet keine Zunahme an „Spiritualität" oder „Intellektualität", sondern sie bezeichnet ganz bestimmte Vorgänge, deren Eigenart darin zu suchen ist, daß sie einerseits den Menschen für Gott erschließen und daß sie andererseits sich ganz und gar in den Bahnen und Regeln unseres geistigen Lebens vollziehen.

Im Folgenden möchte ich in fünf konkreten Anwendungsfällen zeigen, was mit dieser Potenzierung gemeint ist. Wir schließen damit die Wirkungen des göttlichen Geistes jedesmal deutlich an das an, was wir von unserem eigenen geistigen Leben, besser: von der Phänomenologie des Geistes im anthropologischen Sinne wissen.

a) Geist ist immer eine menschliche Weise des „Sich-verhaltens-zu...". Freilich ist dieses Sich-verhalten eben dadurch ein geistiger Modus, daß es ein bewußtes Sich-verhalten ist. Es ist nicht nur ein Sehen, Hören oder Wissen von Dingen, sondern es ist ein „Wissen, daß" man sieht, hört und von Dingen weiß. Indem man im Vollzug des Sichverhaltens gleichzeitig seiner selbst inne ist, wird die Objektsphäre, zu der man sich verhält, zur „Welt", und man nimmt sich selbst in dieser Welt wahr. Das rührt – wir wiederholen damit nur an sich schon Bekanntes – insofern an die geistigen Möglichkeiten des Menschen, als er sich zur Welt hin aufschließen oder auch verschließen kann.

Inwiefern tritt nun in dieser Hinsicht eine Potenzierung ein? Sie tritt dadurch ein, daß wir im Hören des göttlichen Wortes uns im exemplarischen Sinne aufschließen, und zwar zum anderen Menschen hin, zur „Welt" hin und zu Gott hin. In jedem jeweils neu vollzogenen Hören orientieren wir uns, und darin ist immer die Orientierung in der Welt eingeschlossen. Wir öffnen uns für Gottes Willen und für Gottes Tröstungen, die uns unser Leben sinnvoll machen, ohne daß sich doch dieser Sinn von uns aus erschlösse. Insofern ist die alte Formel der Theologie der Reformatoren zu bestätigen, daß der Geist durchs Wort gegeben wird. Die alte Formel beschreibt einen Vorgang, der sich an unserem Geiste vollzieht, indem wir das Wort hören.

b) Bezüglich unserer Erkenntnis der Sünde lassen sich ähnliche Nachweise geben. Auch ohne den göttlichen Geist kann man von seinen Verfehlungen wissen. In der ethischen Reflexion kann ich mir die richtige oder verfehlte Verhaltensweise klar machen, kann ich über mich selbst oder über andere Menschen ethische Werturteile fällen. Ich kann mir auch die Möglichkeit einer sittlichen Besserung überlegen. Ich kann, sei es einen anderen Menschen, sei es mich selbst anklagen oder entschuldigen, und das alles mag im Horizont meiner eigenen Möglichkeiten durchaus seine Richtigkeit haben. Dasselbe gilt, wenn ich das Feld der ethischen Reflexion im Sinne der reinen Vernünftigkeit verlasse und zur theologischen Reflexion übergehe. Theologisches Nachdenken ist nicht eo ipso ein Nachdenken unter der Wirkung des göttlichen Geistes. Über den Begriff der Sünde wie über die Fälle, in denen wir das Urteil fällen müssen, daß etwas Sünde sei, kann ich im Horizont meiner Vernünftigkeit Urteile abgeben.

Der Hl. Geist potenziert die Erkenntnis der Sünde insofern, als er Gegenwart Gottes ist. Unter seiner Wirkung über die Sünde urteilen, ja auch nur die Sünde als Sünde erkennen, heißt coram Deo die Sünde erkennen. Es heißt, über die Sünde erschrecken. Der Ernst dieser Sündenerkenntnis ist daher im Unterschied zu der rein rationalen, also sei es ethischen oder theologischen Reflexion nicht nur eine quantitative, sondern eine qualitative Steigerung der Erkenntnis, eine Erkenntnis in einem anderen Modus. Es ist eine Potenzierung der Sündenerkenntnis unter der Wirkung des Hl. Geistes.

c) Auch in der Erfahrung der christlichen Freiheit vollzieht sich eine Potenzierung durch den göttlichen Geist. Wir haben in der Schöpfungslehre davon gesprochen, daß der Mensch als Gottes Geschöpf zwar nicht mit absoluter, wohl aber mit relativer Freiheit ausgestattet worden ist. Das bedrückendste Argument zugunsten dieser Freiheit ist und bleibt, daß der Mensch sündigen kann, wie er denn gesündigt hat. Kraft der relativen Freiheit wird ihm diese Sünde persönlich zugerechnet. Es hätte ohne jene die Verantwortlichkeit begründende Freiheit ja gar keinen Sinn, von Schuld und Sünde zu sprechen. Ohne Frage – auch das kann hier nicht noch einmal ausgebreitet werden – beraubt sich der Sünder durch seine Sünde immer aufs neue seiner Freiheit. Seine Freiheit ist eine sterbende oder doch jedenfalls zu Ende gehende Freiheit. Die Erzählung von der Austreibung aus dem Paradies und die Verhängung der Strafen über die ersten Menschen veranschaulichen das Zuendegehen der Freiheit.

Aber der göttliche Geist ist ein Geist der Neuschöpfung. Er erneuert die zu Ende gehende Freiheit. Diese renovatio ist nicht eine Wiederherstellung des Alten, sondern sie ist etwas Neues. Was hier entsteht, das trägt zum einen Teil die Erinnerung an Schuld und Sünde noch an sich, und greift zum anderen über das bisher an Freiheit Mögliche weit hinaus. Der göttliche Geist potenziert nämlich diese zu Ende gehende relative Freiheit, indem er die Freiheit der Kinder Gottes verleiht. „Wo der Geist des Herrn ist, da ist Freiheit" (2 Kor 3,17). Am Geistbesitz erweist es sich, daß wir Gottes Kinder sind (Röm 8,14 vgl. V. 21). In dieser Gotteskindschaft steckt die Erinnerung an die Sünde noch drin, denn es ist eine verliehene Kindschaft, welche die Vergebung der Sünden in sich schließt. Zugleich aber bedeutet diese Freiheit eine innere geistige Möglichkeit, sie ist παρρησία, d. h. sie hat freien Zugang zum Vaterhaus und Vaterherz im Gebet.

d) Zu den Möglichkeiten geistigen Seins gehört es, daß wir unserer Vergangenheit inne sind. Der Geist kann sich erinnern. Das Leben in reiner Gegenwärtigkeit ist tierisch. Der Geist hat viele Weisen, diese Erinnerung in Form von Traditionen, Literaturen und Institutionen des Erinnerns bis in die kalendarische Wiederkehr von Feiern und Gedenktagen zu unterstützen. Zu den geistigen Möglichkeiten in diesem Zusammenhang gehört auch die Vergegenwärtigung kraft der Phantasie. Aber selbst diese äußerste Möglichkeit, die in der Tat bis zur annähernden historischen Richtigkeit, bis zum „Stimmen" des Erinnerungsbildes, ausgeschöpft werden kann, ist doch nur eine Abbildung des Ursprünglichen und nicht dieses selbst.

Die Gleichzeitigkeit des erhöhten Christus mit uns vollzieht sich „im Geist". Im Geist spricht der Erhöhte zu uns, im Geist hören wir sein Wort. Im Geist erinnert er uns an Geschichte. Diese Erinnerung ist eine andere als die historische Erinnerung. Es kann sein, daß die Vergegenwärtigung einer vergangenen Geschichte bis zur photographischen Genauigkeit erreicht wird, daß das aber zugleich „uns nichts mehr zu sagen hat". Und es ist denkbar, daß im Vollzug dieser Gleichzeitigkeit die historische Treue verletzt und das Gewesene in einer historisch nicht vertretbaren Weise zum gegenwärtigen Bild umgestaltet wird und daß doch gerade darin sich die genuine Gleichzeitigkeit ereignet. Der göttliche Geist potenziert die geistige Möglichkeit des Menschen, sich zu erinnern, indem er nicht nur ein getreues Erinnerungsbild vergegenwärtigt, sondern „gleichzeitig" macht, d. h. uns mit der Geschichte des Christus in unmittelbarer Begegnungstiefe konfrontiert.

e) Auch die Hoffnung kann als eine dem Geiste überhaupt gegebene Möglichkeit angesprochen werden. Wir werden davon (in Kap. 29,1) alsbald ausführlich zu sprechen haben. So mag es in diesem Zusammenhang genügen, wenn wir dem Gedanken hier überhaupt einen Ort sichern. Wir hoffen „im Geist", das heißt wir treten in der Kraft des göttlichen Geistes bereits unseren Anteil am Künftigen an.

Wir sprachen davon, daß der Geistbegriff im Sinne der Anthropologie oszilliert. Er hat etwas Undefinierbares, d. h. Unabgrenzbares und nicht in begriffliche Definitionen zu Fassendes an sich. Wir können nun am Schlusse dieses Absatzes dasselbe auch vom göttlichen Geist sagen. Auch er ist undefinierbar und indefinit. Das bedeutet zweierlei. Es bedeutet einmal, daß er sich phänomenologisch nicht von dem allgemeinen Geistbegriff abhebt. Es ist eine Bestätigung des kritischen Grundsatzes, von dem wir hier ausgehen. Aber es bedeutet doch noch etwas anderes. Es bedeutet nämlich die Souveränität des göttlichen Geistes. Wie wir sagen müssen: Der Herr ist der Geist (2 Kor 3,17), so gilt auch: der Geist ist Herr. Er geht in unsere Geistigkeit, in unsere Subjektivität und Individualität ein. Er spaltet unsere Psyche nicht, sondern erneuert und belebt sie. Und doch ist das nicht alles. Der Geist identifiziert sich nicht mit unserem Inneren. Er teilt sich als göttlicher Geist nicht endgültig mit, so daß wir seiner sicher wären, daß wir über ihn verfügen und von ihm so sprechen könnten, als wäre es unser eigener Geist.

Dieser Vorbehalt drückt sich noch in anderer Hinsicht aus. Es kommt trotz der Gabe des Geistes nicht zu einer vollen und eindeutigen Verwandlung unserer Natur. A. Schlatter sagt: „Hier bleibt ein Zwiespalt, an dem das christliche Hoffen entsteht. Das gibt dem ganzen Christentum das Merkmal der Unsichtbarkeit und Verborgenheit, daher auch der Unvollendetheit" (Das christl. Dogma, S. 344 f.). Hier kommt das „Eschatologische" des göttlichen Geistes, seines Wirkens und seines Schenkens ganz an den Tag. Der Geist Gottes ist gewiß Gegenwart und Erfüllung, aber er bleibt doch zugleich Inbegriff der Verheißungen und Unterpfand des Künftigen.

# VII. DIE CHRISTLICHE HOFFNUNG
*(Eschatologie)*

## 27. Kapitel

URSPRUNG UND ÜBERLIEFERUNG DER ESCHATOLOGIE

### 1. Der Ursprung der Eschatologie

Die Eschatologie ist die Lehre von den ἔσχατα, den res novissimae oder auch einfacher von den novissima, vom „Letzten", von den „letzten Dingen". Sie ist nicht selbst das Letzte. Sie betrifft überdies einen Gesichtspunkt, der für die Theologie auch an anderen Stellen aktuell wird, wenn sich etwa entscheidende biblische oder theologische Begriffe als „eschatologische" Begriffe erweisen oder wenn sich auch anderwärts der Gedanke an die Zukunft und an die noch nicht offenbar gewordene göttliche Wirklichkeit geltend macht.

Der Name Eschatologie findet sich zwar schon bei A. Calov, Systema Loc. Theol., von nachwirkender Bedeutung ist doch erst seine Verwendung bei Schleiermacher, Christl. Glaube² § 159,1. Bei Joh. Gerhard, Loci 26, findet sich wohl der Begriff der novissima bzw. der ἔσχατα, jedoch nicht der Begriff der Eschatologie. Dieser ist dann ein Lieblingsbegriff der Theologie des 19. Jahrhunderts geworden.

Eine denkbar ausführliche Darstellung der Sache bietet Theodor Kliefoth, Christliche Eschatologie, 1886, das reifste Werk zu unserem Thema außerhalb des Einflusses der kritischen Theologie. M. Kähler hat nicht nur den einschlägigen Artikel RE 5,490 ff. geschrieben, es ist auch auf seinen wichtigen Aufsatz zu verweisen: Die Bedeutung, welche den „letzten Dingen" für Theologie und Kirche zukommt, in „Angewandte Dogm.", 1908²,487–521. K. Heim ist den Weg des Biblizismus weitergegangen in: Die neue Welt Gottes, (1928) 1929⁴; Jesus der Weltvollender (Der evang. Glaube und das Denken der Gegenwart 3), (1937) 1952³; Weltschöpfung und Weltende (Der evang. Glaube etc. 6), (1929) 1958². Unentbehrlich ist die große Monographie von P. Althaus, Die letzten Dinge, (1922) 1964⁹; hier wird das geschichtliche Material in zurückhaltender Kritik umfassend dargeboten. Für die heutige Diskussion wichtig: K. Löwith, Weltgeschichte und Heilsgeschehen, (1953) 1956³; W. G. Kümmel, Verheißung und Erfüllung (AThANT 6), (1945) 1953²; Rud. Bultmann, Geschichte und Eschatologie, (1958) 1964² – W. Kreck, Die Zukunft des Gekommenen. Grundprobleme der Eschatologie, 1966²; J. Moltmann, Theologie der Hoffnung, 1969⁸; G. Sauter, Zukunft und Verheißung, 1965.

In der RGG hat in 1. Aufl. (2,622–632) E. Troeltsch, in 2. Aufl. (2,353–362) P. Althaus die Eschatologie bearbeitet. In der 3. Aufl. (2,650–689) ist der sechsteilige Artikel (Edsman, Jepsen, R. Meyer, Conzelmann, H. Kraft, Althaus) zugleich Fundstelle weiterer Literatur. LThK 3,793–794. LThK² 3,1094–1098.

Wo nimmt nun das Problem der Eschatologie seinen Ursprung? Es ist zunächst die Bibel, es sind die zentralen Begriffe des Evangeliums und ihr eschatologischer Gehalt. Das Reich Gottes und sein „Kommen", Verheißung und Erfüllung, neuer Äon, Parusie, Gericht, Saat und Ernte. Alle diese Begriffe sind ohne Gewahrung des eschatologischen Rahmens gar nicht deutbar. Selbst bei Schleiermacher spielt das Schriftprinzip nirgends eine so beherrschende Rolle wie in der Eschatologie, bzw. in den „prophetischen Lehrstücken" der Glaubenslehre (§§ 157–163). Diese Heranziehung der Schrift in dem Abschnitt „Von der Vollendung der Kirche" ist aber bei ihm ausgesprochenermaßen das Zeichen einer sachlichen Verlegenheit. Über dieses Thema gibt offenbar das fromme Selbstbewußtsein nichts her. Darum muß er auf die Schrift rekurrieren. Aber es liegt nicht nur an den Prinzipien, die speziell Schleiermacher seiner Glaubenslehre zugrundegelegt hat. Es gilt allgemein: „Gedanken, die Zukünftiges beschreiben, haben unvermeidlich Unsicherheit" (A. Schlatter, Chr. Dogma, 525). Vergessen wir nicht: Exegese ist zunächst Historie bzw. historische Forschung. Eine Eschatologie, die lediglich aus Rücksicht auf Bibel und Tradition zu einem Bestandteil der christlichen Lehre gemacht würde, ließe viele Zweifel an der tragfähigen Grundlage dieses Lehrstückes zu.

Tatsächlich liegt aber der Eschatologie auch ein sachlicher Zwang zugrunde, und um seinetwillen erhalten auch die biblisch-exegetischen Befunde ihre Dringlichkeit und ihre Kraft. Wir beginnen daher mit der Ermittlung dieses sachlichen Zwanges zur Eschatologie. Er liegt einmal in unserer Welterfahrung (a), und er liegt zum anderen in der Erfahrung unserer eigenen Existenz (b).

a) Bezüglich unserer Welterfahrung müssen wir an das anknüpfen, was bereits in der Schöpfungslehre zur Sprache kam. Und insoweit schließt sich die Eschatologie sachlich mit der Schöpfungslehre zusammen. Das Geschaffene ist endlich. Es hat in der Erschaffung seinen Anfang und es hat infolgedessen auch seine Grenzen und es hat ein Ende. Das ist ebenso ein prinzipieller Gedanke der Schöpfungslehre, wie es eine tägliche Erfahrung ist, also ein Element unserer Welterfahrung. Es rührt an das Schauerliche der Schöpfung, gleichviel, ob wir an das Ende des Kosmos denken oder an das Hinfallen und Vergehen der geschaffenen Wesen im Umkreis unserer Erfahrung. Mit der Schöpfung ist der Gedanke der Zeit unabtrennbar verbunden. Wir können die unlösbare metaphysische Frage nach einem „Ende der Zeit" beiseite lassen und uns damit begnügen, daß alle Zeit, wie wir sie erfahren, ein Maß hat. Zeit wird gemessen und zugemessen. Zeit ist teilbar und hört als zugemessene Zeit auf. Zeit ist das aus dem Noch-nicht-sein Kommende und zum Nicht-mehr-sein hin Verfallende und Entschwindende. „Das Wesen dieser Welt vergeht" (1 Kor 7,31). Gott, der die Zeit schuf und regiert, nimmt doch nicht an der Zeit teil. Er „wohnt in einem Lichte, da niemand zukommen kann" (1 Tim 6,16). Bei ihm ist „kein Wechsel des Lichtes und der Finsternis" (Jak 1,17). Das heißt Ewigkeit. Hat aber die in ihrer Zeitlichkeit vergehende Welt mit dieser Ewigkeit Gottes etwas zu tun? Ist die Welt auf diese Ewigkeit hin geordnet? Ist Ewigkeit ein Grenzbegriff der kosmischen Zeit, und in welchem Sinne könnte sie es sein? Das sind elementare Fragen der Eschatologie, die sich von der prinzipiellen Erfahrung der Endlichkeit der Welt her unmittelbar aufdrängen und einen Ankerplatz für unsere Überlegungen darstellen. Hier entsteht die eschatologische Frage aus unserer Welterfahrung heraus, und die Schöpfungslehre legitimiert die Welterfahrung und artikuliert die Frage.

b) Im Übergang von der kosmischen, d. h. sich an unserer allgemeinen Welterfahrung entzündenden eschatologischen Frage zu ihrer anderen Form, nämlich zu der in unserer Existenz gründenden Frage stoßen wir auf die Geschichte. Ich meine damit nicht nur Geschichtlichkeit als Modus unserer Existenz, sondern Geschichte als vermeintlich zielgerichteten und einigermaßen überschaubaren Prozeß, der aus dem Dunkel der Ungeschichtlichkeit hervortritt und durch das Dämmerlicht der Frühgeschichte ins Tageslicht des geschichtlichen Bewußtseins führt, in dem man kraft organisierter Erinnerung um die Vergangenheit und um die Gewordenheit der menschlichen Dinge wissen kann. Aber eben diese Geschichte bricht mit der unüberschaubaren und noch nicht gedeuteten Gegenwart unvermittelt ab. Sie stellt uns unmittelbar vor die Frage der Zukunft und vor die Frage nach dem, was Bestand hat. Auch die Geschichte kennt die Dimension des Schauerlichen. Die Frage nach der Vollendung der Geschichte wird durch die Bibel geweckt und als Frage bestätigt. Die Ausweitung unseres Weltbewußtseins bringt uns die Polyphonie und Unübersichtlichkeit der Geschichte zum Bewußtsein und macht uns skeptisch gegen alle Versuche, ein für die verschiedensten geschichtlichen Stränge einheitlich zu ermittelndes und gültiges Ziel auszusagen. Aber die Frage nach dem „Sinn" – und das ist immer eine teleologische Frage – kommt dadurch nicht zur Ruhe, weil es gar keine theoretische, aus dem bloßen Wissen stammende und durch Wissen zu beantwortende Frage ist. Seit alters hat diese Frage nach Sinn und Ziel der Geschichte eine Antwort gesucht, die selbst wieder eine bestimmte geschichtliche Ereignisfolge darstellte. Da diese zukünftige Ereignisfolge aber die letzte Phase der Geschichte, zugleich auch die alles Vorausgehende klärende, deutende und richtende Geschichte ist, ist die „Endgeschichte" als qualifizierte Geschichte Gegenstand des Glaubens und der Hoffnung. Wir werden von der Form der endgeschichtlichen Eschatologie noch besonders zu sprechen haben.

Die Frage nach dem Sinn und Ende der Geschichte greift in unsere eigene Daseinserfahrung ein. Geschichte ist der Umschluß unseres Daseins, Sinn und Sinnlosigkeit der Geschichte entscheiden zugleich über Sinn und Sinnlosigkeit unseres Lebens. Aber abgesehen davon kennen wir das Bedürfnis, die Unverrechenbarkeit unseres Daseins ins Zukünftige hinein zu verrechnen. Es sind vor allem drei Erfahrungskreise, die zur Zukunft hindrängen. Die *Ungerechtigkeit* der Menschen kann vor der Gerechtigkeit Gottes nicht bestehen. Um der Gerechtigkeit Gottes willen ist ein Ausgleich in der Zukunft zu erwarten, in dem das Unrecht seine Strafe empfängt und die bisher unbelohnte gute Tat ihren Lohn finden wird. Die Gerechtigkeit Gottes muß sich durchsetzen, sie muß die Ungerechtigkeit vor ihr Gericht fordern. Ebenso drängt die Erfahrung des *Leidens* zur Zukunft hin; denn sie weckt in uns die Frage nach dem Sinn des Leidens. Da sich die Frage nach dem Sinn des Leidens aber nicht aus der Gegenwart beantworten läßt, formt sie sich zur Zukunftserwartung um. Geduldiges Leiden erhofft seinen Lohn, und die widrigen Schicksale, die scheinbar unverdient über den Menschen gekommen sind, wecken die Sehnsucht nach Erlösung, nach Umkehr des Schicksals, nach Glück und ewiger Erquickung. Schließlich läßt uns auch die *Vergänglichkeit* des Lebens nach der Zukunft fragen, nämlich nach dem, was bleibt. Der Tod weckt Furcht. Gibt es ein ewiges Leben? So wird auch der Gedanke der Unsterblichkeit unter uns völlig unbekannten Bedingungen zu einem Grundbestandteil der Eschatologie.

Im Sinne dieser gleichsam „natürlichen" Elemente der Eschatologie wird für I. Kant die Frage „Was dürfen wir hoffen?" geradezu zum Inbegriff der religiösen Frage. Sie fehlt nie in den Aufzählungen der klassischen Themen des Philosophierens. Die drei Fragen: Was kann ich wissen? Was soll ich tun? Was darf ich hoffen? (Kritik der reinen Vernunft, A 804 f.; B. 832 f.) sind in der Einleitung zur Logikvorlesung noch um die vierte vermehrt: Was ist der Mensch? (WW Cassirer VIII, 343). Die Belege sind vermehrbar.

Also eine doppelte Wurzel der Eschatologie! Was wir darüber hier gesagt haben, ist kein letztes, sondern ein erstes Wort zur Sache. Immerhin haben auch die Väter schon eine solche Unterscheidung gekannt und angewandt. Joh. Gerhard definiert in den Loci Theol. 26: „Novissima sunt vel μακροκόσμου vel μικροκόσμου. Novissimum μακροκόσμου est mundi destructio, novissima μικροκόσμου sunt duplicis generis: vel enim sunt via ad terminum novissimum tendens, vel meta viam terminans." Das bedeutet also jedenfalls eine Teilung der Eschatologie in eine Eschatologie der Welt und in eine Eschatologie des Menschen, bzw. des einzelnen. In der Tradition hat sich daher auch – wie wir sahen: mit guten Gründen – die Unterscheidung einer kosmologischen und einer individuellen Eschatologie eingebürgert. Die Eschatologie der Welt betrifft dann in Korrelation zur Schöpfungslehre das Ende der Welt, die consummatio mundi. Die Eschatologie des Menschen bzw. des Individuums handelt von Tod, Auferstehung, Gericht und ewigem Leben oder Verdammnis (mors, resurrectio, extremum iudicium, vita aeterna sive damnatio aeterna).

Diese traditionelle Teilung der Eschatologie geht von den Themen der Eschatologie aus und ist insofern materieller Art. Dahinter verbirgt sich aber noch eine ganz andere Unterscheidung, die, wenn ich so sagen darf, aus dem Begriff des „Letzten" abfolgt. Die Eschatologie ist dann einmal die Lehre von dem, was aufhört, oder besser: die Lehre vom Ende dessen, was aufhört. Zum anderen ist sie die Lehre von dem, was dann kommt.

Als Lehre vom Ende dessen, was aufhört, hat die Eschatologie drei große Themen. Sie handelt vom Ende der Welt, vom Ende der Geschichte und vom Aufhören des individuellen Lebens, also vom Tode. Das *Aufhören der Welt* läßt an kosmische Katastrophen denken, die ganz real „Naturgeschichte" darstellen, wenn man also so will: Endgeschichte der Natur. Welcher Art diese voraussichtliche Endgeschichte sein wird, ob sie im Auseinanderstreben oder im Zusammenfallen des uns bekannten Kosmos bestehen, ob sie zum Kältetod oder zum Wärmetod führen wird, ob man über die Zeitmaße dieser Ereignisse etwas aussagen kann und was, das alles kann in unserem Zusammenhang füglich ganz außer Betracht bleiben. (Die synoptische Apokalypse Mk 13,24 bis 32 par bietet Umrisse einer solchen Endgeschichte des Kosmos.) Das *Aufhören der Geschichte,* also die Endgeschichte schlechthin, vollzieht sich in einer Reihe von Schlußdramen, wie sie etwa Apk 18 beschrieben sind: Der Fall Babels, die Katastrophe des Handels, Kriegselend, Pest usw. Unser Zeitalter hat unsere Vorstellungswelt so weit bereichert, daß die Schilderungen des Grauens der Endzeit an sich für uns keine unbedingten gedanklichen Schwierigkeiten mehr machen. Das *Aufhören des individuellen Lebens* vollzieht sich im Tode. Es vollzog sich immer so, es vollzieht sich so rings um uns her und wird sich auch an uns vollziehen. Hierüber bedarf es keiner „Schrift" und keiner Offenbarung. In dieser Form ragt die Eschatologie ständig in unser Dasein hinein.

Gewiß, diese drei Stränge der Eschatologie sind ganz negativ. Sie sprechen nur von dem, was aufhört, und davon, daß es aufhört. Diese drei Stränge der Eschatologie mögen überdies in ihrer Weise – und hinsichtlich der Einzelheiten gewiß dann mit Modifikationen – unmittelbar einsichtig sein, so daß man geradezu von einer „natürlichen Eschatologie" sprechen könnte. Überdies haben diese drei Stränge einer Eschatologie des reinen Aufhörens ein gemeinsames Band. Es ist die Geschichte. In jeder der erörterten drei Formen ist die Eschatologie „Geschichte vom Ende", also „Endgeschichte". Eschatologie in diesem Sinne ist, anders ausgedrückt, die Lehre vom Letzten, wonach nichts mehr kommt.

Man kann füglich fragen, ob eine solche Eschatologie überhaupt eine christliche Lehre darstellt. Bedarf man des christlichen Zeugnisses, um diese Aussagen zu ermitteln? Stellt es ein christliches Anliegen dar, das bloße Ende dessen, was aufhört, auszusagen? Vielleicht wird diese Aussage, als „Verkündigung" an andere, an ein vermessenes Genießen der Welt, an ein Auskosten des Lebens bis auf den Grund als Bußpredigt gedeutet. Wendet man aber diese angebliche Verkündigung auf sich selbst an, dann ist es nur noch ein Wort der Verzweiflung und nicht mehr. Was ist dann eigentlich an der Eschatologie überhaupt christlich?

Die christliche Eschatologie beginnt erst bei dem, was kommt. Von dem, was nach dem Ende dessen, was aufhört, kommt, gibt es aber kein natürliches Wissen. Es ist vielmehr Gegenstand des Glaubens, die Aussage darüber Inhalt der Glaubenslehre, es ist näherhin Gegenstand der christlichen Hoffnung. Immerhin gibt es auch hier noch ein formales Band zu dem, was ich als „natürliche Eschatologie" beschrieben habe. Auch so verstanden ist nämlich die Eschatologie die Lehre von dem, wonach nichts mehr kommt, Lehre von dem, was so sehr das Letzte darstellt, daß wir danach nichts mehr zu erwarten haben.

Dieses Andere, was wir nach dem Ende dessen, was aufhört, erhoffen, kann aber nicht mehr als Geschichte im immanenten Sinne gedeutet und beschrieben werden. Die Geschichte, und zwar in jedem hier erörterten Sinne, ist ja zuvor zu Ende gegangen. Die „letzten Dinge" im zweiten Sinne liegen außerhalb der Geschichte, jenseits des Geschichtlichen. Damit aber rühren wir erstmals an ein grundlegendes Dilemma der herkömmlichen Eschatologie. Es werden nämlich auch die jenseits der Grenze des Geschichtlichen liegenden Gegenstände unserer Hoffnung immer wieder zwangsläufig in „geschichtlicher" Form beschrieben, wenn auch als zukünftige Dinge. Die Parusie Christi, die Auferweckung der Toten, das Gericht werden schon im Evangelium und dann in der kirchlichen Lehrtradition als zukünftige „Ereignisse" beschrieben. Man hat sozusagen gar keine anderen Kategorien der Aussage dafür als eben die des, wenn auch zukünftigen, so doch geschichtlichen Ereignisses. Man könnte höchstens daran erinnern, daß daneben auch einige Gegenstände unserer Hoffnung als Zustände beschrieben werden. So wird der Tod als Schlaf bezeichnet, der „Zwischenzustand" ist es per definitionem, Himmel, ewiges Leben, Verdammnis – das alles bezeichnet in der Tat Zustände, und nicht wenige Probleme der herkömmlichen Eschatologie sind einfach daraus erwachsen, daß logischerweise Ereignisse, auch wenn es sich um zukünftige Ereignisse handelt, in eine Reihenfolge gebracht werden wollen, während die reine Zuständlichkeit sich dagegen sperrt. Sie ist eigentlich ihrer Natur nach Gegenwart, wie wir im schlichten, unreflektierten Sinne der frommen Sprache eben Himmel, Ewigkeit, Seligkeit als Gegenwart verstehen. Wir werden auf die hier erwachsenden besonderen Probleme noch eingehend zu sprechen kommen.

## 2. Endgeschichte und Apokalyptik

Wir haben die eschatologischen Themen vorläufig gesichtet. Dabei haben wir zunächst den Unterschied von kosmologischer und individueller Eschatologie gefunden, der uns von der dogmatischen Tradition auch bestätigt wird. Sodann aber haben wir auch eine innerweltliche Enderwartung von einer unweltlichen und eigentlich christlichen Hoffnung unterschieden. Während die innerweltlichen Endereignisse, wie immer man zu ihnen stehen mag, jedenfalls als zukünftige Geschichte verstanden werden können, sträubt sich die christliche Hoffnung dagegen, und alle Versuche, dieser Hoffnung selbst wieder die Form zukünftiger geschichtlicher Ereignisse zu geben, können nur als uneigentliche und unangemessene Redeweise beurteilt werden.

Begibt man sich aber nach diesen Überlegungen auf den Boden der biblischen, vor allem der neutestamentlichen Eschatologie, so findet man, daß hier keine solchen Unterscheidungen vorgenommen werden. Vielmehr greifen hier zeitgeschichtliche und heilsgeschichtliche Erwartungen ungeschieden ineinander, z. B. die Erwartung des Endes Jerusalems und die Erwartung der baldigen Parusie des Menschensohnes stehen miteinander im Zusammenhang der einen Endgeschichte. Die Endgeschichte ist geradezu der Rahmen, innerhalb dessen die verschiedenen Themen, kosmologische Enderwartung und christliche Heilshoffnung, Vollendung der Geschichte und individuelle Schicksale, in einen Sinnzusammenhang gebunden werden. Kurz: aus den eschatologischen Themen entsteht eine Endgeschichte, und diese Endgeschichte stellt sich als das letzte Kapitel, wenn man will: als das Schlußdrama der Heilsgeschichte dar. Diese Heilsgeschichte beginnt mit der Urgeschichte. Protologie und Eschatologie entsprechen sich, wie sich auch Alter und Neuer Bund entsprechen. Christus selbst ist die Mitte der Zeit. Das ist das Schema, in das – unerachtet aller möglichen Modifikationen – alle eschatologischen Themen eingezeichnet werden. Wenn die Themen so eingeordnet sind, dann verliert sich auch das Gefühl für das Widersprüchliche, dem wir in unseren eigenen Überlegungen zunächst so bewußt Ausdruck gegeben haben. Es fügt sich nur allzusehr eines ins andere. Als Endgeschichte wirkt die Eschatologie heimlich rückwärts: sie ist es ja, auf die hin die Heilsgeschichte als Geschichte verläuft. Deutung der Heilsgeschichte von ihrem Ende her! Das ist ein Schema, dessen sich alsbald auch die Profangeschichte bemächtigen wird, wie denn nun große Geschichtsentwürfe entstehen werden, die auf ein eschatologisches Ziel, auf eine Endhoffnung hinlaufen.

Hierfür sei auf Löwith, Weltgeschichte und Heilsgeschehen, verwiesen. Ferner auf Art. Heilsgeschehen, RGG III, 187—189. An beiden Orten weitere Lit.

Aber wir haben mit dem Gesagten schon vorausgegriffen. Wir müssen den schicksalhaften Verschmelzungsprozeß in Betracht ziehen, in dem die Konzeption der Endgeschichte als Grundlage aller eschatologischen Systeme entstanden ist. Es ist die Apokalyptik. Sie hat eine lange Geschichte schon vor dem Eintritt des Christentums in die Welt. Sie stellt im Spätjudentum die Elemente bereit, aus denen dann auch der Bau der urchristlichen Eschatologie errichtet wird. Was ist die Apokalyptik?

J. M. Schmidt, Die jüdische Apokalyptik, 1969.

Ganz allgemein muß daran erinnert werden, daß die Apokalyptik kein einheitliches System darstellt, sondern daß sie, als literarisches Phänomen einer Spätepoche, eine verwirrende Fülle immer wieder neuer und andersartiger Entwürfe zukünftiger Geschichte zeigt. Es kann sich also hier nur darum handeln, einen typischen Querschnitt zu bieten, in dem die gleichbleibende Grundauffassung und gewisse typische Gegenstände des apokalyptischen Zukunftsbildes erkennbar werden sollen.

a) Schon der Begriff der Apokalyptik, bzw. der Apokalypse besagt, daß es sich um Enthüllungen handelt. Diese Enthüllungen betreffen den Weltlauf, und zwar immer unter der Voraussetzung einer einheitlich begriffenen Geschichte. Im partikularen Sinne handelt es sich um Israel, aber bald schon werden die engen Grenzen des einen Heilsvolkes überschritten. Sowohl das Danielbuch als auch die Johannesapokalypse haben die ganze Völkerwelt im Blick, soweit sie eben damals im Blick sein konnte. Es geht um eine einheitliche Weltgeschichte.

b) Was nun über diesen Weltlauf zu wissen ist, das wird in wunderbarer Weise einem Seher kundgemacht. Sei es, daß ein Engel als Bote zu ihm kommt oder daß er sonst einer Vision, einer Himmelsreise und dgl. gewürdigt wird. Jedenfalls wird das Futurum dem Offenbarungsempfänger durch diese wunderbare Mitteilung zum gegenwärtigen Erlebnis. Was sein wird, steht schon jetzt fest und kann vorweg erschaut werden. Freilich ist die Mitteilung dieser zukünftigen Geheimnisse Gnade, es ist eine nicht jedermann widerfahrende Auszeichnung. Der Offenbarungsempfänger kann sein Wissen unter bestimmten Bedingungen weitergeben, ja, er soll es sogar. Aber dadurch entsteht nun in der Menschheit ein großer Unterschied zwischen Wissenden und Unwissenden. Zur Apokalyptik gehört immer die Esoterik der Empfänger. Nur die Guten, die Auserwählten, die Wissenden, die dafür Versiegelten werden Genossen der Heilszeit sein, die anderen gehen verloren. Daß die letzten Dinge, die in der Apokalypsis enthüllt werden, Gerichtscharakter haben, das kündet sich vorweg also schon darin an, daß die Scheidung der Menschheit damit beginnt, daß sich die Wissenden von den Unwissenden, die Auserwählten von den Nichterwählten trennen.

c) An der Enthüllung des Weltlaufes ist in der Apokalyptik immer nur das Ende interessant, und dieses Ende vollzieht sich als Endgeschichte. Die Endzeit ist Krisenzeit, die in eine Heilszeit übergeht. Zuerst kommen die eschatologischen Drangsale, in denen die vorausgehende durchaus sündhafte Zeit ihr verdientes Ende findet. Diese Drangsale (θλῖψεις Mk 13,19.24 par u. ö.), Geburtswehen des Messias (ὠδῖνες Mk 13,8 par; παλιγγενεσία Mt 19,28) gehen dem Heil voraus, dann folgen Gericht und Erlösung. Aber es ist bei näherem Zusehen oft sehr schwer, in der apokalyptischen Darstellung innerhalb der letzten Ereignisse die Vorzeichen von dem Endgeschehen selbst klar zu unterscheiden. Damit hängt ein sehr charakteristischer Widerspruch in den synoptischen Apokalypsen zusammen. Einerseits haben dort nämlich die letzten Ereignisse Vorzeichen, die man nicht nur ablesen kann, sondern sogar ablesen soll und an denen man die bevorstehende Parusie des Herrn erkennen kann: falsche Christi (Mt 24,5.24); Krieg, Hunger, Erdbeben, „Wehen" des Künftigen (Mt 24,7 ff.); Verfolgungen (Mk 13,9 par); Mission an alle Völker (Mk 13,10 par); Veruneinigung der Familien (Mk 13,12 par); Greuel der Verwüstung an heiliger Stätte (Mk 13,14 par). Andererseits wird gerade das Gegenteil gesagt. Die Parusie kommt nicht so, daß man sie beobachten kann (Lk 17,20 f.), vielmehr plötzlich und unerwartet. Zwischen dem Eintritt des Endes und der unmittelbar vorhergehenden Geschichte gibt es keine Kontinuität. Bereit sein ist alles: Mt 24,37 ff. Vom Tag und der Stunde der Parusie weiß niemand (Mt 24,36). Der Messias kommt, aber man weiß nicht wann (Mt 24,42 u. 25,13); er kommt um Mitternacht, also zur Schlafenszeit (Mt 25,6); er kommt wie ein Dieb (Lk 12,39), wie ein Blitz (Lk 17,24 par).

d) Dennoch ist überall eine gewisse Ordnung der Krisen- und Heilsereignisse für die Endgeschichte typisch. Diese Ordnung ist ursprünglich verborgen und wird enthüllt. Was freilich dann jeweils Vorläufer der Ereignisse ist und was das Ereignis selbst, das ist doch nicht so leicht auszumachen. Es ist in jeder Apokalypse anders. Vor allem hat der Messias Vorläufer, geschichtliche Urbilder, die wiederkommen: Henoch, Moses, Elia, Jeremia (vgl. Mt 16,14; 17,3), womit insbesondere die Deutung der Sendung des Täufers auf Elia redivivus (Mal 3,23 vgl. Mt 11,14; 17,10–13) zusammenhängt. Jesus redet von der Parusie des Menschensohnes im Stil der apokalyptischen Rede wie von einer dritten Person (Mt 24,30.44 u. ö.). Der Ordnungsgedanke im Blick auf die apokalyptische Enderwartung kommt immer schon darin zum Ausdruck, daß die Redeform „vorher (erst noch) ... dann ..." angewendet wird. So ist die Röm 11,25 ff. gelehrte Reihenfolge der Bekehrungen: erst die Vollzahl der Heiden, dann noch ganz Israel – ein Ausdruck dieses Ordnungsschemas, ebenso wie die Ordnung der Auferstehungen (1 Kor 15,20 ff. vgl. 1 Thess 4,15–18).

e) Die Endgeschichte vollzieht sich in welthafter Form. Geschichtliche und kosmische Krisen, himmlische und irdische Ereignisse wirken zusammen: Sonne, Mond und Sterne (Mk 13,24 f.) verlassen ihre angewiesene Ordnung, apokalyptische Reiter, Engel greifen in das irdische Geschehen ein, Zornesschalen werden vom Himmel her auf die Erde ausgegossen. Eine unvorstellbare, nicht nachvollziehbare und unanschauliche Bildhaftigkeit, eine surrealistische Welthaftigkeit himmlischer Vorgänge legt es nahe, von einer durchaus mythischen Form der Aussage zu sprechen.

f) Schließlich gehört aber zur Apokalyptik noch die Überzeugung hinzu, daß dieses Bild der Endgeschichte unsere Gegenwart deutet. Gewisse Züge dieser endgeschichtlichen Dramen haben in zeitgeschichtlichen Figuren und Vorgängen ihre Entsprechung, ja ihren Schlüssel. Der Weltlauf wird in Kürze aus dieser durchaus sündhaften Gegenwart in die als bevorstehend geoffenbarte Krisenzeit hineinführen. Es ist das Phänomen der Naherwartung, das keineswegs ein vereinzeltes Kennzeichen der „konsequenten Eschatologie" der frühen Christenheit gewesen ist. Die konstitutive Bedeutung der Naherwartung für alle Apokalyptik zeigt sich einfach darin, daß alle Apokalyptik aktuell ist. Eine Apokalyptik, die nicht aktuell, die nicht „heiß" ist, ist keine. Daher eben die Erwartung der Endereignisse ohne vorherige Entwicklung, ohne „Vorzeichen"; denn die ganze Gegenwart ist ja ein einziges Vorzeichen! Und zugleich die genaue Angabe von Vorzeichen des Endes, bzw. der Parusie; denn diese Vorzeichen werden in aller Kürze vor unserem Auge erscheinen.

Aber auch die Enttäuschung der Naherwartung ist ein altes Motiv der Apokalyptik. Es ist nicht so, als ob das Urchristentum zum ersten Male, überraschend und unvorbereitet vor diese Enttäuschung gestellt worden wäre, wie man selbst heute noch meint. Vgl. Hab 2,3; 2 Petr 3,3 ff.; Barn 15,4 ff.; 1 Clem 23,3; 2 Clem 11,2 f.

Zur Frage der Naherwartung: E. Grässer, Das Problem der Parusieverzögerung in den synopt. Evangelien und in der Apostelgeschichte (BZNW 22), (1957) 1960². Ferner Art. Apokalyptik RGG I, 463–472.

### 3. Die kirchliche Überlieferung der Eschatologie

Die kirchliche Überlieferung der Eschatologie steht ganz im Banne des endgeschichtlichen Schemas, wie es durch die Apokalyptik geprägt worden ist. Die klassischen Themen der Eschatologie erscheinen infolgedessen in einer bestimmten Reihenfolge: Tod und Unsterblichkeit der Seele; Auferstehung der Toten; letztes Gericht; Ende der Welt; ewiges Leben bzw. Verdammnis. Dabei werden freilich Härten der Vorstellung abgeschliffen und ausgeglichen, was mitunter auf den auch hier einwirkenden Aristotelismus zurückzuführen ist. Die Lehre von der Unsterblichkeit der Seele ist im Zusammenhang der kirchlichen Überlieferung die deutlichste von daher stammende Glättung. Im übrigen trägt schon die Eschatologie der Orthodoxen den Stempel der Zurückhaltung. Nicht erst bei Schleiermacher, sondern im Grunde schon hier bedeutet der „Biblizismus" ein Prinzip der Beschränkung der Aussagen, geboren aus dem Willen zur Nüchternheit.

Aber es ist doch ein sehr tiefer Graben, der die orthodoxe Lehre von den letzten Dingen von der Endgeschichte der Apokalyptik trennt. Es ist vor allem der Verlust der Aktualität. An die Stelle der Naherwartung ist die Fernerwartung getreten. Es ist kein Gedanke mehr an eine Identifikation von apokalyptischen Typen und Vorgängen mit Gestalten und Ereignissen der Zeitgeschichte. Die endzeitliche Erwartung wird zu einem weit hinausgeschobenen Schlußkapitel der Heilsgeschichte. Und doch entzündet sich eben hier ein weittragender Vorgang. Nicht alle Themen der Eschatologie verlieren nämlich in gleichem Maße ihre Aktualität. Die individuelle Eschatologie, also die Lehre vom Tode und vom Schicksal des Menschen nach seinem Tode behält nach wie vor ihre aktuelle Bedeutung. Sie löst sich insofern aus dem Zusammenhang heraus, als sie besonderes Gewicht gewinnt. Hier bleibt die Eschatologie unverändert gegenwärtig, ja die Zeitläufe, Kriege und Epidemien sorgen dafür, daß diese Aktualität nicht erlischt. Hier erhalten die letzten Dinge neue Gegenwärtigkeit und werden zum Gegenstand einer warmen und praktischen Frömmigkeit.

Die Lieder des Gesangbuches von Tod und Begräbnis, von Sterben und ewigem Leben, von Auferstehung und Gericht geben bis zur Stunde einen starken Eindruck davon, wie die Eschatologie ganz von der individuell empfundenen Not und von der individuellen Hoffnung her entworfen wird, was doch den Gedanken der christlichen Gemeinde und des dahingehenden gemeinsamen Glaubens der Kirche nicht ausschließt. Vgl. hierzu P. Althaus, Der Friedhof unserer Väter, (1915) 1948[4]. Zur Orthodoxie vgl. die allg. Lit.

Neue Aktualisierungen der Eschatologie entstehen für die kirchliche Tradition im wesentlichen nur noch an den Häresien, von denen im nächsten Abschnitt gesondert gehandelt werden soll. Ich gebe im Nachfolgenden nun eine Übersicht über die Lehrtradition, wie sie in der orthodoxen Dogmatik repräsentiert ist.

Die Gesamtbezeichnung des Themenkreises ist „De (rebus) novissimis", nach Sirach 7,36 (vulg. 40: „in omnibus operibus tuis memorare novissima tua et in aeternum non peccabis").

*a) De morte*

„Mors est privatio vitae naturalis, e dissolutione animae et corporis proveniens" (Baier). Auch der Bezeichnung des Todes 1 Kor 15,26 als des „letzten Feindes" wird gedacht. Alle Menschen müssen sterben, nach Röm 5,12 dem Tode unterworfen. Die alte Einteilung des Todes, wie sie in der Frömmigkeitsgeschichte überliefert ist, geht in die dogmatischen Aussagen ein: es gibt einen leiblichen, geistlichen und ewigen Tod. In der mors temporalis wird mors corporalis und spiritualis unterschieden, während die mors aeterna ohne Hoffnung ist.

Während der Leib zerfällt, lebt die unsterbliche Seele fort, und ihr gilt das besondere Interesse der kirchlichen Lehrer. Wenn es sich dabei in unserem heutigen Verständnis um einen griechischen Gedanken handelt, so verdient es besondere Beachtung, daß die orthodoxen Väter zugunsten der Unsterblichkeitslehre vor allen rationalen Argumenten das Schriftzeugnis aufgeboten haben. Zum Schriftbeweis der Unsterblichkeit der Seele werden folgende Gründe genannt:

Die Versicherung des Herrn, daß die Verfolger zwar den Leib, aber nicht die „Seele" töten können (Mt 10,28);

der allgemeine biblische Sprachgebrauch, in dem Leib und Seele unterschieden werden, so daß nicht dasselbe von beiden prädiziert werden kann;

der Beweis aus der Schöpfungslehre lautet so: Die Seele ist von Gott eingehaucht, sie ist also nicht in demselben Sinne kreatürlich wie der aus der Erde gebildete Leib. Es ist der sog. Beweis „ex primaevae animae creatione";

die Benennungen der Seele werden ins einzelne gehend untersucht;

die Schrift bezeugt die Fortdauer des Menschen nach dem Tode, vor allem im Gericht;

die Schrift beschreibt den Tod vielfach als „Schlaf".

Wichtig ist auch, daß die alten Lehrer die solchermaßen gestützte Unsterblichkeit der Seele des Menschen von der göttlichen Unsterblichkeit deutlich zu unterscheiden wußten. –

Erst in zweiter Linie kommen dann zu den Schriftgründen noch Gründe der Vernunft hinzu. Sie sind verschiedenen Ranges, rationes praecedentes et subsequentes, rationes cogentes et verisimiles. Diese philosophische Argumentation ist durchaus scholastischer Art und besteht vor allem darin, aus der Unteilbarkeit der Seele ihre Unzerstörbarkeit abzuleiten, ihre Unabhängigkeit von der Materie darzutun u. dgl.

Aus der reformatorischen Polemik gegen den Zwischenzustand ist übrigens eine theoretische Schwierigkeit zurückgeblieben, welche die Orthodoxie trotz aller scholastischen Sorgfalt nicht auflösen konnte. Es ist die unerbittliche These: „Die Seele geht *sofort* nach dem Tode entweder zum Himmel oder zur Hölle." Die Schwierigkeiten, die sich aus diesem Satz ergeben müssen, liegen auf der Hand. Sie sind einmal biblisch-exegetischer Art, insofern als auch die Schrift von den Seelen im Gefängnis spricht. Sie sind zum anderen rein vernünftiger Art, weil Tod und Auferstehung nicht zusammenfallen und also ein Gericht vor dem Endgericht angenommen werden muß. Die den Vätern vor Augen stehende katholische Lehre lehrte 5 „receptacula animarum": infernum (Hölle), purgatorium (Läuterungsfeuer), limbus puerorum (Ort der ungetauft verstorbenen, den Höllenstrafen nicht unterworfenen Kinder), limbus patrum (Patriarchen, Heilige des Alten Bundes), coelum (Himmel). Aber die Väter konnten hier nicht nachgeben, und sie nahmen die Paradoxie der Vorstellung in Kauf, um der Lehre von Ablaß, den Seelenmessen usw. jeden dogmatischen Boden zu entziehen.

*b) De resurrectione mortuorum*

Die Lehre von der Auferstehung der Toten wird zwar unter ausschließlicher Berufung auf die Heilige Schrift geltend gemacht, doch muß es auffallen, daß der Gedanke der Parusie Christi merkwürdig zurücktritt. Auch lenkt die Ausführung der Lehre entsprechend dem, was wir schon bei der Lehre vom Tode wahrgenommen haben, wieder ganz in die Bahnen der scholastischen Anthropologie zurück.

Die Scheidung von Seele und Leib, die das Wesen des leiblichen Todes ausmacht, ist keine dauernde, sondern sie wird wieder aufgehoben. Das Wesen der Auferstehung liegt in der Wiederherstellung des zerfallenen Leibes und in seiner Wiedervereinigung mit der unsterblichen Seele. Dieser wiedererstandene Mensch ist ein ganzer Mensch, und zwar derselbe nach Leib und Seele, der er vor dem Tode war. Doch ist er mit neuen Eigenschaften ausgestattet. Diese neuen Eigenschaften beziehen sich, da die Seele selbst ja vom Wandel kaum berührt wird, vornehmlich auf den Leib. Von den Leibern der Auferstandenen wird gelten:

sie bestehen, unberührt von Verfall (immunia a corruptione durant);

sie werden nicht mehr häßlich und hinfällig sein, sondern überaus licht und schön (fulgida, gratiosa, pulcherrima);

sie sind frei von irdischer Schwachheit, gesund und mit hohen Fähigkeiten ausgestattet (vegeta, robusta, sensibus eximiis pollentia, nulli defectui obnoxia);

sie sind nicht mehr dem Nahrungs- und Fortpflanzungstrieb, dem Wachstum und der Ortsveränderung unterworfen; vacabunt actionibus spiritualibus, nec egebunt nutrimento aut societate coniugii.

Einige dieser Eigenschaften sind den piis und den impiis gemeinsam, einige qualitates „sunt propriae solis piis ad vitam aeternam resuscitatis". Die corpora piorum nämlich sind: glorificata, potentia, spiritualia, coelestia.

Die doppelte Auferstehung (1 Kor 15,23 f.) ist nicht in die kirchliche Lehrbildung eingegangen. So wird, entsprechend dem doppelten Schicksal der Auferweckten, begrifflich unterschieden zwischen einer resurrectio vitae und einer resurrectio iudicii.

Alles, was den Vorgang der Auferweckung selbst betrifft, vor allem die Parusie Christi, liegt merkwürdig im Schatten des Interesses, trotz alles betonten Biblizismus. Hingegen gilt das Interesse der Substanz des erneuerten Leibes und seinen Eigenschaften, wobei die Seele in ihrer grundsätzlichen Unveränderlichkeit, wie schon erwähnt, keine besonderen Probleme aufzugeben scheint.

*c) De extremo iudicio*

Das Jüngste Gericht betrifft alle Menschen, die gelebt haben; es ist ein iudicium universale, in dem Christus der Richter ist. Davon ist das iudicium particulare zu unterscheiden, das über jeden Menschen in der Stunde seines Todes stattfindet. Die Lehre vom iudicium particulare ist eine logische Folge aus der Ablehnung des Zwischenzustandes bzw. aus der anderen Lehre, daß die Seele sofort nach dem Tode zum Himmel oder zur Hölle geht. Das Nebeneinander der beiden Gerichte ist nicht ohne Widerspruch und lehrmäßig nicht ausgeglichen.

Die Lehre vom Jüngsten Gericht gibt nun den orthodoxen Vätern Gelegenheit, sich über die Ordnung der endzeitlichen Ereignisse umfassender als in den anderen eschatologischen Lehrstücken auszusprechen. Die Schriftaussagen werden dabei im Durchschnitt genommen und folgende Reihe der Ereignisse zugrunde gelegt:

Die Parusie Christi, die zwar in der Art seiner Himmelfahrt vorgestellt werden muß, aber im Anschluß an einzelne Schriftaussagen mit tausend Engeln, der Stimme der Erzengel, dem Klang der Tuba u. dgl.;
die Auferstehung der Toten, die die Stimme Christi hören;
die Verwandlung der alsdann noch Lebenden;
das Endgericht.

Der Zeitpunkt des Gerichtes ist unbekannt, doch sind Vorzeichen angekündigt und zu erwarten. Diese Vorzeichen unterscheiden sich als allgemeine (signa remota sive communia) und spezielle (signa propinqua eet propria). Die ersteren sind teils wiederkehrende, teils dauernde Vorzeichen des Kommenden: Irrlehren (haeresium multiplicatio), Kriegswirren (totius orbis per bella seditiones), Verfolgungen (horribilis piorum persecutio). Die speziellen Vorzeichen sind der Sturz der „vierten Monarchie" und des Antichristen (insignis quartae monarchiae labefactatio; Antichristi labefactatio) und sonstige Erscheinungen (variorum signorum in omnibus totius universi partibus observatio), z. B. die Veränderungen am gestirnten Himmel. Selbst über den Endzweck dieser Vorzeichen haben sich die Alten ausgesprochen: es sind Liebeserweise, geeignet, die verderbliche Sicherheit auszutreiben u. dgl. Freilich gehen hinsichtlich der Vorzeichen des Endes die Ansichten selbst innerhalb der Orthodoxie auseinander. Ist der Antichrist der Inbegriff des falschen Lehrers, ist er der adversarius Christi? Manche Dogmatiker unterschieden, in Wiederaufnahme älterer Überlieferungen, einen Antichristus orientalis extra ecclesiam und einen Antichristus occidentalis in ecclesia. – Die conversio Judaeorum universalis, die nach Röm 11,26 vor dem Ende erwartet werden soll, wurde doch aus exegetischen Bedenken nicht von allen orthodoxen Lehrern übernommen. Der Chiliasmus wurde freilich von ihnen allgemein abgelehnt.

Der Vorgang des Jüngsten Gerichtes wurde bis in Einzelheiten seines Verlaufes beschrieben. Nach dem Apostolicum ist Christus selbst der Richter. „Adventus Christi iudicis erit publicus et longe gloriosissimus, impiis terribilis, piis exoptatissimus" (Hollaz). Der Maßstab, nach dem das Gericht gehalten werden wird, ist (generatim loquendo) die ganze himmlische Lehre (tota doctrina coelestis); sie ist (speciatim) in Anwendung auf die Frommen das Evangelium, in Anwendung auf die Ungläubigen das Gesetz („quatenus per evangelium collustrata est"). Sogar über den Verlauf des Gerichtes finden sich genauere Angaben. Auch bei dem Jüngsten Gericht wird eine Verhandlung stattfinden (iudicium discussionis), auf welche die Urteilsverkündung und der Vollzug des Urteils folgen (iudicium retributionis).

### d) De consummatione mundi

Bezüglich des Endes der Welt sind die Aussagen der Väter immer sehr kurz gewesen. Mit Ausnahme der Engel und der Menschen wird die Welt durch Feuer verbrannt werden und ihr Ende finden. Es ist ein völliges Aufhören der Substanz und nicht nur eine Verwandlung derselben zu erwarten. Offenbar hatten die alten Dogmatiker dabei ein genaues Gegenstück zu der Erschaffung der Welt aus dem

Nichts, zur creatio ex nihilo, vor Augen und im Sinn. Nur so kann die radikale Definition etwa Quenstedts verstanden werden: „Forma consummationis huius (mundi) non in nuda qualitatum immutatione, alteratione seu innovatione, sed in ipsius substantiae mundi totali abolitione et in nihilum reductione consistit."

*e) De damnatione et vita aeterna*

Mit dem Gericht ist eine völlige Scheidung der Frommen und der Gottlosen eingetreten. Die Gottlosen fallen der ewigen Verdammnis anheim, die Frommen genießen das ewige Leben.

Was die Verdammnis der Gottlosen betrifft, so ist sie „ewiger Tod" (mors aeterna -mors secunda), aber eben doch nicht Vernichtung, sondern ein sehr präzis beschriebener Zustand: Ausschluß von der seligen Anschauung Gottes, Genossenschaft mit den Teufeln im Gefängnis, schwere Marterungen des Leibes und der Seele je nach dem verhängten Urteil. Der mannigfach beschriebene Ort der Verdammten ist die Hölle (infernum, ἄδης, Scheol). Die Strafen sind je nach den Sünden verschieden; teils sind sie privativ, Beraubung der seligen Anschauung Gottes, Trennung von den Frommen, Ausschluß vom Licht und von der himmlischen Ruhe und Glückseligkeit; teils sind die Strafen positiv, und zwar innerer oder äußerer Art: der Intellekt erkennt die Gerechtigkeit des über den Sünder verhängten Urteils, der Wille aber wird qualvoll von einem Haß gegen Gott erfüllt; die Leiber der Verdammten werden durch das höllische Feuer gequält, und es wird ausdrücklich hinzugefügt, daß das ganz materiell zu verstehen ist.

Demgegenüber genießen die Frommen die höchste Seligkeit, nämlich sie dürfen Gott schauen (visio Dei beatifica). Entsprechend den Abstufungen der Strafen der Verdammten werden auch Grade der Seligkeit angenommen, doch fehlt es an näheren Bestimmungen. Diese Aussage beruht auch nur auf älterer dogmatischer Tradition und steht im Widerspruch zur Rechtfertigungslehre, die ja dem guten Werk keine verdienstliche Wirkung zubilligt. Deshalb wird jede Begründung dieser verschiedenen Grade der Seligkeit in den merita abgelehnt: „Huius inaequalitatis causa non in meritis humanis, sed in liberrima divina benignitatis dispensatione et gratuita promissione quaerenda est" (Quenstedt). Auch die bona vitae aeternae werden als privative und als positive eingehend beschrieben. Die Seligen sind frei von Sünden, von Ursachen und Strafen der Sünden, und auch von Leidenschaften nicht angefochten. In positiver Hinsicht sind die hohen Güter der Seligkeit einmal innerer Art: selige und unmittelbare Anschauung Gottes, vollkommene Erleuchtung des Intellektes, Rechtschaffenheit des Wollens und des Begehrens. Dem Leibe kommt spiritualitas, invisibilitas und illocalitas zu, die Existenzform der Seligen nähert sich also derjenigen der Engel an. Auch hier wird den inneren Gütern ausdrücklich das „äußere" Gut noch hinzugefügt: nämlich ein allerköstlichster Verkehr mit Gott und allen Seligen (dulcissima cum Deo et beatis omnibus conversatio).

## 4. *Die vier eschatologischen Häresien*

Bezüglich des Lehrstückes von den letzten Dingen gab es in der protestantischen Orthodoxie im Grunde keine Lehrdifferenzen; hier entstanden keine Gegensätze zwischen der lutherischen und reformierten Theologie. So kamen auch die Ablehnungen häretischer Überzeugungen einhellig und selbstverständlich zustande, nur die zweite hier zu besprechende Lehrmeinung betrifft eine Differenz zum Katholizismus. Das schließt nicht aus, daß diese eschatologischen Häresien sich in immer neuen Gestalten am Rande der evangelischen Kirche angesiedelt haben und im Laufe der Kirchen- und Theologiegeschichte mannigfach in ihr selbst rumort haben. Die im Nachfolgenden gewählte Reihenfolge ist äußerer Art und bedeutet kein geschichtliches Urteil.

a) Die erste Häresie ist jedenfalls die älteste und hat schon die Umgebung Jesu beschäftigt. Es ist die Überzeugung von der Berechenbarkeit des Endes der Welt bzw. der Parusie des wiederkommenden Herrn. Jesus selbst hat in klaren Worten diese Berechenbarkeit abgelehnt: Mt 24,36; 25,13 par; Apg 1,7. Diese Meinung hat auch in der Reformation keine Rolle gespielt. Soweit aber der Biblizismus besonders im Blick auf die Johannesapokalypse sich mit der Berechnung der Weltzeit und mit der Diagnose der Zeitalter beschäftigte, geriet er wiederholt in die Versuchung, das Weltende zu berechnen. Auch J. A. Bengel ist dieser Versuchung erlegen. Darum sei dieser eschatologische Irrtum wenigstens erwähnt.

b) An zweiter Stelle nennen wir die Lehre vom Zwischenzustand. Behauptung und Bestreitung des Zwischenzustandes überschreiten beide die Grundlage unmittelbarer Erfahrung und sind – für die theologische Erörterung – auf eine Diskussion des Schriftzeugnisses und allenfalls noch sekundärer Argumente und Vermutungen angewiesen. In dieser Hinsicht fehlt es freilich nicht an Gründen zugunsten der Lehre vom Zwischenzustand.

Es sind zunächst einmal die Schriftstellen, die von den Geistern im Gefängnis bzw. von den Orten unter der Erde sprechen und die im theologischen Herkommen für den descensus Christi ad inferos herangezogen werden, nämlich 1 Petr 3,19 und Eph 4,9.

Es kommt hinzu das Bedürfnis nach einem gedanklichen Ausgleich zwischen dem Zeitpunkt des Todes und der noch nicht geschehenen, erst künftigen Auferstehung. Wo sind die Seelen der Verstorbenen „unterdessen"?

In der katholischen Tradition hat freilich noch ein weiteres Interesse frühzeitig die Lehrbildung beeinflußt, nämlich das Bedürfnis, einen Strafort zu denken, an dem die Sünder die zeitlichen Sündenstrafen abbüßen und der doch keinen endgültigen Strafort darstellt.

Es ist die Lehre vom Purgatorium, dem sog. „Fegfeuer". Diese katholische Lehre nimmt noch weitere Schriftstellen zum Beweis hinzu: Mt 5,22 u. 25 f.; 12,32 u. a. Die dogmatische Voraussetzung der Lehre liegt darin, daß die Rechtfertigung doch noch nicht ohne weiteres auch die Sündenstrafen tilgt. Die „zeitlichen" Sündenstrafen werden nach dem Tode, aber vor dem endgültigen Eingang in die Seligkeit abgebüßt. Während das ewige Los der Seelen durch das iudicium particulare schon durchaus entschieden ist, bedarf es doch noch einer vorübergehenden Läuterung und eines zur Reinigung gesetzten Strafleidens, dessen Sinn nicht etwa noch in einem sittlichen Wachstum nach dem leiblichen Tode gesucht werden darf. – Dies war bekanntlich die dogmatische Voraussetzung der Ablaßlehre und des Ablaßwesens. Diese zeitlichen Strafen können nämlich im Sinne der herkömmlichen katholischen Lehre dann verkürzt werden, wenn den armen Seelen im Fegfeuer Liebesakte, also fremde Verdienste, aber auch Ablässe von Strafen und gute Werke zur Verkürzung der Strafen zugewendet werden. Diese Zuwendung kann nur „per modum suffragii" geschehen, also nicht gleichsam mechanisch. Ob die armen Seelen im Purgatorium umgekehrt für die Lebenden bitten können (Lk 16,27–31), ist in der dogmatischen Tradition der katholischen Kirche umstritten. Vgl. LThK III,979–982 (Hindringer), LThK² IV,49–55 (Rahner).

Die protestantische Ablehnung der Lehre vom Zwischenzustand ist ganz und gar auf diese Lehre vom Purgatorium gezielt und keineswegs ein frühzeitiger Akt von Entmythisierung in der Theologie der Protestanten gewesen. Weil die Fegfeuerlehre geradezu die zentrale Triebfeder für das Verdienstwesen in der römischen Kirche war, bis in die Einzelheiten der Ablaß- und Meßpraxis hinein, darum hat sich die Theologie der Reformatoren und ihrer Nachfolger der Lehre vom Zwischenzustande verschlossen. Sie hat damit freilich gedankliche Schwierigkeiten in Kauf genommen, die sich durch das Bedürfnis nach einer Überbrückung des „Zwischenzustandes" zwischen dem Tode und der künftigen Auferstehung ergeben haben.

Um diese Schwierigkeiten zu vermeiden, hat sich Th. Kliefoth in seiner Eschatologie der Lehre vom Zwischenzustand nicht verschlossen. Die Ablehnung der Lehre vom Fegfeuer hingegen ist eindeutig. Luther sagt in den Schmalk. Artikeln II/2 (BSLK, 420,6 ff.): „Drumb ist Fegfeuer mit allem seinem Gepränge, Gottesdienst und Gewerbe für ein lauter Teufelsgespenst zu achten, denn es ist auch wider den Hauptartikel, daß allein Christus und nicht Menschenwerk den Seelen helfen soll, ohn daß auch uns nichts von den Toten befohlen noch gepoten ist." Ferner A. Sm. III/3 22 f. (BSLK, 442,1 ff.).

Die Lehre vom Fegfeuer ist aber nicht die einzige Form einer Lehre vom Zwischenzustande. Ganz allgemein gilt, daß die Reformatoren in keiner Weise der Spekulation über das Geschick des Menschen nach dem Tode Raum gegeben haben. Immer wieder dringt die Überzeugung durch, daß die Sprüche Christi und der Apostel „allein dieses Leben angehen" („sunt ad hanc vitam pertinentia" (Apol XII, 37, BSLK 280,44). So kommt es, daß die betreffenden Theoreme weniger sachlich widerlegt als vielmehr einfach aus dem Interessenkreis herausgeschoben werden. Das Wort Gottes, Christus sagt nichts darüber! Es betrifft unseren Glauben hic et nunc nicht unmittelbar! Es sind Spekulationen, die keinen Ersatz für das bieten dürfen, was allein Trost geben kann! Es sind Spielereien, die vielleicht im Bereich des Möglichen liegen, wo aber zugleich alle Aussagen weit über das hinausgehen müssen, was man wissen kann.

Von anderen Theorien über den Zwischenzustand, d. h. über den Zustand des Menschen nach dem Tode bis zur Auferstehung kommt zunächst die Lehre vom Seelenschlaf in Betracht. Sie knüpft an den neutestamentlichen Sprachgebrauch an und steht insofern dem neutestamentlichen Zeugnis am nächsten (1 Thess 4,13; 1 Kor 11,30; 15,20). Diese Stellen sind auch wichtig, weil sie gegen die Vorstellung eines völligen Erlöschens des Individuums bzw. seiner „Seele" im Tode stehen. Aber sie können wohl auch kaum mehr hergeben; sie besagen nichts über den Zustand der abgeschiedenen Seelen, nichts über ihren Aufenthaltsort. Das Spekulative in dem Gedanken vom Seelenschlaf liegt darin, daß durch seine Vermittlung die verschieden langen Zeitspannen vom Augenblick des Todes bis zur Auferstehung gleichgültig werden! Auch erübrigt sich jede Aussage über ein Erleiden oder eine Tätigkeit während dieses Zwischenzustandes. Freilich ist auch die Freiheit der Seele vom Leibe in die Vorstellung von einer schlafenden Seele einbeschlossen. Man sieht, wie hier die Verfolgung eines biblischen Begriffes sich zur Spekulation erweitert.

Zu solchen Spekulationen über den Zustand der Seelen nach dem Tode gehört auch die Frage, ob nicht nach dem Tode eine Erweiterung der Erkenntnis, sittliche und religiöse Reifung möglich seien. Es ist der Gedanke der Entwicklung, der hier über die Grenzen der irdischen Lebenszeit hinaus in Kraft gesetzt wird. Schleiermacher hat dies zwar nicht ausdrücklich gelehrt, er hat indessen im Zusammenhang mit seiner Erwählungslehre (Glaubensl. § 119,3) bei Darlegung der unterschiedlichen Entwicklung der einzelnen Menschen bis zur Aufnahme in die Lebensgemeinschaft Christi sich so ausgedrückt, daß die Entwicklung des Menschen auch noch nach seinem Tode geradezu als zwingend angenommen werden muß. Unterbricht nämlich der Tod die irdische Entwicklung, bevor die göttliche Vorherbestimmung an einem Menschen sich erfüllt hat, so kann auch der Zustand, in welchem einer stirbt, nur als Zwischenzustand angesehen werden. Auch will Schleiermacher nicht zugeben, daß der Tod das Ende der göttlichen Gnadenwirkungen sein müsse. Die kurze Zeitlichkeit kann nur ein vorbereitender und einleitender Anfang der Entwicklung zur Seligkeit hin sein, eine Betrachtungsweise, die „in genauerem Zusammenhang mit der Ahndung der persönlichen Fortdauer" steht. (§ 159,1) „Daher würden die Gläubigen, wenn sie der Seele nach bei der Auferstehung dieselbigen wären wie bei ihrem Abschied aus diesem Leben, ... auch in das neue Leben doch immer als solche eingehen, in welchen die Sünde wiewohl im Verschwinden begriffen, noch mitgesetzt ist" (§ 162,1).

Ohne Zweifel überschreitet dieser an sich tröstliche Gedanke sowohl den Horizont menschlicher Erfahrung als auch das unmittelbare biblische Zeugnis. Er stellt eine gedankliche Möglichkeit dar, welche doch so sehr zum Spiel der Phantasie wird, daß sie geeignet ist, uns von der Härte des irdischen Daseins und seinem Entscheidungscharakter abzulenken. Bei Schleiermacher ist dieser Ausgleich dogmatischer Härten durch die Phantasie sicherlich sittlich gebändigt und überdies durch das spekulative Ziel gelenkt, von dem wir sogleich noch zu sprechen haben werden, durch die Ermöglichung der Lehre von der Apokatastasis. Fallen aber vollends diese beiden Kontrollen über die Phantasie weg, sei es, daß man mit dem Glauben der Kirche die Apokatastasislehre verwirft, sei es, daß die Spekulation gerade als ein Dispens von letzter sittlicher Strenge in diesem Leben empfunden wird, dann ist das Verhängnis am Tage, das in solchen Spekulationen verborgen liegt.

Es ist dann nur ein Schritt zu der Lehre von der Wiederverkörperung (Reinkarnation) bzw. der Seelenwanderung (Metempsychose). Es ist eine außerchristliche Lehre, die mit dem freien Wandern der vom Körper unabhängigen Seele rechnet. Die Seele kann den Körper verlassen, einen anderen annehmen und so im Kreislauf des Lebens und der Wiedergeburten wandern. Es ist hier nicht der Ort, die religionsgeschichtlichen Spielarten darzustellen und die Vorstellung von einer Reinigung der Seele von ihrer Schuld durch die Buße des Daseins bzw. von der Beeinflussung der Wiedergeburten durch gute oder böse Taten darzulegen. Wir treten mit dieser Lehre, wie immer sie im einzelnen gefaßt sein mag, völlig aus dem Umkreis christlicher Gedanken heraus. Hier ist ebenso die Einmaligkeit und Unwiederholbarkeit unseres Erdendaseins preisgegeben, wie auch die Erlösung durch Christus und die Hoffnung auf die Seligkeit bei ihm und in ihm. Insofern handelt es sich auch nicht mehr um eine Spielart der Lehre vom Zwischenzustand, weil sowohl das Erdenleben wie die Gemeinschaft mit Christus im ewigen Leben ihre Deutlichkeit und Eindeutigkeit verloren haben.

Dennoch hat die Lehre von der Seelenwanderung zeitenweise auch in der Christenheit sich als spekulative Versuchung ausgewirkt. Es mag daran erinnert werden, daß G. E. Lessing sich am Schluß seiner „Erziehung des Menschengeschlechtes" (1780) in den §§ 90–100 dieser „Schwärmerei" hingegeben hat. Auch die Anthroposophie R. Steiners hat für die von ihr beeinflußte Deutung des Christentums die Spekulationen über postmortale Wanderungen und Erleuchtungen der Seele erneuert. Vgl. Art. Anthroposophie RGG I,425–431; Seelenwanderung RGG² V, 376–380; van der Leeuw, Phänomenologie der Religion, (1933) 1956².

c) Die dritte von der Kirche abgelehnte Häresie ist die Apokatastasislehre, die Lehre von der „Wiederbringung aller". Der Ausdruck findet sich Apg. 3,21: „Jesus Christus, den der Himmel aufnehmen muß bis zu den Zeiten der Wiederherstellung alles (ἄχρι χρόνων ἀποκαταστάσεως πάντων) dessen, was Gott durch den Mund seiner heiligen, von Ewigkeit her ausgesandten Propheten geredet hat". Für den Universalismus des Heils werden noch andere biblische Belege beigebracht: Röm 3,23 f.; 5,18; 11,32. Man kann geradezu danach gehen, wo in der Beschreibung der Heilsabsichten und Heilswirkungen Christi das Wort „alle" (πάντες) auftaucht, z. B. 1 Kor 15,22; Eph 1,9 f.; Phil 2,10 f.; Kol 1,20. Aber diese Belegstellen allein begründen noch nicht das Pathos, mit dem die Apokatastasislehre vorgetragen wurde, wie denn auch die Kontroversen über die dogmatische Tragweite dieser dicta probantia keine eindeutige Lösung erwarten lassen. Die Apokatastasislehre gibt religionsgeschichtlich manche Rätsel auf. Wenn man das biblische Denken als dualistisch bezeichnen will – was freilich ein höchst problematisches Schema wäre –, dann ist sie ein Einbruch des Monismus in dieses Denken.

Die schließliche Wiederherstellung eines vollkommenen und glückseligen Endzustandes hat im Parsismus einen mythologischen Ausdruck gefunden. Nach dessen Eschatologie wird – nach der Vernichtung Ahrimans und seiner Dämonen – selbst die Hölle wieder ganz rein. Im Gegensatz dazu kennt die klassische Heilsweissagung Israels die Weissagung eines heillosen Endes der Gottlosen, z. B. Jes 66,24. Wie in der katholischen Lehre vom Purgatorium antike Vorstellungen vom Hades hochkommen und verdeckt weiterleben, so dürfte auch in der Apokatastasislehre in verdeckter Weise vorchristliche mythologische Spekulation lebendig sein. In der antiken Astrologie bezeichnete die Apokatastasis den Rücklauf der Gestirne in ihre Ausgangslage.

Der berühmteste Lehrer der Apokatastasis im kirchlichen Altertum war Origenes (De principiis I.6,1 ff.; III.6,1 ff.). Schon bei ihm waltete die Vorstellung von einer stufenweise vor sich gehenden Vervollkommnung der Menschen, so daß auch die Zurückbringung der Bösen sich in diese fortschreitende Heimholung aller zu Gott einfügt, von der zuletzt sogar der Satan ergriffen wird. Vereinzelte Theologen der alexandrinischen und antiochenischen Schule sind ihm darin zwar gefolgt, indessen hat die Kirche die Lehre verworfen. Sie lebte dann in wiedertäuferischen und spiritualistischen Kreisen fort, auch vereinzelte Biblizisten wie J. M. Hahn und Fr. Chr. Oetinger vertraten sie. Ihr größter Vertreter ist Schleiermacher (Glaubenslehre §§ 119 u. 162; ferner in dem Aufsatz „Über die Lehre von der Erwählung" Werke I, Bd. 2 von 1819). In seinem Gefolge hat sich dann auch Al. Schweitzer für die Apokatastasis ausgesprochen: „Die Hoffnung auf vollkommenen Abschluß des Werkes der aneignenden Gnade in der Ewigkeit ist von judaisierenden Vorstellungen zu befreien, namentlich vom finalen Dualismus" (Die christliche Glaubenslehre II/2, 1872, § 198).

Die Frage der Wiederbringung aller betrifft die Zukunft, und wir können uns nicht auf Beobachtung und Erfahrung stützen. Unter den Argumenten zugunsten der These stehen natürlich die Schriftaussagen obenan. Allein sie sind nicht eindeutig, einige können im Sinne des Universalismus der Heilsgnade verstanden werden, müssen es aber nicht, und auch dann bleiben noch Auslegungsfragen. Sie bleiben um so mehr, als andere Schriftzeugnisse klar auf einen doppelten Ausgang menschlicher Entscheidungen bzw. auf die Unwiderruflichkeit einer negativen Entscheidung des Unglaubens deuten, z. B. Mt 25,1–13; Lk 17,34 ff., ferner alle Worte von der ewigen Pein (z. B. Mk 9,42 bis 48 par) und von der Unwiderruflichkeit einer negativen Entscheidung über den Unglauben (z. B. Lk 16,19 ff.). Aber man wird auch hieraus keine Metaphysik des Geschichtsablaufes, keine „Weltanschauung" machen dürfen, sondern es bei dem lassen müssen, was diese Stellen besagen: Es gibt ein „zu spät", Gott läßt sich nicht spotten. Der Ernst seiner Gerichte ist nicht gering zu achten. Darum hat auch die Reformation sich im Sinne der Alten Kirche gegen die Apokatastasis ausgesprochen. Der Satz der CA XVII ist klar: „Damnant Anabaptistas, qui sentiunt hominibus damnatis ac diabolis finem poenarum futurum esse" (BSLK 72,4).

Das schließt nicht aus, daß auch die Gegenargumente ernsthaft angehört werden müssen. Die den Heilsuniversalismus aussagenden Sätze vor allem des Paulus lassen sich immerhin im Sinne einer universalen Heils*absicht* Gottes deuten, und das ist noch nicht dasselbe wie die Lehre von der Wiederbringung. Ein göttliches Angebot und seine apostolische Verkündigung ist noch nicht eine endgeschichtliche Voraussage. Schleiermacher hat, in Abweichung von der kirchlichen Lehrtradition, das göttliche Gericht nur als ein vorläufiges und das in ihm ergehende Urteil daher nur als relativ gültig gedeutet. Er hat gegen den Gedanken einer ewigen Verdammnis der Gottlosen folgende scharfsinnigen Einwände erhoben: „Die gänzliche Reinigung der Seele durch die Erscheinung Christi würde auch nicht bei allen gleich augenblicklich bewirkt werden, sondern bei einigen schneller, bei anderen langsamer." Es ist also wieder der schon von Origenes vertretene Gedanke einer stufenweise sich vollziehenden Entwicklung. Auch bei den Ungläubigen wird dabei ein Rest von Empfänglichkeit für Christus vorausgesetzt. Das Mitgefühl mit den Verdammten würde die Seligkeit der Seligen trüben, und der Gedanke der Strafe würde hinwiederum dem höchsten Wesen Mißgunst zuschreiben. Auch leidet der Gedanke einer Vollendung der Kirche, unter den Schleiermacher die ganze Eschatologie gestellt hat, keine Ausnahmen, die eben in der Lehre von der Verdammnis der Gottlosen beschlossen wäre.

Freilich können auch diese Argumente keine Befriedigung geben und nicht jene Bedenken auflösen, die eben durch die Schriftstellen über den Ernst der Verwerfung und des Gerichtes geweckt werden. Das durch die Lehre von der Wiederbringung aller geweckte Problem ist theoretisch nicht lösbar. Es ist insofern ein Problem und bleibt es auch, als es die Mitte zwischen zwei theoretisch nicht ausgleichbaren religiösen Gewißheiten bildet:

Gott hat das Heil für alle bereit.
Es gibt bei Gott ein „zu spät".

Die Apokatastasislehre kann deshalb nicht zu einem Bestand der christlichen Glaubenslehre gemacht werden, weil sie dieses theoretisch nicht lösbare Problem im Sinne einer weltanschaulichen Eindeutigkeit zu lösen beansprucht.

Zur Literatur vgl. RGG² V, 1908-1910; P. Althaus a. a. O.; ders., Die christliche Wahrheit II, 487 ff. – Wilh. Michaelis, Versöhnung des Alls, 1950 – Heinz Schumacher, Das biblische Zeugnis von der Versöhnung des Alls, 1959.

d) Die vierte eschatologische Häresie ist der sog. Chiliasmus, die Lehre von einem bevorstehenden tausendjährigen Reiche (Millennium), in dem der Satan gebunden ist und die Gläubigen Frieden haben. Auch diese Lehrmeinung hat vorchristliche Vorläufer im Parsismus und in der spätjüdischen Apokalyptik (Henoch, Baruch, IV. Esra). Die Grundstelle im Neuen Testament ist Apk 20,1–10 (15): Der Satan, der Drache, wird vom Engel auf tausend Jahre gebunden. Die Seligen nehmen ihre Ehrenplätze ein, aber die anderen Toten werden nicht wieder lebendig. „Dies ist die erste Auferstehung" (V. 5). Aber nach diesen tausend Jahren wird der Satan wieder los (V. 7), und sein verderbliches Wirken kann schon jetzt ausführlich geschildert werden. Dann aber erfolgt eine zweite, alle Toten umfassende Auferstehung und ein Gericht nach den Werken. Oft wird auch noch 1 Kor 15,23–28 als Beleg genannt, unter der Voraussetzung, daß auch hier von zwei Auferstehungen die Rede ist. Christus ist der Erstling der Auferstehung; dann stehen im Augenblick seiner Parusie die Seinen auf, dann „der Rest" (τὸ τέλος), wenn er sein Reich dem Vater übergibt, „wenn er zunichte machen wird alle Herrschaft und alle Macht und Gewalt". Aber die beiden Auferstehungen sind nicht deutlich ausgesprochen, und von tausend Jahren ist ebensowenig die Rede wie von einem begrenzten Friedensreich. (Die sonst noch mitunter herangezogene Belegstelle Lk 14,14 ist nicht einschlägig.)

Die Vorstellung von dem zukünftigen „tausendjährigen Reich" hat in der Kirchengeschichte, von den Anfängen des geschichtstheologischen Interesses an (Irenäus, Tertullian als Montanist, Hippolyt) eine bewegte und oft verhängnisvolle Geschichte gehabt. Euseb hat das Millennium (Hist. eccl. X,4) auf den Sieg der Kirche gedeutet, wie denn noch oft der Chiliasmus auf eine kirchengeschichtliche Periode gedeutet worden ist. Realistische Zukunftshoffnungen, Glaube an ein erfahrbares Fortschreiten des Reiches Gottes zu einem baldigen Sieg haben sich oft mit der chiliastischen Erwartung vermählt. Und es ist schon richtig, daß die kirchliche Bekämpfung derselben, vor allem in der ernüchternden Grundgesinnung des Luthertums, oft lähmend auf den christlichen Missionseifer und auf den biblischen Realismus gewirkt haben (P. Althaus). Dennoch besagt der Chiliasmus mehr, er meint eine abgeschlossene und auch wieder zu Ende gehende Periode der Endgeschichte, was nun gerade wieder die biblizistische und heilsgeschichtliche Theologie für ihn besonders anfällig gemacht hat.

Die Gründe für eine gewisse Popularität des Chiliasmus mögen rätselhaft oder auch erstaunlich sein. Sie liegen wohl zu einem Teil darin, daß er einem jüdisch verstandenen Messianismus entgegenkommt, d. h. einem Glauben, der den Messias in der Rolle des Weltherrschers sehen möchte. National-jüdische Vorstellungen, die einst das Bild vom eschatologischen Siegeszustand im Millennium beflügelt haben mögen, wandeln sich auf Grund der neutestamentlichen Rezeption der Lehre zu theokratischen Hoffnungen vom Sieg der Kirche oder auch einer Sekte (Mormonen!). Überhaupt hat hier nicht nur das allgemeine Bedürfnis nach Diesseitigkeit der christlichen Hoffnungen einen Ankerplatz gefunden, sondern in den Chiliasmus sind auch echte Ströme des biblischen Realismus eingemündet. Dennoch ist der Chiliasmus eine echte Utopie, gleichsam ein makrokosmisches Gegenstück zum Zwischenzustande der individuellen Eschatologie. Er ist ein echter Zukunftsmythos, und es ist ein Verdienst der Reformatoren, diesen jeder Heilsbedeutung entbehrenden Mythos als solchen aus dem evangelischen Glauben ausgeschieden zu haben.

CA XVII: „Damnant et alios, qui nunc spargunt iudaicas opiniones, quod ante resurrectionem mortuorum pii regnum mundi occupaturi sint, ubique oppressis impiis" (BSLK 72,5).

Literatur: W. Bousset, Die Religion des Judentums im neutest. Zeitalter, (1902) 1966[4] – P. Althaus a. a. O. – A. Schweitzer, Die Mystik des Apostels Paulus, 1930, 85 ff. – P. Volz, Die Eschatologie der jüd. Gemeinde im neutestamentlichen Zeitalter, 1934 – W. Nigg, Das ewige Reich, 1954[2] – H. Bietenhard, Das tausendjährige Reich, 1954 – RAC II,1073–1078; RGG I,1651–1653.

*Schlußwort zur Darstellung der eschatologischen Überlieferung*

Die Abwehr der vier eschatologischen Häresien zeigt, wo in der kirchlichen Tradition die Interessen lagen. Sie beweist den Willen zu nüchternem Urteil in allen Fragen der Eschatologie, aber sie zeigt auch, daß alle theologische Bewegung hier nur noch von den Rändern der Kirche her eindrang. Die Nüchternheit wird unter Berufung auf das Zeugnis der Schrift bewahrt, aber die ganze christliche Hoffnung rückt in die Distanz der Fernerwartung, und die Harmonisierung der Einzelaussagen zu einem endgeschichtlichen Bilde, das den Gesamtverlauf der Heilsgeschichte krönt, tut ein übriges. In einzelnen Fragen, z. B. bezüglich der Unsterblichkeit der Seele, durchdringen philosophische Elemente den Biblizismus. Biblische Begriffe und Vorstellungen werden definiert, um dem Schulbedürfnis Genüge zu tun. Möglicherweise hängt mit dieser philosophischen Sättigung auch die geringe Rolle zusammen, welche die Parusie Christi spielt, wie denn der beruhigende Umschluß eines stabilen Weltbildes die kirchliche Eschatologie wie ein sicherer Rahmen umgibt. Zugleich müssen die damit nicht zu bewältigenden Elemente der biblischen Eschatologie als inkommensurabel um so drastischer ins Auge fallen.

Gewisse biblische Hoffnungen kommen schließlich in alledem doch nicht zum Tragen. Sie werden vom radikalen Ende der Welt, auf das in dürrer Form die ganze kosmologische Eschatologie zusammengeschrumpft ist, einfach verschlungen. Zu diesen unberücksichtigten bzw. einfach vergessenen Hoffnungen gehören die auf einen „neuen Himmel und eine neue Erde" (2 Petr 3,13; Apk 21,1.2) oder auf die „neue Schöpfung" (2 Kor 5,17), Gedanken, die nicht zufällig den außerkirchlichen Chiliasmus genährt haben, die aber auch in so gewichtigen Zeugen wie den beiden Blumhardts und ihrem hoffenden Vorgriff auf den „Sieg" Jesu eindrucksvolle Boten gefunden haben.

## 28. Kapitel

### KRITIK DER ESCHATOLOGISCHEN TRADITION

#### 1. *Das Bedürfnis nach Kritik*

Schon die Auseinandersetzung mit den eschatologischen Häresien hat uns in kritische Gedankengänge hineingeführt. Das Bemühen um klare, nüchterne und biblische Heilserkenntnis hat bereits einen kritischen Sinn und schärft die kritischen Sinne. Aber diese Kritik soll hier nicht nur beiläufig geübt werden, sie soll uns nicht nur so unterlaufen, daß wir erst nachträglich den kritischen Sinn unserer Überlegungen bemerken, sondern es obliegt uns die Pflicht, im Zuge unserer Rechenschaft über den christlichen Glauben auch eine Rechenschaft über das Verfahren abzulegen. Alle Wissenschaft ist ihrem Wesen nach kritisch, und in immer neuen Ansätzen, auf jedem thematischen Felde neu, gilt es, Gründe, Methode und Ziel dieser Kritik ins Licht zu rücken.

Gegenstand der Kritik ist die eschatologische Tradition. Diese Tradition ist nicht von ungefähr, sie hat, wie wir sahen, tief in unsere Welterfahrung und in unsere Daseinserfahrung hinunterreichende Gründe. Darin liegt zugleich ihre Verbindlichkeit für uns. Tradition bedeutet hinsichtlich der Eschatologie, daß diese mehrschichtige Erfahrung nicht erst uns begegnet, sondern daß sie auch den vergangenen Geschlechtern widerfahren ist und daß diese Geschlechter bereits eine denkende Bewältigung dieser Erfahrungen unternommen haben. Es kommt hinzu, daß diese Erfahrung für die Christen und die christliche Gemeinde durch das Ereignis Jesus Christus, durch seine Botschaft wie durch sein Leiden, Sterben und Auferstehen eine besondere, für den Glauben kompetente Deutung erfahren hat. Aber auch das ist unterdessen Tradition geworden, hat sich mit älteren, z. B. apokalyptischen Vorstellungskreisen verbunden und durchdrungen, so daß wir heute einen sehr schwierigen und vieldeutigen Komplex vor uns haben, der sich als christliche und kirchliche Überlieferung präsentiert und dem wir unsere Kritik, und das heißt ja einfach unsere wissenschaftliche Besinnung zuzuwenden haben.

Ganz allgemein leitet unsere kritische Arbeit immer die strenge Wahrheitspflicht, nichts zu behaupten, was wir nicht im Inneren verantworten können. Es ist der Gesichtspunkt unserer modernen Wahrheitserkenntnis. Was heißt das aber hier, angesichts der eschatologischen Tradition? Es bedeutet eine vierfache Fragestellung.

a) Die eschatologische Tradition ist *historisch* zu prüfen. Die Bestandteile dieser Tradition – schon im vorigen Kapitel hat uns jeder Schritt vor diesen harten Tatbestand geführt – sind nicht als fertige Formulierungen vom Himmel gefallen, sie haben, anders ausgedrückt, nicht schlechthin und einfach „Offenbarungscharakter", sondern sie haben alle einen geschichtlichen Ort. Sind überhaupt alle Bestandteile der Überlieferung genuin christlich? Nun ist ja sicherlich mit der Wahrnehmung der Geschichtlichkeit dieser Überlieferung und der Überlieferungsbestandteile noch nichts über Wahrheit und Unwahrheit, über Verbindlichkeit und Unverbindlichkeit entschieden. Aber Wahrheit und Verbindlichkeit erschließen sich angesichts einer geschichtlichen Überlieferung nur noch auf dem Wege über das geschichtliche Bewußtsein bzw. auf dem Wege über das Bewußtsein von der Geschichtlichkeit der Überlieferung und durch das Mittel der historischen Interpretation.

b) Die eschatologische Tradition stellt uns vor bestimmte sachliche Fragen, vor Probleme, die mitunter bis in die Urgründe unserer Welterfahrung und Daseinserfahrung hinunterreichen. Die Tradition bietet uns für diese Probleme auch deutliche Lösungen an. Entsprechend sind uns aus der Tradition aber auch entgegengesetzte Lösungen dieser Probleme angeboten. Oft stellt sich die eine Lösung als kirchlich, die andere als häretisch dar, wie wir sahen. Auch das sind zunächst historische Gegebenheiten. Sie bedeuten keine Vorwegentscheidung und dürfen sie nicht bedeuten. Die Theologie hat nach protestantischem Verständnis kein Recht, sich ihre Sachentscheidungen von geschichtlichen Autoritäten abnehmen zu lassen. Aber sind denn alle Probleme der Eschatologie überhaupt theoretisch lösbar? Mitunter bedeutet es das Äußerste an Erreichbarkeit, wenn man ein Problem als solches erkannt und „definiert" hat. Vielleicht erreichen wir darüber hinaus nicht mehr, als daß wir dann seine Lösungsmöglichkeiten ermitteln und die Argumente dafür und dawider kennen und diskutieren. Es mag auf dem Felde der Eschatologie also durchaus lösbare Probleme oder doch beantwortbare Fragen geben, es mag hier, ähnlich wie in der Mathematik, Aufgaben mit zwei Lösungen geben, es mag aber auch Aufgaben geben, die als unlösbar bezeichnet werden müssen. Das eine wie das andere zu ergründen ist dann eine Aufgabe wissenschaftlicher Kritik.

c) Eine andere Frage gilt der Schlüssigkeit der Tradition. Ich meine damit nicht eine Widerspruchslosigkeit im banalen Sinne. Es ist sehr wohl denkbar, daß einander widersprechende Sätze auf eine gedankliche Spannung hindeuten, welche gar nicht anders als durch einen solchen formalen Widerspruch zum Ausdruck gebracht werden kann. Ich würde dazu etwa die Ablehnung des Zwischenzustandes und das gleichzeitige Festhalten an der zukünftigen Auferstehung rechnen, ein Widerspruch, den die alte Orthodoxie sehenden Auges in Kauf genommen hat. Ich meine vielmehr eine sachliche Schlüssigkeit im Sinne des Glaubens. Die Frage lautet also: Schließen sich die Bestandteile der Eschatologie so zusammen, daß sich der christliche Glaube in ihnen wiedererkennt? Ist die einzelne eschatologische Aussage in diesem Sinne „glaubhaft" oder ist sie doch nur Mythus?

d) Es muß schließlich doch auch die Frage des Weltbildes ins Spiel gebracht werden. Es liegt bei der Eschatologie, insonderheit bei der kosmologischen Eschatologie nur allzu nahe. Wir können im 20. Jahrhundert keine theologischen Aussagen vertreten, welche das ptolemäische Weltbild zur unverzichtbaren Voraussetzung haben. Es ist weniger die hergebrachte Lokalisierung, nach welcher der Himmel „oben" und die Hölle „unten" sind, was zu der kritischen Forderung Anlaß gibt. Diese Lokalisierungen haben nämlich einen guten religiösen, um nicht zu sagen „symbolischen" Sinn, und wir vernehmen noch heute eben diesen Sinn und nicht eine weltbildliche These, wenn wir ein Oben und Unten in Hinblick auf Gott und unser Heil aussagen. Wohl aber gehört zu den kosmologischen Voraussetzungen alten Stils, die in unsere Eschatologie eingeflossen sind, die stillschweigend vollzogene Gleichsetzung der Erde mit der ganzen Welt. Daß eine „absolute" Offenbarung auf der Erde noch keine Offenbarung im ganzen

Kosmos ist, daß allenfalls ein Ende der von uns bewohnten Erde noch kein Ende der Welt bedeuten muß, und derartige dürre Tatsachen erschüttern unsere Zuversicht zu den Möglichkeiten einer kosmologischen Eschatologie überhaupt. Aus diesem Grunde müssen wir die eschatologischen Sätze auch unter dem Gesichtspunkt kritisch überprüfen, ob sie vor unserem neuzeitlichen Weltbewußtsein noch vertreten werden können.

In alledem geht es nicht um Zerstörung, sondern um Reinigung der christlichen Hoffnung von unsachgemäßen Bestandteilen. Nicht die christliche Hoffnung soll der Kritik zum Opfer fallen, sondern es sollen solche Begriffe und Vorstellungen ausgeschieden werden, die die Hoffnung lähmen und die Verkündigung der Hoffnung unwahrscheinlich und unglaubwürdig machen. Ein ängstlich gehüteter gesetzlicher Biblizismus kann der Feind des christlichen Glaubens und der lebendigen Verkündigung des Evangeliums werden. Das Ziel der Kritik ist es, die christliche Hoffnung zu reinigen; sie soll geläutert und erläutert werden. Nur so können wir hoffen, den Ursprung der Eschatologie festzuhalten und den Grund der christlichen Hoffnung in Wahrheit sichtbar zu machen. Alle Kritik in der Wissenschaft und somit auch in der Theologie hat ein positives Ziel, wenn sie ihre Verantwortung vor der Wahrheit vor Augen hat.

## 2. *Die Bausteine der Eschatologie*

Es ist oft bemerkt und zum Gegenstand der Kritik gemacht worden, daß die in den eschatologischen Aussagen gebrauchten welthaften Begriffe ihren Gegenständen unangemessen sind. Die nachirdische Ewigkeit wird in welthaften Kategorien gedacht, veranschaulicht und ausgesagt: sie ist die „neue" oder „andere Welt"; immer wieder wandelt sich in unseren Versuchen, sich die Ewigkeit vorzustellen, diese Ewigkeit in eine nachirdische immerwährende Zeitdauer. Himmel und Hölle erscheinen als über- oder auch unterirdische Räumlichkeit. Die Wiederkunft Christi auf Erden wird lokal gedacht und soll doch gleichzeitig allgegenwärtig sein. Das Weltgericht vollzieht eine Scheidung, die doch schon längst vollzogen ist. Man könnte mit Beispielen fortfahren. Die Aufrechterhaltung der Welthaftigkeit unserer Vorstellungen ist in der Tat ein ernstes Problem der Eschatologie, weil sich allein von daher eine ganze Reihe von Widersprüchen ergeben, die dann theoretische Schwierigkeiten machen. Und doch liegt vieles davon einfach darin begründet, daß wir immer wieder „in Vorstellungen denken" und daß wir gar keine anderen Vorstellungen zuwege bringen als solche, die – nach Kant – an die transzendentalen Anschauungsformen von Raum und Zeit gebunden sind.

Und doch wird man gerade diese Einwände nicht so wichtig nehmen dürfen. Schon die Väter haben in der Lehre de rebus novissimis bezüglich Raum und Zeit erhebliche Widersprüche ertragen, und sie hätten das kaum auf sich genommen, wenn nicht auch ihnen alle scheinbar „zeitlichen" Vorstellungen nur als quasi-zeitlich, und alle scheinbar „räumlichen" Vorstellungen nur als quasi-räumlich bewußt gewesen wären. Solange die betreffenden Begriffe als religiöse Begriffe eindeutig waren, konnte kein eigentliches Mißverständnis aufkommen. In der religiösen Sprache sind solche welthaften Begriffe immer zugleich transzendente Begriffe; d. h. sie „meinen" ganz selbstverständlich etwas jenseits ihres buchstäblichen Inhaltes Liegendes. Es sind – um es anders auszudrücken – potenzierte Begriffe, die ihre eigentliche Geltung gar nicht in ihrem banalen Gehalt haben. Die „Räumlichkeit" des Himmels ist überhaupt nicht im banalen Sinne „räumlich", sondern in einem potenzierten und zugleich uneigentlichen Sinne, so wie wir auch selber immerfort Zeitbegriffe ins Räumliche transponieren, ohne daß wir darum der Meinung wären, die Zeit sei in Wirklichkeit ein Raum. Auch wenn wir in der Mathematik potenzieren, benutzen wir das Schema der Räumlichkeit, das doch nur bis zur dritten Potenz Geltung haben kann und das zugleich verlassen wird, indem es potenziert wird. Die theologische Kritik wird also sich dessen bewußt bleiben müssen, daß die unangemessene Welthaftigkeit der eschatologischen Begriffe zwar zu Recht in Erinnerung gerufen werden muß, daß sie aber daraus doch auch wiederum nicht allzuviel Honig saugen kann.

Viel schwerer wiegt ein anderes Argument. Es betrifft unmittelbar die Bausteine und Vorstellungselemente der Lehre von den letzten Dingen. Die Eschatologie ist in ihren wesentlichen Bestandteilen bereits vor dem Eintritt des Christentums in die Welt fertig gewesen. Der Satz läßt sich in ganzer Breite belegen. Lassen wir das aus der Religionsgeschichte überhaupt und speziell aus der spätjüdischen Apokalyptik sich anbietende Material beiseite, so genügt es, sich diese These am Alten Testament und an seiner Eschatologie zu veranschaulichen.

Die Eschatologie beruht auf einem großangelegten Geschichtsentwurf, der zwei Zeitalter unterscheidet, die Unheilszeit und die Heilszeit. Die bisherige Zeit ist die Zeit der Sünde, der Verblendung, und dieser Unheilscharakter steigert sich noch, bis die neue Zeit, der neue Äon eintritt.

Bezüglich der neuen Zeit gibt es im Alten Testament natürlich verschiedene Arten, man könnte fast sagen: verschiedene Temperaturen der Erwartung. Die Naherwartung, bzw. die Gewißheit des jetzigen Geschehens kann bar aller unheimlichen Züge sein. Man kann es sogar datieren (Hag 1,14 f.); mit der Grundsteinlegung des Tempels beginnt die neue Zeit (Hag 2,15–19). Die Erwartung kann aber auch so hochgespannt sein, daß sie scheitern muß (Jes 50,10 f.; 52,13–53,12: das Ärgernis über den Gottesknecht!). Oder die Erwartungen werden enttäuscht; der Eintritt der Heilszeit verzögert sich. So drängend die Erwartung ist (Jes 62,6 f.), so läßt sich die Verzögerung des Heils doch auch wieder erklären (Jes 59; Hab 2,3).

Im Zukunftsbild der hochgespannten Erwartung hat die Endzeit Katastrophencharakter. Zur Katastrophe des Völkersturmes tritt die kosmische Katastrophe hinzu (Jes 34,1–3 und dann V. 4!). Himmel und Erde werden betroffen (Jes 51,6). Diese Züge der Endkatastrophe werden in der alttestamentlichen Eschatologie bald mehr im Sinne geschichtlicher Umwälzungen, bald als förmliches Weltende mit folgendem Neubeginn entworfen: Sach 14,6 f. (Aufhebung von Gen 8,22); Jes 65,17 f.; 66,22; 60,19 f.

Das Neue, das die Endzeit heraufführt, ist freilich nicht absolut neu, sondern es ist zugleich das Ursprüngliche. Darum ist die Eschatologie vom Entsprechungsmotiv durchzogen: die Endzeit ist wie die Urzeit, πρῶτον und ἔσχατον entsprechen sich. In allen möglichen Kombinationen ist die Eschatologie an bekannten Vorbildern und Typen orientiert. Der Endzustand ist wie das Paradies (Jes 11,6–9), das Endgericht ist wie das Gericht über Sodom und Gomorra (Jes 34,9; Jer 50,40). Motive der Mosesgeschichte kehren wieder: der Rückzug der Deportierten „durch die Wüste", ihre Rettung wie beim Durchzug durchs Schilfmeer. Vor dem kritischen „Tag des Herrn" wird Elia redivivus kommen (Mal 4,5), der messianische Herrscher wird „aus dem Geschlechte Davids" kommen (Jes 9,6 f.; 22,22; Jer 23,5; Ez 34,23 f.; Sach 12,7 ff. u. ö.).

Der Grund für die eschatologische Umwälzung liegt im Erlösungswillen Gottes, aber dieser gilt doch im wesentlichen dem Heilsvolke: Israel wird aus der Zerstreuung gesammelt. Jerusalem ist der Mittelpunkt der Wiederherstellung, und die Teilhabe des Volkes daran ist korporativ. Die universalen Züge fehlen in diesem Bilde der Enderlösung gewiß nicht (Jes 60,3.5; 66,12 f. u. ö.), aber die Hoffnung der Völker ist doch ganz und gar auf den mit Israel geschlossenen Gnadenbund gegründet. Es gibt im Alten Testament keinen Universalismus, der sich nicht bei näherem Zusehen als ein auf die Völker erweiterter Partikularismus des Heilsvolkes Israel erwiese.

Das erwartete Heil, die über das erneuerte Israel auszuschüttende Segensfülle ist nach unseren Begriffen ganz diesseitig. Paradiesische Fruchtbarkeit, Langlebigkeit der Menschen wie in den Zeiten des Anfanges und andere Güter werden ausdrücklich genannt (Ps 91,16; Jes 61,1–11; 65,20). Aber dieses Irdische ist eben Unterpfand der Gnade Gottes, es ist Segen schlechthin, das Irdische kann von besonderen religiösen Gütern gar nicht unterschieden werden.

Die Herrschaft wird in dieser Heilszeit Gott selber über Israel ausüben (Jes 43, 15; 52,7 ff. u. ö.), und es ist kein absoluter Gegensatz dazu, wenn die Einsetzung eines messianischen Königs in Aussicht genommen wird, der sogar namentlich bezeichnet und auf eine geschichtliche Person gedeutet werden kann (Hag 2,20–23; Sach 6,9–15).

Vgl. hierzu auch Gg. Fohrer, Die Struktur der alttestamentlichen Eschatologie. ThLZ 1960, 401–420.

Es bedarf keiner Erörterung, daß diese Grundzüge variabel sind. Trotzdem liegen sie im wesentlichen fest; sie liegen so fest, daß es keine Mühe macht, das hier vorgezeichnete Schema neutestamentlich auszufüllen. Es sind die Bausteine, die wir auch in der eschatologischen Tradition der Kirche wiederfinden, und die leicht festzustellenden Modifikationen im einzelnen lassen die Grundzüge selbst nur um so deutlicher hervortreten: die Epocheneinteilung der Geschichte, Hochspannung der Erwartungen, Enttäuschung der Naherwartung und deren Erklärung, der Katastrophencharakter der Endzeit, Entsprechung von Protologie und Eschatologie, Typologie der Heilsgeschichte, Einbeziehung der Völker in den erweiterten Gnadenbund des alten (oder auch des neuen) Israel, theokratische Überhöhung der alten Ordnungen.

Die Herkunft der Bausteine der Eschatologie zu erkennen ist eine Aufgabe der historischen Kritik. Aus ihr resultiert die sachliche Frage, ob wir in diesen Bausteinen die Elemente unseres eigenen Glaubens wiedererkennen.

### 3. Die Fiktion einer überschaubaren Heilsgeschichte

Eine terminologische Vorbemerkung wird nötig sein. Mit dem Ausdruck Heilsgeschichte ist hier nicht ein allgemeines Verhältnis der Offenbarung zur Geschichte, das vielberufene „Eingehen Gottes in die Geschichte" oder eine Bestätigung und Sinngebung der Geschichte durch das Handeln Gottes, etwa durch das Kreuz Christi gemeint, sondern im engeren Sinne das biblizistische Bild einer von der Schöpfung bis zum Ende der Welt und zur Parusie Christi kontinuierlich verlaufenden Geschichte, deren Mitte Jesus Christus ist. Wir sehen hier ab von den sehr verschiedenen Epochen-Schematismen, welche im Laufe der Kirchengeschichte zur Gliederung jenes „biblischen" Geschichtsbildes zur Anwendung kamen: Doppelung in Anlehnung an die beiden Testamente, Dreiteilung entsprechend den die einzelnen Epochen durchleuchtenden Personen der Trinität (Joachim von Fiore), Vierteilung entsprechend dem danielischen Monarchienbild oder ähnlich. Entscheidend ist die Einheit des Geschichtsverlaufes, die Bildhaftigkeit der Geschichtsgestalt, die Anwendung eines Epochenschemas überhaupt und die Möglichkeit, seinen eigenen Standort in dieses Geschichtsbild einzuzeichnen.

Zur Lit. über den Begriff der Heilsgeschichte: G. Schrenk, Gottesreich und Bund im älteren Protestantismus, vornehmlich bei J. Coccejus, 1923 – Chr. K. (v.) Hofmann: Encyklopädie der Theologie, hg. v. Bestmann, 1879 – G. Weth, Die Heilsgeschichte, 1930 – K. Löwith, Weltgeschichte und Heilsgeschehen, 1956³. RGG III 187–189.

Die überlieferte Eschatologie ist die Endphase der Heilsgeschichte. Da alle Heilsgeschichte ihrem Wesen nach vom Ende her konzipiert wird, ist die Eschatologie geradezu konstitutiv für die Heilsgeschichte. Endgeschichte ist früher als Heilsgeschichte, und die Heilsgeschichte ist sozusagen eine Ergänzung und Integrierung der Eschatologie nach vorne.

Alle Heilsgeschichte lebt von der Fiktion eines vom Anfang bis zum Ende überschaubaren Verlaufes der Geschichte. Überschaubarkeit und Unübersichtlichkeit sind für die heilsgeschichtliche Betrachtung geradezu umgekehrt verteilt im Vergleich zur natürlichen Ansicht. Überschaubar sind für die heilsgeschichtliche Anschauung Schöpfung, Urgeschichte und Patriarchengeschichte, die alttestamentliche Zeit wie die Ursprünge der Kirche. Überschaubar ist auch die Zukunft. Dunkel und der offenbarenden Deutung bedürftig ist nur die Gegenwart. Für die Zukunft ist – abgesehen von den Terminen, bei denen perspektivische Täuschungen möglich sind – durch „Apokalypse" dem Glauben alles enthüllt. Das Zukünftige ist in der Offenbarung anschaubare Gegenwart geworden. Das Zukunftsbild ist fertig, die Zukunft muß nur noch eintreten, und dieses Kommen der Zukunft ist ein himmlisches Ereignis.

„Unsere" Geschichte, d. h. die Geschichte, wie wir sie erfahren, sieht ganz anders aus. Die Urzeit liegt für unsere Geschichtserkenntnis im Dunkeln und alle Zukunft ist unbekannt und zur Gegenwart inkommensurabel. Die Gegenwart ist für uns die Grenzscheide zwischen dem, was wir mit relativer Sicherheit wissen, und dem künftigen Unbekannten. Auch das Gewesene, was wir mit relativer Sicherheit zu wissen meinen, verläuft nach rückwärts ins Dunkle, die Zukunft ist schon in kürzester Abmessung das schlechthin Unbekannte, Fremde und Unheimliche.

Für die angebliche von Anfang bis Ende „überschaubare" Heilsgeschichte ist die Gegenwart im Gegensatz zu unserer unmittelbaren Erfahrung nur ein relativ wichtiger Standort innerhalb der in ihrem wesentlichen Verlauf bekannten Heilsgeschichte. Es gibt kein denkbares „Bild" einer Heilsgeschichte ohne diese Standortbestimmung. Wir sehen uns selbst, gleichsam in einer Verdoppelung als Figur auf der Bühne der Geschichte und zugleich als Betrachter des lebenden Bildes auf dieser Bühne. Es ist bis in diese Konsequenz solcher Doppelung hinein eine Fiktion.

Das hat zur Folge, daß wir durch unser modernes Wahrheitsbewußtsein gehindert sind, dieses fiktive Geschichtsbild anzuerkennen. Wir können nicht anerkennen, daß die Zukunft in demselben Sinne, wenn auch noch nicht geschehen, bekannt ist, wie die zurückliegende Geschichte. Wir können nicht anerkennen, daß das Bild eines vom Anbeginn bis zum Ende hin sich spannenden Geschichtsverlaufes etwas eindeutig Gewisses und unser eigener Standort nur etwas relativ Bedeutsames sei. Die Folge muß sein, daß wir diesem fiktiven Geschichtsbild den Abschied geben.

Die Folge ist hingegen nicht, daß wir von der eschatologischen Frage zurücktreten können. Aber die eschatologische Frage wandelt sich in doppelter Weise:

Die Gegenwart gewinnt eminente Bedeutung. Indem wir uns zwischen Vergangenheit und Zukunft wissen, wissen wir uns in unserer Gegenwart. Und in dieser Gegenwart fällt die Entscheidung vor Gott.

Die Zukunft und unser Verhalten zu ihr wird nun zur religiösen Frage im Kantischen Sinne: Was dürfen wir hoffen? Woher nehmen wir den Mut und die Zuversicht zur Zukunft? Was ist das für ein Gott, der uns die Zukunft zuschickt? Was ist das für eine Zukunft, die uns Gott zuschickt?

Es kann aber kein Zweifel darüber bestehen, daß wir uns mit diesem Wandel unserer Fragestellung sowohl den Ursprüngen der Eschatologie als auch den neutestamentlichen Grundlagen wieder angenähert haben.

## 4. Die Auflösung der partikularen Eschatologie

Im Alten Testament ist die Eschatologie die Lehre vom zukünftigen Heil des Gottesvolkes. Der Anbruch des Heils ist Heilszeit für Israel, und der Messias ist sein Heilskönig. Nur wer zu diesem Volke gehört, hat Anteil am Heil. Die Aufnahme in den Gnadenbund Gottes mit diesem Volke und das Einhalten der Gesetze des Gottesvolkes sind die Voraussetzungen dafür, daß man am Heil teilhaben darf.

Der Universalismus des Heils ist selten und immer auf das Israel verheißene Heil bezogen. Nach der Abkehr von der Religion der Völker werden die Augen der Menschen den Heiligen in Israel schauen (Jes 17,7 f.). Selten fehlen solche Bezüge auf Israel (Jes 51,4-6; Zeph 3,9 f.). Der Sache nach immer und meist ausdrücklich sind alle diese Heilszusagen an die Völker auf den nationalreligiösen Mittelpunkt Israels ausgerichtet, das Heil nur in Jerusalem zu erlangen. Schon die Terminologie hat dieses Gefälle: die Völker werden „herbeigebracht", sie werden „kommen". Der Berg Jahwes ist das Ziel (Jes 2,2 bis 4; 25,6 ff.), das Haus Jahwes soll ein Bethaus allen Völkern heißen (Jes 56,7). Die Völker werden in Jerusalem zusammenströmen (Jer 3,17; Sach 8,20 ff.; 14,16 ff.).

Die radikale Entschränkung geschieht erst dort, wo der Schutz der Tradition und das Privileg des Gesetzes ihre Kraft verlieren. Das geschieht erst in der Verkündigung Jesu (Mt 3,9; Joh 8,33-44) und in seinem Gefolge bei Paulus. Der Mensch wird zum einzelnen und darin radikalisiert sich der Gedanke des Todes und des Gerichtes. Die Alternative Glaube oder nicht, Tod oder Leben richten sich nun an jeden einzelnen. Die Parusie Christi gilt denen, die glauben; wer bereit ist, kann ihn empfangen. Dieses Kriterium kann nur noch individuell gelten (Mt 24,40 f.; 25,1-13), niemand kann sich mehr auf eine „Zugehörigkeit" berufen, sei es die Zugehörigkeit zu Israel, sei es die zur Kirche.

Diese Wendung vollzieht sich im Neuen Testament noch ganz in den Kategorien und in den Begriffen der herkömmlichen Eschatologie. Daraus mag es sich erklären, daß die radikale Wendung oft übersehen worden ist. Tatsächlich wird hier der auf Israel bezogenen und beschränkten, überdies kollektiv gedachten Eschatologie ein für allemal der Boden entzogen. Der Schritt zur universalen Eschatologie vollzieht sich – paradox genug – durch die Individualisierung derselben. Der einzelne kann sich fortan nicht mehr darauf berufen, daß er zu einem Volk des Heils, zu einer mit Verheißungen ausgestatteten Gemeinde gehört; das alles erstattet nicht, was dem Glauben mangelt, das garantiert das Heil nicht für den, der nicht selber wach ist und bereit für das Kommen Gottes.

Es ist kaum abzusehen, welche Folgen sich daraus ergeben. Wir sahen ja von Anfang an, daß sich die individuelle Eschatologie nur schwer und nicht ohne Gewaltsamkeiten in das Bild einer Endgeschichte oder, um es drastischer auszudrücken: eines endgeschichtlichen Dramas einfügt. Das, worum es in der sog. individuellen Eschatologie geht, vollzieht sich ständig und nicht erst oder gar ausschließlich an einem bestimmten Punkt zukünftiger Endgeschichte. Der Tod ist zwar individuell für den noch Lebenden zukünftig, er ist aber auf die Menschheit gesehen ebenso Zukunft wie Vergangenheit und Gegenwart. Schreiten wir aber von diesem Thema zu den sachlich folgenden: zu Auferstehung, Gericht und ewigem Leben, so werden auch sie der individuellen Eschatologie eingeordnet.

Daß mit der radikalen Wendung zur individuellen Eschatologie ein ebenso radikales Absehen von allen Zukunftsbildern stattfindet, zeigt eindrücklich das Lied M. Luthers „Mitten wir im Leben sind mit dem Tod umfangen", dessen erster Vers eine Nachdichtung des vorreformatorischen „media vita", dessen weitere Verse Neudichtungen sind. Hier wird alles zu einem Anliegen der ausschließlichen Gegenwart: die Anfechtung des Todes mitten im Leben, die Anfechtung der Hölle, bzw. die Not des Gerichtes und die Anklage unserer Sünden. Auch die Zuflucht zu Jesus Christus ist Gegenwart, wie denn das Lied einen merkwürdigen Bogen von den Themen der individuellen Eschatologie zur Rechtfertigungslehre herüberschlägt.

Der heilsgeschichtliche Rahmen, der die Geschichte des alten Israel, die Geschichte der Völker und die Geschichte wie die Zukunft der Kirche zu einer überschaubaren Einheit zusammengebunden hat, wird bei dieser Sicht der Dinge ganz wesenlos. Die individuelle Eschatologie tritt an ihre Stelle. Die Eschatologie hört auf, ein geschichtlicher bzw. endgeschichtlicher Mythos zu sein und wird zu einer Frage unserer Existenz.

## 5. *Die Erfüllung der Verheißung als Krise der Eschatologie*

Die Eschatologie, die Lehre von den letzten Dingen (novissima), also von den Dingen, nach welchen nichts mehr kommt, beschreibt die Erwartung dieser Dinge, also das Ende der bisherigen Weltzeit und des bisherigen Weltzustandes, den Eintritt des Heils, die Erscheinung des Messias, das neue ewige Leben. Wir reden im Blick auf dieses Ziel von der Erfüllung der Erwartung, bzw. weil ja diese Erwartung in der Verheißung begründet ist, von der Erfüllung der Verheißung. Gehen wir dieser Erfüllungsidee im Anschluß an die Grundlagen der Lehrtradition von den letzten Dingen nach.

Nach alter Überzeugung hat die Erscheinung Jesu Christi das Gebäude der Verheißungen und Weissagungen, die auf das Kommen des Messias gedeutet haben, bestätigt. Die Verheißungen sind erfüllt.

Vor allem ruht das Matthäusevangelium auf dem Zeugnis von der Erfüllung der Weissagung: „Dies alles aber ist geschehen, damit erfüllt würde, was vom Herrn durch den Propheten gesprochen worden ist, welcher sagt: ..." (1,22). Immerfort stellt der Evangelist die Übereinstimmung von Weissagung und Erfüllung fest: 1,22 f.; 2,5 f.; 3,3 usw. Vgl. hierzu auch R. Bultmann, Weissagung und Erfüllung in Glaube u. Verstehen II,1965[4], 162–186. In Ansehung des Begriffs der Erfüllung scheint mir die Unterscheidung von „Verheißung" und „Weissagung" unerheblich zu sein.

Durch diese Erfüllung der Weissagungen entsteht aber nun ein doppeltes Problem. Einmal ist die in den Weissagungen noch in Aussicht stehende Zukunft zur Gegenwart und im Fortgange der Zeit sogar zur

Geschichte, d. h. zur Vergangenheit geworden. Während die Prophetie in der Weissagung voraus in die Zukunft blickte, blicken wir heute im Sinne der Tradition auf die Erfüllung der Weissagungen zurück. Man könnte also überspitzt sagen: Die Eschatologie hat infolge ihrer Erfüllung aufgehört, Eschatologie zu sein. Damit hängt aber unmittelbar ein zweites Problem zusammen, das man nicht wohl übersehen kann. Im Rahmen der traditionellen Auffassung der Dinge muß man nämlich zugestehen, daß diese Erfüllung der Weissagungen unvollständig ist. Die Weissagungen sind teils erfüllt: Jesus, der Christus (Messias), ist erschienen. Zum anderen Teil aber sind die Weissagungen unerfüllt. Weltende und jüngstes Gericht, die Wiederkunft des Messias und die Auferstehung der Toten stehen noch aus. Neben die erfüllte Eschatologie tritt eine noch unerfüllte Eschatologie. Die Aussagen über Jesus Christus sind nach dem Stande der orthodoxen Lehraussagen teils geschichtlicher Art, teils sind sie Bekenntnisse seines gegenwärtigen Wirkens, teils sind sie eschatologisch, d. h. sie beschreiben eine auf Verheißungen ruhende Erwartung des Glaubens.

Die von einigen Theologen vertretene Anschauung von der „radikalen Eschatologie" (A. Schweitzer, M. Werner) läßt nur *eine* Eschatologie gelten. Die Naherwartung erwartet sozusagen alles auf einmal. Aber diese Naherwartung ist gescheitert, und so hat der Bericht des Neuen Testamentes über Botschaft und Wirken Jesu seine unmittelbare und buchstäbliche Bedeutung für uns verloren. Nach dieser historischen Auffassung läßt es eben die Enttäuschung der Naherwartung – nicht nur zu einer „Christologie", sondern auch zur Spaltung der Eschatologie kommen: die Weissagungen sind teils erfüllt, teils sind sie nicht erfüllt.

In der Tat bildet sich eine Resteschatologie, die mit der schon als erfüllt anerkannten Eschatologie ausgeglichen werden muß. Diese Ausgleichung geschieht durch die Analogie: „so, wie" die Weissagungen der Propheten auf Christus gedeutet haben, so ist nun auch Jesus Christus selbst der Prophet seiner eigenen Wiederkunft, des Endes der Zeit und der schließlichen Erfüllung des Reiches Gottes. Es kommt aber noch hinzu, daß zwischen die schon erfüllte Verheißung und die noch ausstehende die Geschichte geschaltet wird. Wie die Geschichte des Alten Bundes auf ein Eschaton zugeht, das in der Geschichte Jesu erfüllt ist, so geht auch die Geschichte des Neuen Bundes einem Eschaton entgegen. Die Analogie der beiden Eschatologien hängt natürlich aufs engste mit der Analogie der beiden Testamente zusammen. Ist der Inhalt des einen Testamentes Geschichte, muß es auch der Inhalt des anderen sein; und es leuchtet ein, daß, da ja das Neue Testament tatsächlich nur den Anfang der Geschichte „historisch" erzählt, die prophetische Erzählung der weiteren Geschichte in der Johannesapokalypse bzw. die Geschichte der Kirche selbst den hohen Rang der Geschichte des Neuen Bundes bekommen.

Durch die heute übliche Auffassung von Eschatologie haben wir uns daran gewöhnt, daß zwischen Eschatologie und Geschichte ein ausschließliches Verhältnis besteht. Ein „eschatologisches Ereignis" führt über alle Geschichtlichkeit hinaus, es ist eben nicht mehr in der Logik der Geschichte zu begreifen, und umgekehrt: was Geschichte ist und zur Geschichte wird, das wird eben damit welthaft und schließt alle Eschatologie, alles Geschehen unmittelbar von Gott her aus. Aber diese heutige Auffassung wurde nicht immer geteilt. Es war das Wesentliche an der heilsgeschichtlichen Theologie von Joh. Chr. (von) Hofmann, daß er den Träger der Eschatologie, nämlich die Weissagung, gerade nicht im Wort suchte – etwa im Sinn einer „Theologie des Wortes" – sondern in der Geschichte selber. Die Geschichte selbst hat Weissagungscharakter! Hierfür ist besonders sein Frühwerk: Weissagung und Erfüllung, 2 Bde. 1841/44 grundlegend. Seine Hauptthesen sind folgende: Nicht einzelne geschichtliche Vorgänge, sondern der Gesamtverlauf der Geschichte ist ausschlaggebend; der Sinn der Geschichte enthüllt sich vom Ende her; die Korrespondenz von Weissagung und Erfüllung vollzieht sich nicht nur so, daß nur im Endziel der ganzen Geschichte Erfüllung stattfindet, sondern sie kann auch innerhalb der Geschichte zum Ereignis werden: z. B. haben sich auch an Abraham schon Weissagungen erfüllt. Hofmann war in seiner Geschichtstheologie bekanntlich auf das stärkste von Ranke beeinflußt. Das hatte zur Folge, daß er sich bereits nicht mehr ausschließlich auf die biblische Geschichte beschränkte, sondern die außerbiblische mit in die Korrelation von Weissagung und Erfüllung einbezog.

Wir haben also eine erfüllte und eine noch ausstehende Erwartung unterschieden. Aber diese Auffassung spaltet die Eschatologie und führt in ihrer Weise noch einmal das Problem des Zwischenzustandes herauf. Was ist nämlich zwischen der ersten und der zweiten Parusie? Wie ist das gedanklich auszugleichen, was schon geschehen ist und was noch aussteht? Es ist im Grunde dasselbe Problem wie dasjenige, welches im herkömmlichen Sinne als das des „Zwischenzustandes" beschrieben wird. Nur ist die Geschichte zwischen der ersten und zweiten Parusie empirisch faßbar. Die „Geschichte" des Menschen nach seinem Tode bis zur Auferstehung ist es nicht. Es handelt sich hier um typische Aporien, die entstehen, wenn uns die Konsequenzen unkritisch übernommener Voraussetzungen überfallen.

Die Schwierigkeiten sind aber damit nicht erschöpft. Sie beginnen viel früher. Schon die erste Parusie nämlich schließt eine Enttäuschung in sich. Sie erweist sich gar nicht als eine Erfüllung der Verheißungen im buchstäblichen Sinne. Sofern sich mit der Hoffnung auf den Messias auch die Erwartung einer Katastrophe und die Hoffnung auf die Wiederaufrichtung des Reiches Israel verbunden hatte, so blieben diese jedenfalls aus. Und insofern wird in der Tat die „Naherwartung" enttäuscht. Jesus ist überhaupt nicht die Erfüllung der sehr weltlichen Messiaserwartungen; er siegt nicht, sondern er stirbt am Kreuz. (Jes 53 erscheint dann späterhin als eine Erklärung dieser sachlichen Enttäuschung.) Der Weissagungsbeweis im Stil des Matthäusevangeliums erscheint als ein nachträglicher Versuch, das Unerwartete vom Alten Testament her zu bewältigen.

Es ist bekannt und bedarf hier keiner ausführlichen Erörterung, daß die diesem Weissagungsbeweis zugrunde liegende Exegese nicht durchführbar ist. Jes 7,14 (= Mt 1,23) ist nur im LXX-Text eine Belegstelle für die Jungfrauengeburt. Rahels Klage Jer 31,15 (= Mt 2,17 f.) gilt den in die Gefangenschaft geführten Juden, denen übrigens die Rückkehr verheißen ist. Statt weiterer Belege sei auf R. Bultmann,

a. a. O. 165–167 verwiesen. Alle zum Beweis aufgebotenen Schriftstellen sind ex post interpretiert. Das Heilsereignis wird in sie hineingelesen, und sie sollen dem Beweis dienen, daß alles, was sich in der Geschichte Jesu zugetragen hat, in Gottes Plan schon im voraus bestimmt gewesen ist. Die streng historische Exegese des Alten Testamentes kann diese Schriftverwendung nur als willkürliche Interpretation, z. T. als Allegoresen beurteilen. Wo es sich dabei um wirkliche Weissagungen handelt, da gehen sie nach unserer heutigen gewissenhaften exegetischen Einsicht auf andere Dinge als auf das, was in Jesus Christus Wirklichkeit geworden ist.

Die am Erfüllungsbegriff sichtbar werdende Krise stellt sich also als eine doppelte heraus: Einmal muß inhaltlich zugegeben werden, daß die Erfüllung der Verheißung gar nicht kommensurabel ist. Sie stellt in aller Regel etwas ganz anderes dar, als was die Verheißung besagt, auf welche man sich für die Erfüllung beruft. Zum anderen kommt dann etwas Zeitliches hinzu: Sofern die Enttäuschung als Enttäuschung der Naherwartung eine zeitliche ist, stellt sich die Krise als eine Krise der eschatologischen Zeitvorstellung heraus (2 Petr 3,3–10!). Zum Inhaltlichen kann man sagen, daß das Kreuz Christi eine primitive Auffassung von Weissagung geradezu dementiert; hier ist alle Vorstellung von Vorherwissen und Vorherbestimmung sinnlos. Im Kreuz geschieht das schlechthin Unerwartete, und in der Auferweckung Jesu Christi von den Toten geschieht das schlechthin Unerwartete und „Unglaubliche" noch einmal. Bultmann hat darum den Sinn der alten Eschatologie geradezu im „Scheitern" dieser Eschatologie gesehen. Man muß das vielleicht insofern modifizieren, als die Erwartung selbst schon wichtig ist und als sie Kategorien anbietet, in denen dieses Eschaton bewältigt werden soll. Nur gilt wohl, daß am Neuen, also an der Erfüllung, nicht nur die Unzulänglichkeit dieser Kategorien offenkundig wird, sondern vielmehr umgekehrt: an den Kategorien der biblischen Weissagungen wird erst recht erkennbar, wie unerhört die Neuheit des Neuen, d. h. die tatsächliche Erfüllung ist.

Was den Zeitbegriff anbelangt, der der biblischen Erwartung zugrundeliegt, so scheinen schon bei Paulus selbst zwei Auffassungen sichtbar zu sein. Auch er kennt eine endgeschichtliche Form der Eschatologie: 1 Thess 4,13–18 wird die Wiederkunft Christi in welthafter Weise vorausgesagt, aber daraus ergibt sich dann die bedrückende Ungleichheit zwischen den schon verstorbenen Gläubigen und den alsdann noch lebenden. Noch drastischer ist die Schilderung der „Ordnung" der zukünftigen Dinge 1 Kor 15,23–26, wo sich die Frage nach dem Zwischenzustande fast zwangsläufig ergibt, nämlich die Frage nach Zustand und Aufenthalt der Christen zwischen Tod und Auferstehung. Paulus hat dafür den Begriff des Schlafens angewandt (1 Kor 7,39; 11,30; 15,18.20.51; 1 Thess 4,13.14.15). Daneben findet sich freilich bei Paulus auch eine ganz andere Aussagenreihe. Die Christen besitzen das πνεῦμα und nehmen so schon am Künftigen teil: Röm 8,10 f. 17–23. Er weiß von einem Verklärungszustand nach dem Tode, in dem der einzelne in die Gemeinschaft mit Christus eintritt (Phil 1,23

u. 3,20 f) und in der der hinfallende natürliche Leib durch einen herrlichen Geistleib ersetzt werden wird (2 Kor 5,1 ff.).

Noch deutlicher weist uns die johanneische Eschatologie auf den Weg dieser Vorstellungen, die uns von der Problematik bestimmter Zeitbegriffe unabhängig machen. Seitdem Christus gekommen ist, gilt das eschatologische Jetzt, in dem die Geschichtlichkeit des alten Äon aufgehoben ist und in dem der neue Äon nun dauert. Das Wiederkommen Christi, die zweite Parusie vollzieht sich „schon jetzt", d. h. in unmittelbarer Aufhebung der Anfechtung durch die Verlassenheit der Gemeinde: der Erhöhte sendet den Parakleten: Joh 14,16 f. 26 f.; 15,26; 16,7. Das ewige Leben ist „schon jetzt": 6,40; 11,25 f. 17,3. Das Gericht vollzieht sich „schon jetzt": 3,17–21; 5,24 ff.

Vgl. R. Bultmann, Die Eschatologie des Johannes-Evangeliums, in: Glaube und Verstehen I, 1964⁵, 134–152, und natürlich im Kommentar über das Johannesev. passim. W. Kamlah: „In diesem eschatologischen Jetzt wird die Weltenwende durchgehalten" (Christentum und Geschichtlichkeit, 1951², 44).

Was hier beschrieben wird, ist nicht eigentlich eine Eliminierung der Zeit, sondern es ist vielmehr eine Potenzierung der Zeit in dem Sinne, daß das übliche plane Schema von Vergangenheit, Gegenwart und Zukunft nicht mehr ausreicht, um die hier gemeinten Sachverhalte zu verrechnen. Die äußerste Vollendungszukunft wird eschatologische Gegenwart, aber auch die erfüllte Gegenwart versinkt nicht zur Vergangenheit hin, sondern sie bleibt als Gegenwart erhalten. Man könnte ganz einfach auch sagen, daß damit die „Ewigkeit" beschrieben sei, deren Wesen ja nicht Zukunft im Sinne des banalen Zeitschemas ist, sondern Gegenwart. Ewigkeit ist schon jetzt, oder sie ist nicht. Die alte Kirche hat zur Beschreibung dieser Dimension Begriffe verwendet, die das moderne Empfinden unglückseligerweise nur als poetisch empfindet, die aber wahrscheinlich eine sehr präzise Be- oder doch jedenfalls Umschreibung der Gegenwärtigkeit des Ewigen darstellen: etwa caelum, excelsa.

In der alten Liturgie wurde daraus die Konsequenz insofern gezogen, als diese Dimension unmittelbar in die Gemeinschaft der Engel versetzt: „Et ideo cum Angelis atque Archangelis, cum Thronis et Dominationibus cumque omni militia caelestis exercitus hymnum gloriae tuae canimus, sine fine dicentes: Sanctus, sanctus, sanctus Dominus Deus Sabaoth. Pleni sunt coeli et terra gloria tua. Hosanna in excelsis" (Präfationsschluß im Missale Romanum).

## 6. Die Ausscheidung der kosmologischen Eschatologie

In der alten Eschatologie flossen kosmologische und geschichtliche Zukunftsereignisse zu einem einheitlichen Bilde der Endgeschichte zusammen. Die Endgeschichte ist von kosmischen Katastrophen begleitet und bestätigt: Jes 34,4; 51,6; Sach 14,6 f. (vgl. Gen 8,22); Mk 13,8.24 f. par. Das hat sich, wie wir sahen, in der kirchlichen Lehrtradition zur

Lehre von der consummatio mundi verdichtet. Der sachliche Kern dieser kosmologischen Eschatologie ist die Lehre von der Endlichkeit der Welt, die in der Mitte der christlichen Schöpfungslehre steht. An diesem Satz muß die christliche Theologie festhalten; sie wird aus der Verantwortung für diese Lehre nie entlassen. Die Gegenthese von der Unendlichkeit der Welt ist kein theologisch vertretbarer Satz. Hier entsteht darum auch – selten genug – ein gemeinsames Thema der Theologie und der Physik.

„Solange die Erde stehet" (Gen 8,21 f) sind uns auch die Gaben der Schöpfung zugedacht, als eine unmittelbare Zuwendung der Schöpfungsgnade Gottes. Mit dem Erlöschen dieser Welt erlischt auch die Schöpfungsgnade. Wie wir mit der Gnade Gottes überhaupt nicht spielen dürfen, so ist uns auch kein Spiel mit der Schöpfungsgnade und das heißt: mit dem Bestehen oder Vergehen der Welt, mit Sein oder Nichtsein verstattet. Wollte die christliche Theologie ein solches Spiel, etwa unter dem Vorwand von Verteidigung und Abwehr eines Gegners, verstatten mit der Ausrede, eines Tages sei das Ende der Welt doch unvermeidlich, so würde eine solche Frevelrede diese Theologie jeder moralischen und sachlichen Kompetenz berauben.

Indessen sind zu den kosmologischen Sätzen im traditionellen christlich-kirchlichen Lehrsystem drei kritische Anmerkungen zu machen.

a) Wenn das Auftreten Jesu Christi in der Geschichte den verheißenen Anbruch des neuen Äons bedeutet hat, dann hat jedenfalls dieses Ereignis keine kosmologischen Veränderungen zur Folge gehabt.

b) Die zunehmende Bedeutung der individuellen Eschatologie, die nach dem Vorausgegangenen nicht noch einmal dargetan werden muß, drängt die kosmologische Eschatologie zurück. Tod und Gericht, Heil oder Unheil, ewiges Leben und ewiger Tod, das alles sind Themen, die ohne jede Reflexion auf die kosmologische Eschatologie gedacht werden können und ohne zwingenden Zusammenhang mit der consummatio mundi sind.

c) In dem Maße, als die Fragen der christlichen Hoffnung zur Frage unserer Existenz werden, wird die Welthaftigkeit aller kosmologischen Vorstellungen und Prognosen deutlich. Wir haben in der Tat auch Zukunftsfragen kosmologischer Art, aber diese Fragen sind nicht im unmittelbaren Sinne religiöse Fragen, ja sie können ohne jede religiöse Konsequenz gestellt werden. Dauer der Welt und künftiges Schicksal der Erde sind naturwissenschaftliche Fragen und als solche aus der Zuständigkeit der Theologie zu entlassen.

Eine andere Sache ist es hingegen, wenn uns das moderne Wahrheitsbewußtsein nötigt, in unseren theologischen Aussagen auf unser verändertes Weltwissen Rücksicht zu nehmen.

Die fünf Gänge durch die überlieferte Eschatologie sind unter sich selbständig gewesen. Sie hängen aber darin alle zusammen, daß sie der Reinigung der christlichen Hoffnung dienen und unsere heutige Rechenschaft vom christlichen Glauben ermöglichen sollen. Als Ergebnis wird soviel deutlich:

Die sog. „radikale Eschatologie" ist eine vor allem von A. Schweitzer und M. Werner vorgetragene These historischen Charakters und insofern keine dogmatische These, als sie kein Ausdruck des Glaubens dieser Historiker ist. Die These behauptet, daß eine bestimmte apokalyptische Endgeschichte zuzüglich einer naiven Naherwartung der Parusie des Messias der wesentliche, ja der einzige Sinn des ursprünglichen Christentums gewesen sei. Diese These wird von uns nicht geteilt.

Die überlieferte kirchliche Eschatologie hingegen beruht auf einer Spaltung der Eschatologie in eine erfüllte Verheißung und eine noch unerfüllte Resteschatologie, und das durchgängig unter der Voraussetzung einer überschaubaren Heilsgeschichte. Unsere Kritik daran war teils historischer Art: es zeigte sich, daß die mythischen Bestandteile der eschatologischen Überlieferung älteren, vorchristlichen Ursprunges sind. Sie liefern zwar das Begriffsmaterial, mit dessen Hilfe das Neue des christlichen Glaubens und der christlichen Hoffnung beschrieben wird. Aber das Begriffsmaterial verdunkelt zugleich das Wesen der christlichen Hoffnung. Hier ging unsere Kritik von den historischen zu den sachlichen Argumenten über. Das sachliche Bedenken, dem wir hier Ausdruck gaben, bezieht sich einmal auf die „Schlüssigkeit" der überlieferten Lehre von den letzten Dingen. Es galt, sie daraufhin zu prüfen, ob wir in ihr unseren christlichen Glauben wiedererkennen. Das hängt aber zum anderen auch daran, daß wir die Aussage unseres christlichen Glaubens nicht trennen können von der Verantwortung, die uns durch das moderne Wahrheitsbewußtsein aufgegeben ist.

Es bleibt nach der kritischen Prüfung des überkommenen Lehrbestandes nur noch eine kritisch gebrochene Eschatologie.

## 29. Kapitel

### DIE CHRISTLICHE HOFFNUNG

Außer der schon angeführten Literatur sind insbesondere einschlägig die Artikel „Hoffnung" RE 8,232–234 (K. Buchrucker) – RGG III, 415–420 (H. Bardtke, H. Conzelmann, E. Schlink) – Art. „ἐλπίς" ThW II, 515–531 (Bultmann, K.-H. Rengstorff). Das Substantiv ἐλπίς fehlt bei den vier Evangelisten, ἐλπίζειν bei Mt einmal, bei Lk viermal, bei Joh einmal in bezug auf die Juden, hingegen häufig in den Paulinen, der Apg, Hebr, 1 Petr und 1 Joh. – Gabriel Marcel, Esquisse d'une phénoménologie et d'une métaphysique de l'espérance, in: Homo viator, Prolégomènes à une métaphysique de l'espérance, Paris, Aubier 1944,39–91 (deutsch in: Philosophie der Hoffnung, List-Bücher 84, 1957); J. Moltmann, a. a. O.

## 1. Gebrochene Eschatologie und christliche Hoffnung

Mit dem Begriff „gebrochene Eschatologie" haben wir das letzte Kapitel beschlossen. Wir bezeichnen damit eine Eschatologie, welche durch die Kritik im Sinne einer strengen Verantwortung vor unserem Wahrheitsbewußtsein hindurchgegangen ist. Aber unsere Aufgabe erschöpft sich nicht in den kritischen Gängen durch die theologische Überlieferung, sondern sie umschließt vor allem die Aufgabe positiver Aussagen. Zu ihnen soll in diesem Kapitel angeleitet werden.

Aber diese positiven Aussagen machen auch wieder die kritische Einstellung nicht rückgängig. Auch in den positiven Aussagen bleibt es bei der „gebrochenen Eschatologie", d. h. wir können bei jedem Schritt unserer Rechenschaft über die christliche Hoffnung nicht vergessen, daß drei Grundsätze wie heimliche Wächter an die Schwelle gestellt sind. Jede Aussage, welche sich diesen drei Grundsätzen gegenüber verschließen und sich nicht der Prüfung durch sie aussetzen würde, wäre zur Unglaubwürdigkeit verurteilt. In diesen drei kritischen Grundsätzen sind aber zugleich Hilfen gegeben, welche aus der bloßen Kritik zur positiven Aussage hinüberführen und auch die Zuversicht zur positiven Aussage verleihen können. Es gilt nun, diese drei kritischen Grundsätze zu nennen und kurz zu erklären.

a) Noch Ausstehendes kann nicht adäquat gedacht werden.

Dieser Satz knüpft daran an, daß die Frage nach der Zukunft eine Wurzel aller Eschatologie ist. Die eschatologische Frage erwächst uns aus der Zukunftsdimension, die in unserem geschichtlichen Sein mitgesetzt ist. Es ist eine Entstellung unserer Geschichtlichkeit, wenn Geschichte immer nur als vergangene Geschichte, als Historie beschrieben wird. Als vergangene Geschichte ist Geschichte etwas, was man „prinzipiell" wissen kann, weil es auf der Erde zum menschlichen Ereignis geworden ist und das man nur aus Gründen unseres persönlichen Unvermögens, mangelnder Kapazität, unzureichender Einfühlung, der Perspektive usw. faktisch nicht weiß. Die Zukunft aber ist die Dimension der Geschichte, die ich deswegen nicht wissen kann, weil sie noch gar nicht gewesen ist. Schon deswegen kann ich die Zukunft nicht wie vergangene Geschichte beschreiben. Inwieweit der Glaube an eine überschaubare Heilsgeschichte Fiktion ist, das muß hier nicht wiederholt werden. Darum kommen aus der Dimension der Zukunft, des grundsätzlich nicht Wißbaren die Sorge, die Angst, die Ungewißheit alles Planens auf uns zu. Das alles gilt in einem allgemeinen, durchaus vernünftig einsehbaren Sinne. Es potenziert sich aber für den Glauben. Es ist nicht so, daß im Gegensatz zur Vernünftigkeit, die die Zukunft nicht weiß, „der Glaube" etwa wissen könne, sondern es ist vielmehr so, daß „der Glaube" erst recht die Inadäquatheit aller Zukunft kennt. Im Glauben nämlich blicken wir in die Richtung Gottes, und Gott ist darin Gott, daß es bei ihm und durch ihn grundsätzlich Neues und

d. h. Unerwartetes gibt. Und das kann nie adäquat gedacht werden. Die Rechtfertigungslehre, welche die Kontinuität der Werke zu einer nachfolgenden Gnade bestreitet, die – anders ausgedrückt – die Adäquatheit der Gnade zu voraufgegangenen Werken bestreitet, ist ein Lobpreis der Gnade eben wegen dieses Wissens um die schlechthinige Inadäquatheit göttlichen Handelns. Die von Gott her erwartete Zukunft ist das schlechthin Unerwartete, Überraschende, Inkommensurable, das „Unverdiente" (nach J. Burckhardt). Und das kann nie adäquat gedacht werden. Praktisch bedeutet das natürlich auch, daß wir die „letzten Dinge" nicht aus der Bibel in ungebrochenem Realismus ablesen können.

b) Die christliche Hoffnung verlangt nach eigenen Kategorien der Aussage.

Ich sprach bei Entfaltung der Kritik der Eschatologie davon, daß die eschatologischen Aussagen „schlüssig" sein müßten. Damit hatte ich, wie ausgeführt, nicht im Sinne, daß durch eine formale Glättung der Aussagen die Eschatologie alle begriffliche Spannung verlieren und daß alle sachgerechte Dialektik unmöglich werden müßte. „Widersprüche" wie der, daß „das Künftige schon jetzt" ist, bleiben durchaus möglich. Vielmehr lautet die Forderung, daß sich Glaube und Hoffnung nicht widersprechen dürfen.

Man kann nicht in der Lehre vom ewigen Leben und von der ewigen Verdammnis an Gradabstufungen von Lohn und Strafe nach den Werken denken, während man anderwärts Geltung und Wirkung der Verdienste bestreitet. Die Hoffnung ist tatsächlich nur ein Modus des Glaubens, wie auch die Liebe nur ein Modus des Glaubens ist, nämlich der zur Tat werdende, sich dem Nächsten zuwendende Glaube. In diesem Sinne muß die christliche Hoffnung „schlüssig" sein.

Doch kann die Forderung der Schlüssigkeit auch begriffliche Verwirrungen betreffen, welche das Zeugnis von der christlichen Hoffnung lähmen. Man kann an naheliegende Beispiele anknüpfen. Wenn wir von den Auferstandenen sagen, sie bekämen einen neuen Leib, so legen wir ihnen eine welthafte Daseinsform bei. Wenn aber andererseits von einer „Vernichtung" der Welt geredet wird, so kann ja auch nichts Welthaftes mehr denkbar sein. Tatsächlich ist aber weder die Kategorie „Welt" noch die (gar nicht vollziehbare) Kategorie „Nicht-Welt" irgendwie zutreffend. Was hier gemeint sein kann, liegt jenseits solcher Kategorien, wie denn die religiöse Sprache sich gerne solcher Begriffe bedient, die als poetisch oder auch als mythisch interpretiert werden können. Ebenso ist alle Zeitvorstellung in der Eschatologie kategorial überschritten, wenn wir von Ewigkeit sprechen. Wenn Ewigkeit zur Gegenwart hin konvergiert, so daß sie „schon jetzt" ist, und doch nicht in einer mit der Gegenwart vergleichbaren Weise „ist", dann wird wiederum sichtbar, wie sehr eschatologische Aussagen den buchstäblichen Sinn der hier gebrauchten Begriffe transzendieren. Ebenso ist die Überschreitung des Todes zum Leben hin keine Wiederkehr des vorigen, denn dann wäre ja in der Tat des Mißverstehens kein Ende; sondern es ist etwas Neues und bezeichnet eine neue Kategorie.

c) Die christliche Hoffnung ist nur in existentieller, nicht in objektivistischer Aussage glaubhaft.

Wir glauben, daß Gott der Gott der ganzen Welt, der Schöpfer Himmels und der Erde und der Herr aller Menschen ist. Als Kirche bekennen wir diesen Glauben. Aber dieser Satz ist trotz dieser Glaubensgewißheit kein objektivierbarer Satz. Das heißt, es ist ein Glaubens- und kein Wissenssatz. Ein Glaubenssatz betrifft immer unser eigenes Verhältnis zu Gott, auch wenn es ein andere Menschen betreffender Satz ist. In der uns umgebenden Welt, auch bei den uns begegnenden Menschen haben wir es mit dem lebendigen Gott zu tun. Die „Welt" ist ja selbst nichts Objektivierbares, sondern es ist die uns gegebene Welt. Welt und Mensch sind in diesem Sinne korrelate Begriffe. Auch der in den Sätzen des Schöpfungsglaubens und der Schöpfungslehre verborgene Universalismus ist nicht objektivierbar. Zur Objektivierung müßte ich – etwas primitiv gesagt – alle Menschen zählen und Grenzen und Umfang der „Welt" abschließend kosmologisch beschreiben können. Das ist weder möglich noch auch nötig. Was „alle Menschen" sind, das ergibt sich aus der Kontingenz meines Begegnens mit ihnen, wie sich „Welt" als die so oder so strukturierte Summe meines Gegenüberhabens bestimmt. Diese auch im Sinne vernehmender Vernunft annähernd einsehbaren Sätze werden dadurch zu Glaubensaussagen, daß ich „glaube", daß ich es auch angesichts der mir begegnenden Menschen und der mir gegebenen Welt – gewiß mittelbar und nicht unmittelbar – mit Gott zu tun habe. Trotzdem neigen wir immer wieder dazu, diese „Wahrheiten" als objektive Sätze zu verstehen und zu deuten. Das heißt: wir machen Aussagen über die Welt und über die Menschen, welche die Zuständigkeit von Glaubensaussagen überschreiten, indem sie keinen unmittelbaren Bezug zu „mir" haben, sondern „an sich" gelten sollen. Wir sprechen dann etwa von den Menschen und von den Christen numerisch. Wenn wir z. B. von den Menschen, die Christum nicht kennen und nach unserem Urteil durch das Ereignis Jesus Christus nie zur Entscheidung und zum Glauben aufgerufen worden sind, urteilen, sie hätten das Heil nicht, dann betreten wir das Feld objektivistischer Aussagen. Das, was wir da sagen, kann dann stimmen oder nicht, es ist weder ein Satz des Glaubens noch der christlichen Hoffnung. Es steht uns kein Urteil darüber zu, was andere, überdies uns fernstehende Menschen zu hoffen haben. Das Einbezogensein eines anderen Menschen in mein eigenes Schicksal gibt sehr wohl einen Grund dafür ab, ob ich „für ihn" glaube oder hoffe, wie ich ja in der Fürbitte auch für ihn bete. Aber das ist dann alles andere als ein objektivistisches Urteil. Objektivistische Urteile sind von Jesus verwehrt, indem er es uns verwehrt, zu „richten" (Mt 7,1). Das Gericht, d. h. also das „Urteil" über alle Menschen, ist Gott allein vorbehalten.

Wir können und dürfen nicht richten, sondern wir können nur glauben, hoffen und Fürbitte tun. Es dürfte deutlich sein, wie diese Einsichten unseren eschatologischen Aussagen Grenzen setzen, wie sie aber auch zur Reinigung unserer Aussagen über die letzten Dinge verhelfen. –

Ist es aber nun überhaupt richtig, wenn wir doch im Zusammenhang mit der Eschatologie von der Zukunft handeln? Zukunft ist eine Dimension der Zeit, näherhin eine Dimension unseres geschichtlichen Seins. Aber die Ewigkeit ist in dieser zeitlichen Dimension gar nicht begriffen. Sie ist in einem potenzierten, jenseits aller Zeit gültigen Sinne Gegenwart. Und doch gehört die Zukunft sachgemäß in die Eschatologie. An der Zukunft entzündet sich die eschatologische Frage. Sie entsteht hier in doppelter und doch immer auf meine Existenz bezogener Form; einmal in der ganz persönlichen Frage: Was wird aus mir? – und dann in der allgemeineren Frage nach dem Ziel und Ende der Geschichte, bzw. nach ihrem Sinn. Aber die Antwort auf diese an der Zukunft sich entzündende Frage kann doch nicht mehr auf die Zeitdimension beschränkt und noch viel weniger aus dieser Zukunftsdimension unserer irdischen Zeit bezogen werden. Diese Frage verweist als eschatologische, das muß nach den vorausgegangenen kritischen Gängen deutlich geworden sein, auf die Ewigkeit. Diese Ewigkeit ist Gegenstand der christlichen Hoffnung.

Für die christliche Hoffnung gibt es keine Spaltung, wie wir sie bei der Ergründung der eschatologischen Tradition wahrgenommen haben. Hier kann es nicht heißen: teils erfüllt, teils noch unerfüllt; hier gibt es keine Spaltung von Glaube und Hoffnung; hier gibt es keine Teilung in einen Rückblick auf schon Gewesenes und dann einen Vorblick auf noch Ausstehendes oder auf Wiederkehrendes. Wie es für den Glauben im Grunde keine Vergangenheit gibt, es sei denn, sie wäre zugleich Gegenwart, so gibt es keine Hoffnung auf Zukünftiges, die nicht zugleich Gegenwart wäre. Christus ist nicht „teils" ein Gegenstand der Erinnerung, „teils" als Erhöhter Gegenwart und „teils" auch ein Grund unserer Hoffnung. Die Erfüllung, die Jesus Christus gebracht hat, ist vielmehr endgültig. Sein Kreuz, seine Auferstehung, seine Worte – das alles ist endgültig. *Und dieses Endgültige ist unsere Hoffnung.* Die Hoffnung hört um des Endgültigen willen nicht auf, unsere Hoffnung zu sein. Die kritisch gebrochene Eschatologie hat in Abkehr von objektivistischen Aussagen über eine noch ausstehende Endgeschichte gerade die Aufgabe, auszusagen und in den Grenzen theologischer Möglichkeiten zu begründen, inwiefern eben das Endgültige, das Christus bedeutet, der Grund unserer Hoffnung ist.

Die Zukunft hat dabei insofern eine gewichtige Rolle inne, als sie den Glauben als Hoffnung herausfordert. Hier dringt die Entscheidung über Heil oder Unheil aus der Zukunft an uns heran. Es gibt kraft der Hoffnung keine erfüllte Eschatologie in der Geschichte; wohl aber kann die uns an der Geschichte erwachsene Erfahrung, und dazu gehört ebenso das Ereignis Jesus Christus wie das Wort von ihm und das Wirken des Geistes unter uns, uns zum Grunde unserer Hoffnung werden.

Was ist die Hoffnung? Ist sie ein Gegenstand in unserer Einstellung zur Zukunft, oder ist sie eine bestimmte Haltung? Weder das eine noch das andere reicht hin, um uns die Tür zum Geheimnis der Hoffnung aufzuschließen. Über die Hoffnung kann man sich im Grunde nur mit Menschen verständigen, die wissen, was das heißt: „ich hoffe", und die sich nicht mit einer schalen, nach einer überwiegenden Wahrscheinlichkeit gefaßten Erwartung begnügen. Hoffen ist im qualifizierten Sinne immer ein Herausstreben aus einem schwer erträglichen Zustande, aus einem Entbehren, aus einem „Gefangensein in etwas" (G. Marcel). Und dieses Hoffen ist auf ein Heil gerichtet. Dabei ist doch dieses „Heil" im Augenblick des Hoffens immer nur in einer eigenartigen Unbestimmtheit, ja Ungegebenheit bewußt. Man sieht gar keine Brücken zur Erfüllung der Hoffnung. Das ist im kleinen wie im großen so. Der Zustand nach dem Bestehen eines noch bevorstehenden Examens, die langerhoffte Begegnung mit einem geliebten Menschen, der Tag der Freiheit für einen aussichtslos Gefangenen – von alledem pflegen wir als Hoffende zu sagen: „Ich kann mir noch gar nicht vorstellen, wie das sein wird, wenn es einmal eintritt." Der Satz des Paulus Röm 8,24 ist daher schon phänomenologisch richtig: „Eine Hoffnung, die man sieht, ist keine Hoffnung; denn wenn einer etwas sehen kann, was hofft er dann noch?" Was man hofft, liegt auch jenseits unserer Reichweite. Was – etwa als Möglichkeit – in meiner Reichweite liegt, das kann ich immerhin planen, ich kann es wollen, anstreben, herbeizwingen, ich kann es, je nachdem, vielleicht selber herstellen, bewirken. Das alles ist nicht „hoffen". In der Hoffnung bin ich immer im Entscheidenden machtlos. Und doch füllt mich die Hoffnung ganz aus. Man lebt auf das Gehoffte hin, man lebt in der Hoffnung. Wenn man von der werdenden Mutter sagt, sie sei „in der Hoffnung", so ist das präzis richtig: die werdende Mutter ist ganz und gar von der Erwartung des Zukünftigen erfüllt, und sie steht doch zugleich diesem Kommenden ganz machtlos gegenüber. Das Kommende ist ihr gewiß, und doch gibt es hier nichts herzustellen, zu planen, zu wollen, es kommt alles von selbst, wie es kommen soll. Indem man hofft, wirft man sich selbst voraus. Man ist gleichsam gar nicht mehr hier, sondern weit voraus, nämlich im Künftigen drin.

Und doch hat die Hoffnung eine merkwürdige Unabhängigkeit von der Vorstellung des Gehofften. Die wahre Hoffnung legt sich nicht auf ein bestimmtes Objekt oder auf eine bestimmte Gestalt des Gehofften fest. Es gibt freilich solche Festlegung in der Vorstellung. Der Liebende erwartet die Geliebte in einem bestimmten Kleid, in einer bestimmten seelischen Verfassung und ist dementsprechend enttäuscht, wenn die Vorstellung sich als falsch erweist. Der Examinierte ist enttäuscht, daß auch nach wohlbestandenem und zuvor gefürchtetem Examen Alltag ist; der befreite Gefangene sieht das Licht der Freiheit nicht, sondern nur die Enttäuschung seiner festgelegten Vorstellungen. Wenn der Kranke seine „Hoffnung" mit einer bestimmten Vorstellung von seiner Genesung, etwa daß sie in 14 Tagen eintreten muß, verbindet, wird er enttäuscht. In der Enttäuschung geht die ganze Hoffnung zugrunde, weil sie irregeleitet war. Die Hoffnung im echten Sinne trägt immer der Möglichkeit Rechnung, daß es anders wird, als man meint; sie gibt, möchte ich sagen, von vorneherein der Erfüllung recht, auch wenn diese Erfüllung zugleich bestimmte Erwartungen enttäuscht.

An der Möglichkeit, daß die Hoffnung irregeleitet wird, entsteht ihre Nachbarschaft zur Verzweiflung. Falsche Hoffnung führt unmittelbar zur Verzweiflung. „Hoffen wir allein in diesem Leben auf Christus, so sind wir die elendsten unter allen Menschen" (1 Kor 15,19). Die falsche Hoffnung besteht darin, daß sie sich an bestimmte Erwartungen bindet. Sie verdichtet sich zu konkreten Wünschen und wird dadurch unfrei, weil ja in dem Maße, als sich diese Wünsche konkretisieren, die Wahrscheinlichkeit ihrer Erfüllung abnimmt. Es wird verrückt, so etwas Bestimmtes zu hoffen; und die Erfüllung einer festumschriebenen Erwartung wird eine Sache des „Zufalls", unwahrscheinlich wie der Gewinn eines großen Loses in der Lotterie. Aber wer eine solche verfestigte Erwartung als Hoffnung versteht, sich also eben in diese Erwartung hineinwirft und sein Herz an eine bestimmte Situation bindet, der verzweifelt in der Enttäuschung dieser Erwartung. Er hat sich in eine Situation eingeschlossen, die nicht eintritt. Damit verliert aber sein Dasein allen Sinn. Gelähmt steht er vor der zerbrochenen Erwartung.

Der Hoffende bindet sich überhaupt nicht an die eigene Lage. Im Gegenteil: er vergißt, hoffend, diese Situation, wie der Gefangene als Hoffender nicht vor den Gefängnismauern kapituliert und die werdende Mutter nicht wehleidig an der Lästigkeit ihres Zustandes verweilt. Die Hoffnung bringt immer Freiheit mit sich, Freiheit von Wünschen für den Augenblick (denn der Augenblick ist nicht mehr wichtig), Freiheit von bestimmten Erwartungen (denn die Hoffnung kann sich immer anders und noch schöner erfüllen). Das ist natürlich nur möglich, wenn die Hoffnung aus einem unendlichen Vertrauen fließt. Wer sich erbittert an bestimmte Vorstellungen klammert – etwa, daß er in spätestens zwei Wochen gesund sein muß –, der kann nicht vertrauen, er kann sich nicht loslassen, und aus dem erbitterten Sich-Anklammern an die Erwartung wird die Verbitterung der Enttäuschung. Das Vertrauen ermöglicht es uns, sich und liebgewordene Vorstellungen loszulassen. Darin ist die Verwandtschaft von πίστις und ἐλπίς nach Hebr. 11,1 begründet. Dieses Vertrauen bedarf keiner Garantie mehr, ja es kommt erst im Fehlen aller Garantien in seiner ganzen Kraft zutage. So hat Abraham „geglaubt auf Hoffnung, da nichts zu hoffen war" (Röm 4,18). Fehlende Garantie heißt aber nicht, daß die Hoffnung ohne

Grund sei. Gott gibt sie uns (Röm 15,13), sie wird uns beigelegt (Kol 1,5); indem wir sie empfangen, werden wir wiedergeboren (1 Petr 1,3); darum ist Christus selbst unsere ἐλπίς (Kol 1,27).

Man kann diesen Grund nicht berechnen. Ja, die Hoffnung überfliegt alle nüchterne Erfahrung, es eignet ihr ebenso eine die Umstände nichtachtende Großartigkeit wie eine aus dem Grunde tiefen Vertrauens geschöpfte Kindlichkeit. Wir leben als Hoffende immer „über unsere Verhältnisse", über alle Berechnung hinweg in eine ungegebene Zeit hinein. Alle Hoffnung sprengt die engen Grenzen der uns umschließenden Zeit, ist „Durchbruch durch die Zeit" (G. Marcel). Wie denn umgekehrt die Verzweiflung gerade daraus erwächst, daß uns die Situation, die Gegenwart mit allen ihren Umständen zum Gefängnis wird, aus dem es keinen Ausweg mehr gibt. Ist die Hoffnung nur eine gegenständliche Hoffnung, ein „hoffen, daß", dann ist die Entwertung derselben durch die Enttäuschung, und mehr als das: ihre Entlarvung als Trug gar nicht aufzuhalten. Ist die Hoffnung aber eigentliche Hoffnung, d. h. das Wagnis des Menschen, der gar nicht anders kann als sich selbst aus dem Gefängnis seiner Gegenwart hoffend vorauszueilen, dann wird sie zu einer urmenschlichen Gebärde. G. Marcel hat wohl mit Recht in diesem Zusammenhang von einer „condition" des Menschen gesprochen, ein Pascalscher Begriff, der doch in die ältere Tradition der theologischen Schöpfungslehre hinunterreicht. Der Mensch als Mensch muß hoffen, oder er ist kein Mensch. Aber woher nimmt der Mensch den Mut zur Hoffnung? Wir sprachen von Gründen, die ihn ermutigen, berechtigen, beflügeln zu hoffen. Und doch liegen diese Gründe sicherlich nicht in ihm. Hoffnung kann man nicht aus sich selbst produzieren. Sie ist keine Frucht unserer Veranlagung; und rationale Gründe würden eben zu einer Berechenbarkeit dessen führen, was wir zu hoffen meinen. Aber die Hoffnung lebt nicht von Wahrscheinlichkeitsrechnungen. Wir pflegen den Grund einer Hoffnung so auszudrücken, daß wir sagen: „ich hoffe *auf*..." „Ich hoffe auf Gott"; „ich hoffe auf Dich" (Ps 25,2; 31,15; u. ö.). Dieses „Hoffen auf" bezeichnet genau das Vertrauensverhältnis, das an die Stelle aller möglichen und denkbaren Berechnungen getreten ist.

In diesem an der wahren Hoffnung hervortretenden Vertrauenscharakter zeigt sich ihre Wesensgleichheit mit dem Glauben. Auch der Glaube ist Vertrauen, wie denn überhaupt die Hoffnung nichts anderes ist als die Bewährung des Glaubens im Angesicht der herandrängenden und den Glauben herausfordernden Zukunft. Hoffnung ist nichts Zweites neben dem Glauben, sondern nur der Glaube in anderer Wendung, nämlich zur Zukunft hin. Auch die Liebe (Agape) ist eine Abwandlung des Glaubens, nämlich zum Nächsten hin, wie ich schon sagte. Auch sie ist ohne einen Kern des Vertrauens nicht möglich, das dem Nächsten gleichsam einen Vorschuß an dem zukommen läßt, was dieser Nächste bislang noch nicht bewiesen und verdient hat, nämlich Anerkennung als Kind Gottes und Bruder. Die bekannte paulinische

Trias (1 Kor 13,13; wiederholt 1 Thess 1,3; 5,8; Kol 1,4—5) bezeichnet eine Neukonstitution unseres Menschseins.

Wie der Glaube, so kann freilich auch die Hoffnung angefochten werden. Wie der Glaube gegen die Anfechtung durchgehalten werden muß, so muß die Hoffnung festgehalten werden (Hebr 3,6; 6,11.18; 10,23) gegen die Mächte, die sie uns rauben wollen. Weil uns Gott diese Hoffnung beigelegt hat, darum gibt es eine Sünde wider die Hoffnung: Die Hoffnung aufgeben heißt ja, sich selbst aufgeben. Und darum ist die Verzweiflung Sünde.

Hoffnung ist der Grundbegriff der christlichen Eschatologie. Er versetzt uns in den Mut zum Zukünftigen und erwartet dieses Zukünftige doch ganz aus Gottes Hand. Gott kommt uns entgegen. Auf ihn setzen wir unsere Hoffnung, auf ihn warten wir (Tit 2,13). Das ist der Sinn des Parusiebegriffes, ganz abgesehen von allen bildhaften Vorstellungen im Sinne einer endgeschichtlichen Zukunftserwartung. Wir werden es auch in Zukunft mit Gott und mit Christus zu tun haben; deutlicher: wir werden es in Zukunft erneut mit Christus zu tun haben. Er ist nach Apk 1,8 „der da ist und der da war und der kommende, der Allherrscher".

Hoffnung als Grundbegriff der Eschatologie schließt aber zugleich dieses – nach dem ersten Eindruck jedenfalls – abwegigste Stück des christlichen Glaubens mit dem Humanum zusammen. Die Eschatologie verhilft gleichsam einem Urmenschlichen, nämlich der Hoffnung zur Erfüllung. Aber damit werden wir zugleich an den Fortgang unserer dogmatischen Arbeit erinnert; denn was nun eigentlich unsere Hoffnung sei und in welcher Weise die Grundfrage menschlicher Existenz in der christlichen Hoffnung zu ihrer Aussage und zu ihrer Beantwortung gelangt, das muß nun der Gegenstand unserer Überlegung werden. Es sind die beiden Grundfragen:

die Frage nach dem Sinn der Geschichte und
die Frage nach dem Ziel meines persönlichen Lebens.

## 2. Der Sinn der Geschichte und die Vollendung des Reiches Gottes

Die Eschatologie entzündet sich an der Frage nach der Zukunft. Nicht nach der Zukunft überhaupt, sondern nach unserer, nach meiner eigenen Zukunft. Die Frage nach der Zukunft hat also ihre Wurzel in unserer geschichtlichen Existenz, in unserer Zwischenlage zwischen Vergangenheit und Zukunft. Wir alle leben und handeln praktisch, und das heißt abgesehen von aller bewußten Überlegung so, daß wir die Sinnhaftigkeit unserer geschichtlichen Existenz voraussetzen. Man muß sich einen Augenblick klar machen, was in dieser stillschweigenden Voraussetzung beschlossen liegt.

Einmal besagt diese Voraussetzung, daß die Geschichte ein Ziel hat und auf ein bestimmtes Ende bezogen ist. Das bedeutet noch keine ausgebaute Geschichtsphilosophie, sondern es besagt lediglich die Meinung, es müsse immer bei der Geschichte „etwas herauskommen". In der Tat scheint dieser Sinn in Gestalt eines Zieles zuweilen aufzuleuchten. Wenn etwa in einem begrenzten Krieg ein Sieg erfochten wurde, der für die kämpfende Partei einen klar umrissenen Vorteil oder Fortschritt erbracht hat, dann meint man die Teleologie geschichtlichen Lebens mit Händen zu greifen. In diesem Sinne wird dann gerne die Darstellung der Geschichte auf den Gewinn solcher Erträge abgestellt: auf staatliche Endzustände, wirtschaftliche oder kulturelle Blütezeiten u. dgl. Selbst wenn eine solche auf Ergebnisse und auf Erfolg bedachte Geschichtsbetrachtung dem Betrachter selbst nur Nachteile bestätigt, wenn also der Geschichtsträger, an dem er selber interessiert war, nur Einbußen, Rückgang, ja Untergang erfahren hat, so kann doch noch eine Teleologie der Betrachtung aufrechterhalten werden; denn der Tragik hier steht doch der Erfolg dort gegenüber. Immer wieder begibt sich der handelnde Mensch auf den Weg dieser Überzeugungen. Der Umschluß des geschichtlichen Lebens, in das sein individuelles Sein eingebettet ist, muß „sinnvoll" sein, weil dann auch das kleine eigene Sein an diesem Sinn teilhat.

Der Glaube an den Sinn der Geschichte schließt zweitens die stillschweigend gehegte Überzeugung ein, daß die Gegenwart der Raum meiner freien Entscheidung sei. Und als freie Entscheidung trägt sie immer etwas von einem Neuanfang in sich. Was ich so frei entschieden habe und was meiner freien Entscheidung entflossen ist, das ist mein Werk, das für mich zeugt und das ich zurücklasse so, wie ich es mit der Signatur meines Wollens versehen habe.

Es kommt als Drittes zu den stillschweigend übernommenen Voraussetzungen unseres unmittelbaren Handelns hinzu, daß wir meinen, im Dienste des Guten zu wirken. Gewiß! Vielfach reflektieren die Menschen dabei gar nicht darüber, ob sie das Gute im Sinne ihres Vorteils oder das Gute im moralischen Sinne meinen. Sei es das eine, sei es das andere: jedenfalls bedeutet dieses so undeutliche Überzeugtsein vom „Guten" die Basis des guten Gewissens, das alles normale Handeln des unreflektierten Durchschnittsmenschen begleitet. Die Überzeugung vom Guten kann sich aber zur Bewußtheit steigern; die Absicht, durch Zuhilfenahme der Moral auch seine Interessen zu befördern, die in Politik und Wirtschaft immer wieder in blühender Naivität zutage tritt und die dann vom Gegner als Heuchelei gebrandmarkt wird, sollte zunächst in ihrer subjektiven Ehrlichkeit respektiert werden. Ja, man kann im Grunde gar nicht leben, wenn man sich nicht mit dem Anspruch des „Guten" bewußt oder unbewußt auseinandersetzt und sich, sei es unmittelbar, sei es doch auch nach einer Umwertung der geltenden Werte, dessen versichert hat, mit dem Guten in Einklang zu sein.

Sobald wir uns aber durch Nachdenken aus der Unmittelbarkeit des praktischen Handelns lösen, werden uns alle diese Voraussetzungen zweifelhaft. Es zeigt sich, daß man zwar alle diese Überzeugungen wissenschaftlich zu einem Teil begründen kann, aber doch eben nur zu einem Teil. Es läßt sich letztlich für alle diese Elemente einer guten Zuversicht zum Sinn der Geschichte kein eindeutiger und ganz zuverlässiger Nachweis führen. Alle Teleologie ist ja im Grunde schon eine Folge davon, daß wir gar keine Geschichte denken können, die wir nicht zum Zwecke der Betrachtung uns zu einem Bilde gestaltet haben. Es ist immer wieder eine von uns geformte Sinneinheit, ausgestattet mit einem „Geschichtsträger", mit einem Anfang und einem Ende der Geschichtsabläufe, es ist immer wieder eine auf diese Sinneinheit hin bezogene Auswahl von Ereignissen, wodurch diese teleologische Betrachtung überhaupt möglich wird. Das „andere", was in seiner Weise doch durchaus auch historisches Material zu sein beansprucht, gehört nicht in dieses Bild, es wird selektiv beiseite gelassen, wie etwa in der älteren heroisierenden Art der Beschreibung von Kriegen Verluste, Not und auch moralische Zusammenbrüche, Tod und Untergänge einfach nicht zu Buch genommen worden sind. Ebenso wurden und werden doch bis heute ferner liegende Gegenstände, ja die Geschichten ganzer Völker als angeblich „nicht geschichtlicher Völker" einfach historisch nicht registriert. Die teleologische Geschichtsbetrachtung wird auch dadurch künstlich gefördert, daß man die Geschichtserzählung mit der Erreichung bestimmter Endphasen abbricht, während doch die Zeit und damit die faktische Geschichte, nämlich das menschliche Geschehen einfach weitergeht, jede Blüte verwelkt und sicherlich nicht jede Blüte verwelkt, um Frucht zu tragen. Kurz, macht man sich einmal das Zurechtgemachte unserer geschichtlichen Sinngebungen klar, dann nimmt die Skepsis überhand. Sie hat überdies mitten im gelebten Leben schon zuvor immer wieder längst begonnen, indem der „kleine Mann" an diesem „Sinn" zu zweifeln Anlaß gefunden hat.

Das Zurechtgemachte unseres Geschichtsbildes wird uns nach eineinhalb Jahrhunderten heute am Geschichtsbild Hegels unmittelbar eindrücklich, das nur ein paar geschichtstragende Nationen annimmt, deren Geschichte überdies einfach sachlich hintereinander geschaltet ist, um eine übergreifende Sinneinheit zustandekommen zu lassen. Es ist immerhin der Aufriß geschichtlichen Denkens, der unserer abendländischen, naiv-nationalbezogenen Bildung bis in unser Jahrhundert hinein eigentümlich war. Zur Krisis des Geschichtsbildes vergl. E. Troeltsch, Der Historismus und seine Probleme, Ges. Schr. Bd. 3, 1922, ferner hierzu wie zum Folgenden R. Niebuhr, Faith and History, 1949 (deutsch: Glaube und Geschichte, 1951) sowie R. Wittram, Das Interesse an der Geschichte, 1958.

Auch die Meinung, die Gegenwart sei der freie Raum meiner Entscheidung, kann von einer konsequenten profanhistorischen Betrachtung der Geschichte nicht bestätigt werden. Tatsächlich hält uns die Vergangenheit fest, sie hat uns geformt und uns heimlich ein von den Vätern oder doch von unserer eigenen Jugend geformtes Wertsystem in die Tasche geschoben, das nun, ohne daß wir uns dessen so sehr bewußt wären, unser Urteil und unser Handeln bestimmt. Aber nicht nur diese Determination im historischen Sinne raubt dem Individuum die Selbständigkeit und den Ruhm seiner Freiheit, die Zeit verändert auch die Folgen unserer Taten. Wir haben es nicht in der Hand, wie unser Handeln und wie unsere Worte wirken. Das Gesetz der historischen Entfremdung bewirkt, daß – schlicht gesagt – in der Folge etwas anderes herauskommt, als was wir gemeint haben. Vor allem aber, und das ist das härteste, ist alle Zeit ein Vergehen zur Vergangenheit hin. Das individuelle Leben wird vergessen. An ihm erfüllt sich zu allererst das Gesetz der Vergänglichkeit. Aller Nachruhm ist nur eine Verzögerung, und unser historisches Gedächtnis ist ein schwaches und letztlich hilfloses Kampfmittel gegen das Vergessen, gegen die alles verschlingende Vergangenheit. Die Zeit ist das Grab des geschichtlichen Lebens.

Und das Dritte, was uns subjektiv in der Geschichte hält und trägt, der Glaube, so oder so dem Guten zu dienen, wird bei nüchterner Betrachtung der Geschichte undeutlich und zweifelhaft. Das Leiden der Geschichte besteht ganz wesentlich darin, daß das Gute wie das Böse nie eindeutig in Erscheinung treten. Jeder Profanhistoriker weiß, daß er das Gute in der Geschichte, also das Prädikat „gut" nicht zuverlässig erteilen kann und daß er es nicht einmal darf. Der Historiker darf nicht „moralisieren", sondern er muß, wenn er echter Historiker sein will, Gut und Böse neutralisieren. In reiner historischer Betrachtung wird alles Gute relativ; mit „gut" bezeichnet der handelnde Mensch doch immer nur sein eigenes Wollen, „böse" hingegen ist das entgegenstehende Interesse. Gut und Böse, gewiß die stärksten Triebkräfte geschichtlichen Lebens, erscheinen im Lichte der profanhistorischen Neutralisierung als vieldeutig. Oft stehen sie zur historischen Größe geradezu in umgekehrtem Verhältnis, wenn nämlich der große Mann als Bösewicht erscheint und der auf moralische Integrität Bedachte der historischen Tat unfähig ist. Wo hingegen das Böse zum Mantel fruchtbarer Tendenzen wird und das Gute böse Absichten tarnt, da wird vollends das verdeckt, was für die Menschen des guten Willens doch das Innerste der Geschichte sein muß.

Die Geschichte wird tatsächlich durch das bewegt, was der Historiker als solches gar nicht beurteilen kann und was er in allseitiger Betrachtung auch gar nicht objektivieren kann, nämlich durch den Kampf um das Gute gegen das Böse, ja um das Heil des Menschen. Wie sich dieser innerste Kern geschichtlichen Lebens der nüchternen Betrachtung der Geschichte entzieht, so entzieht sich aller wissenschaftlichen Betrachtung der Geschichte auch jene Dimension, ohne die die Geschichtlichkeit unserer Existenz sich gar nicht erschließt, nämlich die Zukunft. Alle Historie umfaßt nur die Vergangenheit bis zu einer gewissen Annäherung an die Gegenwart. Daraus aber folgt, daß sie das Unerlöste der Geschichte eindrücklich repräsentiert. Das, was ihr immer wieder durch die Finger gleiten muß, nämlich daß Vergangenheit Schuld mit sich bringt, daß Gegenwart, und zwar unsere heutige Gegenwart die Stunde unserer Entscheidungen ist und daß die Zukunft die Dimension unserer Angst oder auch unserer Hoffnung ist, das entzieht sich aller historischen Demonstration. So erregt die Unerlöstheit der Geschichte die eschatologische Frage. Wenn hier Hoffnung besteht, dann doch nur eine Hoffnung *für* die Geschichte, aber nicht eine *aus* der Geschichte selbst zu schöpfende Hoffnung.

Die Hoffnung der Geschichte ist das Reich Gottes. Das Reich Gottes hat unmittelbar mit der Geschichte zu tun; denn es ist die Zuwendung Gottes an die Geschichte. Es ist in die Geschichte eingetreten, „nahe herbeigekommen" (Mk 1,15 par), es ist zugleich ein eschatologischer Begriff und ein eschatologisches Ereignis. Was liegt darin beschlossen?

Zunächst gilt wohl, daß das Reich Gottes nicht objektiv darstellbar ist, es kann nur geglaubt werden (Lk 17,20). Aber diese Sätze müssen gegen mannigfache Mißverständnisse geschützt werden. Das Reich Gottes ist keine Fiktion, sondern es ist für den Glauben zugleich vorhanden und verborgen. Es ist sicherlich nicht mit der Kirche identisch. Aber es hat in der Kirche so etwas wie eine sehr unvollkommene irdische Repräsentanz. Die Kirche hat diesem Reich in der Welt zu dienen. Gedanken, Tröstungen, Impulse gehen durch den Dienst der Kirche in die Welt aus, die ganz spezifisch nicht „kirchlich", sondern von Gott sind. Und insofern ist das Reich Gottes erfahrbar. Man kann diesem Reiche dienen.

Wenn man sich diese Wirkungen vergegenwärtigt, dann erkennt man an ihnen zweierlei. Einmal sind es Wirkungen, die in der geschichtlichen Wirklichkeit stattfinden und die diese Wirklichkeit viel unmittelbarer berühren können, als es die profanhistorische Sicht geschichtlichen Lebens zu erkennen vermag. Jener unfaßbare und nicht objektivierbare Kern geschichtlicher Wirklichkeit, nämlich der Schuldcharakter der Vergangenheit, die Entscheidungsforderung der Gegenwart und Angst wie Hoffnung angesichts der Zukunft, das alles wird durch das „Reich Gottes" unmittelbar berührt. Man könnte darum einen Augenblick den Gedanken erwägen, ob nicht das eschatologische Ereignis des Reiches Gottes die geschichtliche Realität viel unmittelbarer erreicht, als es der profangeschichtlichen Betrachtung wegen ihrer strukturellen Begrenzung je möglich ist. Aber wir dürfen doch auch nicht mit sachlichen Vorgriffen und Überspannung entscheidender Einsichten jener Verborgenheit des Reiches Gottes zuwiderhandeln, die eben vorerst in allen Konsequenzen zu bewahren ist.

Das andere, was man angesichts der Wirkungen des Reiches Gottes erkennen muß, ist Folgendes. Das Reich Gottes bindet die, zu denen es kommt, im Gewissen. Es ist das Göttliche an ihm, daß es mit dem Innersten des Menschen zu tun hat, oder es ist nicht das Reich Gottes. Das aber ist nun vollends der Grund seiner Unanschaulichkeit. In diese Regionen greift kein menschliches Urteil mehr ein. Mag die Übersetzung Luthers von Lk 17,21, daß das Reich Gottes „inwendig in euch" ist, auch auf philologische Bedenken stoßen, sie bleibt der Sache nach unaufgebbar. Das Reich Gottes ist eine Macht im Gewissen, und es ist gerade darin eine geschichtliche Macht, so unanschaulich diese Macht auch ist.

Zu der Geschichtlichkeit des Reiches Gottes gehört nun auch, daß es eine Entwicklung hat. Es ist zunächst Saat, dem die Ernte folgen soll, es ist Sauerteig (Mt 13,3–33 par). Die moderne naturalistische Deutung dieser Gleichnisse Jesu, die vorwiegend an den Zwischenphasen des Reifungsprozesses interessiert war, ist seit Bultmann mit Recht zurückgewiesen worden. Aber das hebt den Grundgedanken nicht auf, daß es zum Wesen des Reiches Gottes gehört, daß auf kleinen und verborgenen Anfang ein großes und offenkundiges Ende folgen soll. Das bedeutet zunächst einmal, daß Gott der Welt ein Ziel gesetzt hat. Im Herbeikommen des Reiches ist in der Geschichte ein Neuanfang gesetzt. Der Neuanfang ist verborgen, und das Verborgene soll einst offenbar werden.

Man wird allen spekulativen Ausdeutungen widerstehen müssen. Daß der Anfang das Ende in sich schließt, daß das Ende auf den Anfang weist, ist in vielen Formen im biblischen Zeugnis ausgesagt. Es ist nicht nur in der Entsprechung von Saat und Ernte einbegriffen. Die Rücklaufidee, nach der das Anfängliche und Urbildliche am Ende zugleich wiederkommen und überboten wird, hat verschiedene Formen: das „neue Jerusalem" Apk 21; Hebr 12,18–22; Gal 4,26; das Paradies als Ort der Seligen und als Lohn des Glaubens Lk 23,43; 2 Kor 12,4; Apk 2,7. Auch die Wiederkunft Christi ist ja im Grunde eine Form der Hoffnung solcher Art. In allen diesen Vorstellungen fehlt es an der Möglichkeit, ihre Realisierung in die irdische Geschichte einzuzeichnen.

Dennoch nähert sich der Gedanke des „wachsenden" Reiches Gottes dem Gedanken eines Fortschrittes an. Die englische und vor allem die amerikanische Theologie war diesen Möglichkeiten der Auslegung immer aufgeschlossener als die Theologie des europäischen Kontinents, die vor allem durch eine gewisse, in ihrer Art auch sehr begründete Ablehnung des Chiliasmus und des social gospel gehemmt war.

Vgl. die eindrucksvolle Darstellung von Rich. Niebuhr, The Kingdom of God in America, 1937 (deutsch=Der Gedanke des Gottesreiches im amerikanischen Christentum, 1948).

Zur Idee des Fortschrittes gehört schon die Tatsache der Mission, d. h. schlicht der Ausbreitung des Christentums. Es ist einsichtig, daß alle Mission ein mindestens extensiver Fortschritt ist. Man wird aber auch eine intensive Form des Fortschrittes annehmen müssen. Sie scheint mir darin zu liegen, daß das christliche Gedankengut verbreitet wird, ebenso die Philosophie wie auch das außerchristliche Denken beeinflußt, wie es in der modernen Welt sogar an der Geschichte des Marxismus dargetan werden kann. Man sollte einen gewissen „Fortschritt" der sittlichen und religiösen Vorstellung unter der Einwirkung des Christentums nicht immerfort bestreiten. Es ist ebensowenig zu bestreiten wie der technische Fortschritt und sein Nutzen für die Menschheit. Und es ist kein unmittelbar christliches Anliegen, hier pessimistische Bestreitungen zu pflegen, womöglich mit dem Hintergedanken, dann im Schatten dieses wohlgezielten Pessimismus die „Verkündigung der Kirche" glaubhafter vorbringen zu können.

Wohl aber kann natürlich dieser Fortschritt falsch verstanden und falsch interpretiert werden. Es ist zunächst kein kontinuierlicher und kein auf Erden zum Ziel kommender Fortschritt. Er ist ferner, indem sich die christlichen Ideen mit weltlichen Ideen und Mißverständnissen vereinen, häufig eine Entartung des Ursprünglichen, so daß Unkraut unter den Weizen kommt (Mk 4,1–9 par; auch Mt 13,24 bis 30). Vor allem ist das Wachsen des Reiches Gottes – also tatsächlich im Sinne geschichtlicher Wirkungen verstanden – immer eine Herausforderung des Bösen. Mit der Ausbreitung des Reiches Gottes wird auch die Macht des Bösen gesteigert. Der Welt bleibt, indem das Reich Gottes in die Geschichte eintritt, in ihr wirkt, die Krisis, der Kampf der Welt gegen Gottes Reich nicht erspart. Es ist aber noch etwas hinzuzufügen. Auch hier darf nicht der Pessimismus die Oberhand behalten, dessen Zentraldogma „Welt bleibt Welt" kein fruchtbarer und heilvoller Satz, nicht einmal ein im christlichen Sinne letztlich richtiger Satz ist. Dem Reiche Gottes eignet nämlich letztlich eine Überlegenheit gegen das Böse. Wie Gott und der Teufel nicht gleich mächtige „Partner" sind, so sind auch der Macht des Bösen Grenzen gesetzt. Hinter den geschichtlichen Krisen steht das Gericht, durch das Kreuz hindurch geht der Weg des Reiches Gottes dem Gericht Gottes entgegen, und es kann nicht zweifelhaft sein, was das bedeutet, wenn auch dieses Gericht kein innerweltlicher Sieg mehr sein kann.

Blicken wir von hier aus noch einmal zum Problem der Geschichte zurück. Mit der verborgenen Geschichte des Reiches Gottes inmitten der Geschichte der Welt hat die Geschichte ein Ziel und einen Sinn; denn bei Gott geschieht nichts ins Leere hinein. Das Reich Gottes betrifft die Innenseite der Geschichte, die profanhistorisch nicht verrechnet werden kann. Hier geht es in der Tat um Gut und Böse, um Heil oder Unheil, und Gott ist diese Innenseite nicht verborgen. Diese Innenseite der Geschichte drängt auf das Gericht hin. Der Gedanke des Gerichtes schließt die Eschatologie mit der Geschichte zusammen, aber er übersteigt zugleich die Geschichte; denn er überschreitet die Zeit, die das Grab der Geschichte ist. Im Gericht „wird keine Zeit mehr sein" (Apk 10,6).

## 3. *Sterben und ewiges Leben*

Auch zum Folgenden gilt die bisher verzeichnete Literatur. Ferner: H. Thielicke, Tod und Leben, 1946 — W. Künneth, Theologie der Auferstehung (1933) 1968[5]

– W. Trillhaas, Das apostolische Glaubensbekenntnis, 1953 – H. Graß, Ostergeschehen und Osterberichte, 1964³ – G. van der Leeuw, Unsterblichkeit oder Auferstehung (THEx N. F. 52), 1956 – W. Anz, Tod und Unsterblichkeit, in Einsichten, Festschr. f. G. Krüger, 1962, 11 f. – W. Trillhaas, Einige Bemerkungen zur Idee der Unsterblichkeit, NZSTh 1965, 143–160 – Art. Auferstehung, RGG I, 688–702 (Lit.).

Es handelt sich in diesem Abschnitt um die vier großen Themen der individuellen Eschatologie, Tod, Auferstehung, Gericht und ewiges Leben. Es sind jene Themen, in denen die Eschatologie des Credo zusammengefaßt ist. Sie bedeuten nicht nur aus diesem Grunde dem letzten Abschnitt gegenüber eine Steigerung; sie sind alle zusammengenommen Fragen des persönlichen Heils und als solche unüberbietbar; denn das Heil ist mein Heil, oder es ist nicht. Ohne dieses mein Heil geht alles andere an mir vorbei.

In diesen vier Themen kommen noch einmal exemplarisch drei Elemente unseres dogmatischen Denkens zum Tragen. Zunächst und vor allem das biblische Wort als Verheißung, Grund und Ursprung unserer Hoffnung. Aber dies allein würde uns doch nicht mehr abverlangen, als eine Reproduktion dessen, was die Texte sagen. Eine Beschränkung dogmatischer Aussagen auf ein Kapitel neutestamentlicher Theologie würde gerade im Zusammenhang der Eschatologie eine Verlegenheit offenbaren, nämlich nicht nur einen Verzicht auf das eigene Denken, sondern auch auf das eigene Urteil, um nicht geradezu zu sagen: das eigene Bekennen. Auch neutestamentliche Theologie ist – das darf nie vergessen werden – nur eine historische Wissenschaft. Darum kommt als zweites Element hinzu die persönliche Erfahrung. Sie kann auch gleichsam im defizienten Modus eine Rolle spielen, indem wir sie nicht haben und nicht oder doch jedenfalls noch nicht haben können. Und schließlich kommt noch die rationale Erwägung mit ins Spiel, also die Frage nach der Denkbarkeit und Widerspruchslosigkeit eschatologischer Aussagen, die Tragfähigkeit ihres Grundes ebenso wie der Grund unseres Zweifels, vor allem aber das Verlangen nach klarer Überzeugung. Daraus ergibt sich die hier gestellte Aufgabe. Was ist in allen hier überlieferten und auch sachlich naheliegenden Aussagen der Kern unserer Hoffnung? Er ist in die Mitte zu stellen. In der näheren Ausführung ist dann immer kritische Sorgfalt, hinsichtlich der Vorstellbarkeit Zurückhaltung zu üben.

*a) Der Tod.* In der älteren Eschatologie wurde über den Tod wenig gesagt. Wir können ihn heute schon deshalb nicht umgehen, weil er im Denken des modernen Menschen oftmals eine Weichenstellung für sein Verhältnis zur Religion bedeutet. Das hat schon L. Feuerbach erkannt und mit seiner Frühschrift „Gedanken über Tod und Unsterblichkeit" (1830) hier seinen Start zur Entlarvung der religiösen Vorstellungen genommen. Revolutionen und nationale Bewegungen, das kriegerische Ethos der Neuzeit haben das ihre dazu beigetragen, die heroische Verachtung des Todes zur sittlichen Pflicht zu machen. Es fehlt nicht an romantischen und sentimentalen Verklärungen des Todes. Unter der Einwirkung von ebenso populären wie unklaren, mitunter dann aber auch sehr prägnanten Vorstellungen von einem Fortleben nach dem Tode und von Wanderungen der abgeschiedenen Seelen kommt es zu ausgesprochenen Entschärfungen der Todeserfahrung und des Todesleides. Die radikale Skepsis, mit oder ohne materialistische Tendenzen, bemächtigt sich des Todes; wo nichts mehr sei und nichts mehr kommt, sei ja auch nichts mehr zu fürchten. Man muß diese vielfältigen Deutungsmöglichkeiten nur überschlagen, um zu verstehen, daß deutlicher als früher auch schon in den Aussagen über den Tod die christliche Lehre begründet und bewußt gemacht werden muß.

An sich gilt natürlich, daß der Tod unabhängig von Glaube und Unglaube, ja ohne Rücksicht auf gutes oder böses, frommes oder gottloses Leben das letzte Schicksal aller Menschen ist. Er hat eine „natürliche" Seite; denn er kommt allen Menschen zu und macht sie im Sterben allen Lebewesen überhaupt gleich. Er ist mit Sicherheit zu erwarten: Mors certa, hora incerta. Es gibt eine bis zur Banalität nüchterne Ansicht des Todes, wenn sie sich auch oft in einen klassischen Mantel geworfen hat. Und doch hält der Tod die eschatologische Frage unter uns wach, und zwar in der persönlich bedrängendsten Form: Was wird aus unserer Hoffnung, wenn der Tod alles endet? Als Menschen unterscheiden wir uns von allen anderen irdischen Lebewesen dadurch, daß wir nicht in der reinen Gegenwart leben, sondern daß wir, wie in der Erinnerung, so auch in der Zukunft leben. Wir werfen uns doch immer vor uns selbst voraus, planend, hoffend, und in diesem Vorauswurf spielt der Tod eine eigenartige Rolle. Einerseits wissen wir, daß er allem Planen eine unübersteigliche Grenze setzt, andererseits aber übersteigen wir wissend und wollend sogar diese unsere letzte Grenze. Das ist das Eigenartige am Menschen, daß er um seinen eigenen Tod weiß. Wir denken über unseren Tod nach, indem wir über ihn hinaus denken.

Es ist die Gegenrechnung zu aller naheliegenden Banalität und Allgemeinheit menschlichen Redens über den Tod, daß er auf jeden einzelnen unausweichlich und so zukommt, daß er, der einzelne, sich nicht vertreten lassen und verstecken kann. Luther hat in seiner ersten Invokavitpredigt von 1522 (WA 10, III, 1 f.) das eindringlich ausgesprochen. Und Matthias Claudius beschließt sein Gedicht über den Menschen mit den beiden Zeilen: „Dann legt er sich zu seinen Vätern nieder, und er kömmt nimmer wieder." Im Tode erfahren wir das Einmalige und Unwiederbringliche des Daseins. Aber das ist bereits ein christlicher, jedenfalls nicht selbstverständlicher Gedanke. Hier liegt der Ursprung dafür, daß das christliche Denken allen Verharmlosungen des Todes, von welcher Seite sie auch kamen, immer widerstanden hat.

Der Ernst des Todes reicht noch in andere Tiefen hinein. Der Tod ist, christlich verstanden, eine Anfechtung. Das wurde in der christlichen Tradition nie geleugnet und sollte auch ferner nicht geleugnet werden. Er ist zunächst darum eine Anfechtung, weil er unser Werk entwertet. Wir können nicht nur unser Eigentum nicht über den Tod hinaus behalten, sondern auch unser Werk, wenn wir überhaupt je eines zustande gebracht haben, wird bald vergehen. Der Tod entwertet die Welt. Wenn sich die Augen schließen, dann verliert die Sonne ihren Schein für uns, die Sterne fallen vom Himmel und die Welt geht für uns unter. Mehr noch als alles das: Der Tod ist die Anfechtung unserer Gottebenbildlichkeit. Wir sind nicht Herren unseres Lebens, wir sind nicht ewig wie Gott, obwohl wir in den glücklichen und unbekümmerten Stunden des Lebens tun, als ob wir ewig lebten. Der Tod macht uns dem niedersten Tiere im Vergehen gleich.

Zu diesen bis ins Physische reichenden Erkenntnissen kommen andere hinzu; Erkenntnisse des Glaubens, die doch dem Tode nichts von seinem Ernst nehmen. Der Tod ist der Abbruch der uns gegebenen irdischen Gnadenfrist. Er ist „die Nacht, da niemand wirken kann" (Joh 9,4). Er trennt die irdische Gemeinschaft, die doch dem entseelten Leibe noch den letzten Liebesdienst erweisen wird. Der Tod verhindert uns, ausstehende Versöhnungen zu vollziehen und den Widersachern zu vergeben; denn wir sind mit ihnen nicht mehr auf dem Wege (Mt 5,25). Und insofern bestätigt der Tod unsere Schuld.

Das alles bedenken, bedeutet, den Tod als Mahnung verstehen. Ans Ende denken macht klug (Ps 90,12). Die Aufforderung zur rechtzeitigen Bereitung zum Ende ist aber nicht nur unfruchtbare Pflege des Trübsinns, sondern eine Form, den Wert und die Fruchtbarkeit unserer Lebenstage zu überprüfen, und ein Anlaß, die Gnadenfrist des Lebens wohl anzuwenden.

Vor allem aber hält der Tod die Frage nach Gott wach, der „allein Unsterblichkeit hat" (1 Tim 6,16). Die Begrenzung der uns gegebenen Zeit läßt uns nach der Ewigkeit fragen. Am Tode, seiner uns umgebenden Erfahrung und unserer eigenen sicheren Erwartung des Todes erwachsen uns die Probleme des „Jenseits", wie immer man dieses selber deuten mag. Der Tod, der uns in die Situation der Unvertretbarkeit versetzt, ist der Bote, der uns auf jeden Fall unablässig an die letzten Dinge erinnert.

*b) Die Auferstehung.* Was wird aus den Toten? Was ist uns verheißen, wenn wir die Pforte des Todes durchschritten haben? Wie ist der Eingang in das ewige Leben zu denken? Auf diese Fragen gibt die christliche Lehre Antwort durch die Verheißung der Auferstehung. Aber diese Antwort erweckt seit Anbeginn ebensoviel neue

Fragen, wie sie ihrerseits zu beantworten den Anspruch macht. Die christliche Dogmatik hat daher die Aufgabe, die Lehre von der Auferstehung zu interpretieren. Dabei stehen wir unmittelbar vor zwei kritischen Grenzen, die wir uns klar machen müssen. Einmal müssen wir vermeiden, die Vorstellungen in unzulässiger Weise festzulegen, mit welchen wir den Eingang in das ewige Leben beschreiben könnten. Andererseits ist es nicht sinnvoll, aus einem gewissen dogmatischen Purismus gedankliche Glieder und Hilfslinien nur deswegen abzuwehren, weil sie nicht unmittelbar biblisch legitimiert sind.

Was zunächst die Abwehr zu weitgehender Festlegung unserer Vorstellungen betrifft, so ist die Wiederherstellung unseres jetzigen Fleischesleibes auszuschließen. Paulus hat die Frage gekannt: „Mit welcherlei Leibe werden sie – die Toten — kommen?", und er hat 1 Kor 15,35–49 (50) einige wichtige Gesichtspunkte zur Beantwortung gegeben. Er hat erstens hervorgehoben, daß die Leiblichkeit der Auferstandenen anders ist als die der natürlichen Leiber, und er hat zur Veranschaulichung die Differenzen der himmlischen Körper, also der als Geistwesen verstandenen Sterne ebenso herangezogen wie die geradezu unüberbrückbaren Gegensätze von verweslich und unverweslich, natürlich und geistlich, irdisch und himmlisch. Paulus hat ferner die bedingte Identität des jetzigen mit dem zukünftigen Leibe an dem Verhältnis von Samen und ausgereiftem Weizen veranschaulicht, wie ja auch das Bild vom Unbekleidetsein und Anziehen (V. 53 f. vgl. 2 Kor 5,2 f.) als eine in sehr weite Konsequenzen führende Analogie für die Sache aufgeboten wird. Und schließlich hat Paulus den Gedanken der Verwandlung eingeführt, der auf „alle", also auf die Entschlafenen und die bei der Parusie noch Lebenden anzuwenden ist (V. 51 f.). Diese Argumente des Paulus stehen ganz im Horizont der Anschauung seiner Zeit, und sie vermögen trotzdem, ja gerade darum der Vorstellung entgegenzuwirken, die sich dann schon frühzeitig im christlichen Auferstehungszeugnis festgesetzt hat, daß derselbe Leib, den wir jetzt an uns tragen, ja das „Fleisch" auferstehen werden. Das Apostolikum ist der eindrucksvollste Beleg für diese grobe Materialität der Auferstehungslehre. Das Vermächtnis des Paulus ist der Gedanke der neuen Leiblichkeit. Er vermeidet die übertriebene Spiritualität, und doch gilt unübersehbar, daß diese neue Leiblichkeit geistlich sein wird: „Es wird erweckt ein geistlicher Leib" (1 Kor 15,44–46). Wir sagten schon in der Pneumatologie: der Geist ist die Gestalt des Künftigen. Der Auferstandene wird zwar mit einem Organ, das dem Leibe vergleichbar ist, ausgestattet sein, aber diese Leiblichkeit ist ein Werkzeug des Geistes und macht den Auferstandenen zu einem geistlichen Menschen. Wichtig bleibt, daß der Gedanke der Auferstehung auch hier, ebenso wie bei der Auferstehung Christi, keinen Rückschritt oder Rückgriff, keine Wiederherstellung der bisherigen Leiblichkeit besagt. Auferweckung ist in keinem Falle Wiederbelebung, sondern etwas Neues. Der Maßstab, ja der Gegenstand unserer Hoffnung ist nicht der jetzige gebrechliche Leib, nicht das jetzige arme Leben. Erinnern wir uns in diesem Zusammenhang an unsere Aussagen über den Tod – er sei Bestätigung unserer Schuld (Röm. 6,23) –, so muß Auferweckung Vergebung der Schuld sein. Ist der Tod Trennung – und zwar nicht nur von der menschlichen Gemeinschaft, sondern auch von Christus und seinem Wort – so ist Auferweckung Vereinigung mit Christus, wonach sich ja auch der Apostel sehnt: Phil 1,21–23: „die Begierde habend, aufzulösen und bei Christo zu sein", ohne daß die Auferstehung besonders erwähnt wäre! Ist der Tod Zerstörung, Zerfall in der Verwesung, so bedeutet die Auferweckung Sammlung, neues Leben, Aktivität.

Das alles dient mehr einer gedanklichen Verdeutlichung, als einer plastischen Vorstellung von unserer christlichen Hoffnung. Man wird sich darüber klar sein müssen, daß in vieler Hinsicht mit dem eben Gesagten zwar Irrtümer abgewehrt sind, aber kaum ein Schritt getan ist, der uns das Künftige nun gleichsam im Geiste schon sichtbar macht. Das bestätigt nur, was wir uns am Wesen der Hoffnung und der christlichen Hoffnung insbesondere grundsätzlich klargemacht haben: wir hoffen nicht, „daß" dies und das sein wird, sondern wir hoffen „auf" Gott, wir harren dem entgegen, was er mit uns vorhat. Und davon haben wir eben noch keine deutliche Vorstellung.

Noch in einem anderen Sinne muß, so scheint mir, eine Vergröberung unserer Auferstehungshoffnung abgewehrt werden. Sie betrifft den Einbau unserer zukünftigen Auferstehung in das sog. „endgeschichtliche Drama". Es handelt sich bei diesem Einbau um eine zunächst ganz folgerichtige Erwägung. Weil wir nämlich unsere Seligkeit nicht ohne eine Gemeinschaft mit anderen Seligen vorstellen können, darum soll auch die Erweckung aller zum ewigen Leben gleichzeitig gedacht werden. Auf diese Weise wird die Auferweckung selber zu einem endgeschichtlichen Ereignis von überindividueller Bedeutung. „Gleichzeitiges" Auferstehen bedeutet auch ein gleichzeitiges Aufhören der leiblichen Zeugungen, ein Aufhören der Sünde und ihres Einflusses auf das menschliche Geschlecht, es bedeutet ein „gleichzeitiges" Eintreten der Unsterblichkeit der Erweckten und eine Stabilisierung der Kirche in dem augenblicklichen Bestande, der also von Stund an nicht mehr erweitert, nur noch vollendet werden kann. Diese Konsequenzen schließen sich unfraglich zu einem lückenlosen Gesamtbild zusammen, aber ich halte doch die Konsequenz nicht für zwingend. So berechtigt der Gedanke des Einganges in ein geistiges Reich ist, so wichtig die Gemeinschaft der Seligen im Gedanken unseres zukünftigen Seins bei Gott auch ist, so wenig zwingend erscheint es, daraus einen welthaft zu denkenden Akt in der Folge endgeschichtlicher Ereignisse abzuleiten.

Ich vermag mich daher der Meinung von P. Althaus, Die letzten Dinge[4], 135 nicht anzuschließen: „Die ganze Menschheit wird gleichzeitig gemeinsam erweckt... Anders können auch wir nicht lehren." Ich hebe, um Mißverständnisse zu vermeiden, hervor, daß ich nicht im Sinne habe, diese gleichzeitige und gemeinsame Erweckung zu leugnen. Auch das würde eine Überschreitung der unserem Wissen gezogenen Grenzen bedeuten. Ich bestreite nur, daß der Schritt von der individuellen zur endgeschichtlichen Eschatologie logisch zwingend sei und einem Heilsinteresse entspräche. Die christliche Hoffnung ist existentiell begrenzte Hoffnung. Das schließt nicht aus, sondern läßt es durchaus zu, ja fordert es in anderer Weise, daß ich die christliche Hoffnung mit anderen Christen teile, daß ich diese Hoffnung wie für mich so auch für die anderen hege. Auch unter diesen näheren Umständen ergeben sich m. E. keine Nötigungen, einen welthaften endgeschichtlichen Vorgang zum unverzichtbaren Inhalt unseres christlichen Glaubens zu machen.

Eine Frage steht aber nun noch offen und verlangt eine besonnene Antwort. Es ist das Verhältnis von Auferstehung, bzw. Auferweckung und Unsterblichkeit der Seele. Richtig ist zunächst, daß beide Gedanken durchaus Verschiedenes besagen. Unsterblichkeit ist kein biblischer und vollends kein alttestamentlicher Begriff. Vielmehr ist die radikale Auffassung des Todes im Alten Testament immer beobachtet worden: Pred 3,19–21; Ps 6,6, Jes 38,18: der Ort der Toten ist ein gottloser Ort! Die Unsterblichkeitsidee gibt vollends dem Todesgedanken eine ausgesprochen unbiblische Wendung; denn sie setzt die unbiblische Trennung von Leib und Seele voraus. Es kommt ferner noch hinzu, daß die Unsterblichkeitsidee insofern die christliche Hoffnung gar nicht unmittelbar ausdrückt, als ja das Heilsinteresse nicht der Erhaltung unserer persönlichen Existenz gilt.

Mit diesen an sich durchaus richtigen Einwänden ist indessen das Problem in keiner Weise bewältigt. Der Unsterblichkeitsgedanke meint nicht nur eine Unsterblichkeit der (isolierten) Seele, sondern er hat den Fortbestand der menschlichen Persönlichkeit im Sinn, wie immer das im einzelnen gedacht und vorgestellt sein mag. Man kann ein wichtiges Problem nicht dadurch erledigen, daß man eine bedingte und zeitgebundene Form desselben der Kritik zugrunde legt und dann die Unhaltbarkeit der These erweist. Die Frage gilt zunächst dem Überdauern des Personkerns über den Tod hinaus, wenn auch diese „Person" nach dem Tode als schlafend, als entmachtet, als hilf- und wehrlos vorgestellt werden mag. Mit der sog. Unsterblichkeit ist darum auch nie und nimmer die Inanspruchnahme einer göttlichen Eigenschaft gemeint, sondern nur das Dauern der Person über das Sterben hinaus.

Es ist an sich zunächst eine Frage der Anthropologie, des natürlichen Erkennens, wenn man will: der Metaphysik. So geschieht denn auch die Bestreitung der Unsterblichkeit im Materialismus als ein Akt der metaphysischen Skepsis. Für den Materialismus ist die Materie das Erste, die „Seele" ist nur Funktion der Materie und hört infolgedessen zwangsläufig auf zu „sein", wenn die Materie zerfällt. Die Theologie sollte bei allen Versuchen, sich gegen die Unsterblichkeitsidee abzugrenzen, sich immer bewußt bleiben, daß sie keinen Auftrag und keine Legitimation hat, die Geschäfte des Materialismus zu besorgen.

Aber auch die religiöse Würdigung des Unsterblichkeitsgedankens steht unter erheblichen Vorbehalten. Es gibt eine unfromme Behauptung der Unsterblichkeit, in der das Interesse am persönlichen Fortexistieren allein schon zu einem Gegenstand des religiösen Interesses erhoben wird. Hier können schon das reiche religionsgeschichtliche Material und die Sage eines Besseren belehren. Wir kennen die Vorstellung, das das ruhelose Wandern der Seele ein lastender Fluch ist, und wissen von der Furcht vor dem Wiederkehren der Toten, kennen die vielfältigen Riten, diese Wiederkehr zu verhindern. – Umgekehrt gibt es eine fromme Leugnung der individuellen Unsterblichkeit. Nach ihr ist zwar der Geist an sich unsterblich, aber die einzelne Seele ist wesentlich vergänglich und soll in das allgemeine und große Reich des göttlichen Geistes unter Verlust ihrer geringfügigen Individualität eingehen.

Schleiermacher, der sicherlich ursprünglich dieser letztgenannten Ansicht zuneigte, hat in der Glaubenslehre (§ 158) viel dazu beigetragen, die theologische Frage nach der Unsterblichkeit von der bloß metaphysischen zu trennen. Sein Argument ist dieses: Der Erlöser redet von seiner Fortdauer, nämlich von seiner Wiederkunft und von seiner Wiedervereinigung mit den Seinen kraft seiner menschlichen Natur; denn er kann das ja nur kraft seiner menschlichen Person sagen, da er nur kraft derselben mit seinen Jüngern Gemeinschaft haben kann. Für Schleiermacher ist das eine der vollkommenen Wahrheiten Christi, daß dem menschlichen Geschlecht Fortdauer zukommt; aber diese Wahrheit ist eine durch den Erlöser vermittelte.

Das theologische Interesse an der Unsterblichkeit hängt nicht an der kosmologisch-anthropologischen Ausdeutung dieser Überzeugung, auch nicht an bestimmten Vorstellungen. Hier bleibt vielmehr alles unbestimmt. Das Interesse des Glaubens betrifft vielmehr die Identität des Menschen in seinem irdischen Sein und im künftigen Gericht. „Unsterblichkeit" im Sinne des christlichen Glaubens meint genau dies: Der auferweckte und ins Gericht Gottes genommene und der des ewigen Lebens teilhaftig gewordene ist mit dem auf Erden lebenden Menschen kraft jenes Überdauerns identisch. Ohne diese Voraussetzung wäre nämlich alles, was die christliche Hoffnung dem Glauben bereithält, gegenstandslos.

Es kommt noch etwas Weiteres hinzu. Auch durch die Sünde ist der Schöpferwille Gottes nicht vernichtet. Gott will nicht den Tod des Sünders, sondern daß der Sünder sich bekehre und lebe. Damit ist nun freilich nicht eine schlechthinnige „Eigenschaft" des Menschen bezeichnet, insofern etwa, als er überdauern müsse. Aber es ist eine Bestimmung des Menschen bezeichnet, seine kurze irdische Existenz zu überschreiten.

Diese Bestimmung des Menschen kann tröstlich sein. Eine bloße Eigenschaft des Überdauerns ist es nicht unbedingt, wie ich gezeigt habe. Verstärkt man den Gedanken der Bestimmung zum Überdauern zu einer menschlichen Eigenschaft der Unsterblichkeit, die dem Menschen seinem Wesen nach zukommt, so stellen sich alsbald auch nicht nur Ahnungen, sondern „Erfahrungen" ein, wie das im Spiritismus, Okkultismus, wohl auch in der Anthroposophie der Fall ist. Die „Vorstellungen" werden dann immer deutlicher, erweitern sich zur Weltanschauung und verdrängen den christlichen Trost.

Was so dem Menschen als Bestimmung mitgegeben ist, das soll in der Auferweckung durch die Tat Gottes verwirklicht werden. Die Auferweckung ist die Überwindung der Zerstörung des Todes durch Christus. Sie ist nicht eine völlig neue Schöpfung, welche die Kontinuität mit dem Personsein des auf Erden lebenden Menschen aufheben würde. Sie macht nicht die diesem Menschen gegebenen Verheißungen zunichte, indem diese Verheißungen gar nicht mehr diesem ja völlig vernichteten alten Menschen zukommen können. Die Auferweckung ist vielmehr eine Neuschöpfung, eine Versetzung in Gottes Welt und in Gottes Leben in der Gestalt des Geistes. Die Auferweckung bestätigt damit überschwenglich, was Gott in der Schöpfung begonnen hat, sie bestätigt die Bestimmung des Menschen zur Unsterblichkeit.

*c) Das letzte Gericht.* Die Vorstellung vom letzten Gericht meint einen Akt judizieller Gewalt über alle Menschen, die jemals gelebt haben. Diese Vorstellung bereitet die größten Schwierigkeiten und bedarf aus genauen Gründen der Reinigung. Sie schließt in sich, daß eigentlich auch die, welche gar keine Gelegenheit zu christlicher Erkenntnis und zur Bekehrung gehabt haben, verworfen werden. Sie werden nach einem Maßstab gerichtet, von dem sie gar keine Ahnung gehabt haben. Natürlich sind das ganz welthafte Gerichtsvorstellungen. Ihre Welthaftigkeit besteht präzise darin, daß hier die existentielle Beschränkung, die allen Gewißheiten der christlichen Hoffnung eigen ist, überschritten wird und allgemeine Vorstellungen gepflegt werden, welche die Kompetenz des Glaubens überschreiten.

Dieselbe Gerichtsvorstellung ist aber auch hinsichtlich derer unzureichend, welche Christo schon im Glauben und in der Heiligung angehören. Im Grunde steht das schon Joh 3,18: „Wer an ihn glaubt, der wird nicht gerichtet; wer nicht glaubt, der ist schon gerichtet." Läßt immerhin dieser Satz eine „definitive Selbstausschließung" (M. Reischle) als Möglichkeit offen, so ist doch wiederum die Parusie Christi und die Versetzung der Auferweckten ins göttliche Licht schwerlich denkbar, ohne daß dieses Licht auch die Menschen mit unvollendeter Erkenntnis Gottes und mit unvollkommener Heiligung erfüllt und wandelt. Es erhebt sich daraus die Frage, ob das Gericht als ein einmaliger Akt gedacht werden kann. Schon in die ältere Tradition hat sich der Zweifel an der Einmaligkeit des Gerichtes eingeschlichen, wie wir sahen, indem die alten Lehrer, sogar die römisch-katholische Theologie, ein iudicium particulare und ein iudicium universale unterschieden haben. Davon abgesehen kann man fragen, was an dem Gericht eigentlich Ereignis ist, wenn das, was entschieden werden soll, schon entschieden ist. Ist daran zu denken, daß für die Spötter, die unernsten Spieler hier in einer letzten Zuspitzung die Unausweichlichkeit des Ernstes der Entscheidung sichtbar wird, die vorher nicht sichtbar zu sein schien?

Noch eine andere Schwierigkeit zeigt sich. Die Tradition lehrte von Anfang an die Stabilität des Zustandes der Abgeschiedenen und malte sie aus (Lk 16,19—31). Nimmt man nun auf der einen Seite die Unkenntnis Christi bei Abermillionen, die doch „guten Willens" waren, nimmt man andererseits die fraglose Unvollkommenheit derer, die Christus kannten und ihm zugehörten, so muß man – es war Schleiermachers Hauptbedenken (Glaubensl. § 162) – annehmen, daß bei den einen ein abrundendes, bei den anderen ein aufrundendes Gerichtsurteil ergeht. Wiederum sehen wir, wie jede genauere Überlegung der hier waltenden Idee alle Vorstellbarkeit schlechthin überschreitet. Ähnlich wie bei Erörterung der Apokatastasislehre bleibt auch hier das letzte Wort, daß verschiedene Gedanken theoretisch unausgeglichen nebeneinander stehen: Es gibt bei Gott ein „zu spät!" – Der Gedanke (Schleiermachers, Reischles, Pfleiderers u. a.) kann nicht völlig abgewehrt werden, daß Gott auch für die Abgeschiedenen noch Gnadenwirkungen bereit hat. Der Gedanke des Gerichtes ist an sich immer ein Gedanke des Gerichtes nach den Werken (2 Kor 5,10; 11,15 u. ö.), und der Glaube an die Rechtfertigung des Sünders steht schon in der Schrift unausgeglichen und widerspruchsvoll daneben.

Trotz dieser gedanklichen Schwierigkeiten bleibt der Gerichtsgedanke ein unaufgebbares Element der christlichen Hoffnung. Angesichts Gottes und der Ewigkeit läuft unser Leben wie das Leben der ganzen Menschheit auf letzte Entscheidungen zu, auf unwiderrufliche Stellungnahmen Gottes – und der Menschen. Darin liegt der Ernst der christlichen Hoffnung, daß es an einem äußersten Punkt, unerachtet aller Vorstellbarkeit und gedanklichen Ausgleichbarkeit, von der Entscheidung über Heil oder Unheil kein Zurück mehr gibt. An einem äußersten Punkt hört das Spiel mit der anderen Möglichkeit auf. Es gibt in Gottes Reich ein „zu spät" (Mt 7,23; 25,12), und es gibt die Seligkeit der unwandelbaren Erwählung (Röm 8,38 f.).

*d) Das ewige Leben.* Das ewige Leben (vita aeterna) ist das eigentliche und endgültige Ziel und der Inbegriff der christlichen Hoffnung. Das ewige Leben ist uns schon im Glauben erschlossen, aber wir hoffen auf seine Vollendung. Es steht kaum etwas im Wege, diese Vollendung in engem Anschluß an die kirchliche Tradition zu beschreiben. Drei Gedanken treten dabei in den Vordergrund.

Das ewige Leben ist ungetrübte Seligkeit, d. h. ungetrübte und unangefochtene Gemeinschaft mit Gott, volles Erkennen, Schauen Gottes anstelle des Glaubens, Liebe und immerwährender Lobpreis Gottes.

Davon kann das andere nicht abgetrennt werden, daß es ungetrübte Gemeinschaft mit Jesus Christus ist. Damit ist ausgesprochen, daß der Gedanke der Parusie, auch losgelöst von aller endzeitlichen Dramatik, zum bleibenden Bestand der christlichen Hoffnung gehört. Jesus Christus ist die Auferstehung und das Leben (Joh 11,25 f.). Jede Aussage über das Wiedersehen, Wiederbegegnen mit Jesus hat notwendigerweise etwas von wehrloser Naivität an sich, so zentral auch der Gedanke ist, daß es kein ewiges Leben ohne ihn geben kann; denn er ist das Leben und er ist gekommen, daß wir das Leben und volles Genüge haben sollen (Joh 10,11). Wie es unvermeidlich sein mag, daß alle Aussagen über dieses „Letzte" der christlichen Hoffnung unzureichend und mit unangemessenen Vorstellungen belastet sind, so wird das Unaufgebbare durch alle Kritik an solchen Unangemessenheiten durchgehalten werden müssen. Wenn die Hoffnung der grundlegende Begriff der Eschatologie ist, dann ist, so verstanden, die Parusie die Mitte der christlichen Hoffnung.

Schließlich ist das ewige Leben auch ungetrübte Gemeinschaft mit allen Vollendeten. Auch hier sind alle vergröbernden Vorstellungen fernzuhalten. Der Begriff des ewigen Lebens kann von der Idee des vollendeten Reiches Gottes nicht getrennt werden. Wie im einen Falle die Seligkeit das „Ende des Glaubens" (1 Petr 1,9) bedeutet, so ist sie in dieser Hinsicht das Ende der Kirche, nämlich das völlige Aufgehen der Kirche im Reiche Gottes. Das Bild der himmlischen Liturgie (Apk 14,1–5) sprengt die kirchlichen Grenzen. Und der Gedanke einer „triumphierenden Kirche" ist immer eine gewagte Vorstellung, nicht nur wegen der Mißverständlichkeit eines Triumphes, sondern vor allem deswegen, weil er den Kirchenbegriff in Dimensionen hinein erweitert, in denen er aus den genannten Gründen der Sache nach sein Ende findet.

Freilich ist allem, was von dieser Erfüllung christlicher Hoffnung gesagt werden müßte, eine deutliche Grenze gezogen. Was hier zu sagen wäre, ist nicht auszusagen, es ist das Ineffabile schlechthin. Es hängen viele „Vorhänge" vor diesem Letzten, viele Rätsel und wahrlich nicht nur Rätsel gedanklicher Art, Anfechtungen und Dunkelheiten. Die Hoffnung schließt in sich, daß diese Vorhänge eines Tages weggezogen werden.

# EPILEGOMENA

## 30. Kapitel

## DIE LEHRE VON DER KIRCHE

*(Ekklesiologie)*

*Vorbemerkung über den Ort der Kirchenlehre in der Dogmatik*

Mit diesem letzten Kapitel über die Kirche lenken wir insofern wieder zum Ausgangspunkt der Dogmatik zurück, als wir dort der Dogmatik einen Ort in der Kirche angewiesen haben. Die Dogmatik soll der Kirche dienen, soll das Bewußtsein der Kirche von ihrem Wesen, ihrem Glauben, ihrem Bekennen und von ihrer Aufgabe in der Welt wach erhalten und in jedem Zeitalter zu neuer Klarheit führen. Sie ist der Kirche in einem alle momentane Nützlichkeit überschreitenden hohen Sinne verpflichtet. Das alles erschöpft freilich Ziel und Sinn der Dogmatik nicht. Sie ist niemals nur „kirchlich", sondern sie muß zugleich eine von aller Pragmatik befreite denkende Rechenschaft vom christlichen Glauben abgeben. Aber die Dogmatik hat einen Ort in der Kirche. Und dementsprechend hat die Kirche auch einen Ort in der Dogmatik.

Aber die Kirche ist nicht nur ein Thema der Dogmatik. Von der Kirche handelt auch die Ethik; denn die christliche Kirche ist eine mit anderen Sozialgebilden in Wechselwirkung stehende, sich aber auch von ihnen eigentümlich unterscheidende Gemeinschaftsform. Darum ist sie übrigens auch ein Gegenstand der Soziologie. Wie andere sozialen Gebilde und Gruppen ist sie einem heimlichen und offenen Wandel ihres Selbstverständnisses, ihrer Institutionen, ihres Ethos und ihres Rechtes unterworfen. Kirche ist der Schlüsselbegriff ebenso zur Praktischen Theologie wie zur Wissenschaft vom kirchlichen Recht. Von der Kirche handeln ebenso Kirchen- wie Dogmengeschichte. Die Dogmatik hat also hier kein Monopol. Sie hat nicht die Aufgabe, alle am Thema der Kirche überhaupt erwachsenden Probleme aufzugreifen und zu behandeln. Es gibt aber spezifisch dogmatische Probleme der Kirche, und es ist eine im gegebenen Falle nicht immer unbestrittene Aufgabe, diese zu erkennen und als solche zu formulieren.

Daß die Lehre von der Kirche am Schluß der Dogmatik steht, das muß trotzdem noch mit einem Wort begründet werden. Auch Calvin hat mit der Lehre von der Kirche seine Institutio beschlossen, Hollaz setzt ebenso die Ekklesiologie ans Ende seiner Dogmatik. Unsere Gründe sind folgende.

Die Lehre von der Kirche ist kein ausschließlich dogmatisches Thema mehr. Sie drängt zu praktischen Bezügen, und ist von praktischen Interessen erfüllt. Und sie ist darum ein nachgeordnetes, nur noch mittelbar dogmatisches Thema. Das ist nun freilich selbst eine dogmatische Entscheidung, und sie steht im Gegensatz zu jener Lehre von der Kirche, nach der ihr ein außerordentlich hoher „dogmatischer" Rang eingeräumt wird. Nach jener Lehre ist sie ein unmittelbares und ausschließliches Instrument des Heiligen Geistes. Ohne die Kirche gibt es nach jenem Verständnis keine Austeilung der Gnade Gottes unter den Menschen. Nun ist nicht zu leugnen, daß das Wort Gottes und die Sakramente in der Kirche zu finden sind, ja daß die wahre Kirche am rechten Gebrauch von Wort und Sakrament zu erkennen ist. Aber die Kirche, welche der Ort der Gnade und die Stätte des Wirkens des Heiligen Geistes ist, ist doch nicht Mittlerin zwischen Gott und Menschen. Darum habe ich in dieser Dogmatik die Lehre vom Worte Gottes und von den Sakramenten schon vor der Lehre von der Kirche und unabhängig von dieser verhandelt. Auch das, was im Zusammenhang mit der Lehre vom Heiligen Geiste von der Gemeinde gesagt wurde, ist relativ unabhängig von dem, was von der Kirche zu sagen ist. Andererseits kann man auch in der Dogmatik nicht verschweigen, daß dieser konkreten irdischen, weltlich verfaßten Kirche gegenüber eine Fülle von Vorbehalten gelten: Ist diese irdische Institution eine „Stiftung" Jesu Christi? Kommt dieser Kirche Heilsbedeutung zu? Kann sie im Unterschied von der sie umgebenden Welt Heiligkeit in Anspruch nehmen? Woher nimmt sie das Recht, sich der „Welt" gegenüber auf einen spezifischen „Auftrag" zu berufen? Einige dieser Fragen fallen in die Kompetenz der Dogmatik, und sie werden uns im Folgenden zu beschäftigen haben.

Die Nachordnung des Themas Kirche wird unsere Aufmerksamkeit und Sorgfalt nicht schmälern, die wir diesem Artikel von der Kirche schuldig sind. Aber die Nachordnung selbst ist eben darum nicht Ausdruck eines Werturteils, weil es in mehrfacher Hinsicht in der Natur des Themas selbst begründet ist.

Die Vieldeutigkeit der Berufung auf Kirchlichkeit in der Begründung einer theologischen Wissenschaft erörtert Tr. Rendtorff, Kirche und Theologie. Die system. Funktion des Kirchenbegriffs in der neueren Theologie, 1966. Die Kirchenlehre als übergeordnet über die Lehre von den „Gnadenmitteln" findet sich noch in den Dogmatiken von J. Kaftan, P. Althaus u. a.; Umkehrung der Funktion indessen z. B. bei R. Prenter. Das Vollmaß der lutherischen Lehre von der Kirche bei E. Kinder, Der evang. Glaube und die Kirche, 1960[2]. F. Gogarten, Die Kirche in der Welt, 1948; K. Barth, KD IV/1, §§ 62 u. 63.

## 1. Fragen des Ursprungs — Zur Geschichte der Kirchenidee

Die Frage, was denn die Kirche sei, führt uns sofort vor zwei Thesen, die sich in der schärfsten Form widersprechen. Die eine

These ist die katholische, das Prädikat in einem weiten Sinne verstanden. Sie ist dadurch charakterisiert, daß sie die Wesensfrage durch eine These über den Ursprung der Kirche beantwortet. Sie kann kurz in folgender Weise umrissen werden. Die Kirche ist von Jesus Christus gestiftet; sie hat als göttliche Stiftung anstaltlichen Charakter und ist von Anbeginn an mit einer bestimmten rechtlichen Ordnung versehen. Und zwar hat Jesus Christus Petrus und dessen Nachfolger als seine Stellvertreter eingesetzt. Dieser Kirche anzugehören, ihren Glauben zu teilen und den Nachfolgern der Apostel Gehorsam zu leisten, ist notwendig zum Heil. Extra ecclesiam nulla salus. Darum ist die Kirche ein Glaubensartikel. Diese Kirche ist im Credo gemeint. Sie darf und soll sich selbst predigen, und jede Bekehrung zum Herrn ist notwendigerweise auch eine Bekehrung zum Glauben der Kirche und eine Aufnahme in die Kirche. Die Kirche ist göttlich und ihre Dauer ein Beweis ihrer Göttlichkeit.

Im Bereich der röm.-kath. Kirche hat diese These ihren stärksten Ausdruck gefunden in der Sessio IV des Vaticanum I (Denz. 1821): „Pastor aeternus ... sanctam aedificare ecclesiam decrevit, in qua veluti in domo Dei viventes fideles omnes unius fidei et caritatis vinculo continentur...". Die Canones 1 und 2 belegen jeden, der die Einsetzung des Petrus und seiner Nachfolger in das Amt der Stellvertretung bestreitet, mit dem Anathem.

Dieser katholische Typus der Kirchenlehre ist aber keineswegs auf den römischen Katholizismus beschränkt. Auch in der protestantischen Orthodoxie ist die Kirche, wenn auch ohne Papsttum und ohne bischöfliche Sukzession, eine von Jesus Christus selbst gestiftete Anstalt, außerhalb derer es kein Heil gibt. Selbst dort, wo angesichts der kirchlichen Realitäten der Zweifel an der sichtbaren Kirche überhand nimmt, werden doch der „eigentlichen", der reinen und unsichtbaren Kirche die Prädikate der Göttlichkeit zugelegt. Alle hohen theologischen Prädikate werden der Kirche in ihrer idealen Reinheit beigelegt und die Kirche in der Sichtbarkeit als eine nur unzureichende Realisierung der Idee betrachtet.

Diesem ganz allgemein als katholisch zu bezeichnenden Kirchenbegriff steht im Extrem die These gegenüber, daß die Kirche nicht von Jesus Christus gestiftet ist, darum auch kein Heilsmonopol für sich in Anspruch nehmen kann und keinen Glaubensartikel darstellt. Diese These weist viele Spielarten auf. Sie tritt im Gewande einer historischen Behauptung auf: Die Kirche verdankt ihr Dasein einem historischen Irrtum. „Jesus verkündigte das Gottesreich, und die Kirche ist gekommen". (A. Loisy, L'évangile et l'église, 1904³. 155).

Die im Begriff der Kirche enthaltene Reflexion auf eine Dauer der Kirche ist das πρῶτον ψεῦδος, das Kennzeichen der Unechtheit. Was wir Kirche nennen – und das ist ein weiteres Argument –, ist nur ein Zweckverband, ein Mittel, um die Fortsetzung von Predigt, Unterricht, Seelsorge und Liebestätigkeit zu gewährleisten. Alles, was an der sog. Kirche auf Organisation, auf Kontinuität deutet, ist ohne theologische

Dignität und nicht anders als jede weltliche Organisation zu beurteilen. Entscheidend im christlichen oder auch theologischen Sinne ist etwas ganz anderes; und hier treten verschiedene Meinungen in die Lücke: nach den einen ist es (etwa im Sinne Kierkegaards) der einzelne, auf den alles ankommt; nach anderen Deutungen ist es das aktuelle Geschehen der Verkündigung und des Hörens, was aller falschen Kontinuität gegenüber sich als das Entscheidende erweist. Kirche „ist" nicht, sondern Kirche „geschieht". Es ist aber auch noch an eine weitere Deutung zu erinnern, nach der Kirche zwar in ihrer Weise etwas durchaus Notwendiges, ja Unentbehrliches war und ist, aber sie ist auf die Dauer doch nur eine, wenn auch nicht wegzudenkende Phase der christlichen Geschichte, dazu bestimmt, sich in Zukunft, sei es in das Reich Gottes, sei es in die Welt oder doch in eine christliche Kultur hinein, aufzulösen.

Diese kurze Übersicht bewegt sich gewiß in den äußersten Extremen. Zwischen dem römischen Katholizismus, der Orthodoxie und den Anglikanern gibt es erhebliche Modifikationen. Vor allem hat, was die katholische Deutung der Kirchenidee betrifft, das Vaticanum II eine Milderung gebracht, obwohl das Prinzip selbst vor allem in der dogmatischen Konstitution über die Kirche „Lumen Gentium" festgehalten ist. Die Kirchenlehre ist allenthalben biblisch vertieft; die ausschließende Härte gegen die getrennten Brüder ist dem Willen zur gemeinsamen Verantwortung gewichen (bes. in dem Dekret „Unitatis Redintegratio"), und in der pastoralen Konstitution über die Kirche in der Welt von heute („Gaudium et Spes") sind der Dienst der Kirche und die christliche Existenz heute in einer Weise wahrgenommen, daß auch die nicht-katholischen Kirchen sich mit diesen Gedanken vereinigen können. Vor allem aber ist das entgegengesetzte Extrem zwar eine moderne kritische Position, aber nicht einfach und schlechthin die Überzeugung der evangelischen Kirchen. Dennoch handelt es sich hier um zwei Thesen, zwischen welchen das protestantische Problem entsteht Die eine These beantwortet die Wesensfrage der Kirche durch eine Berufung auf den Ursprung der Kirche; und die „wahre Kirche" ist daran zu erkennen, daß sie mit ihrem Ursprung in legitimem Zusammenhang steht. Das bischöfliche Amt ist die Garantie der Kontinuität und damit der Echtheit der Kirche. Die andere These aber besteht darin, daß die Wesensfrage von dem Nachweis einer lückenlosen historischen Kontinuität getrennt wird. Die Frage nach dem Wesen der wahren Kirche tritt unter andere Bedingungen.

Wie sieht diese Alternative im Lichte des Neuen Testamentes aus?

K. L. Schmidt, Die Kirche des Urchristentums, in Festgabe für A. Deißmann, 1926, separat 1927 — ders., Art. ἐκκλησία im ThW III, 502—539 (Lit.) — R. Bultmann, Theologie 1968[6] passim — Hch. Schlier, Die Zeit der Kirche, 1966[4] — H. Conzelmann, Die Mitte der Zeit, 1964[5]; ders., Grundriß 1968[2] — W. G. Kümmel, Kirchenbegriff u. Geschichtsbewußtsein in der Urgemeinde u. bei Jesus, 1968[2] — Art. Kirche RGG III, 1296—1326 (Honigsheim u. a.).

Das Wort ἐκκλησία kommt bei Mt nur an zwei exegetisch umstrittenen Stellen vor, 16,18 und 18,17. Es fehlt in den drei anderen Evangelien völlig. Es fehlt ferner in 2 Tim, Tit, 1,2 Petr, 1,2 Joh und Jud, also immerhin in 7 Briefen. Das ist unter der Voraussetzung einer Stiftung der Kirche durch Jesus Christus eine auffällige Tatsache, die sich auf jede Form einer Stiftungshypothese als eine sehr belastende Hypothek legen muß. Selbst unter positiver Beurteilung der sog. Echtheit von Mt 16,13–20 muß immer festgehalten werden, daß hier weder eine Stellvertretung Christi durch Petrus noch eine Regelung seiner Nachfolge ausgesprochen ist. Nun ist das griechische Wort sicherlich als eine Übersetzung des alttestamentlichen kahal anzusehen, was dann etwa in den Acta ganz zwanglos dazu führt, daß einfach die einzelnen Gemeinden hier und dort so bezeichnet werden, ohne daß sie als Teile einer einzigen, großen ἐκκλησία verstanden wären. Die ersten Christen versammeln sich in Analogie zur alttestamentlichen kahal je an ihrem Ort im Bewußtsein der Gegenwart des Auferstandenen bei den Seinen (Mt 18,19 f.). Auch in der Briefpraxis des Paulus ist ἐκκλησία meist ortsbestimmt: Gott „hat eine Ekklesia" beispielsweise zu Kenchreä (Röm 16,1), zu Korinth (1 Kor 1,2; 2 Kor 1,1), im Plural in Galatien (Gal 1,2). Der Begriff hat volles theologisches Gewicht, ohne daß doch auf eine Stiftung im institutionellen Sinne dabei reflektiert wäre. Diese ἐκκλησία hat zweifellos, recht verstanden, Heilsbedeutung, die sich in keiner Weise darin erschöpfen kann, daß die Gemeinde nur eine Assoziation Gleichgesinnter wäre. Der Christ hat sein Sein in seiner Gemeinde; ihn als prinzipiell einzelnen vorstellen zu wollen, ist völlig widersinnig. Und doch wird an dem Bilde, das sich hier bietet, die Behauptung einer anstaltlichen Stiftung nicht bestätigt werden können. Man müßte ja dann in ganz anderer Klarheit, als sie aus der Literatur tatsächlich zu gewinnen ist, eben über die kompetente Entstehung und damit über die Legitimität der einzelnen Gemeinden ins Bild gesetzt werden. Die „Gemeinschaft des Blutes Christi" und seines Leibes (1 Kor 10,16), und die „Gemeinschaft des Heiligen Geistes" bzw. einfach die „Gemeinschaft des Geistes" (2 Kor 13,13 bzw. Phil 2,1) haben etwas viel Unmittelbareres an sich. Die Gründung der Gemeinde im Heiligen Geist ist mit einer Stiftung der Kirche im historischen Sinne einfach nicht gleichzusetzen.

Daß die Kirche eine ist, das ergibt sich aus der Vorstellung vom Leibe Christi, den die Gemeinde darstellt (1 Kor 12,12 ff., bes. 27; Röm 12,4 ff.). Die Christen sind als Gemeinde ein Leib, im einzelnen Glieder. Man darf in diese Aussagen über den „mystischen Leib Christi" nicht mehr hineinlesen, als was sie tatsächlich enthalten. Ihr eigentlicher Sinn ist ein paränetischer und kein spekulativer: die Gemeinde soll den Dienstcharakter der ihr verliehenen vielfältigen Gaben erkennen. Im übrigen läßt auch diese christologische

Deutung der Gemeinde alle Reflexion auf eine Stiftung der Kirche im geschichtlichen Sinne und alle hierarchische Ordnung völlig aus dem Spiel. Die christologische Deutung der Kirche ist verstärkt und spekulativ differenziert im Kol und Eph. Christus ist das „Haupt" des Leibes, die Kirche ist der Leib (Eph 1,23 = Kol 1,24; Kol 1,18; Eph 2,16; 4,4.12.16; 5,23.28.30 u. die jeweiligen par des Kol). Daß hier die ursprünglich gnostische Idee des Großmenschen (Christus der „Mensch", zugleich Leib und Haupt) zugrunde liegt, dürfte außer Frage sein (K. L. Schmidt, Hch. Schlier, E. Käsemann). Dem Ehegleichnis liegt offenkundig die Vorstellung von der Kirche als „Weib" zugrunde, auf deren weitreichende Hintergründe und Konsequenzen ich hier leider nicht eingehen kann.

Aber auch jetzt muß daran festgehalten werden, daß die Kirche nicht von einer „Stiftung" durch Christus her gedeutet wird. Eine solche Stiftung setzt ja voraus, daß Jesus die Welt verläßt und die Kirche zurückläßt. In der Leib-Christi-Vorstellung ist aber gerade das Gegenteil vorausgesetzt, nämlich eine Ineinssetzung der Kirche mit dem geheimnisvoll gegenwärtigen Christus. Auch können an der Ekklesiologie des Paulus keine Begründungen dafür gewonnen werden, daß die Kirche eine dem einzelnen Gläubigen vorgeordnete Gnadenmittlerin sei. Daß Jesus seine Gemeinde ausrüstet — bei Annahme der Echtheit von Mt 16,18 f. also auch mit dem apostolischen Amt und seiner grundlegenden Vollmacht –, das kann nicht so ausgelegt werden, daß die fortdauernde Monarchie des erhöhten Herrn über seine Gemeinde (Eph 1,20–23) und der Dienstcharakter auch des apostolischen Amtes (1 Kor 12,28 f.; Eph 4,11–13) vergessen werden.

Hingegen zeigt das Geschichtswerk des Lk die Kirche als die Gemeinde, die in die Geschichte eingeht, als die kahal des Neuen Bundes, als das Israel nach dem Geist. Sicherlich ist damit der Frühform der präsentischen Reichsgottes-Verkündigung gegenüber eine neue Phase bezeichnet: über heilsgeschichtliche Kategorien kommt die Kirchengeschichte in Sicht; aber damit ist eben etwas für die Kirche und ihr Verständnis Entscheidendes ausgesagt, wie wir sehen werden.

Die katholische Kirchenlehre ist ein reiner Typus, der sich von Anfang an zielstrebig entfaltet. Trotzdem ist die Dogmengeschichte unseres Lehrstückes sehr bewegt. Hier sollen nur die wichtigsten Marksteine der Geschichte der Kirchenidee zu einer Übersicht vereinigt werden.

Bei Irenäus und Tertullian ist der katholische Lehrtypus schon fertig ausgeprägt; der Kirche eignet Ursprünglichkeit: wo die Kirche ist, da ist der Geist Gottes; Apostolizität: Bischöfe und Priester als die Nachfolger der Apostel haben das Charisma der Wahrheit; die Kirche hat Autorität: sie ist Herrin und Mutter aller Gläubigen (Tertullian, Ad mart. 1); das Zeichen ihrer Katholizität ist der einheitliche Glaube (Tertullian, De virg. 2). Die Pflicht der Liebe gebietet, sich nicht von der Kirche zu trennen. Die Feindschaft gegen den Episkopat ist die Mutter aller Spaltungen.

Bei Cyprian von Karthago wird dann die katholische Kirchenlehre noch bis in einzelne entscheidungsvolle Positionen vorgetragen. Die katholische Kirche ist die eine unumgängliche Heilsanstalt, deren Segnungen aber, um dem Gericht Gottes nicht vorzugreifen, auch den lapsi, also den in Verfolgungszeiten „Ausgeglittenen" nicht vorenthalten werden dürfen. „Habere non potest Deum patrem, qui ecclesiam non habet matrem." „Salus extra ecclesiam non est." Diese Kirche ruht auf dem Episkopat, auf den Bischöfen, welche Nachfolger der Apostel und als solche dispensatores Dei sind. Cyprian lehrt die Sukzession der Bischöfe. Der Laie hat sich an die Bischöfe anzuschließen. Die ecclesia ist „ plebs sacerdoti adunata et pastori suo grex adhaerens". „Si quis cum episcopo non sit, in ecclesia non esse." Die Einheit der Kirche ruht daher auf dem Episkopat, der concors numerositas episcoporum. In Petrus ist die ideale Einheit des Episkopats geschichtliche Person gewesen; jetzt aber ist die cathedra Petri, der Bischof der ecclesia principalis, ecclesiae catholicae matrix et radix, den anderen Bischöfen nur koordiniert.

Die Geschichte brachte dann doch in diese ganz vom hierarchischen Anstaltsgedanken aus entworfene Kirchenlehre alsbald neue Motive. Als Euseb von Cäsarea († 339) seine Kirchengeschichte begann, erklärte er die Kirche, um ihre historische Existenz und die Eigenart ihrer Schicksale zu erklären, als Volk. Natürlich war das zunächst nur eine apologetische Ausgangsbasis, zugleich aber erwies sich der Gedanke als ein weitreichendes und nicht mehr zu vergessendes heilsgeschichtliches Motiv. „Da trat ein neues, nicht kleines, nicht schwaches, auch nicht irgendwo in einem Winkel der Erde hausendes Volk auf, ein Volk, welches das stärkste und gottesfürchtigste von allen Völkern ist und welches insofern unausrottbar und unbesiegbar ist, als es für immer den Schutz Gottes genießt. Es ist jenes Volk, das zu seiner Ehre überall nach Christus genannt wird" (Hist. eccl. I,4). Hier wird auf das Konkurrenzverhältnis dieses Volkes zu anderen Völkern Bezug genommen, das ebenso die geschichtliche bzw. heilsgeschichtliche Analogie trägt, als auch im Sinne der Beziehungen von Kirche und Staat beleuchtet werden kann. Ein entscheidendes Motiv der Kirchenlehre! Euseb handelt es begreiflicherweise ab in dem Sinne: durch Kampf zum Sieg – nämlich dem Sieg der Kirche. Ein Vergleich mit Augustin zeigt sofort, daß es sich hier um ein weiterwirkendes und wandlungsfähiges Motiv handelt, denn für ihn ist das Verhältnis von Kirche und Staat ein Verhältnis steten Kampfes. In „De civitate Dei" kommt kein christlicher Staat in Sicht, Weltstaat und Gottesstaat sind zwei entgegengesetzte Prinzipien bis ans Ende der Zeit. Aber die Kirche bleibt doch nicht ganz unaffiziert von ihrem Gegenüber: sie ist immerhin civitas und als geschichtliche Konkurrenzmacht zum Staate verstanden.

Soweit Augustins Kirchenlehre in den Bahnen der vulgär-katholischen Traditionen Nordafrikas verläuft, hat sie zu dem, was schon Tertullian und Cyprian vorgebracht haben, nichts Neues hinzugefügt. Auch bei ihm findet sich noch keine Entscheidung der Frage, ob die letzte Autorität der Kirche im römischen Bischof, in der Versammlung aller Bischöfe oder im Zusammenwirken beider Instanzen zu fixieren sei. Hingegen hat Augustin innerhalb dieses traditionellen Rahmens ein ganz neues Problem aufgeworfen und diskutiert, das seither nicht mehr aufgehört hat, die Theologie zu beschäftigen. Es ist die Frage: „Wer gehört eigentlich zur Kirche?" Wo liegen die Grenzen der Kirche? Dadurch, daß Augustin diese ganze Problematik mehr formuliert und diskutiert, als eindeutig gelöst hat, hat er die Fragen auch für spätere Zeiten offengehalten. Auf der einen Seite hat natürlich die traditionelle katholische Lehre eine Antwort bereitgehalten, die auch von Augustin nachdrücklich vertreten wurde: die Kirche ist die hierarchisch gegründete Heilsanstalt. Es ist zum Heil unerläßlich, ihr anzugehören („Cogite intrare" nach Lk 14,23!). Andererseits können der wahren Kirche aber doch nicht die zahlreichen mali angehören, denn diese stehen ja gar nicht in der Liebe. Die wahre Kirche ist „heilig" – ein von den Donatisten übernommenes Motiv –, sie ist also in der äußerlich sichtbaren Kirche verborgen. Die Kirche hat demnach ein Doppelgesicht: sie ist einerseits die sichtbare, legitim verfaßte Kirche, der anzugehören heilsnotwendig ist; sie ist andererseits als wahre Kirche in der sichtbaren verborgen. Nimmt man vollends noch die Prädestinationslehre hinzu, die als stärkstes acumen der Gnadenlehre Augustins auch in der Lehre von der Kirche fühlbar wird, dann streitet dieses radikale Angewiesensein des Gläubigen auf seine Kirchenzugehörigkeit mit dem Vorbehalt, ob denn dieser Gläubige auch zum numerus praedestinatorum gehört. Niemand weiß das von sich selbst ganz genau. Erst der Hinzutritt zur ecclesia triumphans wird uns darüber Klarheit geben (Enchiridion 16,61).

Beide Erweiterungen der Problemstellung in der Kirchenlehre, sowohl der heilsgeschichtliche Gesichtspunkt als auch die Frage der Zugehörigkeit trugen häretische Motive in sich. Die Spiritualisten des Mittelalters haben das heilsgeschichtliche Verständnis der Kirche in eigenartiger Weise modifiziert, wenigstens in der Geschichtsschau des Joachim von Fiore. Er glaubt an eine dreigeteilte Heilsgeschichte: auf das vorchristliche Zeitalter des Vaters folgte das Zeitalter des Sohnes; nun aber weiß sich Joachim unmittelbar an der Schwelle des dritten Zeitalters, des Zeitalters des Hl. Geistes, dessen Anbruch für das Jahr 1260 erwartet wird. Nach schweren Strafgerichten soll aus der römischen Kirche die wahre Kirche herausgeläutert werden. Zum erstenmal – und das ist ein neues Motiv in der Geschichte der Kirchenidee – wird es ausgesprochen: die wahre Kirche ist noch nicht; sie steht erst bevor! Das bedeutet gleichzeitig eine Entwertung von Tradition, Gnadenmitteln und Hierarchie der bisherigen Kirche und eine Spiritualisierung des Kirchenbegriffes; denn was die wahre Kirche auszeichnen wird, das ist in dem beschlossen, was ihr unmittelbar und neu durch den Geist selbst verliehen wird. Diese Kirchenidee des Spiritualismus läßt sich in vielen Verwandlungen durch Jahrhunderte verfolgen, bis hin zu J. G. Fichte. Er führt in seiner „Anweisung zum seligen Leben" durch drei „Standpunkte" in der Auffassung des Christentums hindurch, nämlich durch Sinnlichkeit, Gesetzlichkeit und Geist, und dieser letzte Standpunkt gilt ihm als die johanneische Auffassung des Christentums.

Wir verzichten im Rahmen dieses Überblicks auf eine eingehendere Betrachtung des Hochmittelalters. Die Summa Th. des Thomas von Aquin enthält keine explizierte Kirchenlehre. Seine Sakramentslehre ist gewiß ein entscheidender Baustein zur Lehre von der Kirche, wie man auch die Lehre vom Primat des Papstes, ja von der päpstlichen Unfehlbarkeit bereits aus Thomas belegen kann. Wie aber die römisch-katholische Sakramentslehre erst zwei Jahrhunderte nach Thomas förmlich dogmatisiert wurde, so erfolgte die Dogmatisierung der katholischen Lehre von der Kirche erst im Vaticanum, Sessio IV.

Die Lehre der Reformation, vorab des Luthertums, bringt in diese konsequente Entfaltung des katholischen Kirchengedankens einen radikalen Bruch. Sie ist beides zugleich: eine kritische Reduktion der Kirchenidee und eine geniale Neukonzeption. Die Kirche wird von dem Behelf irdischer Stützen gelöst, und es kommt in den Bekenntnisschriften zu einer originalen Definition der Kirche. Folgende einfache Gedanken tragen von Anfang an dieses neue Verständnis der Sache: Die Kirche ist creatura verbi, die Heilige Schrift ist Herrin über alle Traditionen) jedoch ist die Kirche dann eine durchs Wort gesammelte sichtbare Gemeinde, die in sich durch Glaube und Liebe verbunden ist. Als Kennzeichen der wahren Kirche gelten schriftgemäße Predigt und Sakramentsspendung, das zu solchen Diensten eingesetzte Amt, Glaube, Gebet und Leiden, wie Luther vor allem in der Schrift „Von den Konzilien und Kirchen" (1539) gezeigt hat. Weder die äußerliche Rechtsordnung noch einheitliche Zeremonien können als Kennzeichen der wahren Kirche angesehen werden. Was diese Kirche an Ordnung und Recht zu ihrem Dasein nötig hat, ist immer eine Angelegenheit, die nach Tunlichkeit geregelt wird, die aber um der Liebe und des inneren Friedens willen auch geregelt werden muß (propter caritatem et tranquillitatem, CA XXVIII,55, BSLK 129,28). Diese Grundauffassung ist in aller Klarheit in die Bekenntnisschriften eingegangen. Luther hat in den Schmalk. Art. in kürzester Form, unter Berufung auf ein Kind von sieben Jahren, gesagt, was die Kirche sei, „nämlich die heiligen Gläubigen und die Schäflein, die ihres Hirten Stimme hören" (BSLK 459). CA VII wird dann die klassische „Definition" der Kirche gegeben: „congregatio sanctorum, in qua evangelium pure docetur et recte administrantur sacramenta" (BSLK 61,4–6). Wort und Sakrament sind hinreichende notae der Kirche, Übereinstimmung über das Evangelium und die Sakramente hinreichender Grund zur Kircheneinheit. Alle weiteren Stützen der Einheit sind unnötig, donatistische Reinheitsvorstellungen werden ausdrücklich verworfen (CA VIII). Das Amt der Kirche wird aus der Heilsbedeutung abgeleitet; denn sein Dienst soll den rechtfertigenden Glauben wecken und das Evangelium in der Kirche repräsentieren. Die Kirche ist sichtbar, und wir dürfen uns dessen getrösten, daß wir dort, wo wir in der Gemeinde dem Evangelium und dem rechten Brauch der Sakramente begegnen, auch der wahren Kirche begegnen, wiewohl dieser Kirche auch schlechte Leute (mali), Ungläubige und Heuchler beigemischt sind. Wir können auf Erden die wahren Glieder noch nicht von den falschen trennen. Darum hat die Kirche als corpus Christi auf Erden eine verborgene Seite. Doch hat diese Verborgenheit nichts zu tun mit der „Unsichtbarkeit" einer civitas platonica, die ausdrücklich abgelehnt wird (Apol VII,20; BSLK 238,21).

Die Lehre der Orthodoxie hat die reformatorische Lehre von der Kirche wohl aufgenommen und im wesentlichen bestätigt, aber sie hat sie durch Definitionen verdeutlicht, hat sie mit älterem Traditionsgut angereichert, differenziert und insofern dann doch auch heimlich etwas verändert. Weil die orthodoxe Lehre auch in diesem Kapitel die letzte Gestalt vorkritischer Theologie darstellt und weil sie sowohl thetisch wie auch als Anreiz zur theologischen Kritik weit über ihre Zeit hinaus das Denken späterer Geschlechter bestimmt hat, darum soll sie etwas ausführlicher zu Worte kommen.

Zur Kirche gehören ohne räumliche Begrenzung alle, welche den gleichen christlichen Glauben und die wahre christliche Hoffnung haben. Ohne zeitliche Begrenzung gehören ihr alle Lebenden wie alle Vollendeten an; die ecclesia ist also sowohl militans wie auch triumphans. Gemäß dem christlichen Credo stehen ihr auch die großen Prädikate zu: una, sancta, catholica, apostolica, perpetuo mansura. Von der Kirche gilt auch nach orthodox-protestantischem Glauben: extra ecclesiam nulla salus.

Gemäß dem Bekenntnis ist die Kirche an ihren notae zu erkennen. Doch ist sie in der Welt teils universalis, teils, als Ortsgemeinde oder als Landeskirche, particularis. Kirche im Vollsinn, nämlich als Gemeinde der wahrhaft Gläubigen – man erinnert sich der Melanchthonischen Definition in der CA Variata – ist sie ecclesia stricte dicta, als Gesamtheit aller, die ihr zugehören, hingegen ecclesia late dicta. Dieser Unterschied wurde dann späterhin oft mit dem von ecclesia visibilis und invisibilis gleichgesetzt, der von den Reformatoren noch vermieden worden war. Die ecclesia late dicta scheidet sich in eine ecclesia vera, die also zwar die rechte Lehre hat, aber in dieser Zeitlichkeit die Heuchler noch nicht auszuscheiden vermag, und in eine ecclesia falsa. Man muß beachten, daß diese Unterscheidung, die fast am Rande vollzogen wird, die einzige Form ist, in der in der Orthodoxie bereits das konfessionelle Problem auftaucht.

Die Spätorthodoxie bringt dann noch einige soziologische und kirchenrechtliche Ergänzungen hinzu. Sie unterscheidet zunächst die ecclesia repraesentativa und die ecclesia synthetica. Letztere umfaßt ungeschieden alle Glieder der Kirche, erstere jedoch betrifft den Lehrstand, der im concilium generale und particulare in Erscheinung treten kann. Im Zusammenhang damit entwickeln dann die orthodoxen Väter die Lehre vom Ordo triplex hierarchicus, in der die alte klassische Dreiständelehre ganz im Sinne einer soziologischen Teilung entwickelt wird: Für den status oeconomicus, politicus, hierarchicus bildet hier die abendländische societas christiana die unbedenkliche Voraussetzung.

Die reformierte Orthodoxie zeigt demgegenüber doch einige bezeichnende Verschiedenheiten, die auch dann wahrgenommen werden sollten, wenn die innerprotestantischen Konturen unscharf geworden sind. Man kann sich zum Beleg dafür im wesentlichen auf die Ordonnances ecclésiastiques de l'église de Genève von 1541 bzw. 1561 beziehen. Die Differenzen zum Luthertum treffen zunächst die notae ecclesiae, deren drei gezählt werden, da zu Wort und Sakrament noch die Zucht des Lebens (Kirchenzucht) hinzukommt. Ein etwas schematischer Biblizismus führt dazu, vier kirchliche Ämter anzunehmen. Die ministri docentes sind die pastores und die doctores, die ministri ministrantes sind presbyteri sive seniores und diaconi. In einer Zusammenschau dieser Ämterlehre mit den notae ergeben sich drei Formen der Kirchengewalt, nämlich eine potestas ministerii (Predigt), ordinis (Lehre) und disciplinae (Kirchenzucht). Der Unterscheidung von ecclesia visibilis und invisibilis steht die reformierte Orthodoxie von Anfang an nicht mit der gleichen Reserve gegenüber wie das Luthertum. Der Grund liegt nicht so sehr in der stärkeren Affinität der reformierten Theologie zur Philosophie — die Nennung des Plato hätte also hier keine so diskreditierende Wirkung, wie das in der Apologie beim Ausdruck civitas platonica erwartet wird —, er liegt vor allem darin, daß hier die Konsequenzen der Prädestinationslehre einschlagen. Die ecclesia invisibilis ist die Kirche der Prädestinierten, die ecclesia visibilis ist die Kirche der Berufenen.

## 2. Das protestantische Problem

Die protestantische Orthodoxie hat den radikal vereinfachten Kirchenbegriff der Reformation sehr bald wieder ausgeweitet. Die Kirche wird zu der wohlbegründeten und wohlbedachten Heilsanstalt, welche als ecclesia triumphans bis in den Himmel reicht. Trotzdem hat man im 19. Jahrhundert das Bedürfnis empfunden, die mystische Tatsache der Kirche neu zu entdecken und die Lehre von der Kirche wie ein bisher vernachlässigtes Kapitel christlicher Glaubenserkenntnis auszubauen. In England ist es die ältere Oxfordbewegung gewesen, die sowohl zu einer Verstärkung der hochkirchlichen Richtung in der anglikanischen Kirche als auch zu einer Rehabilitierung der römischen Kirche geführt hat. Die beiden kirchengeschichtlich so entscheidenden Konversionen der späteren Kardinäle J. H. Newman (1845, Kard. 1879) und H. E. Manning (1851, Kard. 1875) sind ebenso Marksteine für die Aufwertung der Kirchenidee wie die Erneuerung des Apostolats in der neuapostolischen Bewegung (E. Irving 1794—1834). Stellenweise verband sich damit eine Belebung volkskirchlicher Ideale

(N. F. S. Grundtvig in Dänemark, E. Billing in Schweden). Das Neuluthertum hat in Richtung auf ein traditionsgebundenes, bekenntnisbewußtes Kirchentum eine eindrucksvolle theologische Literatur zur Lehre von der Kirche hervorgebracht: W. Löhe, Drei Bücher von der Kirche, 1845; Fr. Delitzsch, Vier Bücher von der Kirche, 1847; Th. Kliefoth, Acht Bücher von der Kirche, 1854; J. W. Fr. Höfling, Grundsätze der luth. Kirchenverfassung, 1853. Außer diesen sind die Schriften und die kirchliche Wirksamkeit von L. Harms, A. Vilmar, Theodosius Harnack und G. Thomasius von einer Bedeutung, die über ihr Jahrhundert hinausreichte. Denn die Früchte dieser teilweise von der Restauration, durchweg aber vom Geiste der Spätromantik durchdrungenen Bewegung kamen dem Konfessionalismus zugute. Aber unabhängig vom konfessionellen Standort treten in diesem breiten Strom zugunsten einer Aufwertung der Kirchenidee folgende Züge hervor: Verstärkung des Amtsbegriffes, sowohl des Pfarramtes als auch der bischöflichen (Anglikanismus, Friedrich Wilhelm IV.) und apostolischen Autorität. Das Dogma von der Infallibilität des Papstes, das auf dem 1. Vaticanum verkündet wurde, fügt sich genau in dieses Bild. Hinzu kommen die Erneuerungen der liturgischen Ordnungen im engen Anschluß an die alte Kirche, Verselbständigung der Kirche gegenüber dem Staat, Kampf gegen den Liberalismus und Individualismus und Drängen auf Reinheit des Bekenntnisstandes.

Das protestantische Problem besteht nun darin, daß seit den Tagen der Orthodoxie auf dem Gebiete der Kirchenlehre zugleich eine rückläufige Bewegung eingetreten ist. Schon im Pietismus bahnt sich die Überzeugung an, daß die ursprüngliche Ekklesia, die Christusgemeinde, nicht mit dem übereinstimmt, was heute Kirche heißt. Das seit Augustin lebendige Problem der Zugehörigkeit zur Kirche, das Problem ihres Umfanges, ihrer Reinheit und gleichsam substantiellen Echtheit, das in der melanchthonischen Unterscheidung von ecclesia late und stricte dicta der ganzen Orthodoxie eingeimpft worden war, es gewinnt im Pietismus eine neue Aktualität. Die Vielzahl der Konfessionskirchen ebenso wie das Problem der Ketzer und damit die Verführung zum „parteiischen" Urteil (G. Arnold: der Wiedergeborene ist unparteiisch!), das alles wird in größerer oder geringerer Bewußtheit als eine gewandelte Situation wahrgenommen. Die wahre Christengemeinde, die Schar der Kinder Gottes, ist einerseits kleiner als die verfaßte Kirche, weil sie nur die wahrhaft Gläubigen, die mit Ernst Christen sein wollen, umfaßt. Sie ist andererseits größer als die verfaßte Kirche; denn sie reicht über die Konfessionsgrenzen hinaus. Gott hat auch in benachbarten Kirchen seine Kinder! Bei Spener war diese oft fast scheu verheimlichte Grundstimmung freilich noch mit starken antirömischen Affekten verbunden. Bei Zinzendorf folgen solche über die Konfessionsgrenzen hinwegreichenden Überlegungen schon einem deutlichen ökumenischen Interesse. Es sind, wie man sieht, einfache Gedanken, die sich in der Folgezeit mit dem Biblizismus und mit der Grundgesinnung überkonfessioneller Organisationen, wie z. B. dem C. V. J. M. und dem christlichen Studentenweltbund, so selbstverständlich verbinden, daß in diesen Kreisen alles „kirchliche" Denken von vornherein relativistisch gebrochen ist.

Es wirken viele Faktoren zusammen, um diese gegenläufige Tendenz zu verstärken. Die allgemeine Zeitstimmung eines immer weltlicheren Kulturbewußtseins hat R. Rothe in den „Stillen Stunden" (1888², 348) ausgesprochen: „Im gegenwärtigen Stadium sind die Geschicke des Christentums nicht mehr an die Geschicke der Kirchen und Konfessionen gebunden". In der neueren Dogmengeschichte setzt sich schon seit F. Chr. Baur die „historische" These durch: Die Kirchenidee ist nicht einer Stiftung Christi entsprungen, sondern sie ist geschichtlich geworden. Und zwar liegt ihr Ursprung im sog. Frühkatholizismus, jener schon in den spätesten Schichten des Neuen Testamentes erkennbaren Wendung zur Geschichte, in der sich die christlichen Gemeinden unter apostolischer Autorität organisieren, systematisch ausbreiten und sich in Lehrgrundlage und Verfassung auf eine lange geschichtliche Dauer einrichten. Dazu sollen die drei apostolischen Normen verhelfen: das Symbol des Glaubens, die fortschreitende Definition des neutestamentlichen Kanons und die Übertragung des apostolischen Ranges auf die in der apostolischen Sukzession stehenden Bischöfe. Seit jeher hat sich das „katholische" Verständnis der Kirche darin erwiesen, daß die so verstandene Kirche als ursprüngliche Stiftung Christi gedeutet wird. Ebenso war es von Anfang an das Kennzeichen des protestantischen Denkens, daß man den Ursprung des Christentums, das Evangelium, gegen diese spätere Entwicklung geltend gemacht hat.

Zu diesen Überlegungen kommen im 19. Jahrhundert noch extreme Thesen ganz anderer Art. S. Kierkegaard ist in seinen Schriften in zunehmender Weise, schon in der „Unwissenschaftlichen Nachschrift" (1946), vor allem aber im „Augenblick" (1855) zu einem Angriff auf die Kirche übergegangen: Diese Kirche hat ihren Frieden mit der Welt und mit dem Staate gemacht. Sie ist ein Phänomen des modernen Massenzeitalters: sie nimmt dem einzelnen seine Verantwortung ab, sie nivelliert, sie normiert, uniformiert und entschärft alle christlichen Begriffe. Zunächst ist dieser Angriff nur auf die verbürgerlichte Christenheit der Neuzeit bezogen; aber zuletzt wird er zu einem prinzipiellen Angriff auf die Kirche überhaupt. Denn der eigentliche christliche Grundbegriff, besser die ursprüngliche Kategorie der christlichen Existenz ist „der Einzelne".

Anders als in dieser in ihrer grundsätzlichen Zuspitzung unhaltbaren These Kierkegaards vollzieht sich in R. Rothes Denken die Relativierung der Kirche. Die Kirche ist für ihn eine, wenn auch vordem und heute noch notwendige Phase in der Geschichte des Reiches Gottes. Sie ist aber dazu bestimmt, sich im Laufe der Geschichte in die Welt, d. h. in eine allgemeine christliche Kultur hinein aufzulösen. Die Kirche ist „ihrem Begriff zufolge nur eine transitorische Gemeinschaft". Rothe wendet also den historischen Relativismus der Dogmengeschichte, daß die Kirche geworden ist, zur Zukunft hin: wie sie geworden ist, so ist sie auch eine nicht in Ewigkeit bestehende, sondern sich auflösende Gemeinschaftsform. Weder die eine noch die andere Form dieser relativierenden These bestreitet die Notwendigkeit der Kirche zu ihrer Zeit, aber beide sind sich darin gleich, daß sie ein Christentum ohne Kirche vor Augen haben, die Dogmenhistoriker am Anfang, Rothe in der Zukunft.

Schleiermacher, in dessen Theologie die Kirche eine große und unübersehbare Rolle gespielt hat, so sehr, daß ein ganzer Strang ausgesprochen kirchlicher Theologen seines Jahrhunderts sich auf ihn zu berufen vermochte, er hat doch seine Lehre von der Kirche nicht mit historischen Thesen belastet und hat alles vermieden, was diese Kirche zu einer autoritären Heilsanstalt machen könnte. Er spricht zwar auch gelegentlich von einer „Stiftung" durch den Erlöser, aber meint er damit nicht die Begründung einer Tradition, sondern den „göttlichen Ursprung der christlichen Kirche", die nun, sobald sie ist, auch aus dem Gesetz ihres Wesens und den Kräften ihres Gemeingeistes heraus lebt und besteht. So bezieht sich Schleiermacher dort, wo er von der Entstehung der Kirche handelt, immer nur auf Erwählung und Mitteilung des Heiligen Geistes, d. h. auf ein gegenwärtiges Entstehen, nicht auf ein Entstehen im geschichtlichen Sinne und unter Berufung auf Geschichte. Die Kräfte des Bestehens der Kirche sind unerachtet des von ihrem Zusammenbestehen mit der Welt unzertrennlichen Wandelbaren doch immer und überall sich selbst gleich. Es sind jene sechs Lebenserweise der Kirche, die mit dem Zeugnis von Christo verbunden sind (Hl. Schrift und Dienst am göttlichen Wort), die der Anknüpfung der Lebensgemeinschaft mit Christo und ihrer Erhaltung dienen (Taufe und Abendmahl) und die die gegenseitige Beziehung des einzelnen zum ganzen und umgekehrt betreffen (Amt der Schlüssel und das Gebet im Namen Jesu) (Glaubensl. § 127).

Diese Beobachtungen ergeben ein sehr disparates Bild. Einerseits wird der Gedanke der Kirche spekulativ überlastet, es kommt zu einer gewissen Romantisierung und Klerikalisierung der Kirchenidee, in der sich die evangelische Gemeinde eigentlich nicht mehr wiedererkennen kann. Das andere Extrem ist eine Entleerung der Kirchenidee, welche die Substanz der christlichen Gemeinde überhaupt angreift. Es ist daher ratsam, sich an den Grunderkenntnissen der Reformation, vorab Luthers, zu orientieren.

Die Befragung Luthers ist insofern nicht ganz einfach, als er sich nirgends umfassend und endgültig, sondern an vielen Orten und unter sehr verschiedenen Situationen zur Sache geäußert hat. Eine grundsätzliche Zurückhaltung bezüglich des Wortes Kirche muß eingerechnet werden (Gr. K. BSLK 655,44–656). Wichtig bleiben die Untersuchungen von K. Holl, Die Entstehung von Luthers Kirchenbegriff, 1915 (in Ges. Aufs. I² u. ³, 1923, 288–325) und: Luther und das landesherrliche Kirchenregiment, 1911 (ebenda, 326–380). Vgl. auch E. Wolf, Die Einheit der Kirche im Zeugnis der Reformation, 1938 (in Peregrinatio I, 1962², 146—182). Es kann sich im Folgenden nur um einen Überblick handeln. Die späteren Probleme des Protestantismus in der modernen Welt liegen noch nicht im Blick. Calvins Lehre von der Kirche unterscheidet sich von der Luthers nicht durch den Ansatz, sondern durch das Gewicht der Verfassungsfragen (Inst. IV, 3.9—17.20).

a) Die Kirche entsteht unter dem Evangelium. Das Evangelium ist ihr wichtigster Besitz, ihr entscheidendes Kennzeichen. Schon in den Dictata super psalterium (WA 4, 180, 18. 22—24) nennt er die aus dem Wort geborene Kirche „novum celum et nova terra". „Quia verbum dei est instrumentum, quo operans effecit istam facturam, sicut ait, „Verbo domini coeli firmati sunt". In der Responsio gegen Ambrosius Catharinus (1521, WA 7,720, 32–36) sagt er: „Quo ergo signo agnoscam Ecclesiam? Oportet enim aliquod visibile signum dari, quo congregemur in unum ad audiendum verbum dei. Respondeo: Signum necessarium est, quod et habemus, Baptisma scilicet, panem et omnium potissimum Evangelium: tria haec sunt Christianorum symbola, tesserae et characteres". In dem Maße, als das Wort bzw. das Evangelium mit der Kirche in allerengste Verbindung kommt, gelangt er zu den stärksten Identifikationen: „In dieser Christenheit und wo sie ist, da ist Vergebung der Sünden, das ist ein Königreich der Gnaden und des rechten Ablaß. Denn daselbst ist das Evangelium, die Taufe, das Sakrament des Altars, darinnen Vergebung der Sünden angeboten, geholet und empfangen wird. Und ist auch Christus und sein Geist und Gott daselbst. Und außer solcher Christenheit ist kein Heil noch Vergebung der Sünden" (Bekenntnis 1528, WA 26,507, 7–12).

b) In diesem Sinne wird die Kirche nicht von der Tradition, nicht von der Hierarchie, sondern von der unter dem Wort gesammelten Gemeinde her konzipiert. Gewiß gilt auch für Luther eine Priorität der „Kirche" vor dem individuellen Christenstande. Die Kirche ist „Mutter" (WA 1,641,29 u. 642,37), aber sie ist nicht Mittlerin der Gnaden.

c) In das Bild dieser Kirche sind die Elemente ihrer Unvollkommenheit durchaus einzubeziehen: Heuchler, böse Leute, Kinder und Schwache mindern die Dignität der Kirche nicht, wie denn diese Christenheit auch unter dem Papsttum, den Türken usw. in aller Welt leiblicherweise zerstreut ist. (Bekenntnis 506,30–507,16). Daraus ergab sich für Luther seit dem Anfang seines Nachdenkens über die Kirche das Problem ihrer Unsichtbarkeit, die freilich nicht eine ungegebene Idealität im Sinne der civitas platonica Melanchthons bezeichnet, sondern ihren verborgenen geistlichen Charakter. Das Entscheidende an ihr kann man nicht sehen (Holl, a. a. O. 312, Anm. 3). Diese Verborgenheit des wahren Wesens der Kirche liegt in der Verborgenheit des göttlichen Handelns begründet und steht nicht im Widerspruch zu ihrer Sichtbarkeit als konkrete Gemeinde.

d) Ist die Kirche so ausschließlich auf das Wort gegründet, ist ihr hinwiederum dieses Wort zur Verkündigung anvertraut. Sie hat außerhalb desselben keine Lehrautorität und keine besondere Lehrinstanz. „Eitel Gottes Wort oder Wahrheit und kein Irrtum noch Lügen muß die Kirche lehren. Und wie könnte es auch anders sein? Weil Gottes Mund der Kirchen Mund ist, und wiederum: Gott kann ja nicht lügen. Also die Kirche auch nicht" (Wider Hans Worst, WA 51, 516,11–14). Man sieht, wie hier alles auf die Predigtsituation konzentriert ist, wie das „Gelingen" dieser Predigt kühn vorausgesetzt ist und wie infolgedessen die Gestalt dieser Kirche notwendig auf das Elementare des Verhältnisses von Amt und Gemeinde reduziert sein muß. Alles andere, Fragen einer weiteren Organisation, Fragen der Legitimierung dieses Amtes, seiner Rechtmäßigkeit abgesehen von der Rechtmäßigkeit seines Dienstes, Fragen der Gesamtkirche werden ganz nebensächlich angesichts dieser Reduktion auf das Elementare.

e) So tief das Unanschauliche des Glaubens und der christlichen Liebespflicht diese Kirche von der Welt trennt, so wenig ergibt sich aus dieser Konzeption von Kirche noch eine „sakrale Zone" der Welt gegenüber. Diese Kirche hat keine sichtbaren Abgrenzungen gegen die Welt. Es eignet ihr eine eigenartige Wehrlosigkeit. „Wir, die gewißlich Gottes Wort lehren, sind so schwach und vor großer Demut so blöde, daß wir nicht gern uns rühmen, wir seien Gottes Kirchen, Zeugen, Diener, Prediger, und Gott rede durch uns etc. So wirs doch gewißlich sind, weil wir sein Wort gewißlich haben und lehren... Hie ist Gott. Wir sind Gottes Kirche" (Wider Hans Worst, WA 51, 519,7–16).

Überblickt man diese Konzeption, so erscheint sie einem wie eine Utopie. Es ist gleichsam eine Zurücknahme der ganzen Kirchenfrage auf das punctum mathematicum des Wortes Gottes und seiner schöpferischen Kraft. Schon die „Auslegung" des Wortes Gottes in Gesetz und Evangelium, dann das bald in Sicht kommende Problem der Teilung und Unterscheidung weltlicher und geistlicher Gewalt, das stillschweigende Vertrauen auf den tragenden Umschluß einer societas christiana und schließlich die Fülle der praktischen Fragen, die durch die Einrichtung eines evangelischen Kirchenwesens im Umschluß der neuzeitlichen Gesellschaft und des toleranten Staates erwachsen, das alles führt über das punctum hinaus. Das protestantische Problem entsteht durch das Zusammentreffen der kritischen Reduktion mit allen Folgeproblemen der modernen Welt.

Reformation und Protestantismus sind nicht identisch. Der Name der „Protestanten" hat zwar in der Frühzeit der Reformation, beim 2. Speyerer Reichstag (1529) seinen Ursprung. Er wird aber, wohl wegen seines negativen Klanges, heute von den Evangelischen nicht mehr gerne in Anspruch genommen und ist aus den amtlichen Bezeichnungen der evangelischen Kirche ganz verschwunden. Trotzdem ist der Begriff Protestantismus unverzichtbar. Er bezeichnet die schicksalsvolle Verbindung der Nachwirkungen der Reformation mit der modernen Welt. Er deckt eine ganze Kette von Problemen, die sich schon in der Orthodoxie, stärker dann im Pietismus ankündigen, um in der Aufklärung offenkundig zu werden. Diese Probleme werden nicht dadurch bewältigt, daß man einfach die Moderne überspringt und zu den Fragestellungen und Antworten der Reformation zurückkehrt. Sie sind, wenn auch in modifizierter und oft radikaler Gestalt die Probleme der Kirche in der sich verändernden Gesellschaft des späten 20. Jahrhunderts. Dieses protestantische Problem wird vorwiegend in fünf Bezügen sichtbar.

1. Die Reformation ist aus einem tiefen Traditionsbruch entstanden. Die religiösen Traditionen der alten und mittelalterlichen Kirche verlieren über Nacht alle ihre Kraft. Dagegen steht das Verlangen nach unmittelbarem Zugang zu dem Ursprung des Christentums. Es ist der Sinn des Schriftprinzips der Reformation, die Kirche in unmittelbaren Zusammenhang mit dem Worte Gottes, mit dem Evangelium zu bringen. Kein kirchliches Lehramt hat im Vergleich damit noch irgend eine Kompetenz geltend zu machen. Natürlich liegt in dieser fundamentalen Entscheidung nicht nur ein großes Risiko, sondern auch eine gewisse Naivität. Denn ist es so sicher, daß der „unmittelbare" Zugang zum Evangelium in seiner unverstellten Reinheit gelingt? Und wer schützt die christliche Gemeinde vor Willkür der Auslegung und vor dem Mißbrauch des Schriftprinzips? Und haben nicht oftmals — weniger die Organe der Kirchenleitungen, als die theologischen Autoritäten dann eine Vollmacht in der Verfügung über die Wahrheit in Anspruch genommen, die alle päpstliche und bischöfliche Autorität in den Schatten gestellt hat?

Es ist schon verständlich, wenn die evangelische Kirche vor den Konsequenzen immer von neuem erschrocken ist, die aus dem Traditionsbruch erwuchsen. Es geht so etwas wie ein Schauer von Zeit zu Zeit durch die Reihen der Protestanten, und es werden Anstrengungen unternommen, den Traditionsbruch wieder rückgängig zu machen: die apostolische Sukzession der Bischöfe wieder herzustellen, in Gottesdienst und Verfassung wieder der „katholischen Fülle" teilhaftig zu werden und dergl. Aber der Protestantismus bedeutet in Sachen der kirchlichen Tradition die harte und prinzipielle Erkenntnis, daß die apostolische Tradition nicht die Kraft besitzt, die evangelische Wahrheit für die Kirche zu garantieren. Es ist möglich, daß die Kirche im Vollbesitz der historischen Legitimität doch die Wahrheit des Evangeliums verfehlt, wie sie umgekehrt, wenn sie die Wahrheit des Evangeliums kennt und hat, dieser Stützen nicht bedarf. In dieser These drückt sich nicht nur das moderne historische Bewußtsein aus, sondern es ist zugleich eine christliche Einsicht, also eine dogmatische Wahrheit.

Freilich reichen die Folgen dieses Prinzips der Unmittelbarkeit noch weiter. Sind nicht auch Bibel und Heilige Schrift Elemente einer Tradition? Wie ja dann auch die Theologen als die heimlichen Wächter dieser Traditionen ihre uneingestandene und darum oft nur um so wirksamere Autorität ausüben? Es ist außer Zweifel, daß eben dieses Verlangen nach religiöser Unmittelbarkeit ein in seinen Folgen kaum absehbares Element der Moderne ist und insoweit in den Konsequenzen des „Protestantismus" eingeschlossen ist.

2. In den Anfängen der Reformation ist noch der Glaube an die eine Kirche lebendig, und die Zuversicht ist wirksam, ihre beschädigte Einheit zurückzugewinnen. Zum Begriff des Protestantismus gehört es, daß diese Zuversicht erlischt, daß die Frage nach dem Fortbestand der äußeren Einheit der Kirche negativ entschieden ist und die Kirche in ihr konfessionelles Zeitalter eintritt. Das ist nicht nur eine Frage der äußeren historischen Statistik. Es ist zugleich eine Frage nach dem Stellenwert der organisatorischen Einheit alles Kirchentums. Und insoweit dauert dieser Bruch auch im ökumenischen Zeitalter fort. Für den Protestantismus bleibt wenig übrig, was über die beiden Faktoren „Amt und Gemeinde" hinaus einer Kirchenverfassung noch wesentlich sein könnte. Er meint die „Kirche von unten", nicht „Kirche von oben". Die Erfahrung aller Krisenzeiten, Verfolgungen, Kirchenkampf, bestätigt immer aufs neue, mit welchem Minimum an Organisation die Kirche auszukommen vermag. Demgegenüber hat alles Bestreben, dem Gedanken der Kircheneinheit einen größeren Stellenwert beizumessen, Kircheneinheit auch sichtbar zu dokumentieren und zu demonstrieren, einen vergleichsweise „katholischen" Charakter.

3. Zum Protestantismus in diesem Sinne gehört das Bekenntnis zur Wissenschaft, zur historischen Forschung und zur wissenschaftlichen Kritik. Diese Bereitschaft zur Kritik macht auch vor den grundlegenden Dokumenten des eigenen Glaubens, also vor der Bibel nicht halt, sie führt, gewiß nicht gleich im ersten Schritt, dazu, daß man die eigene Position relativ sieht. Schon Luther hat im Bekenntnis von 1528 auch den Christen im gegnerischen Lager die Zugehörigkeit zur wahren Kirche zugebilligt. Mag auch auf der Höhe des konfessionellen Zeitalters die eigene „Kirche" als die einzig wahre in naiver Weise absolut gesetzt worden sein, so liegt es doch zwangsläufig in der Konsequenz des protestantischen Prinzips, daß sich diese Naivität auflöst.

4. Schon zur Reformation gehört die Entdeckung der Welt in ihrer Profanität, und indem der Protestantismus sie darin bestätigt und rechtfertigt, setzt er nur fort, was er von der Reformation empfangen hat. Der Berufsgedanke Luthers kennt keine Unterscheidung von sakralen und profanen Berufen, und die Ehe ist nach Luther zugleich ein „weltlich Ding" und ein heiliger Stand. Welt und Gesellschaft sind entklerikalisiert, ohne daß doch der göttliche Anspruch von ihnen

genommen wäre. Nur insofern geht der spätere Protestantismus über die Reformation hinaus, als er bewußt auch das allgemeine Geistesleben in den Gesichtskreis, in das Bewußtsein und die Verantwortung der Christen rückt.

5. Und schließlich lebt und wächst die Idee der libertas christiana im Protestantismus fort, indem sich dieser Begriff zur magna charta der Freiheit des Individuums ausweitet. Natürlich laufen im Vorgang der Säkularisierung der reformatorischen Freiheitslehre auch erhebliche Mißverständnisse, auch absichtliche Umdeutungen mit unter. Davon soll hier nicht die Rede sein. Wichtiger ist etwas anderes. Seit dieser Entwicklung des modernen Individualitätsbegriffes aus den Wurzeln der reformatorischen Freiheitslehre ist es nicht mehr möglich, den Gedanken der Kirche und der christlichen Gemeinde auf Kosten des Individuums und seiner Überzeugungen und den Glauben der „Kirche" am Gewissen des einzelnen vorbei zu entfalten und zu pflegen. —

Die Gefahren dieser nachreformatorischen Entwicklung liegen auf der Hand. Der Individualismus liegt mit dem Anspruch der christlichen Gemeinde im Streit und stellt ihre Bindekraft oft auf die Probe. Die historische Kritik weitet sich leicht zur Religionskritik aus und macht das Evangelium unsichtbar. Die Bestätigung der Welt in dem radikalen Schöpfungsglauben der Reformation kann unversehens zu einem puren Säkularismus geraten. Aber Mißbrauch und Mißdeutung der Elemente des Protestantismus heben die Tatsache nicht auf, daß es sich hier um einen irreversiblen Prozeß handelt, der durch keine gelenkte Verkirchlichung, durch keine Restauration wieder rückgängig gemacht werden kann.

Es war das Problem der theologischen Lebensarbeit von E. Troeltsch, diesen Prozeß in seiner Zwangsläufigkeit zu durchleuchten und auf seine Konsequenzen hin zu befragen. Er ergreift in zunehmendem Maße auch die römisch-katholische Theologie und Kirche, wie das große Buch von H. Küng, Die Kirche (1969³) in allen seinen Teilen bestätigt.

Das Problem des Protestantismus erwächst an der Kirchenlehre. Protestantismus ist die Formel der für die Neuzeit spezifischen Krise des Kirchengedankens, ebenso Ursprung dieser Krise wie auch der Probefall für die Lehre von der Kirche.

Die dogmatische Aufgabe liegt also darin, die evangelische Lehre von der Kirche in einer Form auszusprechen, welche auch der „protestantischen" Problematik standhält. Dies geschieht in drei Leitgedanken.

1. Der Ursprung der Kirche liegt in dem lebendigen, alle Traditionen übereilenden Wort Gottes, im Evangelium und in der Wirkung des Heiligen Geistes, der die Kirche schafft, erhält und mit seinen Gaben ausstattet. Damit ist die Frage nach der Rechtmäßigkeit der Kirche von dem historischen Nachweis einer Stiftung und ihrer Konti-

nuität mit diesem historischen Ursprung gelöst. Übrigens wird auch die lebendige Wirksamkeit des Evangeliums nicht durch den Nachweis seiner Kontinuität mit dem historischen Ursprung garantiert.

2. Die Kirche ist die Gemeinde Jesu in der Existenzform der geschichtlichen Zeit. Das bringt immer ein Element der Verunreinigung mit sich: die Kirche als verfaßte, vom Zeitgeist beeinflußte, organisierte geschichtliche Kirche ist mit dem Reiche Gottes nicht gleichzusetzen. Kirche in diesem Sinne geschichtlicher Bedingtheit hat immer etwas Unerfülltes, Reich Gottes ist immer Erfüllung. Die Geschichtlichkeit der Kirche ist das Element der Verbergung der wahren Gemeinde. Die Gestalt der Kirche in der Zeit ist wandelbar; um ihrer geschichtlichen Bedingtheit willen ist die Kirche auch nicht frei von Irrtümern und Sünden, z. B. in ihrer Politik, in ihrer Sozialethik, in ihrer Verwaltungspraxis, um nur Beispiele zu nennen. Die Kirche ist als zeitliche Erscheinungsform ein Interim, sie reicht nicht über die geschichtliche Zeit hinaus. Sie reicht nicht bis in den Himmel. Sie ist von sich aus auch keine Mittlerin des Heils.

3. Und doch ist die Gemeinde Jesu Christi auch in der Form der sichtbaren Kirche auf Erden Volk Gottes auf Erden, Gemeinde der Gläubigen, Kirche im vollen Sinne. Sie ist mit dem Evangelium im Vollbesitz aller geistlichen Güter und Rechte, sie ist an den „Kennzeichen der Kirche" (notae ecclesiae) als wahre Kirche zu erkennen. Sie kann die Geschichtlichkeit und Weltlichkeit gar nicht vermeiden. Sie hat durch und durch Dienstcharakter. Indem sie zu dem Vater Jesu Christi führt und zum Sammelort der Gläubigen wird, soll sie sich doch nicht zwischen die Menschen und Gott stellen. Die Kirche ist ein Raum, in dem die Gemeinde ihr Leben hat und ihre Dienste übt, und sie hat darum auch Raum nötig. Die Kirche braucht irdisches Recht, Verfassung, Ordnung ihrer Gottesdienste. Sie soll der „Welt" ein Vorbild sein, sie soll sich nicht dieser Welt gleichstellen (Röm 12,2), sondern ihr vorauseilen. In diesem, und nur in diesem Sinne gehört die Kirche in den dritten Glaubensartikel.

### 3. Sichtbare und unsichtbare Kirche

Die Kirche ist die Existenzform der Gemeinde Jesu in der Geschichte, sie ist ein concretum auf Erden. Man hat diese Erfahrbarkeit der Kirche als ihre Sichtbarkeit bezeichnet. Eben darum ist die Kirche ein Gegenstand des Glaubens: Credo „unam sanctam catholicam et apostolicam ecclesiam" (Nic.-const. Symbol). Man glaubt von dieser konkreten Gemeinschaft etwas, was man ihr nicht ansehen kann. Die sog. notae ecclesiae, die „Kennzeichen" der wahren Kirche, nach CA VII rechte Predigt und einsetzungsgemäße Verwaltung der Sakramente, besagen nicht, daß die Kirche nur in ihren Funktionen bestünde, sondern sie bedeuten, daß man die „Versammlung der Gläubigen" (congregatio sanctorum) daran als Kirche erkennen kann, daß in ihr das Evangelium rein gepredigt wird und die Sakramente „recte" verwaltet werden. Darum sagt auch Melanchthon in der Apologie (VII, 20) ausdrücklich, daß die Kirche keine „civitas Platonica" sei.

Schon in der Bibel treten Leitbilder für die Kirche in den Blick, welche bis heute wirksam sind. Sie erhellen gewiß immer nur bestimmte Seiten im Selbstverständnis der Gemeinde auf ihrem Weg durch die geschichtliche Zeit, sie sind aber in ihrer Anschaulichkeit nicht verzichtbar. Ihre Bedeutung liegt vor allem darin, daß sie das Geistliche und das Weltliche im Schicksal der christlichen Gemeinde in unlöslicher Einheit erkennen lassen.

Da ist zunächst der Volksbegriff. Die neutestamentliche Gemeinde ist, in Entsprechung zum Israel nach dem Fleisch, das Israel nach dem Geist (1 Kor 10!). Das Volk Gottes ist λαός, ein nur im Singular gebrauchtes Wort (Tit 2,14; 1 Petr 2,9 – hier auch ἔϑνος ἅγιον –; 2,10; 5,3; Hebr 8,10 u. ö.; Apk 18,4; 21,3). Hingegen wird der von Luther als „Heiden" übersetzte Begriff der ἔϑνη nur im Plural gebraucht. In der christlichen Übertragung alttestamentlicher Aussagen über das „Volk" auf die neutestamentliche Gottesgemeinde wird demgemäß populus Dei zu einem stehenden Begriff, besonders in der lateinischen Liturgie. Nie kommen freilich Begriffe wie res publica oder Ähnliches für die Kirche in Betracht. Luther hat ebenfalls lieber und anschaulicher von „Gemeine" oder „Haufe" gesprochen als von Kirche. Folgt man der inneren Logik dieser Vorstellung, so geht die Existenz der Kirche als in der Zeit befindlich, unvollkommen und nicht ohne Sünde damit genau zusammen. Dieses Volk ist den schwersten Versuchungen nicht entnommen (1 Kor 10,6–14), es wird vom Gericht Gottes nicht verschont (1 Petr 4,17), und es ist keine simple Garantie des Heiles, diesem Volk anzugehören (Mt 3,9).

Nach CA VII ist die Kirche ferner congregatio, eine Bezeichnung, die auf die biblische Vorstellung von der grex zurückweist und das Evangelium Joh 10 in allen seinen Bezügen lebendig macht. Vgl. dazu ferner Lk 12,32; Apg 20,28 f.; 1 Petr 5,2 f. Der dazu korrespondierende Begriff des Hirten kann nicht übersehen werden: Joh 10,2.11 bis 16; Mt 9,36; 26,31; denn er gilt zwar primär von dem Erzhirten (ἀρχιποίμην) Jesus Christus (1 Petr 2,25; 5,4), aber er spielt schon Joh 10 unverkennbar zum Hirtenamt in der Gemeinde hinüber, deutlich Apg 20,28 f., 1 Kor 9,7 und Eph 4,11. Das concretum der Gemeinde, das damit ausgedrückt ist, wird nicht etwa in Frage gestellt, sondern geradezu unterstrichen dadurch, daß statt guter Hirten reißende Wölfe sich um die Gemeinde bemühen werden, daß die Herde auch Heuchler und falsche Brüder (2 Kor 11,26; Gal 2,4) in ihrer Mitte hat. Vor allem ist die Herde noch nicht völlig gesammelt; der gute Hirte kennt noch andere Schafe, die nicht in diesem Stalle sind und die er auch noch herbeiholen will (Joh 10,16).

Auch die schon erörterte Bezeichnung der Gemeinde als Leib Christi gehört hierher. Der konkrete Anlaß und die konkrete Abzweckung der Grundstelle für dieses Leitbild (1. Kor 12) läßt keinen Zweifel zu, daß hier die „sichtbare" Gemeinde beschrieben wird.

Es wäre noch an andere Bilder zu erinnern. Sie betreffen zu einem Teil in unmittelbarer Weise die Priorität des Jüngerkreises vor anderen menschlichen Beziehungen, wie die „familia Dei" (Mk 3,31—35). Oder sie entstammen einer allegorischen Auslegung des Evangeliums, wie etwa bei der Deutung des „Schiffes" auf die navis ecclesia (Mt 8,23—27, Lk 5,1—11), wozu später die Arche Noahs als Typus des rettenden Schiffes erklärend hinzugenommen wurde. Das ekklesiologische Verständnis der „Braut des Lammes" (Off 21,2.9; 22,17) überschreitet dann schon deutlich den Bezug auf die sichtbare Kirche auf Erden. Zur ganzen Thematik vgl. Hugo Rahner, Symbole der Kirche. Die Ekklesiologie der Väter, 1964.

In dieser Leiblichkeit der Kirche ist es nun begründet, daß ihr Kontinuität zukommt. Daß wir Glieder der Kirche sind und untereinander Brüder, das muß sich nicht immer neu „ereignen", sondern das gilt kraft einer Zugehörigkeit, die in der Taufe begründet ist. Diese Kontinuität wird nicht unterbrochen durch den Wechsel von Schlafen und Wachen, durch Glaube, Anfechtung und Unglaube, durch Erinnerung und Vergessen und die wechselvollen Gemütslagen. Kraft dieser Kontinuität kann auch der Apostat wieder „heimkehren". Kraft dieser Kontinuität gibt es in der Kirche auch Väter und Mütter, wie es Brüder und Schwestern gibt. Im Alten Testament gibt es Erzväter, auch der Apostel weiß sich als Vater (Gal 4,19). Es gibt Kirchenväter. Um der Kontinuität willen gibt es in der Kirche eine Pietätspflicht gegen die, denen wir das Evangelium verdanken (Hebr 13, 7.17).

Trotz der reformatorischen Kritik an der Tradition, welche Heilsbedeutung in Anspruch genommen hat, gilt natürlich, daß in der Kirche immer Traditionen lebendig sind, Erinnerungen, Geschichte; das Leben der Kirche besteht nicht nur aus Aktualität. Man muß nur wissen, daß diese Kontinuität mit allen Erfahrungen und sog. bewährten Ordnungen nicht nur Vorzug und Segen ist, sondern auch eine Hemmung des Lebens, Versuchung zur Trägheit und eine drückende Last werden kann.

So erweist sich die „sichtbare Kirche" als eine Wirklichkeit, die man eigentlich nur dialektisch begreifen und beschreiben kann: sie ist „heilig" und sie ist die wirkliche Kirche des Glaubensbekenntnisses, und doch ist sie darin immer zugleich weltlich, daß sie vor Irrtum und Sünde nicht geschützt ist und der Buße bedarf. In diesem Sinne seien einige naheliegenden Mißdeutungen abgewiesen:

So gewiß die Kirche ihre Glieder zum Heil führen soll, so gewiß sie der Welt das Wort der Wahrheit (2 Kor 6,7) schuldig ist, so ist doch darum noch nicht alles, was „kirchlich" ist, auch schon geistlich, heilig und gerechtfertigt. Alles „Geistliche" der Kirche liegt in ihrer Weltlichkeit verborgen.

Die Kirche wird auch nicht in Annäherung an bestimmte Zentren immer heiliger oder auch nur kirchlicher. Die wahre Heiligkeit, die Gott allein kennt, kann sich von den öffentlichen Mittelpunkten des kirchlichen Lebens zurückziehen in die stille Krankenstube, in die Kammern des geduldigen Leidens. Umgekehrt ist freilich auch der öffentliche Dienst der Kirchen nicht schon um seiner Öffentlichkeit willen zur heillosen Weltlichkeit verurteilt.

Dementsprechend sind auch nicht bestimmte Formen der Versichtbarung in besonderer Weise mit der Verheißung ausgestattet, zuverlässig die Kirche Gottes in ihrer Reinheit darzustellen. Nicht jede „korrekte" Predigt ist darum schon mit Vollmacht ausgestattet, und manche Kirchenversammlung, mag sie noch so ökumenisch sein und von Aktivitäten erfüllt, könnte, geistlich geprüft, doch nur ein Jahrmarkt der Eitelkeit sein. Jeder Dienst in der sichtbaren Kirche bedarf der Füllung und Segnung des Geistes, aber auch der armseligste Dienst kann diesen Beistand des Heiligen Geistes erbitten und erhoffen.

Schließlich ist das, was über die Heiligkeit und Rechtmäßigkeit der sichtbaren Kirche als der wirklichen Kirche gesagt wurde, nicht an eine besondere Verfassung gebunden. Weder die Staatskirche noch die Freiwilligkeitskirche, weder die Landeskirche noch die Vereinskirche haben als solche schon einen höheren Rang: Lk 13,30.

Diese Bilanz über den Gedanken der ecclesia visibilis fordert zu einer Gegenrechnung heraus. Die Kirche geht in ihrer Sichtbarkeit nicht auf. Es sind seit langem zwei Motivreihen gewesen, welche zur Vorstellung von einer „unsichtbaren Kirche" geführt haben. Es ist einmal die Frage nach der Zugehörigkeit zur „wahren" Kirche. Schon Augustin hat darüber nachgedacht. Die Berufung der lutherischen Theologie auf die vere credentes, die der reformierten auf die praedestinati erinnert daran, daß es nicht genügt, der sichtbaren Kirche äußerlich anzugehören. Aus welchen Menschen sich die wahre Kirche wirklich zusammensetzt, das kann man nicht wahrnehmen, das weiß Gott allein. Die wahre Kirche ist ecclesia invisibilis.

Schon Luther hat daher, bes. in seiner Frühzeit, gelegentlich von ecclesia invisibilis gesprochen, allerdings im Sinne von spiritualis, arcana oder auch abscondita. Nachweis bei Holl, a. a. O. I,296. Die Terminologie entbehrt in keinem Falle einer gewissen Verfänglichkeit; denn auch die ecclesia spiritualis ist seit den Tagen der Franziskaner-Spiritualen vorbelastet. Auch die Spiritualisten der Reformationszeit, Seb. Franck u. a. haben diesen Traum von der geistlichen als der wahren Kirche geträumt, ebenso wie Em. Swedenborg. Charakteristisch für diese Idee der ecclesia spiritualis ist vor allem, daß die geistliche, also die wahre Kirche die irdische, sichtbare Kirche in Zukunft oder doch im Himmel überbietet. In der wahren Kirche gelten keine Zeremonien und äußeren Lehrgesetze mehr. Zur ecclesia spiritualis gibt es auch unmittelbare geistige Zugänge, Visionen und Prophetien, wie denn in ihr, kurz gesagt, eine himmlische und keine irdische Ordnung mehr gelten wird. Jedenfalls ist diese ecclesia spiritualis eine zweite, nämlich die eigentliche und wahre Kirche neben der irdischen. Wenn hingegen Luther den Ausdruck gebraucht, dann meint er eine kraft des göttlichen Wirkens verborgene Seite an der sichtbaren Kirche.

Die andere Motivreihe, welche zum Gedanken der ecclesia invisibilis führt, stützt sich auf dasjenige, was an der Kirche von der äußeren Wahrnehmung gar nicht erreicht werden kann: ihr Glaube, das Gebet, das heimliche Leid, „Kreuz und Trübsal", um in der Sprache der Väter zu sprechen, ihre Hoffnung. Es ist die allenfalls von „innen" her wahrnehmbare „geistliche" Kirche. Es ist das, was alle Erfahrung der Christen auch transzendiert, worin die Kirche, an die wir glauben, mehr ist als alles, was wir an der sichtbaren Kirche wahrzunehmen vermögen.

Sicherlich decken sich die beiden Gegensatzpaare nicht völlig. Die Unterscheidung von ecclesia visibilis und invisibilis meint nicht genau dasselbe wie die der rechtlich verfaßten Kirche und der ecclesia spiritualis. Aber darin kommen doch die beiden Motivreihen überein, daß sie auf das Unerfüllte und letztlich Unangemessene hinweisen, das darin liegen würde, wenn man die sichtbare Kirche für das Ganze, für die abschließende Wahrheit der Lehre von der Kirche halten würde.

Darum haben auch die besprochenen Leitbilder von der Kirche etwas Unangemessenes, Mißverständliches an sich: Die Kirche als „Volk" — aber man gehört ihr eben nicht kraft der Geburt an, wie sonst einem Volk, sondern durch die Versiegelung unseres Glaubens in der Taufe; die Kirche als Herde — aber auch wenn nur zwei oder drei versammelt sind (Mt 18.20), ist der Herr bei den Seinen. Die Kirche als Leib — aber man kann keine Zugehörigkeit geltend machen, wie die Juden (nach Joh 8.33) ihre Abrahamskindschaft; denn Gott kann dem Abraham aus den Steinen Kinder erwecken (Mt 3,9). Eben die Wirksamkeit des Geistes in der Realisierung der Kirche als Volk, als Herde, als Leib ist das Element einer nicht aufhebbaren Unanschaulichkeit der Kirche.

Die Lehre von der ecclesia visibilis handelt von der unverwechselbaren Eigentümlichkeit der Kirche in der Welt, und ihre Kennzeichen, die notae ecclesiae, sind immer auch Unterscheidungsmerkmale der wahren Kirche sowohl von der falschen Kirche wie von anderen gesellschaftlichen Gruppen. In gewissem Sinne ist dieses Interesse an einer Unterscheidung der wahren Kirche von Welt und Gesellschaft in der scheinbar entgegengesetzten Lehre von der ecclesia invisibilis noch verstärkt. Denn was an der Kirche „geistlich" und vielleicht überhaupt nur noch Gott allein bekannt ist, das unterscheidet die Kirche von aller Art von Welt.

Um so nachdrücklicher muß nun noch darauf eingegangen werden, daß die christliche Kirche der Welt zugewendet ist, in die Welt gesandt ist und die Anliegen, die Not der Welt auf ihr Herz nimmt. Die Kirche steht in einem vielfältigen, unvermeidlichen Bezug zur

Gesellschaft, anders ausgedrückt: zu ihrem Wesen gehört die Öffentlichkeit. Diese Öffentlichkeit der Kirche besagt, daß sich ihr Dienst nicht nur auf sie selbst, auf ihre Glieder beschränken kann und darf, sondern daß sie über ihre Grenzen hinaus wirken soll. Ob sie es will oder nicht, so wird sie dadurch zu einem Politicum. Das hat im Laufe ihrer Geschichte die unterschiedlichsten Formen angenommen, und es ist keineswegs immer eine Sache der freien Entscheidung der Kirche, wie sie heute und morgen, in dieser oder in jener Gesellschaft zum Politicum wird. Es kann ebenso geschehen, daß sie der Gesellschaft Modelle für ihren Verfassungsstil liefert, wie das in den Anfängen der amerikanischen Demokratie der Fall war. Sie kann auch ihre eigenen Verfassungsmodelle von der herrschenden Gesellschaft empfangen, wie das in den frühen wie in den späteren Phasen des Staatskirchentums geschehen ist. Die Kirche ist öffentlich ebenso als leidende wie als handelnde Kirche, ebenso in Zeiten der Verfolgung wie dann, wenn sie der übrigen Gesellschaft mit pädagogischen Ideen oder sozialer Aktivität vorauseilt.

Hier öffnet sich das weite Feld der Sozialethik, deren Recht und Pflicht es ist, die „Grenzen der Kirche" zu überschreiten und die Ekklesiologie hinter sich zu lassen.

Die wesentliche Öffentlichkeit der Kirche hat zur Folge, daß sie in den Wandel der Gesellschaft mit hineingerissen wird.

Jahrhunderte lang war die Volkskirche für die christlichen Kirchen des Abendlandes die selbstverständliche Form ihrer Interdependenz mit der Gesellschaft. Das biblische Leitbild „Volk Gottes", von dem wir sprachen, hat den statistischen Tatbestand, daß die Glieder des „Volkes", von verschwindenden Ausnahmen abgesehen, auch Glieder einer Kirche waren, mit einem biblisch-theologischen Nimbus umgeben. Die moderne Gesellschaft bedeutet die Krise der Volkskirche; denn es ist nicht mehr selbstverständlich, daß alle der gleichen Kirche, ja daß man überhaupt einer Kirche angehört. Der konfessionelle Pluralismus ist durch den weltanschaulichen Pluralismus bereits überholt. Die institutionellen Begünstigungen der Kirche in der Öffentlichkeit (Religionsunterricht, Besteuerungswesen) werden problematisch. Es wäre aber eine verhängnisvolle Täuschung, zu meinen, damit sei der Kirche ihre „Öffentlichkeit" beschnitten. Es ist im Gegenteil so, daß eine Kirche, die ganz in die allgemeinen Institutionen integriert ist, damit öffentlich gar nicht mehr wahrnehmbar ist, während sie durch einen mehr freikirchlichen Status eben auch die Freiheit und das Selbstbewußtsein zu ihrer eigentümlichen Öffentlichkeit wieder zurückgewinnt.

Die Kirche, welche sich ihrer Öffentlichkeit verweigert, wird zur Sekte. Der Begriff der Sekte ist freilich äußerst umstritten. Er impliziert offenkundig immer ein abwertendes Urteil, so daß sich niemand selber zu einer Sekte rechnet. Man bezeichnet stets nur die anderen so. Viele kleinen religiösen Gruppen bezeichnen sich darum neuerdings als „Kirchen". Herkömmlicherweise bezeichnet man etwa eine relativ kleine religiöse Gruppe im Vergleich zur „großen" Kirche als Sekte. Aber das ist willkürlich und relativ; denn dieselbe Gemeinschaft ist oft in einem anderen Lande eine große Kirche. Oder soll man es zum Kennzeichen der „Sekte" machen, daß sie Sonderlehren, periphere Lehrstücke, auch bestimmte Riten oder Abstinenzen in die Mitte ihrer Lehre und Praxis stellt? Oft ist auch nur die späte Entstehung, der Mangel an offizieller Anerkennung für die Benennung ausschlaggebend. Im Rahmen unserer dogmatischen Besinnung scheinen sich folgende Merkmale der Kirche im Unterschied von der Sekte zu ergeben:

Die Kirche hat öffentlichen Charakter. Sie vertritt nicht nur die Sache ihrer Mitglieder. Eine Kirche, die nur noch mit sich selbst und mit der Reinheit ihrer Lehre und ihrer Glieder befaßt ist, erstarrt zur Sekte. Das Übergewicht der Interessen an der Abgrenzung des eigenen Bestandes hat immer den Keim zu einer Sektenexistenz in sich.

Die Kirche hat ein positives Verhältnis zur Gesellschaft und zum Volk. Sie spricht die Sprache des Volkes und prägt in manchen Zeiten diese Sprache entscheidend mit.

Die Kirche hat immer ein ökumenisches Interesse; die „anderen" sind ihr nicht gleichgültig. Der Begriff der Ökumene hat ja ursprünglich die Völkerwelt im Auge (Apg 11,28). Seine heutige Anwendung auf die Vielheit der Konfessionen ist modern und sekundär. Aber man kann heute die beiden Dimensionen des Ökumenischen nicht mehr trennen. Die soziale Verantwortung reicht über die Grenzen des eigenen Kirchentums hinaus, und der Wahrheitsanspruch der anderen erfordert die Bereitschaft zum Dialog.

Die Kirche hat ein positives, wenn auch sicher nicht unkritisches Verhältnis zum Staat. Sie hat eine theologische Lehre vom Staat. In ihrer eigenen Rechtsordnung wie in ihrem Öffentlichkeitsanspruch ist sie auf den Staat angewiesen, sie begegnet ihm und „konkurriert" mit ihm.

Und schließlich hat die Kirche ein positives Verhältnis zur Wissenschaft, an der sie durch eine eigene Wissenschaft, nämlich die Theologie Anteil nimmt. Sie hat ein positives Verhältnis zur vernehmenden und zur praktischen Vernunft, die ja die Sache aller Menschen ist. Gerade darin erweist sich in hervorragender Weise die Öffentlichkeit der Kirche.

Daß diese Offenheit der Kirche für die Welt auch mißbraucht werden kann und mißverstanden wird, liegt auf der Hand. Natürlich droht hier auch das Verfallen an das „Wesen der Welt". Aber wenn die Kirche der Gefahr ausweichen und sich verschließen würde, dann würde sie zur Sekte und würde der Welt versagen, was sie ihr schuldig ist.

## 4. Einheit und Zukunft der Kirche

Die Kirche ist als der Leib Christi nur eine. Der theologische Begriff der Kirche kennt keinen Plural. Nur der Blick auf die verschiedenen örtlichen Gemeinden rechtfertigt im Sinne des Neuen Testamentes den Plural „ecclesiae". Dem widerspricht nun aber die konfessionelle Trennung, die in mannigfachen Formen die Geschichte der Kirche seit ihren Anfängen begleitet hat. Während die Vielzahl der konkurrierenden Konfessionskirchen das unübersehbare Skandalon ist, das die ihrer Idee nach eine Kirche der „Welt" bietet, nimmt sozusagen die dogmatische Theologie darauf keine oder doch jedenfalls nur beiläufige Rücksicht. Für die Außenstehenden ist die konfessionelle Spaltung nicht nur ein Verlust an Glaubwürdigkeit der angeblich einen Kirche, sondern sie ist eine Belästigung, weil die „weltliche" Öffentlichkeit ständig zum Zeugen der gegenseitigen Polemik, des Rechtsstreites gemacht und zur Stellungnahme angereizt wird. Die Toleranzidee, welche von der Öffentlichkeit dagegen geltend gemacht wird, hat darum seit dem Beginn der Neuzeit eine unterschwellig kritische Absicht, welche im Programm einer Entkonfessionalisierung des öffentlichen Lebens nur an Deutlichkeit zugenommen hat.

Die Krisis des konfessionellen Christentums hat aber eine noch viel bedrängendere Seite. Es wird immer mehr zum Problem, wie weit die Konfessionskirchen noch die selbstverständlichen Gefäße des öffentlichen Christentums sind. Alle Konfessionskirchen haben sich seit den Anfängen ihrer partikularen Geschichte zur Gegenwart hin verwandelt. Wie sie erst im Laufe ihrer Geschichte zu konkurrierenden Konfessionen geworden sind, so sind doch auch andererseits ihre Symbole, Bekenntnisse und Unterscheidungslehren schon wieder geschichtlich geworden und in ihren harten Formulierungen überholt; sie bedürfen allesamt der Umformung, um noch für den heutigen Menschen verständlich zu sein. Es kommt hinzu, daß die alten Positionen der Konfessionskirchen von den modernen Fragestellungen der technischen Welt, des Industriezeitalters überholt sind und daß dort, wo diese Fragestellungen von den Kirchen rezipiert worden sind, es sich herausstellt, daß es gemeinsame Fragen aller denkenden und verantwortlichen Christen sind. Es kommt die dogmatisch überhaupt nicht zu verrechnende Tatsache hinzu, daß die konfessionellen Traditionen weithin auch auf bestimmte soziale Gruppen fixiert sind, wie etwa der Protestantismus auf den bürgerlichen Mittelstand, und die herkömmlichen Konfessionskirchen allesamt auf Randgruppen der Gesellschaft, während weite Teile der Gesellschaft weder praktisch, noch sprachlich und „religiös" in irgend einer der Konfessionskirchen eine Heimat haben. Die Allgemeinheit des Säkularismus, der als solcher weder Religiosität noch Antireligiosität besagen muß, ist in sich vielleicht die schwerwiegendste „ökumenische" Tatsache, welche dann auch für die christliche Kirche, die in ihren konfessionellen Traditionen befangen ist, die Frage nach der Einheit und nach der Zukunft der Kirche erzwingt.

Natürlich hat man sich nicht erst heute über die Frage Gedanken gemacht, wie die Vielfalt der Konfessionen mit der Einheit der Kirche in Einklang zu bringen ist.

1. Die „katholische" Antwort war immer die, daß die eigene Kirche die wahre Kirche ist, daß sie allein überhaupt den Namen der Kirche verdient und daß alle anderen Konfessionen falsche Kirchen, Unkirchen oder Sekten sind, und daß es demzufolge nur auf dem Wege der Rückkehr zu der einen und wahren Kirche eine Wiederherstellung der Kircheneinheit geben kann.

2. Man kann aber auch die eigene Kirche für die wahre Mitte der Konfessionen halten. Dieses Bild hat W. Löhe in seinen Drei Büchern von der Kirche (1845) zur Verherrlichung der lutherischen Kirche aufgeboten, es bezeichnet aber vor allem das Selbstverständnis der anglikanischen Kirche, aus dem sie ihre bevorzugte ökumenische Mission hernimmt. Dieses Konzept ist modern: den anderen Konfessionen wird ein relativer, wenn auch einseitiger Wahrheitsbesitz zuerkannt, der freilich hinter dem der eigenen Kirche zurückbleibt. So unerwünscht auch die konfessionelle Spaltung ist, so erscheinen doch auch die konfessionellen „Zweige" am Baum der einen Kirche als ein Ausdruck des Reichtums, der sich dank der Geschichte der Kirche sichtbar entfaltet hat.

3. Man kann freilich diesen unverkennbaren Relativismus noch radikaler verstehen. Die wahre, einheitliche Kirche, an die wir glauben, liegt nicht in der Fülle der geschichtlichen Entfaltung der Konfessionen, sondern unsichtbar hinter dem vielfältigen Erscheinungsbild. Lehren und Riten der heutigen Konfessionskirchen erscheinen im Hinblick auf die wahre und zukünftige Kirche oft nur als relativ. Es bleibt dann allerdings immer die Frage, wie in jener zukünftigen ökumenischen Kirche das Gemeinsame Gestalt annehmen soll: als dogmatischer Durchschnitt, als das allen gemeinsame „Minimum" des „schlichten" Bekenntnisses zum Kyrios Jesus Christus, als Schriftprinzip oder als ein neues, nun mit kirchlicher Emphase aufgeladenes undogmatisches Christentum.

4. Eben dieser dogmatische Relativismus kann unversehens noch ganz andere Konsequenzen ziehen. Die religiöse Indifferenz, die keines Glaubensbekenntnisses mehr bedarf, kann auch auf jede kirchliche Organisation verzichten. Hierzu finden sich nicht nur in der Nicht-Kirche-Bewegung in Japan, sondern auch in der Geheimreligion der Gebildeten Ansätze, in denen freilich das Ziel des Ökumenismus gleichzeitig auch zum Ende der Kirche gerät.

Quer durch diese verschiedenen alten und neuen Einheitskonzepte geht die ökumenische Bewegung ihren Weg. Im Unterschied zu den aus der Kirchengeschichte bekannten, meist auf das Verhältnis zweier verwandter oder benachbarter Kirchen beschränkten Unionsbestrebungen ist sie an der fortschreitenden Zusammenführung der bestehenden Konfessionskirchen überhaupt interessiert. Das geschieht einmal in der Pflege der übernationalen Zusammenschlüsse der Kirchen des gleichen Bekenntnisstandes (konfessionelle Weltbünde), andererseits in der Herstellung überkonfessioneller Beziehungen. Diese wieder vollziehen sich teils an zentraler Stelle (Weltrat der Kirchen), teils in regionalen oder gar örtlichen Begegnungen („Ökumene am Ort"). Aber diese Anknüpfung an die vorhandenen Konfessionskirchen erreicht natürlich nur die in ihnen gesammelten Christen, aber schon nicht mehr die aus der Bindung der Konfessionskirchen ausgewanderten Menschen. Andererseits sind die in den verschiedenen Konfessionskirchen bestehenden Einheitskonzepte einer schnellen Erfüllung der ökumenischen Erwartungen hinderlich. So stellt die Ordnung einer „apostolischen Sukzession" der Bischöfe in sich ein unüberbietbares ökumenisches Konzept dar, dessen radikale Differenz zu den presbyterial verfaßten Kirchen teils den Zwecken gemeinsamer Aktionen zuliebe verschleiert wird, teils, wie im Verhältnis zur römisch-katholischen Kirche als eine schwere Hemmung offen einbekannt wird. Ursprünglich ist die ökumenische Zusammenarbeit in unmittelbarer praktischer Absicht erwachsen (Life and Work). Schon das hat zu festen, heute nicht mehr wegdenkbaren Institutionen geführt. Die Begrenzung auf nur praktische Ziele wurde aber bald überschritten, und die Fragen von Glaube und Verfassung (Faith and Order) können aus dem zwischenkirchlichen Austausch nicht mehr ausgeklammert werden.

Die dogmatische Frage, die uns hier im Zusammenhang mit der Ekklesiologie allein beschäftigen kann, und die ja letztlich über Skepsis oder zuversichtliche Emphase, über die Wahl zwischen praktischen Nahzielen und bis an die Grenze der Eschatologie heranreichenden Fernzielen entschieden wird, ist diese: Kann die Einheit der Kirche im Sinne des christlichen Credo durch eine organisatorische Planung hergestellt werden? Läßt sich eine solche Einheit unter Beiseitesetzung konfessioneller Gewissensentscheidungen denken, und könnte man in einer solchen Organisation dann noch die Kirche unseres Glaubens erkennen, oder wäre das nicht eine Organisation, in deren Weltlichkeit das Reich Christi dem Reich des Antichrist zum Verwechseln ähnlich sehen würde? Es sind dogmatische Extreme, welche zum Glück allen an der ökumenischen Arbeit Beteiligten deutlich vor Augen stehen, ganz abgesehen davon, daß die Not der Christenheit in der Welt alle utopischen Zielsetzungen hinter dem Horizont der Realitäten verbirgt. Aber was kann dann der ekklesiologische Sinn der Ökumene sein?

Er kann bei nüchterner Betrachtung nur darin bestehen, daß eine verborgene christliche Einheit, welche durch die konfessionelle Spaltung der Kirche, aus welchen Gründen auch immer, undeutlich gemacht, verneint oder verborgen ist, ins Bewußtsein gehoben wird und sofort auch zum praktischen Einsatz gebracht werden soll.

Gibt es eine faktische Einheit der Kirche in, mit und unter der konfessionellen Zertrennung der kirchlichen Traditionen? Ich möchte diese Frage mit fünf Hinweisen beantworten.

1. Bei aller differenten Auslegung sind die Grundlagen der kirchlichen Traditionen gemeinsam: Bibel und die Themen der Glaubensregel. Schlichter gesagt: die Konfessionen haben, indem sie sich alle als „christlich" verstehen, alle einen gemeinsamen Ursprung. In dem Maße, als es gelingt, diesen Ursprung so ins Bewußtsein zu rücken, ihn so zu formulieren, daß sich die Konfessionen darin wieder erkennen, ist ein wesentlicher Schritt zur Einheit getan.

Zweifellos ist die Berufung auf die ersten sieben ökumenischen Synoden in der orientalischen Kirche, ebenso wie die Theorie des Georg Calixt vom „Consensus quinquesaecularis" als eine Definition des allen Konfessionen gemeinsamen Ursprunges gemeint. Luthers Berufung auf das „Evangelium", auf Wort und Sakrament, ist diesen Theorien freilich nicht nur durch die Einfachheit der Formel weit überlegen, sondern vielmehr noch deswegen, weil hier keine „historische" These aufgestellt, sondern ein immer gegenwärtiger Ursprung genannt wird. Das hat sich dann in der Lehre von den notae ecclesiae (CA VII) niedergeschlagen. Indessen hat diese an sich auch in ihrem ökumenischen Effekt unüberbietbare Lehre von den beiden Notae (Wort und Sakrament), die zur Einheit der wahren Kirche genügen, doch eine Problematik angeschlossen, die bei den evangelischen Theologen nicht immer verstanden worden ist. Einmal nämlich hat die Vorstellung von der „rechten Lehre des Evangeliums" schon den Keim zu den schwersten dogmatischen Zerwürfnissen in sich getragen. Und zweitens haben die anderen Kirchen oft kein Verständnis dafür gefunden, daß sie doch über dieses Minimum der Kennzeichen von CA VII glaubten hinausgehen zu müssen.

2. Die Dienste der Kirche sind überall analog. Wenn man das einmal erst zugestanden hat, dann werden die Theorien über den Stellenwert der Dienste in der Kirche, ihre Herkunft und ihre theologische Begründung sekundär.

Eben aus diesem Grunde haben die Entscheidungen des Vaticanum II über die kirchlichen Ämter unerachtet ihrer ungemindert „katholischen" Theologie eine allgemein christliche Bedeutung. Und ebenso liegt hier die Bedeutung der Tatsache, daß Schleiermacher in der „Kurzen Darstellung des Theologischen Studiums" (1830²) die Dienste der Kirchenleitung und des Kirchendienstes scheinbar nur kirchensoziologisch, jedenfalls konfessionsneutral abgeleitet hat.

3. Das, was sich aller objektiven Beobachtung entzieht, das innere Leben der Kirche, der wahre Glaube, das ernsthafte Gebet, vor allem das christliche Leiden, ist ohne Konfessionsunterschiede der ganzen Kirche gemeinsam. Nichts vermag so sehr wie diese „geistliche" Gewißheit die Rede von der ecclesia invisibilis zu stützen, die dann in der Tat alle Konfessionsgrenzen übergreift.

Die alte Kirche hat das Leiden, speziell das Blutzeugnis zu den sancta gerechnet; das Martyrium vermag die Taufe zu ersetzen (so Tertullian, Cyprian, Origenes). Das Leiden Weniger ist das Leiden der ganzen Kirche: Wenn ein Glied leidet, leiden alle Glieder (1 Kor 12,26).

4. In dem Maße, als sich die Theologie in der Neuzeit als Wissenschaft im allgemeinen Sinne versteht, besonders in den sich profaner Methoden bedienenden historischen Disziplinen, wird die Theologie selbst zur stärksten Wegbereiterin der kirchlichen Einheit; denn sie kann bei zunehmender wissenschaftlicher Objektivität die konfessionellen Gesichtspunkte nur noch in historischer Brechung zum Einsatz bringen.

5. Schließlich ist auch daran zu erinnern, daß die Ethik ihre konkrete Thematik aus der alle Konfessionen umschließenden gemeinsamen „Welt" empfängt, wie auch das in aller Ethik durchschlagende anthropologische Interesse und der Zwang zu der Gemeinsamkeit praktischer christlicher Entscheidungen die konfessionellen Differenzen immer mehr in den Hintergrund treten läßt.

So fließt die Einheitsfrage mit der Frage nach der Zukunft der Kirche immer deutlicher zusammen. Allerdings hat die Frage nach der Zukunft der Kirche drei sehr verschiedene Dimensionen, die uns zuletzt zu weit auseinanderliegenden Antworten zwingen.

Ganz vordergründig, wenn auch von unmittelbar aktueller Dringlichkeit ist die Frage nach der Gestalt der Kirche in der absehbaren Zukunft. Welche Rückwirkungen wird die sich ständig verändernde Welterfahrung auf die christliche Kirche haben? Welche Veränderung der Strukturen wird die gesellschaftliche Veränderung bei der Kirche erzwingen? Es sind Fragen soziologischer Prognose, die wohl nur dann realistisch sind, wenn für das Unvorhersehbare ein Spielraum bleibt. Aber das ist kein Thema der Dogmatik.

Vielmehr ist es ein dogmatischer Satz, daß die Kirche „perpetuo mansura" sei (CA VII). Es ist die These von der geschichtlichen Zukunft der Kirche. Der Gegen-Satz dazu ist nicht eine soziologische oder kulturgeschichtliche Prognose, daß es mit der Kirche zu Ende gehen wird, sondern es ist ebenfalls ein dogmatischer Satz: die christliche Kirche wird sich mit der Zeit in die „Welt" hinein auflösen, sie wird ihre unterscheidenden Konturen zur Gesellschaft hin verlieren und sie wird von einer christlich gewordenen Gesellschaft legitim beerbt werden. Diese Gegenthese setzt eine endgültige Versöhnung von christlichem, biblischem Glauben und moderner Vernunft voraus; sie lebt von einem Kulturoptimismus, der daran glaubt, daß eben diese neuzeitliche Kultur sich die Sache der christlichen Tradition völlig assimilieren würde und daß zugleich das Christentum sich in Zukunft in einer ganz und gar zur Innerlichkeit und zur reinen Ethik geronnenen Religion unverwechselbar wiedererkennen würde. So wird die These von dem Ende der Kirche in der zukünftigen geschichtlichen Entwicklung, wie sie R. Rothe als Erster klassisch formuliert hat, zu einer Probe auf den Kirchengedanken überhaupt.

Wenn wir aber die Frage nach der Zukunft der Kirche als eschatologische Frage verstehen, dann ist sie mit der Gewißheit des Endes der Kirche zu beantworten. Denn die Kirche ist die Existenzform der Gemeinde Jesu Christi in der geschichtlichen Zeit. Jenseits aller geschichtlichen Zeit, wie immer man das verstehen will, also in der Parusie des Herrn, aber auch in der schon „jetzt" geltenden Ewigkeit Gottes, ist keine geschichtliche Kirche mehr. Nicht die Gemeinde Jesu Christi, aber die Bedingungen und Bedingtheiten ihrer geschichtlichen Existenz sind dann erloschen: ihre Konfessionalität, ihre Affinitäten mit der Welt, ihre Analogien zur politischen Gestalt der vergehenden Welt.

Hingegen wird im Ende der Kirche an die Stelle der ihr verordneten Mittelbarkeit die Unmittelbarkeit treten. Alle ihre „media salutis" in dieser Zeit deuten schon auf das unvermittelte Heil selbst. Das in der Kirche verborgene regnum Christi wird dann unverborgen sein. Der Glaube wird zum Schauen (2 Kor 5,7). Es bedarf keiner vermittelnden und lehrenden Ämter mehr (Hebr 8,11). Die vorsichtigen Aussagen der Schrift wissen wohl von einer herrlichen Versammlung der Gemeinde um den Thron des Lammes (Apk 14), von dem Hochzeitsmahl des Bräutigams (Mt 22,3; 25,10; Apk 19,7), aber von keiner „Kirche" mehr etwas zu sagen. Die spärlichen Bilder für die eschatologische Zukunft entziehen sich aller Definition: das neue, bzw. das himmlische Jerusalem (Gal 4,26; Hebr 12,22; Apk 3,12; 21,2.10), das Paradies (Lk 23,43; 2 Kor 12,4; Apk 2,7).

Hier fließt die Ekklesiologie mit der Eschatologie wieder zusammen, die Lehre von der Kirche erreicht in der Lehre von den letzten Dingen ihre Grenze. Insofern damit Grenzbegriffe gesetzt werden, hat das auch eine wichtige theologische Bedeutung für den Begriff der Kirche selbst. Zugleich aber überschreiten diese Grenzbegriffe den Bereich des theologisch Aussagbaren. Wäre das aber noch eine Theologie, welche diese Grenze des Aussagbaren nicht erkennen ließe?

# REGISTER

## Namenregister

Abälard, P. 291 f., 293, 295
Adam, K. 267
Agricola, J. 392
Aland, K. 340, 351
Altaner, B. 238
Althaus, P. 54, 85 f., 97, 103, 111, 117, 120, 122, 142, 147, 165, 187, 188, 209, 263, 311, 321, 343, 351, 375, 382, 387, 441, 451, 460, 461, 496, 503
Ambrosius 343
Amesius, W. 15
Andrae, T. 102
Anselm v. Canterbury 104, 260, 289 bis 291, 292, 294, 303, 304, 398, 399
Anz, W. 492
Apollinaris v. Laodicea 270
Apollonius v. Tyana 171
Aretus v. Cilicien 207
Arius 268, 270, 406
Arminius, J. 239 f., 241
Arnold, A. 366
Arnold, G. 81, 512
Athanasius 72 f., 209, 269, 270
Athenagoras 208, 266
Augustin 99, 113 f., 115, 135, 186, 201, 208, 237 f., 239, 337, 342, 350, 357, 377, 508 f., 513, 526
Aulén, G. 289

Bachmann, Ph. 294
Bachmann, W. 205
Baier, J. W. 451
Baillie, D. M. 261
Bammel, F. 361
Bardtke, H. 477
Barth, F. 277
Barth, H. 405, 409
Barth, K. 4, 12, 14, 24, 36, 41, 44, 50, 54, 70, 79, 85, 86, 103, 115, 118, 122, 131, 177, 178, 205, 218, 222, 226, 227, 235, 236, 239, 241, 243, 261, 263, 269, 286, 289, 311, 329, 340, 351, 402, 405, 409, 430, 432, 503
Basilius 34, 108, 117, 343, 406
Bauer, W. 330, 387
Baur, F. Ch. 34, 36 f., 42, 81, 289, 513
Beck, J. T. 54, 254
Bengel, J. A. 54, 455
Benz, E. 512
Bietenhard, H. 145, 321, 461
Billicsich, F. 172

Billing, E. 512
Birkner, H. J. 58, 402
Blandrata, G. 111
Blumenberg, H. 64
Blumhardt, Chr. 429, 462
Blumhardt, J. Chr. 429, 462
Böhme, J. 129
Bonaventura 15, 303
Bonhoeffer, D. 64
Bornkamm, G. 277
Bornkamm, H. 86, 91, 142
Bousset, W. 461
Braun, H. 24
Brecht, B. 129
Brenz, J. 258, 261
Brun, L. 311
Brunner, E. 42, 99, 100, 103, 153, 166, 172, 177, 187, 188, 205, 241, 259, 263, 286, 405
Brunstäd, F. 47
Buchrucker, K. 477
Bultmann, R. 25, 31, 37, 86, 92, 205, 247, 251, 277, 280, 317, 340, 387, 415, 441, 471, 473 f., 475, 477, 490, 505
Burckhardt J. 479
Buytendijk, F. J. J. 178

Calixt, G. 76, 530
Calov, A. 15, 79, 155, 337, 359, 441
Calvin, J. 15, 118, 146, 205, 239, 242, 258, 259, 324, 326, 330, 351, 355, 377, 398, 502, 518
Campenhausen, H. Freih. v. 311
Caspari, W. 342
Chemnitz, M. 15, 258, 260, 261
Chrysostomus 237, 350
Claudius, M. 493
Clemens v. Alexandrien 200
Clemens Romanus 89
Cocceius, J. 54, 92, 154, 304, 338
Conzelmann, H. 247, 253, 277, 283, 285, 296, 441, 447
Cremer, H. 121, 126, 127, 205
Cullmann, O. 321, 329, 340
Cyprian 343, 350, 353, 508, 509, 531
Cyrill v. Jerusalem 237, 343, 350

Dahl, N. A. 277
Dannhauer, J. C. 15
Dantine, W. 387, 394
Darwin, Ch. 183
Daub, K. 114, 149

Delitzsch, F. 512
Dembowski, H. 261
Descartes, R. 104, 105
Diestel, L. 86
Dilschneider, O. 405
Dilthey, W. 80, 394
Dionysius Areopagita 99, 121, 123, 126, 146
Doerne, M. 133
Dörries, H. 108, 405
Dorner, I. A. 114, 121, 122, 145, 147, 418
Drews, A. 283
Duns Scotus 288, 292

Ebeling, G. 17, 24, 31, 222, 277, 433,
Edsman, C. M. 441
Eichrodt, W. 86, 99
Elert, W. 12, 16, 79, 103, 117, 162 f., 168, 185, 210, 222, 249, 263, 324, 356, 387, 389
Epiphanius 343
Erasmus v. Rotterdam 238
Eugen IV. 356
Euripides 100
Euseb v. Cäsarea 89, 259, 461, 508
Eustathius v. Antiochien 270
Eutyches 271

Fagerberg, H. 47
Feuerbach, L. 100, 101, 492
Fichte, J. G. 101, 121, 330, 394, 509
Flaccius, M. 53, 180, 201
Fohrer, G. 467
Franck, S. 526
Francke, A. H. 92
Frank, F. R. 54, 115, 338, 343, 359, 418
Friedrich Wilhelm IV. 512
Fuchs, E. 277, 333

Gadamer, H. G. 80
Gerdes, H. 86
Gerhard, J. 75, 76, 109, 123, 134, 194, 195, 196, 197, 203, 205, 209 f., 260, 359, 441, 444
Gerhardt, P. 258
Gerlemann, G. 405
Goethe, J. W. 151
Gogarten, F. 25, 58, 261, 277, 503
Goldammer, K. 263, 265
Gollwitzer, H. 372, 374, 383
Gomarus, F. 239
Goppelt, L. 86, 89
Gottschalk 238
Grässer, E. 450
Graff, P. 380, 382

Graß, H. 24, 26, 29, 36, 311, 312, 317, 369, 372, 374, 375, 383, 492
Gregor v. Nazianz 104
Grether, O. 99
Grundtvig, N. F. S. 187, 512

Haenchen, E. 321
Häring, Th. 148, 282, 316, 432
Hafenreffer, M. 136
Hahn, J. M. 459
Hamann, J. G. 337
Harms, L. 512
Harnack, A. v. 37–40, 81, 86, 93, 94, 252, 277, 280, 289, 414
Harnack, Th. 28, 512
Hase, K. v. 361
Hazard, P. 58
Hegel, G. F. W. 36, 61, 92, 98, 101, 105, 114, 121, 172, 173, 202, 213, 319. 394, 395 f., 407, 432, 433, 434, 487
Heidegger, J. H. 15
Heidegger, M. 80, 82
Heiler, F. 163
Heim, K. 441
Heintze, G. 223
Heitmüller, W. 255, 277, 366
Henrich, D. 105
Heppe, H. 351, 398, 422
Hermann, R. 223, 387, 393
Herodot 100
Herrmann, W. 23, 29, 85, 148 f., 211, 226, 275, 315
Hesiod 100
Hesse, Fr. 87
Hindringer, R. 456
Hippolyt 461
Hirsch, E. 58, 63, 86, 91, 93, 265, 280, 311, 387, 393, 397
Höfling, J. W. Fr. 512
Hofmann, J. Chr. K. 54, 114, 149, 254, 269, 294, 359, 468, 473
Holl, K. 28, 113, 356, 361, 387, 395, 397, 415, 424, 515, 523
Hollaz, D. 15, 122, 123, 154, 194, 196, 203, 210, 453, 502
Holm, S. 103, 107, 151, 233
Homer 101
Honigsheim, P. 505
Horckheimer, M. 61
Hume, D. 166
Hutten, K. 424
Hutter, L. 15, 75, 134, 146, 197, 260, 324, 394

Irenäus 201, 208, 237, 375, 461, 507
Irving, E. 429, 511
Iwand, H. J. 246, 387

James, W. 419
Jepsen, A. 441
Jeremias, J. 247, 277, 282, 340, 347, 351, 366, 367, 368, 370
Joachim v. Fiore 406, 468, 509
Joest, W. 222, 393
Johannes Damascenus 109, 146, 258, 271
Justin 98, 266, 341

Kähler. M. 84, 254, 277, 283, 288, 289,
Kähler, M. 84, 254, 277, 283, 288, 289, 302, 308, 316, 324, 338, 394, 441
Käsemann, E. 75, 277, 283, 366, 368, 405, 412, 413, 507
Kaftan, J. 148, 246, 331
Kamlah, W. 58, 61, 475
Kant, I. 61, 64, 104, 105, 115, 121, 126, 128, 135, 151, 166, 172, 174, 330, 465, 469
Karl d. Große 406
Karpp, H. 209
Kattenbusch, F. 356, 380
Keckermann, B. 53 f.
Keller-Hüschemenger, M. 172
Keyßer, Chr. 102
Kierkegaard, S. 28, 30 f., 151, 265, 274, 318, 505, 513 f.
Kinder, E. 356, 503, 513
Klein, J. 103, 122, 249
Kliefoth, Th. 441, 456, 512
König, J. F. 195
Kolde, Th. 429
Kraemer, H. 227
Kraft, H. 441
Kraus, H. J. 87, 93
Kreck, W. 441
Krusche, W. 405
Kümmel, W. G. 74, 251, 322, 441, 505
Küng, H. 519
Künneth, W. 311, 491
Kyrill v. Alexandrien 258, 270

Lagarde, Paul de 82, 91, 394
Laktanz 208 f.
Lamarck, J. B. 183
Landmann, M. 178
van der Leeuw, G. 31, 99, 100, 145, 177, 228, 231, 333, 340, 347, 356, 458, 492
Leibniz, G. W. 104, 105, 122, 172, 174
Lempp, O. 172
Leo d. Große 258
Leo X. 64
Lessing, G. E. 6, 41, 92, 94, 114, 312, 458

Lietzmann, H. 42, 365, 366, 368
Linné, C. v. 183
Litt, Th. 178
Løgstrup, K. E. 223
Löffgren, D. 142
Löhe, W. 377, 512, 528
Loewenich, W. v. 28, 300, 318, 366
Löwith, K. 441, 447, 468
Lohmeyer, E. 365, 366
Lohse, B. 61
Lohse, E. 219
Loisy, A. 81, 504
Lombardus, Petrus 15, 303, 355
Loofs, Fr. 289
Lotze, H. 60
Lütgert, W. 153
Lukian 268
Luther, M. 26, 28, 44, 61, 62, 64, 72, 79, 85, 90, 91 f., 113, 118, 134 f., 142, 148, 152, 153, 181, 192, 195, 200, 205, 209, 220, 221 f., 223, 224, 238 f., 258, 275, 300 f., 302, 306, 318, 320, 335, 338, 340, 345, 349 f., 352 f., 355, 356, 359, 361 f., 363, 371, 372 bis 376, 377, 378, 380, 381, 382, 386–388, 389, 391, 392, 393, 395, 396 f., 404, 407, 422, 430 f., 456, 471, 490, 493, 509 f., 514–530 passim

Manning, H. E. 511
Marcel, G. 477, 482, 484
Marcion 73, 79, 91, 270
Marheineke, Ph. 114
Martensen, H. L. 210, 359
Marxsen, W. 263, 311
Meinecke, Fr. 80
Melanchthon, Ph. 15, 22, 23 f., 26, 32, 53, 75, 112, 113, 114, 117, 118, 192, 193, 194, 209, 221, 222, 223, 304, 319, 326 f., 336, 337, 355, 378, 390, 391, 392, 397, 510, 512, 515, 521
Mentzer, B. 261
Meyer, J. 223, 301
Meyer, R. 441
Michaelis, J. D. 92
Michaelis, W. 460
Moltmann, J. 441, 477
Montanus 424
Morenz, S. 405
Morgan, Th. 92
Müller, E. F. K. 47, 240
Müller, J. 178

Napoleon I. 63
Nestorius 270, 271
Neuenschwander, U. 17, 18, 24, 30
Newman, H. 17, 511

Niebuhr, Reinh, 178, 487
Niebuhr, Rich. 490
Niesel, W. 47, 372, 422
Nietzsche, Fr. 62, 80, 82, 186
Nigg, W. 36, 82, 461
Noetius 268 f.
Noth, M. 87, 95, 219

Oetinger, Fr. A. 459
Oldenbarneveldt, J. van 240
Origenes 174, 200, 208, 237, 406, 459, 460, 531
Osiander, A. 260, 397 f.
Otto, R. 106, 121, 228
Overbeck, F. 82

Pannenberg, W. 94, 122, 178, 205, 257, 261
Pascal, B. 484
Paul v. Samosata 268
Pelagius 201
Peterson, E. 150, 423
Pfleiderer, O. 210, 500
Philipp, W. 122
Philippi, F. A. 147
Philippi, P. 380
Photius 406
Plato 511
Plessner, H. 178
Poitiers, P. de 303
Polanus, A. 15, 194
Portmann, A. 65, 178
Praxeas 269
Preiß, Th. 405
Prenter, R. 103, 118, 370, 375, 405, 503

Quenstedt, J. A. 15, 122, 136 f., 179, 194, 196, 304, 338, 395, 454

Rad, G. v. 87, 89, 95, 134, 135, 205, 208, 212 f.
Rahner, H. 314, 456
Rambach, J. J. 260
Ranke, L. 473
Ratschow, C. H. 227
Reimarus, S. 278, 281
Reiner, H. 17, 52
Reinhart, L. Fr. 16
Reischle, M. 316, 499, 500
Rendtorff, Tr. 503
Rengstorf, K. H. 311, 330, 477
Richard v. St. Viktor 114
Ritschl, A. 54, 148, 163, 211, 241, 248, 269, 275, 289, 294, 302, 325, 330 f., 356, 387, 391
Ritschl, O. 16, 54
Robinson, J. M. 277
Rössler, D. 58
Roth, E. 356

Rothe, R. 114, 149, 513 f., 531
Ruesch, Th. 405
Rupprecht, J. 166

Sabellius 117, 269
Sasse, H. 366, 372
Sauter, G. 441
Schäfer, R. 249, 261
Schelling, F. W. J. 114, 115, 149, 173, 233
Schlatter, A. 17, 22, 24, 32, 93, 157, 161, 162, 164, 166, 189, 205, 219, 268, 327, 412, 416 f., 418, 432, 437, 440, 442
Schleiermacher, Fr. 4, 5, 14, 16, 19, 24, 36, 54, 84, 86, 93, 112, 113, 115, 116, 118, 119, 121 f., 126, 128, 145, 148, 152 f., 163, 166 f., 201 f., 203, 211, 226, 227, 237, 238, 240 f., 269, 293 f., 302, 324, 357, 394, 398, 402, 407, 409, 419, 432, 433, 441 f., 450, 457, 459 f., 498, 500, 514, 530
Schlier, H. 205, 284, 340, 505, 507
Schlink, E. 47, 153, 205, 477
Schmaus, M. 209
Schmidt, J. M. 447
Schmidt, K. L. 277, 505, 507
Schmidt, L. 92
Schmidt, M. A. 405
Schoeps, H. J. 178, 251
Scholz, H. 50, 52
Schopenhauer, A. 173
Schrempf, Chr. 265
Schrenk, G. 54, 86, 93, 468
Schuhmacher, H. 460
Schumann, Fr. K. 153, 205, 209, 219, 405
Schweitzer, A. 38, 40, 254, 277, 279, 280, 281, 461, 472, 477
Schweizer, Al. 16, 459
Seeberg, R. 114, 115, 289, 301
Semler, S. 72, 92
Servet, M. 111
Sevenster, G. 247
Sigwart, H. C. W. 172
Silesius, A. 136
Silvester I. 353
Simmel, G. 160
Sohm, R. 81, 414 f.
Sokrates 62, 151
Sommerlath, E. 375
Soucek, J. B. 251
Sozini, Fausto 292
Spencer, J. 92
Spener, Ph. J. 92, 512
Spinoza, B. 92, 126, 157, 166
Stamm, J. J. 205
Stauffer, E. 82, 254, 282

Steiner, R. 458
Stephanus I. 353
Strauß, D. Fr. 101, 121, 146, 147, 166, 281, 289, 342
Struker, A. 209
Swedenborg, E. 523

Tersteegen, G. 258
Tertullian 104, 112, 200 f., 208, 269, 336, 341 f., 343, 350, 461, 507, 509, 531
Theodor v. Mopsueste 270
Theodot d. Gerber 268
Theodot d. Wechsler 268
Theophilus v. Antiochien 266
Thielicke, H. 166, 491
Thomas v. Aquin 15, 104, 105, 110, 123, 146, 188, 292, 303, 356, 509
Thomasius, G. 130, 201, 256 f., 343, 359, 512
Tillich, P. 5, 11, 17, 44, 51, 69, 101, 122, 151, 165, 176, 210, 247, 261, 405, 432
Troeltsch, E. 58, 80, 172, 174, 226, 249, 277, 424, 441, 487, 519

Vilmar, A. 512
Vischer, W. 85
Visser't Hooft, W. A. 329

Vogel, H. 44, 294, 324, 430
Volz, P. 461

Walaeus, A. 154
Walther, G. 153, 423
Weber, M. 80
Weber, O. 50 f., 54, 70, 76, 86, 114, 118, 122, 177, 205, 209
Weiß, J. 282
Weizsäcker, C. Fr. v. 65, 139
Werner, M. 38, 472, 477
Weth, G. 54, 86, 93, 468
Wieland, W. 405
Wilckens, U. 311
Wingren, G. 142, 178, 225, 333
Wittram, R. 487
Wobbermin, G. 419
Wolf, E. 47, 205, 221, 372, 515
Wolff, Chr. 104
Wrede, W. 280

Xenophanes 100

Zinzendorf, N. L. v. 512
Zimmerli, W. 86 f., 89, 95
Zwingli, U. 325, 342, 351, 381

*Sachregister*

Abendmahl 360–385
Abendmahlsgemeinschaft 383–385
Abendmahlslehre 257
Aberglauben 22
Abstammungslehre 137, 160, 183
aequalitas s. Homousie
alexandrinische Schule 270 f., 459
Allgegenwart 129, 158
Allmacht 136
Aloger 268
Amt 429, 510, 532
Analogie 123, 144, 278
Anfechtung 27, 28, 142, 173, 419
Anhypostasie 257, 271, 273
Anthropologie 138, 140, 141, 142, 176 bis 233, 389, 432
Anthropomorphismus 100 f.
Anthroposophie 148
antiochenische Schule 268, 270, 459
Apokalyptik 95, 447–450
Apokatastasis 241, 457, 458–460, 500
Apologetik 94, 120, 127–128, 166, 264, 281

assensus 32
aseitas 98, 99, 113, 125
Altes Testament 84–96
Atheismus 129, 227
Auferstehung der Toten 452, 494–499
Aufklärung 156, 164, 166, 172, 201, 240, 256, 407, 408
Autonomie 58, 63–64
Autorität 33, 34, 44, 67, 74, 76, 88, 182, 316

Bekehrung 26
Bekenntnis 41, 42, 46–48
Bittgebet 162–166
Böses 147, 150 f., 189, 224
  radikal Böses 151
Bund
  alter Bund 216 f.
  neuer Bund 217
Buße 345, 392
  Bußpraxis 199 f.

Chiliasmus 453, 460–461
Christentum 37–40, 226 f., 232 f., 249
  Absolutheit des Christentums 249 f.
Christologie 4, 33, 38, 130, 142, 247 bis 323, 405
  adoptianische Christologie 252, 263
  geschichtliche 253 f.
  metaphysische 252–253
  persona Christi 257–258
  Präexistenz Christi 266–268
  Präexistenzchristologie 252, 253, 272
  status Christi 260–261
communio naturarum 258
communicatio idiomatum 258–259, 270, 273, 374
concupiscentia 141, 187, 192, 196, 198, 271
concursus 154 f., 174
conservatio s. Erhaltung
Consubstantiation 374
consummatio mundi 453–454, 475 bis 476
creatio continua 134, 152 f.
creatio ex nihilo 134, 135–137, 152, 183, 454

dämonisch 151, 159
Deismus 133, 152, 156 f.
Dekalog 225, 227
descensus ad inferos 261, 455
determinatio 155
deus absconditus 28, 44, 175, 239, 242, 275
dicta probantia 75
directio 155, 165
Dogma 33–37, 40–48, 132
Dogmatik
  Aufgabe der Dogmatik 9–16
  Begriff der Dogmatik 15–16
  -Ethik 6 f., 402
  Methode der Dogmatik 3, 5 f., 53 f., 56 f.
Dogmengeschichte 36–37, 272
Doketismus 270
donum perseverantia 237, 243, 246
donum supernaturale 181
Dordracenum 240
Doxologie 119, 132

ecclesia spiritualis 81, 527
Eigenschaften Gottes 119–132, 238, 240
electio s. Erwählung
Endgeschichte 445, 447–450, 470 f.
Engel 144–152
Enhypostasie 257, 271, 273
Enthusiasmus 406 f., 408, 422–426

Entwicklung 160 f., 183, 457
Erbsünde 195–196, 197–198, 200 bis 203, 264
Erhaltung 152–176, 215–233
Erlösung 245 f., 286, 300–301
Erneuerung 419–421, 439
Erwählung 235–246, 267, 351
  Erwählungslehre 237–241
Eschatologie 174, 176, 256, 280, 401, 402, 441–501
Ethik 6 f., 19, 143, 177, 186, 187, 199, 230, 234, 279, 327, 344, 345 f., 386, 401–404, 412
Evangelium 234–246, 515 f.
Ewigkeit 243, 272, 442, 465, 475, 479 f., 481
ex opere operato 303 f.
Exorzismus 349 f.
Extra Calvinisticum 275

Fegfeuer 455–456
fides historica 133
fides qua creditur 29
fides quae creditur 29
fiducia 25, 28, 29, 30, 32
filioque 110, 406
Freiheit 143, 155, 157, 186 f., 190 f., 242, 246, 439
Friede 302
Frühkatholizismus 81 f., 284, 507 f., 513

Gefühl 19
Geistesgaben 426–429
Gemeinde 8, 241, 427 f., 429–431, 503, 507, 521 f., 539–544
genus apotelesmaticum 259
genus idiomaticum 259
genus maiestaticum 259
Gericht (letztes) 452–453, 499–500
Geschichte 11 f., 138 f., 142 f., 307, 443 f., 468 f., 473, 478, 485–491
Gesetz 92, 93, 188, 193, 203, 217–225, 231 f., 234, 287, 296, 297, 387, 388 bis 389, 392 f.
  Gesetz und Evangelium 91, 217, 221, 224, 234–235
Gewißheit 22, 246, 358, 379
Gewissen 5 f., 66, 191, 193, 489 f.
Glaube 10, 16–33, 98, 484 f.
  Entstehung des Glaubens 315 f.
  Glaubensgedanke 23
  Glaubensgrund 23, 247
  Glaubenslehre 17, 24
  Glaubenssatz 19–21, 23, 29 f., 33, 43, 480
  Glaubensurteil 17 f., 20–21, 23, 33

# Sachregister

Gnade 244, 335–338, 352
  Gnadenlehre 406
  Gnadenmittel s. media salutis
Gnosis 148, 173, 200, 270
Gottebenbildlichkeit s. imago dei
Gottesbeweise 103–106, 123, 141
Gotteserkenntnis 97–107, 116, 118, 119 f., 226
Gotteskindschaft 211, 404, 439
gratia spiritus s. applicatrix 337, 394 f., 400, 407
gubernatio 155

Heiliger Geist 25, 79, 108, 159, 405 bis 440
Heilsgeschichte 55, 59, 114, 117 f., 190, 198, 216 f., 225, 253 f., 447, 462, 468 bis 469, 471, 473, 509
Heilstatsache 44 f., 265
Historismus 80–83
Hoffnung 29, 328, 379, 440, 465, 477 bis 485
Homousie 108, 110–111, 113, 115 f.

imago dei 100, 114, 179, 180–181, 185 f., 195, 205–215
impanatio 374
impeditio 155
Imputation 196, 304, 391
Infralapsarismus 240, 242
Inkarnation 257, 270, 309
  Inkarnationslehre 79, 261–276, 290
Inspirationslehre 76, 78–79, 407

Jesus Christus s. Christologie
  Auferstehung Jesu 306–320, 412, 417
  Erscheinungen Jesu 312 f., 315, 316 f.
  Himmelfahrt Christi 320–323
  historischer Jesus 251, 254 f., 276 bis 285
  Kreuz Christi 175, 252, 285–306
  Leben-Jesu-Forschung 254, 273, 279, 285
  Selbstbewußtsein Jesu 282 f.
  Jungfrauengeburt 257, 263–265, 268, 269
iustitia civilis 188, 198, 199
iustitia originalis 179, 180, 195, 209, 210, 248

Kanon 72–75, 76, 84 f.
Kenosis 260–261, 273
  Kenotiker 130
Kerygma 43 f., 284, 315, 316 f.
Kirche 8, 12 f., 14, 90, 324, 327, 328, 329, 335, 424, 430, 489, 502–532
Konfession 13, 46, 512 ff., 527 ff.
Konfirmation 342

Konkordanz-Postulat 52
Kosmologie 132–176

Leben (ewiges) 454, 500–501
lex ceremonialis 221
lex iudicalis 221
lex moralis 221, 222
Liturgie 132, 349 f.
Logos 266, 267, 268, 269, 270

manducatio oralis 374 f., 376
materia coelestis 359, 375
Materie 134, 136, 137, 497
media salutis 354 f., 358, 422, 532
meritum Christi 304
Monarchianismus, dynamist. 268, 270
Monarchianismus, modalist. 268 f.
Monophysitismus 271
Monotheismus 116
Monotheletismus 271
multivolipraesentia 309
munus propheticum 259, 334
munus regium 260, 322, 323–338
munus sacerdotale 260, 305, 322
Mystik 136, 153, 227, 423

Naherwartung 449 f., 466–467, 472, 474
Name Gottes 99 f., 101 f., 120
Natur 59 f., 138–139, 142–144, 177
  Naturgesetz 157 f.
  Naturrecht 141, 187, 221, 225
  natürliche Theologie 97, 103
notae ecclesiae 510 f., 520, 530
notiones personales 110 f., 113
notitia 22 f., 32
Numinosum 228

oboedientia activa 260, 292 f., 296, 304, 397
oboedientia passiva 260, 304, 397
Offenbarung 7, 44, 67 f., 97 f., 102, 141, 231, 233, 249 f., 318, 319, 433, 445, 463, 464 f.
officium Christi 258–260
Öffentlichkeit 525
opera ad extra 111, 133, 141
opera ad intra 110
Opfer 298
opus alienum 28
opus proprium 28
ordo salutis 236, 324, 325, 337 f., 394, 399, 407
ordo triplex hierarchicus 511
Ostern 285, 299, 307, 308, 310–320

Pantheismus 129, 157, 269
Parusie 446, 465, 470, 475, 485, 499, 500 f.

Patripassianer 269
peccatum actuale s. Tatsünde
peccatum originis s. Erbsünde
Perichorese 109 f.
permissio 155
persona 109 f.
personalitas 98 f., 101, 131
Prädestination 236
Prädestinationslehre 236, 509, 511
praeteritio 238
Predigt 31, 42, 66 f., 84, 96, 132, 330, 332 f., 378, 417, 517, 526
Predigt des Gesetzes 225, 235
Profanität 59, 520
propagatio naturalis 180
propositiones personales 258
Protestantismus 511 ff.
providentia 152–176
  providentia extraordinaria 156, 166, 172
  providentia ordinaria 156

Raum 135 f., 466
Realpräsenz 373, 374
reatus 193
Recht 414–415, 427
Rechtfertigung 46, 385–404, 455
  Rechtfertigungslehre 26, 79, 336, 454, 479
regnum gloriae 324, 328
regnum gratiae 324, 329, 335–338
regnum potentiae 324, 329 f.
Reich Gottes 325, 329, 330 f., 489–491, 501, 513 f.
Religion 4, 225–233, 234
  Begriff der Religion 31
  Religionsgeschichte 145
  Religionsphilosophie 102–107
  Religionspsychologie 18
reprobatio 236, 238
Restitutionstheologie 248, 286

Sabellianismus 269
Sakrament 303 f., 334, 354–360, 418, 422, 509
Säkularismus 527 f.
satisfactio 290, 300, 397
  Satisfaktionslehre 280, 290–291, 292 bis 293
Schicksal 161 f., 169, 192
Schöpfung s. Kosmologie 132–152, 178 f., 203–204, 245, 299, 420, 442
Schöpfung, gefallene 140, 184, 419 f.
Schöpfungsordnung 187–189
Schrift s. scriptura sacra
Schriftprinzip 70 f., 73 f., 518 f.
scriptura sacra 41 f., 70, 74, 75–79
  affectiones scripturae s. 76–77

Seelenschlaf 456 f.
Sekte 525 f.
sessio Christi ad dexteram Dei 260, 325 f.
Spiritualismus 423
Sprache 185 f., 332 f.
Staat 188 f., 329, 330, 526
status corruptionis 180, 194 f., 198
status exaltationis 261
status exinanitionis 130, 261
status integritatis 178–181, 198
Stiftung der Kirche 503 f.
Sukzession 504, 513
Sünde 138, 140 f., 143, 186, 189–204, 498
Sündenerkenntnis 191, 192 f., 199, 438
Sündenfall 139, 150, 183 f., 194–195, 209–210, 216, 245
Sündenfolgen 195–197
Sündenvergebung 373, 377 f., 388, 390
Supralapsarismus 240, 241, 242, 245
syllogismus practicus 242
System 4, 54–56

Tatsünde 197, 198, 199
Taufe 303, 339–354, 385, 412
  Tauflehre 305
  Kindertaufe 201, 342, 343, 346, 351 bis 352, 353
Teleologie 159–161, 486, 487
Teufel 145–152
Theodizee 51, 149, 172–176
theologia crucis 300, 317–320
Tod 445, 451–452, 492–494
Tradition 11, 69 f., 463
Traduzianismus 195, 200 f., 264
Transsubstantiationslehre 371, 373, 380
Tremendum 228
Tridentinum 37, 73, 84 f., 393
Trinitätslehre 4, 107–119, 121, 124, 133, 266
Trinitätslehre ökonomische 113, 117 f., 269
tertius usus legis 222, 392 f.

Übel 172, 173
Ubiquität 374, 376
unio personalis 257, 260
unio sacramentalis 374
unitio personalis 257
Unsterblichkeit der Seele 451, 452, 497
usus civilis 222, 392
usus crassus 222, 392
usus didacticus 222, 392
usus elenchticus 222, 392
usus paedagogicus 222

## Sachregister

usus politicus 222, 392
usus spiritualis 222, 392
usus theologicus 222, 392

Verdammung 454
Vernunft 5 f., 61–63, 66, 526
Versöhnungslehre 286 f., 288 f., 289 bis 295, 298–306
vestigia trinitatis 114 f., 117
via causalitatis 123, 126
via eminentiae 123, 126
via negationis 123, 126
Volkskirche 525
Vorsehung s. providentia

Wahrheitsbewußtsein 57–64
Weissagung und Erfüllung 471–475

Weissagungsbeweis 87–89, 93
Welt 14, 137–142, 177, 385–392
Weltordnung 172 f., 176
Wiedergeburt 26, 115, 341, 342 f., 347, 394
Willensfreiheit 237
Wissenschaft 10, 48–57
Wort Gottes 68–70, 71, 74, 83–84, 331–335, 356 f., 377 f., 407, 418, 422, 436, 516, 519
Wunder 166–172, 333 f., 411

Zeit 135 f., 442, 466, 474
Zorn Gottes 29, 302
Zufall 161 f., 169
Zwischenzustand 446, 451 f., 455–458, 464, 473, 474

# Walter de Gruyter
# Berlin · New York

## de Gruyter Lehrbuch

Wolfgang Trillhaas **Ethik**
3., neubearbeitete und erweiterte Auflage.
Oktav. XX, 578 Seiten. 1970. Gebunden DM 42,—
ISBN 3110064154

Georg Fohrer **Geschichte der israelitischen Religion**
Oktav. XVI, 435 Seiten. 1969. Gebunden DM 32,—
ISBN 311002652X

Geo Widengren **Religionsphänomenologie**
Oktav. XVI, 684 Seiten. 1969. Gebunden DM 38,—
ISBN 3110026538

Helmuth Kittel **Evangelische Religionspädagogik**
Oktav. XXVIII, 489 Seiten. 1970. Gebunden DM 32,—
ISBN 3110026546

Bo Reicke **Neutestamentliche Zeitgeschichte**
Die biblische Welt 500 v.—100 n. Chr.
2., verbesserte Auflage. Oktav. VIII, 257 Seiten.
Mit 5 Tafeln. Gebunden DM 28,—
ISBN 3110026511

Ernst Haenchen **Der Weg Jesu**
Eine Erklärung des Markus-Evangeliums
und der kanonischen Parallelen
2., durchgesehene und verbesserte Auflage.
Oktav. XIV, 594 Seiten. 1968. Gebunden DM 32,—
ISBN 3110026503

Leonhard Fendt **Homiletik**
Theologie und Technik der Predigt
2. Auflage, neu bearbeitet von B. Klaus.
Oktav. X, 147 Seiten. 1970. Gebunden DM 12,—
ISBN 3110026554